여러분의 합격을 응원하는

해커스공무원의 특별 혜택

FREE 공무원 행정학 **특강**

해커스공무원(gosi.Hackers.com) 접속 후 로그인 ▶ 상단의 [무료강좌] 클릭하여 이용

회독용 답안지(PDF)

해커스공무원(gosi.Hackers.com) 접속 후 로그인 ▶ 상단의 [교재·서점 → 무료 학습 자료] 클릭 ▶
본 교재의 [자료받기] 클릭하여 이용

▲ 바로가기

해커스공무원 온라인 단과강의 **20% 할인쿠폰**

F6D92464CADA89S2

해커스공무원(gosi.Hackers.com) 접속 후 로그인 ▶ 상단의 [나의 강의실] 클릭 ▶
좌측의 [쿠폰등록] 클릭 ▶ 위 쿠폰번호 입력 후 이용

* 등록 후 7일간 사용 가능(ID당 1회에 한해 등록 가능)

합격예측 **온라인 모의고사 응시권 + 해설강의 수강권**

224F8DE7F7F5C6DM

해커스공무원(gosi.Hackers.com) 접속 후 로그인 ▶ 상단의 [나의 강의실] 클릭 ▶
좌측의 [쿠폰등록] 클릭 ▶ 위 쿠폰번호 입력 후 이용

* ID당 1회에 한해 등록 가능

쿠폰 이용 관련 문의 **1588-4055**

단기 합격을 위한
해커스공무원 커리큘럼

입문

탄탄한 기본기와 핵심 개념 완성!

누구나 이해하기 쉬운 개념 설명과 풍부한 예시로 부담없이 쌩기초 다지기

TIP 베이스가 있다면 **기본 단계**부터!

기본+심화

필수 개념 학습으로 이론 완성!

반드시 알아야 할 기본 개념과 문제풀이 전략을 학습하고
심화 개념 학습으로 고득점을 위한 응용력 다지기

기출+예상 문제풀이

문제풀이로 집중 학습하고 실력 업그레이드!

기출문제의 유형과 출제 의도를 이해하고 최신 출제 경향을 반영한
예상문제를 풀어보며 본인의 취약영역을 파악 및 보완하기

동형모의고사

동형모의고사로 실전력 강화!

실제 시험과 같은 형태의 실전모의고사를 풀어보며 실전감각 극대화

마무리

시험 직전 실전 시뮬레이션!

각 과목별 시험에 출제되는 내용들을 최종 점검하며 실전 완성

PASS

* 커리큘럼 및 세부 일정은 상이할 수 있으며,
자세한 사항은 해커스공무원 사이트에서 확인하세요.

단계별 교재 확인 및
수강신청은 여기서!

gosi.Hackers.com

해커스공무원

현 행정학

단원별 기출문제집

해커스공무원

서현

약력

서울대학교 행정대학원 정책학 전공

현 | 해커스공무원 행정학 강의
전 | 김재규공무원학원 행정학 강의
전 | 장안대학교 행정법률과 강의
전 | EBS 명품행정학개론 강의
전 | 에듀윌 행정학개론 강의

저서

해커스공무원 현 행정학 기본서
해커스공무원 현 행정학 단원별 기출문제집
해커스공무원 현 행정학 실전동형모의고사 1
해커스공무원 현 행정학 실전동형모의고사 2
멘토행정학 Ⅰ·Ⅱ, 도서출판 배움
9급 솔루션 행정학개론 문제집, 도서출판 예응

공무원 시험의 해답
행정학 시험 합격을 위한 필독서

방대한 공무원 행정학의 효율적인 학습을 위해 누적된 기출문제를 분석·분류하여, 학습의 범위와 방향을 명확히 하고 문제해결 능력을 기를 수 있는 기출문제집을 만들었습니다.

행정학 학습에 기본이 되는 기출문제를 효과적으로 학습할 수 있도록 다음과 같은 특징을 가지고 있습니다.

첫째, 공무원 행정학을 85개의 THEME로 분류하여 핵심 이론을 수록하고, THEME별로 중요도를 표시하여 전략적이고 체계적인 학습이 가능하도록 하였습니다.

둘째, 출제경향을 분석하여 엄선한 기출문제를 대표예제와 함께 수록하였습니다.

셋째, 문제풀이 과정에서 이론까지 복습할 수 있도록 상세한 해설을 수록하였습니다.

넷째, 다회독을 위한 다양한 학습장치를 제공합니다.

최소한의 시간으로 최대한의 학습 효과를 낼 수 있는 다음의 학습 방법을 추천합니다.

첫째, 기본서와의 연계학습을 통해 각 단원에 맞는 기본 이론을 확인하고 쉽게 암기할 수 있습니다.

둘째, 정답이 아닌 선택지까지 모두 학습함으로써 다채로운 문제 유형에 대처할 수 있는 능력을 기를 수 있습니다.

셋째, 반복 회독학습을 통해 출제유형에 익숙해지고, 자주 출제되는 개념을 스스로 확인할 수 있습니다.

더불어, 공무원 시험 전문 사이트인 해커스공무원(gosi.Hackers.com)에서 교재 학습 중 궁금한 점을 나누고 다양한 무료 학습 자료를 함께 이용하여 학습 효과를 극대화할 수 있습니다.

부디 <해커스공무원 현 행정학 단원별 기출문제집>과 함께 공무원 행정학 시험의 고득점을 달성하고 합격을 향해 한걸음 더 나아가시기를 바랍니다.

서현, 해커스 공무원시험연구소

차례

PART 1 행정학의 기초이론

CHAPTER 1 행정과 행정학의 발달

THEME 01 행정의 의의와 환경 10

CHAPTER 2 현대 행정의 이해

THEME 02 재화의 유형과 시장실패 18
THEME 03 정부실패와 정부규모에 대한 논쟁 23
THEME 04 정부규제와 규제정치모형(Wilson) 28

CHAPTER 3 행정학의 접근방법과 주요이론

THEME 05 과학적 관리론과 인간관계론 34
THEME 06 행정행태론 - 과학성(1) 37
THEME 07 생태론·체제론·비교행정론 - 과학성(2) 40
THEME 08 발전행정론·신행정론 - 기술성(Art) 43
THEME 09 후기 행태주의 46
THEME 10 공공선택론 49
THEME 11 신제도주의 52
THEME 12 신공공관리론(NPM) 57
THEME 13 탈NPM(뉴거버넌스·신공공서비스론) 62
THEME 14 사회자본(social capital) 71

CHAPTER 4 행정의 가치와 이념

THEME 15 행정의 본질적 가치 75
THEME 16 행정의 수단적 가치 81

PART 2 정책학

CHAPTER 1 정책학의 개관

THEME 17 정책의 의의와 구성요소 90
THEME 18 정책의 유형 96

CHAPTER 2 정책의제설정 및 정책과정에 대한 이론

THEME 19 정책의제설정 102
THEME 20 정책과정에 대한 이론 107
THEME 21 정책네트워크모형 113

CHAPTER 3 정책결정론

THEME 22 정책결정과정(정책분석; PA) 117
THEME 23 정책결정모형 I (개인) 128
THEME 24 정책결정모형 II (집단) 134

CHAPTER 4 정책집행론

THEME 25 정책집행의 유형과 통합모형 142
THEME 26 정책집행모형 151

CHAPTER 5 정책평가론

THEME 27 정책평가의 의의와 유형 155
THEME 28 정부업무평가제도(「정부업무평가 기본법」) 159
THEME 29 정책평가의 타당도와 저해요인 163

CHAPTER 6 정책변동과 기획론

THEME 30 정책변동과 기획 171

PART 3 행정조직론

CHAPTER 1 조직의 기초이론

THEME 31 조직의 유형과 이론변천 176
THEME 32 조직의 원리와 조정기제 181

CHAPTER 2 조직구조론

THEME 33 조직구조의 변수(기본변수와 상황변수) 184
THEME 34 관료제의 의의와 특징 190
THEME 35 탈관료제조직 195
THEME 36 우리나라의 정부조직(위원회, 책임운영기관) 203
THEME 37 공공기관과 공기업의 민영화 211

CHAPTER 3 조직행태론

THEME 38 동기부여이론 218

CHAPTER 4 조직과 환경

THEME 39 거시조직이론 234

CHAPTER 5 조직관리 및 개혁론

THEME 40 권위와 권력, 갈등관리, 의사전달 241
THEME 41 리더십이론 247
THEME 42 조직관리 254

PART 4 인사행정론

CHAPTER 1 인사행정의 기초이론 및 제도

THEME 43 엽관주의와 실적주의 264
THEME 44 직업공무원제와 대표관료제(균형인사제도) 269
THEME 45 중앙인사행정기관 275

CHAPTER 2 공직의 분류

THEME 46 공직의 분류와 유형 278
THEME 47 폐쇄형과 개방형, 고위공무원단(SES) 284
THEME 48 계급제와 직위분류제 290
THEME 49 직위분류제의 구성요소와 수립절차 295

CHAPTER 3 인적자원관리(임용, 능력발전, 사기부여)

THEME 50 전략적 인적자원관리와 공무원의 임용 299
THEME 51 공무원의 능력발전(교육훈련) 305
THEME 52 공무원 근무성적평정제도 308
THEME 53 공무원의 사기부여(보수와 연금제도) 316
THEME 54 공무원의 직무역량과 탄력적 인사행정제도 322
THEME 55 공무원의 신분보장 326

CHAPTER 4 공무원의 근무규율과 인사행정개혁

THEME 56 공무원의 정치적 중립성과 공무원단체 331
THEME 57 행정(공직)윤리와 의무 334
THEME 58 행정권의 오용과 공직부패 341

PART 5 재무행정론

CHAPTER 1 국가재정의 기초이론

THEME 59 예산의 의의와 형식 348
THEME 60 정부회계제도 355
THEME 61 예산의 원칙과 그 예외 360
THEME 62 예산의 분류와 종류 366

CHAPTER 2 예산결정이론

THEME 63 예산결정이론 374

CHAPTER 3 예산제도의 발달과 개혁

THEME 64 예산제도 380
THEME 65 기타 예산제도 388

CHAPTER 4 예산과정론

THEME 66 예산과정 I (편성 - 심의) 395
THEME 67 예산과정 II (집행 - 결산) 400

PART 6 행정환류론

CHAPTER 1 행정책임과 행정통제

THEME 68 행정책임 412
THEME 69 행정통제와 옴부즈만제도 414

CHAPTER 2 행정개혁론

THEME 70 행정개혁 421

CHAPTER 3 정보화와 행정

THEME 71 정보화 사회와 지식행정관리 425
THEME 72 전자정부와 정부 3.0, 4차 산업혁명 428

PART 7 지방행정론

CHAPTER 1 지방행정의 기초이론

THEME 73 지방자치의 의의와 유형 440
THEME 74 중앙집권과 지방분권 442

CHAPTER 2 지방행정의 조직

THEME 75 지방자치단체의 구성과 권한 446
THEME 76 지방자치단체의 기관(장과 의회와의 관계) 451

CHAPTER 3 지방자치단체의 사무

THEME 77 지방자치단체의 사무 457

CHAPTER 4 지방자치단체와 국가의 관계

THEME 78 지방자치단체와 국가의 관계(IGR, 분쟁조정) 461
THEME 79 중앙통제와 특별지방행정기관 468
THEME 80 광역행정 470

CHAPTER 5 지방자치와 주민참여

THEME 81 주민참여와 우리나라의 주민참여제도 474

CHAPTER 6 지방자치단체의 재정

THEME 82 지방재정의 의의 482
THEME 83 자주재원(지방세와 세외수입) 484
THEME 84 의존재원(지방재정조정제도) 490
THEME 85 지방재정관리와 지방공기업 495

해설집 [책 속의 책]

이 책의 활용법

문제해결 능력 향상을 위한 단계별 구성

CHAPTER 1 행정과 행정학의 발달

THEME 01 행정의 의의와 환경

중요도 ●●○○○

정답 및 해설 p. 4

선생님TIP

행정학의 시작이 되는 가장 기초적인 부분입니다. 먼저 행정의 의미에서는 행정개념의 협의와 광의 및 최근의 거버넌스적 행정까지 정리합니다. 다음 행정학의 성격에서는 과학성(science)과 기술성(art)의 두 가지 특성을 이해하고, 진보주의와 보수주의의 특징도 함께 알아둡니다. 행정과 환경에서는 특히 행정과 경영과의 유사점 및 차이점을 주의하고, 최근 주목받고 있는 NGO와 사회적 기업의 특성도 정리해두는 것이 좋습니다.

1 행정의 의의

1. 행정의 개념

구분	행정관리론	통치기능론	행정행태론	발전행정론	신행정론	신공공관리론	뉴거버넌스
행정의 본질	관리 · 집행	적극적 정책결정	합리적 의사결정행위	행정주도의 국가발전	현실문제해결	신관리주의 시장주의	신뢰와 협력의 거버넌스

STEP 1 핵심 이론을 통해 주요 내용 정리하기

본격적인 문제풀이 전, 자주 출제되거나 중요한 THEME별 이론을 미리 확인함으로써 기본서로 학습한 내용을 빠르게 복습하고 주요 개념들을 정리할 수 있습니다.

▼

01 □□□ 2022년 지방직 9급

공익에 대한 설명으로 옳은 것만을 모두 고르면?

ㄱ. 실체설에 의하면 공익은 사익을 초월한 것이다.
ㄴ. 과정설에 의하면 공익은 사익 간 갈등을 조정 · 타협하는 과정에서 산출되는 것이다.
ㄷ. 실체설은 다원적 민주주의에 도움을 준다.
ㄹ. 플라톤(Plato)과 루소(Rousseau) 모두 공익 실체설을 주장하였다.

① ㄱ, ㄴ
② ㄴ, ㄷ
③ ㄱ, ㄴ, ㄹ
④ ㄱ, ㄷ, ㄹ

04 □□□ 2015년 지방직 7급

공익(public interest)의 개념에 대한 설명으로 옳지 않은 것은?

① 실체설은 사회구성원 간에 보편적으로 공유되는 공동의 이익보다는 부분적이며 특수한 이익을 공익으로 보는 입장이다.
② 실체설에서 인식하는 공익개념의 구체적 내용은 도덕적 절대가치, 정의, 공동사회의 기본적 가치 등으로 다양하다.
③ 과정설에는 서로 상충되는 이익을 가진 집단들 사이의 조정과 타협의 산물이 공익이라고 보는 입장이 있다.
④ 과정설에는 절차적 합리성을 강조하여 적법절차의 준수에 의해 공익이 보장된다고 보는 입장이 있다.

STEP 2 대표예제로 출제유형 파악하기

THEME의 도입부에 제시된 대표예제를 통해 최신 출제유형을 파악하고, 문제의 접근방법과 풀이방식 등 구체적인 학습 방향과 전략을 세울 수 있습니다.

▼

18 □□□ 2018년 국회직 8급

다음 중 탈신공공관리론(post-NPM)에서 강조하는 행정개혁 전략으로 옳지 않은 것은?

① 분권화와 집권화의 조화
② 민간-공공부문 간 파트너십 강조
③ 규제완화
④ 인사관리의 공공책임성 중시
⑤ 정치적 통제 강조

19 □□□ 2022년 군무원 7급

탈신공공관리(post-NPM)의 아이디어들로 묶인 것으로 옳은 것은?

ㄱ. 총체적 정부 또는 연계형 정부
ㄴ. 민간위탁과 민영화의 확대
ㄷ. 민간 · 공공부문의 파트너십 강조
ㄹ. 정부부문 내 경쟁 원리 도입
ㅁ. 중앙의 정치 · 행정적 역량 강화

21 □□□ 2013년 지방직 7급

신공공서비스론(NPS)에 대한 설명으로 옳지 않은 것은?

① 기업주의 가치를 추구한다.
② 고객이 아닌 시민을 위해 봉사한다.
③ 전략적으로 생각하고 민주적으로 행동한다.
④ 공익을 찾으려고 노력한다.

22 □□□ 2018년 서울시 7급(3월 추가)

신공공서비스론(New Public Service)에 대한 설명으로 가장 옳지 않은 것은?

① 공무원들은 고객이 아니라 시민에게 봉사해야 한다고 본다.
② 공익은 공유된 가치에 대한 담론의 결과로 이해된다.

STEP 3 기출문제로 문제해결 능력 키우기

공무원 행정학 시험의 기출문제 중 재출제 가능성이 높거나 퀄리티가 좋은 문제들을 풀어봄으로써, 문제해결 능력을 키우고 학습한 이론을 점검할 수 있습니다.

정답의 근거와 오답의 원인, 관련이론까지 짚어주는 정답 및 해설

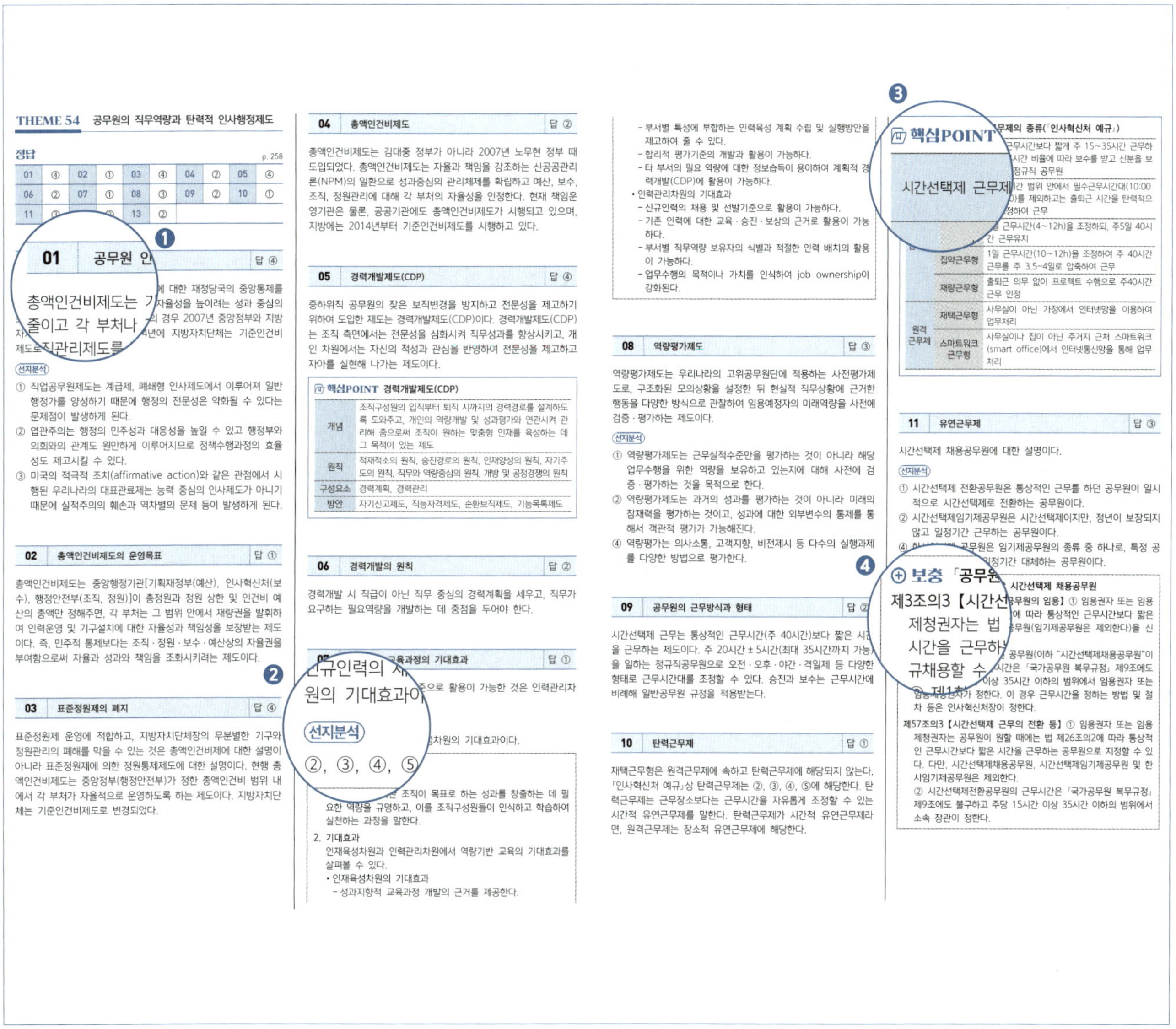

❶ 문항별 출제 포인트

문항마다 문제의 핵심이 되는 출제 포인트를 명시하여, 각 문제가 묻고 있는 이론을 한눈에 파악할 수 있습니다.

❷ 선지분석

정답인 선지뿐만 아니라 오답인 선지에 대해서도 상세한 설명을 수록하여, 다양한 선지 유형을 빈틈없이 학습할 수 있습니다.

❸ 핵심POINT

문제와 관련된 핵심 이론을 수록하였습니다. 반드시 알아야 할 내용을 요약·정리하여 이론의 효과적인 학습이 가능합니다.

❹ 보충

더 알아두면 좋을 배경 이론이나 관련 법령을 수록하여, 심도 있는 학습이 가능합니다.

PART 1

행정학의 기초이론

CHAPTER 1 / 행정과 행정학의 발달

CHAPTER 2 / 현대 행정의 이해

CHAPTER 3 / 행정학의 접근방법과 주요이론

CHAPTER 4 / 행정의 가치와 이념

CHAPTER 1

행정과 행정학의 발달

THEME 01 행정의 의의와 환경

중요도 ●●○○○

정답 및 해설 p. 4

선생님TIP

행정학의 시작이 되는 가장 기초적인 부분입니다. 먼저 행정의 의미에서는 행정개념의 협의와 광의 및 최근의 거버넌스적 행정까지 정리합니다. 다음 행정학의 성격에서는 과학성(science)과 기술성(art)의 두 가지 특성을 이해하고, 진보주의와 보수주의의 특징도 함께 알아둡니다. 행정과 환경에서는 특히 행정과 경영과의 유사점 및 차이점을 주의하고, 최근 주목받고 있는 NGO와 사회적 기업의 특성도 정리해두는 것이 좋습니다.

1 행정의 의의

1. 행정의 개념

구분	행정관리론	통치기능론	행정행태론	발전행정론	신행정론	신공공관리론	뉴거버넌스
행정의 본질	관리 · 집행	적극적 정책결정	합리적 의사결정행위	행정주도의 국가발전	현실문제해결	신관리주의 시장주의	신뢰와 협력의 거버넌스
시대	1880년대	1930년대	1940년대	1960년대	1970년대	1980년대	1990년대
등장배경	엽관주의 폐단 극복	경제대공황 극복	행정의 과학성 추구	개도국의 행정발전	선진국의 문제해결	행정의 시장화	행정의 정치화
정치와의 관계	정치행정 이원론	정치행정 일원론	정치행정 새이원론	행정우위 새일원론	행정우위 새일원론	정치행정 새이원론	정치우위 새일원론
경영과의 관계	공사행정 일원론	공사행정 이원론	공사행정 새일원론	공사행정 새이원론	공사행정 새이원론	경영우위 새일원론	공사행정 새이원론
행정이념	능률성	민주성	합리성	효과성	형평성	생산성	신뢰성
학자	Wilson & White	Dimock & Appleby	Barnard & Simon	Esman & Weidner	Waldo & Fredrickson	Osborne & Gaebler	Peters & Rhodes

2. 행정학의 성격

(1) 과학성과 기술성

과학성	기술성
• why • 논리실증주의 → 이론적 체계 구축 • 공사행정일원론(정치행정이원론)	• how • 문제해결기법 탐구 → 실제적 처방 • 공사행정이원론(정치행정일원론)

(2) 가치중립성과 가치판단불가피성

가치중립성	가치판단불가피성
• 사실 중시 • 정치행정이원론(공사행정일원론)	• 가치 중시 • 정치행정일원론(공사행정이원론)

(3) 보편성과 특수성

보편성	특수성
• 시대 · 상황을 초월하는 일반적 법칙 존재 • 선진국의 제도 고찰 · 도입, 행정학의 일반이론 구축	• 일반적 법칙은 존재하지 않고, 시대 · 상황에 따라 달라짐 • 선진국 행정제도 도입의 실패현상

2 행정과 환경

1. 행정과 경영

구분	행정	경영
유사점	• 목표달성을 위한 수단 • 관리기법이나 기술 • 협동행위	• 관료제적 성격(또는 탈관료제적 성격) • 의사결정과정 • 봉사성
주체	정부·국가	민간기업·사기업
목적	국민의 복리증진, 다원적	사익 이윤극대화, 일원적
정치성	정치적 합리성	경제적 합리성
권력성	권력적	비권력적
독점성	강함	약함
법적 규제	강함	완화
평등원칙	적용 강함	적용 약함
능률성	계량화 곤란	계량화 용이
경쟁성	약함	강함

2. 비정부조직(NGO)

(1) 의의

개념	공적 목적의 실현을 위해 시민들이 자발적으로 참여하는 공식 조직
등장배경	• 시장실패와 정부실패 • 거버넌스와 시민사회의 확대
특징	• 제3섹터의 조직 • 비영리 조직 • 자발적 조직 • 지속적 조직 • 공식적 조직

(2) 비영리단체(NPO)와의 차이

구분	비영리단체(NPO)	비정부조직(NGO)
초점	비영리성	비정부성
특징	공익성, 자발성, 자율성, 이익의 비배분성	자발성, 공익성, 비영리성
사용 국가	미국	유럽, 제3세계 국가

3. 사회적 기업(제4섹터)

의의	• 취약계층에게 사회서비스 또는 일자리를 제공하거나 지역사회에 공헌함으로써 지역주민의 삶의 질을 높이는 등의 사회적(공익적) 목적을 추구하고 재화 및 서비스의 생산·판매 등 영업활동을 하는 기업 • 고용노동부장관의 인증을 받은 기업으로 유급근로자를 고용하여 영리활동을 수행함[자원봉사자들로만 구성되는 비정부기구(NGO)와는 구분됨]
인증요건	• 민법에 따른 법인·조합, 상법에 따른 회사 또는 비영리민간단체 등 대통령령으로 정하는 조직 형태를 갖출 것 • 유급근로자를 고용하여 재화와 서비스의 생산·판매 등 영업활동을 할 것 • 취약계층에게 사회서비스 또는 일자리를 제공하거나 지역사회에 공헌함으로써 지역주민의 삶의 질을 높이는 등 사회적 목적의 실현을 조직의 주된 목적으로 할 것(구체적인 판단기준은 대통령령으로 정함) - 일자리제공형: 근로자의 30% 이상이 취약계층 - 서비스제공형: 서비스 수혜자의 30% 이상이 취약계층 • 회계연도별로 배분 가능한 이윤이 발생한 경우 이윤의 3분의 2 이상을 사회적 목적을 위하여 사용할 것(단, 상법에 따른 회사인 경우만 해당함)

01 □□□

2018년 서울시 7급(3월 추가)

행정에 대한 설명으로 가장 옳지 않은 것은?

① 행정은 최협의적으로는 행정부의 조직과 공무원의 활동에 대한 것이다.
② 행정은 공공서비스의 생산, 공급, 분배를 통해 공공 욕구를 충족시켜 국민 삶의 질을 증대하고자 한다.
③ 행정의 활동은 환경과의 상호작용을 통해 역동적으로 변화한다.
④ 행정의 활동은 정치권력을 배경으로 공공서비스의 생산 및 공급을 정부가 독점한다.

02 □□□

2025년 군무원 9급

행정에 대한 설명으로 가장 적절하지 않은 것은?

① 규범적으로 행정은 공공문제 해결을 통해 공익을 지향한다.
② 행정은 공공서비스의 생산, 공급, 분배와 관련된 모든 활동을 의미한다.
③ 행정은 정치권력을 배경으로 공공서비스의 생산과 공급을 독점한다.
④ 행정은 공공문제의 해결 과정에서 정치과정과 밀접하게 연계되어 있다.

03 □□□

2019년 서울시 7급(2월 추가)

윌슨(Wilson)의 『행정의 연구(The Study of Administration)』에 대한 설명으로 가장 옳지 않은 것은?

① 19세기 말엽 미국 정부의 규모가 그 이전과 비교도 안 될 정도로 커지고, 행정의 수요가 급증한 상황에서 행정학 연구의 중요성을 역설하였다.
② 19세기 말엽 미국 내 정경유착과 보스 중심의 타락한 정당정치로 인하여 부패가 극심한 상황에서 행정이 정치로부터 독립해야 한다고 주장하였다.
③ 윌슨(Wilson)은 행정의 전문성을 강조하면서, 정치와 행정의 분리와 함께 행정의 영역(field of administration)을 비즈니스의 영역(field of business)으로 규정하기도 하였다.
④ 윌슨(Wilson)은 행정의 본질을 의사결정과 이에 따른 집행의 효과성을 높이는 것으로 파악하고 있으며, 근본적으로 효율적인 정부가 되어 돈과 비용을 덜 들여야 한다고 주장하고 있다.

04 □□□

2019년 서울시 9급(6월 시행)

정치행정일원론에 대한 설명으로 가장 옳지 않은 것은?

① 공공조직의 관리자들은 정책결정자를 위한 지원, 정보제공의 역할만을 수행한다.
② 공공조직의 관리자들은 정책을 구체화하면서 정책결정 기능을 수행한다.
③ 공공조직의 관리자들이 수집, 분석, 제시하는 정보가 가치판단적인 요소를 내포한다.
④ 행정의 파급효과는 정치적인 요소를 내포한다.

05 □□□

2020년 국가직 9급

정치행정이원론에 대한 설명으로 옳은 것은?

① 정당정치의 개입으로부터 자유로운 행정 영역을 강조하였다.
② 1930년대 뉴딜정책은 정치행정이원론이 등장하게 된 중요 배경이다.
③ 과학적 관리론과 행정개혁운동은 정치행정이원론의 한계를 지적하였다.
④ 정치행정이원론을 대표하는 애플비(Appleby)는 정치와 행정이 단절적이라고 보았다.

06 □□□

2022년 지방직 7급

애플비(Appleby)가 주장한 정치행정일원론의 내용에 해당하는 것은?

① 행정은 효율성을 추구하는 관리를 핵심으로 한다.
② 행정은 민의를 중시해야 하며 정책결정과 집행의 혼합작용이다.
③ 시간과 동작연구를 통한 직무의 전문화는 행정조직의 생산성을 극대화할 수 있다.
④ 고위 관료가 능률적으로 관리해야 할 행정원리는 기획, 조직, 인사, 지휘, 조정, 보고, 예산 등이 있다.

07 □□□

2021년 지방직 9급

정치행정일원론에 대한 설명으로 옳은 것은?

① 행정국가의 등장과 연관성이 깊다.
② 윌슨(Wilson)의 『행정연구』가 공헌하였다.
③ 정치는 의사결정의 영역이고, 행정은 결정된 내용을 집행한다고 보았다.
④ 행정은 경영과 비슷해야 하며, 행정이 지향하는 가치로 절약과 능률을 강조하였다.

08 □□□

2022년 국가직 7급

정치행정이원론에 대한 설명으로 옳지 않은 것은?

① 행정과 경영이 차이가 없음을 강조하는 공사행정일원론의 입장을 취한다.
② 의사결정 역할을 하는 정치와 결정된 의사를 집행하는 행정의 역할을 엄격하게 구분할 것을 주장하였다.
③ 윌슨(Wilson)은 행정을 전문적 · 기술적 영역으로 규정하고, 정부는 효율성과 전문성을 갖추어야 한다고 주장하였다.
④ 대공황 이후 각종 사회문제를 해결하기 위해서 행정의 정책결정 · 형성 및 준입법적 기능수행을 정당화하였다.

09 □□□

2022년 군무원 9급

정치행정이원론과 관련된 설명으로 옳지 않은 것은?

① 행정을 공공서비스의 효율적인 생산 및 공급, 분배와 관련된 비권력적 관리현상으로 이해한다.
② 엽관주의를 극복하기 위한 시대적 요청에 따라 미국 펜들턴법(Pendleton Civil Service Reform Act)이 제정되었다.
③ 정치로부터 행정의 독자성을 강조하면서 과학적 관리법에 기반한 행태주의적 관점을 지지한다.
④ 행정국가의 등장으로 행정의 능률성과 전문성이 강조되면서 행정개혁운동이 전개되었다.

10 □□□

2024년 국가직 7급

정치·행정이원론에 대한 설명으로 옳지 않은 것은?

① 엽관주의 극복을 위한 반엽관주의(anti-spoils system) 움직임에 따라 대두되었다.
② 부패한 정치로부터 행정의 분리를 주장했다.
③ 행정의 정책형성기능 강화로 인해 기능적 행정학을 추구했다.
④ 윌슨(W. Wilson)은 행정을 관리와 경영의 영역으로 규정했다.

11 □□□

2025년 군무원 9급

정치행정이원론에 대한 설명으로 가장 적절하지 않은 것은?

① 굿노(Goodnow)와 윌슨(Wilson)에 의해 발전되고 체계화되었다.
② 행정의 효율성을 제고하고 나아가 행정이 전문성을 갖출 수 있도록 목표를 설정하였다.
③ 엽관주의를 극복하는 데 기여하였지만, 행정과 정치의 역할을 지나치게 엄격하게 분리함으로써 실적주의에 대한 논의와 확립을 더디게 하는 결과를 낳았다.
④ 정치가 선거활동이자 의회에 의한 입법활동으로서 정부활동에 대한 폭넓은 계획을 수립하는 것이라면, 행정이란 정치부문에서 결정한 내용을 구체적으로 집행하는 것이라고 보았다.

12 □□□

2001년 사법고시 변형

행정학의 과학성에 대한 설명과 거리가 먼 것은?

① 인간행태에 대한 과학적 연구를 강조하던 행태주의 연구경향에 의해 강조되었다.
② 과학성은 설명성, 인과성, 객관성 및 유형성을 강조하고 있다.
③ 사실(fact)과 가치(value)를 엄격히 구분하는 논리실증주의에 바탕을 두고 행정현상 연구에서 엄정한 경험적 접근방법을 강조하고 있다.
④ 사실(fact)은 행정이론을 형성하는 기초로서 작용하며, 무엇이 합리적이고 정당하며 선에 입각한 행정인지를 따져보는 데 관심을 두고 있다.

13 □□□

2020년 군무원 9급

행정학의 기술성과 과학성에 대한 설명으로 옳지 않은 것은?

① 왈도(D. Waldo)가 'practice'란 용어로 지칭한 기술성은 정해진 목표를 어떻게 효율적으로 달성하는가 하는 방법을 의미한다.
② 윌슨(W. Wilson) 등 초기 행정학자들은 관리기술이나 행정의 원리 등을 발견하려는 데 초점을 두고 행정학의 기술성을 강조하였다.
③ 행태주의 학자들은 행정학 연구에서 처방보다는 학문의 과학화에 역점을 두고 가설의 경험적 검증 등을 강조했다.
④ 현실 문제의 해결은 언제나 과학에만 의존할 수 없으므로 행정학은 기술성과 과학성을 동시에 고려하여야 한다.

14 □□□

2009년 지방직 7급

다음에서 설명하고 있는 행정학의 성격은?

> 제2차 세계대전 후 미국은 저개발국가에 경제 원조와 함께 미국의 행정이론에 바탕을 둔 제도나 기술을 지원했다. 그러나 저개발국가의 정치제도나 사회문화적 환경이 미국과 달라 새로 도입한 각종 행정제도가 소기의 성과를 거두지 못하는 경우가 많았다. 선진국의 행정이론이 모든 국가에 적용가능하다고 전제하는 것은 무리가 있기 때문에 외국의 행정이론을 도입하는 경우 사전에 충분한 검토가 필요하다.

① 행정학의 기술성과 과학성
② 행정학의 보편성과 특수성
③ 행정학의 가치판단과 가치중립성
④ 행정학의 전문성과 일반성

15 □□□

2008년 경남 9급

행정학의 접근법과 학문적 성격에서 기술성과 과학성, 특수성과 보편성, 가치판단불가피성과 가치중립성으로 나눌 때 서로 비슷한(연관된) 것끼리의 조합이 옳은 것은?

① 기술성 - 보편성 - 가치중립성
② 과학성 - 특수성 - 가치중립성
③ 기술성 - 특수성 - 가치판단불가피성
④ 과학성 - 보편성 - 가치판단불가피성

16 □□□

2004년 행시 변형

행정학의 이론과 그 특징을 연결한 것으로 옳은 것은?

① 행정관리론 - 정치행정이원론 - 능률성 강조
② 행정행태론 - 정치행정일원론 - 민주성 강조
③ 비교행정론 - 정치행정이원론 - 형평성 강조
④ 발전행정론 - 정치행정이원론 - 효과성 강조

17 □□□

2017년 교육행정직 9급

정부관에 대한 일반적인 설명으로 옳은 것은?

① 보수주의자는 기본적으로 자유시장을 불신하지만 정부를 신뢰한다.
② 진보주의자는 조세제도를 통한 정부의 소득재분배정책을 선호한다.
③ 신자유주의가 등장하면서 작은 정부에서 큰 정부로의 전환이 이루어졌다.
④ 1930년대 대공황을 겪으면서 최소의 정부가 최선의 정부라는 신념이 중요시되었다.

18 □□□

2011년 서울시 9급

진보주의 정부관을 설명하고 있는 내용으로 옳지 않은 것은?

① 소극적 자유 선호
② 공익목적의 정부규제 강화 강조
③ 조세를 통한 소득재분배 강조
④ 효율과 공정에 대한 자유시장의 잠재력 인정
⑤ 소외집단을 위한 정부정책 선호

19 □□□

2020년 군무원 9급

진보주의 정부에서 선호하는 정책으로 가장 적절하지 않은 것은?

① 조세 감면 확대
② 정부규제 강화
③ 소득재분배 강조
④ 소수민족 기회 확보

20 □□□

2024년 군무원 9급

진보주의와 보수주의의 구분은 사회와 정책을 이해하는 한 방법이다. 진보주의 정부에서 선호하는 정책으로 가장 적절하지 않은 것은?

① 소수민족 기회 확대
② 소득재분배 강조
③ 조세 감면 확대
④ 정부규제 강화

21 □□□

2008년 경남 9급

보수주의 국가(정부)의 특징이 아닌 것은?

① 정부개입에 대한 소극적 입장
② 자유시장에 대한 신념
③ 정부규제 완화와 시장지향 정책 선호
④ 조세제도를 통한 소득재분배 구현

22 □□□

2014년 경찰간부

행정과 경영의 공통점 및 차이점에 대한 설명으로 옳지 않은 것은?

① 행정은 정치적 성격을 갖는 반면, 경영은 정치로부터 분리되어 있어 정치적인 성격을 갖지 않는 것이 일반적이다.
② 경영은 시장실패 가능성 등의 이유로 엄격한 법적 규제를 받는 반면, 공익을 추구하는 행정은 법적 규제로부터 자유롭다.
③ 행정과 경영은 모두 관료제적 성격을 갖는 대규모 조직이라는 점에서 유사성을 갖는다.
④ 경영은 자유로운 시장진입 가능성으로 경쟁에 노출되는 반면, 행정은 공공서비스를 제공하는 과정에서 경쟁자가 존재하지 않는 것이 일반적이다.

23 □□□

2021년 군무원 9급

행정과 경영의 유사점에 대한 설명으로 가장 옳지 않은 것은?

① 행정과 경영은 어느 정도 관료제적 성격을 지니고 있다.
② 행정과 경영은 관리기술이 유사하다.
③ 행정과 경영은 목표는 다르지만 목표달성을 위한 수단으로 작동한다.
④ 행정과 경영은 비슷한 수준의 법적 규제를 받는다.

24 □□□

2024년 군무원 9급

다음 중 행정과 경영의 유사성으로 가장 적절하지 않은 것은?

① 관리기술적 측면
② 관료제적 성격
③ 법적 규제
④ 협동 행위

25 □□□

2021년 군무원 7급

행정의 목표달성을 위한 합리적 행동을 제약하는 요인에 해당하지 않는 것은?

① 정치변동에 따라 목표의 변동이 발생한다.
② 상반된 집단과 기관들은 목표를 각기 다르게 해석한다.
③ 대다수 공조직은 하나의 목표를 가지고 있다.
④ 완전한 합리성을 위한 자원이 부족하다.

26 □□□

2022년 군무원 9급

다음 중 우리나라의 행정환경에 대한 설명으로 옳지 않은 것은?

① 개방체제에서의 국가 간 관계로 인해 글로벌 환경은 행정에 사회, 기술 등 여러 측면에서 영향력이 확대되었다.
② 법 집행 과정에서 재량의 폭이 커지면 법의 일관성과 공정성을 잃기 쉽다.
③ 경제 환경의 불확실성은 정치적 환경에 의해 심화될 수도 있다.
④ 한국사회는 현재 공동체의식이 강하기 때문에 사회환경은 복잡하거나 불확실할 가능성이 낮다.

27 □□□

2005년 국회직 8급

비정부조직(NGO)에 대한 설명으로 옳지 않은 것은?

① 신국정관리(New Governance)에서는 정부와 NGO 간 협력체계를 중시한다.
② 박애적 배타주의란 NGO의 활동영역과 서비스공급대상이 한정되어 있다는 것이다.
③ 정부실패, 시장실패 등의 경제학이론은 NGO의 존립근거를 설명하는 이론이 될 수 있다.
④ NGO의 전문성 · 책임성 부족 현상은 살라몬(Salamon)의 NGO 실패유형 중 '박애적 불충분성'에 해당한다.
⑤ NGO는 자율적 통제와 신뢰에 바탕을 둔다.

28 □□□

2011년 국회직 8급

고용노동부의 인증을 받고 활동하고 있는 사회적 기업에 대한 설명으로 옳지 않은 것은?

① 사회적 기업이란 사회적 목적을 우선적으로 추구하면서 영업활동을 수행하는 조직이다.
② 우리나라의 사회적 기업은 취약계층에 대한 일자리 문제 해결과 사회서비스 수요에 대한 공급확대 방안으로 시작되었다.
③ 사회적 기업으로 인증받기 위해서는 「민법」상 법인 · 조합, 「상법」상 회사 또는 비영리단체 등 대통령령으로 정하는 조직형태를 갖추어야 한다.
④ 자원봉사자로만 구성된 비영리조직이라도 사회적 기업으로 인증받을 수 있다.
⑤ 사회적 기업은 다양한 이해관계자가 실질적으로 참여하는 민주적인 의사결정구조를 갖추어야 한다.

29 □□□

2010년 국가직 9급

오늘날 시민사회조직에 대한 설명으로 옳지 않은 것은?

① 정부와 비정부조직 간에 적대적 관계보다는 서로의 존재를 인정하는 동반자적 관계가 점차 확산되고 있다.
② 비정부조직이 생산하는 공공재나 집합재의 생산비용을 정부가 지원하는 경우에는 정부와 대체적 관계를 형성한다.
③ 비영리조직이 지닌 특징으로는 자발성, 자율성, 이익의 비배분성 등이 있다.
④ 정부가 지지나 지원의 필요성을 위해 특정한 비정부조직 분야의 성장을 유도하여 형성된 의존적 관계는 개발도상국에서 많이 나타난다.

30 □□□

2023년 군무원 9급

오늘날 시민사회조직에 대한 설명으로 가장 적절하지 않은 것은?

① 비정부조직이 생산하는 공공재나 집합재의 생산비용을 정부가 지원하는 경우에는 정부와 대체적 관계를 형성한다.
② 정부와 비정부조직 간에 적대적 관계보다는 서로의 존재를 인정하는 동반자적 관계가 점차 확산되고 있다.
③ 비영리조직이 지닌 특징으로는 자발성, 자율성, 이익의 비배분성 등이 있다.
④ 정부가 지지나 지원의 필요성을 위해 특정한 비정부조직 분야의 성장을 유도하여 형성된 의존적 관계는 개발도상국에서 많이 나타난다.

31 □□□

2024년 국가직 9급

「비영리민간단체 지원법」상 정부의 비영리민간단체 지원에 대한 설명으로 옳지 않은 것은?

① 비영리민간단체는 영리가 아닌 공익활동을 수행하는 것을 주된 목적으로 하는 민간단체이어야 한다.
② 등록비영리민간단체는 공익사업의 소요경비를 지원받을 수 있으며 소요경비의 범위는 사업비를 원칙으로 한다.
③ 등록비영리민간단체가 공익사업 추진의 보조금을 교부받고자 할 때에는 사업의 목적과 내용, 소요경비, 기타 필요한 사항을 기재한 사업계획서를 제출해야 한다.
④ 등록비영리민간단체는 보조금을 받아 수행한 공익사업을 완료한 때에는 사업보고서를 대통령에게 제출해야 하며 사업평가, 사업보고서 및 평가결과의 공개 등에 필요한 사항은 대통령령으로 정한다.

32 □□□

2022년 군무원 9급

시민단체 해석의 관점에 대한 설명으로 옳지 않은 것은?

① 결사체 민주주의 입장에서는 이상적인 사회란 NGO등의 자원조직이 많이 생겨서 효과적으로 활동하며 사회적 의미를 부여하는 형태를 의미한다.
② 공동체주의에서는 공동체를 위한 책임 있는 개인의 자원봉사 정신을 강조한다.
③ 다원주의에서는 개인의 자유를 중시하는 전통적 자유주의와 개인의 책임을 강조하는 보수주의를 절충한 입장을 취하고 있다.
④ 사회자본론도 시민사회와 시민단체에 대해 의미 있는 해석을 강화하며, 사회자본은 시민의 자발적 참여에 의해 생산되는 무형의 자본을 의미한다.

33 □□□

2025년 국가직 7급

NGO에 대한 설명으로 옳지 않은 것은?

① 공공의 이익을 추구하기 위해 자발적으로 조직되고 운영된다.
② 정부가 각종 사회문제를 해결하지 못하고 시민의 욕구를 충족시키지 못하는 한계를 보완하기 위해 등장하였다.
③ 서비스형 NGO는 국민권익을 보호하는 역할을 담당하고, 주창형 NGO는 사회적 약자를 위한 복지혜택을 제공하는 역할을 한다.
④ 시민의 참여를 통해 구성되기 때문에 자치성(self-governing)을 특징으로 한다.

34 □□□

2019년 서울시 9급(2월 추가)

행정사상가와 주장하는 내용을 가장 옳게 짝지은 것은?

① 해밀턴(Hamilton) - 분권주의를 강조하며 대중에 뿌리를 둔 풀뿌리민주주의를 강조하였다.
② 매디슨(Madison) - 이익집단을 중요시하였으며 정치활동의 원천으로 인식하였다.
③ 제퍼슨(Jefferson) - 연방정부에 힘이 집중되어 있는 중앙집권주의를 주장하였다.
④ 윌슨(Wilson) - 정치와 행정이 분리될 수 없는 정치행정일원론을 주장하였다.

35 □□□

2019년 지방직 7급

미국 행정의 발달과정과 행정학의 태동에 대한 설명으로 옳은 것은?

① 잭슨(Jackson)이 도입한 엽관주의는 정치지도자의 행정통솔력을 약화함으로써 국민의 요구에 대한 관료적 대응성의 후퇴 및 정책수행과정에서의 비효율성을 초래하였다.
② 건국 직후 미국 정치체제는 행정의 효율성을 지향하는 해밀턴주의(Hamiltonianism)가 지배했다.
③ 1906년에 설립된 뉴욕시정조사연구소(The New York Bureau of Municipal Research)는 좋은 정부를 구현하기 위한 능률과 절약의 실천방안을 제시하고 시정에 대한 과학적 연구를 수행했다.
④ 미국 행정학의 학문적 초석을 다진 애플비(Appleby)는 행정에 대한 지나친 정당정치의 개입이 정책의 능률적 집행을 저해한다고 보았다.

CHAPTER 2

현대 행정의 이해

THEME 02 재화의 유형과 시장실패

중요도 ●●●●○

정답 및 해설 p. 9

선생님TIP

시장실패의 원인 중 하나인 공공재에 대해 학습하면서 재화의 유형을 함께 정리하여야 합니다. 재화의 유형은 경합성과 배제성을 기준으로 나누어지는데, 특히 공유재에서 나타나는 공유지의 비극과 그 해결방안을 알아두어야 합니다. 시장실패는 매년 한 문제 정도는 출제가 되고 있는 중요한 테마로서 아래 표에 있는 원인과 그 해결방안을 반드시 이해할 수 있도록 합니다.

■ 재화의 유형과 시장실패

1. 재화의 유형

구분	비배제성	배제성
비경합성	공공재, 집합재 예 국방, 치안, 외교, 등대, 가로등 등	요금재, 유료재 예 전기, 가스, 유료고속도로 등
경합성	공유재 예 바닷속 물고기, 야생나물 등	사적재, 시장재 예 컴퓨터, 냉장고 등

2. 시장실패의 원인과 대응방안

구분	내용	대응방안(정부개입)
공공재의 존재	비경합성과 비배제성을 띠는 공공재의 무임승차 성향으로 인한 과소공급 발생	공적 공급
외부효과의 발생	부정적 외부효과는 과잉생산되는 문제 발생	정부규제
	긍정적 외부효과는 과소생산되는 문제 발생	공적 유도
자연독점	과다한 초기비용으로 인한 자연독점 발생	공적 공급, 정부규제
불완전경쟁	독과점이나 각종 담합에 의해 비효율적 자원배분인 불완전경쟁 발생	정부규제
정보의 비대칭성	정보격차로 인해 역선택과 도덕적 해이 발생	공적 유도, 정부규제
분배의 불공평성	분배구조의 왜곡으로 형평성 문제 발생	소득재분배 정책
경기불안정과 경기성장둔화	인플레이션, 디플레이션, 고용불안 등의 거시적 문제 발생	경기안정화 정책

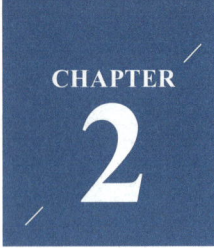

01 □□□
2013년 국가직 7급

시장실패의 원인이 아닌 것은?

① 규모의 경제
② 정보의 비대칭성
③ X-비효율성
④ 외부효과의 발생

02 □□□
2023년 군무원 7급

사바스(Savas)가 구분한 공공서비스의 유형 중에서 비경합성과 비배타성(비배제성)을 모두 가진 것은?

① 시장재
② 요금재
③ 공유재
④ 집합재

03 □□□
2014년 국가직 9급

경합성과 배제성을 고려할 때 공공재(public goods)에 가장 가까운 것은?

① 국립도서관
② 고속도로
③ 등대
④ 올림픽 주경기장

04 □□□
2024년 군무원 9급

다음 중 공유재(common-pool goods)에 대한 설명으로 가장 적절하지 않은 것은?

① 국공립도서관, 국립공원, 국방, 치안 등을 그 예로 들 수 있다.
② 경합성을 지닌다.
③ 비배제성을 지닌다.
④ 과잉 소비의 문제가 발생할 수 있다.

05 □□□
2015년 교육행정직 9급

공유재(common pool goods)와 관련된 설명으로 옳은 것을 모두 고르면?

ㄱ. 전기, 상하수도 등이 공유재에 해당한다.
ㄴ. 민간부문이 공유재의 공급주체가 될 수 있다.
ㄷ. 적절한 조치가 없으면 과다소비로 인한 고갈 문제가 발생한다.
ㄹ. 소비의 비경합성과 비배제성의 특성을 동시에 갖는 재화 또는 서비스이다.

① ㄱ, ㄴ　　② ㄴ, ㄷ
③ ㄷ, ㄹ　　④ ㄱ, ㄹ

06 □□□
2014년 서울시 7급

공유재(common pool resource)에 대한 설명으로 옳지 않은 것은?

① 공유재는 잠재적 사용자의 배제가 불가능 또는 곤란한 자원이다.
② 공유지의 비극(tragedy of commons)은 개인의 합리성과 집단의 합리성이 충돌하는 딜레마 현상이다.
③ 공유지의 비극(tragedy of commons)은 개인의 합리성 추구로 인해 공유재가 고갈되는 현상을 일컫는다.
④ 하딘(Hardin)은 공유지의 비극을 방지하기 위하여 국가규제의 강화를 주장하였다.
⑤ 공유재는 개인의 사용량이 증가함에 따라 나머지 사람들이 사용할 수 있는 양이 감소하는 특성을 가진 자원이다.

07 □□□

2015년 국가직 7급

사바스(Savas)가 구분한 네 가지 공공서비스 유형과 내용의 연결이 옳지 않은 것은?

① 요금재(toll goods) - 대가를 지불하지 않는 소비자를 배제할 수 없다.
② 집합재(collective goods) - '무임승차'의 문제가 생길 수 있다.
③ 시장재(private goods) - 경합성과 배제성을 동시에 갖는 서비스이다.
④ 공유재(common pool goods) - 과잉소비의 문제가 발생할 수 있다.

08 □□□

2023년 지방직 7급

사바스(Savas)의 재화 및 서비스 유형에 대한 설명으로 옳지 않은 것은?

① 시장재(private goods)는 소비자 보호와 서비스 안전을 위해 행정의 개입도 가능하다.
② 공유재(common pool goods)는 과다소비와 공급비용 귀착 문제가 발생한다.
③ 요금재(toll goods)는 X-비효율성으로 인해 발생할 수 있는 문제 때문에 대부분 정부가 공급한다.
④ 집합재(collective goods)는 비용부담에 따라 서비스 혜택을 차별화하거나 배제할 수 없기 때문에 무임승차 문제가 발생한다.

09 □□□

2024년 지방직 7급

사바스(Savas)의 공공서비스 유형에 대한 설명으로 옳지 않은 것은?

① 요금재는 자연독점 등으로 인한 시장실패에 대응하기 위하여 정부가 직접 공급하거나 공기업이 공급하는 경우가 많다.
② 집합재는 비용 부담에 따라 서비스 혜택을 차별화하거나 서비스에서 배제할 수 없어 무임승차 문제가 일어날 수 있다.
③ 시장재는 주로 시장에서 제공되어 공공부문의 개입이 최소화되는 서비스이다.
④ 공유재는 비경합성과 비배제성을 특징으로 하며 국방, 외교 등이 여기에 속한다.

10 □□□

2018년 지방직 7급

재화를 배제성과 경합성 여부에 따라 네 가지 유형(A ~ D)으로 분류할 경우, 유형별 사례를 모두 바르게 짝지은 것은?

배제성 여부 / 경합성 여부	배제성	비배제성
경합성	A	B
비경합성	C	D

	A	B	C	D
①	구두	해저광물	고속도로	등대
②	라면	출근길 시내도로	일기예보	상하수도
③	자동차	공공낚시터	국방	무료TV방송
④	냉장고	케이블TV	목초지	외교

11 □□□

2015년 교육행정직 9급

시장실패의 원인에 대한 정부의 대응으로 적절하지 않은 것은?

① 공공재의 경우 원칙적으로 정부가 직접 공급한다.
② 독점의 폐해를 막기 위해 정부는 서비스를 직접 공급하거나 규제를 한다.
③ 외부불경제에서 나타나는 문제에 대응하기 위해 정부는 보조금을 지원한다.
④ 정보의 비대칭성에 기인하는 문제에 대응해 정부는 보조금을 지원하거나 규제를 한다.

12 □□□

2023년 군무원 9급

다음 중 시장실패에 따른 정부개입 근거에 대한 설명으로 가장 거리가 먼 것은?

① 공공재의 공급이 부족한 경우 정부가 강제적으로 공급한다.
② 외부효과 발생 시 조세와 보조금 등을 사용하여 외부효과를 제거한다.
③ 사회적 소득불평등에 따른 문제를 해결하기 위해 사회보장정책을 시행한다.
④ 불완전경쟁에 대해서는 보조금 혹은 공적공급으로 대응할 수 있다.

13 □□□

2023년 군무원 7급

시장실패를 야기하는 요인에 대한 정부의 대응방식으로 가장 적절한 것은?

① 공공재의 존재에 대한 정부 보조금
② 외부효과의 발생에 대한 직접적인 공적(公的) 공급
③ 자연독점에 대한 정부규제
④ 정보의 비대칭성에 대한 직접적인 공적(公的) 공급

14 □□□

2010년 국가직 9급

정부의 개입활동 중에서 외부효과, 자연독점, 불완전경쟁, 정보의 비대칭 등의 상황에 모두 적절한 대응방식은?

① 공적 공급
② 공적 유도
③ 정부규제
④ 민영화

15 □□□

2024년 행정사

외부효과에 관한 설명으로 옳지 않은 것은?

① 긍정적 외부효과는 사회적 적정수준보다 과잉생산의 결과를 가져온다.
② 불법주차, 환경오염 등은 부정적 외부효과를 야기시키는 행위이다.
③ 외부효과란 시장을 거치지 않고 제3자에게 이익을 주거나 비용을 부담시키는 행위이다.
④ 부정적 외부효과를 해결하기 위해 조세를 부과할 수도 있다.
⑤ 긍정적 외부효과의 대표적인 예는 교육, 교통정리 등이 있다.

16 □□□

2015년 국가직 9급

외부효과를 교정하기 위한 방법에 대한 설명으로 옳지 않은 것은?

① 교정적 조세(피구세: Pigouvian tax)는 사회 전체적인 최적의 생산수준에서 발생하는 외부효과의 양에 해당하는 만큼의 조세를 모든 생산물에 대해 부과하는 방법이다.
② 외부효과를 유발하는 기업에게 보조금을 지급하여 사회적으로 최적의 생산량을 생산하도록 유도한다.
③ 코즈(Coase)는 소유권을 명확하게 확립하는 것이 부정적 외부효과를 줄이는 방법이라고 주장했다.
④ 직접적 규제의 활용사례로는 일정한 양의 오염허가서(pollution permits) 혹은 배출권을 보유하고 있는 경제주체만 오염물질을 배출할 수 있게 허용하는 방식이 있다.

17 □□□

2019년 서울시 7급(10월 시행)

작은 정부의 등장을 지지하게 된 이론적 배경으로 가장 적절하지 않은 것은?

① 예산극대화모형
② 지대추구이론
③ X-비효율성
④ 외부효과

18 □□□

2019년 서울시 7급(2월 추가)

작은 정부와 큰 정부에 대한 설명으로 가장 옳지 않은 것은?

① 큰 정부의 등장은 대공황 등 경제위기 속에서 시장에 대한 정부의 적극적 개입을 통해 대공황을 극복해야 한다는 케인즈주의에 사상적 기반을 두고 있다.

② 시장실패에 대한 대응으로 나타난 큰 정부는 규제를 완화하고 사회보장, 의료보험 등 사회정책을 펼침으로써, 정부의 적극적 역할을 강조하였으며, 이러한 이유로 정부의 크기가 커졌다.

③ 경제 대공황 극복을 위하여 등장한 뉴딜정책과 함께 2차 세계대전 등 전쟁은 큰 정부가 탄생하는 데 결정적인 영향을 주었다.

④ 작은 정부를 주장하는 하이에크(Hayek)는 케인즈(Keynes)의 주장을 반박하며, 정부의 시장 개입은 단기적 경기 부양에는 효과적일 수 있어도 장기적으로는 시장의 효율성을 심각하게 훼손한다고 주장하였다.

19 □□□

2020년 지방직 9급

작은 정부를 적극적으로 옹호하는 것은?

① 행정권의 우월화를 인정하는 정치행정일원론

② 경제공황 극복을 위한 뉴딜정책

③ 사회복지 프로그램의 확대

④ 신공공관리론

20 □□□

2021년 국가직 9급

정부개입의 근거가 되는 시장실패의 원인으로 옳지 않은 것은?

① 외부효과 발생

② 시장의 독점 상태

③ X-비효율성 발생

④ 시장이 담당하기 어려운 공공재의 존재

21 □□□

2024년 국가직 9급

시장실패에 대한 설명으로 옳지 않은 것은?

① 민영화를 강조하는 작은 정부론은 시장실패에 대한 대응으로 제기되었다.

② 시장기구를 통해 자원을 효율적으로 배분할 수 없는 상태를 말한다.

③ 정부는 시장개입 및 규제를 통해 시장실패를 교정한다.

④ 공공재의 존재는 시장실패를 야기하는 요인이다.

THEME 03 정부실패와 정부규모에 대한 논쟁

중요도 ●●●●○

정답 및 해설 p. 11

선생님TIP

정부실패의 원인과 그 해결방안을 아래 표에 있는 대로 반드시 이해하고 정리하여야 합니다. 특히 X-비효율성의 개념, 파생적 외부효과의 대안 등이 시험에 자주 출제되고 있습니다. 정부규모에 대한 논쟁은 약간 지엽적인 주제로서 정부규모(공공재)의 축소설(과소공급설)과 팽창설(과다공급설)로 구분하여 개념을 알아두면 됩니다.

■ 정부실패와 정부규모에 대한 논쟁

1. 정부실패의 원인과 대응방안

구분	내용	대응 방안
내부성	관료가 공익이 아닌 조직을 위한 내부 목표(사적 목표) 설정 예 파킨슨(Parkinson)의 법칙, 니스카넨(Niskanen)의 예산극대화모형, 던리비(Dunleavy)의 관청형성모형, 관료의 도덕적 해이 등	민영화
X-비효율성	행정관료들의 관리상·기술상·행태상의 비효율성(정부낭비) 예 무사안일, 최신기술에의 부적응 등	민영화, 규제 완화, 보조 삭감
파생적 외부효과	정부개입으로 인해 생기는 예상치 못한 부차적 효과 발생	규제 완화, 보조 삭감
권력의 편재	정부가 권력과 특혜를 남용(특정 기업에게 특혜)	민영화, 규제 완화

2. 정부규모(공공재)에 대한 논쟁

과다공급설	와그너(Wagner)의 경비팽창의 법칙	사회의 발전에 따라 행정수요의 팽창이 일어남
	피콕과 와이즈맨(Peacock & Wiseman)의 전위효과	전쟁 등 위기 시에는 국민의 조세부담증대의 수용성(허용수준)이 높아짐
	보몰(Baumol)효과	정부부문의 노동집약적인 성격이 생산성 저하를 가져오는 고질병으로 인한 비용상승효과 발생
	니스카넨(Niskanen)의 예산극대화모형	자기 부서의 이익극대화를 위해 과잉예산을 확보함
	뷰캐넌(Buchanan)의 다수결 투표와 리바이어던가설	투표의 거래나 담합(Log-Rolling)에 의한 사업의 팽창과 정부의 완전성에 대한 믿음을 의미함
	지출한도(expending belt)의 부재	정부의 지출에 종결장치 및 가시적인 길항력(균형유지력)이 존재하지 않음
	양출제입의 원리	지출수요의 증가에 따라 수입을 확대함
	간접세 위주의 재정구조	조세저항의 회피에 따른 재정팽창(재정착각) 발생
과소공급설	머스그레이브(Musgrave)의 조세저항	국민들의 조세저항(재정착각)이 공공재의 과소공급을 유도
	다운스(Downs)의 합리적 무지	합리적 개인들은 공공재에 대해서 적극적 정보를 수집하지 않기 때문에 공공재의 수요저하현상 발생
	갈브레이스(Galbraith)의 선전효과	공공재는 선전이 이루어지지 않아 공적 욕구를 자극하지 못함
	듀젠베리(Duesenberry)의 전시효과	민간재에는 체면유지 때문에 실제 필요한 지출보다 더 많이 지출하지만 공공재에는 그렇지 않음

01 □□□
2025년 국가직 9급

정부실패(government failure)의 원인 중 다음 설명에 해당하는 것은?

> 비공식적 목표가 공식적 조직 목표를 대체하는 현상으로서, 관료 자신이 개인적 이익이나 소속기관의 이익을 사회적 목표보다 우선 고려함으로써 사회 전체의 목표와 조직 내부 목표 간 괴리가 발생하는 것이다.

① 파생적 외부효과
② X-비효율성
③ 권력의 편재
④ 내부성

02 □□□
2020년 국회직 8급

정부실패의 요인 중, 관료들이 자기 부서의 이익 혹은 자신의 사적 이익에 집착함으로써 공익을 훼손하게 되는 경우를 설명하는 개념은?

① 비용과 수입의 분리
② 내부성
③ X-비효율
④ 파생적 외부효과
⑤ 분배적 불공평

03 □□□
2022년 국가직 7급

정부실패의 요인에 대한 설명으로 옳지 않은 것은?

① 'X-비효율성'은 정부가 가진 권력을 통해 불평등한 분배가 이루어지는 현상이다.
② '지대추구'는 정부개입에 따라 발생하는 인위적 지대를 획득하기 위해 자원을 낭비하는 활동이다.
③ '파생적 외부효과'는 시장실패를 해결하기 위해 정부가 개입하지만 의도하지 않은 부작용을 초래하는 것이다.
④ '내부성(internalities)'은 공공조직이 공익적 목표보다는 관료 개인이나 소속기관의 이익을 우선적으로 고려하는 것이다.

04 □□□
2013년 국회직 9급

정부실패를 야기하는 요인과 정부의 대응방식이 올바르게 연결된 것은?

① 사적 목표의 설정 - 정부보조 삭감
② X-비효율, 비용체증 - 민영화
③ 파생적 외부효과 - 민영화
④ 권력의 편재 - 정부보조 삭감
⑤ 정보의 비대칭성 - 규제완화

05 □□□
2009년 서울시 7급

정부실패에 대한 정부의 대응 방식으로 옳지 않은 것은?

① 사적 목표의 설정에 대한 방안에는 민영화가 있다.
② X-비효율성에 대한 방안에는 민영화, 정부 보조 삭감, 규제 완화 등이 있다.
③ 파생적 외부효과에 대한 방안으로 정부 보조 삭감, 규제 완화 등이 있다.
④ 권력의 편재에 대한 방안으로 정부 보조 삭감, 규제 완화 등이 있다.
⑤ 최근 시장실패와 정부실패를 함께 교정할 수 있는 제도로서 네트워크 거버넌스가 제시되고 있다.

06 □□□
2019년 지방직 7급

파킨슨의 법칙(Parkinson's Law)에 대한 설명으로 옳지 않은 것은?

① 관료는 본질적인 업무가 증가하지 않으면 파생적인 업무도 줄이려는 무사안일의 경향을 가진다.
② 업무의 강도나 양과는 관계없이 공무원의 수는 항상 일정한 비율로 증가한다.
③ 공무원은 업무의 양이 증가하면 비슷한 직급의 동료보다 부하 직원을 충원하려는 경향이 강하다.
④ 브레넌과 뷰캐넌(Brennan & Buchanan)의 리바이어던가설(Leviathan Hypothesis)처럼, 관료제가 '제국의 건설'을 지향한다는 입장이다.

07 □□□
2025년 국가직 7급

파킨슨(C. Parkinson) 법칙에 해당하는 것만을 모두 고르면?

> ㄱ. 본질적인 업무는 그대로인데, 파생적인 업무가 늘어난다.
> ㄴ. 공무원은 금전적 효용보다는 직무에 관련한 개인적 효용을 추구한다.
> ㄷ. 자신의 무능력 수준에 이를 때까지 승진하게 된다.
> ㄹ. 공무원의 수는 업무량과 관계없이 증가한다.

① ㄱ, ㄴ　② ㄱ, ㄹ
③ ㄴ, ㄷ　④ ㄷ, ㄹ

08 □□□
2018년 국회직 8급

다음 중 정부실패의 원인으로 옳지 않은 것은?

① 권력으로 인한 분배적 불공정성
② 정부조직의 내부성
③ 파생적 외부효과
④ 점증적 정책결정의 불확실성
⑤ 비용과 편익의 괴리

09 □□□
2018년 교육행정직 9급

다음 설명에 해당하는 개념으로 적합한 것은?

> 정부의 재화나 서비스 제공 자체가 독점적인 특성이 있어서 경쟁체제로 형성된 가격까지 낮추려는 경쟁압박을 받지 않기 때문에 나타난다. 또한 정부가 추진하는 정책이 성공하거나 실패할 때 직접적인 평가(상벌)에 대한 기대가 크지 않아서 투입된 자원이 기대할 수 있는 최적의 생산량에 미치지 못하기 때문에 나타나는 현상이다.

① X-비효율성(X-inefficiency)
② 외부불경제(External Diseconomy)
③ 주인-대리인모형(Principal-Agent Model)
④ 정보의 비대칭성(Information Asymmetry)

10 □□□
2025년 국회직 8급

다음 글의 ㉠과 ㉡에 해당하는 정부실패 요인으로 옳은 것은?

> • 정부 관료조직이 공익을 추구하는 것이 공식적 목표이지만 관료들이 자기 이익이나 부서의 예산 확대에만 집착해 재정을 낭비하는 경우를 (㉠)(으)로 인한 정부실패라고 한다.
> • 시장실패를 해결하기 위해 정부가 개입하지만 의도하지 않은 부작용을 초래할 수도 있다. 이때 발생하는 문제를 (㉡)라고 한다.

	㉠	㉡
①	내부성	지대추구행위
②	X-비효율성	권력의 편재
③	내부성	파생적 외부효과
④	X-비효율성	파생적 외부효과
⑤	권력의 편재	지대추구행위

11 □□□
2017년 국가직 9급(4월 시행)

정부의 규모와 역할에 대한 행정이론의 설명으로 옳지 않은 것은?

① X-비효율성은 과열된 경쟁에서 나타나는 정부의 과다한 비용발생을 의미한다.
② 지대추구이론은 규제나 개발계획과 같은 정부의 시장개입이 클수록 지대추구행태가 증가하고 그에 따른 사회적 손실도 증가한다고 주장한다.
③ 거래비용이론에서는 당사자 간의 협상 및 커뮤니케이션 비용과 계약의 준수를 감시하는 비용도 거래비용으로 포함한다.
④ 대리인이론은 주인-대리인 사이에 정보비대칭성이 있고 대리인이 기회주의적으로 행동하는 경우 역선택(adverse selection) 문제가 발생할 수 있다고 주장한다.

12 □□□
2011년 서울시 9급

민영화를 통해 효과적으로 해결하기 어려운 정부실패 유형에 해당하는 것은?

① 사적 목표의 설정
② X-비효율성
③ 파생적 외부효과
④ 권력의 편재
⑤ 지대추구 행위

13 □□□ 2016년 국가직 9급

시장실패 및 정부실패에 대한 설명으로 옳지 않은 것은?

① 시장실패를 초래하는 요인은 공공재의 존재, 외부효과의 발생, 불완전한 경쟁, 정보의 비대칭성 등이다.
② 시장실패를 교정하기 위한 정부 역할은 공적 공급, 공적 유도, 정부 규제 등이다.
③ 정부개입에 의해 초래된 의도하지 않은 결과 때문에 자원배분상태가 정부개입이 있기 전보다 오히려 더 악화될 수 있다.
④ 정부실패는 관료나 정치인들의 개인적 요인 때문에 발생하며, 정부라는 공공조직에 내재하는 구조적 요인 때문에 발생하는 것은 아니다.

14 □□□ 2022년 국회직 8급

시장실패와 정부실패에 대한 설명으로 옳지 않은 것은?

① 시장은 배타성과 경쟁성을 모두 갖지 않는 재화를 충분히 공급하기 어렵다.
② 정부는 시장 활동이 초래하는 환경오염과 같은 부정적 외부효과를 막기 위해 규제 등의 수단을 가지고 시장에 개입한다.
③ 공유지의 비극은 개인의 합리적인 행동으로 인해 공동자원이 훼손되는 현상을 설명하는 용어이다.
④ 관료의 외부성은 관료가 부서의 확장에만 집착하는 것을 의미한다.
⑤ 정부의 독점적인 공공서비스 공급은 경쟁의 부재로 인해 생산성이 낮아져 정부실패를 초래할 수 있다.

15 □□□ 2019년 국회직 8급

다음 글의 (ㄱ)에 해당하는 것은?

(ㄱ)은 재정권을 독점한 정부에서 정치가나 관료들이 독점적 권력을 국민에게 남용하여 재정규모를 과도하게 팽창시키는 행위를 의미한다는 내용을 담고 있다.

① 로머와 로젠탈(Romer & Rosenthal)의 회복수준이론
② 파킨슨(Parkinson)의 법칙
③ 니스카넨(Niskanen)의 예산극대화 가설
④ 지대추구이론
⑤ 리바이어던(Leviathan) 가설

16 □□□ 2009년 국가직 7급

정부규모팽창에 대한 이론의 설명으로 옳은 것을 모두 고르면?

ㄱ. 전위효과: 사회혼란기에 공공지출이 상향 조정되며 민간지출이 공공지출을 대체하는 현상
ㄴ. 와그너 법칙(Wagner's law): 1인당 국민소득이 증가할 때, 국민경제에서 차지하는 공공부문의 상대적 크기가 증대되는 현상
ㄷ. 예산극대화 가설: 관료들이 권력의 극대화를 위해 자기 부서의 예산 극대화를 추구하는 현상
ㄹ. 파킨슨 법칙: 공무원의 수가 해야 할 업무의 경중이나 그 유무에 관계없이 일정 비율로 증가하는 현상
ㅁ. 보몰효과(Baumol's effect): 정부가 생산공급하는 서비스의 생산비용이 상대적으로 빨리 하락하여 정부지출이 감소하는 현상

① ㄱ, ㄴ, ㄷ　　② ㄱ, ㄴ, ㄹ, ㅁ
③ ㄴ, ㄷ, ㄹ　　④ ㄱ, ㄷ, ㄹ, ㅁ

17 □□□

2023년 지방직 9급

정부예산팽창이론에 대한 설명으로 옳지 않은 것은?

① 바그너(Wagner)는 경제발전에 따라 국민의 욕구 부응을 위한 공공재 증가로 인해 정부예산이 증가한다고 주장한다.
② 피코크(Peacock)와 와이즈맨(Wiseman)은 전쟁과 같은 사회적 변동이 끝난 후에도 공공지출이 그 이전 수준으로 되돌아가지 않는 데에서 예산팽창의 원인을 찾고 있다.
③ 보몰(Baumol)은 정부 부문과 민간 부문 간의 생산성 격차를 통해 정부예산의 팽창 원인을 설명하고 있다.
④ 파킨슨(Parkinson)은 관료들이 자신들의 권력 극대화를 위해 필요 이상으로 자기 부서의 예산을 추구함에 따라 정부예산이 지속적으로 증가한다고 주장한다.

18 □□□

2024년 군무원 9급

다음 중 공공재의 공급 규모에 대한 설명으로 가장 적절하지 않은 것은?

① 니스카넨(Niskanen)의 예산극대화모형에 따르면 공공재는 과다공급된다.
② 파킨슨(Parkinson)의 법칙이 적용되면 공공재는 과다공급된다.
③ 보몰(Baumol)의 효과로 인하여 정부의 지출규모가 감소하여 공공재는 과소공급된다.
④ 다운스(Downs)에 의하면, 국민의 합리적 무지 내지 무관심은 공공재의 과소공급을 가져온다.

19 □□□

2025년 국가직 7급

다음 설명에 해당하는 것은?

정부 부문은 저자본 노동집약적인 서비스 산업이어서 자본 집약적인 제조업이나 민간 부문에 비해서 생산성이 낮고, 서비스 원가에서 임금이 차지하는 비율이 높다. 따라서 임금의 인상은 정부 서비스 비용을 증대시키게 되고, 결과적으로 정부지출이 증가하는 원인이 된다.

① 보몰효과(Baumol effect)
② 그레셤의 법칙(Gresham's law)
③ 바그너의 국가 활동 증대 법칙(Wagner's law)
④ 피코크와 와이즈맨(A. Peacock & J. Wiseman)의 전위효과(displacement effect)

20 □□□

2017년 서울시 9급

복지국가의 공공서비스 공급의 접근방법에 대한 설명으로 가장 옳은 것은?

① 민간부문을 조정 · 관리 · 통제하는 공공서비스 기능이 강조된다.
② 서비스의 배분 준거는 재정효율화이다.
③ 공공서비스의 형태는 선호에 따라 차별적으로 상품화된 서비스이다.
④ 성과관리는 수요자 중심의 맞춤형 관점에서 이루어진다.

21 □□□

2022년 국가직 9급

정부관의 변천에 대한 설명으로 옳지 않은 것은?

① 19세기 근대 자유주의 국가는 '야경국가'를 지향하였다.
② 대공황 이후 케인스주의, 루스벨트(Roosevelt) 대통령의 뉴딜정책은 큰 정부관을 강조하였다.
③ 영국의 대처리즘, 미국의 레이거노믹스는 작은 정부를 지향하였다.
④ 하이에크(Hayek)는 『노예로의 길』에서 시장실패를 비판하고 큰 정부를 강조하였다.

정부규제와 규제정치모형(Wilson)

중요도 ●●●●○

정답 및 해설 p. 15

선생님TIP

최근 출제 빈도가 아주 높은 테마로 공무원 행정학 시험 대비 주요 학습 내용 중 하나입니다. 먼저 정부규제의 유형을 경제적 규제와 사회적 규제로 구분하여 그 예를 정리하고, 정부규제의 방식에서 포지티브(positive) 규제와 네거티브(negative) 규제의 개념을 확실히 정리하여 네거티브(negative) 규제로 개혁이 이루어져야 한다는 것을 알아야 합니다. 그리고 윌슨(Wilson)의 규제정치모형에서는 고객정치와 기업가적 정치, 대중적 정치와 이익집단정치 각각의 특징과 그 예를 중심으로 정리해두어야 합니다.

■ 정부규제와 규제정치모형(Wilson)

1. 정부규제의 유형

구분	경제적 규제(광의)		사회적 규제
	경제적 규제(협의)	독과점규제	
대상	• 개별 산업(차별적 규제) • 기업의 본원적인 활동	• 모든 산업(비차별적 규제) • 기업의 본원적인 활동	• 모든 산업(비차별적 규제) • 기업의 사회적 책임
재량성	재량적 규제	비재량적 규제	비재량적 규제
경쟁성	경쟁 제한	경쟁 촉진	직접적 관계없음(국민보호)
특징	포획현상 발생	대립현상 발생	대립현상 발생, 공익집단의 역할 중요
예	진입(퇴거)규제, 가격규제 등	독과점규제, 불공정규제 등	환경규제, 소비자보호규제, 산업재해규제 등

2. 정부규제의 방식

구분	명령지시적 규제(직접적 규제)	시장유인적 규제(간접적 규제)
의의	정부가 직접규제를 위한 기준을 설정하여 의무화 및 금지·제한하는 행위	정부가 민간에 일정한 의무(부담금, 정보제공)를 부과하여 영향을 미치는 행위
방식	직접적·통제적·경직적 방식	간접적·유도적·신축적 방식
효과	규제효과 및 정치적 수용도 높음	규제효과 및 정치적 수용도 낮음
경제적 효율성	낮음(많은 비용)	높음(적은 비용)
예	인·허가의 설정, 환경기준·안전기준 설정 등	품질 및 성분표시제도, 공병배출금제도 등

3. 윌슨(Wilson)의 규제정치모형

구분		감지된 편익	
		분산	집중
감지된 비용	분산	대중적 정치 예 낙태·음란물·종교활동에 대한 규제 등	고객 정치 예 최저가격규제, 수입규제 등 주로 경제적 규제
	집중	기업가적 정치 예 환경오염규제, 산업안전규제 등 주로 사회적 규제	이익집단 정치 예 노사관계, 의약분쟁 등

01 □□□

2014년 국가직 9급

정부규제(행정규제)에 대한 설명으로 옳은 것을 모두 고르면?

> ㄱ. 정부규제는 파생적 외부효과를 해결한다는 장점이 있다.
> ㄴ. 경제적 규제에서는 피규제산업에 의한 규제기관의 포획현상이 나타날 수 있다.
> ㄷ. 리플리와 프랭클린(Ripley & Franklin)은 규제정책의 유형을 경쟁적 규제와 보호적 규제로 구분하였다.
> ㄹ. 시장유인적 규제는 규제효과를 담보할 수 있다는 장점이 있으나 기업에 불필요한 비용부담을 주는 단점이 있다.

① ㄱ, ㄴ　　② ㄴ, ㄷ
③ ㄴ, ㄹ　　④ ㄷ, ㄹ

02 □□□

2017년 지방직 9급(6월 시행)

정부규제를 사회적 규제와 경제적 규제로 나눌 경우 경제적 규제의 성격이 가장 강한 것은?

① 소비자안전규제
② 산업재해규제
③ 환경규제
④ 진입규제

03 □□□

2023년 군무원 9급

정부규제에 대한 설명으로 가장 적절하지 않은 것은?

① 규제는 정부가 공권력을 이용하여 개인이나 기업의 활동을 정부가 원하는 바람직한 상태로 유도하기 위한 정책수단이다.
② 규제는 개인이나 기업의 자유로운 활동을 금지하거나 제한하고 이를 위반한 경우에 불이익이 가해지기 때문에 엄격한 법적 근거가 요구된다.
③ 경제적 규제는 기업의 본원적 활동을 제한하는 것은 아니고 정부와의 관계에 관한 규제이다.
④ 사회적 규제는 소비자, 환경, 노동자 등을 보호할 목적으로 안전, 위생, 오염, 고용 등에 관한 규제가 주를 이룬다.

04 □□□

2022년 국가직 9급

윌슨(Wilson)의 규제정치 유형 중 다음 설명에 해당하는 것은?

> 정부규제로 발생하게 될 비용은 상대적으로 작고 이질적인 불특정 다수에게 부담된다. 그러나 편익은 크고 동질적인 소수에 귀속된다. 이런 상황에서 상당한 이익을 얻을 수 있는 소수집단은 정치조직화하여 편익이 자신들에게 제도적으로 보장될 수 있도록 정치적 압력을 행사한다.

① 대중정치
② 고객정치
③ 기업가정치
④ 이익집단정치

05 □□□

2015년 서울시 9급

윌슨(Wilson)은 정부규제로부터 감지되는 비용과 편익의 분포에 따라 규제정치를 아래 표와 같이 4가지 유형으로 구분했다. ㄱ~ㄹ에 들어갈 유형의 명칭과 그 사례의 연결이 가장 적합한 것은?

구분		감지된 편익	
		넓게 분산	좁게 집중
감지된 비용	넓게 분산	ㄱ	ㄴ
	좁게 집중	ㄷ	ㄹ

① ㄱ. 대중적 정치 - 각종 위생 및 안전규제
② ㄴ. 고객 정치 - 수입규제
③ ㄷ. 기업가적 정치 - 낙태규제
④ ㄹ. 이익집단 정치 - 농산물에 대한 최저가격규제

06 □□□

2018년 지방직 9급

윌슨(Wilson)의 규제정치유형과 예시를 연결한 것으로 옳지 않은 것은?

① 고객 정치 - 농산물에 대한 최저가격 규제
② 이익집단 정치 - 신문·방송·출판물의 윤리규제
③ 대중 정치 - 낙태에 대한 규제
④ 기업가 정치 - 식품에 대한 위생규제

07 □□□

2017년 국가직 7급(8월 시행)

다음 사례에 가장 부합하는 윌슨(Wilson)의 규제정치유형은?

> A시와 검찰은 지난해부터 올 2월까지 B상수원 보호구역 내 불법 음식점 70곳을 단속해 7명을 구속기소하고 12명을 불구속기소하는 한편 45명을 벌금 500만~3천만 원에 약식 기소했다. 이에 해당 유역 8개 시 · 군이 참여하는 '특별대책지역 수질보전정책협의회' 상인대표단은 11일 "B상수원 환경정비구역 내 휴게 · 단속은 형평성이 결여됐다."라며 중앙정부 차원의 해결책을 요구했다.

① 고객 정치
② 대중 정치
③ 이익집단 정치
④ 기업가 정치

08 □□□

2018년 국회직 8급

교통체증 완화를 위한 차량 10부제 운행은 윌슨(Wilson)이 제시한 규제정치이론의 네 가지 유형 중 어디에 해당하는가?

① 대중 정치
② 기업가 정치
③ 이익집단 정치
④ 고객 정치
⑤ 소비자 정치

09 □□□

2019년 서울시 7급(2월 추가)

<보기>는 △△일보의 보도 내용 중 일부이다. 이와 같은 기사 내용을 윌슨(Wilson)의 규제정치이론에 적용하면, 가장 적합한 정치적 상황은?

> <보기>
>
> "캡슐커피 때문에 경비아저씨와 싸웠습니다. 알루미늄과 플라스틱 재질이 섞여 있어 플라스틱 전용 재활용 수거함에 넣지 않았는데, 재활용함에 넣어야 한다며 언성을 높였습니다. 누구나 헷갈릴 수 있을 것 같아요." (김○○ · 여 · 34)
> "한 번에 마실 양을 쉽게 추출할 수 있어 캡슐커피를 애용했지만, 재활용되지도 않고 잘 썩지도 않는다는 이야기를 듣고 이용을 자제하려고 합니다." (이□□ · 남 · 31)
> 소비자들 사이에서 캡슐커피 사용을 제한하자는 목소리가 나오고 있다. 캡슐커피의 크기가 작은 데다 알루미늄과 플라스틱이 동시에 포함돼 있어 재활용이 실질적으로 불가, 환경오염의 주범이 될 수 있다는 이유에서다. 정부 역시 환경에 미치는 영향을 고려해 관련 규제 검토에 나설 것이라고 밝혔다.

① 고객 정치(client politics)
② 이익집단 정치(interest group politics)
③ 대중 정치(majoritarian politics)
④ 기업가 정치(entrepreneurial politics)

10 □□□

2024년 국가직 7급

윌슨(J. Wilson)의 규제정치이론에서 수입규제가 유발하는 정치경제적 상황은?

① 대중정치
② 기업가정치
③ 고객정치
④ 이익집단정치

11 □□□

2015년 지방직 7급

규제에 대한 설명으로 옳지 않은 것은?

① 윌슨(Wilson)의 규제정치이론에 따르면, 고객 정치 상황에서는 응집력이 강한 소수의 편익 수혜자의 논리가 투입될 가능성이 높다.
② 포지티브 규제는 '원칙 허용 · 예외 금지'의 형태를 취하는 것으로서, 명시적으로 금지하는 것 이외의 모든 것을 허용한다.
③ 국회, 법원, 헌법재판소, 선거관리위원회 및 감사원이 하는 사무에 대하여는 「행정규제기본법」을 적용하지 아니한다.
④ 「행정규제기본법」상 규제의 존속기한 또는 재검토기한은 규제의 목적을 달성하기 위하여 필요한 최소한의 기간 내에서 설정되어야 하며, 그 기간은 원칙적으로 5년을 초과할 수 없다.

12 □□□

2015년 서울시 7급

정부규제와 관련된 설명으로 옳은 것은?

① 정부규제를 수단규제와 성과규제로 구분할 경우, 수단규제는 성과규제에 비해 규제대상기관의 자율성이 크다.
② 정부규제를 수행주체에 따라 구분할 경우, 공동규제는 정부로부터 위임을 받은 민간집단에 의해 이루어지는 규제로 자율규제와 직접규제의 중간 성격을 띤다.
③ 정부규제를 포지티브(positive) 규제와 네거티브(negative) 규제로 구분할 경우, 포지티브(positive) 규제는 네거티브(negative) 규제에 비해 규제대상기관의 자율성이 크다.
④ 규제개혁은 규제관리 → 규제품질관리 → 규제완화 등의 단계로 진행되는 것이 일반적이다.

13 □□□

2018년 지방직 9급

규제의 유형에 대한 설명으로 옳지 않은 것은?

① 리플리와 프랭클린(Ripley & Franklin)은 보호적 규제와 경쟁적 규제로 구분하고 있다.
② 경제규제는 주로 시장의 가격 기능에 개입하고 특정 기업의 시장 진입을 배제하거나 억압하는 방식으로 작동된다.
③ 포지티브 규제는 네거티브 규제보다 피규제자의 자율성을 더 보장한다.
④ 자율규제는 피규제자가 스스로 합의된 규범을 만들고 이를 구성원들에게 적용하는 형태의 규제방식이다.

14 □□□

2019년 국가직 9급

정부규제에 대한 설명으로 옳은 것만을 모두 고르면?

> ㄱ. 포지티브(positive) 규제가 네거티브(negative) 규제보다 자율성을 더 보장해준다.
> ㄴ. 환경규제와 산업재해규제는 사회규제의 성격이 강하다.
> ㄷ. 공동규제는 정부로부터 위임을 받은 민간집단에 의해 이뤄지는 규제를 의미한다.
> ㄹ. 수단규제는 정부의 목표를 달성하기 위해 필요한 기술이나 행위에 대해 사전적으로 규제하는 것을 의미한다.

① ㄱ, ㄴ　② ㄷ, ㄹ
③ ㄱ, ㄴ, ㄷ　④ ㄴ, ㄷ, ㄹ

15 □□□

2024년 군무원 9급

다음 중 정부규제에 대한 설명으로 가장 적절하지 않은 것은?

① 경쟁적 규제란 재화나 용역을 제공할 수 있는 권리를 수많은 잠재적 또는 실재적 경쟁자들 중에서 선택 · 지정된 소수의 전달자에게만 제한시키는 규제를 말한다.
② 보호적 규제란 최대 노동시간의 제한, 최저임금제, 가격통제 등과 같이 일반 국민을 보호하기 위하여 기업이나 개인의 행위를 제한하는 규제를 말한다.
③ 정부규제에 대한 민간의 순응 비용을 '규제에 의한 조세' 또는 '숨겨진 조세'라고 설명하기도 한다.
④ 포지티브(positive) 규제란 어떤 행위를 원칙적으로 허용하되, 금지되는 행위만 예외적으로 규정하는 방식을 말한다.

16 □□□

2018년 서울시 7급(6월 시행)

규제의 대상에 따라 정부규제를 수단규제, 성과규제, 관리규제로 분류할 때 〈보기〉의 각 유형별 대표 사례와 특징을 바르게 연결한 것은?

〈보기〉

구분	규제 사례	규제의 특징
ㄱ. 수단규제	ⓐ 개발 신약에 대한 허용 가능한 부작용 발생 수준 규제	① 과정규제
ㄴ. 성과규제	ⓑ 작업장 안전확보를 위한 안전장비 착용 규제	② 투입규제
ㄷ. 관리규제	ⓒ 식품안전성 확보를 위한 식품위해요소 중점관리기준(HACCP) 규제	③ 산출규제

	ㄱ	ㄴ	ㄷ
①	ⓐ - ①	ⓑ - ②	ⓒ - ③
②	ⓐ - ②	ⓒ - ①	ⓑ - ③
③	ⓑ - ③	ⓒ - ②	ⓐ - ①
④	ⓑ - ②	ⓐ - ③	ⓒ - ①

17 □□□

2021년 국회직 8급

정부규제의 유형에 대한 설명으로 옳지 않은 것은?

① 관리규제에서는 정부가 제시한 성과 기준만 충족하면 되기 때문에 이를 달성하는 수단과 방법의 선택은 피규제자가 자유롭게 선택할 수 있으며, 수단규제에 비해 피규제자가 많은 자율성을 갖는다.

② 수단규제는 정부의 목표를 달성하기 위해 필요한 기술이나 행위에 대해 사전적으로 규제하는 것으로 투입규제라고도 한다.

③ 공동규제는 정부로부터 위임을 받은 민간집단에 의해 이뤄지는 규제로 자율규제와 직접규제의 중간 성격을 띤다.

④ 자율규제는 개인과 기업 등 피규제자가 스스로 합의된 규범을 만들고 이를 구성원들에게 적용하는 형태의 규제이다.

⑤ 네거티브 규제방식에서는 명시적으로 금지하는 것 이외의 모든 것을 자유로이 할 수 있다.

18 □□□

2024년 국가직 9급

규제유형에 대한 설명으로 옳지 않은 것은?

① 오염배출부과금제도, 이산화탄소 배출권거래제도는 시장유인적 규제유형에 속한다.

② 포지티브 규제방식은 네거티브 규제방식에 비해 피규제자의 자율성을 더 보장한다.

③ 명령지시적 규제는 시장유인적 규제에 비해 일반 국민이 이해하기 쉽고 직관적 설득력이 높다는 장점이 있다.

④ 사회규제는 주로 사회적 영향을 야기하는 기업행동에 대한 규제를 말하며 작업장 안전 규제, 소비자 보호 규제 등이 있다.

19 □□□

2024년 국가직 7급

규제유형에 대한 설명으로 옳지 않은 것은?

① 투입규제(수단규제)는 관리규제에 비해 피규제자에게 더욱 많은 자율성을 부여한다.

② 성과규제는 사회문제 해결목표(규제목표)에 대한 달성 수준을 정하고 피규제자에게 이를 달성하도록 요구하는 것이다.

③ 직접규제는 정부가 규제주체인 반면 자율규제는 민간이 규제주체가 된다.

④ 네거티브 규제는 포지티브 규제보다 피규제자의 자율성을 더욱 보장해 준다.

20 □□□

2008년 지방직 7급

시장실패의 치유를 위해 정부가 사용하는 정책수단 중 '시장유인적' 규제의 예로 적절한 것은?

① 가공식품의 품질 및 성분표시
② 법정 장애인 의무고용비율
③ 의약품 제조기업의 안전기준 설정
④ 금융업 진출에 필요한 자격요건 제한

21 □□□

2018년 국회직 8급

다음 중 규제피라미드에 대한 설명으로 옳은 것은?

① 새로운 위험만 규제하다 보면 사회의 전체 위험 수준은 증가하는 상황
② 규제가 또 다른 규제를 낳은 결과 피규제자의 비용 부담이 점점 늘어나게 되는 상황
③ 기업체에게 상품정보에 대한 공개 의무를 강화할수록 소비자들의 실질적인 정보량은 줄어들게 되는 상황
④ 과도한 규제를 무리하게 설정하다 보면 실제로는 규제가 거의 이루어지지 않게 되는 상황
⑤ 소득재분배를 위한 규제가 오히려 사회적으로 가장 어려운 사람들에게 해를 끼치게 되는 상황

22 □□□

2017년 교육행정직 9급

규제개혁의 방향과 방식에 관한 설명으로 옳지 않은 것은?

① 유사한 중복규제의 축소를 통한 규제 효율화
② 행정규제에 관한 국제협력으로 세계화에 대응
③ 사전적 규제방식의 확대를 통한 규제 방식 다양화
④ 시민감시체제의 도입을 통한 규제 과정 민주화

23 □□□

2025년 지방직 9급

우리나라 정부의 규제제도에 대한 설명으로 옳은 것은?

① 정부의 규제정책을 심의·조정하고 규제의 심사·정비 등에 관한 사항을 종합적으로 추진하기 위하여 국무총리 소속으로 규제개혁위원회를 둔다.
② 규제일몰제는 규제의 존속기한 또는 재검토기한을 정하지 않고 규제의 타당성을 주기적으로 관리하는 제도이다.
③ 포지티브 규제는 '원칙적 허용, 예외적 금지'의 형식을 갖는 규제체계를 의미한다.
④ 규제샌드박스는 특정한 신기술을 활용한 새로운 서비스 또는 제품에 관련된 기존 규제의 적용을 일정 기간 면제 또는 완화해 주는 제도이다.

CHAPTER 3

행정학의 접근방법과 주요이론

THEME 05 과학적 관리론과 인간관계론

중요도 ●●○○○

정답 및 해설 p. 18

선생님TIP

행정학의 고전적 이론인 과학적 관리론과 신고전적 이론인 인간관계론은 두 개념을 공통점과 차이점을 비교·정리하며 학습하여야 합니다. 과학적 관리론은 테일러(Taylor)의 과업관리를, 인간관계론은 메이요(Mayo)의 호손실험을 출발점으로 하며, 각각 경제적 능률성과 사회적 능률성을 이념으로 한다는 것도 중요한 부분이니 알아두어야 합니다.

■ 과학적 관리론과 인간관계론

구분	과학적 관리론	인간관계론
주요연구	과업관리(Taylor)	호손실험(Mayo)
특징	• 기계적 능률성 강조 • 공식적 구조 중시 • 합리적·경제적 인간관	• 사회적 능률성 강조 • 비공식적 구조 중시 • 사회적 인간관
차이점	• 직무 중심 • 공식적 조직관 • 합리적·경제적 인간(X이론) • 경제적 동기부여 • 능률성 증진 • 조직 중심	• 인간 중심 • 비공식적 조직관 • 사회적 인간(Y이론) • 인간적 동기부여 • 민주성 확립 • 개인 중심
공통점	• 생산성·능률성 향상이 목적 • 외부환경 무시(폐쇄적) • 관리계층을 위한 연구 • 조직과 개인의 양립·조화관계 인정 • 동기부여의 외재성(인간의 피동성)	

01 □□□ 2021년 국가직 9급

테일러(Taylor)의 과학적 관리론에 대한 설명으로 옳지 않은 것은?

① 관리자는 생산증진을 통해서 노·사 모두를 이롭게 해야 한다.
② 조직 내의 인간은 사회적 욕구에 의해 동기가 유발된다고 전제한다.
③ 업무와 인력의 적정한 결합은 노동자가 아닌 관리자에 의해 결정되어야 한다.
④ 업무수행에 관한 유일 최선의 방법을 찾기 위해 동작연구와 시간연구를 사용한다.

02 □□□ 2004년 국회직 8급

과학적 관리론에 대한 설명으로 옳지 않은 것은?

① 조직 내의 인간을 경제적 유인에 의해 동기가 유발되는 타산적 존재로 가정한다.
② X이론의 인간형에 입각한 것이다.
③ 과학적 분석에 의하여 유일최선의 방법(one best way)을 발견할 수 있다고 가정한다.
④ 과학적 관리학파의 연구활동은 고전적 행정학의 기틀을 다지는 데 기여하였다.
⑤ 조직이 추구하는 가치로서 사회적 능률성을 가장 중요시한다.

03 □□□

2014년 국회직 9급

테일러(Taylor)가 제시한 과학적 관리법에 대한 설명으로 옳은 것을 모두 고르면?

ㄱ. 업무에 가장 적합한 사람을 과학적으로 선정하고 훈련시키는 것이 필요하다.
ㄴ. 테일러(Taylor)는 생산성과 임금에 있어 고용주와 종업원 간에 이견이 있다고 가정한다.
ㄷ. 업무를 가장 효율적으로 수행할 수 있는 최선의 방법이 있다고 가정한다.
ㄹ. 목표관리제(MBO)처럼 종업원의 과업은 조직의 상관과 협의하여 과학적으로 정해진다.
ㅁ. 동기부여의 가정과 방법 면에서 현재의 성과관리제도에 이론적 기반을 제공한다.

① ㄱ, ㄴ, ㄷ
② ㄱ, ㄷ, ㅁ
③ ㄱ, ㄹ, ㅁ
④ ㄴ, ㄷ, ㄹ
⑤ ㄴ, ㄹ, ㅁ

04 □□□

2012년 국가직 9급

행정개혁수단 가운데 테일러(Taylor)의 과학적 관리법의 내용을 가장 잘 반영하고 있는 것은?

① 다면평가제(360-degree appraisal)
② 성과상여금제(bonus pay)
③ 고위공무원단제(Senior Civil Service)
④ 목표관리제(MBO)

05 □□□

2020년 군무원 9급

테일러(F. W. Taylor)의 과학적 관리론에 대한 설명으로 옳지 않은 것은?

① 테일러(F. W. Taylor)는 과학적 관리의 핵심을 개인적 기술에 두고, 노동자가 발전된 과학적 방법에 따라 작업이 되도록 한다.
② 어림식 방법을 지양하고 작업의 기본 요소 발견과 수행방법에 대해 과학적 방법을 발전시킨다.
③ 과업은 일류의 노동자만이 달성할 수 있는 충분한 것이어야 한다.
④ 노동자가 과업을 완수하는 경우 높은 보상, 실패하는 경우 손실을 받게 된다.

06 □□□

2023년 군무원 7급

사무관리에 대한 설명으로 가장 적절하지 않은 것은?

① 사무관리란 사무실에서의 작업을 능률화 · 경제화하기 위한 관리활동이다.
② 조직 구성원 간의 불화나 비협조가 사무의 작업능률화를 저해하는 요인이다.
③ 적절하지 못한 인사관리는 정신능률을 저해하는 요인이 된다.
④ 적재적소에 인력을 배치하는 것은 균형능률의 극대화를 위해 바람직하다.

07 □□□
2018년 서울시 7급(3월 추가)

미국의 관리과학으로서 주류행정학에 대한 설명으로 가장 옳지 않은 것은?

① 1920년대와 30년대의 미국 행정학은 능률에 기초한 관리를 주장하였다.
② 미국 태프트(Taft) 위원회에서 사용한 절약과 능률은 행정관리의 성과를 평가하는 가치 기준이 됐다.
③ 브라운(Brown) 위원회에서 제시된 능률적인 관리활동은 POSDCoRB로 집약된다.
④ 관리과학으로서 주류행정학은 대공황과 뉴딜(New Deal) 정책 이후에도 미국 행정학에서 지배적인 자기 정체성을 유지했다.

08 □□□
2023년 군무원 7급

1930년대 귤릭(Gulick)이 제시한 기본행정이론에 시대적 요구에 따라 1970년대 폴랜드(Poland)가 추가시킨 이론 분야는?

① 기획(Planning)
② 조직(Organizing)
③ 평가(Evaluating)
④ 인사(Staffing)

09 □□□
2023년 군무원 7급

조직에 적용되는 관리의 행동과정으로 알맞은 것은?

① 조직화 → 동기화 → 계획화 → 조정화 → 통제화
② 동기화 → 계획화 → 조정화 → 조직화 → 통제화
③ 계획화 → 조정화 → 동기화 → 조직화 → 통제화
④ 계획화 → 조직화 → 동기화 → 조정화 → 통제화

10 □□□
2012년 서울시 9급

인간관계론의 주요 내용이 아닌 것은?

① 사회적 능력과 사회적 규범에 의한 생산성 결정
② 시간과 동작에 관한 연구
③ 비경제적 요인의 우월성
④ 비공식 집단중심의 사기형성
⑤ 의사소통과 리더십

11 □□□
2024년 국가직 9급

신고전적 조직이론인 인간관계론이 강조한 내용으로 옳은 것은?

① 기계적 능률성
② 공식적 조직구조
③ 합리적 · 경제적 인간관
④ 인간의 사회 · 심리적 요인

12 □□□
2019년 국회직 8급

다음 행정이론들을 시기 순으로 나열한 것은?

ㄱ. 최소의 노동과 비용으로 최대의 능률을 올릴 수 있는 표준적 작업절차를 정하고 이에 따라 예정된 작업량을 달성하기 위한 가장 좋은 방법을 발견하려는 이론이다.
ㄴ. 기존의 거시적인 제도나 구조가 아닌 개인의 표출된 행태를 객관적 · 실증적으로 분석하는 이론이다.
ㄷ. 조직구성원들의 사회적 · 심리적 욕구와 조직 내 비공식집단 등을 중시하며, 조직의 목표와 조직구성원들의 목표 간의 균형 유지를 지향하는 민주적 · 참여적 관리 방식을 처방하는 이론이다.
ㄹ. 시민적 담론과 공익에 기반을 두고 시민에게 봉사하는 정부의 역할을 강조하는 이론이다.

① ㄱ - ㄴ - ㄷ - ㄹ
② ㄱ - ㄷ - ㄴ - ㄹ
③ ㄱ - ㄷ - ㄹ - ㄴ
④ ㄴ - ㄷ - ㄱ - ㄹ
⑤ ㄴ - ㄹ - ㄷ - ㄱ

중요도 ●●●○○

정답 및 해설 p. 20

선생님TIP

행정행태론은 과학성(science)을 중심으로 전개되는 행정이론으로, 대표 학자인 사이먼(Simon)이 '진정한 과학'을 실현하기 위해서 행정학 연구에 자연과학적 연구방법인 논리실증주의를 도입하였습니다. 논리실증주의는 사회현상을 사실과 가치로 이분화하여 그 중 사실만을 연구대상으로 하며, 이러한 논리실증주의 및 행태론의 특징이 시험에 자주 출제되므로 헷갈리지 않도록 유의하여야 합니다.

■ 행태론

의의	• 원리접근법을 비판하고 논리실증주의의 영향으로 등장 • 인간행태의 규칙성과 인과성을 경험적·실증적으로 설명하는 과학적 접근방법
특징	• 논리실증주의 • 가치중립성 • 계량적 분석 • 방법론적 개체주의 • 인간행태의 규칙성 → 집단행태(행정문화) 중시 • 협동과학적 성격(종합학문적 성격)
한계	• 연구대상의 지나친 제약 • 행정의 특수성 과소평가 • 환경적 요인의 간과 • 지나친 조작주의·계량주의 • 가치판단 배제의 비현실성과 경험적 보수주의 → 후기 행태주의 대두

01 □□□ 2018년 국가직 7급

행태적 접근방법에 대한 설명으로 옳지 않은 것은?

① 집단의 고유한 특성을 인정하지 않는 방법론적 개체주의의 입장을 취한다.
② 행태의 규칙성, 상관성 및 인과성을 경험적으로 입증하고 설명할 수 있다고 본다.
③ 연구에서 가치와 사실을 구분하지 않는다.
④ 사회현상을 관찰 가능한 객관적 대상으로 보며, 인간의 주관이나 의식을 배제하고 인식론적 근거로서 논리실증주의를 신봉한다.

02 □□□ 2003년 경기 9급

행정행태설의 내용과 관련이 적은 것은?

① 정치행정일원론을 배격한다.
② 가치명제에 비중을 둔다.
③ 논리실증주의에 입각하여 경험적 연구를 중시한다.
④ 행정문화연구를 중시한다.

03 □□□ 2006년 국가직 7급

사이먼(Simon)의 행태주의이론에 대한 설명으로 옳지 않은 것은?

① 조직 및 조직 구성원의 행태를 주요 연구대상으로 하였다.
② 행정의 가치중립과 공공성을 강조하였다.
③ 실증적 연구방법을 강조함에 따라 공공부문과 사기업 간의 공통점을 강조한다.
④ 가치와 사실을 구분하고 가치문제를 행정학의 연구대상에서 제외시켰다.

04 □□□

2023년 지방직 7급

다음 글의 저자와 그의 주장으로 옳은 것은?

> 격언에 대한 일반적인 사실의 하나는, 예를 들어 "뛰기 전에 살펴라"라는 격언과 "지체하는 자는 진다"라는 격언에서 볼 수 있듯이, 상호모순적인 경우가 많다는 것이다. 이러한 격언과 같이 기존 행정학의 내용을 구성하고 있는 수많은 원리는 상호모순성이 많다.

① 윌슨(Wilson)은 행정의 탈정치화를 통해 자유로운 행정영역을 확립하려고 했다.
② 애플비(Appleby)는 정치와 행정의 관계는 연속·순환적이기 때문에 양자를 구별하는 것은 적절하지 않다고 했다.
③ 굿노(Goodnow)는 정치를 국가의지의 표명으로, 행정을 국가의지의 집행으로 정의했다.
④ 사이먼(Simon)은 사실과 가치를 구분해 사실만을 다루는 과학으로서의 행정학을 주장했다.

05 □□□

2014년 국회직 9급

행태론적 접근방법에 대한 설명으로 옳지 않은 것은?

① 종합학문적인 성격을 지닌 접근방법이다.
② 인간행태의 규칙성을 가정하는 접근방법이다.
③ 인간행태의 진정한 의미를 이해하기 위해 외면적으로 드러난 객관적 사실뿐만 아니라 내면의 주관적 의지, 감정, 가치 등도 주요 연구대상으로 한다.
④ 연구대상 이외의 다른 대상에도 보편적으로 적용될 수 있는 일반법칙성을 추구한다.
⑤ 현상들 간의 정확한 인과관계를 규명하고자 한다.

06 □□□

2015년 서울시 7급

행정학의 이론과 접근방법에 대한 설명으로 옳지 않은 것은?

① 행태주의는 행태의 규칙성 및 인과성을 경험적으로 입증하고 설명할 수 있다고 보며 가치와 사실을 통합하고 가치중립성을 지향한다.
② 체제론에 따르면 체제의 변화나 성장은 기존의 균형 상태에서 일어나지 않고 구성요소 중 어느 하나에 변화가 생기거나 새로운 이질적 요소가 투입될 때 발생한다고 본다.
③ 생태론은 가우스(Gaus)와 리그스(Riggs) 등이 발전시킨 이론으로 행정의 보편적 이론보다는 중범위이론의 구축에 자극을 주고, 행정학의 과학화에 기여하였다.
④ 신제도주의는 공식적인 제도뿐만 아니라 비공식적 제도나 규범에 관심을 가지며, 외생변수로 다루어졌던 정책 혹은 행정환경을 내생변수로 분석대상에 포함시켰다.

07 □□□

2017년 서울시 7급

행태론적 접근방법에 대한 설명으로 가장 옳지 않은 것은?

① 행태주의는 사회과학이 행태에 공통된 관심을 갖고 있기 때문에 통합된다고 보고 있다.
② 행정의 실체는 제도나 법률이 아니라고 주장하며, 행정인의 행태에 초점을 맞춘다.
③ 논리실증주의를 강조한 사이먼(Simon) 이후 행정학 분야에서 크게 발전하였다.
④ 사회적 문제의 개선에 기여할 수 있는 연구와 가치평가적 정책연구를 지향한다.

08 □□□

2016년 서울시 9급

행정학이론의 발달에 대한 설명으로 가장 옳지 않은 것은?

① 행정관리론은 행정학의 기본가치로서 능률성을 강조하였다.
② 행태주의는 과학적 설명보다는 실질적인 처방을 강조하였다.
③ 호손실험에서는 비공식집단의 역할에 주목하였다.
④ 윌슨(Wilson)은 정치행정이원론을 주장하였다.

09 □□□

2025년 군무원 9급

행태론적 접근방법(Behaviorism)에 대한 설명으로 가장 적절하지 않은 것은?

① 사회현상을 관찰 가능한 객관적 대상으로 보며 인간의 주관이나 의식을 배제한다.
② 명백한 자극과 반응으로 볼 수 있는 행위 또는 행동 외에 의견, 개성 등도 행태에 포함시키고 있다.
③ 사회과학은 모두 행태에 관심을 갖고 있어 통합된다고 본다.
④ 집단의 고유한 특성을 인정하는 방법론적 개체주의의 입장을 취한다.

10 □□□

2025년 군무원 7급

행태적 접근방법(Behaviorism)에 대한 설명으로 가장 적절하지 않은 것은?

① 인간의 주관이나 의식을 배제하고 인식론적 근거로서 논리실증주의를 신봉한다.
② 명백한 자극과 반응으로 볼 수 있는 행위 또는 행동만을 연구대상으로 삼는 심리학적 행동주의와 달리 특정 질문에 따른 반응을 통해 파악해 볼 수 있는 태도, 의견, 개성 등도 행태에 포함시키고 있다.
③ 행태의 규칙성, 상관성 및 인과성을 경험적으로 입증하고 설명할 수 있다고 본다.
④ 개념의 조작적 정의를 통해 객관적인 측정방법을 사용하며, 방법론적 전체주의의 입장을 취한다.

중요도 ●●○○○

정답 및 해설 p. 21

선생님TIP

생태론과 체제론, 비교행정론은 모두 행정의 과학성(science)을 강조하기 위한 이론으로, 각 이론의 주요 내용만을 효율적으로 학습하여야 합니다. 생태론은 가우스(Gaus)와 리그스(Riggs)의 생태요인을 비교하여 알아두고 체제론은 체제의 구성요소와 특징, 그리고 체제의 기능(AGIL)을 이해하여야 합니다. 그리고 비교행정론은 비교행정의 접근방법과 특히 개발도상국의 행정환경을 연구한 리그스(Riggs)의 프리즘적 사회(사랑방모형)가 출제될 가능성이 높기 때문에 이를 중점적으로 정리해두는 것이 좋습니다.

■ 생태론 · 체제론 · 비교행정론

1. 생태론과 체제론

구분	생태론	체제론
유사점	• 행정의 적극적 · 주체적 · 독립변수적 역할 경시 • 행정이 추구해야 할 가치 · 목표 · 방향 등을 제시하지 못함	
차이점	• 주로 개발도상국 행정현상의 설명에 적합 • 중범위적 입장 → 행정의 과학화에 기여	• 주로 선진국 행정현상의 설명에 적합 • 행정체제 간 비교분석을 위한 일반적 기준 제시 • 거시적 · 일반적 안목 제공 → 지나치게 거시적이고, 특수인물의 성격이나 리더십 등을 과소평가한다는 한계 있음

2. 비교행정론

(1) 의의 및 접근방법

의의	• 체제론의 연장으로 행정을 기능별로 비교 • 행정이 나라별로 다르게 작용하는 원인 분석 → 각국의 행정현상 설명
접근방법	• 리그스(Riggs)의 분류: 경험적 · 실증적 접근방법, 일반법칙적 접근방법, 생태적 접근방법 • 헤디(Heady)의 분류: 수정전통형, 발전지향형, 일반체제모형, 중범위모형

(2) 리그스(Riggs)의 사회유형 분류

구분	전통 사회	프리즘적 사회	분화 사회
사회구조	농업사회	전이사회	산업사회
관료제모형	안방(chamber)모형	사랑방(sala)모형	사무실(office)모형
프리즘적 사회의 특징	• 이질혼합성(전통적 요인 - 근대적 요인) • 기능중첩(공식적 합리적 행태 - 비공식적 비합리적 행태) • 형식주의, 연고우선주의 • 가격의 불확정성, 의존증후군 • 다분파주의, 다규범주의 • 양초점성(관료의 법제상 권한은 미약하나 실제 권한은 큼) • 상향적 · 하향적 누수체제와 전략적 지출 • 천민기업가(영세한 자본을 관료가 정략적으로 이용)		

01 ☐☐☐

2015년 교육행정직 9급

행정학의 접근방법에 대한 설명으로 옳지 않은 것은?

① 생태론적 접근방법은 집단보다 행위자 개인을 분석단위로 한다.
② 행태론적 접근방법은 인식론적 근거로서 논리실증주의를 채택한다.
③ 체제론적 접근방법은 환류를 통한 체제의 지속적인 균형을 중시한다.
④ 공공선택론적 접근방법은 인간이 이기적임을 전제하고, 방법론적 개체주의를 채택한다.

02 ☐☐☐

2006년 서울시 9급

아래 제시된 비판들은 행정학의 접근방법 중 어떤 접근방법에 대한 비판인가?

> ㄱ. 행정의 가치문제를 고려하지 못한다.
> ㄴ. 현상유지적 성향으로 인해 정치·사회적 변화를 설명하지 못한다.
> ㄷ. 거시적인 접근방법을 취함으로써 구체적인 운영의 측면을 다루지 못한다.
> ㄹ. 행정과 환경의 교호작용을 강조하지만 개발도상국과 같이 변화하는 행정현상을 연구하는 데 한계를 지닌다.

① 행태론적 접근방법
② 생태론적 접근방법
③ 체제론적 접근방법
④ 현상학적 접근방법

03 ☐☐☐

2012년 국가직 9급

가우스(Gaus)가 지적한 행정에 영향을 미치는 환경요인에 포함되지 않는 것은?

① 국민(people)
② 장소(place)
③ 대화(communication)
④ 재난(catastrophe)

04 ☐☐☐

2021년 군무원 9급

행정현상에 대한 접근방법의 설명으로 가장 옳지 않은 것은?

① 과학적 방법은 동작연구, 시간연구 등에서 같이 행정현상에 존재하는 규칙성을 찾아내 보편타당한 법칙성을 도출하는 데 가장 유용한 방법이다.
② 생태론적 접근방법은 행정변수 중에서 특히 환경변화와 사람의 행태를 연구대상으로 한다.
③ 역사적 접근방법과 법적·제도적 접근방법은 제도와 구조에 보다 초점을 맞춘 것으로 볼 수 있다.
④ 시스템적 방법의 장점은 시스템을 이루는 부분들 각각의 기능과 부분 간 유기적 상호작용을 잘 이해할 수 있다는 데 있다.

05 ☐☐☐

2024년 국가직 7급

체제이론에서 제시하는 개방체제의 특징으로 옳지 않은 것은?

① 목적 달성을 위한 유일 최선의 방법은 없으며 다양한 방법이 존재한다.
② 환경의 변화에 맞도록 구조와 기능이 다양하게 분화될 것을 요구한다.
③ 체제의 에너지 소모로 인한 소멸 가능성을 강조한다.
④ 환경과 끊임없는 상호작용을 강조한다.

06 □□□

2023년 군무원 9급

다음 중 비교행정론에 대한 설명으로 가장 거리가 먼 것은?

① 리그스(Fred W. Riggs)가 대표적인 학자이다.
② 생태론적 접근방법을 취한다.
③ 후진국의 국가발전에 대한 비관적 숙명론으로 귀결된다.
④ 행정학의 과학성보다는 기술성을 강조한다.

07 □□□

2014년 국회직 9급

리그스(Riggs)가 제기한 '사랑방관료제(Sala)'의 특징으로 보기 어려운 것은?

① 고도의 이질성
② 다분파주의와 형식주의
③ 기능 중복과 연고주의
④ 다규범주의와 파벌주의
⑤ 가격의 안정성과 고도의 전문직업화

08 □□□

2005년 서울시 7급 변형

행정학의 접근방법과 주요 이론에 대한 내용으로 옳은 것은?

① 행태론적 접근방법은 특정질문에 따른 반응을 통해 파악해 볼 수 있는 태도, 의견, 개성 등도 행태에 포함시키고 있다.
② 생태론적 접근방법은 행정이 추구해야 할 목표나 방향을 명확하게 제시한다.
③ 체제론적 접근방법은 행정현상에서 중요한 권력, 의사전달, 정책결정 등의 문제나 혹은 행정의 가치문제를 중요한 변수로 고려하였다.
④ 발전행정론은 가치중립적인 입장을 취하면서 행정의 종속변수적 측면을 강조하고 있다.

09 □□□

2017년 서울시 7급

미국 행정이론의 발달과정에 대한 설명으로 가장 옳지 않은 것은?

① 19세기 이후 엽관제의 비효율 극복을 위해 제퍼슨-잭슨 철학에 입각한 진보주의 운동과 행정의 탈정치화를 강조한 정치행정이원론이 전개되었다.
② 1930년대 경제대공황 이후 행정권의 우월화 현상을 인정한 정치행정일원론이 등장하였다.
③ 비교행정론의 대표적 학자 리그스(Riggs)의 프리즘적 모형은 농경국가도 산업국가도 아닌 제3의 국가형태인 개발도상국을 연구하는 데 적합하다.
④ 1968년 미노부르크회의(Minnobrook Conference)는 행정의 적절성, 사회적 형평성 등을 강조한 '신행정학'의 탄생에 영향을 주었다.

10 □□□

2021년 국회직 8급

행정학의 접근방법에 대한 설명으로 옳지 않은 것은?

① 공공선택론은 국가의 역할을 지나치게 경시하고, 개인의 기득권을 유지하기 위한 보수주의적 접근에 불과하다는 비판이 있다.
② 후기행태주의 접근방법은 가치중립적인 과학적 연구보다는 가치평가적인 정책연구를 지향한다.
③ 비교행정 연구모형을 제시한 리그스(Riggs)의 연구는 행정 현상을 자연, 사회, 문화적 환경과 관련지어 이해하는 생태론적 접근으로 볼 수 있다.
④ 신제도론은 외생변수로 다루어져 오던 정책 혹은 행정환경을 내생변수와 같이 직접적인 분석 대상에 포함시켰다.
⑤ 체제론적 접근방법은 권력, 의사전달, 정책결정의 문제와 행정의 가치문제를 중시한다.

중요도 ●●●○○

정답 및 해설 p. 22

선생님TIP

발전행정론과 신행정론은 기술성(art)을 기반으로 하는 이론입니다. 기술성은 가치판단을 통해 사회문제에 대한 실제적 처방을 내리는 것을 목표로 하며 발전행정론은 1960년대 개발도상국의 경제문제 해결, 신행정론은 1970년대 선진국의 사회문제 해결이 목표였습니다. 이렇게 두 이론의 공통점과 차이점을 기술성을 바탕으로 정리하며 학습하는 것이 효과적이고, 특히 신행정론은 후기행태주의에 기반을 두며 사회적 형평성과 적실성(relevance)을 신조로 한다는 것도 염두에 두어야 합니다.

■ 발전행정론과 신행정론

구분	발전행정론	신행정론
유사점	• 행정인의 적극적 역할 • 정치행정일원론 • 가치지향성 • 기술성 중시 및 과학성 부족 • 개혁 및 변화지향성 중시 • 대두배경: 사회변혁기	
차이점	• 거시적 · 체제적 접근 • 개발도상국에 적용(1960년대) • 성장 · 발전 중심(효과성) • 전문관료 위주의 행정 • 기관형성 중시	• 후기 행태주의적 접근 • 선진국에 적용(1970년대) • 분배 · 윤리 중심(사회적 형평성) • 참여(고객) 위주의 행정 • 기관형성 비판

01 □□□ 2017년 국가직 9급(4월 시행)

신행정학(New Public Administration)의 핵심내용으로 옳은 것만을 모두 고른 것은?

ㄱ. 효율성 강조
ㄴ. 실증주의적 연구 지향
ㄷ. 적실성 있는 행정학 연구
ㄹ. 고객 중심의 행정
ㅁ. 기업식 정부운영

① ㄱ, ㄴ ② ㄴ, ㄷ
③ ㄷ, ㄹ ④ ㄹ, ㅁ

02 □□□ 2018년 국회직 8급

다음 〈보기〉 중 옳은 것을 모두 고르면?

〈보기〉
ㄱ. 인간관계론에서 조직 참여자의 생산성은 육체적 능력보다 사회적 규범에 의해 좌우된다.
ㄴ. 과학적 관리론은 과학적 분석을 통해 업무수행에 적용할 유일 최선의 방법을 발견할 수 있다고 전제한다.
ㄷ. 체제론은 비계서적 관점을 중시한다.
ㄹ. 발전행정론은 정치, 사회, 경제의 균형성장에 크게 기여하였다.

① ㄱ, ㄴ ② ㄱ, ㄹ
③ ㄴ, ㄷ ④ ㄴ, ㄹ
⑤ ㄷ, ㄹ

03 □□□
2011년 국가직 9급

신행정학(New Public Administration)에 대한 설명으로 옳지 않은 것은?

① 왈도(Waldo), 마리니(Marini), 프레드릭슨(Frederickson) 등이 주도하였다.
② 기업식 정부운영을 주장하면서 신자유주의적 행정개혁에 앞장섰다.
③ 행태주의의 한계를 지적하면서 가치문제와 처방적 연구를 강조하였다.
④ 고객인 국민의 요구를 중시하는 행정을 강조하고 시민참여의 확대를 주장하였다.

04 □□□
2008년 국회직 8급

1960년대 신행정학운동과 가장 관련이 없는 것은?

① 미노부룩(Minnowbrook)회의
② 현실적합성
③ 고객지향주의
④ 논리실증주의
⑤ 탈관료제

05 □□□
2015년 지방직 7급

신행정학(New Public Administration)의 특징에 해당하는 것만을 모두 고른 것은?

ㄱ. 논리실증주의에 대한 지지
ㄴ. 사회적 형평성의 추구
ㄷ. 현실적합성의 추구
ㄹ. 참여의 강조

① ㄱ, ㄴ
② ㄴ, ㄷ
③ ㄱ, ㄴ, ㄷ
④ ㄴ, ㄷ, ㄹ

06 □□□
2015년 서울시 7급

신행정학의 특징으로 가장 옳지 않은 것은?

① 정치행정일원론보다는 정치행정이원론에 가까운 입장이다.
② 행정학 연구에 있어 적실성을 강조한다.
③ 행정의 고객지향성을 강조한다.
④ 분권화와 참여를 강조한다.

07 □□□
2019년 지방직 9급

미국에서 등장한 행정이론인 신행정학(New Public Administration)에 대한 설명으로 옳지 않은 것은?

① 신행정학은 미국의 사회문제 해결을 촉구한 반면 발전행정은 제3세계의 근대화 지원에 주력하였다.
② 신행정학은 정치행정이원론에 입각하여 독자적인 행정이론의 발전을 이루고자 하였다.
③ 신행정학은 가치에 대한 새로운 인식을 기초로 규범적이며 처방적인 연구를 강조하였다.
④ 신행정학은 왈도(Waldo)가 주도한 1968년 미노브룩(Minnowbrook) 회의를 계기로 태동하였다.

08 □□□
2019년 서울시 9급(2월 추가)

〈보기〉의 내용이 설명하고 있는 행정이론에 해당하는 것은?

〈보기〉
- 1960년대 미국사회의 사회혼란을 해결하지 못하는 학문적 무력함에 대한 반성으로 나타났다.
- 적실성, 참여, 변화, 가치, 사회적 형평성 등에 기초한 행정학의 독자적 주체성을 강조했다.
- 행정학의 실천적 성격과 적실성을 회복하기 위해 정책지향적인 행정학을 요구했다.

① 신행정학
② 비교행정론
③ 행정생태론
④ 공공선택론

09 □□□

2021년 군무원 7급

1960년대 미국의 신행정학운동과 가장 관련이 없는 것은?

① 적실성 ② 고객에 의한 통제
③ 전문직업주의 ④ 사회적 형평성

10 □□□

2022년 국가직 7급

다음의 역사적 배경을 바탕으로 태동한 행정학 연구에 대한 설명으로 옳지 않은 것은?

- 월남전 패배, 흑인 폭동, 소수민족 문제 등 미국사회의 혼란을 해결하지 못하는 학문의 무력함에 대한 반성으로 나타났다.
- 1968년 미국 미노브룩회의에서 왈도(Waldo)의 주도하에 새로운 행정학의 방향모색으로 태동하였다.

① 고객중심의 행정, 시민의 참여, 가치문제 등을 중시했다.
② 행정학의 실천적 성격과 적실성을 회복하기 위한 정책 지향적 행정학을 요구하였다.
③ 행정의 능률성을 강조했으며, 논리실증주의 및 행태주의의 주장을 지지하였다.
④ 소외계층을 위한 복지서비스를 확대해 사회적 형평을 실현해야 한다는 행정의 적극적 역할을 강조했다.

11 □□□

2025년 국가직 9급

신행정론에 대한 설명으로 옳지 않은 것은?

① 미국의 시민권 운동, 빈곤문제 등에 대응하여 행정이 사회의 실질적 문제를 해결하지 못하고 있다는 비판에서 대두되었다.
② 논리실증주의와 행태주의를 계승하였다.
③ 행정능률 지상주의에서 탈피하여 적실성, 사회적 형평성 등 가치를 중요시한다.
④ 정치와 행정의 긴밀한 관계를 주장한 점에서 정치·행정 일원론적 관점에 가깝다.

12 □□□

2023년 국가직 9급

행정이론에 대한 설명으로 옳은 것은?

① 과학적관리론은 최고관리자의 운영원리로 POSDCoRB를 제시하였다.
② 행정행태론은 가치와 사실을 구분하고 가치에 기반한 행정의 과학화를 시도하였다.
③ 신행정론은 실증주의적 방법론을 비판하고 사회적 형평성과 적실성을 강조하였다.
④ 신공공관리론은 민간과 공공부문의 파트너십을 강조하고 기업가 정신보다 시민권을 중요시하였다.

THEME 09 후기 행태주의

중요도 ●●●○○

정답 및 해설 p. 24

선생님TIP

후기 행태주의는 행태주의에 대한 반발에서 나온 이론으로, 행태주의의 과학성에 반대하며 기술성을 통한 사회문제 해결에 중점을 두고 있습니다. 즉, 객관적 실재가 아닌 주관적 의도가 중요하다고 보았습니다. 주요 후기 행태주의적 접근방법에는 현상학, 비판이론, 포스트모더니즘이론 등이 있으며, 각각 현상학은 상호주관성을, 비판이론은 상호적 담론을, 포스트모더니즘이론은 타자성을 중요한 요소로 보았으니 이러한 차이점까지도 정리해두어야 합니다.

■ 후기 행태주의적 접근

1. 현상학

의의	• 현상론: 현상(대상의 근본적 특성)을 직관적으로 인식하고자 하는 관념론 • 행정연구의 현상학적 접근방법: 사회현상은 상호주관적인 경험으로 이루어지므로, 외면에 대한 경험적 관찰보다 그 이면의 동기나 의도에 대한 해석을 중요시함
등장배경	행태주의, 객관주의, 논리실증주의가 지닌 한계를 극복하기 위해 등장
특징	• 인간의 외면적(객관적) 행태가 아닌 내면적(주관적) 행위 중시 • 인간중심적 접근방법: 능동적 자아 • 상호주관성(간주관성) 중시 • 개별단위 분석(개별사례 중심적 연구) • 철학적 연구방법 중시

2. 비판이론

의의	사회적 구조나 제약으로부터의 해방에 관심을 갖는 이론
등장배경	실증주의 연구경향을 비판하며 등장
기본개념	• 총체성 • 주관적 의식 • 인간소외의 극복 및 인간해방 • 비판적 이성 • 상호적 담론: 의사소통 강조
특징	• 도구주의적 이성 비판 • 공공영역의 시민참여 확대 • 당사자 간 의사소통의 균형과 원활화 강조

3. 포스트모더니즘이론

의의	구성주의, 상대주의 및 다원주의, 해방주의 등의 성향을 가진 이론
등장배경	모더니즘의 합리주의에 대한 회의에서 출발하여 과학주의와 기술주의의 한계와 부작용을 비판하며 등장
특징	• 구성주의: 개인의 상상 속에서 사회 구성(주관적) • 상대주의적 세계관: 지식의 상대주의 주장 • 상상 • 해체 • 영역해체 • 타자성: 타인을 객체가 아닌 도덕적 주체로 인정
주요이론	• 파머(Farmer)의 반관료제이론: 관료제 중심의 근대 행정이론 비판 • 폭스와 밀러(Fox & Miler)의 담론이론 - 대의민주주의의 한계 지적 - 전통 행정학에 대한 대안으로 담론 제시(의견의 합일점)

01 □□□ 2025년 군무원 7급

행정이론의 가치주의에 가장 가까운 접근방법으로 옳은 것은?

① 행태론적 접근방법
② 네트워크 접근방법
③ 현상학적 접근방법
④ 제도경제학적 접근방법

02 □□□ 2009년 국가직 9급

행정학의 접근방법 중 현상학적 접근방법에 대한 설명으로 옳지 않은 것은?

① 행정현실을 이해하는 데 과학적 방법보다 해석학적 방법을 선호한다.
② 조직을 인간의 의도적인 행위에 의해 구성되는 가치함축적인 행위의 집합물로 이해한다.
③ 인간행위의 가치는 행위 자체보다 그 행위가 산출한 결과에 있다.
④ 조직 내외의 인간들은 자신 또는 다른 사람의 행위에 의미를 부여함으로써 조직을 설계한다.

03 □□□ 2010년 지방직 7급

현상학적 접근방법에 대한 설명으로 옳은 것을 모두 고르면?

ㄱ. 행정현상의 본질, 인간인식의 특성, 이론의 성격 등 사회과학 연구의 본질적 문제에 대해 실증주의와 행태주의적 연구방법에 반대한다.
ㄴ. 진리의 기준을 맥락의존적인 것으로 보며, 상상·해체·영역해체·타자성 등의 핵심개념을 포함하고 있다.
ㄷ. 사회현상 또는 사회적 실제란 자연현상처럼 사람과 동떨어진 객체로 존재하는 것이 아니라, 사람들의 상호주관적인 경험으로 이루어진다.
ㄹ. 복잡한 미래 사회에서 정부의 방향잡기 역할이 어렵거나 불가능하기 때문에 행정의 역할은 서비스를 제공해야 하는 데 있음을 강조한다.

① ㄱ, ㄴ ② ㄱ, ㄷ
③ ㄴ, ㄹ ④ ㄷ, ㄹ

04 □□□ 2017년 국가직 7급(10월 추가)

현상학적 행정연구에 대한 설명으로 옳지 않은 것은?

① 행정현상은 사람들의 의식, 생각, 언어, 개념 등을 통해 구성된 것이다.
② 행정연구에서는 행정활동과 관련된 사람들 사이의 상호작용에 의해 구성된 상호주관적 경험이 중요하다.
③ 행정연구에서 가치와 사실의 구별을 인정하며, 현상을 개체적으로 파악하고자 한다.
④ 기존의 관찰이나 믿음에 영향을 받지 않기 위해 '괄호 안에 묶어두기' 또는 '현상학적 판단정지'가 중요하다.

05 □□□

2007년 대전 7급

하몬(Harmon)의 행동이론(action theory)에 근거한 현상학적 인식관에 의한 변화로 볼 수 없는 것을 모두 고르면?

> ㄱ. 인간관: 원자적 인간모형 → 능동적·사회적 인간모형
> ㄴ. 의사결정: 합의적 의사결정 → 투표에 의한 의사결정
> ㄷ. 인간 연구: 객관적 사실 → 주관적 가치판단
> ㄹ. 인간집단 연구방법: 종합학문성 → 간주관성
> ㅁ. 소외관: 소외(물화)현상에 대한 경시 → 소외현상에 대한 관심

① ㄱ
② ㄴ
③ ㄷ, ㄹ
④ ㄹ, ㅁ

06 □□□

2018년 서울시 9급

포스트모더니즘에 기초한 행정이론의 특징으로 가장 옳지 않은 것은?

① 맥락의존적인 진리를 거부한다.
② 타자에 대한 대상화를 거부한다.
③ 고유한 이론의 영역을 거부한다.
④ 지배를 야기하는 권력을 거부한다.

07 □□□

2021년 군무원 7급

포스트모더니티이론에서 규칙에 얽매이지 않는 행정의 운영이나 특수성을 인정하는 것에 해당하는 것은?

① 상상(imagination)
② 해체(deconstruction)
③ 영역해체(deterritorialization)
④ 타자성(alterity)

08 □□□

2025년 군무원 7급

포스트 모던 관점에서 본 조직구조와 행태에 대한 설명으로 가장 적절한 것은?

① 조직구조 설계 과정에서 상위 설화의 적극적 수용
② 조직화된 무정부에 가까운 조직 관점의 수용
③ 인간 이성에 기반을 둔 계몽주의 개념의 수용
④ 부서 할거주의와 개방성의 효율에 대한 신뢰

09 □□□

2024년 국회직 8급

행정현상의 접근방법에 대한 설명으로 옳은 것은?

① 생태론적 접근방법의 대표적 학자인 리그스(Riggs)는 행정에 영향을 미치는 환경적 요인으로 정치체제의 환경이 가장 중요하다고 보면서 선진국의 행정이 민주적 정치체제의 환경에 의해 발전되어 온 현상을 분석하는 데에 크게 기여했다.
② 행태론적 접근방법의 대표적 학자인 사이먼(Simon)은 행정인의 행태를 연구하는 데 있어서 객관적인 자연현상과 다르게 인간의 주관적 의식과 가치판단 현상을 분석 대상으로 삼아야 한다고 하였다.
③ 제도론적 접근방법은 전통적 제도주의와 신제도주의로 구분되는데, 전통적 제도주의는 행태주의에 대한 반발로서 사회적으로 형성된 제도가 개인의 행위를 지배한다고 보는데 반해, 신제도주의는 공식적 제도가 형성되는 과정에 분석의 초점을 맞춘다.
④ 현상학적 접근방법은 실증주의와 행태주의를 비판하는 입장으로서 인간의 주관적 관념, 의식 및 동기의 의미를 해석하고 가치평가적 연구를 할 수 있게 한다.
⑤ 포스트모더니티 접근방법은 인간의 주체성과 합리성, 진리기준의 절대성을 전제로 상상, 해체, 탈영역화, 타자성을 통해 전통적 관료제의 폐쇄성과 경직성을 극복하는 데에 기여하고 있다.

THEME 10 공공선택론

중요도 ●●●○○

정답 및 해설 p. 25

선생님TIP

공공선택론은 비시장적(정부) 영역의 경제학적 접근을 추구하는 이론입니다. 정부실패의 대안으로써 경제학적 연구를 진행하였기 때문에 연역적 접근방법을 추구하며, 이에 따라 일반적 전제인 개인의 최적화를 다루게 됩니다. 주요 모형에는 정치인의 득표극대화모형, 관료의 예산극대화모형, 국민의 효용극대화모형 등이 있는데, 이러한 모형들의 전제조건을 중심으로 각 특징을 알아두어야 합니다. 또한 제도적 장치를 중시하며 다중공공관료제를 통한 관할권의 중첩과 권한의 분산을 추구한다는 점도 기억해야 합니다.

■ 공공선택론

개념	비시장적 의사결정의 경제학적 연구, 비시장경제학, 신정치경제학
가정	• 합리적 인간: 인간은 합리적·이기적 경제인, 효용극대화 추구 • 방법론적 개체주의: 개인에 대한 연구, 부분의 합이 전체 • 공공재에 관한 연구: 신제도론적 접근, 제도적 장치의 중시, 정부는 생산자이며 시민은 소비자 • 교환으로서의 정치: 공익이 아닌 사익의 교환
개혁방안	• 공공재 공급의 상황적응적 접근 • 비계서적 조정 및 권한의 분산(적정한 공급영역의 설정) • 관할권의 중첩(경쟁성) • 고객에 대한 의존도 제고 • 시민공동체 추진
공헌	• 행정학의 연구범위 확대 및 과학성 제고 • 민주행정 패러다임의 구축 시도 • 정부규제와 지대추구활동 해명 • 관료제의 경직성 비판
한계	• 방법론적 개인주의와 인간관에 대한 비판 • 정부역할 간과 • 시장경제원리 신봉과 이론의 보수성 • 형평성의 미고려
주요모형	• 뷰캐넌과 털록(Buchanan & Tullock)의 비용극소화모형 • 오스트롬(Ostrom)의 민주행정 패러다임 • 니스카넨(Niskanen)의 예산극대화모형 • 티부(Tiebout)가설 • 다운스(Downs)의 중위투표자이론 • 애로우(Arrow)의 불가능성 정리 • 노드하우스와 스크루라이더(Nordhaus & Scluleider)의 정치적 경기순환론

01 □□□ 2024년 지방직 9급

공공선택이론에 대한 설명으로 옳지 않은 것은?

① 인간을 이기적이고 합리적인 경제인으로 본다.
② 비시장적 의사결정을 경제학적 관점에서 연구한다.
③ 뷰캐넌(Buchanan), 털록(Tullock), 오스트롬(Ostrom) 등이 대표적인 학자이다.
④ 경제주체의 집단적 선택행위를 중시하는 방법론적 집단주의의 입장이다.

02 □□□ 2024년 군무원 7급

다음 중 공공선택론에 대한 설명으로 가장 적절하지 않은 것은?

① 공공재를 독점 공급하는 전통적인 관료제를 통해서는 시민들의 요구에 적극적으로 대응하기 어렵다고 주장한다.
② 수요 선호가 동질적인 집단을 대상으로 공급영역을 설정함으로써 부정적 외부효과를 최소화할 것을 요구한다.
③ 정책결정 구조가 공공재의 산출과 소비에 미치는 영향을 분석하고 효율적인 대안을 모색한다.
④ 방법론적 집합주의(집단주의) 가정을 통해 정치적 결정의 합리성을 옹호한다.

03 □□□

2010년 지방직 7급

공공선택론적 행정학 연구의 특징이 아닌 것은?

① 합리적 경제인으로서의 개인
② 방법론적 개체주의
③ 정치는 합리적 개인들 간의 자발적 교환작용
④ 제도적 장치의 경시

04 □□□

2007년 국가직 7급

공공선택이론에 대한 설명으로 적절하지 않은 것은?

① 행정에서의 소비자 보호운동을 강화하는 데 기여하였다.
② 연역적 설명방식을 취함으로써 사물에 관한 추론방법을 이용하는 데 유용하다.
③ 전통적인 정부실패의 한계에서 출발하였으며 관할구역의 분리와 분권화를 주장한다.
④ 합리모형의 정책결정수단으로서의 성격을 인정하면서 공공재와 공공서비스의 특질을 중시하였다.

05 □□□

2018년 국회직 8급

다음 〈보기〉에서 설명하는 이론으로 옳은 것은?

〈보기〉
경제학적인 분석도구를 관료행태, 투표자 행태, 정당정치, 이익집단 등의 비시장적 분석에 적용함으로써 공공서비스의 효율적 공급을 위한 제도적 장치를 탐색한다.

① 과학적 관리론
② 공공선택론
③ 행태주의
④ 발전행정론
⑤ 현상학

06 □□□

2014년 국가직 9급

예산결정에 대한 공공선택론적 관점의 설명으로 옳은 것은?

① 본질적 문제해결보다는 보수적 방식을 통해 예산의 정치적 합리성이 제고될 수 있다.
② 니스카넨(Niskanen)에 의하면 예산결정에 있어 관료의 최적수준은 정치인의 최적수준보다 낮다.
③ 정치인과 관료들은 개인효용함수에 따라 권력이나 예산규모의 극대화를 추구한다.
④ 재원배분 형태는 장기 균형과 역사적 상황에 따른 단기의 급격한 변화를 반복한다.

07 □□□

2024년 군무원 9급

다음 중 공공선택이론에 대한 설명으로 가장 적절하지 않은 것은?

① 중위투표자 이론은 중간선호자만을 만족시킨모형으로서 모든 투표자의 선호를 고려하지 않기 때문에 자원배분의 효율성을 보장하지 못한다.
② 티부(Tiebout)에 의하면, 지역주민의 완전한 이동성이라는 시장 배분적 과정을 통하여 지방공공재의 적정규모 공급이 가능하다.
③ 공공선택이론은 소비자인 개인의 선호를 존중하고, 경쟁을 통하여 공공서비스를 생산하고 공급함으로써 행정의 대응성을 높일 수 있다고 주장한다.
④ 고위직 관료들의 관청형성전략(bureau-shaping strategy)은 소속 조직을 보다 집권화된 대규모의 계서적 관료조직으로 개편시키게 된다.

08 □□□

2018년 지방직 9급

공공선택이론에 대한 설명으로 옳지 않은 것은?

① 사회의 비시장적인 영역들에 대해서 경제학적 방식으로 연구한다.
② 시민들의 요구와 선호에 민감하게 부응하는 제도 마련으로 민주행정의 구현에도 의의가 있다.
③ 전통적 관료제를 비판하고 그것을 대체할 공공재 공급방식의 도입을 강조한다.
④ 효용극대화를 추구한다는 합리적 개인에 대한 가정은 현실적합성이 높다고 평가받는다.

09 ☐☐☐ 2021년 군무원 9급

공공선택론(public choice theory)에 대한 설명으로 가장 옳지 않은 것은?

① 방법론적 집단주의를 지향한다.
② 정치 · 행정현상을 경제학적 논리를 통해 분석하고자 한다.
③ 개인 선호를 중시하여 공공서비스 관할권을 중첩시킬 수도 있다.
④ 중위투표자이론(median vote theorem)도 공공선택론의 일종이다.

10 ☐☐☐ 2021년 군무원 7급

행정현상이나 정치현상(정책현상)에 경제학 접근을 도입하고 민주행정의 원형으로도 불리고 있는 정책결정모형은?

① 공공선택모형(public choice model)
② 정치행정모형(politics-administration model)
③ 점증모형(incremental model)
④ 최적모형(optimal model)

11 ☐☐☐ 2021년 지방직 7급

행정학의 접근방법에 대한 설명으로 옳지 않은 것은?

① 생태론적 접근방법은 외부 환경이 행정 체제에 영향을 미친다는 시각으로 환경에 대한 행정의 주체적인 역할을 경시했다는 비판을 받는다.
② 후기행태주의는 적실성(relevance)과 실천(action)을 강조하고, 가치중립적인 과학적 연구보다는 가치평가적인 정책연구를 지향하였다.
③ 공공선택이론은 권한이 분산된 여러 작은 조직들에 의해 공공서비스가 공급되는 것보다 단일의 대규모 조직에 의해 독점적으로 공급되는 것을 선호한다.
④ 역사적 제도주의에서 제도는 경로의존성과 관성적인 성향으로 인해 새로운 환경의 변화에 적절히 대응하지 못할 수도 있다.

12 ☐☐☐ 2016년 사회복지직 9급

애로우(Arrow)가 제시한 바람직한 집합적 의사결정방법의 기본조건이 아닌 것은?

① 집단의 선택과정은 합리적이어야 한다.
② 개개인의 선택의 자유가 제한되어서는 안 된다.
③ 어느 누구도 집합적인 선택의 과정에 대해서 결정적인 영향력을 행사해서는 안 된다.
④ 두 대안에 대한 개개인의 선호순위는 두 대안뿐 아니라 다른 제3의 대안도 고려하여 결정되어야 한다.

13 ☐☐☐ 2018년 지방직 9급

던리비(Dunleavy)의 관청형성모형에 대한 설명으로 가장 옳은 것은?

① 고위관료의 선호에 맞지 않는 기능을 민영화나 위탁계약을 통해 지방정부나 준정부기관으로 넘긴다.
② 합리적인 고위직 관료들은 소속기관의 예산극대화를 추구한다.
③ 중하위직 관료는 주로 관청예산의 증대로 이득을 얻는다.
④ 관료들이 정책결정을 할 때 사적 이익보다는 공적 이익을 우선시 한다.

14 ☐☐☐ 2020년 국가직 7급

니스카넨(Niskanen)의 예산극대화이론과 던리비(Dunleavy)의 관청형성이론에 대한 설명으로 옳지 않은 것은?

① 니스카넨(Niskanen)에 따르면 최적의 서비스 공급 수준은 한계편익(marginal benefit)과 한계비용(marginal cost)이 일치하는 수준에서 결정된다.
② 두 이론 모두 관료를 자신의 이익과 효용을 추구하는 인간으로 가정한다.
③ 던리비(Dunleavy)에 따르면 관청형성의 전략 중 하나는 내부 조직 개편을 통해 정책결정 기능과 수준을 강화하되 일상적이고 번잡스러운 업무는 분리하고 이전하는 것이다.
④ 니스카넨(Niskanen)에 따르면 예산극대화 행동은 예산유형과 직위의 관계, 기관유형, 시대적 상황 등의 측면에서 다양하게 나타날 수 있다.

THEME 11 신제도주의

선생님TIP

먼저 신제도주의는 구제도주의와 비교·정리하여 학습하는 것이 좋습니다. 주요 비교 포인트는 구제도주의는 공식적 제도를, 신제도주의는 비공식적 제도를 제도로 보며, 구제도주의는 정태적 접근을, 신제도주의는 동태적 접근을 추구한다는 것입니다. 또한 신제도주의의 유파인 합리적 선택·역사적·사회학적 신제도주의의 개념과 특징도 함께 정리해두고, 신제도주의 테마는 최근 출제빈도가 높아지고 있으므로 이를 유의하여 대비하도록 합니다.

■ 신제도주의

1. 개념과 등장배경

개념	제도와 행위자의 상호 영향을 중시하며, 비공식적 규범·규칙을 강조하는 새로운 제도이론
등장배경	• 행태주의 비판: 행태주의가 거시적이고 제도적인 측면을 간과한 점을 비판하며 등장 • 구제도주의에 대한 차별적 접근

2. 구제도주의와의 비교

구분	구제도주의	신제도주의
제도	공식적 측면 예 법, 통치체제, 행정조직 등	공식적 측면 + 비공식적 측면 예 규범, 관습 등 포함
제도의 형성	외생적 요인에 의해 결정 (제도만의 연구)	제도와 행위자 간의 상호영향력 (제도와 행위자의 동시연구)
접근방법	정태적 특성	동태적 특성
연구방법	거시적 접근	거시와 미시의 연계(중범위)

3. 유파별 비교

구분	합리적 선택 신제도주의	역사적 신제도주의	사회학적 신제도주의
개념	전략적 균형점과 제도유지의 균형성	역사적 맥락과 지속성의 산물	사회문화적인 관행과 규범
학문적 기초	경제학	정치학, 역사학	사회학, 문화인류학, 민속학
구성원 선호	• 외생적 - 불변 • 합리적, 효용극대화 • 선호는 주어진 것	• 내생적 - 변화 • 맥락 속에서 선호 형성	• 내생적 - 변화 • 사회문화에 의해 선호 형성
특징	• 완전한 합리성 • 거래비용이론	• 권력의 불균형성 • 우연성, 경로의존성	배태성
제도의 변화	균형점의 변화(경제적 분석)	외부충격, 단절적 균형	동형화, 정당성
제도의 측면	공식적 측면	공식적 측면	비공식적 측면
접근법	• 연역적 • 방법론적 개체주의(환원주의)	• 귀납적(사례연구) • 방법론적 전체주의(신비주의)	• 귀납적(경험적) • 방법론적 전체주의(신비주의)

01 □□□

2014년 국가직 7급

신제도주의이론에 대한 설명으로 옳지 않은 것은?

① 역사적 제도주의에서는 제도의 경로의존성(path dependency)을 강조한다.
② 신제도주의는 이론적 배경을 달리하는 역사적 제도주의, 합리적 선택이론, 사회학적 제도주의 등으로 구별된다.
③ 신제도주의는 기존의 행태주의가 시대별 정책적 차이나 다양성을 설명하지 못하는 한계를 가지고 있다는 점에 주목한다.
④ 구제도주의와 신제도주의의 공통점은 제도의 개념을 동태적인 것으로 파악하면서, 국가 간 차이에 대한 설명을 시도하는 것이다.

02 □□□

2013년 지방직 9급

신제도주의에 대한 설명으로 옳은 것만을 모두 고르면?

ㄱ. 합리적 선택 신제도주의가 형성되는 데 거래비용접근법이 많은 영향을 미쳤다. ㄴ. 사회학적 신제도주의는 문화가 제도의 형성에 미치는 영향을 간과한다. ㄷ. 역사적 신제도주의는 행위자 간의 상호작용을 제약하는 제도의 영향력과 제도적 맥락을 강조한다.

① ㄱ, ㄴ　② ㄱ, ㄷ
③ ㄴ, ㄷ　④ ㄱ, ㄴ, ㄷ

03 □□□

2014년 국회직 8급

신제도주의에 대한 설명으로 옳지 않은 것은?

① 제도는 공식적 · 비공식적 제도를 모두 포괄한다.
② 개인의 선호는 제도에 의해서 제약이 되지만 제도가 개인들 간의 상호작용의 결과에 의해서 변화할 수도 있다고 본다.
③ 역사적 제도주의는 경로의존성에 의한 정책선택의 제약을 인정한다.
④ 사회학적 제도주의에서 제도는 개인들 간의 선택적 균형에 기반한 제도적 동형화과정의 결과물로 본다.
⑤ 합리적 선택 제도주의는 개인의 합리적 선택과 전략적 의도가 제도변화를 발생시킨다고 본다.

04 □□□

2013년 지방직 7급

신제도주의이론에 대한 설명으로 옳지 않은 것은?

① 신제도주의는 원자화된 개인이 아니라 제도라는 맥락 속에서 전개되는 개인 행위에 초점을 맞춘다.
② 신제도주의에서 제도는 독립변수일 수도 있고 종속변수일 수도 있다.
③ 합리적 선택 신제도주의에 의하면 행위자의 선호는 개인들 간 상호작용을 통해 형성된다.
④ 역사적 신제도주의는 전체주의(holism) 입장을 취하며 주로 중범위 수준에서 분석을 수행한다.

05 □□□

2015년 국가직 9급

행정학의 접근방법에 대한 설명으로 옳은 것은?

① 법률적·제도론적 접근방법은 공식적 제도나 법률에 기반을 두고 있기 때문에 제도 이면에 존재하는 행정의 동태적 측면을 체계적으로 파악할 수 있다.

② 행태론의 접근방법은 후진국의 행정현상을 설명하는 데 크게 기여했으며, 행정의 보편적 이론보다는 중범위이론의 구축에 자극을 주어 행정학의 과학화에 기여했다.

③ 합리적 선택 신제도주의는 방법론적 전체주의(holism)에, 사회학적 신제도주의는 방법론적 개체주의(individualism)에 기반을 두고 있다.

④ 신공공관리론은 기업경영의 원리와 기법을 그대로 정부에 이식하려고 한다는 비판을 받는다.

06 □□□

2024년 군무원 7급

다음 중 신제도주의에 대한 설명으로 가장 적절하지 않은 것은?

① 신제도주의는 구제도주의와 동일하게 합리적 행동모형에 대해 회의적이다.

② 역사적 신제도주의는 제도가 경로의존성을 가지며 현재의 정책선택을 제약한다고 본다.

③ 사회학적 신제도주의는 방법론적 개체주의에 의해서 분석한다.

④ 합리적 선택 신제도주의는 개인의 선택 결과에 대한 연역적 예측을 할 수 있다고 본다.

07 □□□

2020년 국가직 9급

행정학의 접근방법에 대한 설명으로 옳은 것은?

① 법적·제도적 접근방법은 개인이나 집단의 속성과 행태를 행정현상의 설명변수로 규정한다.

② 신제도주의의 접근방법에서는 제도를 공식적인 구조나 조직 등에 한정하지 않고, 비공식적인 규범 등도 포함한다.

③ 후기 행태주의 접근방법은 행정을 자연·문화적 환경과 관련하여 이해하면서 행정체제의 개방성을 강조한다.

④ 툴민(Toulmin)의 논변적 접근방법은 환경을 포함하여 거시적인 관점에서 행정현상을 분석하고, 확실성을 지닌 법칙 발견을 강조한다.

08 □□□

2017년 사회복지직 9급

신제도주의에 대한 설명 중 가장 옳은 것은?

① 합리적 선택 제도주의는 방법론적 전체주의 입장에서 제도를 개인으로 환원시키지 않고 제도 그 자체를 전체로서 이해함을 강조한다.

② 역사적 제도주의는 선진 제도 학습에 따른 제도의 동형화를 강조한다.

③ 사회학적 제도주의는 기존 경로를 유지하려는 제도의 속성을 강조한다.

④ 사회학적 제도주의는 조직구성원이 제도를 넘어선 효용 극대화의 합리성에 따라 행동하기보다 주어진 제도 안에서 적합한 방식을 찾아 행동할 가능성이 높음을 강조한다.

09 □□□

2017년 지방직 9급(6월 시행)

조직의 배태성(embeddedness)과 제도적 동형화(isomorphism)에 대한 설명으로 옳지 않은 것은?

① 제도적으로 조직이 동형화될 경우 조직이 교란되는 것을 막을 수 있다.
② 제도적 동형화에는 강압적 동형화, 모방적 동형화, 규범적 동형화 등이 있다.
③ 조직의 제도적 동형화는 특정 조직이 환경에 있는 다른 조직을 닮는 것을 말한다.
④ 조직 배태성의 특징은 조직구성원들이 정당성보다 경제적 이익을 추구하는 행위를 하려는 것이다.

10 □□□

2018년 교육행정직 9급

신제도주의에 대한 설명으로 옳은 것은?

① 역사적 신제도주의는 제도의 지속성을 중시한다.
② 신제도주의는 제도를 공식적인 체제나 구조에 한정하여 규정한다.
③ 사회학적 신제도주의는 제도를 개인의 효용을 극대화하기 위한 수단으로 본다.
④ 합리적 선택 신제도주의는 제도가 유사한 형태로 수렴하는 제도적 동형화에 주목한다.

11 □□□

2018년 국회직 8급

다음 중 행태주의와 제도주의에 대한 기술로 옳은 것은?

① 행태주의에서는 인간의 자유와 존엄과 같은 가치를 강조한다.
② 제도주의에서는 사회과학도 엄격한 자연과학의 방법을 따라야 한다고 본다.
③ 행태주의에서는 시대적 상황에 적합한 학문의 실천력을 중시한다.
④ 각 국에서 채택된 정책의 상이성과 효과를 역사적으로 형성된 제도에서 찾으려는 것은 제도주의 접근의 한 방식이다.
⑤ 제도의 변화와 개혁을 지향한다는 점에서 행태주의와 제도주의는 같다.

12 □□□

2019년 지방직 7급

신제도주의의 주요 분파에 대한 설명으로 옳은 것은?

① 합리적 선택 제도주의는 개인이 합리적이며 선호는 제도와 밀접하게 연관되어 변화하는 것으로 가정한다.
② 사회학적 제도주의는 제도의 변화과정을 설명할 때 경로의존성을 강조하며, 제도의 운영 및 발전과 관련하여 권력의 비대칭성에 초점을 맞춘다.
③ 역사적 제도주의는 중범위적 제도 변수가 개별 행위자의 행동과 정치적 결과를 어떻게 연계시키는지에 대해 초점을 맞춘다.
④ 사회학적 제도주의는 사회적 딜레마를 해결하기 위해 사람들이 스스로 만드는 게임의 규칙을 제도로 본다.

13 □□□

2020년 국가직 7급

신제도주의의 유형과 그 특징을 바르게 연결한 것은?

	합리적 선택 제도주의	역사적 제도주의	사회학적 제도주의
①	중범위수준 제도분석	제도동형성	경로의존성
②	거래비용	경로의존성	제도동형성
③	전략적 상호작용	중범위수준 제도분석	거래비용
④	경로의존성	전략적 상호작용	중범위수준 제도분석

14 □□□

2021년 지방직 9급

신제도주의에 대한 설명으로 옳지 않은 것은?

① 제도는 법률, 규범, 관습 등을 포함한다.
② 역사적 제도주의는 제도가 경로의존성을 따른다고 본다.
③ 사회학적 제도주의는 적절성의 논리보다 결과성의 논리를 중시한다.
④ 합리적 선택 제도주의는 제도가 합리적 행위자의 이기적 행태를 제약한다고 본다.

15 □□□

2021년 국회직 8급

신제도주의에 대한 설명으로 옳은 것만을 다음에서 모두 고르면?

ㄱ. 사회학적 제도주의가 제도의 종단면적 측면을 중시하면서 국가 간의 차이를 강조한다면, 역사적 제도주의는 횡단면적으로 서로 다른 국가나 조직에서 어떻게 유사한 제도가 나타나는지에 관심을 갖는다.
ㄴ. 역사적 제도주의에 의하면, 제도는 환경의 변화가 크지 않으면 안정적인 균형상태를 유지하다가 외부의 충격을 겪으면서 근본적 변화를 경험하고 새로운 경로에서 다시 균형상태를 이루는 단절적 균형의 특성을 보인다.
ㄷ. 사회학적 제도주의에서는 개인이나 조직의 제도적 환경에 대한 적응력이 강조되고, 사회적으로 표준화된 규칙 또는 규범에 적절하게 순응하는 개인이나 조직은 사회로부터 정당성을 부여받는다.
ㄹ. 사회학적 제도주의는 제도의 변화에서 개인의 역할을 인정하지 않고, 개인은 자신의 의도에 따라 제도를 만들거나 변화시킬 수 없으며 제도에 종속될 뿐이라고 본다.

① ㄱ, ㄴ
② ㄴ, ㄷ
③ ㄷ, ㄹ
④ ㄴ, ㄷ, ㄹ
⑤ ㄱ, ㄴ, ㄷ, ㄹ

16 □□□

2025년 국회직 8급

사회학적 제도주의에 대한 설명으로 옳지 않은 것은?

① 사회학적 제도주의는 제도의 단순한 기술이 아닌 제도와 제도, 제도와 개인 등의 인과관계에 대한 설명을 강조한다.
② 사회학적 제도주의는 횡단면적으로 서로 다른 국가나 조직에서 어떻게 유사한 제도가 나타나는지에 관심을 가진다.
③ 사회학적 제도주의에서 개인은 정치적·사회적으로 안정된 제도 속에 종속되고 그런 제도를 따름으로써 사회에 대한 소속감이나 일체감을 갖게 된다.
④ 사회학적 제도주의는 제도 동형화를 강조하는데, 이러한 시각에 따르면 많은 근대국가에서 베버의 관료제를 채택한 이유는 그것이 효율성을 보장해 주어 합리적이기 때문이다.
⑤ 사회학적 제도주의는 제도를 넓게 해석하여 규칙이나 절차뿐만 아니라 전통과 관습 그리고 문화를 포함해서 사람의 표준화된 행동을 낳는 것을 제도로 이해한다.

17 □□□

2021년 군무원 9급

행정이론에 관한 다음의 기술 중 가장 옳지 않은 것은?

① 신공공관리론(New Public Management)은 국민을 고객으로 인식하고 공공부문에 시장원리를 도입하고자 하였다.
② 거버넌스(Governance)이론은 정부, 시장, 시민사회의 협력과 협치를 지향한다.
③ 신제도주의는 제도가 개인과 조직, 국가의 성패를 결정한다고 보고 있다.
④ 신행정학(New Public Administration)은 행태주의와 논리실증주의를 비판하면서 등장하였다.

18 □□□

2021년 군무원 7급

신제도주의에 대한 설명으로 가장 적절하지 않은 것은?

① 신제도주의는 그동안 내생변수로만 다루어 오던 정책 혹은 행정환경을 외생변수와 같이 직접적인 분석대상에 포함시켜 종합·분석적인 연구에 기여하고 있다.
② 역사적 제도주의는 각국에서 채택된 정책의 상이성과 효과를 역사적으로 형성된 각국의 제도에서 찾고자 한다.
③ 합리적 선택 제도주의는 경제학에 이론적 배경을 두고 있다.
④ 사회학적 제도주의에서는 제도의 범위를 가장 넓게 보고 있다.

THEME 12 신공공관리론(NPM)

중요도 ●●●●○

정답 및 해설 p. 30

선생님TIP

정부실패의 대안으로 1980년대에 등장한 신공공관리론(NPM)은 신관리주의와 시장주의로 구성되어 있는 이론입니다. 신관리주의는 규제완화(저통제)와 권한부여(힘실어주기)를 기반으로 하며 시장주의는 경쟁원리와 고객지향주의를 추구합니다. 이러한 두 구성요소의 특징을 바탕으로 개념을 이해하는 것이 효과적이며, 신공공관리론(NPM)의 주요 모형으로 오스본과 개블러(Osborne & Gaebler)가 『정부재창조론』에서 주장한 '기업가적 정부 운영의 10대 원리'와 오스본과 프래스트릭(Osborne & Plastrik)의 5C 전략을 정리해두어야 합니다.

■ 신공공관리론

개념	신관리주의 + 시장주의 → 경쟁(성과, 평가, 책임부여)
등장배경	정부실패(신보수주의 정권의 등장과 시장주의), 공공선택론의 영향
가치	효율성(생산성), 고객에의 대응성
주요기법	총체적 품질관리(TQM), 벤치마킹, 아웃소싱, 3R[Re-structuring(구조 재구축), Re-engineering(업무 재설계), Re-orientation(목표 재설정)]
특징	• 기능적: 기능 재조정, 민영화, 규제완화, 내부시장제도, 책임운영기관(집행) • 조직적: 탈관료제, 평판화, 현대적 리더십, 수평적·수직적 의사소통의 원활화 • 인사적: 인사권의 분권화, 개방형 임용제도의 확대, 성과급 제도의 확대 • 재무적: 절약예산의 이월, 총액예산제도, 기업회계제도 도입(복식부기와 발생주의)
한계	• 지나친 경쟁주의 • 한국 행정문화와의 충돌 • 성과평가 곤란 • 공무원의 사기 저하 우려 • 시장주의와 참여주의 간 모순
대안	뉴거버넌스, 신공공서비스론(NPS)

01 □□□ 2014년 지방직 7급

신공공관리론에 대한 설명으로 옳지 않은 것은?

① 신공공관리론의 이면에는 공공선택론, 주인-대리인이론, 거래비용이론 등이 자리 잡고 있다.
② 신공공관리론에서는 수익자 부담 원칙의 강화, 정부부문 내 경쟁 원리 도입 등을 행정개혁의 방향으로 제시한다.
③ 관료제는 비효율적이므로 다른 수단으로 대체되어야 하며, 혁신을 통해 기업형 정부로 변화되어야 한다고 본다.
④ 신공공관리론에서는 사회적 요구에 대한 능동적 대처를 위해 구조적 통합을 통한 분절화의 축소를 지향하고 있다.

02 □□□ 2006년 경기 7급

신공공관리론이 지향하는 가치와 거리가 먼 것은?

① 생산성 중시
② 소비자만족 중시
③ 절차적 정당성 중시
④ VFM(Value for Money)의 강조

03 □□□
2013년 국가직 9급

신자유주의 정부이념 및 관리수단과 연관성이 적은 것은?

① 시장실패의 해결사 역할을 해오던 정부가 오히려 문제의 유발자가 되었다는 인식을 바탕으로 다시 시장을 통한 문제해결을 강조하며 '작은 정부(small government)'를 추구한다.

② 민간기업의 성공적 경영기법을 행정에 접목시켜 효율적인 행정관리를 추구할 뿐 아니라 개방형 임용, 성과급 등을 통하여 행정에 경쟁원리 도입을 추진한다.

③ 케인즈(Keynes) 경제학에 기반을 둔 수요 중시 거시경제정책을 강조하므로 공급측면의 경제정책에 대하여는 반대입장을 견지한다.

④ 정부의 민간부문에 대한 간섭과 규제는 최소화 또는 합리적으로 축소·조정되어야 한다는 입장에서 규제완화, 민영화 등을 강조한다.

04 □□□
2010년 지방직 9급

신공공관리론(New Public Management)에 대한 설명으로 옳은 것은?

① 업무의 결과보다 과정을 중시한다.

② 정부의 역할을 방향제시보다 노젓기로 본다.

③ 권력의 집중화보다는 분권화를 지향한다.

④ 시장실패의 치유를 위한 국가의 역할을 강조한다.

05 □□□
2023년 군무원 9급

다음 중 신공공관리론의 특징에 대한 설명으로 가장 적절한 것은?

① 시장원리 도입으로서 경쟁 도입과 고객지향의 확대이다.

② 급격한 행정조직 확대로 행정의 공동화가 발생하지 않는다.

③ 정부, 시장, 시민사회의 평등한 관계를 중시한다.

④ 결과보다 과정에 가치를 둔다.

06 □□□
2021년 군무원 9급

신공공관리에 대한 설명으로 가장 옳지 않은 것은?

① 신공공관리는 전통적이고 관료적인 관리방식을 개혁하기 위해 1980년대부터 진행된 개혁 프로그램이다.

② 신공공관리는 정부의 크기와 관계없이 시장지향적인 효율적인 정부를 만들 수 있는 개혁방안에 관심을 갖는다.

③ 시장성 테스트, 경쟁의 도입, 민영화나 규제 완화 등 일련의 정부개혁 아이디어가 적용된다.

④ 신공공관리 옹호론자들은 기존 관료제 중심의 패러다임을 대체할 수 있는 새로운 패러다임이 될 수 있다고 주장한다.

07 □□□
2024년 국가직 9급

신공공관리론에 입각한 정부개혁의 내용으로 옳지 않은 것은?

① 효율성 대신 형평성에 초점을 맞춘 고객지향적 정부 강조

② 수익자 부담 원칙의 강화

③ 정부 부문 내의 경쟁 원리 도입

④ 결과 혹은 성과 중심주의 강조

08 □□□
2024년 군무원 7급

다음 중 '작지만 효율적인 정부'에 대한 설명으로 가장 적절하지 않은 것은?

① 큰 정부에 반발하여 규모와 역할을 축소하는 외형적인 측면에 중점을 둔 개혁을 의미한다.

② 관료제형 정부관리방식을 개혁하기 위해 1980년대부터 진행된 개혁프로그램의 산물이다.

③ 기본적으로 시장지향적 경쟁 원리를 효율성 제고의 중요한 수단으로 삼는다.

④ 성과 중심 관리를 강조하며, 재량 부여와 결과에 대한 분명한 책임을 묻는 관리 방식이다.

09 □□□

2024년 국가직 7급

신공공관리론의 특징으로 옳지 않은 것은?

① 성과에 의한 관리를 중요시한다.
② 신관리주의와 시장주의가 결합된 개념이다.
③ 수익자부담원칙을 강조한다.
④ 분절화의 축소와 조직구조의 통합, 조정을 강조한다.

10 □□□

2014년 국회직 9급

행정학 계보에 대한 서술내용으로 옳은 것을 모두 고르면?

ㄱ. 과학적 관리법의 반작용으로 나타난 인간관계론은 능률이념을 비판한다.
ㄴ. 자연과학적 연구방법을 취하는 행태주의는 원리주의에 대한 비판에서 출발한다.
ㄷ. 행정의 가치중립성을 비판한 신행정학파는 행정에 경쟁원리의 도입을 주장한다.
ㄹ. 신공공관리학파는 거래비용이론, 대리인이론 등 제도경제학적 접근법을 취한다.
ㅁ. 뉴거버넌스학파는 공공문제를 참여와 네트워크방식으로 해결할 것을 강조한다.

① ㄱ, ㄴ, ㄷ
② ㄱ, ㄷ, ㅁ
③ ㄱ, ㄹ, ㅁ
④ ㄴ, ㄷ, ㄹ
⑤ ㄴ, ㄹ, ㅁ

11 □□□

2017년 서울시 9급

오스본(Osborne)과 개블러(Gaebler)의 '정부재창조론'에서 제시된 기업가적 정부 운영의 원리에 관한 내용으로 가장 옳지 않은 것은?

① 시민에 대한 봉사 지향적 정부
② 지역사회가 주도하는 정부
③ 분권적 정부
④ 촉진적 정부

12 □□□

2018년 서울시 7급(6월 시행)

오스본(Osborne)과 개블러(Gaebler)가 제시한 기업가적 정부 운영의 원리를 〈보기〉에서 모두 고른 것은?

〈보기〉

ㄱ. 투입, 과정, 성과를 균형 있게 연계한 예산 배분
ㄴ. 권한 분산과 하부 위임을 통한 참여적 의사결정 촉진
ㄷ. 서비스 공급자로서의 정부관료제 역할 강화
ㄹ. 공공서비스 제공에 경쟁원리를 도입
ㅁ. 목표와 임무 중심의 조직운영
ㅂ. 문제에 대한 사후수습 역량의 강화

① ㄱ, ㄴ, ㅂ
② ㄴ, ㄹ, ㅁ
③ ㄴ, ㄷ, ㄹ, ㅁ
④ ㄱ, ㄷ, ㄹ, ㅂ

13 □□□

2021년 지방직 9급

신공공관리론에서 지향하는 '기업가적 정부'의 특성에 해당하지 않는 것은?

① 경쟁적 정부
② 노젓기 정부
③ 성과지향적 정부
④ 미래대비형 정부

14 □□□

2021년 군무원 7급

오스본(D. Osborne)과 게블러(T. Gaebler)의 『정부재창조론』(Reinventing Government)에서 제시된 '기업가적 정부 운영의 10대 원리'와 가장 관련이 없는 것은?

① 기업가적 정부는 서비스 공급자보다는 촉매 작용자, 중개자, 그리고 촉진자 역할을 수행 해야 한다.
② 경쟁 원리의 도입을 통해 행정서비스 공급의 경쟁력을 제고해야 한다.
③ 업무 성과를 제고하기 위해서는 투입이 아니라 산출이나 결과를 기준으로 자원을 배분해야 한다.
④ 수입 확보 위주의 정부 운영 방식에서 탈피하여 예산지출의 개념을 활성화하는 것이 필요하다.

15 □□□

2022년 국회직 8급

오스본(D. Osborne)과 개블러(T. Gaebler)의 저서 『정부 재창조론』에서 제시된 정부 운영의 원리에 대한 설명으로 옳은 것은?

① 정부의 새로운 역할로 종래의 방향잡기보다는 노젓기를 강조한다.

② 규칙 및 역할 중심 관리방식에서 사명 지향적 관리방식으로 전환되어야 함을 강조한다.

③ 예방적 정부보다는 치료 중심적 정부로 바뀌어야 함을 강조한다.

④ 행정서비스 제공에 경쟁 개념을 도입하기보다는 독점적 공급을 강조한다.

⑤ 주민에게 권한을 부여하기보다는 서비스를 제공하는 방향으로 전환되어야 함을 강조한다.

16 □□□

2025년 군무원 7급

오스본(D. Osborne)과 게블러(T. Gaebler)가 제시한 '기업가적 정부운영의 10대 원리'로 가장 적절하지 않은 것은?

① 기업가적 정부는 서비스 공급자보다는 촉매작용자, 중개자 그리고 촉진자 역할을 수행해야 한다.

② 예산지출 위주의 정부 운영 방식에서 탈피하여 수입 확보의 개념을 활성화하는 것이 필요하다.

③ 주민들에게 권한을 부여하여 지역공동체를 형성함으로써 지역주민과 지역공동체를 서비스 공급주체의 일원으로 참여시키는 것이 바람직하다.

④ 업무 성과를 제고하기 위해서는 산출이나 결과가 아니라 투입을 기준으로 자원을 배분해야 한다.

17 □□□

2018년 서울시 7급(6월 시행)

신공공관리론(New Public Management)에 대한 비판으로 가장 옳지 않은 것은?

① 유인기제가 지나치게 다양하여 공공부문 성과관리에 어려움을 초래하고 있다.

② 민영화에 따른 정부역할의 약화로 인해 행정의 책임성 문제가 발생될 수 있다.

③ 국민은 단지 소비자인 고객이 아니라 정부 정책에 적극적으로 참여하는 존재이다.

④ 정부와 기업 간의 근본적인 환경 차이를 무시하고 정부부문에 시장기제를 적용하고 있다.

18 □□□

2018년 국가직 9급

신공공관리론(NPM)에 대한 비판적 논의에 해당하지 않는 것은?

① 공공부문은 민간부문과 다르기 때문에 민간부문의 관리기법을 공공부문에 그대로 적용하는 데에는 한계가 있다.

② 민주적 책임성과 기업가적 재량권 간의 갈등으로 인하여 정부관료제의 효율성을 제고하기 어렵다.

③ 고객 중심 논리는 국민을 관료주도의 행정서비스 제공에 의존하는 수동적 존재로 전락시킬 우려가 있다.

④ 정치적 논리를 우선하여 내부관리적 효율성을 경시하는 경향이 있다.

19 □□□

2019년 국회직 8급

신공공관리론에 대한 설명으로 옳은 것만을 〈보기〉에서 모두 고르면?

〈보기〉

ㄱ. 기업경영의 논리와 기법을 정부에 도입·접목하려는 노력이다.
ㄴ. 정부 내의 관리적 효율성에 초점을 맞추고, 규칙 중심의 관리를 강조한다.
ㄷ. 거래비용이론, 공공선택론, 주인 - 대리인이론 등을 이론적 기반으로 한다.
ㄹ. 중앙정부의 감독과 통제의 강화를 통해 일선공무원의 책임성을 강화시킨다.
ㅁ. 효율성을 지나치게 강조하는 과정에서 민주주의의 책임성이 결여될 수 있는 한계가 있다.

① ㄱ, ㄴ, ㄷ
② ㄱ, ㄷ, ㄹ
③ ㄱ, ㄷ, ㅁ
④ ㄴ, ㄷ, ㅁ
⑤ ㄴ, ㄹ, ㅁ

20 □□□

2019년 지방직 7급

다음 신공공관리론에 대한 설명 중 옳은 것만을 모두 고르면?

ㄱ. 행정서비스 공급의 경쟁 체제를 선호한다.
ㄴ. 예측과 예방을 통한 미래지향적 정부를 강조한다.
ㄷ. 투입 중심의 예산제도를 통해 예산을 관리한다.
ㄹ. 행정관리의 이념으로 효율성을 강조한다.
ㅁ. 집권적 계층제를 통해 행정의 책임성을 확보한다.

① ㄱ, ㄹ
② ㄱ, ㄴ, ㄹ
③ ㄴ, ㄷ, ㄹ
④ ㄴ, ㄷ, ㅁ

21 □□□

2022년 지방직 7급

행정이론에 대한 설명으로 옳지 않은 것은?

① 신행정학은 행정의 적실성 회복을 강조한다.
② 발전행정론은 환경이 행정에 미치는 영향에 주목한다.
③ 공공선택론은 시민들의 다양한 요구와 선호에 민감하게 부응할 수 있는 제도적 장치 마련을 강조한다.
④ 신공공관리론은 지역사회 문제를 해결하는 과정에서 시민들의 공유된 가치를 관료가 협상하고 중재해야 한다고 주장한다.

22 □□□

2023년 지방직 9급

블랙스버그 선언(Blacksburg Manifesto)과 행정재정립 운동(refounding movement)에 대한 설명으로 옳지 않은 것은?

① 블랙스버그 선언은 행정의 정당성을 침해하는 정치·사회적 상황을 비판했다.
② 행정재정립운동은 직업공무원제를 옹호했다.
③ 행정재정립운동은 정부를 재창조하기보다는 재발견해야 한다고 주장했다.
④ 블랙스버그 선언은 신행정학의 태동을 가져왔다.

선생님TIP

최근 PART 1 행정학의 기초이론에서 출제빈도가 가장 높은 테마입니다. 탈NPM(Post-NPM)은 신공공관리론(NPM)의 지나친 효율성 위주인 한계를 비판하고 민주적이고 인본주의적인 행정을 추구하자는 것에서 등장하였습니다. 따라서 뉴거버넌스는 공동체주의에 근거한 정부 · 시장 · 시민의 협력적 네트워크과정을 통하여, 신공공서비스론(NPS)은 민주성과 인본주의에 근거하여 각각 시민에게 따뜻한 서비스를 제공하는 것이 목표라고 볼 수 있습니다. 이러한 등장배경과 특징을 바탕으로 정리해두고, 뉴거버넌스모형 중에서 피터스(Peters)의 거버넌스모형은 반드시 각각의 내용을 비교하여 알아두어야 합니다.

■ 뉴거버넌스와 신공공서비스론(NPS)

1. 탈신공공관리론(Post-NPM)

의의	• 신공공관리론의 공공성 훼손 등 부작용에 대한 대안으로 제시된 이론 • 뉴버거넌스, 신공공서비스론(NPS) 등이 탈NPM에 해당
주요내용	• 구조적 통합을 통한 분절화의 축소 • 재집권화와 재규제의 주창(집권과 분권의 조화) • 총체적(합체된) 정부의 주도 • 역할 모호성의 제거 및 명확한 역할관계의 안출(案出) • 민간 · 공공부문의 파트너십 강조 • 역량 및 조정의 확대 • 중앙의 정치 · 행정적 역량의 강화 • 환경적 · 역사적 · 문화적 요소에의 유의 등

2. 뉴거버넌스

(1) 의의

개념	정부 · 시장 · 시민의 협력적 네트워크	
등장배경	• 정부실패 · 시장실패의 대안 • 시민사회가 행정의 주체로 등장	• 신공공관리론적 접근방법의 한계 • 신뢰와 네트워크의 강조
특징	• 고객중심주의 및 성과주의 • 구성원 간의 유기적 집합관계 강조	• 정부관료제에 대한 민주적 통제 및 시민참여 확대 • 탈관료제와 네트워크조직의 강조
한계	• 책임성 및 신뢰 확보의 문제 • 행정조직의 특수성 간과	

(2) 피터스(Peters)의 뉴거버넌스모형

구분	전통적 정부	시장적 정부	참여적 정부	신축적 정부	탈내부규제 정부
문제의 진단기준	전근대적 권위	독점	계층제	영속성	내부규제
구조의 개혁방안	계층제	분권화	평면조직	가상조직	-
관리의 개혁방안	직업공무원제, 절차적 통제	성과급, 민간부문의 기법	TQM, 팀제	가변적 인사관리, 고위공무원단	관리의 재량확대
정책결정의 개혁방안	정치 · 행정 구분	내부시장, 유인	협의, 협상	실험	기업가적 정부
공익의 기준	안전성, 평등	저비용	참여, 협의	저비용, 조정	창의성, 활동주의

3. 신공공서비스론(NPS)

개념	행정과정에서 시민참여에 기반한 담론을 통한 행정 수행을 주장하는 이론
등장배경	전통적 행정과 신공공관리론에 대한 비판

01 □□□

2023년 군무원 9급

다음 중 뉴거버넌스(New Governance)에 대한 설명으로 가장 거리가 먼 것은?

① 국민을 고객으로만 보는 것을 넘어 국정의 파트너로 본다.
② 행정의 효율성을 중시하지만 신공공관리론적 정부개혁에 대해 비판적으로 접근한다.
③ 행정의 경영화와 시장화를 중시하기 때문에 행정과 정치의 관계를 이원론적으로 보는 경향이 강하다.
④ 파트너십과 유기적 결합관계를 중시한다.

02 □□□

2014년 국가직 7급

뉴거버넌스에 대한 설명으로 옳지 않은 것은?

① 참여자 간 신뢰와 협력을 강조한다.
② 정치적 과정은 중요하게 인식되지 않는다.
③ 정부만이 공공서비스를 독점적으로 생산하고 공급한다고 보지 않는다.
④ 정책과정에서 정부와 민간부문 및 비영리부문 간의 네트워크를 활용한다.

03 □□□

2024년 지방직 9급

피터스(Peters)가 『미래의 국정관리(The Future of Governing)』에서 제시한 정부개혁모형에 해당하지 않는 것은?

① 시장모형
② 자유민주주의모형
③ 참여모형
④ 탈규제모형

04 □□□

2016년 서울시 9급

피터스(Peters)의 뉴거버넌스 정부개혁모형에 대한 설명으로 가장 옳지 않은 것은?

① 시장모형은 구조 개혁방안으로 평면조직을 상정한다.
② 참여정부모형의 관리 개혁방안은 총품질관리팀제이다.
③ 유연조직모형의 정책결정 개혁방안은 실험이다.
④ 저통제정부모형의 공익 기준은 창의성과 활동주의이다.

05 □□□

2017년 국가직 9급(10월 추가)

피터스(Peters)가 제시한 정부개혁모형에 대한 설명으로 옳은 것은?

① 시장모형(market model)에서는 조직의 통합을 통한 집권화를 처방한다.
② 참여정부모형(participatory model)에서는 조직 하층부 구성원이나 고객들의 의사결정 참여기회가 확대될수록 조직이 효과적으로 기능한다고 본다.
③ 신축적 정부모형(flexible government)에서는 정규직공무원의 확대를 통하여 비용을 절감하고 공익을 증진시킬 수 있다고 본다.
④ 탈규제적 정부모형(deregulated government)에서는 경제적 규제 완화를 통한 시장 활성화를 추구하기 위하여 정부의 권한을 축소해야 한다고 본다.

06 □□□

2019년 국가직 7급

피터스(Peters)의 정부모형에 대한 설명으로 옳은 것은?

① 참여모형에서는 조직의 고위층과 최하위층 간에 계층 수가 많지 않아야 한다.
② 유연정부모형은 변화하는 정책수요에 맞춰 탄력적으로 구성원들을 활용함으로써 이들의 조직과 업무에 대한 몰입도를 높인다.
③ 시장모형은 정치지도자들의 권력을 약화시키고 기업가적 관료들의 정책결정자로서의 역할을 제고하는 결과를 가져왔다.
④ 탈규제모형은 정부역할의 적극성 및 개입성이 높으면 공익 구현이 어렵다는 인식을 전제한다.

07 □□□

2021년 군무원 7급

피터스(B. Guy Peters)의 정부개혁모형 중 참여정부모형과 가장 관련이 없는 것은?

① 문제의 진단기준은 계층제이다.
② 구조의 개혁방안은 평면조직이다.
③ 관리의 개혁방안은 가변적 인사관리이다.
④ 정책결정의 개혁방안은 협의 · 협상이다.

08 □□□

2022년 국회직 8급

피터스(B. Guy Peters)가 제시한 시장모형의 구조개혁 방안으로 옳은 것은?

① 계층제　　② 분권화
③ 평면조직　　④ 가상조직
⑤ 기업가적 정부

09 □□□

2025년 군무원 7급

피터스(B.G. Peters)가 제시한 뉴거버넌스에 기초한 정부 개혁모형에 대한 설명으로 가장 적절하지 않은 것은?

① 시장모형(시장적 정부모형)은 전통적 관료제의 문제점을 해소하기 위하여 민간부문의 경쟁원리를 관료제에 도입할 것을 처방하며, 공공서비스가 얼마나 저렴하게 공급되느냐를 주된 공익의 판단 기준으로 삼는다.
② 참여정부모형에서는 계층수가 적은 편평한 조직구조와 함께 다양한 위원회와 자문집단 등을 제시한다.
③ 유연조직모형(신축적 정부모형)은 전통적 관료제 구조의 항구성을 탈피하고, 상근직보다 시간제 근무와 임시직의 확대를 권장한다.
④ 저통제정부모형(탈규제정부모형)은 관료제 내부의 규제가 아니라 국민에 대한 규제의 완화에 초점을 맞추어, 정책과정에서 관료들의 정책형성 역할을 축소할 것을 권고한다.

10 □□□

2013년 서울시 7급

신공공관리이론과 뉴거버넌스이론의 비교로 적절하지 않은 것은?

① 두 이론 모두 투입보다는 산출에 대한 통제를 강조한다.
② 신공공관리는 공공부문과 민간부문을 명확하게 구분하는데 비해서 뉴거버넌스는 명확하게 구분하지 않는다.
③ 신공공관리는 조직내부 문제를, 뉴거버넌스는 조직 간 문제를 다룬다.
④ 신공공관리는 부문 간 경쟁을, 뉴거버넌스는 부문 간 협력을 강조한다.
⑤ 두 이론 모두 정부실패를 이념적 토대로 설정하여 그 대응책을 마련하고자 한다.

11 □□□

2010년 국가직 9급

신공공관리론과 뉴거버넌스론을 비교 설명한 것으로 옳지 않은 것은?

		신공공관리론	뉴거버넌스론
① 작동원리	-	경쟁	협력
② 서비스	-	민영화, 민간위탁 등	공동공급
③ 관리가치	-	결과(outcome)	신뢰(trust)
④ 인식론적 기초	-	공동체주의	신자유주의

12 □□□

2011년 서울시 9급

뉴거버넌스와 신공공관리론은 서로 다른 가치를 갖고 있으나, 공통점도 있다. 다음 중 뉴거버넌스와 신공공관리론의 공통점인 것은?

① 정부역할　　② 관리기구
③ 관료역할　　④ 서비스
⑤ 관리방식

13 □□□

2013년 지방직 9급

신공공관리론과 뉴거버넌스론에 대한 설명으로 옳은 것은?

① 신공공관리론에서 관료의 역할은 조정자이며, 뉴거버넌스론에서 관료의 역할은 공공기업가이다.
② 신공공관리론과 뉴거버넌스론에서는 정부의 역할로서 노젓기(rowing)보다는 방향잡기(steering)를 강조한다.
③ 신공공관리론과 뉴거버넌스론에서는 산출(output)보다는 투입(input)에 대한 통제를 강조한다.
④ 신공공관리론에서는 부문 간 협력에, 뉴거버넌스론에서는 부분 간 경쟁에 역점을 둔다.

14 □□□

2021년 국가직 9급

신공공관리와 뉴거버넌스에 대한 설명으로 옳은 것은?

① 뉴거버넌스가 상정하는 정부의 역할은 방향잡기(steering)이다.
② 신공공관리의 인식론적 기초는 공동체주의이다.
③ 신공공관리가 중시하는 관리 가치는 신뢰(trust)이다.
④ 뉴거버넌스의 관리 기구는 시장(market)이다.

15 □□□

2024년 지방직 7급

신공공관리론과 뉴거버넌스에 대한 설명으로 옳은 것은?

① 신공공관리론은 신뢰를 기반으로 조정의 원리를 강조하고, 뉴거버넌스는 시장지향적 경쟁원리를 강조한다.
② 신공공관리론은 국민을 덕성을 지닌 시민으로 보고, 뉴거버넌스는 국정의 대상인 고객으로 본다.
③ 신공공관리론은 정부의 역할로 방향잡기(steering)를 중시하고, 뉴거버넌스는 방향잡기보다 노젓기를 중시한다.
④ 신공공관리론은 행정의 효율성을 보다 중시하고, 뉴거버넌스는 행정의 민주성에 더 초점을 둔다.

16 □□□

2017년 사회복지직 9급

행정이론에 대한 설명으로 가장 옳지 않은 것은?

① 신공공관리론에서는 국민을 납세자나 일방적인 서비스 수혜자가 아닌 정부의 고객으로 인식한다.
② 탈신공공관리론은 신공공관리론의 결과로 나타난 재집권화와 재규제를 경계한다.
③ 뉴거버넌스론의 하나인 유연조직모형에서는 관리의 개혁 방안으로 가변적 인사관리를 제시한다.
④ 신공공서비스론에서는 공익을 공유된 가치에 대한 담론의 결과물로 인식한다.

17 □□□

2018년 서울시 9급

현대 행정학의 주요 이론에 대한 설명으로 가장 옳지 않은 것은?

① 신공공관리론은 공공선택이론의 주장과 같이 정부의 역할을 대폭 시장에 맡겨야 한다는 입장은 아니며, 기존의 계층제적 통제를 경쟁원리에 기초한 시장체제로 대체함으로써 관료제의 효율성과 성과를 높이려 한다.
② 탈신공공관리(post-NPM)는 신공공관리의 역기능적 측면을 교정하고 통치역량을 강화하며, 구조적 통합을 통한 분절화의 확대, 재집권화와 재규제의 축소, 중앙의 정치·행정적 역량의 강화를 강조한다.
③ 피터스(Peters)는 뉴거버넌스에 기초한 정부개혁모형으로 시장모형, 참여정부모형, 유연조직모형, 저통제정부모형을 제시한다.
④ 신공공관리론이 시장, 결과, 방향잡기, 공공기업가, 경쟁, 고객지향을 강조한다면 뉴거버넌스는 연계망, 신뢰, 방향잡기, 조정자, 협력체제, 임무 중심을 강조한다.

18 □□□

2022년 국가직 9급

(가) ~ (라)의 행정이론이 등장한 시기를 순서대로 바르게 나열한 것은?

(가) 정부와 공공부문에 참여하는 다양한 참여자들의 네트워크를 중시하고, 정부는 전체 네트워크를 관리하는 조정자의 입장에 있다고 하였다. (나) 미국 행정학의 '지적 위기'를 지적하면서 인간을 이기적 · 합리적 존재로 전제하고, 공공재의 공급이 서비스 기관 간 경쟁과 고객의 선택에 의해 이루어지는 시스템을 제안하였다. (다) 정치는 국가의 의지를 표명하고 정책을 구현하는 것이며, 행정은 이를 실천하는 관리활동으로서 정치와 행정의 차이를 분명히 하였다. (라) 왈도(Waldo)를 중심으로 가치와 형평성을 중시하면서 사회의 문제해결에 대한 현실 적합성을 갖는 새로운 행정학의 정립을 시도하였다.

① (다) → (라) → (가) → (나)
② (다) → (라) → (나) → (가)
③ (라) → (다) → (가) → (나)
④ (라) → (다) → (나) → (가)

19 □□□

2022년 국회직 8급

다음의 내용을 미국 행정학의 발달과정 순서대로 나열한 것은?

(가) 행정조직의 공식적 측면을 강조한 행정관리학파의 원리 제시 (나) 신공공관리론의 등장 (다) 행정과학의 적실성에 대한 논쟁 (라) 거버넌스이론의 유행 (마) 가치문제를 중시하는 신행정론의 등장 (바) 비교행정론과 발전행정론의 등장

① (가) - (다) - (바) - (마) - (나) - (라)
② (가) - (마) - (바) - (라) - (다) - (나)
③ (가) - (바) - (마) - (다) - (나) - (라)
④ (마) - (가) - (바) - (나) - (다) - (라)
⑤ (마) - (라) - (바) - (가) - (다) - (나)

20 □□□

2023년 지방직 9급

행정이론의 발달을 오래된 순서대로 바르게 나열한 것은?

(가) 과학적 관리론 - 테일러(Taylor) (나) 신공공관리론 - 오스본과 게블러(Osborne & Gaebler) (다) 신행정론 - 왈도(Waldo) (라) 행정행태론 - 사이먼(Simon)

① (가) - (다) - (라) - (나)
② (가) - (라) - (다) - (나)
③ (라) - (가) - (나) - (다)
④ (라) - (다) - (나) - (가)

21 □□□

2022년 지방직 9급

행정학의 주요 접근법, 학자, 특성을 바르게 연결한 것은?

① 행정생태론 - 오스본(Osborne)과 게블러(Gaebler) - 환경요인 중시
② 후기행태주의 - 이스턴(Easton) - 가치중립적 · 과학적 연구 강조
③ 신공공관리론 - 리그스(Riggs) - 시장원리인 경쟁을 도입
④ 뉴거버넌스론 - 로즈(Rhodes) - 정부 · 시장 · 시민사회 간 네트워크

22 □□□

2024년 지방직 9급

다음의 이론과 그 핵심적 특징의 연결이 옳은 것은 모두 몇 개인가?

ㄱ. 공공선택론 - 집권화, 민영화, 유연조직 ㄴ. 신공공관리론 - 시장주의, 고객지향, 규제완화 ㄷ. 뉴거버넌스론 - 공동체주의, 협력체제, 공동공급 ㄹ. 사회자본론 - 형평성, 사회보장, 복지국가 ㅁ. 신공공서비스론 - 사회봉사, 효율성, 방향잡기

① 1개 ② 2개
③ 3개 ④ 4개
⑤ 5개

23 □□□

2022년 군무원 7급

쇠퇴 · 낙후된 도시에 대한 기존의 재정비 방식은 하향식 의사결정, 경제적 효과(개발이익) 극대화를 지향함으로써 지역주민이 배제되는 문제를 야기했다. 다음 중 이에 대한 반성으로 정부행정에서 취할 수 있는 방안으로 옳은 것은?

① 경제적 효과의 극대화를 추진한다.
② 하향식 의사결정을 사용한다.
③ 지역공동체의 복원을 통해 지역거버넌스를 구축한다.
④ 지속적으로 기존의 재개발사업을 추진한다.

24 □□□

2018년 국회직 8급

다음 중 탈신공공관리론(post-NPM)에서 강조하는 행정개혁 전략으로 옳지 않은 것은?

① 분권화와 집권화의 조화
② 민간-공공부문 간 파트너십 강조
③ 규제완화
④ 인사관리의 공공책임성 중시
⑤ 정치적 통제 강조

25 □□□

2022년 군무원 7급

탈신공공관리(post-NPM)의 아이디어들로 묶인 것으로 옳은 것은?

ㄱ. 총체적 정부 또는 연계형 정부
ㄴ. 민간위탁과 민영화의 확대
ㄷ. 민간 · 공공부문의 파트너십 강조
ㄹ. 정부부문 내 경쟁 원리 도입
ㅁ. 중앙의 정치 · 행정적 역량 강화
ㅂ. 환경적 · 역사적 · 문화적 요소에의 유지

① ㄱ, ㄴ, ㅁ, ㅂ
② ㄴ, ㄷ, ㄹ, ㅁ
③ ㄱ, ㄷ, ㅁ, ㅂ
④ ㄷ, ㄹ, ㅁ, ㅂ

26 □□□

2024년 군무원 9급

탈신공공관리론(post-NPM)에 대한 설명으로 가장 적절하지 않은 것은?

① 교정하고 통치역량을 강화하며, 정치 · 행정의 통제와 조정을 개선하기 위해 재집권화와 재규제를 주창하는 것이다.
② 탈신공공관리는 신공공관리의 조정이 아닌 신공공관리의 주요 아이디어들을 대체하는 것이다.
③ 탈신공공관리는 구조적 통합을 통해 분절화의 축소를 추구한다.
④ 중앙의 정치 · 행정적 역량 강화를 추구한다.

27 □□□

2015년 교육행정직 9급

다음 신공공관리론과 신공공서비스론에 대한 설명으로 옳은 것을 모두 고르면?

ㄱ. 신공공서비스론은 시민에 대한 봉사를 강조한다.
ㄴ. 신공공관리론은 정부의 역할을 노젓기보다 방향잡기로 본다.
ㄷ. 신공공서비스론이 추구하는 가치는 행정의 민주성과 충돌 가능성이 있다.
ㄹ. 신공공관리론은 신공공서비스론이 간과하거나 경시한 행정의 공공성을 재조명한다.

① ㄱ, ㄴ
② ㄴ, ㄷ
③ ㄷ, ㄹ
④ ㄱ, ㄹ

28 □□□

2013년 지방직 7급

신공공서비스론(NPS)에 대한 설명으로 옳지 않은 것은?

① 기업주의 가치를 추구한다.
② 고객이 아닌 시민을 위해 봉사한다.
③ 전략적으로 생각하고 민주적으로 행동한다.
④ 공익을 찾으려고 노력한다.

29 □□□
2018년 서울시 7급(3월 추가)

신공공서비스론(New Public Service)에 대한 설명으로 가장 옳지 않은 것은?

① 공무원들은 고객이 아니라 시민에게 봉사해야 한다고 본다.
② 공익은 공유된 가치에 대한 담론의 결과로 이해된다.
③ 정부는 시장의 힘을 활용하는 데 있어 방향잡기의 역할을 해야 한다고 본다.
④ 법, 공동체, 정치규범, 전문성, 시민이익 등 다양한 책임성 기제의 중요성을 강조한다.

30 □□□
2024년 지방직 9급

신공공서비스론에 대한 설명으로 옳지 않은 것은?

① 신공공관리론을 극복하기 위해 등장하였으며, 비판이론과 포스트모더니즘을 활용한다.
② 공익은 시민의 공유된 가치에 대한 담론의 결과이다.
③ 정부는 '노젓기'보다 '방향잡기'에 집중하면서 시민에게 더 많은 권력을 부여해야 한다.
④ 정부관료는 헌법과 법률, 정치 규범, 시민에 대한 대응성을 중요시해야 한다.

31 □□□
2024년 군무원 7급

다음 중 신공공서비스론에 대한 설명으로 가장 적절하지 않은 것은?

① 고객이 아닌 시민에게 봉사하라고 주장한다.
② 행정이 가치갈등상황에 직면하게 되면 시민참여와 토론을 통하여 결정할 것을 주장한다.
③ 다양한 단체와 조직의 이익을 조정하는 정부의 역할을 과소평가한다는 비판을 받는다.
④ 민주적 목표의 성취를 위해서 수단적 · 기술적 전문성을 중시한다.

32 □□□
2021년 국가직 9급

신공공서비스론의 특성에 대한 설명으로 옳지 않은 것은?

① 정부의 역할은 시민에 대한 봉사여야 한다.
② 공익은 개인적 이익의 집합체이기 때문에 시민들과 신뢰와 협력의 관계를 확립해야 한다.
③ 책임성이란 단순하지 않기 때문에 관료들은 헌법, 법률, 정치적 규범, 공동체의 가치 등 다양한 측면에 관심을 기울여야 한다.
④ 생산성보다는 사람에게 가치를 부여하기 때문에 공공조직은 공유된 리더십과 협력의 과정을 통해 작동되어야 한다.

33 □□□
2021년 국회직 8급

신공공서비스론에 대한 설명으로 옳지 않은 것만을 다음에서 모두 고르면?

> ㄱ. 공무원이 반응해야 하는 대상을 고객과 유권자 집단으로 본다.
> ㄴ. 책임성 확보의 방법으로 개인이익의 총합을 통해 시민 또는 고객집단에게 바람직한 결과를 창출하는 방법을 추구한다.
> ㄷ. 행정재량의 필요성을 인정하지만 제약과 책임이 수반되어야 한다고 본다.
> ㄹ. 공익의 개념은 공유 가치에 대한 담론의 결과이다.
> ㅁ. 공무원의 동기를 유발하는 수단은 정부규모를 축소하려는 이데올로기적 욕구와 사회봉사이다.

① ㄱ, ㄴ, ㄹ　　② ㄱ, ㄴ, ㅁ
③ ㄴ, ㄷ, ㄹ　　④ ㄴ, ㄹ, ㅁ
⑤ ㄷ, ㄹ, ㅁ

34 □□□
2018년 지방직 7급

덴하트와 덴하트(J. V. Denhardt & R. B. Denhardt)가 제시한 신공공서비스론(new public service)의 일곱 가지 기본원칙에 대한 설명으로 옳지 않은 것은?

① 민주적으로 생각하고 전략적으로 행동해야 한다.
② 방향을 잡기보다는 시민에 대해 봉사해야 한다.
③ 공익을 공유된 가치를 창출하는 담론의 결과물로 인식해야 한다.
④ 기업주의 정신보다는 시민의식의 가치를 받아들여야 한다.

35 □□□

2015년 사회복지직 9급

신공공서비스론의 기본원칙에 대한 설명으로 옳지 않은 것은?

① 관료역할의 중요성은 시민들로 하여금 그들의 공유된 가치를 표명하고 그것을 충족시킬 수 있도록 도와주는 데 있다.
② 관료들은 시장에만 주의를 기울여서는 안 되며 헌법과 법령, 지역사회의 가치, 시민의 이익에도 관심을 기울여야 한다.
③ 예산지출 위주의 정부 운영방식에서 탈피하여 수입 확보의 개념을 활성화하는 것이 필요하다.
④ 공공의 욕구를 충족시키기 위한 정책은 집합적 노력과 협력적 과정을 통해 효과적으로 달성될 수 있다.

36 □□□

2019년 서울시 7급(2월 추가)

덴하트(J. V. Denhardt)와 덴하트(R. B. Denhardt)가 제시한 신공공서비스론의 주요 내용과 가장 거리가 먼 것은?

① 생산성과 더불어 사람의 가치를 강조한다.
② 책임성의 복잡성과 다차원성에 주목한다.
③ '전략적 사고'와 더불어 '민주적 행동'의 중요성을 강조한다.
④ 관료의 역할과 관련하여 '방향잡기'와 함께 '봉사'를 강조한다.

37 □□□

2019년 서울시 7급(10월 시행)

신공공서비스(New Public Service)에 대한 설명으로 옳은 것을 〈보기〉에서 모두 고른 것은?

〈보기〉

ㄱ. 민주적으로 선출된 정치지도자에게 책임성 확보
ㄴ. 재량이 필요하지만 제약과 책임 수반
ㄷ. 리더십을 공유하는 협동적 조직 구조
ㄹ. 민간기관 및 비영리기구를 활용해 정책 목표를 달성할 유인 체계의 창출
ㅁ. 조직 내 주요 통제권이 유보된 분권화된 조직
ㅂ. 정치적으로 정의된 단일의 목표에 초점을 맞춘 정책설계 및 집행

① ㄱ, ㄷ
② ㄴ, ㄷ
③ ㄱ, ㄴ, ㄷ
④ ㄹ, ㅁ, ㅂ

38 □□□

2025년 국회직 8급

신공공관리론(New Public Management)과 신공공서비스론(New Public Service)에 대한 비교로 옳은 것만을 <보기>에서 모두 고르면?

〈보기〉

구분	기준	신공공관리론	신공공서비스론
ㄱ	정부역할	방향잡기	노젓기
ㄴ	공익	개인 이익의 총합	공유가치에 대한 담론의 결과
ㄷ	합리성	경제적 합리성	전략적 합리성
ㄹ	책임성 확보	시장지향적	위계적
ㅁ	공무원의 반응 대상	고객	시민

① ㄱ, ㄴ, ㄷ
② ㄱ, ㄴ, ㄹ
③ ㄴ, ㄷ, ㄹ
④ ㄴ, ㄷ, ㅁ
⑤ ㄷ, ㄹ, ㅁ

39 □□□

2018년 지방직 7급

거버넌스(Governance)에 기반한 서비스 연계망의 단점으로 옳지 않은 것은?

① 분절화로 인해 집행통제가 어려움
② 정보부족으로 인해 조정이 어려움
③ 서비스의 공동생산에 따라 책임소재가 불분명
④ 이해당사자 간 상호의존적인 교환의 필요성 증가

40 □□□

2023년 지방직 9급

무어(Moore)의 공공가치창출론(creating public value)적 시각에 대한 설명으로 옳지 않은 것은?

① 행정의 정당성 위기를 극복하기 위한 대안적 접근이다.
② 전략적 삼각형 개념을 제시한다.
③ 신공공관리론을 계승하여 행정의 수단성을 강조한다.
④ 정부의 관리자들은 공공가치 실현에 힘써야 한다고 주장한다.

41 □□□

2024년 지방직 9급

공공가치론에 대한 설명으로 옳은 것만을 모두 고르면?

ㄱ. 무어(Moore)는 공공가치 실패를 진단하는 도구로 '공공가치 지도그리기(mapping)'을 제안한다.
ㄴ. 보즈만(Bozeman)은 공공기관에 의해 생산된 순(純) 공공가치를 추정하는 '공공가치 회계'를 제시했다.
ㄷ. '전략적 삼각형' 모델은 정당성과 지지, 운영 역량, 공공가치로 구성된다.
ㄹ. 시장과 공공부문이 공공가치 실현에 필수적으로 요구되는 재화와 서비스를 제공하지 못할 때 '공공가치 실패'가 일어난다.

① ㄱ, ㄴ　　② ㄱ, ㄹ
③ ㄴ, ㄷ　　④ ㄷ, ㄹ

42 □□□

2025년 지방직 9급

행정이론에 대한 설명으로 옳지 않은 것은?

① 공공가치관리론에서 보즈만(Bozeman)은 정당성과 지지, 공공가치, 운영역량으로 구성된 전략적 삼각형(strategic triangle) 모형을 제시한다.
② 신공공서비스론은 정부의 역할에 대해 시장에 의한 방향잡기보다 시민에 대한 봉사를 강조한다.
③ 뉴거버넌스론은 정부와 민간부문 그리고 비영리부문 간 상호신뢰 관계에 기초한 협력적 네트워크를 강조한다.
④ 공공선택론은 공공부문의 시장경제화를 통해 시민의 편익을 극대화할 수 있는 서비스의 공급과 생산이 가능하다고 본다.

THEME 14 사회자본(social capital)

중요도 ●●●○○

정답 및 해설 p. 39

선생님TIP

거버넌스적 네트워크를 기반으로 하는 사회자본은 신뢰, 규범, 네트워크 등이 구성요소라는 것과 무형성, 부등가성, 비동시성을 특성으로 하며 공공재적 성격도 함께 가지고 있다는 것을 알아두어야 합니다. 최근 퍼트남(Putnam)이나 후쿠야마(Fukuyama)의 사회자본에 대한 연구도 주의 깊게 살펴 볼 필요가 있으니 심화학습을 위해서는 같이 정리해두도록 합니다.

■ 사회자본(social capital)

개념	공동의 목적을 위해서 협력을 가능하게 하는 사람들 사이의 사회적 구조
구성	신뢰, 사회적 네트워크, 호혜성의 규범, 믿음, 규율
특징	• 사회적 관계의 부산물 • 공공재적 특성 • 무형의 존재 형태(믿음 속 존재) • 선순환 · 악순환 관계 • 이익의 공유 • 지속적인 유지 노력 필요 • 등가물의 교환이 아님(부등가교환) • 교환의 동시성을 전제하지 않음(비동시성)
기능	• 정보획득비용의 감소 • 효과적인 제재와 통제 • 결속력의 증대를 통한 혁신적 조직발전 • 지역사회의 발전 및 거버넌스 구축

01 □□□ 2014년 서울시 7급

사회자본의 특징에 대한 설명으로 옳지 않은 것은?

① 사회자본은 행위자들 간의 관계 속에 존재하는 자본이다.
② 사회자본의 사회적 교환관계는 동등한 가치의 등가교환이다.
③ 사회자본은 지속적인 교환과정을 거쳐서 유지되고 재생산된다.
④ 사회자본은 거시적 차원에서 공공재의 속성을 가지고 있다.
⑤ 사회자본의 교환은 시간적으로 동시성을 전제로 하지 않는다.

02 □□□ 2010년 지방직 7급

다음에서 공통적으로 설명하고 있는 것은?

- 사회적 관계에서 상호이익을 위해 집합행동을 촉진시키는 규범과 네트워크
- 행위자가 자신이 소속한 집단과 네트워크에 있는 자원에 접근함으로써 얻을 수 있는 자산
- 사회적 네트워크 또는 사회구조의 구성원이 됨으로써 확보할 수 있는 행위자의 능력

① 뉴거버넌스
② 사회자본
③ 신제도론
④ 조합주의

03 □□□
2013년 서울시 7급

정부는 지속가능한 사회를 구축하기 위해 사회자본(social capital)을 형성해야 하는 중요한 역할을 담당한다. 이와 같이 정부가 사회자본을 형성하기 위한 전략으로 적절하지 않은 것은?

① 시민참여가 보다 수평적으로 이루어져야 한다.
② 정부에 대한 시민의 신뢰를 회복시키려는 노력을 해야 한다.
③ 법적 제도의 공정성과 효율성을 확립시켜야 한다.
④ 자발적 조직들 간의 연계망을 확대하기 위한 지원을 강화해야 한다.
⑤ 집단행동의 딜레마를 해결하려면 수직적 네트워크를 강화해야 한다.

04 □□□
2013년 국가직 9급

사회자본(social capital)이 형성되는 모습으로 보기 어려운 것은?

① 지역주민들의 소득이 지속적으로 증가하고 있다.
② 많은 사람들이 알고 지내는 관계를 유지하는 가운데 대화·토론하면서 서로에게 도움을 준다.
③ 이웃과 동료에 대한 기본적인 믿음이 존재하며 공동체 구성원들이 서로 신뢰한다.
④ 지역 구성원들이 삶과 세계에 대한 도덕적·윤리적 규범을 공유하고 있다.

05 □□□
2013년 서울시 9급

사회자본에 대한 설명으로 옳지 않은 것은?

① 네트워크에 참여하는 당사자들이 공동으로 소유하는 자산이다.
② 한 행위자만이 배타적으로 소유권을 행사할 수 없다.
③ 협력적 행태를 촉진시키지만 혁신적 조직의 발전을 저해한다.
④ 행동의 효율성을 제고시킨다.
⑤ 사회적 관계에서 거래비용을 감소시켜 준다.

06 □□□
2013년 서울시 7급

신뢰성과 윤리문제가 국정운영의 핵심쟁점으로 제기되는 이유가 아닌 것은?

① 지방분권화 증대에 따른 중앙정부의 통제력 약화
② 재정적 압박으로 인해 효율성 가치에 치중
③ 경제논리를 중심으로 한 민간부문 관리기법의 도입에 따른 생산성 강조
④ 정치적 후원의 증대와 고위공직자의 정치화에 따른 부패가능성 증대
⑤ 전통적 관리방식과 새로운 관리방식 간의 충돌과 갈등

07 □□□
2022년 군무원 9급

다음 중 공무원 부패를 방지하기 위해 가장 중요한 가치로서 인식되는 것은?

① 형평성
② 민주성
③ 절차성
④ 투명성

08 □□□
2017년 서울시 7급

사회적 자본에 대한 설명으로 가장 옳지 않은 것은?

① 신뢰를 통해 거래비용을 감소시키는 기능이 있다.
② 단기간에 정부 주도하의 국민운동에 의해 형성될 수 있다.
③ 개념적으로 추상적이기에 객관적으로 계량화하기 쉽지 않다.
④ 개인, 집단, 지역공동체, 국가 등 상이한 수준에서 정의될 수 있다.

09 □□□

2017년 국가직 9급(10월 추가)

사회자본이론(social capital theory)에 대한 설명으로 옳지 않은 것은?

① 신뢰와 네트워크를 통한 과도한 대외적 개방성에 대하여 많은 비판을 받고 있다.
② 정밀한 사회적 연결망은 신뢰를 강화하고, 거래비용을 낮추며, 혁신을 가속화함으로써 경제발전을 촉진할 수 있다.
③ 퍼트남(Putnam) 등은 이탈리아에서 사회자본(시민공동체 의식)이 지방정부의 제도적 성과 차이를 잘 설명한다고 주장했다.
④ 사회자본은 참여자들이 협력하도록 함으로써 공유한 목적을 보다 효과적으로 성취하게 만드는 신뢰, 규범, 네트워크와 같은 사회조직의 특징으로 정의할 수 있다.

10 □□□

2018년 서울시 7급(6월 시행)

사회적 자본(social capital)에 대한 설명으로 옳지 않은 것은?

① 사회구성원들이 공동의 문제를 해결하는 데 적극적으로 참여하는 사회의 조건 또는 특성을 의미한다.
② 공동이익을 위한 상호 조정과 협력을 촉진한다.
③ 공동체에 대한 무조건적인 봉사를 전제로 한다.
④ 신뢰가 사회 전체 혹은 사회의 특정 부분에 널리 퍼져 있는데서 생기는 능력을 의미하기도 한다.

11 □□□

2019년 서울시 7급(2월 추가)

사회적 자본(social capital)에 대한 설명으로 옳은 것을 〈보기〉에서 모두 고른 것은?

〈보기〉

ㄱ. 퍼트남(Putnam)은 사회적 자본에 있어 네트워크, 규범, 신뢰를 강조하였다.
ㄴ. 사회적 자본이 형성되는 경우 거래비용 감소의 긍정적 효과가 있다.
ㄷ. 사회적 자본은 조정과 협동을 용이하게 만든다.
ㄹ. 세계은행은 개발도상국 개발사업에 사회적 자본 개념을 활용하고 있다.
ㅁ. 후쿠야마(Fukuyama)는 한국사회에 만연한 불신은 사회적 비효율성의 원인이라고 하였다.

① ㄱ, ㄷ, ㅁ
② ㄱ, ㄹ, ㅁ
③ ㄱ, ㄴ, ㄷ, ㅁ
④ ㄱ, ㄴ, ㄷ, ㄹ, ㅁ

12 □□□

2015년 지방직 7급

사회적 자본(social capital)에 대한 설명으로 옳지 않은 것은?

① 사회적 자본을 축적하기 위해서는 자발적 결사체의 결성과 활동이 촉진될 수 있는 여건이 중요하다.
② 지역이 보유하고 있는 물질적 자원을 중심으로 한 발전전략에 따라 강조되었다.
③ 주요 속성으로는 상호신뢰, 호혜주의, 적극적 참여 등이 있다.
④ 공동체 의식의 강화를 통하여 지식의 공유와 네트워크의 강화를 기대할 수 있다.

13 □□□

2021년 국가직 7급

사회적 자본에 대한 설명으로 옳은 것은?

① 사회적 자본이 증가하면 제재력이 약화되는 역기능이 있다.
② 타인에 대한 신뢰는 사회적 자본의 구성요소가 아니다.
③ 호혜주의는 사회적 자본에 영향을 미치지 않는다.
④ 사회적 자본은 거래비용을 감소시키는 순기능이 있다.

14 □□□

2024년 군무원 7급

다음 중 사회적 자본에 대한 설명으로 가장 적절하지 않은 것은?

① 사회적 자본은 경제적 자본에 비하여 형성과정이 불투명하지만 보다 확실하다.
② 사회적 자본의 형성은 단기간에 이루어지기 힘들다.
③ 사회적 자본은 공동체주의적 지향성을 갖는다.
④ 사회적 자본은 측정이 용이하지 않다는 지적을 받는다.

15 □□□

2025년 국회직 8급

사회적 자본에 대한 설명으로 옳지 않은 것은?

① 사회적 자본에는 거래비용을 감소시키는 순기능이 있다.
② 사회적 자본은 조정과 협동을 용이하게 한다.
③ 사회적 자본은 사용할수록 증가하는 특성이있다.
④ 사회적 자본은 정부에 의해 단기간에 형성될 수 있다.
⑤ 사회적 자본의 요소에는 신뢰, 규범, 네트워크 등이 포함된다.

16 □□□

2023년 국가직 7급

정부신뢰 및 시민참여에 대한 설명으로 옳은 것만을 모두 고르면?

ㄱ. 도덕성 확보, 정책 내용의 일관성 유지, 정부 역량은 모두 정부신뢰의 구성인자이다.
ㄴ. 정부와 시민 간의 신뢰 유형 중 신탁적 신뢰는 대칭적 관계에서 형성된다.
ㄷ. 시민들이 기피하는 시설의 건설 추진 여부에 대한 공론조사에서 시민대표단을 구성하여 토론하는 것은 숙의 민주주의의 사례이다.

① ㄱ ② ㄱ, ㄷ
③ ㄴ, ㄷ ④ ㄱ, ㄴ, ㄷ

CHAPTER 4

행정의 가치와 이념

THEME 15 행정의 본질적 가치

중요도 ●●●○○

정답 및 해설 p. 41

선생님TIP

행정의 가치에서 본질적 가치는 '목표'에 해당하는 것으로 공익, 정의, 자유, 평등(형평성), 복지 등이 있습니다. 특히 이 중에서 공익과 정의는 매년 출제되고 있는 주제로 공익은 학설로서 실체설과 과정설에 대한 비교를, 정의는 롤스(Rawls)의 정의론에서 정의의 원칙을 중심으로 각 개념을 정리해두어야 합니다.

■ 행정의 본질적 가치

1. 공익

개념	국민에 대한 책임 있는 의사결정행위, 사회 전체의 공유된 가치와 이익	
학설	실체설(적극설)	• 공익은 사익을 초월 • 선험적, 전체주의, 공익우선주의, 엘리트주의
	과정설(소극설)	• 공익은 사익의 총합 • 경험적, 개인주의, 현실주의, 다원주의
	절충설(중간설)	• 공익은 국가와 개인 이익의 중간 정도 • 소비자의 이익, 실체설과 과정설의 조화

2. 정의 - 롤스(Rawls)의 정의론

조건	인지적(무지의 베일에서 도출, 절차적), 동기적(상호 무관심적 합리성)
원칙	• 제1원칙: 동등(평등)한 자유의 원칙 • 제2원칙: 정당한 불평등(차등)의 원칙 　- 제1원리: 기회균등의 원리 　- 제2원리: 차등조정의 원리(Maximin) • 우선순위: 제1원칙 > 제2원칙(제1원리 > 제2원리)

3. 평등(형평성)

개념	사회적 · 경제적 · 정치적 약자를 위해 특별한 행정서비스를 제공하여 평등성 보장
유형	수평적 형평(같은 것은 같게), 수직적 형평(다른 것은 다르게)
이론적 기준	• 실적이론: 기회의 평등, 상대적 · 형식적 · 절차적 평등 • 평등이론: 결과의 평등, 절대적 · 실질적 · 적극적 평등 • 필요이론: 양자의 절충, 최저수준의 평등, 롤스(Rawls)의 정의론

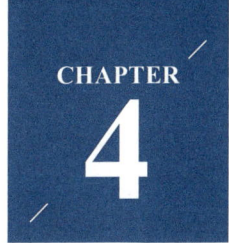

01 □□□

2022년 지방직 9급

공익에 대한 설명으로 옳은 것만을 모두 고르면?

ㄱ. 실체설에 의하면 공익은 사익을 초월한 것이다.
ㄴ. 과정설에 의하면 공익은 사익 간 갈등을 조정 · 타협하는 과정에서 산출되는 것이다.
ㄷ. 실체설은 다원적 민주주의에 도움을 준다.
ㄹ. 플라톤(Plato)과 루소(Rousseau) 모두 공익 실체설을 주장하였다.

① ㄱ, ㄴ
② ㄴ, ㄷ
③ ㄱ, ㄴ, ㄹ
④ ㄱ, ㄷ, ㄹ

02 □□□

2023년 군무원 7급

다음 중에서 행정이념에 대한 설명과 거리가 가장 먼 것은?

① 행정이 달성하고자 하는 미래의 바람직한 상태를 의미한다.
② 행정업무의 종류와 시대에 따라 변한다.
③ 행정목표를 달성하기 위한 수단의 성격을 띤다.
④ 행정수행에 필요한 지도원리나 지침의 역할을 수행한다.

03 □□□

2019년 국가직 9급

공익에 대한 설명으로 옳은 것은?

① 「국가공무원법」은 제1조에서 공무원은 국민 전체의 봉사자로서 공익을 추구해야 함을 명시하고 있다.
② 「공무원 헌장」은 공무원이 실천해야 하는 가치로 공익을 명시하고 있다.
③ 신공공서비스론에서는 공익을 행정의 목적이 아닌 부산물로 보아야 한다는 점을 강조한다.
④ 공익에 대한 실체설에서는 공익을 사익 간 타협 또는 집단 간 상호작용의 산물로 본다.

04 □□□

2010년 국가직 7급

행정가치에는 행정을 통해 이루고자 하는 궁극적 가치인 본질적 가치와 본질적 가치를 실현가능하게 하는 수단적 가치가 있다. 다음 중 본질적 가치로 옳은 것은?

① 형평성(equity)
② 합리성(rationality)
③ 민주성(democracy)
④ 합법성(legality)

05 □□□

2015년 지방직 7급

공익(public interest)의 개념에 대한 설명으로 옳지 않은 것은?

① 실체설은 사회구성원 간에 보편적으로 공유되는 공동의 이익보다는 부분적이며 특수한 이익을 공익으로 보는 입장이다.
② 실체설에서 인식하는 공익개념의 구체적 내용은 도덕적 절대가치, 정의, 공동사회의 기본적 가치 등으로 다양하다.
③ 과정설에는 서로 상충되는 이익을 가진 집단들 사이의 조정과 타협의 산물이 공익이라고 보는 입장이 있다.
④ 과정설에는 절차적 합리성을 강조하여 적법절차의 준수에 의해 공익이 보장된다고 보는 입장이 있다.

06 □□□

2017년 국가직 9급

공익(Public interest) 개념의 실체설과 과정설에 대한 설명으로 옳은 것은?

① 실체설은 집단 간 상호작용의 산물이 공익이라고 본다.
② 과정설의 대표적인 학자에는 플라톤(Plato)과 루소(Rousseau)가 있다.
③ 실체설은 공익이라는 미명하에 개인의 이익이 침해될 수 있는 위험요소를 내포하고 있다.
④ 과정설은 공익과 사익이 명확히 구분된다는 입장이다.

07 □□□

2018년 서울시 9급

공익에 대한 설명으로 가장 옳지 않은 것은?

① 과정설은 공익을 서로 충돌하는 이익을 가진 집단들 사이에서 상호조정과정을 거쳐 균형상태의 결론에 도달했을 때 실현되는 것이라고 본다.
② 실체설에서도 전체효용의 극대화를 강조하는 입장에서는 사회구성원의 효용을 계산한 다음에 전 구성원의 총효용을 극대화함으로써 공익에 도달할 수 있다고 본다.
③ 실체설에서 도덕적 절대가치를 공익의 실체로 보는 관점에서는 사회공동체나 국가의 모든 가치를 포괄하는 절대적인 선의 가치가 있다고 가정한다.
④ 실체설에서는 적법절차의 준수를 강조하며 국민주권원리에 의한 행정의 중심적 역할을 강조한다.

08 □□□

2019년 서울시 9급(6월 시행)

공익에 대한 설명으로 가장 옳지 않은 것은?

① 과정설은 개인의 사익을 초월한 공동체 전체의 공익이 따로 있다고 보는 견해이다.
② 실체설은 사회 전 구성원의 총효용을 극대화함으로써 공익에 도달할 수 있다고 보는 견해이다.
③ 과정설은 공익이 사익의 총합이거나 사익 간의 타협·조정과정을 통해 얻어지는 것으로 보는 견해이다.
④ 실체설은 사회공동체 내지 국가의 모든 가치를 포괄하는 절대적인 선의 가치가 있다고 보는 견해이다.

09 □□□

2022년 군무원 9급

공익(public interest)에 대한 '과정설'의 설명으로 옳지 않은 것은?

① 공익은 인식 가능한 행동결정의 유용한 안내자 역할을 한다는 입장이다.
② 공익은 하나의 실체라기보다 다수의 이익들이 조정되면서 얻어진 결과로 본다.
③ 공무원의 행동을 경쟁관계에 있는 집단들의 이익을 돕는 조정자의 역할로 이해한다.
④ 실체설의 주장을 행정의 정당성 확보를 위해 도입된 상징적 수사로 간주한다.

10 □□□

2019년 서울시 7급(10월 시행)

공익의 실체설에 대한 설명으로 옳은 것을 〈보기〉에서 모두 고른 것은?

> 〈보기〉
> ㄱ. 사회공동체나 국가의 모든 가치를 포괄하는 절대적 선의 가치가 있다.
> ㄴ. 적법절차의 준수에 의해 공익이 보장된다.
> ㄷ. 사회구성원이 보편적으로 공유하는 이익을 의미한다.
> ㄹ. 행정의 조정자 역할이 강조된다.

① ㄱ　② ㄴ
③ ㄱ, ㄷ　④ ㄴ, ㄹ

11 □□□

2024년 지방직 7급

공익에 대한 설명으로 옳은 것은?

① 실체설은 사익들의 타협과 조정의 산물로서 실체를 드러내는 가치를 공익이라고 본다.
② 과정설은 정부 또는 행정관료가 공익결정 과정에서 주체로서 적극적인 역할을 수행한다고 본다.
③ 공익은 정책의 비용과 편익 등 자원 배분원칙의 가치기준을 제공한다.
④ 공익은 자유, 형평, 평등과 같이 수단적 행정가치에 해당한다.

12 □□□

2020년 국가직 9급

공리주의적 관점에서 공익을 설명한 것으로 옳은 것만을 모두 고르면?

> ㄱ. 사회 전체의 효용이 증가하면 공익이 향상된다.
> ㄴ. 목적론적 윤리론을 따르고 있다.
> ㄷ. 효율성(efficiency)보다는 합법성(legitimacy)이 윤리적 행정의 판단기준이다.

① ㄱ　② ㄷ
③ ㄱ, ㄴ　④ ㄴ, ㄷ

13 □□□

2018년 국가직 9급

롤스(Rawls)의 정의론에 대한 설명으로 옳지 않은 것은?

① 원초적 자연상태(state of nature)하에서 구성원들의 이성적 판단에 따른 사회형태는 극히 합리적일 것이라고 가정하는 사회계약론적 전통에 따른다.

② 현저한 불평등 위에서는 사회의 총체적 효용 극대화를 추구하는 공리주의가 정당화될 수 없다고 본다.

③ 사회의 모든 가치는 평등하게 배분되어야 하며, 불평등한 배분은 그것이 사회의 최소수혜자에게도 유리한 경우에 정당하다고 본다.

④ 자유와 평등의 조화를 추구하는 중도적 입장보다는 자유방임주의에 의거한 전통적 자유주의 입장을 취하고 있다.

14 □□□

2014년 국가직 7급

행정가치에 대한 설명으로 옳지 않은 것은?

① 공익 과정설은 현실주의적이고 개인주의적인 공익개념이다.

② 공익 실체설은 개인의 사익을 모두 합한 것이 공익이라고 보지 않는다.

③ 행정이념으로서 사회적 형평성은 신행정론의 등장과 함께 강조되었다.

④ 롤스(Rawls)가 정의론에서 제시한 '기본적 자유의 평등원리'는 개개인의 권리가 다른 사람의 유사한 자유와 상충되더라도 최대한의 기본적 자유가 인정되어야 한다는 것이다.

15 □□□

2022년 국회직 8급

행정가치에 대한 설명으로 옳은 것만을 다음에서 모두 고르면?

ㄱ. 공익의 과정설은 집단이기주의의 폐단이 발생할 수 있다는 한계가 있다.
ㄴ. 롤스(J. Rawls)의 사회정의 원칙에 따르면, 기회균등의 원리와 차등의 원리가 충돌할 때 기회균등의 원리가 차등의 원리에 우선한다.
ㄷ. 공익의 실체설은 현실주의 혹은 개인주의적으로 공익 개념을 주장한다.
ㄹ. 롤스(J. Rawls)의 정의관은 자유방임주의에 의거한 전통적 자유주의와 생산수단의 사회적 소유를 주장하는 사회주의의 양극단을 지향한다.

① ㄱ, ㄴ
② ㄱ, ㄷ
③ ㄴ, ㄷ
④ ㄱ, ㄴ, ㄹ
⑤ ㄱ, ㄷ, ㄹ

16 □□□

2017년 서울시 7급

롤스(Rawls)가 제시한 정의론(Justice theory)의 내용으로 가장 옳지 않은 것은?

① 롤스(Rawls)는 사회계약론의 입장에서 정의의 원리를 도출한다.

② 전제조건으로 원초상태란 '무지의 베일'에 가리어져 있는 상태를 말한다.

③ 제1의 원리는 사회적 약자의 편익을 최대화하는 것이다.

④ 롤스(Rawls)의 정의관은 자유와 평등의 조화를 추구하고 있다.

17 □□□

2023년 군무원 7급

롤스(J. Rawls)가 주장한 사회 정의의 기본원리에 대한 설명으로 가장 적절하지 않은 것은?

① '기본적 자유의 평등 원리'란, 다른 사람의 유사한 자유와 상충되지 않는 범위 내에서 최대한의 기본적 자유에의 평등한 권리가 보장되어야 한다는 것이다.
② '차등 원리'란, 저축 원리와 양립하는 범위 내에서 가장 불우한 사람들의 편익을 최대화해야 한다는 것이다.
③ '공정한 기회균등의 원리'란, 사회 · 경제적 불평등은 그 모체가 되는 모든 직무와 지위에 대한 기회균등이 공정하게 이루어진 조건 하에서 직무나 지위에 부수해 존재해야 한다는 것이다.
④ '공정한 기회 균등의 원리'와 '차등 원리'가 충돌할 때에는 후자가 우선되어야 한다.

18 □□□

2025년 군무원 9급

존 롤스(John Rawls)가 주장한 정의의 원리에 대한 설명 중 적절한 내용을 모두 고른 것은?

ㄱ. 사회적 강자가 자신의 이익을 위해 사회적 약자의 자유를 침해하는 것을 허용하지 않는다.
ㄴ. 사회적, 경제적 불평등이 존재하더라도 그로 인해 최소수혜자(사회적 약자)에게 이득이 된다면 이러한 불평등은 용인될 수 있다.
ㄷ. 개인의 자유는 평등하게 모두에게 보장되어야 한다.

① ㄱ, ㄴ　　② ㄴ, ㄷ
③ ㄱ, ㄷ　　④ ㄱ, ㄴ, ㄷ

19 □□□

2018년 교육행정직 9급

사회적 형평성에 대한 설명으로 옳은 것을 〈보기〉에서 고른 것은?

〈보기〉
ㄱ. 정당한 불평등의 개념을 포함하고 있다.
ㄴ. 투입 대비 산출의 비율로 표현되는 경제적 개념이다.
ㄷ. 동일한 것은 동일하게 취급하는 것을 수직적 형평성이라고 한다.
ㄹ. 신행정론의 등장과 함께 강조되기 시작하였다.

① ㄱ, ㄴ　　② ㄱ, ㄹ
③ ㄴ, ㄷ　　④ ㄷ, ㄹ

20 □□□

2025년 지방직 9급

다음 설명에 해당하는 행정가치는?

신행정론의 등장과 함께 강조된 개념으로 민주이념 실현과정에서 정치·경제적으로 소외된 약자 및 소수집단에 대한 특별한 배려가 필요함을 의미하며 롤스(Rawls)의 '차등의 원리'가 이론적 근거이다.

① 평등성
② 형평성
③ 민주성
④ 능률성

21 □□□

2018년 서울시 7급(3월 추가)

행정이념으로서의 형평성에 대한 설명으로 가장 옳지 않은 것은?

① 롤스(Rawls)의 최소최대원칙(minimax principle)은 사회에서 가장 취약한 집단에게 최대의 편익이 돌아가게 하는 정책이 바람직하다는 기준을 의미한다.
② 인간의 기본욕구 충족과 최소한의 평등 확보 측면에서 욕구이론은 수평적 형평에 대한 유용한 기준을 제시한다.
③ 실적의 차이에 따른 차등적 배분의 정당성을 뒷받침하는 실적이론은 수직적 형평의 관념을 바탕으로 하고 있다.
④ 행정에의 참여와 가치지향을 강조하는 신행정론에서 주목한 바 있다.

22 □□□

2021년 군무원 9급

행정이념에 대한 설명으로 가장 옳지 않은 것은?

① 행정이념은 절대적인 것이 아니라 시대적 상황과 정치체제에 따라 변할 수 있다.
② 능률성은 투입 대비 산출의 비율을, 효과성은 목표의 달성도를 나타내는 개념이다.
③ 행정의 민주성은 대외적으로 국민 의사를 존중하고 수렴하며 대내적으로 행정조직을 민주적으로 운영한다는 두 가지 측면을 가지고 있다.
④ 수평적 형평성이란 동등하지 않은 것을 서로 다르게 취급하는 것, 수직적 형평성이란 동등한 것을 동등하게 취급하는 것을 의미한다.

23 □□□

2024년 지방직 9급

사회적 형평성(social equity)에 대한 설명으로 옳지 않은 것은?

① 1968년 개최된 미노부룩 회의(Minnowbrook Conference)에서 태동한 신행정론에서 강조하였다.
② 롤스(Rawls)의 『정의론』은 사회적 형평성 논의에 영향을 주었다.
③ 수직적 형평성(vertical equity)은 '동등한 여건에 있지 않은 사람을 동등하게 취급'함을 의미하며, 누진세가 그 예이다.
④ 수평적 형평성(horizontal equity)은 '동등한 여건에 있는 사람을 동등하게 취급'함을 의미하며, 동일노동 동일임금이 그 예이다.

THEME 16 행정의 수단적 가치

중요도 ●●●○○

정답 및 해설 p. 44

선생님TIP

행정의 수단적 가치는 본질적 가치를 제외한 나머지 가치들이 해당되며, 본질적 가치를 달성하기 위한 수단이 되는 성격을 가지고 있습니다. 먼저 각각의 개념을 명확하게 정의할 수 있어야 합니다. 예를 들면 능률성은 산출/투입, 효과성은 목표달성도, 합리성은 목표달성의 최적수단 등으로 정리해두어야 합니다. 그리고 각 이념의 특성도 함께 정리해야 하며, 특히 최근 출제빈도가 높은 가외성의 구성요소와 그 예를 주의하여 알아두는 것이 좋습니다.

■ 행정의 수단적 가치

1. 합법성

개념	• 법치행정: "행정은 국회가 의결한 법규에 따라 이루어져야 한다." • 적극적 합법성과 소극적 합법성 – 적극적 합법성: 입법의 의도나 목적을 달성하기 위하여 법률을 신축적으로 적용하는 실질적 합법성(탄력성) – 소극적 합법성: 상황에 무관하게 법률을 예외 없이 적용하는 형식적 합법성(법적 안정성)
유형	• 형식적 법치주의: 입법국가 • 실질적 법치주의: 행정국가
장점	법적 안정성, 예측가능성
단점	경직성, 형식주의, 행정국가화, 실질적 평등 실현 곤란

2. 능률성

개념	산출/투입의 극대화 추구
기계적 능률성 (협의)	• 투입에 대한 산출의 비율(산출/투입)을 의미 • 성과를 계량화하여 객관적 기준에 의해 평가 • 전통적 행정학(과학적 관리론, 정치행정이원론)에서 강조
사회적 능률성 (광의)	• 투입에 대한 효과의 비율(효과/투입)을 의미 • 인간적 · 민주적 · 상대적 능률으로, 민주성과 능률성의 조화 추구 • 인간관계론에서 강조

3. 효과성

(1) 의의

개념	목표달성도(실적/목표)
유형	목표모형, 체제모형, 기능모형, 생태모형, 주민만족도모형
접근법	• 전통적 접근법: 체제자원적 접근법, 내부과정적 접근법, 목표달성접근법 • 현대적 접근법: 이해관계접근법, 경쟁적 가치접근법

(2) 경쟁적 가치접근법

구분	조직(외부)		인간(내부)	
통제	합리목표모형(과업지향문화)		내부과정모형(위계문화)	
	목표	능률성, 생산성	목표	안정성, 통제와 감독
	수단	기획, 평가	수단	의사소통, 정보관리
유연성 (신축성)	개방체제모형(혁신지향문화)		인간관계모형(관계지향문화)	
	목표	성장, 적응, 자원획득	목표	팀워크, 인적자원개발
	수단	유연성, 신속성	수단	응집력, 사기유지

4. 생산성

개념	효율성 - 능률성(양적 측면) + 효과성(질적 측면)
측정방법	산출 · 투입비율 측정법, 작업기준 측정법, 효과성 측정법, 전체성과 측정법 등

5. 민주성

개념	행정조직 내외에 있어서 인간적 가치의 구현 정도
민주화 구현방안	• 조직 내(대내적 민주성): 하의상달, Y이론적 인간관리, 공무원 능력발전, 행정의 분권화 • 조직 외(대외적 민주성): 행정윤리, 행정구제제도, 공개행정 강화, 행정 PR, 대표관료제, 시민참여

6. 합리성

개념	목표달성의 설정단위가 최적수단인지 여부	
학자별 유형	베버(Weber)	이론적 합리성, 실천적 합리성, 형식적 합리성, 실질적 합리성
	사이먼(Simon)	내용적 합리성, 절차적 합리성
	만하임(Mannheim)	기능적 합리성, 실질적 합리성
	디징(Diesing)	정치적 합리성, 경제적 합리성, 사회적 합리성, 기술적 합리성, 법적 합리성
한계	• 인지방식의 차이 및 정보의 불완전성 • 주관적 · 감정적 요인의 작용과 문화적 · 사회적 가치의 영향	

7. 가외성

개념	• 행정의 초과분, 중복, 덤(능률성과 대치) • 불확실성과 실패를 방지함으로써 신뢰성과 안정성을 제고시키는 것(Landau)
유형	• 중첩성: 협력적 수행 예 재난발생 시 여러 부처가 협력하여 업무 수행 • 반복성: 독자적 수행 예 자동차의 이중브레이크 • 동등잠재력(등전위현상): 보조적 수행 예 자동차의 스페어타이어
적용상황	불확실하고 불안정한 상황, 잉여자원의 존재, 협상의 사회
장점	유동적이고 불확실한 상황 시 과업성취 증진 및 신뢰성 · 안정성 · 창조성 · 정확성 향상
단점	갈등과의 충돌가능성 및 책임성의 문제 발생

01 □□□ 2024년 국가직 7급

행정이념 중에서 수단적 가치로만 묶인 것은?

① 효과성, 형평성, 합법성, 공익성
② 합법성, 평등성, 효과성, 공익성
③ 형평성, 합법성, 가외성, 능률성
④ 가외성, 능률성, 효과성, 합법성

02 □□□ 2018년 지방직 9급

행정이론의 패러다임과 추구하는 가치를 바르게 연결한 것은?

① 행정관리론 - 절약과 능률성
② 신행정론 - 형평성과 탈규제
③ 신공공관리론 - 경쟁과 민주성
④ 뉴거버넌스론 - 대응성과 효율성

03 □□□

2014년 국회직 8급

행정의 가치에 대한 설명으로 옳지 않은 것은?

① 능률성(efficiency)은 일반적으로 '투입에 대한 산출의 비율'로 정의된다.
② 대응성(responsiveness)은 행정이 시민의 이익을 반영하고, 그에 반응하는 행정을 수행해야 한다는 것을 뜻한다.
③ 가외성의 특성 중 중첩성(overlapping)은 동일한 기능을 여러 기관들이 독자적인 상태에서 수행하는 것을 뜻한다.
④ 사이먼(Simon)은 합리성을 목표와 행위를 연결하는 기술적·과정적 개념으로 이해하고 내용적 합리성(substantive rationality)과 절차적 합리성(procedural rationality)으로 구분하였다.
⑤ 공익에 대한 과정설은 절차적 합리성을 강조하여 적법절차의 준수에 의해 공익이 보장된다는 입장이다.

04 □□□

2014년 국회직 9급

행정이 추구해야 할 바람직한 가치에 대한 설명으로 옳지 않은 것은?

① 효과성(effectiveness)은 투입한 자원 대비 얼마나 많은 산출을 얻었느냐를 의미한다.
② 총효용(총이익)의 극대화를 추구하는 효율성(efficiency)은 분배문제를 고려하지 않기 때문에 형평성(equity)과는 배타적인 관계라고 보는 것이 일반적이다.
③ 일반적으로 효율성과 효과성은 행정의 본질적 가치라기보다는 수단적 가치라고 할 수 있다.
④ 효율성은 공리주의에 기초하고 있는 효용이론이나 후생경제학에 근거를 두고 있다.
⑤ 단기적 관점에서 민주성을 강조하면 시간이나 비용 측면에서 비효율을 초래하지만, 민주적 절차를 무시하고 효율성만을 기준으로 행정이 이루어지면 장기적으로 부작용이 나타나 비효율적인 결과를 초래한다.

05 □□□

2018년 서울시 7급(6월 시행)

행정이 추구하는 가치에 대한 설명으로 옳은 것을 〈보기〉에서 모두 고른 것은?

〈보기〉

ㄱ. 효과성을 추구하는 과정에서 능률성의 희생이 발생될 수 있다.
ㄴ. 민주성은 국민과의 관계뿐만 아니라 정부 관료제 내부의 의사결정과정의 두 가지 측면에서 논의된다.
ㄷ. 절차적 합리성은 목표에 비추어 적합한 행동이 선택되는 정도를 의미한다.
ㄹ. 투명성은 정보공개뿐만 아니라 정보에 대한 접근권까지 포함하는 개념이다.
ㅁ. 제도적 책임성은 자율적이고 적극적인 행정책임을 의미한다.

① ㄱ, ㄷ, ㅁ
② ㄴ, ㄷ, ㅁ
③ ㄱ, ㄴ, ㄹ
④ ㄴ, ㄷ, ㄹ

06 □□□

2019년 지방직 9급

행정이 추구하는 가치에 대한 설명으로 옳지 않은 것은?

① 합리성은 어떤 행위가 궁극적인 목표달성을 위한 최적의 수단이 되느냐를 가리키는 개념이다.
② 효과성은 투입 대비 산출의 비율을, 능률성은 목표의 달성도를 나타내는 개념이다.
③ 행정의 민주성은 대외적으로 국민 의사의 존중·수렴과 대내적으로 행정조직의 민주적 운영이라는 두 가지 측면이 있다.
④ 수평적 형평성이란 동등한 것을 동등하게 취급하는 것, 수직적 형평성이란 동등하지 않은 것을 서로 다르게 취급하는 것을 의미한다.

07 □□□

2023년 지방직 9급

행정가치에대한 설명으로 옳지 않은 것은?

① 합리성은 어떤 행위가 궁극적 목표 달성의 최적 수단이 되느냐의 여부를 가리는 개념이다.
② 효율성은 목표의 달성도를 나타내고, 효과성은 투입 대비 산출의 비율을 의미한다.
③ 자율적 책임성은 공무원이 직업윤리와 책임감에 기초해 전문가로서 자발적인 재량을 발휘할 때 확보된다.
④ 행정의 민주성은 국민과의 관계뿐만 아니라 관료조직의 내부 의사결정과정의 측면에서도 고려된다.

08 □□□

2025년 지방직 9급

정책분석 기준에 대한 설명으로 옳지 않은 것은?

① 효과성(effectiveness)이란 정책대안이 의도한 목표를 어느 정도 달성할 수 있는가를 판단하는 기준이다.
② 대응성(responsiveness)이란 정책대안이 수혜집단의 요구를 어느 정도 반영하였는가를 판단하는 기준이다.
③ 실현가능성(feasibility)이란 정책대안의 내용이 충실히 집행될 수 있는가를 판단하는 기준이다.
④ 능률성(efficiency)이란 정책대안에 따른 비용과 편익이 상이한 개인 및 집단에게 얼마나 고르게 배분될 수 있는가를 판단하는 기준이다.

09 □□□

2019년 서울시 9급(2월 추가)

주요 행정이념에 대한 설명으로 가장 옳지 않은 것은?

① 합법성은 정부 관료의 자의적인 행정활동을 막아 주는 데 기여한다.
② 사회적 효율성은 구성원의 인간적 가치 실현 등을 내용으로 하여 민주성의 개념으로 이해되기도 한다.
③ 환경의 불확실성이 커질수록 가외성은 행정의 안정성과 신뢰성 확보 측면에서 그 필요성이 높아진다.
④ 효과성은 투입에 대한 산출의 비율을 의미하는 것으로 산출에 대한 비용의 관계라는 조직 내의 조건으로 이해된다.

10 □□□

2011년 국가직 9급

디목(Dimock)이 제창한 사회적 능률에 해당하지 않는 것은?

① 인간적 능률
② 합목적적 능률
③ 상대적 능률
④ 단기적 능률

11 □□□

2017년 서울시 9급

행정가치 중 수단적 가치에 대한 설명으로 가장 옳지 않은 것은?

① 대외적 민주성을 확보하기 위해 행정통제가 필요하다.
② 수단적 가치는 본질적 가치의 실현을 가능하게 하는 가치들이다.
③ 전통적으로 책임성은 제도적 책임성(accountability)과 자율적 책임성(responsibility)으로 구분되어 논의되었다.
④ 사회적 효율성(social efficiency)은 과학적 관리론의 등장과 함께 강조되었다.

12 □□□

2019년 서울시 9급(2월 추가)

행정가치에 대한 설명으로 가장 옳은 것은?

① 과정설에서는 공익은 사익을 초월한 실체, 규범, 도덕 개념으로 파악한다.
② 사회적 형평성은 1930년대 중반 이후 인간관계론의 등장과 더불어 강조된 개념이다.
③ 사회적 효율성은 동등한 것을 동등한 자에게 처방하는 것이 정당하다고 본다.
④ 효과성은 목표달성의 정도로 1960년대 발전행정론에서 중요시한 개념이다.

13 □□□

2020년 지방직 9급

행정가치에 대한 설명으로 옳지 않은 것은?

① 공익 과정설에 따르면 사익을 초월한 별도의 공익이란 존재할 수 없다.
② 롤스(Rawls)는 사회정의의 제1원리와 제2원리가 충돌할 경우 제1원리가 우선이라고 주장한다.
③ 파레토 최적 상태는 형평성 가치를 뒷받침하는 기준이다.
④ 근대 이후 합리성은 목표를 달성하는 수단과 관련된 개념이다.

14 □□□

2019년 지방직 7급

행정가치에 대한 설명으로 옳지 않은 것은?

① 디목(Dimock)은 과학적 관리론에 입각한 기계적 효율관을 비판하며 사회적 효율성을 강조했다.
② 프레드릭슨(Frederickson)과 왈도(Waldo) 등 신행정학의 학자들은 사회적 형평성이 행정가치로 주목받는 데 크게 기여하였다.
③ 롤즈(Rawls)가 제시한 정의론의 차등 조정의 원리는 다시 차등원리와 기회균등의 원리로 나뉜다.
④ 슈버트(Schubert)는 공익실체설의 입장에서 공익이 민주적 정부이론의 중심에 놓여 있다고 주장했다.

15 □□□

2011년 서울시 9급

어떤 행위가 의식적인 사유과정의 산물이거나 인지력과 결부되고 있을 때의 합리성은 무엇인가?

① 내용적 합리성　　② 절차적 합리성
③ 기능적 합리성　　④ 기술적 합리성
⑤ 사회적 합리성

16 □□□

2019년 지방직 7급

합리성의 개념과 유형에 대한 설명으로 옳지 않은 것은?

① 사이먼(Simon)의 실질적(substantive) 합리성은 행위자가 합리적인 선택을 할 수 있는 모든 지식과 능력을 소유하고 있다고 가정한다.
② 디징(Diesing)은 합리성을 기술적 합리성, 경제적 합리성, 사회적 합리성, 법적 합리성, 진화론적 합리성으로 나누어 설명한다.
③ 기술적 합리성은 일정한 수단이 목표를 얼마만큼 잘 달성시키는가, 즉 목표와 수단 사이에 존재하는 인과관계의 적절성을 의미한다.
④ 사이먼(Simon)은 인간이 실질적 합리성을 사실상 포기하고, 만족할 만한 대안을 선택하려는 절차적 합리성을 추구한다고 주장한다.

17 □□□

2020년 국회직 8급

〈보기〉에서 설명하는 모형으로 옳은 것은?

〈보기〉

이 모형은 한 조직, 특히 공공조직은 다양한 가치를 공유할 수밖에 없음에도 불구하고 기존 연구들이 조직문화를 단일 차원적으로 접근함으로써 갖게 되는 한계를 극복하기 위한 다중 차원적 접근방법 중 하나이다. 이 모형에 따르면, 조직문화의 유형은 두 가지 차원, 즉 내부 대 외부, 그리고 통제성 대 유연성을 기준으로 인간관계모형, 개발체제모형, 내부과정모형, 그리고 합리적 목표모형 등 네 가지로 구분된다.

① 조직문화창조모형
② 갈등 · 협상모형
③ 혼합주사모형
④ 경쟁가치모형
⑤ 하위정부모형

18 □□□
2022년 지방직 9급

조직문화의 경쟁가치모형에 대한 설명으로 옳지 않은 것은?

① 위계문화는 응집성을 강조한다.
② 혁신지향문화는 창의성을 강조한다.
③ 과업지향문화는 생산성을 강조한다.
④ 관계지향문화는 사기유지를 강조한다.

19 □□□
2018년 서울시 7급(3월 추가)

조직효과성의 경쟁가치모형(Competing Values Model)에서 조직의 성장 및 자원획득의 목표를 강조하는 관점은?

① 개방체제 관점
② 내부과정 관점
③ 인간관계 관점
④ 합리적 목표 관점

20 □□□
2019년 국가직 7급

다음과 관련 있는 행정가치에 대한 설명으로 옳은 것은?

> • 안전을 위하여 자동차의 제동장치를 이중으로 설계하였다.
> • 정전에 대비하여 건물 자체적으로 자가발전시설을 갖추도록 하였다.

① 형평성과 상충관계에 있다.
② 행정체제의 신뢰성과 안정성을 저하시킨다.
③ 수단적 가치보다는 행정의 본질적 가치로서의 성격이 더 강하다.
④ 창의성이 제고될 수 있다.

21 □□□
2017년 사회복지직 9급

행정의 가치에 대한 설명 중 가장 옳은 것은?

① 합목적성을 의미하는 경제성(economy)은 그 자체로 목표가 되는 본질적 가치다.
② 적극적 의미의 합법성(legality)은 상황에 따라 신축성을 부여하는 법의 적합성보다 예외 없이 적용하는 법의 안정성을 강조한다.
③ 가외성(redundancy)은 과정의 공정성(fairness) 확보를 위한 수단적 가치다.
④ 능률성(efficiency)은 떨어지더라도 효과성(effectiveness)은 높을 수 있다.

22 □□□

2023년 지방직 7급

행정가치에 대한 설명으로 옳은 것은?

① 가외성은 예측하지 못한 행정수요에 대응이 가능하게 함으로써 행정에 대한 신뢰성을 제고한다.

② 공익 실체설은 공익을 사익의 총합이거나 사익 간 타협 또는 집단 간 상호작용의 산물로 본다.

③ 기계적 효율성은 행정의 사회목적 실현과 다차원적 이익들 간의 통합 조정 등을 내용으로 한다.

④ 수평적 형평성은 '다른 사람은 다르게 취급한다'는 원칙으로, 실적과 능력의 차이로 인한 상이한 배분을 용인한다.

23 □□□

2024년 군무원 7급

다음 중 공공행정에서 '가외성'에 대한 설명으로 가장 적절하지 않은 것은?

① 법원의 삼심제는 일종의 가외성 현상의 반영이라고 볼 수 있다.

② 가외성은 행정의 경제성과 능률성의 관점에서 충분한 근거를 찾을 수 있다.

③ 다양한 정책대안들이 요구되는 것도 가외성의 개념으로 설명할 수 있다.

④ 가외성은 행정 체제 운영의 안정성을 확보하고 신뢰성을 높여주는 기능을 한다.

PART 2

정책학

CHAPTER 1 / 정책학의 개관
CHAPTER 2 / 정책의제설정 및 정책과정에 대한 이론
CHAPTER 3 / 정책결정론
CHAPTER 4 / 정책집행론
CHAPTER 5 / 정책평가론
CHAPTER 6 / 정책변동과 기획론

CHAPTER 1

정책학의 개관

THEME 17 정책의 의의와 구성요소

중요도 ●●○○○

정답 및 해설 p. 48

선생님TIP

정책학의 기초가 되는 부분으로, 최근 출제된 라스웰(Lasswell)의 『정책지향』에 대해 알아두어야 합니다. 정책목표에서는 목표변동의 유형을 정리해야 하며, 그 중 목표의 승계와 목표의 대치(도치)가 중요합니다. 정책수단에서는 전통적 삼분법에 따른 분류와 최근에 자주 출제되고 있는 직접성의 정도에 따라 분류한 살라몬(Salamon)의 정책수단이 주요 내용인데, 이 중 살라몬(Salamon)의 정책수단은 반드시 정리해두는 것이 좋습니다.

■ 정책의 의의와 구성요소

1. 정책의 개념 - 라스웰(Lasswell)의 『정책지향(policy orientation)』(1951), 『정책학 소개(A Pre-View of Policty Sciences)』(1971)

정책과학의 분류	• 정책과정에 관한 지식 → 경험적 · 실증적 지식 • 정책과정에 필요한 지식 → 규범적 · 처방적 지식
정책과학의 특성	문제지향성, 규범지향성, 사회적 맥락성, 연구방법의 다양성

2. 정책의 구성요소

(1) 정책목표

의의	정책을 통하여 달성하고자 하는 미래의 바람직한 상태 예 대기환경보호 등	
목표변동의 유형	목표의 비중변동	목표 간 우선순위가 바뀌는 것
	목표의 승계	목표가 이미 달성 또는 달성 불가능 시 새로운 목표 설정
	목표의 확대(다원화)	목표의 범위가 넓어지거나 새로운 목표가 추가되는 것(이종목표 추가)
	목표의 대치	목표와 수단이 뒤바뀌는 목표의 도치, 왜곡, 전도, 전환
	목표의 전환	목표가 어느 정도 달성되었을 때 새로운 목표설정

(2) 정책수단

의의	목표를 달성하기 위한 구체적인 수단이나 방법 예 공장매연규제, 미세먼지규제 등	
유형	• 강제성과 정부관여의 정도에 따른 구분(전통적 분류)	
	강제적 수단	정부의 직접 시행(서비스공급), 공기업, 법과 규제 등
	자발적 수단	민간부문(예 시장경제, 시민단체)의 자율적 활동 등
	혼합적 수단	이전지출, 보조금, 민간위탁, 조세감면, 임대, 지급보증, 보험, 설득 등
	• 직접성의 정도에 의한 정책수단의 분류(Salamon)	
	직접성 낮음	보조금, 지급보증, 바우처, 정부지원기업, 불법행위책임
	직접성 중간	조세감면, 계약, 사회규제, 라벨부착 요구, 교정조세, 부과금
	직접성 높음	직접시행, 경제규제, 보험, 직접대부, 공공정보, 공기업

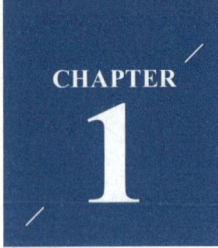

• 강제성의 정도에 의한 정책수단의 분류(Salamon)

강제성의 정도	정책수단(도구)
저	정보제공, 조세지출, 손해책임법
중	바우처, 보조금, 직접 대출, 계약, 벌금, 공기업, 보험
고	경제적 규제, 사회적 규제

01 □□□ 2021년 군무원 9급

정책에 대한 설명으로 가장 옳지 않은 것은?

① 정책은 행정학의 발달과정에 있어 통치기능설과 관계가 있다.
② 정책은 공정성과 가치중립성(value-free)을 지향한다.
③ 정책은 행정국가화 경향의 산물이다.
④ 정책은 정부실패의 원인이 될 수 있다.

02 □□□ 2023년 군무원 9급

다음 중 정책(policy)에 대한 설명으로 가장 거리가 먼 것은?

① 정부목표 달성의 수단인 동시에 공적인 문제해결을 위한 수단이라는 이중성을 보유하고 있다.
② 정치행정이원론에 기초한 행정관리설과 밀접한 관련이 있다.
③ 정책은 삼권분립하에서 입법부의 역할을 위축시킬 수 있다.
④ 정책결정은 공적인 의사결정과정으로서 복수의 단계와 절차로 이루어진다.

03 □□□ 2018년 서울시 7급(3월 추가)

라스웰(Lasswell)의 정책지향(policy orientation)의 내용에 대한 설명으로 가장 옳지 않은 것은?

① 정책학은 사회문제의 해결을 지향해야 한다.
② '정책과정에 관한 지식'은 규범적 · 처방적 지식을 의미한다.
③ 정책적 의사결정을 사회적 과정의 부분에 해당한다고 본다.
④ 다양한 연구방법의 사용을 장려한다.

04 □□□ 2024년 지방직 9급

정책학의 발달에 대한 설명으로 옳지 않은 것은?

① 1951년 『정책지향(Policy Orientation)』이라는 논문은 정책학의 정체성 확립에 기여하였다.
② 라스웰(Lasswell)은 1971년 『정책학 소개(A Pre-View of Policy Sciences)』에서 맥락지향성, 이론지향성, 연합학문지향성을 제시하였다.
③ 1980년대 정책학의 연구는 정책형성, 집행, 평가, 변동 등 다양한 분야로 확대되었다.
④ 드로(Dror)는 정책결정단계를 상위정책결정(meta-policy making), 정책결정(policymaking), 정책결정 이후(post-policymaking)로 나누는 최적모형을 제시하였다.

05 □□□ 2022년 지방직 7급

정책학의 발전과정에 대한 설명으로 옳은 것은?

① 드로어(Dror)는 정책결정의 방법, 지식, 체제에 관심을 두어야 한다고 주장하고, 정책결정체제에 대한 이해와 정책결정의 개선을 강조하였다.
② 정책의제 설정이론은 정책의제의 해결방안 탐색을 강조하며, 문제가 의제로 설정되지 않는 비결정(non-decision making) 상황에 관하여는 관심이 적다.
③ 라스웰(Lasswell)은 정책과정에 관한 지식보다 정책에 필요한 지식이 더 중요하며, 사회적 가치는 분석 대상에서 제외해야 함을 강조하였다.
④ 1950년대에는 담론과 프레임을 통한 문제구조화에 관심이 높아 OR(operation research)과 후생경제학의 기법 활용에는 소홀하였다.

06 □□□

2009년 일반직 전환

정책결정의 공식적 참여자가 아닌 것은?

① 국회
② 대통령
③ 전문가집단
④ 행정부

07 □□□

2017년 지방직 9급(6월 시행)

우리나라의 정책과정 참여자에 대한 설명으로 옳지 않은 것은?

① 사법부는 정책집행으로 인한 사회적 갈등상황이 야기되었을 때 판결을 통하여 정책의 합법성이나 정당성을 판단한다.
② 국회는 국정조사나 예산심의 등을 통하여 행정부를 견제하고, 국정감사나 대정부질의 등을 통하여 정책집행과정을 평가한다.
③ 행정기관은 법률 제정과 사법적 판단을 통하여 정책집행과정에서 실질적인 영향력을 행사한다.
④ 대통령은 국회와 사법부에 대한 헌법상의 권한을 통하여 영향력을 행사하며, 행정부 주요 공직자에 대한 임면권을 통하여 정책과정에서 주도적 역할을 수행한다.

08 □□□

2024년 국가직 9급

정책참여자에 대한 설명으로 옳지 않은 것은?

① 시민단체(NGO)는 비공식적 참여자로서 시민 여론을 동원해 정책의제설정, 정책대안제시, 정부의 집행활동 감시 등 정책과정 전반에 영향을 미친다.
② 정당은 공식적 참여자로서 대중의 여론을 형성하고 일반 국민에게 정책 관련 주요 정보를 전달하는 역할을 통해 정책과정에 영향을 미친다.
③ 사법부는 공식적 참여자로서 정책과 관련된 법적 쟁송이 발생한 경우 그 정책의 타당성에 대한 판결을 통해 정책에 영향을 미친다.
④ 이익집단은 비공식적 참여자로서 특정 이해관계를 공유하는 사람들의 모임이며, 구성원들의 이익을 실현하기 위해 정부에 압력을 가함으로써 정책에 영향을 미친다.

09 □□□

2007년 경남 7급

루즈벨트(Roosevelt) 대통령 당시 설립된 소아마비 구제 재단은 소아마비 치료를 위한 특효약인 백신을 개발함으로써 더 이상 재단의 존립 의의를 상실하였다. 그러나 이 재단은 관절염 퇴치라는 새로운 목표를 세워 존속하였다. 이러한 현상을 무엇이라 하는가?

① 목표의 대치(Goal displacement)
② 목표의 승계(Goal succession)
③ 목표의 전환(Goal diversion)
④ 동조 과잉(Overconformity)

10 □□□

2012년 서울시 9급

조직목표 변동의 한 유형으로 조직이 추구하고자 하는 원래의 목표가 다른 목표로 뒤바뀌어 조직의 목표가 왜곡되는 현상을 일컫는 용어는?

① 목표의 대치
② 목표의 추가
③ 목표의 승계
④ 목표의 비중변동
⑤ 목표의 감소

11 □□□

2018년 지방직 7급

조직목표에 대한 설명으로 옳지 않은 것은?

① 목표의 다원화(multiplication) 및 목표의 확대(expansion)는 기존목표에 새로운 목표가 추가되거나 기존목표의 범위가 넓어지는 것을 말한다.
② 목표의 전환(diversion)은 애초에 설정된 목표를 달성할 수 없거나 목표가 완전히 달성된 경우 같은 유형의 다른 목표로 교체되는 것을 말한다.
③ 목표의 대치(displacement)란 조직의 목표 추구가 왜곡되는 현상으로, 조직이 정당하게 추구하는 종국적 목표가 다른 목표나 수단과 뒤바뀌는 것을 말한다.
④ 조직의 운영상 목표는 공식 목표를 추진하는 과정에서 추구하는 목표로, 비공식적 목표이다.

12 □□□

2019년 서울시 9급(2월 추가)

조직목표의 변동에 대한 설명으로 가장 옳은 것은?

① 목표의 대치(displacement)는 조직목표 달성이 어려울 때 기존 목표를 새로운 목표로 전환하는 것이다.
② 목표의 다원화(multiplication)는 조직목표 달성이 어려울 때 기존 목표에 새로운 목표를 추가하는 것이다.
③ 목표의 확대(expansion)는 본래 조직목표를 달성하였을 때 새로운 목표를 발견하여 선택하는 것이다.
④ 목표의 승계(succession)는 본래 조직목표 달성이 불가능할 때 기존 목표의 범위를 확장하는 것이다.

13 □□□

2017년 국가직 7급(8월 시행)

미첼스(Michels)의 '과두제의 철칙(iron law of oligarchy)' 현상에 가장 부합하는 조직목표 변동 유형은?

① 목표 대치(displacement)
② 목표 확대(expansion)
③ 목표 추가(multiplication)
④ 목표 승계(succession)

14 □□□

2025년 군무원 9급

다음 설명에 해당하는 개념은?

> 이 개념은 소수 간부에 대한 권력 집중과 지위 강화의 욕구를 설명하며, 미헬스(R. Michels)가 명명하였다. 이 개념에 따르면, 정치적 권력관계가 강조되는 공공부문에 있어 조직의 최고관리자는 조직의 본래 목표를 달성하기보다는 자신의 임기를 연장하고 권력을 유지·강화하기 위한 목표를 더 강조하는 경향이 있다.

① 더러운 손의 딜레마(The Problem Of Dirty Hands)
② 과두제의 철칙(Iron Law Of Oligarchy)
③ 철의 삼각(Iron Triangle)
④ 베버주의(Weberism)

15 □□□

2024년 국회직 8급

공공부문의 관료조직에 있어서 조직이 추구하는 실질적 목표가 하위단계의 수단적 목표로 대체되는 현상, 즉 목표의 대치가 발생하는 원인으로 옳지 않은 것만을 모두 고르면?

> ㄱ. 공공부문이 갖고 있는 외부성의 문제로서, 외부의 정치적 환경에 의해 목표가 결정되는 현상이 나타나기 때문이다.
> ㄴ. 소수 간부에 대한 권력 집중과 지위 강화의 욕구로 설명되는 '과두제의 철칙' 현상이 나타나기 때문이다.
> ㄷ. 공공성과 같은 추상적이고 무형적인 목표를 강조함으로써 측정가능성이 낮은 목표에 몰입되기 때문이다.
> ㄹ. 법령 자체에 대한 준수 여부를 중요시하여 규칙이나 절차에 집착하는 형식주의 현상이 나타나기 때문이다.
> ㅁ. 조직의 사회적 정당성을 확보하기 위해 기존 조직목표의 내용을 변화시키거나 다른 조직목표로 교체함으로써 조직의 존립기반을 강화시키고자 하기 때문이다.

① ㄱ, ㄴ　② ㄱ, ㅁ
③ ㄴ, ㅁ　④ ㄱ, ㄷ, ㅁ
⑤ ㄴ, ㄷ, ㄹ

16 □□□

2018년 교육행정직 9급

정부의 정책수단(policy tool)에 대한 설명으로 옳은 것을 〈보기〉에서 고른 것은?

> 〈보기〉
> ㄱ. 경제적 규제는 정부의 직접수단에 해당한다.
> ㄴ. 조세지출은 재정적 인센티브를 부여하는 수단에 해당한다.
> ㄷ. 바우처는 역사가 길고 가장 광범위하게 사용되는 수단이다.
> ㄹ. 전통적 삼분법에 근거하여 정책수단을 규제, 인센티브, 권위로 분류할 수 있다.

① ㄱ, ㄴ　② ㄱ, ㄹ
③ ㄴ, ㄷ　④ ㄷ, ㄹ

17 □□□

2018년 국가직 9급

살라몬(Salamon)이 제시한 정책수단의 유형에서 직접적 수단으로만 묶은 것은?

ㄱ. 조세지출(tax expenditure)
ㄴ. 경제적 규제(economic regulation)
ㄷ. 정부소비(direct government)
ㄹ. 사회적 규제(social regulation)
ㅁ. 공기업(government corporation)
ㅂ. 보조금(grant)

① ㄱ, ㄴ, ㄷ ② ㄱ, ㄹ, ㅂ
③ ㄴ, ㄷ, ㅁ ④ ㄹ, ㅁ, ㅂ

18 □□□

2016년 사회복지직 9급

정책수단에 대한 설명으로 옳지 않은 것은?

① 공기업은 정부의 소유 또는 통제하에 재화와 서비스를 제공한다.
② 살라몬(Salamon)은 형평성에 대한 고려가 특히 중요한 경우에는 간접적 수단이 직접적 수단보다 적절하다고 주장한다.
③ 행정지도에 대하여는 책임소재가 불분명하고 법치주의를 침해한다는 비판이 있다.
④ 규제는 정책적 이데올로기 차원에서 논란의 대상이 되기도 한다.

19 □□□

2017년 국가직 7급(8월 시행)

잉그람과 슈나이더(Ingram & Schneider)가 제시한 '정책대상집단의 사회적 구성(Social Construction of Target Population)'모형에 대한 설명으로 옳은 것은?

사회적 형상 (Social Image) / 정치적 권력 (Political Power)	긍정적	부정적
높음	수혜집단 (Advantaged)	주장집단 (Contenders)
낮음	의존집단 (Dependents)	이탈집단 (Deviants)

※ 사회적 형상: 정책결정자 및 국민들이 정책대상집단에 대해 갖는 긍정적 혹은 부정적 인식
※ 정치적 권력: 다른 집단과의 연합형성의 용이성, 동원가능한 보유자원의 양, 집단구성원들의 전문성 정도

① 사회문제를 설명할 때 이미지, 고정관념, 사람 · 사건에 대한 가치부여 등에 관한 해석을 가급적 배제하고자 한다.
② 특정 정책대상집단이 둘 이상의 유형으로 구성될 수 있으며, 그 사회적 구성이 시간에 따라 변화할 수도 있다.
③ 정책설계 및 집행의 맥락을 이해하기 위해 사회적 · 정치적 상황을 객관적 분석으로 단순화하는 방법론을 지향한다.
④ 정책설계는 기술적인(technical) 과정이므로 어느 집단의 이익을 더 많이 반영할 것인가에 대한 논쟁은 잘 발생하지 않는다.

20 □□□

2019년 지방직 7급

정책수단에 대한 설명으로 옳지 않은 것은?

① 비덩(Vedung)은 정책 도구를 규제적 도구(sticks), 유인적 도구(carrots), 정보적 도구(sermons) 등으로 유형화한다.
② 권위(authority)에 기반을 둔 정책수단은 예측가능성이 높기 때문에 사회적 위기 상황에 적합한 수단이다.
③ 정책수단의 선택은 정치적인 성격을 가지며, 특히 이념적으로 지향하는 가치는 정책수단의 선택에 핵심적인 영향을 미친다.
④ 살라몬(Salamon)에 따르면, 공적 보험은 공공기관을 전달체계로 활용한다는 점에서 직접적인 정책수단이다.

21 □□□ 2025년 지방직 9급

베덩(Vedung)이 강제성의 정도에 따라 분류한 정책수단에 해당하지 않는 것은?

① 규제적 도구
② 종교적 도구
③ 경제적 도구
④ 정보적 도구

22 □□□ 2021년 국가직 7급

살라몬(Salamon)의 정책수단 유형 중 직접 수단에 해당하는 것은?

① 사회적 규제
② 보조금
③ 조세지출
④ 공기업

23 □□□ 2022년 지방직 9급

살라몬(Salamon)의 정책도구 분류에서 강제성이 가장 높은 것은?

① 경제적 규제
② 바우처
③ 조세지출
④ 직접대출

24 □□□ 2022년 군무원 7급

정책과정에 관료가 우월적 위치를 차지하게 되는데 이러한 관료의 우월적 위치의 근원으로 다음 중 옳지 않은 것은?

① 정치자원의 활용
② 정보의 통제
③ 사회적 신뢰
④ 전략적 지위

중요도 ●●○○○

정답 및 해설 p. 52

선생님TIP

정책의 유형을 학습할 때는 먼저 학자별 정책유형을 정리하여야 합니다. 학자마다 모두 포함된 기본 set(분배정책, 재분배정책, 규제정책)를 중심으로 두고, 각 학자별로 다른 option들을 구별하여 정리하면 되는데, 특히 알몬드와 파웰(Almond & Powell)은 재분배정책이 없기 때문에 option이 '상징정책'과 '추출정책'이라는 방식으로 이해하면 효과적입니다. 또한 정책유형별로 각각의 개념과 특성 및 그 예도 함께 알아두어야 합니다.

■ 정책의 유형

1. 학자별 정책유형

알몬드와 파웰(Almond & Powell)	분배정책, 규제정책, 상징정책, 추출정책
로위(Lowi)	분배정책, 규제정책, 재분배정책, 구성정책
셀리스버리(Salisbury)	분배정책, 규제정책, 재분배정책, 자율규제정책
리플리와 프랭클린(Ripley & Franklin)	분배정책, 경쟁적 규제정책, 보호적 규제정책, 재분배정책
프로혹(Prohock)	분배정책, 규제정책, 재분배정책, 윤리정책, 자본축적정책

2. 정책유형의 개념과 예

분배정책	개인, 조직, 지역사회에 공공서비스와 편익을 배분하는 정책(구유통 정치) 예 SOC 건설, 수출특혜금융, 국고보조금 지급, 주택자금대출, 택지분양 등
재분배정책	가진 자의 부를 거두어 가지지 못한 자에게 이전해주는 정책(엘리트 정치) 예 누진세제도, 영세민 취로사업이나 임대주택의 건설, 세액공제나 감면 등
규제정책	특정 개인, 조직의 권리나 자유에 제한을 가하는 정책(다원주의 정치) 예 경제적 규제인 가격규제, 진입·탈퇴규제, 독과점규제 등과 사회적 규제인 환경오염규제 등
구성정책	정치체제의 구조와 운영에 관한 정책 예 정부기관의 신설이나 변경, 선거구 조정, 공무원의 보수결정 등
상징정책	정부의 정통성에 대한 인식을 제고하고 정부정책에 대한 순응을 확보하기 위한 정책 예 경복궁 복원, 군대열병, 88 올림픽경기, 2002 월드컵경기 등
추출정책	체제의 존립을 위하여 주로 인적·물적자원을 민간부문에서 추출·동원하는 정책 예 조세, 병역, 물자수용, 토지수용, 노동력동원 등과 관련된 정책

01 □□□ 2019년 지방직 7급

로위(Lowi)의 정책유형 분류에서 강제력이 행위의 환경에 직접적으로 적용되는 것은?

① 재분배정책(redistributive policy)
② 규제정책(regulatory policy)
③ 구성정책(constituent policy)
④ 분배정책(distributive policy)

02 □□□ 2014년 국회직 9급

로위(Lowi)는 정책내용 또는 정책유형이 정치행태를 결정한다고 주장하였다. 다음 중 로위가 분류한 정책유형은?

① 분배정책, 규제정책, 재분배정책, 구성정책
② 분배정책, 규제정책, 추출정책, 상징정책
③ 분배정책, 경쟁적 규제정책, 보호적 규제정책, 재분배정책
④ 분배정책, 규제정책, 재분배정책, 자율규제정책
⑤ 분배정책, 규제정책, 재분배정책, 자본축적정책, 윤리정책

03 □□□

2023년 군무원 9급

다음 중 로위(T. J. Lowi)가 제시한 정책유형과 사례 간의 연결이 가장 적절하지 않은 것은?

① 규제정책 - 환경규제, 금연정책, 마약단속
② 분배정책 - 종합소득세, 임대주택, 노령연금
③ 상징정책 - 국경일, 한일월드컵, 국군의 날
④ 구성정책 - 정부조직 개편, 선거구 조정, 행정구역 통합

04 □□□

2015년 교육행정직 9급

정책의 유형에 대한 설명으로 옳지 않은 것은?

① 한글날의 공휴일 지정은 상징정책에 속한다.
② 최저임금제도의 시행은 재분배정책에 속한다.
③ 규제정책은 분배정책보다 정책결정과정에서 갈등이 더 심하다.
④ 밀어주기(log rolling), 나눠먹기(pork barrel) 등의 문제가 발생하는 정책은 분배정책이다.

05 □□□

2011년 서울시 9급

다음의 정책분류 가운데 알몬드와 파웰(Almond & Powell)이 사용한 분류는?

① 분배정책, 규제정책, 재분배정책
② 분배정책, 규제정책, 재분배정책, 구성정책
③ 분배정책, 규제정책, 추출정책, 상징정책
④ 분배정책, 규제정책, 재분배정책, 자율규제정책
⑤ 분배정책, 경쟁적 규제정책, 보호적 규제정책, 재분배정책

06 □□□

2023년 군무원 7급

로그롤링(log rolling)이나 포크배럴(pork barrel)과 같은 정치적 현상이 나타나기 쉬운 정책유형에 가장 가까운 것은?

① 분배정책
② 규제정책
③ 재분배정책
④ 상징정책

07 □□□

2022년 국가직 9급

정책의 유형 중에서 정책목표에 의해 일반 국민에게 인적·물적 자원을 부담시키는 정책은?

① 추출정책
② 구성정책
③ 분배정책
④ 상징정책

08 □□□

2022년 군무원 9급

정책유형에 대한 설명으로 옳지 않은 것은?

① 구성정책은 대외적으로 가치배분에 직접 영향을 주지 않으나 대내적으로 '게임의 규칙(rule of game)'을 결정한다.
② 규제정책은 국가공권력을 통해 개인이나 집단의 행동에 제약을 가하여 순응을 확보하는 정책이다.
③ 분배정책은 집단 간에 '나눠먹기식 다툼(pork-barrel)'이 일어나는 특징을 지닌다.
④ 추출정책은 정부가 집단 간에 재산, 소득, 권리 등의 배정을 변동시켜 그들로부터 자원을 획득하는 정책이다.

09 □□□

2019년 서울시 9급(2월 추가)

리플리(Ripley)와 프랭클린(Franklin)에 의해 제시된 정책분류 유형에 해당하지 않는 것은?

① 상징정책 ② 경쟁적 규제정책
③ 재분배정책 ④ 보호적 규제정책

10 □□□

2007년 광주 9급

다음은 로위(Lowi)가 제시한 정책유형의 하나이다. 어떤 정책에 해당하는가?

게임의 규칙, 총체적 기능, 권위의 성격

① 분배정책 ② 규제정책
③ 재분배정책 ④ 구성정책

11 □□□

2013년 지방직 9급

정책유형과 그 사례를 바르게 연결한 것은?

① 분배정책(distribution policy) - 사회간접자본의 구축, 환경오염방지를 위한 기업규제
② 경쟁적 규제정책(competitive regulatory policy) - TV·라디오 방송권의 부여, 국공립학교를 통한 교육서비스
③ 보호적 규제정책(protective regulatory policy) - 작업장 안전을 위한 기업규제, 국민건강보호를 위한 식품위생규제
④ 재분배정책(redistribution policy) - 누진세를 통한 사회보장 지출 확대, 항공노선 취항권의 부여

12 □□□

2014년 국가직 7급

정책유형과 사례를 바르게 연결한 것만을 모두 고른 것은?

ㄱ. 추출정책 - 부실기업 구조조정 ㄴ. 상징정책 - 노령연금제도 ㄷ. 규제정책 - 최저임금제도 ㄹ. 구성정책 - 정부조직 개편 ㅁ. 분배정책 - 신공항 건설 ㅂ. 재분배정책 - 지방자치단체에 지원되는 국고보조금

① ㄱ, ㄴ, ㅁ ② ㄱ, ㄹ, ㅂ
③ ㄴ, ㄷ, ㅂ ④ ㄷ, ㄹ, ㅁ

13 □□□

2016년 지방직 9급

정책을 규제정책, 분배정책, 재분배정책, 추출정책으로 분류할 때 저소득층을 위한 근로장려금제도는 어느 정책으로 분류하는 것이 타당한가?

① 규제정책 ② 분배정책
③ 재분배정책 ④ 추출정책

14 □□□

2018년 서울시 9급

정책유형에 대한 설명으로 가장 옳지 않은 것은?

① 로위(Lowi)는 정책의 유형에 따라 정책의 결정 및 집행과정이 달라진다고 보았으며, 정책유형에 따라 정치적 관계가 달라질 것으로 가정하고 있다.
② 로위(Lowi)는 정책유형을 배분정책, 구성정책, 규제정책, 재분배정책으로 구분하였으며, 구분의 기준이 되는 것은 강제력의 행사방법(간접적, 직접적)과 비용의 부담주체(소수에 집중 아니면 다수에 분산)이다.
③ 로위(Lowi)의 분류 중 재분배정책의 예는 연방은행의 신용통제, 누진소득세, 사회보장제도이고, 구성정책의 예는 선거구 조정, 기관신설 등이다.
④ 리플리 & 프랭클린(Ripley & Franklin)은 보호적 규제정책을 제시하는데, 이는 소수자나 사회적 약자, 그리고 일반대중을 보호하기 위해서 개인이나 집단의 권리 행사나 행동의 자유를 제한하는 정책이다.

15 □□□ 2018년 서울시 7급(3월 추가)

정책의 유형과 분류에 대한 설명으로 가장 옳은 것은?

① 로위(Lowi)의 정책분류는 다원주의와 엘리트주의를 통합하려는 노력의 일환으로 볼 수 있다.
② 알몬드와 파웰(Almond & Powell)에 따르면 조세 및 부담금 등은 재분배정책으로 볼 수 있다.
③ 로위(Lowi)는 군인연금에 관한 정책을 분배정책으로 분류한다.
④ 로위(Lowi)의 정책분류에 따라 정책에 대한 조작적 정의(operationalization)가 용이해졌다.

16 □□□ 2018년 국회직 8급

다음 〈보기〉의 ㉠에 대한 설명으로 옳은 것은?

> 〈보기〉
> (㉠)이란 상대적으로 많이 가진 계층 또는 집단으로부터 적게 가진 계층 또는 집단으로 재산·소득·권리 등의 일부를 이전시키는 정책을 말한다. 이를테면 누진세 제도의 실시, 생활보호 대상자에 대한 의료보호, 영세민에 대한 취로사업, 무주택자에 대한 아파트 우선적 분양, 저소득 근로자들에게 적용시키는 근로소득보전세제 등의 정책이 이에 속한다.

① 정책과정에서 이해당사자들 상호 간 이익이 되는 방향으로 협력하는 로그롤링(log rolling) 현상이 나타난다.
② 계층 간 갈등이 심하고 저항이 발생할 수 있어 국민적 공감대를 형성할 때 정책의 변화를 가져오게 된다.
③ 체제 내부를 정비하는 정책으로 대외적 가치배분에는 큰 영향이 없으나 대내적으로는 게임의 법칙이 발생한다.
④ 대체로 국민 다수에게 돌아가지만 사회간접시설과 같이 특정 지역에 보다 직접적인 편익이 돌아가는 경우도 많다.
⑤ 법령에서 제시하는 광범위한 기준을 근거로 국민들에게 강제적으로 특정한 부담을 지우는 것이다.

17 □□□ 2018년 지방직 7급

리플리와 프랭클린(Ripley & Franklin)이 구분한 네 가지 정책유형에 대한 설명으로 옳지 않은 것은?

① 배분정책(distributive policy) – 정책과정에서 이해당사자들 간에 로그롤링(log-rolling) 또는 포크배럴(pork barrel)과 같은 정치적 현상이 나타나기도 한다.
② 재분배정책(redistributive policy) – 이념적 논쟁과 소득계층 간 갈등이 첨예하게 대립되어 표준운영절차(SOP)나 일상적 절차의 확립이 비교적 어렵다.
③ 경쟁적 규제정책(competitive regulatory policy) – 배분정책적 성격과 규제정책적 성격을 동시에 지니고 있고 규제정책은 거의 대부분 이러한 경쟁적 규제정책에 해당된다.
④ 보호적 규제정책(protective regulatory policy) – 소비자나 일반대중을 보호하기 위해 특정 집단을 규제하므로 규제집행조직과 피규제집단 간 갈등의 가능성이 높다.

18 □□□ 2022년 국가직 7급

리플리(Ripley)와 프랭클린(Franklin)의 경쟁적 규제정책에 대한 설명으로 옳지 않은 것은?

① 국가가 소유한 희소한 자원에 대해 다수의 경쟁자 중에서 지정된 소수에게만 서비스나 재화를 공급하도록 규제한다.
② 선정된 승리자에게 공급권을 부여하는 대신에 이들에게 규제적인 조치를 하여 공익을 도모할 수 있다.
③ 경쟁적 규제정책의 예로는 주파수 할당, 항공노선 허가 등이 있다.
④ 정책집행 단계에서 규제받는 자들은 규제기관에 강하게 반발하거나 저항하기도 한다.

19 □□□

2025년 국가직 9급

리플리(Ripley)와 프랭클린(Franklin)이 제시한 경쟁적 규제 정책에 해당하는 것은?

① 특정 기업에게 특정 노선의 항공 운항권 부여
② 공공요금 책정
③ 최저임금제도 및 근로시간 제한
④ 환경 문제를 개선하기 위한 규제

20 □□□

2023년 지방직 7급

정책의 유형에 대한 설명으로 옳은 것은?

① 로위(Lowi)의 분배정책은 돈이나 권력 등을 많이 소유하고 있는 집단으로부터 그렇지 못한 집단으로 이전시키는 정책이다.
② 리플리(Ripley)와 플랭클린(Franklin)의 보호적 규제정책은 국민을 보호하기 위해 개인이나 집단의 행동을 통제하는 정책이다.
③ 알몬드(Almond)와 파웰(Powell)의 상징정책은 정책목표를 달성하기 위해 민간에게 인적 · 물적 자원을 부담시키는 정책이다.
④ 로위(Lowi)가 제시한 정책유형론은 포괄성과 상호배타성을 확보하고 있다.

21 □□□

2019년 지방직 9급

로위(Lowi)가 제시한 구성정책의 사례로 옳지 않은 것은?

① 공직자 보수에 관한 정책
② 선거구 조정 정책
③ 정부기관이나 기구 신설에 관한 정책
④ 국유지 불하 정책

22 □□□

2019년 서울시 9급(6월 시행)

로위(Lowi)의 정책유형 중 선거구의 조정 등 헌법상 운영규칙과 관련된 정책으로 가장 옳은 것은?

① 구성정책
② 배분정책
③ 규제정책
④ 재분배정책

23 □□□

2023년 지방직 9급

로위(Lowi)의 정책유형과 리플리와 프랭클린(Ripley & Franklin)의 정책유형에는 없지만, 알몬드와 파웰(Almond & Powell)의 정책유형에는 있는 것은?

① 상징정책
② 재분배정책
③ 규제정책
④ 분배정책

24 □□□

2020년 국가직 7급

로위(Lowi)의 정책유형에 대한 설명 중 분배정책에 해당하는 것만을 모두 고르면?

> ㄱ. 정책과정에서 이해당사자들 간의 협상을 통해 비교적 안정적인 연합을 형성한다.
> ㄴ. 누진소득세와 같이 이데올로기적인 기반에서 정책결정이 이루어진다.
> ㄷ. 로그롤링(log-rolling)이나 포크배럴(pork barrel)과 같은 정치적 현상이 나타난다.
> ㄹ. 집단 사이의 갈등 수준이 상당히 높은 편이며, 개인이나 집단의 행위를 통제하기 위하여 정부의 강제력이 직접적으로 동원된다.

① ㄱ, ㄴ ② ㄱ, ㄷ
③ ㄴ, ㄷ ④ ㄷ, ㄹ

25 □□□

2021년 국가직 9급

로위(Lowi)의 정책유형과 그에 대한 설명으로 옳은 것만을 모두 고르면?

> ㄱ. 규제정책은 특정 개인이나 집단에 대한 선택의 자유를 제한하는 유형의 정책으로 강제력이 특징이다.
> ㄴ. 분배정책의 사례에는 FTA협정에 따른 농민피해 지원, 중소기업을 위한 정책자금지원, 사회보장 및 의료보장 정책 등이 있다.
> ㄷ. 재분배정책은 고소득층으로부터 저소득층으로 소득이전을 목적으로 하기 때문에 계급대립적 성격을 지닌다.
> ㄹ. 재분배정책의 사례로는 저소득층을 위한 근로장려금제도, 영세민을 위한 임대주택 건설, 대덕 연구개발특구 지원 등이 있다.
> ㅁ. 구성정책은 정부기관의 신설과 선거구 조정 등과 같이 정부기구의 구성 및 조정과 관련된 정책이다.

① ㄱ, ㄴ, ㄷ ② ㄱ, ㄷ, ㅁ
③ ㄴ, ㄹ, ㅁ ④ ㄷ, ㄹ, ㅁ

26 □□□

2024년 국가직 9급

로위(Lowi)의 정책유형에 대한 설명으로 옳지 않은 것은?

① 정부 혹은 정치체제의 정통성과 정당성을 확보하고, 국민의 단결력이나 자부심을 높여 줌으로써 정부의 정책활동을 원활하게 하기 위한 정책은 구성정책에 해당한다.
② 기초생활보장 대상자에 대한 생활 보조금 지급 등과 같이 소득이전과 관련된 정책은 재분배정책에 해당한다.
③ 도로 건설, 하천 · 항만 사업과 같이 국민에게 공공서비스나 혜택을 제공하기 위한 정책은 분배정책에 해당한다.
④ 사회구성원이나 집단의 활동을 통제해 다른 사람이나 집단을 보호하려는 목적을 가진 정책은 규제정책에 해당한다.

27 □□□

2025년 국가직 7급

다음 설명 (가), (나)와 유형 A~D를 바르게 연결한 것은?

> (가) 샐리스버리(R. Salisbury): 요구패턴(demand pattern)은 통합적이고, 결정체제(decisional system)는 분산적인 정책유형
> (나) 윌슨(J. Wilson): 비용은 다수에 분산되고, 편익은 소수에 집중되는 유형

> A. 자율규제정책 B. 재분배정책
> C. 기업가적 정치 D. 고객지향 정치

	(가)	(나)
①	A	C
②	A	D
③	B	C
④	B	D

CHAPTER 2

정책의제설정 및 정책과정에 대한 이론

THEME 19 정책의제설정

중요도 ●●●○○

정답 및 해설 p. 56

선생님TIP

정책의제설정에 대하여 학습하기 위해서는 일반적 정책의제설정과정이 외부주도형이라는 것을 먼저 이해하여야 합니다. 외부주도형은 '사회문제 → 이슈화 → 공중의제(체제의제) → 공식의제(제도의제)'로 가는 과정을 의미하며, 이 과정에서 공중의제는 국민의 다양한 의견이 반영되므로 포괄적이고, 공식의제는 정부가 공중의제 중에서 하나를 선택하게 되므로 구체적이라는 것을 알아두어야 합니다. 또한 주도집단에 따라 동원형과 내부접근형으로 분류한 경우, 공중의제화과정(행정 PR)의 유무를 가지고 두 정책의제설정모형을 구별하는 것도 중요한 포인트가 됩니다.

■ 정책의제설정과정과 모형

1. 일반적 정책의제설정과정

사회문제	→	사회적 이슈	→	체제의제 (공중 · 토의 · 환경의제)	→	제도의제 (공식 · 행동 · 정부의제)
이슈 제기		구체화		확산		진입

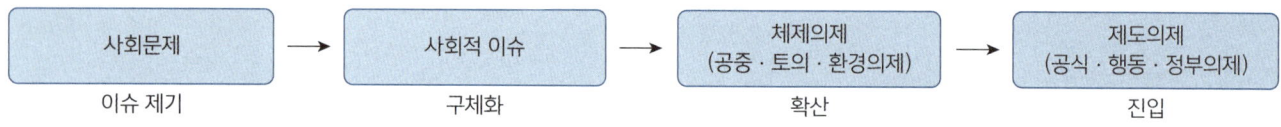

2. 정책의제설정모형(주도집단)

구분	외부주도형	동원형	내부접근형
과정	사회문제 → 이슈화 → 공중의제 → 공식의제	사회문제 → 공식의제 → 공중의제	사회문제 → 공식의제
특징	• 문제당사자가 주도 • 점증주의적	• 정책담당자가 주도 • 행정 PR 중시	• 정책담당자가 주도 • 공중의제화를 막음(행정 PR 없음)
사회	다원주의적 선진국	계층사회	불평등사회
예	전자상거래, 금융실명제 등	새마을운동, 제2건국운동 등	무기구매계약, 비밀협상 등

01 □□□ 2021년 지방직 7급

다음은 콥과 로스(Cobb & Ross)가 제시한 의제설정과정이다. (가)~(다)에 들어갈 유형을 바르게 연결한 것은?

(가): 사회문제 → 정부의제
(나): 사회문제 → 공중의제 → 정부의제
(다): 사회문제 → 정부의제 → 공중의제

	(가)	(나)	(다)
①	동원형	외부주도형	내부접근형
②	내부접근형	동원형	외부주도형
③	외부주도형	내부접근형	동원형
④	내부접근형	외부주도형	동원형

02 □□□ 2019년 서울시 7급(10월 시행)

콥(Cobb)과 로스(Ross)가 유형화한 정책의제설정모형 중 사회문제 → 정부의제 → 공중의제의 순서로 전개되는 것은?

① 외부주도형
② 동원형
③ 내부접근형
④ 음모형

03 □□□

2015년 지방직 7급

정책의제설정과정에서 일반대중의 관심과 주의를 받고 있으며, 정부가 개입하여 문제를 해결하여야 한다고 인정되지만, 정부가 문제해결을 고려하기로 공식적으로 밝히지 않은 것은?

① 사회문제(social problem)
② 사회적 쟁점(social issue)
③ 공중의제(public agenda) 또는 체제의제(system agenda)
④ 정부의제(governmental agenda) 또는 제도의제(institutional agenda)

04 □□□

2023년 군무원 9급

다음 중 '다양한 사회문제 중에서 정부가 적극적으로 개입하여 해결하기 위해 채택한 문제'를 무엇이라고 하는가?

① 정책문제
② 정책의제
③ 정책대안
④ 정책주제

05 □□□

2008년 국회직 8급

정책의제설정에 영향을 미치는 요인이 아닌 것은?

① 정책문제의 중요성
② 정책 대상 집단의 영향력
③ 의제설정 주체의 성향과 가치관
④ 전문가의 문제 분석 능력
⑤ 정치체제와 정치인의 속성

06 □□□

2014년 서울시 9급

정책의제의 설정에 영향을 미치는 요인에 대한 설명으로 옳지 않은 것은?

① 일상화된 정책문제보다는 새로운 문제가 보다 쉽게 정책의제화된다.
② 정책 이해관계자가 넓게 분포하고 조직화 정도가 낮은 경우에는 정책의제화가 상당히 어렵다.
③ 사회 이슈와 관련된 행위자가 많고, 이 문제를 해결하기 위한 정책의 영향이 많은 집단에 영향을 미치거나 정책으로 인한 영향이 중요한 것일 경우 상대적으로 쉽게 정책의제화된다.
④ 국민의 관심 집결도가 높거나 특정 사회 이슈에 대해 정치인의 관심이 큰 경우에는 정책의제화가 쉽게 진행된다.
⑤ 정책문제가 상대적으로 쉽게 해결될 것으로 인지되는 경우에는 쉽게 정책의제화된다.

07 □□□

2024년 국가직 7급

정책의제에 대한 설명으로 옳지 않은 것은?

① 호그우드와 건(Hogwood & Gunn)은 정책문제의 성격이 인간의 감정보다 이성적 측면에 호소하는 문제일수록 정책의제화가 쉽다고 하였다.
② 외부주도형 정책의제설정모형은 다원화되고 민주화된 선진국에서 많이 나타난다.
③ 정부의제는 정부의 공식적인 의사결정에 의해 해결을 심각하게 고려하기로 명백히 밝힌 문제를 말한다.
④ 바흐라크와 바라츠(Bachrach & Baratz)는 기존 질서의 변화를 주장하는 요구가 정치적 이슈가 되지 못하도록 하는 가장 직접적인 수단으로 폭력을 제시하였다.

08 □□□

2012년 지방직 7급

아이스톤(Eyestone)이 제시한 정책의제 형성과정에 대한 설명으로 옳지 않은 것은?

① 사회문제(social problem)는 개인의 문제가 다수로부터 공감을 얻게 되어 많은 사람들의 문제로 인식된 상태를 말한다.
② 공공의제(public agenda)는 일반대중의 주목을 받을 가치는 있으나, 아직 정부가 문제해결을 하는 것이 정당한 것으로 인정되지 않는 상태를 말한다.
③ 사회논제(social issue)는 사회문제가 여러 가지 다른 견해를 갖는 다수의 집단들로 하여금 논쟁을 야기하며, 일반인의 관심을 집중하고 여론을 환기시키는 상태를 말한다.
④ 공식의제(official agenda)는 여러 가지 공공의제들 중에서 정부가 그 해결을 위하여 심각하게 관심과 행동을 집중하는 정부의제로 선별되는 상태를 말한다.

09 □□□

2015년 서울시 7급

정책의제설정모형에 대한 설명으로 옳은 것은?

① 올림픽이나 월드컵 유치 등 국민들이 적극적인 관심을 보인 사례는 외부집단이 주도한 외부주도형이다.
② 내부접근형은 대중의 지지를 획득하기 위한 공중의제화 과정이 없다는 점에서 공중의제화 과정을 거치는 동원형과 다르다.
③ 사회문제가 바로 정책의제로 채택되는 과정을 거치는 모형은 외부주도형이다.
④ 동원형은 공중의제화 과정을 거치기 때문에 행정부의 영향력이 작고 민간부문이 발전된 선진국에서 많이 나타나는 모형이다.

10 □□□

2010년 국가직 7급

정책의제설정에 대한 설명으로 옳지 않은 것은?

① 체제의제(systematic agenda)란 개인이나 민간 차원에서 쉽사리 해결될 수 없어서 정부가 이를 해결해야 한다고 많은 사람들이 생각하는 정책적 해결 필요성이 있는 의제를 의미한다.
② 동원형은 정부의 힘이 강하고 민간부문의 힘이 취약한 후진국에서 많이 나타나며, 의도적이고 일방적으로 국민을 무시하는 정부에서 나타날 수 있는 유형이다.
③ 외부주도형은 정책담당자가 아닌 외부 사람들의 주도에 의해 정책문제의 정부 귀속화가 이루어지는 유형이다.
④ 내부접근형은 정책담당자들에 의해 자발적으로 정책의제화가 진행되는 유형이다.

11 □□□

2022년 지방직 7급

정책의제설정과정의 유형에 대한 설명으로 옳지 않은 것은?

① 내부접근모형에서는 일반 시민의 지지를 얻기 위해 관료집단이 주도한 의제가 정부의 홍보활동을 통해 공중의제로 확산된다.
② 동원모형은 정치지도자의 지시에 따라 사회문제가 바로 정부의제로 채택되며 정부의 힘이 강하고 민간 부문이 취약한 후진국에서 자주 볼 수 있다.
③ 외부주도형은 이익집단들에 의해 제기된 문제가 여론을 형성해 공중의제로 전환되며 정부가 외부의 요구에 민감하게 반응하는 정치체제에서 자주 볼 수 있다.
④ 공고화모형에서는 이미 광범위한 일반 대중의 지지가 있는 경우에, 정부는 동원 노력보다는 이미 존재하는 지지를 그대로 공고화해 의제를 설정한다.

12 □□□

2016년 지방직 7급

메이(May)는 정책의제설정의 주도자와 대중의 관여 정도에 따라 정책의제설정과정을 네 가지 유형(A~D)으로 구분하였는데, 이에 대한 설명으로 옳지 않은 것은?

대중의 관여 정도 / 정책의제설정의 주도자	높음	낮음
민간	A	B
정부	C	D

① A는 외부집단이 주도하여 정책의제 채택을 정부에게 강요하는 경우로 허쉬만(Hirschman)이 말하는 '강요된 정책문제'에 해당된다.
② B의 경우 정책결정에 영향력을 가진 집단은 대중들에게 정책을 공개하여 지지를 획득하려고 한다.
③ C에서는 이미 민간집단의 광범위한 지지가 형성된 이슈에 대하여 정책결정자가 지지의 공고화(consolidation)를 추진한다.
④ D는 정부의 힘이 강하고 이익집단의 역할이 취약한 후진국에서 일반적으로 많이 나타난다.

13 □□□

2022년 지방직 9급

흘릿(Howlett)과 라메쉬(Ramesh)의 모형에 따라 정책의제 설정 유형을 분류할 때, (가) ~ (라)에 대한 설명으로 옳지 않은 것은?

공중의 지지 / 의제설정주도자	높음	낮음
사회 행위자(societal actors)	(가)	(나)
국가(state)	(다)	(라)

① (가) - 시민사회단체 등이 이슈를 제기하여 정책의제에 이른다.
② (나) - 특별히 의사결정자들에게 접근할 수 있는 영향력 있는 집단이 정책을 주도한다.
③ (다) - 이미 공중의 지지가 높기 때문에 정책이 결정된 후 집행이 용이하다.
④ (라) - 정책결정자가 이슈를 제기하면 자동적으로 정책의제화되기 때문에 성공적인 집행을 위한 공중의 지지는 필요 없다.

14 □□□

2025년 국가직 9급

정책의제설정 모형에 대한 설명으로 옳지 않은 것은?

① 외부주도모형에서는 사회문제가 공중의제를 거쳐 공식의제로 전환된다.
② 동원모형에서는 정부가 먼저 공식의제를 채택한 후 공중의제화를 시도한다.
③ 내부접근모형에서는 정부 내부자나 그들과 밀접한 관계에 있는 집단에 의해 의제가 설정된다.
④ 공고화모형에서는 대중의 지지가 낮은 정책문제에 대하여 시민사회가 주도적으로 해결을 시도한다.

15 □□□

2024년 국회직 8급

정책의제형성에 대한 설명으로 옳지 않은 것은?

① 동원형은 정책의제형성의 주도자가 주로 정부 내부에 존재한다.
② 외부주도형은 주로 정부 외부에서 문제가 제기되어 확산되고 공중의제화 단계를 거쳐 정책의제가 형성된다.
③ 내부접근형은 정부 내 정책결정과정에 접근가능한 외부집단의 이익이 과도하게 대변될 수 있다.
④ 내부접근형과 동원형은 대중의 지지를 획득하기 위한 공중의제화 단계가 없다.
⑤ 외부주도형은 허쉬만(Hirschman)이 말하는 '강요된 정책문제'에 해당한다.

16 □□□

2018년 서울시 7급(3월 추가)

정책의제설정모형에 관한 설명으로 가장 옳은 것은?

① 포자모형은 정책문제가 제기되어 정의되는 환경보다는 정책문제 자체의 성격이 갖는 중요성에 주목한다.

② 이슈관심주기모형은 공공의 관심을 끌기 위한 치열한 경쟁과 별개로 이슈 자체에 생명주기가 있다고 본다.

③ 정책흐름모형은 조직화된 무정부상태에서의 합리성과는 다른 합리성 가정을 의제설정과정의 설명에 적용한다.

④ 동형화모형은 정부 간 정책전이(policy transfer)가 모방, 규범, 강압을 통해 이뤄진다고 본다.

17 □□□

2018년 서울시 7급(3월 추가)

정책의제설정과정에 대한 설명으로 가장 옳지 않은 것은?

① 정책문제에 대한 통계지표의 오류는 바람직한 의제설정을 어렵게 한다.

② 크렌슨(Crenson)은 선출직 지도자들이 공장공해 등 전체적인 문제에 민감하게 반응하여 이를 정책의제화한다고 한다.

③ 우리나라의 1960년대 경제제일주의는 많은 노동문제를 정부의제로 공식 검토되지 않게 하였다.

④ 정치체제의 가용자원 한계는 정책의제에 대한 적극적 탐색을 어렵게 하기도 한다.

18 □□□

2020년 국가직 7급

정책의제설정모형에 대한 설명으로 옳지 않은 것은?

① 내부접근형(inside access model)에서 정부기관 내부의 집단 혹은 정책결정자와 빈번히 접촉하는 집단은 공중의 제화하는 것을 꺼린다.

② 동원형(mobilization model)에서는 주로 정부 내 최고 통치자나 고위정책결정자가 주도적으로 정부의제를 만든다.

③ 외부주도형(outside initiative model) 정책의제설정은 다원화된 정치체제에서 많이 나타난다.

④ 공고화형(consolidation model)은 대중의 지지가 낮은 정책문제에 대한 정부의 주도적 해결을 설명한다.

19 □□□

2021년 국회직 8급

다음 상황을 설명하는 정책의제설정모형은?

> 새마을운동은 우리나라의 발전에 크게 기여한 사회정책으로 평가 받는다. 새마을운동은 국가의 주도로 진행되었다는 점에서 비판을 받기도 하지만, 국민들이 가난에서 벗어날 수 있다는 의식을 갖게 하고, 노력하도록 자극을 줬다는 점에서는 긍정적인 평가를 받는다.

① 동원형 정책의제설정

② 내부접근형 정책의제설정

③ 외부주도형 정책의제설정

④ 굳히기형 정책의제설정

⑤ 대중인식형 정책의제설정

THEME 20 정책과정에 대한 이론

중요도 ●●●●○

정답 및 해설 p. 58

선생님TIP

정책과정에 대한 이론은 기본적으로 엘리트주의와 다원주의로 나눌 수 있습니다. 엘리트이론은 지배계층인 엘리트의 주도하에 권력을 등에 업고 하향식으로 목표달성을 주도하는 형태이며, 다원주의는 이익집단의 지지나 요구가 정책목표에 반영되는 상향식 체제로서, 정부관료는 이익집단의 요구를 정책에 반영하는 소극적 중재자에 역할에 불과하다는 것이 중요합니다. 조합주의는 정부주도하에 이익집단들이 정부와의 밀접한 관계에서 자신의 요구를 협상하고 교환하는 방식입니다. 이처럼 각각 이론의 개념과 특징을 정리하여 알아둡시다.

■ 정책과정에 대한 이론

1. 엘리트이론의 전개

구분	주요 주창자	내용
고전적 엘리트이론	모스카(Mosca), 파레토(Pareto), 미첼스(Michels)	• 사회구조의 이원화(엘리트 – 대중) • 엘리트들은 동질성 · 결집성 · 폐쇄성을 지님 • 정책결정의 초점은 엘리트의 이익에 있다고 봄
엘리트이론 (1950년대)	밀즈(Mills), 헌터(Hunter)	• 실증분석 시도 – 국가차원의 분석: 군산복합체(Mills) – 지역차원의 분석: 기업가적 엘리트(Hunter) • 실제적 정책결정에서 엘리트의 역할 강조
신엘리트이론 (1960년대 이후)	바흐라흐(Bachrach), 바라츠(Baratz)	• 권력의 두 가지 얼굴 – 밝은 면: 정책결정단계에서의 역할 – 어두운 면: 정책결정 이전단계에서의 역할 • 무의사결정론 전개

2. 다원주의론의 전개

구분	주요 주창자	내용
고전적 다원주의론	벤틀리(Bentley), 트루만(Truman)	• 잠재집단론: 결정자는 말 없는 이익집단의 이익을 염두에 두므로 활동적 소수(active minority)에 의한 특수이익만을 추구하기 곤란함 • 중복회원이론: 이익집단의 구성원은 여러 집단에 중복소속되어 있어 특수이익의 극대화가 곤란함 • 공공이익집단론: 특수이익보다는 공익에 가까운 주장을 하는 이익집단의 이익이 정책에 반영될 것으로 봄 • 이익집단자유주의론: 이익집단론에 대한 반발로, 이익집단의 자유로운 활동에 맡겨두면 조직화된 집단(활동적 소수)의 이익만 반영되고 조직화되지 못한 다수의 침묵적 집단에 대한 이익은 반영이 곤란하다고 봄
달(Dahl)의 다원론 (1950년대)	달(Dahl)	• 뉴헤븐 시를 대상으로 연구한 결과 미국 엘리트이론과는 달리 엘리트는 대중의 선호나 요구에 민감하게 움직인다는 점에서 미국 도시가 다원적 정치체제를 가지고 있다고 주장함 • 이익집단 간에는 영향력의 차이는 있으나 게임의 규칙을 준수하므로 전체적으로는 균형을 이루고 있고, 정부는 수동적인 심판관 역할만 수행한다고 봄
신다원주의 (수정다원주의)	달(Dahl), 린드블룸(Lindblom)	• 다원주의를 비판하면서 무의사결정론(의도적 무결정론)을 부분적으로 수용함 • 기업집단의 특권을 인정하고 정부의 수동적이고 중립적인 조정자로서의 역할의 한계를 인식하며 정부가 더 전문적 · 능동적으로 기능한다고 봄

3. 조합주의와 신조합주의

조합주의	• 단일적 · 강제적 · 비경쟁적 · 위계적인 이익집단의 결정을 정부가 적극적으로 중재 · 조정하는 의사결정방식 예 경제사회노동위원회 • 사회조합주의(북유럽의 형태)와 국가조합주의(남미의 형태)로 분류(Schmitter) • 국가는 중립적인 존재가 아니라 자율성을 지닌 존재로 인식
신조합주의	정부와 연결된 다국적 기업의 영향력을 강조하는 이론

01 □□□
2019년 서울시 9급(6월 시행)

다원주의(Pluralism)에 대한 설명으로 가장 옳지 않은 것은?

① 권력은 다양한 세력들에게 분산되어 있다.
② 정책영역별로 영향력을 행사하는 엘리트들이 각기 다르다.
③ 이익집단들 간의 영향력 차이는 주로 정부의 정책과정에 대한 상이한 접근기회에 기인한다.
④ 이익집단들 간의 영향력 차이는 있지만 전체적으로 균형을 유지하고 있다.

02 □□□
2017년 국가직 9급(4월 시행)

무의사결정(non-decision making)에 대한 설명으로 옳은 것은?

① 지배적인 엘리트집단은 자신들의 이해관계와 부합하지 않는 이슈라도 정책의제설정단계에서 논의하려고 한다.
② 무의사결정은 중립적 행동으로 다원주의이론의 관점을 반영한다.
③ 집행과정에서는 무의사결정이 일어나지 않는다.
④ 정책문제 채택과정에서 기존 세력에 도전하는 요구는 정책문제화하지 않고 억압한다.

03 □□□
2014년 국가직 7급

바흐라츠와 바라츠(Bachrach & Baratz)의 무의사결정(non-decision making)을 추진하는 수단이나 방법으로 옳지 않은 것은?

① 폭력이나 테러행위는 사용되지 않는다.
② 정치체제의 규범, 규칙, 절차 자체를 수정 · 보완하여 정책요구를 봉쇄한다.
③ 변화의 주창자에 대해서 현재 부여되고 있는 혜택을 박탈하거나 새로운 이익으로 매수한다.
④ 정치체제 내의 지배적 규범이나 절차를 강조하여 변화를 주장하는 요구가 제시되지 못하도록 한다.

04 □□□
2020년 국가직 9급

무의사결정론에 대한 설명으로 옳지 않은 것은?

① 정치체제 내의 지배적 규범이나 절차가 강조되어 변화를 위한 주장은 통제된다고 본다.
② 엘리트들에게 안전한 이슈만이 논의되고 불리한 이슈는 거론조차 못하게 봉쇄된다고 한다.
③ 위협과 같은 폭력적 방법을 통해 특정한 이슈의 등장이 방해받기도 한다고 주장한다.
④ 조직의 주의집중력과 가용자원은 한계가 있어 일부 사회문제만이 정책의제로 선택된다고 주장한다.

05 □□□
2023년 국가직 9급

바흐라흐(Bachrach)와 바라츠(Baratz)의 무의사결정론에 대한 설명으로 옳지 않은 것은?

① 무의사결정의 행태는 정책과정 중 정책문제 채택단계 이외에서도 일어난다.
② 기존 정치체제 내의 규범이나 절차를 동원하여 변화 요구를 봉쇄한다.
③ 정책문제화를 막기 위해 폭력과 같은 강제력을 사용하기도 한다.
④ 엘리트의 두 얼굴 중 권력행사의 어두운 측면을 고려하지 못한다고 비판했기 때문에 신다원주의로 불린다.

06 □□□

2024년 군무원 9급

다음 중 무의사결정론에 대한 설명으로 가장 적절하지 않은 것은?

① 기득권의 정치권력에 존재하는 두 얼굴 중 어두운 측면의 얼굴에 해당한다.
② 정책결정권자의 무관심이나 무능력 때문에 이루어지는 경향이 크다.
③ 정책결정에 핵심적 권력을 갖는 개인이나 집단에 부정적 영향을 끼치는 주장을 억압·좌절시키거나 고의적으로 방치한다.
④ 기득권 세력은 때때로 정책의제 또는 정책대안의 범위 내용을 제한하여 집행의 의미가 없는 상징적 의제 또는 대안만 채택할 수 있도록 하기도 한다.

07 □□□

2018년 국가직 7급

신엘리트이론에 대한 설명으로 옳지 않은 것은?

① 엘리트들에게 안전한 이슈만을 논의하고 불리한 문제는 거론조차 못하게 봉쇄하는 무의사결정론과 밀접하게 연결되어 있다.
② 모스카(Mosca)나 미첼스(Michels) 등에 의해 대표되는 고전적 엘리트이론과 달리 밀즈(Mills)의 지위접근법이나 헌터(Hunter)의 명성적 접근방법을 도입하였다.
③ 정책결정에 영향을 미치는 정치권력은 두 가지 얼굴이 있다고 주장하며, 이 가운데 하나의 측면만을 고려하는 다원주의를 비판하였다.
④ 엘리트는 정책문제의 정의와 의제설정과정에서 은밀한 영향력을 행사하기 때문에 실증적 분석방법론의 활용이 어렵다고 주장하였다.

08 □□□

2023년 지방직 9급

엘리트이론과 다원주의이론에 대한 설명으로 옳지 않은 것은?

① 고전적 엘리트이론에서 엘리트들은 다른 계층에 대해 책임을 지지 않는다.
② 밀즈(Mills)는 명성접근법을 사용하여 엘리트들을 분석한다.
③ 달(Dahl)은 권력이 분산되어 있음을 전제로 다원주의론을 전개한다.
④ 바흐라흐와 바라츠(Bachrach & Baratz)는 무의사결정이 의제설정과정뿐만 아니라 정책결정과정에서도 발생할 수 있다고 주장한다.

09 □□□

2013년 국가직 9급

다음은 정책과정을 바라보는 이론적 관점들 중 하나를 제시한 것이다. 그 내용과 부합하는 것은?

> 사회의 현존 이익과 특권적 분배상태를 변화시키려는 요구가 표현되기도 전에 질식·은폐되거나, 그러한 요구가 국가의 공식 의사결정단계에 이르기 전에 소멸되기도 한다.

① 정책은 많은 이익집단의 경쟁과 타협의 산물이다.
② 정책연구는 모든 행위자들이 이기적인 존재라는 기본 전제하에서 경제학적인 모형을 적용한다.
③ 실제 정책과정은 기득권의 이익을 수호하려는 보수적인 성격을 나타낼 가능성이 높다.
④ 정부가 단독으로 정책을 결정·집행하는 것이 아니라 시장(market) 및 시민사회 등과 함께 한다.

10 □□□
2011년 국가직 9급

다원주의적 민주국가의 정책과정에 대한 설명으로 옳은 것은?

① 정책의제설정은 대부분 동원모형에 따라 이루어진다.
② 사법부가 정책결정과정에서 담당하는 역할이 미미하다.
③ 엘리트가 모든 정책영역에서 지배적인 권력을 행사한다.
④ 각종 이익집단은 정책과정에 동등한 정도의 접근기회를 갖는다.

11 □□□
2019년 서울시 7급(2월 추가)

다원주의론은 기본적으로 집단과정이론과 다원적 권력이론으로 크게 구분되는데, 이들 이론에 공통된 다원주의의 주요 특성으로 가장 옳지 않은 것은?

① 이익집단들 간의 경쟁은 정치체제의 유지에 순기능적이라고 본다.
② 권력의 원천이 특정 세력에 집중되어 있는 것이 아니고 각기 분산된 불공평성을 띤다.
③ 이익집단들 간에 상호 경쟁적이지만 기본적으로는 게임의 규칙을 준수해야 하는 데 합의를 하고 있다고 본다.
④ 다양한 이익집단은 정부의 정책과정에 동등한 접근기회를 가지고 있으며 이익집단들 간의 영향력에 차이가 있음을 인정하지 않는다.

12 □□□
2024년 국회직 8급

엘리트이론과 다원주의론에 대한 설명으로 옳지 않은 것은?

① 고전적 엘리트이론은 집단이 형성되면 소수의 엘리트에 의한 지배체제가 구성된다고 주장한다.
② 무의사결정론은 엘리트들에게 안전한 문제만 논의하고 불리한 문제는 거론조차 되지 못하게 방해하는 결정이 이루어진다고 주장한다.
③ 무의사결정론은 무의사결정이 정책의제설정 단계뿐만 아닌 정책집행과정에서도 일어난다고 주장한다.
④ 다원주의론은 정책 영역별로 영향력을 행사하는 엘리트들이 각기 다르다고 주장한다.
⑤ 다원주의론은 이익집단이 정부 정책과정에 대한 동등한 접근 기회를 가지고 있다고 주장하며, 이를 조정하기 위한 정부의 적극적이고 능동적인 역할 수행을 강조한다.

13 □□□
2018년 서울시 9급

정책과정에서 행위자 사이의 권력관계 이론에 대한 설명으로 가장 옳지 않은 것은?

① 헌터(Hunter)는 지역사회연구를 통해 응집력과 동료의식이 강하고 협력적인 정치 엘리트들이 지역사회를 지배한다는 엘리트론을 주장한다.
② 무의사결정(nondecision making)론은 권력을 가진 집단은 자신들에게 불리하거나 바람직하지 않다고 생각되는 특정 이슈들이 정부 내에서 논의되지 못하도록 봉쇄한다고 설명한다.
③ 다원론을 전개한 달(Dahl)은 New Haven시를 대상으로 한 연구에서 정책결정을 담당하는 엘리트가 분야별로 다른 형태를 보인다고 설명한다.
④ 신다원론에서는 집단 간 경쟁의 중요성은 여전히 인정하면서 집단 간 대체적 동등성의 개념을 수정하여 특정집단이 다른 집단보다 더욱 강력할 수 있다는 점을 인정하였다.

14 □□□

2019년 지방직 7급

㉠, ㉡에 해당하는 권력모형을 옳게 짝지은 것은?

> • (㉠)은 전국적 차원이 아니라 지역사회의 지배구조에 초점을 맞추면서, 소수 엘리트가 강한 응집성을 가지고 정책을 결정하고 정치에 무관심한 일반대중들은 비판없이 이를 수용한다고 설명한다.
> • (㉡)은 정치권력에 두 얼굴(tow faces of power)이 있음을 주장하는 입장으로부터 권력의 어두운 측면이 갖는 영향력에 대해 관심을 가지지 않았다는 점을 비판받았다.

	㉠	㉡
①	밀즈의 지위접근법	달의 다원주의론
②	밀즈의 지위접근법	바흐라흐와 바라츠의 무의사결정론
③	헌터의 명성접근법	달의 다원주의론
④	헌터의 명성접근법	바흐라흐와 바라츠의 무의사결정론

15 □□□

2025년 군무원 9급

고전적 엘리트 이론에 대한 설명으로 가장 적절하지 않은 것은?

① 한 사회는 지배계급인 엘리트와 피지배계급인 대중으로 구분된다.

② 엘리트의 이익과 상충되는 요구를 적극적으로 좌절시키는 의도적 무결정 현상이 나타난다.

③ 엘리트는 자율적이고 다른 계층에 대해 책임을 지지 않는다.

④ 엘리트는 동질적이고 폐쇄적이다.

16 □□□

2025년 국회직 8급

정책과정에서 권력모형에 대한 설명으로 옳은 것만을 <보기>에서 모두 고르면?

> 〈보기〉
> ㄱ. 사회조합주의는 이익집단과 국가와의 관계에서 이익집단의 자율적 결성과 능동적 참여가 보장된다고 설명한다.
> ㄴ. 국가조합주의는 국가가 이익집단에 대하여 강력한 주도권을 행사하며 계급, 종족, 언어, 지역에 근거한 정치적인 하위문화는 억압된다고 설명한다.
> ㄷ. 엘리트론은 엘리트 간의 정치적 경쟁으로 대중의 선호가 최대한 정책에 반영된다고 설명한다.
> ㄹ. 무의사결정론은 지역사회의 엘리트들이 강한 응집성을 가지고 정책을 결정하며, 정치에 무관심한 일반대중은 비판없이 이를 수용한다고 설명한다.

① ㄱ, ㄴ　　② ㄱ, ㄷ

③ ㄴ, ㄷ　　④ ㄴ, ㄹ

⑤ ㄷ, ㄹ

17 □□□

2010년 서울시 7급

조합주의론(Corporatism)의 주요 내용과 가장 거리가 먼 것은?

① 집단의 비자율성

② 집단 간 상호 경쟁성

③ 공식 제도권 내 집단 간 합의와 존중

④ 국가의 비중립성

⑤ 조합 구성원의 계층적 서열화

18 □□□
2021년 군무원 9급

정책결정의 장에 대한 이론의 설명으로 가장 옳지 않은 것은?

① 다원주의는 소수의 개인이나 집단이 아니라 다수의 집단이 정책결정의 장을 주도하고 이들이 정치적 조정과 타협을 거쳐 도달한 합의가 정책이 된다고 본다.
② 엘리트주의는 대중에게 영향력을 행사할 수 있는 위치에 있는 소수의 리더들에 의해서 정책결정이 지배된다고 본다.
③ 정책결정에서 정부의 역할을 줄이고 이익집단과의 상호협력을 보다 중시하는 이론이 조합주의이다.
④ 철의 삼각(iron triangle) 논의는 정부관료, 선출직 의원, 그리고 이익집단의 3자가 장기적이고 안정적이며 우호적인 연합을 형성하면서 정책결정을 지배하는 것으로 본다.

19 □□□
2014년 국회직 8급

정책결정과정에 대한 다음의 설명으로 옳은 것은 모두 몇 개인가?

ㄱ. 다원주의에서는 다양한 집단들의 선호를 반영하여 정책이 결정된다.
ㄴ. 바흐라흐(Bachrach) 등이 제시한 무의사결정론은 고전적 다원주의를 비판하며 등장한 신다원론에 해당한다.
ㄷ. 밀스(Mills)의 지위접근법은 사회적 명성이 있는 소수자들이 결정한 정책을 일반대중이 수용한다는 입장이다.
ㄹ. 조합주의는 국가의 독자성, 지도적·개입적 역할을 강조한다.
ㅁ. 다원주의는 사회중심적 접근방법이다.

① 1개 ② 2개
③ 3개 ④ 4개
⑤ 5개

20 □□□
2013년 국가직 9급

다국적 기업과 같은 중요 산업조직이 국가 또는 정부와 긴밀한 동맹관계를 형성하고 이들이 경제 및 산업정책을 함께 만들어 간다고 설명하는 이론은?

① 신마르크스주의이론
② 엘리트이론
③ 공공선택이론
④ 신조합주의이론

21 □□□
2019년 국회직 8급

정책참여자 간 관계에 대한 설명으로 옳은 것만을 〈보기〉에서 모두 고르면?

〈보기〉

ㄱ. 정책공동체는 일시적이고 느슨한 형태의 집합체라는 점에서 이슈네트워크와 공통점을 가진다.
ㄴ. 다원주의에서의 정부는 집단들 간에 조정자 역할 또는 심판자의 역할을 할 것으로 기대된다.
ㄷ. 이슈네트워크는 참여자 간의 상호의존성이 낮고 불안정하며, 상호 간의 불평등관계가 존재하기도 한다.
ㄹ. 국가조합주의는 이익집단의 자율적 결성과 능동적 참여를 보장한다.

① ㄱ, ㄴ ② ㄱ, ㄷ
③ ㄴ, ㄷ ④ ㄴ, ㄹ
⑤ ㄷ, ㄹ

THEME 21 정책네트워크모형

중요도 ●●●○○

정답 및 해설 p. 61

선생님TIP

정책네트워크모형은 최근 출제빈도가 높아지고 있는 테마입니다. 국회상임위원회, 정부관료, 이익집단으로 구성된 하위정부모형은 적실성 측면에서 한계가 있었고, 이로 인해 정책공동체모형과 이슈네트워크모형에 대한 연구가 진행되었으며, 이 두 모형은 비교를 통해 정리하는 것이 좋습니다. 정책공동체는 전문가 그룹이 참여하는 포지티브 섬(positive-sum) 게임의 형태로, 이슈네트워크는 다양한 이익집단이 참여하는 네거티브 섬(negative-sum) 게임의 형태로 이루어진다는 점이 중요하니 알아두도록 합니다.

■ 하위정부모형, 정책공동체와 이슈네트워크

구분	하위정부모형(철의 삼각)	정책공동체(정책커뮤니티)	이슈네트워크(이슈망)
정책행위자	• 공식참여자인 관료, 의회 상임위원회와 비공식참여자인 이익집단의 삼자연맹(iron triangle) • 폐쇄적 • 안정적	• 관료, 전문가집단 등이 정책에 대한 이해 공유 • 비교적 폐쇄적 • 비교적 안정적(지속적)	• 조직화된 이익집단, 조직화되지 않은 개인, 전문가, 언론 등 다양한 행위자들이 참여 • 개방적 • 불안정적(유동적 · 일시적)
정책행위자 간 관계	동맹관계 → 포획 및 지대추구행위 발생	• 협력적 · 의존적 관계(수평적) • 균등한 권력(자원) 보유 • 정합게임(positive-sum)	• 경쟁적 관계(수평적) • 불균등한 자원 보유 • 영합게임(negative-sum)
정책산출 및 예측	• 분야별 정책 지배 • 분배정책에 가장 큰 영향을 미침	• 정책산출 예측 가능 • 정책산출과 집행의 결과 유사	• 정책산출 예측 곤란 • 정책산출과 집행의 결과 상이

01 □□□ 2019년 국가직 9급

정책네트워크에 대한 설명으로 옳지 않은 것은?

① 정책네트워크의 참여자는 정부뿐만 아니라 민간부문까지 포함한다.

② 정책공동체(policy community)에 비해서 이슈네트워크(issue network)는 제한된 행위자들이 정책과정에 참여하며 경계의 개방성이 낮은 특성이 있다.

③ 헤클로(Heclo)는 하위정부모형을 비판적으로 검토하면서 정책이슈를 중심으로 유동적이며 개방적인 참여자들 간의 상호작용현상을 묘사하기 위한 대안적 모형을 제안하였다.

④ 하위정부(sub-government)는 선출직 의원, 정부관료, 그리고 이익집단의 역할에 초점을 맞춘다.

02 □□□ 2017년 사회복지직 9급

오늘날 정책결정과정에서 정책네트워크(policy network)의 역할이 증대되고 있다. 다음 중 정책네트워크의 유형으로 가장 거리가 먼 것은?

① 하위정부(sub government)

② 정책공동체(policy community)

③ 이음매 없는 조직(seamless organization)

④ 정책문제망(issue network)

03 □□□ 2024년 국가직 9급

정책과정에서 철의 삼각(iron triangle)에 해당하지 않는 것은?

① 의회 상임위원회

② 행정부 관료

③ 이익집단

④ 법원

04 □□□

2010년 국가직 7급

이슈네트워크(issue network)와 비교한 정책공동체(policy community)의 상대적 특성으로 옳지 않은 것은?

① 정책결정을 둘러싼 권력게임은 공동의 이익을 추구하는 정합게임(positive-sum game)의 성격을 띤다.
② 참여자들이 기본가치를 공유하며 그들 간의 접촉빈도가 높다.
③ 참여자의 범위가 넓고 경계의 개방성이 높다.
④ 모든 참여자가 교환할 자원을 가지고 참여한다.

05 □□□

2010년 서울시 7급

정책과정을 설명하는 정책네트워크모형에 대한 설명으로 옳지 않은 것은?

① 사회학, 문화인류학의 연구에서 이용되었던 분석방법을 정책과정 연구에 적용하였다.
② 기본적으로 행위자들 간의 관계를 중시한다.
③ 이 분석에서 행위자들 간의 관계는 자원의존성을 전제로 한다.
④ 이슈네트워크는 특정 분야에서의 이해관계자를 배제하는 의사소통모형이다.
⑤ 행위자들 간의 관계의 밀도와 중심성 개념을 중심으로 네트워크를 표현한다.

06 □□□

2023년 국가직 7급

정책네트워크의 개념과 유형에 대한 설명으로 옳지 않은 것은?

① 수많은 공식 · 비공식적 참여자가 존재하는 정책네트워크는 정책과정의 참여자들 간 상호작용을 구조적인 차원으로 설명하는 틀이다.
② 정책네트워크의 경계는 구조적인 틀에 따라 달라지는 상호인지의 과정에 의하기보다는 공식기관들에 의해 결정된다.
③ 하위정부모형은 이익집단, 의회의 상임위원회, 주요 행정부처로 구성되는 네트워크를 말하며, 안정성이 높은 것이 특징이다.
④ 정책공동체모형은 하위정부모형에 대한 대안으로 대두되었으나 전문화된 정책영역에서 정책결정이 이루어진다는 측면에서 서로 유사한 점이 있다.

07 □□□

2024년 군무원 7급

다음 중 정책네트워크에 대한 내용으로 적절한 것을 모두 고른 것은?

> ㄱ. 정책네트워크는 분산적 정치체제를 전제로 한다.
> ㄴ. 하위정부모형에서는 경계가 모호하며 개방성이 높다고 본다.
> ㄷ. 이슈네트워크모형에서는 참여자 간의 안정성이 높다고 본다.
> ㄹ. 정책공동체모형에서는 참여자 간의 권력이 균형을 이루지 못하고 있다고 본다.

① ㄱ　　② ㄱ, ㄴ
③ ㄱ, ㄷ, ㄹ　　④ ㄱ, ㄴ, ㄷ, ㄹ

08 □□□

2025년 국회직 8급

정책네트워크 유형에 대한 설명으로 옳지 않은 것은?

① 정책공동체는 특정집단이 지배력을 확보하지 못한 영역에서 등장함에 따라 참여자가 유동적이며 상호작용이 빈번하게 발생한다.
② 하위정부에서는 정책네트워크의 경계가 상대적으로 분명하지만, 이슈네트워크에서는 경계가 불분명하고 시간에 따라 가변적이다.
③ 정책공동체에서는 모든 참가자들이 교환할 자원을 가지고 있지만, 이슈네트워크에서는 제한적 구성원들만 자원을 가지고 있다.
④ 정책공동체의 경우 정책산출을 예측하기 용이한 반면 이슈네트워크의 경우 정책산출을 예측하기 어렵다.
⑤ 하위정부, 정책공동체, 이슈네트워크 순으로 정책네트워크 참여자 수가 많아지는 경향이 있다.

09 □□□

2015년 지방직 7급

정책네트워크모형에 대한 설명으로 옳지 않은 것은?

① 로즈와 마쉬(Rhodes & Marsh)에 따르면, 이슈네트워크는 비교적 폐쇄적이고 안정적인 반면 정책공동체는 개방적이고 유동적이다.

② 헤클로(Heclo)는 하위정부모형에 대한 비판적 입장에서 이슈네트워크모형을 제안했다.

③ 많은 학자들은 1960년대에 등장한 하위정부모형이나 1970년대에 등장한 이슈네트워크 모형이 정책네트워크모형의 기원이라고 본다.

④ 정책공동체의 경우, 모든 참여자가 자원을 가지며 참여자 사이의 근본적인 관계는 교환관계이다.

10 □□□

2016년 국가직 9급

정책커뮤니티와 이슈네트워크를 비교한 것으로 옳지 않은 것은?

① 네트워크 내 자원배분과 관련하여 정책커뮤니티는 근본적인 관계가 교환관계이고 모든 참여자가 자원을 보유하고 있으나, 이슈네트워크는 근본적인 관계가 제한적 합의이고 어떤 참여자는 자원보유가 한정적이다.

② 참여자 수와 관련하여 정책커뮤니티는 극히 제한적이며 의식적으로 일부 집단의 참여를 배제하기도 하나, 이슈네트워크는 개방적이며 다양한 행위자들이 참여한다.

③ 이익의 종류와 관련하여 정책커뮤니티는 경제적 또는 전문직업적 이익이 지배적이나, 이슈네트워크는 관련된 모든 이익이 망라된다.

④ 합의와 관련하여 정책커뮤니티는 어느 정도의 합의는 있으나 항상 갈등이 있고, 이슈네트워크는 모든 참여자가 기본적인 가치관을 공유하며 성과의 정통성을 수용한다.

11 □□□

2017년 교육행정직 9급

정책 관련 모형에 관한 설명으로 옳지 않은 것은?

① 이슈네트워크모형에서는 참여자들의 관계를 고정적이고 안정적인 협력관계로 가정한다.

② 하위정부모형에서는 정책결정이 참여자들 사이의 협상과 합의에 의해 이루어진다고 본다.

③ 정책지지연합모형에서는 정책변화를 이해하기 위한 분석단위로 정책하위체제에 중점을 두고 있다.

④ 정책공동체모형에서는 공동체의 구성원들이 정책문제의 해결방안을 둘러싸고 갈등을 일으킬 수도 있다고 본다.

12 □□□

2018년 교육행정직 9급

다음 정책환경의 상황에 적용할 수 있는 모형으로 옳은 것은?

- 참여자들 간의 제로섬 게임의 형태가 나타나고 있다.
- 참여자들 간의 자원과 접근의 불균형이 발생하며 권력에서도 불평등을 초래하고 있다.
- 참여자들의 진입 및 퇴장이 비교적 자유롭게 이루어지며 참여자 수가 매우 광범위하게 늘어나고 있다.

① 조합주의

② 정책공동체

③ 하위정부모형

④ 이슈네트워크

13 □□□

2018년 서울시 7급(3월 추가)

로즈(Rhodes) 등을 중심으로 논의된 정책네트워크모형의 특징으로 가장 옳지 않은 것은?

① 정책공동체는 비교적 폐쇄적이고 안정적이며 지속적인 네트워크이다.

② 이슈네트워크의 행위자는 매우 유동적이고 불안정하며, 이슈의 성격에 따라 주요 행위자가 수시로 변할 수 있다.

③ 정책네트워크를 구성하는 행위자들 간의 관계 형성 동기는 소유 자원의 상호의존성에 기인한다.

④ 정책네트워크를 통한 정책산출은 처음 의도한 정책내용과 유사하며, 정책산출에 대한 예측이 용이하다.

14 □□□

2018년 교육행정직 9급

조직 내 협상의 유형은 배분적 협상과 통합적 협상으로 구분된다. 각각의 특징으로 옳지 않은 것은?

	협상의 특징	배분적 특징	통합적 특징
①	이용가능한 자원	고정적인 양	유동적인 양
②	주요 동기	승-승 게임	승-패 게임
③	이해관계	서로 상반	조화, 상호수렴
④	관계의 지속성	단기간	장기간

15 □□□

2024년 군무원 9급

다음 중 정책네트워크의 유형에 대한 설명으로 가장 적절하지 않은 것은?

① 정책공동체는 대체로 제로섬 게임(zero-sum game)의 성격을 띠지만, 정책문제망은 상대적으로 공동의 이익을 추구하는 포지티브섬 게임(positive-sum game)이다.
② 정책문제망은 주로 특정한 정책 문제별로 형성되며 그 경계는 모호하고 개방성이 높은 편이다.
③ 정책공동체는 주로 정책 분야별로 형성되며 그 참여자의 범위가 하위정부의 경우보다 비교적 넓은 편이다.
④ 하위정부모형에서 '철의 3각 동맹관계'는 주로 정책 분야별로 형성되며 그들 간에 상호 활발한 교류를 한다.

16 □□□

2024년 국가직 7급

다음과 같은 특징이 나타나는 정책네트워크의 유형은?

> • 의회의 상임위원회 또는 분과위원회, 행정부처, 이익집단이 형성하는 정책네트워크를 의미한다.
> • 네트워크의 자율성과 안정성이 비교적 높다.
> • '철의 삼각' 개념과 거의 동일한 의미를 지닌다.

① 정책공동체 모형
② 하위정부 모형
③ 이슈네트워크 모형
④ 협력적 거버넌스 모형

CHAPTER 3

정책결정론

THEME 22 정책결정과정(정책분석; PA)

중요도 ●●●○○

정답 및 해설 p. 64

선생님TIP

먼저 합리적 정책결정과정에 대하여 파악하는 것이 필요합니다. 첫 번째 단계에서 정책문제의 인지와 정의가 이루어지고, 이를 잘못하면 제3종 오류가 발생하게 됩니다. 이러한 제3종 오류에 대한 대안으로 정책문제의 구조화가 필요한데, 여기서 구조화의 순서와 기법을 정리해두어야 합니다. 정책대안의 탐색 · 개발, 결과예측, 비교 · 평가를 통틀어 정책분석(PA)이라고 하며, 구체적으로 어떤 방법들이 있는지를 함께 알아두어야 합니다. 이러한 정책분석을 통해 최적대안을 선택하는 것이 합리적 정책결정이고, 이것이 곧 합리모형이 된다는 것까지 연결시켜서 이해할 수 있도록 합니다.

■ 정책결정과정

1. 정책결정과정

문제정의 → 목표설정 → 대안의 탐색 · 개발 → 대안의 결과예측 → 대안의 비교 · 평가 → 최적대안 선택

2. 제3종 오류

제1종 오류 (α error)	제2종 오류 (β error)	제3종 오류 (meta error, 근본적 오류)
• 올바른 귀무가설을 기각하는 오류 • 효과가 없는데 있다고 잘못 평가 (잘못된 대안을 선택하는 오류)	• 틀린 귀무가설을 채택하는 오류 • 효과가 있는데 없다고 잘못 평가 (올바른 대안을 기각하는 오류)	• 정책문제가 잘못 정의된 오류 • 후속과정인 목표설정이나 대안탐색 · 선택도 제대로 이루어질 수 없음

3. 정책분석

(1) 비용편익분석과 비용효과분석

비용편익분석	순현재가치 (NPV)	• 'B－C(편익의 현재가치－비용의 현재가치)＞0'이면 능률적 • 가장 일반적인 기준
	비용편익비법 (B/C ratio)	• 'B/C(편익의 현재가치/비용의 현재가치)＞1'이면 능률적 • 이차적 · 보완적 기준
	내부수익률 (IRR)	• 내부수익률(NPV＝0, B/C＝1인 경우)＞기준할인율(시중금리)이면 능률적 • 비용과 편익의 현재가치를 같게 하는 할인율로 높을수록 좋음
	자본의 회수기간법	투자원금을 회수하는 데 걸리는 시간으로 짧을수록 좋음
비용효과분석		편익을 계량화하기 어려운 경우 편익을 측정 가능한 단위로 비교하는 질적 분석

(2) 정책분석의 유형

구분	관리과학(OR)	체제분석(SA)	정책분석(PA)
가치차원	능률성 차원	실현가능성 차원	당위성 차원
특징	• 수단지향적 • 수단 · 방법의 최적화	• 문제지향적 • 부분적 최적화	• 가치지향적 • 정책의 선호화
분석방법	계량적 기법	B/C분석 및 E/C분석	추측에 의한 미래예측

(3) 관리과학기법

PERT, CPM	최단경로 · 시간으로 비정형 과제를 해결
대기행렬이론(QT)	고객의 도래시간이 일정하지 않을 때의 최적생산시설 결정
선형계획법(LP)	제약된 여건하에서 한정된 자원의 결합을 통한 이윤극대화
Cybernetics(인공두뇌학)	불확실한 상황하에서 정보의 지속적인 제어 및 환류
민감도분석(SA)	선형계획법으로 도출해 낸 최적해가 변수에 따라 어떻게 달라지는가를 분석하여 불확실성 감소
회귀분석	통계적 관계를 이용하여 독립변수와 종속변수 간의 함수적인 인과관계를 도출하여 미래 예측
시계열분석	시간적 변동추이를 분석하여 경향을 분석한 다음 그것을 토대로 미래를 투사 · 예측

01 □□□ 2021년 국가직 9급

공공사업의 경제성분석에 대한 설명으로 옳은 것만을 모두 고르면?

ㄱ. 할인율이 높을 때는 편익이 장기간에 실현되는 장기투자사업보다 단기간에 실현되는 단기투자사업이 유리하다.
ㄴ. 직접적이고 유형적인 비용과 편익은 반영하고, 간접적이고 무형적인 비용과 편익은 포함하지 않는다.
ㄷ. 순현재가치(NPV)는 비용의 총현재가치에서 편익의 총현재가치를 뺀 것이며 0보다 클 경우 사업의 타당성을 인정할 수 있다.
ㄹ. 내부수익률은 할인율을 알지 못해도 사업평가가 가능하도록 하는 분석기법이다.

① ㄱ, ㄴ　② ㄱ, ㄹ
③ ㄴ, ㄷ　④ ㄱ, ㄷ, ㄹ

02 □□□ 2014년 국가직 9급

정책결정요인론 중 도슨과 로빈슨(Dawson & Robinson)이 주장한 '경제적 자원모형'의 내용으로 옳지 않은 것은?

① 소득, 인구 등의 사회 · 경제적 요인이 정책내용을 결정한다.
② 정치적 변수는 정책에 단독으로 영향을 미치지 못한다.
③ 정치체제는 환경변수와 정책내용 간의 매개변수가 아니다.
④ 사회경제적 변수, 정치체제, 정책은 순차적 관계에 있다.

03 □□□ 2022년 국가직 7급

정책결정요인론에 대한 설명으로 옳은 것은?

① 정책의 내용에 영향을 미치는 요인이 무엇인가를 밝히는 이론으로, 사회경제적 요인의 중요성을 과소평가했다는 비판을 받고 있다.
② 도슨 - 로빈슨(Dawson-Robinson)모형은 사회경제적 변수가 정치체제와 정책 모두에 영향을 미친다는 모형으로, 사회경제적 변수로 인해 정치체제와 정책의 상관관계가 유발된다고 설명한다.
③ 키 - 로커트(Key-Lockard)모형은 사회경제적 변수가 정책에 직접적으로 영향을 미친다는 모형으로, 예를 들면 경제발전이 복지지출 수준에 직접 영향을 준다고 본다.
④ 루이스 - 벡(Lewis-Beck)모형은 사회경제적 변수가 정책에 영향을 주는 직접효과가 있고, 정치체제가 정책에 독립적 영향을 주지 않는다고 설명한다.

04 □□□ 2022년 군무원 9급

정책결정요인론에 대한 비판으로 옳지 않은 것은?

① 정치체제가 환경에 미치는 영향을 고려하지 않는다.
② 정치체제의 매개 · 경로적 역할을 고려하지 않는다.
③ 정치체제가 지니는 정량적 변수를 포함하지 않는다.
④ 정치체제가 정책에 미치는 영향을 과소평가한다.

05 □□□

2023년 국가직 9급

재니스(Janis)의 집단사고(groupthink)의 특성에 해당하지 않는 것은?

① 토론을 바탕으로 한 집단지성의 활용
② 침묵을 합의로 간주하는 만장일치의 환상
③ 집단적 합의에 대한 이의 제기에 대한 자기 검열
④ 집단에 대한 과대평가로 집단이 실패할 리 없다는 환상

06 □□□

2025년 군무원 7급

집단사고(Group Think)의 예방을 위한 활동으로 가장 적절하지 않은 것은?

① 의사결정 단위를 2개 이상으로 구분
② 의사결정 과정에 악역(Devil's Advocate) 투입
③ 외부 인사들의 의사결정결과 재평가 허용
④ 최고 의사결정자의 지속적인 계층적 권위의 행사

07 □□□

2010년 국가직 7급

정책문제에 대한 설명으로 옳은 것으로만 연결된 것은?

ㄱ. 정책문제는 사익성을 띤다.
ㄴ. 정책문제는 객관적이고 자연적이다.
ㄷ. 정책문제는 복잡·다양하며 상호의존적이다.
ㄹ. 정책문제는 정태적 성격을 갖는다.
ㅁ. 정책문제는 역사적 산물인 경우가 많다.

① ㄱ, ㄴ　② ㄱ, ㄷ
③ ㄷ, ㄹ　④ ㄷ, ㅁ

08 □□□

2017년 서울시 7급

정책문제의 특성에 대한 설명으로 가장 옳지 않은 것은?

① 정책문제는 당위론적 가치관의 입장에서 정의하는 것이 중요하다.
② 정책주체와 객체의 형태는 주관적이지만 정책문제는 객관적이다.
③ 특정문제의 발생원인이나 해결방안 등은 다른 문제들과 상호연관성을 갖는다.
④ 정책수혜집단과 정책비용집단이 있다는 것을 의미하는 차별적 이해성을 갖는다.

09 □□□

2021년 군무원 7급

정책결정과정의 민주화가 요청되는 이유로서 가장 적절하지 않은 것은?

① 정책문제의 인지상 왜곡을 시정하기 위해서
② 정책효과의 능률적 평가를 위해서
③ 소외된 계층의 이익표출을 위해서
④ 정책집행단계에서의 정책순응과 협조를 원활히 하기 위해서

10 □□□

2013년 서울시 9급

합리적 정책결정과정에서 정책문제를 정의할 때의 주요 요인이라고 보기 어려운 것은?

① 관련 요소 파악
② 관련된 사람들이 원하는 가치에 대한 판단
③ 정책대안의 탐색
④ 관련 요소들 간의 인과관계 파악
⑤ 관련 요소들 간의 역사적 맥락 파악

11 □□□ 2023년 지방직 7급

정책대안의 탐색에 대한 설명으로 옳지 않은 것은?

① 과거 또는 현재의 정책을 참고로 하거나 외국 또는 다른 지방자치단체에서 활용한 정책들을 대안으로 고려하는 것은 점증주의적 접근에 해당한다.
② 다른 정부의 정책을 대안으로 고려할 때는 가급적 사회문화적 배경이 이질적인 지역을 선택하는 것이 바람직하다.
③ 주관적 · 직관적 판단을 이용하는 방법으로 브레인스토밍과 델파이가 있으며 이들은 대안의 개발뿐만 아닌 대안의 결과예측에서도 활용된다.
④ 브레인스토밍은 기발하고 다양한 아이디어를 자유분방하게 제안하도록 함으로써 많은 아이디어를 얻기 위한 활동이다.

12 □□□ 2024년 국회직 8급

정책대안 탐색 및 집단의사결정기법에 대한 설명으로 옳은 것만을 모두 고르면?

ㄱ. 델파이기법(Delphi method)은 전문가집단을 대상으로 대면의 토론을 반복해서 소통이 이루어지고 의견의 일치를 유도하는 기법이다.
ㄴ. 브레인스토밍(Brainstorming)은 즉흥적이고 자유분방하게 다양하고 창의적인 아이디어를 얻기 위한 방법으로서, 집단토의 과정에서 아이디어들에 대한 자유로운 비판과 평가를 거쳐 실현가능성 있는 대안을 선택하는 방법이다.
ㄷ. 표적집단면접기법(Focus group interview)은 훈련된 조사자가 소수의 응답자를 한 곳에 모아 관련된 주제에 대해 대화와 토론을 통해 정보를 수집하는 방법으로서, 일반화 가능성이 낮다는 단점이 있다.
ㄹ. 지명반론자기법(Devil's advocate method)은 반론을 제기하는 집단을 지정해 이들이 고의적으로 본래 대안의 단점과 약점을 최대한 적극적으로 지적하게 함으로써 최종 대안의 효과성과 현실적응성을 높일 수 있다.
ㅁ. 명목집단기법(Nominal group technique)은 관련자들이 의사결정에 대면으로 참여하여 아이디어를 제시하고, 모든 아이디어가 제시된 후 토론을 거치지 않고 바로 투표로 의사를 결정하는 기법이다.

① ㄱ, ㄴ
② ㄱ, ㅁ
③ ㄴ, ㄹ
④ ㄷ, ㄹ
⑤ ㄷ, ㅁ

13 □□□ 2019년 서울시 9급(6월 시행)

합리성의 제약요인으로 가장 옳지 않은 것은?

① 다수 간의 조화된 가치 선호
② 감정적 요소
③ 비용의 과다
④ 지식 및 정보의 불완전성

14 □□□ 2014년 국가직 9급

정책문제의 구조화기법과 설명이 바르게 연결된 것은?

A. 경계분석 B. 가정분석
C. 계층분석 D. 분류분석

ㄱ. 정책문제와 관련된 여러 구조화되지 않은 가설들을 창의적으로 통합하기 위해 사용하는 기법으로 이전에 건의된 정책부터 분석한다.
ㄴ. 간접적이고 불확실한 원인으로부터 차츰 확실한 원인을 차례로 확인해 나가는 기법으로 인과관계 파악을 주된 목적으로 한다.
ㄷ. 정책문제의 존속기간 및 형성과정을 파악하기 위해 사용하는 기법으로 포화표본추출(saturation sampling)을 통해 관련 이해당사자를 선정한다.
ㄹ. 문제상황을 정의하기 위해 당면문제를 그 구성요소들로 분해하는 기법으로 논리적 추론을 통해 추상적인 정책문제를 구체적인 요소들로 구분한다.

	A	B	C	D
①	ㄱ	ㄷ	ㄴ	ㄹ
②	ㄱ	ㄷ	ㄹ	ㄴ
③	ㄷ	ㄱ	ㄴ	ㄹ
④	ㄷ	ㄱ	ㄹ	ㄴ

15 □□□

2024년 지방직 9급

정책문제의 구조화기법에 대한 설명으로 옳은 것만을 모두 고르면?

> ㄱ. 가정분석: 문제상황의 가능성 있는 원인, 개연성(plausible) 있는 원인, 행동가능한 원인을 식별하기 위한 기법
> ㄴ. 계층분석: 정책문제에 관해 서로 대립되는 가정의 창조적 종합을 목표로 하는 기법
> ㄷ. 시네틱스(유추분석): 문제들 사이에 유사한 관계를 인지하는 것이 분석가의 문제해결 능력을 크게 증가시킬 것이라는 가정에 기초한 기법
> ㄹ. 분류분석: 문제상황을 정의하고 분류하기 위해 사용되는 개념을 명확하게 하기 위한 기법

① ㄱ, ㄴ　　② ㄱ, ㄹ
③ ㄴ, ㄷ　　④ ㄷ, ㄹ

16 □□□

2017년 지방직 9급(6월 시행)

정책분석에 있어서 문제구조화에 대한 설명으로 옳지 않은 것은?

① 던(Dunn)은 정책문제를 구조화가 잘된 문제(well-structured problem), 어느 정도 구조화된 문제(moderately structured problem), 구조화가 잘 안된 문제(ill-structured problem)로 분류한다.
② 구조화가 잘된 문제의 해결을 위해서 분석가는 전통적인 방법을 사용하기도 한다.
③ 문제구조화는 상호 관련된 네 가지 단계인 문제의 감지, 문제의 정의, 문제의 추상화, 문제의 탐색으로 구성되어 있다.
④ 문제구조화의 방법으로는 경계분석, 분류분석, 가정분석 등이 있다.

17 □□□

2010년 경찰승진

정책문제의 구조화과정에서 범하는 세 가지 오류에 대한 설명이다. 빈칸에 적절한 것은?

> 문제의 정의나 구체화에서 공통적으로 범할 수 있는 오류를 (ㄱ)라 한다. 이것은 문제의 구조화를 잘못해서 틀린 문제의 해결을 유도하는 오류이다. 맞는 귀무가설을 배제하는 것을 (ㄴ)라 하고, 틀린 귀무가설을 채택하는 것을 (ㄷ)라 한다면, 틀린 문제의 해답을 찾는 것은 (ㄱ)인 것이다.

	ㄱ	ㄴ	ㄷ
①	제1종 오류	제2종 오류	제3종 오류
②	제1종 오류	제3종 오류	제2종 오류
③	제3종 오류	제1종 오류	제2종 오류
④	제3종 오류	제2종 오류	제1종 오류

18 □□□

2015년 국가직 9급

통계적 결론의 타당성 확보에 있어서 발생할 수 있는 오류와 그에 대한 설명으로 바르게 연결된 것은?

> ㄱ. 정책이나 프로그램의 효과가 실제로 발생하였음에도 불구하고 통계적으로 효과가 나타나지 않은 것으로 결론을 내리는 경우
> ㄴ. 정책의 대상이 되는 문제 자체에 대한 정의를 잘못 내리는 경우
> ㄷ. 정책이나 프로그램의 효과가 실제로 발생하지 않았음에도 불구하고 통계적으로 효과가 나타난 것으로 결론을 내리는 경우

	제1종 오류	제2종 오류	제3종 오류
①	ㄱ	ㄴ	ㄷ
②	ㄱ	ㄷ	ㄴ
③	ㄴ	ㄱ	ㄷ
④	ㄷ	ㄱ	ㄴ

19 □□□
2021년 국가직 7급

통계적 가설검정의 오류에 대한 설명으로 옳지 않은 것은?

① 제1종 오류는 실제로는 모집단의 특성이 영가설과 같은 것인데 영가설을 기각하는 경우에 발생한다.
② 제2종 오류는 모집단의 특성이 영가설과 같지 않은데 영가설을 기각하지 않는 경우에 발생한다.
③ 제1종 오류는 α로 표시하고, 제2종 오류는 β로 표시한다.
④ 확률 1-β는 검정력을 나타내며, 확률 1-β는 신뢰수준을 나타낸다.

20 □□□
2014년 지방직 7급

비용편익분석에 대한 설명으로 옳지 않은 것은?

① 바람직한 대안을 선택하는 것뿐 아니라, 단일 정책의 비용과 편익의 비교에도 이용된다.
② 적용되는 할인율이 낮을수록 미래금액의 현재가치는 높아지게 된다.
③ 비용편익비(B/C ratio)가 1보다 큰 사업은 경제적으로 타당성이 있다고 볼 수 있다.
④ 내부수익률(IRR)은 순현재가치(NPV)를 1로 만드는 할인율을 의미한다.

21 □□□
2017년 서울시 7급

정부의 예산분석에 활용되는 비용편익분석에 대한 설명으로 가장 옳지 않은 것은?

① 예산편성과정에서 사업의 타당성과 우선순위를 식별하는 분석도구로 사용된다.
② 완전경쟁적인 가격으로 조정된 시장가격을 잠재가격(shadow price)이라 한다.
③ 전체 이자를 계산하는 데 사용되는 일반적인 방법은 복리접근방법이다.
④ 높은 할인율을 적용하면 장기간에 걸쳐 편익이 발생하는 장기투자에 유리하다.

22 □□□
2018년 국가직 7급

비용편익분석에 대한 내용으로 옳지 않은 것은?

① 재화에 대한 잠재가격(shadow price)의 측정과정에서 실제 가치를 왜곡할 수 있다.
② 내부수익률(internal rate of return)은 순현재가치를 영으로 만드는 할인율을 말한다.
③ 칼도-힉스 기준(Kaldor-Hicks criterion)은 재분배적 편익의 문제를 중시한다.
④ 정책대안이 가져오는 모든 비용과 편익을 측정하려고 하며, 화폐적 비용이나 편익으로 쉽게 측정할 수 없는 무형적인 것도 포함된다.

23 □□□
2019년 서울시 7급(10월 시행)

정책, 사업 등에 대한 타당성을 평가하는 비용편익분석(Cost Benefit Analysis) 결정을 위한 기준에 해당하지 않는 것은?

① 편익비용비율(Benefit/Cost ratio)
② 생산성(Productivity) 지표
③ 순현재가치(Net Present Value)
④ 내부수익률(Internal Rate of Return)

24 □□□
2025년 군무원 9급

정책대안의 비교평가기준 중 내부수익률(IRR)에 대한 설명으로 가장 적절하지 않은 것은?

① 여러 가지 정책대안들을 비교할 때, 내부수익률이 낮은 대안일수록 좋은 대안이다.
② 정책대안의 순현재가치를 0으로 만드는 할인율을 의미한다.
③ 내부수익률에 의한 사업의 우선순위는 사회적 할인율을 적용한 순현재가치에 의한 사업의 우선순위와 다를 수 있다.
④ 사업이 종료된 후 또 다시 투자비가 소요되는 변이된 사업유형에서는 복수의 내부수익률이 존재할 수 있다.

25 □□□

2020년 지방직 9급

비용편익분석에 대한 설명으로 옳지 않은 것은?

① 분야가 다른 정책이나 프로그램은 비교할 수 없다.
② 정책대안의 비용과 편익을 모두 가시적인 화폐 가치로 바꾸어 측정한다.
③ 미래의 비용과 편익의 가치를 현재가치로 환산하는데 할인율(discount rate)을 적용한다.
④ 편익의 현재가치가 비용의 현재가치를 초과하면 순현재가치(NPV)는 0보다 크다.

26 □□□

2022년 국회직 8급

비용효과분석에 대한 설명으로 옳은 것은?

① 모든 관련 요소를 공통의 가치 단위로 측정한다.
② 경제적 합리성과 정책대안의 효과성을 강조한다.
③ 시장가격에 대한 의존도가 낮으므로 민간부문의 사업대안 분석에 적용가능성이 낮다.
④ 외부효과와 무형적 가치 분석에 적합하지 않다.
⑤ 변동하는 비용과 효과의 문제 분석에 활용한다.

27 □□□

2022년 지방직 7급

비용효과(cost-effectiveness)분석에 대한 설명으로 옳은 것은?

① 정책대안의 비용과 효과는 모두 화폐단위로 측정된다.
② 분석결과는 사회적 후생의 문제와 쉽게 연계시킬 수 있다.
③ 시장가격의 메커니즘에 전적으로 의존한다.
④ 국방, 치안, 보건 등의 영역에 적용할 수 있다.

28 □□□

2007년 국가직 9급

다음 정산표에서 평균기대값 기준(Laplace 기준)에 의해 선택될 최적대안은?

대안 \ 상황	S_1	S_2	S_3
A_1	50	20	-10
A_2	30	24	15
A_3	25	25	25

① A_1 대안　② A_2 대안
③ A_3 대안　④ 대안선택 불가능

29 □□□

2022년 국회직 8급

다음 사례에서 최대최솟값(Maximin) 기준에 의한 대안과 그에 따른 이득의 크기는?

K시는 복합시민센터의 이용수요를 향상시킬 목적으로 리모델링을 진행하고자 한다. 시민의 이용수요 상황에 따른 각 대안의 이득에 대한 표는 다음과 같다.

대안/상황	S_1(수요 낮음)	S_2(수요 보통)	S_3(수요 높음)
A_1(소규모)	15	20	50
A_2(중규모)	20	40	80
A_3(대규모)	10	70	100

	대안	이득의 크기
①	A_1	15
②	A_1	50
③	A_2	20
④	A_2	80
⑤	A_3	100

30 □□□

2022년 국회직 8급

다음 표는 던(W. Dunn)이 분류한 정책대안 예측유형과 그에 따른 기법이다. 분류가 옳지 않은 것만을 모두 고르면?

예측유형	기법
투사(Project)	ㄱ. 시계열 분석 ㄴ. 최소자승 경향 추정 ㄷ. 경로분석
예견(Predict)	ㄹ. 선형기획법 ㅁ. 자료전환법 ㅂ. 회귀분석
추정(Conjecture)	ㅅ. 격변예측기법 ㅇ. 정책 델파이 ㅈ. 교차영향분석

① ㄱ, ㄹ, ㅁ
② ㄴ, ㄷ, ㅈ
③ ㄴ, ㄹ, ㅇ
④ ㄷ, ㅁ, ㅅ
⑤ ㄷ, ㅂ, ㅇ

31 □□□

2023년 국가직 7급

정책대안의 미래예측 방법인 추세연장(extrapolation) 예측기법에 대한 설명으로 옳지 않은 것은?

① 과거부터 현재까지의 자료를 토대로 미래 사회의 상태를 예상하는 방법이다.
② 추세연장의 주요 방법에는 이동평균법(moving average), 지수평활법(exponential smoothing), 교차영향행렬(cross-impact matrix) 분석이 있다.
③ 지속성(persistence), 규칙성(regularity), 자료의 신뢰성(reliability) 및 타당성(validity)의 가정이 충족되는 것을 전제로 한다.
④ 추세연장 예측 분석을 위해서는 시계열 자료가 주로 사용되며, 인구감소, 경제성장, 기관의 업무량 등을 예측하는 데 이용된다.

32 □□□

2024년 국회직 8급

정책분석에 대한 설명으로 옳지 않은 것만을 모두 고르면?

ㄱ. 정책문제를 정확하게 인식해야 바람직한 정책목표와 정책대안 분석이 가능하다.
ㄴ. 비용효과분석은 비용과 편익 모두 화폐가치로 측정하기 때문에 대안 간 비교에 용이하다.
ㄷ. 정책의 대상이 되는 문제 자체에 대한 정의를 잘못 내리는 경우에 발생하는 오류를 1종 오류라고 한다.
ㄹ. 정책문제를 구조화하기 위해 경계분석, 계층분석, 브레인스토밍 등이 활용된다.
ㅁ. 정책대안을 평가하는 기준으로 효율성, 효과성, 형평성, 실현 가능성 등이 활용되고 있다.

① ㄱ, ㄴ
② ㄴ, ㄷ
③ ㄴ, ㅁ
④ ㄷ, ㄹ
⑤ ㄹ, ㅁ

33 □□□

2016년 지방직 9급

정책분석에서 사용되는 주요 미래예측기법 중 미국 랜드(RAND) 연구소에서 개발된 것으로, 전문가들을 대상으로 설문을 반복하여 특정 주제에 대한 합의를 도출하는 접근방식은?

① 델파이분석
② 회귀분석
③ 브레인스토밍
④ 추세연장기법

34 □□□

2021년 군무원 7급

주관적 판단에 의한 정책대안의 결과를 예측하는 방법으로 가장 적절한 것은?

① 델파이
② 시나리오분석
③ 회귀모형
④ 경로분석

35 □□□ 2017년 국가직 9급(10월 추가)

미래예측을 위한 일반적 델파이기법에 대한 설명으로 옳지 않은 것은?

① 전문가들의 의견을 종합하여 보다 합리적인 아이디어를 만들려는 시도이며, 정책대안의 결과 예측뿐 아니라 정책대안의 개발·창출에도 사용된다.
② 전문가집단의 의사소통은 구조화된 설문지를 통해 반복적으로 이루어진다.
③ 불확실한 먼 미래보다는 가까운 미래를 예측하기 위하여 통계분석을 활용하는 객관적 미래예측방법이다.
④ 전문가집단은 익명성이 보장된 상태에서 답변하며 자신의 답변을 수정할 수 있다.

36 □□□ 2019년 지방직 9급

조직의 의사결정에 대한 설명으로 옳지 않은 것은?

① 전통적 델파이기법은 전문가들의 다양성을 고려해 의견일치를 유도하지 않는다.
② 현실의 세계에서는 완벽한 합리성이 아닌 제한된 합리성의 상황에서 의사결정이 이루어진다.
③ 브레인스토밍과정에서는 타인의 아이디어를 비판하거나 평가하지 말아야 한다.
④ 고도로 집권화된 구조나 기능을 중심으로 편제된 조직의 의사결정은 최고관리자 개인이 주도하는 경우가 많다.

37 □□□ 2020년 국가직 7급

다음 설명을 특징으로 하는 정책분석기법의 기본원칙이 아닌 것은?

> 그리스 현인들이 미래를 예견하던 아폴로 신전이 위치한 도시의 이름을 따서 붙여졌다. 1948년 미국 랜드(RAND) 연구소의 연구진에 의해 개발되어 공공부문이나 민간부문의 예측 활동에서 활용된다.

① 조건부확률과 교차영향행렬의 적용
② 익명성 보장과 반복
③ 통제된 환류와 응답의 통계처리
④ 전문가 합의

38 □□□ 2021년 국가직 7급

정책델파이(policy delphi)기법에 대한 설명으로 옳지 않은 것은?

① 대립되는 입장에 내재된 가정과 논증을 표면화시키고 명백하게 하기 위하여 노력한다.
② 개인의 판단을 집약할 때, 불일치와 갈등을 의도적으로 강조하는 수치를 사용한다.
③ 정책대안에 대한 주장들이 표면화된 후에는 참가자들로 하여금 비공개적으로 토론을 벌이게 한다.
④ 참가자를 선발하는 과정은 '전문성' 자체보다는 이해관계와 식견이라는 기준에 바탕을 둔다.

39 □□□ 2024년 군무원 9급

다음 중 델파이기법의 절차나 요소에 대한 설명으로 가장 적절하지 않은 것은?

① 전문가 집단에게 예측하고자 하는 문제나 관련된 분야에 대하여 설문지를 배부한다.
② 설문지의 응답 내용을 통계 처리한 뒤에 결과물을 다시 동일 전문가에게 발송하여 처음의 의견을 수정할 것인지를 물어서 결과를 회신하도록 한다.
③ 장래에 일어날 사건의 줄거리를 가상적 시나리오로 구성한다.
④ 문제나 이슈에 대한 전문가를 선정한다.

40 □□□
2014년 국회직 8급

정책문제의 구조화방법의 일종인 브레인스토밍(brainstorming)에 대한 설명으로 옳지 않은 것은?

① 브레인스토밍집단은 조사되고 있는 문제상황의 본질에 따라 구성되어야 한다.
② 아이디어 평가의 마지막 단계에서 아이디어에 우선순위를 부여한다.
③ 아이디어 평가는 첫 단계에서 모든 아이디어가 총망라된 다음에 시작되어야 한다.
④ 아이디어 개발단계에서의 브레인스토밍활동의 분위기는 개방적이고 자유롭게 유지되어야 한다.
⑤ 아이디어 개발과 아이디어 평가는 동시에 이루어져야 한다.

41 □□□
2024년 지방직 9급

다음 설명에 해당하는 정책분석기법은?

관련 사건이 일어났느냐 일어나지 않았느냐에 기초하여 미래에 어떤 사건이 일어날 확률에 대해서 식견 있는 판단(informed judgments)을 끌어내는 방법이다.

① 브레인스토밍
② 교차영향분석
③ 델파이기법
④ 선형경향추정

42 □□□
2014년 지방직 7급

행정에서 불확실성의 문제를 해소하기 위한 대처방안과 가장 거리가 먼 것은?

① 일반적으로 불확실성이 높다고 생각하는 경우에는 정보와 지식의 수집활동에 소극적으로 대응하기 쉽다.
② 작업과정에서 행정의 표준화를 통해 개인의 자의적 행위를 예방하여 확실성을 확보하고자 한다.
③ 주요 정책결정에 있어서 가외성(redundancy)을 감안할 수 있는 제도적 장치를 준비한다.
④ 행정조직은 통제할 수 없는 환경에 대하여 구조적으로 대응할 수 있는 방책을 마련한다.

43 □□□
2019년 지방직 9급

정책환경의 불확실성을 극복하는 대처방안 중 소극적인 방법에 해당하는 것은?

① 상황에 대한 정보의 획득
② 정책실험의 수행
③ 협상이나 타협
④ 지연이나 회피

44 □□□
2017년 교육행정직 9급

정책과정에서 정책결정자가 불확실한 것을 확실하게 하려는 '불확실성의 적극적 극복방안'에 해당하는 것만을 〈보기〉에서 있는 대로 고른 것은?

〈보기〉
ㄱ. 민감도분석
ㄴ. 이론개발
ㄷ. 정책델파이
ㄹ. 정보의 충분한 획득

① ㄱ, ㄷ
② ㄱ, ㄴ, ㄹ
③ ㄴ, ㄷ, ㄹ
④ ㄱ, ㄴ, ㄷ, ㄹ

45 □□□

2017년 서울시 7급

정책분석의 기법과 그 내용의 연결로 가장 옳은 것은?

① DEA분석 - 정책과 우선순위 선정을 위한 기법
② AHP분석 - 생산성/효율성 분석을 위한 기법
③ Q-방법론 - 주관적 요인을 측정하기 위한 기법
④ 시나리오기법 - 전문가들의 주관적 의견을 수렴하기 위한 기법

46 □□□

2018년 교육행정직 9급

재니스(Janis)가 말하는 집단사고(group think)의 내용에 속하지 않는 것은?

① 응집성이 강한 집단에서 일어나는 경향이 있다.
② 동조에 대한 압력이 강해 비판적인 대안이 무시되는 경향이 있다.
③ 위험을 회피하고 어떠한 혁신이나 도전도 하지 않으려는 경향이 있다.
④ 집단구성원들은 침묵도 동의로 간주하는 만장일치의 환상을 갖는 경향이 있다.

47 □□□

2019년 국가직 7급

다음에서 설명하는 의사결정 휴리스틱스(heuristics)의 오류는?

> 사람들에게 10명의 사람으로부터 무작위로 K명의 위원회를 구성하라고 하고, K가 2일 때와 8일 때 어느 경우에 구성되는 위원회의 '경우의 수'가 더 클 것인지를 판단하게 하였다. 이때 대부분의 사람들은 2일 경우가 더 많다고 답한다. 이는 2명의 위원회를 생각하는 것이 8명의 서로 다른 위원회를 생각하는 것보다 더 쉽기 때문이다. 하지만 실제로 2명일 때와 8명일 때의 조합 가능한 위원회의 수는 같다.

① 고착화와 조정(anchoring & adjustment)으로 인한 오류
② 허위상관(illusory correlation)으로 인한 오류
③ 상상의 용이성(imaginability)으로 인한 오류
④ 사례의 연상가능성(retrievability of instances)으로 인한 오류

48 □□□

2018년 지방직 7급

공론조사(deliberative polling)에 대한 설명으로 옳지 않은 것은?

① 조사 대상자들을 한곳에 모아 일정 기간 동안 공론화과정을 거쳐야 하기 때문에 비용과 시간이 많이 든다.
② 공론조사는 조사 대상자가 중간에 탈락하는 경우가 적기 때문에 대표성 측면에서 일반 여론조사보다 우위에 있다.
③ 공론조사는 여론조사에 숙의와 토론과정을 보완한 것으로, 정제된 국민여론을 수렴하는 방법이라고 할 수 있다.
④ 우리나라에서도 공공정책 결정과정에서 공론조사를 도입하여 활용한 사례가 있다.

중요도 ●●●●○

정답 및 해설 p. 72

선생님TIP

정책결정모형은 반드시 시험에 출제되는 매우 중요한 테마로, 분석수준에 따르면 개인차원과 집단차원의 정책결정모형으로 나눌 수 있습니다. 먼저 개인차원의 정책결정모형에는 합리적 정책결정을 모형화한 제1모형인 합리모형, 합리모형의 지나치게 이상적인 가정을 현실화한 만족모형, 합리모형의 목표수단분석을 뒤집어서 목표수단의 상호조정(연쇄관계)을 추구하는 제2모형인 점증모형이 있습니다. 나머지는 이러한 합리모형과 점증모형을 절충한 혼합모형과 합리성과 초합리성을 절충한 최적모형까지 총 다섯 가지 모형이 있습니다. 이렇게 구분된 각 모형들의 개념과 특징을 정확하게 이해하고 반드시 숙지해두어야 합니다.

■ 개인차원의 정책결정모형

합리모형 (제1모형)	• 의사결정자: 경제인, 완전한 인간 • 경제적 합리성(완전한 합리성) • 목표수단분석: 목표와 수단의 연쇄구조 불인정, 목표는 주어진 것 • 전체적 최적화: 모든 대안의 검토 → 최적대안의 선택 • 연역적 · 미시적 분석 • 분석적 · 단발적 문제해결 • 한계: 인간의 제약성, 미래예측의 곤란성, 질적 측면의 계량화 불가
만족모형	• 의사결정자: 행정인, 인지적 제약(제한적 합리성) • 습득가능한 대안의 순차적 탐색 → 만족할 만한 대안 선택 • 한계: 현상유지적, 보수적, 만족화의 기준 문제
점증모형 (제2모형)	• 의사결정자: 정치인 • 정치적 합리성: 이해관계 조정 • 목표와 수단의 상호조절 • 부분적 최적화: 소폭적 · 점진적 변화 • 한계: 기존 정책의 악순환, 평가기준 모호, 장기정책 등한시, 강자에 유리, 보수적
혼합모형 (제3모형)	• 합리모형과 점증모형의 절충: 규범적 · 이상적 + 현실적 · 실증적 접근 • 근본적 결정(합리모형) + 세부적 결정(점증모형)
최적모형	• 합리적 요인(경제적 합리성) + 초합리적 요인(직관, 통찰력) • 단계: 상위정책결정(meta - policymaking, 초합리성) → 정책결정(합리성) → 후정책결정(post - policymaking)

01 □□□ 2019년 서울시 7급(10월 시행)

의사결정모형에 대한 설명으로 가장 옳지 않은 것은?

① 합리모형은 대안을 포괄적으로 탐색하고 대안의 결과도 포괄적으로 고려한다.

② 합리모형은 국가권력이 사회 각 계층에 분산된 사회에서 주로 활용된다.

③ 점증모형은 다원화된 민주사회에 적합하다.

④ 혼합주사모형은 범사회적 지도체제(societal guidance system)로서의 틀을 갖춘 능동적 사회에 적용하는 것이 바람직하다.

02 □□□ 2015년 국가직 7급

정책결정모형 중 점증모형에 대한 설명으로 옳지 않은 것은?

① 정치적 현상유지를 옹호하므로 보수적이라는 비판을 받고 있다.

② 가장 합리적인 대안을 선택하기 위해 모든 대안을 검토해야 한다.

③ 정책결정과정에서 참여집단의 합의를 중시한다.

④ 목표와 수단이 뚜렷하게 구분되지 않기 때문에 목표 - 수단에 대한 분석은 부적절하다.

03 □□□

2022년 지방직 7급

정책결정모형 중 점증모형에 대한 설명으로 옳지 않은 것은?

① 정책대안을 모두 분석하기보다 한정된 정책대안에 주목한다.
② 시행착오를 반복하면서도 문제를 해결하려는 특성이 있다.
③ 인간의 인지적 한계를 인정하므로 급격한 개혁과 새로운 환경을 반영하는 혁신적 정책결정을 설명하기가 용이하다.
④ 정책결정에서 집단 참여의 합의 과정이 중시되고 목표와 수단이 탄력적으로 상호 조정된다.

04 □□□

2010년 국가직 7급

정책결정모형에 대한 설명으로 옳지 않은 것은?

① 만족모형은 정책결정자나 정책분석가가 절대적 합리성을 가지고 있고, 주어진 상황하에서 목표의 달성을 극대화할 수 있는 최선의 정책대안을 찾아낼 수 있다고 본다.
② 쓰레기통모형은 '조직화된 무정부상태' 속에서 나타나는 몇 가지 흐름에 의하여 정책결정이 우연히 이루어진다고 보는 정책모형이다.
③ 최적모형은 정책결정을 체계론적 시각에서 파악하고 정책성과를 최적화하려는 정책결정모형이다.
④ 혼합모형은 합리모형의 이상주의적 특성에서 나오는 단점과 점증모형의 지나친 보수성이라는 약점을 극복할 수 있는 전략으로 제시된 모형이다.

05 □□□

2013년 서울시 7급

합리모형에서 설명하는 합리성의 가정과 가장 거리가 먼 것은?

① 문제상황에 대한 명확성
② 각 대안 간의 우선순위의 명확성
③ 목표달성에 대한 만족 기준의 명확성
④ 각 대안의 비용과 편익의 명확성
⑤ 달성하고자 하는 목표의 명확성

06 □□□

2015년 사회복지직 9급

다음 설명에 해당하는 정책결정모형은?

> • 정책결정은 부분적 · 순차적으로 이루어진다.
> • 집단의 합의를 중시하는 특징이 있다.
> • 정책을 축소하거나 종결하기 어렵다.

① 합리모형
② 최적모형
③ 점증모형
④ 만족모형

07 □□□

2019년 국회직 8급

점증주의에 대한 설명으로 옳지 않은 것은?

① 정책을 결정할 때 현존의 정책에서 약간만 변화시킨 대안을 고려한다.
② 고려하는 정책대안이 가져올 결과를 모두 분석하지 않고 제한적으로 비교 · 분석하는 방법을 사용한다.
③ 경제적 합리성보다는 정치적 합리성을 추구하여 타협과 조정을 중요시한다.
④ 일단 불완전한 예측을 전제로 하여 정책대안을 실시하여 보고 그때 나타나는 결과가 잘못된 점이 있으면 그 부분만 다시 수정 · 보완하는 방식을 택하기도 한다.
⑤ 수단과 목표가 명확히 구분되지 않으므로 흔히 목표-수단의 분석이 부적절하거나 제한되는 경우가 많으며, 정책목표달성을 극대화하는 정책을 최선의 정책으로 평가한다.

08 □□□

2023년 군무원 9급

다음 중 점증모형의 논리적 근거로 가장 거리가 먼 것은?

① 매몰비용
② 실현가능성
③ 제한적 합리성
④ 정보접근성

09 □□□

2023년 군무원 7급

정책결정모형에 대한 설명으로 가장 적절하지 않은 것은?

① 합리모형은 신제도주의에서 설명한 합리적 선택모형과 맥을 같이 한다.
② 합리모형은 완전한 정보를 가지고 효용극대화의 논리에 따라 행동을 하는 경제인의 가정과 매우 유사하다.
③ 점증모형은 실제의 결정상황에 기초한 현실적이고 기술적인 모형이다.
④ 점증모형의 장점을 합리모형과의 통합으로 보완하려는 시도가 최적모형에서 나타난다.

10 □□□

2023년 국가직 7급

만족모형에 대한 비판으로 옳은 것만을 모두 고르면?

ㄱ. 책임회피의식과 보수적 사고가 지배적인 상황에서 혁신을 이끄는 데 한계가 있다.
ㄴ. 만족에 대한 기대수준을 지나치게 명확히 규정하여 획일적인 의사결정 구조가 나타난다.
ㄷ. 조직 내 상하관계 등에서 나타나는 권력적 측면이 의사결정에 미치는 영향을 간과한다.
ㄹ. 일반적이고 가벼운 의사결정과 달리 중대한 의사결정에 적용하기 어려울 수 있다.

① ㄱ, ㄴ
② ㄱ, ㄹ
③ ㄴ, ㄷ
④ ㄷ, ㄹ

11 □□□

2025년 군무원 9급

정책결정모형 중 만족모형에 대한 비판으로 가장 적절한 것은?

① 가치와 사실의 분리 불가능
② 대안 선택 시 지나치게 주관적
③ 타성적 정책결정을 조장
④ 안정적 상황에서만 적용 가능

12 □□□

2024년 군무원 7급

다음 중 정책결정모형에 대한 설명으로 가장 적절하지 않은 것은?

① 혼합주사모형은 집단적 차원의 정책결정모형이다.
② 점증모형은 수단에 의해서 목표가 수정될 수 있다고 본다.
③ 만족모형은 공무원의 보수주의와 책임회피를 심화시킬 수 있다.
④ 최적모형은 지속적 환류를 통하여 정책결정능력의 계속적 고양을 시도한다.

13 □□□

2025년 국가직 7급

정책결정 모형과 그 특징이 바르게 짝지어진 것은?

(가) 각 대안으로부터 나타나는 모든 비용과 편익이 계산된다.
(나) 정책결정을 크게 근본적 결정과 세부적 결정으로 나눈다.
(다) 완전한 합리성보다는 제한된 합리성의 기준에 입각한다.
(라) 추구하는 가치와 목적들은 중요도에 따라 분류되고 서열화된다.

① 최적모형 - (가), (나)
② 합리모형 - (가), (라)
③ 만족모형 - (나), (다)
④ 회사모형 - (다), (라)

14 □□□

2018년 국가직 7급

혼합주사모형(mixed - scanning model)에 대한 설명으로 옳은 것은?

① 정책결정과정을 이미 프로그램화되어 있는 특정한 상태를 유지하기 위한 것으로 파악한다.
② 정책의 결정을 근본적 결정과 세부적 결정으로 구분한다.
③ 갈등의 준해결, 문제 중심의 탐색, 불확실성의 회피, 조직의 학습, 표준운영절차(SOP)의 활용 등을 특징으로 한다.
④ 상황변화에 따른 새로운 정보에 초점을 맞추는 것이 아니라 극히 제한된 투입변수의 변동에 주의를 집중하여 의사결정을 한다.

15 □□□ 2014년 국회직 8급

정책결정의 혼합모형(mixed scanning model)에 대한 설명으로 옳은 것은?

① 비정형적인 결정의 경우 직관의 활용, 가치판단, 창의적 사고, 브레인스토밍을 통한 초합리적 아이디어까지 고려할 것을 주장한다.
② 거시적이고 장기적인 안목에서 대안의 방향성을 탐색하는 한편, 그 방향성 안에서 심층적이고 대안적인 변화를 시도하는 것이 바람직하다.
③ 불확실성과 혼란이 심한 상태로 정상적인 권위구조와 결정규칙이 작동하지 않는 상황에 주로 적용된다.
④ 목표와 수단이 분리될 수 없으며 전체를 하나의 패키지로 하여 정치적 지지와 합의를 이끌어 내는 것이 중요하다.
⑤ 이상적인 상태를 고려한 최상의 결정은 아니지만 제약조건을 고려하여 충분히 만족할 만한 수준에서 현실적인 결정을 한다.

16 □□□ 2020년 국가직 9급

다음 설명에 해당하는 정책결정모형은?

지난 30년간 자료를 중심으로 전국의 자연재난 발생현황을 개략적으로 파악한 다음, 홍수와 지진 등 두 가지 이상의 재난이 한 해에 동시에 발생한 지역을 중심으로 다시 면밀하게 관찰하며 정책을 결정한다.

① 만족모형
② 점증모형
③ 최적모형
④ 혼합탐사모형

17 □□□ 2025년 군무원 7급

정책결정이론 모형에 대한 설명으로 가장 적절하지 않은 것은?

① 합리모형(Rational Model)은 인간의 완전한 경제적 합리성에 기초한 이론이다.
② 만족모형(Satisfying Model)은 인간의 제한된 합리성(Bounded Rationality)에 기초한 이론이다.
③ 혼합관조모형(Mixed Scanning Model)은 합리모형과 점증모형(Incremental Model)의 장단점을 반영한 것으로서, 기본적·전체적인 측면에서는 점증모형, 구체적·세부적인 측면에서는 합리모형을 지향한다.
④ 최적모형(Optimal Model)은 합리성을 추구하면서도 제한된 자원, 불완전한 정보 등으로 이를 보완하기 위해 직관, 통찰력, 창의력과 같은 초합리성을 동시에 고려한다.

18 □□□ 2013년 지방직 9급

정책결정모형 중에서 합리적인 요소와 초합리적인 요소의 조화를 강조하는 모형은?

① 최적모형(Optimal Model)
② 점증주의(Incrementalism)
③ 혼합탐사모형(Mixed - Scanning Model)
④ 만족모형(Satisficing Model)

19 □□□

2017년 국가직 9급(4월 시행)

정책결정모형에 대한 설명으로 옳지 않은 것은?

① 점증모형 – 기존의 정책을 수정 · 보완해 약간 개선된 상태의 정책대안이 선택된다.
② 최적모형 – 정책결정자의 직관적 판단은 정책결정의 중요한 요인으로 인정되지 않는다.
③ 혼합주사모형 – 거시적 맥락의 근본적 결정에 해당하는 부분에서는 합리모형의 의사결정방식을 따른다.
④ 쓰레기통모형 – 조직화된 무질서상태에서 어떠한 계기로 인해 우연히 정책이 결정된다.

20 □□□

2018년 서울시 7급(6월 시행)

드로어(Dror)의 최적모형(optimal model)에서 말하는 메타정책결정(metapolicy making)에 대한 설명으로 가장 옳은 것은?

① 정책을 어떻게 평가할 것인가를 결정하는 '정책평가를 위한 정책결정'을 의미한다.
② 정책을 어떻게 집행할 것인가를 결정하는 '정책집행을 위한 정책결정'을 의미한다.
③ 정책을 어떻게 결정할 것인가를 결정하는 '정책결정을 위한 정책결정'을 의미한다.
④ 정책을 어떻게 종결할 것인가를 결정하는 '정책종결을 위한 정책결정'을 의미한다.

21 □□□

2025년 국회직 8급

드로어(Dror)의 최적모형에 대한 설명으로 옳지 않은 것은?

① 의사결정에서 환류과정을 중시한다.
② 합리적인 요소 외에 직관, 통찰력과 같은 초합리적 요소의 중요성을 강조한다.
③ 조직의 구성단위나 구성원 사이의 응집성이 아주 약한 혼란상태에서 이루어지는 의사결정의 특징을 강조한다.
④ 수학적·계량적 분석과 함께 질적 분석 결과도 중요한 고려요인으로 인정한다.
⑤ 메타정책 결정단계는 정책결정 이전에 전반적인 정책결정의 구상에 관해 결정하는 단계이다.

22 □□□

2022년 군무원 9급

정책결정모형에 대한 설명으로 옳지 않은 것은?

① 합리모형은 합리적인 경제인을 가정하며 정책과정의 역동성을 고려하지 않는다.
② 만족모형은 조직 차원의 합리성과 정책결정자 개인차원의 합리성 사이에 존재하는 괴리를 인정한다.
③ 점증모형은 정책을 이해관계자들 사이에 이루어지는 타협과 조정의 산물로 본다.
④ 최적모형은 합리모형의 한계를 극복하기 위해 만족모형과 점증모형의 강점을 취하고자 한다.

23 □□□

2019년 국가직 7급

정책결정모형에 대한 설명으로 옳은 것은?

① 최적모형에 따르면 정책결정과 관련해 위험최소화전략 대신 혁신전략을 취하는 것은 상위정책결정(meta-policy making)에 해당한다.
② 앨리슨(Allison)모형Ⅱ는 긴밀하게 연결된 하위 조직체들이 표준운영절차를 통해 상호 의존적인 의사결정을 한다고 본다.
③ 만족모형은 의사결정자들이 만족할 만하고 괜찮은 해결책을 얻기 위해 몇 개의 대안만을 병렬적으로 탐색한다고 본다.
④ 쓰레기통모형은 의사결정을 위해서는 문제, 해결책, 참여자의 세 가지 요소가 필요하다고 본다.

24 □□□

2019년 서울시 9급(2월 추가)

〈보기〉 정책의 전략적 관리방안을 단계별 순서대로 바르게 나열한 것은?

〈보기〉

ㄱ. 총체적인 정책방향과 통용되는 규범적 가치 파악
ㄴ. 전략적 의제 개발
ㄷ. 전략적 정책 집행
ㄹ. 전략적 대안 모색
ㅁ. SWOT 분석을 통한 현재 상황의 파악
ㅂ. 전략적 정책대안의 성공가능성 평가

① ㄱ → ㄹ → ㅁ → ㅂ → ㄷ → ㄴ
② ㄱ → ㅁ → ㄴ → ㄹ → ㅂ → ㄷ
③ ㄱ → ㄴ → ㄹ → ㅁ → ㄷ → ㅂ
④ ㄱ → ㄷ → ㅂ → ㄴ → ㄹ → ㅁ

25 □□□

2019년 지방직 9급

정책결정모형에 대한 설명으로 옳지 않은 것은?

① 린드블롬(Lindblom)같은 점증주의자들은 합리모형이 불가능한 일을 정책결정자에게 강요함으로써 바람직한 정책결정에 도움을 주지 못한다고 주장한다.
② 사이먼(Simon)의 만족모형은 합리모형에 대한 심각한 도전이자, 인간의 인지능력이라는 기본적인 요소에서 출발했기에 이론적 영향이 컸다.
③ 에치오니(Etzioni)는 합리모형과 점증모형의 단점을 극복하기 위하여 최적모형을 주장하였다.
④ 스타인부르너(Steinbruner)는 시스템 공학의 사이버네틱스 개념을 응용하여 관료제에서 이루어지는 정책결정을 단순하게 묘사하고자 노력하였다.

26 □□□

2020년 지방직 9급

정책결정모형에 대한 설명으로 옳은 것만을 모두 고르면?

ㄱ. 만족모형에서는 정책결정을 근본적 결정과 세부적 결정으로 구분한다.
ㄴ. 점증주의모형은 현상유지를 옹호하므로 보수적이라는 비판을 받고 있다.
ㄷ. 쓰레기통모형에서 의사결정의 4가지 요소는 문제, 해결책, 선택기회, 참여자이다.
ㄹ. 갈등의 준해결과 표준운영절차(SOP)의 활용은 최적모형의 특징이다.

① ㄱ, ㄴ　　② ㄱ, ㄹ
③ ㄴ, ㄷ　　④ ㄷ, ㄹ

중요도 ●●●●●

정답 및 해설 p. 75

선생님TIP

집단차원의 정책결정모형은 행정학의 전 범위에서 가장 중요한 테마 중 하나이므로 주의 깊게 정리해두어야 합니다. 먼저 만족모형을 조직이나 집단수준에 적용한 연합모형, 앨리슨(Allison)이 '쿠바미사일 사건'을 모형화한 앨리슨모형 Ⅰ, Ⅱ, Ⅲ이 매우 중요합니다. 조직화된 무질서를 전제로 하는 쓰레기통모형과 쓰레기통모형의 흐름모형이 발전한 정책의 창 모형, 그 밖에 최근 출제빈도가 증가하는 사이버네틱스모형과 정책딜레마모형 등이 있습니다. 어느 하나 빠지지 않고 모두 중요한 모형이며 반드시 알아두어야 할 부분이니 확실하게 숙지할 수 있도록 합니다.

집단차원의 정책결정모형

연합모형(회사모형, 조직모형, 앨리슨 Ⅱ)	• 독립된 제약조건으로서의 목표 - 갈등의 준해결(타협), 받아들일 만한 수준의 의사결정 • 목표에 순차적 관심, 불확실성 회피 · 통제, 문제중심적 탐색 • 학습(시행착오)과 표준운영절차(SOP)
앨리슨모형	• 앨리슨모형 Ⅰ(합리모형): 유기체적 정부, 강한 응집력, 지도자의 명령, 전계층 • 앨리슨모형 Ⅱ(조직과정모형): 하위조직의 연합, 중간의 응집력, SOP, 중 · 하위계층 • 앨리슨모형 Ⅲ(관료정치모형): 개인적 행위자, 약한 응집력, 게임(갈등과 타협), 상위계층
쓰레기통모형	• 조직화된 무질서 상태(무정부상태)의 의사결정행태 • 의사결정의 흐름: 문제, 해결책, 선택기회, 참여자의 흐름 • 전제조건: 문제성 있는 선호, 불확실한 기술, 일시적 참여 • 의사결정방식: 진빼기 결정, 날치기 통과
정책의 창 모형	• 본래 정책의제설정모형으로, 정책결정모형으로 확대 적용됨 • 문제의 흐름, 정치의 흐름, 정책의 흐름이 독자적으로 흘러다니다가 우연한 사건이나 기회로 세 흐름이 합쳐질 때 정책의 창이 열리며, 짧은 기간 동안만 열리고 곧바로 닫힘, 다시 열리기까지 많은 시간 필요
사이버네틱스모형	• 합리모형과 대립: 습관적 · 적응적 의사결정 • 적응적 의사결정, SOP에 따른 의사결정, 불확실성의 통제, 집단적 의사결정, 도구적 학습(계속 다른 대안 만들기, '그럴듯한 답' 추구)
정책딜레마모형	양립 불가능한 두 대안 간의 선택(보류, 포기하기)

01 □□□ 2022년 국가직 9급

의사결정모형에 대한 설명으로 옳지 않은 것은?

① '최적모형'은 정책결정자의 합리성뿐 아니라 직관 · 판단 · 통찰 등과 같은 초합리성을 아울러 고려한다.
② '쓰레기통모형'은 대학조직과 같이 조직구성원 사이의 응집력이 아주 약한 상태, 즉 조직화된 무정부상태(organized anarchy)에서 의사결정이 이루어지는 과정을 설명하려고 시도한다.
③ '점증모형'은 실제 정책의 결정이 점증적인 방식으로 이루어질 뿐 아니라 정책을 점증적으로 결정하는 것이 바람직하다는 입장을 견지한다.
④ '회사모형'은 조직의 불확실한 환경을 회피하고 조직 내 갈등을 극복하기 위하여 장기적인 전략과 기획의 중요성을 강조한다.

02 □□□ 2019년 국가직 9급

앨리슨(Allison)모형에 대한 설명으로 옳은 것은?

① 합리적 행위자모형에서는 국가 전체의 이익과 국가목표 추구를 위해서 개인의 이익을 고려하지 않는 것을 경계하며 국가가 단일적인 결정자임을 부정한다.
② 조직과정모형에서 조직은 불확실성을 회피하기 위하여 정책결정을 할 때 표준운영절차(SOP)나 프로그램 목록(program repertory)에 의존하지 않는다.
③ 관료정치모형은 여러 다양한 문제에 관심을 갖는 다수의 행위자를 상정하며 이들의 목표는 일관되지 않는다.
④ 외교안보문제 분석에 있어서 설명력을 높이기 위한 대안적 모형으로 조직과정모형을 고려하지는 않는다.

03 □□□
2017년 서울시 9급

정책결정모형에 대한 설명 중 가장 옳지 않은 것은?

① 만족모형은 제한된 합리성을 반영하고 있다.
② 점증모형은 기존 정책을 중요시한다.
③ 회사모형은 의사결정자에 의해 조직의 의사결정이 통제된다고 본다.
④ 앨리슨(Allison)은 관료정치모형의 중요성을 언급하였다.

04 □□□
2008년 국가직 7급

정책결정이론모형에 대한 설명으로 옳지 않은 것은?

① 회사모형은 개인의 의사결정 원리를 유추·적용하여 조직의 의사결정을 설명한 것으로 합리모형에 대한 비판에서 출발한다.
② 합리모형은 의사결정자들이 사회적으로 추구하는 가치와 그것들의 우선순위를 보여주는 일련의 목표들을 설정할 능력이 있다고 가정한다.
③ 최적모형은 '현실'과 '이상'을 통합한 것으로 메타정책결정(meta - policy making)을 중요시한다.
④ 관료정치모형은 정부를 잘 조직화된 유기체로 간주하며, 정책결정과정은 본질적으로 정치게임에 참여하는 개인의 경우와 같다고 본다.

05 □□□
2013년 국가직 9급

앨리슨(Allison)의 정책결정모형 중 Model Ⅱ(조직과정모형)에 대한 설명으로 옳지 않은 것은?

① 정부는 느슨하게 연결된 연합체이다.
② 권력은 반독립적인 하위조직에 분산된다.
③ 정책결정은 SOP에 의해 프로그램 목록에서 대안을 추출한다.
④ 정책결정의 일관성이 강하다.

06 □□□
2015년 국가직 7급

앨리슨(Allison)은 쿠바 미사일 위기에 대한 분석을 통해 합리적 행위자모형, 조직과정모형, 관료정치모형이라는 세 가지 정책결정모형을 제시하였다. 다음 중 조직과정모형의 가정은?

① 정책산출물은 주로 관행과 표준적 절차에 따라 만들어진다.
② 의사결정자는 완벽한 정보를 가지고 주어진 목표의 극대화를 추구하는 합리적 존재이다.
③ 정책은 정치적 경쟁, 협상, 타협의 산물이다.
④ 정책결정의 행위주체는 독자성이 강한 다수 행위자들의 집합이다.

07 □□□
2015년 국가직 9급

앨리슨(Allison)의 세 가지 의사결정모형에 대한 설명으로 옳지 않은 것은?

① 집단적 의사결정을 국가의 정책결정에 적용하기 위해 합리적 행위자모형, 조직과정모형, 관료정치모형으로 분류하였다.
② 관료정치모형은 조직 하위계층에서의 적용가능성이 높고, 조직과정모형은 조직 상위계층에서의 적용가능성이 높다.
③ 실제 정책결정과정에서는 어느 하나의 모형이 아니라 3가지 모형이 모두 적용될 수 있다.
④ 원래 국제 정치적 사건과 위기적 사건에 대응하는 정책결정을 설명하기 위한 모형으로 고안되었으나, 일반정책에도 적용 가능하다.

08 □□□
2019년 서울시 9급(2월 추가)

앨리슨(Allison)모형에 대한 설명으로 가장 옳지 않은 것은?

① 쿠바 미사일 사건에 대한 세 가지 상이한 이론모형을 제시한다.
② 합리적 행위자모형은 정책이 최고지도자와 같은 단일행위자의 합리적 선택이라고 간주한다.
③ 조직과정모형은 정책결정결과가 참여자들 간 타협, 협상 등에 의해 좌우된다고 본다.
④ 관료정치모형은 조직 내 권력이 독립적 개인 행위자들의 정치적 자원에 의존한다고 본다.

09 □□□

2021년 지방직 9급

앨리슨(Allison)모형 중 다음 내용에 초점을 두고 정책결정을 설명하는 것은?

> 1960년대 쿠바 미사일 사태에서 미국은 해안봉쇄로 위기를 극복하였다. 정부의 각 부처를 대표하는 사람들은 위기 상황에서 각자가 선호하는 대안을 제시하였다. 대표자들은 여러 대안에 대하여 갈등과 타협의 과정을 거쳤고, 결국 해안봉쇄 결정이 내려졌다. 이는 대통령이 사태 초기에 선호했던 국지적 공습과는 다른 결정이었다. 물론 해안봉쇄가 위기를 해소하는 최선의 대안이라는 보장은 없었고, 부처에 따라서는 불만을 가진 대표자도 있었다.

① 합리적 행위자모형　② 쓰레기통모형
③ 조직과정모형　④ 관료정치모형

10 □□□

2023년 국가직 9급

앨리슨(Allison)의 관료정치모형(모형 III)에 대한 설명으로 옳은 것은?

① 정책결정은 준해결(quasi-resolution)적 상태에 머무르는 경우가 많다.
② 정책결정자들은 국가 전체의 이익이나 전략적 목표를 극대화하기 위한 결정을 한다.
③ 정책결정에 참여하는 구성원들 간의 목표 공유 정도와 정책결정의 일관성이 모두 매우 낮다.
④ 정부는 단일한 결정주체가 아니며 반독립적(semi-autonomous) 하위조직들이 느슨하게 연결된 집합체이다.

11 □□□

2024년 군무원 7급

다음 중 앨리슨(G. T. Allison)이 의사결정의 본질에 대해 주장한 내용으로 가장 적절하지 않은 것은?

① 정부 정책을 예측하고 설명하기 위한 합리모형은 심리적, 정치적 변수를 고려하지 않은 약점이 있다고 지적한다.
② 합리모형의 대안으로 조직과정모형과 관료정치모형을 제시한다.
③ 소련에 대한 미국의 쿠바 해안 봉쇄 대응사례를 통해 정책결정과정을 설명한다.
④ 분석가는 동일한 사건이나 현상에 대해 동일한 이론모형을 적용해야 한다고 주장한다.

12 □□□

2024년 지방직 7급

정책결정모형에 대한 설명으로 옳은 것은?

① 혼합주사모형에서 '문제성 있는 선호(problematic preferences)'란 의사결정 참여자들이 무엇이 바람직한지에 관한 선호가 분명하지 않은 상태에서 결정에 참여하는 것이다.
② 최적모형에서 '불명확한 기술'이란 목표와 수단 사이의 인과관계가 명확하지 않은 것이다.
③ 쓰레기통모형에서 '문제중심의 탐색'이란 정책결정 능력의 한계로 관심 있는 문제 중심으로 대안을 탐색하는 것이다.
④ 앨리슨 모형(Allison Model)의 '합리적 행위자모형(모형 I)'에 따르면 국가 또는 정부에 의해서 채택된 정책은 그 국가의 전략적 목표나 목적을 극대화하도록 의도된다.

13 □□□

2018년 지방직 9급

표준운영절차(SOP)에 대한 설명으로 옳은 것은?

① 업무담당자가 바뀌게 되면 표준운영절차로 인해 업무처리의 연속성을 유지하는 것이 어렵게 된다.
② 표준운영절차는 업무처리의 공평성을 확보하는 데 기여한다.
③ 표준운영절차에 따른 업무처리는 정책집행현장의 특수성을 반영하기에 용이하다.
④ 정책결정모형 중 앨리슨(Allison)모형의 Model I은 표준운영절차에 따른 의사결정을 가정한다.

14 □□□

2014년 국가직 7급

정책결정모형에 대한 설명으로 옳지 않은 것을 모두 고르면?

> ㄱ. 점증모형은 기존 정책을 토대로 하여 그보다 약간 개선된 정책을 추구하는 방식으로 결정하는 것이다.
> ㄴ. 만족모형은 모든 대안을 탐색한 후 만족할 만한 결과를 도출하는 것이다.
> ㄷ. 사이버네틱스모형은 설정된 목표달성을 위해 정보제어와 환류과정을 통해 자신의 행동을 스스로 조정해 나간다고 가정하는 것이다.
> ㄹ. 앨리슨모형은 정책문제, 해결책, 선택기회, 참여자의 네 요소가 독자적으로 흘러 다니다가 어떤 계기로 교차하여 만나게 될 때 의사결정이 이루어진다고 보는 것이다.

① ㄱ, ㄴ　② ㄱ, ㄷ
③ ㄴ, ㄹ　④ ㄷ, ㄹ

15 □□□

2011년 지방직 9급

정책결정모형에 대한 설명 중 옳은 것을 모두 고르면?

> ㄱ. 점증주의모형에 따르면 합리적 방법에 의한 쇄신보다는 기존의 상태에 바탕을 둔 점진적 변동을 시도한다고 본다.
> ㄴ. 공공선택모형은 관료들의 자기이익 추구를 배제한 공익차원의 집단적 의사결정방식이다.
> ㄷ. 앨리슨모형은 정책결정모형을 합리모형, 조직과정모형, 관료정치모형 관점에서 정리한 것이다.
> ㄹ. 쓰레기통모형에 따르면 문제 흐름, 선택기회 흐름 및 참여자 흐름이 만나 무의사결정을 하게 된다고 본다.

① ㄱ, ㄴ　② ㄱ, ㄷ
③ ㄴ, ㄹ　④ ㄷ, ㄹ

16 □□□

2011년 서울시 9급

대형 참사를 계기로 그동안 해결하지 못했던 정책문제에 대한 대책을 마련하게 되는 상황을 설명하는 데 적합한 정책결정모형은?

① 합리모형
② 만족모형
③ 점증모형
④ 혼합모형
⑤ 쓰레기통모형

17 □□□

2015년 사회복지직 9급

쓰레기통모형에 대한 설명으로 옳지 않은 것은?

① 명확하지 않은 인과관계를 토대로 해결책이 제시되는 경우가 많다.
② 이해관계자들의 지속적인 의사결정 참여가 어렵다.
③ 목표나 평가기준이 명확하지 않은 경우가 많다.
④ 현실적합성이 낮아 이론적으로만 설명이 가능한 모형이다.

18 □□□

2019년 서울시 7급(2월 추가)

〈보기〉는 정책결정에 관한 어떤 모형을 설명하고 있다. 이 모형을 제안한 학자는?

> 〈보기〉
> 이 모형은 조직화된 혼란상태에서의 의사결정을 다루고 있다. 이 모형은 합리모형이 전제하고 있는 것처럼 모든 대안을 비교·평가해 최선의 대안을 선택할 수 없다고 전제하고 문제의 선호, 불분명한 기술, 유동적 참여의 세 가지 요인이 의사결정 기회를 찾아 끊임없이 움직이며 이들의 흐름이 교차하는 시점에서 의사결정이 이루어진다고 설명한다.

① 드로(Dror)
② 스미스와 메이(Smith & May)
③ 코헨, 마치와 올슨(Cohen, March & Olsen)
④ 에치오니(Etzioni)

19 □□□

2021년 국가직 7급

쓰레기통모형에 대한 설명으로 옳은 것은?

① 조직구성원의 응집성이 아주 강한 혼란상태에 있는 조직에서 의사결정이 어떻게 이루어지는가를 기술하고 설명한다.
② 불명확한 기술(unclear technology)은 조직에서 의사결정 참여자의 범위와 그들이 투입하는 에너지가 유동적임을 의미한다.
③ 쓰레기통모형의 의사결정방식에는 끼워넣기(by oversight)와 미뤄두기(by flight)가 포함된다.
④ 문제성 있는 선호(problematic preferences)는 목표와 수단 사이의 인과관계가 명확하지 않음을 의미한다.

20 □□□

2021년 군무원 7급

쓰레기통모형의 기본적인 전제와 가장 관련이 없는 것은?

① 갈등의 준해결: 정책결정과정에서 집단 간에 요구가 모두 수용되지 않고 타협하는 수준에서 대안을 찾는다.
② 문제있는 선호: 정책결정에 참여하는 자들 간에 무엇을 선택하는 것이 바람직한지에 대해서 합의가 없다.
③ 불명확한 기술: 목표와 수단 사이에 존재하는 인과관계가 명확하지 않아 조직은 시행착오를 거침으로써 이를 파악한다.
④ 수시적 참여자: 동일한 개인이 시간이 변함에 따라 어떤 경우에는 결정에 참여했다가 어떤 경우에는 참여하지 않는다.

21 □□□

2024년 국회직 8급

정책결정모형에 대한 설명으로 옳지 않은 것은?

① 합리모형은 완전한 합리성에 기초하고 있기 때문에 현실적인 정책결정을 설명하기보다는 이상적 모형이라 할 수 있다.
② 린드블럼(Lindblom)의 점증모형은 사이먼(Simon)의 제한된 합리성에 바탕을 두고 있는 이론으로 주로 정책결정자에게 적용된다.
③ 회사모형은 조직의 의사결정 행태와 관련하여 갈등의 준해결, 표준운영절차(SOP), 문제중심의 탐색, 조직체의 학습 등을 기본개념으로 하고 있다.
④ 쓰레기통모형에서는 불확정적 선호, 불명확한 기술, 상시적 참여자를 기본 전제로 의사결정의 기회, 해결을 요하는 문제, 문제의 해결책, 의사결정의 참여자 등이 서로 다른 시간에 통 안에 들어와 우연히 한 곳에서 만날 때 비로소 결정이 이루어진다고 본다.
⑤ 드로어(Dror)의 최적모형은 양적인 측면과 질적인 측면, 그리고 합리적 요소와 초합리적 요소를 동시에 고려한다.

22 □□□

2011년 국가직 9급

킹던(Kingdon)이 주장한 '정책 창문(policy window)이론'에 대한 설명으로 옳지 않은 것은?

① 정책 창문은 문제의 흐름, 정치적 흐름, 정책적 흐름 등이 함께 할 때 열리기 쉽다.
② 정책 창문은 정책의제설정에서부터 최고의사결정에 이르기까지 필요한 여러 가지 여건이 성숙될 때 열린다.
③ 정책 창문은 한번 열리면 문제에 대한 대안이 도출될 때까지 상당한 기간 동안 열려있는 상태로 유지된다.
④ 정책 창문은 한번 닫히면 다음에 다시 열릴 때까지 많은 시간이 걸리는 편이다.

23 □□□

2013년 국가직 7급

킹던(Kingdon)의 정책의 창 이론(Policy Window Theory)에서, 서로 결합하여 새로운 정책의제로 형성되는 독립된 흐름이 아닌 것은?

① 정보의 흐름(information stream)
② 정치의 흐름(political stream)
③ 정책의 흐름(policy stream)
④ 문제의 흐름(problem stream)

24 □□□

2015년 국가직 7급

킹던(Kingdon)의 정책의 창(정책흐름) 모형에 대한 설명으로 옳지 않은 것은?

① 정책과정 중 정책의제설정단계에 초점을 맞춘 모형이다.
② 정치의 흐름은 국가적 분위기 전환, 선거에 따른 행정부나 의회의 인적 교체, 이익집단들의 로비활동과 압력행사 등과 같은 요소들로 구성된다.
③ 문제의 흐름, 정책의 흐름, 정치의 흐름의 세 가지 흐름은 상호의존적 경로를 따라 진행된다.
④ 정책의 흐름은 문제를 검토하여 해결방안들을 제안하는 전문가들과 분석가들로 구성되며, 여기서 여러 가능성들이 탐색되고 그 범위가 좁혀진다.

25 □□□

2018년 국가직 9급

킹던(Kingdon)의 '정책의 창(policy windows) 이론'에 대한 설명으로 옳지 않은 것은?

① 마치(March)와 올슨(Olsen)이 제시한 쓰레기통모형을 발전시킨 것이다.
② 문제 흐름(problem stream), 이슈 흐름(issue stream), 정치 흐름(political stream)이 만날 때 정책의 창이 열린다고 본다.
③ 정책의 창은 국회의 예산주기, 정기회기 개회 등의 규칙적인 경우뿐 아니라, 때로는 우연한 사건에 의해 열리기도 한다.
④ 문제에 대한 대안이 존재하지 않을 경우 정책의 창이 닫힐 수 있다.

26 □□□

2019년 국회직 8급

킹던(Kingdon)의 정책창 모형과 관련된 내용으로 옳은 것만 〈보기〉에서 모두 고르면?

〈보기〉

ㄱ. 방법론적 개인주의
ㄴ. 쓰레기통모형
ㄷ. 정치의 흐름
ㄹ. 점화장치
ㅁ. 표준운영절차

① ㄱ, ㄴ, ㄷ
② ㄱ, ㄴ, ㄹ
③ ㄱ, ㄹ, ㅁ
④ ㄴ, ㄷ, ㄹ
⑤ ㄴ, ㄷ, ㅁ

27 □□□

2023년 지방직 9급

킹던(Kingdon)이 제시한 정책흐름모형에 대한 설명으로 옳은 것만을 모두 고르면?

ㄱ. 경쟁하는 연합의 자원과 신념체계(belief system)를 강조한다.
ㄴ. 쓰레기통모형을 발전시킨 것이다.
ㄷ. 정책과정의 세 흐름은 문제흐름, 정책흐름, 정치흐름이 있다.

① ㄱ
② ㄷ
③ ㄱ, ㄴ
④ ㄴ, ㄷ

28 □□□

2025년 지방직 9급

정책결정 모형에 대한 설명으로 옳지 않은 것은?

① 킹던(Kingdon)의 정책흐름모형은 문제의 흐름, 해결책의 흐름, 참여자의 흐름, 선택기회의 흐름을 제시한다.
② 혼합탐사모형은 정책결정을 근본적 결정과 세부적 결정으로 구분하고 지속적인 교호작용이 이루어진다고 본다.
③ 최적모형은 정책결정에 경제적 합리성과 함께 직관, 통찰력과 같은 초합리적 요소들도 고려해야 한다고 주장한다.
④ 앨리슨모형 중 조직과정모형(Model II)에 따르면 정부는 하위조직들의 집합체이며, 하위조직의 표준운영절차(SOP)에 의해 정책이 결정된다.

29 □□□

2025년 군무원 9급

정책의제의 형성 과정을 설명하는 '정책의 창(Policy Windows)'의 개념과 관련하여 빈칸에 들어갈 단어들의 묶음으로 가장 적절한 것은?

> 킹던(John W. Kingdon)에 따르면, 정책의 창(Policy Windows)은 정책결정권자들이 그들의 관심 대상인 정책 문제에 주의를 기울이고, 그들이 선호하는 대안을 관철시키기 위해 열리는 일시적인 기회로 정의할 수 있다. 일반적인 정책 과정에서는 (   )의 흐름, (   )의 흐름, (   )의 흐름이 각각 독립적인 활동을 전개하다가 특정 시점에서 동시에 결합되면서 아주 짧은 시간 동안 드물게 이 정책의 창이 열리게 된다.

① 상황(Situation), 언론(Media), 수단(Instrument)
② 문제(Problem), 언론(Media), 정책(Policy)
③ 문제(Problem), 정치(Political), 정책(Policy)
④ 상황(Situation), 정치(Political), 언론(Media)

30 □□□

2008년 국회직 8급 변형

사이버네틱스(Cybernetics)모형의 특징으로 가장 거리가 먼 것은?

① 습관적 의사결정
② 적응적 의사결정
③ 인과적 학습강조
④ 불확실성의 통제

31 □□□

2018년 국가직 9급

사이버네틱스(cybernetics) 의사결정모형에 대한 설명으로 옳지 않은 것은?

① 주요 변수가 시스템에 의하여 일정한 상태로 유지되는 적응적 의사결정을 강조한다.
② 문제를 해결하고 목표를 달성하기 위해 정보와 대안의 광범위한 탐색을 강조한다.
③ 자동온도조절장치와 같이 사전에 프로그램 된 메커니즘에 따라 의사결정이 이루어진다.
④ 한정된 범위의 변수에만 관심을 집중함으로써 불확실성을 통제하려는 모형이다.

32 □□□

2024년 국가직 7급

정책결정모형에 대한 설명으로 옳은 것은?

① 사이버네틱스모형은 비목적적 적응(non-purposive adaption)을 특징으로 한다.
② 회사모형은 합리적 분석과 함께 정책결정자의 직관적 판단도 정책결정의 중요 요인으로 수용한다.
③ 앨리슨(Allison)이 제시한 조직과정모형은 의사결정이 분산되어 있는 상황에서 합의된 정책결정을 위해 타협을 시도하는 상황을 설명하기 쉽다.
④ 혼합주사모형은 정책결정을 하나의 우연한 현상으로 설명한다.

33 □□□

2023년 지방직 9급

정책결정모형에 대한 설명으로 옳은 것은?

① 혼합주사모형(mixed scanning approach)은 1960년대 미국의 쿠바 미사일 위기사건을 설명하기 위해 연구된 모형이다.
② 사이버네틱스모형을 설명하는 예시로 자동온도조절장치를 들 수 있다.
③ 쓰레기통모형은 갈등의 준해결, 문제 중심의 탐색, 불확실성 회피, 표준운영절차의 활용을 설명하는 모형이다.
④ 합리모형은 만족할 만한 수준에서 의사결정이 이루어진다고 설명하는 모형이다.

34 □□□

2013년 서울시 7급

딜레마(dilemma)이론에서 딜레마 상황이란, 정책결정자가 선택을 하지 못하고 있는 곤란한 상황에서 무엇인가를 선택해야 하는 상황에 처해 있는 상태를 의미한다. 이런 딜레마 상황을 예방하고 관리하는 데 바람직한 방법으로 보기 어려운 것은?

① 정책결정자가 개인적 이익이나 판단으로 시스템 전체가 딜레마에 빠지지 않도록 한다.
② 이해관계자가 정책결정자에게 직접적인 영향력을 행사할 수 있도록 장치를 설계하거나 마련할 필요가 있다.
③ 딜레마를 예방하기 위한 궁극적 방법은 제도를 정비하는 것이다.
④ 딜레마를 예방하기 위한 방법으로 토론장치를 마련해야 한다.
⑤ 행위자들이 가지고 있는 이익으로 인해 문제상황이 영향을 받지 않도록 해야 한다.

35 □□□

2015년 서울시 7급

딜레마이론에서 논의되는 딜레마 상황이 갖는 논리적 구성요건을 모두 고르면?

ㄱ. 분절성(discreteness)
ㄴ. 안정성(stability)
ㄷ. 상충성(trade – off)
ㄹ. 적시성(timeliness)
ㅁ. 균등성(equality)
ㅂ. 선택불가피성(unavoidability)

① ㄱ, ㄴ, ㄹ, ㅂ　② ㄱ, ㄷ, ㄹ, ㅁ
③ ㄱ, ㄷ, ㅁ, ㅂ　④ ㄴ, ㄹ, ㅁ, ㅂ

36 □□□

2025년 군무원 7급

딜레마이론에서 딜레마가 초래되는 논리적 구성요건에 대한 설명으로 가장 적절하지 않은 것은?

① 분절성(Discreteness)은 대안 간 절충이 불가능하다는 것이다.
② 균등성(Equality)은 누구에게나 균등한 선택의 기회가 주어져야 한다는 것이다.
③ 상충성(Trade-Off)은 대안의 상충으로 인해 하나의 대안만 선택해야 한다는 것이다.
④ 선택의 불가피성(Unavoidability)은 시간의 제약 등으로 인해 어떤 선택이든 해야 한다는 것으로 최소한 하나의 대안을 반드시 선택해야 한다는 것이다.

37 □□□

2024년 군무원 7급

다음 중 정책딜레마모형에 대한 설명으로 가장 적절한 것은?

① 정책문제 대한 정부조직의 관할이 명확하게 구분될 때 정책딜레마가 발생한다.
② 정책딜레마는 상호갈등적인 정책대안들이 구체적이고 명료할 때 발생한다.
③ 정책딜레마 상황에서는 갈등집단들의 내부응집력이 약하다.
④ 정책딜레마는 갈등집단 간의 권력 불균형 상황에서 발생한다.

38 □□□

2013년 지방직 7급

하이예스(Hayes)는 정책결정상황을 참여자들 간 목표 합의 여부, 수단적 지식 합의 여부에 따라 아래 표와 같이 구분하는데, 이에 대한 설명으로 옳지 않은 것은?

구분	목표 갈등	목표 합의
수단적 지식 갈등	Ⅰ	Ⅱ
수단적 지식 합의	Ⅲ	Ⅳ

① 상황Ⅰ에서는 점증주의적 결정이 불가피하며, 점증적이지 않은 대안은 입법과정에서 제외될 수밖에 없다.
② 상황Ⅱ에서는 사이버네틱스(cybernetics)모형에 따라 정책이 결정된다.
③ 상황Ⅲ에서는 수단에 대한 합의로 인하여 합리적 의사결정이 이루어진다.
④ 상황Ⅳ에서는 비교적 기술적이고 행정적인 문제가 포함되어 큰 변화가 일어날 수 있다.

39 □□□

2024년 군무원 9급

증거기반 정책결정에 대한 설명으로 가장 적절하지 않은 것은?

① 정책이 이념, 신념, 이념 등에 기반하거나 과학적 사실이 부족한 담론 등에 의한 정책결정을 지양한다는 것이다.
② 증거기반 정책결정이 성공하기 위해서는 상당한 수준의 정보를 활용할 수 있는 정보기반이 갖추어져야 한다.
③ 증거기반 정책결정은 보건정책 분야, 사회복지정책 분야, 교육정책 분야, 형사정책 분야 등에서 상대적으로 용이하게 적용할 수 있다.
④ 증거기반 정책결정을 주장하는 학자들은 정치적 결정 과정을 증거기반 정책결정으로 대체할 수 있다고 주장한다.

CHAPTER 4

정책집행론

THEME 25 정책집행의 유형과 통합모형

중요도 ●●●●○

정답 및 해설 p. 81

선생님TIP

정책집행은 수년 간 7급이나 국회직 8급에서 출제빈도가 계속 증가하다가 최근에는 9급에서도 출제되고 있는 테마입니다. 이 중에서도 전통적 · 고전적(하향적) 집행과 현대적(상향적) 집행의 특징을 주의 깊게 고찰하여 비교 · 정리해두어야 합니다. 그리고 통합모형에서는 사바티어(Sabatier)의 정책지지연합모형(ACF)이 중요하므로 특징을 위주로 정리하여 숙지해두는 것이 좋습니다. 최근 행동경제학의 방식으로 넛지이론이 정책집행(설계)분야에 적용되고 있는 것도 신경향이론으로 매우 중요한 테마입니다.

■ 정책집행의 유형

1. 하향적 접근방법과 상향적 접근방법의 비교

구분	하향적 · 고전적 · 전통적 접근 (top-down)	상향적 · 현대적 접근 (bottom-up)
정책상황	안정적, 구조화	유동적, 동태화
정책집행	상위부서의 정책결정자들에 의해 만들어지고, 하위 행정부에 의해 기계적으로 처리	참여자 상호 간의 갈등 협상
정책결정	정책결정과 집행의 분리(이원론)	정책결정과 집행의 통합(일원론)
정책목표	수정 필요성 적음(목표 명확)	수정 필요성 높음
관리자의 참여	제한(충실한 집행 강조)	필요
집행자의 재량	불인정	인정
정책평가의 기준	집행의 충실성 및 성과	환경에의 적응성, 정책성과는 2차적 기준
정책집행의 성공요건	정책결정자의 리더십	정책집행자의 재량권
연구의 목적	성공과 실패의 원인 유형화	상황적응적 집행
버만(Berman)	정형적	적응적
엘모어(Elmore)	전향적	후향적

2. 통합적 접근방법

사바티어(Sabatier)의 정책지지연합모형(ACF)	• 상향적 접근방법의 분석단위 채택 + 하향적 접근방법의 변수 고려 • 신념체계를 지닌 하위연합들 간의 상호작용을 통한 정책변화를 추구하는 정책지향학습을 강조
윈터(Winter)의 정책결정 · 집행통합모형	• 정책결정 + 정책집행 • 정책집행에 영향을 주는 요인: 정책형성과정의 특징, 조직 내 혹은 조직 상호 간의 집행 형태, 일선집행관료의 행태, 정책대상집단의 행태
엘모어(Elmore)의 통합모형	• 하향적 접근방법을 통한 정책목표의 결정 + 상향적 접근방법을 통한 정책수단의 선택 • 전방향적 집행과 후방향적 집행의 통합

3. 넛지이론 - 신고전학파 경제학과 행동경제학(넛지이론)의 비교

구분	신고전파 경제학	행동경제학(넛지이론)
인간관	• 완전한 합리성(이기성) • 경제적 인간(homo economicus)	• 제한된 합리성, 생태적 합리성 • 이타성·호혜성 • 심리적 인간(homo psychologicus)
연구방법	가정에 기초한 연역적 분석	실험을 통한 귀납적 분석
의사결정모델	• 효용극대화 행동 • 기대효용이론(효용함수)	• 만족화 행동, 휴리스틱 • 전망이론(가치함수)
정부역할의 근거와 목적	• 시장실패와 제도실패 • 재화의 효율적인 생산과 공급	• 행동적 시장실패 • 바람직한 의사결정 유도
정책수단	법과 규제, 경제적 유인	넛지(선택설계)

01 □□□ 2021년 지방직 7급

프레스만(Pressman)과 윌다브스키(Wildavsky)의 성공적인 정책집행에 관한 오클랜드 사례분석의 내용으로 옳지 않은 것은?

① 정책집행에 개입하는 참여자의 수가 적어야 한다.
② 정책집행은 정책결정과 분리되어 독립적으로 수행해야 한다.
③ 정책집행을 위한 프로그램 설계가 단순해야 한다.
④ 최초 정책집행 추진자 또는 의사결정자가 지속해서 집행을 이끌어야 한다.

02 □□□ 2020년 지방직 9급

정책집행의 하향식 접근(top-down approach)에 대한 설명으로 옳은 것만을 모두 고르면?

ㄱ. 집행이 일어나는 현장에 초점을 맞춘다.
ㄴ. 일선공무원의 전문지식과 문제해결능력을 중시한다.
ㄷ. 하위직보다는 고위직이 주도한다.
ㄹ. 정책결정자는 정책집행에 영향을 미치는 정치적·조직적·기술적 과정을 충분히 통제할 수 있다.

① ㄱ, ㄴ ② ㄱ, ㄷ
③ ㄴ, ㄹ ④ ㄷ, ㄹ

03 □□□ 2013년 지방직 9급

정책집행에 대한 연구 중에서 하향적(top-down) 접근방법이 중시하는 효과적 정책집행의 조건으로 옳은 것만을 모두 고른 것은?

ㄱ. 일선관료의 재량권 확대
ㄴ. 지배기관들(sovereigns)의 지원
ㄷ. 집행을 위한 자원의 확보
ㄹ. 명확하고 일관성 있는 목표

① ㄱ, ㄴ ② ㄱ, ㄷ
③ ㄴ, ㄹ ④ ㄴ, ㄷ, ㄹ

04 □□□ 2025년 지방직 9급

정책집행의 하향적 접근법과 상향적 접근법에 대한 설명으로 옳지 않은 것은?

① 하향적 접근법은 정책결정자의 의도와 정책목표를 중시한다.
② 상향적 접근법은 집행과정을 이해하기 위해 일선집행관료의 행태에 주목한다.
③ 하향적 접근법은 정책목표와 정책수단 간 긴밀한 인과관계를 강조한다.
④ 상향적 접근법은 정책결정과 집행의 엄격한 분리를 강조한다.

05 □□□

2022년 지방직 9급

정책집행연구 중 상향적 접근방법(bottom-up approach)으로 옳은 것만을 모두 고르면?

ㄱ. 엘모어(Elmore)의 후방향적 집행연구
ㄴ. 사바티어(Sabatier)와 매즈매니언(Mazmanian)의 집행과정모형
ㄷ. 립스키(Lipsky)의 일선관료제
ㄹ. 반 미터(Van Meter)와 반 호른(Van Horn)의 집행연구

① ㄱ, ㄷ
② ㄱ, ㄹ
③ ㄴ, ㄷ
④ ㄴ, ㄹ

06 □□□

2025년 군무원 9급

상향적 접근방법의 장점에 대한 설명으로 가장 적절하지 않은 것은?

① 공공부문과 민간부문의 조직 등 다양한 집행조직의 상대적 문제해결능력을 파악하는 것이 가능하다.
② 정책결정자가 설계한 정책을 중심으로 정책집행의 전체적인 틀을 체계적으로 파악할 수 있다.
③ 정책수혜자의 의견수렴이 적극적으로 가능하다.
④ 정책집행과정을 상세히 기술하여 집행과정의 인과관계 파악이 가능하다.

07 □□□

2024년 지방직 9급

밑줄 친 연구에 해당하는 것은?

이 연구에서는 정책과 성과를 연결하는 모형에 정책 기준과 목표, 집행에 필요한 자원, 조직 간 의사소통과 집행활동(enforcement activities), 집행기관의 특성, 경제 · 사회 · 정치적 조건, 정책집행자의 성향(disposition)이라는 변수를 제시하였다.

① 립스키(Lipsky)의 일선관료제연구
② 오스트롬(Ostrom)의 제도분석연구
③ 사바티어와 마즈마니언(Sabatier & Mazmanian)의 집행과정연구
④ 반 미터와 반 혼(Van Meter & Van Horn)의 정책집행과정 연구

08 □□□

2022년 국가직 7급

다음 설명에 해당하는 정책집행모형을 제시한 학자는?

- 효과적인 정책집행을 위해 갖추어야 할 조건으로서 정책결정의 내용은 타당한 인과이론에 바탕을 두어야 하며 정책내용으로서 법령은 명확한 정책지침을 가지고 있어야 한다.
- 집행과정에서 발생할 수 있는 변수들을 미리 예견할 수 있도록 해주는 체크리스트로서의 기능을 한다는 장점이 있다.
- 정책집행 현장의 일선관료들이나 대상집단의 전략 등을 과소평가하거나 쉽게 파악할 수 없다는 단점이 있다.

① 사바티어(Sabatier)와 마즈매니언(Mazmanian)
② 린드블럼(Lindblom)
③ 프레스만(Pressman)과 윌다브스키(Wildavsky)
④ 레인(Rein)과 라비노비츠(Rabinovitz)

09 □□□

2013년 서울시 9급

정책집행에 대한 설명으로 옳지 않은 것은?

① 정책의 희생집단보다 수혜집단의 조직화가 강하면 정책집행이 곤란하다.
② 집행은 명확하고 일관되게 이루어져야 한다.
③ 규제정책의 집행과정에서도 갈등은 존재한다고 본다.
④ 정책집행유형은 집행자와 결정자와의 관계에 따라 달라진다.
⑤ 정책집행에는 환경적 요인도 작용한다.

10 □□□

2016년 사회복지직 9급

정책집행연구의 하향식 접근에서 효과적인 정책집행의 조건이 아닌 것은?

① 정책목표와 정책수단 사이에 타당한 인과관계가 있어야 한다.
② 일선공무원의 재량과 자율을 확대하여야 한다.
③ 정책과 관련된 이익집단, 주요 입법가, 행정부의 장 등으로부터 지속적인 지지를 받아야 한다.
④ 정책이 집행되는 동안 정책목표의 우선순위가 변하지 않아야 한다.

11 □□□

2018년 교육행정직 9급

정책집행에 있어 하향적 접근방법의 장점에 대한 설명으로 옳은 것을 〈보기〉에서 고른 것은?

〈보기〉

ㄱ. 정책목표와 그 달성을 중시하는 접근방법으로 객관적인 정책평가가 가능하다.
ㄴ. 문제해결능력 측면에서 정부프로그램의 상대적 중요도를 평가할 수 있다.
ㄷ. 실제적인 정책집행과정을 상세히 기술하여 정책집행과 정의 인과관계를 보다 잘 설명할 수 있다.
ㄹ. 하향적 집행론자들이 제시한 변수들은 체크리스트로서 집행과정을 점검하는 데 사용할 수 있다.

① ㄱ, ㄴ ② ㄱ, ㄹ
③ ㄴ, ㄷ ④ ㄷ, ㄹ

12 □□□

2023년 국가직 7급

정책집행을 주어진 정책목표의 달성을 위한 수단적 행위로 파악하는 접근방법에 대한 설명으로 옳지 않은 것은?

① 타당한 인과이론에 바탕을 둔 정책결정의 내용은 이러한 접근에서 제시하는 규범적 처방이 된다.
② 효과적인 정책집행을 위해서는 정책내용으로서 명확한 법령과 구체적인 정책지침을 갖고 있어야 한다.
③ 정부 및 민간 프로그램에서의 의도하지 않은 효과까지도 분석할 수 있다는 장점이 있다.
④ 정책에 반대하는 정책행위자들의 입장이나 전략적 행동을 쉽게 파악할 수 없다는 단점이 있다.

13 □□□

2025년 군무원 7급

사바티어와 마즈매니언(Sabatier & Mazmanian)이 성공적인 정책집행을 위한 조건으로 제시한 것으로 가장 적절하지 않은 것은?

① 정책 대상집단의 순응을 확보하기 위하여 명확한 법령과 지침보다는 공무원의 재량이 넓게 인정되어야 한다.
② 정책결정의 기술적 타당성이 확보되어 있어야 한다.
③ 결정된 정책에 대해 다수의 이해관계집단이 지속적인 지지를 보내야 한다.
④ 정책이 집행되는 동안 정책의 우선순위가 변하지 않아야 한다.

14 □□□

2024년 군무원 9급

다음 중 정책집행의 접근법에 대한 설명으로 가장 적절하지 않은 것은?

① 상향적 접근법은 정책목표의 명확성과 그 실현을 위한 다양한 수단의 필요성을 강조한다는 점에서 합리모형에 입각한 이론이다.
② 엘모어(Elmore)의 통합적 접근법에 따르면, 정책집행에 있어서 정책목표는 하향적으로 접근하여 설정하고, 정책수단은 상향적으로 접근하여 집행 가능성이 가장 높은 수단을 선택한다.
③ 하향적 접근법은 정책결정에 대한 집행과정의 피동적 순응을 강조한다.
④ 타협모형(compromise model)에 따르면, 정책집행은 갈등을 야기하고 저항하는 세력과 타협하여 협력을 얻어내는 과정이다.

15 □□□

2017년 국가직 9급(4월 시행)

정책집행의 상향적 접근방법에 대한 설명으로 옳은 것은?

① 대표적인 모형은 사바티어(Sabatier)의 정책지지연합모형(Advocacy Coalition Framework)이다.
② 정책결정과 정책집행은 뚜렷하게 구분된다고 본다.
③ 집행현장에서 일선관료의 재량과 자율을 강조한다.
④ 안정되고 구조화된 정책상황을 전제로 한다.

16 □□□

2018년 국회직 8급

다음 〈보기〉 중 정책집행의 상향적 접근(bottom-up approach)에 대한 설명으로 옳은 것을 모두 고르면?

〈보기〉

ㄱ. 합리모형의 선형적 시각을 반영한다.
ㄴ. 집행이 일어나는 현장에 초점을 맞춘다.
ㄷ. 일선공무원의 전문지식과 문제해결능력을 중시한다.
ㄹ. 고위직보다는 하위직에서 주도한다.
ㅁ. 공식적인 정책목표가 중요한 변수로 취급되므로 집행실적의 객관적 평가가 용이하다.

① ㄱ, ㄴ, ㄷ　② ㄱ, ㄷ, ㅁ
③ ㄴ, ㄷ, ㄹ　④ ㄴ, ㄹ, ㅁ
⑤ ㄷ, ㄹ, ㅁ

17 □□□

2019년 서울시 9급(2월 추가)

현대적 · 상향적 집행(bottom-up)방식에 대한 설명으로 가장 옳은 것은?

① 정책목표의 설정과 정책목표 간 우선순위는 명확하다.
② 엘모어(Elmore)는 전향적 집행이라고 하였다.
③ 버먼(Berman)은 정형적 집행이라고 하였다.
④ 일선관료는 정책집행과정에서 가장 큰 영향력을 행사한다.

18 □□□

2015년 국가직 7급

정책집행연구에 대한 설명으로 옳지 않은 것은?

① 마즈매니언(Mazmanian)과 사바티어(Sabatier)는 하향식 접근방법의 발전에 기여하였다.
② 상향식 접근방법은 정책결정과 정책집행 간의 엄밀한 구분에 의문을 제기한다.
③ 상향식 접근론자들은 정책집행을 이해하기 위해서는 일선관료의 행태를 고찰하여야 한다고 본다.
④ 하향식 접근방법은 공식적 정책목표를 중요한 변수로 취급하지 않는다.

19 □□□

2014년 지방직 7급

정책집행과 그 연구방법에 대한 설명으로 옳은 것을 모두 고르면?

ㄱ. 정책을 성공적으로 설계하기 위해서는 적절한 인과모형이 필요하다.
ㄴ. 프레스만(Pressman)과 윌다브스키(Wildavsky)는 정책집행연구의 초기 학자들로서 집행을 정책결정과 분리하지 않고 연속적인 과정으로 정의한다.
ㄷ. 정책대상집단 중 수혜집단의 조직화가 강할수록 정책집행이 용이하다.
ㄹ. 립스키(Lipsky)는 상향적 접근방법을 주장한 학자로서 분명한 정책목표의 가능성을 부인하고 집행문제해결에 초점을 맞춘다.

① ㄱ, ㄴ, ㄷ　② ㄱ, ㄷ, ㄹ
③ ㄴ, ㄷ, ㄹ　④ ㄱ, ㄴ, ㄷ, ㄹ

20 □□□

2020년 국가직 7급

정책집행의 접근방법에 대한 설명으로 옳은 것은?

① 하향식 접근방법에서는 정책목표의 신축적 조정이 효과적인 정책집행을 가져온다고 하였다.
② 사바티어(Sabatier)와 매즈매니언(Mazmanian)은 상향식 접근방법의 대표적인 모형을 제시하였다.
③ 엘모어(Elmore)가 제안한 전방향적 연구(forward mapping)는 상향식 접근방법과 유사하다.
④ 고긴(Goggin)은 통계적 연구설계의 바탕 위에서 이론의 검증을 시도하는 제3세대 집행 연구를 주장하였다.

21 □□□

2016년 국가직 9급

정책변동모형 중에서 정책과정 참여자의 신념체계(belief system)를 가장 강조하는 모형은?

① 단절균형(punctuated equilibrium)모형
② 정책패러다임변동(paradigm shift)모형
③ 정책지지연합(advocacy coalition)모형
④ 제도의 협착(lock-in)모형

22 □□□

2011년 국가직 9급

정책옹호연합모형(advocacy coalition framework)에 대한 설명으로 옳지 않은 것은?

① 신념체계별로 여러 개의 연합으로 구성된 정책행위자 집단이 자신들의 신념을 정책으로 관철하기 위하여 경쟁한다는 점을 강조한다.
② 사바티어(Sabatier) 등에 의해 종전의 정책과정단계모형의 한계를 극복하기 위하여 개발되었다.
③ 정책문제나 쟁점에 적극적으로 관심을 가지는 공공 및 민간 조직의 행위자들로 구성되는 정책하위체계(policy subsystem)라는 개념을 활용한다.
④ 정책변화 또는 정책학습보다 정책집행과정에 초점을 맞춘 이론이다.

23 □□□

2019년 지방직 9급

다음 특징을 가진 정책변동모형은?

- 분석단위로서 정책하위체제(policy sub-system)에 초점을 두고 정책변화를 이해한다.
- 신념체계, 정책학습 등의 요인은 정책변동에 영향을 준다.
- 정책변동과정에서 정책중재자(policy mediator)가 중요한 역할을 한다.

① 정책흐름(Policy Stream)모형
② 단절적 균형(Punctuated Equilibrium)모형
③ 정책지지연합(advocacy Coalition Framework)모형
④ 정책패러다임변동(Paradigm Shift)모형

24 □□□

2019년 서울시 7급(10월 시행)

사바티어(Sabatier)의 통합모형에 대한 설명으로 가장 옳지 않은 것은?

① 정책변화 이해에 가장 유효한 분석 단위는 정책하위시스템이다.
② 정책하위시스템에는 서로 다른 목표를 가진 지지연합이 있다.
③ 정책하위시스템 참여자의 활동에 영향을 미치는 요소는 상향식 접근방법으로 도출하였다.
④ 정책집행을 한 번의 과정이 아니라 연속적인 정책변동으로 보았다.

25 □□□

2021년 지방직 9급

정책옹호연합모형(advocacy coalition framework)에 대한 설명으로 옳지 않은 것은?

① 외적인 환경변수를 정책과정과 연계함으로써 정책변동을 설명한다.
② 정책학습을 통해 행위자들의 기저핵심신념(deep core beliefs)을 쉽게 변화시킬 수 있다.
③ 옹호연합 사이에서 정치적 갈등 발생 시 정책중개자가 이를 조정할 수 있다.
④ 옹호연합은 그들의 신념체계가 정부정책에 관철되도록 여론, 정보, 인적자원 등을 동원한다.

26 □□□

2024년 지방직 9급

옹호연합모형(Advocacy Coalition Framework)에 대한 설명으로 옳은 것만을 모두 고르면?

> ㄱ. 정책하위체제에 초점을 두어 정책변화를 이해한다.
> ㄴ. 정책지향학습은 옹호연합 내부만 아닌 옹호연합 사이에서도 발생한다.
> ㄷ. 행정규칙, 예산배분, 규정의 해석에 대한 결정은 정책핵심 신념과 관련된다.
> ㄹ. 신념 체계 구조에서 규범적 핵심 신념은 관심 있는 특정 정책 규범에 적용되며, 이차적 측면(secondary aspects)보다 변화 가능성이 작다.

① ㄱ, ㄴ　　② ㄱ, ㄹ
③ ㄴ, ㄷ　　④ ㄷ, ㄹ

27 □□□

2022년 국회직 8급

정책지지연합모형(Advocacy Coalition Framework)에 대한 설명으로 옳은 것은?

① 신념체계와 정책변화는 정책지향적 학습에 의해서만 가능하다고 가정한다.
② 정책변화의 과정과 정책지향적 학습의 역할을 이해하려면 단기보다는 5년 정도의 중기 기간이 필요하다고 전제한다.
③ 정책변화를 분석하기 위한 분석단위로 정책하위체계를 설정한다.
④ 하향식 접근법의 분석단위를 채택하여 공공 및 민간분야까지 확장하면서 행위자들의 전략적 행위를 검토한다.
⑤ 정책행위자가 강한 정책신념을 가지고 있다고 간주하므로 정책행위자의 신념을 변경시키는 데에 있어 과학적, 기술적인 정보는 중요한 역할을 담당하지 못한다고 가정한다.

28 □□□

2024년 지방직 7급

사바티어(Sabatier)의 옹호연합모형(Advocacy Coalition Framework)에 대한 설명으로 옳지 않은 것은?

① 정책 변화를 이해하기 위한 분석 단위로서 정책하위체제(policy subsystem)에 중점을 두고 있다.
② 정책 변화과정을 이해하기 위해 1년 이내 단기간에 초점을 둔다.
③ 옹호연합들 간의 대립과 갈등을 정책 중재자(policy broker)가 중재한다.
④ 정책하위체제에 영향을 미치는 외생변수는 안정적 변수와 역동적 변수로 구분된다.

29 □□□

2024년 국가직 7급

정책집행에 대한 설명으로 옳은 것은?

① 하향식 접근방법은 후방접근법이라고 불리며, 정책집행 현장에서 집행조직과 정책사업 간 상호작용의 중요성을 강조한다.
② 상향식 접근방법은 정책결정의 결과물인 정책 목표를 달성해 가는 과정을 정책집행으로 이해한다.
③ 매틀랜드(Matland)는 정책목표의 모호성과 갈등 개념을 활용하여 특정 집행상황을 네 가지로 구조화하였다.
④ 나카무라와 스몰우드(Nakamura & Smallwood)에 따르면, 관료적 기업가형은 정책결정자들이 개괄적인 정책을 결정하고, 집행과정에서 정책의 집행자와 협상한다.

30 □□□

2017년 국가직 7급(8월 시행)

정책학습(policy learning)에 대한 설명으로 옳지 않은 것은?

① 버크랜드(Birkland)가 제안한 '사회적 학습'은 하울렛(Howlett & Ramesh)과 라메쉬의 '외생적 학습'과 비슷한 의미로 이해할 수 있다.
② 하울렛과 라메쉬(Howlett & Ramesh)의 '내생적 학습'은 정책문제의 정의 또는 정책목적 자체에 대한 의문제기를 포함한다.
③ 로즈(Rose)의 '교훈얻기(도출) 학습'은 다른 지역의 효과적인 프로그램을 조사·연구하여 창도자의 관할지역에 도입할 경우 어떠한 결과가 나올지 미리 평가하는 것이다.
④ 정책학습의 주체는 정책집행의 대상이 되는 개인이나 조직일 수도 있고 정책을 결정하거나 집행하는 개인, 조직 또는 정책창도연합체(advocacy coalition)일 수도 있다.

31 □□□

2011년 지방직 9급

사바티어(Sabatier)와 마즈매니언(Mazmanian)이 효과적인 정책집행을 위해서 필요하다고 본 전제조건에 해당되지 않는 것은?

① 정책결정의 내용은 타당한 인과이론에 바탕을 둔 것이어야 한다.
② 법령은 명확한 정책지침을 가지고 대상 집단의 순응을 극대화시켜야 한다.
③ 정책목표의 집행과정에서 우선순위를 탄력적이고 신축적으로 조정하여야 한다.
④ 유능하고 헌신적인 관료가 정책집행을 담당하여야 한다.

32 □□□

2017년 지방직 9급(6월 시행)

정책집행의 성공가능성에 대한 설명으로 옳지 않은 것은?

① 정책집행연구의 하향론자들은 복잡한 조직구조가 정책의 성공적 집행을 도와준다고 주장한다.
② 정책목표와 정책수단이 구체적일수록 정책집행의 성공가능성이 커진다는 주장이 있다.
③ 불특정 다수인이 혜택을 보는 경우보다 특정한 집단이 배타적으로 혜택을 보는 경우에 강력한 지지를 얻을 수도 있다.
④ 배분정책은 규제정책이나 재분배정책에 비하여 표준운영절차(SOP)에 따라 원만한 집행이 이루어질 가능성이 더 크다.

33 □□□

2022년 지방직 7급

넛지(nudge)의 특성으로 옳은 것만을 모두 고르면?

> ㄱ. 넛지 방식으로 정책을 설계하는 것을 선택설계라고 한다.
> ㄴ. 정책대상집단의 행동에 개입하지만 개인의 자유로운 선택을 허용한다.
> ㄷ. 넛지는 디폴트 옵션 설정 방식처럼 사람들의 인지적 편향을 전략적으로 활용하는 정책수단이다.

① ㄱ, ㄴ　　② ㄱ, ㄷ
③ ㄴ, ㄷ　　④ ㄱ, ㄴ, ㄷ

34 □□□

2023년 군무원 7급

탈러와 선스타인(Thaler & Sunstein)이 제시한 넛지이론(Nudge Theory)과 가장 거리가 먼 것은?

① 행동경제학에서는 휴리스틱과 행동 편향에 따른 영향이 개인의 의사결정과 선택에 영향을 미쳐 자신의 후생손실을 초래하는 외부효과가 행동적 시장실패의 핵심 요소라고 본다.
② 넛지란, 어떤 선택을 금지하거나 경제적 유인을 크게 변화시키지 않으면서 예측 가능한 방향으로 사람들의 행동을 변화시키는 선택설계의 제반 요소를 의미한다.
③ 전통경제학에서는 명령지시적 정부규제나 경제적 유인을 정책수단으로 활용하지만, 넛지는 기본적으로 간접적이고 유도적인 방식의 정부 개입방식으로서 촉매적 정책수단의 성격을 띠고 있다.
④ 넛지는 엄격하게 검증된 증거에 기반하여 정책을 선택하거나 결정하는 것을 강조한다.

35 □□□

2023년 국가직 7급

다음 대화에서 옳지 않은 말을 한 사람은?

> A: 신공공관리론의 학문적 토대는 신고전학파 경제학인데, 넛지이론은 공공선택론이야.
> B: 신공공관리론은 효율성을 증대하여 고객 대응성을 높이자는 목표를 가지는데, 넛지이론은 행동변화를 통해서 삶의 질을 높이는 것이 목표야.
> C: 신공공관리론에서는 경제적 합리성을 가정하지만, 넛지이론에서는 제한된 합리성을 가정하지.
> D: 신공공관리론에서는 공무원이 정치적 기업가가 되길 원하지만 넛지이론에서는 선택설계자가 되길 바라지.

① A　② B
③ C　④ D

36 □□□

2024년 지방직 7급

넛지(Nudge) 이론에 대한 설명으로 옳은 것은?

① 자유주의적 개입주의 원리에 따라 시장기반의 경제적 인센티브 수단을 선호한다.
② 행동경제학에 기반하여 실험을 통한 귀납적 분석보다는 가정에 기초한 연역적 분석을 지향한다.
③ 정부의 역할 및 정책수단으로서 선택설계의 개념을 도입한다.
④ 인간의 휴리스틱은 인지적 오류와 행동편향을 방지한다.

THEME 26 정책집행모형

중요도 ●●●●○

정답 및 해설 p. 87

선생님TIP

나카무라와 스몰우드(Nakamura & Smallwood)의 정책집행자모형은 중요한 정책집행모형으로서 지속적으로 출제되고 있는 부분이므로 정책결정자와 정책집행자의 역할을 구분하여 알아두어야 합니다. 립스키(Lipsky)의 일선관료제모형은 최근 출제빈도가 매우 높은 부분으로 앞으로도 꾸준히 출제가 예상되기 때문에 일선관료의 업무환경과 업무행태를 반드시 정리하고 숙지해두는 것이 좋습니다. 그리고 버만(Berman)과 엘모어(Elmore)의 모형도 주로 7급 시험에서 출제되고 있으니, 고득점을 대비하는 9급 수험생들도 주의 깊게 봐두어야 할 필요가 있습니다.

■ 정책집행모형

1. 나카무라와 스몰우드(Nakamura & Smallwood)의 모형

구분	정책결정자의 역할	정책집행자의 역할	정책평가 기준
고전적 기술자형	• 추상적 · 구체적 목표 설정 • 정책집행자에게 기술적 권한 위임	정책결정자의 목표를 지지하고 그 목표달성을 위한 기술적 수단을 강구	능률성, 효과성
지시적 위임자형	• 추상적 · 구체적 목표 설정 • 정책집행자에게 행정적 권한 위임	정책결정자의 목표를 지지하며 목표달성을 위해 집행자 상호 간 행정적 수단에 관하여 교섭	능률성, 효과성
협상자형	• 추상적 · 구체적 목표 설정 • 집행자와 목표, 목표달성수단 협상	목표달성에 필요한 수단에 관하여 정책결정자와 협상	주민만족도
재량적 실험가형	• 추상적 목표 설정 • 집행자가 목표달성수단을 구체화시킬 수 있도록 광범위한 재량권 위임	정책결정자를 위하여 목표와 수단을 명백히 함	수익자 대응성
관료적 기업가형	집행자가 설정한 목표와 목표달성 수단을 지지	목표와 그 목표달성을 위한 수단을 형성시키고 정책결정자로 하여금 그 목표를 받아들이도록 설득	체제유지도

2. 일선관료제(Lipsky)

개념 및 특징	일선관료는 시민들과 직접 접촉하는 공무원으로 행정의 중요한 행위자로서 재량권을 행사하여 실질적으로 정책을 수행
업무상황 및 관행	• 업무상황: 불충분한 자원, 모호하고 대립되는 기대, 권위에 대한 위협과 도전 • 업무관행: 정형화 · 단순화 · 관례화된 직무행태 → 대응성 저하

01 □□□ 2019년 국가직 9급

나카무라(Nakamura)와 스몰우드(Smallwood)의 정책결정자와 정책집행자의 관계유형 중 다음 설명에 해당하는 것은?

> • 정책집행자는 공식적 정책결정자로 하여금 자신이 결정한 정책목표를 받아들이도록 설득 또는 강제할 수 있다.
> • 정책집행자는 목표를 달성하기 위한 수단을 획득하기 위해 정책결정자와 협상한다.
> • 미국 FBI의 국장직을 수행했던 후버(Hoover) 국장이 대표적인 예이다.

① 지시적 위임형 ② 협상형
③ 재량적 실험가형 ④ 관료적 기업가형

02 □□□ 2009년 국가직 7급

나카무라와 스몰우드(Nakamura & Smallwood)가 분류한 정책집행의 유형 중 '관료적 기업가형'에 대한 설명으로 옳은 것은?

① 정책결정가는 명백한 목표를 설정하고, 정책집행가는 이러한 목표의 바람직성에 동의한다.
② 정책결정가와 정책집행가는 정책목표의 바람직성에 대해서 반드시 의견을 같이 하지는 않는다.
③ 정책결정가가 정책형성에 정통하고 있지 않아 많은 재량권을 정책집행가에게 위임한다.
④ 정책집행가는 정책결정에 필요한 정보를 산출하고 통제함으로써 정책과정을 지배한다.

03 □□□

2021년 국회직 8급

나카무라와 스몰우드(Nakamura & Smallwood)의 정책집행모형에 대한 설명으로 옳지 않은 것은?

① 고전적 기술관료형의 경우, 정책집행자가 정책을 집행하는 데 필요한 기술이 부족하거나 정책집행자가 정책목표를 지지하지 않을 때, 집행과정에서 문제가 발생한다.
② 지시적 위임형의 경우, 정책결정자가 정책목표를 달성하는 데 필요한 관리적 행위에 관한 권한들을 정책집행자에게 위임하기 때문에 정책집행자는 행정적 권한을 소유하고 있다.
③ 지시적 위임형의 경우, 정책집행자들은 정책수단을 결정할 수 있는 재량권을 가지고 있는데, 다수의 집행자가 참여하는 경우에는 어떠한 수단을 선택할 것인가에 대한 합의가 이루어져야 한다.
④ 협상형의 경우, 정책집행자들이 정책목표와 정책수단에 대해서 정책결정자와 협상을 하게 되고, 만약 정책집행자들이 정책결정자가 제시한 정책목표에 동의하지 않는다면, 불응 또는 불집행을 통하여 영향력을 행사할 수 있다.
⑤ 관료적 기업가형의 경우, 정책결정자가 정책의 구체적인 내용을 수립할 수 없기 때문에 정책집행자에게 광범위한 재량을 위임한다.

04 □□□

2022년 국가직 9급

나카무라(Nakamura)와 스몰우드(Smallwood)의 정책결정자와 정책집행자의 관계에 따른 정책집행의 유형에 대한 설명으로 옳지 않은 것은?

① '고전적 기술자형'은 정책결정자가 구체적인 목표를 설정하면, 정책집행자는 그 목표를 지지하고 목표달성을 위한 기술적인 수단을 강구하는 역할을 담당한다고 본다.
② '재량적 실험형'은 정책결정자가 추상적인 목표를 설정하면, 정책집행자는 정책결정자를 위해 목표와 수단을 명확하게 하는 역할을 담당한다고 본다.
③ '관료적 기업가형'은 정책집행자가 목표와 수단을 강구한 다음 정책결정자를 설득하고, 정책결정자는 정책집행자가 수립한 목표와 수단을 기술하는 역할을 담당한다고 본다.
④ '지시적 위임형'은 정책결정자가 구체적인 목표와 수단을 설정하면, 정책집행자는 정책결정자의 지시와 위임을 받아 정책대상집단과 협상하는 역할을 담당한다고 본다.

05 □□□

2023년 군무원 9급

나카무라와 스몰우드(R. T. Nakamura & F. Smallwood)는 정책결정자와 정책집행자 간의 관계에 착안하여 정책집행자 유형을 5가지로 나누었다. 다음 중 고전적 기술자형의 특징으로 가장 적절한 것은?

① 정책결정자가 추상적인 목표를 지지하지만 구체적인 정책목표를 결정할 수 없기에 정책결정자가 집행자에게 광범위한 재량권을 위임하게 되는 유형이다.
② 집행자가 많은 권한을 위임받아 정책을 집행하는 경우로서 많은 재량권을 갖게 되는 유형이다.
③ 정책결정자가 집행과정에 대해서 엄격하게 통제를 하는 것을 의미하며, 정책집행자는 약간의 정책적 재량만을 갖는 유형이다.
④ 정책결정자가 목표를 수립하고, 집행자들은 정책결정자와 목표나 목표달성을 위한 수단에 관하여 협상한다.

06 □□□

2025년 국회직 8급

정책집행론에 대한 설명으로 옳지 않은 것은?

① 정책집행과정에서 정책대상집단의 불응 정도는 정책 유형에 따라 달라진다.
② 하향식 접근방법(Top-down Approach)은 정책설계자가 정책집행자의 능력과 헌신에 대해 충분한 지식을 가지고 있다고 가정한다.
③ 상향식 접근방법(Bottom-up Approach)은 공식적 정책목표 달성에 초점을 맞추지 않고 집행 현장을 있는 그대로 파악하기 때문에 정책의 의도하지 않은 효과까지도 분석할 수 있다.
④ 나카무라와 스몰우드(Nakamura &Smallwood)의 정책집행 유형 중 지시적위임형은 정책집행자가 목표달성을 위한 행정적 협상 능력 보다는 기술적 역량을 가지고 있는 유형이다.
⑤ 매즈매니언과 사바티어(Mazmanian & Sabatier)는 효과적인 정책집행을 위해서 정책목표가 분명하고 일관성을 가져야 한다고 설명한다.

07 □□□
2013년 지방직 7급

립스키(Lipsky)의 일선관료제이론에 대한 설명으로 옳지 않은 것은?

① 일선관료(street-level bureaucrats)는 시민들과 직접 대면하면서 정책을 집행하는 사람이다.
② 일선관료들은 일반적으로 과중한 업무부담을 가진다.
③ 일선관료들은 모호하고 대립적인 기대들이 존재하는 업무환경때문에 정책목표를 달성할 수 없는 경우가 많다.
④ 일선관료들의 재량권이 부족하여 업무가 지연된다.

08 □□□
2018년 국가직 9급

립스키(Lipsky)의 일선관료제(Street-Level Bureaucracy) 이론에 대한 설명으로 옳은 것은?

① 일선관료는 고객에 대한 고정관념(stereotype)을 타파함으로써 복잡한 문제와 불확실한 상황에 대처한다.
② 일선관료가 업무를 수행하는 기관에 대한 고객들의 목표 기대는 서로 일치하고 명확하다.
③ 일선관료는 집행에 필요한 자원이 부족할 경우 대체로 부분적이고 간헐적으로 정책을 집행한다.
④ 일선관료는 계층제의 하위에 위치하기 때문에, 직무의 자율성이 거의 없고 의사결정에 있어서 재량권의 범위가 좁다.

09 □□□
2022년 국가직 9급

립스키(Lipsky)의 '일선관료제'에서 일선관료들이 처하는 업무환경의 특징으로 옳지 않은 것은?

① 자원의 부족
② 일선관료 권위에 대한 도전
③ 모호하고 대립되는 기대
④ 단순하고 정형화된 정책대상집단

10 □□□
2021년 국회직 8급

립스키(Lipsky)의 일선관료제론에 대한 설명으로 옳지 않은 것은?

① 일선관료의 업무환경에서 모호하고 대립된 기대는 일선관료들의 집행성과에 대한 기대 중 비현실적이거나 상호 갈등을 일으키는 것이다.
② 일선관료는 일반 시민들과 끊임없이 상호작용하는 업무를 담당하고 있으며 상당한 자율성과 재량권을 가지고 있다.
③ 육체적 · 신체적 위협에 대처하기 위한 메커니즘으로는 '잠재적 공격자'의 특징을 사전에 정의함으로써 집행현장의 의사결정을 단순화하는 방법이 있다.
④ 일선관료는 시간과 정보 · 기술적인 지원 등 업무수행에 필요한 자원이 불충분하기 때문에 체계적이고 계획적인 집행을 하게 된다.
⑤ 부족한 자원에 대처하는 가장 쉬운 방법은 '지름길'을 택함으로써 시간을 절약하고 정책대상집단과의 갈등이나 결정에 대한 심리적 불안을 피하는 것이다.

11 □□□
2023년 국가직 7급

립스키(Lipsky)의 일선관료제(street level bureaucracy)에 대한 설명으로 옳지 않은 것은?

① 일선관료에 대한 재량권 강화는 집행현장의 특수성 및 예상치 못한 사태에 대비하게 할 수 있다.
② 일선관료는 만성적으로 부족한 자원, 모호한 역할 기대, 그들의 권위에 대한 위협과 도전이라는 업무환경에 처해 있다.
③ 일선관료는 일반시민을 분류하지 않고, 모든 계층을 공평하게 대우한다.
④ 일선관료는 정부를 대신하여 시민에게 정책을 직접 전달하는 존재로, 특히 사회경제적 취약계층의 삶에 큰 영향력을 미친다.

12 □□□

2012년 국가직 7급

정책집행 연구의 접근방법에 대한 설명으로 옳은 것은?

① 나카무라(Nakamura)와 스몰우드(Smallwood)의 관료적 기업가(bureaucratic entrepreneur)모형에 따르면 정보, 기술, 현실 여건들 때문에 정책결정자들은 구체적인 정책이나 목표를 설정하지 못하고 추상적인 수준에 머문다.
② 사바티어(Sabatier)의 정책지지연합모형(advocacy coalition framework)은 하향적 접근방법의 분석단위를 채택하고, 여기에 영향을 미치는 요인으로 상향적 접근방법의 여러 가지 변수를 결합한다.
③ 일선집행관료이론을 주장한 립스키(Lipsky)는 일선의 문제성 있는 업무환경으로 자원부족, 권위에 대한 도전, 정책담당자의 보수성 등 세 가지를 제시하였다.
④ 버만(Berman)의 상황론적 집행모형에 따르면 거시적 집행구조는 실질적인 집행이 가능하고 의도한 효과가 발생되도록 프로그램을 어느 정도 구체화하는 것을 의미한다.

13 □□□

2017년 서울시 9급

정책집행에 대한 설명으로 가장 옳지 않은 것은?

① 나카무라(Nakamura)와 스몰우드(Smallwood)는 정책결정자와 집행자 간의 관계에 따라 정책집행을 유형화하였다.
② 사바티어(Sabatier)는 정책지지연합모형을 제시하였다.
③ 버만(Berman)은 집행현장을 강조하는 입장을 취하였다.
④ 엘모어(Elmore)는 일선현장에 종사하는 공무원이 정책집행에 가장 큰 영향을 미치는 행위자라고 하면서, 이를 전방접근법(forward mapping)이라고 했다.

14 □□□

2018년 지방직 9급

버만(Berman)의 '적응적 집행'에 대한 설명으로 옳은 것은?

① 미시집행 국면에서 발생하는 정책과 집행조직 사이의 상호적응이 이루어질 때 성공적으로 집행된다.
② 거시적 집행구조는 동원, 전달자의 집행, 제도화의 세 단계로 구분된다.
③ '행정'은 행정을 통해 구체화된 정부프로그램이 집행을 담당하는 지방정부의 사업으로 받아들여지는 것을 의미한다.
④ '채택'은 지방정부가 채택한 사업을 실행사업으로 변화시키는 것을 의미한다.

15 □□□

2015년 지방직 7급

매틀랜드(Matland)가 모호성(ambiguity)과 갈등(conflict)이라는 두 차원에 따라 분류한 네 가지 정책집행상황 중에서 모호성이 낮고 갈등이 높은 상황에 대한 설명으로 옳지 않은 것은?

① 갈등은 매수(side payment)나 담합(log rolling) 등과 같은 방식으로 해결되기도 한다.
② 순응을 확보하기 위해서는 강압적 또는 보상적 수단이 중요해진다.
③ 정책집행과정은 대립적 이해관계를 가진 집행조직 외부의 행위자에 의해 영향을 많이 받는다.
④ 정책목표가 명확하지 않기 때문에 집행과정은 목표의 해석과정으로 이해될 수 있다.

16 □□□

2025년 국가직 7급

정책집행 과정에서 맥러린(M. Mclaughlin)이 제시한 정책결정자와 정책집행자 간 상호작용 유형에 해당하지 않는 것은?

① 상호적응(mutual adaptation)
② 적응적 흡수(co-optation)
③ 부집행(non-implementation)
④ 거부와 순응(defiance and compliance)

17 □□□

2022년 국가직 7급

다음은 정책순응을 확보하기 위한 수단과 그 특징에 대한 설명이다. (가) ~ (다)에 들어갈 말을 바르게 연결한 것은?

- (가): 일선 집행관료는 큰 저항을 하지 않으나 정책에 의해 피해를 입는 대상집단은 의도적으로 불응의 핑계를 찾으려 한다.
- (나): 도덕적 자각이나 이타주의적 고려에 의해 자발적으로 순응하는 사람들의 명예나 체면을 손상시키고 사람의 타락을 유발할 수 있다.
- (다): 불응의 형태를 정확하게 점검 및 파악하기 어려운 경우가 많다는 약점이 있다.

	(가)	(나)	(다)
①	도덕적 설득	유인	처벌
②	도덕적 설득	처벌	유인
③	유인	도덕적 설득	처벌
④	처벌	유인	도덕적 설득

CHAPTER 5

정책평가론

THEME 27 정책평가의 의의와 유형

중요도 ●●●○○

정답 및 해설 p. 91

선생님TIP

정책평가는 실행된 정책이 잘되었는지를 검토한 후 잘못되었을 경우에 시정하는 정책집행에 대한 평가라고 볼 수 있으므로 정책분석과 구별해서 알아두어야 합니다. 정책평가의 유형은 시기와 목적에 따라 분류하는데 시기에 따라 형성적 평가와 총괄적 평가로, 목적에 따라 과정평가와 총괄평가로 나누어집니다. 각 유형의 주요 특징과 포인트를 명확하게 정리해둡시다.

■ 정책평가의 의의와 유형

1. 정책평가의 의의

개념	정책이 제대로 집행되고 있는가, 정책의 개입에 따른 효과가 있는가를 평가
등장배경	• 1960년대 후반 존슨(Johnson) 행정부의 '위대한 사회(Great Society)' 건설의 실패 • 계획예산제도(PPBS)의 도입 실패 • 무모한 정책집행으로 인한 비능률 및 보수주의적 경향
목적	• 합리적 목적: 정책결정과 집행에 필요한 정보 제공, 정책과정상의 책임성 확보, 효과성 제고를 위한 제 기법의 실험 및 대안적 기법들의 평가기초 제공 등 • 비합리적 목적: 자신들에게 유리하도록 개인적·정치적 목적으로 정책을 평가하는 경우(의사평가, 사이비평가)
과정	정책평가의 목표 확인 → 정책평가기준의 선정 → 인과모형의 설정 → 연구설계의 개발 → 자료수집 및 분석 → 평가결과의 제시 및 환류

2. 정책평가의 유형

평가의 시기	형성적 평가	정책집행이 이루어지는 도중에 수행하는 평가(도중평가, 과정평가)
	총괄적 평가	정책집행이 이루어진 후에 실시되는 평가(사후평가)
평가의 목적	과정평가	• 협의의 과정평가: 정책수단과 효과 간의 인과관계의 경로 검증 • 형성평가: 집행분석, 집행과정평가(프로그램모니터링)
	총괄평가	정책수단과 효과 간의 인과관계의 결과에 대한 평가(능률성 평가, 효과성 평가, 영향평가)
기타 정책평가	평가성 사정	본격적인 평가 전에 이루어지는 예비평가, 사이비평가를 방지
	메타평가	평가에 대한 평가(평가결산, 상위평가)
	착수직전분석	본 평가를 착수하기 직전에 수행하는 평가기획 작업(사전분석)

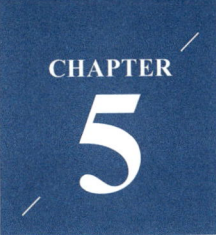

01 □□□

2018년 서울시 9급

정책평가에 대한 설명으로 가장 옳지 않은 것은?

① 총괄평가(summative evaluation)는 정책이 종료된 후에 그 정책이 당초 의도했던 효과를 가져왔는지의 여부를 판단하는 활동이다.
② 메타평가(meta evaluation)는 평가 자체를 대상으로 하며, 평가활동과 평가체제를 평가해 정책평가의 질을 높이고 결과활용을 증진하기 위한 목적으로 활용한다.
③ 평가성 사정(evaluability assessment)은 영향평가 또는 총괄평가를 실시한 후에 평가의 유용성, 평가의 성과증진효과 등을 평가하는 활동이다.
④ 형성평가(formative evaluation)란 프로그램이 집행과정에 있으며 여전히 유동적일 때 프로그램의 개선을 위해서 실시하는 평가이다.

02 □□□

2017년 사회복지직 9급

일반적인 정책평가의 절차를 순서대로 연결한 것은?

ㄱ. 인과모형의 설정
ㄴ. 자료수집 및 분석
ㄷ. 정책목표의 확인
ㄹ. 정책평가 대상 및 기준의 확정
ㅁ. 평가결과의 환류

① ㄱ → ㄴ → ㄷ → ㄹ → ㅁ
② ㄴ → ㄷ → ㄱ → ㄹ → ㅁ
③ ㄷ → ㄹ → ㄱ → ㄴ → ㅁ
④ ㄹ → ㄱ → ㄴ → ㄷ → ㅁ

03 □□□

2021년 국가직 7급

정책평가의 일반적인 절차를 순서대로 바르게 나열한 것은?

ㄱ. 정책평가 대상 확정
ㄴ. 평가결과 제시
ㄷ. 인과모형 설정
ㄹ. 자료수집 및 분석
ㅁ. 정책목표 확인

① ㄱ → ㅁ → ㄷ → ㄹ → ㄴ
② ㅁ → ㄱ → ㄷ → ㄴ → ㄹ
③ ㅁ → ㄱ → ㄷ → ㄹ → ㄴ
④ ㅁ → ㄷ → ㄱ → ㄹ → ㄴ

04 □□□

2014년 국가직 7급

정책평가에 대한 설명으로 옳은 것은?

① 정책평가를 통해 최선의 정책대안을 선택한다.
② 정책평가의 양적 기법으로는 참여관찰법, 심층면접법 등을 들 수 있다.
③ 정책평가의 목적은 정책결정과 집행에 필요한 정보제공 및 정책과정의 책임성 확보에 있다.
④ 정책평가 연구에서는 현실적 제약으로 인해 준실험적 방법보다는 진실험적 방법이 많이 사용된다.

05 □□□

2016년 국가직 7급

정책평가의 유형에 대한 설명으로 옳지 않은 것은?

① 총괄평가는 정책집행이 종료된 후에 그 성과나 효과를 평가하는 것이다.
② 형성평가는 정책집행 도중에 과정의 적절성과 수단·목표 간 인과성 등을 평가하는 것이다.
③ 총괄평가는 주로 내부 평가자에 의해 수행되며, 평가결과를 환류하여 최종안을 개선하는 것이 목적이다.
④ 형성평가는 주로 내부 평가자 및 외부 평가자의 자문에 의해 평가를 진행하며, 정책집행단계에서 정책담당자 등을 돕기 위한 것이다.

06 □□□

2009년 국가직 9급

정책평가의 방법에 대한 설명으로 옳지 않은 것은?

① 착수직전분석(front-end-analysis)은 주로 새로운 프로그램 평가를 기획하기 위하여 평가를 착수하기 직전에 수행되는 평가작업이다.

② 평가성 사정(evaluation assessment)은 여러 가지 가능한 평가로부터 얻을 수 있는 정보수요를 사정하고, 실행가능하고 유용한 평가설계를 선택하도록 함으로써 평가의 공급과 수요를 합치시키도록 도와준다.

③ 집행에 있어 과정평가(process evaluation)는 정책집행 및 활동을 분석하여 이를 근거로 보다 효율적인 집행전략을 수립하거나 정책내용을 수정 · 변경하는 데 도움을 준다.

④ 총괄평가(summative evaluation)는 정책이 집행되고 난 후에 인과관계의 경로를 검증 · 확인하고 정책이 사회에 미친 영향(impact)을 추정하는 판단활동이다.

07 □□□

2017년 국가직 7급(10월 추가)

정책평가의 종류에 대한 설명으로 옳지 않은 것은?

① 형성평가는 집행 도중에 이루어지는 평가로서, 집행관리와 전략의 수정 및 보완을 위한 것이다.

② 정책비용의 측면을 고려하는 능률성 평가는 총괄평가에서 검토될 수 없다.

③ 평가주체에 따른 분류에서 시민단체에 의한 평가는 외부적 평가이다.

④ 평가성 사정은 본격적인 평가 가능 여부와 평가결과의 프로그램 개선가능성 등을 진단하는 일종의 예비적 평가이다.

08 □□□

2025년 국가직 9급

정책평가 유형에 대한 설명으로 옳지 않은 것은?

① 총괄평가는 정책 집행이 완료된 후 정책의 효과성과 효율성을 종합적으로 판단하는 평가이다.

② 형성평가는 일종의 예비평가로 공식 영향평가의 실행 가능성과 유용성을 검토하기 위하여 실시된다.

③ 과정평가는 정책이 의도한 대로 집행되고 있는지, 정책 집행과정의 문제점을 파악하고 개선하는 데 초점을 맞춘 평가이다.

④ 집행 모니터링은 프로그램 투입 또는 활동을 측정하고 이를 사전에 결정되거나 기대하였던 기준값과 비교하여, 프로그램이 설계에 명시된 대로 수행되고 있는지를 판단한다.

09 □□□

2023년 국가직 7급

정책평가의 유형에 대한 설명으로 옳지 않은 것은?

① 평가성 사정(evaluability assessment)은 평가의 실행가능성을 검토하는 일종의 예비평가이다.

② 정책영향평가는 사후평가이며 동시에 효과성 평가로 볼 수 있다.

③ 모니터링은 과정평가에 속하지만 집행의 능률성과 효과성을 확보하기 위한 평가이다.

④ 형성평가는 집행이 종료된 후 정책이 의도했던 목적을 달성했는지에 초점을 맞춘다.

10 □□□

2024년 국가직 7급

정책평가에 대한 설명으로 옳지 않은 것은?

① 내부평가는 기관 내부에서 평가를 주도하며, 외부 평가와 비교하면 평가 결과의 활용성이 높다.
② 비용편익분석은 정책 실행이 가져올 모든 비용과 편익을 화폐 단위로 계량화하여 비교하는 방법으로서, 정책의 능률성과 대응성을 측정하기에 효과적이다.
③ 총괄평가는 정책이 종료한 시점에서 효과성이나 능률성 등 다각적 관점에서 결과를 살펴보는 것이다.
④ 평가성검토는 본평가를 실시하기 전에 평가의 소망성과 실행가능성을 개괄적으로 검토하는 예비평가이다.

11 □□□

2025년 군무원 7급

정책집행점검(Policy Implementation Monitoring)에 대한 설명으로 가장 적절한 것은?

① 시행 중인 정책의 과정에서 무엇이 일어나고 있는지 주기적으로 파악하여 그 집행 과정에 관한 정보를 수집하는 활동이다.
② 시행 전 정책의 설계에서 어떤 문제가 있는지를 사전 분석하는 활동이다.
③ 시행된 정책이 원래 의도한 목적을 충분하고도 적절하게 달성했는지를 평가하는 활동이다.
④ 시행된 정책의 오류를 발견하는 데 필요한 정책분석을 위한 총괄적 활동이다.

12 □□□

2017년 국가직 9급(10월 추가)

정책평가의 방법을 논리모형(논리 매트릭스)과 목표모형으로 구분할 경우, 논리모형에 대한 설명으로 옳지 않은 것은?

① 정책프로그램이 특정 성과를 산출하기 위해 어떤 논리적 인과구조를 가지고 있는지를 명시적으로 보여준다.
② 프로그램이 해결하려는 정책문제 및 정책의 결과물이 무엇인지를 명확히 해주기 때문에 정책형성과정의 인과관계에 대한 가정의 오류와 정책집행의 실패를 구분할 수 있도록 한다.
③ 정책이 달성하려는 장기목표와 중단기목표들을 잘 달성했는지에 초점을 맞춘 평가모형이다.
④ 프로그램 논리의 분석 및 정리과정이 이해관계자의 정책프로그램에 대한 이해를 높인다.

13 □□□

2024년 국가직 9급

정책평가의 논리모형에 대한 설명으로 옳지 않은 것은?

① 정책프로그램의 요소들과 해결하려는 문제들 사이의 논리적 인과관계를 투입(input) - 활동(activity) - 산출(output) - 결과(outcome)로 도식화한다.
② 산출은 정책집행이 종료된 직후의 직접적인 결과물을 의미하며, 결과는 산출로 인해 나타나는 변화를 의미한다.
③ 과정평가이기 때문에 정책프로그램의 목표달성 여부를 보여 주지는 못한다는 한계가 있다.
④ 정책프로그램과 관련된 다양한 이해관계자의 이해도를 높일 수 있다.

THEME 28 정부업무평가제도(「정부업무평가 기본법」)

중요도 ●●○○○

정답 및 해설 p. 92

선생님TIP

정부업무평가제도는 우리나라 정부정책의 평가에 대한 기본법인 「정부업무평가 기본법」과 관련되어 있으므로 법령의 내용을 함께 정리하여야 합니다. 최근 행정학에서 법령문제의 출제빈도가 높아지고 있으므로 이론뿐만 아니라 법령도 주요 내용 위주로 같이 학습해두는 것이 좋습니다. 정부업무평가의 종류와 각 종류별 특징을 숙지하여야 하므로, 먼저 중앙행정기관평가는 자체평가와 재평가로, 지방자치단체평가는 자체평가와 행정안전부의 평가지원, 그리고 국가위임사무에 대한 합동평가 등으로 크게 나누어 각각의 특징을 정리하고 알아두도록 합시다.

■ 정부업무평가제도(「정부업무평가 기본법」)

1. 의의 및 목적

의의	국정운영의 능률성 · 효과성 및 책임성을 확보하기 위하여 기관 · 법인 또는 단체가 행하는 정책 등을 평가하는 것(「정부업무평가 기본법」 제2조 제2호)
목적	• 개별적이고 중복되는 각종 평가를 통합 · 체계화함 • 소관 정책을 스스로 평가하는 자체평가를 정부업무평가의 근간으로 하여 자율적인 평가역량을 강화함 • 공공기관을 포함한 정부업무 전반에 걸쳐 통합적인 성과관리체제를 구축함

2. 종류

중앙행정기관평가	자체평가, 자체평가에 대한 재평가(국무총리)
지방자치단체평가	자체평가, 평가지원(행정안전부), 합동평가(행정안전부와 관계부처)
특정평가	중앙행정기관의 국정통합 수행평가(국무총리)
공공기관평가	기관의 특수성, 평가의 객관성 확보를 위해 외부기관이 실시

3. 평가결과의 공개 및 활용

공개 및 보고	• 평가를 담당하는 기관의 장은 평가결과를 전자통합평가체계 및 인터넷 홈페이지 등을 통하여 공개하여야 함 • 국무총리는 매년 각종 평가결과보고서를 종합하여 국무회의에 보고 또는 평가보고회를 개최하여야 함 • 중앙행정기관의 장은 전년도 자체평가결과를 지체 없이 국회 소관 상임위원회에 보고하여야 함
활용	• 중앙행정기관의 장은 평가결과를 조직 · 예산 · 인사 및 보수체계에 연계 · 반영하여야 함 • 중앙행정기관의 장은 평가의 결과에 따라 정책 등에 문제점이 발견된 때에는 지체 없이 정책의 집행중단 · 축소 등 자체 시정조치를 하여야 함 • 중앙행정기관의 장은 평가의 결과에 따라 우수부서 · 기관 또는 공무원에게 포상, 성과급 지급, 인사상 우대 등의 조치를 하여야 하고 그 결과를 위원회에 제출하여야 함

01 □□□

2016년 서울시 9급

정부업무평가제도에 대한 설명으로 옳지 않은 것은?

① 「정부업무평가 기본법」에 의한 정부업무평가대상은 중앙행정기관과 지방자치단체를 포함하며, 공공기관은 제외된다.
② 지방자치단체 합동평가위원회는 행정안전부 소속 위원회로 「정부업무평가 기본법」에 설치근거를 둔다.
③ 정부업무평가 중 특정평가는 국무총리가 중앙행정기관을 대상으로 정책을 평가하는 것을 의미한다.
④ 중앙행정기관의 장은 그 소속기관의 정책 등을 포함하여 자체평가를 실시하여야 한다.

02 □□□

2022년 국가직 9급

「정부업무평가 기본법」상 우리나라 정부업무평가제도에 대한 설명으로 옳지 않은 것은?

① 특정평가는 국무총리가 중앙행정기관과 공공기관을 대상으로 국정을 통합적으로 관리하기 위한 목적을 갖는다.
② 국무총리 소속하에 심의·의결기구로서 정부업무평가위원회를 둔다.
③ 지방자치단체의 자체평가에 있어서 행정안전부장관은 평가 관련 사항에 대하여 지방자치단체를 지원할 수 있다.
④ 자체평가는 중앙행정기관 또는 지방자치단체가 소관 정책 등을 스스로 평가하는 것을 말한다.

03 □□□

2010년 국가직 9급

현행 정부업무평가제도에 대한 설명으로 옳지 않은 것은?

① 정부업무평가는 국정운영의 능률성, 효과성 및 책임성을 확보하기 위하여 평가대상기관이 행하는 정책 등을 평가하는 것을 말한다.
② 정부업무평가의 대상기관은 공공기관을 제외한, 중앙행정기관 및 지방자치단체와 그 소속기관이다.
③ 중앙행정기관 및 그 소속기관에 대한 평가는 통합하여 실시되어야 한다.
④ 특정평가는 국무총리가 중앙행정기관을 대상으로 국정을 통합적으로 관리하기 위하여 필요한 정책 등을 평가하는 것을 말한다.

04 □□□

2014년 서울시 7급

정부업무 특정평가에 대한 설명으로 옳지 않은 것은?

① 중앙행정기관 간 긴밀한 정책 협력체제 확립으로 정책 효과성을 제고할 수 있다.
② 국무총리가 중앙행정기관을 대상으로 국정통합관리평가를 하는 것이다.
③ 평가방식으로 볼 때 하향식 평가방식이다.
④ 정권차원에서 관심을 기울일 필요가 있는 정책을 특정평가 항목으로 추가하여 집중적 점검 및 평가를 실시할 수 있다.
⑤ 특정평가는 정부업무 성과관리의 한 종류이다.

05 □□□

2015년 사회복지직 9급

「정부업무평가 기본법」상 정부업무평가제도에 대한 설명으로 옳지 않은 것은?

① 중앙행정기관의 장은 그 소속기관의 정책 등을 포함하여 자체평가를 실시하여야 한다.
② 지방자치단체의 자체평가위원회는 공정성과 객관성을 담보하기 위하여 2분의 1 이상의 민간위원으로 구성되어야 한다.
③ 지방자치단체가 위임받은 국가사무에 대해 행정안전부장관이 관계 중앙행정기관의 장과 합동평가를 실시할 수 있다.
④ 공공기관의 경우 기관의 특수성과 전문성을 고려하고 평가의 객관성 및 공정성을 확보하기 위하여 공공기관 외부의 기관이 평가하여야 한다.

06 □□□

2017년 지방직 9급(6월 시행)

「정부업무평가 기본법」상 정부업무평가의 종류가 아닌 것은?

① 지방자치단체의 자체평가
② 환경영향평가
③ 공공기관에 대한 평가
④ 중앙행정기관의 자체평가

07 □□□

2017년 국가직 9급(4월 시행)

「정부업무평가 기본법」에 의한 정부업무평가제도에 대한 설명으로 옳지 않은 것은?

① 김포시와 도로교통공단은 평가대상에 포함된다.
② 관세청장은 자체평가위원회를 운영한다.
③ 행정안전부장관은 지방자치단체합동평가위원회의 당연직 위원장이다.
④ 기획재정부장관은 정부업무평가위원회의 위원이다.

08 □□□

2018년 지방직 9급

정부에서 실시하고 있는 분석 및 평가제도에 대한 설명으로 옳은 것만을 모두 고르면?

ㄱ. 규제영향분석 - 「행정규제기본법」상 규제를 신설·강화할 때 규제를 받는 집단과 국민이 부담해야 할 비용과 편익도 비교·분석해야 한다.
ㄴ. 지방공기업평가 - 「지방공기업법」에 근거를 두고 있으며 원칙적으로 지방자치단체장이 실시하되 필요시 행정안전부장관이 실시할 수 있다.
ㄷ. 정부업무평가 - 「정부업무평가 기본법」상 국무총리는 중앙행정기관의 자체평가 결과에 대해 필요시 정부업무평가위원회의 심의·의결을 거쳐 재평가를 할 수 있다.
ㄹ. 환경영향평가 - 2003년 「환경영향평가법」에 처음으로 근거가 명시된 후 발전해 온 평가제도이다.

① ㄱ, ㄷ　② ㄱ, ㄹ
③ ㄴ, ㄷ　④ ㄴ, ㄹ

09 □□□

2019년 국가직 9급

「정부업무평가 기본법」상 정책평가에 대한 설명으로 옳지 않은 것은?

① 지방자치단체의 장은 정부업무평가시행계획에 기초하여 자체평가계획을 매년 수립하여야 한다.
② 국무총리는 2 이상의 중앙행정기관 관련 시책, 주요 현안시책, 혁신관리 및 대통령령이 정하는 대상부문에 대하여 특정평가를 실시하고, 그 결과를 공개하여야 한다.
③ 중앙행정기관 또는 지방자치단체의 소속기관이 행하는 정책은 정부업무평가의 대상에 포함된다.
④ 정부업무평가위원회는 위원장 1인과 14인 이내의 위원으로 구성한다.

10 □□□
2019년 국가직 7급

「정부업무평가 기본법」상 정부업무평가제도에 대한 설명으로 옳지 않은 것은?

① 공공기관도 정부업무평가의 대상에 포함된다.
② 중앙행정기관뿐만 아니라 지방자치단체도 자체평가를 실시하여야 한다.
③ 재평가는 이미 실시된 평가의 결과, 방법 및 절차에 관하여 그 평가를 실시한 기관 외의 기관이 다시 평가하는 것이다.
④ 국가위임사무에 대하여 평가가 필요한 경우에는 행정안전부장관이 중앙행정기관의 장과 함께 특정평가를 실시할 수 있다.

11 □□□
2023년 지방직 7급

「정부업무평가 기본법」상 정부업무평가제도에 대한 설명으로 옳은 것은?

① 기획재정부장관은 중앙행정기관의 자체평가결과를 확인·점검 후 평가의 객관성과 신뢰성에 문제가 있어 다시 평가가 필요하다고 판단되는 경우, 위원회의 심의·의결을 거쳐 재평가를 실시할 수 있다.
② 중앙행정기관의 장은 자체평가조직 및 자체평가위원회를 구성·운영하여야 하며, 이 경우 평가의 공정성과 객관성을 확보하기 위하여 자체평가위원의 3분의 2 이상은 민간위원으로 하여야 한다.
③ 행정안전부장관은 둘 이상의 중앙행정기관 관련 시책, 주요 현안시책, 혁신관리 및 대통령령이 정하는 부문에 대하여 특정평가를 실시하고 그 결과를 공개하여야 한다.
④ 지방자치단체 또는 그 장이 위임받아 처리하는 국가사무, 국고보조사업 그리고 국가의 주요 시책사업 등에 대해 국무총리는 관계중앙행정기관의 장과 합동으로 평가를 실시할 수 있다.

12 □□□
2024년 군무원 7급

다음 중 정부업무평가에 대한 설명으로 가장 적절하지 않은 것은?

① 정부업무평가위원회는 위원장 2명을 포함한 15인 이내의 위원으로 구성되며, 민간위원의 임기는 2년이다.
② 정부업무평가위원회의 회의는 재적위원 2/3 출석으로 개의하고 출석위원 과반수의 찬성으로 의결한다.
③ 중앙행정기관과 지방자치단체의 장은 그 소속 기관의 정책 등을 포함하여 자체평가를 실시하여야 한다.
④ 기획재정부장관은 평가 결과를 중앙행정기관의 다음 연도 예산편성 시에 반영하여야 한다.

13 □□□
2024년 지방직 7급

「정부업무평가 기본법」상 정부업무평가에 대한 설명으로 옳은 것만을 모두 고르면?

ㄱ. 정부업무평가의 실시와 평가기반의 구축을 체계적·효율적으로 추진하기 위하여 행정안전부장관 소속하에 정부업무평가위원회를 둔다.
ㄴ. 정부업무평가위원회는 위원장 2인을 포함한 15인 이내의 위원으로 구성한다.
ㄷ. 행정안전부장관은 매년 각종 평가결과보고서를 종합하여 이를 국무회의에 보고하거나 평가보고회를 개최하여야 한다.
ㄹ. 정부업무평가의 대상에는 중앙행정기관 또는 지방자치단체의 소속기관이 포함된다.

① ㄱ, ㄷ　② ㄱ, ㄹ
③ ㄴ, ㄷ　④ ㄴ, ㄹ

THEME 29 정책평가의 타당도와 저해요인

중요도 ●●●●○

정답 및 해설 p. 95

선생님TIP

정책평가는 전통적으로 출제빈도가 높은 테마입니다. 먼저 인과관계의 성립조건을 이해하고, 인과관계에 영향을 미치는 제3변수로서 허위변수와 혼란변수의 개념을 정리해야 합니다. 정책평가의 요소로서 타당도와 그 저해요인은 정책평가에서 가장 중요한 포인트이므로 확실하게 이해하고 숙지할 수 있도록 합니다. 특히 내적 타당도는 인과관계, 외적 타당도는 일반화가 각각의 포인트임을 유의하여 알아둡시다.

■ 정책평가의 타당도와 저해요인

1. 정책평가에 영향을 미치는 제3변수

허위변수	실제로는 상관관계가 없는데도 있는 것처럼 나타나게 하는 제3변수
혼란변수	종속변수 간에 상관관계가 있는 상태에서 두 변수 모두에 영향을 미치는 제3변수
억제변수	두 변수가 서로 상관관계가 있는데도 없는 것으로 나타나게 하는 제3변수
왜곡변수	두 변수 간의 사실상의 관계를 정반대의 관계로 나타나게 하는 제3변수
조절변수	종속변수에 대한 독립변수의 효과를 중간에서 조절하는 제3변수

2. 타당도

(1) 종류

구성적 타당도	이론적 구성요소(처리, 결과, 모집단)가 성공적으로 조작화된 정도
통계적 결론의 타당도	연구설계, 가설(실험설계)이 충분하고 정밀하게 설계되어진 정도
내적 타당도	인과관계(X → Y)의 적합성 정도
외적 타당도	주어진 상황 외에서의 일반화 정도

(2) 타당도 저해요인

내적 타당도 저해요인	• 선발요소 • 회귀인공요소 • 상실요소 • 처치와 상실의 상호작용	• 역사적 요소 • 측정요소 • 모방효과(오염효과)	• 성숙효과 • 측정(검사)도구의 변화 • 선발과 성숙의 상호작용
외적 타당도 저해요인	• 표본의 비대표성 • 다수적 처리에 의한 간섭 • 크리밍(creaming) 효과	• 호손효과 • 실험조작과 측정의 상호작용	

3. 정책실험(사회실험)

의의		• 정책평가의 한 방법으로, 정책의 효과 파악을 위해 정책의 전면적인 추진에 앞서 일정한 정책대상집단에게 시행하는 시험적 정책집행 • 준실험의 방법으로 시행되는 것이 일반적임
종류	진실험	• 통제집단과 실험집단을 구분(실험적 설계) • 실험집단과 통제집단 간 동질성을 확보하는 실험 • 한계: 정책수단의 내용이 잘못되어 실험집단만이 아닌 통제집단에게도 누출되는 경우 발생, 실험이라는 특수상황에서 평가된 정책효과의 타당성 일반화 곤란, 정치적·도의적 측면에서 실행가능성 낮음
	준실험	• 통제집단과 실험집단을 구분(실험적 설계) • 실험집단과 통제집단 간 동질성을 확보하지 못하는 실험 • 한계: 실험집단과 비교집단의 성숙효과가 다를 경우 실험의 타당도 저하, 집단 특유의 사건 발생 시 이를 해결할 수 없음
	비실험	• 통제집단과 실험집단의 구분 없이 실험집단에 정책처리를 하는 실험(비실험적 설계) • 정책실시 전·후 비교방법, 사후 비교집단 선정 • 한계: 허위변수, 혼란변수 등을 조사설계에서 처리하지 못하므로 정책효과를 정확하게 측정하지 못함

01 □□□

2020년 지방직 9급

정책평가의 논리에서 수단과 목표 간의 인과관계에 대한 설명으로 옳은 것만을 모두 고르면?

> ㄱ. 정책목표의 달성이 정책수단의 실현에 선행해서 존재해야 한다.
> ㄴ. 특정 정책수단 실현과 정책목표 달성 간 관계를 설명하는 다른 요인이 배제되어야 한다.
> ㄷ. 정책수단의 변화 정도에 따라 정책목표의 달성 정도도 변해야 한다.

① ㄱ ② ㄷ
③ ㄱ, ㄴ ④ ㄴ, ㄷ

02 □□□

2022년 군무원 9급

정책을 평가하기 위한 양적 평가방법에 대한 설명으로 옳지 않은 것은?

① 계량적 기법을 응용하여 수치화된 지표를 통해 정책의 결과를 측정한다.
② 정량평가라고도 하며 실험적 방법과 비실험적 방법 등이 해당한다.
③ 정책대안과 정책산출 및 영향 간에 어떠한 인과관계가 있는지를 분석한다.
④ 대부분 데이터 수집을 심층면담 및 참여관찰 등의 방법에 의존한다.

03 □□□

2016년 지방직 9급

다음 제시문의 ㄱ, ㄴ에 들어갈 용어가 바르게 연결된 것은?

> (ㄱ)는 독립변수인 정책수단과 함께 종속변수인 정책효과를 가져오는 요인으로 정책수단과 정책효과 사이의 인과관계를 과대 또는 과소평가하며, (ㄴ)는 독립변수인 정책수단의 효과가 전혀 없을 때, 숨어서 정책효과를 가져오는 변수로 정책수단과 정책효과 사이의 인과관계를 완전히 왜곡하는 요인이다.

① ㄱ. 허위변수(spurious variable)
 ㄴ. 매개변수(mediating variable)
② ㄱ. 혼란변수(confounding variable)
 ㄴ. 허위변수(spurious variable)
③ ㄱ. 혼란변수(confounding variable)
 ㄴ. 매개변수(mediating variable)
④ ㄱ. 허위변수(spurious variable)
 ㄴ. 혼란변수(confounding variable)

04 □□□

2020년 국가직 9급

정책변수에 대한 설명으로 옳은 것만을 모두 고르면?

> ㄱ. 매개변수 - 독립변수의 원인인 동시에 종속변수의 원인이 되는 제3의 변수
> ㄴ. 조절변수 - 독립변수와 종속변수 간에 상호작용효과를 나타나게 하는 제3의 변수
> ㄷ. 억제변수 - 독립변수와 종속변수 간에 상관관계가 없는데도 있는 것으로 나타나게 하는 제3의 변수
> ㄹ. 허위변수 - 독립변수와 종속변수 모두에게 영향을 미치며 이들 사이의 공동변화를 설명하는 제3의 변수

① ㄱ, ㄷ ② ㄱ, ㄹ
③ ㄴ, ㄷ ④ ㄴ, ㄹ

05 □□□

2023년 국가직 9급

정책분석 및 평가연구에 적용되는 기준 중 내적 타당성에 대한 설명으로 옳은 것은?

① 분석 및 평가 결과를 다른 상황에서도 적용할 수 있는 정도를 의미한다.
② 이론적 구성요소들의 추상적 개념을 성공적으로 조작화한 정도를 의미한다.
③ 집행된 정책내용과 발생한 정책효과 간의 관계에 대한 인과적 추론의 정확성 정도를 의미한다.
④ 반복해서 측정했을 때 일관성 있는 결과를 얻는 정도를 의미한다.

06 □□□

2020년 국가직 9급

정책평가를 위한 측정도구의 타당성과 신뢰성에 대한 설명으로 옳지 않은 것은?

① 타당성은 없지만 신뢰성이 높은 측정도구가 있을 수 있다.
② 신뢰성이 없지만 타당성이 높은 측정도구는 있을 수 없다.
③ 신뢰성은 측정도구의 타당성을 담보할 수 있는 충분조건이다.
④ 타당성이 없는 측정도구는 제1종 오류를 범하는 원인이 될 수 있다.

07 □□□

2017년 서울시 7급

다음 중 정책평가의 타당성 검토에 대한 설명으로 가장 옳지 않은 것은?

① '청렴'이라는 이론적 구성요소에 대한 측정지표가 성공적으로 조작화되어 있는가를 살펴본다.
② '까마귀 날자 배 떨어진다'는 속담에서처럼 정책의 효과가 우연히 나타난 것은 아닌지, 다시 말해서 오직 정책에 기인한 것인지를 살펴본다.
③ 서울특별시를 대상으로 시범 실시하여 효과적으로 나타난 A사업을 전국 광역시를 대상으로 확대 실시한 경우에도 효과적인지를 검토한다.
④ 정책의 대상집단과 내용 등이 동질적이나 정책평가시기를 달리하는 경우 각 시기별 정책결과 측정값의 상관관계를 분석한다.

08 □□□

2025년 지방직 9급

정책평가의 타당성에 대한 설명으로 옳지 않은 것은?

① 외적 타당성(external validity)은 추정된 인과관계를 다른 상황에서도 일반화시킬 수 있는가를 의미한다.
② 구성적 타당성(construct validity)은 추상적 개념과 이를 측정하는 측정도구가 얼마나 일치하는가를 의미한다.
③ 통계적 결론의 타당성(statistical conclusion validity)은 표본자료의 통계적 검증에서 도출한 결론이 얼마나 정확한가를 의미한다.
④ 내적 타당성(internal validity)에 대한 논의는 우선 외적 타당성의 확보가 전제되어야 한다.

09 □□□

2009년 국가직 9급

정책평가에 있어 타당성(validity)과 관련된 설명으로 옳지 않은 것은?

① 외적 타당성(external validity)은 어떤 특정한 상황에서 내적 타당성을 확보한 정책평가가 다른 상황에서도 적용될 가능성을 의미한다.
② 정책평가를 위하여 고찰된 통계적 · 실험적 방법들은 외적 타당성을 제고하는 것을 제1차적 목적으로 한다.
③ 성숙효과(maturation effect)는 평가에 동원된 집단구성원들이 정책의 효과와는 관계없이 스스로 성장함으로써 나타날 수 있는 효과로서 내적 타당성을 저하시킬 수 있는 요인에 속한다.
④ 회귀인공요소(regression artifact)들은 프로그램 집행 전의 1회 측정에서 극단적인 점수를 얻은 것을 기초로 개인들을 선발하게 되면, 다음의 측정에서 그들의 평균점수가 덜 극단적인 방향으로 이동하게 되는 것을 의미한다.

10 □□□

2016년 국가직 7급

내적 타당도의 위협요인에 대한 설명을 바르게 연결한 것은?

> ㄱ. 실험(testing)효과
> ㄴ. 회귀(regression)효과
> ㄷ. 성숙(maturation)효과
> ㄹ. 역사(history)효과

> A. 순전히 시간의 경과 때문에 발생하는 조사대상 집단의 특성변화가 나타나는 경우
> B. 정책 및 프로그램의 실시 전후 유사한 검사를 반복하는 경우에 시험에 친숙도가 높아져 측정값에 영향을 미치는 경우
> C. 특정 프로그램처리가 집행될 즈음에 발생한 다른 어떤 외부적 사건 때문에 나타난 효과
> D. 극단적인 점수를 얻은 실험대상들이 시간이 흐름에 따라 덜 극단적인 상태로 표류하게 되는 경향

	ㄱ	ㄴ	ㄷ	ㄹ
①	B	A	D	C
②	B	D	A	C
③	D	C	B	A
④	D	C	A	B

11 □□□

2016년 국가직 9급

다음 내용에서 정책평가의 내적 타당도를 위협하는 요인은?

> 정부는 혼잡통행료제도의 효과를 측정하기 위해 혼잡통행료 실시 이전과 실시 후의 도심의 교통 흐름도를 측정, 비교하였다. 그런데 두 측정시점 사이에 유류가격이 급등하는 상황이 발생하였다.

① 상실요인(mortality)
② 회귀요인(regression)
③ 역사요인(history)
④ 검사요인(testing)

12 □□□

2021년 국회직 8급

다음 사례에서 정책평가의 내적 타당도를 위협하는 요인은?

> 지방정부 A시는 최근 일정 나이의 청년들에게 월마다 일정 금액을 지급하는 청년소득 정책을 실시하였다. 청년소득 지급이 청년들의 고용에 어떤 영향을 미치는지 알아보기 위해 청년소득 정책 실시 전후 대상자들의 고용현황을 측정하고 비교해서 그 차이를 청년소득의 효과라고 해석하려고 한다. 그런데 두 측정시점 사이에 경기불황이라는 상황이 발생하였다.

① 호손효과
② 검사요인
③ 역사적 요인
④ 회귀인공요인
⑤ 오염효과

13 □□□

2010년 지방직 7급

정책평가의 내적 타당도 저해요인에 대한 설명으로 옳지 않은 것은?

① 사건효과는 실험기간 동안에 일어난 역사적 사건이 실험에 영향을 미치는 것을 의미한다.
② 성숙(성장)효과는 실험기간 중 실험집단의 특성이 변화함으로써 결과에 영향을 미치는 것을 의미한다.
③ 시험효과는 측정자와 측정방법이 달라짐으로써 측정결과에 영향을 미치는 것을 의미한다.
④ 통계적 회귀는 실험집단으로 선정된 집단이 잘못 선정되어 측정하고자 하는 결과변수의 수준이 지나치게 높거나 낮았다가 다음 측정에서는 평균치로 향하는 것을 의미한다.

14 □□□

2019년 국가직 7급

정책평가에서 내적 타당성에 대한 설명으로 옳지 않은 것은?

① 역사요인은 외부환경에서 발생하여 사전 및 사후측정값이 달라지게 만드는 어떤 사건을 말한다.
② 성숙효과는 실험대상자들이 사전측정의 내용에 대해 친숙하게 되어 사후측정값이 달라지는 것이다.
③ 상실요인은 정책집행 기간에 대상자 일부가 이탈하여 사전 및 사후측정값이 달라지는 것과 관련이 있다.
④ 선발요인은 실험집단 및 통제집단에 대한 무작위 배정과 사전측정을 통해 어느 정도 통제할 수 있다.

15 □□□

2021년 지방직 9급

정책실험에서 내적 타당성을 위협하는 요인 중 다음 설명에 해당하는 것은?

사전측정을 경험한 실험 대상자들이 측정 내용에 대해 친숙해지거나 학습 효과를 얻음으로써 사후측정 때 실험집단의 측정값에 영향을 주는 효과이며, '눈에 띄지 않는 관찰' 방법 등으로 통제할 수 있다.

① 검사요인
② 선발요인
③ 상실요인
④ 역사요인

16 □□□

2017년 국가직 9급(10월 추가)

정책평가에 있어서 조건이 양호한 집단을 대상으로 정책수단을 실시한 후 그 결과가 좋게 나타난 정책수단을 다른 상황에 적용하려고 하는 경우에 나타나는 외적 타당성의 문제는?

① 크리밍 효과(creaming effect)
② 성숙효과(maturation effect)
③ 허위상관(spurious correlation)
④ 호손효과(Hawthorne effect)

17 □□□

2021년 국가직 9급

정책평가와 관련하여 실험결과의 외적 타당성을 저해하는 요인으로 옳지 않은 것은?

① 연구자의 측정기준이나 측정도구가 변화되는 경우
② 표본으로 선택된 집단의 대표성이 약할 경우
③ 실험집단 구성원 자신이 실험대상임을 인지하고 평소와 다른 특별한 반응을 보일 경우
④ 실험의 효과가 크게 나타날 것으로 예상되는 집단만을 의도적으로 실험집단에 배정하는 경우

18 □□□

2018년 국회직 8급

다음 중 정책평가에서 인과관계의 타당성을 저해하는 여러 가지 요인들에 대한 설명으로 옳지 않은 것은?

① 성숙효과: 정책으로 인하여 그 결과가 나타난 것이 아니라 그냥 가만히 두어도 시간이 지나면서 자연스럽게 변화가 일어나는 경우
② 회귀인공요소: 정책대상의 상태가 정책의 영향력과는 관계없이 자연스럽게 평균값으로 되돌아가는 경향
③ 호손효과: 정책효과가 나타날 가능성이 높은 집단을 의도적으로 실험집단으로 선정함으로써 정책의 영향력이 실제보다 과대평가되는 경우
④ 혼란변수: 정책 이외에 제3의 변수도 결과에 영향을 미치는 경우 정책의 영향력을 정확히 평가하기 어렵게 만드는 경우
⑤ 허위변수: 정책과 결과 사이에 아무런 인과관계가 없으나 마치 정책과 결과 사이에 인과관계가 존재하는 것처럼 착각하게 만드는 변수

19 □□□

2018년 국가직 7급

정책평가의 내적 타당성과 외적 타당성에 대한 설명으로 옳은 것은?

① 역사요인, 성숙요인, 회귀요인은 모두 외적 타당성 저해요인이다.

② 준실험이 갖는 약점은 주로 외적 타당성보다는 내적 타당성에 관한 것이다.

③ 실험대상자들이 실험의 대상으로 자신들이 관찰되고 있다는 사실을 알게 되어 평소와는 다른 행동을 함으로써 발생하는 효과는 내적 타당성의 저해요인이다.

④ 정책집행과 정책효과 사이의 인과관계를 정확히 파악할 수 있는 평가는 외적 타당성을 갖추었다고 볼 수 있다.

20 □□□

2020년 지방직 7급

다음 사례에서 제시된 '경쟁가설'과 관련한 정책평가의 내적 타당성 위협요인으로 옳은 것은?

> 정부는 ○○하천의 수질오염을 방지하기 위해 주변 모든 공장에 폐수정화시설을 의무적으로 갖추도록 하는 정책을 시행했다. 1년 후 정부는 정책평가를 통해 ○○하천의 오염정도가 정책실시 이전보다 훨씬 낮게 나타났다는 결과를 발표했다. ○○하천의 수질개선은 정책의 효과라는 정부의 입장에 대해, A교수는 "○○하천이 깨끗해진 것은 정책 시행기간 중 불경기가 극심하여 많은 공장들이 문을 닫았고, 정책평가를 위한 오염수준 측정 직전에 갑자기 비가 많이 왔기 때문"이라는 경쟁가설을 제기했다.

① 역사요인

② 검사요인

③ 선발요인

④ 상실요인

21 □□□

2010년 지방직 7급

다음이 설명하는 연구방법은?

> 준실험설계방법 중에서 실험집단과 통제집단에 실험대상을 배정할 때 분명하게 알려진 자격기준(eligibility criterion)을 적용하는 방법으로, 투입자원이 희소하여 오직 대상집단의 일부에게만 희소자원이 공급될 수밖에 없는 경우에 정책효과를 파악하기 위한 연구에 적합하다.

① 비동질적 통제집단설계(non-equivalent control group design)

② 회귀 - 불연속설계(regression discontinuity design)

③ 단절적 시계열설계(interrupted time-series design)

④ 통제 - 시계열설계(control-series design)

22 □□□

2020년 국가직 7급

실험설계에 대한 설명으로 옳지 않은 것은?

① 특정 정책의 효과성 판단을 위한 인과관계 입증에 활용될 수 있다.

② 진실험(true experiment)과 준실험(quasi-experiment)의 차이는 실험집단과 통제집단의 무작위배정에 의한 동질성 확보 여부이다.

③ 회귀-불연속 설계나 단절적 시계열 설계는 과거지향적(retrospective)인 성격을 갖는 진실험설계(true experime nt)에 해당된다.

④ 짝짓기(matching)를 통하여 제3의 요인에 관하여 실험집단과 통제집단을 동등화시킬 수 있다.

23 □□□

2023년 국가직 9급

정책평가를 위한 사회실험에 대한 설명으로 옳지 않은 것은?

① 통제집단 사전·사후 설계는 검사효과를 통제할 수 있다.
② 준실험은 진실험에 비해 실행 가능성이 높다는 장점이 있다.
③ 회귀불연속 설계는 구분점(구간)에서 회귀직선의 불연속적인 단절을 이용한다.
④ 솔로몬 4집단 설계는 통제집단 사전·사후 설계와 통제집단 사후 설계의 장점을 갖는다.

24 □□□

2018년 지방직 7급

정책평가방법 중 자연실험(natural experiment)에 대한 설명으로 옳지 않은 것은?

① 자연실험은 준실험(quasi-experiment)이 아닌 진실험(true experiment)에 가까운 실험설계방식이다.
② 자연실험에서는 사회실험에 비해 비용문제나 윤리적 문제 때문에 어려움을 겪을 가능성이 적다.
③ 자연실험에서 실험여건은 자연적인 충격(shock)뿐만 아니라 급격한 정책이나 제도변화에 의해서도 형성된다.
④ 독립변수와 종속변수가 서로 영향을 주고받는 동시적 관계에 있을 때 이를 통제하기 위한 수단으로 자연실험을 이용할 수 있다.

25 □□□

2019년 지방직 9급

정책평가에서 내적 타당성에 대한 설명으로 옳지 않은 것은?

① 준실험설계보다 진실험설계를 사용할 때 내적 타당성의 저해요인이 다양하게 나타난다.
② 정책의 집행과 효과 사이에 존재하는 인과관계의 추론이 가능한 평가가 내적 타당성이 있는 평가이다.
③ 허위변수나 혼란변수를 배제할 수 있다면 내적 타당성을 높일 수 있다.
④ 선발요인이나 상실요인을 통제하기 위해서는 무작위배정이나 사전측정이 필요하다.

26 □□□

2020년 지방직 7급

정책평가를 위한 조사설계의 유형 중 진실험설계(true experimental design)에 해당하는 것은?

① 단절적 시계열설계(interrupted time-series design)
② 통제집단 사전사후측정설계(pretest-posttest control group design)
③ 비동질적 통제집단설계(non-equivalent control group design)
④ 단일집단 사전사후측정설계(one group pretest-posttest design)

27 □□□

2023년 지방직 7급

정책평가의 설계에 대한 설명으로 옳지 않은 것은?

① 사후적 비교집단 구성(비동질적집단 사후측정설계)은 선정효과로 인해 내적 타당성이 훼손될 수 있다.
② 진실험은 모방효과로 인해 내적 타당성이 훼손될 수 있다.
③ 비동질적 통제집단설계는 진실험과 같은 수준의 내적 타당성을 확보할 수 있다.
④ 진실험과 준실험을 비교하면 실행가능성 측면에서는 준실험이, 내적 타당성 측면에서는 진실험이 더 우수하다.

28 □□□

2022년 국가직 7급

정책의 효과를 확인하기 위한 평가설계에 대한 설명으로 옳은 것만을 모두 고르면?

ㄱ. 동일 정책대상집단에 대해 정책집행을 기준으로 여러 번의 사전, 사후측정을 하여 정책효과를 추정하는 '단절적 시계열설계'는 준실험설계 유형 중 하나이다.
ㄴ. 내적 타당성을 위협하는 역사요인은 정책집행 기간이 상대적으로 길고 정책대상이 사람일 때 주로 나타나며 시간의 경과 때문에 발생하는 조사대상 집단의 특성변화가 정책의 효과에 혼재되어 나타나는 경우를 말한다.
ㄷ. 정책실험을 할 수 없는 경우, 통계분석 기법을 이용해서 정책효과의 인과관계를 추론하는 것을 비실험적 정책평가설계라고 하며 회귀분석이나 경로분석 등이 있다.

① ㄱ
② ㄱ, ㄷ
③ ㄴ, ㄷ
④ ㄱ, ㄴ, ㄷ

29 □□□

2024년 국회직 8급

정책평가의 준실험 설계에 대한 설명으로 옳은 것은?

① 준실험설계는 무작위에 의한 실험집단과 통제집단을 구성한다.
② 진실험설계와 비교하여, 인위적 요소가 많지 않아 내적 타당성이 높고 실험의 실현 가능성이 높은 편이다.
③ 실험집단을 다른 집단과 비교하거나, 시계열적인 방법으로 정책영향을 평가한다.
④ 준실험적 방법은 진실험적 방법의 약점인 선발효과와 성숙효과를 어느 정도 해결할 수 있다.
⑤ 회귀불연속설계는 정책의 시행 시점인 구분점에서 기울기와 절편이 모두 변화해야 장기적인 효과가 있다.

30 □□□

2021년 지방직 7급

사회실험에 대한 설명으로 옳은 것만을 모두 고르면?

ㄱ. 자연과학의 실험실 실험과는 달리 상황에 따라 통제집단(control group) 또는 비교집단(comparison group) 없이 진행할 수 있다.
ㄴ. 진실험 방법을 활용하여 사회실험을 진행하면 호손효과(Hawthorne Effect)를 방지할 수 있다는 점이 가장 큰 장점이다.
ㄷ. 아직 검증되지 않은 정책 프로그램에 대규모 투자를 하기 전에 그 결과를 미리 평가해 보는 것이 중요한 목적 중 하나이다.
ㄹ. 실험집단과 비교집단을 무작위 배정(random assignment)할 수 없어 집단 간 동질성 확보가 불가능하면, 준실험(quasi-experiment) 방법을 채택하여 진행할 수 있다.

① ㄱ, ㄴ
② ㄱ, ㄹ
③ ㄴ, ㄷ
④ ㄷ, ㄹ

CHAPTER 6

정책변동과 기획론

THEME 30 정책변동과 기획

중요도 ●●○○○

정답 및 해설 p. 101

선생님TIP

정책변동의 유형에서 최근 정책승계와 정책유지에 대한 출제빈도가 높아지고 있는 추세이므로 이에 대하여 한번은 짚고 넘어가는 것이 좋습니다. 그 중에서도 특히 정책승계의 유형에 대해서는 각 유형별 개념과 특징을 이해하고 숙지하여야 합니다. 그리고 기획론에서는 기획과 민주주의에 대한 찬반논쟁이 주요 내용이므로, 하이에크와 파이너의 논쟁(Hayek vs. Finer)을 정리해야 할 필요가 있습니다.

■ 정책변동과 기획

1. 정책변동의 유형

정책혁신	새로운 문제의 등장(의도적), 기존조직과 예산활용 ×
정책종결	문제의 소멸(의도적), 구조적 종결, 기능적 종결
정책승계	문제의 변질(의도적), 정책목표는 변동되지 않음
정책유지	문제의 지속(적응적)

(1) 각 유형별 변동여부

구분	변동여부		
	정책목표	정책수단의 기본적 성격	정책수단(대상집단, 수혜범위)
정책혁신	○	○	○
정책종결	○	○	○
정책승계	×	○	○
정책유지	×	×	○

(2) 정책승계의 유형

선형적 승계	• 기존의 정책수단이나 사업을 완전히 종결하고 종전과 동일한 목표를 달성하기 위해 새로운 사업계획을 수립하는 것 • 가장 전형적인 형태
우발적 승계	기존 정책이 타 분야의 정책변동에 연계하여 우연하게 정책변화가 발생하는 것
정책통합	두 개 이상의 정책이나 사업계획이 완전히 또는 부분적으로 종결되고 이와 유사한 정책목표를 추구하기 위하여 새로운 단일의 정책이 제도화되는 것
정책분할	기존 정책이 두 개 또는 그 이상의 정책으로 분할되는 것
부분적 종결	기존 정책 중 일부는 계속적으로 유지하면서 일부는 완전히 종결시키는 것
복합적 정책승계	정책유지 · 대체 · 종결 · 추가 등 정책승계의 여러 유형들이 복합적으로 나타나는 것

2. 국가기획과 민주주의에 대한 논쟁(Hayek vs. Finer)

부정론	하이에크(Hayek)	『노예로의 길』(1944)에서 국가기획의 도입으로 시민의 자유와 권리 침해 등 민주주의의 원리가 훼손된다고 주장
	포퍼(Popper)	『열린 사회와 그 적들』에서 반전체주의적 입장으로 열린 사회를 주장
긍정론	파이너(Finer)	『반동의 길』(1945)에서 국가기획 도입을 찬성, 시민의 자유와 권리 등 민주주의 원리와 양립 가능함을 주장
	만하임(Mannheim)	『자유 · 권력 및 민주적 기획론』에서 자본주의 경제에서 민주적 기획의 필요성 역설
	홀콤(Holcomb)	『계획적 민주정부론』에서 계획과 민주주의의 조화 인정

01 □□□

2022년 지방직 9급

호그우드(Hogwood)와 피터스(Peters)가 제시한 정책변동의 유형에 대한 설명으로 옳지 않은 것은?

① 정책혁신은 기존의 조직이나 예산을 기반으로 새로운 형태의 개입을 결정하는 것이다.
② 정책승계는 정책의 기본 목표는 유지하되, 정책을 대체 혹은 수정하거나 일부 종결하는 것이다.
③ 정책유지는 기존 정책의 기본 골격을 유지하면서 정책수단의 부분적인 변화만 이루어지는 것이다.
④ 정책종결은 다른 정책으로의 대체 없이 기존 정책을 완전히 중단하는 것이다.

02 □□□

2013년 서울시 7급

호그우드(Hogwood)와 피터스(Peters)의 정책변동유형 중 정책목적은 유지하되 세부적 정책수단을 변화시키는 유형은?

① 정책창안
② 정책종결
③ 정책유지
④ 정책승계
⑤ 정책전환

03 □□□

2018년 국가직 7급

호그우드(Hogwood)와 피터스(Peters)의 정책변동에 대한 설명으로 옳지 않은 것은?

① 정책혁신은 기존의 조직과 예산을 활용하여 이전에 관여한 적이 없는 새로운 정책분야에 개입하는 것이다.
② 정책종결은 현존하는 정책을 완전히 소멸시키는 것으로 정책수단이 되는 사업과 지원 예산을 중단하고 이들을 대체할 다른 수단을 결정하지 않은 경우이다.
③ 과속차량단속이라는 목표를 변경하지 않고 기존에 경찰관이 현장에서 직접 단속하는 수단을 무인감시카메라 설치를 통한 단속으로 대체하는 것은 정책승계 중 선형적(linear) 승계에 해당한다.
④ 정책유지는 현재의 정책을 기본적으로 유지하면서 정책수단의 부분적인 변화만 이루어지는 경우를 말한다.

04 □□□

2020년 국가직 9급

정책변동에 대한 설명으로 옳지 않은 것은?

① 킹던(Kingdon)의 정책흐름이론에 따르면 정책변동은 정책문제의 흐름, 정치의 흐름, 정책대안의 흐름이 결합하여 이루어진다.
② 무치아로니(Mucciaroni)의 이익집단 위상변동모형에서 이슈 맥락은 환경적 요인과 같이 정책의 유지 혹은 변동에 영향을 미치는 정책요인을 말한다.
③ 실질적인 정책내용이 변하더라도 정책목표가 변하지 않는다면 이를 정책유지라 한다.
④ 정책목표를 달성하기 위한 전반적인 정책수단을 소멸시키고 이를 대체할 다른 정책을 마련하지 않는 것을 정책종결이라 한다.

05 □□□

2024년 군무원 7급

다음 중 정책변동의 유형 가운데 '정책유지'에 대한 설명으로 가장 적절한 것은?

① 기존의 정책목표는 그대로 이어받으면서 주요 정책 수단을 일부 수정하는 것이다.
② 사업 내용의 일부를 수정하고 예산의 조정이나 집행 절차를 조금만 변형시킨다.
③ 정책의 성격을 거의 전면적으로 대체하거나 부분적으로 종결시킨다.
④ 기존에 정부가 개입하지 않던 분야나 영역에 대해 새로운 정책을 추진하는 것이다.

06 □□□

2025년 국가직 9급

호그우드(Hogwood)와 피터스(Peters)가 제시한 다음의 정책변동 유형에 해당하는 것은?

동일한 정책문제와 관련되는 영역에서 기존 정책목표는 유지되지만, 이전의 프로그램과 조직이 새로운 것으로 대체되는 것을 의미한다. 세부적으로는 정책통합, 정책분할 등이 있다.

① 정책승계(policy succession)
② 정책쇄신(policy innovation)
③ 정책유지(policy maintenance)
④ 정책종결(policy termination)

07 □□□ 2018년 서울시 7급(6월 시행)

정책승계유형에 대한 설명으로 가장 옳지 않은 것은?

① 선형승계: 새로운 정책이 과거의 정책을 대체하여 양자의 관계가 명확하게 나타나는 가장 단순한 형태의 정책승계
② 부분적 종결: 하나의 정책이 다수의 새로운 정책으로 분할되는 형태의 정책승계
③ 정책통합: 같은 분야의 정책이 합하여짐으로써 새로운 정책이 나타나는 형태의 정책승계
④ 우발적 승계: 타 분야의 정책변동에 연계하여 우발적인 변화가 나타나는 형태의 정책승계

08 □□□ 2016년 지방직 9급

홀(Hall)에 의해 제시된 정책변동모형으로 정책목표, 정책수단, 정책환경의 세 가지 변수 중 정책목표와 정책수단에 급격한 변화가 발생하는 정책변동모형은?

① 쓰레기통모형
② 단절균형모형(Punctuated Equilibrium)
③ 정책지지연합모형(Advocacy Coalition Framework)
④ 정책패러다임변동모형

09 □□□ 2022년 군무원 9급

전략기획(strategic planning)에 대한 설명으로 옳지 않은 것은?

① 불확실한 미래에 체계적이고 능동적으로 대응하기 위한 전략을 만드는 과정이다.
② 상대적으로 정치 및 경제 등이 불안정한 환경 속에서 유용성이 높다.
③ 정책결정에 비해 외부환경에 개방되지 않고 전문가의 역할이 강조되는 편이다.
④ 환경에 대한 체계적인 분석과 조직진단을 통해 실현가능한 설계에 초점을 맞춘다.

10 □□□ 2021년 군무원 7급

기획의 효용에 관한 설명으로 가장 적절하지 않은 것은?

① 목표달성이 핵심이 되는 전략적 요인에 관심을 집중시켜 목표를 더욱 명확히 한다.
② 기획은 한정된 자원을 최대한 효율적으로 이용하여 행정수요를 충족시킨다.
③ 여러 대안 중에서 최적 대안을 선택함으로써 경비를 절약할 수 있다.
④ 기획은 장래의 상태를 정확하게 예측하여 확실한 가정하에서 계획을 작성할 수 있다.

11 □□□ 2012년 서울시 9급

기획이 시장질서를 교란시키고 국민의 자유권을 침해하며 자유민주주의에 위배된다고 주장한 학자는?

① 하이에크(Hayek)
② 파이너(Finer)
③ 오스트롬(Ostrom)
④ 사이몬(Simon)
⑤ 테일러(Taylor)

12 □□□ 2007년 전북 9급

이른바 '계획적 민주정부(government in planned democracy)'를 주창하면서 인간자원의 합리적 이용을 위하여서는 제3자인 국가의 힘에 의한 기획제도가 필요하다고 한 사람은?

① 파이너(Finer)
② 하이에크(Hayek)
③ 홀콤(Holcomb)
④ 만하임(Mannheim)

PART 3

행정조직론

CHAPTER 1 / 조직의 기초이론
CHAPTER 2 / 조직구조론
CHAPTER 3 / 조직행태론
CHAPTER 4 / 조직과 환경
CHAPTER 5 / 조직관리 및 개혁론

CHAPTER 1

조직의 기초이론

THEME 31 조직의 유형과 이론변천

중요도 ●●○○○

정답 및 해설 p. 103

선생님TIP

조직의 유형은 다소 지엽적인 부분이므로 학자별로 가볍게 정리하고 넘어가면 됩니다. 이 중에서는 민츠버그(Mintzberg)의 조직유형이 출제비중이 높은 편이고, 파슨스(Parsons)와 대프트(Daft)의 조직유형도 함께 알아두면 좋습니다. 조직이론은 일반적인 분류인 왈도(Waldo)의 고전적 조직이론 → 신고전적 조직이론 → 현대적 조직이론의 변천에 따른 전개를 이해하면 됩니다.

1 학자별 주요 조직유형

1. 파슨스(Parsons)의 AGIL 모형

적응기능(A)	경제조직 예 기업 등
목표달성기능(G)	정치조직 예 정당, 정부 등
통합기능(I)	통합조직 예 경찰, 법원 등
형상유지기능(L)	교육조직 예 학교, 종교단체 등

2. 에치오니(Etzioni)의 유형

구분		권력		
		강제적 권력	공리적 권력	규범적 권력
관여	소외적 관여	강제적 조직(질서 - 교도소)	-	-
	타산적 관여	-	공리조직(경제 - 회사)	-
	도덕적 관여	-	-	규범조직(문화 - 정당)

3. 민츠버그(Mintzberg)의 유형

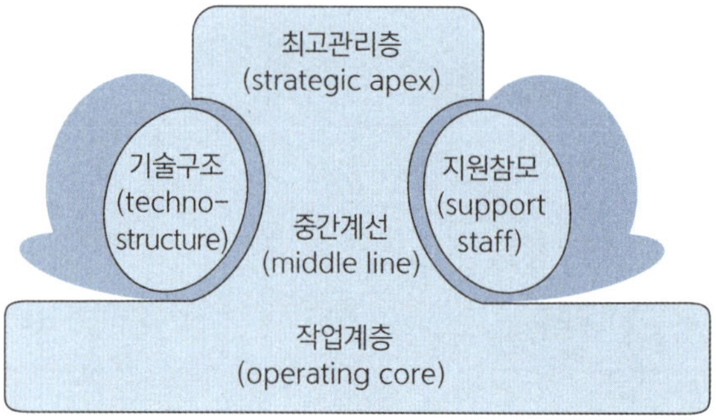

구분	환경	규모	권한(통제수단)	주요구성
단순구조	단순 · 동태적	소규모 신설조직	최고관리자에 집중(직접통제)	최고관리층(전략적 정점)
기계관료제	단순 · 안정적	대규모 조직	조직적 분화(작업 표준화)	기술구조
전문관료제	복잡 · 안정적	중 · 소규모 조직	수평적 분화(기술 표준화)	작업계층(핵심운영)
사업부제구조	단순 · 안정적	대규모 조직	하부단위 준자율적(산출 표준화)	중간관리층
임시조직	복잡 · 동태적	소규모 조직	수평적 분화(상호조절)	지원참모

4. 대프트(Daft)의 유형

기계적 구조 [기능구조] ------ [사업구조] ------ [매트릭스구조] ------ [수평구조] ------ [네트워크구조] 유기적 구조

← 수직성/안정성/능률성(높음)
저비용 전략

수평성/학습성(높음) →
탐색형 전략

기능구조	공동기능별로 부서화, 수평적 조정의 필요성 낮음, 전문성과 규모의 경제 실현, U자형 조직
사업구조	산출물 기반의 자기완결적 조직, 부서 내 기능조정, 다차원적, M자형 조직
매트릭스구조	기능구조(전문성) + 사업구조(신속한 대응성)의 화학적 결합
수평구조	핵심업무과정을 중심으로 조직화, 팀 조직
네트워크구조	핵심역량만 조직 내 합리화, 여타 기능은 외부와 계약(아웃소싱)

2 조직이론의 변천(Waldo)

구분	고전적 이론	신고전적 이론	현대적 이론
인간관	합리적 · 경제적 인간	사회적 인간	복잡한 인간
가치	기계적 능률성	사회적 능률성	다원적 목표 · 가치 · 이념
주요연구대상	공식적 구조(계층제)	비공식적 구조	유기적 구조(탈계층제)
주요변수	구조	인간(행태)	환경
환경과의 관계	폐쇄적	대체로 폐쇄적	개방적
관련이론	과학적 관리론	인간관계론	체제이론, 상황적응이론
연구방법	원리접근법 (형식적 과학성)	경험적 접근 (경험적 과학성)	복합적 접근 (경험과학 등 관련과학 활용)

01 □□□ 2025년 국가직 9급

블라우(Blau)와 스콧(Scott)의 조직유형에 대한 설명으로 옳지 않은 것은?

① '호혜적 조직(mutual-benefit associations)'은 고객이 주요 수익자가 되는 조직이다.

② '사업조직(business concerns)'은 조직의 소유자나 관리자가 주요 수익자가 된다.

③ '서비스조직(service organizations)'의 대표적인 예는 법률상담소, 학교, 사회사업기관 등이다.

④ '공익조직(commonweal organizations)'의 대표적인 예는 일반행정기관, 경찰서, 소방서 등이다.

02 □□□ 2021년 국가직 9급

조직목표의 기능에 대한 설명으로 옳지 않은 것은?

① 조직구성원들이 목표로 인해 일체감을 느끼기 때문에 구성원들의 동기를 유발해준다.

② 조직의 구조와 과정을 설계하는 준거를 제공하고 성과를 평가하는 기준이 되기도 한다.

③ 미래의 바람직한 상태를 밝혀 조직활동의 방향을 제시한다.

④ 조직이 존재하는 정당성의 근거가 될 수는 없다.

03 □□□

2021년 군무원 7급

현대의 행정조직에 관한 설명으로 가장 적절하지 않은 것은?

① 행정에는 신속 정확한 결정과 조치가 필요하므로 행정조직은 원칙적으로 단독제를 취하고 있다.
② 합의제의 채택은 행정조직의 기본원리인 단독제와는 모순되지만 행정의 민주화의 요청이 양자를 공존시키고 있다.
③ 행정조직은 사회적·경제적 조건의 변동과는 직접적인 관계가 없다.
④ 행정조직은 행정수요의 변동에 적응하는 탄력성을 가져야 한다.

04 □□□

2015년 지방직 7급

파슨스(Parsons)가 제시한 사회적 기능, 각 기능을 수행하는 조직유형 그리고 각 조직유형별 예시를 모두 바르게 연결한 것은?

① 적응(adaptation)기능 - 교육조직 - 학교
② 목표달성(goal attainment)기능 - 정치조직 - 행정기관
③ 통합(integration)기능 - 통합조직 - 종교단체
④ 잠재적 형상유지(latent pattern maintenance)기능 - 경제조직 - 민간기업

05 □□□

2010년 지방직 7급

학자와 조직유형 간 관계를 연결한 것으로 옳지 않은 것은?

① 파슨스(Parsons) - 강압적 조직, 공리적 조직, 규범적 조직
② 민츠버그(Mintzberg) - 단순구조, 기계적 관료제, 전문적 관료제, 할거적 구조, 임시체제
③ 블라우와 스콧(Blau & Scott) - 호혜적 조직, 기업조직, 봉사조직, 공익조직
④ 콕스(Cox, Jr.) - 획일적 조직, 다원적 조직, 다문화적 조직

06 □□□

2019년 서울시 7급(10월 시행)

조직의 유형구분에 대한 설명으로 가장 옳지 않은 것은?

① 블라우(Blau)와 스콧(Scott)은 기능을 중심으로 조직의 유형을 분류하였다.
② 블라우(Blau)와 스콧(Scott)은 병원, 학교 등을 봉사조직으로 분류한다.
③ 파슨스(Parsons)는 경찰조직을 사회통합기능을 수행하는 통합조직으로 분류한다.
④ 에치오니(Etzioni)는 민간기업체를 공리적 조직으로 분류한다.

07 □□□

2023년 지방직 9급

민츠버그(Mintzberg)가 제시한 조직유형이 아닌 것은?

① 기계적 관료제
② 애드호크라시(adhocracy)
③ 사업부제 구조
④ 홀라크라시(holacracy)

08 □□□

2011년 지방직 9급

민츠버그(Mintzberg)가 제시한 조직구조유형에 대한 설명으로 옳은 것은?

① 기계적 관료제(machine bureaucracy)는 막스 베버(Max Weber)의 관료제와 유사하다.
② 임시조직(adhocracy)은 대개 단순하고 반복적인 문제를 해결하기 위해 생성된다.
③ 폐쇄체계(closed system)적 관점에서 조직이 수행하는 기능을 기준으로 유형을 분류하였다.
④ 사업부조직(divisionalized organization)은 기능별, 서비스별 독립성으로 인해 조직전체 공통관리비의 감소효과가 크다.

09 □□□ 2015년 서울시 7급

민츠버그(Mintzberg)는 조직을 단순구조, 기계적 관료제, 전문적 관료제, 할거적 양태(사업부제), 임시체제 등으로 구분하였다. 이 중 전문적 관료제의 특징으로 가장 옳지 않은 것은?

① 높은 수평적 분화 수준
② 복잡하고 불안정적인 환경
③ 낮고 불명확한 공식화 수준
④ 높은 연결·연락 수준

10 □□□ 2018년 지방직 7급

민츠버그(Mintzberg)의 조직성장 경로모형에 따르면, 조직 내에서 어떤 부문을 강조할 것인가에 따라 조직의 구조(유형)가 달라진다. 강조된 조직구성부문과 이에 상응하는 구조의 연결로 옳지 않은 것은?

① 전략적 정점(strategic apex) – 기계적 관료제 구조
② 핵심운영(operation core) – 전문적 관료제 구조
③ 중간계선(middle line) – 사업부제 구조
④ 지원참모(support staff) – 애드호크라시(adhocracy)

11 □□□ 2019년 서울시 7급(2월 추가)

민츠버그(Mintzberg)의 조직성장 경로모형에 대한 설명으로 가장 옳지 않은 것은?

① 지원스태프부문은 기본적인 과업흐름 내에서 발생하는 조직의 문제에 대해 지원하는 모든 전문가로 구성되어 있다.
② 조직은 핵심운영부문, 전략부문, 중간라인부문, 기술구조부문, 지원스태프부문으로 구성된다.
③ 전략부문은 조직을 가장 포괄적인 관점에서 관리하는 최고관리층이 있는 곳으로 조직의 전략을 형성한다.
④ 핵심운영부문은 조직의 제품이나 서비스를 생산해내는 기본적인 일들이 발생하는 곳이다.

12 □□□ 2021년 군무원 7급

민츠버그(H. Mintzberg)의 조직유형에 대한 설명으로 가장 적절하지 않은 것은?

① 단순구조(simple structure)는 유기적이고 융통성 있는 구조이다.
② 기계적 관료제(machine bureaucracy)는 낮은 분화·전문화 수준을 가진다.
③ 전문적 관료제(professional bureaucracy)의 주된 조정방법은 기술의 표준화이다.
④ 임시체제(adhocracy)의 사업단위는 기능 또는 시장에 따라 구성된다.

13 □□□ 2024년 군무원 9급

다음 중 민츠버그(Mintzberg)의 전문적 관료제 구조에 대한 설명으로 가장 적절하지 않은 것은?

① 업무의 표준화가 어려워 개인의 전문성에 의존한다.
② 종합병원과 같이 높은 분화와 낮은 공식화의 특성을 가진다.
③ 환경변화에 적응하는 속도가 빠른 편이므로 복잡하고 불안정한 환경에 적합하다.
④ 핵심운영층에 해당하는 작업 계층의 역할이 강조된다.

14 □□□ 2017년 사회복지직 9급

다음 조직구조의 유형들을 수직적 계층을 강조하는 구조에서 수평적 조정을 강조하는 구조로 옳게 배열한 것은?

ㄱ. 네트워크구조
ㄴ. 매트릭스구조
ㄷ. 사업부제구조
ㄹ. 수평구조
ㅁ. 관료제

① ㄷ – ㅁ – ㄴ – ㄹ – ㄱ
② ㄷ – ㅁ – ㄹ – ㄱ – ㄴ
③ ㅁ – ㄷ – ㄴ – ㄹ – ㄱ
④ ㅁ – ㄷ – ㄹ – ㄴ – ㄱ

15 □□□
2019년 서울시 9급(2월 추가)

대프트(Daft)가 제시한 조직구조유형에 해당하지 않는 것은?

① 기능구조(functional structure)
② 매트릭스구조(matrix structure)
③ 단순구조(simple structure)
④ 사업구조(divisional structure)

16 □□□
2010년 서울시 7급

고전적 조직이론들이 갖고 있는 특징에 대한 설명으로 옳지 않은 것은?

① 조직은 생산과 관련된 경제적 목표를 달성하기 위해 존재한다.
② 조직구성원들은 합리적인 경제적 원리에 따라서 행동하지 못한다고 가정한다.
③ 전문화와 분업을 통하여 조직의 효과적 운영과 생산성 극대화를 추구한다.
④ 조직이 합법적 규칙과 권위에 기초할 때 개인의 오류 제거가 가능하다고 가정한다.
⑤ 현대적 조직이론의 초석을 제공하였다는 점에서 긍정적인 평가를 받기도 한다.

17 □□□
2018년 서울시 9급

조직이론의 유형들을 발달 순으로 옳게 나열한 것은?

ㄱ. 체제이론
ㄴ. 과학적 관리론
ㄷ. 인간관계론
ㄹ. 신제도이론

① ㄱ → ㄴ → ㄹ → ㄷ
② ㄴ → ㄷ → ㄱ → ㄹ
③ ㄴ → ㄱ → ㄷ → ㄹ
④ ㄷ → ㄴ → ㄹ → ㄱ

18 □□□
2021년 지방직 9급

조직이론에 대한 설명으로 옳은 것은?

① 인간관계론은 동기유발기제로 사회심리적 측면을 강조한다.
② 귤릭(Gulick)은 시간-동작 연구를 통해 과학적 관리론을 주장하였다.
③ 고전적 조직이론은 조직 내 사회적 능률을 강조하고, 조직 속의 인간을 자아실현인으로 간주한다.
④ 상황이론(contingency theory)은 모든 상황에서 적용되는 유일·최선의 조직구조를 찾는다.

19 □□□
2022년 국가직 7급

신고전 조직이론에 대한 설명으로 옳은 것은?

① 조직군생태론, 자원의존이론 등이 대표적이다.
② 인간을 복잡한 내면구조를 가진 복잡인으로 간주한다.
③ 환경과 상호작용하는 개방적·동태적·유기적 조직을 강조한다.
④ 조직 내 사회적 능률을 강조하고, 조직의 비공식적 구조나 요인에 초점을 둔다.

20 □□□
2022년 국회직 8급

조직이론의 주요 학자와 주장을 바르게 연결한 것은?

① 테일러(F. Taylor)는 조직의 생산성과 능률성을 향상시키기 위해 관리자의 직관에 따를 것을 강조하였다.
② 페이욜(H. Fayol)은 최고관리자의 관점에서 14가지 조직관리의 원칙을 제시하였다.
③ 귤릭(L. Gulick)이 제시한 최고관리자의 기능 중에는 협력(Cooperation)이 포함된다.
④ 베버(M. Weber)는 근대관료제가 카리스마적 지배를 받는다고 주장하였다.
⑤ 메이요(E. Mayo)의 호손(Hawthorne)실험은 공식조직의 중요성을 강조하였다.

THEME 32 조직의 원리와 조정기제

중요도 ●●●○○

정답 및 해설 p. 106

선생님TIP

조직의 원리는 크게 '나누자'는 분화의 원리와 '합치자'는 통합의 원리로 분류할 수 있습니다. 분화의 원리에서는 전문화(분업)의 원리가, 통합의 원리에서는 조정의 원리가 중요합니다. 특히 직무전문화와 과제를 다룬 모형은 꼭 정리해두어야 하고, 조정기제에서도 수직적 조정기제와 수평적 조정기제를 구분하여 정리해두어야 합니다.

■ 조직의 원리

1. 분화(분업)의 원리와 통합(조정)의 원리

분화(분업)의 원리	전문화, 부성화(부처 편성), 참모조직, 동질성, 기능명시의 원리
통합(조정)의 원리	조정, 명령통일(명령계통), 계층제, 통솔범위의 원리

2. 조직의 일반적 원리

(1) 전문화

① 장단점

장점	능률적 목표달성, 전문가 양성, 업무 습득 시간 감소
단점	할거주의(Selznick), 전문가적 무능(Veblen), 인간성 상실

② 수평적 전문화(직무의 범위)와 수직적 전문화(직무의 깊이)

구분		수평적 전문화	
		높음	낮음
수직적 전문화	높음	비숙련직무(생산 부서)	일선 관리직무
	낮음	전문가적 직무	고위 관리직무(전략적 결정)

(2) 계층제

장점	권위를 통한 갈등조정 용이, 책임 명확(통솔범위의 한계 극복)
단점	민주주의 저해, 창의성·혁신 저해, 귀속감·참여감 저해

(3) 명령통일

개념	오직 한 사람의 상관으로부터 명령을 받고 보고하는 것
장점	신속한 업무처리, 책임소재 명확, 계층 질서 확립
단점	분권과 권한위임 저해, 하위자의 낮은 참여수준
위반 사례	위원회, 매트릭스, 기능참모, 기능식 직공장제도

(4) 통솔범위

개념	한 사람의 상관이 직접 효과적으로 통솔할 수 있는 부하의 수에 관한 원리
특징	계층의 수와 반비례

(5) 조정(연결)

① 의의

개념	공동목표를 달성하기 위해 행동의 통일을 이룩하도록 하는 과정
특징	전문화·분업화와 상반되는 관계

② 조직의 조정기제(Daft)

수직적 조정기제	계층제	수직 연결장치의 기초는 계층제, 명령체계
	규칙과 계획	• 반복적인 문제와 의사결정에 대해서는 규칙과 절차를 마련하여 상위계층과 직접적인 의사소통 없이도 부하들이 대응할 수 있게 함 • 규칙은 조직구성원들이 의사소통 없이도 업무가 조정될 수 있도록 표준정보자료를 제공함 • 계획은 조직구성원들에게 좀 더 장기적인 표준정보를 제공함
	계층직위의 추가	처리할 문제와 의사결정이 많아지면 관리자에게 업무부담을 주므로 수직적 계층에 참모 등 직위를 추가함으로써 통솔범위를 줄이고 의사소통과 통제를 가능하게 함
	수직정보시스템	상관에 대한 정기보고서, 문서화된 정보 등을 통한 정보의 효율적 이동으로 상하 간 수직적 의사소통을 강화
수평적 조정기제	정보시스템	부서 간 정보를 공유할 수 있는 통합정보시스템
	직접접촉	한 단계 높은 수평연결장치로서 연락책 등을 활용한 부서 간 의사소통 및 조정
	임시작업단 (Task Force)	• 여러 부서 간의 연결은 임시작업단과 같은 복잡한 장치가 필요 • 각 부서대표로 구성된 임시위원회로서 일시적 문제에 대한 부서 간 직접조정에 효과적
	사업관리자 (Project Manager)	• 강력한 수평연결장치로서 수평적 조정을 담당할 정규직위를 두는 방식 • 특별한 인간관계기술과 조정을 위한 전문지식 및 설득력이 요구됨
	사업팀 (Project Team)	• 가장 강력한 수평연결장치 • 사업팀은 영구적인 사업단으로, 관련부서 간 장기적이고 강력한 협력을 요할 때 적합한 장치

3. 부처편성의 원리(Gulick)

구분	장점	단점
목적 · 기능	국민의 이해 높음, 업무 신속, 책임 명확	기술 · 과정 경시, 할거주의, 포괄적
과정 · 절차	전문화, 최신기술, 능률화, 경비절약	전문가적 무능, 조정 · 통제 곤란
대상 · 고객	국민편의, 행정업무 능률, 업무평가 용이, 서비스 증진	압력단체 우려, 전문화의 이점을 살리지 못함
지역 · 장소	지역실정 반영, 사무 간소화 · 효율화	전국적 통일행정 저해, 적정구역 획정 곤란

01 □□□ 2017년 지방직 9급(6월 시행)

조직의 원리에 대한 설명으로 옳지 않은 것은?

① 계층제의 원리는 조직 내의 권한과 책임 및 의무의 정도가 상하의 계층에 따라 달라지도록 조직을 설계하는 것이다.

② 통솔범위란 한 사람의 상관 또는 감독자가 효과적으로 통솔할 수 있는 부하 또는 조직단위의 수를 말하며, 감독자의 능력, 업무의 난이도, 돌발상황의 발생가능성 등 다양한 요소를 고려하여 정해진다.

③ 분업의 원리에 따라 조직 전체의 업무를 종류와 성질별로 나누어 조직구성원이 가급적 한 가지의 주된 업무만을 전담하게 하면, 부서 간 의사소통과 조정의 필요성이 없어진다.

④ 부성화의 원리는 한 조직 내에서 유사한 업무를 묶어 여러 개의 하위기구를 만들 때 활용되는 것으로 기능부서화, 사업부서화, 지역부서화, 혼합부서화 등의 방식이 있다.

02 □□□ 2017년 지방직 9급(6월 시행)

분업에 대한 설명으로 옳지 않은 것은?

① 분업은 업무량의 변동이 심하거나 원자재의 공급이 불안정한 경우에 더 잘 유지된다.

② 분업이 고도화되면 조직구성원에게 심리적 소외감이 생길 수 있다.

③ 작업 전환에 드는 시간(change-over time)을 단축할 수 있다.

④ 분업의 심화는 작업도구 · 기계와 그 사용방법을 개선하는 데 기여할 수 있다.

03 □□□

2020년 지방직 9급

조직구성의 원리에 대한 설명으로 옳지 않은 것은?

① 분업의 원리 - 일은 가능한 한 세분해야 한다.
② 통솔범위의 원리 - 한 명의 상관이 감독하는 부하의 수는 상관의 통제능력 범위 내로 한정해야 한다.
③ 명령통일의 원리 - 여러 상관이 지시한 명령이 서로 다를 경우 내용이 통일될 때까지 명령을 따르지 않아야 한다.
④ 조정의 원리 - 권한 배분의 구조를 통해 분화된 활동들을 통합해야 한다.

04 □□□

2011년 국회직 8급

조직 내에서 직무의 범위와 깊이는 과제의 성격에 따라 달라져야 한다. 아래는 직무전문화와 과제성격과의 관계를 나타낸 표이다. (가), (나), (다), (라)에 들어갈 내용이 옳게 연결된 것은?

구분		수평적 전문화	
		높음	낮음
수직적 전문화	높음	(가)	(나)
	낮음	(다)	(라)

	(가)	(나)	(다)	(라)
①	일선관리직무	비숙련직무	전문가적 직무	고위관리직무
②	일선관리직무	비숙련직무	고위관리직무	전문가적 직무
③	고위관리직무	전문가적 직무	일선관리직무	비숙련직무
④	비숙련직무	일선관리직무	고위관리직무	전문가적 직무
⑤	비숙련직무	일선관리직무	전문가적 직무	고위관리직무

05 □□□

2013년 국가직 7급

수평적 전문화와 수직적 전문화에 대한 설명으로 옳지 않은 것은?

① 전문가적 직무는 수평적 전문화와 수직적 전문화의 수준이 모두 높은 경우에 효과적이다.
② 직무확장(job enlargement)은 기존의 직무에 수평적으로 연관된 직무요소 또는 기능들을 추가하는 수평적 직무재설계의 방법으로서, 수평적 전문화의 수준이 낮아지는 것이다.
③ 고위관리직무는 수평적 전문화와 수직적 전문화의 수준이 모두 낮은 경우에 효과적이다.
④ 직무풍요화(job enrichment)는 직무를 맡는 사람의 책임성과 자율성을 높이고, 직무수행에 관한 환류가 원활히 이루어지도록 직무를 재설계하는 방법으로서, 수직적 전문화의 수준이 낮아지는 것이다.

06 □□□

2013년 국가직 7급

조직관계에서 수직적 연결을 위한 조정기제가 아닌 것은?

① 계층제
② 규칙과 계획
③ 수직정보시스템
④ 임시작업단(task force)

07 □□□

2018년 국가직 9급

조직구조의 설계에 있어서 '조정의 원리'에 대한 설명으로 옳지 않은 것은?

① 수직적 연결은 상위계층의 관리자가 하위계층의 관리자를 통제하고 하위계층 간 활동을 조정하는 것을 목적으로 한다.
② 수직적 연결방법으로는 임시적으로 조직 내의 인적·물적자원을 결합하는 프로젝트팀(project team)의 설치 등이 있다.
③ 수평적 연결은 동일한 계층의 부서 간 조정과 의사소통을 목적으로 한다.
④ 수평적 연결방법으로는 다수 부서 간의 긴밀한 연결과 조정을 위한 태스크포스(task force)의 설치 등이 있다.

08 □□□

2010년 서울시 7급

개별 직무와 직위를 부서로 묶어서 관리하는 조직구조설계에 대한 설명으로 가장 거리가 먼 것은?

① 기능부서화 - 유사 기능 혹은 업무과정을 수행하는 구성원을 동일 부서로 묶는 방식
② 사업부서화 - 구성원을 조직 생산물에 따라 동일 부서로 묶는 방식
③ 지역부서화 - 특정 지역 고객에게 봉사하기 위해 조직자원을 조직하는 방식
④ 혼합부서화 - 두 개의 부서화 대안을 동시에 적용하는 조직구조 설계
⑤ 자원부서화 - 지역적으로 부서화되어 고객에게 통합서비스를 제공하는 방식

CHAPTER 2

조직구조론

THEME 33 조직구조의 변수(기본변수와 상황변수)

중요도 ●●●○○

정답 및 해설 p. 107

선생님TIP

조직구조의 기본변수인 복잡성, 공식성, 집권성과 상황변수인 규모, 기술, 환경, 과업, 전략 등을 각각 정리하여야 합니다. 양자의 관계에서는 상황변수가 독립변수(x)이고 기본변수가 종속변수(y)라는 것을 이해하고, 상황변수가 변할 때 기본변수가 어떻게 달라지는 가를 함께 알아두어야 합니다. 또한 상황변수에서 우드워드(Woodward), 톰슨(Thompson), 페로우(Perrow)가 각각 주장한 기술모형들도 함께 정리하여 학습할 수 있도록 합니다.

■ 조직구조의 변수

1. 조직구조의 기본변수와 상황변수

(1) 기본변수

① 의의

복잡성	조직 내 분화의 정도
공식성	조직 내 직무에 대한 규칙 설정의 정도(업무절차 및 규범의 정형화 · 표준화 정도)
집권성	조직 내 의사결정권한의 집중 정도

② 복잡성의 분류

수직적 분화	• 조직 내의 책임과 권한이 나누어져 있는 계층의 양태 • 전통적인 기계적 구조(관료제)는 수직적 분화의 수준이 높지만, 현대적인 유기적 구조(탈관료제)는 수직적 분화의 수준이 낮음
수평적 분화	• 조직의 업무를 구성원들이 나누어서 수행하는 양태 • 종류로는 직무의 전문화와 사람의 전문화가 있음
장소적 분화	특정조직의 하위단위나 자원이 지역적 · 지리적 · 장소적으로 분산된 양태

(2) 상황변수

① 의의

규모	조직의 크기(인적 · 물적자원, 수용능력, 투입 및 산출 등)
기술	조직의 수단 · 투입을 산출로 전환시키는 도구나 기법(일상적 · 비일상적 기술)
환경	조직을 둘러싸고 있는 정치 · 경제 · 사회 · 문화적 환경 등의 외부요소

② 학자별 기술유형론

우드워드(Woodward)	단일 · 소량생산체제	• 개별 요구에 따라 소량을 생산하는 비반복적 작업 예 선박, 항공기 등 • 기술적 복잡성 낮음(유기적 구조)
	다수 · 대량생산체제	• 표준화된 작업으로서 같은 종류의 상품을 대량생산 예 칫솔 등의 공산품 • 기술적 복잡성 중간(기계적 구조)
	연속적 · 절차생산체제	• 파이프라인을 사용하여 연속적으로 처리하는 작업 예 정유공장 등의 화학제품 • 기술적 복잡성 높음(유기적 구조)
톰슨(Thompson)	중개적 기술	집합적 상호의존성, 표준화를 통한 조정(용이) 예 은행, 우체국 등
	연속적 기술	순차적 상호의존성, 계획에 의한 조정 예 대량생산 조립공정, 철강업 등
	집약적 기술	교호적 상호의존성, 상호적응을 통한 조정(곤란) 예 종합병원, 대학교 등

페로우 (Perrow)	일상적 기술	• 과업의 다양성은 낮고, 문제의 분석가능성이 높은 경우 예 TV조립공정 등 • 과업을 공식화하고 표준화시키는 기계적 구조에 적합
	공학적 기술	• 과업의 다양성이 높고, 문제의 분석가능성도 높은 경우 예 엔지니어링 등 • 일상적 기술보다는 직무수행이 복잡하나, 체계적인 지식에 기초한 업무수행절차·공식 등이 요구됨
	장인적 기술	• 과업의 다양성이 낮고, 문제의 분석가능성도 낮은 경우 예 도예가 등 • 과업수행을 위해서는 광범위한 경험과 훈련이 요구됨
	비일상적 기술	• 과업의 다양성은 높고, 문제의 분석가능성이 낮은 경우 예 핵연료 추진장치 등 • 고도의 경험과 지식이 요구되는 유기적 구조에 적합

2. 기본변수와 상황변수의 관계

구분	규모		기술		환경	
	대규모	소규모	일상적	비일상적	안정	불안정
복잡성	+	−	−	−	+	−
공식성	+	−	+	−	+	−
집권성	−	+	+	−	+	−

01 □□□ 2017년 국가직 7급(8월 시행)

조직구조에 대한 설명으로 옳은 것은?

① 공식화의 수준이 높을수록 조직구성원들의 재량이 증가한다.
② 통솔범위가 넓은 조직은 일반적으로 고층구조를 갖는다.
③ 고객에 대한 신속한 서비스 제공 요구는 집권화를 촉진한다.
④ 복잡성은 '조직이 얼마나 나누어지고 흩어져 있는가'의 분화 정도를 말한다.

02 □□□ 2020년 국회직 8급

조직구조에 대한 설명으로 옳지 않은 것은?

① 일반적으로 단순하고 반복적 직무일수록, 조직의 규모가 클수록 그리고 안정적인 조직환경일수록 공식화가 높아진다.
② 조직구조의 구성요소 중 집권화란 조직 내에 존재하는 활동이 분화되어 있는 정도를 말한다.
③ 지나친 전문화는 조직구성원을 기계화하고 비인간화시키며, 조직구성원 간의 조정을 어렵게 하는 단점이 있다.
④ 공식화의 정도가 높을수록 조직적응력은 떨어진다.
⑤ 유기적인 조직일수록 책임관계가 모호할 가능성이 크다.

03 □□□

2018년 서울시 7급(6월 시행)

조직구조의 상황요인에 대한 설명으로 〈보기〉에서 옳은 것을 모두 고른 것은?

〈보기〉

ㄱ. 비일상적 기술일 경우 공식화가 높아진 것이다.
ㄴ. 조직규모가 커짐에 따라 공식화가 높아질 것이다.
ㄷ. 환경의 불확실성이 높을수록 집권화가 높아질 것이다.
ㄹ. 비일상적 기술일수록 집권화가 낮아질 것이다.
ㅁ. 환경의 불확실성이 높을수록 공식화가 낮아질 것이다.

① ㄱ, ㄷ, ㄹ　② ㄴ, ㄹ, ㅁ
③ ㄷ, ㄹ, ㅁ　④ ㄱ, ㄴ, ㅁ

04 □□□

2022년 국가직 7급

조직구조에 대한 설명으로 옳지 않은 것은?

① 일상적 기술을 가진 조직의 경우 높은 공식화 구조를 가진다.
② 조직구조의 형태를 기계적 구조와 유기적 구조로 구분할 수 있다.
③ 환경이 복잡하고 불안정한 경우 유기적 구조가 적합하다.
④ 조직구조는 조직 내 여러 부문 간 결합의 형태로 구성원 간 상호작용과는 관련성이 없다.

05 □□□

2024년 군무원 9급

다음 중 기계적 조직구조에 대한 설명으로 가장 적절하지 않은 것은?

① 대규모 조직에서 높은 공식화와 표준화를 추구한다.
② 막스 베버(Max Weber)의 관료제모형과 같이 고전적이고 전형적인 관료제조직구조이다.
③ 조직이 처해 있는 환경적 상황이 복잡하고 불안정하며, 동태적으로 불확실성이 높은 경우에 적합하다.
④ 직무를 분화하여 전문화함으로써 조직의 내적 통제 및 조정, 효율화, 합리화에 유리하다.

06 □□□

2024년 군무원 7급

다음 중 조직구조의 유형으로서 '유기적 구조'에 대한 설명으로 가장 적절하지 않은 것은?

① 권한과 책임이 분산되어 필요에 따라 쌍방향의 상호작용 관계를 유지한다.
② 조직 환경이 안정적인 상황에서 현실적인 타당성을 인정받을 수 있다.
③ 의사소통이 상향식이고 수평적이며, 부서 간 구분이 모호하고 업무가 중복될 수 있다.
④ 환경변화에 탄력적으로 적응해서 조직 생존에 필요한 에너지를 유지하는 능력이 있다.

07 □□□

2024년 국회직 8급

조직구조의 유형에 대한 설명으로 옳은 것만을 모두 고르면?

ㄱ. 기계적 조직구조의 특징은 기능구조에서 나타난다.
ㄴ. 기계적 조직구조는 규칙과 절차의 고수, 업무의 명확한 구분을 특징으로 한다.
ㄷ. 조직의 외부환경이 안정적인 경우에는 유기적 조직구조가 적합하다.
ㄹ. 기계적 조직구조에서는 수평적 조정을 강조한다.
ㅁ. 유기적 조직구조의 대표적인 예는 학습조직이다.
ㅂ. 성과측정이 어려운 상황에서는 유기적 조직보다 기계적 조직이 적합하다.

① ㄱ, ㄴ, ㄷ　② ㄱ, ㄴ, ㅁ
③ ㄱ, ㄹ, ㅂ　④ ㄴ, ㄷ, ㅁ
⑤ ㄷ, ㄹ, ㅂ

08 □□□

2013년 서울시 7급

조직구조의 상황요인에 대한 설명으로 옳은 것은?

① 비일상적 기술일수록 공식화가 높아질 것이다.
② 환경의 불확실성이 높을수록 집권화가 높아질 것이다.
③ 비일상적 기술일수록 집권화가 높아질 것이다.
④ 환경의 불확실성이 높을수록 공식화가 높아질 것이다.
⑤ 조직의 규모가 커짐에 따라 공식화가 높아질 것이다.

09 □□□

2014년 국가직 7급

조직구조 및 유형의 특성에 대한 설명으로 옳은 것은?

① 애드호크라시는 공식화 정도가 높고 분권화되어 있으며, 수직적 분화가 심한 특징을 보여주고 있다.
② 공식화는 자원배분을 포함한 의사결정 권한이 조직의 상하직위 간에 어떻게 분배되어 있는가를 의미한다.
③ 복잡성은 조직이 얼마나 나누어지고 흩어져 있는가의 분화정도를 말하며, 수평적 · 수직적 · 공간적 분화 등으로 세분화할 수 있다.
④ 집권화는 업무수행방식이나 절차가 표준화되어 있는 정도를 의미하며 직무기술서, 내부규칙, 보고체계 등의 명문화 정도를 측정할 수 있다.

10 □□□

2013년 지방직 9급

조직구조에 대한 설명으로 옳지 않은 것은?

① 공식화(formalization)의 수준이 높을수록 조직구성원들의 재량이 증가한다.
② 통솔범위(span of control)가 넓은 조직은 일반적으로 저층구조의 형태를 보인다.
③ 집권화(centralization)의 수준이 높은 조직의 의사결정권한은 조직의 상층부에 집중된다.
④ 명령체계(chain of command)는 조직 내 구성원을 연결하는 연속된 권한의 흐름으로, 누가 누구에게 보고하는지를 결정한다.

11 □□□

2015년 교육행정직 9급

조직의 구조적 특성을 나타내는 지표로서 거리가 먼 것은?

① 의사결정 권한의 분산 정도
② 수직적 · 수평적 · 지리적 분화의 정도
③ 행동을 표준화하는 문서화 · 규정화의 정도
④ 조직의 투입을 산출로 전환하는 데 필요한 지식 및 기술(skills)의 정도

12 □□□

2023년 국가직 7급

집권화와 분권화에 대한 설명으로 옳지 않은 것은?

① 집권화는 조직의 규모가 작고 신설 조직일 때 유리하다.
② 집권화의 장점으로는 전문적 기술의 활용가능성 향상과 경비절감을 들 수 있다.
③ 탄력적 업무수행은 분권화의 장점이다.
④ 분권화는 행정기능의 중복과 혼란을 회피할 수 있고 분열을 억제할 수 있다.

13 □□□

2025년 군무원 9급

조직구조에 대한 설명으로 가장 적절한 것은?

① 명령체계는 조직 내 구성원을 수직적으로 연결하는 연속된 권한의 흐름으로 보고체계를 결정한다.
② 집권화의 수준이 높은 조직의 의사결정권한은 조직의 저층부에 집중된다.
③ 공식화의 수준이 높을수록 조직 구성원들의 재량이 증가한다.
④ 통솔범위가 넓은 조직은 일반적으로 고층구조의 형태를 보인다.

14 □□□

2016년 국가직 7급

조직구조에 대한 설명으로 옳지 않은 것은?

① 수평적 분화가 심할수록 전문성을 가진 부서 간 커뮤니케이션과 업무 협조가 용이하다.
② 수직적 분화는 조직의 종적인 분화로서 책임과 권한의 계층적 분화를 말한다.
③ 공간적(장소적) 분화는 조직의 구성원과 물리적인 시설이 지역적으로 분산되어 있는 정도를 말한다.
④ 조직구조의 복잡성은 조직이 얼마나 나누어지고 흩어져 있는가의 분화 정도를 말한다.

15 □□□

2019년 서울시 9급(6월 시행)

조직의 규모에 대한 설명으로 가장 옳은 것은?

① 조직의 규모가 클수록 공식화 수준이 낮아진다.
② 조직의 규모가 클수록 조직 내 구성원의 응집력이 강해진다.
③ 조직의 규모가 클수록 분권화되는 경향이 있다.
④ 조직의 규모가 클수록 복잡성이 낮아진다.

16 □□□

2021년 국가직 7급

일반적인 조직구조 설계원리에 대한 설명으로 옳은 것만을 모두 고르면?

ㄱ. 계선은 부하에게 업무를 지시하고, 참모는 정보제공, 자료분석, 기획 등의 전문지식을 제공한다.
ㄴ. 부문화의 원리는 일정한 기준에 따라 서로 기능이 같거나 유사한 업무를 조직단위로 묶는 것을 의미한다.
ㄷ. 통솔범위가 넓을수록 고도의 수직적 분화가 일어나 고층구조가 형성되고, 좁을수록 평면구조가 이뤄진다.
ㄹ. 명령통일의 원리는 부하가 한 사람의 상관으로부터 명령을 받게 해야 함을 의미한다.

① ㄱ, ㄴ, ㄷ　② ㄱ, ㄴ, ㄹ
③ ㄱ, ㄷ, ㄹ　④ ㄴ, ㄷ, ㄹ

17 □□□

2022년 군무원 9급

조직구조에 대한 설명으로 옳지 않은 것은?

① 기술(technology)과 집권화의 관계는 상관도가 높다.
② 우드워드(J. Woodward)는 대량 생산기술에는 관료제와 같은 기계적 구조가 효과적이라고 주장했다.
③ 톰슨(V. A. Thompson)은 업무 처리 과정에서 일어나는 조직 간·개인 간 상호의존도를 기준으로 기술을 분류했다.
④ 페로우(C. Perrow)는 과업의 다양성과 문제의 분석가능성을 기준으로 조직의 기술을 유형화했다.

18 □□□

2016년 서울시 7급

상황론적 조직이론(contingent theory)에 대한 설명으로 가장 옳은 것은?

① 우드워드(Woodward)는 제조업체의 생산기술에 따라 조직이 사용하는 기술의 유형을 구분하고, 대량생산기술에는 관료제와 같은 기계적 구조가 효과적이지 않다고 주장하였다.
② 톰슨(Thompson)은 업무처리과정에서 일어나는 조직 간·개인 간 상호의존도를 기준으로 기술을 분류하고, 종합병원처럼 집약기술이 필요한 조직은 수직적 조정이 중요하다고 주장하였다.
③ 페로우(Perrow)는 조직원이 업무를 처리하는 과정에서 발생하는 예외적인 사건의 정도와 업무 처리가 표준화된 절차에 의해 수행되는 정도를 기준으로 조직의 기술을 장인 기술, 비일상적 기술, 일상적 기술, 공학적 기술로 유형을 구분하였다.
④ 상황론적 조직이론에서는 정책결정자가 환경에 대해 충분한 정보를 갖지 못하므로 환경이 조직구조에 영향을 미치지 않는다고 본다.

19 □□□

2024년 국가직 7급

우드워드(Woodward)의 기술 유형과 조직의 구조적 특성에 대한 설명으로 옳지 않은 것은?

① 대량생산기술의 경우 공식적인 절차나 규칙에 따라 관리한다.
② 단위소량생산기술의 경우 문서에 의한 의사소통이 낮게 나타나고, 작업자 간 구두에 의한 의사소통이 많이 이루어진다.
③ 단위소량생산기술 조직은 대량생산기술 조직에 비해 느슨한 조직구조와 낮은 수직적 분화의 특징을 갖는다.
④ 단위소량생산기술에서 연속공정생산기술로 기술의 복잡성이 증가함에 따라 전체 구성원 중에서 관리자가 차지하는 비율이 감소한다.

20 □□□

2021년 국회직 8급

다음 글의 (㉠)에 해당하는 것은?

> 톰슨(Thompson)의 이론에 따르면, (㉠)의 경우 단위부서들 사이의 과업은 관련성이 거의 없으며 각 부서는 조직의 공동목표에 독립적으로 공헌하게 된다. 이러한 (㉠)은 주로 중개형 기술을 활용하는 조직에서 나타나는데 부서들이 과업을 독자적으로 수행하면서 서비스를 제공하므로 단위작업간의 조정 필요성이 크지 않다.
> (㉠)이 있는 경우 부서 간 의사소통의 빈도가 상대적으로 낮아 관리자들은 부서 간 조정을 위해 표준화된 절차와 규칙 등을 많이 사용하게 된다.

① 교호적 상호의존성(reciprocal interdependence)
② 연속적 상호의존성(sequential interdependence)
③ 집합적 상호의존성(pooled interdependence)
④ 과업의 상호의존성(task interdependence)
⑤ 공동의 상호의존성(common interdependence)

21 □□□

2021년 지방직 7급

톰슨(Thompson)의 기술 분류에 따른 상호의존성과 조정 형태를 바르게 연결한 것은?

① 집약형 기술(intensive technology) – 연속적 상호의존성(sequential interdependence) – 정기적 회의, 수직적 의사전달
② 공학형 기술(engineering technology) – 연속적 상호의존성(sequential interdependence) – 사전계획, 예정표
③ 연속형 기술(long-linked technology) – 교호적 상호의존성(reciprocal interdependence) – 상호 조정, 수평적 의사전달
④ 중개형 기술(mediating technology) – 집합적 상호의존성(pooled interdependence) – 규칙, 표준화

22 □□□

2019년 국가직 7급

페로우(Perrow)의 기술유형 중 과업의 다양성과 문제의 분석가능성이 모두 높은 경우에 해당하는 기술은?

① 장인 기술
② 비일상적 기술
③ 공학적 기술
④ 일상적 기술

23 □□□

2020년 지방직 9급

기술과 조직구조의 관계에 대한 페로우(Perrow)의 설명으로 옳지 않은 것은?

① 정형화된(routine) 기술은 공식성 및 집권성이 높은 조직구조와 부합한다.
② 비정형화된(non-routine) 기술은 부하들에 대한 상사의 통솔범위를 넓힐 수밖에 없을 것이다.
③ 공학적(engineering) 기술은 문제의 분석가능성이 높다.
④ 기예적(craft) 기술은 대체로 유기적 조직구조와 부합한다.

THEME 34 관료제의 의의와 특징

중요도 ●●●●○

정답 및 해설 p. 110

선생님TIP

관료제는 매년 시험에 반드시 출제되는 중요 테마입니다. 베버(Weber)의 관료제는 유럽 여러 관료제의 장점을 모아서 만든 이념형 관료제라는 것을 이해함과 동시에 관료제의 단점에 대해서는 전혀 연구하지 않았다는 것도 알아두어야 합니다. 특히 관료제의 기본적 특징에는 문서주의, 법규 중시, 계층제, 비정의성, 전문화 등이 있으며, 전문적인 자격과 능력에 의해서 충원 및 승진을 하고, 보수는 근무연한에 의해서 받는다는 것도 함께 숙지해두어야 합니다. 이러한 특성들이 지나치게 되면 관료제의 한계가 나타나며, 이에 대한 대안으로서 탈관료제 관련 논의가 시작되는 것까지 모두 중요하니 유의하여 학습합니다.

■ 관료제

1. 의의

개념	특정한 목표를 달성하기 위해 인간의 집단을 구조화하는 방식
등장배경	• 화폐경제의 발달 • 행정의 양적 증대 • 사회적 차별의 상대적 평균화

2. 특징 및 장단점

구분	문서에 의한 행정	법규에 의한 지배	계서제적 구조	비정의성 및 공사구별	관료의 전문화
장점	문서주의	권한 명확	통일성 확보	공정성, 객관성, 기회균등	능력·자격 강조, 능률성
단점	번문욕례	목표전환, 동조과잉	권위주의, 형식주의, 무사안일	인간소외, 기계화	할거주의, 전문가적 무능

3. 민주주의와의 관계

조화	갈등	
	대내적 민주성 저해	대외적 민주성 저해
• 민주적 목표의 능률적 수행 • 공직의 기회균등 및 법 앞의 평등 • 입법활동 보완	• 독단적 의사결정(단일의 의사결정중추) • 비공식 조직의 관료제화 • 의사소통 왜곡	• 권력성 • 관료의 특권집단화 • 대응성·책임성 확보 곤란

01 □□□ 2014년 국회직 9급

베버(Weber)가 제시한 이상형(Ideal type)으로서의 관료제의 특성이 아닌 것은?

① 협업구조
② 계층구조
③ 문서화된 법규
④ 비정의적 행동(impersonal conduct)
⑤ 실적주의

02 □□□ 2021년 지방직 7급

관료제모형에서 베버(Weber)가 강조한 행정 가치는?

① 민주성
② 형평성
③ 능률성
④ 대응성

03 □□□

2013년 지방직 7급

베버(Weber)의 관료제이론에 대한 설명으로 옳지 않은 것은?

① 계층제에서 근무하는 관료는 봉사대상인 국민에게 책임을 져야 한다.
② 관료는 'Sine ira et studio'의 정신으로 업무를 수행하여야 한다.
③ 관료를 승진시킬 때에는 근무연한을 고려할 수 있다.
④ 보수를 받지 않고 봉사하는 사람은 관료라고 볼 수 없다.

04 □□□

2014년 서울시 7급

베버(Weber)의 관료제론에 대한 설명으로 옳지 않은 것은?

① 개개 직위의 관할 범위는 법규에 의해서 규정된다.
② 이상적인 관료제는 비정의성(impersonality)에 따라 움직인다.
③ 이상적인 관료제는 정치적 전문성에 의해 충원되는 제도를 갖는다.
④ 관료제는 일정한 자격 또는 능력에 따라 규정된 기능을 수행하는 분업의 원리에 따른다.
⑤ 조직은 엄격한 계층제의 원리에 따라 운영되고 상명하복의 질서정연한 체제이다.

05 □□□

2022년 군무원 9급

베버(Max Weber)의 관료제에 대한 설명으로 옳지 않은 것은?

① 합리성을 조직에 적용하여 목표달성을 위한 효과적인 수단으로 관료제를 간주한다.
② 실적을 인사행정의 기준으로 채택하는 실적주의를 바탕으로 한다.
③ 조직의 목표달성을 위해 절차나 방법을 문서화된 법규형태로 가진다.
④ 관료제의 구성원들은 조직 전반의 일반적인 업무에 대해 책임을 진다.

06 □□□

2015년 국가직 7급

베버(Weber)의 관료제모형에 대한 설명으로 옳지 않은 것은?

① 관료에게 지급되는 봉급은 업무수행 실적에 대한 평가에 따라 결정된다.
② 관료제모형은 계층제의 원리를 근간으로 한다.
③ 베버(Weber)는 정당성을 기준으로 권위의 유형을 전통적 권위, 카리스마적 권위, 법적·합리적 권위로 나누었는데 근대적 관료제는 법적·합리적 권위에 기초를 두고 있다고 주장한다.
④ 관료제모형은 '전문화로 인한 무능(trained incapacity)' 등 역기능을 초래할 수도 있다.

07 □□□

2017년 국가직 9급(10월 추가)

베버(Weber)가 주장한 이념형(ideal type)으로서의 근대 관료제에 대한 설명으로 옳지 않은 것은?

① 관료는 계급과 근무연한에 따라 정해진 금전적 보수를 받는다.
② 관료는 객관적·중립적 입장보다는 민원인의 입장에서 판단하고 결정한다.
③ 모든 직위의 권한과 관할범위는 법규에 의하여 규정된다.
④ 관료의 업무수행은 문서에 의한다.

08 □□□ 2018년 국회직 8급

다음 중 베버(Weber)가 제시한 이념형 관료제에 대한 설명으로 옳지 않은 것은?

① 관료의 충원 및 승진은 전문적인 자격과 능력을 기준으로 이루어진다.
② 조직 내의 모든 결정행위나 작동은 공식적으로 확립된 법규체제에 따른다.
③ 하급자는 상급자의 지시나 명령에 복종하는 계층제의 원리에 따라 조직이 운영된다.
④ 민원인의 만족 극대화를 위해 업무처리 시 관료와 민원인과의 긴밀한 감정교류가 중시된다.
⑤ 조직 내의 모든 업무는 문서로 처리하는 것이 원칙이다.

09 □□□ 2018년 서울시 7급(6월 시행)

막스 베버(Max Weber)가 말하는 관료제의 이념형(ideal type)에 대한 설명으로 가장 옳은 것은?

① 조직의 목표를 효율적으로 달성하기 위해서 순환근무를 강조한다.
② 법적·합리적 권위에 근거한 조직구조이다.
③ 도덕적 이상을 지닌 관료제의 형태를 말한다.
④ 문서화된 법규집보다 전문직업적 판단을 강조한다.

10 □□□ 2016년 국가직 7급

관료제에 대한 설명으로 옳지 않은 것은?

① 관료제(bureaucracy)는 관료(bureaucrat)에 의하여 통치(cracy)된다는 의미로서 왕정이나 민주정에 비해 관료가 국가정치와 행정의 중심 역할을 수행한다는 의미가 있다.
② 관료제는 소수의 상관과 다수의 부하로 구성되는 피라미드 형태를 취하며 과두제(oligarchy)의 철칙이 나타날 수 있다.
③ 관료제의 병리현상으로 과잉동조에 따른 목표대치, 할거주의, 훈련된 무능력 등이 있다.
④ 베버(Weber)의 이념형 관료제는 성과급제도와 부합한다.

11 □□□ 2021년 군무원 9급

조직이론과 인간관에 대한 설명으로 가장 옳지 않은 것은?

① 조직이론의 시작은 테일러(Taylor)의 과학적 관리론에서 찾을 수 있으며, 1900년대 초까지 효율성과 구조중심의 사상을 담고 있었다.
② 기계적 조직으로서의 관료제는 합리적 경제인의 인간관을 반영하고 있는데 테일러(Taylor)의 차등성과급제가 이러한 인간관에 기초한 보상 시스템이다.
③ 계층구조는 피라미드 모양의 구조를 가지며 명령과 통제가 위로부터 아래로 전달되는 특성을 가진다.
④ 관료제하에서 구성원들은 인간으로서의 감정이나 충동을 멀리하는 정의적 행동(personal conduct)이 기대된다.

12 □□□ 2012년 지방직 7급

관료제의 역기능모형에 대한 설명으로 옳지 않은 것은?

① 머튼(Merton)모형은 관료에 대한 최고관리자의 지나친 통제가 관료들의 경직성을 초래한다고 본다.
② 셀즈닉(Selznick)모형은 권한의 위임과 전문화가 조직 하위 체제의 이해관계를 지나치게 분열시킨다고 본다.
③ 맥커디(McCurdy)모형은 계층제적 관료조직 내에서 구성원이 각자의 능력을 넘는 수준까지 승진하게 된다고 본다.
④ 굴드너(Gouldner)모형은 관료들이 규칙의 범위 내에서 최소한 행태만을 추구하여 무사안일주의를 초래한다고 본다.

13 □□□ 2021년 군무원 9급

막스 베버(Max Weber)의 관료제에 대한 설명으로 가장 옳지 않은 것은?

① 관료제는 계층제 구조를 본질로 하고 있다.
② 관료제를 현대사회의 보편적인 조직모형으로 보고 있다.
③ 신행정학에서는 탈(脫)관료제모형으로서 수평적이고 임시적인 조직모형을 제안한다.
④ 행정조직 발전에 대한 패러다임(paradigm)의 관점에서 관료제모형을 제시했다.

14 □□□

2021년 군무원 7급

베버(M. Weber)가 제시한 관료제의 특징과 가장 관련이 없는 것은?

① 관료 간의 관계는 계서제(hierarchy)적 원칙에 따라 규율되며, 하급자는 상급자의 엄격한 감독과 통제하에 임무를 수행한다.
② 모든 직위의 권한과 임무는 문서화된 규칙으로 규정된다.
③ 관료들은 고객과의 일체감을 중시하며, 구체적인 경우의 특별한 사정을 충분히 고려하여 임무를 수행한다.
④ 관료의 채용기준은 전문적 · 기술적 능력이며, 관료로서의 직업은 잠정적인 것이 아니라 일생 동안 종사하는 항구적인 생애의 직업이다.

15 □□□

2023년 국가직 9급

베버(Weber)의 이념형(ideal type) 관료제에 대한 설명으로 옳지 않은 것은?

① 관료제 성립의 배경은 봉건적 지배체제의 확립이다.
② 법적 · 합리적 권위에 기초를 둔 조직구조와 형태이다.
③ 직위의 권한과 임무는 문서화된 법규로 규정된다.
④ 관료는 원칙적으로 상관이 임명한다.

16 □□□

2025년 군무원 9급

베버(M. Weber)의 관료제 이론에 대한 비판으로 가장 적절하지 않은 것은?

① 조직의 비공식적 측면의 존재를 무시하였다.
② 발전론의 관점에서 분업이나 협업의 체계보다는 지배·복종관계로 보아야 한다.
③ 환경과의 관계를 무시한 폐쇄이론이다.
④ 합법성보다 효과성 또는 합목적성이 더 중요한 경우가 있다.

17 □□□

2011년 서울시 9급

상사의 계서적 권한과 부하의 전문적 권력이 충돌하는 관료제의 역기능과 관련된 요소는?

① 양적 복종
② 훈련된 무능
③ 권력구조의 이원화
④ 국지주의
⑤ 권위주의

18 □□□

2018년 국회직 8급

다음 중 〈보기〉의 가상 사례를 가장 잘 설명하고 있는 것은?

〈보기〉

요즘 한 지방자치단체 공무원들 사이에는 민원 관련 허가를 미루려는 A국장의 기이한 행동이 입방아에 오르내리고 있다. A국장은 자기 손으로 승인 여부에 대한 결정을 해야 하는 상황을 피하기 위해 자치단체장에 대한 업무보고도 과장을 시켜서 하는 등 단체장과 마주치지 않기 위해 피나는 노력을 하고 있다고 한다.
최근에는 해외일정을 핑계로 아예 장기간 자리를 뜨기도 했다. A국장이 승인 여부에 대한 실무진의 의견을 제대로 올리지 않자 안달이 난 쪽은 다름 아닌 바로 단체장이다. 단체장이 모든 책임을 뒤집어써야 하는 상황이 될 수도 있기 때문이다. A국장과 단체장이 책임을 떠넘기려는 웃지 못할 해프닝이 일어나고 있는 것이다. 한 공무원은 '임기 말에 논란이 될 사안을 결정할 공무원이 누가 있겠느냐'고 말했다.
이런 현상은 중앙부처의 정책결정과정이나 자치단체의 일선행정현장에서 모두 나타나고 있다. 그 사이에 정부정책의 신뢰는 저하되고, 신뢰를 잃은 정책은 표류할 수밖에 없다.

① 업무수행지침을 규정한 공식적인 법규정만을 너무 고집하고 상황에 따른 유연한 대응을 하지 않는 행태를 말한다.
② 관료제의 구조적 특성인 권위의 계층적 구조에서 상사의 명령까지 절대적으로 추종하는 행태를 말한다.
③ 관료들이 위험회피적이고 변화저항적, 책임회피적인 보신주의로 빠지는 행태를 말한다.
④ 관료제에 공식적인 규칙이나 절차가 본래의 목적을 상실하여 조직과 대상 국민에게 순응의 불편이나 비용을 초래하는 것을 말한다.
⑤ 기관에 대한 정서적 집착과 같은 귀속주의나 기관과 자신을 하나로 보는 심리적 동일시 현상을 말한다.

19 □□□

2017년 국가직 9급(4월 시행)

관료제 병리현상에 대한 설명으로 옳지 않은 것은?

① 규칙이나 절차에 지나치게 집착하게 되면 목표와 수단의 대치 현상이 발생한다.

② 모든 업무를 문서로 처리하는 문서주의는 번문욕례(繁文縟禮)를 초래한다.

③ 자신의 소속기관만을 중요시함에 따라 타 기관과의 업무 협조나 조정이 어렵게 되는 문제가 나타난다.

④ 법규와 절차 준수의 강조는 관료제 내 구성원들의 비정의성(非情誼性)을 저해한다.

20 □□□

2022년 국가직 7급

관료제에 대한 설명으로 옳지 않은 것은?

① 계층제의 원리에 의해 체계가 확립된다.

② 업무에 대한 훈련을 받고 지식을 갖춘 전문적인 관료가 업무를 담당할 것을 요구한다.

③ 훈련된 무능은 관료가 제한된 분야에서 전문성은 있으나 새로운 상황에서 적응력과 업무능력이 떨어지는 현상이다.

④ 동조과잉은 적극적으로 새로운 과업을 찾아서 실행하기 보다 현재의 주어진 업무만을 소극적으로 수행하는 것이다.

21 □□□

2022년 지방직 9급

관료제 병리현상과 그 특징을 짝지은 것으로 옳지 않은 것은?

① 할거주의 - 조정과 협조 곤란

② 형식주의 - 번거로운 문서 처리

③ 피터(Peter)의 원리 - 관료들의 세력 팽창 욕구로 인한 기구와 인력의 증대

④ 전문화로 인한 무능 - 한정된 분야의 전문성 강조로 타 분야에 대한 이해력 부족

22 □□□

2025년 국가직 9급

관료제 비판 중 다음 설명에 해당하는 것은?

> 각 계층에서 유능한 자가 승진하고 나면 결국 무능한 자만 남게 되어 관료제의 대다수 계층이 무능력자로 채워진다.

① 번문욕례(red tape)

② 파킨슨 법칙(Parkinson's law)

③ 피터의 원리(Peter's principle)

④ 훈련된 무능(trained incapacity)

THEME 35 탈관료제조직

중요도 ●●●●●

정답 및 해설 p. 113

선생님TIP

탈관료제는 관료제의 한계에 대한 대안으로서 조직론 파트에서 가장 중요한 테마입니다. 먼저 관료제와 비교하여 탈관료제의 특징을 정리하여야 하는데, 대표적으로는 관료제가 기능분화를 강조한다면 탈관료제는 일의 흐름을 통한 통합을 강조한다는 것이 있습니다. 또한 탈관료제모형인 사업구조, 매트릭스, 수평구조(팀제), 네트워크, 학습조직 등 각 모형의 특징과 장단점을 반드시 숙지해두어야 합니다. 가장 중요한 포인트로는 매트릭스조직과 네트워크조직을 비교하는 것으로, 이에 관한 문제가 자주 출제되고 있으니 유의해서 알아둡시다.

■ 탈관료제조직

1. 의의

개념	관료제 조직의 한계로 등장한 유기적이며 동태적인 조직
특징	• 구조적 특징: 낮은 수준의 복잡성, 공식성, 집권성 • 일반적 특징: 문제해결능력 중시, 표준화(SOP)의 배척, 상황적응성 강조, 비계서적 구조, 집단적 문제해결 강조, 잠정성 · 기동성 강조, 직업적 유동성 전제

2. 유형

팀조직	• 기존 조직의 최소단위인 계를 폐지하고 과 단위를 기본으로 조직 편성 및 운영 • 구성원 상호 간 자율성이 높은 조직구조 • 공동목적 · 공동책임 · 공동보상을 통한 상호 신뢰 및 유대관계 형성
매트릭스조직	• 수직적 기능구조(전문성)에 수평적 사업부제 구조(대응성 및 조정 용이)를 결합 • 혼합적 · 이원적 구조로 인한 이중적 명령체계 → 결정 지연, 권한 및 책임 불명확, 중복비용 발생, 원만한 인간관계 형성 곤란
네트워크조직	• 조직기능을 핵심역량 위주로 합리화하고, 이외 기능은 외부를 통해 수행 • 외부조직과의 느슨한 연계를 통해 구조적 복잡성 완화(수평적 결합) • 기본원리: 공동목적, 구성원 간 자발적 연결 및 신뢰 형성, 계층 통합 등
가상조직	정보통신기술과 전자적 의사소통에 기반한 사이버공간상의 조직구조
자생조직	환경변화에 바람직하게 조직의 상태 및 산출물을 조정하는 능력을 갖춘 조직구조
하이퍼텍스트형 조직	• 기존의 사업부제와 같은 계층형 조직에 프로젝트 팀 조직의 특징을 가미한 조직구조 • 구성: 프로젝트팀층(지식창조), 비즈니스시스템층(지식활용), 지식기반층(지식축적)
학습조직	• 지식의 창출 · 활용 · 공유 · 저장과 관련된 학습 프로세스가 활성화되어 있는 조직구조 • 핵심가치는 문제해결이며, 이러한 측면에서 네트워크조직이나 가상조직도 학습조직에 포함
기타	• 탈관료제 조직: 동료조직, 연결핀조직, 꽃송이조직, 자유형 조직 등 • 정보화사회의 조직: 후기기업가조직, 삼엽조직, 혼돈조직, 공동화조직 등

01 □□□
2024년 군무원 7급

다음 중 탈관료제의 특징으로 가장 적절하지 않은 것은?

① 비계서구조
② 임무와 능력 중심
③ 분업화에 의한 문제 해결
④ 상황 적응성 강조

02 □□□
2016년 국가직 7급

애드호크라시(adhocracy)에 대한 설명으로 옳지 않은 것은?

① 구조적으로 복잡성, 공식화, 집권화의 정도가 낮은 수준이다.
② 고도의 창의성과 환경 적응성이 필요한 상황에서 유효한 임시조직이다.
③ 다양한 전문가들로 구성된 집합으로 조직화와 표준화가 신속하게 이뤄진다.
④ 업무처리과정에서 갈등과 비협조가 일어나고, 창의적 업무수행과정에서 심적 스트레스를 많이 받는다.

03 □□□
2022년 군무원 9급

애드호크라시(adhocracy)에 대한 설명으로 옳지 않은 것은?

① 탈관료화 현상의 하나로 등장했다.
② 구조적으로 높은 수준의 복잡성, 낮은 수준의 공식화, 낮은 수준의 집권화를 특징으로 한다.
③ 고도의 창의성과 환경적응성이 필요한 상황에서 유효한 조직이다.
④ 업무처리과정에서 갈등과 비협조가 일어나고, 창의적인 업무 수행 과정에서 직원들이 심적 스트레스를 많이 받는다는 단점이 있다.

04 □□□
2022년 지방직 7급

애드호크라시(adhocracy)에 대한 설명으로 옳지 않은 것은?

① 업무가 비정형적일 때 유용하다.
② 변화에 신속하게 대응할 수 있는 장점이 있다.
③ 책임소재가 명확하여 갈등이 생길 가능성이 작다.
④ 조직 목표 달성을 위해 조직 내 전문 능력이 있는 구성원들을 연결하는 구조이다.

05 □□□
2013년 서울시 9급

조직구조에 대한 설명으로 가장 옳은 것은?

① 매트릭스조직은 수평적인 팀제와 유사하다.
② 정보통신기술의 발달로 통솔의 범위는 과거보다 좁아졌다고 판단된다.
③ 기계적 조직구조는 직무의 범위가 넓다.
④ 유기적인 조직은 안정적인 행정환경에서 성과가 상대적으로 높다.
⑤ 수평적 전문화 수준이 높을수록 업무는 단순해진다.

06 □□□
2010년 지방직 9급

계층제적 조직구조의 한계를 극복하고자 다양하게 시도되고 있는 조직모형에 대한 설명으로 옳지 않은 것은?

① 사업구조는 각 기능의 조정이 사업부서 내에서 이루어지므로 기능구조보다 분권적인 조직구조를 갖고 있다.
② 매트릭스구조는 단일의 권한체계를 통하여 불안정하고 급변하는 조직환경에 대응하고자 고안된 조직구조이다.
③ 팀구조는 특정한 업무과정에서 일하는 개인을 팀으로 모아 의사소통과 조정을 쉽게 하는 조직구조이다.
④ 네트워크구조는 핵심기능을 제외한 기능들을 외부기관과의 계약관계를 통하여 수행하는 조직구조이다.

07 □□□

2011년 서울시 9급

어떠한 조직도 배타적으로 기계적 또는 유기적 구조에 해당되는 것은 아니다. 두 가지 구조의 양 극단 사이에 대안적 구조들이 위치하고 있다. 이들 대안적 구조에 대한 설명으로 가장 적절하지 않은 것은?

① 기능구조 - 기본적으로 수평적 조정의 필요가 낮을 때 가장 효과적이다.
② 사업구조 - 기능 간 조정이 극대화될 수 있는 조직구조이다.
③ 매트릭스구조 - 각 부서는 자기완결적 기능단위로 기능 간 조정이 용이하다.
④ 팀구조 - 조직 구성원을 핵심업무과정 중심으로 조직하는 방식이다.
⑤ 네트워크구조 - 유기적 조직유형의 하나로 정보통신기술의 확산으로 채택된 새로운 조직구조 접근법이다.

08 □□□

2023년 국가직 9급

조직구조의 유형에 대한 설명으로 옳지 않은 것은?

① 사업(부)구조는 조직의 산출물에 기반을 둔 구조화 방식으로 사업(부) 간 기능 조정이 용이하다.
② 매트릭스구조는 수직적 기능구조에 수평적 사업구조를 결합시켜 조직운영상의 신축성을 확보한다.
③ 네트워크구조는 복수의 조직이 각자의 경계를 넘어 연결고리를 통해 결합 관계를 이루어 환경 변화에 대처한다.
④ 수평(팀제)구조는 핵심업무 과정 중심의 구조화 방식으로 부서 사이의 경계를 제거하여 의사소통을 원활하게 한다.

09 □□□

2024년 지방직 9급

팀제조직에 대한 설명으로 옳은 것만을 모두 고르면?

> ㄱ. 결정과 기획의 핵심 기능만 남기고 사업집행 기능은 전문업체에 위탁한다.
> ㄴ. 역동적 환경변화에 유연하게 적응하고 신속한 문제해결이 가능하다.
> ㄷ. 기술구조 부문이 중심이 되고 작업 과정의 표준화가 주요 조정수단이다.
> ㄹ. 관료제의 병리를 타파하고 업무수행에 새로운 의식과 행태의 변화 필요성으로 등장하였다.

① ㄱ, ㄴ　　② ㄱ, ㄷ
③ ㄴ, ㄹ　　④ ㄷ, ㄹ

10 □□□

2025년 군무원 7급

조직구조의 유형 중 팀(Team) 조직 혹은 팀(Team)제에 대한 설명으로 가장 적절한 것은?

① 조직환경이 불안정적이고 동태적인 경우에 적합한 경우가 많다.
② 소수의 전문인력 보다는 주로 다수의 인원이 공동의 목표를 달성하려 할 때 우선적으로 고려된다.
③ 정형화된 업무를 처리하는 조직이나 대규모의 조직의 운영방식에 전면적으로 적용하기 용이하다.
④ 팀장은 구성원들과 계층적 상하관계를 이루어 수평적 통합 및 조정을 용이하게 한다.

11 □□□

2021년 군무원 7급

관료제조직의 폐단을 극복하기 위한 대안에 대한 설명으로 가장 적절하지 않은 것은?

① 업무의 명확한 구분에서 야기되는 문제점은 기계적 구조(mechanistic structure)로 처방한다.
② 집권화의 문제점은 참여관리와 조직민주주의로 처방한다.
③ 공식화의 문제점은 태스크포스(taskforce) 구조로 처방한다.
④ 계층제 조직의 문제점을 극복하기 위해서는 위원회조직을 고려한다.

12 □□□

2010년 국가직 9급

지식정보화시대에 필요한 학습조직의 특성에 대한 설명으로 옳은 것을 모두 고르면?

> ㄱ. 조직의 기본구성단위는 팀으로, 수직적 조직구조를 강조한다.
> ㄴ. 불확실한 환경에 요구되는 조직의 기억과 학습의 가능성에 주목한다.
> ㄷ. 리더에게는 구성원들이 공유할 수 있는 미래비전 창조의 역할이 요구된다.
> ㄹ. 체계화된 학습이 강조됨에 따라 조직구성원의 권한은 약화된다.

① ㄱ, ㄴ　　② ㄱ, ㄹ
③ ㄴ, ㄷ　　④ ㄷ, ㄹ

13 □□□

2017년 교육행정직 9급

다음 설명에 해당하는 조직유형의 일반적 특징으로 옳지 않은 것은?

> 이것은 기존의 기능부서조직에 프로젝트팀의 장점인 유연성·자율성·전문성·혁신성을 배합하고, 기능별로 분화된 수직적 지시·감독 체계에 수평적 지시·감독 체계가 작동하도록 설계한 조직유형이다.

① 조직의 표준화와 규칙화 정도가 높아진다.
② 조직 외부의 변화하는 환경에 탄력적으로 적응한다.
③ 조직 내부의 복잡하고 상호의존적인 문제를 유연하게 해결한다.
④ 조직에 필요한 인적·물적자원을 유기적으로 확보·배분·이용한다.

14 □□□

2012년 지방직 7급

매트릭스구조에 대한 설명으로 옳지 않은 것은?

① 기능부서의 신속한 대응성과 사업부서의 전문성에 대한 필요에 의해 결합된 조직이다.
② 기능부서 통제권한의 계층은 수직적으로 흐르고, 사업부서 간 조정권한의 계층은 수평적으로 흐르게 된다.
③ 조직구성원은 동시에 두 명의 상관에게 보고하는 체계를 가진다.
④ 개인들이 다양한 경험을 할 수 있기 때문에 전문기술의 개발과 더불어 넓은 시야를 갖출 수 있는 기회가 된다.

15 □□□

2015년 사회복지직 9급

조직구조형태의 하나인 복합구조(matrix structure)가 유용하게 쓰일 수 있는 조건에 해당하지 않는 것은?

① 조직의 규모가 너무 크거나 너무 작지 않은 중간 정도의 크기일 것
② 기술적 전문성이 높고 산출의 변동도 빈번해야 한다는 이원적 요구가 강력할 것
③ 조직이 사용하는 기술이 일상적일 것
④ 사업부서들이 사람과 장비 등을 함께 사용해야 할 필요가 클 것

16 □□□

2018년 지방직 7급

매트릭스(Matrix)조직의 특징에 대한 설명으로 옳지 않은 것은?

① 조직활동을 기능 부문으로 전문화하는 동시에 전문화된 부문들을 프로젝트로 통합하기 위한 장치이다.
② 정보화시대에서 팀제가 '규모의 경제'를 구현한 방식이라면 매트릭스조직은 '스피드의 경제'를 보장한 방식이다.
③ 기존 조직구조 내의 인력을 활용할 수 있기 때문에 인력사용에서 경제성을 확보할 수 있다.
④ 기능부서와 사업부서 간에 할거주의가 존재할 경우 원만하게 조정하기가 어려운 경우가 많다.

17 □□□

2021년 군무원 9급

조직형태나 구조에 대한 설명으로 가장 옳지 않은 것은?

① 학습조직은 시스템적 사고에 의한 유기적, 체제적 조직관을 바탕으로 한다.
② 네트워크조직에서는 서비스나 재화의 생산과 공급, 유통 등을 서로 다양한 조직에서 따로 수행한다.
③ 매트릭스구조는 기능구조와 계층구조를 결합시킨 이원적 형태이다.
④ 가상조직은 영구적이라기보다는 잠정적이고 임시적 조직으로 볼 수 있다.

18 □□□

2014년 국회직 8급

조직유형에 대한 설명으로 옳은 것은 모두 몇 개인가?

ㄱ. 민츠버그(Mintzberg)의 전문적 관료제는 낮은 공식화와 집권을 특성으로 가진다.
ㄴ. 콕스(Cox)의 다문화적 조직은 다른 문화적 입장을 가진 사람들을 포용하지만, 집단 간 갈등수준은 상당히 높다.
ㄷ. 애드호크라시는 복잡성, 공식성, 집권성이 낮은 조직구조형태를 띠고 있다.
ㄹ. 정보화사회에서는 삼엽조직이나 공동화조직이 확대되고 기획 및 조정기능의 위임과 위탁을 통해 업무가 간소화되기도 한다.
ㅁ. 사업구조는 부서 내 기능 간 조정은 용이하나, 부서 간 조정이 곤란하여 사업영역 간 갈등이 발생한다.

① 1개 ② 2개
③ 3개 ④ 4개
⑤ 5개

19 □□□

2015년 서울시 7급

조직구조의 유형 중에서 기능별 구조(functional structure)와 비교하여 사업별 구조(divisional structure)가 가지는 장점으로 보기 어려운 것은?

① 사업부서 내의 기능 간 조정이 용이하고 변화하는 환경에 신속하게 대응할 수 있다.
② 성과책임의 소재가 분명해 성과관리체제에 유리하다.
③ 특정 산출물별로 운영되기 때문에 고객만족도를 제고할 수 있다.
④ 중복과 낭비를 예방하고 기능 내에서 규모의 경제를 구현할 수 있다.

20 □□□

2016년 국가직 9급

조직의 통합 및 조정방법에 대한 설명으로 옳지 않은 것은?

① 민츠버그(Mintzberg)에 의하면 연락 역할 담당자는 상당한 공식적 권한을 부여받아 조직 내 부문 간 의사전달문제를 처리한다.
② 태스크포스는 여러 부서에서 차출된 직원들로 구성되며 특정 과업이 해결된 후에는 해체된다.
③ 리커트(Likert)의 연결핀모형에 의하면 관리자는 연결핀으로서 자신이 관리하는 집단의 구성원인 동시에 상사에게 보고하는 관리자집단의 구성원이다.
④ 차관회의는 조직 간 조정방법 중 하나이다.

21 □□□

2016년 서울시 7급

조직구조에 있어 기능구조와 사업구조의 장단점에 대한 설명으로 가장 옳지 않은 것은?

① 기능구조는 중복과 낭비를 예방하고 기능 내에서 규모의 경제를 구현할 수 있다.

② 기능구조는 각 기능부서들 간의 조정과 협력이 요구되는 환경에 적응하기 곤란할 수 있다.

③ 사업구조는 의사결정의 상위 집중화로 최고관리층의 업무 부담이 증가될 수 있다.

④ 사업구조는 성과책임의 소재가 분명해 성과관리체제에 유리하다.

22 □□□

2017년 사회복지직 9급

애드호크라시(adhocracy)에 대한 설명 중 가장 옳지 않은 것은?

① 일상적 업무수행의 내부 효율성을 제고한다.

② 구성원의 능력을 최대한 발휘하게 하여 혁신을 촉진할 수 있다.

③ 동태적이고 복잡한 환경에 적합한 조직구조이다.

④ 낮은 수준의 공식화를 특징으로 하는 유기적 조직구조이다.

23 □□□

2019년 국가직 7급

애드호크라시(adhocracy)에 대한 설명으로 옳지 않은 것은?

① 과업의 표준화나 공식화 정도가 상대적으로 낮기 때문에 구성원 간 업무상 갈등이 일어날 우려가 있다.

② 구조적으로 수평적 분화는 높은 반면 수직적 분화는 낮고, 공식화 및 집권화의 수준이 낮다.

③ 변화에 신속하게 대응할 수 있다는 장점으로 인해 최근에는 전통적 관료제 조직모형을 대체할 정도로 많이 활용되고 있다.

④ 대표적인 예로는 네트워크조직, 매트릭스조직 등을 들 수 있다.

24 □□□

2021년 국회직 8급

애드호크라시(adhocracy)에 대한 설명으로 옳지 않은 것은?

① 업무수행자가 복잡한 환경에 탄력적으로 대응하도록 하기 위해서 업무수행방식을 법규나 지침으로 경직화시키지 않는다.

② 전문성이 강한 전문인들로 구성되기 때문에 업무의 동질성이 높다.

③ 수평적 분화의 정도는 높은 반면, 수직적 분화의 정도는 낮다.

④ 태스크포스는 특수한 과업완수를 목표로 기존의 서로 다른 부서에서 사람들을 선발하여 구성한 팀으로 본래 목적이 달성되면 해체되는 임시조직이다.

⑤ 네트워크조직은 핵심기능을 수행하는 소규모의 조직을 중심에 놓고 다수의 협력업체들을 네트워크로 묶어 일을 수행하는 조직으로 협력업체들은 하위조직이 아니며 별도의 독립된 조직들이다.

25 □□□

2023년 군무원 9급

애드호크라시(Adhocracy)에 속하는 조직유형에 대한 설명으로 가장 적절하지 않은 것은?

① 테스크포스는 특수한 과업 완수를 목표로 기존의 서로 다른 부서에서 선발하여 구성한 팀으로, 목적을 달성하면 해체되는 임시조직이다.

② 프로젝트 팀은 테스크포스와 마찬가지로 한시적이고 횡적으로 연결된 조직유형이지만 테스크포스에 비해 참여자의 전문성과 팀에 대한 소속감이 강하다는 특성을 가지고 있다.

③ 매트릭스조직은 기능 중심의 수직적 분화가 되어있는 기존의 지시 라인에 횡적으로 연결된 또 하나의 지시 라인을 인정하는 이원적 권위계통을 가진다.

④ 네트워크조직은 전체 기능을 포괄하는 조직을 중심에 놓고 다수의 협력체를 묶어 일을 수행하는 조직형태이다.

26 □□□
2021년 국가직 9급

결정과 기획 같은 핵심기능만 수행하는 조직을 중심에 놓고 다수의 독립된 조직들을 협력 관계로 묶어 일을 수행하는 조직형태는?

① 태스크포스
② 프로젝트팀
③ 네트워크조직
④ 매트릭스조직

27 □□□
2024년 군무원 9급

네트워크구조의 기본원리로 가장 적절하지 않은 것은?

① 네트워크 참여자의 독립성
② 구성원 간의 자발적 연결
③ 네트워크 참여자에게 있는 공통된 목표
④ 계층의 통합과 단일의 지도자

28 □□□
2019년 서울시 9급(6월 시행)

네트워크조직구조가 가지는 일반적인 장점에 대한 설명으로 가장 옳지 않은 것은?

① 조직의 유연성과 자율성 강화를 통해 창의력을 발휘할 수 있다.
② 통합과 학습을 통해 경쟁력을 제고할 수 있다.
③ 조직의 네트워크화를 통해 환경 변화에 따른 불확실성을 감소시킬 수 있다.
④ 조직의 정체성과 응집력을 강화시킬 수 있다.

29 □□□
2025년 국회직 8급

네트워크조직에 대한 설명으로 옳지 않은 것은?

① 상호 독립적인 조직들이 상대방의 자원을 활용하기 위하여 수평적 신뢰관계로 연결된다.
② 업무처리의 신속성과 유연성을 확보할 수 있다.
③ 조직 간의 상호의존성과 관계성이 중시된다.
④ 네트워크조직은 조직 간에도 형성될 수 있고, 조직 내의 집단 간에도 형성될 수 있다.
⑤ 네트워크조직은 집권화된 의사결정, 엄밀한 규칙과 절차, 업무의 명확한 구분을 특징으로 한다.

30 □□□
2017년 국가직 9급(10월 추가)

조직유형에 대한 설명으로 옳지 않은 것은?

① 태스크포스(task force)는 특수한 과업 완수를 목표로 기존의 서로 다른 부서에서 사람들을 선발하여 구성한 팀으로서, 본래 목적을 달성하면 해체되는 임시조직이다.
② 프로젝트팀(project team)은 전략적으로 중요하거나 창의성이 요구되는 프로젝트를 진행하기 위하여 여러 부서에서 적합한 사람들을 선발하여 구성한 조직이다.
③ 매트릭스조직(matrix organization)은 기능 중심의 수직조직과 프로젝트 중심의 수평조직을 결합한 구조로서, 명령통일의 원리에 따라 책임과 권한의 한계가 명확하다.
④ 네트워크조직(network organization)은 핵심기능을 수행하는 소규모의 조직을 중심에 두고 다수의 협력업체를 네트워크로 묶어 과업을 수행한다.

31 □□□
2019년 서울시 7급(2월 추가)

커크하트(Kirkhart)는 연합적 이념형이라고 하는 반관료제적 모형을 제시하였는데, 이 모형이 강조하는 조직구조 설계원리의 처방에 해당하지 않는 것은?

① 컴퓨터 활용
② 사회적 층화의 억제
③ 고용관계의 안정성 · 영속성
④ 권한체제의 상황적응성

32 □□□

2025년 지방직 9급

조직구조에 대한 설명으로 옳지 않은 것은?

① 이음매 없는(seamless) 조직은 내부적 필요에 의해 조직 단위와 기능을 분산적으로 설계한다.
② 네트워크 조직은 수직적 계층의 수가 최소화되고 유기적 구조로 환경적 변화에 적응성이 높다.
③ 매트릭스 조직은 기능적 조직의 역할과 프로젝트팀의 구조적 역할을 동시에 수행하는 이중구조의 성격을 갖는다.
④ 팀제는 수평적 구조와 자율적 권한부여로 구성원의 지식과 아이디어를 모아 창의적 문제해결에 유리하다.

33 □□□

2020년 지방직 9급

기능(functional)구조와 사업(project)구조의 통합을 시도하는 조직 형태는?

① 팀제조직
② 위원회조직
③ 매트릭스조직
④ 네트워크조직

34 □□□

2022년 군무원 7급

매트릭스(matrix)구조에 대한 설명으로 옳지 않은 것은?

① 개인들이 다양한 경험을 통해 전문기술의 개발과 넓은 안목을 갖출 수 있다.
② 기능부서 통제권한의 계층은 수평적으로 흐르고, 사업부서간 조정권한의 계층은 수직적으로 흐르게 된다.
③ 구성원 간의 역할갈등, 역할모호성, 과업조정의 어려움 등이 발생할 우려가 있다.
④ 경직화되어 가는 대규모 관료제 조직에 융통성을 부여해 줄 수 있다.

35 □□□

2024년 국가직 9급

다음 내용에 해당하는 조직유형에 대한 설명으로 옳지 않은 것은?

> A회사는 장기적인 제품개발 프로젝트 수행을 위해 각 부서에서 총 10명을 차출하여 팀을 운영하려고 한다. 이 팀에 소속된 팀원들은 원부서에서 주어진 고유 기능을 수행하면서 제품개발을 위한 별도 직무가 부여된다. 따라서 프로젝트 수행 기간 중 팀원들은 프로젝트팀장과 원소속 부서장의 지휘를 동시에 받게 된다.

① 기능구조와 사업구조를 결합한 혼합형 구조이다.
② 동태적 환경 및 부서 간 상호 의존성이 높은 상황에서 효과적이다.
③ 조직 내부의 갈등 가능성이 커질 우려가 있다.
④ 명령 계통의 다원화로 유연한 인적자원 활용이 어렵다.

36 □□□

2020년 국가직 7급

학습조직에 대한 설명으로 옳지 않은 것은?

① 개방체제와 자아실현적 인간관을 바탕으로 새로운 지식을 창출하고자 한다.
② 연결된 체계 간의 상호작용을 이해하고, 이를 효과적으로 활용하기 위한 체계적 사고(systems thinking)를 강조한다.
③ 조직구성원들의 비전 공유를 중시한다.
④ 조직구성원의 합이 조직이 된다는 점에서, 조직 내 구성원 각자의 개인적 학습을 강조한다.

37 □□□

2022년 국회직 8급

셍게(P. Senge)가 제시한 학습조직(Learning Organization) 구축을 위한 다섯 가지 방법에 해당하지 않는 것은?

① 조직이 달성하고자 하는 목표, 가치 등에 관한 비전공유가 필요하다.
② 공동학습을 통해 지식을 공유하고 토론을 활성화하는 집단학습이 필요하다.
③ 개인의 전문지식 습득 노력을 통한 자기완성이 필요하다.
④ 조직에 대한 종합적 · 동태적 이해를 위해 시스템적 사고가 필요하다.
⑤ 학습효과를 극대화하기 위해 관리자의 리더십이 필요하다.

THEME 36 우리나라의 정부조직(위원회, 책임운영기관)

중요도 ●●●○○

정답 및 해설 p. 118

선생님TIP

정부조직도에 있는 우리나라의 정부조직체계는 명확하게 알아두어야 하며, 특히 19부 산하에 어느 청이 소속되어 있는지가 중요합니다. 2023~2024년 시행된 윤석열 정부의 조직개편사항과 2025년에 개정된 이재명 정부조직개편을 비교해서 묻는 문제가 출제될 가능성이 높습니다. 윤석열 정부의 조직개편 주요 사항으로는 국가보훈부 승격, 재외동포청, 우주항공청 신설, 국가유산청 개칭 등이 있습니다. 2025년 이재명 정부는 기획재정부와 검찰청을 비롯한 집중된 부처의 권력을 분산시키는 데 역점을 두고 있습니다. 이재명 정부의 중앙행정기관은 19부 6처 19청 6위원회로 변경되었습니다. 또한 위원회의 소속과 유형을 종류별로 구분할 수 있어야 하고, 책임운영기관은 관련 법령을 숙지해두도록 합니다.

■ 우리나라의 정부조직

1. 윤석열 정부 조직개편사항(2023~2024)

※ 중앙행정기관: 18부 3처 18청 → 19부 3처 20청(「정부조직법」상)

(1) 국가보훈처 → 국가보훈부로 승격

(2) 외교부 산하에 재외동포청 신설

(3) 문화재청을 국가유산청으로 개칭

(4) 과학기술정보통신부 산하에 우주항공청 신설

2. 이재명 정부 조직개편사항(2025)

(1) 개편 후 정부 기구도

※ (중앙행정기관) 19부 3처 20청 6위원회(48개) → 19부 6처 19청 6위원회(50개, +3처△1청)

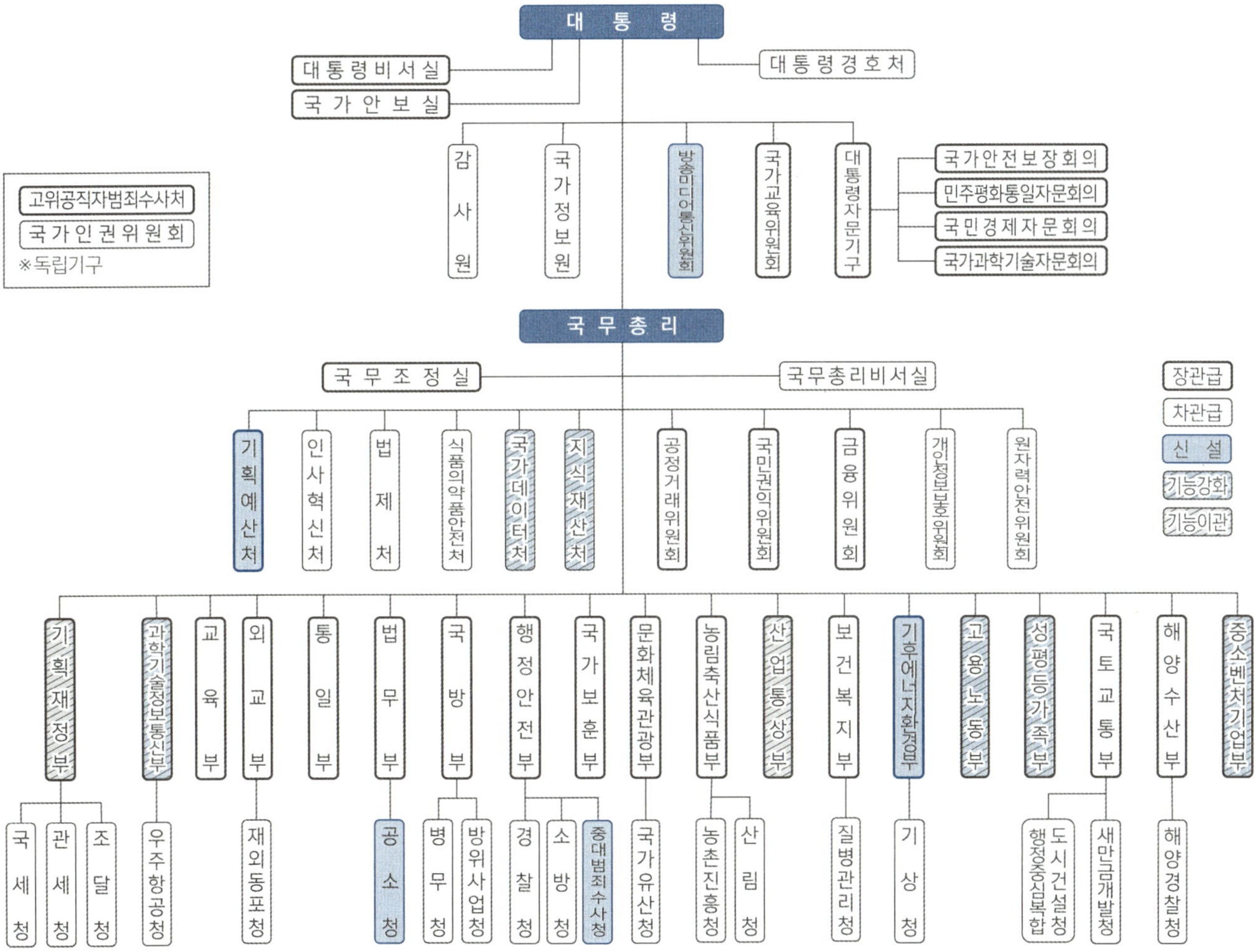

(2) 정부조직개편 개관

구분	개정사항
기획재정부	분리 → 기획예산처(국무총리), 재정경제부 신설
환경부	확대개편 → 기후에너지환경부(에너지정책 포함)
산업통상자원부	축소개편 → 산업통상부(에너지정책 제외)
여성가족부	확대개편 → 성평등가족부로 확대개편
검찰청	폐지 → 공소청(법무부), 중대범죄수사청(행안부)
통계청	격상 → 국가데이터처(국무총리 소속)로 격상
특허청	격상 → 지식재산처(국무총리 소속)로 격상
과학기술정보통신부	과학기술부총리 신설, 교육부는 사회부총리 폐지
고용노동부	산업안전보건본부(차관급 격상)
방송통신위원회	방송미디어통신위원회로 확대개편

3. 위원회

(1) 의의

개념	여러 사람이 대등하게 참여하여 합의에 의하여 공동으로 의사결정을 내리는 구조
특징	합의제 조직, 동태적·탈관료제적 조직구조, 민주적 성격, 규제적 기능이 강함

(2) 유형

자문위원회	민주평통자문회의, 경제사회노동위원회, 지방시대위원회
조정위원회	국무회의, 경제관계장관회의, 중앙환경분쟁조정위원회
행정위원회	방송미디어통신위원회 , 금융위원회, 국민권익위원회, 원자력안전위원회, 소청심사위원회
독립규제위원회	중앙선거관리위원회, 중앙노동위원회, 공정거래위원회, 금융통화위원회

(3) 유형별 기능

유형	자문기능	의결기능	집행기능
자문위원회	○	×	×
의결위원회	×	○	×
행정위원회	×	○	○

※ 의결위원회는 의사결정의 구속력은 있지만 실질적인 집행권은 없는 것이 특징임 예 공직자윤리위원회, 분쟁조정위원회, 징계위원회 등

4. 책임운영기관

개념	공공성을 유지하면서도 경쟁원리에 따라 운영하는 것이 바람직한 사무에 대해서 기관장에게 자율성을 부여하고 그에 대한 성과책임을 지도록 하는 기관
특징	집행기능 중심, 특정업무의 수행, 성과 중심, 개방형 조직, 자율성과 책임성
우리나라의 책임운영기관	• 설치: 행정안전부장관은 기획재정부 및 해당 중앙행정기관의 장과 협의하여 대통령령으로 책임운영기관을 설치할 수 있음 • 종류: 소속책임운영기관(각 부처)과 중앙책임운영기관(특허청) • 예산: 책임운영기관 특별회계는 소속책임운영기관별로 계정을 구분하며 계정별로 중앙행정기관의 장이 운용하고, 기획재정부장관이 이를 통합하여 관리함

01 □□□

2022년 지방직 9급

정부위원회에 대한 설명으로 옳은 것만을 모두 고르면?

> ㄱ. 책임성이 결여될 수 있다.
> ㄴ. 자문위원회는 업무가 계속성 · 상시성이 있어야 한다.
> ㄷ. 민주성을 제고하는 장점이 있다.
> ㄹ. 방송미디어통신위원회 , 공정거래위원회, 국민권익위원회, 금융위원회, 개인정보 보호위원회, 원자력안전위원회는 중앙행정기관이다.

① ㄱ, ㄷ　② ㄴ, ㄷ
③ ㄴ, ㄹ　④ ㄱ, ㄷ, ㄹ

02 □□□

2018년 서울시 9급

정부의 각종 위원회에 대한 설명으로 가장 옳은 것은?

① 의결위원회는 의사결정의 구속력은 있지만 집행권이 없다.
② 행정위원회의 대표적인 예로 공정거래위원회, 공직자윤리위원회 등을 들 수 있다.
③ 행정위원회는 독립지위를 가진 행정관청으로 결정권은 없고 집행권만 갖는다.
④ 자문위원회는 계선기관으로서 사안에 따라 조사 · 분석 등의 기능을 수행한다.

03 □□□

2013년 국가직 7급

위원회의 유형과 우리나라 정부조직을 바르게 연결한 것은?

① 자문위원회 - 공정거래위원회
② 조정위원회 - 중앙선거관리위원회
③ 행정위원회 - 소청심사위원회
④ 독립규제위원회 - 경제관계장관회의

04 □□□

2019년 국가직 9급

정부의 위원회조직에 대한 설명으로 옳지 않은 것은?

① 결정에 대한 책임의 공유와 분산이 특징이다.
② 복수인으로 구성된 합의형 조직의 한 형태다.
③ 국민권익위원회는 의사결정의 권한이 없는 자문위원회에 해당된다.
④ 소청심사위원회는 행정관청적 성격을 지닌 행정위원회에 해당된다.

05 □□□

2025년 지방직 9급

행정기관위원회에 대한 설명으로 옳지 않은 것은?

① 행정위원회는 합의제 행정기관으로 법률에 의하여 행정기관 소관사무의 일부를 독립하여 수행할 필요가 있을 때 둔다.
② 자문위원회는 행정기관의 자문에 응해 의견을 제공하거나 심의·조정·협의를 통해 의사결정에 도움을 준다.
③ 행정위원회인 공정거래위원회는 의사결정의 권한은 갖지만 집행까지 책임지지는 않는다.
④ 다양한 이해관계자들의 참여와 의견 반영으로 다양성의 가치를 증진할 수 있다.

06 □□□

2023년 군무원 7급

다음 중 현재 그 설치와 직무범위를 법률로 정하고 있는 우리나라의 중앙행정기관은 어느 것인가?

① 중앙도시계획위원회
② 국가경찰위원회
③ 개인정보보호위원회
④ 정보공개위원회

07 □□□

2013년 지방직 9급

특별지방행정기관에 해당하지 않는 것은?

① 농촌진흥청
② 유역환경청
③ 국립검역소
④ 지방국토관리청

08 □□□

2014년 국회직 9급

정부조직에 대한 설명으로 가장 옳은 것은?

① 새만금개발청은 보통지방행정기관이다.
② 방송미디어통신위원회는 국무총리 직속 합의제 행정기구이다.
③ 기획예산처 예산실장은 편제상 참모조직에 속한다.
④ 서울지방국세청은 특별지방행정기관이다.
⑤ 국무조정실장은 국무위원이다.

09 □□□

2014년 국가직 7급 변형

우리나라 정부조직에 대한 설명으로 옳지 않은 것은?

① 국무총리는 국무회의의 부의장이다.
② 국가보훈부의 차관은 일반직공무원이다.
③ 서울지방국세청은 특별지방행정기관이다.
④ 각 부처의 차관과 실장은 중앙행정기관의 보조기관이다.

10 □□□

2014년 국회직 9급 변형

행정부의 각 부 장관과 그 소속 행정기관이 바르게 이어져 있는 것은?

ㄱ. 교육부장관 - 교육지원청
ㄴ. 국방부장관 - 방위사업청
ㄷ. 농림축산식품부장관 - 식품의약품안전처
ㄹ. 국무총리 - 지식재산처

① ㄱ, ㄷ
② ㄱ, ㄹ
③ ㄴ, ㄷ
④ ㄴ, ㄹ
⑤ 없음

11 □□□

2017년 국가직 9급(4월 시행)

정부조직에 대한 설명으로 옳은 것은?

① 감사원은 「정부조직법」에서 정하는 합의제 행정기관에 해당한다.
② 금융감독원은 「정부조직법」에 따라 설치된 중앙행정기관이다.
③ 소청심사위원회는 행정안전부 소속으로 행정기관 소속 공무원의 징계처분에 관한 사무를 관장한다.
④ 지식재산처는 행정 및 재정상의 자율성이 부여되고 성과에 대해 책임을 지도록 하는 책임운영기관에 해당한다.

12 □□□

2019년 국회직 8급

현재 행정각부와 그 소속 행정기관으로 옳은 것만을 〈보기〉에서 모두 고르면?

〈보기〉

ㄱ. 산업통상부 - 관세청
ㄴ. 행정안전부 - 경찰청
ㄷ. 중소벤처기업부 - 지식재산처
ㄹ. 환경부 - 산림청
ㅁ. 재정경제부 - 조달청
ㅂ. 해양수산부 - 해양경찰청

① ㄱ, ㄴ, ㅁ
② ㄱ, ㄷ, ㄹ
③ ㄱ, ㄹ, ㅁ
④ ㄴ, ㄷ, ㅁ
⑤ ㄴ, ㅁ, ㅂ

13 □□□

2025년 국가직 9급

우리나라 정부조직에 대한 설명으로 옳지 않은 것은?

① 중앙행정기관의 설치와 직무 범위는 법률로 정한다.
② 식품 및 의약품의 안전에 관한 사무를 관장하기 위하여 보건복지부 소속으로 식품의약품안전처를 둔다.
③ 국무총리가 특별히 위임하는 사무를 수행하기 위하여 부총리 2명을 둔다.
④ 지식재산처는 중앙책임운영기관의 유형에 해당한다.

14 □□□

2018년 국가직 9급

행정기관에 대하여 관계법령에 규정된 내용으로 옳은 것은?

① 부속기관이란 행정권의 직접적인 행사를 임무로 하는 기관에 부속하여 그 기관을 지원하는 행정기관을 말한다.
② 보조기관이란 행정기관이 그 기능을 원활하게 수행할 수 있도록 그 기관장을 보좌함으로써 행정기관의 목적달성에 공헌하는 기관을 말한다.
③ 하부기관이란 중앙행정기관에 소속된 기관으로서, 특별지방행정기관과 부속기관을 말한다.
④ 방송미디어통신위원회, 공정거래위원회, 소청심사위원회 등은 행정기관의 소관 사무에 관하여 자문에 응하거나 조정, 협의, 심의 또는 의결 등을 하기 위해 복수의 구성원으로 이루어진 합의제 기관으로서 행정기관이 아니다.

15 □□□

2018년 지방직 9급 변형

「정부조직법」상 행정기관의 소속으로 옳지 않은 것은?

① 법제처 - 국무총리
② 국가정보원 - 대통령
③ 소방청 - 행정안전부장관
④ 지식재산처 - 재정경제부장관

16 □□□

2018년 국가직 7급

중앙행정기관의 소속기관으로만 묶은 것은?

ㄱ. 지방자치인재개발원
ㄴ. 공정거래위원회
ㄷ. 지식재산처
ㄹ. 국가기록원
ㅁ. 국립중앙박물관
ㅂ. 국가유산청

① ㄱ, ㅂ
② ㄴ, ㄹ
③ ㄷ, ㅁ
④ ㄹ, ㅁ

17 □□□
2014년 지방직 7급

보조기관과 보좌기관에 대한 설명으로 옳지 않은 것은?

① 보조기관은 위임 · 전결권의 범위 내에서 의사결정과 집행의 권한을 가진다.
② 보좌기관은 정책에 대한 최종적인 책임을 지지 않는 경우가 많으며 보조기관과 갈등을 유발할 수도 있다.
③ 보좌기관이 보조기관보다는 더 현실적이고 보수적인 속성을 가질 가능성이 높다.
④ 보좌기관은 목표달성 및 정책수행에 간접적으로 기여한다.

18 □□□
2024년 군무원 7급

다음 중 보조기관과 보좌기관에 대한 설명으로 가장 적절하지 않은 것은?

① 보조기관은 조직의 규모가 커질 경우, 조직의 장에게 업무가 과중될 수 있다.
② 보좌기관은 계선의 통솔범위를 확대시킬 수 있다.
③ 보조기관은 부문 간 조정이 용이하여 조직 운영의 효율성을 극대화할 수 있다.
④ 보좌기관은 전문지식을 통한 합리적 결정을 지원한다.

19 □□□
2018년 지방직 7급

「국가공무원법」상 소청심사위원회를 둘 수 없는 기관은?

① 행정안전부
② 국회사무처
③ 중앙선거관리위원회사무처
④ 법원행정처

20 □□□
2013년 서울시 9급

책임운영기관에 대한 설명으로 옳지 않은 것은?

① 책임운영기관은 집행기능 중심의 조직이다.
② 책임운영기관의 성격은 정부기관이며 구성원은 공무원이다.
③ 책임운영기관은 융통성과 책임성을 조화시킬 수 있다.
④ 책임운영기관은 공공성이 강하고 성과관리가 어려운 분야에 적용할 필요가 있다.
⑤ 책임운영기관은 정부팽창의 은폐수단 혹은 민영화의 회피수단으로 사용될 가능성이 있다.

21 □□□
2007년 서울시 9급

책임운영기관에 대한 설명으로 옳은 것은?

① 직원은 공무원 신분을 유지한다.
② 일반회계에 의해 예산이 운영된다.
③ 프랑스에서 국방, 보건, 교도소 등 140개 부서를 지정하면서 도입되었다.
④ 인사의 자율성은 확대되나 예산의 자율성에 제약이 있다.
⑤ 성과평가를 위해 기획재정부에 별도의 평가위원회를 둔다.

22 □□□
2019년 국가직 9급

「책임운영기관의 설치 · 운영에 관한 법률」상 책임운영기관에 대한 설명으로 옳지 않은 것은?

① 책임운영기관은 기관장에게 재정상의 자율성을 부여하고 그 운영성과에 대해 책임을 지도록 하는 행정기관의 특성을 갖는다.
② 소속책임운영기관에 두는 공무원의 총 정원 한도는 총리령으로 정하며, 이 경우 고위공무원단에 속하는 공무원의 정원은 부령으로 정한다.
③ 소속책임운영기관 소속 공무원의 임용시험은 기관장이 실시함을 원칙으로 한다.
④ 기관장의 근무기간은 5년의 범위에서 소속중앙행정기관의 장이 정하되, 최소한 2년 이상으로 하여야 한다.

23 □□□

2019년 서울시 9급(6월 시행)

우리나라의 책임운영기관(executive agency)에 대한 설명으로 가장 옳지 않은 것은?

① 신공공관리론(NPM)의 조직원리에 따라 등장한 성과 중심 정부 실현의 한 방안으로 도입되었다.
② 책임운영기관의 장에게 행정 및 재정상의 자율성을 부여하고 그 운영성과에 대하여 책임을 지도록 하는 행정기관을 말한다.
③ 책임운영기관은 사무성격에 따라 조사연구형, 교육훈련형, 문화형, 의료형, 시설관리형, 그 밖에 대통령령으로 정하는 기타 유형으로 구분된다.
④ 「책임운영기관의 설치 · 운영에 관한 법률」에 근거하여 1995년부터 제도가 시행되었다.

24 □□□

2020년 국가직 9급

책임운영기관에 대한 설명으로 옳지 않은 것은?

① 기관장에게 기관 운영의 자율성을 보장하고, 기관 운영 성과에 대해 책임을 지도록 한다.
② 공공성이 크기 때문에 민영화하기 어려운 업무를 정부가 직접 수행하기 위해 고안된 것이다.
③ 객관적이고 신뢰할 수 있는 성과평가 시스템 구축은 책임운영기관의 성공 여부를 결정짓는 요건 중의 하나이다.
④ 1970년대 영국에서 집행기관(executive agency)이라는 이름으로 처음 도입되었고, 우리나라는 1990년부터 운영하고 있다.

25 □□□

2022년 국회직 8급

「책임운영기관의 설치 · 운영에 관한 법률」의 내용으로 옳지 않은 것은?

① 행정안전부장관은 5년 단위로 책임운영기관의 관리 및 운영 전반에 관한 중기관리계획을 수립한다.
② 중앙책임운영기관의 장의 임기는 2년으로 하되, 한 차례만 연임할 수 있다.
③ 소속책임운영기관에는 소속 기관을 둘 수 없다.
④ 중앙책임운영기관의 장은 고위공무원단에 속하는 공무원을 제외한 소속 공무원에 대한 일체의 임용권을 가진다.
⑤ 책임운영기관운영위원회는 위원장 및 부위원장 각 1명을 포함한 15명 이내의 위원으로 구성한다.

26 □□□

2020년 국회직 8급

우리나라의 중앙행정기관 소속 책임운영기관에 대한 설명으로 옳은 것은?

① 「정부조직법」에 근거하여 설치 및 운영된다.
② 소속중앙행정기관의 장은 소속책임운영기관의 조직 및 운영에 관한 기본운영규정을 제정하여야 한다.
③ 기관장은 공개모집절차에 따라 5년 범위 내에서 임기제공무원으로 채용한다.
④ 기관장은 전 직원에 대한 임용권을 갖는다.
⑤ 계급별 정원은 4급 이상 공무원의 경우 대통령령으로, 5급 이하 공무원의 경우 부령으로 정한다.

27 □□□

2019년 국회직 8급

우리나라 행정조직에 대한 설명으로 옳지 않은 것은?

① 책임운영기관은 「정부조직법」에 의하여 설치되고 운영된다.

② 「행정기관 소속 위원회의 설치 · 운영에 관한 법률」상 위원회 소속 위원 중 공무원이 아닌 위원의 임기는 대통령령으로 정하는 특별한 경우를 제외하고는 3년을 넘지 아니하도록 하여야 한다.

③ 특별지방행정기관의 사례로는 서울지방국세청, 중부지방고용노동청이 있다.

④ 실, 국, 과는 부처 장관을 보조하는 기관으로 계선기능을 담당하고, 참모 기능은 차관보, 심의관 또는 담당관 등의 조직에서 담당한다.

⑤ 중앙선거관리위원회와 공정거래위원회는 행정위원회에 속한다.

28 □□□

2024년 군무원 9급

다음 중 책임운영기관에 대한 설명으로 가장 적절하지 않은 것은?

① 기관장은 계약직으로 임용되지만, 소속 직원은 공무원 신분을 유지하는 공법인이다.

② 성과를 중시하는 신공공관리론의 원리에 따라 등장한 제도이다.

③ 시장원리에 대한 강조로 인하여 공공서비스의 형평성과 안정성이 저하될 가능성이 있다.

④ 정책결정 기능으로부터 집행기능을 분리한 집행 중심의 조직이다.

29 □□□

2024년 지방직 7급

우리나라의 책임운영기관 제도에 대한 설명으로 옳지 않은 것은?

① 행정안전부장관은 기획재정부 및 해당 중앙행정기관의 장과 협의하여 책임운영기관을 설치하거나 해제할 수 있다.

② 기관의 지위에 따라 중앙책임운영기관과 소속책임운영기관으로 구분된다.

③ 소속책임운영기관의 장은 공개모집 절차에 따라 「국가공무원법」상 임기제 공무원으로 임용된다.

④ 책임운영기관은 「공공기관의 운영에 관한 법률」상 종합평가의 대상이다.

30 □□□

2019년 국가직 9급

공공서비스의 공급 주체 중 정부부처 형태의 공기업에 해당하는 것은?

① 한국철도공사

② 한국소비자원

③ 국립중앙극장

④ 한국연구재단

31 □□□

2024년 행정사

공급의 담당주체와 수단의 결합방식으로 공공서비스를 아래와 같이 나타낼 때 각 괄호 안에 들어갈 내용으로 옳은 것은?

구분		공급주체	
		공공부문	민간부문
공급 수단	권력	ㄱ	ㄴ
	시장	ㄷ	ㄹ

① ㄱ: 일반행정, ㄴ: 책임경영, ㄷ: 민간위탁, ㄹ: 민간기업

② ㄱ: 책임경영, ㄴ: 일반행정, ㄷ: 민간기업, ㄹ: 민간위탁

③ ㄱ: 민간기업, ㄴ: 민간위탁, ㄷ: 책임경영, ㄹ: 일반행정

④ ㄱ: 일반행정, ㄴ: 민간위탁, ㄷ: 책임경영, ㄹ: 민간기업

⑤ ㄱ: 책임경영, ㄴ: 민간위탁, ㄷ: 일반행정, ㄹ: 민간기업

THEME 37 공공기관과 공기업의 민영화

중요도 ●●●○○

정답 및 해설 p. 123

선생님TIP

공공기관에서는 「공공기관의 운영에 관한 법률」에 따른 공공기관의 유형을 알아두어야 합니다. 즉 공공기관을 공기업, 준정부기관, 기타 공공기관으로 정리하고, 각각의 구성과 임원에 대한 임명권자는 숙지하는 것이 좋습니다. 또한 공기업의 민영화 방안과 그 특징을 정리하고, 민영화의 한계까지 함께 알아두도록 합니다.

■ 공공기관과 공기업의 민영화

1. 공공기관의 유형(「공공기관의 운영에 관한 법률」 제5조)

<table>
<tr><th colspan="2">공기업</th><th colspan="2">준정부기관</th><th>기타 공공기관</th></tr>
<tr><td colspan="4">직원 300명 이상, 총수입액 200억 원 이상, 자산규모 30억 원 이상에서 지정</td><td rowspan="3">기타공공기관 =
공공기관 −
(공기업 + 준정부기관)</td></tr>
<tr><td colspan="2">자체수입액이 총수입액의 50% 이상</td><td colspan="2">자체수입액이 총수입액의 50% 미만</td></tr>
<tr><td>시장형 공기업의
자산규모가 2조 원
이상이고, 자체수입액이
총수입액의 85% 이상</td><td>준시장형 공기업의
자체수입액이 총수입액의
50% 이상 85% 미만</td><td>기금관리형
준정부기관</td><td>위탁집행형
준정부기관</td></tr>
</table>

2. 공공기관의 구성과 임원

<table>
<tr><th colspan="3" rowspan="2">구성</th><th rowspan="2">이사회 의장</th><th rowspan="2">기관장</th><th colspan="2">이사</th><th rowspan="2">감사</th><th rowspan="2">감사위원회
설치</th></tr>
<tr><th>상임이사</th><th>비상임이사</th></tr>
<tr><td rowspan="3">공
기
업</td><td colspan="2">시장형</td><td rowspan="2">선임 비상임
이사</td><td rowspan="3">주무기관장의 제청,
대통령이 임명</td><td rowspan="3">공기업의 장이
임명</td><td rowspan="3">기획재정부
장관이 임명</td><td rowspan="3">기획재정부
장관의 제청,
대통령이 임명</td><td rowspan="2">의무사항</td></tr>
<tr><td rowspan="2">준시장형</td><td>2조 이상</td></tr>
<tr><td>2조 미만</td><td rowspan="2">기관장</td><td rowspan="2">임의사항</td></tr>
<tr><td colspan="3">준정부기관</td><td>주무기관장이
임명</td><td>준정부기관의
장이 임명</td><td>주무기관장이
임명</td><td>기획재정부
장관이 임명
(대규모 기관은
대통령이 임명)</td></tr>
</table>

3. 공기업의 민영화

내부민영화	외부민영화
• 민간위탁 • 민자유치 • 책임운영기관 도입 • 수익자 부담주의 • 개방형 임용 • 성과급 제도 • 기업회계방식 도입 • 시민헌장제도 등	• 정부기능 민간이양 • 정부자산이나 주식 매각 • 보조금 지급 • 지정 및 허가에 특허권 부여 • 구매권 제도 • 자원봉사자 방식 • 자조활동 방식 • 규제 완화 및 경쟁 촉진 등

01 □□□

2021년 국가직 9급

공기업에 대한 설명으로 옳지 않은 것은?

① 공공수요가 있으나 민간부문의 자본이 부족한 경우 공기업설립이 정당화된다.
② 시장에서 독점성이 나타나는 경우 공기업 설립이 정당화된다.
③ 전통적인 자본주의적 사기업 질서에 반하여 사회주의적 간섭을 하는 것으로 볼 수 있다.
④ 주식회사형 공기업은 특별법 혹은 상법에 의해 설립되지만 일반행정기관에 적용되는 조직·인사 원칙이 적용된다.

02 □□□

2011년 지방직 9급

우리나라 공공기관의 유형과 그 사례가 잘못 연결된 것은?

① 시장형 공기업 - 한국마사회
② 준시장형 공기업 - 한국토지주택공사
③ 위탁집행형 준정부기관 - 한국농어촌공사
④ 기금관리형 준정부기관 - 국민연금공단

03 □□□

2017년 사회복지직 9급

「공공기관의 운영에 관한 법률」에 따른 공공기관의 유형에 속하지 않는 것은?

① 기금관리형 준정부기관
② 준시장형 공기업
③ 위탁집행형 공기업
④ 기타 공공기관

04 □□□

2017년 국가직 9급(4월 시행)

공공서비스 공급주체의 유형과 예시를 바르게 연결한 것은?

① 준시장형 공기업 - 한국방송공사
② 시장형 공기업 - 한국마사회
③ 기금관리형 준정부기관 - 한국연구재단
④ 위탁집행형 준정부기관 - 한국소비자원

05 □□□

2021년 국회직 8급

공공서비스 공급주체와 그 사례의 연결로 옳은 것만을 다음에서 모두 고르면?

ㄱ. 책임운영기관 - 국립의료원
ㄴ. 준시장형 공기업 - 한국관광공사
ㄷ. 위탁집행형 준정부기관 - 근로복지공단
ㄹ. 시장형 공기업 - 한국철도공사
ㅁ. 정부기업 - 우정사업본부

① ㄱ, ㅁ
② ㄴ, ㄹ
③ ㄱ, ㄴ, ㅁ
④ ㄴ, ㄷ, ㄹ
⑤ ㄷ, ㄹ, ㅁ

06 □□□

2025년 국회직 8급

현행 「공공기관의 운영에 관한 법률」상 공공기관의 구분과 그 사례의 연결로 옳은 것은?

① 위탁집행형 준정부기관 - 한국재정정보원
② 준시장형 공기업 - 대한석탄공사
③ 기금관리형 준정부기관 - 한국관광공사
④ 시장형 공기업 - 한국마사회
⑤ 기타 공공기관 - 한국소비자원

07 □□□

2018년 국가직 7급

「공공기관의 운영에 관한 법률」상 공공기관에 대한 설명으로 옳지 않은 것은?

① 위탁집행형 준정부기관은 기금관리형 준정부기관이 아닌 준정부기관을 의미한다.
② 기금관리형 준정부기관은 「국가재정법」에 따라 기금을 관리하거나 기금의 관리를 위탁받은 준정부기관을 의미한다.
③ 기획재정부장관은 공공기관을 공기업·준정부기관과 기타공공기관으로 구분하여 지정하되, 공기업과 준정부기관은 직원 정원이 300인 이상인 공공기관 중에서 지정한다.
④ 기획재정부장관은 지방자치단체가 설립하고 그 운영에 관여하는 기관을 공공기관으로 지정할 수 있다.

08 □□□

2022년 국회직 9급

2022년 현재 「공공기관의 운영에 관한 법률」 및 관련 공공기관의 유형에 대한 설명으로 옳은 것은?

① 한국방송공사는 공공기관 유형 중 준시장형 공기업에 해당한다.
② 한국조폐공사는 공공기관 유형 중 시장형 공기업에 해당한다.
③ 지방자치단체가 설립하고 그 운영에 관여하는 기관을 공공기관으로 지정할 수 있다.
④ 기금관리형 준정부기관은 「국가재정법」에 따라 기금을 관리하거나 기금의 관리를 위탁받은 준정부기관이다.
⑤ 공공기관의 유형을 구분하고 지정하는 것은 행정안전부장관의 권한이다.

09 □□□

2023년 군무원 7급

현행 법령상 공공기관에 대한 규정으로 옳은 것은?

① 공기업과 준정부기관의 지정기준은 직원 정원 50명 이상, 총수입액 30억 원 이상, 자산규모 10억 원 이상이다.
② 기획재정부장관은 총수입액 중 자체수입액이 차지하는 비중이 대통령령으로 정하는 기준 이상인 기관은 공기업으로 지정하고, 공기업이 아닌 공공기관은 준정부기관으로 지정한다.
③ 기획재정부장관은 필요한 경우 구성원 상호 간의 상호부조·복리증진·권익향상 또는 영업질서 유지 등을 목적으로 설립된 기관도 공공기관으로 지정할 수 있다.
④ 기획재정부장관은 기타공공기관의 일부만을 세분하여 지정하여서는 아니된다.

10 □□□

2011년 지방직 9급

「공공기관의 운영에 관한 법률」의 적용을 받는 공기업의 상임이사(상임감사위원 제외)에 대한 원칙적인 임명권자는?

① 대통령
② 주무기관의 장
③ 해당 공기업의 장
④ 기획재정부장관

11 □□□

2018년 지방직 7급

「공공기관의 운영에 관한 법률」과 「지방공기업법」상 공공기관과 지방공기업에 대한 설명으로 옳지 않은 것은?

① 기획재정부장관은 공공기관을 공기업·준정부기관과 기타 공공기관으로 구분하여 지정하되, 공기업과 준정부기관은 직원 정원이 300인 이상인 공공기관 중에서 지정한다.
② 기획재정부장관은 경영실적평가결과 경영실적이 부진한 공기업·준정부기관에 대하여 운영위원회의 심의·의결을 거친 후 기관장, 상임이사의 임명권자에게 그 해임을 건의하거나 요구할 수 있다.
③ 「지방공기업법」상 지방공기업의 범주에는 지방직영기업과 지방공사·지방공단이 포함된다.
④ 지방자치단체장은 지방자치의 발전과 주민복리의 증진을 위해 지방공기업을 설립·운영할 수 있으며, 매년 경영평가 결과를 토대로 경영진단 대상 지방공기업을 선정한다.

12 □□□

2017년 국가직 7급(8월 시행)

「공공기관의 운영에 관한 법률」의 내용에 대한 설명으로 옳지 않은 것은?

① 공공기관의 자율경영 및 책임경영체제의 확립, 경영합리화, 투명성 제고를 목적으로 한다.

② 기획재정부장관은 매년 직원 정원 100인 이상의 공공기관 중에서 공기업과 준정부기관을 지정한다.

③ 공기업은 시장형과 준시장형으로, 준정부기관은 위탁집행형과 기금관리형으로 구분된다.

④ 공기업과 준정부기관은 신규 지정된 해를 제외하고 매년 경영실적 평가를 받는다.

13 □□□

2019년 국회직 8급

우리나라 공공기관에 대한 설명으로 옳은 것은?

① 정부기업은 정부가 소유권을 가지고 운영하는 공기업으로서 정부조직에 해당되지 않는다.

② 국가공기업과 지방공기업은 「공공기관의 운영에 관한 법률」의 적용을 받는다.

③ 준정부기관은 총수입 중 자체수입의 비율이 50% 이상인 공공기관을 의미한다.

④ 위탁집행형 준정부기관의 사례로는 도로교통공단이 있다.

⑤ 공기업의 기관장은 인사 및 조직운영의 자율성이 없으며 관할 행정부처의 통제를 받는다.

14 □□□

2024년 지방직 7급

공공기관과 지방공기업에 대한 설명으로 옳은 것은?

① 「공공기관의 운영에 관한 법률」상 기획재정부장관은 경영실적 평가 결과 경영실적이 부진한 공기업·준정부기관에 대하여 공공기관운영위원회의 심의·의결을 거쳐 기관장·상임이사의 임명권자에게 그 해임을 건의하거나 요구할 수 있다.

② 지방자치단체는 다른 지방자치단체와 공동으로 「지방공기업법」상 지방공사를 설립할 수 없다.

③ 공공기관의 운영에 관한 법령상 시장형 공기업은 자산규모가 2조 원 이상이거나 총수입액 중 자체수입액이 차지하는 비중이 50% 이상인 공기업이다.

④ 「지방공기업법」상 지방공사의 자본금은 그 전액을 지방자치단체가 출자하며, 민간출자를 허용하지 않는다.

15 □□□

2025년 국가직 9급

우리나라 공공기관 및 지방공기업에 대한 설명으로 옳지 않은 것은?

① 「지방공기업법」에 근거하여 지방공기업 경영평가가 시행되고 있다.

② 지방직영기업은 지방자치단체가 직접 운영하는 지방공기업으로 하수도, 주택사업, 토지개발사업 등의 사업을 수행한다.

③ 「공공기관의 운영에 관한 법률」에 근거하여 공공기관운영위원회를 설치하며, 행정안전부장관이 위원장이 된다.

④ 준정부기관에는 기금관리형과 위탁집행형이 있다.

16 □□□

2021년 국회직 8급

공공기관 경영평가제도에 대한 설명으로 옳지 않은 것은?

① 「공공기관의 운영에 관한 법률」에 근거하여 공공기관 경영평가를 실시한다.
② 공공기관심의위원회가 공공기관 경영평가에 관한 심의·의결기구의 역할을 수행한다.
③ 공공기관 경영평가는 기획재정부장관이 실시하고, 지방공기업 경영평가는 행정안전부장관이 실시한다.
④ 공공기관 경영평가결과에 따라 민영화 대상 공기업이 결정되지 아니한다.
⑤ 공공기관 경영평가의 주요지표로서 경영전략 및 리더십, 사회적 가치 구현, 조직·인사·재무관리, 혁신과 소통 등이 포함된다.

17 □□□

2023년 지방직 7급

공공기관 기업지배구조의 이념형적 모델인 주주(shareholder) 자본주의 모델과 이해관계자(stakeholder) 자본주의 모델에 대한 설명으로 옳지 않은 것은?

① 주주 자본주의 모델은 주주가 기업의 주인이라고 보며, 주주의 이익 극대화가 경영목표이다.
② 주주 자본주의 모델의 기업규율방식에는 이사회의 경영감시, 시장에 의한 규율 등이 있다.
③ 이해관계자 자본주의 모델은 기업을 하나의 공동체로 보며, 이해관계자의 이익 극대화가 경영목표이다.
④ 이해관계자 자본주의 모델에서 근로자의 경영 참여는 종업원 지주제도 등을 통해서 이루어지며 단기 업적주의를 추구한다.

18 □□□

2015년 국가직 7급

공기업 민영화 과정에서 발생할 수 있는 문제점에 대한 설명으로 옳지 않은 것은?

① 민영화 과정에서 특혜, 정경유착 등의 부패가 발생할 수 있다.
② 공기업에서 제공하던 공공서비스가 사적 서비스로 변환되기 때문에 서비스 배분의 형평성 문제가 제기될 수 있다.
③ 민영화를 통해 정부의 지분이 다수 국민에게 지나치게 분산되면 대주주는 없고 다수의 소액주주만 있어서 공기업에 대한 효과적인 감시가 어려워질 수 있다.
④ 시장성이 큰 서비스를 다루는 공기업을 민영화하게 되면 지나친 경쟁체제에 노출되기 때문에 민영화의 실익이 없다.

19 □□□

2017년 지방직 9급(6월 시행)

공기업 민영화에 대한 설명으로 옳지 않은 것은?

① 공공기관 경영평가에서 3년 연속 최하등급을 받은 공기업은 「공공기관의 운영에 관한 법률」상 민영화하여야 한다.
② 공공영역을 일정 부분 축소하는 것으로 볼 수 있다.
③ 공기업을 민영화하면 국민에 대한 보편적 서비스의 제공이 약화될 수 있다.
④ 공기업 매각방식의 민영화를 통해 공공재정의 확충이 가능하다.

20 □□□

2019년 서울시 9급(2월 추가)

공공서비스 전달방식에 대한 설명으로 가장 옳은 것은?

① 프랜차이즈방식은 정부가 개인들에게 특정 상품 및 서비스 구입이 가능한 쿠폰을 제공하는 방식이다.
② 공공-민간협력방식(PPP)은 정부가 민간부문에 출자하고 이를 경영하되 위험은 정부가 모두 부담하는 방식이다.
③ 수익형 민자사업(BTO) 방식은 민간이 시설을 건설하고 직접 소유하면서 운영하는 방식이다.
④ 임대형 민자사업(BTL) 방식은 민간이 시설을 건설하고 정부가 소유하며 민간은 정부로부터 임대료 수익을 보장받는 방식이다.

21 □□□

2022년 군무원 7급

다음 중 공공서비스의 공급과 생산에 대한 설명으로 옳지 않은 것은?

① 면허(franchise)는 서비스 제공자들 사이에 경쟁이 미약하면 이용자의 비용부담이 과중하게 되는 부정적 효과가 발생한다.
② 바우처(vouchers)는 관료와 서비스 제공자 간의 유착을 근절하여 부정부패를 막을 수 있다.
③ 민간위탁(contracting-out)은 인력운영의 유연성을 제고해서 관료조직의 팽창을 억제할 수 있다.
④ 집합적 공동생산(collective co-production)은 시민들의 참여도에 관계없이 혜택이 공통으로 돌아가게 한다는 재분배적 사고가 기저에 있다.

22 □□□

2022년 지방직 7급

민간위탁(contracting out)에 대한 설명으로 옳지 않은 것은?

① 정부가 제공하는 서비스를 민간부문에 맡기고 비용을 지불하는 방식이다.
② 비영리단체는 민간위탁의 대상이 되지 않는다.
③ 정부의 직접공급에 비해 고용과 인건비의 유연성 확보가 용이하다.
④ 대표적인 예로는 쓰레기수거업무나 도로건설업무가 있다.

23 □□□

2023년 군무원 9급

다음 중 민간부분에 의한 공공서비스 생산의 유형과 설명으로 가장 거리가 먼 것은?

① 민간위탁은 계약에 의한 민간의 생산자가 공공서비스를 생산하는 것이다.
② 자원봉사는 간접적인 보수는 허용되는 공공서비스 생산 유형이다.
③ 면허는 일정구역 내에서 공공서비스를 제공하는 권리를 인정하는 유형이다.
④ 바우처 지급은 시민들에게 공공서비스 이용권을 지급하는 형태이다.

24 □□□

2025년 군무원 9급

민간위탁 방식에 대한 설명으로 가장 적절하지 않은 것은?

① 조세유인방식 역시 민간위탁 방식에 해당한다.
② 면허방식은 특정 민간조직에게 일정구역 내에서 공공서비스를 제공하는 권리를 인정하는 방식이다.
③ 보조금 방식은 민간조직 또는 개인의 공공서비스 제공활동에 대하여 재정 또는 현물로 지원하는 방식이다.
④ 자조활동이란 서비스 생산과 관련된 직접적 보수를 받지 않는 봉사자들이 생산을 담당하는 방식이다.

25 □□□

2025년 군무원 7급

공공서비스 제공을 위한 자원봉사자 활용의 단점으로 가장 적절하지 않은 것은?

① 자원봉사자들이 이타적 동기를 가지고 공공서비스에 참여하지 않아서 업무 충실도가 떨어지는 한계가 있다.
② 자원봉사자들의 업무 영역은 정식 직원의 영역을 대체하기보다는 부족 인력 보충 차원에서만 가능하다.
③ 자원봉사자를 활용하는 것은 자원봉사자를 관리하기 위한 추가적인 자원(별도의 시설, 보험, 실비 등)이 소요된다.
④ 자원봉사자를 활용하는 것이 비용 절감 차원에서는 조직에 도움이 되지만, 이는 동시에 자원봉사자를 정식 직원처럼 통제하기 어렵다는 한계에 봉착하기도 한다.

26 □□□

2014년 국회직 8급

주인-대리인이론에 대한 설명으로 옳은 것은?

① 관료들이 피규제집단의 입장을 옹호하는 소위 관료포획 현상은 역선택의 사례이다.
② 도덕적 해이는 주인이 대리인의 업무처리 능력과 지식을 충분히 알지 못해 기준 미달의 대리인을 선택하는 현상이다.
③ 공기업의 민영화는 시장의 경쟁요소를 도입함으로써 역선택을 방지하고자 하는 노력의 일환이다.
④ 정보비대칭을 줄이기 위한 방안으로는 주민참여, 내부고발자 보호제도, 입법예고제도 등이 있다.
⑤ 주인-대리인이론은 대리인의 책임성을 확보할 수 있는 방안을 주로 내부통제에서 찾고 있다.

27 □□□

2017년 서울시 7급

다음 중 사바스(Savas)의 공공서비스 제공방식에 대한 유형별 설명으로 가장 옳지 않은 것은?

① 공공부문이 생산자(productor)인 동시에 배열자(arranger)인 경우의 예로 정부 간 협약을 통해 한 정부가 또 다른 정부의 공공서비스를 구매하는 방식이 있다.
② 공공부문이 생산자이고 민간부문이 배열자인 경우의 예로 정부응찰방식을 통해 민간부문이 정부가 생산한 공공서비스를 선별, 구매하고 대가를 지불하는 방식이 있다.
③ 민간부문이 생산자이고 정부가 배열자인 경우의 예로 민간위탁, 바우처(voucher)를 통한 서비스 제공 등이 있다.
④ 민간부문이 생산자인 동시에 배열자인 경우의 예로 임대형 민자사업(BTL), 보조금에 의한 서비스 제공 등을 들 수 있다.

28 □□□

2020년 지방직 7급(지방자치론)

사바스(Savas)가 제시하는 공공서비스의 네 가지 공급유형 중 '정부가 결정하고 민간이 공급하는 유형(A)'과 '민간이 결정하고 민간이 공급하는 유형(B)'의 예로 옳은 것은?

	A	B
①	계약방식(contracting-out)	셀프 서비스(self service)
②	보조금 방식(granting)	계약방식(contracting-out)
③	허가(franchises)	정부 간 협정
④	이용권 지급(vouchers)	허가(franchises)

29 □□□

2018년 국가직 9급

지방정부의 행정서비스 공급체계 및 방식에 대한 설명으로 옳지 않은 것은?

① 정부의 직접적 공급이 아닌 대안적 서비스 공급체계(ASD: Alternative Service Delivery)는 생활쓰레기 수거, 사회복지사업운영, 시설관리 등의 분야에 적용되고 있다.
② 과잉생산과 독점 등이 야기한 공공부문 비효율의 해결책으로 계약방식을 통한 서비스 공급이 도입되고 있다.
③ 사용자부담방식의 활용은 재정부담의 공평성 제고에 기여한다.
④ 사바스(Savas)가 제시한 공공서비스 공급유형론에 따르면, 자원봉사(voluntary service)방식은 민간이 결정하고 정부가 공급하는 유형에 속한다.

30 □□□

2017년 국가직 9급(10월 추가)

바우처(voucher)제도에 대한 설명으로 옳지 않은 것은?

① 살라몬(Salamon)의 행정수단 유형분류에 있어서 민간위탁과 같이 직접성이 매우 높은 행정수단이다.
② 전자바우처의 도입을 통해 행정비용을 절감할 수 있다.
③ 수혜자에게 현금을 지원하는 대신 특정 재화나 서비스를 구매할 수 있는 쿠폰이나 포인트를 제공하는 제도이다.
④ 저소득층 및 특수계층을 대상으로 하는 복지 분야에서 많이 활용되고 있다.

CHAPTER 3

조직행태론

THEME 38 동기부여이론

중요도 ●●●●●

정답 및 해설 p. 129

선생님TIP

동기부여이론은 조직론 파트에서 매년 출제되고 있는 가장 중요한 테마 중의 하나로, 먼저 동기부여에 대한 내용이론(What)과 과정이론(How)으로 구분됩니다. 내용이론은 인간의 욕구에 중점을 둔 매슬로우(Maslow)의 욕구 5단계부터 허즈버그(Herzberg)의 욕구충족이원론까지 모두 정리해두어야 하고, 특히 허즈버그(Herzberg)의 욕구충족이원론이 가장 빈출되고 있으므로 위생요인과 동기요인에 대한 철저한 숙지가 필요합니다. 과정이론은 기대이론, 공정성이론, 목표설정이론, 학습(과정)이론에 대하여 각각의 내용을 정리하며 이해할 수 있도록 학습합니다.

1 인간관의 변천(Schein)

합리적 · 경제적 인간관	• 고전적 이론의 관점 • 인간을 합리적 · 경제적 존재로 파악(성악설적 인간, X이론)
사회적 인간관	• 신고전적 이론의 관점 • 인간을 사회적 존재로 파악(성선설적 인간, Y이론)
자아실현적 인간관	• 인간을 자신의 잠재력을 구현하려는 경향을 가진 존재로 파악하여 직무를 통한 성숙을 강조 • 아지리스(Argyris)의 성숙인, 매슬로우(Maslow)의 자아실현인과 관련
복잡한 인간관	• 구성원의 욕구와 상황에 따라 융통성 있게 적용하는 상황적응적 관리전략을 중시 • 현대인은 복잡한 인간으로 구성원의 개인차(individual differences)와 변전성(變轉性)을 고려하여 변화에 대해 인정해 주고 존중해야함을 강조

2 동기부여이론

1. 내용이론

(1) 성장이론: 인간의 성장 및 고급욕구 중시(X이론 → Y이론)

<table>
<tr><td>맥그리거
(McGregor)</td><td>X · Y이론</td><td colspan="2">X이론</td><td colspan="3">Y이론</td></tr>
<tr><td>매슬로우
(Maslow)</td><td>욕구단계이론</td><td>생리적 욕구</td><td>안전욕구</td><td>사회적 욕구</td><td>존경욕구</td><td>자아실현욕구</td></tr>
<tr><td>앨더퍼
(Alderfer)</td><td>ERG이론</td><td colspan="2">생존욕구(E)</td><td colspan="2">관계욕구(R)</td><td>성장욕구(G)</td></tr>
<tr><td>아지리스
(Argyris)</td><td>미성숙 - 성숙이론</td><td colspan="2">미성숙인</td><td colspan="3">성숙인</td></tr>
<tr><td>허즈버그
(Herzberg)</td><td>욕구충족이원론</td><td colspan="2">위생(불만)요인</td><td colspan="3">동기(만족)요인</td></tr>
<tr><td>맥클리랜드
(McClelland)</td><td>성취동기이론</td><td colspan="2">권력욕구</td><td colspan="2">친교욕구</td><td>성취욕구</td></tr>
<tr><td>리커트
(Likert)</td><td>관리체제론</td><td>체제 I
(착취적 권위)</td><td>체제 II
(온정적 권위)</td><td colspan="2">체제 III
(협의적 민주)</td><td>체제 IV
(참여적 민주)</td></tr>
</table>

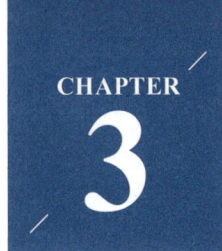

(2) 복잡인모형: 욕구의 복합성과 개인차를 고려하는 상황적응론(Z이론)

샤인(Schein)의 복잡인모형	• 인간관 - 경제적 인간관, 사회적 인간관, 자아실현적 인간관으로 구분 - 인간 욕구의 복잡성과 변화에 기인한 복잡한 인간관을 현대인으로 제시 • 관리전략: 상황적응적, 융통적 관리전략이 최선이라고 봄
핵크만과 올드햄(Hackman & Oldham)의 직무특성이론	• 동기부여요인: 직무의 특성과 심리상태가 결합하여 욕구에 부합할 때 동기유발 • 핵심직무특성: 기술다양성, 직무정체성, 직무중요성, 자율성, 환류 * 자율성과 환류를 중요 요인으로 봄 • 잠재적 동기지수(MPS): (기술다양성 + 직무정체성 + 직무중요성)/3 × 자율성 × 환류
오우치(Ouchi)의 Z이론	• 미국 내의 일본식 경영기법을 Z이론이라고 칭함 • 특징: 장기적 고용, 비공식적 · 암묵적 통제, 엄격한 평가, 개인적 책임 등

2. 과정이론

기대이론	브룸(Vroom)의 기대이론(VIE이론)	• 인간은 자신의 행동이 생각하던 결과로 이어진다는 기대와 결과에 대한 만족에 달려있다고 주장 • 동기부여(M) = f[E(기대감), I(수단성), V(유인가)] • 노력 → 성과(1차결과) → 보상(2차결과) → 만족
	포터와 로러(Porter & Lawler)의 업적 · 만족이론(EPRS모형)	• 업적이 만족을 가져온다고 주장 • 노력 → 업적(직무성취) → 내재적 보상(성취감)/외재적 보상(승진, 보수 등) → 만족 • 다른 사람과 비교하여 공평한 보상에 대한 지각을 통해서 만족하게 됨
	조고폴러스(Georgopoulos)의 통로목표이론	• 목표에 이르는 통로의 상대적 유용성에 대한 주관적 기대가 중요하다고 주장 • 조직의 목표가 개인의 목표달성을 위한 통로로 기능할 때 동기가 유발됨
형평성이론	아담스(Adams)의 형평성(공정성)이론	• 타인과 비교하여 형평성을 유지하는 쪽으로 동기부여 • 나의 보상을 준거인의 보상과 비교하여 불공정할 때 공정한 방향으로 동기부여(과소보상에 민감) • 기본전제: 호혜주의, 인지일관성
목표설정이론	로크(Locke)의 목표설정이론	• 개인의 성과는 목표의 특성(난이도, 구체성) 및 종류(지시적 · 참여적 · 자기설정 목표)에 의해 결정되며 그 영향의 정도는 상황요인(환류, 보상, 조건, 능력 등)에 따라 달라진다고 봄 • 목표가 도전적(난이도 높음)이고 구체적일수록 강한 동기부여 발생
학습이론	고전적 조건화이론	• 파블로프(Pavlov)의 개실험 • 손다이크(Thorndike)의 효과의 법칙(도구적 조건화)
	조작적 조건화이론(강화이론)	스키너(Skinner)의 강화이론: 인간행동의 네 가지 강화유형 제시 • 적극적 강화: 바람직한 결과 제공(가장 중시) 예 보수인상, 승진 등 • 소극적 강화: 바람직하지 않은 결과 제거 예 부담이나 벌칙 제거 등 • 처벌: 바람직하지 않은 결과 제공 예 견책, 해고 등 • 소거: 바람직한 결과 제거 예 성과급 폐지, 보수인상 철회 등
	현대적 학습이론	자율학습이론(인지학습이론 등)

01 □□□

2022년 국가직 9급

동기유발의 과정을 설명하는 '과정이론'에 해당하는 것만을 모두 고르면?

ㄱ. 브룸(Vroom)의 기대이론
ㄴ. 애덤스(Adams)의 공정성이론
ㄷ. 로크(Locke)의 목표설정이론
ㄹ. 앨더퍼(Alderfer)의 ERG이론
ㅁ. 맥그리거(McGregor)의 X이론 · Y이론

① ㄱ, ㄴ, ㄷ　② ㄱ, ㄴ, ㄹ
③ ㄴ, ㄷ, ㅁ　④ ㄷ, ㄹ, ㅁ

02 □□□

2011년 서울시 9급

조직 내 인간의 행동은 여러 가지 개인 수준의 변수의 영향으로 인해 다양하게 나타난다. 동기이론에 대한 설명으로 적절한 것은?

① 매슬로우(Maslow)는 두 가지 이상의 복합적인 욕구가 하나의 행동을 유발할 수 있다고 보았다.
② 앨더퍼(Alderfer)도 매슬로우(Maslow)와 같이 욕구 만족 시 욕구 발로의 전진적 · 상향적 진행만을 강조하는 공통점이 있다.
③ 맥클리랜드(McClelland)는 개인의 행동을 동기화시키는 잠재력을 지니고 있는 욕구는 학습되는 것이므로 개인마다 욕구의 계층에 차이가 있다고 주장했다.
④ 샤인(Schein)의 복잡한 인간관은 연구자료가 중요사건기록법을 근거로 수집되었다는 한계를 갖는다.
⑤ 허즈버그(Herzberg)는 직무수행자의 성장욕구가 낮은 경우에는 단순한 직무를 제공하는 동기유발전략이 필요하다고 한다.

03 □□□

2019년 국가직 9급

다음 설명에 해당하는 조직의 인간관은?

- 인간을 자신의 이익을 극대화하기 위해 행동하는 존재로 본다.
- 인간은 조직에 의해 통제 · 동기화되는 수동적 존재이며, 조직은 인간의 감정과 같은 주관적 요소를 통제할 수 있도록 설계되어야 한다.

① 합리적 · 경제적 인간관
② 사회적 인간관
③ 자아실현적 인간관
④ 복잡한 인간관

04 □□□

2019년 국가직 7급

후기 인간관계론에 대한 설명으로 옳지 않은 것은?

① 합리적 · 경제적 인간관보다는 자아실현적 인간관과 더 부합한다.
② 개인은 다양한 차원에서 다양한 특성을 지니고 있으므로 상황에 따라 개인을 다양한 시각으로 이해할 필요가 있다.
③ 대표하는 이론으로는 맥그리거(McGregor)의 Y이론, 아지리스(Argyris)의 성숙인 등을 들 수 있다.
④ 의사결정과정에 개인을 참여시키는 관리전략이 필요하다.

05 □□□

2024년 군무원 9급

자아실현적 인간에 대한 관리전략에 대한 설명으로 가장 적절하지 않은 것은?

① 상황조건과 구성원 동기의 차별성을 고려하여 획일적이기보다는 유연하고 다원적이며 세분화된 관리전략을 사용한다.
② 구성원이 자신들의 직무에서 의미를 발견하고, 긍지와 자존심을 가지며, 도전적으로 직무에 임할 수 있도록 한다.
③ 관리자는 구성원을 지시하고 통제하기보다는 구성원 스스로 자기통제와 자기계발을 통해 문제를 해결할 수 있도록 지원하고 촉진한다.
④ 통합모형에 근거해 개인과 조직의 목표를 융합하고 통합할 수 있도록 의사결정과정에서 구성원들의 참여를 확대한다.

06 □□□

2022년 국가직 7급

다음은 동기부여 실험에 대한 설명이다. (가)~(다)에 들어갈 말을 바르게 연결한 것은?

> 유치원 어린이들을 세 집단으로 나누고 그림 그리기 놀이를 하였다. 첫 번째 집단에는 그림을 완성하면 선물을 준다고 약속하였고 그림을 완성한 어린이들에게는 약속한 선물을 주었다. 두 번째 집단에는 선물을 준다는 약속은 없었지만 그림을 완성한 어린이들에게는 깜짝 선물을 주었다. 세 번째 집단에는 어떤 약속도 선물도 없이 평소처럼 그림 그리기를 하였다. 그 이후, 그림 그리기 놀이를 계속하는지에 대한 집단 간 차이를 관찰하였다. 관찰 결과, 두 번째와 세 번째 집단은 그림 그리기 놀이를 계속하였지만 첫 번째 집단은 상대적으로 적은 수만이 그림 그리기 놀이를 계속하였다. 이러한 현상을 통해 학자들은 (가) 동기가 (나) 동기를 밀어내는 구축효과가 있다는 점을 제시하였으며 (나) 동기의 예시로는 (다) 을/를 들 수 있다.

	(가)	(나)	(다)
①	내재적	외재적	성과급
②	내재적	외재적	가치관 일치
③	외재적	내재적	처벌
④	외재적	내재적	일에 대한 즐거움

07 □□□

2019년 서울시 9급(2월 추가)

동기이론 중 내용이론에 해당하지 않는 것은?

① 앨더퍼(Alderfer)의 ERG이론
② 허즈버그(Herzberg)의 욕구충족요인이원론
③ 맥클리랜드(McClelland)의 성취동기이론
④ 브룸(Vroom)의 기대이론

08 □□□

2022년 국회직 9급

다음 동기부여에 대한 이론 중 성격이 다른 하나는?

① 성과 · 만족이론 – 포터와 롤러(Porter and Lawler)
② 동기위생이원론 – 허즈버그(Herzberg)
③ ERG이론 – 앨더퍼(Alderfer)
④ 성취동기이론 – 맥클리랜드(McClelland)
⑤ 욕구계층이론 – 매슬로우(Maslow)

09 □□□

2021년 군무원 7급

엘더퍼(C. Alderfer)의 ERG이론에서 자기로부터의 존경, 자긍심, 자아실현욕구 등과 가장 관련이 있는 것은?

① 존재욕구
② 관계욕구
③ 성장욕구
④ 애정욕구

10 □□□

2014년 국가직 9급

조직구성원들의 동기이론에 대한 설명으로 옳은 것만을 모두 고르면?

ㄱ. ERG이론: 앨더퍼(Alderfer)는 욕구를 존재욕구, 관계욕구, 성장욕구로 구분한 후 상위욕구와 하위욕구 간에 '좌절 - 퇴행' 관계를 주장하였다.
ㄴ. X · Y이론: 맥그리거(McGregor)의 X이론은 매슬로우(Maslow)가 주장했던 욕구계층 중에서 주로 상위 욕구를, Y이론은 주로 하위 욕구를 중요시하였다.
ㄷ. 형평이론: 아담스(Adams)는 자기의 노력과 그 결과로 얻어지는 보상을 준거인물과 비교하여 공정하다고 인식할 때 동기가 유발된다고 주장하였다.
ㄹ. 기대이론: 브룸(Vroom)은 보상에 대한 매력성, 결과에 따른 보상 그리고 결과 발생에 대한 기대감에 의해 동기유발의 강도가 좌우된다고 보았다.

① ㄱ, ㄷ ② ㄱ, ㄹ
③ ㄴ, ㄷ ④ ㄷ, ㄹ

11 □□□

2022년 국가직 7급

동기부여이론에 대한 설명으로 옳지 않은 것은?

① 앨더퍼(Alderfer)의 욕구내용 중 관계욕구는 매슬로우(Maslow)의 생리적 욕구와 안전욕구에 해당한다.
② 브룸(Vroom)의 기대이론은 과정이론에 해당한다.
③ 허즈버그(Herzberg)는 위생요인이 충족되었다고 하더라도 동기부여가 되는 것은 아니라고 하였다.
④ 애덤스(Adams)는 투입한 노력 대비 얻은 보상에 대해서 준거인과 비교해 상대적으로 느끼는 공평함의 정도가 동기부여에 영향을 미친다고 하였다.

12 □□□

2010년 국가직 9급

허즈버그(Herzberg)의 욕구충족요인이원론에서 제시하는 동기요인(motivator) 내지 만족요인(satisfier)과 가장 거리가 먼 것은?

① 보다 많은 책임을 부여받는다.
② 상사로부터 직무성취에 대한 인정을 받는다.
③ 보다 많은 개인적 성장과 발전을 경험하고 있다.
④ 원만한 대인관계를 유지하고 있다.

13 □□□

2021년 군무원 9급

구성원에 대한 동기부여는 미충족 시 불만이 제기되는 요인(불만요인)의 충족과 함께, 적극적으로 동기를 자극하는 요인(동기요인)이 동시에 충족되었을 때 가능하다고 주장한 학자로 옳은 것은?

① F. Herzberg
② C. Argyris
③ A. H. Maslow
④ V. H. Vroom

14 □□□

2022년 지방직 9급

허즈버그(Herzberg)의 욕구충족요인이원론에서 위생요인에 해당하지 않는 것은?

① 감독
② 대인관계
③ 보수
④ 성취감

15 □□□

2010년 국가직 7급

동기부여이론에 대한 설명으로 옳지 않은 것은?

① 매슬로우(Maslow)는 개인의 욕구는 학습되는 것이므로 개인마다 그 욕구의 계층에 차이가 많이 난다고 주장했다.
② 앨더퍼(Alderfer)의 ERG이론은 매슬로우(Maslow)와는 달리 순차적인 욕구발로뿐만 아니라 욕구좌절로 인한 욕구발로의 후진적 · 하향적 퇴행을 제시하고 있다.
③ 허즈버그(Herzberg)의 욕구충족요인 이원론에 대해 직무요소와 동기 및 성과 간의 관계가 충분히 분석되어 있지 않다는 비판이 있다.
④ 로크(Locke)의 목표설정이론은 인간의 행동이 의식적인 목표와 성취의도에 의해 결정된다고 가정한다.

16 □□□

2013년 국가직 9급

동기부여 이론가들과 그 주장에 바탕을 둔 관리방식을 연결한 것이다. 이들 중 동기부여효과가 가장 낮다고 판단되는 것은?

① 매슬로우(Maslow) - 근로자의 자아실현욕구를 일깨워 준다.
② 허즈버그(Herzberg) - 근로환경 가운데 위생요인을 제거해 준다.
③ 맥그리거(McGregor)의 Y이론 - 근로자들은 작업을 놀이처럼 즐기고 스스로 통제할 줄 아는 존재이므로 자율성을 부여한다.
④ 앨더퍼(Alderfer) - 개인의 능력개발과 창의적 성취감을 북돋운다.

17 □□□

2022년 국회직 8급

동기부여 이론가와 주장을 바르게 연결한 것은?

① 맥클랜드(D. McCelland) - 동기의 강도는 행동이 일정한 결과로 이어진다는 기대감과 결과에 대한 선호의 정도에 달려 있다.
② 맥그리거(D. McGregor) - X이론은 주로 상위욕구를, Y이론은 주로 하위욕구를 중요시하는 것이다.
③ 매슬로우(A. Maslow) - 인간의 욕구는 생리적 욕구, 소속의 욕구, 안전에 대한 욕구, 존경에 대한 욕구, 자아실현의 욕구의 순서에 따라 유발된다.
④ 허즈버그(F. Herzberg) - 조직구성원에게 불만족을 주는 동기요인과 만족을 주는 위생요인이 각각 별개로 존재한다.
⑤ 앨더퍼(C. Alderfer) - 매슬로우(A. Maslow)의 욕구계층이론을 수정하여 인간의 욕구를 생존(존재), 관계, 성장의 3단계로 구분한다.

18 □□□

2023년 군무원 9급

다음 중 조직 구성원의 동기부여이론에 대한 설명으로 가장 거리가 먼 것은?

① 매슬로(A. H. Maslow)의 5단계 욕구이론은 욕구계층의 고정성을 전제로 한다.
② 허츠버그(F. Herzberg)의 욕구충족이론에 의하면 위생요인(hygiene factor)이 충족되는 경우 동기가 부여된다.
③ 샤인(E. H. Schein)의 복잡 인간관에서는 구성원의 맞춤형 관리전략의 필요성을 강조한다.
④ 맥그리거(D. McGregor)의 X · Y이론은 욕구와 관리전략의 성장측면을 강조한다.

19 □□□

2015년 서울시 7급

신고전적 조직이론을 태동시킨 인간관계론 주창자들에 대한 설명으로 가장 옳지 않은 것은?

① 메이요(Mayo) 등은 호손(Hawthorne) 공장 실험을 통해 조직의 생산성에 대한 구성원들 간의 사회적 관계의 중요성을 확인하였다.

② 맥그리거(McGregor)는 전통적 조직이론의 인간관을 위생이론(hygene theory), 새로운 조직이론의 인간관을 동기이론(motivation theory)으로 구분하였다.

③ 리커트(Likert)는 지원적 관계의 원리와 참여관리의 가치에 따라 구성원의 참여를 통해 조직의 효과성을 제고할 수 있다고 주장하였다.

④ 아지리스(Argyris)는 개인의 성격은 미성숙한 상태에서 성숙한 상태로 변하며 이러한 성격변화는 하나의 연속선상에 있다고 주장하였다.

20 □□□

2013년 서울시 9급

동기부여와 관련된 이론을 내용이론과 과정이론으로 나눠볼 때, 과정이론에 해당하는 것은?

① 욕구계층이론

② 기대이론

③ 욕구충족요인이원론

④ 성취동기이론

⑤ X · Y이론

21 □□□

2021년 군무원 7급

동기부여이론의 양대 이론이라고 할 수 있는 과정이론과 내용이론에 대한 설명으로 가장 적절하지 않은 것은?

① 과정이론의 범주로 분류되는 것으로는 합리적 또는 경제적 인간모형, 사회적 인간모형을 들 수 있다.

② 내용이론은 주로 어떤 요인이 동기 유발을 하는가에 관심이 있다.

③ 과정이론은 인간의 행동이 어떻게 동기유발이 되는가에 중점을 둔다.

④ 내용이론의 범주로 분류되는 것으로는 매슬로우(Maslow)의 욕구계층이론, 맥그리거(Mcgregor)의 X · Y이론을 들 수 있다.

22 □□□

2018년 교육행정직 9급

직원 A의 동기특성은 직원 B의 동기특성과 구분된다. 직원 A의 동기특성을 고려한 인사관리방식으로 옳은 것을 〈보기〉에서 모두 고른 것은? (단, 두 가지 동기는 상충관계로 전제한다)

- 직원 A: 이번에 인사평가 결과를 잘 받아서 기분이 좋아. 인사평가항목에 잘 맞춰야 평가를 잘 받을 수 있으니까 참고해.
- 직원 B: 평가결과가 좋다니 축하해. 그런데 나는 인사평가 결과보다는 일할 때 스스로 발전한다는 느낌이 드는 것이 좋아.

〈보기〉

ㄱ. 성과급제도의 전면 실시
ㄴ. 직무태만, 규정위반에 대한 처벌강화
ㄷ. 평가실적과 승진제도의 연계성 확대
ㄹ. 흥미도를 반영한 직무충실화

① ㄱ, ㄷ　　② ㄴ, ㄹ
③ ㄱ, ㄴ, ㄷ　　④ ㄴ, ㄷ, ㄹ

23 □□□

2014년 서울시 7급

맥그리거(McGregor)의 X이론 측면에서 조직의 관리전략에 적합하지 않은 것은?

① 경제적 보상체계의 강화

② 권위주의적 리더십의 확립

③ 목표에 의한 관리체계의 구축

④ 상부책임제도의 강화

⑤ 고층적 · 계층적 조직구조의 확립

24 □□□ 2018년 서울시 7급(6월 시행)

〈보기〉 이론의 내용과 잘 부합하는 조직관리전략으로 가장 옳지 않은 것은?

> 〈보기〉
> 대부분의 사람들은 본질적으로 일을 싫어하며 가능하면 일을 하지 않으려고 한다. 또한 안전을 원하고 변화에 저항적이다.

① 정확한 업무지시와 감독을 강화해야 한다.
② 의사결정 시 부하직원을 참여시키고 권한을 확대해서 자율적으로 업무를 수행할 수 있게 한다.
③ 업무평가결과에 따른 엄격한 상벌의 원칙을 제시한다.
④ 관리자가 조직구성원에게 적절한 업무량을 부과하여 업무를 수행하게 해야 한다.

25 □□□ 2015년 국가직 7급

동기유발요인으로 금전적·물질적 보상보다 지역공동체나 국가, 인류를 위해 봉사하려는 이타심에 주목하는 이론은?

① 페리(Perry)의 공공서비스동기이론
② 스키너(Skinner)의 강화이론
③ 해크만(Hackman)과 올드햄(Oldham)의 직무특성이론
④ 매슬로우(Maslow)의 욕구계층이론

26 □□□ 2016년 서울시 9급

신공공서비스론(New Public Service, NPS)에서 강조하는 공무원의 동기유발요인은?

① 기업가 정신
② 보수의 상승
③ 신분보호
④ 사회봉사

27 □□□ 2021년 국가직 9급

공공봉사동기이론(public service motivation)에 대한 설명으로 옳지 않은 것은?

① 공사부문 간 업무성격이 다르듯이, 공공부문의 조직원들은 동기구조 자체도 다르다는 입장에 있다.
② 정책에 대한 호감, 공공에 대한 봉사, 동정심(compassion) 등의 개념으로 구성되어 있다.
③ 공공봉사동기가 높은 사람을 공직에 충원해야 한다는 주장의 근거가 될 수 있다.
④ 페리와 와이즈(Perry & Wise)는 제도적 차원, 금전적 차원, 감성적 차원을 제시하였다.

28 □□□ 2022년 군무원 9급

공직동기이론에 대한 설명으로 옳지 않은 것은?

① 공직동기는 민간부문 종사자와는 차별화되는 공공부문 종사자의 가치체계를 의미한다.
② 공직동기이론에서는 공공부문의 종사자들을 봉사의식이 투철하고 공공문제에 더 큰 관심을 가지며 공공의 문제에 영향을 미칠 수 있다는 것에 큰 가치를 부여하고 있는 개인으로 가정한다.
③ 페리와 와이즈(Perry & Wise)에 따르면 공직 동기는 합리적 차원과 규범적 차원, 그리고 정서적 차원으로 구성된다.
④ 1980년대 이후 급격히 확산된 신공공관리론의 외재적 보상에 의한 동기부여를 재차 강조한다.

29 □□□

2016년 사회복지직 9급

동기이론에 대한 설명으로 옳지 않은 것은?

① 매슬로우(Maslow)의 욕구계층론에 대하여는 각 욕구단계가 명확히 구분되지 않는다는 비판이 있다.

② 앨더퍼(Alderfer)는 ERG이론에서 두 가지 이상의 욕구가 동시에 작용된다고 주장한다.

③ 허즈버그(Herzberg)의 욕구충족요인 이원론에 대하여는 개인의 욕구 차이에 대한 충분한 고려가 없다는 비판이 있다.

④ 맥클리랜드(McClelland)의 성취동기이론은 개인의 욕구를 성취욕구, 친교욕구, 권력욕구로 분류하고 권력욕구가 높을수록 생산성이 높아진다고 주장한다.

30 □□□

2016년 지방직 9급

동기이론에 대한 설명으로 옳지 않은 것은?

① 매슬로우(Maslow)는 상위 차원의 욕구가 충족되지 못하거나 좌절될 경우, 하위 욕구를 더욱 더 충족시키고자 한다고 주장하였다.

② 앨더퍼(Alderfer)는 ERG이론에서 매슬로우(Maslow)의 욕구 5단계를 줄여서 생존욕구, 대인관계 욕구, 성장욕구의 세 단계를 제시하였다.

③ 허츠버그(Herzberg)는 욕구충족요인이원론에서 불만족요인(위생요인)을 제거한다고 해서 만족을 보장하는 것은 아니라고 주장하였다.

④ 아담스(Adams)는 형평성이론에서 자신의 노력과 그 결과로 얻어지는 보상과의 관계를 다른 사람과 비교해 상대적으로 느끼는 공평한 정도가 행동동기에 영향을 준다고 본다.

31 □□□

2016년 서울시 9급

동기부여이론에 대한 설명으로 가장 옳지 않은 것은?

① 브룸(Vroom)의 기대이론 - 성취욕구, 권력욕구, 자율욕구가 구성될 때 동기부여가 기대될 수 있다고 본다.

② 앨더퍼(Alderfer)의 ERG이론 - 매슬로우(Maslow)의 욕구이론을 수정하여 개인의 기본욕구를 존재욕구, 관계욕구, 성장욕구의 3단계로 구분하였다.

③ 매슬로우(Maslow)의 욕구이론 - 5단계의 욕구체계 중 가장 하위의 욕구는 생리적 욕구이다.

④ 포터(Porter)와 로울러(Lawler)의 기대이론 - 성과의 수준이 업무만족의 원인이 된다고 본다.

32 □□□

2016년 서울시 7급

조직인의 동기이론에 대한 설명으로 가장 옳지 않은 것은?

① 핵크만과 올드햄(Hackman & Oldham)의 직무특성이론에 의하면 직무특성을 결정하는 변수로 기술다양성, 직무정체성, 직무중요성, 자율성, 환류를 들고 있다.

② 앨더퍼(Alderfer)의 ERG이론에 의하면 상위욕구가 만족되지 않거나 좌절될 때 하위욕구를 더욱 충족시키고자 한다는 좌절-퇴행법을 주장하였다.

③ 허즈버그(Herzberg)의 욕구충족요인이원론에서 불만요인은 개인의 불만족을 방지하는 효과를 가져오는 요인으로서, 충족되면 만족감을 갖게 되어 동기가 유발된다.

④ 맥클리랜드(McCelland)의 성취동기이론에 의하면 성취욕구는 행운을 바라는 대신 우수한 결과를 얻기 위해 높은 기준을 설정하고 이를 달성하려는 욕구이다.

33 □□□

2017년 국가직 7급(8월 시행)

매슬로우(Maslow)의 욕구단계이론에 대한 설명으로 옳은 것은?

① 가장 낮은 안전의 욕구부터 시작하여 다섯 가지의 위계적 욕구단계가 존재한다.

② 안전의 욕구와 사회적 욕구는 앨더퍼(Alderfer)의 ERG이론의 첫 번째 욕구단계인 존재욕구에 해당한다.

③ 어느 한 단계의 욕구가 완전히 충족되어야만 다음 단계의 욕구를 추구하게 되는 것은 아니다.

④ 사회적 욕구는 어떤 일을 행함으로써 느끼게 되는 자신감, 성취감 등을 의미한다.

34 □□□

2019년 서울시 7급(2월 추가)

동기이론에 대한 설명으로 가장 옳은 것은?

① 매슬로우(Maslow)는 욕구를 하위욕구부터 상위욕구까지 총 5단계로 분류하면서, 하위욕구를 충족하게 되면 상위욕구를 추구하게 되나, 하위욕구인 생리적 욕구와 안전욕구는 충족되더라도 필수적 욕구로 동기유발이 지속된다고 주장하였다.

② 허즈버그(Herzberg)의 욕구충족요인이원론은 불만요인(위생요인)은 개인의 불만족을 방지하는 효과를 가져오는 요인으로 충족이 되지 않으면 심한 불만을 일으키지만 충족이 되면 강한 동기요인이 되기 때문에 개인의 불만에 대하여 관심을 갖고 관리해야 한다고 주장하였다.

③ 앨더퍼(Alderfer)의 ERG이론은 머슬로(Maslow)의 욕구5단계이론과 달리, 욕구추구는 분절적으로 일어날 수도 있지만, 두 가지 이상의 욕구를 동시에 추구하기도 한다고 주장하였다.

④ 맥클리랜드(McClelland)는 성취동기이론에서 공식조직이 개인의 행태에 미치는 영향 연구를 통하여 미성숙상태에서 성숙상태로 발전하는 성격 변화의 경험이 성취동기의 기본이 된다고 주장하였다.

35 □□□

2019년 지방직 7급

동기이론에 대한 설명으로 옳은 것은?

① 매슬로우(Maslow)의 욕구 5단계론은 욕구가 상위수준에서 하위수준으로 후퇴할 수도 있다고 본다.

② 엘더퍼(Alderfer)의 ERG이론은 상위욕구가 만족되지 않으면, 하위욕구를 더욱 충족시키고자 한다고 주장한다.

③ 허즈버그(Herzberg)의 욕구충족이원론은 '감독자와 부하의 관계'를 만족요인 중 하나로 제시한다.

④ 포터와 롤러(Porter & Lawler)의 업적만족이론은 성과보다는 구성원의 만족이 직무성취를 가져온다고 지적한다.

36 □□□

2023년 지방직 7급

동기부여이론에 대한 설명으로 옳지 않은 것은?

① 앨더퍼(Alderfer)의 ERG이론은 하위단계에서 상위단계로의 욕구단계 이동뿐만 아닌 욕구 좌절 시 회귀적이고 하향적인 욕구단계로의 이동도 가능하다고 본다.

② 허츠버그(Herzberg)의 2요인이론은 종업원의 직무환경 개선과 창의적 업무 할당을 통한 직무성취감 증대가 동기부여에 미치는 영향이 다르다고 본다.

③ 아담스(Adams)의 공정성이론은 인식된 불공정성이 중요한 동기요인으로 작동한다고 본다.

④ 브룸(Vroom)의 기대이론은 노력, 성과, 보상, 만족, 환류로 이어지는 동기부여 과정을 제시하면서 노력-성과 간 관계에 있어 개인의 능력과 자질, 그리고 역할 인지를 강조했다.

37 □□□

2024년 군무원 7급

다음 중 동기부여이론에 대한 설명으로 적절한 것을 모두 고른 것은?

ㄱ. 매슬로우(Maslow)는 하위단계의 욕구가 어느 정도 충족되면 다음 단계의 욕구가 발로된다고 본다.
ㄴ. 앨더퍼(Alderfer)는 매슬로우(Maslow)처럼 욕구를 계층화하고 욕구의 계층에 따라 욕구의 발로가 이루어진다고 보았지만, 두 가지 이상의 욕구가 한 가지 행동을 유발한다고 보는 점에서 차이가 있다.
ㄷ. 맥그리거(McGregor)의 X · Y이론은 욕구좌절로 인한 후진적 · 하향적 퇴행을 제시하였다.
ㄹ. 아지리스(Argyris)는 개인의 동기는 사회문화 상호작용하는 과정에서 취득되고 학습된다고 보았다.

① ㄱ, ㄴ　　② ㄱ, ㄷ
③ ㄴ, ㄷ　　④ ㄴ, ㄹ

38 □□□
2024년 국회직 8급

다음 글의 (ㄱ)과 (ㄴ)에 해당하는 이론으로 옳은 것은?

> (ㄱ)이론은 인간이 행위를 하게 만드는 욕구를 확인하고 이를 설명하는 데에 그 초점이 집중되어 왔다. 그러나 인간의 행위에 관한 동기는 욕구만으로는 설명할 수 없으며 욕구가 충족되는 과정에 대한 설명이 수반되어야 한다. 그래서 (ㄴ)이론에서는 동기를 부여하는 요소를 규명하고, 동기를 부여하는 변수 상호 간의 관계를 설명하고 있다.

	(ㄱ)	(ㄴ)
①	맥클리랜드(McCleland)의 성취동기이론	브룸(Vroom)의 기대이론
②	로크(Locke)의 목표설정이론	포터와 로러(Porter & Lawler)의 업적만족이론
③	브룸(Vroom)의 기대이론	아담스(Adams)의 공정성이론
④	허즈버그(Herzberg)의 2요인이론	앨더퍼(Alderfer)의 ERG이론
⑤	아담스(Adams)의 공정성이론	매클리랜드(McCleland)의 성취동기이론

39 □□□
2017년 교육행정직 9급

다음 내용을 설명할 수 있는 이론으로 가장 적합한 것은?

> A교육청의 교육감은 직원들의 근무의욕이 낮아지고 있는 문제를 인식하였다. 이를 해결하기 위해 그는 상관의 감독 방식, 작업조건 등의 업무환경요인을 개선하였다. 그러나 직원들에 대한 다양한 조사결과 직무수행과 관련된 성취감, 책임감, 자기존중감이 낮아 근무의욕이 여전히 개선되지 않은 것으로 나타났다.

① 사이먼(Simon)의 만족모형
② 브룸(Vroom)의 기대이론
③ 아담스(Adams)의 형평이론
④ 허즈버그(Herzberg)의 욕구충족요인이원론

40 □□□
2017년 국가직 9급(4월 시행)

허즈버그(Herzberg)의 욕구충족요인이원론에 대한 설명으로 옳지 않은 것은?

① 욕구의 계층화를 시도한 점에서 매슬로우(Maslow)의 욕구단계이론과 유사하다.
② 불만을 주는 요인과 만족을 주는 요인은 서로 다르다고 주장한다.
③ 무엇이 동기를 유발하는가에 초점을 두는 내용이론으로 분류된다.
④ 작업조건에 대한 불만을 해소한다고 하더라도 근무태도에 장기적인 영향을 미치지는 않는다고 본다.

41 □□□
2017년 지방직 9급(6월 시행)

브룸(Vroom)의 기대이론에 따를 경우 조직구성원의 직무수행동기를 유발하기 위한 조건이 아닌 것은?

① 내가 노력하면 높은 등급의 실적평가를 받을 수 있다는 기대치(expectancy)가 충족되어야 한다.
② 내가 높은 등급의 실적평가를 받으면 많은 보상을 받을 수 있다는 수단치(instrumentality)가 충족되어야 한다.
③ 내가 받을 보상은 나에게 가치 있는 것이라는 유인가(valence)가 충족되어야 한다.
④ 내가 투입한 노력과 그로 인하여 받은 보상의 비율이 다른 사람과 비교하여 공평해야 한다는 균형성(balance)이 충족되어야 한다.

42 □□□

2019년 국가직 9급

동기이론에 대한 설명으로 옳지 않은 것은?

① 매슬로우(Maslow)는 충족된 욕구는 동기부여의 역할이 약화되고 그 다음 단계의 욕구가 새로운 동기요인이 된다고 하였다.
② 앨더퍼(Alderfer)는 매슬로우의 5단계 욕구이론을 수정해서 인간의 욕구를 3단계로 나누었다.
③ 허즈버그(Herzberg)는 불만요인(위생요인)을 없앤다고 해서 적극적으로 만족감을 느끼는 것은 아니라고 했다.
④ 브룸(Vroom)의 기대이론에서 수단성(instrumentality)은 특정한 결과에 대한 선호의 강도를 의미한다.

43 □□□

2017년 서울시 7급

주요 동기부여이론과 그로부터 도출할 수 있는 올바른 동기부여방안이 가장 바르게 연결된 것은?

① 브룸(Vroom)의 기대이론 - 개인의 선호에 부합하는 결과를 유인으로 제시한다.
② 로크(Locke)의 목표설정이론 - 평이하고 구체적인 목표를 제시한다.
③ 허즈버그(Herzberg)의 2요인이론 - 낮은 보수를 인상한다.
④ 아담스(Adams)의 형평성이론 - 프로젝트에 참여한 모든 사람에게 동일한 보상을 한다.

44 □□□

2021년 국가직 7급

브룸(Vroom)의 기대이론에 대한 설명으로 옳지 않은 것은?

① 동기부여의 과정이론(process theory) 중 하나이다.
② 기대감(expectancy)은 개인의 노력(effort)이 공정한 보상(reward)으로 이어질 것이라는 주관적 믿음을 의미한다.
③ 수단성(instrumentality)은 개인의 성과(performance)와 보상(reward) 간의 관계에 대한 인식이다.
④ 유인가(valence)는 개인이 특정 보상(reward)에 대해 갖는 선호의 강도를 의미한다.

45 □□□

2018년 국회직 8급

다음 중 공공부문 성과연봉제 보수체계 설계 시 성과급 비중을 설정하는 데 적용할 수 있는 동기부여이론은?

① 아담스(Adams)의 형평성이론
② 허즈버그(Herzberg)의 욕구충족이론
③ 앨더퍼(Alderfer)의 ERG(존재, 관계, 성장)이론
④ 매슬로우(Maslow)의 욕구5단계론
⑤ 핵크만(Hackman)과 올드햄(Oldham)의 직무특성이론

46 □□□

2019년 서울시 7급(10월 시행)

동기이론에 대한 설명으로 가장 옳지 않은 것은?

① 브룸(Vroom)의 기대이론 - 개인은 투입한 노력 대비 결과의 비율을 준거 인물의 그것과 비교하여 불균형이 발생했을 때 이를 조정하려 한다.
② 앨더퍼(Alderfer)의 ERG이론 - 개인의 욕구 동기는 생존욕구, 관계욕구, 성장욕구 세 단계로 구분된다.
③ 맥클리랜드(McClelland)의 성취동기이론 - 개인의 욕구는 성취욕구, 친교욕구, 권력욕구로 구분되며, 성취욕구의 중요성을 강조한다.
④ 허즈버그(Herzberg)의 2요인이론 - 개인은 서로 별개인 만족과 불만족의 감정을 가지는데, 위생요인은 개인의 불만족을 방지해주는 요인이며, 동기요인은 개인의 만족을 제고하는 요인이다.

47 □□□

2018년 국가직 7급

동기이론 중 과정이론에 해당하는 것만을 모두 고르면?

ㄱ. 동기부여의 강도를 산정하는 기본개념으로 유인가(valence), 수단성(instrumentality), 기대감(expectancy)을 제시하였다.
ㄴ. 직무가 조직화되는 방법에 따라 조직원의 노력 정도가 달라진다는 점에 착안하여 모든 직무를 다섯 가지 핵심 직무 차원으로 구분했다.
ㄷ. 개인은 업적에 따라 보상을 받게 되며 이때 주어지는 보상은 공평한 것으로 지각되어야 하는데, 개인이 불공평하다고 인식하면 만족을 줄 수 없게 된다고 본다.
ㄹ. 인간의 욕구를 존재, 관계, 성장의 3단계로 나누고 '좌절-퇴행' 접근법을 주장한다.
ㅁ. 인간은 미성숙상태에서 성숙상태로 발전하는 과정에서 성격변화를 경험한다고 주장한다.

① ㄱ, ㄴ, ㄷ
② ㄱ, ㄹ, ㅁ
③ ㄴ, ㄷ, ㄹ
④ ㄴ, ㄷ, ㅁ

48 □□□

2021년 국가직 9급

동기요인이론에 대한 설명으로 옳지 않은 것은?

① 아담스(Adams)의 공정성이론에 따르면 공정하다고 인식할 때 동기가 유발된다.
② 맥클리랜드(McClelland)의 성취동기이론에 따르면 개인들의 욕구가 학습을 통해 개발될 수 있다.
③ 브룸(Vroom)의 기대이론에서 기대감은 특정 결과는 특정한 노력으로 인해 나타날 수 있다는 가능성에 대한 개인의 신념으로 통상 주관적 확률로 표시된다.
④ 앨더퍼(Alderfer)의 ERG이론에 따르면 상위욕구 충족이 좌절되면 하위욕구를 충족시키고자 할 수 있다.

49 □□□

2022년 지방직 7급

동기부여이론에 대한 설명으로 옳은 것은?

① 스키너(Skinner)의 강화이론은 인간의 내면적 과정에 초점을 맞추며, 행동의 결과보다 원인을 더 강조한다.
② 로크(Locke)의 목표설정이론에 따르면, 개인의 강력한 동기유발을 위해서는 추상적인 목표를 채택해야 한다.
③ 포터(Porter)와 롤러(Lawler)의 업적·만족 이론은 직무성취 수준이 직무 만족의 요인이 될 수 있다고 주장한다.
④ 공공봉사동기(public service motivation)이론은 공공부문 종사자와 민간부문 종사자의 가치체계는 차이가 없고, 개인이 공공부문에 근무하면서 공공봉사 동기를 처음으로 획득하므로, 조직문화와 외재적 보상을 강조한다.

50 □□□

2024년 지방직 9급

아담스(Adams)의 공정성이론에 대한 설명으로 옳지 않은 것은?

① 투입과 산출의 비율을 준거인과 비교하여 공정성을 지각한다.
② 불공정성을 느낄 때 자신의 지각을 의도적으로 왜곡하기도 한다.
③ 노력과 기술은 투입에 해당하며, 보수와 인정은 산출에 해당한다.
④ 준거인과 비교하여 과소보상자는 불공정하다고 생각하고, 과대보상자는 공정하다고 생각한다.

51 □□□

2018년 서울시 7급(6월 시행)

공정성(형평성) 이론에서 자신(A)과 준거인물(B)을 비교하여 보상이 불공정하다고 느낄 때, 이를 해소하기 위한 자신(A)의 전략적 대응에 대한 추론으로 가장 옳지 않은 것은?

① 일을 열심히 하지 않는다.
② 준거인물(B)의 업무방식을 참고하여 배울 점을 찾는다.
③ 준거인물(B)이 자신(A)보다 훨씬 더 많은 시간을 일했을 것이라고 생각을 바꾼다.
④ 다른 비교대상을 찾는다.

52 □□□

2019년 서울시 9급(6월 시행)

조직 내에서 구성원 A는 구성원 B와 동일한 정도로 일을 하였음에도 구성원 B에 비하여 보상을 적게 받았다고 느낄 때 애덤스(Adams)의 공정성이론에 의거하여 취할 수 있는 구성원 A의 행동전략으로 가장 옳지 않은 것은?

① 자신의 투입을 변화시킨다.
② 구성원 B의 투입과 산출에 대해 의도적으로 자신의 지각을 변경한다.
③ 이직을 한다.
④ 구성원 B의 투입과 산출의 실제량을 자신의 것과 객관적으로 비교하여 보상의 재산정을 요구한다.

53 □□□

2023년 지방직 9급

동기부여이론에 대한 설명으로 옳은 것은?

① 로크(Locke)의 목표설정이론에서는 목표의 도전성(난이도)과 명확성(구체성)을 강조했다.
② 매슬로우(Maslow)의 욕구 5단계설에서는 욕구의 좌절과 퇴행을 강조했다.
③ 해크만과 올드햄(Hackman & Oldham)의 직무특성이론에서는 유의성, 수단성, 기대감을 동기부여의 핵심으로 보았다.
④ 앨더퍼(Alderfer)의 ERG이론에서는 위생요인이 충족되었다고 하더라도 동기부여가 되는 것은 아니라고 주장했다.

54 □□□

2025년 국회직 8급

동기부여 이론에 대한 설명으로 옳지 않은 것은?

① 맥클리랜드(McClelland)의 성취동기이론은 개인의 욕구 중 사회문화적으로 학습된 욕구들을 성취욕구, 권력욕구, 친교욕구로 분류한다.
② 앨더퍼(Alderfer)의 ERG이론은 매슬로우(Maslow)의 욕구계층이론을 수정해, 인간의 욕구를 존재(existence), 관계(relatedness), 성장(growth)의 3단계로 구분한다.
③ 허즈버그(Herzberg)는 동기부여에 관련된 두 가지 요소로 위생요인과 동기요인을 제시한다.
④ 리커트(Likert)의 관리체제이론은 자신의 노력과 그 결과로 얻어지는 보상 간의 관계를 다른 사람의 것과 비교해 상대적으로 느끼는 공정함의 정도가 동기부여에 중요하다는 이론이다.
⑤ 매슬로우(Maslow)는 한 단계의 욕구가 충족되면 이전 단계의 욕구는 더 이상 동기부여 역할을 수행하지 못하게 되고, 그 다음 단계 욕구가 새로운 동기를 유발하는 유인이 된다고 설명한다.

55 □□□

2011년 지방직 9급

핵크만(Hackman)과 올드햄(Oldham)의 직무특성모델에 대한 설명으로 옳지 않은 것은?

① 잠재적 동기지수(MPS; Motivating Potential Score) 공식에 의하면 제시된 직무특성들 중 직무정체성과 직무중요성이 동기부여에 가장 중요한 역할을 한다.
② 허즈버그(Herzberg)의 욕구충족요인이원론보다 진일보한 것으로 이해할 수 있다.
③ 직무정체성이란 주어진 직무의 내용이 하나의 제품 혹은 서비스를 처음부터 끝까지 완성시킬 수 있도록 구성되어 있는지에 관한 것이다.
④ 이 모델은 기술다양성, 직무정체성, 직무중요성, 자율성, 환류 등 다섯 가지의 핵심 직무특성을 제시한다.

56 □□□

2024년 지방직 7급

동기부여 이론에 대한 설명으로 옳은 것은?

① 아지리스(Argyris)의 성숙·미성숙이론은 사회문화적으로 학습된 욕구를 성취욕구, 권력욕구, 친교욕구로 구분한다.
② 해크만(Hackman)과 올드햄(Oldham)의 직무특성이론은 핵심적인 직무특성을 기술 다양성, 과업 정체성, 과업 중요성, 자율성, 피드백으로 구분한다.
③ 애덤스(Adams)의 공정성 이론은 타인과 비교하지 않고 자신의 노력 대비 보상 정도가 동기부여에 영향을 미친다고 본다.
④ 포터(Porter)와 롤러(Lawler)의 업적·만족이론은 목표의 난이도와 구체성에 의해 개인의 동기부여가 결정된다고 주장한다.

57 □□□

2016년 국가직 9급

조직시민행동(organizational citizenship behavior)에 대한 설명으로 옳지 않은 것은?

① 공식적인 보상 시스템에 의하여 직접적으로 또는 명시적으로 인식되지 않는 직무역할 외 행동이다.
② 구성원들의 역할모호성 지각은 조직시민행동에 긍정적 영향을 미친다.
③ 구성원들의 절차공정성 지각은 조직시민행동에 긍정적 영향을 미친다.
④ 작업장의 청결을 유지하는 것은 조직시민행동 유형 중 양심행동에 속한다.

58 □□□

2020년 군무원 7급

윌리엄스와 앤더슨(Williams & Anderson)에 의해 주장되는 조직에 대한 조직시민행동(OCB-O)으로 옳지 않은 것은?

① 신사적 행동(sportsmanship)
② 성실행동(conscientiousness)
③ 시민의식행동(civic virtue)
④ 이타적 행동(altruism)

59 □□□

2017년 교육행정직 9급

우리나라의 관료문화에 관한 설명으로 옳은 것을 〈보기〉에서 고른 것은?

〈보기〉

ㄱ. 권위주의는 집권주의적 조직운영을 강화하고, 의사결정을 폐쇄화 · 밀실화한다.
ㄴ. 집단주의는 집단 내 구성원들 간의 소속감과 심리적 안정욕구를 충족하여 할거주의적 태도를 감소시킨다.
ㄷ. 온정주의는 따뜻한 공동체적 조직 분위기를 조성하여 행정의 공평성과 합리성을 증진시킨다.
ㄹ. 형식주의는 행정의 목표나 실적보다 형식과 절차를 더 중요시하는 목표 대치를 조장한다.

① ㄱ, ㄴ　　② ㄱ, ㄹ
③ ㄴ, ㄷ　　④ ㄷ, ㄹ

60 □□□

2018년 서울시 9급

조직문화의 일반적 기능에 관한 설명으로 가장 옳지 않은 것은?

① 조직문화는 조직구성원들에게 소속 조직원으로서의 정체성을 제공한다.
② 조직문화는 조직구성원들의 행동을 형성시킨다.
③ 조직이 처음 형성되면 조직문화는 조직을 묶어 주는 접착제 역할을 한다.
④ 조직이 성숙 및 쇠퇴 단계에 이르면 조직문화는 조직혁신을 촉진하는 요인이 된다.

61 □□□

2015년 국가직 7급

행정문화란 행정체제의 구성원들이 공유하는 가치와 신념, 그리고 태도와 행동양식의 총체라고 할 수 있다. 호프스테드(Hofstede)의 문화차원을 근거로 하였을 때 한국문화의 특성으로 보기 어려운 것은?

① 개인주의
② 온정주의
③ 권위주의
④ 안정주의

62 □□□

2021년 국가직 7급

홉스테드(Hofstede)의 문화 차원에 대한 설명으로 옳지 않은 것은?

① 불확실성 회피 정도가 강한 경우 공식적 규정을 많이 만들어 불확실한 요소를 최대한 통제하려 한다.
② 집단주의가 강한 문화는 개인주의가 강한 문화보다 상대적으로 느슨한 개인 간 관계를 더 중요시한다.
③ 권력거리가 큰 경우 제도나 조직 내에 내재되어 있는 상당한 권력의 차이를 자연스럽게 인정한다.
④ 남성성이 강한 문화는 여성성이 강한 문화보다 상대적으로 남성과 여성의 역할에 대한 분명한 차이를 인정하려고 한다.

63 □□□

2025년 군무원 9급

한국의 행정문화에 대한 설명으로 가장 적절한 것은?

① 일반능력자주의
② 상대주의
③ 합리주의
④ 모험주의

64 □□□

2023년 지방직 7급

조직문화 및 변동의 이론에 대한 설명으로 옳은 것만을 모두 고르면?

> ㄱ. 퀸(Quinn)은 경쟁가치모형을 활용해 '내부지향-외부지향'과 '유연성-통제(안정성)'라는 두 가지 차원에서 4가지 조직문화 유형을 도출하였다.
> ㄴ. 홉스테드(Hofstede)는 '권력거리'의 크기가 큰 문화에서는 평등한 관계를 중시하기 때문에 조직 내 의사소통이 활발하고 분권화된 경우가 많다고 본다.
> ㄷ. 레빈(Lewin)은 조직 변화의 과정을 현재 상태에 대한 해빙(unfreezing), 원하는 상태로의 변화(moving), 새로운 변화가 지속될 수 있도록 재동결(refreezing)하는 3단계로 제시하였다.

① ㄱ ② ㄱ, ㄷ
③ ㄴ, ㄷ ④ ㄱ, ㄴ, ㄷ

65 □□□

2024년 국회직 8급

조직문화에 대한 설명으로 옳은 것은?

① 조직문화는 조직의 초기 형성 단계에서 조직을 묶어주는 접착제 역할을 하며, 조직이 성숙 및 쇠퇴 단계에 이르면 혁신을 촉진하는 요인이 된다.
② 조직문화에 관한 기존 연구들은 주로 조직 내부 구성원 간의 거래관계나 조직 내부 환경과의 대응 관계라는 두 가지 범주에서 조직문화의 유형화 기준을 도출하고 있다.
③ 조직문화에 대한 관심이 높은 것은 관리자의 입장에서 조직문화가 조직효과성에 영향을 미치는 중요한 요인으로 이해되기 때문인데, 특히 조직효과성의 여러 측면 중 조직몰입은 조직문화와 직결된다.
④ 퀸(Quinn)과 킴벌리(Kimberly)의 조직문화유형에 따르면, 합리문화는 조직의 생산성을 강조하고, 구성원들의 신뢰, 팀워크를 통한 참여, 안정지향성에 비중을 둔다.
⑤ 홉스테드(Hofstede)는 권력거리, 개인 대 집단, 불확실성 회피, 남성 대 여성, 장기 대 단기의 다섯 가지 유형으로 문화차원을 구분하였는데, 집단주의가 강한 문화는 개인주의가 강한 문화보다 상대적으로는 느슨한 개인 간 관계를 더 중요시한다.

CHAPTER 4

조직과 환경

THEME 39 거시조직이론

중요도 ●●●○○

정답 및 해설 p. 139

선생님TIP

거시조직이론은 최근 출제빈도가 증가하고 있는 테마로, 먼저 분석수준별로 개별조직/조직군 수준인지, 환경과의 관계에서 결정론적/임의론적 관점인지를 구별하여야 합니다. 그리고 각 이론의 특징을 위주로 정리하고, 특히 조직경제학이론에서 거래비용이론과 주인·대리인이론이 중요하므로 이를 주의 깊게 봐두어야 합니다.

■ 거시조직이론

1. 거시조직이론

(1) 분류

구분	결정론(환경 → 조직)	임의론(자발론, 환경 ⇄ 조직)
개별조직	구조적 상황이론(상황적응이론)	전략적 선택이론, 자원의존이론
조직군	조직군생태학이론, 조직경제학이론, 제도화이론	공동체생태학이론

(2) 개별조직 vs 조직군

개별조직	• 체제구조적 관점의 구조적 상황이론(상황적응이론) • 전략적 선택 관점의 전략적 선택이론과 자원의존이론
조직군	• 자연적 선택 관점의 조직군 생태학이론, 조직경제학이론, 제도화이론 • 집단적 행동 관점의 공동체생태학이론

(3) 결정론적 관점 vs 임의론적 관점

① 결정론적 관점

구조적 상황이론		• 결정론: 환경적 상황이 조직을 결정(조직의 유일최선의 원리 부정) • 수동적 적응론: 상황에 민감하게 적응하는 조율 강조
조직군생태학이론		• 조직군 차원의 연구 • 조직 환경의 절대성 강조: 조직은 환경적소에 의해 유지되거나 도태됨 • 조직의 생성과 소멸 과정: 변이, 선택, 보존
조직경제학이론	주인-대리인이론	• 전제: 정보의 비대칭성, 합리적 행위자, 주인의 한계, 불확실성 • 대리인 문제 발생: 역선택과 도덕적 해이
	거래비용이론 (Williamson)	• 인간적 요인(제한된 합리성, 기회주의)과 환경적 요인(불확실성, 소수교환관계)으로 인해 거래비용의 증가가 발생 • 거래비용의 증가로 인해 시장거래보다는 조직의 내부거래 이용 • 거래비용의 최소화가 효율성의 관건: U자형 구조보다는 M자형 구조가 적합
제도화이론		• 조직에 영향을 미치는 인습이나 사회·문화적인 요인 강조 • 조직은 사회적 규제와 문화규범 등의 환경요인에 의해는 제도적인 구조적 동일성을 지님

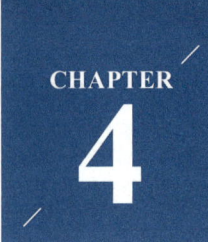

② 임의론적 관점

전략적 선택이론	챈들러와 차일드 (Chandler & Child)		• 조직의 능력 강조 • 챈들러(Chandler): 조직구조는 조직의 전략을 따른다고 주장 • 차일드(Child): 조직구조는 조직 내 정치적 과정을 통해 형성되는 전략적 선택에 의해 결정된다고 주장
	스콧 (Scott)	완충전략	• 의의: 충격완화 및 조직개선 수행(소극적 · 대내적) • 유형: 분류, 비축, 형평화, 성장, 예측
		연결전략	• 의의: 조직의존성의 근본적 개혁(적극적 · 대외적) • 유형: 권위주의, 경쟁, 계약, 합병
자원의존이론	• 조직은 핵심적 자원을 통제하는 환경이나 다른 조직의 요구에 적극적으로 반응 • 조직의 주도적 · 능동적 행동 강조		
공동체 생태학이론	• 조직을 생태학적 공동체 속에 존재하는 상호의존적인 조직군의 구성원으로 봄 • 조직의 공동전략에 의한 능동적 환경적응과정을 설명		

2. 혼돈이론(카오스이론)

의의	• 복잡성, 불안정성, 무질서, 변이 등의 긍정적 이해 • 연구대상: 혼돈 속에 숨겨진 규칙성(질서) 또는 대혼돈 상태로의 변화 현상 및 과정
주요내용	• 초기치의 민감성과 나비효과 • 정책결과 예측의 어려움 • 결정론적 혼돈(한정적 혼란, 질서 속의 무질서) • 방법론적 환원주의의 한계 지적

01 □□□ 2018년 지방직 9급

조직이론에 대한 설명으로 옳지 않은 것은?

① 구조적 상황이론 - 상황과 조직특성 간의 적합 여부가 조직의 효과성을 결정한다.
② 전략적 선택이론 - 상황이 구조를 결정하기보다는 관리자의 상황 판단과 전략이 구조를 결정한다.
③ 자원의존이론 - 조직의 안정과 생존을 위해서 조직의 주도적 · 능동적 행동을 중시한다.
④ 대리인이론 - 주인 · 대리인의 정보 비대칭 문제를 해결하기 위해 대리인에게 대폭 권한을 위임한다.

02 □□□ 2009년 국회직 8급

거래비용이론(transaction cost theory)에 대한 설명으로 옳은 것을 모두 고르면?

ㄱ. 조직은 경제 활동에서 재화나 용역의 거래비용을 줄이기 위해 만들어지는 장치이다.
ㄴ. 대리인이론과 함께 신제도주의 경제학 이론에 해당된다.
ㄷ. 공공분야의 민영화, 민간위탁, 계약제 등에 응용되고 있다.
ㄹ. 조직은 능률성을 높일 수 있는 유일한 방안이다.
ㅁ. 행정의 효율성뿐만 아니라 민주성이나 형평성도 적절히 고려한다.

① ㄱ, ㄴ, ㄷ ② ㄱ, ㄴ, ㅁ
③ ㄱ, ㄷ, ㄹ ④ ㄴ, ㄷ, ㅁ
⑤ ㄷ, ㄹ, ㅁ

03 □□□

2005년 전북 9급

거시적 조직이론에 대한 설명으로 옳지 않은 것은?

① 로렌스와 로쉬(Lawrence & Lorch)는 상황적응이론을 통해 분화와 통합을 강조하였다.
② 자원의존이론은 조직이 외부자원에 의존적이라 보는 점에서 환경결정론에 해당한다.
③ 조직군생태학이론은 관리자를 주어진 환경에 무기력한 존재로 본다.
④ 공동체생태학이론은 관리자의 상호작용적 역할을 강조한다.

04 □□□

2024년 군무원 7급

상황론적 조직이론에 대한 설명으로 가장 적절하지 않은 것은?

① 상황 요인으로 조직의 규모, 기술, 환경, 전략을 중시하며 이들 상황 요인과 조직구조 변수의 관계를 설명하고 특정 상황에 적합한 조직구조를 처방하고자 노력한다.
② 기존의 조직이론에서 제기된 보편·일반 원리적인 이론을 긍정하면서 조직설계와 관리 방식의 융통성을 꾀한다.
③ 기존의 X이론이나 Y이론과 같은 극단을 피하고, 어떤 조직이든 각각의 상황에 따라 서로 다른 관리 방식을 취해야 한다는 입장을 취한다.
④ 독립변수를 한정하고 상황적 조건들을 유형화하여 중범위라는 제한된 수준 내의 일반성과 규칙성을 발견하고 문제에 대한 처방을 추구한다.

05 □□□

2009년 지방직 9급

거시조직이론에 대한 설명으로 옳지 않은 것은?

① 조직군생태학이론(population ecology)은 조직 환경의 절대성을 강조하고 생물학적인 적자생존론의 개념을 적용한 이론으로서 조직군의 변화는 환경의 선택과정에 의해 결정된다는 관점이다.
② 공동체생태학이론(community ecology theory)은 조직과 제도의 변화과정을 사회문화적 규범이나 가치체계 등에 적용하려는 입장이다.
③ 전략적 선택이론(strategic choice theory)은 차일드(Child)에 의해 제기된 것으로 구조적 상황이론이 관리자의 전략적 선택을 무시하고 있다는 점을 지적하면서 대두되었다.
④ 자원의존이론(resource dependency theory)은 조직이 핵심자원을 통제하는 다른 조직이나 집단의 요구에 적절히 반응해야 하는 점을 강조하고 있다.

06 □□□

2012년 지방직 7급

조직군생태이론에 대한 설명으로 옳지 않은 것은?

① 조직은 환경을 선택하는 능동적인 존재이다.
② 조직변화는 종단적 분석에 의해서만 검증 가능하다고 전제한다.
③ 조직이 생겨나고 없어지는 원인을 환경적 적합도에서 찾는다.
④ 전략적 선택이나 집단적 행동의 중요성을 경시한다.

07 □□□

2022년 지방직 7급

현대조직이론에 대한 설명으로 옳은 것은?

① 조직군생태론은 단일조직을 기본 분석단위로 하며, 환경에 대한 조직 적합도에 초점을 둔다.
② 거래비용이론은 자원의존이론의 한 접근법으로, 조직 간 거래비용보다는 조직 내 거래비용에 더 많은 관심을 둔다.
③ 상황론적 조직이론은 독립변수를 한정하고 상황적 조건들을 유형화해 중범위라는 제한된 수준 내의 일반성과 규칙성을 발견하려고 한다.
④ 대리인이론에 따르면 정보의 대칭성과 자산 불특정성이 합리적 선택을 제약하며, 주인-대리인 관계는 조직 내에서 나타나지 않는다.

08 □□□

2023년 국가직 9급

조직이론과 그 내용에 대한 설명으로 옳지 않은 것은?

① 구조적 상황이론 - 불안정한 환경 속에 있는 조직은 유기적인 조직구조를 선택하는 것이 효과적이다.
② 전략적 선택이론 - 동일한 환경에 처한 조직도 환경에 대한 관리자의 지각 차이로 상이한 선택을 할 수 있다.
③ 거래비용이론 - 시장에서의 거래비용이 조직의 내부 거래비용보다 클 경우 내부 조직화를 선택한다.
④ 조직군생태학이론 - 조직군의 변화를 이끄는 변이는 우연적 변화(돌연변이)로 한정되며, 계획적이고 의도적인 변화는 배제된다.

09 □□□

2023년 지방직 7급

현대조직이론에 대한 설명으로 옳지 않은 것은?

① 자원의존이론은 조직을 환경적 결정에 피동적인 존재로 보지 않고 스스로의 이익을 위해 주도적 · 능동적으로 환경에 대처하며, 환경을 조직에 유리하도록 관리하려는 존재로 본다.
② 조직군생태론은 조직을 외부 환경의 선택에 따라 좌우되는 피동적인 존재로 보고, 조직의 발전이나 소멸의 원인을 환경에 대한 조직 적합도에서 찾는다.
③ 혼돈이론은 조직이라는 복잡한 체제의 총체적 이해를 도울 수 있다는 장점이 있으나, 복잡한 현상에 대한 통합적 연구를 지향한다는 점에서 현실세계에 적용하기 어렵다는 한계를 보인다.
④ 상황론적 조직이론은 기술, 규모, 환경 등의 다양한 상황요인에 대한 조직적합성을 발견함으로써, 모든 상황에 적합하고 유일한 최선의 조직설계와 관리방법을 찾을 수 있다고 본다.

10 □□□

2020년 국가직 7급

다음 상황과 관련 있는 이론은?

> • A 보험회사는 보험 가입 대상자의 건강 상태 및 사고확률에 대한 특수정보를 가지고 있지 않다.
> • A 보험회사는 질병 확률 및 사고 확률이 높은 B를 보험에 가입시켜 회사의 보험재정이 악화되었다.

① 카오스이론　　② 상황조건적합이론
③ 자원의존이론　　④ 대리인이론

11 □□□

2023년 국가직 7급

주인-대리인이론(principal-agent theory)에 대한 설명으로 옳지 않은 것은?

① 경제적 능률을 중시하는 인간관에 기반한 이론으로, 행위자들이 이기적 존재임을 전제한다.
② 주인과 대리인의 목표 상충으로 인해 X-비효율성이 나타난다.
③ 인간의 인지적 한계와 정보 부족 등 상황적 제약으로 인해 합리성은 제약된다고 본다.
④ 주인과 대리인 사이에 정보비대칭성이 존재하고, 대리인이 기회주의적으로 행동하는 경우 역선택이나 도덕적 해이가 발생할 수 있다.

12 □□□

2017년 서울시 7급

주인-대리인이론(principal-agent theory)에 대한 설명으로 가장 옳지 않은 것은?

① 주인(principal)과 대리인(agent) 모두를 자신의 효용을 극대화시키는 합리적인 인간으로 가정하며, 주인이 대리인보다 전문적인 지식이 부족하다고 간주한다.
② 주인이 대리인을 통제하고 감시하는 데 발생하는 비용을 거래비용(transaction cost)이라고 한다.
③ 대리인에 의한 도덕적 해이(moral hazard)는 대리인에게 지급한 성과급이 거래비용보다 클 때 나타난다.
④ 주인과 대리인 간의 정보의 비대칭(information asymmetry)으로 인하여 역선택(adverse selection)이 발생한다.

13 □□□

2021년 군무원 7급

대리인이론에서 합리적 선택을 제약하는 요인에 대한 설명으로 가장 적절하지 않은 것은?

① 인간의 인지적 한계와 정보부족 등 상황적 제약 때문에 합리성은 제약되며 따라서 불확실성을 통제하기 어렵다.
② 대리인이 자기 자질이나 업무수행에 관한 정보를 위임자보다 더 많이 가지고 있다는 정보불균형 때문에 위임자는 대리인의 재량에 의존할 수밖에 없다.
③ 이기적인 대리인이 노력을 최소화하고 이익을 극대화하려는 기회주의적 행동을 하는 경우 위임자의 불리한 선택이 발생할 수 있다.
④ 조직이 투자한 자산이 유동적이어서 자산 특정성이 낮으면, 조직 내의 여러 관계나 외부공급자들과의 관계가 고착되어 대리인 관계가 비효율적이더라도 이를 바꾸기 어렵다.

14 □□□

2011년 국가직 9급

윌리암슨(Williamson)의 거래비용이론 관점에서 계층제가 시장보다 효율적일 수 있는 근거로 옳지 않은 것은?

① 계층제는 연속적 의사결정을 용이하게 함으로써 인간의 제한된 합리성을 완화한다.
② 계층제는 집합적 의사결정의 외부비용을 감소시킨다.
③ 계층제는 불확실성을 감소시킨다.
④ 계층제는 정보밀집성의 문제를 극복할 수 있다.

15 □□□

2014년 서울시 7급

현대 조직이론의 하나인 거래비용이론에 대한 설명으로 옳은 것은?

① 거래비용의 최소화를 위해서는 거래를 외부화(outsourcing)하는 것이 효율적이다.
② 생산보다는 비용에 관심을 가지며 조직을 거래비용 감소를 위한 장치로 파악한다.
③ 조직 통합이나 내부 조직화는 조정비용이 거래비용보다 클 때 효과적이다.
④ 거래비용에는 거래 상대방의 기회주의적 행동에 대한 탐색비용은 포함되지 않는다.
⑤ 거래비용이론은 민간조직보다는 공공조직에서 적용가능성이 높다.

16 □□□

2021년 국가직 7급

거래비용이론에 대한 설명으로 옳지 않은 것은?

① 기회주의적 행동을 제어하는 데에는 시장이 계층제보다 효율적인 수단이다.
② 거래비용은 탐색비용, 거래의 이행 및 감시비용 등을 포함한다.
③ 시장의 자발적 교환행위에서 발생하는 거래비용이 계층제의 조정비용보다 크면 내부화하는 것이 효율적이다.
④ 거래비용이론은 조직이 생겨나고 일정한 구조를 가지는 이유를 조직경제학적으로 설명하는 접근방법이다.

17 □□□

2016년 서울시 9급

거시적 조직이론에 대한 설명으로 가장 옳지 않은 것은?

① 전략적 선택이론은 임의론이다.
② 조직군생태론은 자연선택론을 취한다.
③ 조직군생태론은 결정론적이다.
④ 전략적 선택이론의 분석단위는 조직군이다.

18 □□□

2017년 국가직 9급(10월 추가)

조직이론에 대한 설명으로 옳지 않은 것은?

① 상황론적 조직이론에 따르면, 모든 상황에 적용되는 유일·최선의 조직구조나 관리방법은 없다.
② 거래비용이론에 따르면, 시장의 자발적인 교환행위에서 발생하는 거래비용이 관료제의 조정비용보다 클 경우 거래를 내부화하는 것이 효율적이다.
③ 주인 - 대리인이론에 따르면, 주인과 대리인 간에는 정보의 비대칭성으로 인해 대리인의 도덕적 해이와 주인의 역선택이 발생할 수 있다.
④ 자원의존이론에 따르면, 조직은 환경으로부터 필요한 자원을 획득하기 위하여 환경에 피동적으로 순응하여야 한다.

19 □□□

2018년 국가직 9급

상황적응적 접근방법(contingency approach)에 대한 설명으로 옳지 않은 것은?

① 체제이론의 거시적 관점에 따라 모든 상황에 적합한 유일 최선의 관리방법을 모색한다.
② 체제이론에서와 같이 조직은 일정한 경계를 가지고 환경과 구분되는 체제의 하나로 본다.
③ 조직을 구성하고 운영하는 방법의 효율성은 그것이 처한 상황에 의존한다고 가정한다.
④ 연구대상이 될 변수를 한정하고 복잡한 상황적 조건들을 유형화함으로써 거대이론보다 분석의 틀을 단순화한다.

20 □□□

2019년 서울시 7급(10월 시행)

거시조직이론에 대한 설명으로 가장 옳은 것은?

① 공동체생태학이론은 조직의 내적 논리를 강조한다.
② 자원의존이론은 환경에 피동적인 조직의 특성을 강조한다.
③ 구조적 상황이론은 환경에 적응하는 조직의 구조 설계를 강조한다.
④ 조직군생태학이론은 조직의 주도적 선택을 강조한다.

21 □□□

2020년 국가직 7급

조직이론에 관한 설명으로 옳지 않은 것은?

① 전략적 선택론은 조직 설계의 문제를 단순히 상황적응의 차원이 아니라 설계자의 자유재량에 의한 의사결정 산물로 파악한다.
② 번스(Burns)와 스토커(Stalker)는 조직을 둘러싼 환경의 성격 및 특성이 조직구조와 어떻게 관련되는지를 설명한다.
③ 조직군생태학은 조직을 외부환경의 선택에 영향을 받을 뿐만 아니라 적극적으로 영향을 끼치는 능동적인 존재로 이해한다.
④ 버나드(Barnard)는 조직 내 인간적·사회적 측면을 강조한다.

22 □□□

2024년 국회직 8급

조직이론에 대한 설명으로 옳은 것은?

① 고전적 조직이론은 인간관계론을 배경으로 성립된 조직관으로, 1930년대 완성된 정치·행정이원론과 행정관리론의 입장에서 행정을 규명하던 시기의 조직이론이다.
② 신고전적 조직이론은 조직 내의 기계적 능률을 강조하고 개방체제 또는 환경에 관심이 있는 환경유관론을 특징으로 한다.
③ 대리인이론에서는 주인과 대리인 모두 이기적인 존재라는 점과 주인과 대리인 간에는 정보의 대칭성이 있다는 점을 전제로 한다.
④ 상황론적 조직이론은 모든 상황에서 적용되는 유일 최선의 조직구조나 관리 방법이 있다는 전제하에, 효과적인 조직구조나 관리 방법은 조직설계 등의 상황에 따라 달라지기 때문에 상황에 적합한 조직구조의 설계나 관리 방법을 찾아내고자 한다.
⑤ 자원의존이론은 조직과 환경의 관계에서 중요한 것은 조직에 의한 전략적 선택이며 조직은 능동적으로 환경에 영향을 미치려고 한다는 것을 전제로 한다.

23 □□□

2024년 지방직 7급

조직이론 중 '조직군 생태학(population ecology)'에 대한 설명으로 옳지 않은 것은?

① 조직의 성공은 환경적 상황에 대한 적합성 여부에 달려 있다고 본다.
② 환경 변화에 대한 조직의 적응능력을 둔감하게 하는 구조적 타성 개념을 제시한다.
③ 생태적 환경 변화에 적응하기 위한 조직의 전략적 선택을 주요 분석 대상으로 본다.
④ 조직의 분석 수준은 하나의 조직보다 일정한 경계 내의 조직군이다.

24 □□□

2011년 국회직 8급

혼돈이론(chaos theory)의 조직에 대한 처방은 한정적 무질서의 용인에 의한 창의적 학습과 자기조직화를 촉진하는 것이다. 이에 해당하지 않는 것은?

① 조직구성원들의 자율적 · 독창적 임무수행
② 유동적인 업무부여
③ 조직의 규모 확대
④ 일의 흐름을 중요시하는 구조형성
⑤ 다기능적 팀의 활용

25 □□□

2011년 지방직 9급

혼돈이론(chaos theory)에 대한 설명으로 옳지 않은 것은?

① 현실의 복잡성과 불확실성을 극복하기 위해 단순화, 정형화를 추구한다.
② 비선형적, 역동적 체제에서의 불규칙성을 중시한다.
③ 전통적 관료제 조직의 통제 중심적 성향을 타파하도록 처방한다.
④ 조직의 자생적 학습능력과 자기조직화 능력을 전제한다.

26 □□□

2021년 국회직 8급

혼돈이론에 대한 설명으로 옳은 것만을 다음에서 모두 고르면?

ㄱ. 혼돈이론은 안정된 운동상태를 보이는 계(系)가 어떻게 혼돈상태로 바뀌는가를 설명하고, 또 혼돈상태에서 숨겨진 질서를 찾으려는 시도이다.
ㄴ. 혼돈이론에 의하면, 혼돈은 스스로 불규칙하게 변화할 뿐 아니라 미세한 초기조건의 차이가 점차 증폭되어 시간이 얼마간 지나면 완전히 다른 결과를 나타낸다.
ㄷ. 혼돈이론은 선형적 변화를 가정하며, 이는 뉴턴(Newton)의 운동법칙을 계승한 것이다.
ㄹ. 혼돈이론에서 설명하는 혼돈 속에서 질서를 찾는 과정은 자기조직화(self-organizing)와 공진화(coevolution)이다.

① ㄱ, ㄴ　② ㄴ, ㄷ
③ ㄱ, ㄴ, ㄹ　④ ㄱ, ㄷ, ㄹ
⑤ ㄱ, ㄴ, ㄷ, ㄹ

CHAPTER 5

조직관리 및 개혁론

THEME 40 권위와 권력, 갈등관리, 의사전달

중요도 ●●○○○

정답 및 해설 p. 143

선생님TIP

이 테마는 약간 지엽적인 부분으로 주요 내용 위주로 간단하게 정리하는 것이 좋습니다. 먼저 학자별로 권위와 권력의 유형을 확인하여야 하고, 특히 사이먼(Simon)의 권위수용의 근거에 따른 분류와 프렌치와 레이븐(French & Raven)의 권력의 원천에 따른 유형이 중요한 편입니다. 갈등이론에서는 이론의 변천을 알아두고 갈등의 해소전략과 조성전략을 구별해서 숙지하여야 합니다. 의사전달은 그 유형과 장애요인을 간단히 정리해두면 됩니다.

■ 권위와 권력, 갈등, 의사전달

1. 권위와 권력의 유형

권위	권력(French & Raven)	
• 정당성(Weber): 전통적 · 카리스마적 · 합법적 권위 • 권위수용 근거(Simon): 신뢰 · 동일화 · 제재 · 정당성의 권위 • 권력유형(Etzioni): 강제적 · 공리적 · 규범적 권위	• 합법적 권력 • 보상적 권력 • 준거적 권력	• 강제적 권력 • 전문적 권력

2. 갈등이론과 관리전략

(1) 갈등이론의 변천

고전적 이론	갈등에 대한 인식이 없었음(인식부재론)
신고전적 이론	갈등이 조직의 목표달성을 저해한다는 역기능적 관점(역기능론)
행태주의적 접근	갈등을 불가피한 현상으로 보거나 건설적으로 해결하면 목표달성에 기여한다고 봄(순기능론)
현대적 접근	적정수준의 갈등관리로 조직발전의 원동력으로 봄(상호작용론)

(2) 갈등관리전략

① 토마스(Thomas)의 2차원 갈등해결모형

회피	자신과 상대방의 이익 모두 무관심
경쟁	상대방의 이익 희생, 자신의 이익 추구
순응	자신의 이익 희생, 상대방의 이익 만족
타협	자신과 상대방 이익의 중간정도 만족
협동	자신과 상대방의 이익 모두 만족

② 갈등해소전략과 갈등조성전략

갈등해소전략(역기능)	갈등조성전략(순기능)
• 리더십의 발휘, 문제의 공동해결 • 상위목표 설정, 상위이념(목표) 제시 • 의사전달 촉진, 인사교류 및 공동교육훈련 • 자원확충, 집단 간 상호의존성 감소 • 공식경로를 통한 고충해결 • 공식적인 계층제에 의한 방법, 조직개편 • 공동경쟁대상 설정, 갈등집단의 통폐합 • 평가기준과 보상시스템의 명확 • 조정기구에 의한 방법, 협상 · 타협과 완화	• 의사전달통로 변경 • 제도적 갈등조장 방안 • 긴장과 갈등 야기 • 순환보직 등 인사이동 • 정보전달 억제 또는 정보과다 조성 • 보수 · 인사 등에 경쟁원리 도입

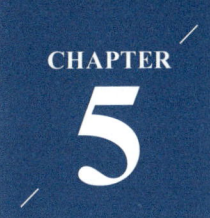

3. 의사전달

유형	공식적	• 조직의 공식적 관계 및 의사소통 통로를 통한 전달 • 수직적(종적) 의사전달 　- 하향적 의사전달: 명령, 일반정보 제공 　- 상향적 의사전달: 보고, 제안제도, 품의제, 조사 • 수평적(횡적) 의사전달: 회의, 회람, 사전심사제도 • 사각적(대각적) 의사전달: 계선기관과 참모기관 간 의사전달
	비공식적	• 조직의 비공식적 관계 및 의사소통 통로를 통한 전달 • 포도덩굴(grapevine) 커뮤니케이션
장애요인		• 조직구조적 측면: 집권적 계층구조, 할거주의 및 전문화 등 • 전달자 - 피전달자의 측면: 가치관 · 사고방식의 차이, 환류의 봉쇄, 상대방에 대한 불신과 편견 등 • 전달매체와 수단의 측면: 정보의 왜곡 · 유실, 매체의 불완전성 등

01 □□□ 2023년 군무원 9급

다음 중 조직관리에 대한 설명으로 가장 거리가 먼 것은?

① 조직은 구성원 간의 목표일치를 전제로 하여 관리전략을 수립한다.
② 고전이론과 인간관계론은 관리자에 의한 타율적인 조직관리를 전제로 한다.
③ 관료제 모형에 의한 관리전략은 구성원의 소외를 초래한다.
④ 조직관리 전략이 전반적으로 단순한 인간관에서 복잡인간관으로 변화하고 있다.

02 □□□ 2018년 국가직 9급

프렌치(French)와 레이븐(Raven)의 권력유형 분류에서 권력의 원천이 아닌 것은?

① 준거(reference)
② 전문성(expertness)
③ 강제력(coercion)
④ 상징(symbol)

03 □□□ 2020년 국가직 9급

프렌치와 레이븐(French & Raven)이 주장하는 권력의 원천에 대한 설명으로 옳지 않은 것은?

① 합법적 권력은 권한과 유사하며 상사가 보유한 직위에 기반한다.
② 강압적 권력은 카리스마 개념과 유사하며 인간의 공포에 기반한다.
③ 전문적 권력은 조직 내 공식적 직위와 항상 일치하는 것은 아니다.
④ 준거적 권력은 자신보다 뛰어나다고 생각하는 사람을 닮고자 할 때 발생한다.

04 □□□ 2013년 국가직 9급

조직 내부에서 발생하는 갈등에 대한 설명으로 옳지 않은 것은?

① 갈등은 양립할 수 없는 둘 이상의 목표를 추구하는 상황에서도 발생한다.
② 고전적 조직이론에서는 갈등을 중요하게 고려하지 않는다.
③ 행태론적 입장에서는 모든 갈등이 조직성과에 부정적 영향을 미치므로 제거되어야 한다고 본다.
④ 현대적 접근방식은 갈등을 정상적인 현상으로 보고 경우에 따라서는 조직발전의 원동력으로 본다.

05 □□□
2015년 사회복지직 9급

조직 내의 갈등관리에 대한 설명으로 옳지 않은 것은?

① 고전적 갈등관리이론에서는 갈등의 유해성에 주목하고 그 해소방법을 처방하는 데 몰두하였다.
② 행태주의 관점의 갈등관리이론에서는 갈등이 조직발전의 원동력이 된다고 주장하였다.
③ 갈등관리전략으로서 조성전략은 갈등의 순기능적 측면에 입각해 있다.
④ 로빈스(Robbins)는 갈등관리를 전통주의자, 행태주의자, 상호작용주의자의 관점으로 구분하여 접근한다.

06 □□□
2012년 지방직 9급

토머스(Thomas)가 제시하고 있는 대인적 갈등관리방안에 대한 설명으로 옳지 않은 것은?

① 자신의 이익과 상대방의 이익을 만족시키려는 정도라는 두 가지 차원으로 구분하여 설명한다.
② 경쟁이란 상대방의 이익을 희생하여 자신의 이익을 추구하는 방안이다.
③ 순응이란 자신의 이익은 희생하면서 상대방의 이익을 만족시키려는 방안이다.
④ 타협이란 자신과 상대방의 이익 모두를 만족시키려는 방안이다.

07 □□□
2024년 국가직 9급

갈등관리유형에 대한 설명으로 옳지 않은 것은?

① 회피(avoiding)는 갈등이 존재함을 알면서도 표면상으로는 그것을 무시하거나 인정하지 않음으로써 갈등 상황에 소극적으로 대응한다.
② 수용(accommodating)은 자신의 이익을 양보하고 상대방의 이익을 배려해 협조한다.
③ 타협(compromising)은 갈등 당사자 간 서로 존중하고 자신과 상대방 모두의 이익을 극대화하려는 유형으로 'win-win' 전략을 취한다.
④ 경쟁(competing)은 갈등 당사자가 자기 이익은 극대화하고 상대방의 이익은 최소화한다.

08 □□□
2011년 국회직 8급

조직 갈등관리에 대한 설명으로 옳지 않은 것은?

① 갈등상황이나 출처를 근본적으로 변동시키지 않고 오히려 적응하도록 하는 전략은 해소전략이다.
② 갈등 당사자들에게 공동의 적을 확인시키고 이를 강조하는 전략은 해소전략이다.
③ 당사자들이 대립되는 주장을 부분적으로 양보하여 공동의 결정에 이르게 하거나 공동이익을 강조하는 것은 조성전략에 해당되지 않는다.
④ 갈등은 유해하며 역기능적인 것이 지배적이라고 보는 관점에서는 조성전략이 구상될 수 없다.
⑤ 의사전달통로를 변경하거나 조직 내의 계층 수 및 기능적 조직단위의 수를 늘려 서로 견제하게 하는 것은 해소전략에 해당된다.

09 □□□
2013년 서울시 7급

갈등관리에 대한 설명으로 옳지 않은 것은?

① 조직의 분업구조 관련 갈등예방을 위해서는 직급교육과 인사교류가 효과적이다.
② 자원의 희소성 관련 갈등예방을 위해서는 자원배분의 기준을 명확히 하는 것이 필요하다.
③ 조직침체 극복을 위한 갈등조장을 위해서는 불확실성을 높이는 전략이 유효하다.
④ 개인의 특성 관련 갈등예방을 위해서는 다른 사람과의 공감대 형성 능력개발을 위한 교육이 바람직하다.
⑤ 업무의 상호의존성에 따른 갈등예방을 위해서는 부서 간 접촉의 필요성을 늘려주는 전략이 유효하다.

10 □□□
2014년 국회직 8급

갈등에 대한 설명으로 옳지 않은 것은?

① 집단 간 갈등의 해결은 구조적 분화와 전문화를 통해서 찾을 필요가 있다.
② 행태주의적 관점은 조직 내 갈등은 필연적이고 완전한 제거가 불가능하기 때문에 갈등을 인정하고 받아들여야 한다는 입장이다.
③ 갈등을 해결하기 위해서는 목표수준을 차별화할 필요가 있다.
④ 업무의 상호의존성이 갈등상황을 발생시키는 원인이 될 수 있다.
⑤ 지위부조화는 행동주체 간의 교호작용을 예측 불가능하게 하여 갈등을 야기한다.

11 □□□
2019년 국회직 8급

갈등의 조성전략에 대한 설명으로 옳지 않은 것은?

① 표면화된 공식적 및 비공식적 정보전달통로를 의식적으로 변경시킨다.
② 갈등을 일으킨 당사자들에게 공동으로 추구해야 할 상위목표를 제시한다.
③ 상황에 따라 정보전달을 억제하거나 지나치게 과장한 정보를 전달한다.
④ 조직의 수직적 · 수평적 분화를 통해 조직구조를 변경한다.
⑤ 단위부서들 간에 경쟁상황을 조성한다.

12 □□□
2020년 국가직 9급

조직 내 갈등에 대한 설명으로 옳지 않은 것은?

① 과업의 상호의존성이 높은 경우 잠재적 갈등이 야기될 수 있다.
② 고전적 관점에서 갈등은 조직 효과성에 부정적인 영향을 끼친다고 가정한다.
③ 의사소통과정에서 충분한 양의 정보도 갈등을 유발하는 경우가 있다.
④ 진행단계별로 분류할 때 지각된 갈등은 갈등이 야기될 수 있는 상황 또는 조건을 의미한다.

13 □□□
2019년 서울시 7급(10월 시행)

조직 내부에서 발생하는 갈등에 대한 설명으로 가장 옳지 않은 것은?

① 전통적인 시각에서 갈등은 비용과 비합리성을 초래하는 해로운 것이다.
② 조직 내 하위목표를 강조함으로써 갈등을 해소할 수 있다.
③ 새로운 아이디어 촉발, 문제 해결력 개선 등 순기능이 있다.
④ 행태론적 시각은 조직 내 갈등을 불가피하고 정상적인 것으로 간주한다.

14 □□□
2020년 국회직 8급

갈등관리에 대한 설명으로 옳지 않은 것은?

① 갈등은 해결과정에서 조직의 문제해결능력, 창의력, 융통성 등이 향상되는 순기능도 있다.
② 관계갈등을 해결하기 위해서는 의사전달의 장애요소를 제거하고 직원 간 소통의 기회를 제공해 줄 필요가 있다.
③ 직무갈등을 해결하기 위해서는 조직의 자원 증대, 공식적 권한을 가진 상사의 명령 및 중재, 그리고 상호타협의 방법이 있을 수 있다.
④ 과정갈등은 상호 의사소통 증진이나 조직구조의 변경을 통하여 해결할 수 있다.
⑤ 갈등은 조직 구성원의 사기를 저하시키고 부서 간의 위화감을 조성할 수 있다.

15 □□□ 2025년 국회직 8급

갈등관리에 대한 설명으로 옳은 것은?

① 로빈스와 저지(Robbins & Judge)의 갈등에 관한 관점 중 인간관계적 관점(human relation view)은 조직관리자가 갈등의 순기능을 최대화하도록 관리할 것을 강조한다.
② 사이먼(Simon)의 갈등 해결방안인 교섭(bargaining)은 관계 당사자의 범위를 확대해서 잠재적인 동맹자를 끌어들이는 전략을 강조한다.
③ 조직 내 갈등과 관련해 폰디(Pondy)가 분류한 관료제적(bureaucratic) 갈등은 이해당사자 간 갈등을 의미하며, 주로 희소한 자원을 획득하기 위해 서로 경쟁할 때 발생한다.
④ 갈등 예방 전략이란 순기능적 갈등을 적절히 조성해 조직에 이익이 되도록 하는 것을 의미하며, 구체적인 방안으로는 정보 및 권력의 재분배, 정보 조절, 경쟁 상황의 창출 등이 있다.
⑤ 제3자 개입에 의한 갈등관리방식인 중재(arbitration)는 제3자가 갈등 당사자에게 구속력 있는 결정을 내려 준다는 점에서 조정(mediation)과 차별화된다.

16 □□□ 2015년 교육행정직 9급

조직의 의사전달(communication)에 대한 설명으로 옳지 않은 것은?

① 조직구조상 지나친 계층화는 수직적 의사전달을 저해한다.
② 지나친 전문화와 할거주의는 수평적 의사전달을 저해한다.
③ 비공식적 의사전달은 공식적 의사전달에 비해 조정과 통제가 곤란하다.
④ 공식적 의사전달은 비공식적 의사전달에 비해 신속하지만 책임소재는 불명확하다.

17 □□□ 2010년 국가직 7급

의사전달의 장애요인에 대한 설명으로 옳지 않은 것은?

① 어의상 문제, 의사전달기술의 부족 등 매체의 불완전성으로 인해 의사전달의 장애가 발생할 수 있다.
② 수신자의 선입관은 준거틀을 형성하여 발신자의 의도를 왜곡할 수 있다.
③ 환류의 차단은 의사전달의 정확성을 제고할지 모르나 신속성이 우선시되는 상황에서는 장애가 될 수 있다.
④ 시간의 압박, 의사전달의 분위기, 계서제적 문화는 의사전달에 영향을 미칠 수 있다.

18 □□□ 2007년 강원 9급

계층제로 인한 의사소통의 장애현상으로 보기 어려운 것은?

① X씨는 자신에게 불리한 내용은 축소시키고, 상관이 좋아하는 내용을 부풀려서 상관에게 보고하였다.
② K씨는 컴퓨터 전문용어를 모르는 상관 Q씨에게 컴퓨터 프로그램 개발에 대해 설명하는 데 어려움을 겪었다.
③ Y씨는 자신의 권력을 강화하기 위해 부하직원들에게 충분한 정보를 주지 않는 방법을 활용하였다.
④ P씨는 상관의 판단에 문제가 있다고 생각했지만 상관의 의견에 이의 없이 동의하였다.

19 □□□

2017년 서울시 9급

다음 중 의사결정자가 각 대안의 결과를 알고는 있으나 대안 간 비교결과 중 어떤 것이 최선의 결과인지를 알 수 없어 발생하는 개인적 갈등의 원인은?

① 비수락성(unacceptability)
② 불확실성(uncertainty)
③ 비비교성(incomparability)
④ 창의성(creativity)

20 □□□

2017년 교육행정직 9급

다음 설명에 해당하는 의사전달 네트워크(communication network)의 유형으로 가장 적합한 것은?

> 이 유형은 조직 내 각 구성원이 다른 모든 구성원들과 직접적인 의사전달을 하는 형태로서, 구성원들 모두가 서로 정보를 교환하기 때문에 문제해결에 시간이 많이 걸리나 상황판단의 정확성이 높은 장점을 가지고 있다. 그리고 이 유형에는 중심적 위치(구심성: centrality)를 차지하는 단일의 리더는 없다.

① 원(circle)형
② 연쇄(chain)형
③ 바퀴(wheel)형
④ 개방(all channel)형

21 □□□

2023년 국가직 7급

행정 PR(public relations)에 대한 설명으로 옳지 않은 것은?

① 행정민주화의 요청에 따라 그 필요성이 제기되고 있다.
② 정부가 잘못된 정보를 국민에게 투입하는 것은 행정 PR의 객관성에 반하는 것이다.
③ 개발도상국가에서는 국민들에 대한 계몽적 · 교육적 성격을 갖는다.
④ 국민의 알 권리에 대한 정부의 도덕적 · 법적 의무로 이해되기 때문에 일방적 · 명령적이어야 한다.

22 □□□

2025년 군무원 9급

문서를 통한 명령이 효과적인 경우에 대한 설명으로 가장 적절한 것은?

① 긴급을 요하는 경우
② 수명자가 충분한 지식을 가지고 숙련돼 있는 경우
③ 극비사항의 누설 위험을 방지하고자 할 경우
④ 명령 내용이 복잡하여 이해하기 어려운 경우

중요도 ●●●○○

정답 및 해설 p. 147

선생님TIP

리더십이론도 빠지지 않고 출제되는 비중 높은 테마 중 하나입니다. 최근 우리나라 대통령의 리더십이 이슈가 되면서 출제도 함께 증가하는 추세로 보입니다. 리더십이론의 전개와 상황이론에서의 상황변수를 정리하여야 하고, 특히 변혁적 리더십(Transformational Leadership)은 현대적 리더십으로서 전통적인 거래적 리더십(Transactional Leadership)과 비교되어 출제되는 것이 중요한 포인트이니 알아두도록 합시다.

■ 리더십이론

1. 리더십이론의 전개

(1) 1차원적 접근(자질이론): 리더의 인품, 성격, 특징에 따른 접근법

(2) 2차원적 접근(행태이론): 과업과 관계라는 두 개의 축을 고려한 평면적 접근법

아이오와 대학 연구 (Iowa studies, Lippitt & White, 1972)	• 의사결정과정에의 참여 정도를 기준으로 분석 • 유형: 권위형(리더의 결정 및 지시), 민주형(집단토론을 통한 결정, 가장 효율적), 자유방임형(구성원의 질문 및 결정)
미시간 대학 연구 (the Michigan studies, Likert)	• 업무중심형(기술적 측면)과 직원중심형(대인관계 측면)으로 나누어 생산성 측정 • 결과: 직원중심형이 전체적으로 업무만족도가 더 높음
오하이오 대학 연구 (Ohio state studies, Stogdill & Fleishman)	• 두 개의 독립적인 변수인 구조설정(작업 감독 및 평가)과 배려(직원사기 고려 및 정서적 공감 조성)를 기준으로 연구 • 결과: 구조설정과 배려의 수준이 모두 높아야 불평과 이직률이 낮고 생산성 높음
관리망모형 (Blake & Mouton, 1964)	• 리더십의 유형을 생산에 대한 관심과 인간에 대한 관심으로 나누어 분석 • 유형: 무관심형, 친목형, 과업형, 단합형(가장 이상적), 절충형

(3) 3차원적 접근(상황이론): 과업, 관계, 상황이라는 세 개의 축을 고려한 입체적 접근법

탄네바움과 슈미트 (Tannenbaum & Schmidt)의 상황이론	• 지도자, 추종자, 상황 세 가지 변수의 상호작용에 따라 효율성이 달라진다고 봄 • 상황요인(리더의 권력과 부하의 자율권)을 중심으로 의사결정권 행사방식에 따라 분석 • 유형: 민주형(부하 중심적), 독재형(리더 중심적), 자유방임형
피들러(Fiedler)의 상황적합성이론(목표성취이론)	• 가장 좋아하지 않는 동료(LPC)라는 척도에 의해 분석 - 싫어하는 동료를 부정적으로 평가(LPC 점수 낮음): 과업지향형 - 싫어하는 동료를 긍정적으로 평가(LPC 점수 높음): 관계지향형 • 상황변수: 리더와 추종자의 관계, 지위 권력, 과업구조 - 상황변수가 리더에게 유·불리한 경우: 과업중심적 리더가 효과적 - 상황변수가 리더에게 중간일 경우: 관계중심적 리더가 효과적
허쉬와 블랜차드 (Hersey & Blanchard)의 3차원모형	• 리더의 행동을 과업중심적 행동과 관계중심적 행동으로 구분하여 상황변수인 부하의 성숙도(적극성, 능력)에 따라 달라진다고 봄 • 부하의 성숙도가 높을수록 지시적 과업지향형(지시형) → 관계지향형(설득형 → 참여형) → 분권적 과업지향형(위임형)으로 나아가야 효과적
하우스와 에반스 (House & Evans)의 경로-목표이론	• 상황변수(부하의 특성, 근무환경의 특성)에 따라 달라지는 리더의 행동 분석 • 유형: 지시적 리더십(구조주도형), 지원적 리더십(배려형), 참여적 리더십, 성취지향적 리더십
레딘(Reddin)의 3차원모형	• 인간관계지향과 과업지향의 두 가지 변수를 효과성과 접목시켜 분석 • 유형: 통합형, 관계형, 분리형, 헌신형
커와 저미어(Kerr & Jermier)의 리더십 대체물 접근법	리더십을 필요 없게 만드는 요인(대체물)과 필요성을 약화시키는 요인(중화물)을 제시함
유클(Yukl)의 다중연결모형	• 부서의 효과성(결과변수)은 리더의 11가지 행동(원인변수)이 매개변수(단기적)에서 부족한 면을 얼마나 시정하는가와 상황변수(장기적)를 얼마나 유리하게 만드는가에 달려있다고 봄 • 매개변수에는 부하들의 노력·능력, 과업의 조직화, 집단 내 협동 등이 있음

2. 변혁적 리더십

(1) 의의: 조직 전체적 관점에서 조직의 방향을 바꾸거나 대규모 변혁을 유도하는 기업가적 혹은 카리스마적 지도력

(2) 속성(구성요인)

카리스마	리더가 모범을 보임으로써 부하들에게 자긍심을 심어주고 존경과 신뢰를 얻음
영감	리더가 부하에게 도전적 목표 및 임무와 미래에 대한 비전을 받아들이고 추구하도록 격려함
개별적 배려	부하 개인의 특성을 파악한 후 이를 적합하게 고려하여 지도 · 충고함
지적 자극	부하의 자율성을 보장하고 높은 기대치의 상호 공유를 통한 부하의 의존적 성향 제거
촉매적 리더십	형식적 관행 타파 및 창조적 사고와 학습의지를 통한 새로운 관념 촉발 유도

(3) 거래적 리더십과 변혁적 리더십의 비교

구분	거래적 리더십	변혁적 리더십
변화관	안정 지향, 폐쇄적	변화 지향, 개방체제적
목표지향성	현실적 목표지향(단기적 전망)	이상적 목표지향(장기적 전망)
초점	하급관리자	최고관리층
동기부여전략	리더와 부하 간 즉각적 · 가시적 보상 등을 통한 동기부여 및 통제(교환단계)	자아실현, 영감과 비전 제시 · 공유 등에 의한 개인적 목표 동경을 통한 동기유발(통합단계)
행위표준	부하들은 규칙과 관례를 따르는 것을 선호함	부하에게 변화와 도전에 대해 격려함
문제해결	직접 문제를 해결해주거나 해답을 찾을 수 있는 법을 알려줌	질문을 통해 부하들이 스스로 해결책을 찾도록 격려하거나 함께 해결해 나감
관련 조직	기계적 관료제, 합리적 구조에 적합	단순구조나 임시조직 등 탈관료제적 · 유기적 구조에 적합

01 □□□ 2019년 서울시 7급(10월 시행)

리더십 상황이론에 해당하지 않는 것은?

① 블레이크(Blake)와 머튼(Mouton)의 관리그리드이론
② 피들러(Fiedler)의 상황적응모형
③ 허쉬(Hersey)와 블랜차드(Blanchard)의 삼차원적 모형
④ 하우스(House)와 에반스(Evans)의 경로-목표이론

02 □□□ 2023년 군무원 7급

리더십에 대한 설명으로 가장 적절하지 않은 것은?

① 초기 리더십이론에서는 리더가 갖추어야 할 기본적인 자질과 행태가 중요한 연구대상이었다.
② 리더십에 있어 행태론적 접근은 공식적인 권위가 아니라 개인에 대한 관심과 배려를 보여주는 리더가 보다 효과적이라는 주장과 관련된다.
③ 행태론의 대표적 연구로 리더십격자모형은 리더의 행태를 사람과 상황의 통합으로 다룬다.
④ 리더십 효과는 리더와 구성원 관계, 과업구조, 그리고 리더의 직위에서 나오는 권력에 의존한다는 것이 상황론이다.

03 □□□

2019년 지방직 9급

'변혁적 리더십(transformational leadership)'에 대한 설명으로 옳지 않은 것은?

① 조직참여의 기대가 적은 경우에 적합하며 예외관리에 초점을 둔다.
② 리더가 부하에게 특별한 관심을 보이거나 자긍심과 신념을 심어준다.
③ 리더가 부하들의 창의성을 계발하는 지적 자극(intellectual stimulation)을 중시한다.
④ 리더가 인본주의, 평화 등 도덕적 가치와 이상을 호소하는 방식으로 부하들의 의식수준을 높인다.

04 □□□

2013년 지방직 9급

리더십에 대한 설명으로 옳은 것은?

① 변혁적(transformational) 리더십 - 무엇인가 가치있는 것을 교환함으로써 추종자에게 영향력을 행사하는 리더십
② 거래적(transactional) 리더십 - 리더가 부하로 하여금 형식적 관례와 사고를 다시 생각하게 함으로써 새로운 관념을 촉발시키는 리더십
③ 카리스마적(charismatic) 리더십 - 리더가 특출한 성격과 능력으로 추종자들의 강한 헌신과 리더와의 일체화를 이끌어내는 리더십
④ 서번트(servant) 리더십 - 과업을 구조화하고 과업요건을 명확히 하는 리더십

05 □□□

2014년 국회직 8급

리더십에 대한 설명으로 옳지 않은 것은?

① 리더십이론은 자질론으로부터 시작해 행동유형론을 거쳐 상황론으로 발전해 왔다.
② 거래적 리더십은 보수적·현상유지적이라는 평가를 받기도 한다.
③ 하우스(House)는 부하들과 상담하고 의사결정 전에 부하들의 의견을 반영하는 리더를 지원적 리더라고 하였다.
④ 변혁적 리더십의 특징 중 형식적 사고와 관례를 다시 생각하게 하는 것은 촉매적 리더십에 해당한다.
⑤ 피들러(Fiedler)의 상황적응모형에서는 '가장 좋아하지 않는 척도(LPC; Least Preferred Coworker)'를 사용하는데 LPC 점수가 낮은 경우 과업지향형으로 분류한다.

06 □□□

2021년 군무원 9급

리더십에 대한 설명으로 가장 옳지 않은 것은?

① 리더십에 있어 자질론적 접근은 리더가 만들어지기 보다는 특별한 역량을 타고나는 것임을 강조한다.
② 민주형 리더십은 권위와 최종책임을 위임하며 부하가 의사결정에 참여하도록 하는 쌍방향 의사전달의 특징을 지닌다.
③ 리더십에 있어 경로-목표모형은 리더의 행태가 어떻게 조직원으로 하여금 목표를 달성시키도록 하는 리더십 효과로 이어지는지를 설명해준다.
④ 상황론적 관점에서 보면 부하의 지식이 부족하고 공식적 규정이 마련되어 있지 않은 과업 환경에서는 지원적 리더십보다 지시적 리더십이 보다 부하의 만족을 높이고 효과적일 수 있다.

07 □□□

2019년 서울시 9급(2월 추가)

피들러(Fiedler)의 상황적합적 리더십이론에서 제시된 상황변수가 아닌 것은?

① 리더와 부하의 관계(leader-member relations)
② 부하의 성숙도(maturity)
③ 직위 권력(position power)
④ 과업구조(task structure)

08 □□□

2019년 서울시 9급(6월 시행)

허시(Hersey)와 블랜차드(Blanchard)는 부하의 성숙도(Maturity)에 따른 효과적인 리더십을 제시하였다. 부하가 가장 미성숙한 상황에서 점점 성숙해간다고 할 때, 가장 효과적인 리더십 유형을 〈보기〉에서 골라 순서대로 나열한 것은?

〈보기〉

ㄱ. 참여형	ㄴ. 설득형
ㄷ. 위임형	ㄹ. 지시형

① ㄷ → ㄱ → ㄴ → ㄹ
② ㄹ → ㄱ → ㄴ → ㄷ
③ ㄹ → ㄴ → ㄱ → ㄷ
④ ㄹ → ㄴ → ㄷ → ㄱ

09 □□□

2011년 국회직 8급

허쉬(Hersey)와 블랜차드(Blanchard)에 의하면 정부운영방식은 정부를 둘러싼 환경, 특히 국민의 성숙수준에 따라서 다르게 접근되어야 한다. 다음의 접근방법 중 국민의 성숙수준이 가장 높은 경우에 적응될 수 있는 정부운영의 방식은?

① 위임 ② 설득
③ 참여 ④ 지시
⑤ 협상

10 □□□

2021년 국가직 7급

피들러(Fiedler)의 상황적합적 리더십이론에 대한 설명으로 옳지 않은 것은?

① 리더와 부하의 관계, 부하의 성숙도, 과업구조의 조합에 따라 상황적 유리성(situational favorableness)을 설명한다.
② 리더에게 매우 유리한 상황인 경우 과업 지향적인 리더십이 효과적이다.
③ LPC(Least Preferred Coworker) 점수를 사용하여 리더를 과업 지향적 리더와 관계 지향적 리더로 분류했다.
④ 리더가 처한 상황에 따라서 리더십의 효과성이 달라질 수 있다.

11 □□□

2025년 지방직 9급

하우스(House)의 경로-목표모형에서 부하들의 욕구를 배려하고 그들의 복지에 관심을 가지며 구성원들의 인간관계를 강조하는 리더십은?

① 지시적(directive) 리더십
② 후원적(supportive) 리더십
③ 참여적(participative) 리더십
④ 성취 지향적(achievement-oriented) 리더십

12 □□□

2021년 군무원 7급

리더십 상황이론에서 중요시하는 상황적 요소로서 학자들이 흔히 주장하는 요소와 가장 관련이 없는 것은?

① 조직구성원의 심리적·업무적 성숙도
② 리더의 상황 판단 능력
③ 과업의 구조화 또는 비구조화의 정도
④ 리더와 부하와의 인간관계

13 □□□

2009년 서울시 7급

지식정보사회의 리더십에 대한 탭스콧(Tapscott)의 주장으로 옳지 않은 것은?

① 정보화사회의 리더십은 특정 상관이 아닌 여러 가지 원천을 기반으로 하기 때문에 상호연계적 리더십을 체득하여야 한다.
② 정보화사회의 조직구성원은 복잡한 정보사회에 대한 이해를 바탕으로 한 명백하고 공유된 비전을 가져야 하고, 이를 위해 구성원 전체가 끊임없는 학습의지를 지녀야 한다.
③ 정보화사회의 조직은 상호연계적 리더십의 발휘를 통해 다양한 개인들의 역량이 효과적으로 결합되어야 한다.
④ 정보화사회에서 상호연계적 리더십을 형성하고 발휘하는데 중간관리자의 지원과 관심은 필수적이다.
⑤ 조직구성원 누구나 리더로서의 기능을 수행해야 하는 네트워크화된 지능의 시대에 적절하게 효과적으로 기술을 사용하는 것은 획기적 변혁의 원동력이 된다.

14 □□□

2010년 국가직 9급

바스(Bass) 등이 제시한 변혁적 리더십(Transformational Leadership)의 주된 요인으로 옳지 않은 것은?

① 영감적 리더십
② 합리적 과정
③ 카리스마적 리더십
④ 개별적 배려

15 □□□

2013년 국가직 7급

변혁적 리더십(transformational leadership)의 특징이 아닌 것은?

① 리더는 부하의 욕구와 직무수행에 필요한 자원을 정확히 파악하여 그에 대한 보상과 지원을 제공하고, 부하는 그에 상응하는 노력을 통하여 리더가 제시한 과업목표를 달성한다.
② 부하의 변화 측면에 초점을 맞추어 재량권을 부여하고 부하를 리더로 키운다.
③ 부하의 자기 실현과 존중감 등 높은 수준의 욕구 실현에 관심을 갖는다.
④ 조직이 나아갈 비전을 제시하고 구성원들로 하여금 비전을 공유할 수 있도록 만든다.

16 □□□

2021년 지방직 9급

변혁적(transformational) 리더십에 대한 설명으로 옳은 것은?

① 적응보다 조직의 안정을 강조한다.
② 기계적 조직체계에 적합하며, 개인적 배려는 하지 않는다.
③ 부하에게 새로운 비전을 제시하며, 지적 자극을 통한 동기부여를 강조한다.
④ 리더와 부하의 관계를 경제적 교환관계로 인식하고, 보상에 관심을 둔다.

17 □□□

2023년 지방직 9급

변혁적 리더십에 대한 설명으로 옳지 않은 것은?

① 도전적 목표와 임무, 미래에 대한 비전을 추구하도록 격려한다.
② 구성원 개개인에게 관심을 가지고 배려한다.
③ 상황적 보상과 예외관리를 특징으로 한다.
④ 새로운 관점에서 문제를 재구성하고 해결책을 찾도록 자극한다.

18 □□□

2025년 군무원 9급

거래적 리더십(Transactional Leadership)에 대한 설명으로 가장 적절한 것은?

① 부하에게 존중심을 바탕으로 창조적 사고의 여건을 마련함으로써 개인적 욕구를 뛰어넘어 조직을 위해 일할 수 있게끔 영감을 제공하는 것을 강조한다.
② 리더가 구성원을 위해 봉사하는 데 초점을 맞춘 리더십이다.
③ 업무수행 과정이 반복적이고 성과수준의 측정이 가능할 때 효과적이다.
④ 리더의 특출한 성격과 능력에 의해 추종자들의 강한 헌신과 리더와의 일체화를 이끌어 내는 리더십을 의미한다.

19 □□□

2014년 지방직 7급

커와 저미어(Kerr & Jermier)가 주장한 리더십대체물접근법에 대한 설명으로 옳은 것만을 모두 고르면?

> ㄱ. 구조화되고 일상적이며 애매하지 않은 과업은 리더십의 대체물이다.
> ㄴ. 조직이 제공하는 보상에 대한 무관심은 리더십의 대체물이다.
> ㄷ. 부하의 경험, 능력, 훈련 수준이 높은 것은 리더십의 중화물이다.
> ㄹ. 수행하는 과업의 결과에 대한 환류(feedback)가 빈번한 것은 리더십의 대체물이다.

① ㄱ, ㄷ
② ㄱ, ㄹ
③ ㄴ, ㄷ
④ ㄴ, ㄹ

20 □□□

2017년 서울시 9급

리더십에 대한 다음 설명 중 가장 옳지 않은 것은?

① 자질론은 지도자의 자질·특성에 따라 리더십이 발휘된다는 가정하에, 지도자가 되게 하는 개인의 속성·자질을 연구하는 이론이다.

② 행태이론은 눈에 보이지 않는 능력 등 리더가 갖춘 속성보다 리더가 실제 어떤 행동을 하는가에 초점을 맞춘 이론이다.

③ 상황론의 대표적인 예로 피들러(Fiedler)의 상황조건론, 하우스(House)의 경로-목표모형 등이 있다.

④ 변혁적 리더십은 거래적 리더십을 기반으로 하므로 거래적 리더십과 중첩되는 측면이 있다.

21 □□□

2019년 국가직 9급

리더십에 대한 설명으로 옳지 않은 것은?

① 특성론에 대한 비판은 지도자의 자질이 집단의 특성·조직목표·상황에 따라 완전히 달라질 수 있고, 동일한 자질을 갖는 것은 아니며, 반드시 갖춰야 할 보편적인 자질은 없다는 것이다.

② 행태이론에서는 눈에 보이지 않는 능력 등 리더가 갖춘 속성보다 리더가 실제 어떤 행동을 하는가에 초점을 맞춘다.

③ 상황론에서는 리더십을 특정한 맥락 속에서 발휘되는 것으로 파악해, 상황 유형별로 효율적인 리더의 행태를 찾아내기 위한 연구를 수행하였다.

④ 번스(Burns)의 리더십이론에서 거래적 리더십은 카리스마적 리더십을 기반으로 하므로 카리스마적 리더십과 중첩되는 측면이 있다.

22 □□□

2020년 국가직 7급

리더십에 대한 설명으로 옳지 않은 것은?

① 변혁적(transformational) 리더십의 특성에는 영감적 동기부여, 자유방임, 지적 자극, 개별적 배려 등이 있다.

② 진성(authentic) 리더십의 특성은 리더가 정직성, 가치의식, 도덕성을 바탕으로 팔로워들의 믿음을 이끌고, 팔로워들이 리더의 윤리성과 투명성을 믿으며 긍정적 감정을 느낀다는 것이다.

③ 서번트(servant) 리더십은 자기 자신보다는 다른 사람에게 초점을 두고, 부하들의 창의성과 잠재력을 발휘할 수 있도록 봉사하는 리더십이다.

④ 거래적(transactional) 리더십은 적극적 보상이나 소극적 보상을 통해 영향력을 행사한다.

23 □□□

2022년 지방직 9급

서번트(servant) 리더십에 대한 설명으로 옳은 것만을 모두 고르면?

> ㄱ. 구성원들이 공동의 목표를 이뤄 나갈 수 있도록 환경을 조성하고 도와준다.
> ㄴ. 보상과 처벌을 핵심 관리수단으로 한다.
> ㄷ. 그린리프(Greenleaf)는 존중, 봉사, 정의, 정직, 공동체 윤리를 강조했다.
> ㄹ. 리더의 최우선적인 역할은 업무를 명확하게 지시하는 것이다.

① ㄱ, ㄷ　　② ㄱ, ㄹ
③ ㄴ, ㄷ　　④ ㄴ, ㄹ

24 □□□

2023년 국가직 7급

리디십과 팔로워십 이론에 대한 설명으로 옳은 것만을 모두 고르면?

> ㄱ. 켈리(Kelley)는 소외적 추종자(alienated followers), 순응적 추종자(sheep), 수동적 추종자(yes people), 효과적 추종자(effective followers) 등 네 가지 추종자 유형을 제시하였고, 그 중 소외적 추종자가 가장 위험하다고 주장하였다.
> ㄴ. 블레이크(Blake)와 머튼(Mouton)은 생산에 대한 관심과 사람에 대한 관심이 모두 높은 단합형(team management) 리더십 유형을 최선의 관리방식으로 제안하였다.
> ㄷ. 상황적응적 리더십모형의 주창자 중 하나인 피들러(Fiedler)는 리더-구성원 관계, 직무구조, 직위권력 등 3가지 변수를 중요한 상황요소로 설정하였다.
> ㄹ. 오하이오 주립대 리더십 연구자들은 리더의 행동을 구조주도(initiating structure)와 배려로 설명하며 가장 훌륭한 리더유형을 중간 수준의 구조주도와 배려를 갖춘 균형잡힌 리더형태로 보았다.

① ㄱ, ㄴ　② ㄱ, ㄹ
③ ㄴ, ㄷ　④ ㄷ, ㄹ

25 □□□

2024년 지방직 9급

리더-구성원 교환이론에 대한 설명으로 옳은 것만을 모두 고르면?

> ㄱ. 내집단(in-group)에 속한 구성원이 많을수록 집단의 성과가 높아진다고 본다.
> ㄴ. 리더와 구성원이 파트너십 관계로 발전하는 과정을 ‘리더십 만들기’라 한다.
> ㄷ. 리더가 모든 구성원을 차별 없이 대우하는 공정성을 중시한다.
> ㄹ. 리더와 구성원이 점점 높은 도덕성과 동기 수준으로 서로를 이끌어 가는 상호 관계를 중시한다.

① ㄱ, ㄴ　② ㄱ, ㄹ
③ ㄴ, ㄷ　④ ㄷ, ㄹ

THEME 42 조직관리

중요도 ●●●○○

정답 및 해설 p. 151

선생님TIP

조직관리기법은 최근 출제빈도가 증가하고 있는 테마입니다. 최근에는 전략적 관리기법에서 SWOT 분석이 출제되었으며, 목표에 의한 관리(MBO; Management By Objective)와 총체적 품질관리(TQM; Total Quality Management), 균형성과표(BSC)의 각 관점과 측정지표의 비교는 지속적으로 출제되는 포인트이니, 참고하여 학습하도록 합니다. 인간행태적 조직혁신인 조직발전기법(OD) 중에서는 감수성훈련이 종종 출제되고 있으니, 이에 대해서도 알아두도록 합니다.

■ 조직관리

1. 전략적 관리(SM)

(1) 특징: 목표지향성, 장기적 시계, 환경분석 강조, 조직역량분석 강조, 전략개발 강조, 조직활동의 통합성 강조

(2) SWOT 분석

외부 \ 내부	강함(S)	약함(W)
기회(O)	공격적 전략(SO전략)	방향전환전략(WO전략)
위협(T)	차별화전략(ST전략)	방어적 전략(WT전략)

2. 목표에 의한 관리(MBO)

(1) 과정

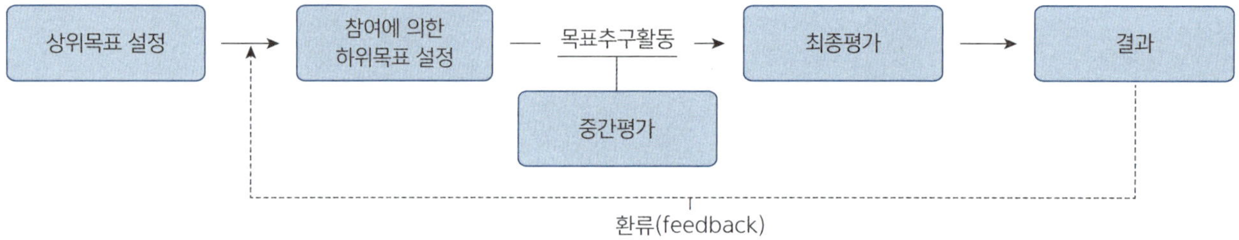

(2) 장단점

장점	• Y이론적 관리 • 목표의 명확화 • 평가와 환류 중시 • 관료제의 역기능 보완
단점	• 단기적 목표에 치중 • 폐쇄적 • 성과측정 곤란 • 시간과 노력의 과다 소모

3. 총체적 품질관리(TQM)

개념	고객만족을 1차적 목표로 삼고 조직구성원의 광범위한 참여하에서 조직의 과정과 절차를 지속적으로 개선하여 장기적으로 전략적 질을 관리하는 것
주요 내용	• 고객이 질의 최종결정자 • 사전적 · 예방적 · 지속적 품질관리 • 서비스의 변이성 방지 • 전체구성원의 참여에 의한 관리 • 지속적인 개선 • 개인보상이 아닌 총체적 헌신

4. MBO와 TQM의 비교

구분	MBO	TQM
시각	단기적, 미시적, 양적(계량적)	장기적, 거시적, 질적(규범적)
지향	결과지향(대내적, 폐쇄적) → 성과평가 실시	고객지향(대외적, 개방적) → 과정 및 절차 강조
성격	관리전략, 평가 및 환류 중시(사후적 관리)	관리철학, 사전적 관리(예방적 통제)
계량화	중요시함	중요시하지 않음
보상	개인별 보상	총체적 헌신(조직중심)

5. 균형성과표(BSC)

관점(지표)	특성	측정지표
재무적 관점	민간부문에서 중시하는 전통적인 후행지표	매출, 자본수익률, 예산대비차이 등
고객 관점	공공부문이 중시하는 대외적 지표	고객만족도, 정책순응도, 민원인의 불만율, 신규 고객의 증감 등
내부과정(프로세스) 관점	업무처리 관점 과정 중심 지표	의사결정과정에의 시민참여, 적법적 절차, 커뮤니케이션 구조 등
학습과 성장 관점	미래적 관점의 선행지표	인적 자원의 역량, 지식의 축적, 정보 시스템 구축, 학습동아리 수, 제안 건수, 직무만족도 등

6. 조직발전(OD)

개념	조직구성원의 가치관, 태도, 조직구조를 변화시켜 조직개혁을 성취하려는 기법
특징	• 행태과학적 지식의 응용 • 장기·지속적 과정 → 과정에 초점 • 변동 컨설턴트로서의 역할, 외부 전문가 필요 • Y이론적 관리방식 • 계획적·의식적 변화
주요기법	태도조사환류, 감수성훈련(실험실훈련), 관리망훈련, 과정상담, 작업집단발전, 직무확충(직무확장, 직무충실)

01 □□□ 2022년 국가직 9급

목표관리제(MBO)에 대한 설명으로 옳은 것만을 모두 고르면?

ㄱ. 부하와 상사의 참여를 통해 목표를 설정한다.
ㄴ. 중·장기목표를 단기목표보다 강조한다.
ㄷ. 조직 내·외의 상황이 안정적이고 예측가능한 조직에서 성공확률이 높다.
ㄹ. 개별 구성원의 직무 특수성을 반영하기 위하여 목표의 정성적, 주관적 성격이 강조된다.

① ㄱ, ㄴ
② ㄱ, ㄷ
③ ㄴ, ㄹ
④ ㄷ, ㄹ

02 □□□ 2017년 서울시 9급

총체적 품질관리(TQM)와 목표관리(MBO)에 대한 설명으로 가장 옳은 것은?

① TQM이 X이론적 인간관에 기반하고 있다면, MBO는 Y이론적 인간관에 기반하고 있다.
② TQM이 분권화된 조직관리 방식이라고 하면, MBO는 집권화된 조직관리 방식이다.
③ TQM이 조직 내부 성과의 효율성에 초점을 둔다면, MBO는 고객만족도 중심의 대응성에 초점을 둔다.
④ TQM이 팀 단위의 활동을 바탕으로 한다면, MBO는 개별 구성원의 활동을 바탕으로 한다.

03 □□□

2017년 국가직 7급(8월 시행)

SWOT 분석에 대한 설명으로 옳지 않은 것은?

① 조직 내적 특성과 외부 환경의 조합에 따른 맞춤형 대응 전략 수립에 도움이 된다.
② 조직 외부 환경은 기회와 위협으로, 조직 내부 자원 · 역량은 강점과 약점으로 구분한다.
③ 다양화 전략은 조직의 강점을 활용하여 위협을 회피하거나 최소화하는 전략이라고 볼 수 있다.
④ 기존 프로그램의 축소 또는 폐지는 약점 - 기회를 고려한 방어적 전략이라고 볼 수 있다.

04 □□□

2022년 군무원 7급

SWOT분석을 기초로 한 전략에서 방향전환전략으로 옳은 것은?

① SO 전략
② WO 전략
③ ST 전략
④ WT 전략

05 □□□

2013년 국가직 9급

정부성과평가에 대한 설명으로 옳지 않은 것은?

① 성과평가는 개인의 성과를 향상시키기 위한 방법을 모색하기 위해서 사용될 수 있다.
② 총체적 품질관리(TQM)는 개인의 성과평가를 위한 도구로 도입되었다.
③ 관리자와 구성원의 적극적인 참여는 성과평가 성공에 있어서 중요한 역할을 한다.
④ 조직목표의 본질은 성과평가제도의 운영과 직접 관련성을 갖는다.

06 □□□

2022년 국회직 9급

성과주의의 장점으로 옳지 않은 것은?

① 성과를 중심으로 개인을 평가한다.
② 개인성과평가 등 추가적 관리 활동에 따른 비용을 절감할 수 있다.
③ 성과에 따른 보상을 통해 조직 공정성을 제고한다.
④ 경쟁을 통해 개인의 능력개발 및 자아실현에 기여한다.
⑤ 고정적이고 엄격한 서열화로 인한 조직의 경직성을 완화시킨다.

07 □□□

2007년 경남 9급

목표관리제(MBO)에 대한 설명으로 옳은 것은?

① 유동적인 상황에서 효용이 크다.
② 팀워크보다는 개인의 업무달성능력을 중요시한다.
③ 상하 간 공동평가로 이루어진 다면평가를 응용한 제도이다.
④ 투입 지향의 목표를 설정하는 것으로 구체적인 목표가 아니라 질적이고 추상적인 목표를 중시한다.

08 □□□

2010년 지방직 9급

목표관리제(MBO)가 성공하기 쉬운 조직은?

① 집권화되어 있고 계층적 질서가 뚜렷하다.
② 성과와 관련 없이 보수를 균등하게 지급한다.
③ 목표를 계량적으로 측정하기가 용이하다.
④ 업무환경이 가변적이고 불확실성이 크다.

09 □□□

2025년 군무원 7급

공직사회에서 쓰이고 있는 목표관리제(MBO)의 특성으로 가장 적절하지 않은 것은?

① 구성원의 참여를 중시하는 분권적 관리기법의 일종이다.
② 관료제의 저하된 동기부여 문제를 풀기 위한 목적으로 사용되는 경우가 있다.
③ 조직 운영상 불분명하고 애매한 것을 제거하는 부분에서 한계를 드러낸다.
④ 관료조직 내에서 측정할 수 있는 목표 자체를 설정하기 어려운 한계를 드러낸다.

10 □□□

2022년 군무원 7급

다음 중 조직의 성과관리에 대한 설명으로 옳지 않은 것은?

① 목표관리제는 성과에 대한 지나친 몰입으로 너무 쉬운 목표를 채택하거나 중요하지 않은 목표를 채택하도록 유도할 수 있다.
② 성과관리제는 평가 대상자 간의 과열경쟁과 다른 부서 및 개인과의 협력적 활동에 대한 부정적 태도가 강화됨으로써 조직 전반의 성과수준이 저하될 수 있다.
③ 목표관리제는 개인목표와 조직목표의 통합을 촉진해 목표달성에 유리하게 조직을 재구조화할 수 있다.
④ 성과관리제는 행정조직의 성과평가 과정에서 즉각적인 환류가 용이하다.

11 □□□

2009년 국회직 8급

총체적 품질관리(TQM)에 대한 설명으로 옳은 것을 모두 고르면?

> ㄱ. 생산성 제고와 국민에 대한 대응적 책임성을 확보하기 위한 전략적 관리방식이다.
> ㄴ. TQM은 상하 간의 참여적 관리를 의미하며 조직의 목표설정에서 책임의 확정, 실적 평가에 이르기까지 상관과 부하의 합의로 이루어진다.
> ㄷ. 공공부문의 비시장성과 비경쟁성은 TQM의 필요성 인식을 약화시킨다.
> ㄹ. 조직의 환경변화에 적절히 대응하기 위해 투입 및 과정보다 결과가 중시된다.
> ㅁ. 공공서비스의 품질 향상을 통한 고객만족을 목표로 하기 때문에 공무원들의 행태를 고객 중심적으로 전환할 수 있다.

① ㄱ, ㄴ, ㄷ　　② ㄱ, ㄴ, ㄹ
③ ㄱ, ㄷ, ㅁ　　④ ㄴ, ㄷ, ㅁ
⑤ ㄷ, ㄹ, ㅁ

12 □□□

2014년 지방직 7급

총체적 품질관리(TQM)에 대한 설명으로 옳지 않은 것은?

① 품질관리가 서비스 생산 및 공급이 이루어지는 과정의 매 단계에서 이루어진다.
② 계획과 문제해결의 주된 방법은 집단적 과정이다.
③ TQM의 관심은 내향적이어서 고객의 필요에 따라 목표를 설정하는 것을 강조한다.
④ 산출물의 일관성 유지를 위해 과정통제계획과 같은 계량화된 통제수단을 활용한다.

13 □□□

2010년 국회직 9급

총체적 품질관리(TQM)에 대한 설명으로 옳은 것을 모두 고르면?

> ㄱ. TQM은 고객의 요구를 존중한다.
> ㄴ. TQM은 단기적 관점을 강조한다.
> ㄷ. TQM은 팀워크 중심의 조직관리이다.
> ㄹ. TQM은 서비스 제공 이후의 품질관리 체계를 강조한다.
> ㅁ. TQM은 기능적 조직에 적합하다.

① ㄱ, ㄷ
② ㄷ, ㅁ
③ ㄱ, ㄷ, ㄹ
④ ㄴ, ㄷ, ㅁ
⑤ ㄷ, ㄹ, ㅁ

14 □□□

2020년 국가직 9급

총체적 품질관리(Total Quality Management)에 대한 설명으로 옳은 것만을 모두 고르면?

> ㄱ. 고객의 요구를 존중한다.
> ㄴ. 무결점을 향한 지속적 개선을 중시한다.
> ㄷ. 집권화된 기획과 사후적 통제를 강조한다.
> ㄹ. 문제해결의 주된 방법은 집단적 노력에서 개인적 노력으로 옮아간다.

① ㄱ, ㄴ
② ㄱ, ㄷ
③ ㄴ, ㄹ
④ ㄷ, ㄹ

15 □□□

2018년 서울시 9급

전통적 관리와 TQM(Total Quality Management)에 대한 설명으로 가장 옳지 않은 것은?

① 전통적 관리체제는 기능을 중심으로 구조화되는 데 비해 TQM은 절차를 중심으로 조직이 구조화된다.
② 전통적 관리체제는 개인의 전문성을 장려하는 분업을 강조하는 데 비해 TQM은 주로 팀 안에서 업무를 수행할 것을 강조한다.
③ 전통적 관리체제는 상위층의 의사결정을 위한 정보체제를 운영하는 데 비해 TQM은 절차 내에서 변화를 이루는 사람들이 적시에 정확한 정보를 소유하는 데 초점을 둔다.
④ 전통적 관리체제는 낮은 성과의 원인을 관리자의 책임으로 간주하는 데 비해 TQM은 낮은 성과를 근로자 개인의 책임으로 간주한다.

16 □□□

2017년 사회복지직 9급

균형성과표(BSC; Balanced Score Card)의 관점과 측정지표가 바르게 연결된 것은?

① 학습과 성장 관점 - 직무만족도
② 내부프로세스 관점 - 민원인의 불만율
③ 재무적 관점 - 신규 고객의 증감
④ 고객 관점 - 조직 내 커뮤니케이션 구조

17 □□□

2014년 지방직 9급

균형성과표(BSC)의 성과지표에 대한 설명으로 옳지 않은 것은?

① 고객 관점에서의 성과지표에는 고객만족도, 정책순응도, 민원인의 불만율, 신규 고객의 증감 등이 있다.
② 내부프로세스 관점의 성과지표에는 의사결정 과정의 시민참여, 적법적 절차, 커뮤니케이션 구조 등이 있다.
③ 재무적 관점의 성과지표는 전통적 선행지표로서 매출, 자본수익률, 예산대비차이 등이 있다.
④ 학습과 성장 관점의 성과지표에는 학습동아리 수, 제안 건수, 직무만족도 등이 있다.

18 □□□

2015년 국가직 9급

균형성과표(BSC)에 대한 설명으로 옳은 것을 모두 고르면?

ㄱ. 조직의 비전과 목표, 전략으로부터 도출된 성과지표의 집합체이다.
ㄴ. 재무지표 중심의 기존 성과관리의 한계를 극복하기 위한 것이다.
ㄷ. 조직의 내부요소보다는 외부요소를 중시한다.
ㄹ. 재무, 고객, 내부프로세스, 학습과 성장이라는 4가지 관점 간의 균형을 중시한다.
ㅁ. 성과관리의 과정보다는 결과를 중시한다.

① ㄱ, ㄴ, ㅁ ② ㄴ, ㄷ, ㄹ
③ ㄱ, ㄴ, ㄹ ④ ㄷ, ㄹ, ㅁ

19 □□□

2018년 국회직 8급

다음 중 균형성과표(Balanced Score Card)에서 강조하는 네 가지 관점으로 옳지 않은 것은?

① 재무적 관점
② 프로그램적 관점
③ 고객 관점
④ 내부프로세스 관점
⑤ 학습과 성장 관점

20 □□□

2018년 지방직 7급

공공부문의 성과관리를 강화하기 위해 균형성과표(Balanced Score Card)를 도입할 경우 중시해야 할 관점으로 옳지 않은 것은?

① 공기업 재정운영의 효율성을 제고하기 위해 직원 보수를 조정한다.
② 공무원의 능력향상을 위해 전문적 직무교육을 강화한다.
③ 시민들의 행정서비스 만족도를 제고하기 위해 노력한다.
④ 상향식 접근방법에 기초해 공무원의 개인별 실적평가를 중시한다.

21 □□□

2022년 국회직 8급

균형성과표(Balanced Score Card)를 활용한 성과관리에 대한 설명으로 옳지 않은 것은?

① 결과에 초점을 둔 재무지표 방식의 성과관리에 대한 대안으로 개발되었다.
② 성과관리를 위한 단기적 관점과 장기적 관점의 균형을 중시한다.
③ 고객관점의 성과지표로 고객만족도, 민원인의 불만율 등을 제시한다.
④ 재무적 관점은 전통적인 선행 성과지표이다.
⑤ 성과에 대한 조직구성원 간의 커뮤니케이션 도구로 사용할 수 있다.

22 □□□

2019년 서울시 7급(2월 추가)

균형성과표(BSC; Balanced Score Card)에 대한 설명으로 가장 옳지 않은 것은?

① BSC는 관리자의 성과정보가 재무적 정보에 국한된 약점을 극복하고자 다양한 측면의 정보를 제공하며, 재무적 정보 외에 고객, 내부 절차, 학습과 성장 등 조직운영에 필요한 관점을 추가한 것이다.
② BSC의 장점은 거시적이고 추상적인 조직목표와 실천적 행동지표 간 인과관계를 확보함으로써 조직의 전략과 기획을 실행에 옮길 수 있게 한다는 것이다.
③ BSC는 조직 구성원 학습, 내부절차 및 성장과 함께, 정책 관련 고객의 중요성을 강조하지만, 고객이 아닌 이해당사자들에 대한 의사소통 채널에 대해서는 관심의 정도가 낮아 한계로 지적되고 있다.
④ BSC의 기본틀은 성과관리 체계로 이전의 관리 방식인 TQM이나 MBO와 크게 다르지 않고, 다만 거기에서 진화된 종합모형이라 평가 받고 있다.

23 □□□

2019년 국회직 8급

균형성과표(BSC; Balanced Score Card)에 대한 설명으로 옳지 않은 것은?

① 재무적 관점의 성과지표로는 매출, 자본수익률, 예산 대비 차이 등이 있다.
② 정부는 성과평가에 있어서 재무적 관점보다는 국민이 원한 고객의 관점을 중요한 위치에 놓는다.
③ 학습과 성장의 관점은 민간부문과 정부부문이 큰 차이를 둘 필요가 없는 부분이다.
④ 업무처리 관점은 정부부문에서 정책결정과정, 정책집행과정, 재화와 서비스의 전달과정 등을 포괄하는 넓은 의미를 가진다.
⑤ 고객 관점은 BSC의 4가지 관점 중에서 행동지향적 관점에 해당한다.

24 □□□

2021년 지방직 9급

균형성과표(BSC)에 대한 설명으로 옳지 않은 것은?

① 조직의 장기적 전략 목표와 단기적 활동을 연결할 수 있게 한다.
② 재무적 성과지표와 비재무적 성과지표를 통한 균형적인 성과관리 도구라고 할 수 있다.
③ 재무적 정보 외에 고객, 내부절차, 학습과 성장 등 조직 운영에 필요한 관점을 추가한 것이다.
④ 고객 관점에서의 성과지표는 시민참여, 적법절차, 내부 직원의 만족도, 정책 순응도, 공개 등이 있다.

25 □□□

2023년 군무원 7급

카플란과 노턴(Kaplan & Norton)의 균형성과표(BSC: Balanced Score Card)에서 네 가지 관점에 따른 성과지표가 잘못 연결된 것은?

① 고객관점: 의사결정과정에 시민참여
② 내부 프로세스 관점: 적법 절차
③ 재무적 관점: 자본수익률
④ 학습과 성장 관점: 정보시스템 구축

26 □□□

2023년 군무원 9급

조직개혁에 있어서 임파워먼트(empowerment)에 대한 설명으로 가장 적절하지 않은 것은?

① 갈등을 줄이기 위해 일단 변화의 장애가 되는 요소는 그대로 두지만 구성원들이 변화의 비전과 전략을 직접 행동으로 옮길 수 있도록 힘을 실어주고 실행에 옮기는 것이다.
② 구성원들이 새로운 아이디어를 내고 그것을 실험하는 등 새로운 태도와 행동을 받아들일 수 있는 여건을 만드는 것이 중요하다.
③ 통제중심의 관료제구조, 연공서열 중심의 평가 및 보상시스템 등을 바꾸는 작업이 필요하다.
④ 변화관리에 관한 기법들이 구성원들에게 체계적으로 전달되어 추진팀이 해체되더라도 자율적이고 지속적인 변화가 가능하도록 만들어야 한다.

27 □□□

2017년 서울시 7급

조직발전(OD)에 대한 설명으로 가장 옳은 것은?

① 조직 전체의 변화를 추구하는 계획적 · 의도적인 개입방법이다.
② 감수성훈련은 동료 간 · 동료와 상사 간의 상호작용을 진작시키기 위한 실제 근무상황에서 실시하는 기법이다.
③ 블레이크와 머튼(Blake & Mouton)은 과업형 리더를 가장 효과적인 관리유형으로 꼽았다.
④ 변화관리자의 도움으로 단기간에 급진적 조직변화를 추구한다.

28 □□□

2019년 서울시 7급(10월 시행)

조직발전 기법인 감수성훈련에 대한 설명으로 가장 옳지 않은 것은?

① 구성원 간의 협력적 노력을 향상시켜 팀 성과를 증가시킨다.
② 실험실훈련 혹은 T-집단훈련이라는 명칭으로 불린다.
③ 자신의 행동이 타인에게 미치는 영향을 검토하도록 한다.
④ 갈등과 상호관계에 관련된 능력을 개선할 목적으로 사용된다.

PART 4

인사행정론

CHAPTER 1 / 인사행정의 기초이론 및 제도
CHAPTER 2 / 공직의 분류
CHAPTER 3 / 인적자원관리(임용, 능력발전, 사기부여)
CHAPTER 4 / 공무원의 근무규율과 인사행정개혁

CHAPTER 1

인사행정의 기초이론 및 제도

THEME 43 엽관주의와 실적주의

중요도 ●●●○○

정답 및 해설 p. 156

선생님TIP

인사행정의 기초이론은 자주 출제되는 테마입니다. '엽관주의 → 실적주의 → 적극적 인사행정'의 순으로 발전하는 과정 속에서 각 이론의 발생배경과 개념을 이해하며 정리해두어야 합니다. 엽관주의는 정당에의 충성도에 따라 임용하고 실적주의는 개인의 실적이나 능력에 따라 임용하는 것 등으로 비교하여 학습하는 것이 좋습니다. 적극적 인사행정은 실적주의의 소극적인 한계를 극복하기 위하여 도입한 제도로서 예로는 대표관료제가 있다는 것이 주요 내용입니다.

■ 엽관주의와 실적주의

1. 엽관주의

(1) 의의

개념	정당에의 충성도와 공헌도를 임용의 기준으로 하는 제도
등장배경	민주정치의 발전, 정당정치의 발달, 행정의 단순성, 대통령의 지지세력 확보
발달	4년 임기법, 잭슨식 민주주의("전리품은 승자에게로")

(2) 엽관주의와 정실주의의 비교

구분	정실주의(영국)	엽관주의(미국)
공통점	능력이나 실적 등에 의하여 선발하지 않음	
시기	17세기 말	19세기 初(1829 ~ 1883년)
배경이념	기득권 존중 전통, 공직을 재산권으로 인식	잭슨 민주주의(민주적 책임성)
선발기준	당파성 + 개인적 친분(혈연, 계급)	당파성(정당 공헌도)
신분변경	종신직, 소수 교체	정권교체 시 대량 교체
신분보장	○	×
실적제 전환	1870년 제2차 추밀원령	1883년 「펜들턴법」

(3) 장단점

장점	단점
• 정당의 이념이나 정강정책의 강력한 추진 • 공직경질을 통한 관료주의화나 공직침체 방지 • 행정책임 및 행정통제 구현 가능 • 공직의 개방으로 민주주의의 평등이념에 부합 • 정치적 민주화 • 중요한 정책변동에 대응 유리	• 행정의 안정성·정치적 중립의 저해 • 신분보장 미흡으로 사기 저하 • 전문성과 능률성 저하 • 부정부패, 매관매직

2. 실적주의

(1) 의의

개념	개인의 실적, 능력, 성적으로 공직을 임용하는 제도
등장배경	엽관주의의 폐해 극복, 행정의 능률화와 전문화의 요청
발달	• 「펜들턴법」(1883)으로 실적주의 구현 • 「펜들턴법」의 주요 내용: 공개경쟁채용, 정치적 중립성, 연방인사위원회 설치, 제대군인 우대, 시보제도, 민간과 정부 간 인사교류
주요내용	• 공직에의 기회 균등 • 능력 · 자격 · 실적 중심의 공직임용 • 정치적 중립성 • 공무원의 신분보장 • 중앙인사기관의 권한 강화 • 과학적 · 객관적 인사행정

(2) 장단점

장점	단점
• 행정의 전문성 제고 • 공직임용의 기회 균등 • 신분보장으로 사기앙양 • 엽관주의의 폐단 극복으로 능률성 제고 • 임용의 공정성 · 객관성 보장 • 인사행정의 과학화	• 인사행정의 소극성 · 기술성 위주 • 인사행정의 형식성 • 지나친 전문화로 인한 전문가적 무능 • 인사행정의 비인간화 • 인사권의 집권화로 신축성 저해 • 행정의 대응성 · 책임성 저해

3. 적극적 인사행정(positive personnel administration)

개념	• 엽관주의적 요소와 인간관계론적 요소의 보완을 통해 인사행정의 인간화 및 적극적 · 분권적 · 신축적 인사원칙을 추구하는 인사행정 • 적극적 인사행정 = 실적주의(보완) + 엽관주의 + 인간관계론적 요소
등장배경	실적주의 인사행정의 비융통성 · 소극성 · 경직성 · 집권성을 탈피하기 위해 등장

01 □□□ 2021년 지방직 9급

엽관주의와 실적주의에 대한 설명으로 옳은 것은?

① 엽관주의는 개인의 능력, 적성, 기술을 공직임용기준으로 한다.
② 엽관주의는 정치지도자의 국정지도력을 약화한다.
③ 실적주의는 국민에 대한 관료의 대응성을 높인다.
④ 실적주의는 공직임용에 대한 기회의 균등을 보장한다.

02 □□□ 2019년 국회직 8급

현행 「국가공무원법」 제1조, 「지방공무원법」 제1조, 그리고 「지방자치법」 제1조에서 공통적으로 규정하고 있는 우리나라의 기본적인 행정가치로 옳은 것은?

① 합법성과 형평성
② 형평성과 공정성
③ 공정성과 민주성
④ 민주성과 능률성
⑤ 능률성과 합법성

03 □□□

2021년 군무원 7급

아래 두 법률 제1조(목적)의 빈칸에 공통으로 들어갈 행정이념을 차례대로 옳게 연결한 것은?

> 「국가공무원법」 제1조(목적) 이 법은 각급 기관에서 근무하는 모든 국가공무원에게 적용할 인사행정의 근본 기준을 확립하여 그 공정을 기함과 아울러 국가공무원 에게 국민 전체의 봉사자로서 행정의 ○○○이며 □□□인 운영을 기하게 하는 것을 목적으로 한다.
>
> 「지방공무원법」 제1조(목적) 이 법은 지방자치단체의 공무원에게 적용할 인사행정의 근본 기준을 확립하여 지방자치행정의 ○○○이며 □□□인 운영을 도모함을 목적으로 한다.

① 합법적, 민주적
② 합법적, 중립적
③ 민주적, 중립적
④ 민주적, 능률적

04 □□□

2007년 국가직 7급

엽관주의와 실적주의에 대한 설명으로 적절하지 않은 것은?

① 엽관주의는 정당정치이념의 구현에 기여한다.
② 실적주의는 엽관주의의 폐해를 방지하고 행정의 효율성 제고에 기여하였다.
③ 엽관주의는 각 개인이 가지고 있는 능력에는 차이가 있음을 인정하는 인간의 상대적 평등주의를 신봉한다.
④ 실적주의는 공직임용의 기회를 균등히 보장함으로써 민주주의적 평등이념의 실현에 기여한다.

05 □□□

2008년 지방직 9급

엽관주의와 실적주의에 대한 설명으로 가장 옳은 것은?

① 엽관주의는 소수상위계층의 공직독점을 가져온다.
② 엽관주의와 실적주의는 모두 민주성과 형평성의 실현을 추구하였다.
③ 실적주의에서 공직 임용은 개인의 능력, 지식, 출신, 기술, 자격, 업적에 근거해야 한다.
④ 실적주의는 필연적으로 직업공무원제도를 동반한다.

06 □□□

2023년 국회직 8급

엽관주의에 대한 설명으로 옳지 않은 것은?

① 선거에서 승리한 정당이 관직을 차지한다.
② 혈연, 학연, 지연 등 사적 인간관계를 반영하여 공무원을 선발한다.
③ 정당정치의 발달은 물론 행정의 민주화에 기여할 수 있다.
④ 행정의 전문성을 저하시킬 수 있다.
⑤ 펜들턴법(Pendleton Act)이 제정되면서 엽관주의에서 실적주의로 미국정부의 인사제도가 변하였다.

07 □□□

2018년 서울시 7급(6월 시행)

엽관제의 장점에 해당하지 않는 것을 〈보기〉에서 모두 고른 것은?

> 〈보기〉
> ㄱ. 부정부패를 방지하기가 쉽다.
> ㄴ. 행정의 안정성과 지속성을 확보하기 쉽다.
> ㄷ. 정부관료제의 민주화에 기여한다.
> ㄹ. 정치적 책임을 확보하기 용이하다.
> ㅁ. 직업공무원제 정착에 도움이 된다.
> ㅂ. 공무원들의 충성심을 확보하기 용이하다.

① ㄱ, ㄴ, ㅁ
② ㄴ, ㄷ, ㅂ
③ ㄷ, ㄹ, ㅁ
④ ㄱ, ㄴ, ㄹ

08 □□□

2008년 국가직 9급

엽관주의에서 나타날 수 있는 병폐와 가장 거리가 먼 것은?

① 국민요구에 대한 비대응성
② 공무원 임명의 자의성
③ 정책의 비일관성
④ 행정의 비능률성

09 □□□

2021년 국가직 7급

엽관주의의 정당화 근거로 옳지 않은 것은?

① 행정 민주화에 기여
② 정치지도자의 행정통솔력 강화
③ 정당정치 발달에 공헌
④ 행정의 안정성과 지속성 확보

10 □□□

2023년 군무원 9급

다음 중 엽관제 공무원제도(spoil system)에 대한 설명으로 가장 거리가 먼 것은?

① 공직에 대한 민주적 교체가 가능하다.
② 우리나라 공무원제도에도 엽관제 요소가 작동하고 있다.
③ 행정의 안정성과 중립성에 도움이 된다.
④ 개방형 인사제도이다.

11 □□□

2022년 국가직 7급

정실주의와 엽관제에 대한 설명으로 옳지 않은 것은?

① 실적제로 전환을 위한 영국의 추밀원령은 미국의 「펜들턴법」보다 시기적으로 앞섰다.
② 엽관제는 전문성을 통한 행정의 효율성 제고와 정부관료의 역량 강화에 기여한 것으로 평가된다.
③ 미국의 잭슨 대통령은 엽관제를 민주주의의 실천적 정치원리로 인식하고 인사행정의 기본 원칙으로 채택하였다.
④ 엽관제는 관료제의 특권화를 방지하고 국민에 대한 대응성을 높인다는 점에서 현재도 일부 정무직에 적용되고 있다.

12 □□□

2025년 군무원 9급

엽관주의와 정실주의에 대한 설명으로 가장 적절하지 않은 것은?

① 엽관주의는 선거에서 승리한 정당이 관직을 전리품처럼 정치적 충성도에 따라 임의로 처분할 수 있는 인사행정제도이다.
② 엽관주의와 정실주의는 정권이 교체되면 공직의 전면 교체가 단행된다.
③ 정실주의는 영국에서 발달한 제도로서 개인적 친분과 정치성에 의거하여 공직을 임용하는 인사행정제도이다.
④ 최근 엽관주의는 국가의 중요한 의사결정을 하는 고위직 공무원에 한정적으로 허용된다.

13 □□□
2010년 서울시 7급

인사행정의 제도적 기반에 대한 설명과 가장 거리가 먼 것은?

① 우리나라는 직업공무원제도를 헌법상의 제도보장으로 선언하고 있다.
② 실적제와 개방형 충원을 동시에 지향하면 직업공무원제가 성립되기 어렵다.
③ 우리나라에서는 정무직공무원에 대해서만 엽관제적 임용이 가능하도록 되어 있다.
④ 미국은 고위공무원단을 통해 고위관리자들이 전정부적 시각에서 정책을 이해하도록 노력하고 있다.
⑤ 영국은 직위분류제적 요소를 강화해 나가면서 공직전문성을 높이려 하고 있다.

14 □□□
2018년 교육행정직 9급

우리나라 공무원 인사제도의 실적제(merit system) 기본원리와 가장 거리가 먼 것은?

① 신규임용은 공개경쟁임용시험으로 한다.
② 공무원은 정당이나 그 밖의 정치단체의 결성에 관여하거나 가입할 수 없다.
③ 국회 소관상임위원회의 인사청문회 견해는 인사권자인 대통령을 법적으로 구속하는 것은 아니다.
④ 공무원은 형의 선고·징계 또는 「지방공무원법」에서 정하는 사유가 아니면 본인의 의사에 반하여 휴직·강임 또는 면직을 당하지 아니한다.

15 □□□
2019년 지방직 7급

실적주의(merit system)에 대한 설명으로 옳지 않은 것은?

① 실적주의의 도입은 중앙인사기관의 권한과 기능을 분산시키는 결과를 가져왔다.
② 사회적 약자의 공직 진출을 제약할 수 있다는 점은 실적주의의 한계이다.
③ 미국의 실적주의는 「펜들턴법」(Pendleton Act)이 통과됨으로써 연방정부에 적용되기 시작하였다.
④ 실적주의에서 공무원은 자의적인 제재로부터 적법절차에 의해 구제받을 권리를 보장 받는다.

16 □□□
2024년 국가직 9급

실적주의 공무원제도에 대한 설명으로 옳은 것은?

① 미국에서는 잭슨(Jackson) 대통령에 의해 공식화되었다.
② 공직의 일은 건전한 상식과 인품을 가진 일반 대중 누구나 수행할 수 있는 것이라고 전제하였다.
③ 공개경쟁시험, 신분보장, 정치적 중립이 핵심적인 요소이다.
④ 사회적 형평성을 가장 중요한 가치로 삼는 인사제도이다.

17 □□□
2024년 국가직 7급

실적주의의 정당화 근거로 옳지 않은 것은?

① 공직 취임에 대한 기회의 균등 보장
② 행정의 능률성 제고
③ 행정의 공정성과 안정성 확보
④ 행정에 대한 민주적 통제 강화

18 □□□
2017년 서울시 9급

인사행정제도에 대한 다음 설명 중 가장 옳은 것은?

① 직업공무원제는 장기근무를 장려하고 행정의 계속성과 일관성을 유지하는 데 긍정적인 제도로 개방형 인사제도 및 전문행정가주의에 입각하고 있다.
② 엽관주의는 정당에의 충성도와 공헌도를 임용 기준으로 삼는 인사행정제도로 행정의 민주화에 공헌한다는 장점이 있다.
③ 실적주의는 개인의 능력이나 자격, 적성에 기초한 실적을 임용기준으로 삼는 인사행정제도로 정치지도자들의 행정통솔력을 강화시키는 데 기여한다.
④ 대표관료제는 전체 국민에 대한 정부의 대응성을 향상시키고 실적주의를 강화하여 행정의 능률성을 향상시키는 장점이 있다.

THEME 44 직업공무원제와 대표관료제(균형인사제도)

중요도 ●●●○○

정답 및 해설 p. 158

선생님TIP

먼저 직업공무원제도의 개념을 정확하게 이해하여야 합니다. '젊고 유능한' 인재를 일생동안 채용하는 것으로 연령별 · 학력별 제한이 있다는 것이 중요합니다. 대표관료제는 적극적 인사행정이 구현된 제도이며 사회주의적 이념하에 결과의 평등을 추구하므로 실적주의와 상충한다는 것도 주목할 점이니 함께 알아둡시다.

1 직업공무원제

1. 의의

특징	젊고 유능한 인재등용을 위해 학력 · 연령 제한, 공직에 대한 높은 사회적 평가, 승진기회의 보장, 신분보장, 사기와 보람 등으로 구성
확립요건	실적주의의 우선 확립, 공직에 대한 높은 사회적 평가, 장기적 인력수급계획 수립, 젊고 유능한 인재등용, 적정 보수 · 연금 지급, 폐쇄적 인사제도 확립
장점	공직에의 자부심 · 일체감 강화, 행정의 안정성, 고급공무원 양성
단점	민주적 통제 곤란, 무사안일주의, 행정의 전문화 저해, 평등한 공직취임 기회 제약
위기	개방형 인사제도, 대표관료제 대두, 후기 관료제모형, 정년단축 · 계급정년제(임금피크제)

2. 실적주의와의 비교

공통점	차이점	
	직업공무원제	실적주의
• 정치적 중립성 • 신분보장 • 기회균등(정실주의 배제) • 자격에 의한 채용 · 승진	• 폐쇄형 • 내부충원형 • 계급제 • 연령 · 학력 제한 • 잠재능력임용 • 생활급 보수	• 개방형 • 외부충원형 • 직위분류제 • 평등한 공직임용 • 현재능력임용 • 직무급 보수

2 대표관료제

개념	사회를 구성하는 모든 주요 집단의 인구비례에 맞게 관료를 충원하여 정부관료제가 사회의 모든 계층과 집단에 공평하도록 구성하는 제도
기본전제	• 진보적 평등(사회주의 이념): 집단 · 계층 등을 반영하며 기회의 평등을 보완 • 피동적 대표성이 능동적 대표성을 보장 • 개인의 직업적 성공에 대한 사회적 출신배경(집단주의)의 영향 인정
장점	• 정부관료제의 대응성 강화 • 행정의 책임성 · 민주성 확보 • 효율적인 비공식적 내부통제방안으로서 기능 • 사회적 형평성 및 실질적 평등의 확보
단점	• 관료들의 재사회화 과정 경시: 가치관 · 태도의 변화 • 역차별 발생과 사회분열 조장 • 실적주의와의 상충, 전문성 · 능률성 저해 • 실현의 기술상 애로
우리나라의 대표성 확보제도	양성평등채용목표제, 장애인의무고용제, 여성관리자 임용확대 계획(4급 이상), 지역인재추천채용제, 저소득층 구분모집제 등

01 □□□
2022년 국가직 9급

직업공무원제의 특징으로 옳지 않은 것은?

① 직무급 중심 보수체계
② 능력발전의 기회 부여
③ 폐쇄형 충원방식
④ 신분의 보장

02 □□□
2020년 지방직 9급

직업공무원제의 단점을 보완하는 것으로 옳지 않은 것은?

① 개방형 인사제도
② 계약제 임용제도
③ 계급정년제의 도입
④ 정치적 중립의 강화

03 □□□
2015년 사회복지직 9급

직업공무원제에 대한 설명으로 옳지 않은 것은?

① 공무원집단이 환경적 요청에 민감하지 못하고 특권집단화될 우려가 있다.
② 직업공무원제가 성공적으로 확립되기 위해서는 공직에 대한 사회적 평가가 높아야 한다.
③ 직업공무원제는 행정의 계속성과 안정성 및 일관성 유지에 유리하다.
④ 직업공무원제는 일반적으로 전문행정가 양성에 유리하기 때문에 행정의 전문화 요구에 부응한다.

04 □□□
2007년 대구 7급

직업공무원제와 실적주의의 차이에 대한 설명으로 옳지 않은 것은?

① 결원의 충원방식으로는 직업공무원제는 폐쇄형, 실적주의는 개방형에 가깝다고 할 수 있다.
② 실적주의는 채용 시 당사자가 가지고 있는 업적성에 역점을 두지만, 직업공무원제는 공직을 평생의 보람으로 생각하는 생애성에 역점을 두고 있다.
③ 직업공무원제는 승진, 전보 훈련 등을 통해 능력발전의 기회를 강조하면, 실적주의의 경우는 그러지 아니하다.
④ 실적주의는 반드시 공무원의 정치적 중립성을 요구하지 않으나, 직업공무원제는 공무원의 정치적 중립이 필수적이다.

05 □□□
2024년 군무원 9급

다음 중 실적주의와 직업공무원제에 대한 설명으로 가장 적절하지 않은 것은?

① 실적주의를 개방형 충원과 동시에 시행하면 직업공무원제가 확립되기 어렵다.
② 직업공무원제는 실적주의의 확립 요건 또는 구성요소 중 하나로 볼 수 있으며, 따라서 직업공무원제는 실적주의를 토대로 할 때 더욱 확고하게 뿌리내릴 수 있다.
③ 결원 충원 방식 및 공직 분류 제도에 있어서 실적주의는 개방형과 직위분류제에 직업공무원제는 폐쇄형과 계급제에 가깝다고 할 수 있다.
④ 직업공무원제는 승진, 전보, 교육훈련 등을 통해 공무원 능력발전의 기회를 강조한다.

06 □□□
2009년 국가직 9급

공무원 인사제도에 대한 설명으로 옳지 않은 것은?

① 직업공무원제란 젊은 인재들을 공직에 적극적으로 유치하기 위하여 만든 것으로 공직에 근무하는 것을 명예롭게 생각하면서 일생동안 공무원으로 근무하도록 하기 위한 것이다.
② 직업공무원제를 올바르게 수립하기 위해서는 공직에 대한 높은 사회적 평가가 있어야 한다.
③ 엽관주의는 민주주의 원칙에 반하는 것으로서 민주주의의 진전과 함께 소멸되고 있다.
④ 우리나라의 공무원인사제도는 기본적으로 계급제의 구조를 가지고 있다.

07 □□□

2019년 지방직 9급

직업공무원제에 대한 설명으로 옳지 않은 것은?

① 젊고 우수한 인재가 공직을 직업으로 선택하여 일생을 바쳐 성실히 근무하도록 운영하는 인사제도이다.
② 폐쇄적 임용을 통해 공무원집단의 보수화를 예방하고 전문행정가 양성을 촉진한다.
③ 행정의 안정성을 확보할 수 있고, 높은 수준의 행동규범을 유지하는 데 도움이 된다.
④ 조직 내에 승진적체가 심화되면서 직원들의 불만이 증가할 수 있다.

08 □□□

2021년 국가직 7급

직업공무원제에 대한 설명으로 옳지 않은 것은?

① 공무원의 신분을 보장해 행정의 연속성과 일관성을 유지하는 데 긍정적인 제도이다.
② 젊고 유능한 인재들이 공직을 보람 있는 직업으로 선택하여 일생을 바쳐 성실히 근무하도록 유도하는 인사제도이다.
③ 공무원이 환경적 요청에 민감하지 못하고 특권집단화할 염려가 있다.
④ 공무원의 일체감과 단결심 및 공직에 헌신하려는 정신을 강화하는 데 불리한 제도이다.

09 □□□

2023년 군무원 9급

직업공무원제에 대한 설명으로 가장 적절하지 않은 것은?

① 직업공무원은 일생 동안 일할 수 있도록 신분을 보장받고 근무하는 공무원이다.
② 영국에서는 과거 국왕의 영향력을 차단하기 위해 종신직 행정관료를 제도화하기 시작하였다.
③ 미국에서는 펜들턴법을 시작으로 실적주의 원칙이 도입되었으며 계급제 채용방식을 채택하고 있다.
④ 직업공무원제를 달성하기 위해서는 제도적으로 신분보장과 젊고 유능한 인재를 확보하는 것이 필수적이다.

10 □□□

2024년 국가직 7급

직업공무원제에 대한 설명으로 옳지 않은 것은?

① 공무원의 직업의식을 고무시키는 시스템이며, 공직에 대한 자부심과 일체감을 제고한다.
② 젊은 인재를 공직에 임용하여 장기간 근무하게 만드는 제도이다.
③ 외부환경에 대한 적극적 대응과 새로운 지식 및 기술 도입이 활성화되어 행정의 전문성을 강화한다.
④ 계급제를 근간으로 하며, 정부 업무의 안정성과 계속성을 확보할 수 있다는 장점이 있다.

11 □□□

2021년 군무원 9급

인사행정제도에 대한 설명으로 가장 옳지 않은 것은?

① 공직충원의 개방성을 확대하면 직업공무원제 확립에 보다 더 기여할 수 있다.
② 계급제는 직위분류제에 비해 인적자원의 탄력적 활용이 용이하다.
③ 엽관주의는 행정의 민주성을 강화하는 측면도 있다.
④ 대표관료제는 출신집단의 가치와 이익을 정책과정에 반영시킬 수 있다는 전제에서 출발한다.

12 □□□

2023년 군무원 7급

다음 중에서 대표관료제(representative bureaucracy)에 대한 설명과 거리가 가장 먼 것은?

① 킹슬리(D. Kingsley)가 처음 사용한 개념이다.
② 주기적인 선거 결과에 기초하여 주요 관직을 임명하는 제도이다.
③ 정부정책의 형평성과 대응성을 제고할 수 있다.
④ 실적주의 공무원제도 확립에 저해된다.

13 □□□

2013년 지방직 7급

대표관료제이론이 상정하는 효과를 모두 고르면?

> ㄱ. 다양한 집단을 참여시킴으로써 정부관료제를 민주화하는 데 기여한다.
> ㄴ. 공무원 신분보장을 통해 행정의 안정성과 계속성을 확보한다.
> ㄷ. 기회균등원칙을 보장함으로써 사회적 형평성을 제고한다.
> ㄹ. 정당의 대중화와 정당정치 발달에 기여한다.
> ㅁ. 국민의 다양한 요구에 대한 대응성을 제고한다.

① ㄱ, ㄴ, ㄷ　② ㄱ, ㄷ, ㅁ
③ ㄴ, ㄷ, ㄹ　④ ㄷ, ㄹ, ㅁ

14 □□□

2010년 지방직 9급

대표관료제에 대한 설명으로 옳은 것은?

① 행정의 효율성과 효과성 증진을 목표로 하는 제도이다.
② 관료들이 출신집단의 이익과 무관하게 전체적 이익에 봉사할 것이라는 가정에 기반하고 있다.
③ 엄정한 능력에 따른 채용을 통해 관료를 선발한다.
④ 우리나라의 '양성평등채용목표제'는 대표관료제를 반영한 인사제도라 할 수 있다.

15 □□□

2010년 지방직 7급

대표관료제에 대한 설명으로 옳지 않은 것은?

① 킹슬리(Kingsley)가 1944년에 처음 사용한 개념이다.
② 임명직 관료집단이 민주적 방법으로 행동하도록 하기 위한 방안으로 도입되었다.
③ 대표관료제는 내부통제를 강화하는 기능을 가지고 있다.
④ 관료들의 객관적 책임을 매우 현실적이라고 주장한다.

16 □□□

2013년 지방직 9급

대표관료제와 관련이 적은 것은?

① 양성평등채용목표제
② 지방인재채용목표제
③ 총액인건비제
④ 장애인 고용촉진제

17 □□□

2015년 국가직 7급

대표관료제에 대한 설명으로 옳지 않은 것은?

① 킹슬리(Kingsley)가 처음 사용한 용어로서 엽관주의 인사제도의 폐단을 극복하기 위해 등장하였다.
② 관료제의 인적 구성측면을 강조하며 대표성과 대응성을 강화하기 위한 제도이다.
③ 우리나라의 양성평등채용목표제는 대표관료제의 발상을 반영한 것이라고 할 수 있다.
④ 행정의 전문성과 생산성을 저해할 수 있다는 비판이 있다.

18 □□□

2009년 서울시 9급

적극적 인사행정과 가장 관련이 적은 것은?

① 모집방법의 다양화
② 인사의 분권화
③ 정년보장식 신분보장
④ 정치적 임용의 부분적 허용
⑤ 실적주의의 비융통성 보완

19 □□□

2017년 국가직 9급(4월 시행)

대표관료제에 대한 설명으로 옳지 않은 것은?

① 엽관주의의 폐단을 시정하기 위해 등장하였다.
② 관료의 국민에 대한 대응성과 책임성을 향상시킨다.
③ 형평성을 제고할 수 있으나 역차별의 문제가 발생할 수 있다.
④ 우리나라도 대표관료제적 임용정책을 시행하고 있다.

20 □□□

2019년 지방직 9급

대표관료제에 대한 설명으로 옳지 않은 것은?

① 소극적 대표가 적극적 대표를 촉진한다는 가정하에 제도를 운영해 왔다.
② 엽관주의 폐단을 시정하기 위해 등장하였으며 역차별의 문제를 완화할 수 있다.
③ 소극적 대표성은 전체 사회의 인구 구성적 특성과 가치를 반영하는 관료제의 인적 구성을 강조한다.
④ 우리나라는 균형인사제도를 통해 장애인 · 지방인재 · 저소득층 등에 대한 공직진출 지원을 하고 있다.

21 □□□

2019년 서울시 9급(2월 추가)

대표관료제에 대한 설명으로 가장 옳지 않은 것은?

① 관료들은 누구나 자신의 사회적 배경의 가치나 이익을 정책 과정에 반영시키려고 노력한다는 명제를 전제로 한다.
② 할당제로 인한 역차별의 문제를 야기할 수 있다.
③ 실적제 구현과 행정 능률 향상에 기여하는 제도로 평가받는다.
④ 우리나라는 현재 여성, 장애인, 지방인재 등에 대한 공직 임용 확대 노력을 하고 있다.

22 □□□

2019년 서울시 7급(10월 시행)

대표관료제에 대한 설명으로 가장 옳지 않은 것은?

① 관료의 전문성과 생산성 제고에 기여한다.
② 역차별을 초래하여 사회 내 갈등과 분열을 조장할 수 있다.
③ 국민에 대한 관료의 대응성을 향상시킬 수 있다.
④ 사회 각계각층의 이해를 공공정책에 반영하여 사회적 정의 실현에 이바지할 수 있다.

23 □□□

2023년 지방직 9급

대표관료제에 대한 설명으로 옳지 않은 것은?

① 우리나라는 양성채용목표제, 장애인 의무고용제 등 다양한 균형인사제도를 통해 대표관료제의 논리를 반영하고 있다.
② 다양한 집단의 이익을 반영하는 실적주의 이념에 부합하는 인사제도이다.
③ 할당제를 강요하는 결과를 초래하고, 특정 집단에 대한 역차별 문제를 야기할 수 있다.
④ 임용 전 사회화가 임용 후 행태를 자동적으로 보장한다는 가정하에 전개되어 왔다.

24 □□□

2024년 군무원 7급

다음 중 대표관료제에 대한 설명으로 가장 적절하지 않은 것은?

① 사회의 인적 구성을 잘 반영하도록 함으로써 관료제 내의 민주적 가치를 주입한다.
② 정부정책에 대한 관료들의 책임성을 제고시킨다.
③ 공적 전문성과 생산성 제고로 능력과 업적에 따른 인사관리를 강조하는 실적주의와 잘 맞을 수 있다.
④ 대표집단의 이기주의화 현상이 우려된다.

25 □□□
2025년 지방직 9급

우리나라 균형인사정책에 대한 설명으로 옳지 않은 것은?

① 장애인, 지방·지역인재, 양성평등, 이공계, 저소득층을 주요 대상으로 한다.
② 지방인재채용목표제, 전국지역인재추천채용제, 양성평등채용목표제 순으로 도입하였다.
③ 장애인 구분모집제는 선발예정인원의 일정 규모를 장애인만 응시할 수 있도록 구분하여 시험을 실시한다.
④ 사회적 소수집단의 공직진출을 위한 지원정책으로 대표관료제의 적용사례라고 할 수 있다.

26 □□□
2022년 국회직 9급

인사행정의 주요 원리와 그 특징을 바르게 연결한 것만을 모두 고르면?

ㄱ. 실적주의 - 정치적 중립성
ㄴ. 대표관료제 - 사회적 형평성 제고
ㄷ. 엽관주의 - 행정논리
ㄹ. 대표관료제 - 효율성 강화
ㅁ. 직업공무원제 - 정치논리
ㅂ. 엽관주의 - 국민 대응성 약화

① ㄱ, ㄴ
② ㄱ, ㅂ
③ ㄴ, ㄷ
④ ㄹ, ㅂ
⑤ ㅁ, ㅂ

27 □□□
2019년 서울시 7급(2월 추가)

인사행정에 대한 설명으로 가장 옳지 않은 것은?

① 균형인사정책은 대표관료제의 단점, 즉 소외집단에 대한 배려가 다른 집단에 대한 역차별을 불러올 가능성을 낮추는 데 기여할 수 있다.
② 대표관료제는 정부관료제 인적 구성의 대표성 확보를 통해 전체 국민에 대한 정부의 대응성을 향상시킬 수 있다.
③ 엽관제는 정당정치의 발달과 행정의 민주성 제고에 기여할 수 있다.
④ 엽관제는 정치지도자의 행정통솔력을 강화시켜 정책과정의 능률성을 제고할 수 있다.

28 □□□
2020년 국가직 7급

다음 제도에 대한 설명으로 옳지 않은 것은?

> 킹슬리(Kingsley)가 처음 사용한 용어로, 그 사회의 주요 인적 구성에 기반하여 정부관료제를 구성함으로써, 정부관료제 내에 민주적 가치를 주입하려는 의도에서 발달되었다.

① 관료들은 누구나 자신의 사회적 배경의 가치나 이익을 정책과정에 반영시키려고 노력한다는 점을 전제로 한다.
② 크랜츠(Kranz)는 이 제도의 개념을 비례대표(proportional)로까지 확대하는 것에 반대한다.
③ 라이퍼(Riper)는 이 제도의 개념을 확대해 사회적 특성 외에 사회적 가치까지도 포함시키고 있다.
④ 현대 인사행정의 기본원칙인 실적제를 훼손할 뿐만 아니라 역차별을 야기할 수 있다는 비판을 받는다.

29 □□□
2021년 국가직 7급

다양성 관리(diversity management)에 대한 설명으로 옳지 않은 것은?

① 오늘날 개인의 성격, 가치관의 차이와 같은 내면적 다양성의 중요성이 커지고 있다.
② 다양성 관리란 내적·외적 차이를 가진 다양한 조직구성원을 공평하고 효율적으로 활용하기 위한 체계적인 인적자원관리 과정이다.
③ 균형인사정책, 일과 삶 균형정책은 다양성 관리의 방안으로 볼 수 없다.
④ 대표관료제를 통한 조직 내 다양성 증대는 실적주의와 충돌할 가능성이 있다.

정답 및 해설 p. 162

선생님TIP

최근 출제가 자주 되고 있는 테마로, 우리나라의 중앙인사행정기관인 인사혁신처에 대한 정리가 필요합니다. 인사혁신처는 국무총리 소속의 비독립단독제 기관이며, 그 소속으로는 공무원의 불이익한 처분에 대한 구제를 담당하는 소청심사위원회가 있습니다. 징계위원회는 국무총리 소속으로 중앙징계위원회는 5급 이상, 각 부처에 있는 보통징계위원회는 6급 이하의 징계를 담당합니다.

■ 인사행정기관

1. 중앙인사행정기관

(1) 의의

개념	모든 인사관련 업무를 전문적·집권적으로 총괄하는 기관
필요성	국가기능의 강화, 인사행정의 공정성, 행정의 전문화, 엽관제의 폐해 극복
기능	준입법적·준사법적 기능, 기획기능, 집행기능, 감사기능, 권고·보좌기능
성격	독립성(입법·사법·행정부로부터의 독립), 합의성, 집권성

(2) 중앙인사행정기관의 조직형태

구분	합의성	단독성
독립성	독립합의형	독립단독형
비독립성	비독립합의형	비독립단독형

2. 우리나라의 인사기관별 기능

인사혁신처(중앙인사행정기관)	공무원의 인사, 복무 및 연금 관리기능, 비독립단독형
소청심사위원회(인사혁신처 소속)	소청심사기능, 중앙고충처리기능
행정안전부	조직 및 정원 관리기능
징계위원회(국무총리 소속 및 각 부처)	제재 및 징계기능

01 □□□

우리나라와 같은 유형의 중앙인사기관이 갖는 특성으로 적절한 것은? 2014년 국가직 9급

① 인사에 대한 의사결정이 신속하고, 책임소재의 명확화가 가능한 유형이다.
② 행정수반의 적극적인 지원을 받고 있어 인사상의 공정성 확보가 용이하다.
③ 복수 위원들 간의 합의에 의한 결정방식을 특징으로 한다.
④ 1883년 「펜들턴(Pendleton)법」에 의해 창설된 미국의 연방인사기구가 이 유형에 속한다.

02 □□□ 2017년 서울시 9급

중앙인사기관에 대한 설명으로 가장 옳지 않은 것은?

① 우리나라의 중앙인사위원회는 합의제 중앙인사기관으로 1999년부터 2008년까지 존속했다.
② 미국의 연방인사위원회가 독립형 합의제 중앙인사기관의 대표적인 예이다.
③ 일본의 총무성은 중앙인사기관이 행정부의 한 부처로 속해있는 비독립형 단독제 기관의 예이다.
④ 현재 우리나라 인사혁신처는 합의제 중앙인사기관으로 설립되어 있다.

03 □□□

2016년 지방직 9급

중앙인사기관에 대한 설명으로 옳지 않은 것은?

① 독립합의형은 엽관주의를 배제하고 실적제를 발전시키는 데 유리하지만, 책임소재가 불분명해질 수 있다는 단점이 있다.
② 비독립단독형은 집행부 형태로 인사행정의 책임이 분명하고 신속한 의사결정을 가능하게 해주지만, 인사행정의 정실화를 막기 어렵다.
③ 독립단독형은 독립합의형과 비독립단독형의 절충적 성격을 가진 형태로서 대표적인 예는 미국의 인사관리처나 영국의 공무원 장관실 등이다.
④ 정부규모의 확대로 전략적 인적자원관리가 강조되어 중앙인사기관의 설치 및 기능이 중요시된다.

04 □□□

2014년 국가직 7급

인사혁신처에 설치된 소청심사위원회에 대한 설명으로 옳지 않은 것은?

① 「정당법」에 따른 정당의 당원, 「공직선거법」에 따라 실시하는 선거에 후보로 등록한 자는 소청심사위원회의 위원이 될 수 없다.
② 다른 법률로 정하는 바에 따라 특정직공무원의 소청을 심사·결정할 수 있다.
③ 위원장 1명을 포함한 5명 이상 7명 이내의 상임위원으로 구성하고, 필요 시 비상임위원을 둘 수 있다.
④ 행정기관 소속 공무원의 징계처분, 그 밖에 그 의사에 반하는 불리한 처분이나 부작위에 대한 소청을 심사·결정한다.

05 □□□

2022년 군무원 9급

중앙인사기관의 조직 형태에 대한 설명으로 옳지 않은 것은?

① 1948년 대한민국 정부 수립 이후 비독립형 단독제 기관으로서 총무처를 두고 있었다.
② 1999년 독립형 합의제 기관으로서 중앙인사위원회가 설치되어 행정자치부와 업무를 분담하였으며, 2004년부터는 중앙인사위원회로 통합되어 정부 인사 기능이 일원화되었다.
③ 2008년 중앙인사위원회의 폐지 이후 2013년까지 행정안전부를 거쳐 안전행정부로 인사관리기능이 독립형 단독제 기관으로 통합되어 운영되었다.
④ 2014년 국무총리 소속으로 인사혁신처가 신설되어 현재까지 비독립형 단독제 기관의 형태로 중앙인사 기관이 운영되고 있다.

06 □□□

2017년 국가직 7급(8월 시행)

소청심사제도에 대한 설명으로 옳은 것은?

① 소청심사위원회의 결정은 처분 행정청에 대해 권고와 같은 효력이 있다.
② 강임과 면직은 심사대상이나 휴직과 전보는 심사대상에 해당되지 않는다.
③ 지방소청심사위원회는 기초자치단체별로 설치되어 있다.
④ 지방소청심사위원회 위원은 자치단체의 장이 임명 또는 위촉하나 위원장은 위촉위원 중에서 호선한다.

07 □□□

2018년 지방직 7급

「국가공무원법」상 소청심사위원회를 둘 수 없는 기관은?

① 행정안전부
② 국회사무처
③ 중앙선거관리위원회사무처
④ 법원행정처

08 □□□

2019년 국회직 8급

행정부 소속 소청심사위원회에 대한 설명으로 옳지 않은 것은?

① 심사의 결정을 하기 위해서는 재적위원 3분의 1 이상의 출석이 필요하며, 심사의 결정은 출석위원의 과반수의 합의에 따른다.
② 강임 · 휴직 · 직위해제 · 면직처분을 받은 공무원은 처분사유 설명서를 받은 후 30일 이내에 심사청구를 할 수 있다.
③ 소청심사위원회는 인사혁신처 소속이며 그 위원장은 정무직으로 보한다.
④ 원징계처분보다 무거운 징계를 부과하는 결정을 할 수 없다.
⑤ 위원장 1인을 포함한 5명 이상 7명 이하의 상임위원과 상임위원 수의 2분의 1 이상의 비상임위원으로 구성되어 있다.

09 □□□

2024년 국가직 9급

공무원과 관할 소청심사기관의 연결로 옳지 않은 것은?

① 경기도청 소속의 지방공무원 甲 - 경기도 소청심사위원회
② 지방검찰청 소속의 검사 乙 - 법무부 소청심사위원회
③ 소방청 소속의 소방위 丙 - 인사혁신처 소청심사위원회
④ 국립대학교 소속의 교수 丁 - 교육부 교원소청심사위원회

CHAPTER 2

공직의 분류

THEME 46 공직의 분류와 유형

중요도 ●●○○○

정답 및 해설 p. 164

선생님TIP

공직의 분류는 지속적으로 출제되는 테마입니다. 신분보장여부에 따라 신분보장이 되는 경력직과 신분보장이 되지 않는 특수경력직으로 구분됩니다. 경력직에는 일반직과 특정직이 있고 특수경력직에는 정무직과 별정직이 있습니다. 2019년 특정직공무원 중에서 소방공무원은 2020년 4월에 국가직으로 전환되었습니다. 임용주체에 따라 중앙에서 임용하면 국가직공무원, 지방에서 임용하면 지방직공무원으로 분류하며 양자의 비교도 중요하니 정리해두도록 합니다.

■ 공직의 분류와 유형

1. 경력직과 특수경력직

경력직	일반직	• 일반 행정사무 담당 • 행정일반, 기술 분야(1~9급), 연구 · 지도직(2등급) 예 국회전문위원, 감사원 사무차장 등
	특정직	특수한 업무 담당 예 검사(검찰총장 포함), 경찰(경찰청장 포함), 소방, 판사(대법관 포함), 헌법재판소 헌법연구관, 군인, 국가정보원 일반직원 등
특수경력직	정무직	선거 또는 정치적 임용 예 국무총리, 장관, 차관, 국회의원, 지방자치단체의 장, 지방의회의원, 감사원장, 헌법재판소장 및 헌법재판소 재판관, 중앙선거관리위원회 상임위원, 소방청장, 국가정보원 차장급 이상, 기획조정실장 등
	별정직	• 특정 업무 담당을 위한 별도의 자격기준 및 절차로 임용 • 공정성 · 기밀성, 신임을 요하는 직위 예 국회수석전문위원(1급 상당), 헌법재판소 헌법연구관보, 국회의원 비서관 및 비서 등

2. 국가공무원과 지방공무원의 비교

구분	국가공무원	지방공무원
근거법률	「국가공무원법」	「지방공무원법」
임명권자	• 5급 이상: 대통령 • 6급 이하: 소속장관	지방자치단체장, 교육감
근무기관	중앙행정기관, 특별지방행정기관	지방자치단체
고위공무원단	있음	없음
개방형 직위	• 고위공무원단 20% • 과장급 20%	• 광역: 1~5급 10% • 기초: 2~5급 10%
법의 적용	「공무원연금법」, 「공무원의 노동조합 설립 및 운영 등에 관한 법률」 공통 적용	

3. 주요 기관별 공직분류체계

기관	직위		신분
국회	사무총장, 사무차장		정무직
	전문위원		일반직
	수석전문위원		별정직
헌법재판소	헌법재판관, 사무처장, 사무차장		정무직
	헌법연구관		특정직
	헌법연구관보		별정직
대법원	대법원장, 대법관		특정직
선거관리위원회	중앙선거관리위원회	중앙선거관리위원회 위원, 사무처장, 사무차장	정무직
	시·도선거관리위원회	상임위원	일반직
감사원	사무총장		정무직
	사무차장		일반직
국가정보원	원장, 차장		정무직
	기획조정실장		정무직
	일반직원		특정직

01 □□□ 2025년 지방직 9급

우리나라 공무원 구분에 대한 설명으로 옳은 것은?

① 임용주체와 경비부담을 기준으로 국가공무원과 지방공무원으로 나누며 지방공무원의 임용권자에는 지방의회의 의장도 포함된다.

② 별정직공무원은 기술·연구 또는 행정 일반에 대한 업무를 담당하는 경력직공무원이다.

③ 특정직공무원은 헌법재판소 헌법연구관, 경찰공무원, 군무원 등 특수 분야의 업무를 담당하는 특수경력직공무원이다.

④ 정무직공무원은 대통령, 국무총리 등 선거로 취임하거나 임명할 때 국회의 동의가 필요한 경력직공무원이다.

02 □□□ 2017년 교육행정직 9급

공무원 구분에 관한 설명으로 옳은 것을 〈보기〉에서 고른 것은?

〈보기〉

ㄱ. 헌법재판소 헌법연구관은 특정직공무원이다.

ㄴ. 감사원 사무총장은 별정직공무원이다.

ㄷ. 실적주의 적용과 신분보장의 여부에 따라 경력직과 특수경력직공무원으로 구분된다.

ㄹ. 임기제공무원은 근무기간을 정하여 임용하는 특수경력직공무원이다.

① ㄱ, ㄴ ② ㄱ, ㄷ

③ ㄴ, ㄹ ④ ㄷ, ㄹ

03 □□□

2018년 국가직 9급

전문경력관제도에 대한 설명으로 옳지 않은 것은?

① 소속 장관은 해당 기관의 일반직공무원 직위 중 순환보직이 곤란하거나 장기 재직 등이 필요한 특수업무 분야의 직위를 인사혁신처장과 협의하여 전문경력관직위로 지정할 수 있다.
② 일반직공무원과 마찬가지로 계급 구분과 직군 및 직렬의 분류를 적용한다.
③ 전문경력관직위의 군은 직무의 특성·난이도 및 직무에 요구되는 숙련도 등에 따라 구분한다.
④ 임용권자는 일정한 경우에 전직시험을 거쳐 전문경력관을 다른 일반직공무원으로 전직시킬 수 있다.

04 □□□

2022년 국가직 7급

전문경력관제도에 대한 설명으로 옳지 않은 것은?

① 계급 구분과 직군 및 직렬의 분류를 적용하지 않는다.
② 직무의 특성, 난이도 및 직무에 요구되는 숙련도 등에 따라 가군, 나군, 다군으로 구분한다.
③ 전직시험을 거쳐 다른 일반직공무원을 전문경력관으로 전직시킬 수 있으나, 전문경력관을 다른 일반직공무원으로 전직시킬 수는 없다.
④ 소속 장관은 해당 기관의 일반직공무원 직위 중 순환보직이 곤란하거나 장기 재직 등이 필요한 특수 업무 분야의 직위를 인사혁신처장과 협의하여 전문경력관직위로 지정할 수 있다.

05 □□□

2020년 국가직 9급

우리나라 인사제도에 대한 설명으로 옳지 않은 것은?

① 인사혁신처는 비독립형 단독제 형태의 중앙인사기관이다.
② 전문경력관이란 직무 분야가 특수한 직위에 임용되는 일반직공무원을 말한다.
③ 별정직 공무원의 근무상한연령은 65세이며, 일반 임기제 공무원으로 채용할 수 있다.
④ 각 부처의 고위공무원을 범정부적 차원에서 효율적으로 관리하고자 고위공무원단 제도를 운영하고 있다.

06 □□□

2022년 군무원 7급

다음 중 우리나라의 공직분류 중 특정직에 해당하지 않는 것은?

① 경호공무원
② 경찰청장
③ 감사원 사무차장
④ 헌법재판소 헌법연구관

07 □□□

2018년 지방직 9급

「지방공무원법」상 특정직지방공무원에 해당하지 않는 것은?

① 지방의회 전문위원
② 교육감 소속의 교육전문직원
③ 자치경찰공무원
④ 지방소방공무원

08 □□□

2023년 군무원 7급

다음 중 현재 군인·군무원과 같은 특정직공무원이 아닌 자는?

① 공립학교 교원
② 소방서장
③ 경찰서장
④ 검찰청 검찰사무관

09 □□□
2018년 국회직 8급

다음 중 특수경력직공무원에 대한 설명으로 옳지 않은 것은?

① 특수경력직공무원은 경력직공무원과는 달리 실적주의와 직업공무원제의 획일적 적용을 받지 않는다.
② 특수경력직공무원도 경력직공무원과 마찬가지로 「국가공무원법」에 규정된 보수와 복무규율을 적용받는다.
③ 교육 · 소방 · 경찰공무원 및 법관, 검사, 군인 등 특수 분야의 업무를 담당하는 공무원은 특수경력직 중 특정직공무원에 해당한다.
④ 국회수석전문위원은 특수경력직 중 별정직공무원에 해당한다.
⑤ 선거에 의해 취임하는 공무원은 특수경력직 중 정무직공무원에 해당한다.

10 □□□
2011년 지방직 9급

특수경력직공무원이 아닌 것은?

① 정무직공무원
② 별정직공무원
③ 고용직공무원
④ 특정직공무원

11 □□□
2006년 국가직 9급 변형

특수경력직공무원에 속하지 않는 것은?

① 감사원 사무차장
② 국회 수석전문위원
③ 헌법재판소 헌법연구관
④ 국가정보원 기획조정실장

12 □□□
2024년 국회직 8급

특수경력직공무원이 아닌 것은?

① 국회사무총장
② 서울특별시 행정2부시장
③ 헌법재판소 사무차장
④ 고위공직자범죄수사처 차장
⑤ 국회 수석전문위원

13 □□□
2017년 지방직 9급 변형(12월 추가)

공무원의 구분에 대한 설명으로 옳은 것은?

① 일반직공무원은 경력직과 특수경력직으로 구분된다.
② 소방사는 특정직공무원에 해당된다.
③ 행정부 국가공무원 중에서는 일반직공무원의 수가 가장 많다.
④ 국가정보원 7급 직원은 특수경력직공무원에 해당된다.

14 □□□
2019년 국가직 7급

정무직공무원에 해당하지 않는 것은?

① 국가정보원 차장
② 국무총리실 사무차장
③ 헌법재판소 사무차장
④ 감사원 사무차장

15 □□□

2019년 서울시 7급(2월 추가)

「지방공무원법」상 특정직공무원이 아닌 것은?

① 기술에 대한 업무를 담당하는 공무원
② 공립 대학 및 전문대학에 근무하는 교육공무원
③ 자치경찰공무원
④ 지방소방공무원

16 □□□

2019년 지방직 7급

다음 중 특정직공무원에 해당하는 것만을 모두 고르면?

ㄱ. 국가인권위원회 상임위원
ㄴ. 검사
ㄷ. 헌법재판소의 헌법연구관
ㄹ. 도지사의 비서
ㅁ. 국가정보원 직원

① ㄱ, ㄷ, ㄹ
② ㄱ, ㄹ, ㅁ
③ ㄴ, ㄷ, ㄹ
④ ㄴ, ㄷ, ㅁ

17 □□□

2021년 지방직 9급

공직분류 체계에 대한 설명으로 옳은 것은?

① 소방공무원은 특수경력직공무원에 해당한다.
② 국회 수석전문위원은 일반직공무원에 해당한다.
③ 차관에서 3급 공무원까지는 특정직공무원에 해당한다.
④ 경력직공무원은 실적과 자격에 의해 임용되고 신분이 보장된다.

18 □□□

2013년 서울시 7급

국가공무원과 지방공무원과의 비교에 대한 설명으로 옳은 것은?

① 임기제지방공무원은 지방자치단체의 채용계약에 따른다.
② 국가공무원과 지방공무원은 법적 근거로 「국가공무원법」을 따른다.
③ 국가공무원과 지방공무원의 보수재원은 모두 국비로 충당한다.
④ 정무직지방공무원도 국회의 동의를 얻어야 한다.
⑤ 국가공무원과 지방공무원은 모두 임용권자가 대통령이나 소속 장관이다.

19 □□□

2014년 국가직 7급

우리나라 국가공무원과 지방공무원에 대한 설명으로 옳은 것은?

① 인사관리에 적용하는 기본 법률이 동일하다.
② 고위공무원단제도는 동일하게 시행되고 있다.
③ 모두 「공무원연금법」의 적용을 받는다.
④ 특별지방행정기관에 소속된 공무원은 국가직이 아니다.

20 □□□

2017년 지방직 9급(6월 시행)

정무직공무원과 직업관료 간의 일반적인 성향 차이에 대한 내용으로 옳지 않은 것은?

① 정무직공무원은 재임기간이 짧기 때문에 정책의 필요성이나 성패를 단기적으로 바라보지만, 직업관료는 신분보장이 되어 있기 때문에 장기적으로 바라보는 경향이 있다.
② 정무직공무원은 행정수반의 정책비전에 따른 변화를 추구하고, 직업관료는 제도적 건전성을 통한 중립적 공공봉사를 중시한다.
③ 정무직공무원은 직업적 전문성(professionalism)에 따라 정책문제를 바라보고, 직업관료는 정치적 이념에 따라 정책문제를 정의한다.
④ 정책대안을 평가할 때 정무직공무원은 조직 내부의 이익보다 정치적 반응에 더 큰 비중을 두고, 직업관료는 본인이 소속된 기관의 이익을 중시하는 경향이 있다.

21 □□□
2024년 군무원 7급

다음 중 우리나라 공무원의 구분과 관련된 설명으로 가장 적절하지 않은 것은?

① 일반직공무원이란 기술 · 연구 또는 행정일반에 대한 업무를 담당하는 공무원으로 1급부터 9급까지의 계급으로 구분하며, 직군(職群)과 직렬(職列)별로 분류된다.
② 특정직공무원이란 법관, 군인, 군무원, 국가정보원의 직원 등과 특수 분야의 업무를 담당하는 공무원으로서 다른 법률에서 특정직공무원으로 지정하는 공무원을 말한다.
③ 정무직공무원이란 고도의 정책결정 업무를 담당하는 공무원으로서 법률에서 지정하는 공무원으로 임명 시 반드시 국회의 동의가 필요한 공무원이다.
④ 별정직공무원은 비서관 · 비서 등 보좌업무 등을 수행하거나 특정한 업무 수행을 위하여 법령에서 별정직으로 지정하는 공무원에 해당한다.

22 □□□
2025년 군무원 7급

우리나라 공직분류체계의 문제점에 대한 설명으로 가장 적절하지 않은 것은?

① 정무직 공무원과 별정직 공무원의 구분 기준이 직무 특성이 아닌 직급에 따라 분류하는 경향이 강해 구분의 실익이 낮다는 평가가 있다.
② 일반직 공무원의 많은 수가 행정직렬에 편중되어 있어서 기술직렬 공무원을 과도하게 우대하고 있다는 지적을 받고 있다.
③ 채용에 있어서 폐쇄형 체계를 상대적으로 고집하는 경향이 강하기 때문에 외부로부터 새로운 인력을 수혈 받아 공직사회에 국민의 수요를 탄력적으로 반영하기 어렵다.
④ 계급과 직무 요인과의 연계가 부족하여 같은 계급 내에서도 조직구성원 간에 직무 부담의 불균형이 있을 수 있어 상하, 동료 간 갈등 요소가 되고 있다.

23 □□□
2017년 교육행정직 9급

국회 인사청문회제도에 관한 설명으로 옳지 않은 것은?

① 국회의 인사청문회는 인사청문특별위원회와 소관상임위원회로 구분하여 실시하고 있다.
② 국회의 인사청문회의 진행은 원칙적으로 공개되어야 하나, 예외적으로 공개하지 않을 수 있다.
③ 소관상임위원회 인사청문에서 상임위원회가 경과보고서를 채택하지 않는 경우에, 대통령이 후보자를 임명하는 것을 실정법으로 막을 수 있다.
④ 대법원장 · 헌법재판소장 · 국무총리 · 감사원장 및 대법관과 국회에서 선출하는 헌법재판소 재판관 및 중앙선거관리위원회 위원은 인사청문특별위원회에서 인사청문이 이루어진다.

24 □□□
2023년 국가직 9급

「지방공무원법」상 인사위원회의 위원으로 임명되거나 위촉될 수 없는 사람은?

① 지방의회의원
② 법관 · 검사 또는 변호사 자격이 있는 사람
③ 공무원으로서 20년 이상 근속하고 퇴직한 사람
④ 초등학교 · 중학교 · 고등학교 교장 또는 교감으로 재직하는 사람

THEME 47 폐쇄형과 개방형, 고위공무원단(SES)

중요도 ●●●○○

정답 및 해설 p. 169

선생님TIP

공직의 분류에서 신규임용에 있어 최하위 직위를 제외하고 닫혀 있으면 폐쇄형, 모든 직위에 열려 있으면 개방형으로 분류합니다. 우리나라는 폐쇄형을 기본으로 개방형을 가미한 형태입니다. 개방형 인사제도의 예인 고위공무원단(SES)은 중앙에만 있는 제도로 각각 개방형 직위 20%, 공모직위 30%, 부처자율직위 50%로 구성되어 있습니다. 특히 고위공무원단제도는 출제빈도가 높은 테마로 유의해서 학습할 수 있도록 합시다.

1 폐쇄형과 개방형

1. 폐쇄형 vs 개방형

폐쇄형	개방형(고위공무원단)
• 계급제, 직업공무원제도, 일반행정가, 최하위직 신규임용 • 신분보장 • 내부승진, 사람 중심 • 탄력적 인사, 계급 간 차별, 장기적 능력개발 • 영국, 독일, 일본, 한국	• 직위분류제, 실적제, 전문행정가, 전 등급 신규임용 • 신분불안정 • 외부승진, 직무 중심, 책임도, 난이도 • 합리적 인사, 근무성적평정, 전문화, 책임성 • 미국, 캐나다

2. 우리나라의 개방형 인사제도

구분	개방형 직위	공모직위
대상	고위공무원단 직위 총수의 20% 이내 (과장급 직위 총수의 20% 이내 지정 요함)	고위공무원단 경력직 직위 총수 30% 이내 (과장급 직위 총수의 20% 이내 지정 요함)
범위	공직 내외	부처 내외
목적	전문성 및 효율적 정책수립	효율적 정책수립 및 관리, 인적자원의 효과적 활용
채용기간	5년 이내(최소한 2년 이상)	기간제한 없음(2년간 전보제한)
직종	일반직, 특정직, 별정직	경력직에 한함
지정기준	전문성, 중요성, 민주성, 변화 필요성	직무공통성, 정책통합성, 변화필요성

2 고위공무원단(개방형직위, 공모직위, 자율직위)

주요내용	• 1~3급의 계급 구분 폐지, 부처 간·지방-중앙 간 인사교류 • 경쟁 촉진, 부처 간 자유로운 이동, 적격성 평가 등으로 성과와 책임 및 대응성을 높임 • 능력발전 프로그램인 액션러닝과 역량평가제 도입
대상	• 중앙행정기관 실·국장급의 일반직·별정직 및 외무직공무원(지방직공무원은 제외) • 지방자치단체 및 지방교육청에 근무하는 국가직고위공무원
구성	부처자율 50%, 공모직위 30%, 개방형 직위 20%
근무성적평정	• 직무성과계약제: 1 : 1 합의로 1년 단위의 성과계약 체결 • 성과평가: 성과계약에 의한 목표달성도를 5등급으로 구분하여 상대평가
보수제도	직무성과급적 연봉제
검증 시스템 (적격심사제)	• 대상 - 총 2년 이상 최하위 등급을 받은 경우 - 총 1년 이상 보직을 받지 못한 경우 - 총 1년 이상 최하위 등급을 받고 총 6개월 이상 보직을 받지 못한 경우 - 교육훈련 또는 연구과제를 수행하지 아니한 조건부 적격자 • 경과: 사유발생일로부터 6개월 이내에 고위공무원 임용심사위원회에서 적격심사 실시 → 심사 결과 부적격 판정 시 직권면직 가능

01 □□□
2021년 지방직 9급

고위공무원단제도에 대한 설명으로 옳지 않은 것은?

① 역량 중심의 인사관리
② 계급 중심의 인사관리
③ 성과와 책임 중심의 인사관리
④ 개방과 경쟁 중심의 인사관리

02 □□□
2007년 국가직 9급

개방형 인사관리의 장점이 아닌 것은?

① 행정조직 관료화의 방지
② 직업공무원제의 확립
③ 행정조직에 대한 민주적 통제 가능
④ 적극적 인사행정 가능

03 □□□
2008년 지방직 7급

개방형 직위제도에 대한 설명으로 옳지 않은 것은?

① 공무원과 민간전문가 사이의 생산적인 경쟁을 유도하여 공무원의 자기개발을 촉진하는 효과를 거둘 수 있다.
② 단기적으로는 직업공무원제도의 확립에 반하는 제도이나, 장기적으로는 직업공무원제도의 확립에 긍정적인 영향을 미친다.
③ 민간전문가가 공직 경험이 많은 공무원들을 지휘해야 할 직위에 임용되었을 경우에 조직 장악에 어려움이 있을 수 있다.
④ 공직사회에 신선한 활력을 불어넣고, 특정 직무에 필요한 우수인력 확보에 유리할 수 있다.

04 □□□
2009년 지방직 7급

우리나라 개방형 직위제도에 대한 설명으로 옳은 것은?

① 모든 직급과 계급에서 개방형 직위를 지정하여 임용할 수 있다.
② 개방형 직위의 규모는 중앙행정기관과 지방자치단체에서 동일하다.
③ 개방형 직위는 업무수행상 고도의 전문성이 요구된다고 판단되는 직위에 한정하고 있다.
④ 개방형 직위는 공직 내부와 외부에서 적격자를 공개모집에 의한 시험을 거쳐 선발한다.

05 □□□
2025년 군무원 7급

개방형 임용의 특성에 대한 설명으로 가장 적절하지 않은 것은?

① 개방형 임용제는 기관장 리더십 발휘의 범위를 확대할 수 있다.
② 아무리 우수한 인재를 개방형으로 선발해도 기존 직업공무원들과의 융화가 원활하게 이루어지지 않는 한계가 발생할 수 있다.
③ 상대적으로 지방자치단체의 개방형 직위에 비하여 중앙부처 개방형 직위 운영이 미흡하다.
④ 개방형 임용의 활성화를 위해서 적극적 모집활동이 필요하다.

06 □□□
2021년 국가직 7급

개방형 또는 폐쇄형 인사제도에 대한 설명으로 옳은 것은?

① 개방형 인사제도는 외부전문가나 경력자에게 공직을 개방하여 새로운 지식과 기술, 아이디어를 수용해 공직사회의 침체를 막고 행정의 효율성을 높이는 데 유리하다.
② 일반적으로 폐쇄형 인사제도는 직위분류제에 바탕을 두고 있으며, 일반행정가보다 전문가 중심의 인력구조를 선호한다.
③ 개방형 인사제도는 폐쇄형 인사제도에 비해 안정적인 공직사회를 형성함으로써 공무원의 사기를 높이고 장기근무를 장려한다.
④ 폐쇄형 인사제도는 개방형 인사제도에 비해 내부승진과 경력발전을 위한 교육훈련의 기회가 적다.

07 □□□

2021년 국회직 8급

다음에서 우리나라의 공무원 임용제도에 대한 설명으로 옳지 않은 것은 모두 몇 개인가?

ㄱ. 공모직위는 공무원에게만 개방하며 민간인은 지원할 수 없다.
ㄴ. 개방형 직위는 일반직을 대상으로 하며 특정직 및 별정직은 제외된다.
ㄷ. 중앙정부부처나 지방자치단체의 장은 소속기관의 개방형 직위 지정범위에 관해 중앙인사기관의 장과 협의해야 한다.
ㄹ. 우리나라의 공무원 임용제도는 계급제를 기반으로 하며 부분적으로 직위분류제적 요소를 도입하고 있다.
ㅁ. 개방형 직위에 임용되는 공무원의 임용기간은 다른 법령에 특별한 규정이 있는 경우를 제외하고는 최소한 3년 이상으로 하여야 한다.

① 1개
② 2개
③ 3개
④ 4개
⑤ 5개

08 □□□

2011년 국가직 9급

우리나라 국가공무원제도에 대한 설명으로 옳지 않은 것은?

① 현재 시행하고 있는 고위공무원단제도는 일반직공무원만을 대상으로 하고 있다.
② 계급제를 기본으로 직위분류제적 요소를 가미하여 운영하고 있다.
③ 예산의 범위 안에서 기구, 정원, 보수 및 예산에 관한 자율성을 가지되 그 결과에 대하여 책임을 지는 총액인건비제를 운영할 수 있다.
④ 결원이 발생하였을 때 정부 내 공개모집을 통하여 해당기관 내부 또는 외부의 공무원 중에서 적격자를 임용할 수 있는 공모직위제도를 운영할 수 있다.

09 □□□

2017년 국가직 9급(10월 추가)

우리나라의 공무원에 대한 설명으로 옳지 않은 것은?

① 특수경력직공무원은 경력직공무원 이외의 공무원으로서 실적주의와 직업공무원제의 획일적인 적용을 받지는 않는다.
② 법관, 검사, 외무공무원, 경찰공무원, 소방공무원, 교육공무원, 군인, 군무원, 헌법재판소 헌법연구관, 국가정보원 직원 등은 경력직공무원 중에서 특정직공무원에 해당한다.
③ 선거로 취임하거나 임명할 때 국회의 동의가 필요한 공무원은 특수경력직공무원 중에서 정무직공무원에 해당한다.
④ 고위공무원단은 중앙행정기관과 지방자치단체의 실장·국장 및 이에 상당하는 보좌기관에 임용되어 재직 중이거나 파견·휴직 등으로 인사관리되고 있는 국가공무원과 지방공무원을 말한다.

10 □□□

2016년 국가직 9급

고위공무원단제도에 대한 설명으로 옳지 않은 것은?

① 전(全)정부적으로 통합 관리되는 공무원집단이다.
② 계급제나 직위분류제적 제약이 약화되어 인사운영의 융통성이 강화된다.
③ 고위공무원단에 속하는 모든 일반직공무원의 신규채용 임용권은 각 부처의 장관이 가진다.
④ 성과계약을 통해 고위직에 대한 성과관리가 강화된다.

11 □□□ 2011년 지방직 9급

우리나라 고위공무원단제도에 대한 설명으로 옳지 않은 것은?

① 국가의 고위공무원을 범정부적 차원에서 효율적으로 인사관리하기 위하여 도입하였다.
② 개방형 임용방법, 직위공모방법, 자율임용방법을 실시한다.
③ 국가공무원으로 보하는 부시장, 부지사, 부교육감 등은 해당되지 않는다.
④ 원칙적으로 직무성과급적 연봉제를 적용한다.

12 □□□ 2024년 군무원 9급

다음 중 우리나라 고위공무원단 또는 고위감사공무원단에 속하는 공무원이 아닌 것은?

①「정부조직법」 제2조에 따른 중앙행정기관의 실장 · 국장 및 이에 상당하는 보좌기관
② 지방자치단체 및 지방교육행정기관의 지방공무원 중 국장급 직위에 상당하는 직위
③ 행정부 각급의 직위 중 제1호의 직위에 상당하는 직위
④ 감사원 사무차장, 감사교육원장, 감사연구원장

13 □□□ 2017년 국가직 7급(8월 시행)

고위공무원단제도에 대한 설명으로 옳은 것은?

① 고위공무원단으로 관리되는 풀(pool)에는 일반직공무원뿐만 아니라 외무공무원도 포함된다.
② 적격심사에서 부적격 결정을 받은 경우에 한해서만 직권면직이 가능하므로 제도 도입 전보다 고위공무원의 신분보장이 강화되었다.
③ 고위공무원단 직무등급이 2009년 2등급에서 5등급으로 변경됨에 따라 계급 중심의 인사관리로 회귀할 가능성이 높아졌다.
④ 고위공무원단의 구성은 소속 장관별로 개방형 직위 30%, 공모직위 20%, 기관자율 50%로 이루어져 있다.

14 □□□ 2018년 지방직 7급

우리나라 고위공무원단제도 운영의 효과에 대한 설명으로 옳지 않은 것은?

① 민간전문가의 고위직 임용가능성이 증가하였다.
② 연공서열에 의한 인사관리를 강화하여 직위의 안정을 도모하였다.
③ 고위직공무원이 다른 부처로 이동할 가능성이 증가하였다.
④ 공무원 개개인의 능력발전과 성과관리의 중요성이 더욱 커졌다.

15 □□□ 2023년 군무원 9급

고위공무원단에 대한 설명으로 가장 적절하지 않은 것은?

① 고위공무원단은 실 · 국장급 공무원을 적재적소에 활용하고 개방과 경쟁을 확대하여 성과책임을 강화하고자 하는 전략적 인사시스템이다.
② 기존의 1~3급이라는 신분중심의 계급을 폐지하고 직무의 난이도와 책임도에 따라 가급과 나급으로 직무를 구분한다.
③ 민간과 경쟁하는 개방형직위제도와 타 부처 공무원과 경쟁하는 공모직위제도를 두고 있다.
④ 특히 경력에서 자격이 있는 민간인과 공무원이 지원하여 경쟁할 수 있는 경력개방형직위제도도 도입되었다.

16 □□□ 2025년 국회직 8급

개방형직위 제도와 공모직위 제도에 대한 설명으로 옳지 않은 것은?

① 민간인은 개방형직위 제도에 의해서는 임용될 수 있지만 공모직위 제도에 의해서는 임용될 수 없다.
② 개방형직위는 고위공무원단 직위 총수의 20%범위에서 지정하며, 공모직위는 경력직공무원으로 임명할 수 있는 고위공무원단 직위 총수의 30%범위에서 지정한다.
③ 개방형직위 제도와 공모직위 제도는 기관 외부에서 적격자를 임용할 수 있다.
④ 공무원이 개방형직위나 공모직위에 임용된 경우 임용기간 만료 후 원소속기관으로 복귀가 가능하다.
⑤ 개방형 직위제도의 운영은 자율사항이나 공모직위 제도의 운영은 의무사항이다.

17 □□□

2016년 교육행정직 9급

역대 정부의 행정개혁에 대한 기술로 옳지 않은 것은?

① 노무현 행정부는 예산효율화를 위해 사업별 예산제도를 도입하였다.
② 김영삼 행정부는 지방분권화를 위해 내무부의 지방통제 기능을 축소하였다.
③ 이명박 행정부는 공기업 선진화를 위해 민영화, 통폐합 등의 조치를 단행하였다.
④ 김대중 행정부는 공무원의 전문성과 역량강화를 위해 고위공무원단제도를 도입하였다.

18 □□□

2016년 지방직 9급

「국가공무원법」상 우리나라 인사제도에 대한 설명으로 옳지 않은 것은?

① 인사혁신처장은 고위공무원단에 속하는 공무원이 갖추어야 할 능력과 자질을 설정하고 이를 기준으로 고위공무원단 직위에 임용되려는 자를 평가하여 신규채용·승진임용 등 인사관리에 활용할 수 있다.
② 국가공무원은 경력직공무원과 특수경력직공무원으로 구분하고, 경력직공무원은 다시 일반직공무원과 특정직공무원으로 나뉜다.
③ 개방형 직위로 지정된 직위에는 외부적격자뿐만 아니라 내부적격자도 임용할 수 있다.
④ 고위공무원단에 속하는 일반직공무원의 경우 소속장관은 해당 기관에 소속되지 아니한 공무원에 대하여 임용제청을 할 수 없다.

19 □□□

2016년 서울시 9급

다음 중 역량평가제도에 대한 설명으로 가장 옳은 것은?

① 역량평가제도는 근무실적수준만으로 해당 업무수행을 위한 역량을 보유하고 있는지에 대해 평가하는 것을 목적으로 한다.
② 역량평가제도는 대상자의 과거성과를 평가하는 것이고, 성과에 대한 외부변수를 통제하지 않는다.
③ 역량평가제도는 구조화된 모의상황을 설정한 뒤 현실적 직무상황에 근거한 행동을 관찰해 평가하는 방식이다.
④ 역량평가는 한 개의 실행과제만을 활용하여 평가한다.

20 □□□

2018년 지방직 9급

역량평가에 대한 설명으로 옳은 것만을 모두 고르면?

ㄱ. 역량은 조직의 평균적인 성과자의 행동특성과 태도를 의미한다.
ㄴ. 다수의 훈련된 평가자가 평가대상자가 수행하는 역할과 행동을 관찰하고 합의하여 평가결과를 도출한다.
ㄷ. 고위공무원단 역량평가의 대상은 문제인식, 전략적사고, 성과지향, 변화관리, 고객만족, 조정·통합의 6가지 역량으로 구성되어 있다.
ㄹ. 고위공무원단 후보자가 되기 위해서는 역량평가를 거친 후 반드시 고위공무원단 후보자 교육과정을 이수해야 한다.

① ㄱ, ㄴ ② ㄱ, ㄹ
③ ㄴ, ㄷ ④ ㄷ, ㄹ

21 □□□

2024년 군무원 9급

역량평가제도에 대한 설명으로 가장 적절하지 않은 것은?

① 우리나라 역량평가제도는 고위공무원단의 구성과 함께 고위공무원으로서 요구되는 역량의 사전적 검증장치로 도입되었다.

② 역량평가는 특정 피평가자에 대해 다양한 사람으로부터 입체적이고 다면적인 평가 결과를 도출함으로써 평가의 공정성을 확보할 수 있다.

③ 역량평가는 구조화된 모의 상황을 설정해 현실적 직무 상황에 근거한 행정을 관찰해 평가하는 방식이다.

④ 역량평가는 다양한 실행 과제를 종합적으로 활용함으로써 개별 평가기법의 한계를 극복하고 대상자들의 몰입을 유도하며 다양한 역량을 측정할 수 있다.

22 □□□

2024년 군무원 7급

다음 중 우리나라의 고위공무원단제도에 대한 설명으로 가장 적절하지 않은 것은?

① 고위공무원단에 속하는 공무원의 경우 소속 장관은 당해 기관에 소속되지 아니한 자에 대하여도 임용제청을 할 수 있다.

② 정부관료제의 고위직에 정치적 정실 임용이 확대되어 직업공무원의 사기를 저하할 수 있다.

③ 고위공무원단으로 진입하기 위해서는 역량평가와 필요한 교육훈련을 받아야 한다.

④ 고위공무원단제도가 최초 도입될 당시는 국가공무원에게만 적용하였으나 그 이후 부지사 · 부교육감 등 지방공무원도 포함하게 되었다.

정답 및 해설 p. 173

선생님TIP

공직의 분류에서 출제빈도가 가장 높은 테마로서 계급제와 직위분류제의 개념과 특성에 대한 명확한 이해와 비교가 필요합니다. 계급제는 폐쇄형을 기반으로 직업공무원제도를 구현하는 제도이며, 직위분류제는 개방형을 기초로 실적제를 구현한다는 것이 중요합니다. 계급제는 인사행정의 탄력성과 신축성을 추구하므로 일반행정가를 양성하며, 직위분류제는 인사행정의 합리성과 전문성을 추구하기 때문에 전문행정가를 양성하게 된다는 것도 알아두도록 합니다.

계급제와 직위분류제

구분	계급제	직위분류제
분류기준	개인의 자격·능력·신분 (횡적 분류)	직무의 종류·책임도·곤란도 (종적 분류 + 횡적 분류)
발달배경 및 국가	농업사회(영국, 독일, 한국)	산업사회(미국, 캐나다, 필리핀)
중심내용	인간 중심(인사행정의 탄력성)	직무 중심(인사행정의 합리성)
시험·채용	비합리성(주먹구구식)	합리성, 전문성
행정주체	일반행정가 양성	전문행정가 양성
보수	생활급(생계유지 수준)	직무급(동일직무·동일보수)
인사배치·관리의 신축성	높음(횡적 이동 용이)	낮음(횡적 이동 곤란)
행정계획	장기적 계획(장기적 능력발전 유리)	단기적 계획(장기적 능력발전 불리)
교육훈련 수요	정확한 파악 곤란	정확한 파악 용이
업무조정·협조	용이	곤란(할거주의 초래)
공직구조	폐쇄형(내부충원형)	개방형(외부충원형)
공직 경직성	높음	낮음
신분보장(직업공무원제)	강함(확립 용이)	약함(확립 곤란)
조직구조와의 관계	연계성 낮음	연계성 높음
몰입	조직 몰입	직무 몰입

01 □□□ 2023년 지방직 9급

계급제에 대한 설명으로 옳지 않은 것은?

① 직무의 속성을 중심으로 공직을 분류하는 제도이다.
② 폐쇄형 충원방식을 원칙으로 한다.
③ 일반행정가 양성을 지향한다.
④ 탄력적 인사관리에 용이하다.

02 □□□ 2014년 지방직 7급

직위분류제와 계급제의 특성에 대한 비교설명으로 옳지 않은 것은?

① 직위분류제는 조직계획의 단기적 합리성을 확보할 수 있다.
② 직위분류제에서는 직무의 종류나 성격에 관계없이 폭넓은 인사이동이 가능하다.
③ 계급제에서는 직업공무원제 확립이 용이하다.
④ 계급제에서는 공무원 간의 유대의식이 높아 행정의 능률성을 제고할 수 있다.

03 □□□

2015년 교육행정직 9급

공직분류에 대한 설명으로 옳지 않은 것은?

① 사람을 기준으로 한 공직분류는 공무원의 신분보장에 용이하다.
② 개인의 능력과 자격을 기준으로 한 공직분류는 일반행정가 양성에 용이하다.
③ 직무분석을 통한 직무의 구조적 배열에 중점을 둔 공직분류는 외부에 대한 공직개방에 용이하다.
④ 직무의 난이도와 책임도를 기준으로 한 공직분류는 순환보직제도를 통한 탄력적 인력운용에 용이하다.

04 □□□

2010년 지방직 9급

계급제와 직위분류제를 비교한 설명으로 옳지 않은 것은?

① 직위분류제가 계급제보다 직업공무원제도 확립에 더 유리하다.
② 직위분류제가 계급제보다 직무급의 결정에 더 타당한 자료를 제공할 수 있다.
③ 직위분류제가 계급제보다 전문행정가의 양성에 더 유리하다.
④ 계급제가 직위분류제보다 탄력적 인사관리에 더 유리하다.

05 □□□

2014년 서울시 7급

계급제에 대한 설명으로 옳지 않은 것은?

① 개별 공무원의 자격과 능력을 기준으로 계급을 설정하고 이에 따라 공직을 분류하는 제도이다.
② 계급 간 승진이 어려워 한정된 계급범위에서만 승진이 가능하다.
③ 공무원 간의 협력이 원활하게 이루어지기 어렵다.
④ 해당 직무에 적임자의 임용이 보장되지 않는다.
⑤ 공무원의 신분보장과 경력발전이 강조된다.

06 □□□

2022년 국회직 8급

계급제의 특징에 대한 설명으로 옳은 것은?

① 업무 분담과 직무분석으로 합리적인 정원관리 및 사무관리에 유리하다.
② 계급에 따른 권한과 책임의 명확화를 통해 전문화되고 체계적인 조직관리가 가능하다.
③ 동일 직무에 대한 동일 보수의 원칙을 따르는 직무급 제도를 통해 합리적인 보수체계를 확립할 수 있다.
④ 직무의 종류·책임도·곤란도에 따라 공직을 분류하므로 시험·임용·승진·전직을 위한 기준을 제공해줄 수 있다.
⑤ 담당할 직무와 관계없이 인사배치를 할 수 있어 인사배치의 신축성·융통성을 기할 수 있다.

07 □□□

2011년 국가직 9급

직위분류제에 대한 설명으로 옳은 것을 모두 고르면?

ㄱ. 과학적 관리운동은 직위분류제의 발달에 많은 자극을 주었다.
ㄴ. 직무의 종류, 곤란성과 책임도가 상당히 유사한 직위의 군은 직렬이다.
ㄷ. 조직 내에서 수평적 이동이 용이하여 유연한 인사행정이 가능하다.
ㄹ. 사회적 출신배경에 관계없이 담당 직무의 수행능력과 지식기술을 중시한다.

① ㄱ, ㄴ　　② ㄱ, ㄹ
③ ㄴ, ㄷ　　④ ㄷ, ㄹ

08 □□□

2015년 국가직 7급

직위분류제의 장점에 대한 설명으로 옳지 않은 것은?

① 동일 직렬에서 장기간 근무하기 때문에 전문가 양성에 도움이 된다.
② 동일 직무를 수행하는 직원이 동일한 보수를 받도록 하는 직무급체계를 확립하는 것이 용이하다.
③ 직무의 성질·내용에 따라 공직을 분류하므로 채용·승진 등 인사배치를 위한 합리적 기준을 제공해 준다.
④ 특정 직위에 맞는 사람을 배치하는 제도이기 때문에 직위나 직무의 변화상황에 신속히 대처할 수 있는 상황적응적인 인사제도라고 할 수 있다.

09 □□□

2020년 지방직 9급

직위분류제의 단점으로 옳은 것은?

① 행정의 전문성 결여
② 조직 내 인력 배치의 신축성 부족
③ 계급 간 차별 심화
④ 직무경계의 불명확성

10 □□□

2013년 지방직 9급

공직의 분류에 대한 설명으로 옳지 않은 것은?

① 계급제는 사람을 중심으로, 직위분류제는 직무를 중심으로 공직을 분류하는 인사제도이다.
② 직위분류제에 비해 계급제는 인적 자원의 탄력적 활용이라는 측면에서 유리한 제도이다.
③ 직위분류제에 비해 계급제는 폭넓은 안목을 지닌 일반행정가를 양성하는 데 유리한 제도이다.
④ 계급제에 비해 직위분류제는 공무원의 신분을 강하게 보장하는 경향이 있는 제도이다.

11 □□□

2017년 국가직 9급(4월 시행)

계급제의 장점에 대한 설명으로 옳지 않은 것은?

① 공무원의 신분안정과 직업공무원제 확립에 기여한다.
② 인력활용의 신축성과 융통성이 높다.
③ 정치적 중립 확보를 통해 행정의 전문성을 제고할 수 있다.
④ 단체정신과 조직에 대한 충성심 확보에 유리하다.

12 □□□

2018년 서울시 9급

직위분류제의 장점에 대한 설명으로 옳지 않은 것은?

① 근무성적평정을 객관적으로 할 수 있는 기준을 제시해 준다.
② 직위 간의 권한과 책임의 한계를 명확히 해준다.
③ 전문직업인을 양성하는 데 도움이 되고 행정의 전문화에 기여한다.
④ 조직과 직무의 변화 등에 신속히 대응할 수 있다.

13 □□□

2019년 서울시 9급(6월 시행)

계급제와 직위분류제에 대한 설명으로 가장 옳은 것은?

① 과학적 관리론과 실적제의 발달은 직위분류제의 쇠퇴와 계급제의 발전에 기여했다.
② 우리나라 「국가공무원법」에는 직위분류제 주요 구성개념인 '직위, 직군, 직렬, 직류, 직급' 등이 제시되어 있다.
③ 직위분류제는 공무원 개인의 능력이나 자격을 기준으로 공직분류체계를 형성한다.
④ 계급제와 직위분류제는 절대 양립불가능하며 우리나라는 계급제를 기반으로 한다.

14 □□□

2022년 지방직 7급

계급제와 직위분류제에 대한 설명으로 옳지 않은 것은?

① 계급제는 보직 관리 범위를 제한하여 공무원의 시야를 좁게 만드는 측면이 있다.
② 직위분류제는 공무원의 전문성을 강화하고 직무 중심의 동기유발이 가능하다.
③ 계급제는 공무원의 장기근무를 유도하고 직업공무원제도 확립에 유리하다.
④ 직위분류제는 직무한계와 책임소재가 명확하다.

15 □□□

2019년 서울시 7급(10월 시행)

인사행정제도에 대한 설명으로 가장 옳은 것은?

① 직위분류제는 계급제에 비해 탄력적 인사관리가 가능한 장점을 가진다.
② 엽관주의는 정당에의 충성도와 공헌도를 임용 기준으로 삼았기 때문에 민주주의와 전혀 관련이 없다.
③ 실적주의는 정치적 중립을 지향하여 인사행정을 소극화, 형식화시켰다.
④ 직업공무원제는 원칙적으로 개방형 충원 및 전문가주의에 입각하고 있다.

16 □□□

2021년 군무원 9급

계급제와 직위분류제에 대한 설명으로 가장 옳지 않은 것은?

① 계급제는 사람의 자격과 능력을 기준으로 분류하는 것이다.
② 직위분류제는 사람이 맡아 수행하는 직무와 그 직무수행에 수반되는 책임을 기준으로 하는 것이다.
③ 직위분류제는 전체 조직업무를 체계적으로 분업화하고 한 사람의 적정 업무량을 조직상 위계에서 고려하는 구조 중심의 접근이다.
④ '동일업무에 대한 동일보수'라는 보수의 형평성 요구가 직위분류제의 출발을 촉진시켰다고 할 수 있다.

17 □□□

2022년 국회직 9급

직위분류제에 대한 설명으로 옳지 않은 것은?

① 교육훈련 수요 파악 및 근무성적평정을 명확하게 할 수 있다.
② 직위의 권한과 책임의 한계를 명확하게 할 수 있다.
③ 전문행정가를 양성할 수 있으므로 분화된 산업사회에 적합하다.
④ 전문적인 인재양성을 통해 조직 및 직무환경의 변화 대응에 용이하다.
⑤ 동일직무·동일보수 원칙에 입각한 직무급 수립이 용이하여 보수의 형평성이 높다.

18 □□□

2023년 지방직 7급

직위분류제의 특징이 아닌 것은?

① 특정 직무에 대한 능력과 전문성을 갖춘 사람을 임용 대상으로 한다.

② 동일직무에 대한 동일보수의 원칙을 반영한 직무급체계가 확립될 수 있다.

③ 개방형 인사제도를 기반으로 운영되며, 공직 내부에서 수평적 이동 시 인사배치의 유연함과 신축성이 있다.

④ 조직개편이나 직무의 불필요성 등으로 직무 자체가 없어진 경우, 그 직무 담당자는 원칙적으로 퇴직의 대상이 된다.

19 □□□

2024년 군무원 7급

다음 중 인사행정에서 직위분류제에 대한 설명으로 가장 적절하지 않은 것은?

① 수평적 인사이동의 폭이 넓어 인력을 융통성 있게 활용할 수 있다.

② 모든 대상 직위를 직무의 종류, 책임 및 난이도에 따라 수직·수평적으로 분류한다.

③ 미국에서 발달한 제도로 인사행정에서 과학적 관리법이 강조되면서 발전하였다.

④ 같은 직급이나 직무등급에 속하는 직위에 대해 같거나 유사한 보수가 지급되도록 분류한다.

20 □□□

2025년 지방직 9급

직위분류제에 대한 설명으로 옳은 것만을 모두 고르면?

> ㄱ. 인사의 탄력성과 융통성이 높다.
> ㄴ. 사람보다는 일을 기준으로 공직을 분류한다.
> ㄷ. 동일직무에 동일보수를 지급하는 보수체계 확립이 장점이다.
> ㄹ. 신분이 강하게 보장되어 직업공무원제 확립에 유리하다.

① ㄱ, ㄷ　　② ㄱ, ㄹ

③ ㄴ, ㄷ　　④ ㄴ, ㄹ

21 □□□

2023년 국가직 9급

연공주의(seniority system)에 대한 설명으로 옳은 것만을 모두 고르면?

> ㄱ. 장기근속으로 조직에 대한 공헌도를 높인다.
> ㄴ. 개인의 성과에 따른 적절한 보상을 통해 사기를 높인다.
> ㄷ. 계층적 서열구조 확립으로 조직 내 안정감을 높인다.
> ㄹ. 조직 내 경쟁을 통해서 개인의 역량 개발에 기여한다.

① ㄱ, ㄴ　　② ㄱ, ㄷ

③ ㄴ, ㄹ　　④ ㄷ, ㄹ

THEME 49 직위분류제의 구성요소와 수립절차

중요도 ●●●●○

정답 및 해설 p. 176

선생님TIP

최근 대한민국의 행정도 인사행정의 전문성을 추구하기 때문에 이와 더불어 직위분류제의 출제비중이 높아지고 있습니다. 각 개념을 이해하기 위해서는 먼저 「국가공무원법」에 규정된 직위분류제의 구성요소에 대하여 명확하게 정리하여야 합니다. 직위는 한 사람이 담당할 수 있는 자리로 '직위 → 직급 → 직렬 → 직군' 순으로 범위가 넓어진다고 이해하여 정리하면 됩니다. 직위분류제의 수립절차도 '준비단계 → 직무조사 → 직무분석 → 직무평가 → 직급명세서의 작성 → 정급'의 순서로 진행되니 함께 알아두도록 합니다. 특히 매년 출제되고 있는 직무평가방법의 개념과 장단점에 대해서는 철저하게 숙지하는 것이 필요합니다.

직위분류제의 구성요소와 수립절차

1. 직위분류제의 구성요소

직위	1인의 공무원에게 부여할 수 있는 직무와 책임(자리)
직급	직무의 종류·곤란도·책임도가 상당히 유사한 직위의 군
직렬	직무의 종류는 유사하지만 곤란도·책임도가 상이한 직급의 군
직군	직무의 성질이 유사한 직렬의 군
직류	동일한 직렬 내에서 담당분야가 동일한 직무의 군
등급	직무의 종류는 다르지만 직무의 곤란도·책임도가 유사하여 동일한 보수를 받는 모든 직위
(직무)등급	직무의 곤란성과 책임도가 상당히 유사한 직위의 군

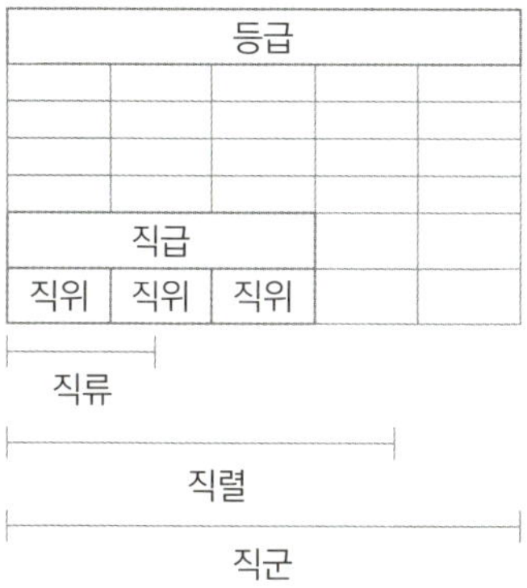

2. 직위분류제의 수립절차

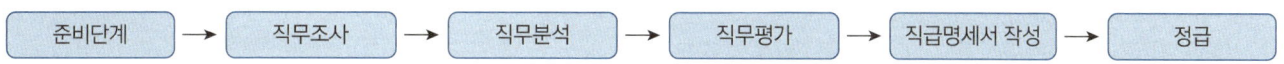

준비단계 → 직무조사 → 직무분석 → 직무평가 → 직급명세서 작성 → 정급

01 □□□ 2022년 국가직 9급

직위분류제의 주요 개념에 대한 설명으로 옳지 않은 것은?

① '직위'는 한 사람의 공무원에게 부여할 수 있는 직무와 책임을 의미한다.

② '직급'은 직무의 종류가 유사하고 곤란도·책임도가 서로 다른 군(群)을 의미한다.

③ '직류'는 동일 직렬 내에서 담당분야가 동일한 직무의 군(群)을 의미한다.

④ '직무등급'은 직무의 곤란도·책임도가 유사해 동일 보수를 줄 수 있는 직위의 군(群)을 의미한다.

02 □□□ 2013년 지방직 7급

다음 직위분류제의 구성요소와 관련된 개념을 바르게 연결한 것은?

ㄱ. 한 사람의 공무원에게 부여할 수 있는 직무와 책임
ㄴ. 직무의 종류는 다르지만, 그 곤란성·책임수준 및 자격수준이 상당히 유사하여 동일한 보수를 지급할 수 있는 모든 직위를 포함하는 것
ㄷ. 직렬 내에서 담당분야가 동일한 직무의 군
ㄹ. 직무의 종류가 유사한 직렬의 군

	ㄱ	ㄴ	ㄷ	ㄹ
①	직위	등급	직류	직군
②	직렬	등급	직군	직류
③	직위	직급	직류	직군
④	직렬	직급	직군	직류

03 □□□

2010년 서울시 7급

직위분류제에 대한 설명으로 옳지 않은 것은?

① 직위란 한 사람의 근무를 필요로 하는 직무 내용과 책임이다.
② 등급은 직무의 종류는 다르지만 동일 보수를 줄 수 있는 모든 직위를 말한다.
③ 직군은 직무의 종류는 유사하나 곤란도, 책임도가 상이한 직급의 군이다.
④ 직군은 직무의 성질이 유사한 직렬의 집단이다.
⑤ 직급은 직무의 성질이 유사하며 자격, 시험, 인사행정상 동일하게 다룰 수 있는 직위의 집단이다.

04 □□□

2010년 국가직 9급

현행 「국가공무원법」상의 용어에 대한 설명으로 정확하지 않은 것은?

① 직급은 직무의 곤란성과 책임도가 상당히 유사한 직위의 군을 말한다.
② 직위는 한 명의 공무원에게 부여할 수 있는 직무와 책임을 말한다.
③ 직렬은 직무의 종류는 유사하고 그 책임과 곤란성의 정도가 서로 다른 직급의 군을 말한다.
④ 직류는 같은 직렬 내에서 담당 분야가 같은 직무의 군을 말한다.

05 □□□

2016년 국가직 9급

직위분류제의 주요 개념에 대한 설명으로 옳은 것은?

① 등급은 직위에 포함된 직무의 성질, 난이도, 책임의 정도가 유사해 채용과 보수 등에서 동일하게 다룰 수 있는 직위의 집단이다.
② 직류는 직무 종류가 광범위하게 유사한 직렬의 군이다.
③ 직렬은 직무 종류는 유사하나 난이도와 책임 수준이 다른 직급 계열이다.
④ 직군은 동일 직렬 내에서 담당 직책이 유사한 직무군이다.

06 □□□

2015년 국가직 9급

직위분류제에 있어서 직무의 난이도와 책임의 경중에 따라 직위의 상대적 수준과 등급을 구분하는 것은?

① 직무평가(job evaluation)
② 직무분석(job analysis)
③ 정급(allocation)
④ 직급명세(class specification)

07 □□□

2020년 국가직 9급

직위분류제와 관련하여 다음 설명에 해당하는 것은?

- 직무의 곤란성과 책임성을 기준으로 상대적 가치를 결정하는 것이다.
- 서열법, 분류법, 점수법 등을 활용한다.
- 개인에게 공정한 보수를 제공하는 데 필요한 작업이다.

① 직무조사
② 직무분석
③ 직무평가
④ 정급

08 □□□

2018년 국회직 8급

다음 중 직위분류제와 관련된 개념들에 대한 설명으로 옳지 않은 것은?

① 직위: 한 사람의 근무를 요하는 직무와 책임
② 직급: 직위에 포함된 직무의 성질 및 난이도, 책임의 정도가 유사해 채용과 보수 등에서 동일하게 다룰 수 있는 직위의 집단
③ 직렬: 직무의 종류는 유사하나 난이도와 책임 수준이 다른 직급
④ 직류: 동일 직렬 내에서 담당 직책이 유사한 직무군
⑤ 직군: 직무의 종류는 다르지만 직무수행의 책임도와 자격요건이 상당히 유사해 동일한 보수를 지급할 수 있는 직위의 횡적 군

09 □□□

2018년 서울시 9급

공직분류에 대한 설명으로 가장 옳은 것은?

① 직무의 종류는 다르나 곤란도와 책임도가 상당히 유사한 직위의 군을 직렬이라고 한다.
② 직무의 종류는 유사하지만 곤란도와 책임도가 서로 다른 직무의 군을 직급이라고 한다.
③ 비슷한 성격의 직렬들을 모은 직위 분류의 대단위는 직군이라고 한다.
④ 동일한 직급 내에 담당 분야가 동일한 직무의 군으로 세분화한 것을 직류라고 한다.

10 □□□

2025년 국회직 8급

직위분류제에 대한 설명으로 옳은 것만을 <보기>에서 모두 고르면?

〈보기〉

ㄱ. 직급은 직무의 종류, 곤란성, 책임도가 상당히 유사한 직위의 군을 의미한다.
ㄴ. 직류는 동일한 직렬 내에서 담당 분야가 같은 직무의 군을 의미한다.
ㄷ. 직위분류제는 서로 다른 직무 사이에 경계를 구분하는 수평적 폐쇄성을 특징으로 한다.
ㄹ. 직위분류제는 계급제보다 보수 및 직무수행의 형평성을 확보하기에 더 용이하다.

① ㄱ
② ㄴ, ㄷ
③ ㄱ, ㄴ, ㄹ
④ ㄴ, ㄷ, ㄹ
⑤ ㄱ, ㄴ, ㄷ, ㄹ

11 □□□

2017년 서울시 7급

직무평가방법에 대한 설명으로 가장 옳지 않은 것은?

① 계량적 방법과 비계량적 방법이 있으며, 서열법과 분류법이 전자에 해당되고 요소비교법이 후자에 해당된다.
② 단순서열법은 직위의 수가 많을수록 평가가 어렵다.
③ 분류법은 직위의 등급 수를 정하고, 분류기준에 의거한 등급기준표의 작성이 필요하다.
④ 요소비교법은 대표직위를 선정하고 대표직위의 평가요소별 서열을 정하는 과정이 필요하다.

12 □□□

2016년 국가직 9급

직무평가방법과 설명이 바르게 연결된 것은?

A. 서열법(job ranking)
B. 분류법(classification)
C. 점수법(point method)
D. 요소비교법(factor comparison)

ㄱ. 직무 전체를 종합적으로 판단해 미리 정해 놓은 등급기준표와 비교해가면서 등급을 결정한다.
ㄴ. 대표가 될 만한 직무들을 선정하여 기준직무(key job)로 정해놓고 각 요소별로 평가할 직무와 기준 직무를 비교해가며 점수를 부여한다.
ㄷ. 비계량적 방법을 통해 직무기술서의 정보를 검토한 후 직무 상호 간에 직무 전체의 중요도를 종합적으로 비교한다.
ㄹ. 직무평가표에 따라 직무의 세부 구성요소들을 구분한 후 요소별 가치를 점수화하여 측정하는데, 요소별 점수를 합산한 총점이 직무의 상대적 가치를 나타낸다.

	A	B	C	D
①	ㄱ	ㄴ	ㄷ	ㄹ
②	ㄱ	ㄷ	ㄹ	ㄴ
③	ㄷ	ㄴ	ㄱ	ㄹ
④	ㄷ	ㄱ	ㄹ	ㄴ

13 □□□

2017년 지방직 9급(12월 추가)

직무평가 방법에 대한 설명으로 옳은 것은?

① 서열법은 직무와 직무를 직접 비교하기 때문에 주관성 배제에는 유리하지만 비용이 많이 든다는 단점이 있다.
② 점수법은 직무평가표에 따라 구성요소별 점수를 매기고, 이를 합계해 총점을 계산하므로 시간과 노력이 적게 든다는 장점이 있다.
③ 요소비교법은 점수법과 같이 시행의 단순성과 편의성으로 인해 가장 광범위하게 사용되고 있다.
④ 분류법에서는 등급기준표가 완성되기까지 직무평가가 이루어져서는 안 된다.

14 □□□

2018년 서울시 9급

직무평가의 방법 중 점수법에 대한 설명으로 가장 옳은 것은?

① 직무 전체를 종합적으로 판단해 미리 정해 놓은 등급기준표와 비교해가면서 등급을 결정한다.
② 대표가 될 만한 직무들을 선정하여 기준 직무(key job)로 정해놓고 각 요소별로 평가할 직무와 기준 직무를 비교해 가며 점수를 부여한다.
③ 비계량적 방법을 통해 직무기술서의 정보를 검토한 후 직무상호 간에 직무 전체의 중요도를 종합적으로 비교한다.
④ 직무평가기준표에 따라 직무의 세부 구성요소들을 구분한 후 요소별 가치를 점수화하여 측정하는데, 요소별 점수를 합산한 총점이 직무의 상대적 가치를 나타낸다.

15 □□□

2019년 서울시 7급(10월 시행)

직무평가의 방법에 대한 설명으로 가장 옳지 않은 것은?

① 서열법은 직무 전체의 중요도, 난이도, 책임도 등을 고찰하고, 각 직무의 상대적 가치를 비교하여 서열을 결정하는 방법이다.
② 분류법은 각 직무에 요구되는 기술과 책임감의 수준 등을 판정하여 사전에 정해놓은 등급에 분류하는 평가방법이다.
③ 점수법은 각 직무를 기초적인 요소의 척도에 따라 계량적으로 계측하는 방법이다.
④ 요소비교법은 조직 내의 중심이 되는 기준직무를 선정하여, 평가하고자 하는 직무와 기준직무의 평가요소들을 상호비교하여 상대적 가치를 질적으로 판단하는 방법이다.

16 □□□

2023년 국가직 9급

직무평가방법에 대한 설명으로 옳지 않은 것은?

① 점수법은 직무를 구성하는 하위요소별 점수를 합산하여 평가하는 방법이다.
② 분류법은 미리 정한 등급기준표와 직무 전체를 비교하여 등급을 결정하는 비계량적 방법이다.
③ 서열법은 직무의 구성요소를 구별하지 않고 직무 전체의 중요도를 종합적으로 평가하는 방법이다.
④ 요소비교법은 기준직무(key job)와 평가할 직무를 상호 비교해 가며 평가하는 비계량적 방법이다.

17 □□□

2020년 국가직 7급

직무분석과 직무평가에 대한 설명으로 옳은 것은?

① 직무분석은 직무들의 상대적인 가치를 체계적으로 분류하여 등급화하는 것이다.
② 직무자료 수집방법에는 관찰, 면접, 설문지, 일지기록법 등이 활용된다.
③ 일반적으로 직무평가 이후에 직무 분류를 위한 직무분석이 이루어진다.
④ 직무평가 방법으로 서열법, 요소비교법 등 비계량적 방법과 점수법, 분류법 등 계량적 방법을 사용한다.

18 □□□

2024년 지방직 9급

직무평가방법에 대한 설명으로 옳지 않은 것은?

① 분류법은 미리 정해진 등급기준표를 이용하는 비계량적 방법이다.
② 서열법은 비계량적 방법으로, 직무의 수가 적은 소규모 조직에 적절하다.
③ 점수법은 직무와 관련된 평가요소를 선정하고 각 요소별로 중요도를 부여하는 과정에서 계량화를 통해 명확하고 객관적인 이론적 증명이 가능하다.
④ 요소비교법은 조직 내 기준직무(key job)를 선정하여 평가하려는 직무와 기준직무의 평가요소를 상호비교하여 상대적 가치를 판단하는 방법이다.

CHAPTER 3

인적자원관리(임용, 능력발전, 사기부여)

THEME 50 전략적 인적자원관리와 공무원의 임용

중요도 ●●●○○

정답 및 해설 p. 179

선생님TIP

최근 인적자원관리(HRM; Human Resources Management) 차원에서 전략적 인적자원관리(SHRM; Stregic Human Resources Management)가 활발하게 논의되고 있는 추세입니다. 전통적인 인적자원관리와 비교하여 현대적인 전략적 인적자원관리에 대해 이해하고 정리할 수 있도록 합니다. 공무원의 임용은 공무원 관계의 발생·변경·소멸을 의미하는데, 특히 신규채용과 시험의 요건(효용도)에 대한 정리가 중요한 부분입니다.

■ 전략적 인적자원관리와 공무원의 임용·시험

1. 인사행정(public personnel administration)의 패러다임 변화

(1) 전통적 인사행정: 전통적 인적자원관리(HRM; Human Resources Management)

① 개인보다는 조직 중심의 인사관리방식

② 조직과 직무를 개인보다 강조하는 비용 측면의 접근

③ 개인적 욕구를 경시하게 되며 개인과 직무, 개인과 조직 간의 부조화를 야기

(2) 현대적 인사행정: 전략적 인적자원관리(SHRM; Strategic Human Resources Management)

① 조직의 비전 및 목표와 내부상황 및 외부환경을 모두 고려해 가장 적합한 인력을 개발·관리하여 조직의 목표를 극대화하고자 하는 인사관리방식

② 조직구성원(인력)을 '인적자원(human resource)'의 개념으로 보기보다는 '인적자본(human capital)'의 개념으로 보고, 사람에 대한 '투자(invest)'와 '개발(develop)'의 필요성을 강조하며 개인과 조직의 통합 및 전략적 관리와 연계시킬 것을 강조

③ 전통적 인적자원관리(HRM) 방식이 채용, 교육, 훈련, 평가, 보상과 같은 인사관리방식들을 미시적 시각(micro-perspective)에서 개별적으로 나누어 접근하는 데 비해, 전략적 인적자원관리는 거시적 시각(macro-perspective)에서 개별적 인사관리방식을 통합하려고 시도

2. 공무원의 임용과 시험

(1) 임용

① 종류

외부임용(신규임용)	공개경쟁채용	기회균등, 실적주의
	경력경쟁채용	• 퇴직자 재임용, 자격증 소지자, 경력 등 • 장점: 공채 보완, 적극적 인사, 융통성 • 단점: 정실주의
내부임용(재배치)	수직적 이동	• 승진: 하위직급에서 상위직급으로의 이동 • 강임: 상위직급에서 하위직급으로의 이동
	수평적 이동(배치전환)	• 전보: 동일한 직급, 직렬 내에서의 보직 변경(시험 불요) • 전직: 직급은 동일하나 직렬을 달리하는 직위로의 수평적 이동(시험 요) • 파견근무: 임시적인 이동 근무 • 전입: 다른 인사 관할기관 간의 수평적 이동

② 절차

모집 → 시험 → 채용후보자명부 작성 → 기관추천 → 시보임용 → 임명 및 보직

(2) 시험의 요건(효용도)

<table>
<tr><td rowspan="4">타당도</td><td colspan="2">• 측정하고자 하는 것을 얼마나 정확하게 측정했는지의 정도(목표의 일치)
• 타당도의 유형</td></tr>
<tr><td>기준타당도</td><td>• 직무수행능력 예측
• 시험성적을 좋게 받은 사람이 실제 근무실적이 좋을 때 기준타당도가 높음</td></tr>
<tr><td>내용타당도</td><td>• 직무수행에 필요한 능력요소 측정
• 시험이 해당 직무의 수행에 필요한 구체적 항목을 측정하는 데 적합할수록 내용타당도가 높음</td></tr>
<tr><td>구성타당도</td><td>• 이론적으로 구성된 능력요소 측정
• 추상적 능력을 측정하는 요소와 시험문제의 부합 정도가 높을수록 구성타당도가 높음</td></tr>
<tr><td>신뢰도</td><td colspan="2">시기나 장소에 점수가 영향을 받지 않는 정도(결과의 일관성, 일치도)</td></tr>
<tr><td>객관도</td><td colspan="2">채점의 공정성(동일한 결과)</td></tr>
<tr><td>난이도</td><td colspan="2">쉬운 문제와 어려운 문제의 조화 정도(변별력)</td></tr>
<tr><td>실용도</td><td colspan="2">시험의 경제성과 집행의 용이성</td></tr>
</table>

01 □□□ 2017년 국가직 9급(4월 시행)

전략적 인적관리에 대한 설명으로 옳지 않은 것은?

① 장기적이며 목표 · 성과 중심적으로 인적자원을 관리한다.

② 개인의 욕구는 조직의 전략적 목표달성을 위해 희생해야 한다는 입장이다.

③ 인사업무 책임자가 조직전략 수립에 적극적으로 관여한다.

④ 조직의 전략 및 성과와 인적자원관리 활동 간의 연계에 중점을 둔다.

02 □□□ 2023년 군무원 9급

다음 중 전략적 인적자원관리에 대한 설명으로 가장 거리가 먼 것은?

① 장기적이며 목표 성과 중심적으로 인적자원을 관리한다.

② 조직의 전략 및 성과와 인적자원관리 활동 간의 연계에 중점을 둔다.

③ 인사업무 책임자가 조직 전략 수립에 적극적으로 관여한다.

④ 개인의 욕구는 조직의 전략적 목표달성을 위해 희생해야 한다는 입장이다.

03 □□□ 2018년 서울시 7급(3월 추가)

행정능력에 대한 설명으로 가장 옳지 않은 것은?

① 행정능력은 지적 능력, 실행적 능력을 포괄하며 정치적 능력과는 구분된다.

② 지적 능력은 바람직한 정책결정을 위한 전문성과 관련되어 있으며, 우리나라 행정학에서 중요한 능력으로 인식되어 왔다.

③ 실행적 능력은 정치 및 민간 지원의 확보능력을 포괄한다.

④ 행정능력을 구성하는 하위 능력요인들 간에 상충관계가 존재한다.

04 □□□ 2022년 국가직 7급

2022년 10월 14일 기준, 「국가공무원법」상 공무원으로 임용될 수 없는 사람은? (단, 다른 상황은 고려하지 않음)

① 2021년 10월 13일에 성년후견이 종료된 甲

② 파산선고를 받고 2021년 10월 13일에 복권된 乙

③ 2019년 10월 13일에 공무원으로서 징계로 파면처분을 받은 丙

④ 2017년 금고형을 선고받고 그 집행유예기간이 2019년 10월 13일에 끝난 丁

05 □□□

2020년 국가직 9급

공무원의 인사이동에 대한 설명으로 옳은 것은?

① 겸임은 한 사람에게 둘 이상의 직위를 부여하는 것으로 그 대상은 특정직 공무원이며, 겸임 기간은 3년 이내로 한다.
② 전직은 인사 관할을 달리하는 기관 사이의 수평적 인사이동에 해당하며, 예외적인 경우에만 전직시험을 거치도록 하고 있다.
③ 같은 직급 내에서 직위 등을 변경하는 전보는 수평적 인사이동에 해당하며, 전보의 오용과 남용을 방지하기 위해 전보가 제한되는 기간이나 범위를 두고 있다.
④ 예산 감소 등으로 직위가 폐지되어 하위 계급의 직위에 임용하려면 별도의 심사 절차를 거쳐야 하고, 강임된 공무원에게는 강임된 계급의 봉급이 지급된다.

06 □□□

2024년 지방직 9급

「지방공무원법」상 공무원 인사이동에 대한 설명으로 옳지 않은 것은?

① 전직은 직렬을 달리하는 임명을 말한다.
② 전보는 같은 직급 내에서 보직변경을 말한다.
③ 강임의 경우, 같은 직렬의 하위 직급이 없는 경우 다른 직렬의 하위 직급으로는 이동할 수 없다.
④ 지방자치단체의 장 또는 지방의회의 의장은 공무원을 전입시키려고 할 때에는 해당 공무원이 소속된 지방자치단체의 장 또는 지방의회의 의장의 동의를 받아야 한다.

07 □□□

2025년 국가직 9급

공무원의 인사이동 방식에 대한 설명으로 옳지 않은 것은?

① '승진'은 상위 직급에 적합한 인재를 하위 직급으로부터 선별해 내는 내부임용을 말한다.
② '겸임'은 한 사람의 공무원에게 둘 이상의 직위를 부여하는 것을 말한다.
③ '강임'은 같은 직렬 내에서 하위 직급에 임명하거나 하위 직급이 없어 다른 직렬의 하위 직급으로 임명하는 것을 말한다.
④ '전직'은 같은 직급 내에서의 보직 변경 또는 고위공무원단 직위 간의 보직 변경을 말한다.

08 □□□

2025년 국회직 8급

인사이동에 대한 설명으로 옳지 않은 것은?

① 강임은 중징계의 하나로 한 계급 아래로 이동하는 것이다.
② 전보는 동일한 직급 내에서 직위만 변경하는 것이다.
③ 전입이란 인사 관할을 달리하는 입법부·행정부·사법부 간 소속을 달리하는 인사이동을 말한다.
④ 겸임은 직위 및 직무 내용이 유사하고 담당 직무수행에 지장이 없다고 인정하는 경우 한 사람의 공무원에게 둘 이상의 직위를 부여하는 것이다.
⑤ 전직은 상이한 직렬의 동일한 계급 또는 등급으로 수평이동하는 것이다.

09 □□□

2025년 국회직 8급

공무원 선발시험의 신뢰성과 타당성에 대한 설명으로 옳지 않은 것은?

① 이분법은 하나의 시험지 내에서 문항만을 두 집단으로 나누어 이들 문항 집단 간의 성적을 상호 비교하는 방법이다.
② 재시험법은 시험의 종적 일관성을 조사하는 것으로, 시험을 본 수험자에게 일정한 시간이 지난 뒤에 다시 같은 문제로 시험을 보게 하는 방법이다.
③ 동시적 타당성 검증은 시험성적과 근무실적에 대한 자료를 동시에 수집하여 상관관계를 검토하는 것이다.
④ 신뢰성이 있다고 해서 반드시 타당성이 확보되는 것은 아니나, 타당성이 확보되기 위해서는 신뢰성이 전제되어야 한다.
⑤ 내용타당성은 시험성적과 시험으로 예측하고자 했던 기준 사이에 얼마나 밀접한 상관관계가있는가를 의미하며, 시험이라는 예측치와 직무수행실적이라는 기준 간 상관계수로 측정된다.

10 □□□

2008년 국가직 7급

채용시험의 구성타당도(construct validity)에 대한 설명으로 옳은 것은?

① 채용시험이 이론적으로 추정된 능력요소를 얼마나 정확하게 측정할 수 있는가
② 채용시험이 장래의 직무수행에 필요한 능력요소를 얼마나 정확하게 예측할 수 있는가
③ 채용시험이 특정한 직위의 직무수행에 필요한 능력요소를 어느 정도까지 측정할 수 있는가
④ 채용시험이 개인 간의 능력 차이를 어느 정도까지 식별할 수 있는가

11 □□□

2009년 지방직 9급

채용시험의 타당도에 대한 설명으로 올바르게 짝지어진 것은?

ㄱ. 시험성적과 업무수행실적 간의 상관관계 ㄴ. 직무수행에 필요한 능력요소와 시험문제의 부합정도 ㄷ. 이론적으로 추정한 능력요소와 시험문제의 부합정도

A. 내용타당도　B. 구성타당도　C. 기준타당도

① ㄱ - C, ㄴ - A, ㄷ - B
② ㄱ - C, ㄴ - B, ㄷ - A
③ ㄱ - A, ㄴ - C, ㄷ - B
④ ㄱ - A, ㄴ - B, ㄷ - C

12 □□□

2008년 지방직 7급

공무원 선발시험 과목 중 행정학 시험의 타당도를 검증하기 위해 행정학 교수들로 패널을 구성하여 전체적인 문항들을 검증하는 방법과 가장 관련이 있는 것은?

① 기준타당도(criterion-related validity)
② 예측적 타당도(predictive validity)
③ 내용타당도(content validity)
④ 구성개념타당도(construct validity)

13 □□□

2011년 서울시 9급

다음에 설명하는 개념과 가장 관련이 높은 것은?

학생들의 수학능력평가를 수능시험으로 측정해 산출한다면, 측정대상의 의미, 즉 수학능력을 포괄적으로 측정했다고 설명하기 어렵다. 학생들의 수학능력평가는 수능은 물론, 학생부, 자기소개서, 면접 등을 포함해 포괄적으로 이루어져야 한다.

① 구성타당도
② 내용타당도
③ 신뢰성
④ 액면타당도(Face Validity)
⑤ 예측타당도

14 □□□

2012년 지방직 7급

측정의 타당도에 대한 설명으로 옳은 것은?

① 이론적인 추상적 개념과 측정지표 간의 일치 정도를 구성개념타당도라 한다.
② 어떤 개념의 측정지표와 이미 타당도가 검증된 다른 기준과의 상관성 정도를 내용타당도라 한다.
③ 측정지표가 지표의 모집단을 대표하고 있는 정도를 기준타당도라 한다.
④ 같은 개념을 상이한 측정방법으로 측정했을 때, 그 측정값 사이의 상관관계의 정도를 차별적 타당도라 한다.

15 □□□

2018년 국가직 7급

공무원 임용시험의 효용성을 측정하는 기준에 대한 설명으로 옳지 않은 것은?

① 시험의 타당성은 시험이 측정하고자 하는 것을 실제로 얼마나 정확하게 측정했는가를 의미하며 그 종류에는 기준타당성, 내용타당성, 구성타당성 등이 있다.
② 내용타당성은 시험성적이 직무수행실적과 얼마나 부합하는가를 판단하는 타당성으로 두 요소 간 상관계수로 측정된다.
③ 측정 대상을 일관성 있게 측정하는 정도를 신뢰성이라고 하며 같은 사람이 여러 번 시험을 반복하여 치르더라도 결과가 크게 변하지 않을 때 신뢰성을 갖게 된다.
④ 신뢰도를 측정하는 방법으로는 재시험법(test-retest)과 동질이형법(equivalent forms) 등이 사용된다.

16 □□□

2022년 지방직 7급

선발시험의 신뢰성을 검증하는 방법에 해당하지 않는 것은?

① 하나의 시험유형 내에서 각 문항 간의 상관관계를 종합하여 시험의 일관성을 검증한다.
② 시험성적과 본래 시험으로 예측하고자 했던 기준 사이에 얼마나 밀접한 상관관계가 있는가를 검증한다.
③ 시험을 본 수험자에게 일정한 시간이 지난 뒤, 다시 같은 문제로 시험을 보게 하여 두 점수 간의 일관성을 확인한다.
④ 문제 수준이 비슷한 두 개의 시험유형을 개발하여 동일 통제집단을 대상으로 시험을 보게 한 후 두 집단의 성적 간 상관관계를 분석한다.

17 □□□

2018년 교육행정직 9급

(가)~(다)의 공무원 선발시험의 타당성 유형과 〈보기〉의 타당성 검증방법을 바르게 연결한 것은?

(가) 이론적으로 추정한 능력요소를 얼마나 정확하게 측정할 수 있는가에 관한 것이다.
(나) 직무수행능력의 예측이 얼마나 정확한가에 관한 것이다.
(다) 특정한 직위의 의무와 책임에 직결되는 요소들을 선발시험이 어느 정도나 측정할 수 있는가에 관한 것이다.

〈보기〉

ㄱ. 추상성을 측정할 지표개발과 고도의 계량분석기법 및 행태과학적 조사
ㄴ. 직무수행에 필요한 능력요소와 선발시험요소에 대한 전문가의 부합도 평가
ㄷ. 선발시험성적과 업무수행실적의 상관계수 측정

	(가)	(나)	(다)
①	ㄱ	ㄴ	ㄷ
②	ㄱ	ㄷ	ㄴ
③	ㄴ	ㄷ	ㄱ
④	ㄷ	ㄱ	ㄴ

18 □□□

2018년 국회직 8급

다음 중 시험이 특정한 직위의 의무와 책임에 직결되는 요소들을 어느 정도 측정할 수 있느냐에 대한 타당성의 개념은?

① 내용타당성
② 구성타당성
③ 개념타당성
④ 예측적 기준타당성
⑤ 동시적 기준타당성

19 □□□
2024년 국회직 8급

다음 글의 (ㄱ)에 해당하는 개념으로 옳은 것은?

> 시험을 통해 측정하는 행동이나 질문 주제의 내용이 직무 수행의 중요한 국면을 대표할 수 있는지에 대한 판단과 관련된다. 예를 들어, 워드프로세서 시험에서 실제 근무상황에 사용되는 것과 똑같은 서류 양식을 시험문제로 출제하는 경우나 취재기자 선발시험에서 일반적인 논술 주제가 아닌 구체적인 기사 작성을 시험문제로 출제할 경우, (ㄱ)를 확보할 수 있다.

① 신뢰도
② 기준타당도
③ 내용타당도
④ 구성타당도
⑤ 실용도

20 □□□
2022년 군무원 9급

우리나라의 시보제도에 대한 설명으로 옳은 것은?

① 시보기간 동안은 신분이 보장되지 않기 때문에 그 기간은 공무원 경력에 포함되지 아니한다.
② 시보공무원은 공무원법상 공무원에 해당하기 때문에 시보기간 동안에도 보직을 부여받을 수 있다.
③ 시보기간 동안에 직권면직이 되면, 향후 3년간 다시 공무원으로 임용될 수 없는 결격사유에 해당한다.
④ 시보기간 동안은 신분이 보장되지 않기 때문에 징계처분에 대한 소청심사청구를 할 수 없다.

21 □□□
2023년 지방직 7급

공무원 임용에 대한 설명으로 옳지 않은 것은?

① 국가기관의 장은 국가안보 및 보안 · 기밀에 관계되는 분야를 제외하고 대통령령 등으로 정하는 바에 따라 외국인을 공무원으로 임용할 수 있다.
② 임용시험 성적과 임용 후 근무성적 간의 연관성이 높다면 임용시험의 기준 타당성이 높다고 할 수 있다.
③ 국가기관의 장은 업무의 특성이나 기관의 사정 등을 고려하여 소속 공무원을 대통령령 등으로 정하는 바에 따라 통상적인 근무시간보다 짧게 근무하는 공무원으로 임용할 수 있다.
④ 신규 채용되는 공무원의 경우 시보 임용을 면제하거나 그 기간을 단축할 수 없다.

22 □□□
2019년 국회직 8급

우리나라 공무원의 승진제도에 대한 설명으로 옳지 않은 것은?

① 5급 이하 공무원의 승진후보자명부는 근무성적평정 60%, 경력평정 40%를 고려하여 작성된다.
② 일반직공무원(우정직공무원은 제외)이 승진하려면 7급은 2년 이상, 6급은 3년 6개월 이상 해당 계급에 재직하여야 한다.
③ 근속승진은 승진후보자명부 작성단위기관 직제상의 정원표에 일반직 6급 · 7급 또는 8급의 정원이 없는 경우에도 근속승진인원만큼 상위직급에 결원이 있는 것으로 보고 승진임용할 수 있다.
④ 공개경쟁승진은 5급으로의 승진에 적용되며, 기관 구분 없이 승진자격을 갖춘 6급 공무원을 대상으로 하는 공개경쟁승진시험의 성적에 의하여 결정된다.
⑤ 특별승진은 민원봉사대상 수상자, 직무수행능력 우수자, 제안채택시행자, 명예퇴직자, 공무사망자 등을 대상으로 일정 요건을 충족하는 경우 승진임용하거나, 승진심사 또는 승진시험에 응시할 수 있도록 하는 제도이다.

23 □□□
2019년 서울시 9급(6월 시행)

배치전환에 대한 설명으로 가장 옳지 않은 것은?

① 능력의 정체와 퇴행현상을 방지할 수 있다.
② 직무의 부적응을 해소하고 조직 구성원에게 재적응의 기회를 부여할 수 있다.
③ 행정의 전문성과 능률성을 증진시킬 수 있다.
④ 정당한 징계절차에 의하지 않고 일종의 징계수단으로 활용될 가능성이 존재한다.

THEME 51 공무원의 능력발전(교육훈련)

중요도 ●●○○○

정답 및 해설 p. 184

선생님TIP

공직자의 능력을 발전하기 위해서는 교육훈련이 중요한 역할을 하는데, 이러한 교육훈련의 유형들을 먼저 정리하여야 합니다. 즉 현장훈련(On-JT; On the Job Training)과 현장 외 훈련(Off-JT, 교육원훈련)의 장단점을 비교하여 알아두어야 합니다. 최근 고위공무원단의 역량평가제와 액션러닝 등의 교육훈련기법이 주목받고 있으니 이 부분에 대해서도 반드시 정리해두도록 합시다.

교육훈련의 유형

1. 현장훈련(On-JT, 현장에서 훈련을 받는 것)

실무지도	일상 근무 중 상관이 부하에게 실무능력을 가르침
직무순환	여러 분야의 직무를 경험토록 순환함
임시배정	앞으로 맡게 될 임무에 대비한 잠시 배정
인턴십	전반적인 업무를 간단히 경험함

2. 현장 외 훈련(Off-JT, 교육원훈련)

강의	다수의 인원 대상, 정보의 전달 · 주입에 효과적, 창의성 하락
토론 · 토의	쌍방 간의 정보 교환(패널, 심포지엄, 포럼)
사례연구	실제 사례나 가상 시나리오를 가지고 문제점 도출 · 대안 모색
역할연기	특정 역할(보통 반대되는 입장)을 직접 연기하여 이해와 관용 향상
감수성훈련	소그룹을 만들어 실험실훈련을 통해 대인관계 향상, 태도 변화
신디케이트	분임토의와 유사
모의실험	실제와 유사한 가상의 상황을 꾸며 대처하도록 하는 방법

3. 역량기반 교육훈련제도(competency-based curriculum; CBC)

멘토링 (mentoring)	멘토와 멘티간의 상호 관계를 통한 개인 간의 학습과 발전을 추구
학습조직 (learning organization)	조직 내 모든 구성원의 학습과 개발을 촉진시키는 조직형태로 지식의 창출 및 공유와 상시적 관리역량을 갖춘 조직
액션러닝 (Action Learning)	이론과 지식 전달 위주의 전통적인 강의식·집합식 교육의 한계를 극복하고 참여와 성과 중심의 교육훈련을 지향하는 현장조사와 성찰학습을 강조
워크아웃 프로그램 (work-out program)	조직 내의 불필요한 요소를 제거하는 1980년대 후반부터 미국 GE사의 전략적 인적자원 개발 프로그램

01 □□□

2017년 교육행정직 9급

다음 설명에 해당하는 공무원 교육훈련방법으로 가장 적합한 것은?

> 공무원들 간 비정형적 체험을 통해서 자기에 대한 인식과 타인에 대한 이해의 기회를 갖게 하여, 태도와 행동의 변화를 가져오고 궁극적으로 대인관계기술을 향상시키려는 목적을 갖는다.

① 강의(lecture)
② 액션러닝(action learning)
③ 감수성훈련(sensitivity training)
④ 현장훈련(on-the-job-training)

02 □□□

2009년 국가직 9급

교육훈련은 실시되는 장소가 직장 내인가, 외인가에 따라 직장훈련(On-the-Job Training)과 교육원훈련(Off-the-Job Training)으로 나뉜다. 다음 중 직장훈련의 장점으로 볼 수 없는 것은?

① 사전에 예정된 계획에 따라 실시하기가 용이하다.
② 상사나 동료 간의 이해와 협동정신을 강화 · 촉진시킨다.
③ 피훈련자의 습득도와 능력에 맞게 훈련할 수 있다.
④ 훈련으로 구체적인 학습 및 기술향상의 정도를 알 수 있으므로 구성원의 동기를 유발할 수 있다.

03 □□□

2015년 지방직 7급

교육참가자들이 팀을 구성하여 실제 현안문제를 해결하면서 동시에 문제해결과정에 대한 성찰을 통해 학습하도록 지원하는 행동학습(learning by doing)으로서, 주로 관리자훈련에 사용되는 교육방식은?

① 멘토링(mentoring)
② 감수성훈련(sensitivity training)
③ 액션러닝(action learning)
④ 워크아웃 프로그램(work-out program)

04 □□□

2023년 군무원 7급

역량기반 교육훈련제도의 하나로서, 조직의 수직적·수평적 장벽을 제거하고 전 구성원의 자발적 참여에 의한 행정혁신, 관리자의 신속한 의사결정과 문제 해결을 도모하는 교육훈련 방식으로 가장 적절한 것은?

① 멘토링(mentoring)
② 학습조직
③ 액션 러닝(action learning)
④ 워크아웃 프로그램(work-out program)

05 □□□

2015년 서울시 7급

평상시 근무하면서 일을 배우는 직장 내 교육훈련방법으로 옳지 않은 것은?

① 실무지도
② 인턴십
③ 직무순환
④ 감수성훈련

06 □□□

2019년 서울시 9급(2월 추가)

교육훈련의 종류를 OJT(On-the-Job Training)와 OFFJT(Off-the-Job Training)로 구분할 때 OJT의 주요 프로그램에 해당하지 않는 것은?

① 인턴십(internship)
② 역할연기(role playing)
③ 직무순환(job rotation)
④ 실무지도(coaching)

07 □□□

2019년 국가직 9급

다음 설명에 해당하는 교육훈련방법은?

> 서로 모르는 사람 10명 내외로 소집단을 만들어 허심탄회하게 자신의 느낌을 말하고 다른 사람이 자신을 어떻게 생각하는지를 귀담아듣는 방법으로 훈련을 진행하기 위한 전문가의 역할이 요구된다.

① 역할연기
② 직무순환
③ 감수성훈련
④ 프로그램화 학습

08 □□□

2019년 국가직 7급

교육훈련방법에 대한 설명으로 옳은 것은?

① 직장 내 훈련(OJT; on-the-job training)은 감독자의 능력과 기법에 따라 훈련성과가 달라지며 많은 사람을 동시에 교육하기 어렵다.
② 감수성훈련(sensitivity training)은 원래 정신병 치료법으로 발달한 것으로 전문가의 지원을 받아 과제의 해결책을 도출하는 방법이다.
③ 모의연습(simulation)은 T-집단훈련으로도 불리며 주어진 사례나 문제에서 어떠한 역할을 실제로 연기해 봄으로써 당면한 문제를 체험해 보는 방법이다.
④ 액션러닝(action learning)은 미국 GE사 전략적 인적자원개발프로그램으로 활용된 것으로 태도와 행동의 변화를 통해 인간관계기술을 향상하려는 것이 주된 목적이다.

09 □□□

2022년 국회직 8급

다음 중 교육훈련 방식에 대한 설명으로 옳은 것만을 모두 고르면?

> ㄱ. 멘토링은 조직 내 핵심 인재의 육성과 지식 이전, 구성원들 간의 학습활동을 촉진할 수 있는 방법으로, 조직 내 업무 역량을 조기에 배양할 수 있다.
> ㄴ. 학습조직은 암묵적 지식으로 관리되던 조직의 내부역량을 체계적으로 관리하는 방법으로, 조직설계기준 제시가 용이하다.
> ㄷ. 액션러닝은 참여와 성과 중심의 교육훈련을 지향하는 방법으로, 현장에서 발생하는 현안 문제를 가지고 자율적 학습 또는 전문가의 지원을 받아 구체적인 문제 해결 방안을 모색한다.
> ㄹ. 워크아웃 프로그램은 전 구성원의 자발적 참여에 의한 행정혁신을 추진하는 방법으로, 관리자의 의사결정과 문제 해결이 지연되는 한계가 있다.

① ㄱ, ㄴ
② ㄱ, ㄷ
③ ㄱ, ㄹ
④ ㄴ, ㄷ
⑤ ㄴ, ㄹ

10 □□□

2024년 국가직 9급

다음 설명에 해당하는 공무원 교육훈련방법은?

> 교육 참가자들을 소그룹 규모의 팀으로 구성해 개인, 그룹 또는 조직에 중요한 의미가 있는 실제 현안 문제를 해결하면서 동시에 문제 해결 과정에 대한 성찰을 통해 학습하도록 지원하는 교육방식이다. 우리나라 정부 부문에는 2005년부터 고위공직자에 대한 교육훈련 방법으로 도입되었다.

① 액션러닝
② 역할연기
③ 감수성훈련
④ 서류함기법

THEME 52 공무원 근무성적평정제도

중요도 ●●●●○

정답 및 해설 p. 186

선생님TIP

최근 출제빈도가 높은 테마입니다. 먼저 평정제도의 유형을 분류하고 각 평정기법의 특징과 장단점을 정리하여야 합니다. 또한 우리나라의 공무원 근무성적평정제도가 4급 이상의 직무성과계약과 5급 이하의 근무성적평가로 나누어지므로 양자의 특징을 비교하여 알아두는 것이 좋습니다. 특히 근무성적을 평가할 때 여러 가지 이유로 인해서 평가자의 근무성적평정상 오류가 발생하게 되는데 이 부분은 주요 출제 포인트이므로 철저한 정리와 이해를 바탕으로 학습하여야 합니다.

■ 공무원 평정제도와 근무성적평정상의 오류

1. 평정제도의 분류

평정기법별 분류	• 서열법 • 쌍쌍비교법 • 강제배분법 • 산출기록법 • 목표관리법(MBO) • 행태기준 평정척도법 • 체크리스트법 • 도표식 평정척도법 • 행태관찰척도법(BOS) • 대인비교법 • 중요사건기록법
주체별 분류	• 감독자 평정: 상급자의 평정 • 다면평정(360도 평정) - 평정주체: 상관 50% + 동료 30% + 부하 20% +민원인(가감점) - 원칙: 온라인평가 원칙, 평가자에 대한 사전교육, 교육훈련에만 활용(승진에 반영하지 않음), 해당 공무원에게 공개, 비밀유지, 실적·능력의 세부개념 구체화 - 장점: 의견수렴을 통한 행정발전, 공정하고 객관적인 평가, 정실인사 폐단 방지 - 단점: 인기투표로 변질할 가능성 존재, 정확성 확보 곤란, 복잡, 평가결과 왜곡 가능성

2. 우리나라의 근무성적평정

(1) 성과계약평가와 근무성적평가

구분	성과계약평가	근무성적평가
대상	4급 이상	5급 이하
기준	체결한 성과계약이 기준	근무실적 및 직무수행 능력
특징	상급자가 하급자와 계약	확인자·평가자의 복수평정(이중평정)
실시	연 1회(12월 31일 실시)	연 2회(6월 30일과 12월 31일 실시)

(2) 평가결과: 평정자는 원칙적으로 피평정자에게 평가결과를 공개

(3) 조정신청: 이의신청(확인자) → 조정신청(근무성적평가위원회), 소청심사는 불가능

3. 근무성적평정상의 오류

연쇄효과(halo effect)	하나의 평정요소가 다른 평정요소에 영향을 미치는 오류
관대화의 오류	하급자와의 인간관계를 의식하여 평정등급이 높게 나타나는 오류
집중화의 오류	무난하게 주로 중간등급을 주는 현상으로 인한 오류
규칙적 오류	평정자의 가치관 및 평정기준의 차이에 의한 규칙적 오류
총계적 오류	평정자의 피평정자에 대한 불규칙적인 오류
논리적 오류	평정요소 간 논리적 상관관계가 있다는 관념에 의한 오류
상동오차(고정관념)	집단이나 계층에 대한 편견, 성질이 다른 오류
시간적 오류(근접오류)	최근의 실적이나 사건이 평가에 영향을 미치는 오류
대비적 오류	평정대상자를 바로 직전의 평정대상자와 비교하여 평정하는 오류
선택적 지각	부분적인 정보만을 받아들여 평정하는 오류
방어적 지각	자신에게 불리한 정보를 회피하고 자기에게 유리한 것만 받아들이는 오류
이기적 착오	자존적 편견 또는 근본적 귀속의 오류
피그말리온효과	자기충족적 예언이 효과를 가져오는 오류

01 □□□

2023년 지방직 7급

다음 설명에 해당하는 근무성적평정방법은?

> • 다수의 평정요소와 평정요소별 수준을 나타내는 등급으로 구성
> • 평정요소별 해당 등급에 표시하는 방법으로 평정대상자 평가
> • 평정요소와 평정등급에 대한 평정자의 자의적 해석 가능

① 도표식평정척도법
② 가감점수법
③ 서열법
④ 체크리스트 평정법

02 □□□

2015년 국가직 7급

공무원 평정제도에 대한 설명으로 옳은 것은?

① 근무성적평가결과는 승진 및 보직관리에는 이용되지 않고 성과급 지급에만 활용된다.
② 근무성적평정결과와 공무원채용시험 성적의 일치성이 높을수록 시험의 타당도가 높다고 할 수 있다.
③ 역량평가제는 고위공무원으로 임용된 이후 업무실적을 평가하는 사후평가제도로서 고위공무원의 업무역량 강화에 기여할 수 있다.
④ 다면평가를 계서적 문화가 강한 조직에 적용할 경우 상급자와 하급자 간의 갈등을 최소화할 수 있다.

03 □□□

2015년 사회복지직 9급

다음에 해당하는 공무원 평정제도를 바르게 짝지은 것은?

> ㄱ. 고위공무원단제도의 도입에 따라 고위공무원으로서 요구되는 역량을 구비했는지를 사전에 검증하는 제도적 장치로 도입되었다.
> ㄴ. 직무분석을 통해 도출된 성과책임을 바탕으로 성과목표를 설정 · 관리 · 평가하고, 그 결과를 보수 혹은 처우 등에 적용하는 일련의 과정을 거친다.
> ㄷ. 행정서비스에 대한 다방향적 의사전달을 촉진하며 충성심의 방향을 다원화하는 데 기여할 수 있다.
> ㄹ. 공무원의 능력, 근무성적 및 태도 등을 평가해 교육훈련수요를 파악하고, 승진 및 보수결정 등의 인사관리자료를 얻는 데 활용한다.

	ㄱ	ㄴ	ㄷ	ㄹ
①	역량평가제	직무성과관리제	다면평가제	근무성적평정제
②	다면평가제	역량평가제	근무성적평정제	직무성과관리제
③	역량평가제	근무성적평정제	다면평가제	직무성과관리제
④	다면평가제	직무성과관리제	역량평가제	근무성적평정제

04 □□□

2019년 서울시 9급(6월 시행)

〈보기〉의 설명에 해당하는 근무성적평정방법으로 가장 옳은 것은?

> 〈보기〉
> 저는 학생들을 평가함에 있어 성적 분포의 비율을 미리 정해 놓고 등급을 줍니다. 비록 평가대상 전원이 다소 부족하더라도 일정 비율의 인원이 좋은 평가를 받거나, 혹은 전원이 우수하더라도 일부 학생은 낮은 평가를 받게 되지만, 이 방법을 통해 학생들의 성적 분포가 과도하게 한쪽으로 집중되는 것을 막아 평정 오차를 방지할 수 있다는 점에서 유용합니다.

① 강제배분법
② 서열법
③ 도표식 평정척도법
④ 강제선택법

05 □□□

2023년 국가직 7급

근무성적평정 방법 중 강제배분법에 대한 설명으로 옳지 않은 것은?

① 역산식 평정이 불가능하며 관대화 경향을 초래한다.
② 평가의 집중화 경향을 억제하는 효과가 있다.
③ 평정대상 다수가 우수한 경우에도 일정한 비율의 인원은 하위 등급을 받을 수 있다는 단점이 있다.
④ 등급별 할당 비율에 따라 피평가자들을 배정하는 것이다.

06 □□□

2014년 국회직 8급

근무성적평정에 대한 설명으로 옳지 않은 것은?

① 원칙적으로 5급 이상 공무원을 대상으로 하며 평가대상 공무원과 평가자가 체결한 성과계약에 따른 성과목표 달성도 등을 평가한다.
② 정부의 근무성적평정방법은 다원화되어 있으며, 상황에 따라 신축적인 운영이 가능하다.
③ 행태기준척도법은 평정의 임의성과 주관성을 배제하기 위하여 도표식평정척도법에 중요사건기록법을 가미한 방식이다.
④ 다면평가는 보다 공정하고 객관적인 평정이 가능하게 하며, 평정결과에 대한 당사자들의 승복을 받아내기 쉽다.
⑤ 어느 하나의 평정요소에 대한 평정자의 판단이 다른 평정요소의 평정에 영향을 미치는 현상을 연쇄적 착오라 한다.

07 □□□

2018년 서울시 7급(3월 추가)

성과평가의 방법과 모형에 대한 〈보기〉의 설명 중 옳은 것을 모두 고른 것은?

〈보기〉

ㄱ. 논리모형(Logic Model)은 직무활동이 설정된 성과목표를 성취하는 과정보다는 단기적인 산출물을 중시한다.
ㄴ. 성과표준평정법(Performance Standard Appraisal)은 구체적이고 측정 가능한 성과수준을 명시한다.
ㄷ. 균형성과평정법(Balanced Scorecard)은 내부과정의 관점보다는 고객 관점의 평가방법이다.
ㄹ. 행태관찰평정법(Behavioral Observation Scales)은 성과와 관련된 직무행태를 관찰하여 활동의 발생빈도를 측정한다.

① ㄴ, ㄹ　　② ㄱ, ㄴ, ㄷ
③ ㄴ, ㄷ, ㄹ　　④ ㄱ, ㄴ, ㄷ, ㄹ

08 □□□

2019년 서울시 9급(6월 시행)

목표관리제(MBO)와 성과관리제를 비교한 〈보기〉의 설명 중 옳은 것을 모두 고르면?

〈보기〉

ㄱ. 목표관리제는 개인이나 부서의 목표를 조직의 관리자가 제시한다는 측면에서 조직목표 달성을 위한 하향식 접근이다.
ㄴ. 목표관리제와 성과관리제 모두 성과지표별로 목표달성 수준을 설정하고 사후의 목표달성도에 따라 보상과 재정지원의 차등을 약속하는 계약을 체결한다.
ㄷ. 성과평가에서는 평가의 타당성, 신뢰성, 객관성을 확보하는 것이 중요하다.
ㄹ. 성과관리는 조직의 비전과 목표로부터 이를 달성하기 위한 부서단위의 목표와 성과지표, 개인단위의 목표와 지표를 제시한다는 점에서 상향식 접근이다.

① ㄷ　　② ㄴ, ㄷ
③ ㄱ, ㄴ, ㄷ　　④ ㄴ, ㄷ, ㄹ

09 □□□

2017년 서울시 7급

다음 중 직무성과계약제에 대한 설명으로 가장 옳은 것은?

① 직무성과계약제는 상·하급자 간의 합의를 통해 목표를 설정하고 성과계약의 내용이 구체적이며 상향식으로 체결된다는 점에서 목표관리제(MBO)와 유사하다.
② 직무성과계약제는 실·국장 등과 5급 이하 공무원 간에 공식적 성과계약을 체결한다.
③ 직무성과계약제는 주로 개인의 성과평가제도로 조직 전반의 성과관리를 중심으로 하는 균형성과지표(BSC)와 구분된다.
④ 직무성과계약제는 산출이나 성과보다는 투입부문의 통제에 초점을 두고 있다.

10 □□□

2017년 서울시 9급

근무성적평가제에 대한 설명 중 가장 옳은 것은?

① 4급 이상 공무원을 대상으로 한다.
② 매년 말일을 기준으로 연 1회 평가가 실시된다.
③ 평가단위는 소속 장관이 정할 수 있다.
④ 공정한 평가를 위해 평가자와 피평가자의 사전협의가 금지된다.

11 □□□

2013년 지방직 7급

다면평가제에 대한 설명으로 옳지 않은 것은?

① 공무원의 국민에 대한 충성심을 강화하는 데 기여할 수 있다.
② 작업집단의 팀워크 발전에 기여할 수 있다.
③ 우리나라에서는 평가자를 행정기관 내부자에 국한한다.
④ 피평가자를 업무목표의 성취보다 원만한 대인관계 유지에 급급하도록 만들 우려가 있다.

12 □□□

2010년 국가직 7급

공무원 평정제도로서 다양한 계급의 평가자가 피평가자를 평가하는 다면평가제도의 장점으로 옳지 않은 것은?

① 입체적·다면적 평가를 통해 평가의 객관성과 공정성을 높일 수 있다.
② 상급자가 직원들을 의식하지 않고 강력하게 업무를 추진할 수 있다.
③ 조직 내 원활한 인간관계를 증진시키려는 동기부여를 통해 업무의 효율성과 상호 간 이해의 폭을 높일 수 있다.
④ 계층구조의 완화와 팀워크가 강조되는 새로운 조직유형에 적합한 평가제도이다.

13 □□□

2013년 지방직 9급

다면평가제도에 대한 설명으로 옳지 않은 것은?

① 평가대상자의 동료와 부하를 제외하고 상급자가 다양한 측면에서 평가한다.
② 일면평가보다는 평가의 객관성과 신뢰성을 확보할 수 있다.
③ 평가결과의 환류를 통하여 평가대상자의 자기역량 강화에 활용할 수 있다.
④ 평가항목을 부처별, 직급별, 직종별 특성에 따라 다양하게 설계하는 것이 바람직하다.

14 □□□

2017년 서울시 9급

다면평가제도에 대한 설명으로 가장 옳지 않은 것은?

① 다수의 평가자가 참여해 합의를 통해 평가결과를 도출하는 체계이며, 개별평가자의 오류를 방지하고 평가의 공정성을 확보할 수 있다.
② 개인을 평가할 때, 직속상사에 의한 일방향의 평가가 아닌 다수의 평가자에 의한 다양한 방향에서의 평가이다.
③ 조직구성원들에게 조직 내외의 모든 사람과 원활한 인간관계를 증진시키려는 강한 동기를 부여함으로써 업무수행의 효율성을 제고할 수 있다.
④ 능력보다는 인간관계에 따른 친밀도로 평가가 이루어져 상급자가 업무추진보다는 부하의 눈치를 의식하는 행정이 이루어질 가능성이 높다.

15 □□□
2013년 서울시 9급

다면평가제도의 장점에 대한 설명으로 옳지 않은 것은?

① 평가의 객관성과 공정성 제고에 기여할 수 있다.
② 계층제적 문화가 강한 사회에서 조직 간 화합을 제고해 준다.
③ 피평가자가 자기의 역량을 강화할 수 있는 기회를 제공해 준다.
④ 조직 내 상하 간, 동료 간, 부서 간 의사소통을 촉진할 수 있다.
⑤ 팀워크가 강조되는 현대 사회의 새로운 조직 유형에 부합한다.

16 □□□
2025년 군무원 7급

다면평가에 관하여 현행 공무원 성과평가 등에 관한 규정으로 가장 적절하지 않은 것은?

① 소속 장관은 소속 공무원에 대한 능력개발 및 인사관리 등을 위하여 해당 공무원의 상급 또는 상위 공무원, 동료, 하급 또는 하위 공무원 및 민원인 등에 의한 다면평가를 실시하여야 한다.
② 소속 장관은 다면평가를 실시할 경우 다면평가의 방법 및 절차 등에 관한 구체적인 사항을 직무의 특성 등을 고려하여 설계·운영하여야 한다.
③ 다면평가의 평가자 집단은 다면평가 대상 공무원의 실적·능력 등을 잘 아는 업무 관련자로 구성하되, 소속 공무원의 인적 구성을 고려하여 공정하게 대표되도록 구성하여야 한다.
④ 다면평가의 결과는 해당 공무원에게 공개할 수 있다.

17 □□□
2017년 국가직 7급(8월 시행)

성과평가제도에 대한 설명으로 옳은 것은?

① 일반직공무원의 근무성적평정은 크게 5급 이상을 대상으로 한 '성과계약 등 평가'와 6급 이하를 대상으로 한 '근무성적평가'로 구분된다.
② '성과계약 등 평가'는 정기평가와 수시평가로 나눌 수 있으며 정기평가는 6월 30일과 12월 31일 기준으로 연 2회 실시한다.
③ 다면평가는 평가의 객관성과 공정성을 제고할 수 있으나 각 부처가 반드시 이를 실시해야 하는 것은 아니다.
④ 역량평가제도는 5급 신규 임용자를 대상으로 업무수행에 필요한 충분한 역량을 보유하고 있는지를 평가한다.

18 □□□
2017년 국가직 9급(10월 추가)

우리나라의 다면평가제도에 대한 설명으로 옳지 않은 것은?

① 민원인은 해당 공무원에 대한 다면평가에 참여할 수 없다.
② 다면평가의 결과는 해당 공무원에게 공개할 수 있다.
③ 다면평가의 결과는 승진, 전보, 성과급 지급 등에 참고자료로 활용될 수 있다.
④ 해당 공무원에게 평가정보를 다각적으로 제공하는 경우에는 능력개발을 유도할 수 있다.

19 □□□
2018년 국회직 8급

다음 중 근무성적평정제도에서 다면평가제도의 장점으로 옳지 않은 것은?

① 직무수행 동기유발
② 원활한 커뮤니케이션
③ 자기역량 강화
④ 미래행동에 대한 잠재력 측정
⑤ 평가의 수용성 확보 가능

20 □□□
2011년 지방직 9급

근무성적평정 시 어떤 평정자가 다른 평정자보다 언제나 좋은 점수 또는 나쁜 점수를 주는 오류는?

① 엄격화 경향(tendency of strictness)
② 규칙적 오류(systematic)
③ 총계적 오류(total error)
④ 선입견에 의한 오류(prejudice error)

21 □□□
2019년 국가직 9급

근무성적평정에서 나타나기 쉬운 집중화 경향과 관대화 경향을 시정하기 위한 방법으로 적절한 것은?

① 자기평정법
② 목표관리제 평정법
③ 중요사건기록법
④ 강제배분법

22 □□□

2019년 지방직 9급

공무원의 근무성적평정에 대한 설명으로 옳은 것은?

① 평정대상자의 근무실적과 직무수행능력을 평가하지만 적성, 근무태도 등은 평가하지 않는다.
② 중요사건기록법은 평정대상자로 하여금 자신의 근무실적을 스스로 보고하도록 하는 방법이다.
③ 평정자가 평정대상자를 다른 평정대상자와 비교함으로써 발생하는 오류는 대비오차이다.
④ 우리나라의 6급 이하 공무원에게는 직무성과계약제가 적용되고 있다.

23 □□□

2019년 국회직 8급

근무성적평정의 오류 중 강제배분법으로 방지할 수 있는 것만을 〈보기〉에서 모두 고르면?

〈보기〉
ㄱ. 첫머리 효과
ㄴ. 집중화 경향
ㄷ. 엄격화 경향
ㄹ. 선입견에 의한 오류

① ㄱ, ㄴ　② ㄱ, ㄷ
③ ㄴ, ㄷ　④ ㄴ, ㄹ
⑤ ㄷ, ㄹ

24 □□□

2010년 국가직 9급

평정자인 A팀장은 피평정자인 B팀원이 성실하다는 것을 이유로 창의적이고 청렴하다고 평정하였다. A팀장이 범한 오류에 가장 가까운 것은?

① 연쇄효과(halo effect)
② 근접효과(recency effect)
③ 관대화 경향(tendency of leniency)
④ 선입견과 편견(prejudice)

25 □□□

2009년 서울시 7급

근무성적평정과정에서 발생하는 문제점에 대해 옳지 않은 것은?

① 평정자마다 척도에 사용되는 용어에 대한 지각과 이해가 상이할 경우 평정상의 오류가 범해질 수 있으며, 이러한 문제는 특히 도표식 평정척도법에서 많이 나타난다.
② 평정자가 피평정자에게 평정척도상의 중간 등급의 점수를 주는 집중화 경향이 나타날 수 있다.
③ 피평정자를 실제 수준보다 관대하게 평가하는 관대화 경향 및 이와 반대로 피평정자를 실제 수준보다 낮게 평가하는 엄격화 경향이 나타날 수 있다.
④ 어느 한 평정요소에의 평정결과가 다른 평정요소에 대한 평가에 영향을 주거나 피평정자의 인상이 평정에 영향을 주는 연쇄효과가 나타날 수 있다.
⑤ 평정자가 최근에 일어난 일에 더 많은 영향을 받음으로써 평정상의 오류를 범할 수 있으며, 최근 결과에 의한 오류는 중요사건기록법에서 비교적 많이 나타난다.

26 □□□

2022년 지방직 7급

근무성적평정에 대한 설명으로 옳지 않은 것은?

① 다면평정법은 상급자, 동료, 부하, 고객 등 다양한 구성원에게 평정에 참여할 기회를 준다.
② 목표관리제평정법은 참여를 통한 명확한 목표의 설정과 개인과 조직 간 목표의 통합을 추구한다.
③ 강제배분법은 평정치의 편중과 관대화 경향을 막기 위해 등급별로 비율을 미리 정해 놓는다.
④ 도표식평정척도법은 근무성적을 객관적 사실에 기초하여 평가하므로 평정자의 편견이 개입할 가능성이 작다.

27 □□□

2018년 국가직 9급

근무성적평정상의 오류 중 평가자가 일관성 있는 평정기준을 갖지 못하여 관대화 및 엄격화 경향이 불규칙하게 나타나는 것은?

① 연쇄효과(halo effect)
② 규칙적 오류(systematic error)
③ 집중화 경향(central tendency)
④ 총계적 오류(total error)

28 □□□

2018년 지방직 7급

근무평가과정에서 나타날 수 있는 오류의 유형에 대한 설명으로 옳지 않은 것은?

① 집중화 경향 - 평가자가 모든 피평가자에게 대부분 중간 수준의 점수를 주는 심리적 경향이다.
② 관대화 경향 - 평가 결과의 분포가 우수한 쪽에 집중되는 경향이다.
③ 총계적 오류 - 어떤 평가자가 다른 평가자들보다 언제나 좋은 점수 또는 나쁜 점수를 주는 것이다.
④ 시간적 오류 - 근무평가 대상기간 초기의 업적에 영향을 크게 받는 첫머리 효과와 최근 실적을 중심으로 평가하는 막바지 효과로 나타난다.

29 □□□

2018년 교육행정직 9급

조직구성원의 인지과정에서 편의적 지각방법에 대한 설명으로 옳은 것은?

① 후광효과(halo effect)는 첫 인상이나 가장 최근의 정보를 가지고 대상을 판단하는 것이다.
② 상동적 태도(stereotyping)는 인지대상이 속한 집단의 특성에 비추어 그 대상을 지각하는 것이다.
③ 대비효과(contrast effect)는 비교대상의 개인적 요인의 영향은 과대평가하고 상황적 요인의 영향은 과소평가하는 경향을 말한다.
④ 투사(projection)는 잘된 성과에 대해서는 자신의 내적 요소에 귀인하고 좋지 않은 성과에 대해서는 외적 요소에 귀인하는 경향을 말한다.

30 □□□

2020년 지방직 9급

국내 최고 대학을 졸업했기 때문에 일을 잘했을 것이라고 생각하여 피평정자에게 높은 근무성적평정 등급을 부여할 경우 평정자가 범하는 오류는?

① 선입견에 의한 오류
② 집중화 경향으로 인한 오류
③ 엄격화 경향으로 인한 오류
④ 첫머리 효과에 의한 오류

31 □□□

2020년 국회직 8급

평정상의 착오에 대한 설명으로 옳은 것은?

① 연쇄적 착오(halo error)란 모호한 상황에 관해 부분적인 정보만을 받아들여 판단을 내리게 되는 데서 범하는 착오이다.
② 일관적 착오(systematic error)란 평정자의 평정기준이 다른 평정자보다 높거나 낮아 다른 평정자들보다 항상 박한 점수를 주거나, 후한 점수를 줄 때 발생하는 착오이다.
③ 유사성의 착오(stereotyping)란 평정자가 자신의 고정관념에 어긋나는 정보를 회피하거나, 정보를 고정관념에 부합되도록 왜곡시킬 때 발생하는 착오이다.
④ 근본적 귀속의 착오(fundamental attribution error)란 평정자가 어떤 사람이나 사물을 볼 때 그들이 속한 집단 또는 범주에 대한 고정관념에 비추어 지각함으로써 발생하는 착오이다.
⑤ 이기적 착오(self-serving bias)란 타인의 실패 · 성공을 평가할 때 상황적 요인은 과소평가하고 개인적 요인은 과대평가하거나 그 반대인 경우 발생하는 착오이다.

32 □□□

2021년 국가직 9급

근무성적평정 과정상의 오류와 완화방법에 대한 설명으로 옳지 않은 것은?

① 일관적 오류는 평정자의 기준이 다른 사람보다 높거나 낮은 데서 비롯되며 강제배분법을 완화방법으로 고려할 수 있다.
② 근접효과는 전체 기간의 실적을 같은 비중으로 평가하지 못할 때 발생하며 중요사건기록법을 완화방법으로 고려할 수 있다.
③ 관대화 경향은 비공식 집단적 유대 때문에 발생하며 평정 결과의 공개를 완화방법으로 고려할 수 있다.
④ 연쇄효과는 도표식평정척도법에서 자주 발생하며 피평가자별이 아닌 평정요소별 평정을 완화방법으로 고려할 수 있다.

33 □□□

2023년 지방직 9급

근무성적평정상의 오류에 대한 설명으로 옳지 않은 것은?

① 평정자가 피평정자를 잘 모르는 경우 집중화 경향이 발생할 수 있다.
② 평정자의 평정기준이 일정하지 않은 경우 총계적 오류(total error)가 발생할 수 있다.
③ 연쇄효과(halo effect)는 초기 실적이나 최근의 실적을 중심으로 평가함으로써 발생하는 시간적 오류를 의미한다.
④ 관대화 경향의 폐단을 막기 위해 강제배분법을 활용할 수 있다.

34 □□□

2025년 국가직 9급

근무성적평정 시 나타날 수 있는 오류에 대한 설명으로 옳지 않은 것은?

① '후광효과(halo effect)'는 어떤 요소에 대한 평정이 다른 요소에 대한 평정에 연쇄적으로 영향을 미치는 현상이다.
② '근접효과(recency effect)'는 최초의 근무성적에 대한 평정자의 인식이 전체 기간의 평정에 영향을 미치는 현상이다.
③ '관대화 경향(tendency of leniency)'은 실제 수준보다 더 높게 평정하여 발생하는 현상이다.
④ '집중화 경향(central tendency)'은 평정 결과가 중간 등급을 중심으로 집중되는 현상이다.

35 □□□

2024년 국가직 7급

다음의 상황에 해당하는 지각오류는?

> • 공격적인 성격의 소유자는 다른 사람도 공격적으로 보기 쉽다.
> • 노조 대표와 관리층의 대표는 자신의 불신 감정을 다른 집단에게로 전가한다.

① 대조효과(contrast effect)
② 투사(projection)
③ 후광효과(halo effect)
④ 기대성 착오(expectancy error)

36 □□□

2022년 군무원 9급

켈리(Kelly)의 귀인(歸因)이론에서 주장되는 귀인의 성향으로 옳지 않은 것은?

① 판단대상 외 다른 사람들이 다른 상황에서 동일한 행동을 보이는 정도가 높다면, 그 행동의 원인을 내적 요소에 귀인하는 경향이 나타난다.
② 판단대상이 다른 상황에서는 달리 행동하는 정도가 높다면, 그 행동의 원인을 외적 요소에 귀인하는 경향이 나타난다.
③ 판단대상이 동일한 상황에서 과거와 동일한 행동을 보이는 정도가 높다면, 그 행동의 원인을 내적 요소에 귀인하는 경향이 나타난다.
④ 판단대상 외 다른 사람들도 동일한 상황에 대해 동일한 행동을 보이는 정도가 높다면, 그 행동의 원인을 외적 요소에 귀인하는 경향이 나타난다.

THEME 53 공무원의 사기부여(보수와 연금제도)

중요도 ●●●○○

정답 및 해설 p. 191

선생님TIP

인사행정에서 지속적으로 출제가 되고 있는 테마로, 공무원의 사기부여를 위해서 가장 중요한 것이 보수와 연금제도라고 볼 수 있습니다. 최근 공무원 연금제도의 개혁과 공무원 연금제도의 방식이 출제빈도가 높아지고 있는 것을 주목하여야 합니다. 보수는 기본급(봉급)과 부가급(수당)으로 이루어지며, 우리나라는 계급제이기 때문에 생활급을 기본으로 하고 성과급제도를 가미한 형태입니다. 연금제도는 최근의 「공무원연금법」 개정내용을 반드시 정리해야 하며, 기금제인 적립방식과 비기금제인 부과방식에 대해서도 정확하게 알아두어야 합니다.

■ 공무원의 사기부여(보수와 연금제도)

1. 공무원의 보수

(1) 보수표 작성의 원칙과 보수수준의 고려사항

보수표 작성의 원칙	보수수준의 고려사항
• 직무급 원칙: 곤란도 · 책임도에 상응 • 비교균형 원칙: 대외적 비교성, 대내적 상대성 • 보수법정주의 • 중복보수금지의 원칙 • 정세적응의 원칙: 적절히 조정	• 하한선으로 생계비 • 상한선으로 정부지불능력 • 민간수준의 임금 • 물가에 주는 영향 • 인사 관련 정책

(2) 보수의 종류

기본급(봉급)	생활급(계급제)	생계유지에 필요한 경비
	연공급(근속급)	• 인간에 속한 요소 차이에 따른 보수격차(예 연령, 성별, 학력 등) • 근속연수만 기준으로 할 경우 근속급
	직무급(직위분류제)	난이도 · 책임도에 따른 직무가치, 동일직무의 동일보수
	직능급(능력급)	공무원의 직무수행능력(노동력의 가치)
	성과급(실적급)	개인에 의해 수행된 결과 기준, 동기 유발, 집단은 무임승차 가능
부가급(수당)	수당, 상여금	

(3) 우리나라 공무원 보수제도

보수제도		적용 대상	보수구조	
연봉제	고정급적 연봉제	정무직	기본연봉(직책, 계급, 성과)	
	직무성과급적 연봉제	고위공무원단	기본연봉	기준급(경력, 누적성과)
				직무급(2등급, 곤란도와 책임도)
	성과급적 연봉제	과장급(5급 상당) 이상	기본연봉	
호봉제		과장급(5급 상당) 미만	봉급(직급과 근무연한)	

2. 공무원의 연금

(1) 연금의 의의

본질	• 생활보장설(사기 고양) • 은혜설(공로 보상) • 거치보수설(연금 개념)
조성방식	기금제와 비기금제, 기여제와 비기여제가 있으며 우리나라는 기금제와 기여제로 운영
종류	• 단기: 요양비, 재해부조금, 사망조위금 • 장기: 퇴직급여, 퇴직수당

(2) 「공무원연금법」 개정

구분	과거	개정 후
기여율	기준소득월액의 7%	기준소득월액의 9%(2020년)
지급률	기준소득월액의 1.9%	기준소득월액의 1.7%(2035년)
지급개시 연령	만 60세	만 65세(2033년)
유족연금 지급률	퇴직연금의 70%	퇴직연금의 60%
기여금 납부기간	33년	36년
연금수령 조건	가입기간 20년	가입기간 10년
기존 수급자 연금액	물가연동 지급	향후 5년간 동결

(3) 연금재정운용방식(재원조달방식)

적립방식 (기금제, funded system)	개념	• 공무원으로 재직기간 중 보수의 일부를 갹출하고 여기에 정부의 부담금을 합하여 기금으로 적립해가는 방식 • 제도 시행부터 서서히 재원을 적립해 가고, 연금급여가 완전히 발생할 때에는 갹출된 보험료와 적립금인 기금의 운용에 의한 이자 및 사업수익, 국고의 부담 등에 의해 연금급여를 지급(미국, 한국)
	장점	• 세대 간 소득재분배를 고려하지 않아(각 세대의 독립) 후세대의 부담을 방지함 • 누적된 기금으로 운영하므로 고령화와 같은 인구구조의 변화나 경기변동의 영향을 받지 않고 안정적인 제도운영이 가능
	단점	• 연금지출이 본격적으로 이루어지고 평균수명의 연장에 따라 연금수혜자가 계속 누적되어 가면서 기금고갈의 위기 발생 • 인플레이션과 임금수준의 변동과 같은 위험이 발생함
부과방식 (비기금제, pay-as-you-go system)	개념	• 당해 연도의 연금지출을 당해 연도의 수입으로 조달하는 방식 • 현재 재직 중인 공무원으로부터 갹출한 수입과 당해 정부예산에서 연금급여 지출에 소요되는 재원을 충당하는 방식 • 일정 기간 내에서 수지균형을 맞추어 나감(pay-as-you-go) • 기금의 적립은 이루어지지 않으며 비상시를 대비한 지불준비금만을 보유(프랑스, 독일 등 유럽국가)
	장점	• 세대 간 부양을 기초로 하기 때문에 인플레이션이나 임금수준의 변동 등의 위험에 대응 가능 • 처음 예정되었던 연금수준의 유지 가능
	단점	• 인구구성에 의존하기 때문에 고령화가 진행되는 상황에서 후세대의 부담을 증가시킴 • 결국 세대 간 소득재분배의 불합리성을 초래할 가능성 있음

01 □□□ 2022년 지방직 9급

공무원 보수의 유형에 대한 설명으로 옳지 않은 것은?

① 직능급은 자격증을 갖춘 유능한 인재의 확보에 유리하다.
② 연공급은 근속연수를 기준으로 하기 때문에 전문기술 인력 확보에 유리하다.
③ 직무급은 동일노동에 대한 동일임금이라는 합리적인 보수 책정이 가능하다.
④ 성과급은 결과를 중시하며 변동급의 성격을 가진다.

02 □□□ 2006년 전북 7급

공무원의 보수수준의 결정 시 고려해야 할 요인과 가장 거리가 먼 것은?

① 생계비수준
② 물가 및 인사정책
③ 정부의 지불능력
④ 민간부문의 임금수준
⑤ 외국공무원의 보수수준

03 □□□
2002년 입법고시

공무원 보수의 결정에 대한 설명으로 옳지 않은 것은?

① 민간부문에 비해 업무수행에 대한 성과를 금전적으로 환산하는 것이 상대적으로 어렵다.
② 보수의 전체수준이 민간부문에 비해 낮은 편이고 경제발전이나 물가인상에 따른 조정시기도 사기업에 비해 늦는 경향이 있다.
③ 일반적으로 공직자에게 청빈성을 강조하는 전통과 인플레이션을 초래할 가능성에 대한 우려 때문에 공무원 보수를 높이지 않으려는 경향이 있다.
④ 공무원의 경우 노동권의 제약을 받는다는 사실이 공무원 보수를 사기업에 비해 상대적으로 적게 만드는 원인의 하나로 보기 힘들다.
⑤ 공직의 경우 엄격한 직위분류를 이용한다고 해도 민간부문에서 노동의 비교치를 찾기 곤란한 직무들이 많이 있다.

04 □□□
2013년 서울시 7급

「국가공무원법」 제46조에 나타나 있는 보수결정의 원칙에 대한 설명으로 가장 정확한 것은?

① 공무원의 보수는 일반의 '가계생계비, 민간의 임금, 기타 사정을 고려하여 직무의 곤란성 및 책임의 정도에 상응하도록 계급별 · 직위별로 정한다.'
② 공무원의 보수는 일반의 '표준생계비, 민간의 임금, 기타 사정을 고려하여 직무의 곤란성 및 책임의 정도에 상응하도록 계급별 · 직위별로 정한다.'
③ 공무원의 보수는 일반의 '표준생계비, 민간의 임금, 기타 사정을 고려하여 직무의 곤란성 및 책임의 정도에 상응하도록 계급별로 정한다.'
④ 공무원의 보수는 일반의 '표준생계비와 기타 사정을 고려하여 직무의 곤란성 및 책임의 정도에 상응하도록 계급별 · 직위별로 정한다.'
⑤ 공무원의 보수는 일반의 '표준생계비, 민간의 임금, 기타 사정을 고려하여 계급별 · 직위별로 정한다.'

05 □□□
2016년 사회복지직 9급

공무원 보수에 대한 설명으로 옳지 않은 것은?

① 직능급이란 직무의 난이도와 책임에 따라 결정되는 보수이다.
② 실적급(성과급)은 개인이나 집단의 근무실적과 보수를 연결시킨 것이다.
③ 생활급은 생계비를 기준으로 하는 보수로서 공무원과 그 가족의 기본적인 생활을 보장하기 위한 것이다.
④ 연공급(근속급)은 근속연수와 같은 인적 요소를 기준으로 하는 보수이다.

06 □□□
2024년 국회직 8급

공무원 보수에 대한 설명으로 옳은 것은?

① 공무원의 보수는 기본급과 부가급을 포함하는 개념인데, 이 중 부가급은 보수체계의 유연성을 제고할 수 있으나 보수체계를 복잡하게 만드는 등 부정적인 측면이 있다.
② 생활급은 공무원과 그 가족의 생활을 보장하려는 목적을 지닌 속인적 급여이며, 경우에 따라서 직무급과 직능급을 포함하기도 한다.
③ 실적급은 직무의 상대적 가치를 기준으로 기본급을 결정하는 보수체계로, '동일직무에 대한 동일보수'의 원칙에 충실하여 보수의 공정성을 높일 수 있다.
④ 연공급은 공무원 개인의 연공을 기준으로 기본급을 결정하는 보수체계로, 주로 직위분류제를 채택하고 있는 국가에서 보수체계의 기초로 활용되고 있다.
⑤ 직능급은 직무수행능력을 기준으로 기본급을 결정하는 보수체계로, 주로 계급제를 채택하고 있는 국가에서 보수체계의 기초로 활용되고 있다.

07 □□□

2024년 지방직 7급

직무급 보수체계에 대한 설명으로 옳은 것은?

① 직무급이란 공무원의 직무수행능력을 측정하여 그 능력이 우수할수록 보수를 우대하는 보수체계이다.
② 직무성과에 따른 차등보수의 원칙을 적용한다.
③ 직무급 산정 시 근속이나 연령을 반영한다.
④ 직무급을 도입하기 위해서는 직무분석과 직무평가를 통한 직무별 상대가치 평가가 선행되어야 한다.

08 □□□

2025년 국가직 9급

공무원의 보수에 대한 설명으로 옳지 않은 것은?

① 직능급은 직무수행능력을 기준으로 기본급을 결정하는 보수체계이다.
② 연공급은 사람을 중심으로 하는 속인적 기본급이다.
③ 실적급은 근무실적을 기준으로 기본급을 결정하는 보수체계이다.
④ 계급제에서의 보수는 직무급이 특징이다.

09 □□□

2025년 군무원 9급

보수 체계를 결정하는 원칙 중 노동 대가의 원칙과 가장 거리가 먼 것은?

① 근속급
② 직무급
③ 직능급
④ 성과급

10 □□□

2015년 교육행정직 9급

우리나라 공무원 보수에 대한 설명으로 옳은 것은?

① 보수에 대한 정치적 통제가 미약하여 민간기업 보수보다 경직성이 약하다.
② 성과급적 연봉제는 실적평가결과를 반영하여 보상의 차등화를 지향한다.
③ 전통적으로 생활급 중심의 보수체계로 인해 공무원 보수의 공정성이 높다.
④ 공무원의 노동삼권이 보장되어 동일노동·동일보수의 원칙이 적용되고 있다.

11 □□□

2017년 지방직 9급(6월 시행)

「공무원보수규정」상 고위공무원단 소속 공무원에 적용되는 직무성과급적 연봉제에 대한 설명으로 옳지 않은 것은?

① 고위공무원단에 속하는 모든 공무원에 대하여 적용한다.
② 기본연봉은 기준급과 직무급으로 구성된다.
③ 기준급은 개인의 경력 및 누적성과를 반영하여 책정된다.
④ 직무급은 직무의 곤란성 및 책임의 정도를 반영하여 직무등급에 따라 책정된다.

12 □□□

2022년 군무원 7급

다음 중 '직무성과급적 연봉제'의 적용을 받는 공무원으로 옳은 것은?

① 고위공무원단
② 1~5급 공무원
③ 임기제 공무원
④ 정무직 공무원

13 □□□

2024년 지방직 7급

총액인건비제에 대한 설명으로 옳은 것만을 모두 고르면?

> ㄱ. 총액인건비제의 시행으로 보수관리에 대한 각 부처의 자율성이 확대되었다.
> ㄴ. 책임운영기관의 설치·운영에 관한 법령에 따른 책임운영기관은 총액인건비제 시행의 대상에 해당하지 않는다.
> ㄷ. 총액인건비제를 시행하는 기관은 의도적 절감노력으로 확보한 재원을 성과상여금 및 성과연봉 등에 활용할 수 있다.

① ㄱ ② ㄱ, ㄷ
③ ㄴ, ㄷ ④ ㄱ, ㄴ, ㄷ

14 □□□

2025년 군무원 7급

공무원연금의 이론적 근거에 대한 설명으로 가장 적절하지 않은 것은?

① 위자료설은 업무 과정에서 재해 등이 발생하여 공무원이 퇴직하는 경우 이에 대한 위자료를 국가가 제공하는 것으로 연금을 이해한다.
② 사회보장설은 공무원이 일반적인 퇴직이 아닌 다른 사유로 퇴직할 때 이에 대한 배상의 의미로 퇴직연금이 제공된다고 이해한다.
③ 공로보상설은 장기간 근무한 공무원에게 감사하는 의미로 제공하는 보상으로 연금을 이해한다.
④ 보수후불설은 공무원이 재직 중 받지 못한 임금 또는 이윤의 일부를 퇴직 후 연금으로 지불받게 된다고 이해한다.

15 □□□

2013년 국가직 9급 변형

현행 우리나라 공무원연금제도에 대한 내용으로 옳은 것을 모두 고르면?

> ㄱ. 법령에 특별한 사유가 없는 한 2012년 신규임용 후 20년 이상 근무한 일반행정직공무원의 퇴직연금 수혜개시 연령은 65세이다.
> ㄴ. 원칙적으로 퇴직연금 산정은 평균기준소득월액을 기초로 한다.
> ㄷ. 기여금은 납부기간이 33년을 초과해도 납부하여야 한다.
> ㄹ. 퇴직급여 산정에 있어서 소득의 평균기간은 퇴직 전 5년으로 한다.

① ㄴ, ㄷ ② ㄱ, ㄷ
③ ㄴ, ㄹ ④ ㄷ, ㄹ

16 □□□

2022년 지방직 9급

2015년 공무원연금 개혁에 대한 설명으로 옳지 않은 것은?

① 퇴직연금 지급률을 1.7%로 단계적 인하
② 퇴직연금 수급 재직요건을 20년에서 10년으로 완화
③ 퇴직연금 기여율을 기준소득월액의 9%로 단계적 인상
④ 퇴직급여 산정 기준은 퇴직 전 3년 평균보수월액으로 변경

17 □□□

2016년 교육행정직 9급

2016년 1월 27일부터 시행된 공무원연금제도의 내용에 대한 설명으로 옳지 않은 것은?

① 재직기간 상한을 최대 36년까지 인정한다.
② 유족연금 지급률을 모든 공무원에게 60%로 한다.
③ 연금지급개시 연령은 임용 시기 구분 없이 65세로 한다.
④ 연금지급률을 1.9%에서 1.5%로 2025년까지 단계적으로 인하한다.

18 □□□

2016년 국가직 7급

우리나라 공무원연금제도에 대한 설명으로 옳은 것을 모두 고르면?

ㄱ. 최초의 공적 연금제도로서 직업공무원을 대상으로 하는 특수직역연금제도이다. ㄴ. 「공무원연금법」상 공무원 연금대상에는 군인, 공무원 임용 전의 견습직원 등이 포함된다. ㄷ. 사회보험원리와 부양원리가 혼합된 제도이다.

① ㄱ ② ㄱ, ㄷ
③ ㄴ, ㄷ ④ ㄱ, ㄴ, ㄷ

19 □□□

2019년 서울시 9급(2월 추가)

우리나라 공무원연금 재정확보방식을 옳게 짝지은 것은?

① 기금제 - 기여제
② 기금제 - 비기여제
③ 비기금제 - 기여제
④ 비기금제 - 비기여제

20 □□□

2019년 국가직 7급

공무원연금제도에 대한 설명으로 옳은 것은?

① 비기금제는 적립된 기금 없이 연금급여가 발생할 때마다 필요한 비용을 조달하여 지급하는 방식으로 미국 등이 채택하고 있다.
② 2009년 연금개혁으로 공무원연금의 적용대상이 확대됨에 따라 공무원연금공단 직원도 대상에 포함하게 되었다.
③ 공무원연금제도는 행정안전부가 관장하고, 그 집행은 공무원연금공단에서 실시하고 있다.
④ 비기여제는 정부가 연금재원의 전액을 부담하는 제도이다.

21 □□□

2017년 지방직 9급(6월 시행)

공무원의 사기관리에 대한 설명으로 옳은 것은?

① 「공무원 제안 규정」상 우수한 제안을 제출한 공무원에게 인사상 특전을 부여할 수 있지만, 상여금은 지급할 수 없다.
② 소청심사제도는 징계처분과 같이 의사에 반하는 불이익처분을 받은 공무원이 그에 불복하여 이의를 제기했을 때 이를 심사하여 결정하는 절차이다.
③ 우리나라는 공무원의 고충을 심사하기 위하여 행정안전부에 중앙고충심사위원회를 둔다.
④ 성과상여금제도는 공직의 경쟁력을 높이기 위하여 공무원 인사와 급여체계를 사람과 연공 중심으로 개편한 것이다.

22 □□□

2013년 서울시 9급

공무원정원과 관련한 내용으로 옳은 것은?

① 공무원 숫자가 지속적으로 늘어나는 현상과 관련해 사이먼(Simon)은 '공무원 팽창의 법칙'을 주장하였다.
② 김영삼 - 김대중 - 노무현 - 이명박 정부를 거치면서 우리나라 공무원정원은 매번 일관되게 증가해왔다.
③ 정부규모 팽창과 관련하여 '부하배증의 법칙'과 '업무배증의 법칙'은 각각 별개로 작용하며 서로 영향을 주지 않는다.
④ 행정기구의 팽창과 더불어 공무원 숫자가 증가하는 현상은 우리나라에만 해당하는 독특한 것이다.
⑤ '부하배증의 법칙'은 A라는 공무원이 과중한 업무에 허덕이게 될 때 자기의 동료 B를 보충받기보다는 자기를 보조해 줄 부하 C를 보충받기를 원한다는 것이다.

THEME 54 공무원의 직무역량과 탄력적 인사행정제도

중요도 ●●○○○

정답 및 해설 p. 194

선생님TIP

적극적 인사행정의 한 모습으로 탄력적 인사행정이 강조되고 있습니다. 중앙정부에서 시행하는 총액인건비제도와 지방자치단체의 기준인건비제도를 정리해두고, 공무원의 직무역량강화를 위한 여러 제도적 장치를 비롯하여 최근 논의가 활성화되고 있는 임금피크제 및 점차 확산되고 있는 유연근무제에 대해서도 반드시 알아두어야 합니다.

■ 주요 탄력적 인사행정과 공무원의 직무역량

1. 총액인건비제도(2007)

개념	중앙행정기관이 총정원과 인건비 예산의 총액만을 정해주면 각 부처는 그 범위 안에서 재량권을 발휘하여 인력운영 및 기구설치에 대한 자율성과 책임성을 보장받는 제도
목적	인적자원관리의 분권화, 성과 중심의 정부조직 운영

2. 기준인건비제도(2014)

개념	지방자치단체의 '총액인건비제'를 기준인건비제로 전환하여 조직운영의 자율성을 제고시키려는 것
내용	• 기준인건비 내에서 행정안전부의 별도 승인 없이 자율적 인력운영이 가능 • 행정안전부장관은 지방자치단체의 행정수요, 인건비 등을 고려하여 매년 기준인건비를 산정하고, 전년도 12월 31일까지 각 지방자치단체의 장에게 통보함

3. 공무원의 직무역량

직무역량	• 직무수행을 위해 필요한 공무원의 능력이나 조건요소 • 전통적 관료제로부터 신공공관리론을 거쳐 새로운 거버넌스가 형성되면서 정부의 역할과 공무원에게 요구되는 역량이 달라짐 • 공무원에게 기대되는 주요 직무역량: 상위직은 리더십, 중위직은 전문성, 하위직은 서비스
직무역량모델	• 일정한 직위에 필요한 대표적 요소들을 완결성 있게 구축한 형태 • 정부조직에서 하나의 역할을 효과적으로 수행하기 위해 필요한 지식과 기술, 특성의 조합 • 선발, 교육훈련, 배치, 경력관리, 평가 및 보수의 결정 등 인사행정시스템의 모든 과정에 있어 중요한 역할

4. 임금피크제(salary peak)

<table>
<tr><td>의의</td><td colspan="2">• 정년까지 고용을 유지하는 대신 일정연령이 되면 생산성을 감안해 임금을 줄이는 제도
• J자 모양의 보수곡선 즉, 전통적인 연공 서열형 임금구조의 문제점인 인건비 부담, 생계비와 임금의 괴리 등을 해소할 수 있는 제도</td></tr>
<tr><td rowspan="4">유형</td><td colspan="2">정년의 연장여부 및 대상자의 고용형태에 따라 유형을 분류</td></tr>
<tr><td>정년보장형</td><td>기업에서 정해놓은 정년을 보장하는 것을 전제로 정년 이전 일정시점부터 임금을 동결하거나 삭감하여 임금수준을 조정하는 형태</td></tr>
<tr><td>정년연장형</td><td>• 현재 기업의 정년을 더 연장하는 것을 전제로 임금수준을 조정하는 형태
• 정년이 늦어짐에 따라 정년퇴직자가 감소하여 신규채용이 어려워진다는 단점이 있음</td></tr>
<tr><td>고용연장형</td><td>일단 정년이 된 종업원이 퇴직하고 계약직 등의 신분으로 고용이 연장되는 형태</td></tr>
</table>

5. 유연근무제(flexible work place)

의의	• 근로자가 개인 여건에 따라 근무시간과 형태를 조절할 수 있는 제도(주 5일 전일제 근무 대신 재택근무나 시간제, 요일제 등 다양한 형태) • 개인의 특성에 맞는 다양하고 광범위한 근무제도를 도입하여 조직에 유연성과 탄력성을 부과하려는 전략	
유형	시간제근무	Full time(주 40시간)보다 짧은 part time(15 ~ 35시간)을 근무함(1일 3시간 이상) * 모든 공무원은 해당 계급에서 최초 1년 이하 100% 재직기간 산입
	탄력근무제	• 주 40시간을 유지하면서 근무시간을 자율 조정하는 제도로 여가시간을 더 많이 확보할 수 있음 • 유형 - 시차출퇴근형(Flex time): 출근시간(07:00~10:00)을 자유로이 조정하는 제도로 최근 일과 가정의 양립을 원하는 여성들의 경제활동 참여를 유도하는 방안으로 각광받음 - 근무시간선택형(Alternative work schedule): 주 40시간을 유지하면서 1일의 근무시간을 자유로이 조정하는 선택적 근무시간제도 - 집약근무형(Compressed work): 주 40시간을 유지하면서 주 5일 보다 짧은 시간을 근무하는 제도 - 재량근무형(Discretionary work): 기관과 공무원 개인이 별도 계약에 의해 주어진 프로젝트 완료시 이를 근무시간으로 인정해주는 제도 - 집중근무형(Core time): 핵심근무시간에는 회의·출장·전화 등을 지양하고 최대한 업무에만 집중토록 하는 제도 - 자율복장형(Free dress code): 연중 자유롭고 편안한 복장을 착용토록 하는 제도
	원격근무제(Telework)	• 특정 근무장소를 정하지 않고 정보통신망을 이용한 근무 • 유형 - 재택근무(At-home work)형: 업무를 사무실이 아닌 집에서 수행하는 제도 - 스마트워크(Smart work)근무형: 주거지 인접지의 원격근무용 사무실(스마트 오피스)에 근무하거나 모바일 기기를 이용하여 사무실이 아닌 장소에서 근무하는 제도

01 □□□ 2018년 국가직 7급

공무원 인사제도에 대한 설명으로 옳지 않은 것은?

① 직업공무원제도는 공직을 직업전문 분야로 확립시키기도 하지만, 행정의 전문성 약화를 가져오기도 한다.

② 엽관주의하에서는 행정의 민주성과 관료적 대응성의 향상은 물론 정책수행과정의 효율성 제고도 기대할 수 있다.

③ 대표관료제는 역차별 문제의 발생과 실적주의 훼손의 비판이 제기되며, 사회적 소외집단을 배려하는 우리나라의 균형인사정책은 미국의 적극적 조치(affirmative action)의 관점에서 이해될 수 있다.

④ 총액인건비제도는 일반적으로 기구·정원 조정에 대한 재정당국의 중앙통제는 그대로 둔 채 수당의 신설·통합·폐지와 절감예산 활용 등에서의 부처 자율성을 부여하는 특성을 갖는다.

02 □□□ 2011년 지방직 9급

총액인건비제도의 운영목표와 가장 거리가 먼 것은?

① 민주적 통제의 강화

② 성과와 보상의 연계 강화

③ 자율과 책임의 조화

④ 기관운영의 자율성 제고

03 □□□

2010년 국가직 7급

지방자치단체의 조직권을 강화하기 위한 방안의 하나로 도입된 '총액인건비제'에 대한 설명으로 옳지 않은 것은?

① 중앙정부에 의한 정원통제를 어느 정도 피할 수 있다.
② 정원 및 기구의 조정을 통해 조직 내에서 자동적인 제어 기능이 작동한다.
③ 업무성격이나 내용에 따라 유연한 인력운영이 가능하다.
④ 표준정원제 운영에 적합하고, 지방자치단체장의 무분별한 기구와 정원관리의 폐해를 막을 수 있다.

04 □□□

2020년 국가직 7급

총액인건비제도에 대한 설명으로 옳지 않은 것은?

① 정원관리에 대한 각 부처의 자율성 확대를 목표로 한다.
② 김대중 정부에서 중앙행정기관 및 지방자치단체에 처음 도입되었으며, 공공기관으로 확대되었다.
③ 보수관리에 대한 각 부처의 자율성이 확대되었다.
④ 시행기관은 성과중심의 조직운영을 위하여 총액인건비제도를 활용할 수 있다.

05 □□□

2008년 경북 9급

중하위직 공무원의 잦은 보직변경을 방지하고 전문성을 제고하기 위하여 도입한 제도는?

① 직무성과계약제도
② 고위공무원단
③ 전직과 전보제도
④ 경력개발제도(CDP)

06 □□□

2014년 지방직 7급

공무원 경력개발 시 준수해야 할 기본원칙에 해당되지 않는 것은?

① 적재적소의 원칙
② 직급중심의 원칙
③ 인재양성의 원칙
④ 자기주도의 원칙

07 □□□

2011년 서울시 7급

역량기반 교육과정(Competency-Based Curriculum)은 인재육성차원과 인력관리차원으로 기대효과를 구분할 수 있다. 다음 중 인력관리차원에서의 기대효과에 대한 설명은?

① 신규인력의 채용 및 선발기준으로 활용이 가능하다.
② 성과지향적 교육과정 개발의 근거를 제공한다.
③ 부서별 특성에 부합하는 인력육성 계획 수립 및 실행방안을 제고할 수 있다.
④ 합리적 평가기준의 개발과 활용이 가능하다.
⑤ 타 부서의 필요 역량에 대한 정보 습득이 용이하며 계획적 경력개발에 활용이 가능하다.

08 □□□ 2019년 국가직 9급

공무원의 근무방식과 형태에 대한 설명으로 옳지 않은 것은?

① 유연근무제는 공무원의 근무방식과 형태를 개인·업무·기관특성에 따라 선택할 수 있는 제도이다.
② 시간선택제 근무는 통상적인 전일제 근무시간(주 40시간)보다 길거나 짧은 시간을 근무하는 제도이다.
③ 탄력근무제는 전일제 근무시간을 지키되 근무시간, 근무일수를 자율 조정할 수 있는 제도이다.
④ 원격근무제는 직장 이외의 장소에서 정보통신망을 이용하여 근무하는 제도이다.

09 □□□ 2020년 국회직 8급

「인사혁신처 예규」상 탄력근무제에 해당하지 않는 것은?

① 재택근무형
② 시차출퇴근형
③ 재량근무형
④ 근무시간 선택형
⑤ 집약근무형

10 □□□ 2020년 군무원 9급

통상적인 근무시간보다 짧은 시간(주 15~35시간)을 근무하는 공무원으로서 일반 공무원처럼 시험을 통해 채용되고 정년이 보장되는 공무원으로 옳은 것은?

① 시간선택제 전환공무원
② 시간선택제 임기제공무원
③ 시간선택제 채용공무원
④ 한시임기제 공무원

11 □□□ 2022년 지방직 9급

다음 설명에 해당하는 유연근무제의 유형은?

> • 탄력근무제의 한 유형
> • 1일 8시간에 구애받지 않음
> • 주 3.5 ~ 4일 근무

① 재택근무형
② 집약근무형
③ 시차출퇴근형
④ 근무시간선택형

12 □□□ 2012년 지방직 7급

최근 정부는 효율적이고 탄력적인 행정활동을 위하여 관리융통성제도를 강조하고 있다. 정부조직을 유연하게 만들기 위한 관리융통성제도로 볼 수 없는 것은?

① 경력관리제도(CDP)
② 실적주의제도
③ 유연근무제도
④ 총액인건비제도

THEME 55 공무원의 신분보장

중요도 ●●●●○

정답 및 해설 p. 197

선생님TIP

공무원의 징계는 매년 출제되고 있는 핵심테마입니다. 특히 경징계인 견책, 감봉과 중징계인 정직, 강등, 해임, 파면에 따른 효력을 각각 정리하고 숙지해 두어야 합니다. 징계면직인 해임과 파면의 경우 재임용 제한기간이 각각 해임은 3년, 파면은 5년이라는 점이 중요하며, 퇴직급여 제한이 있다는 것도 유의하여야 합니다. 또한 공무원의 신분상의 불이익한 처분인 직위해제와 직권면직의 개념과 사유에 대한 비교 · 정리가 중요하니 함께 알아두도록 합니다.

■ 공무원의 신분보장(징계, 직위해제, 직권면직)

1. 공무원의 징계

경징계	견책	• 전과에 대하여 훈계하고 회개하게 하는 처분 • 6개월간 승급 정지
	감봉	• 1~3개월간 보수의 1/3을 감하는 처분 • 1년간 승급 정지
중징계	정직	• 1~3개월간 공무원의 신분은 보유하나 직무수행 정지 및 보수의 전액을 감함 • 1년 6개월간 승급 정지
	강등	• 3개월간 직무수행 정지 및 보수의 전액을 감함 • 1년 6개월간 승급 정지 및 1등급 하향조정(고위공무원단은 3급으로 하향조정)
	해임	• 강제퇴직으로 3년간 공무원 재임용이 불가하며 퇴직급여에 원칙적 영향 없음 • 금품 및 향응 수수, 공금의 횡령 · 유용으로 징계 해임된 자의 퇴직급여는 1/8 내지는 1/4 지급 제한
	파면	강제퇴직으로 5년간 공무원 재임용이 불가하며 퇴직급여의 1/4~1/2 지급 제한

2. 직위해제와 직권면직

구분	직위해제	직권면직
개념	신분은 보장하되 직무 정지(직위 부여하지 않음)	신분 박탈
사유	• 직무수행능력이 부족하거나 근무성적이 극히 나쁜 자 • 징계의결 중인 자(중징계) • 형사사건으로 기소된 자 • 고위공무원단에 속하는 일반직 공무원으로서 적격심사요구를 받은 자 등 • 금품비위, 성범죄 등 대통령령으로 정하는 비위행위로 인하여 감사원 및 검찰 · 경찰 등 수사기관에서 조사나 수사 중인 자로서 비위의 정도가 중대하고 이로 인하여 정상적인 업무수행을 기대하기 현저히 어려운 자	• 직제 · 정원 개폐 등에 의하여 폐직 또는 과원이 된 경우 • 휴직사유 소멸 후 직무에 복귀하지 않은 경우 • 직위해제에 따른 대기명령을 받은 자가 능력 또는 근무성적의 향상을 기대하기 어렵다고 인정되는 경우 • 전직시험 3회 이상 불합격한 자로서 직무수행능력이 부족한 자로 인정되는 경우 등

01 □□□

2022년 국가직 9급

공무원 신분의 변경과 소멸에 대한 설명으로 옳지 않은 것은?

① 직권면직은 법률상 징계의 종류로 규정되어 있지 않다.
② 정직은 징계처분의 일종으로, 정직 기간 중에는 보수의 1/2을 감하도록 되어 있다.
③ 임용권자는 사정에 따라서는 공무원 본인의 의사에도 불구하고 휴직을 명해야 한다.
④ 임용권자는 직무수행 능력 부족을 이유로 직위해제를 받은 공무원이 직위해제 기간에 능력의 향상을 기대하기 어렵다고 인정된 때에 직권면직을 통해 공무원의 신분을 박탈할 수 있다.

02 □□□

2017년 사회복지직 9급

「국가공무원법」상 징계의 내용과 효력을 바르게 설명한 것은?

① 강등은 1계급 아래로 직급을 내리고 공무원의 신분은 보유하나 3개월간 직무에 종사하지 못하며 그 기간 중 보수의 3분의 2를 감한다.
② 정직은 1개월 이상 3개월 이하의 기간으로 하고 정직처분을 받은 자는 그 기간 중 공무원의 신분은 보유하나 직무에 종사하지 못하며 보수의 3분의 2를 감한다.
③ 감봉은 1개월 이상 3개월 이하의 기간 동안 보수의 3분의 2를 감한다.
④ 파면처분을 받은 때부터 5년이 지나지 아니하면 공무원으로 임용될 수 없다.

03 □□□

2017년 국가직 9급(10월 추가)

계급정년제도에 대한 설명으로 옳지 않은 것은?

① 공무원이 일정한 기간 동안 승진하지 못하고 동일한 계급에 머물러 있으면, 그 기간이 만료된 때에 그 사람을 자동적으로 퇴직시키는 제도이다.
② 인적자원의 유동률을 높여 국민의 공직취임 기회를 확대할 수 있다.
③ 공무원의 교체를 촉진하여 낡은 관료문화 타파에 기여할 수 있다.
④ 모든 공무원의 직업적 안정성을 확보할 수 있다.

04 □□□

2013년 국가직 7급

공무원의 징계에 대한 설명으로 옳지 않은 것은?

① 징계로 파면처분을 받은 때부터 5년이 지나지 아니한 자와 징계로 해임처분을 받은 때부터 3년이 지나지 아니한 자는 공무원으로 임용될 수 없다.
② 금품 및 향응 수수, 공금의 횡령 · 유용으로 징계 해임된 자의 퇴직급여는 감액하지 아니한다.
③ 탄핵 또는 징계에 의하여 파면된 경우, 재직기간이 5년 이상인 사람의 퇴직급여는 1/2을 감액하여 지급한다.
④ 탄핵 또는 징계에 의하여 파면된 경우, 재직기간이 5년 미만인 사람의 퇴직급여는 1/4을 감액하여 지급한다.

05 □□□

2014년 국가직 7급

임용에 대한 설명으로 옳지 않은 것은?

① 징계로 해임처분을 받은 때부터 5년이 지나지 아니한 자는 공무원으로 임용될 수 없다.
② 승진의 기준으로 공무원 근무경력만을 중시하는 경우 행정의 능률성을 저하시킬 수 있다.
③ 전직과 전보는 부처 간 할거주의의 폐단을 타파하고 부처 간 협력조성을 위한 기반을 마련해 줄 수 있다.
④ 임용권자는 직제 또는 정원이 변경되거나 예산의 감소 등으로 직위가 폐직되었을 경우 또는 본인이 동의한 경우에는 소속 공무원을 강임할 수 있다.

06 □□□
2024년 지방직 7급

「국가공무원법」상 공무원 임용 결격사유에 해당하지 않는 사람은?

① 공무원 재직 중 징계로 해임처분을 받은 때부터 3년이 지나지 아니한 자
② 파산선고를 받고 복권된 때부터 5년이 지나지 아니한 자
③ 금고 이상의 형의 집행유예를 선고받고 그 유예기간이 끝난 날부터 2년이 지나지 아니한 자
④ 공무원 재직 중 징계로 파면처분을 받은 때부터 5년이 지나지 아니한 자

07 □□□
2014년 서울시 7급

공무원 신분의 변경과 소멸에 대한 설명으로 옳은 것은?

① 면직처분에 대하여는 소청심사를 청구할 수 있으나 승진탈락에 대하여는 청구할 수 없다.
② 직제와 정원규정이 바뀌어 현재의 공무원 수가 정원을 초과한 경우는 당연퇴직 요건에 해당한다.
③ 권고사직은 의원면직의 형식을 취하므로 강제퇴직이라고 볼 수 없다.
④ 직위해제를 받게 되면 직무를 담당하지 못하게 되어 공무원의 신분을 유지할 수 없다.
⑤ 강임은 승진과 반대로 현 직급보다 낮은 하위직급에 임용되는 것으로 징계에 해당한다.

08 □□□
2015년 국가직 9급

우리나라의 공무원 인사제도에 대한 내용으로 옳지 않은 것은?

① 공무원이 인사에 관하여 자신의 의사에 반한 불리한 처분을 받았을 때에는 소청심사를 청구할 수 있다.
② 임용권자는 직무수행 능력이 부족하거나 근무성적이 극히 나쁜 자에게 직위를 부여하지 아니할 수 있다.
③ 직권면직은 「국가공무원법」상 징계의 한 종류로서, 임용권자가 특정한 사유에 해당되는 공무원을 직권으로 면직시키는 것이다.
④ 해임처분을 받은 때부터 3년, 파면처분을 받은 때부터 5년이 지나지 아니한 자는 공무원으로 임용될 수 없다.

09 □□□
2014년 국회직 9급 변형

「국가공무원법」상 공무원의 징계에 대한 설명으로 옳지 않은 것은?

① 감봉은 보수의 불이익을 받는 것으로, 감봉기간 동안 보수액의 3분의 1이 감해진다.
② 해임은 공무원 신분을 완전히 잃는 것으로 5년간 공무원 임용의 결격사유가 된다.
③ 정직은 공무원의 신분은 보유하나 직무에 종사할 수 없게 하는 징계의 한 종류이다.
④ 견책은 공무원의 잘못된 행동에 대하여 훈계하고 회개토록 하는 징계의 한 종류이다.
⑤ 강등은 1계급 아래로 직급을 내리고 공무원 신분은 보유하나 3개월간 직무에 종사하지 못하며 그 기간 중 보수의 전액을 감하는 징계의 한 종류이다.

10 □□□
2021년 국회직 8급

우리나라의 공무원 징계에 대한 설명으로 옳지 않은 것은?

① 견책은 잘못된 행동에 대하여 훈계하고 회개토록 하는 것으로 6개월간 승진과 승급이 제한되는 효력을 가진다.
② 감봉은 보수의 불이익을 받는 것으로 1개월 이상 3개월 이하의 기간 동안 보수액의 2/3를 감한다.
③ 강등은 직급을 내리고 공무원 신분은 보유하나 3개월간 직무에 종사하지 못하며 그 기간 중 보수의 전액을 감한다.
④ 해임은 강제퇴직의 한 종류로서 3년간 재임용자격이 제한된다.
⑤ 파면은 공무원 신분을 완전히 잃는 것으로 5년간 재임용자격이 제한된다.

11 □□□

2024년 국가직 7급

공무원의 신분보장 및 징계에 대한 설명으로 옳지 않은 것은?

① 임용권자는 정직에 해당하는 징계 의결이 요구 중인 공무원에게 직위를 부여하지 아니할 수 있다.
② 정직은 중징계 처분 중의 하나로 사유에 따라 1개월 이상 3개월 이하의 기간이 적용되며, 정직기간 중 감봉조치는 별도로 없다.
③ 임용권자는 직제 또는 정원의 변경이나 예산의 감소 등으로 직위가 폐직되거나 하위의 직위로 변경되어 과원이 된 경우 또는 본인이 동의한 경우에는 소속 공무원을 강임할 수 있다.
④ 해임은 강제퇴직 처분으로 3년간 공무원 임용이 제한되며, 금품 · 향응수수 · 공금횡령 · 유용 등으로 해임된 경우를 제외하고 퇴직급여 감액의 불이익이 없다.

12 □□□

2025년 군무원 9급

공무원의 징계 종류에 대한 설명으로 옳지 않은 것은?

① 파면: 공무원 신분을 완전히 잃는 것으로 향후 5년간 공무원 임용이 될 수 없다.
② 해임: 공무원 신분을 완전히 잃는 것으로 향후 3년간 공무원 임용이 될 수 없다.
③ 견책: 공무원 신분은 보유하나 직무에 종사할 수 없다. 신분보유 면에서는 직위해제와 유사하나, 견책은 미리 정한 기간이 지나면 자동으로 복직이 된다는 점이 다르다.
④ 감봉: 보수에 불이익을 받는 것으로, 감봉기간 동안 보수액의 1/3이 감해진다.

13 □□□

2011년 국가직 9급

우리나라 내부임용제도에 대한 설명으로 옳지 않은 것은?

① 승급은 같은 계급 또는 등급 내에서 호봉이 높아지는 것을 말한다.
② 전보는 동일한 직급 내에서 보직을 변경하는 것을 말한다.
③ 파면은 연금법상의 불이익은 없으나, 3년 동안 공무원 피임용권을 박탈하는 것을 말한다.
④ 직권면직은 폐직 또는 과원발생 등의 경우 임용권자가 직권에 의해 공무원의 신분을 박탈하는 것을 말한다.

14 □□□

2018년 국회직 8급

다음 중 공무원의 신분보장의 배제에 대한 설명으로 옳은 것은?

① 직위해제: 해당 공무원에 대한 직위를 부여하지 않음으로써 공무원의 신분을 박탈하는 임용행위
② 직권면직: 직제 · 정원의 변경으로 직위의 폐지나 초과정원이 발생한 경우에 임용권자가 직권으로 직무 수행의 의무를 면해주되 공무원의 신분은 보유하게 하는 임용행위
③ 해임: 공무원의 신분을 박탈하는 중징계 처분의 하나이며 퇴직급여액의 2분의 1이 삭감되는 임용행위
④ 파면: 공무원의 신분을 박탈하는 중징계 처분의 하나이며 원칙적으로 퇴직금 감액이 없는 임용행위
⑤ 정직: 공무원의 신분은 보유하지만, 직무 수행을 일시적으로 정지시키며 보수를 전액 감하는 임용행위

15 □□□

2018년 지방직 9급

「국가공무원법」상 공무원 인사에 대한 설명으로 옳지 않은 것은?

① 당연퇴직은 법이 정한 사유가 발생한 경우 별도의 처분 없이 공무원 관계가 소멸되는 것을 말한다.
② 직권면직은 법이 정한 사유가 발생한 경우 임용권자가 일방적으로 공무원 관계를 소멸시키는 것을 말한다.
③ 직위해제는 직무수행능력이 부족하거나 근무성적이 극히 나쁜 경우 공무원의 신분은 유지하지만 강제로 직무를 담당하지 못하게 하는 것이다.
④ 강임은 한 계급 아래로 직급을 내리는 것으로 징계의 종류 중 하나이다.

16 □□□

2023년 국가직 9급

공무원의 직위해제에 대한 설명으로 옳은 것은?

① 직위해제는 공무원 징계의 한 종류이다.
② 직위해제 처분을 받은 공무원은 잠정적으로 공무원 신분이 상실된다.
③ 직무수행 능력이 부족하거나 근무성적이 극히 나쁜 자에 대해서도 직위해제가 가능하다.
④ 직위해제의 사유가 소멸된 경우 임용권자는 인사위원회의 심의를 거쳐 3개월 이내에 직위를 부여하여야 한다.

17 □□□

2025년 군무원 7급

현행 국가공무원법의 내용으로 가장 적절하지 않은 것은?

① 임용권자는 직무수행 능력이 부족하거나 근무성적이 극히 나쁜 자에게 직위를 부여하지 아니할 수 있다.
② 임용권자는 직제 또는 정원의 변경이나 예산의 감소 등으로 직위가 폐직되거나 하위의 직위로 변경되어 과원이 된 경우에도 본인의 동의가 있어야 소속 공무원을 강임할 수 있다.
③ 임용권자는 직제와 정원의 개폐 또는 예산의 감소 등에 따라 폐직(廢職) 또는 과원(過員)이 되었을 때에는 공무원을 직권으로 면직시킬 수 있다.
④ 임기제공무원의 근무기간이 만료된 경우에는 당연히 퇴직한다.

18 □□□

2018년 국가직 9급

「국가공무원법」상 징계에 대한 설명으로 옳은 것은?

① 징계는 파면 · 해임 · 정직 · 감봉 · 견책으로 구분한다.
② 정직은 1개월 이상 3개월 이하의 기간으로 하고, 정직 처분을 받은 자는 그 기간 중 공무원의 신분은 보유하나 직무에 종사하지 못하며 보수의 3분의 2를 감한다.
③ 감봉은 1개월 이상 3개월 이하의 기간 동안 보수의 3분의 1을 감한다.
④ 감사원에서 조사 중인 사건에 대하여는 조사개시 통보를 받은 후부터 징계 의결의 요구나 그 밖의 징계 절차를 진행할 수 있다.

19 □□□

2019년 지방직 7급

「국가공무원법」상 공무원의 인사제도에 대한 설명으로 옳지 않은 것은?

① 특수업무 분야에 종사하는 공무원은 대통령령으로 정하는 바에 따라 일반직공무원의 계급구분과 직군분류를 적용받지 않을 수 있다.
② 인사혁신처장은 필요에 따라 인사교류계획을 수립하고, 국무총리의 승인을 받아 이를 실시할 수 있다.
③ 징계로 해임처분을 받은 때부터 5년이 지나지 아니한 자는 공무원으로 임용될 수 없다.
④ 임용권자는 지역인재의 임용을 위한 수습 기간을 3년의 범위에서 정할 수 있다.

CHAPTER 4

공무원의 근무규율과 인사행정개혁

THEME 56 공무원의 정치적 중립성과 공무원단체

중요도 ●●○○○

정답 및 해설 p. 201

선생님TIP

공무원의 정치적 중립성은 지속적으로 출제되고 있는 테마로, 공직자가 어느 한편에 치우치지 않는 불편부당·공평무사한 행정을 의미합니다. 공무원 단체로서 우리나라의 공무원 노동조합에 관한 법률을 함께 정리해두어야 하며, 노동3권 중에서 단결권과 단체교섭권만 보장되고 파업이나 태업과 같은 단체행동권은 보장되지 않는다는 점도 숙지하여야 합니다.

■ 공무원의 정치적 중립성과 공무원단체

1. 공무원의 정치적 중립

필요성	공익증진, 행정의 안정성·능률성, 국가기강, 부정부패 방지
한계	정치적 자유의 제한 가능성, 대표관료제와의 상충 가능성

2. 공무원단체

활동내용	단결권, 단체교섭권, 단체행동권(공무원의 단체행동권은 대부분 불인정)	
찬반 논거	• 찬성: 근로자로서의 지위, 민주성·효율성 증진, 공무원의 권익보호, 공직부패 방지, 실적주의 강화 • 반대: 봉사자로서의 입장, 실적주의 저해, 개인주의 저해, 행정관리의 비능률화	
우리나라 공무원단체	공무원직장협의회	공무원의 근무환경 개선, 업무능률 향상 등 고충처리를 위한 노사 협의체
	공무원 노동조합	• 설립의 최소단위: 국회, 법원, 헌법재판소, 선거관리위원회, 행정부, 특별시, 광역시, 특별자치시, 특별자치도, 도, 시, 군, 구, 특별시·광역시·도의 교육청 • 가입범위 - 일반직공무원 - 특정직공무원 중 외무영사직렬·외교정보기술직렬 외무공무원, 소방공무원 및 교육공무원(다만, 교원은 제외) - 별정직공무원 - 위의 어느 하나에 해당하는 공무원이었던 사람으로서 노동조합 규약으로 정하는 사람 • 가입금지: 사무관 등 감독권 행사자, 인사·보수·교정·수사 종사자 • 노동조합 전임자 지위: 임용권자의 허가로 노조 업무 종사, 전임기간은 무급휴직

01 □□□ 2022년 국가직 9급

공무원의 정치적 중립의 정당화 근거로 옳지 않은 것은?

① 엽관주의의 폐해를 극복하여 행정의 안정성과 전문성을 제고할 수 있다.
② 공무원은 국민 전체의 이익을 위해 공평무사하게 봉사해야 하는 신분이다.
③ 공무원의 정치적 기본권을 강화하여 공직의 계속성을 제고할 수 있다.
④ 공명선거를 통해 민주적 기본질서를 제고할 수 있다.

02 □□□ 2012년 국가직 9급

공무원에게 정치적 중립이 요구되는 근거로 가장 미약한 것은?

① 정치적 무관심화를 통한 직무수행의 능률성 확보를 위해 필요하다.
② 정치적 개입에 의한 부정부패를 방지하기 위해 필요하다.
③ 행정의 계속성과 전문성을 확보하기 위해 필요하다.
④ 공무원집단의 정치세력화를 방지하기 위해 필요하다.

03 □□□

2008년 국회직 8급

공무원의 정치적 중립을 확보해야 할 필요성으로 옳지 않은 것은?

① 행정의 안전성 확보
② 행정의 공평성 확보
③ 공무원의 신분보장
④ 공무원의 대표성 확보
⑤ 실적주의 확립

04 □□□

2014년 국회직 9급

우리나라 공무원의 기본권 제한에 대한 내용으로 가장 옳지 않은 것은?

① 선거개입 금지
② 재산공개
③ 단체교섭권 금지
④ 정당지지 표명 금지
⑤ 겸직 금지

05 □□□

2017년 국가직 7급(8월 시행)

「공무원의 노동조합 설립 및 운영 등에 관한 법률」상 단체교섭 대상은?

① 기관의 조직 및 정원에 관한 사항
② 조합의 보수에 관한 사항
③ 예산 · 기금의 편성 및 집행에 관한 사항
④ 정책의 기획 등 정책결정에 관한 사항

06 □□□

2022년 국회직 8급

공무원 노동조합에 대한 설명으로 옳은 것은?

① 노동조합과 그 조합원은 정치활동이 허용된다.
② 6급 이하의 일반직 공무원만 노동조합에 가입할 수 있다.
③ 퇴직공무원도 노동조합에 가입할 수 있다.
④ 소방공무원과 교원은 노동조합 가입이 허용되지 않는다.
⑤ 교정 · 수사 등에 관한 업무에 종사하는 공무원은 노동조합에 가입할 수 있다.

07 □□□

2006년 국가직 9급

우리나라의 공무원 노조활동에 대한 설명으로 옳지 않은 것은?

① 신규공무원의 채용기준과 절차 등 임용권 행사에 관한 사항은 단체교섭의 대상이 될 수 없다.
② 공무원의 보수에 관한 사항은 단체교섭이 되나, 보수에 관한 업무를 수행하는 공무원은 노조에 가입할 수 없다.
③ 노조대표자에게는 단체교섭뿐만 아니라 단체협약을 체결할 권한까지도 부여된다.
④ 임용권자의 동의를 얻어 노조전임자를 둘 수 있으며, 그 전임기간 중이라도 법령에서 정한 보수는 지급되어야 한다.

08 □□□ 2010년 국가직 9급

우리나라의 현행 인사행정제도에 대한 설명으로 옳지 않은 것은?

① 「국가공무원법」에 의거한 징계의 종류에는 파면 · 해임 · 강등 · 정직 · 감봉 · 견책이 있다.
② 고위공무원단에는 「정부조직법」상 중앙행정기관의 실장 · 국장 등 보조기관뿐 아니라 이에 상당하는 보좌기관도 포함된다.
③ 「정당법」에 의한 정당의 당원은 소청심사위원회의 위원이 될 수 없다.
④ 사실상 노무에 종사하는 공무원으로서 노동조합에 가입된 자가 조합업무에 전임하려면 고용노동부장관의 허가를 받아야 한다.

09 □□□ 2013년 국가직 9급

공무원단체활동 제한론의 근거로 옳지 않은 것은?

① 실적주의 원칙을 침해할 우려가 있다.
② 공무원의 정치적 중립성이 훼손될 수 있다.
③ 공직 내 의사소통을 약화시킨다.
④ 보수인상 등 복지 요구 확대는 국민 부담으로 이어진다.

10 □□□ 2013년 국가직 7급 변형

「공무원직장협의회의 설립 · 운영에 관한 법률」상 공무원직장협의회에 가입할 수 없는 공무원은?

① 5급 일반직공무원
② 특정직공무원 중 외무영사직렬 공무원
③ 5급에 상당하는 별정직공무원
④ 업무의 주된 내용이 지휘 · 감독권을 행사하는 공무원

11 □□□ 2023년 국가직 7급

우리나라 공무원제도에 대한 설명으로 옳은 것만을 모두 고르면?

ㄱ. 중앙정부 · 지방자치단체 및 그 하부기관에 근무하는 공무원은 직장협의회를 설립할 수 있으며, 하나의 기관에 복수의 협의회 설립이 가능하다.
ㄴ. 휴직은 공무원으로서의 신분을 보유하게 하면서 직무담임을 일시적으로 해제하는 것으로서 임용권자가 직권으로 휴직을 명하는 직권휴직과 본인의 원에 따라 휴직을 명하는 청원휴직이 있다.
ㄷ. 공무원은 소청심사위원회를 통해 부당하다고 여겨지는 징계에 대한 구제를 신청할 수 있으며, 소청심사위원회의 결정은 처분청과 소청인 모두를 기속한다.
ㄹ. 시보 임용기간 중에 있는 공무원이 근무성적 · 교육훈련성적이 나빠서 공무원으로서의 자질이 부족하다고 판단되는 경우에는 면직시킬 수 있다.

① ㄱ, ㄴ ② ㄱ, ㄷ
③ ㄴ, ㄹ ④ ㄷ, ㄹ

중요도 ●●●○○

정답 및 해설 p. 203

선생님TIP

최근 출제비중이 증가하고 있는 추세의 테마입니다. 공직자의 윤리와 의무에 대한 것으로, 「국가공무원법」상의 의무와 「공직자윤리법」상의 의무를 구별해서 정리하여야 합니다. 특히 「공직자윤리법」상의 재산등록 및 공개의무, 선물수령신고의무, 퇴직공직자 취업제한의무, 주식백지신탁의무, 이해충돌방지의무를 반드시 숙지해두어야 합니다. 또한 「부패방지 및 국민권익위원회의 설치와 운영에 관한 법률」에 규정된 의무 및 제도도 고득점을 받기 위해서는 정리할 필요가 있으니 이를 참고하여 학습하도록 합니다.

■ 공무원의 의무

1. 「국가공무원법」상 의무

신분상 의무	선서의무, 영예나 증여의 허가의무, 품위유지의무, 정치활동금지의무, 집단행위금지의무
직위상 의무	성실의무, 법령준수의무, 명령복종의무, 직장이탈금지의무, 친절공정의무, 종교중립의 의무, 비밀엄수의무, 영리행위 및 겸직금지의무, 청렴의 의무

2. 「공직자윤리법」상 의무

재산등록의무	대통령, 지방자치단체장 등 정무직, 4급 이상 일반직, 금전·권력 관련부처 7급 이상, 경사 이상
재산공개의무	1급 이상 일반직, 정무직 공무원
선물수령신고의무	10만 원 이상, $100 이상 소속기관장에게 신고, 국고에 귀속
퇴직공직자 취업제한의무	재산등록의무자(4급 이상)와 동일, 퇴직 후 3년간 퇴직 전 5년 동안 소속하였던 부서 또는 기관의 업무와 밀접한 관련성이 있는 사기업체 취업 제한
주식백지신탁	1급 이상 공직자, 기획재정부·금융위원회 공무원이 보유하고 있는 주식
이해충돌방지	국가 또는 지방자치단체, 공직자 개인의 의무 존재

3. 「부패방지 및 국민권익위원회의 설치와 운영에 관한 법률」상 의무

부패행위신고의무	공직자는 그 직무를 행함에 있어 다른 공직자가 부패행위를 한 사실을 알게 되었거나 부패행위를 강요 또는 제의받은 경우에는 지체 없이 이를 수사기관·감사원 또는 위원회에 신고하여야 함
내부고발자보호제도	조직의 구성원이 조직의 개인이나 집단이 불법·부당한 행위를 하는 것을 대외적으로 폭로하는 것을 보호해 주는 제도
비위면직자 취업제한제도	공직자가 재직 중 직무와 관련된 부패행위로 면직된 경우 공공기관, 대통령령으로 정하는 부패행위 관련기관, 퇴직 전 5년간 소속하였던 부서 또는 기관의 업무와 밀접한 관련이 있는 영리사기업체에 퇴직일부터 5년간 취업을 제한하는 제도

01 □□□

2024년 지방직 9급

「공직자윤리법」에서 규정하고 있는 것만을 모두 고르면?

ㄱ. 이해충돌방지의무
ㄴ. 등록재산의 공개
ㄷ. 종교중립의 의무
ㄹ. 품위유지의 의무

① ㄱ, ㄴ ② ㄱ, ㄹ
③ ㄴ, ㄷ ④ ㄷ, ㄹ

02 □□□

2024년 국가직 7급

「공직자윤리법」상 공직자 윤리 확보에 대한 설명으로 옳지 않은 것은?

① 「공직자윤리법」의 목적은 공익과 사익의 이해충돌을 방지하고, 국민 전체의 봉사자로서 행정의 민주성과 능률성을 확립하는 것이다.
② 국가는 공직자가 공직에 헌신할 수 있도록 공직자의 생활을 보장하고 공직윤리 확립에 노력하여야 한다.
③ 퇴직공직자는 재직 중인 공직자의 공정한 직무수행을 해치는 상황이 일어나지 않도록 노력하여야 한다.
④ 공직자는 자신이 수행하는 직무가 자신의 재산상 이해와 관련되어 공정한 직무수행이 어려운 상황이 일어나지 않도록 직무수행의 적정성을 확보하여야 한다.

03 □□□

2020년 군무원 9급

공직자윤리법상 재산등록 및 공개에 대한 설명으로 가장 옳지 않은 것은?

① 공직유관 단체에는 공기업이 포함된다.
② 재산등록의무자는 5급 이상의 국가공무원 및 지방공무원과 이에 상당하는 보수를 받는 별정직 공무원이다.
③ 등록할 재산에는 본인의 직계존속 것도 포함된다.
④ 등록할 재산에 혼인한 직계비속인 여성 것은 제외한다.

04 □□□

2022년 지방직 9급

「공직자윤리법」상 재산등록의무자로 옳지 않은 것은?

① 법관 및 검사
② 소령 이상의 장교 및 이에 상당하는 군무원
③ 총경 이상의 경찰공무원과 소방정 이상의 소방공무원
④ 4급 이상의 일반직 공무원에 상당하는 보수를 받는 별정직 공무원

05 □□□

2023년 군무원 7급

현행 「공직자윤리법」상 재산등록의무자가 등록할 재산이 아닌 것은?

① 부동산에 관한 소유권 · 지상권 및 전세권
② 소유자별 합계액 1천만 원 이상의 가상화폐
③ 품목당 500만 원 이상의 골동품 및 예술품
④ 소유자별 연간 1천만 원 이상의 소득이 있는 지식재산권

06 □□□

2015년 서울시 7급

「공직자윤리법」의 내용으로 옳지 않은 것은?

① 이해충돌 방지 의무
② 정무직공무원 등의 재산등록 의무
③ 외국 정부 등으로부터 받은 선물의 신고
④ 비위면직자의 취업제한

07 □□□

2021년 군무원 9급

우리나라 「공직자윤리법」에 규정된 내용에 해당하지 않는 것은?

① 주식백지신탁
② 퇴직공직자의 취업제한
③ 선물신고
④ 상벌사항 공개

08 □□□

2025년 국회직 8급

「공직자윤리법」에 규정된 내용으로 옳지 않은 것은?

① 외국정부 등으로부터 받은 선물의 신고
② 영리업무 및 겸직금지
③ 주식거래내역의 신고
④ 공직자의 생활보장
⑤ 이해충돌방지 의무

09 □□□

2023년 국가직 7급

「공직자윤리법」상 재산등록에 대한 내용으로 옳은 것은?

① 등록하여야 할 재산이 국채, 공채, 회사채인 경우는 액면가로 등록하여야 한다.
② 혼인한 직계비속인 여성이 소유한 재산은 재산등록 의무자가 등록할 재산에 포함된다.
③ 공직자는 등록의무자가 된 날부터 3개월이 되는 날이 속하는 달의 말일까지 재산등록을 해야 한다.
④ 교육공무원 중 대학교 학장은 재산등록 의무자가 아니다.

10 □□□

2015년 교육행정직 9급

우리나라 지방자치단체의 공무원이 준수해야 할 행동규범에 대한 기술로 옳지 않은 것은?

① 공무원은 공무 외에 영리를 목적으로 하는 업무에 종사하지 못한다.
② 공무원은 직무와 관련하여 직접적이든 간접적이든 사례(謝禮) · 증여를 주거나 받을 수 없다.
③ 공무원은 종교에 따른 차별 없이 직무를 수행해야 하며 이에 위배되는 상관의 직무상 명령을 따르지 않을 수 있다.
④ 공무원의 직무와 재산상 이해 간 충돌을 방지하기 위해 노력할 의무는 지방자치단체에 있지 않고 공무원 자신에게 있다.

11 □□□

2013년 지방직 9급

「국가공무원법」에서 규정하고 있는 공무원의 의무에 해당하지 않는 것은?

① 공무원은 재직 중은 물론 퇴직 후에도 직무상 알게 된 비밀을 엄수하여야 한다.
② 공무원은 건강하고 쾌적한 환경을 보전하기 위하여 노력하여야 한다.
③ 공무원은 공무 외에 영리를 목적으로 하는 업무에 종사하지 못하며 소속 기관장의 허가 없이 다른 직무를 겸할 수 없다.
④ 공무원은 국민 전체의 봉사자로서 친절하고 공정하게 직무를 수행하여야 한다.

12 □□□

2021년 국가직 9급

「국가공무원법」에 명시된 공무원의 의무에 해당하지 않는 것은?

① 부패행위 신고의무
② 품위 유지의 의무
③ 복종의 의무
④ 성실 의무

13 □□□

2024년 국가직 7급

「국가공무원법」상 공무원의 복무에 대한 설명으로 옳지 않은 것은?

① 공무원은 국민 전체의 봉사자로서 친절하고 공정하게 직무를 수행하여야 한다.
② 사실상 노무에 종사하는 공무원은 노동운동이나 그 밖에 공무 외의 일을 위한 집단 행위를 하여서는 아니 된다.
③ 공무원이 외국 정부로부터 영예나 증여를 받을 경우에는 대통령의 허가를 받아야 한다.
④ 공무원은 직무와 관련하여 직접적이든 간접적이든 사례·증여 또는 향응을 주거나 받을 수 없다.

14 □□□

2023년 국가직 7급

우리나라의 공무원 복무와 징계에 대한 설명으로 옳은 것은?

① 공무원은 직무상의 관계가 있든 없든 그 소속 상관에게 증여하거나 소속 공무원으로부터 증여를 받아서는 아니 된다.
② 중징계의 일종인 파면의 경우 5년간 공무원으로 재임용될 수 없으나, 연금급여의 불이익은 없다.
③ 공무원은 어떠한 경우에도 자신의 직무권한을 행사하여 직무관련자로부터 사적 노무를 제공받아서는 아니 된다.
④ 감봉은 경징계에 해당하며 1개월 이상 3개월 이하 기간 동안 직무에 종사하지 못하고, 보수의 1/3을 삭감하는 처분이다.

15 □□□

2014년 지방직 7급

행정윤리의 특징에 대한 설명으로 옳지 않은 것은?

① 공직자윤리나 책임성을 평가하기 위해서는 결과주의와 의무론이 균형있게 결합되어야 한다.
② 공무원들은 국민생활에 심대한 영향을 미칠 수 있는 독점적 권력을 행사하기 때문에 높은 직업윤리를 요구받게 된다.
③ OECD는 정부의 '신뢰 적자(confidence deficit)' 문제를 해결하기 위한 방안으로 윤리의 확보를 제시하고 있다.
④ 행정윤리는 특정 시점이나 사실과 관계없이 규범성과 당위성을 가지고 작동되어야 한다.

16 □□□

2013년 지방직 7급

행정윤리 및 행정통제제도에 대한 설명으로 옳지 않은 것은?

① 행정절차법 – 국민의 권익을 제한하는 처분을 할 경우에는 당사자에게 사전 통지해야 한다.
② 내부고발자 보호제도 – 조직의 불법행위를 언론이나 국회 등 외부에 알린 조직구성원을 보호한다.
③ 옴부즈만(ombudsman) – 행정이 잘못된 경우 해당 공무원에게 설명을 요구하고 필요한 사항을 조사하여 그 결과를 민원인에게 알려 준다.
④ 백지신탁 – 4급 이상 공무원은 이해의 충돌을 막기 위해 보유한 부동산을 수탁기관에 신탁해야 한다.

17 □□□

2016년 국가직 9급

공직윤리 확보를 위한 행동강령(code of conduct)에 대한 설명으로 옳지 않은 것은?

① 행동강령은 공무원에게 기대되는 바람직한 가치판단이나 의사결정을 담고 있으며, 공무원이 준수하여야 할 행동기준으로 작용한다.
② 「공무원 행동강령」은 「부패방지 및 국민권익위원회의 설치와 운영에 관한 법률」 제8조에 근거해 대통령령으로 제정되었다.
③ 「공무원 행동강령」은 중앙행정기관의 장 등에게 「공무원 행동강령」의 시행에 필요한 범위에서 해당 기관의 특성에 적합한 세부적인 기관별 「공무원 행동강령」을 제정하도록 규정하고 있다.
④ OECD 국가들의 행동강령은 1970년대부터 집중적으로 제정되었으며, 주로 법률 형식으로 규정하고 있다.

18 □□□

2024년 지방직 7급

「공무원 행동강령」에 대한 설명으로 옳지 않은 것은?

① 대통령령으로 제정되었다.
② 법원, 헌법재판소, 선거관리위원회 소속 공무원에게도 적용된다.
③ 외부강의 등의 사례금 수수 제한 규정을 담고 있다.
④ 「부패방지 및 국민권익위원회의 설치와 운영에 관한 법률」 제8조에 따라 공무원이 준수하여야 할 행동기준을 규정하는 것을 목적으로 한다.

19 □□□

2017년 교육행정직 9급

공무원의 공직윤리에 관한 설명으로 옳은 것은?

① 법령적 규제의 형식을 지닌 법적 공직윤리는 자율적 공직윤리에 비해 구속력이 낮다.

② 「공무원 윤리헌장」이 「공무원 헌장」으로 전부 개정되어, 2016년 1월 1일부터 시행되고 있다.

③ 「국가공무원법」에는 성실의 의무, 재산 등록 및 공개의 의무, 주식백지신탁의 의무를 규정하고 있다.

④ 「공직자윤리법」에는 이해충돌 방지의 의무, 비밀엄수의 의무, 종교 중립의 의무를 규정하고 있다.

20 □□□

2025년 국가직 9급

다음 설명에 해당하는 개념은?

> 공직자는 옳은 일을 하기 위해 비도덕적인 행위를 하는 상황에 놓이기도 한다. 왈처(Walzer)가 제시한 이 개념은 공직을 통해 대표성을 지닌 개인이 국가나 공동체의 대의를 위해, 개인의 가치관이나 윤리관에서는 수용할 수 없는 결정을 내려야 하는 문제 상황을 의미한다.

① 더러운 손의 딜레마(the problem of dirty hands)

② 선택의 역설(the paradox of choice)

③ 집단행동의 딜레마(collective action problems)

④ 편견의 동원(mobilization of bias)

21 □□□

2017년 국가직 9급(4월 시행)

다음 ㄱ과 ㄴ에 들어갈 내용으로 옳은 것은?

> 「공직자윤리법」에서는 퇴직공직자의 취업제한 및 행위제한 등을 규정하고 있는데, 취업심사대상자는 퇴직일부터 (ㄱ)간 퇴직 전 (ㄴ) 동안 소속하였던 부서 또는 기관의 업무와 밀접한 관련성이 있는 취업제한기관에 취업할 수 없다.

	ㄱ	ㄴ		ㄱ	ㄴ
①	3년	5년	②	5년	3년
③	2년	3년	④	2년	5년

22 □□□

2017년 서울시 7급

다음 중 공직윤리 확보를 위해 우리나라에서 시행하고 있는 제도에 대한 설명으로 가장 옳지 않은 것은?

① 공직자 재산등록 및 공개제도는 공직자, 공직후보자의 재산정보를 등록 및 공개하는 제도로, 우리나라 「공직자윤리법」에 시행 근거를 두고 있다.

② 고위공직자의 직무 관련 주식 보유에 따른 공 · 사적 이해충돌 방지를 위해 주식백지신탁제도를 도입, 운용하고 있다.

③ 현행 「부정청탁 및 금품 등 수수의 금지에 관한 법률」에 의하면 공직자는 직무관련 여부와 관계없이 동일인으로부터 1회에 100만 원 또는 매 회계연도에 300만 원을 초과하는 금품 등을 받을 수 없다.

④ 퇴직공직자 취업제한제도는 적용 대상 공직자의 퇴직 후 5년간 그가 퇴직 이전에 3년간 속해 있던 소속부서나 기관과 밀접한 업무관련성이 있는 기관으로의 취업을 제한한다.

23 □□□

2017년 국가직 9급(10월 추가)

다음은 판례의 일부이다. 괄호 안에 들어갈 말로 옳은 것은?

> 주식백지신탁제도라 함은 공직자의 재산과 그가 담당하는 직무 사이에 발생하는 (   )을 사전에 회피하고, 공직자가 직위 또는 직무상 알게 된 정보를 이용하여 주식거래를 하거나 주가에 영향을 미쳐 부정하게 재산을 증식하는 것을 방지하며, 국민에 대한 봉사자로서 직무전념의무를 다하도록 하기 위해 일정금액을 초과하는 주식을 보유하고 있는 경우에는 그 주식을 매각하거나 그 주식의 관리 · 운용 · 처분 권한 일체를 수탁기관에 위임하여 자신의 재산이 어떠한 형태로 존속하는지 알 수 없도록 신탁계약을 체결하도록 하는 제도를 말한다.

① 이념갈등

② 이해충돌

③ 민간위탁

④ 부정청탁

24 □□□

2023년 국가직 9급

공직자의이해충돌에 대한 설명으로 옳지 않은 것은?

① 우리나라는 2021년 5월 「공직자의 이해충돌 방지법」을 제정하였다.
② 이해충돌은 그 특성에 따라 실제적, 외견적, 잠재적 형태로 분류할 수 있다.
③ 이해충돌 회피에 있어서는 '어느 누구도 자신이 연루된 사건의 재판관이 되어서는 안 된다'라는 원칙이 적용된다.
④ 「공직자의 이해충돌 방지법」의 위반행위는 감사원, 수사기관, 국민권익위원회 등에 신고할 수 있으나 위반행위가 발생한 기관은 제외된다.

25 □□□

2024년 국가직 9급

「공직자의 이해충돌 방지법」상 '사적이해관계자'로 규정하고 있는 대상이 아닌 것은?

① 공직자 자신 또는 그 가족
② 공직자의 직무수행과 관련하여 이익 또는 불이익을 직접적으로 받는 다른 공직자
③ 공직자로 채용·임용되기 전 2년 이내에 공직자 자신이 재직하였던 법인 또는 단체
④ 공직자 자신 또는 그 가족이 임원·대표자·관리자 또는 사외이사로 재직하고 있는 법인 또는 단체

26 □□□

2024년 국회직 8급

공직윤리에 대한 설명으로 옳지 않은 것은?

① 「공직자의 이해충돌 방지법」은 국회, 법원, 중앙행정기관, 지방자치단체 등 공공기관에 소속된 공무원과 공직유관단체·공공기관 임직원, 사립학교 교직원과 언론인에게 적용된다.
② 총경 이상의 경찰공무원과 대령 이상의 군인은 「공직자윤리법」상 재산등록의무가 있다.
③ 「공직자윤리법」에 따르면 재산등록의무자로 퇴직한 공직자는 퇴직 전 5년 이내 담당한 업무와 연관된 기업체에 퇴직일로부터 3년간 취업할 수 없다.
④ 「공무원 행동강령」은 공무원 청렴유지와 관련된 구체적 행동기준을 제시하고 있는 대통령령이다.
⑤ 「공직자윤리법」은 주식백지신탁의무와 이해충돌방지의무를 규정하고 있다.

27 □□□

2018년 국가직 7급

행정윤리에 대한 설명으로 옳지 않은 것은?

① 「공직자윤리법」상 취업심사대상자는 퇴직일부터 3년간 퇴직 전 5년 동안 소속하였던 부서 또는 기관의 업무와 밀접한 관련성이 있는 취업제한기관에 취업할 수 없다.
② 각급 학교의 입학·성적·수행평가 등의 업무에 관하여 법령을 위반하여 처리·조작하도록 하는 행위는 「부정청탁 및 금품 등 수수의 금지에 관한 법률」상 부정청탁에 해당한다.
③ 「부패방지 및 국민권익위원회의 설치와 운영에 관한 법률」에서는 내부고발자보호제도를 규정하고 있다.
④ 공직자 행동강령은 공무원이 준수하여야 할 행동기준으로 「국가공무원법」에 규정되어 있다.

28 □□□

2018년 서울시 9급

공직윤리와 관련한 설명으로 가장 옳지 않은 것은?

① 정무직공무원과 일반직 4급 이상 공무원은 재산등록의무가 있다.
② 공무원이 직무와 관련하여 외국인으로부터 10만 원 또는 100달러 이상의 선물을 받은 때에는 소속 기관·단체의 장에게 신고하고 그 선물을 인도하여야 한다.
③ 세무·감사·건축·토목·환경·식품위생분야의 대민업무 담당부서에 근무하는 일반직 7급 이상의 경우 재산등록대상에 해당한다.
④ 4급 이상 공무원과 공직유관단체 임직원은 퇴직일로부터 2년간, 퇴직 전 5년간 소속 부서 또는 기관 업무와 밀접한 관련이 있는 사기업체에 취업할 수 없다.

29 □□□

2019년 지방직 7급

공직자윤리법령의 내용으로 옳은 것은?

① 국립대학교의 학장은 재산을 등록할 의무가 없다.
② 공무원은 그 직무와 관련하여 외국인으로부터 수령 당시 국내 시가 10만 원 이상의 선물을 받으면 지체 없이 신고하고 인도하여야 한다.
③ 재산공개 대상자가 직무 관련성이 있는 경우 매각 혹은 백지신탁 해야 하는 주식의 하한가액은 5천만 원이다.
④ 퇴직한 재산등록의무자는 퇴직 시점까지의 재산변동을 퇴직일부터 6개월 이내에 신고하여야 한다.

30 □□□

2020년 국가직 7급

우리나라의 행정윤리에 대한 설명으로 옳은 것만을 모두 고르면?

ㄱ. 「공직자윤리법」상 지방의회 의원은 외국 정부 등으로부터 받은 선물의 신고 의무가 없다.
ㄴ. 우리나라에서는 내부고발자보호제도를 법률로 규정하고 있다.
ㄷ. 「공직자윤리법」에 따르면 총경 이상의 경찰공무원과 소방정 이상의 소방공무원은 재산을 등록해야 한다.
ㄹ. 공무원의 주식백지신탁 의무는 「부패방지 및 국민권익위원회의 설치와 운영에 관한 법률」에 규정되어 있다.

① ㄱ, ㄴ　　② ㄱ, ㄷ
③ ㄴ, ㄷ　　④ ㄷ, ㄹ

31 □□□

2020년 지방직 7급

「국가공무원법」상 공직윤리에 위배되는 행위로 옳은 것은?

① 공무원 甲은 소속 상관에게 직무상 관계가 없는 증여를 하였다.
② 공무원 乙은 소속 기관장의 허가를 받아 다른 직무를 겸하였다.
③ 수사기관이 현행범인 공무원 丙을 소속 기관의 장에게 미리 통보하지 않고 구속하였다.
④ 공무원 丁은 대통령의 허가를 받고 외국 정부로부터 증여를 받았다.

32 □□□

2023년 지방직 7급

공직윤리 관련 제도에 대한 설명으로 옳지 않은 것은?

① 공익신고자의 동의 없이 공익신고자의 인적사항 등을 다른 사람에게 알려주거나 공개할 경우, 징역 또는 벌금 등 법적 제재 대상이 된다.
② 지방공무원이 외국 정부로부터 영예나 증여를 받을 경우에는 소속 지방자치단체장의 허가를 받아야 한다.
③ 「공직자윤리법」을 통해 이해 충돌 방지 의무를 규정하고 주식백지신탁제도를 도입하였다.
④ 「공직자윤리법」상 재산등록의무자 모두가 등록재산 공개 대상은 아니다.

33 □□□

2021년 국회직 8급

공직윤리에 대한 설명으로 옳은 것은?

① 품위 유지의 의무와 영리업무 및 겸직금지는 「공직자윤리법」에 규정되어 있다.
② 재산등록의무자였던 퇴직공직자는 퇴직 전 5년 동안 소속하였던 부서 또는 기관의 업무와 밀접한 관련성이 있는 기관에 퇴직일로부터 5년간 취업이 제한된다.
③ 육군 소장과 강원도 소방정감은 「공직자윤리법」상 재산공개의무가 있다.
④ 「부정청탁 및 금품 등 수수의 금지에 관한 법률 시행령」상 사립학교 교직원의 외부강의 사례금 상한액은 시간당 50만 원이다.
⑤ 총경 이상의 경찰공무원과 경기도의 교육장은 「공직자윤리법」상 재산등록의무가 있다.

34 □□□

2023년 국가직 7급

백지신탁제도에 대한 설명으로 옳지 않은 것은?

① 주식백지신탁의 수탁기관은 신탁재산을 관리 · 운용 · 처분한 내용을 관할 공직자윤리위원회에 보고하여야 한다.
② 우리나라의 「공직자의 이해충돌 방지법」에는 백지신탁제도가 규정되어 있지 않다.
③ 공개대상자 및 그 이해관계인이 보유하고 있는 주식의 직무관련성을 심사 · 결정하기 위하여 인사혁신처에 주식백지신탁 심사위원회를 둔다.
④ 백지신탁은 이해충돌이 존재하는 주식을 신탁회사에서 해당 공직자의 의견을 반영해 이해충돌이 없는 주식으로 변경하는 제도이다.

THEME 58 행정권의 오용과 공직부패

중요도 ●●●●●

정답 및 해설 p. 210

선생님TIP

최근 계속 출제되고 있는 테마입니다. 먼저 부패의 원인에 대한 접근방법을 이해하고 공직부패의 유형을 확실하게 정리하여야 하는데, 가장 전형적인 거래형 부패(외부부패)와 공금횡령이나 회계부정과 같은 사기형 부패(내부부패) 등으로 정리하여 알아두는 것이 좋습니다. 특히 「부정청탁 및 금품 등 수수의 금지에 관한 법률」(김영란법)의 주요 내용은 지속적으로 출제가 예상되므로 철저하게 정리하고 숙지하여야 합니다.

■ 공직부패 및 관련 법령

1. 부패의 원인에 대한 접근방법

기능주의적 접근	부패가 무능보다 낫다는 부패의 순기능 인정
후기 기능주의적 접근	기능주의에 대한 반발로 부패란 자기영속적인 것
구조적 접근	공직사유관 등 공무원들의 잘못된 의식구조가 부패의 원인
제도적 접근	법과 제도의 결함과 미비가 원인
사회문화적 접근	공직사회의 관행이나 경험적 습성이 부패를 조장
체제론적 접근	부패는 구조, 기술, 문화, 제도 등 복합적인 현상
도덕적 접근	개인의 윤리의식, 자질, 도덕심의 부족 탓
정치경제학적 접근	정경유착에 의한 부패

2. 공직부패의 유형

거래형 부패	뇌물을 받고 특혜를 부여(외부부패), 가장 전형적인 부패 유형
사기형 부패	공금횡령, 회계부정 등의 범죄형 부패(내부부패)
일탈형 부패	공직자 개인의 일탈적 부패(돈 받고 단속 눈감아주기)
제도화된 부패	급행료나 커미션이 당연시되는 부패(체제적 부패)
권력형 부패	상층부의 정치권력을 이용한 막대한 부패
생계형 부패	하급관료(민원부서)들의 작은 부패

3. 「부정청탁 및 금품 등 수수의 금지에 관한 법률 시행령」(김영란법)상 금품수수 허용범위

구분	음식물	선물	경조사비
원칙	5만 원	5만 원 [백화점상품권(금액상품권) 제외한 물품상품권, 용역상품권 포함]	5만 원
예외	-	농 · 수산물(가공품) 15만 원	화환 · 조화 10만 원

01 □□□

2017년 서울시 9급

공무원 부패에 관한 설명으로 가장 옳지 않은 것은?

① 인·허가와 관련된 업무를 처리할 때 소위 '급행료'를 지불하는 것을 당연시하는 관행은 제도화된 부패에 해당한다.
② 금융위기가 심각함에도 불구하고 국민들의 동요나 기업 활동의 위축을 막기 위해 공직자가 거짓말을 하는 것은 회색부패에 해당한다.
③ 무허가 업소를 단속하던 단속원이 정상적인 단속활동을 수행하다가 금품을 제공하는 특정 업소에 대해서 단속을 하지 않는 것은 일탈형 부패에 해당한다.
④ 공금횡령, 개인적인 이익의 편취, 회계부정 등은 비거래형 부패에 해당한다.

02 □□□

2005년 부산시 9급

공무원 사회의 독특한 인사문화나 선물관행과 관련된 부패와 관계있는 접근방법은?

① 제도적 접근
② 체제론적 접근
③ 사회문화적 접근
④ 개인적·도덕적 접근

03 □□□

2006년 서울시 7급

행정권의 오용으로 볼 수 없는 것은?

① 무사안일
② 실책의 은폐
③ 비윤리적 행위
④ 불공정한 인사
⑤ 재량권의 행사

04 □□□

2019년 서울시 7급(10월 시행)

공무원의 부패방지 대책으로 가장 옳지 않은 것은?

① 행정정보 공개
② 내부고발자 보호
③ 행정절차의 간소화
④ 사회적 규제강화

05 □□□

2014년 국가직 7급

공직부패와 행정통제에 대한 설명으로 옳지 않은 것은?

① 계층제는 공식적 행정통제 방법이다.
② 공금횡령은 거래형 부패에 해당된다.
③ 우리나라는 공공기관의 부패행위에 대해 국민감사청구제를 시행하고 있다.
④ 우리나라는 '모든 국민의 공공기관 부패방지 시책에 대한 협력의무'를 법률로 규정하고 있다.

06 □□□

2016년 교육행정직 9급

공무원의 부패유형에 대한 설명으로 옳지 않은 것은?

① 공금횡령, 개인적인 이익의 편취, 회계부정 등은 사기형 부패에 속한다.
② 법에 규정하기는 곤란하여 윤리강령에 규정하는 부패의 유형은 회색부패에 속한다.
③ 대부분의 부패행위는 개인 수준에서 발생하는데, 일반적으로 잘 드러나는 부패는 조직 수준의 부패이다.
④ 인·허가와 관련된 업무를 처리할 때 이른바 '급행료'를 지불하는 것을 당연시하는 것은 제도화된 부패의 예이다.

07 □□□

2015년 국가직 7급

공무원 부패에 대한 체제론적 접근방법을 설명한 것으로 옳은 것은?

① 공무원 부패는 개인들의 윤리의식과 자질 때문에 발생한다.
② 부패는 하나의 변수가 아니라 다양한 요인에 의해 복합적으로 나타난다.
③ 사회의 법과 제도상의 결함 때문에 부패가 발생한다.
④ 특정한 지배적 관습이나 경험적 습성과 같은 것이 부패를 조장한다.

08 □□□

2016년 서울시 7급

공무원 부패의 원인에 대한 접근방법을 설명한 것 중 가장 옳지 않은 것은?

① 도덕적 접근은 부패의 원인을 부패를 저지르는 관료 개인의 윤리 의식과 자질의 탓으로 돌린다.
② 제도적 접근은 법과 제도상의 결함이나 운영의 미숙 등이 부정부패의 원인으로 작용한다고 본다.
③ 사회문화적 접근은 관료 부패를 사회문화적 환경의 독립변수로 본다.
④ 체제론적 접근은 관료 부패 현상을 관료 개인의 속성과 제도, 사회문화 환경 등 여러 요인이 복합적으로 상호작용한 결과로 이해한다.

09 □□□

2019년 국회직 8급

공무원 부패의 접근방법에 대한 설명으로 옳지 않은 것은?

① 권력문화적 접근법은 공직자들의 잘못된 의식구조를 공무원 부패의 원인으로 본다.
② 사회문화적 접근법은 특정한 지배적 관습이나 경험적 습성 등이 공무원 부패와 밀접한 관련이 있다고 본다.
③ 제도적 접근법은 행정통제 장치의 미비를 대표적인 공무원 부패의 원인으로 본다.
④ 체제론적 접근법은 문화적 특성, 제도상 결함, 구조상 모순, 공무원의 행태 등 다양한 요인들에 의해 복합적으로 공무원 부패가 나타난다고 본다.
⑤ 도덕적 접근법은 개인의 성격 및 습성과 윤리 문제가 공무원 부패와 밀접한 관련이 있다고 본다.

10 □□□

2022년 국회직 9급

공직부패에 대한 설명으로 옳지 않은 것은?

① 부패의 접근법 중 체제론적 접근법은 복합적 요인보다 하나의 변수에 의해 부패가 발생한다고 본다.
② 백색부패는 흑색부패와 달리 사익을 추구하는 부패가 아니다.
③ 권력형부패는 정치인이나 고위직 공무원에 의해서 행해지는 부패행위이다.
④ 거래형부패는 뇌물을 주고받아 금전적 이익을 보는 사람과 특혜를 제공받는 사람으로 이루어지는 부패행위이다.
⑤ 비거래형부패는 거래 당사자 없이 공무원에 의해 일방적으로 발생하는 부패의 유형이다.

11 □□□

2023년 국가직 7급

부패에 대한 설명으로 가장 적절하지 않은 것은?

① 「부패방지 및 국민권익위원회의 설치와 운영에 관한 법률」에서는 부패행위를 공직자가 직무와 관련하여 그 지위 또는 권한을 남용하거나 법령을 위반하여 자기 또는 제3자의 이익을 도모하는 행위 등으로 규정하고 있다.

② 공무원 부패에 대해 체제론적 접근에서는 사회의 법과 제도상의 결함이나 이러한 것들에 대한 관리기구와 운영상의 문제들 또는 예기치 않았던 부작용이 부패의 원인으로 작용한다고 보는 입장이다.

③ 선의의 목적으로 행해지는 부패를 '백색부패'라고 한다.

④ 사회적으로 희소한 권력을 갖고 있는 사람들에 의한 부패를 '권력형 부패'라고 하며, 이는 사회적 지탄의 대상이 된다.

12 □□□

2018년 국가직 9급

공무원 부패의 사례와 그 유형을 바르게 연결한 것은?

> ㄱ. 무허가 업소를 단속하던 공무원이 정상적인 단속활동을 수행하다가 금품을 제공하는 특정 업소에 대해서는 단속을 하지 않는다.
> ㄴ. 금융위기가 심각함에도 불구하고 국민들의 동요나 기업활동의 위축을 방지하기 위해 금융위기가 전혀 없다고 관련 공무원이 거짓말을 한다.
> ㄷ. 인·허가와 관련된 업무를 담당하는 공무원의 대부분은 업무를 처리하면서 민원인으로부터 의례적으로 '급행료'를 받는다.
> ㄹ. 거래당사자 없이 공금 횡령, 개인적 이익 편취, 회계부정 등이 공무원에 의해 일방적으로 발생한다.

	ㄱ	ㄴ	ㄷ	ㄹ
①	제도화된 부패	회색 부패	일탈형 부패	생계형 부패
②	일탈형 부패	생계형 부패	조직 부패	회색 부패
③	일탈형 부패	백색 부패	제도화된 부패	비거래형 부패
④	조직 부패	백색 부패	생계형 부패	비거래형 부패

13 □□□

2022년 국가직 7급

공직부패의 유형에 대한 설명으로 옳지 않은 것은?

① 인·허가 업무처리 시 소위 '급행료'를 당연하게 요구하는 행위를 일탈형 부패라고 한다.

② 정치인이나 고위공무원이 자신의 권력을 남용해 사적 이익을 추구하는 것을 권력형 부패라고 한다.

③ 공금 횡령, 회계 부정 등 거래 당사자 없이 공무원에 의해 일방적으로 발생하는 부패를 사기형 부패라고 한다.

④ 사회체제에 파괴적 영향을 미칠 잠재성이 있음에도 불구하고, 일부 집단은 처벌을 원하는 반면, 다른 집단은 처벌을 원하지 않는 경우를 회색부패라고 한다.

14 □□□

2025년 국가직 9급

공직부패의 유형과 사례가 바르게 연결된 것은?

① 제도화된 부패 - A기관은 인·허가 관련 업무를 처리할 때 민원인에게 '급행료'를 받는 것이 관례화 되어 있다.

② 회색 부패 - 금융위기가 심각함에도 불구하고 경제안정이라는 공익을 위해 관련 공직자 B가 문제가 없다는 거짓말을 한다.

③ 거래형 부패 - 회계 담당 공무원 C는 공금을 횡령하여 이익을 편취한다.

④ 조직 부패 - 공무원 D는 담당직무를 수행하면서 개인적으로 금품을 수수한다.

15 □□□

2018년 지방직 9급 변형

현행 「부정청탁 및 금품 등 수수의 금지에 관련 법률 시행령」의 개정내용 중 음식물·경조사비 등의 가액 범위로 옳은 것은? (단, 합산의 경우는 배제한다)

	내용	개정 이후
①	유가증권	5만 원
②	축의금, 조의금	5만 원
③	음식물	3만 원
④	농수산물 및 농수산 가공품	10만 원

16 □□□

2017년 사회복지직 9급

「공무원 행동강령」에 따르면 공무원은 직무관련 여부 및 기부·후원·증여 등 그 명목에 관계없이 동일인으로부터 1회에 100만 원 또는 매 회계연도에 300만 원을 초과하는 금품 등을 받거나 요구 또는 약속해서는 아니 된다. 그 예외에 해당하지 않는 것은?

① 특정인에게 배포하기 위한 기념품 또는 홍보용품 등이나 경연·추첨을 통하여 받는 보상 또는 상품 등
② 공무원의 친족(「민법」 제777조에 따른 친족)이 제공하는 금품 등
③ 원활한 직무수행 또는 사교·의례 또는 부조의 목적으로 제공되는 음식물·경조사비·선물 등으로서 중앙행정기관의 장 등이 정하는 가액 범위 안의 금품 등
④ 공무원과 관련된 직원상조회·동호인회·동창회·향우회·친목회·종교단체·사회단체 등이 정하는 기준에 따라 구성원에게 제공하는 금품 등 및 그 소속 구성원 등 공무원과 특별히 장기적·지속적인 친분관계를 맺고 있는 자가 질병·재난 등으로 어려운 처지에 있는 공무원에게 제공하는 금품 등

17 □□□

2017년 국가직 9급(4월 시행)

「부정청탁 및 금품 등 수수의 금지에 관한 법률」상 금지하는 부정청탁에 해당하지 않는 것은?

① 각급학교의 입학·성적·수행평가 등의 업무에 관하여 법령을 위반하여 처리·조작하도록 하는 행위
② 공개적으로 공직자 등에게 특정한 행위를 요구하는 행위
③ 공공기관이 주관하는 각종 수상, 포상, 우수기관 선정 또는 우수자 선발에 관하여 법령을 위반하여 특정 개인·단체·법인이 선정 또는 탈락되도록 하는 행위
④ 채용·승진·전보 등 공직자 등의 인사에 관하여 법령을 위반하여 개입하거나 영향을 미치도록 하는 행위

18 □□□

2018년 서울시 7급(3월 추가)

「부정청탁 및 금품 등 수수의 금지에 관한 법률」(일명 김영란법) 및 동법 시행령에 규정된 내용 중 가장 옳지 않은 것은?

① 누구든지 직접 또는 제3자를 통하여 법에 규정된 직무를 수행하는 공직자 등에게 부정청탁을 해서는 아니 된다.
② 공직자 등이 직무와 관련하여 1회 100만 원 이하의 금품을 수수하는 경우 형사 처벌할 수 있다.
③ 이 법의 적용대상은 언론사의 임직원은 물론 그 배우자를 포함한다.
④ 경조사비는 축의금, 조의금은 5만 원까지 가능하고, 축의금과 조의금을 대신하는 화환이나 조화는 10만 원까지 가능하다.

PART 5

재무행정론

CHAPTER 1 / 국가재정의 기초이론
CHAPTER 2 / 예산결정이론
CHAPTER 3 / 예산제도의 발달과 개혁
CHAPTER 4 / 예산과정론

CHAPTER 1

국가재정의 기초이론

THEME 59 예산의 의의와 형식

중요도 ●●○○○

정답 및 해설 p. 214

선생님TIP

재무행정의 가장 기초적인 부분입니다. 먼저 예산의 개념을 결산의 개념과 구별하여 예산은 예정적 수치, 결산은 확정적 수치라는 점을 알아두어야 합니다. 예산의 기능으로는 법적·정치적·경제적 기능이 있으며, 이 중 가장 중요한 행정적 기능에서 시크(Schick)의 주장에 따르면 행정적 기능은 '통제-관리-기획'이었고, 이를 바탕으로 나중에 후대의 학자들이 감축과 참여를 추가하였습니다. 또한 미국식의 예산법률주의와 우리나라의 예산(의결)주의를 구별해서 정리하도록 합시다.

■ 예산의 의의와 형식

1. 예산의 의의

개념	정부의 일정기간(1회계연도) 동안의 세입세출에 관한 예정적 수치
패러다임의 변화	• 투입 중심 → 성과 중심 • 유량 중심 → 유량 및 저량 중심 • 아날로그 정보시스템 → 디지털 정보시스템 • 관리자 중심 → 납세자 주권(재정민주주의, 주민참여예산제) [광의] • 성중립적 관점 → 성주류적 관점(성인지예산)

2. 예산의 기능

정치적 기능(Wildavsky)	법적 기능	행정적 기능(Schick)	경제적 기능(Musgrave)
• 이해관계 조정의 과정 • 예산사용주창자(부처)와 예산을 지키는 자(기획재정부)의 상호관계 • 점증주의	• 법률에 근거한 지출 • 세출 예산의 효력: 구속력 있음, 승인된 예산의 범위 안에서 지출 가능 • 세입 예산의 효력: 구속력 없음	• LIBS(품목별예산): 통제 • PBS(성과주의예산): 관리 • PPBS(계획예산): 기획 • ZBB(영기준예산): 감축 • MBO(목표예산): 참여	• 자원배분: 효율성 • 소득재분배: 형평성 • 경제안정: 적자재정 시 정당성 • 경제성장

3. 예산의 형식

(1) 법률주의와 예산주의

구분	법률주의	예산주의
개념	예산 = 법률	예산 ≠ 법률, 국회의결로 성립
조세제도	일년세주의(세출예산법)	영구세주의(조세법률주의)
특징	• 자유로운 수정 가능 • 거부권 행사 가능(특별예산) • 대통령의 공포, 계속적 효력	• 정부 동의 없이 증액 및 새 비목 설치 불가(감액 가능) • 거부권 행사 불가 • 공포 불요, 회계연도 독립의 원칙
국가	영국, 미국 등	우리나라, 일본 등

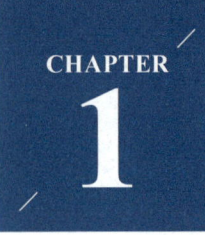

(2) 예산과 법률

구분	예산	법률
제출권자	정부	정부와 국회
제출기한	회계연도 개시 120일 전	제한 없음
심의기한	회계연도 개시 30일 전	제한 없음
심의범위	증액 및 새 비목 설치 불가	자유로운 수정 가능
거부권 행사	대통령의 거부권 행사 불가	대통령의 거부권 행사 가능
공포	공포 불요, 의결로 확정	공포로써 효력 발생
시간적 효력	회계연도에 국한	계속적 효력 발생
대인적 효력	국가기관만 구속	국가기관, 국민 모두 구속
지역적 효력	국내외 모두 효력 발생	원칙상 국내에 한정됨
형식적 효력	예산으로 법률 개폐 불가	법률로써 예산 변경 불가

01 □□□ 2014년 서울시 7급

우리나라의 예산에 대한 설명으로 옳지 않은 것은?

① 예산은 정부만이 제안권을 갖고 있고 국회는 제안권을 갖고 있지 않다.
② 예산안을 심의할 때 국회는 정부가 제출한 예산안의 범위 내에서 삭감할 수 있으나, 정부의 동의 없이 지출예산 각 항의 금액을 증액할 수 없다.
③ 예산은 국가기관만을 구속한다.
④ 예산은 국회의 의결로 성립하지만 정부의 수입지출의 권한과 의무는 별도의 법률로 규정된다.
⑤ 국회에서 의결된 예산에 대해서 대통령이 거부권을 행사할 수 있다.

02 □□□ 2013년 서울시 9급

예산개혁의 경향이 시대에 따라 변화해 온 것을 시기 순으로 가장 잘 나타낸 것은?

① 통제지향 - 관리지향 - 기획지향 - 감축지향 - 참여지향
② 통제지향 - 감축지향 - 기획지향 - 관리지향 - 참여지향
③ 관리지향 - 감축지향 - 통제지향 - 기획지향 - 참여지향
④ 관리지향 - 기획지향 - 통제지향 - 감축지향 - 참여지향
⑤ 기획지향 - 감축지향 - 통제지향 - 관리지향 - 참여지향

03 □□□ 2007년 충남 9급

예산(Budget)에 대한 설명으로 옳지 않은 것은?

① 'Budget'의 어원은 미국 재무상(Chancellor of the Exchequer)이 매년 의회에서 재정연설을 할 때 재정계획서를 넣어가지고 다니던 가죽주머니(bougette)에서 유래된 것으로 그 가죽주머니에서 재정서류를 꺼냈다는 데서 기원한 것이다.
② 예산은 국가사업계획을 국가재정수립을 통해서 구체화시키는 역할을 하므로 사실상 국가철학의 회계적 표현이다.
③ 예산은 헌법 또는 「국가재정법」에 따라 일 년 단위로 정부가 편성하고 의회의 심의·의결을 거쳐 확정된 국가재정계획이다.
④ 예산은 국가의 세입과 세출을 일정기간 단위로 계획한 예정적 수치로서 정부지출의 기준이 된다.

04 □□□

2009년 국가직 9급

예산과정에 대한 설명으로 옳지 않은 것은?

① 예산을 행정부가 편성하여 입법부에 제출하는 것이 현대 국가의 추세이다.
② 총액예산제도가 실시되면서 총액의 한도 내에서 의원들의 관심이 높은 예산사업을 소규모화하거나 우선순위를 낮게 설정하는 전략이 사용되기도 한다.
③ 대통령중심제라는 정치체제의 성격이 국회예산심의의 기본 특징을 규정한다.
④ 결산이란 한 회계연도에서 국가의 수입과 지출의 실적을 예정적 계수로서 표시하는 행위이다.

05 □□□

2012년 국가직 9급

미국의 예산개혁과 결부시켜 시크(Schick)가 도출한 예산제도의 주된 지향점으로 볼 수 없는 것은?

① 성과지향
② 통제지향
③ 기획지향
④ 관리지향

06 □□□

2018년 지방직 9급

머스그레이브(Musgrave)의 정부재정기능의 기본원칙에 대한 설명으로 옳지 않은 것은?

① 시장실패를 교정하고 사회적 최적 생산과 소비수준이 이루어지도록 해야 한다.
② 세입 면에서는 차별 과세를 하고, 세출 면에서는 사회보장적 지출을 통해 소외계층을 지원해야 한다.
③ 고용, 물가 등과 같은 거시경제지표들을 안정적으로 조절해야 한다.
④ 정부에 부여된 목적과 자원을 연계하여 소기의 성과를 거둘 수 있도록 관료를 통제해야 한다.

07 □□□

2025년 군무원 7급

리처드와 머스그레이브(Richard A. & Peggy B. Musgrave)의 재정의 3대 기능에 속하지 않는 것은?

① 자원최적배분기능(Allocation Function)
② 소득재분배기능(Distribution Function)
③ 후생증진기능(Welfare Promotion Function)
④ 경제안정화기능(Stabilization Function)

08 □□□

2021년 군무원 7급

우리나라 국회에 관한 현행 헌법에서 규정한 내용으로 옳지 않은 것은?

① 지방세의 세목과 세율도 국세처럼 모두 법률로 정하지 않으면 안 된다.
② 국회의장이 확정된 법률을 공포하는 경우도 있다.
③ 국회에서 심의 · 의결된 예산안은 공포 없이 확정되어 효력을 가진다.
④ 심의 · 확정된 예산은 법률로 변경할 수 있다.

09 □□□

2019년 국가직 7급

우리나라에서 예산과 법률의 차이에 대한 설명으로 옳은 것은?

① 일반적으로 법률은 국가기관과 국민에 대해 구속력을 갖지만, 예산은 국가기관에 대해서만 구속력을 갖는다.
② 대통령은 국회가 의결한 법률안에 대해 거부권이 있지만, 국회의결 예산에 대해서는 사안별로만 재의요구권이 있다.
③ 국회에 제출된 법률안은 의결기한에 제한이 없으나, 예산안은 매년 12월 2일까지 예산결산특별위원회의 심사를 마쳐야 한다.
④ 국회는 발의 · 제출된 법률안을 수정 · 보완할 수 있지만, 제출된 예산안은 정부의 동의 없이는 수정할 수 없다.

10 □□□

2023년 국가직 7급

예산과 법률의 차이점에 대한 설명으로 옳지 않은 것은?

① 법률안은 국회의원과 정부가 제출할 수 있지만, 예산안은 정부만이 제출할 수 있다.

② 발의 · 제출된 법률안에 대해 국회는 수정할 수 있지만, 예산안의 경우 국회는 정부의 동의 없이 제출된 지출예산 각항의 금액을 증가하거나 새 비목을 설치할 수 없다.

③ 법률안은 대외적 효력을 인정받기 위해 공포 절차를 거쳐야 하지만 예산안은 국회에서 의결되면 효력을 갖는다.

④ 대통령은 국회가 의결한 법률안에 대해 재의 요구를 할 수 있으나, 국회는 정부가 제출한 예산안에 대한 심의 · 의결 자체를 거부할 수 있다.

11 □□□

2021년 국회직 8급

우리나라 국회의 입법과정에 대한 설명으로 옳지 않은 것은?

① 각 중앙행정기관의 장은 해당 연도의 입법수요를 파악하여 입법의 필요성, 내용 요지, 추진일정 등을 포함한 입법계획을 수립하여 전년도 11월 30일까지 법제처장에게 제출하여야 한다.

② 국회의원이 정부예산 지출을 수반하는 법안을 발의할 때 재원 확보 방안을 함께 제출하도록 의무화하는 '페이고(pay-go)'법안이 발의되기도 한다.

③ 위원회의 심사를 거치거나 위원회가 제안하는 의안 중 정부조직에 관한 법률안, 조세 또는 국민에게 부담을 주는 법률안 등 주요 의안에 대해서는 재적의원 4분의 1 이상의 요구가 있으면 의원 전원으로 구성되는 전원위원회를 개회할 수 있다.

④ 법률안 내용의 위헌 여부, 관련 법률과의 저촉 여부, 같은 법률 내의 조항 간 모순 · 충돌 유무는 법제사법위원회에서 심사하고, 법률의 형식을 정비하는 체계심사는 표결을 통과한 후 소관 위원회에서 심사한다.

⑤ 국회에서 의결된 법률안은 정부에 이송되어 15일 이내에 대통령이 공포하며, 법률안에 이의가 있을 때에는 대통령은 정부이송 후 15일 이내에 이의서를 붙여 국회로 환부하고, 그 재의를 요구할 수 있다.

12 □□□

2017년 지방직 9급(6월 시행)

우리나라 행정환경의 주요 행위자들 간의 관계에 대한 설명으로 옳지 않은 것은?

① 국회는 국민의 대표기관으로서 민주주의 원칙에 합당하게 행정이 이루어지고 있는지를 감시하고 통제하는 권한을 가진다.

② 정부는 국회에 법률안을 제출할 수 있고, 대통령은 법률에서 구체적으로 범위를 정하여 위임받은 사항과 법률을 집행하기 위하여 필요한 사항에 관하여 대통령령을 발할 수 있다.

③ 헌법재판소의 위헌결정은 행정부의 활동에 지대한 영향을 미칠 수 있다.

④ 대통령은 국회가 확정한 본예산에 대하여 재의를 요구할 수 있다.

13 □□□

2014년 지방직 7급

「국가재정법」 제1조에 규정된 재정운영 목적과 그에 대한 설명으로 옳지 않은 것은?

① 재정운영의 형평성은 구성원 사이의 재화와 서비스를 공평하게 나누는 것을 의미하며, 이를 위하여 성인지 예산제도를 규정하고 있다.

② 재정의 투명성이란 재정의 편성부터 심의, 집행에 이르는 과정에서의 제반 사항 및 경과를 일반 국민들이 확인할 수 있는 정도를 의미한다.

③ 재정건전성은 지출이 수입의 범위 내에서 충당되어 국채 발행이나 차입이 없는 재정운용 또는 다소 적자가 발생하더라도 장기적으로 상환 가능할 정도로 크지 않은 재정운용을 의미한다.

④ 성과지향성이란 투입을 중심으로 하는 전통적인 재정운용방식에서 벗어나 성과를 중심으로 재정사업을 평가 · 관리하는 것을 의미하며, 재정지출뿐만 아니라 조세지출에도 적용된다.

14 □□□

2018년 국회직 8급

다음 중 「국가재정법」 제16조에서 규정하고 있는 재정운영에 대한 내용으로 옳지 않은 것은?

① 재정건전성의 확보
② 국민부담의 최소화
③ 재정을 운영함에 있어 재정지출의 성과 제고
④ 예산과정에의 국민참여 제고를 위한 노력
⑤ 재정의 지속가능성 확보

15 □□□

2014년 국회직 8급

현행 「국가재정법」에서 규정하고 있는 내용으로 옳지 않은 것은?

① 예산은 예산총칙 · 세입세출예산 · 계속비 · 명시이월비 및 국고채무부담행위를 총칭한다.
② 2016년부터 기획재정부장관은 국무회의의 심의를 거쳐 대통령의 승인을 얻은 다음 연도의 예산안편성지침을 매년 3월 31일까지 각 중앙관서의 장에게 통보하여야 한다.
③ 2016년부터 각 중앙관서의 장은 예산안편성지침에 따라 그 소관에 속하는 다음 연도의 세입세출예산 · 계속비 · 명시이월비 및 국고채무부담행위 요구서를 작성하여 매년 5월 31일까지 기획재정부장관에게 제출하여야 한다.
④ 2016년부터 정부는 대통령의 승인을 얻은 예산안을 회계연도 개시 90일 전까지 국회에 제출하여야 한다.
⑤ 정부는 예산안을 국회에 제출한 후 부득이한 사유로 인하여 그 내용의 일부를 수정하고자 하는 때에는 국무회의의 심의를 거쳐 대통령의 승인을 얻은 수정예산안을 국회에 제출할 수 있다.

16 □□□

2018년 국가직 7급

「국가재정법」상 재정건전화에 대한 설명으로 옳지 않은 것은?

① 국세감면율이란 당해 연도 국세 수입총액 대비 국세감면액 총액의 비율을 말한다.
② 국가의 회계 또는 기금의 국고채무부담행위는 국가채무에 해당한다.
③ 국가가 보증채무를 부담하고자 하는 때에는 미리 국회의 동의를 얻어야 한다.
④ 정부는 국회에서 추가경정예산안이 확정되기 전에 이를 미리 배정하거나 집행할 수 없다.

17 □□□

2023년 지방직 7급

「국가재정법」상 (ㄱ)에 해당하는 기관만을 모두 고르면?

정부는 협의에도 불구하고 (ㄱ)의 세출예산요구액을 감액하고자 할 때에는 국무회의에서 해당 (ㄱ)의 장의 의견을 들어야 하며, 정부가 (ㄱ)의 세출예산요구액을 감액한 때에는 그 규모 및 이유, 감액에 대한 (ㄱ)의 장의 의견을 국회에 제출하여야 한다.

ㄱ. 헌법재판소
ㄴ. 중앙선거관리위원회
ㄷ. 국민권익위원회
ㄹ. 국가인권위원회

① ㄱ, ㄴ
② ㄱ, ㄹ
③ ㄴ, ㄷ
④ ㄷ, ㄹ

18 □□□

2022년 국가직 7급

중앙정부의 지출 성격상 의무지출에 해당하는 것만을 모두 고르면?

ㄱ. 지방교부세 ㄴ. 유엔 평화유지활동(PKO) 예산 분담금 ㄷ. 정부부처 운영비 ㄹ. 지방교육재정교부금 ㅁ. 국채에 대한 이자지출

① ㄱ, ㄴ, ㅁ ② ㄴ, ㄷ, ㄹ
③ ㄱ, ㄴ, ㄹ, ㅁ ④ ㄱ, ㄷ, ㄹ, ㅁ

19 □□□

2019년 지방직 9급

국가채무에 대한 설명으로 옳지 않은 것은?

① 기획재정부장관은 국가채무관리계획을 수립하여야 한다.
② 국채를 발행하고자 할 때에는 국회의 의결을 얻어야 한다.
③ 우리나라가 발행하는 국채의 종류에 국고채와 재정증권은 포함되지 않는다.
④ 우리나라의 GDP 대비 국가채무비율은 일본과 미국보다 낮은 상태이다.

20 □□□

2023년 국가직 7급

국가채무에 대한 설명으로 옳지 않은 것은?

① 「국가재정법」에 따른 국가채무는 국가의 회계가 발행한 채권을 포함하며, 모든 기금이 발행한 채권은 제외된다.
② 우리나라 중앙정부가 발행하는 국채에는 국고채권, 국민주택채권, 외화표시 외국환평형기금채권 등이 있다.
③ 국가채무는 크게 금융성 채무와 적자성 채무로 구분한다.
④ 채권의 발행 주체가 중앙정부일 때는 국채, 지방자치단체일 때는 지방채라고 할 수 있다.

21 □□□

2025년 국회직 8급

우리나라의 국가채무와 국가부채에 대한 설명으로 옳지 않은 것은?

① 「국가재정법」에서는 국가채무를 국가의 회계 또는 기금이 부담하는 금전적 채무로 정의하고 있다.
② 국가채무의 기관 포괄범위에는 중앙정부, 지방자치단체(교육자치단체 포함) 및 비영리공공기관이 포함된다.
③ 국가채무는 현금주의 기준에 의해 작성되는 채무규모이다.
④ 일반정부부채는 국제지침에 따라 발생주의 기준에 의해 산출된다.
⑤ 공공부문부채는 발생주의 기준에 의해 산출되며 공공부문의 재정건전성 관리에 활용된다.

22 □□□

2018년 서울시 7급(6월 시행)

현행 「국가재정법」에서 규율하고 있는 제도들 중 재정운용의 건전성 강화 목적과 직접적 관련이 있는 사항을 〈보기〉에서 모두 고른 것은?

〈보기〉

ㄱ. 성인지 예산서 및 결산서 도입
ㄴ. 예산·기금 지출에 대한 국민 감시와 예산성과금 지급
ㄷ. 추가경정예산안 편성의 제한
ㄹ. 세계잉여금 일정 비율의 공적자금 등 상환 의무화
ㅁ. 국가채무관리계획 수립
ㅂ. 국가 보증채무 부담의 국회 사전 동의
ㅅ. 국세 감면의 제한
ㅇ. 재정정보 연 1회 이상 공개 의무화
ㅈ. 법률안 재정 소요 추계제도
ㅊ. 예산, 기금 간 여유재원의 상호 전출·입

① ㄱ, ㄴ, ㄷ, ㄹ, ㅁ, ㅂ
② ㄴ, ㄹ, ㅂ, ㅅ, ㅇ, ㅊ
③ ㄴ, ㄷ, ㅁ, ㅅ, ㅇ, ㅊ
④ ㄷ, ㄹ, ㅁ, ㅂ, ㅅ, ㅈ

23 □□□

2023년 국가직 7급

재정투명성에 대한 설명으로 옳지 않은 것은?

① 재정투명성이란 재정에 관한 정보를 체계적으로 적시에 공개하는 것을 의미한다.
② 2007년의 IMF 「재정투명성 규약」에는 '예산과정의 공개', '재정정보의 완전성 보장', '정부의 역할과 책임에 대한 명확성' 등이 규정되어 있다.
③ 「국가재정법」에서는 공공부문을 제외한 일반정부의 재정통계를 매년 1회 이상 투명하게 공표하도록 규정하고 있다.
④ 「국가재정법」은 예산·기금의 불법 지출에 대한 국민감시 규정을 두고 있다.

24 □□□

2017년 지방직 9급(6월 시행)

우편사업, 우체국예금사업, 양곡관리사업, 조달사업을 수행하기 위한 특별회계예산의 운용에 관한 사항을 규정하고 있는 현행법은?

① 「공공기관의 운영에 관한 법률」
② 「정부기업예산법」
③ 「예산회계법」
④ 「정부산하기관관리기본법」

25 □□□

2017년 국가직 7급(8월 시행)

「국가재정법」상 특별회계를 설치할 수 있는 근거 법률이 아닌 것은?

① 「국가균형발전 특별법」
② 「정부기업예산법」
③ 「군인연금특별회계법」
④ 「책임운영기관의 설치·운영에 관한 법률」

THEME 60 정부회계제도

중요도 ●●○○○

정답 및 해설 p. 218

선생님TIP

정부회계제도는 한동안 출제가 뜸하다가 최근 다시 출제가 되고 있는 테마입니다. 먼저 2025년 「국가회계법」 개정으로 정부의 재무제표에 현금흐름표가 추가된 것을 꼭 숙지해야 합니다. 정부회계제도는 기장방식에 따른 단식부기와 복식부기, 인식시점에 따른 현금주의와 발생주의 등이 있는데 우리나라의 정부회계는 기업회계방식과 같이 발생주의·복식부기를 따르고 있다는 것이 중요합니다. 또한 각 방식의 장단점을 알아두고 단식부기는 현금주의와, 복식부기는 발생주의와 연결된다는 것을 알아두어야 합니다.

■ 정부회계제도

1. 정부회계 재무제표

기업	정부
대차대조표(stock)	재정상태표
손익계산서(flow)	재정운영표
현금흐름표	현금흐름표
이익잉여금처분계산서	순자산변동표
주석 및 부속명세서	주석

2. 단식부기와 복식부기(기장방식)

구분	단식부기	복식부기
개념	거래의 일면만을 기록, 가계부	대차평균의 원리에 따라 이중기록
장점	단순하고 작성과 관리가 용이	• 자동이월기능 • 발생주의에 용이 • 자기검증기능
단점	• 이익과 손실 원인의 명확한 파악 곤란 • 오류의 자동검증 곤란	• 회계처리비용 과다 • 전문적 회계지식 요구
적용	소규모 기업 및 비영리 기업에 용이	채무 및 대규모 기업에 용이

3. 현금주의와 발생주의(인식 기준)

구분	현금주의	발생주의
장점	• 절차 간편 • 이해 · 통제 용이 • 현금흐름 파악 용이 • 회계처리의 객관성	• 자산 · 부채 파악으로 재정의 실질적 건전성 확보 • 비용 · 편익 등 재정 성과 파악 용이 • 예산의 자율성 제고 • 자기검증기능으로 회계오류 시정 • 재정의 투명성 · 신뢰성 · 책임성 제고 • 출납폐쇄기한 불필요
단점	• 경영성과 파악 곤란 • 단식부기에 의한 조작 가능성 • 자산 · 부채 파악 곤란(비망기록으로 관리) • 감가상각 등 거래의 실질 및 원가 미반영	• 자산평가 및 감가상각의 주관성 • 채권 · 채무의 자의적 추정 • 절차복잡 및 현금흐름 파악 곤란 • 의회통제 회피 악용 가능성

01 □□□

2025년 국회직 8급

우리나라의 정부회계제도에 대한 설명으로 옳지 않은 것은?

① 중앙정부 국가회계와 지방자치단체 지방회계의 이원적 체계로 운영되고 있다.
② 중앙정부가 복식부기 · 발생주의를 먼저 도입한 이후 지방자치단체로 확산되었다.
③ 재무제표는 해당 회계연도분과 직전 회계연도분을 비교하는 형식으로 작성한다.
④ 중앙정부의 재무제표는 재정상태표, 재정운영표, 순자산변동표, 현금흐름표로 구성되며, 주석을 포함한다.
⑤ 재정상태표는 재정상태표일 현재의 자산과 부채의 명세 및 상호 관계 등 재정상태를 나타내는 재무제표로서 자산, 부채 및 순자산으로 구성된다.

02 □□□

2022년 지방직 9급

정부회계에 대한 설명으로 옳지 않은 것은?

① 국가회계는 디브레인(dBrain) 시스템을 통해, 지방자치단체회계는 e-호조 시스템을 통해 처리된다.
② 재무회계는 현금주의 단식부기 회계방식이, 예산회계는 발생주의 복식부기 방식이 적용된다.
③ 발생주의에서는 미수수익이나 미지급금을 자산과 부채로 표시할 수 있다.
④ 재무제표는 거래가 발생하면 차변과 대변 양쪽에 동일한 금액으로 이중기입하는 복식부기 방식을 채택하고 있다.

03 □□□

2010년 국가직 9급

발생주의 · 복식부기 회계방식에 대한 설명으로 옳지 않은 것은?

① 기본적으로는 현금의 출납에 근거한 회계방식이다.
② 원가 개념을 제고하고 성과측정능력을 향상시킬 수 있다.
③ 재정의 투명성을 높이고 회계의 자기검증기능을 통해 예산집행의 오류 및 비리와 부정을 줄일 수 있다.
④ 회수 불가능한 부실채권에 대한 정보 왜곡의 우려가 있다.

04 □□□

2015년 사회복지직 9급

우리나라 정부회계에 대한 설명으로 옳지 않은 것은?

① 기획재정부장관은 회계연도마다 중앙관서 결산보고서를 통합하여 국가의 결산보고서를 작성한 후 국무총리의 승인을 받아야 한다.
② 재무제표는 재정상태표, 재정운영표, 순자산변동표로 구성되며, 재무제표에 대한 주석을 포함한다.
③ 재정운영표의 모든 수익과 비용은 발생주의 원칙에 따라 거래나 사실이 발생한 기간에 표시한다.
④ 재정상태표는 재정상태표일 현재의 자산과 부채의 명세 및 상호관계 등 재정상태를 나타내는 재무제표로서 자산, 부채 및 순자산으로 구성된다.

05 □□□

2010년 지방직 7급

발생주의 회계에 대한 설명으로 옳은 것은?

① 자의적 회계처리가 불가능하여 통제가 용이하다.
② 기관별 성과의 비교가 가능하다.
③ 감가상각과 미지급금 등의 인식이 어렵다.
④ 자산, 부채, 자본(순자산) 등을 인식하지 못하는 단점이 있다.

06 □□□

2011년 국가직 9급

정부회계를 복식부기의 원리에 따라 기록할 경우 차변에 위치할 항목은?

① 차입금의 감소
② 순자산의 증가
③ 현금의 감소
④ 수익의 발생

07 □□□

2009년 국가직 9급

복식부기 제도하에서 정부보유 현금자산이 200조, 고정자산이 300조, 유동부채가 100조, 재정수익이 300조, 비용이 200조라면, 회계기간 중 특정 시점의 재정상태를 나타내는 보고서상에 순자산으로 보고될 액수는?

① 400조
② 100조
③ 500조
④ 200조

08 □□□

2011년 국회직 8급

현금주의에서는 인식되지 않지만 발생주의에서는 이중거래로 인식되는 것은?

① 미수수익
② 대손상각
③ 감가상각
④ 무상거래
⑤ 제품보증비

09 □□□

2024년 군무원 9급

다음 중 정부회계에 대한 설명으로 가장 적절하지 않은 것은?

① 현금주의 회계가 발생주의 회계보다 상대적으로 절차가 간편하고 통제가 용이하다.
② 현금주의 회계는 무상거래를 인식하지 않지만 발생주의 회계는 이중거래로 인식한다.
③ 감가상각에 대해서 현금주의 회계는 비용으로 인식하지만, 발생주의 회계에서는 인식이 안 된다.
④ 발생주의 회계는 재정 성과 파악이 현금주의 회계보다 용이하다.

10 □□□

2009년 국가직 7급

정부회계 기장방식에 있어서 복식부기의 특징이라고 볼 수 없는 것은?

① 거래의 이중성에 따라 거래의 인과관계를 기록한다.
② 감가상각과 대손상각은 발생주의에서는 비용으로 인식된다.
③ 기장 내용에 대한 자기검증기능을 확보할 수 있다.
④ 종합적 재정상태를 알 수 없으나 자동 이월기능이 있다.

11 □□□

2010년 경찰승진

정부 회계방식으로서 복식부기와 발생주의 회계제도를 도입할 때의 장점으로 볼 수 없는 것은?

① 정부의 재정상태에 관한 재무보고서를 일목요연하게 작성할 수 있다.
② 정부의 자산에 대한 평가와 재평가를 통해 자원을 효율적으로 사용할 수 있다.
③ 회계의 자기검증기능으로 부정과 비리에 대한 통제가능성을 높여준다.
④ 회수가 불가능한 채권이나 지불이 불필요한 채무를 쉽게 구별하여 재무정보의 왜곡현상을 제거한다.

12 □□□ 2018년 서울시 9급

정부회계제도의 기장방식에 대한 〈보기〉의 설명과 바르게 짝지어진 것은?

〈보기〉

ㄱ. 현금의 수불과는 관계없이 경제적 자원에 변동을 주는 사건이 발생된 시점에 거래를 인식하는 방식이다.

ㄴ. 하나의 거래를 대차평균의 원리에 따라 차변과 대변에 이중 기록하는 방식이다.

	ㄱ	ㄴ
①	현금주의	복식부기
②	발생주의	복식부기
③	발생주의	단식부기
④	현금주의	단식부기

13 □□□ 2018년 국가직 9급

정부회계의 기장 방식에 대한 설명으로 옳지 않은 것은?

① 단식부기는 발생주의 회계와, 복식부기는 현금주의 회계와 서로 밀접한 연계성을 갖는다.

② 단식부기는 현금의 수지와 같이 단일 항목의 증감을 중심으로 기록하는 방식이다.

③ 복식부기에서는 계정과목 간에 유기적 관련성이 있기 때문에 상호 검증을 통한 부정이나 오류의 발견이 쉽다.

④ 복식부기는 하나의 거래를 대차 평균의 원리에 따라 차변과 대변에 동시에 기록하는 방식이다.

14 □□□ 2021년 군무원 9급

발생주의 회계제도에 대한 설명으로 옳은 것은?

ㄱ. 재화의 감가상각 가치를 회계에 반영할 수 있다.

ㄴ. 부채규모와 총자산의 파악이 용이하지 않다.

ㄷ. 현금이 거래되는 시점을 중심으로 기록한다.

ㄹ. 복식부기 기장방식을 채택하는 것이 일반적이다.

① ㄱ, ㄹ
② ㄴ, ㄹ
③ ㄴ, ㄷ
④ ㄱ, ㄷ

15 □□□ 2022년 국회직 8급

현금주의 회계방식과 발생주의 회계방식에 대한 설명으로 옳은 것은?

① 현금주의 회계방식은 재정상태표에 해당하며, 발생주의 회계방식은 재정운영표에 해당한다.

② 현금주의 회계방식은 정보의 적시성을 확보할 수 있으며, 발생주의 회계방식은 회계처리의 객관성 확보에 용이하다.

③ 현금주의 회계방식은 재정 건전성 확보가 가능하며, 발생주의 회계방식은 이해와 통제가 용이하다.

④ 현금주의 회계방식은 의회통제를 회피하기 위해 악용될 가능성이 있으며, 발생주의 회계방식 또한 의회통제와는 거리가 있다.

⑤ 현금주의 회계방식은 화폐자산과 차입금을 측정대상으로 하며, 발생주의 회계방식은 재무자원, 비재무자원을 포함한 모든 경제자원을 측정대상으로 한다.

16 □□□

2024년 지방직 7급

발생주의 회계에 대한 설명으로 옳지 않은 것은?

① 고정자산 등 경제적 자원을 회계과정에서 인식하기 어렵다.
② 미지급비용을 부채로 인식한다.
③ 감가상각을 비용으로 인식한다.
④ 현금의 유입, 유출과 관계없이 수익과 비용이 발생된 시점에 거래를 인식한다.

17 □□□

2017년 국가직 7급(10월 추가)

우리나라의 국가재무제표에 대한 설명으로 옳지 않은 것은?

① 재무제표는 국가결산보고서에 포함되어 국회에 제출하도록 하고 있다.
② 「국가회계법」에 따르면 재무제표는 재정상태표, 재정운영표, 순자산변동표로 구성된다.
③ 재정상태표는 재정상태표일 현재 국가의 재정상태를 보여 주는 것이다.
④ 재정상태표에는 현금주의와 단식부기가, 재정운영표에는 발생주의와 복식부기가 각각 적용되고 있다.

18 □□□

2022년 국가직 7급

우리나라 중앙예산기관의 변천에 대한 설명으로 옳지 않은 것은?

① 국무총리 직속 기획처 예산국이 우리나라에서 처음으로 중앙예산기관의 역할을 담당하였다.
② 1961년 설립된 경제기획원은 수입 · 지출의 총괄기능을 담당하였으며, 재무부는 중앙예산기관의 역할을 담당하였다.
③ 김영삼 정부는 1994년 정부조직개편을 통해 경제기획원과 재무부를 재정경제원으로 통합하여 세제, 예산, 국고 기능을 일원화하였다.
④ 현재는 기획재정부 예산실이 중앙예산기관의 역할을 담당하고 있다.

예산의 원칙과 그 예외

중요도 ●●●●●

정답 및 해설 p. 220

선생님TIP

재무행정분야에서 가장 중요한 테마입니다. 전통적 예산원칙 8가지(통사정한 명단공포)에 대하여 정리하고, 출제빈도가 매우 높은 전통적 예산원칙의 예외를 반드시 완벽하게 숙지해두어야 합니다. 전통적 예산원칙이 재정 통제를 강조하므로 그 예외는 신축성 유지를 강조하는 것도 주요 포인트입니다. 따라서 현대적 예산원칙은 신축성 유지를 위한 것이므로 이를 바탕으로 전통적 예산원칙과 구별하여 정리해두면 이해하는 데에 도움이 될 것입니다.

■ 예산의 원칙과 예외

1. 전통적 예산원칙과 그 예외

구분	의의	예외
통일성	• 특정 세입과 특정 지출 직접 연결 금지 • 목적구속금지의 원칙(통일국고법), 국고 편입 후 지출	특별회계, 기금, 목적세, 수입대체경비
사전의결	사전에 국회의 의결	사고이월, 준예산, 예비비 지출, 전용, 선결처분권, 대통령 긴급 재정경제처분
정확성	예산과 결산이 일치	적자예산, 과년도 이월, 불용액
한정성 (한계성)	규모, 목적, 시간의 한계	• 양(금액)적: 예비비, 추가경정예산 • 질(목적 · 용도)적: 이용, 전용 • 시간적: 이월, 계속비, 국고채무부담행위, 조상충용
명확성	예산구조나 과목은 국민들이 쉽게 이해할 수 있도록 명확해야 함	총액예산, 신임예산
단일성	예산을 하나의 회계 내 단일하게 편성	특별회계, 기금, 추가경정예산
공개성	모든 예산을 공개	신임예산, 국방비 등
포괄성 (완전성)	모든 세입세출을 완전하게 계상, 예산 총계주의	순계예산(예산순계 ×), 기금, 수입대체경비, 전대차관, 현물출자, 기술료

2. 현대적 예산원칙

행정부 계획	사업계획과 예산편성을 유기적으로 연계하기 위해서 행정부의 계획 필요(PPBS)
행정부 책임	행정부가 예산을 합목적적 · 경제적 · 효과적으로 집행할 책임
행정부 재량	상황변화에 적응할 수 있도록 행정부에 예산집행의 신축성 부여 예 총괄예산, 신임예산 등
보고	예산의 편성 · 심의 · 집행은 업무보고 및 재정보고에 기초
수단구비	예산에 대한 책임을 위해 정부가 예산기관, 예산배정권한, 예산제도 등을 구비
다원적 절차	사업의 성격에 따라 예산의 절차를 다르게 하는 자율성 부여 예 특별회계, 기금 등
시기 신축성	사업실시의 시기를 행정부가 신축적으로 조정 예 이월, 계속비, 과년도수입 등
예산기구 상호성	중앙예산기구와 각 부처 예산기구 간 활발한 의사소통

01 □□□
2025년 지방직 9급

입법부 우위의 전통적 예산원칙에서 '국민의 눈높이에서 국민이 쉽게 이해할 수 있도록 예산서의 과목과 구조가 작성되어야 한다'는 원칙은?

① 명료성의 원칙
② 완전성의 원칙
③ 공개성의 원칙
④ 한정성의 원칙

02 □□□
2013년 지방직 9급

예산원칙의 예외에 대한 설명으로 옳지 않은 것은?

① 특별회계는 단일성의 원칙에 대한 예외이다.
② 준예산제도는 사전의결의 원칙에 대한 예외이다.
③ 예산의 이용(利用)은 한계성의 원칙에 대한 예외이다.
④ 목적세는 공개성의 원칙에 대한 예외이다.

03 □□□
2010년 지방직 9급

예산의 이용, 예비비, 계속비는 공통적으로 어떤 예산원칙에 대한 예외인가?

① 포괄성의 원칙
② 단일성의 원칙
③ 한정성의 원칙
④ 통일성의 원칙

04 □□□
2009년 서울시 7급

전통적 예산원칙과 그 예외에 대한 설명으로 옳은 것은?

① 완전성의 원칙 - 순계예산, 기금, 특별회계
② 단일성의 원칙 - 특별회계, 추가경정예산, 기금
③ 한정성의 원칙 - 예비비, 계속비, 목적세
④ 사전의결의 원칙 - 준예산, 계속비, 예비비
⑤ 통일성의 원칙 - 준예산, 기금, 목적세

05 □□□
2013년 서울시 9급

예산원칙에 대한 설명으로 옳지 않은 것은?

① 공개성의 원칙에는 예외가 있다.
② 사전의결의 원칙에는 예외가 있다.
③ 통일성의 원칙은 회계장부가 하나여야 한다는 원칙이다.
④ 목적세는 예산원칙의 예외이다.
⑤ 총괄예산제도는 명확성의 원칙과 관련이 있다.

06 □□□
2014년 국가직 7급

예산 한정성 원칙의 예외로 볼 수 없는 것은?

① 예비비 편성
② 추가경정예산
③ 특별회계 운용
④ 예산의 이용 및 전용

07 □□□

2014년 서울시 7급

전통적 예산원칙에 해당하지 않는 것은?

① 예산은 국민에게 공개되고 누구나 알 수 있어야 한다.
② 예산집행 전 입법부의 의결을 거쳐야 한다.
③ 예산은 회계연도 내에 집행되어야 한다.
④ 사업계획과 예산편성이 연계되어야 한다.
⑤ 예산은 주어진 목적 범위 내에서 집행되어야 한다.

08 □□□

2016년 서울시 9급

다음은 예산의 원칙에 대한 설명이다. 바르게 짝지어진 것은?

> • A: 한 회계연도의 세입과 세출은 모두 예산에 계상하여야 한다.
> • B: 모든 수입은 국고에 편입되고 여기에서부터 지출이 이루어져야 한다.

① A: 예산 단일의 원칙 B: 예산총계주의 원칙
② A: 예산총계주의 원칙 B: 예산 단일의 원칙
③ A: 예산 통일의 원칙 B: 예산총계주의 원칙
④ A: 예산총계주의 원칙 B: 예산 통일의 원칙

09 □□□

2016년 지방직 9급

예산의 원칙과 그 예외사항에 대한 설명으로 옳은 것은?

① 특정수입과 특정지출이 연계되어서는 안 된다는 것은 단일성의 원칙이다.
② 예산은 주어진 목적, 규모 그리고 시간에 따라 집행되어야 한다는 원칙은 예산총계주의이다.
③ 예산구조나 과목은 이해하기 쉽도록 단순해야 한다는 것은 통일성의 원칙이다.
④ 특별회계는 통일성의 원칙과 단일성의 원칙의 예외적인 장치에 해당된다.

10 □□□

2016년 국가직 9급

다음에서 ㄱ과 ㄴ에 해당하는 내용을 바르게 연결한 것은?

> (ㄱ)은(는) 국가가 특별한 용역 또는 시설을 제공하고 그 제공을 받은 자로부터 비용을 징수하는 경우의 당해 경비로서 기획재정부장관이 정하는 경비를 의미하며, 「국가재정법」상 (ㄴ)의 예외로 규정되어 있다.

	(ㄱ)	(ㄴ)
①	수입대체경비	예산총계주의 원칙
②	전대차관	예산총계주의 원칙
③	전대차관	예산 공개의 원칙
④	수입대체경비	예산 공개의 원칙

11 □□□

2016년 서울시 9급

예산의 원칙 중 스미스(Smith)가 주장한 현대적 예산의 원칙은?

① 예산은 미리 결정되어 회계연도가 시작되면 바로 집행할 수 있도록 해야 한다.
② 예산의 편성, 심의, 집행은 공식적인 형식을 가진 재정 보고 및 업무 보고에 기초를 두어야 한다.
③ 모든 예산은 공개되어야 한다.
④ 예산구조나 과목은 국민들이 이해하기 쉽게 단순해야 한다.

12 □□□

2017년 사회복지직 9급

예산원칙의 예외에 대한 설명 중 옳지 않은 것은?

① 국가정보원 예산의 비공개는 예산 공개의 원칙에 대한 예외이다.
② 수입대체경비, 차관물자대 등은 예산총계주의 원칙에 대한 예외이다.
③ 특별회계와 추가경정예산은 예산 단일성의 원칙에 대한 예외이다.
④ 예산 한정성의 원칙 중 예산 목적 외 사용금지인 질적 한정성의 원칙은 엄격히 지켜지고 있다.

13 □□□

2017년 지방직 9급(6월 시행)

「국가재정법」상 다음 원칙의 예외에 대한 규정으로 옳지 않은 것은?

- 한 회계연도의 모든 수입을 세입으로 하고, 모든 지출을 세출로 한다.
- 한 회계연도의 세입과 세출은 모두 예산에 계상하여야 한다.

① 수입대체경비에 있어 수입이 예산을 초과하거나 초과할 것이 예상되는 때에는 그 초과수입을 대통령령이 정하는 바에 따라 그 초과수입에 직접 관련되는 경비 및 이에 수반되는 경비에 초과지출할 수 있다.
② 국가가 현물로 출자하는 경우에는 이를 세입세출예산 외로 처리할 수 있다.
③ 국가가 외국차관을 도입하여 전대하는 경우에는 이를 세입세출예산 외로 처리할 수 있다.
④ 출연금이 지원된 국가연구개발사업의 개발 성과물 사용에 따른 대가를 사용하는 경우에는 이를 세입세출예산 외로 처리할 수 있다.

14 □□□

2017년 국가직 9급(10월 추가)

예산의 원칙과 그 내용, 예외사항을 순서대로 나열한 것으로 옳지 않은 것은?

① 사전의결의 원칙 - 회계연도 개시 전 예산 확정 - 준예산
② 통일성의 원칙 - 재정수입과 특정지출의 연계 금지 - 특별회계
③ 단일성의 원칙 - 세입과 세출내역의 명시적 나열 - 이용과 전용
④ 완전성의 원칙 - 예산총계주의 - 전대차관

15 □□□

2018년 서울시 7급(3월 추가)

〈보기〉에서 예산집행의 시간적 제약을 완화하기 위해 도입한 제도를 모두 고른 것은?

〈보기〉

ㄱ. 총액계상제도
ㄴ. 이용
ㄷ. 전용
ㄹ. 이월제도
ㅁ. 계속비제도
ㅂ. 국고채무부담행위

① ㄱ, ㄴ, ㄷ ② ㄴ, ㄷ, ㄹ
③ ㄹ, ㅁ, ㅂ ④ ㄴ, ㄹ, ㅁ

PART 5 해커스공무원 현 행정학 단원별 기출문제집

16 □□□

2018년 국회직 8급

다음 중 국회의 승인이나 의결을 얻지 않아도 되는 것은?

① 명시이월
② 예비비 사용
③ 예산의 이용
④ 계속비
⑤ 예산의 이체

17 □□□

2019년 서울시 9급(2월 추가)

예산의 원칙과 내용을 가장 옳게 짝지은 것은?

① 예산 단일성의 원칙 - 예산은 모든 국민이 알기 쉽게 분류, 정리되어야 한다는 원칙
② 예산 완전성의 원칙 - 모든 수입과 지출은 예산에 계상되어야 한다는 원칙
③ 예산 엄밀성의 원칙 - 정해진 목표를 위해서 정해진 금액을 정해진 기간 내에 사용해야 한다는 원칙
④ 예산 한정성의 원칙 - 국가의 예산은 하나로 존재해야 한다는 원칙

18 □□□

2019년 국회직 8급

다음 글의 (ㄱ)과 (ㄴ)에 해당하는 것은?

> (ㄱ)은(는) 지출이 직접 수입을 수반하는 경비로서 기획재정부장관이 지정하는 것을 의미하며 전통적 예산원칙 중 (ㄴ)의 예외에 해당한다.

	(ㄱ)	(ㄴ)
①	수입금마련경비	통일성의 원칙
②	수입대체경비	통일성의 원칙
③	수입금마련지출	한정성의 원칙
④	수입대체경비	한정성의 원칙
⑤	수입금마련지출	통일성의 원칙

19 □□□

2019년 국회직 8급

「국가재정법」상 예산제도에 대한 설명으로 옳은 것만을 〈보기〉에서 모두 고르면?

〈보기〉

ㄱ. 기획재정부장관은 「국가회계법」에서 정하는 바에 따라 회계연도마다 작성하여 대통령의 승인을 받은 국가결산보고서를 다음 연도 4월 10일까지 감사원에 제출하여야 한다.
ㄴ. 차관물자대(借款物資貸)의 경우 전년도 인출예정분의 부득이한 이월 또는 환율 및 금리의 변동으로 인하여 세입이 그 세입예산을 초과하게 되는 때에는 그 세출예산을 초과하여 지출할 수 없다.
ㄷ. 정부는 예산이 여성과 남성에게 미칠 영향을 미리 분석한 보고서를 작성하여야 한다.
ㄹ. 각 중앙관서의 장은 예산요구서를 제출할 때에 다음 연도 예산의 성과계획서 및 전년도 예산의 성과보고서를 기획재정부장관에게 함께 제출하여야 한다.

① ㄱ, ㄴ
② ㄱ, ㄴ, ㄷ
③ ㄱ, ㄷ, ㄹ
④ ㄴ, ㄷ, ㄹ
⑤ ㄱ, ㄴ, ㄷ, ㄹ

20 □□□

2019년 지방직 7급

다음 중 예산 원칙의 예외를 옳게 짝지은 것은?

	한정성 원칙	단일성 원칙
①	목적세	특별회계
②	예비비	목적세
③	이용과 전용	수입대체경비
④	계속비	기금

21 □□□

2022년 지방직 9급

일반회계, 특별회계, 기금에 대한 설명으로 옳지 않은 것은?

① 일반회계는 조세수입 등을 주요 세입으로 하여 국가의 일반적인 세출에 충당하기 위하여 설치한다.
② 특별회계와 기금은 예산총계주의 원칙의 예외이다.
③ 일반회계, 특별회계, 기금 모두 국회로부터 결산의 심의 및 의결을 받아야 한다.
④ 일반회계와 특별회계는 전쟁이나 대규모 재해가 발생한 경우 추가경정예산을 편성할 수 있다.

22 □□□

2024년 국가직 7급

예산의 원칙과 그 예외가 바르게 짝지어지지 않은 것은?

① 통일성의 원칙 - 목적세
② 단일성의 원칙 - 특별회계
③ 완전성의 원칙 - 전대차관
④ 사전의결의 원칙 - 예산의 이용

23 □□□

2024년 지방직 7급

「국가재정법」상 (가)에 들어갈 말로 옳은 것은?

> 제53조 【 (가) 원칙의 예외】 ① 각 중앙관서의 장은 용역 또는 시설을 제공하여 발생하는 수입과 관련되는 경비로서 대통령령으로 정하는 경비(이하 "수입대체경비"라 한다)의 경우 수입이 예산을 초과하거나 초과할 것이 예상되는 때에는 그 초과수입을 대통령령으로 정하는 바에 따라 그 초과수입에 직접 관련되는 경비 및 이에 수반되는 경비에 초과지출 할 수 있다.

① 예산총계주의
② 예산사전의결
③ 예산공개성
④ 예산기구 상호성

THEME 62 예산의 분류와 종류

정답 및 해설 p. 224

선생님TIP

예산의 분류는 2~3년 정도에 한번 출제되는 테마로 예산을 품목별, 기능별, 조직별, 경제성질별로 구분합니다. 이 중에서도 시민들의 이해가 용이하여 '시민을 위한 분류'로 불리는 기능별 분류가 중요합니다. 예산의 종류는 매년 출제되는 테마로 먼저 세입·세출의 성질에 따라 일반회계와 특별회계 및 기금으로 분류합니다. 그리고 예산절차 즉, 성립시기에 따라 본예산, 수정예산, 추가경정예산으로 나눌 수 있으며 예산 불성립 시의 예산으로는 우리나라의 가예산과 준예산, 외국의 잠정예산이 있습니다. 각각의 개념과 특징을 구분하여 알아두도록 합니다.

■ 예산의 분류와 종류

1. 예산의 분류

품목별 분류 (LIBS)	• '무엇을 구입하는 데 얼마를 쓰나'가 기준 • 지출대상 품목별 분류
기능별 분류 (PBS)	• '무슨 일을 하는 데 얼마를 쓰나'가 기준 • 정부가 수행하는 기능을 중심으로 분류, 시민을 위한 분류(국민이 이해하기 용이함)
조직별 분류	• '누가 얼마를 쓰나'가 기준 • 부처별·기관별 분류
경제성질별 분류 (UB)	• 정부예산이 경제에 미치는 총체적 효과 • 국민경제예산, 완전고용예산, 재정충격지표, 통합예산(UB)

2. 예산의 종류

(1) 세입·세출에 따른 분류

구분	일반회계	특별회계	기금
설치사유	국가 고유의 일반적 재정활동	• 특정사업 운영 • 특정자금 운용 • 특정세입으로 특정세출 충당	• 특정목적을 위해 특정자금을 운용 • 일정자금을 활용하여 특정사업을 안정적으로 운영
재원조달 및 운용형태	공권력에 의한 조세수입과 무상급부원칙	일반회계와 기금의 운용 형태 혼재	출연금, 부담금 등 다양한 수입원으로 융자사업 등 기금고유사업 수행
확정절차	• 부처의 예산요구 • 기획재정부가 정부예산안 편성 • 국회 심의·의결로 확정	• 부처의 예산요구 • 기획재정부가 정부예산안 편성 • 국회 심의·의결로 확정	• 기금관리주체가 계획(안) 수립 • 기획재정부장관과의 협의·조정 • 국회의 심의·의결로 확정
집행절차	• 합법성에 입각하여 엄격히 통제 • 예산의 목적 외 사용금지원칙	• 합법성에 입각하여 엄격히 통제 • 예산의 목적 외 사용금지원칙	합목적성 차원에서 상대적으로 자율성과 탄력성 보장
통일성	특정한 수입과 지출의 연계 배제	특정한 수입과 지출의 연계	특정한 수입과 지출의 연계
결산	국회의 결산심의와 승인	국회의 결산심의와 승인	국회의 결산심의와 승인

(2) 성립시기에 따른 분류

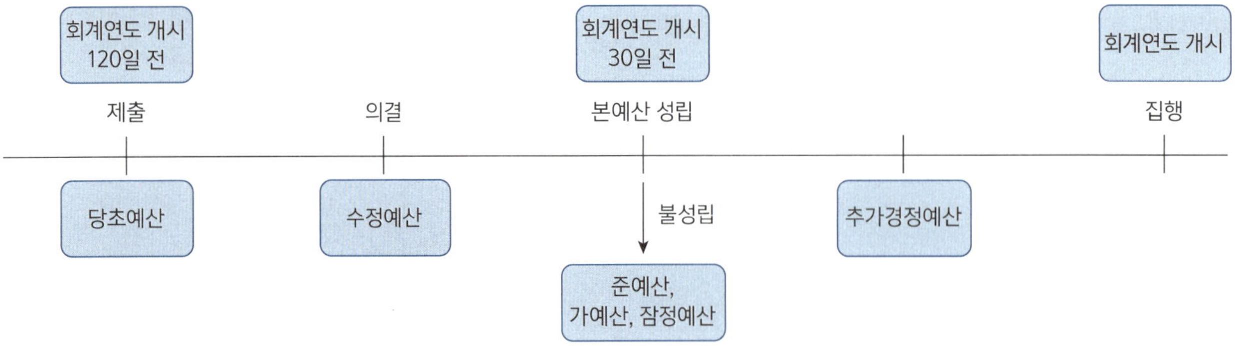

01 □□□

2015년 교육행정직 9급

우리나라 정부의 예산구조에 대한 기술로 옳지 않은 것은?

① 특별회계와 기금은 법률로써 설치한다.
② 기금운용계획의 확정 및 기금의 결산은 국회의 심의·의결을 거친다.
③ 일반회계는 조세수입 등을 주요 세입으로 하여 국가의 일반적인 세출에 충당하기 위하여 설치한다.
④ 특별회계는 국가가 특정한 목적을 위하여 특정한 자금을 신축적으로 운용할 필요가 있을 때 설치한다.

02 □□□

2025년 군무원 7급

「국가재정법」상 예산과목의 분류에 대한 설명으로 가장 적절하지 않은 것은?

① 세입세출예산은 독립기관 및 중앙관서의 소관별로 구분한 후 소관 내에서 일반회계·특별회계로 구분한다.
② 세입예산은 그 내용을 성질별로 관·항으로 구분한다.
③ 세출예산은 그 내용을 기능별·성질별 또는 기관별로 장·관·항으로 구분한다.
④ 장·관은 입법과목이라 하고, 항·세항·목은 행정과목이라 한다.

03 □□□

2012년 지방직 7급

예산집행 시 회계책임을 명확히 하기 위한 분류로 옳지 않은 것은?

① 조직별 분류
② 기능별 분류
③ 활동별 분류
④ 품목별 분류

04 □□□

2005년 광주 9급

예산분류 방식에 대한 설명으로 옳지 않은 것은?

① 우리나라에서 일반회계 세입예산은 수입원에 따라 조세수입과 세외수입으로 분류한다.
② 품목별 분류는 지출대상·구입물품의 종류를 중심으로 분류한다.
③ 기능별 분류는 전문적·포괄적이어서 일반시민이 이해하기 힘들다.
④ 경제성질별 분류를 통해 정부활동이 국민경제에 미치는 영향을 알 수 있다.

05 □□□

2017년 사회복지직 9급

정부활동의 일반적이며 총체적인 내용을 보여 주어 일반납세자가 정부의 예산내용을 쉽게 이해할 수 있도록 설계된 예산의 분류방법은?

① 품목별 분류
② 기능별 분류
③ 경제성질별 분류
④ 조직별 분류

06 □□□

2022년 지방직 7급

예산의 분류방법과 분류기준을 바르게 연결한 것은?

	분류방법	분류기준
①	기능별 분류	정부가 무슨 일을 하는 데 얼마를 쓰느냐
②	조직별 분류	정부가 무엇을 구입하는 데 얼마를 쓰느냐
③	경제성질별 분류	누가 얼마를 쓰느냐
④	시민을 위한 분류	국민경제에 미치는 총체적인 효과가 어떠한가

07 □□□
2025년 지방직 9급

중앙정부의 일반회계에 대한 설명으로 옳지 않은 것은?

① 조세수입 등을 주요 재원으로 한다.
② 특정한 세입과 특정한 세출의 연계를 배제한다.
③ 세출은 주로 국가의 존립과 유지를 위한 기본적 경비로 구성된다.
④ 국가의 고유 기능 수행을 위해 양곡관리, 조달, 우편사업, 우체국예금, 책임운영기관 등 총 6개의 일반회계가 설치되어 있다.

08 □□□
2011년 서울시 9급

기금, 일반회계, 특별회계에 대한 설명으로 옳지 않은 것은?

① 일반회계는 국가고유의 일반적 재정활동을, 기금은 특정한 세입으로 특정한 사업을 운용하기 위해 설치된다.
② 특별회계는 일반회계와 기금 운용 형태가 혼재되어 있다.
③ 기금과 예산 모두 국회 심의 및 의결·확정절차를 따른다.
④ 기금과 특별회계는 특정수입과 지출이 연계되어 있다.
⑤ 기금은 주요항목 지출금액의 20% 이상 변경 운용 시 국회의 의결이 필요하다.

09 □□□
2014년 국회직 8급

특별회계에 대한 설명으로 옳지 않은 것은?

① 「국가재정법」에 따르면 특별회계는 국가에서 특정한 사업을 운영하고자 할 때나 특정한 자금을 보유하여 운용하고자 할 때 대통령령으로 설치할 수 있다.
② 「국가재정법」에 따르면 기획재정부장관은 특별회계 신설에 대한 타당성을 심사한다.
③ 일반회계는 특정 수입과 지출의 연계를 배제하지만, 특별회계는 특정 수입과 지출을 연계하는 것이 원칙이다.
④ 특별회계는 일반회계와 기금의 혼용방식으로 운용할 수 있다.
⑤ 특별회계는 예산 단일성 및 통일성의 원칙에 대한 예외가 된다.

10 □□□
2016년 서울시 9급

특별회계예산의 특징으로 가장 옳지 않은 것은?

① 특별회계예산은 세입과 세출의 수지가 명백하다.
② 특별회계예산에서는 행정부의 재량이 확대된다.
③ 특별회계예산은 국가재정의 전체적인 관련성을 파악하기 곤란하다.
④ 특별회계예산에서는 입법부의 예산통제가 용이해진다.

11 □□□
2014년 국가직 7급

예산 외 공공재원으로서의 기금에 대한 설명으로 옳지 않은 것은?

① 정부는 매년 기금운용계획안을 마련하여 국무회의의 의결을 받아야 하며, 국회에 제출할 필요는 없다.
② 출연금, 부담금 등 다양한 재원으로 융자 사업 등을 수행한다.
③ 특정 수입과 지출을 연계한다는 점에서 특별회계와 공통점이 있다.
④ 합목적성 차원에서 예산에 비하여 운영의 자율성과 탄력성이 높다.

12 □□□

2015년 국가직 7급

우리나라의 기금운영에 대한 설명으로 옳지 않은 것은?

① 기금이란 국가가 특정한 목적을 위하여 특정한 자금을 신축적으로 운용할 필요가 있을 때에 한하여 법률로써 설치한다.
② 기금운용계획안은 국회의 심의와 의결을 거쳐 확정된다.
③ 군인연금, 공무원연금, 국민연금은 기금으로 운영된다.
④ 주한 미군기지 이전, 행정중심 복합도시 건설 등 기존의 일반회계에서 처리하기 곤란한 대규모 국책사업을 실행하기 위해 운영된다.

13 □□□

2025년 국가직 9급

기금에 대한 설명으로 옳지 않은 것은?

① 국회는 정부가 제출한 기금운용계획안의 주요항목 지출금액을 증액하는 경우에도 미리 정부의 동의를 얻어야 한다.
② 기금의 종류 중 사업성 기금에는 공무원연금기금, 기술보증기금, 무역보험기금 등이 있다.
③ 기획재정부장관은 회계연도마다 전체 기금 중 3분의 1 이상의 기금에 대해 대통령령으로 정하는 바에 따라 그 운용실태를 조사 및 평가하여야 한다.
④ 기금관리주체는 안정성, 유동성, 수익성, 공공성을 고려하여 투명하고 효율적으로 운용하여야 한다.

14 □□□

2025년 국회직 8급

「국가재정법」상 기금에 대한 설명으로 옳지 않은 것은?

① 정부는 규정에 따른 주요항목 단위로 마련된 기금운용계획안을 회계연도 개시 120일 전까지 국회에 제출하여야 한다.
② 국회는 정부가 제출한 기금운용계획안의 주요항목 지출금액을 증액할 때 미리 정부의 동의를 얻어야 한다.
③ 기금관리주체가 기금운용계획상 여유자금운용으로 계상된 지출금액을 변경하는 경우 기금운용계획변경안을 국회에 제출하여야한다.
④ 환율 및 금리변동으로 인한 차입금원리금 상환지출에 따라 주요항목 지출금액의 변경범위가 10분의 2를 초과한 경우 기금관리주체는 변경명세서를 국회소관상임위원회에 제출하여야한다.
⑤ 다른 법률의 규정에 따른 의무적 지출금액의 경우 기금관리주체는 기금운용계획변경안을 국회에 제출하지 않고 대통령령으로 정하는 바에 따라 변경할 수 있다.

15 □□□

2023년 지방직 9급

정부예산의 종류에 대한 설명으로 옳지 않은 것은?

① 기금은 예산원칙의 일반적 제약으로부터 벗어나 탄력적으로 운용된다.
② 특별회계예산은 국가의 회계 중 특정한 세입으로 특정한 세출을 충당하기 위한 예산이다.
③ 특별회계예산은 일반회계예산과 달리 예산편성에 있어 국회의 심의 및 의결을 받지 않는다.
④ 기금은 예산 통일성 원칙의 예외가 된다.

16 □□□

2019년 지방직 9급

통합재정에 대한 설명으로 옳은 것은?

① 일반회계, 특별회계, 기금을 포함한다.
② 통합재정의 기관범위에 공공기관은 포함되지만, 지방자치단체는 포함되지 않는다.
③ 국민의 입장에서 느끼는 정부의 지출규모이며 내부거래를 포함한다.
④ 2005년부터 정부의 재정규모 통계로 사용하고 있으며 세입과 세출을 총계 개념으로 파악한다.

17 □□□

2023년 국가직 9급

우리나라의 통합재정에 대한 설명으로 옳지 않은 것은?

① 세입과 세출은 경상거래와 자본거래로 구분하여 작성한다.
② 통합재정의 범위에는 일반정부와 공기업 등 공공부문 전체가 포함된다.
③ 정부의 재정이 국민경제에 미치는 효과를 파악하고자 하는 예산의 분류체계이다.
④ 통합재정 산출 시 내부거래와 보전거래를 제외함으로써 세입·세출을 순계 개념으로 파악한다.

18 □□□

2023년 국가직 7급

「국가재정법」에 규정되지 않은 재정제도는?

① 재정준칙
② 총액계상
③ 총사업비관리
④ 국가재정운용계획

19 □□□

2022년 지방직 7급

재정준칙에 대한 설명으로 옳지 않은 것은?

① 국가채무준칙은 재정 건전성을 확보하기 위해 국가채무 규모에 상한선을 설정한다.
② 재정수지준칙은 경기변동과 무관하게 설정되므로 경제 안정화를 오히려 저해할 수 있다.
③ 재정지출준칙은 경제성장률이나 재정적자 규모의 예측에 의존하지 않는다.
④ 재정수입준칙은 조세지출을 우회적으로 활용함으로써 재정건전성이 훼손될 가능성이 있다.

20 □□□

2018년 교육행정직 9급

우리나라 정부기금에 관한 설명으로 옳은 것은?

① 세입·세출예산 내에서 운영해야 한다.
② 재원의 자율적 운영을 위하여 국회의 심의를 거치지 않는다.
③ 기금운용계획안은 국무회의의 심의와 대통령의 승인이 필요하다.
④ 기금은 법률로써 설치하며 출연금, 부담금 등은 기금의 재원으로 활용할 수 없다.

21 □□□

2024년 국가직 9급

「국가재정법」상 온실가스감축인지 예산제도에 대한 설명으로 옳지 않은 것은?

① 온실가스감축인지 예산제도는 정부예산의 원칙 중 하나이다.
② 온실가스감축인지 예산서에는 온실가스 감축에 대한 기대효과, 성과목표, 효과분석 등을 포함해야 한다.
③ 정부의 기금은 온실가스감축인지 예산제도의 대상에 포함되지 않는다.
④ 정부는 예산이 온실가스를 감축하는 방향으로 집행되었는지를 평가하는 보고서를 작성하여야 한다.

22 □□□

2021년 지방직 9급

특별회계예산과 기금에 대한 설명으로 옳지 않은 것은?

① 기금은 특정 수입과 지출의 연계가 강하다.
② 특별회계 예산은 세입과 세출이라는 운영 체계를 지닌다.
③ 특별회계 예산은 합목적성 차원에서 기금보다 자율성과 탄력성이 강하다.
④ 특별회계 예산과 기금은 모두 결산서를 국회에 제출하여야 한다.

23 □□□

2022년 국회직 8급

우리나라 예산에 대한 설명으로 옳은 것은?

① 세입세출예산은 일반회계와 특별회계 및 기금으로 구분한다.
② 국회의 예산에 예비금을 두며 국회의장이 이를 관리한다.
③ 세입예산은 관 · 항 · 목으로 구분한다.
④ 특별회계는 국가가 특정한 목적을 위해 특정한 자금을 신축적으로 운영하기 위해 법률로써 설치한다.
⑤ 국회에 예산안이 제출되면 상임위원회 회의에서 정부의 시정연설이 이루어진다.

24 □□□

2018년 국가직 9급

예산과 재정관리에 대한 설명으로 옳지 않은 것은?

① 우리나라의 예산은 행정부가 제출하고 국회가 심의 · 확정하지만, 미국과 같은 세출예산법률의 형식은 아니다.
② 조세는 현 세대의 의사결정에 대한 재정 부담을 미래 세대로 전가하지 않는다는 장점이 있다.
③ 성과주의예산제도의 도입에도 불구하고 품목별예산제도는 우리나라에서 여전히 활용되고 있다.
④ 추가경정예산은 예산의 신축성 확보를 위한 제도로서, 최소 1회의 추가경정예산을 편성하도록 「국가재정법」에 규정되어 있다.

25 □□□

2012년 지방직 9급

예산을 성립시기에 따라 분류한 것으로 옳은 것은?

① 일반회계, 특별회계
② 본예산, 수정예산, 추가경정예산
③ 정부출자기관예산, 정부투자기관예산
④ 잠정예산, 가예산, 준예산

26 □□□

2022년 국가직 9급

동일 회계연도 예산의 성립을 기준으로 볼 때 시기적으로 빠른 것부터 순서대로 바르게 나열한 것은?

① 본예산, 수정예산, 준예산
② 준예산, 추가경정예산, 본예산
③ 수정예산, 본예산, 추가경정예산
④ 잠정예산, 본예산, 준예산

27 □□□

2011년 국가직 9급

예산에 대한 설명으로 옳지 않은 것은?

① 추가경정예산은 국회에서 확정되기 전에 정부가 미리 배정하거나 집행할 수 있는 예산을 의미한다.
② 본예산은 매 회계연도 개시 전에 국회의 심의 · 의결을 거쳐 성립되는 예산을 의미한다.
③ 수정예산은 예산안 편성이 끝나고 정부가 예산안을 국회에 제출한 이후 국회 의결 전에 기존 예산안 내용의 일부를 수정하여 다시 제출한 예산안을 의미한다.
④ 준예산은 새로운 회계연도 개시 전까지 국회에서 예산안이 의결되지 못할 때 정부가 일정한 범위 내에서 전 회계연도의 예산에 준해 집행하는 잠정적 예산을 의미한다.

28 □□□

2013년 지방직 9급

추가경정예산에 대한 설명으로 옳지 않은 것은?

① 예산이 성립된 후에 생긴 사유로 이미 성립된 예산에 변경을 가할 필요가 있을 때 정부가 편성하는 예산이다.
② 예산 팽창의 원인이 될 수 있으므로, 「국가재정법」에서 그 편성사유를 제한하고 있다.
③ 과거에 추가경정예산이 편성되지 않은 연도도 있었다.
④ 본예산과 별개로 성립되므로 당해 회계연도의 결산에는 포함되지 않는다.

29 □□□

2019년 서울시 9급(6월 시행)

예산유형에 대한 〈보기〉의 설명 중 옳은 것을 모두 고르면?

〈보기〉

ㄱ. 준예산은 회계연도 개시 전까지 예산이 의결되지 않을 경우 편성하는 예산이다.
ㄴ. 본예산은 매 회계연도 개시 전에 국회의 심의·의결을 거쳐 성립되는 예산이다.
ㄷ. 추가경정예산은 본예산과 별개로 성립하며 결산 심의 역시 별도로 이루어진다.
ㄹ. 우리나라는 1960년도 이후부터 잠정예산제도를 채택하고 있다.

① ㄱ, ㄴ　② ㄱ, ㄹ
③ ㄴ, ㄷ　④ ㄷ, ㄹ

30 □□□

2021년 국가직 9급

「국가재정법」상 추가경정예산안 편성이 가능한 사유에 해당하지 않는 것은?

① 전쟁이나 대규모 재해가 발생한 경우
② 남북관계의 변화와 같은 중대한 변화가 발생한 경우
③ 경기침체, 대량실업 같은 중대한 변화가 발생할 우려가 있는 경우
④ 경제협력, 해외원조를 위한 지출을 예비비로 충당해야 할 우려가 있는 경우

31 □□□

2023년 군무원 7급

현행 「국가재정법」상 추가경정예산안을 편성할 수 있는 경우가 아닌 것은?

① 전쟁이나 대규모 재해(「재난 및 안전관리기본법」상 자연재난과 사회재난에 따른 피해)가 발생한 경우
② 전쟁이나 대규모 재해(「재난 및 안전관리기본법」상 자연재난과 사회재난에 따른 피해)가 발생할 우려가 있는 경우
③ 경기침체, 대량실업, 남북관계의 변화, 경제협력과 같은 대내외 여건에 중대한 변화가 발생한 경우
④ 경기침체, 대량실업, 남북관계의 변화, 경제협력과 같은 대내외 여건에 중대한 변화가 발생할 우려가 있는 경우

32 □□□

2023년 군무원 9급

다음 중 추가경정예산에 대한 설명으로 가장 적절하지 않은 것은?

① 추가경정예산은 예산이 성립한 후의 사후적인 예산변경 제도이다.
② 추가경정예산은 일반회계·특별회계·기금을 대상으로 한다.
③ 추가경정예산은 대내외 여건에 중대한 변화가 발생하였거나 발생할 우려가 있는 경우에 편성할 수 있다.
④ 정부는 국회에서 추가경정예산안이 확정되기 전에 긴급한 상황이 발생한 경우 이를 미리 배정하거나 집행할 수 있다.

33 □□□

2025년 군무원 9급

빈칸에 해당하는 개념으로 가장 적절한 것은?

정부는 예산이 성립된 후에 발생한 사유로 인해 이미 성립된 예산에 변경을 가할 필요가 있을 때 (　　)을 편성·제출하여 국회의 심의·의결을 받아야 한다. 일반적으로 예기치 못한 사유가 발생해 예산의 변경이 필요한 경우 예비비로 충당하거나 이용·전용을 활용해야 하지만, 이것으로 감당하기 어려운 재원은 (　　) 편성의 사유가 된다. (　　)은 예산단일성 원칙의 예외로서 빈번하게 편성될 경우 국회의 행정부에 대한 통제가 약화되고, 예산팽창의 원인이 된다.

① 본예산　② 기금
③ 추가경정예산　④ 수정예산

34 □□□ 2021년 국가직 9급

우리나라 예산제도에 대한 설명으로 옳지 않은 것은?

① 국회는 정부의 동의 없이 정부가 제출한 지출예산 각 항의 금액을 증가시킬 수 없다.
② 정부가 예산안 편성 시 감사원의 세출예산요구액을 감액하고자 할 때에는 국무회의에서 감사원장의 의견을 구하여야 한다.
③ 정부는 회계연도 개시 전까지 예산안이 의결되지 못한 때에는 전년도 예산에 준해 모든 예산을 편성해 운영할 수 있다.
④ 국회는 감사원이 검사를 완료한 국가결산보고서를 정기회개회 전까지 심의·의결을 완료해야 한다.

35 □□□ 2021년 국가직 7급

준예산에 대한 설명으로 옳지 않은 것은?

① 예산안이 회계연도 개시일까지 국회에서 의결되지 못한 경우에 활용된다.
② 국회의 의결을 필요로 한다.
③ 법률상 지출 의무를 이행하기 위한 경우에 집행할 수 있다.
④ 이미 예산으로 승인된 사업의 계속을 위해 집행할 수 있다.

36 □□□ 2023년 군무원 9급

다음 중 현재 우리나라에서 새로운 회계연도 개시 때까지 국회 예산심의가 이루어지지 않았을 때(예산불성립 시)에 적용하는 예산제도는?

① 준예산
② 가예산
③ 계속비예산
④ 잠정예산

37 □□□ 2023년 지방직 9급

예산불성립에 따른 예산 종류에 대한 설명으로 옳지 않은 것은?

① 준예산은 전년도 예산을 기준으로 예산을 편성해 운영하는 제도이다.
② 현재 우리나라는 준예산제도를 채택하고 있다.
③ 가예산은 1개월분의 예산을 국회의 의결을 거쳐 집행하는 것으로 우리나라가 운영한 경험이 있다.
④ 잠정예산은 수개월 단위로 임시예산을 편성해 운영하는 것으로 가예산과 달리 국회의 의결이 불필요하다.

38 □□□ 2025년 군무원 9급

예산 불성립 시 예산 집행 방법 및 예산 종류에 대한 설명으로 가장 적절하지 않은 것은?

① 잠정예산은 본예산이 성립되지 않을 때 잠정적으로 예산을 편성해서 입법부에 제출하고 입법부의 사전 의결을 얻어 사용하는 제도이다.
② 가예산은 잠정예산과 유사하지만 사용기간이 1개월에 국한된다.
③ 준예산 제도는 본예산이 회계연도 개시일까지 입법부를 통과하지 못하는 경우 예산안이 입법부에서 의결될 때까지 전년도 예산에 준해 집행할 권한을 정부에 부여하는 제도이다.
④ 가예산과 준예산은 잠정예산과 달리 입법부의 의결을 필요로 하지 않는다.

CHAPTER 2

예산결정이론

THEME 63 예산결정이론

중요도 ●●●○○

정답 및 해설 p. 231

선생님TIP

키(Key)의 질문에 따른 답변으로 합리주의적 예산결정과 점증주의적 예산결정이 있는데, 양자의 비교를 통해서 문제를 푸는 것이 중요합니다. 정책결정에서 합리모형과 점증모형이 그대로 예산에 적용된 형태라고 이해하면 됩니다. 특히 최근 7급에서는 루이스(Lewis)의 경제학적 접근에 따른 세 가지 경제학적 명제가 출제되었으므로 주의 깊게 보아야 하며, 희소성의 유형에 따른 예산제도에 대해서도 정리가 필요하니 참고하여 효율적으로 학습할 수 있도록 합니다.

■ 예산결정이론

1. 예산결정의 점증주의와 합리주의

구분	점증주의(정치원리)	합리주의(경제원리)
개념	지난 연도의 예산액을 기준으로 다음 연도의 예산액을 결정(기존 예산 $\pm\alpha$)	비용과 편익에서 프로그램이나 정책대안을 총괄적으로 분석하여 예산액을 결정
합리성	정치적 합리성	경제적 합리성(완전한 합리성)
목표수단분석	목표와 수단의 상호조정(연쇄관계)	목표와 수단의 분리
대안 고려	한정적 대안만 고려	모든 대안 고려
예산결정 방향	미시적, 상향적	거시적, 하향적
관련 제도	LIBS, PBS	PPBS, ZBB(상향적)
한계	• 점증성의 해석 문제 • 이론적 설명 결여 • 예산개혁의 규범적 한계 • 보수주의적 성격 • 자원상의 제약	• 인간의 인지적 한계 • 문제나 목표의 불명확성 • 사회후생함수 도출 곤란 • 정치적 합리성 무시 • 예산결정의 집권화 • 절차적 복잡성과 권위적 태도 • 추상적 서비스의 계량화 곤란

2. 최근의 다양한 예산결정이론(총체주의와 점증주의 예산제도의 한계극복)

다중합리성이론	• 예산을 결정하는 개인 또는 조직이 다양한(정치, 경제, 사회적) 합리성을 내포하고 있음 • 다중 합리성, 의사결정의 복잡성, 조직의사결정, 예산기관의 정향, 미시적 예산결정을 핵심으로 예산결정을 함
단절균형이론	• 정책이나 예산이 균형상태를 지속하다가 어떤 조건하에서 단절적인 변화를 보인 후 다시 균형상태를 지속함 • 단절적 변화시점을 예측하기 어려움
공공선택이론	개인의 경제적 합리성을 전제하고 정치나 정책과정에서도 개인의 효용을 극대화하는 방식으로 행동함
구조결정론	주로 공공재의 공급자인 정부를 둘러싸고 있는 외부환경적 요소를 정부예산과 세출의 결정요인으로 파악함
모호성모형	• 밀러(Gerald J. Miller)가 비합리적 의사결정모형을 예산에 적용하여 1991년에 개발한 예산모형 • 독립적인 조직들이 서로 느슨하게 연결되어 독립성과 자율성을 누릴 수 있는 조직의 예산결정에 적합함

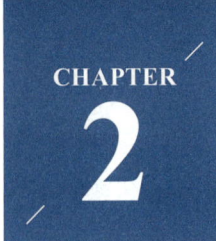

3. 희소성의 유형

(1) 공공부문에서의 희소성의 유형(Schick)

구분	희소성의 상태			특징
	계속사업	증가분	신규사업	
완화된 희소성	○	○	○	• 사업개발에 중점 • 예산제도로 PPBS(계획예산) 고려
만성적 희소성	○	○	×	• 일상적인 예산부족상태로 신규사업의 분석 · 평가 소홀 • 지출통제보다는 관리개선에 중점 • 만성적 희소성의 인식이 확산되면 ZBB(영기준예산) 고려
급성 희소성	○	×	×	• 비용절감을 위해 관리상의 효율성 강조 • 예산 관련 기획은 거의 중단 • 단기적 · 임기응변적 예산편성에 몰두
총체적 희소성	×	×	×	• 비현실적 계획, 부정확한 상태로 인한 회피형 예산편성 • 예산통제 · 관리는 무의미하며 허위적 회계 처리 • 돈의 흐름에 따른 반복적 예산편성

(2) 예산문화론(Wildavsky)

구분		경제력	
		높음	낮음
예측력	높음	점증예산 예) 다원주의적 선진국	양입제출예산 예) 선진국 지방정부
	낮음	보충적 예산 예) 행정능력이 낮은 경우	반복적 예산 예) 후진국

01 □□□ 2023년 국가직 9급

예산이론에 대한 설명으로 옳지 않은 것은?

① 총체주의는 계획예산(PPBS), 영기준예산(ZBB)과 같은 예산제도 개혁을 설명하기에 적합한 이론이다.

② 점증주의는 거시적 예산결정과 예산삭감을 설명하기에 적합한 이론이다.

③ 총체주의는 합리적 · 분석적 의사결정과 최적의 자원배분을 전제로 한다.

④ 점증주의는 예산을 결정할 때 대안을 모두 고려하지는 못한다는 것을 전제로 한다.

02 □□□ 2017년 사회복지직 9급

총체주의예산이론에 대한 설명 중 옳지 않은 것은?

① 계획예산제도(PPBS)와 영기준예산제도(ZBB)는 대표적 총체주의예산제도이다.

② 정치적 타협과 상호조절을 통해 최적의 예산을 추구한다.

③ 예산의 목표와 목표 간 우선순위를 명확하게 설정한다.

④ 합리적 분석을 통해 비효율적 예산배분을 지양한다.

03 □□□ 2025년 군무원 9급

예산결정과정에서 점증주의에 대한 설명으로 가장 적절하지 않은 것은?

① 예산의 지속적인 증가를 조장하여 만성적인 예산적자의 원인이 될 수 있다.

② 경직된 예산구조로 인해 경기변동에 대응하는 재정정책적 기능을 수행하는 데 장애가 될 수 있다.

③ 예산과정 참여자들의 역할과 기대를 안정시켜 갈등의 소지를 줄이고, 예산과정의 예측가능성을 높인다.

④ 합리주의적 의사결정의 대표적인 형태로서, 예산결정에 대한 수용성을 높일 수 있다.

04 □□□
2025년 군무원 7급

점증주의 예산결정이론에 대한 설명으로 가장 적절하지 않은 것은?

① 점증주의에 입각한 예산 결정은 재정사업의 안정성 측면에서 바람직할 수 있다는 점을 강조한다.
② 정부는 예산 편성 과정에서 모든 대안과 비교하여 사업의 가치를 재검토하지 않는다는 점을 강조한다.
③ 자원배분에서 현실적 상황을 인정하고 예산결정을 전년도 대비 일정 규모의 증가에 그치는 점을 강조한다.
④ 예산결정 과정의 각 단계에 경제적 기준 외에 정치, 사회, 법적 측면의 다양한 기준들이 영향을 미친다는 점을 강조한다.

05 □□□
2022년 군무원 7급

예산이론에 대한 설명 중 옳지 않은 것은?

① 계획예산제도는 점증모형에 의한 예산결정이다.
② 총체주의는 자원배분의 최적화를 통한 사회후생의 극대화를 추구한다.
③ 합리모형은 예산을 탄력적으로 활용하여 경기변동에 대응하는 재정정책적 기능을 수행한다.
④ 점증주의는 정치적 협상과 타협 등 정치적 합리성을 중시한다.

06 □□□
2007년 강원 9급

예산결정의 점증주의 접근방법의 특징으로 적절하지 않은 것은?

① 참여와 이익 표출 촉진
② 정책분석기능 강화
③ 결정비용 절감
④ 협상 및 타협에 의한 갈등 조정

07 □□□
2013년 서울시 9급

점증주의의 이점으로 보기 어려운 것은?

① 타협의 과정을 통해 이해관계의 갈등을 조정하는 데 유리하다.
② 대안의 탐색과 분석에 소요되는 비용을 줄일 수 있다.
③ 예산결정을 간결하게 한다.
④ 합리적 · 총체적 관점에서 의사결정이 가능하다.
⑤ 중요한 정치적 가치들을 예산결정에서 고려할 수 있다.

08 □□□
2014년 지방직 7급

예산상의 점증주의를 유발하는 요인에 해당하지 않는 것은?

① 관계의 규칙성
② 외부적 요인의 영향 결여
③ 예산 통일의 원칙의 예외
④ 좁은 역할범위를 지닌 참여자 간의 협상

09 □□□
2021년 군무원 9급

다음 중 예산과 관련된 이론으로 가장 옳지 않은 것은?

① 욕구체계이론
② 다중합리성 모형
③ 단절균형이론
④ 점증주의

10 □□□

2017년 교육행정직 9급

예산 관련 모형에 관한 설명으로 옳은 것은?

① 점증주의모형을 적용한 대표적인 예산제도에는 영기준예산제도가 있다.
② 단절균형모형은 예산의 단절균형 발생시점을 예측할 수 있기 때문에 미래지향성을 지닌다.
③ 예산극대화모형은 관료들이 사회적 효용의 극대화를 위해 소속 부서의 예산을 증가시키려는 현상을 설명한다.
④ 합리주의모형은 대안의 선정 시에 순현재가치, 내부수익률, 비용편익비율 등과 같은 분석기준을 주로 사용한다.

11 □□□

2017년 국가직 7급(8월 시행)

예산이론에 대한 설명으로 옳은 것은?

① 루이스(Lewis)는 예산배분결정에 경제학적 접근법을 적용하여 '상대적 가치', '증분분석', '상대적 효과성'이라는 세 가지 분석명제를 제시한다.
② 니스카넨(Niskanen)의 예산극대화모형은 의회 의원들이 재선 가능성을 높이기 위해 지역구 예산을 극대화하는 행태에 분석초점을 둔다.
③ 윌로비와 서메이어(Wiloughby & Thurmaier)의 다중합리성모형은 의원들의 복수의 합리성 기준이 의회의 예산결정에 미치는 영향을 주로 분석한다.
④ 단절균형예산이론(Punctuated Equilibrium Theory)은 급격한 단절적 예산변화를 설명하고, 나아가 그러한 변화를 예측할 수 있는 장점이 있다.

12 □□□

2019년 서울시 7급(2월 추가)

서메이어(Thumaier)와 윌로비(Willoughby)의 예산 운영의 다중합리성모형에 대한 설명으로 가장 옳은 것은?

① 정부예산의 결과론적 접근방법에 근거한다.
② 미시적 수준의 예산상의 의사결정을 설명하고 탐구한다.
③ 정부 예산의 성공을 위해서는 예산과정 각 단계에서 예산활동과 행태를 구분해서는 안 된다고 주장하였다.
④ 예산과정과 정책과정 간의 연계점의 인식틀을 제시하기 위해 킹던(Kingdon)의 정책결정모형과 그린과 톰슨(Green & Thompson)의 조직과정모형을 통합하고자 하였다.

13 □□□

2021년 국회직 8급

정부예산에 대한 이론 중 다중합리성모형을 설명하고 있는 것은?

① 예산 혹은 정책과정의 각 단계에 영향을 미치는 합리성은 경제적 측면뿐 아니라 정치 · 사회 · 법적 측면에서 다양한 형태로 존재한다. 따라서 관료들은 예산주기의 다양한 시점에서 단계별로 작용하는 합리적 기준에 따라 서로 다른 형태의 의사결정을 한다.
② 예산재원의 배분 형태가 항상 일정하게 유지되는 것이 아니라 특정 사건이나 상황에 따라 균형 상태에서 급격한 변화를 경험한 이후 합리적 균형을 지속하게 된다.
③ 예산배분 문제를 해결하기 위한 모형을 구성하고 이에 기초해서 최적의 해결방안을 모색한다. 이를 위해 우선 문제를 확인하고 목표를 설정하며 가능한 모든 대안을 탐색한다.
④ 예산결정은 전체적인 혹은 종합적인 관점이 아니라 전년도 대비 일정 규모의 증가에 그치는 부분에 대한 분석이 중요하다고 본다.
⑤ 관료를 공익을 대변하는 합리적 대리인이 아니라 자신의 효용을 극대화하는 이기적 합리성을 따르는 경제적 주체로 본다.

14 □□□

2019년 국회직 8급

다음 글의 (ㄱ)에 해당하는 것은?

> • (ㄱ)은 밀러(Miller)가 비합리적 의사결정모형을 예산에 적용하여 1991년에 개발한 예산이론(모형)이다.
> • (ㄱ)은 독립적인 조직들이나 조직의 하위단위들이 서로 느슨하게 연결되어 독립성과 자율성을 누릴 수 있는 조직의 예산결정에 적합한 예산이론(모형)이다.

① 모호성모형
② 단절적 균형이론
③ 다중합리성모형
④ 쓰레기통모형
⑤ 무의사결정론

15 □□□

2019년 지방직 7급

예산결정이론에 대한 설명으로 옳은 것은?

① 합리모형은 예산상의 편익을 극대화하기 위한 결정방식이지만 규범적 성격은 약하다.
② 예산결정에서 기존 사업에 대한 당위적 예산배분을 제어할 수 있다는 점은 점증모형의 유용성이다.
③ 단절균형모형을 따르는 예산결정자는 사후후생을 고려하지 않고 최악을 피하는 전략을 사용한다.
④ 다중합리성모형은 정부예산의 성공을 위해서는 예산과정 각 단계에서 예산 활동 및 행태를 구분해야 함을 강조한다.

16 □□□

2020년 국가직 7급

다중합리성 예산모형(multiple rationalities model of budgeting)의 근간이 되는 두 모형에 대한 설명으로 옳지 않은 것은?

① 루빈(Rubin)의 실시간 예산운영(real-time budgeting)모형은 세입, 세출, 균형, 집행, 과정 등과 관련한 의사결정 흐름 개념을 활용하고 있다.
② 킹던(Kingdon)의 의제설정모형은 정책과정의 복잡하고 불확실한 역동성을 부각시킨다는 점에서 다중합리성모형의 중요한 모태라고 할 수 있다.
③ 루빈(Rubin)의 실시간 예산운영(real-time budgeting)모형에서 다섯 가지의 의사결정 흐름은 느슨하게 연계된 상호의존성을 가지고 있다.
④ 루빈(Rubin)의 실시간 예산운영(real-time budgeting)모형에서 예산균형 흐름에서의 의사결정은 기술적 성격이 강하며, 책임성(accountability)의 정치적 특징을 갖는다.

17 □□□

2024년 국회직 8급

예산결정이론에 대한 설명으로 옳은 것은?

① 예산결정이론은 예산 배분의 경제적 측면을 강조하는 이론과 정치적 측면을 강조하는 이론으로 구분할 수 있는데, 전자는 점증적 · 단편적 접근이며 후자는 포괄적 · 분석적 접근이다.
② 총체주의예산은 목표에 대한 사회적 합의가 도출되지 않은 경우에도 적용할 수 있다는 장점이 있다.
③ 점증주의예산은 예산을 탄력적으로 활용하여 경기변동에 대응하는 재정정책적 기능을 수행할 수 있다.
④ 점증주의에 기반한 단절균형모형은 급격한 변화나 단절을 겪은 이후 다시 균형을 지속한다는 예산모형으로 단절의 크기와 시점을 사전에 예측할 수 있다는 장점이 있다.
⑤ 루빈(Rubin)의 실시간 예산운영모형에서 세입, 세출, 예산균형, 예산집행, 예산과정의 다섯 가지 의사결정 흐름은 서로 느슨하게 연계된 상호의존성을 가지고 있다.

18 □□□

2009년 국회직 8급

공공부문에서의 희소성의 법칙에 대한 설명으로 옳지 않은 것은?

① 급성 희소성(acute scarcity)은 가용자원이 정부의 계속사업을 지속할 만큼 충분하지 못한 경우에 발생한다.
② 완화된 희소성(relaxed scarcity)의 상태는 정부가 현존사업을 계속하고 새로운 예산 공약을 떠맡을 수 있는 충분한 자원을 가지고 있는 상황이다.
③ 만성적 희소성(chronic scarcity)하에서 예산은 주로 지출통제보다는 관리의 개선에 역점을 두게 된다.
④ 희소성은 '정부가 얼마나 원하는가'에 대해서 '정부가 얼마나 보유하고 있는가'의 양면적 조건으로 이루어져 있다.
⑤ 공공부문에서의 희소성의 법칙은 항상 절대적으로 받아들여지는 것은 아니다.

19 □□□

2009년 지방직 7급

각국의 경제력, 재정적 예측능력, 정치제도, 엘리트의 가치체계 및 지출규모 등에 따라 예산운영 유형이 달라질 수 있다. 총체적 희소성상황에 처한 저개발국가에서 나타나는 예산운영 유형은?

① 보충적 예산운영
② 점증적 예산운영
③ 반복적 예산운영
④ 세입적 예산운영

20 □□□

2019년 국가직 7급

윌다브스키(Wildavsky)의 예산행태유형 중 국가의 경제력은 낮지만 재정 예측력이 높은 경우에 나타나는 행태는?

① 점증적 예산(incremental budgeting)
② 반복적 예산(repetitive budgeting)
③ 세입예산(revenue budgeting)
④ 보충적 예산(supplemental budgeting)

CHAPTER 3

예산제도의 발달과 개혁

THEME 64 예산제도

중요도 ●●●●○

정답 및 해설 p. 234

선생님TIP

매년 시험에 출제되는 테마로 아주 중요한 부분입니다. 특히 각 예산제도의 특징과 장단점에 대한 철저한 이해와 정리가 필요합니다. LIBS(품목별예산제도)는 통제, PBS(성과주의예산제도)는 관리, PPBS(계획예산제도)는 기획, ZBB(영기준예산제도)는 감축을 중요한 기능(지향점)으로 보기 때문에 이를 중점으로 각각의 제도를 이해하는 것이 좋습니다. 또한 점증주의적 예산제도인 품목별 및 성과주의예산제도에서 합리주의적 예산제도인 계획예산 및 영기준예산제도로 변화되었다는 것도 중요한 포인트이니 각 제도의 흐름도 함께 알아두도록 합니다.

■ 예산제도

1. 주요 예산제도

구분	품목별예산	성과주의예산	계획예산	목표관리예산	영기준예산
기본방향	통제	관리	기획	목표	감축
정보범위	지출대상	부처의 활동	부처의 목표	사업의 효과	의사결정단위 목표
정책결정 유형	점증적, 분산	점증적, 분산	총체적, 중앙집중	분권적, 분산	부분적·총체적, 분산
중앙예산 기관의 관심	지출의 적격성	능률성	정책과 사업	효과성, 능률성	사업의 우선순위
시계	1년	1년	5년 정도	1년	불분명
분류체계	예산구조와 일치	예산구조와 일치	불일치	-	불일치
기획책임	분산	분산	중앙	분산	분산
필요지식	회계학	-	경제학	-	기획론

2. 예산제도의 변천(LIBS → PBS → PPBS → ZBB)

시장실패 — 의회의 행정부 통제 곤란 ↓

정부실패 — 정부 팽창 완화 필요(감축관리) ↓

입법국가(19세기) ⇨ 행정국가(20세기 초) ⇨ 신행정국가(20세기 말)

LIBS ⇨ PBS | PPBS ⇨ ZBB | BPM 등

점증주의 (LIBS, PBS) — 합리주의 (PPBS, ZBB)

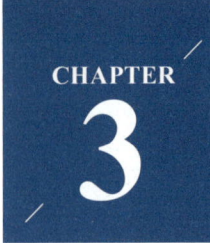

01 □□□
2010년 지방직 7급

각종 예산제도의 특성과 발달에 대한 설명으로 옳은 것은?

① 예산개혁의 정향은 주로 통제지향 → 기획지향 → 관리지향 → 참여지향 → 감축지향 순으로 진행되었다.
② 자본예산은 케인즈 경제학이나 후생경제학의 영향으로 성립된 예산제도로서 장기기획과 예산의 연계를 강조하게 된다. 그러나 행정부에 의한 기획 중심적 성향으로 인하여 의회 예산심의기능의 약화를 초래할 수 있다.
③ 계획예산제도는 사업단위뿐만 아니라 조직단위도 의사결정단위가 될 수 있다는 점에서 영기준예산보다 더 융통성 있는 제도라 할 수 있다.
④ 성과주의예산은 단위원가를 근거로 신축적으로 예산을 수립하기 때문에 행정관리에 있어서 능률성을 추구한다. 따라서 장기적인 계획과의 연계보다는 구체적인 개별사업만을 중시하는 경향이 있다.

02 □□□
2017년 서울시 9급

예산제도와 그 특성의 연결이 가장 옳지 않은 것은?

① 품목별예산제도(LIBS) - 통제 지향
② 성과주의예산제도(PBS) - 관리 지향
③ 계획예산제도(PPBS) - 기획 지향
④ 영기준예산제도(ZBB) - 목표 지향

03 □□□
2010년 서울시 7급

각 예산제도의 내용에 대한 설명으로 옳은 것은?

① 성과예산은 기획책임이 분산적이다.
② 계획예산은 기획책임이 분산적이다.
③ 목표관리예산은 기획책임이 집권적이다.
④ 품목별예산은 기획책임이 집권적이다.
⑤ 영기준예산은 기획책임이 집권적이다.

04 □□□
2019년 국가직 9급

품목별예산제도에 대한 설명으로 옳은 것은?

① 지출을 통제하고 공무원들로 하여금 회계적 책임을 쉽게 확보할 수 있는 데 용이하다.
② 미국 케네디 행정부의 국방장관인 맥나마라(McNamara)가 국방부에 최초로 도입하였다.
③ 거리 청소, 노면 보수 등과 같이 활동단위를 중심으로 예산재원을 배분한다.
④ 능률적인 관리를 위하여 구성원의 참여를 촉진한다는 점에서는 목표에 의한 관리(MBO)와 비슷하다.

05 □□□
2023년 지방직 9급

품목별예산제도(line-item budget system)에 대한 설명으로 옳지 않은 것은?

① 미국에서 공무원의 부정부패를 막고 행정의 능률을 향상시키기 위해 도입되었다.
② 정부 활동에 대한 총체적인 사업계획과 우선순위 결정에 유리하다.
③ 예산집행의 책임성을 확보할 수 있는 통제지향 예산제도이다.
④ 특정 사업의 지출 성과에 대해서는 파악하기 어렵다.

06 □□□
2025년 군무원 9급

품목별 예산제도(LIBS)에 대한 설명으로 가장 적절하지 않은 것은?

① 관료의 재량에 따라 해당 품목에 대한 예산 남용이 심해질 수 있으며 의회의 예산 심의가 용이하지 않다는 단점이 있다.
② 각 부처의 입장에서 볼 때 예산 확보를 위해 예산 항목에만 관심을 기울이기 때문에 정책 및 사업의 우선순위를 소홀히 할 수 있다.
③ 지출 대상별로 세부적으로 분류되어 있기 때문에 급여와 재화 및 서비스의 구매에 효과적이다.
④ 지출 대상별로 분류되기 때문에 정부가 무엇을 구매하는지는 밝혀지지만 왜 구매하는지는 밝혀지지 않는다.

07 □□□

2020년 국가직 9급

예산제도에 대한 설명으로 옳지 않은 것은?

① 품목별예산제도는 일에 대한 정보를 제공하며, 세입과 세출의 유기적 연계를 고려한다.
② 성과주의예산제도는 업무량과 단위당 원가를 곱하여 예산액을 산정한다.
③ 계획예산제도는 비용편익분석 등을 활용함으로써 자원배분의 합리화를 추구한다.
④ 영기준예산제도는 예산편성에서 의사결정단위(decision unit) 설정, 의사결정 패키지 작성 등이 필요하다.

08 □□□

2010년 지방직 9급

여러 예산제도의 장단점을 서술한 것으로 옳지 않은 것은?

① 영기준예산제도는 점증주의적 예산편성의 폐단을 시정하고자 개발되었다.
② 계획예산제도는 목표 · 계획 · 사업의 연계성을 높일 수 있으나 과도한 정보를 필요로 한다는 단점이 있다.
③ 성과주의예산제도는 산출을 확인할 수 있는 장점이 있지만 업무단위 선정 및 단위원가 계산이 어렵다.
④ 품목별예산제도는 지출항목을 엄격히 분류하므로 사업성과와 정부생산성을 정확하게 평가할 수 있다.

09 □□□

2008년 지방직 9급

예산제도에 대한 설명으로 옳지 않은 것은?

① 품목별예산제도(LIBS)는 투입 중심의 예산편성으로 인해 사업성과에 대한 이해가 어렵다.
② 성과주의예산제도(PBS)는 정부사업과 활동에 대한 국민들의 이해를 증진시킬 수 있는 장점이 있다.
③ 계획예산제도(PPBS)는 상향식 예산접근으로 재정민주주의의 실현에 적합한 장점이 있다.
④ 영기준예산제도(ZBB)는 모든 지출제안서를 영점 기준에서 검토한다.

10 □□□

2009년 국가직 9급

예산제도의 특징에 대한 설명으로 옳은 것은?

① 품목별예산은 사업대안의 우선순위에 필요한 정보를 제공한다.
② 계획예산은 정보들을 의사결정 패키지별로 조직한다.
③ 영기준예산은 장기적 계획과 단기적 예산을 영(zero)수준의 프로그래밍을 통해 연계한다.
④ 성과예산은 업무량 또는 활동별 지출을 단위비용으로 표현하고자 한다.

11 □□□

2021년 지방직 9급

예산제도에 대한 설명으로 옳지 않은 것은?

① 품목별예산제도는 행정부의 재량권을 확대하기 위해 도입되었다.
② 성과주의예산제도에서는 사업의 단위원가를 기초로 예산을 편성한다.
③ 계획예산제도에서는 장기적인 기획과 단기적인 예산편성을 연계하여 합리적 예산배분을 시도한다.
④ 영기준예산제도는 예산을 편성할 때 전년도 예산에 구애받지 않는다.

12 □□□

2021년 군무원 9급

예산제도에 대한 설명으로 가장 옳은 것은?

① 성과주의예산제도는 업무단위 비용과 업무량의 파악을 통해 효과성을 높이고자 한다.
② 품목별예산제도의 분석의 초점은 지출대상이며 이를 통해 통제성을 높이고자 한다.
③ 새로운 성과주의예산제도는 산출물에 관심이 있으며 이를 통해 효율성을 높이고자 한다.
④ 계획예산제도는 목표와 예산의 연결을 통해 투명성과 대응성을 높이고자 한다.

13 □□□
2014년 국회직 8급

성과주의예산제도에 대한 설명으로 옳지 않은 것은?

① 정부가 무슨 일을 하느냐에 중점을 두는 제도이다.
② 기능별 예산제도 또는 활동별 예산제도라고 부르기도 한다.
③ 관리지향성을 지니며 예산관리를 포함하는 행정관리작용의 능률을 지향한다.
④ 예산관리기능의 집권화를 추구한다.
⑤ 정부사업에 대한 회계책임을 묻는 데 용이하다.

14 □□□
2010년 국가직 9급

성과주의예산제도에 대한 설명으로 옳은 것을 모두 고르면?

ㄱ. 예산서에는 사업의 목적과 목표에 대한 기술서가 포함되며, 재원은 활동 단위를 중심으로 배분된다.
ㄴ. 사업의 대안들을 제시하도록 하고 가장 효과적인 프로그램에 대해 재원배분을 선택하도록 한다.
ㄷ. 예산의 배정과정에서 필요 사업량이 제시되므로 예산과 사업을 연계시킬 수 있다.
ㄹ. 장기적인 계획과의 연계보다는 단위사업만을 중시하기 때문에 전략적인 목표의식이 결여될 수 있다.

① ㄱ, ㄴ　② ㄱ, ㄷ, ㄹ
③ ㄱ, ㄴ, ㄷ　④ ㄴ, ㄷ, ㄹ

15 □□□
2018년 서울시 7급(6월 시행)

성과주의예산제도(PBS; Performance Budgeting System)의 장점에 대한 설명으로 가장 옳지 않은 것은?

① 평가대상 업무단위가 중간 산출물인 경우가 많아 예산성과의 질적인 측면까지 평가할 수 있다.
② 계량화된 정보를 통해 합리적인 의사결정과 관리개선에 기여할 수 있다.
③ 입법부의 예산심의를 간편하게 만든다.
④ 사업 또는 활동별로 예산이 편성되기 때문에 국민들이 정부의 추진사업을 쉽게 이해할 수 있다.

16 □□□
2023년 군무원 9급

다음 중 성과주의예산(PBS, Performance Budgeting System)의 장점으로 가장 거리가 먼 것은?

① 프로그램을 이용하여 장기적인 계획과 연차별 예산이 유기적으로 연계된다.
② 사업별 총액배정을 통한 예산집행의 신축성 · 능률성 제고를 들 수 있다.
③ 투입 · 산출 간 비교와 평가가 쉬워 환류가 강화된다.
④ 과학적 계산에 의한 효율적인 자원배분으로 예산편성과 집행의 관리가 쉽다.

17 □□□
2025년 국가직 9급

성과주의 예산제도에 대한 설명으로 옳은 것만을 모두 고르면?

ㄱ. 행정의 재량 범위를 축소시켜 입법부의 통제가 상대적으로 용이하다.
ㄴ. 각 사업마다 가능한 한 업무 측정단위를 선정하여 업무를 계량화한다.
ㄷ. 사례로는 미국 테네시계곡개발청(TVA) 사업의 예산제도가 있다.
ㄹ. 이 제도는 1970년대 미국 연방정부 예산에 도입되었다.

① ㄱ, ㄴ　② ㄱ, ㄹ
③ ㄴ, ㄷ　④ ㄷ, ㄹ

18 □□□
2025년 국회직 8급

성과예산제도(Performance Budgeting System)에 대한 설명으로 옳지 않은 것은?

① 예산서에 사업목적, 기술서가 포함되어 있고 활동단위를 중심으로 예산이 편성된다.
② 예산의 배정과정에서 필요 사업량이 제시되므로 예산과 사업의 연계가 가능하다.
③ 장기적인 사업을 중시하기 때문에 전략적인 목표의식이 명확하다.
④ 사업단위에서 선정한 성과목표가 최종산출물이 아니라 중간산출이기 때문에 수단과 목표가 바뀌는 부작용이 생길 수 있다.
⑤ 정부가 무슨 사업을 추진하는지 일반 국민이 쉽게 알 수 있다.

19 □□□

2019년 국회직 8급

예산제도에 대한 설명으로 옳지 않은 것은?

① 계획예산제도(PPBS)는 기획, 사업구조화, 그리고 예산을 연계시킨 시스템적 예산제도이다.
② 계획예산제도(PPBS)의 단점으로는 의사결정이 지나치게 집권화되고 전문화되어 외부통제가 어렵다는 점과 대중적인 이해가 쉽지 않아 정치적 실현가능성이 낮다는 점이 있다.
③ 품목별예산제도(LIBS)는 정부의 지출을 체계적으로 구조화한 최초의 예산제도로서 지출대상별 통제를 용이하게 할 뿐 아니라 지출에 대한 근거를 요구하고 확인할 수 있다.
④ 성과예산제도(PBS)는 사업별, 활동별로 예산을 편성하고, 성과평가를 통하여 행정통제를 합리화할 수 있다.
⑤ 품목별예산제도(LIBS)는 왜 돈을 지출해야 하는지, 무슨 일을 하는지에 대하여 구체적인 정보를 제공하는 장점이 있다.

20 □□□

2022년 국가직 7급

예산제도에 대한 설명으로 옳지 않은 것은?

① 영기준예산제도는 예산배분의 관행을 인정하지 않는 제도로서 미국의 민간기업 Texas Instruments에서 처음 시작되었고, 1970년대 미국 연방정부에 도입되었다.
② 계획예산제도는 장기적 계획, 사업, 예산을 연결시키는 제도로서 미국에서 베트남 전쟁, 위대한 사회 프로그램 등 정부예산이 팽창하던 1960년대에 도입 · 운영되었다.
③ 성과주의예산제도는 산출 이후의 성과에 관심을 가지며 예산집행의 재량과 결과에 대한 책임을 강조하는 제도로서 1950년대 연방정부를 비롯해 지방정부에 확산되었다.
④ 품목별예산제도는 예산을 지출대상별로 분류해 편성하는 통제지향적 제도로서 1920년대 대부분 미국 연방 부처가 도입하였다.

21 □□□

2013년 국가직 9급

계획예산제도(PPBS)에 대한 설명으로 옳지 않은 것은?

① 품목별예산은 하향식 예산과정을 수반하나, PPBS는 상향식 접근이 원칙이다.
② 품목별예산과는 달리 부서별로 예산을 배정하지 않고 정책별로 예산을 배분한다.
③ PPBS는 집권화를 강화시킨다.
④ 계량적인 기법인 체제분석, 비용편익분석 등을 사용한다.

22 □□□

2011년 국회직 8급

계획예산제도(PPBS)에 대한 설명으로 옳은 것은?

① 품목별예산은 하향식 예산과정을 수반하지만 계획예산제도는 하향식 접근을 선택할 수 있게 해준다.
② 프로그램예산형식을 취하고 있으며 예산편성에서 계량기법의 도입에 대해서는 적극적이지 못했다.
③ 부서별로 일정하게 배분되는 시스템으로 개별부서들은 예산확보를 위해 사업에 대한 영향을 분석할 필요성을 느끼지 못하며, 구조화된 분석의 역할은 중시되지 않는다.
④ 미국 연방정부 차원에서 도입되었으나 전반적으로 실패한 것으로 평가되고 있다.
⑤ 품목별예산과는 달리 정책별로 예산을 배분하지 않고 부서별로 예산을 배정한다.

23 □□□

2018년 지방직 9급

다음 설명에 해당하는 예산제도는?

- 합리적 선택을 강조하는 총체주의 방식의 예산제도이다.
- 조직구성원의 참여가 상대적으로 높은 분권화된 관리체계를 갖는다.
- 예산편성에 비용 · 노력의 과다한 투입을 요구한다는 비판을 받는다.

① 성과주의예산제도
② 계획예산제도
③ 영기준예산제도
④ 품목별예산제도

24 □□□

2020년 지방직 9급

A 예산제도에서 강조하는 기능은?

> A 예산제도는 당시 미국의 국방장관이었던 맥나마라(McNamara)에 의해 국방부에 처음 도입되었고, 국방부의 성공적인 예산개혁에 공감한 존슨(Johnson) 대통령이 1965년에 전 연방정부에 도입하였다.

① 통제 ② 관리
③ 기획 ④ 감축

25 □□□

2021년 국가직 7급

다음의 단점 혹은 한계로 인하여 정착이 어려운 예산제도는?

> • 사업구조를 작성하는 것이 어렵다.
> • 결정구조가 집권화되는 문제가 있다.
> • 행정부처의 직원들이 복잡한 분석 기법을 이해하기 어렵다.

① 품목별예산제도
② 성과주의예산제도
③ 계획예산제도
④ 영기준예산제도

26 □□□

2021년 군무원 9급

참여적(민주적) 관리와 가장 관련이 없는 것은?

① ZBB(영기준예산)
② MBO(목표에 의한 관리)
③ 브레인스토밍(brainstorming)
④ PPBS(계획예산)

27 □□□

2025년 군무원 7급

참여적 관리(Participatory Management)에 가장 적합한 예산제도로 옳은 것은?

① 품목별 예산제도(linge-Item Budgeting System)
② 목표기준예산(Target Base Budgeting)
③ 계획예산제도(Planning-Programming Budgeting System)
④ 영기준예산제도(Zero-Base Budgeting System)

28 □□□

2008년 서울시 7급

계획예산(PPBS)과 영기준예산(ZBB)에 대한 설명으로 가장 부적절한 것은?

① PPBS가 하향적일 때에 ZBB는 상향적이다.
② PPBS가 미시적 분석을 좋아할 때에 ZBB는 거시적 분석을 좋아한다.
③ PPBS가 새로운 프로그램이나 기존의 프로그램 간의 예산 변동액에 주요 관심을 가질 때에 ZBB는 기존 프로그램의 계속적인 재평가에 주요 관심을 기울인다.
④ PPBS가 개방체제의 성격을 띨 때에 ZBB는 폐쇄체제의 성격을 띠고 있다.
⑤ PPBS가 정책정향적이고 계획정향적인 성격을 강하게 띠고 있을 때에 ZBB는 사업정향적 성격을 강하게 띠고 있다.

29 □□□

2009년 서울시 7급

일몰법과 영기준예산에 대한 설명으로 옳지 않은 것은?

① 일몰법은 정책과 관련된 입법적 과정이며, 영기준예산은 행정부예산제도로 행정적 과정과 관련이 크다.
② 일몰법과 영기준예산은 사업의 능률성과 효과성을 검토하여 사업의 계속 여부를 결정하기 위한 재심사의 성격을 갖는다.
③ 일몰법은 조직의 최상위 계층부터 중·하위 계층 모두와 관련되어 있는 반면, 영기준예산은 조직의 최상위 계층과 관련이 있다.
④ 일몰법과 영기준예산의 시행을 통해 자원의 합리적 배분을 꾀할 수 있다.
⑤ 일몰법과 영기준예산은 자원난 시대에 대비하는 감축관리를 강조하고 있다는 점에서 공통점을 지닌다.

30 □□□

2010년 서울시 7급

일몰법과 영기준예산에 대한 설명으로 옳지 않은 것은?

① 둘 다 감축관리의 실행에 활용된다.
② 일몰법은 대개 3~7년의 기간 후에 사업을 종료한다.
③ 영기준예산은 매년 심사하여 결정한다.
④ 둘 다 자원의 합리적 배분을 의도한다.
⑤ 영기준예산은 입법적 과정이다.

31 □□□

2023년 군무원 7급

다음 중에서 영기준예산제도(ZBB)에 대한 설명 중에서 가장 거리가 먼 것은?

① 새로운 사업의 구상보다는 기존 사업의 감축관리에 목적을 둔다.
② 예산에 관한 의사결정이 하향적(top down)으로 진행된다.
③ 사업 검토가 조직의 경계 내에서 진행되는 폐쇄적인 의사결정의 일종이다.
④ 상급 관리계층에게 정보홍수와 업무과다를 초래한다.

32 □□□

2015년 사회복지직 9급

영기준예산제도(ZBB)의 장점으로 옳지 않은 것은?

① 국방비, 공무원의 보수, 교육비와 같은 경직성 경비가 많으면 영기준예산의 효용이 커진다.
② 최고관리자는 각 기관의 업무수행에 대한 보다 상세한 자료를 입수할 수 있다.
③ 예산과정에 대한 관리자 및 실무자의 참여를 촉진한다.
④ 전년도 답습주의로 인한 재정의 경직성을 완화할 수 있다.

33 □□□

2019년 서울시 7급(10월 시행)

영기준예산제도(Zero-Base Budgeting)에 대한 설명으로 가장 옳지 않은 것은?

① 자원의 효율적인 배분 및 예산절감의 효과를 얻을 수 있다.
② 예산과정에서 상향적 의사결정이 이루어지므로 실무자의 참여가 확대된다.
③ 예산과정에서 정치적 고려 및 관리자의 가치관이 반영될 가능성이 높다.
④ 현 시점 위주로 분석하므로 장기적인 목표가 경시될 수 있다.

34 □□□

2014년 지방직 7급

영기준예산제도의 단점으로 옳은 것을 모두 고르면?

ㄱ. 계산전략의 한계
ㄴ. 정보획득의 애로
ㄷ. 예산통제의 애로
ㄹ. 경직성 경비로 인한 한계
ㅁ. 재정구조의 경직화
ㅂ. 비경제적 요인의 간과

① ㄱ, ㄴ, ㄹ, ㅂ　　② ㄱ, ㄷ, ㄹ, ㅁ
③ ㄱ, ㄷ, ㄹ, ㅂ　　④ ㄴ, ㄷ, ㅁ, ㅂ

35 □□□

2017년 국가직 9급(4월 시행)

예산제도에 대한 설명으로 옳지 않은 것은?

① 시크(Schick)는 통제 - 관리 - 기획이라는 예산의 세 가지 지향(orientation)을 제시하였다.
② 영기준예산제도(ZBB)가 단위사업을 사업-재정계획에 따라 장기적인 예산편성 쪽으로 방향을 잡았다면, 계획예산제도(PPBS)는 당해 연도의 예산 제약조건을 먼저 고려한다.
③ 우리나라는 예산편성과 성과관리의 연계를 위해 재정사업자율평가제도를 실시하고 있다.
④ 조세지출예산제도는 조세지출의 내용과 규모를 주기적으로 공표해 조세지출을 관리하는 제도이다.

36 □□□

2017년 사회복지직 9급

다음 중 참여와 분권을 본질적 특징으로 포함하는 제도와 거리가 먼 것은?

① 계획예산제도
② 목표관리제
③ 영기준예산제도
④ 다면평가제

37 □□□

2024년 국가직 9급

영기준예산(ZBB)에 대한 설명으로 옳지 않은 것은?

① 기존 사업과 새로운 사업을 구분하지 않고 사업의 목적, 방법, 자원에 대한 근본적인 재평가를 바탕으로 예산을 편성하는 제도이다.
② 우리나라는 정부예산에 영기준예산제도를 적용한 경험이 있다.
③ 예산편성의 기본 단위는 의사결정 단위(decision unit)이며 조직 또는 사업 등을 지칭한다.
④ 집권화된 관리체계를 갖기 때문에 예산편성 과정에 소수의 조직구성원만이 참여하게 된다.

38 □□□

2018년 지방직 7급

예산제도의 유형에 대한 설명으로 옳지 않은 것은?

① 품목별예산제도(LIBS)는 예산집행에 대한 회계책임을 명백히 하고 경비사용을 엄격하게 통제한다.
② 계획예산제도(PPBS)의 주요한 관심대상은 사업의 목표이나, 투입과 산출에도 관심을 둔다.
③ 목표관리예산제도(MBO)의 도입취지는 불요불급한 지출을 억제하고 감축관리를 지향하는 데 있다.
④ 성과주의예산제도(PBS)에서는 국민과 의회가 정부의 사업 내용과 목적을 이해하는 데 편리하다.

39 □□□

2019년 서울시 9급(2월 추가)

예산제도 종류에 대한 설명으로 가장 옳은 것은?

① 품목별예산제도(LIBS)는 각 항목에 의한 예산배분으로 조직 목표 파악이 쉽다.
② 성과주의예산제도(PBS)는 투입요소 중심으로 단위원가에 업무량을 곱하여 예산액을 측정한다.
③ 목표관리예산제도(MBO)는 부처별 기본목표에 따라 하향식 방식으로 중장기 계획을 수립한다.
④ 영기준예산제도(ZBB)는 기존 사업예산은 인정하되 새로운 사업에 대해서만 엄밀한 사정을 한다.

40 □□□

2024년 국회직 8급

예산제도에 대한 설명으로 옳은 것은?

① 계획예산제도(PPBS)는 예산 과목을 사업계획과 활동별로 분류한 다음 각 세부 사업별로 '단위원가 × 업무량 = 예산액'으로 편성하는 예산제도이다.
② 계획예산제도(PPBS)는 정부가 경제 불황기에 적응하기 위해 시행되었으며, 감축관리의 일환으로 제시되었다.
③ 성과관리예산제도(PBS)는 부처의 사명, 목적, 세부 목적 등을 고려하여 목적 달성에 기여하는 정책과 사업을 구상하고, 사업별 성과 및 목표치와 그것을 달성하는 데에 소요되는 원가를 연계하는 계량적 자료를 제공하여 성과관리와 예산 운영을 통합하려는 제도이다.
④ 품목별예산제도(LIBS)는 최종적으로 투입되는 산출물별로 예산을 할당하고 분류하여 편성하는 예산제도로 하향식 예산과정을 수반한다.
⑤ 영기준예산제도(ZBB)는 계량모형에 근거한 객관적인 기준을 사용하고, 기대되는 계획과 목적을 달성하는 데에 필요한 정책대안과 지출을 묶어 재정사업을 평가한다.

41 □□□

2024년 국가직 7급

예산제도에 대한 설명으로 옳은 것만을 모두 고르면?

ㄱ. 영기준예산제도에서는 사업을 원점에서 재검토하여 예산을 편성하기 때문에 사업담당자들이 자신의 사업평가 과정에서 위협을 느끼게 된다.
ㄴ. 성과주의예산제도는 업무단위 선정이 곤란하지만 단위원가 계산은 용이하다.
ㄷ. 계획예산제도는 의사결정 집권화를 완화할 수 있고, 목표설정의 계량화를 용이하게 할 수 있다.
ㄹ. 품목별예산제도는 행정부의 예산집행 과정에서 유용이나 남용을 방지할 수 있고, 예산심의가 용이하여 행정부에 대한 의회의 권한을 강화할 수 있다.

① ㄱ, ㄴ　　② ㄱ, ㄹ
③ ㄴ, ㄷ　　④ ㄷ, ㄹ

THEME 65 기타 예산제도

중요도 ●●○○○

정답 및 해설 p. 239

선생님TIP

주요 예산제도를 제외한 나머지 예산제도들이지만 최근들어 출제 빈도가 점차 높아지고 있는 추세입니다. 특히 결과지향적 예산제도로서 신성과주의예산제도와 총액예산제도가 중요한 편이므로 이에 대한 정리가 필요합니다. 또한 조세감면의 구체적 내역을 밝히는 조세지출예산제도, 국공채 발행의 근거가 될 수 있는 자본예산제도 등도 함께 정리해두는 것이 좋습니다. 기타 성주류적 관점의 성인지예산제도에 대한 이해 또한 중요한 포인트이니 같이 알아두도록 합니다.

1 조세와 국공채의 비교

구분	조세	국공채
비용부담	현재세대가 부담(재정부담이 미래세대로 전가되지 않음)	현재·미래세대 간 분담(이용자·세대 간 비용부담 전가)
재정관리	관리가 간편하고, 관리비용이 절감됨	이자상환 등의 문제로 관리가 복잡하고, 비용이 증가함
경기회복효과	조세는 주기가 1년이므로 경기회복효과는 작음	국공채는 장기를 주기로 하므로 경기회복효과는 큼
국민저항	조세부담의 크면 조세저항 발생	국공채는 장기에 걸쳐 분담되므로 조세저항 작음
무임승차	조세부담을 회피하려는 무임승차 발생	수익자 부담주의에 의하므로 무임승차 발생하지 않음

2 기타 예산제도(신성과주의예산, 총액예산, 자본예산 등)

정치관리형 예산(BPM)	개념	상위관리자가 주어진 제약하의 목표를 통해서 예산을 운영하는 제도
	특징	거시적·하향적 예산, 예산과정에 대통령의 권한 강화, 입법부 우위 예산, 연속적·신축적 예산
신성과주의 예산(NPB)	개념	정부의 산출물이나 성과를 중심으로 예산을 운영하는 제도
	장점	총량규제 강화, 하향적 성격, 예산의 경기조절 능력 향상, 자원의 효율적 배분, 원가절감
	단점	결과 측정 곤란, 기관 간 비교 불가, 범정부적 관심 부족, 성과측정 곤란, 환류 미흡
성과관리체제	개념	구성원의 능력개발과 동기유발을 통해 성과를 높일 수 있는 조직체제
	균형성과표(BSC)	• 기업의 전략적 경영관리시스템, 고객 중심적 성과관리체제 • 관점: 전통적인 재무적 관점 + 고객 관점 + 내부프로세스 관점 + 학습과 성장 관점
자본예산(CBS)	개념	정부의 지출구조를 경상계정과 자본계정으로 나누어 경상지출은 경상수입으로, 자본지출은 자본적 차입으로 충당하는 예산제도(복식예산)
	장점	국가 재정구조에 대한 명확한 이해, 장기적 재정계획 수립, 수익자 부담의 균등화(세대 간 형평), 불경기에 대한 전환 대책
	단점	적자재정을 은폐하는 수단으로 활용가능, 인플레이션, 공공사업에 치중할 우려
조세지출예산(TEBS)	개념	조세감면의 구체적인 내역을 예산구조를 통해 밝히는 예산제도(2010년 도입)
	장점	재정민주주의 실현, 재정운영의 투명성, 조세지출을 효율적으로 통제
	단점	통일적 기준 부재, 통상마찰 야기 가능성, 조세지출운영의 경직성 초래 가능
총액예산(지출통제예산)	개념	예산총액만 통제, 구체적인 항목별 지출에 대해서는 집행부의 재량
	특징	예산절감, 환경변화에 신축적 대응, 의사결정비용 절감
성인지 예산제도	개념	국가예산이 남녀 평등하게 배분될 수 있도록 배분하는 제도(2010 도입)
	특징	성주류적 관점, 성인지예산서와 결산서를 예·결산 첨부서류로 국회에 제출하여야 함
국민참여 예산제도	개념	국민이 예산과정에 참여함으로써 운영의 투명성과 관심도를 높이기 위한 제도
	특징	국민제안 가능, 제안 이후 사업 심사나 우선순위 결정과정에도 참여(참여의 폭 넓음)

01 □□□
2006년 선관위 9급

최근의 성과주의예산제도는 결과지향적 예산개혁의 일환으로 대두되었다. 이에 대한 설명으로 가장 옳지 않은 것은?

① 성과계획 수립, 예산편성 및 집행, 성과측정 평가의 기본구조를 가지고 있다.
② 예산집행의 자율권을 부여함으로써 사업집행이나 서비스 전달의 구체적인 수단을 탄력적으로 동원할 수 있다.
③ 사업성과와 예산을 연계시키되 투입요소인 예산이 아니라 산출요소인 사업성과를 중심으로 예산을 운영한다.
④ 결과 중심의 성과를 강조하기 때문에 행정의 효율성만을 강조하지만 국민의 요구에 대한 대응성은 중시하지 않는다.

02 □□□
2015년 국가직 7급

1990년대에 새롭게 주목받게 된 성과관리예산제도에 대한 설명으로 옳지 않은 것은?

① 투입보다는 산출 또는 성과를 중심으로 삼고 있다.
② 거리청소사업으로 예를 들면, 거리의 청결도와 주민의 만족도 등을 다음 연도 예산배분에 반영하는 것이다.
③ 장기적인 기획과 단기적인 예산편성을 유기적으로 연결하여 합리적인 자원배분을 이루려는 제도이다.
④ 모든 조직에 공통적으로 적용할 수 있는 표준적 성과측정 지표를 개발하기 어렵다는 점은 성과관리예산제도의 단점으로 지적된다.

03 □□□
2017년 국가직 7급(8월 시행)

결과 지향적 예산제도(new perfomance budgeting; result-oriented budgeting)에 대한 설명으로 옳지 않은 것은?

① 미국 클린턴 행정부는 결과지향적 예산제도의 일환으로 PART(Program Assessment Rating Tool)를 도입했다.
② 각 부처 재정사업 담당자들에 대한 동기부여를 강조하고 이들에게 더 많은 권한을 부여하고자 한다.
③ 재정사업의 목표, 결과, 재원을 연계하여 예산을 '성과에 대한 계약'의 개념으로 활용한다.
④ 20세기 후반부터 주요 국가들이 재정사업의 운영과정이나 기능에 초점을 두고 새로운 성과주의예산체계를 도입하기 시작했다.

04 □□□
2018년 서울시 7급(3월 추가)

신성과주의예산(New Performance Budgeting)의 특징으로 가장 옳지 않은 것은?

① 투입요소 중심이 아니라 산출 또는 성과를 중심으로 예산을 운용하는 제도이다.
② 과거의 성과주의예산과 비교하여 프로그램구조와 회계제도에 미치는 영향이 훨씬 광범위하고 포괄적이다.
③ 책임성 확보를 위해 시행되고 있는 성과관리를 예산과 연계시킨 제도이다.
④ 예산집행에서의 자율성을 부여하되, 성과평가와의 연계를 통해 책임성을 확보하고자 한다.

05 □□□
2024년 군무원 7급

다음 중 '결과지향적' 혹은 '성과주의'예산제도에 대한 설명으로 가장 적절하지 않은 것은?

① 재정사업의 운영 과정이나 기능을 강조하면서 설계되었다.
② 사업의 목표, 결과 및 재원을 모두 연계해서 성과에 대한 계약으로 활용한다.
③ 지출에 대한 집권적 통제와 지출 관련 행정권의 남용의 최소화를 목표로 한다.
④ 내부관리의 효율성 제고와 서비스 공급비용의 감소를 추구한다.

06 □□□

2017년 서울시 7급

다음 중 국가예산제도 개혁에 관한 설명으로 가장 옳지 않은 것은?

① 디지털예산회계시스템(BAR): 성과 중심형 예산시스템으로 발생주의·복식부기 회계제도를 기반으로 한 과학적 예산관리 제도

② 조세지출예산제도: 예산지출을 절약하거나 조세를 통해 국고수입을 증대시킨 경우 그 성과의 일부를 기여자에게 인센티브로 지급하는 제도

③ 총액배분 자율편성(top-down)예산제도: 각 부처가 국가재정운용계획에 의해 설정된 1년 예산 상한선 내에서 자율적으로 예산을 편성하는 제도

④ 주민참여예산제도: 예산편성권을 지역사회와 지역주민에게 분권화함으로써, 예산편성과정에 해당 지역주민들이 직접 참여하는 제도

07 □□□

2017년 국가직 9급(10월 추가)

우리나라의 예산제도에 대한 설명으로 옳지 않은 것은?

① 통합재정은 일반회계, 특별회계, 기금 등을 포괄한 국가 전체 재정을 의미한다.

② 조세지출예산제도는 세금을 징수하기 위해 지출한 예산을 통합적으로 관리하기 위한 예산제도이다.

③ 성인지예산서는 예산이 남성과 여성에 미칠 영향을 미리 분석한 보고서로 정부가 예산안과 함께 국회에 제출해야 하는 첨부서류이다.

④ 각 중앙관서의 장은 예산요구서를 제출할 때에 다음 연도 예산의 성과계획서 및 전년도 예산의 성과보고서를 기획재정부장관에게 함께 제출하여야 한다.

08 □□□

2010년 서울시 7급

개개의 항목에 대한 통제가 아니라 예산 총액만 통제하고 구체적인 항목별 지출에 관해서는 집행부에 대한 재량권을 확대하는 성과지향적 예산제도는?

① 조세지출예산제도

② 통합재정제도

③ 성인지예산제도

④ 지출통제예산제도

⑤ 기금관리제도

09 □□□

2018년 지방직 9급

총액배분·자율편성제도에 대한 설명으로 옳지 않은 것은?

① 전략기획과 분권 확대를 예산편성 방식에 도입하기 위해 실시하고 있다.

② 각 중앙부처는 소관 정책과 우선순위에 입각해 연도별 재정규모, 분야별·부문별 지출한도를 제시한다.

③ 지출한도가 사전에 제시되기 때문에 부처의 재정사업에 대한 책임과 권한을 강화할 수 있다.

④ 부처의 재량을 확대하였지만 기획재정부는 사업별 예산 통제기능을 유지하고 있다.

10 □□□

2011년 서울시 9급

결과 중심 예산제도의 단점에 해당되지 않는 것은?

① 억울한 책임

② 성과책임의 애로

③ 목표·성과기준 설정의 애로

④ 성과비교의 애로

⑤ 정보 부족

11 □□□

2007년 전북 9급

자본예산제도에 대한 내용과 가장 관계가 먼 것은?

① 자본예산제도는 반복적인 경상적 지출과 반복적이지 않은 자본적 지출을 구분한다.

② 자본적 지출은 회계연도를 초월하여 집행하려는 의도를 가지고 있다.

③ 자본예산제도는 자본적 지출에 대한 특별한 분석과 예산 사정을 가능하게 한다는 장점이 있다.

④ 자본적 지출에 충당하기 위한 공채의 발행은 정부재정의 건전성 요구에 위배되지 않는다는 데에 자본예산의 이론적 근거가 있다.

⑤ 자본예산제도는 재정의 안정효과를 강화하고 인플레이션으로 인한 문제를 해결할 수 있다는 장점이 있다.

12 □□□

2009년 지방직 7급

자본예산의 장점에 대한 설명으로 옳지 않은 것은?

① 자본적 지출의 경우 장기적 재정계획에 따라 일시적인 적자재정이 정당화된다.
② 경상적 지출과 자본적 지출을 분리 · 계리함으로써 재정의 기본구조를 이해하는 데 도움이 된다.
③ 세출규모의 변동을 장기적 관점에서 조정하는 데 기여한다.
④ 경상적 지출에 대한 심도 있는 분석에 유리하다.

13 □□□

2015년 교육행정직 9급

우리나라의 조세지출과 관련된 기술로 옳지 않은 것은?

① 조세지출은 특정 부문에 대한 사실상의 보조금이다.
② 기획재정부는 주요 조세특례에 대한 평가를 할 수 있다.
③ 지방자치단체는 조세지출예산제도의 도입을 계획하고 있다.
④ 조세지출예산제도는 불공정한 조세지출의 방지를 목적으로 한다.

14 □□□

2020년 지방직 9급

조세지출예산제도에 대한 설명으로 옳지 않은 것은?

① 세제 지원을 통해 제공한 혜택을 예산지출로 인정하는 것이다.
② 예산지출이 직접적 예산 집행이라면 조세지출은 세제상의 혜택을 통한 간접지출의 성격을 띤다.
③ 직접 보조금과 대비해 눈에 보이지 않는 숨겨진 보조금이라고 이해할 수 있다.
④ 세금 자체를 부과하지 않은 비과세는 조세지출의 방법으로 볼 수 없다.

15 □□□

2020년 군무원 9급

조세지출예산제도에 대한 설명으로 옳지 않은 것은?

① 비과세, 감면 등의 세제혜택을 통해 포기한 액수를 조세지출이라 한다.
② 지방재정에는 지방세지출제도가 도입되지 않았다.
③ 조세지출의 내용과 규모를 주기적으로 공표해 관리하는 제도이다.
④ 「국가재정법」에 따라 조세지출예산서를 작성해 국가에 보고한다.

16 □□□

2024년 국회직 8급

우리나라의 예산에 대한 설명으로 옳은 것은?

① 국회는 예산안을 회계연도 개시 30일 전까지 의결해야 하며, 만일 새로운 회계연도 개시 전까지 의결하지 못할 경우 정부는 1개월 이내의 잠정예산을 집행하도록 되어 있다.
② 예산의 입법과목(장 · 관 · 항) 간 전용은 원칙적으로 허용되지 않지만, 미리 국회의 의결을 얻었을 때에는 기획재정부 장관의 승인을 얻어 전용할 수 있다.
③ 명시이월은 예산 성립 후 연도 내에 지출원인행위를 하고 불가피한 사유로 지출하지 못한 경비와 지출원인행위를 하지 아니한 그 부대경비의 금액에 대한 이월을 말한다.
④ 추가경정예산은 정부가 예산안을 국회에 제출한 후 예산이 최종 의결되기 전 예산안의 일부를 변경하거나 증액하고자 할 때 편성하는 예산이다.
⑤ 조세지출이란 조세감면 · 비과세 · 소득공제 · 세액공제 · 우대세율적용 또는 과세 이연 등 조세특례에 따른 재정지원을 의미하는 것으로서, 세제상의 특혜를 준 만큼의 합법적 세수 손실을 지칭한다.

17 □□□
2019년 국가직 9급

정부가 동원하는 공공재원에 대한 설명으로 옳지 않은 것은?

① 조세로 투자된 자본시설은 개인이 대가를 지불하지 않는 것으로 인식되어 과다 수요 혹은 과다 지출되는 비효율성 문제가 발생할 수 있다.
② 수익자부담금은 시장기구와 유사한 매커니즘을 통해 공공서비스의 최적 수준을 지향하여 자원 배분의 효율성을 제고할 수 있다.
③ 국공채는 사회간접자본(SOC) 관련 사업이나 시설로 인해 편익을 얻게 될 경우 후세대도 비용을 분담하기 때문에 세대 간 형평성을 훼손시킨다.
④ 조세의 경우 납세자인 국민들은 정부지출을 통제하고 성과에 대한 직접적인 책임을 요구할 수 있다.

18 □□□
2021년 군무원 7급

조세의 성격에 대한 설명으로 가장 적절하지 않은 것은?

① 국가가 재정권에 기초해 동원하는 공공재원으로 형벌권에 기초해서 처벌을 목적으로 부과하는 벌금이나 행정법상 부과하는 과태료와 다르다.
② 내구성이 큰 투자사업의 경비를 조달하기에 적합하며 사업이나 시설로 인해 편익을 얻게 될 후세대도 비용을 분담하기 때문에 세대 간 공평성을 높일 수 있다는 점에서 국공채와 다르다.
③ 일반국민을 대상으로 부과한다는 점에서 행정활동으로부터 이익을 받는 특정 시민을 대상으로 이익의 일부를 징수하는 수수료나 수익자부담금과 다르다.
④ 강제로 징수하기 때문에 합의원칙 내지 임의원칙으로 확보되는 공기업수입, 재산수입, 기부금과 다르다.

19 □□□
2016년 사회복지직 9급

우리나라의 프로그램예산제도에 대한 설명으로 옳지 않은 것은?

① 세부업무와 단가를 통해 예산금액을 산정하는 상향식 방식을 사용하고 단년도 중심의 예산이다.
② 프로그램은 동일한 정책을 수행하는 단위사업의 묶음이다.
③ 예산운용의 초점을 투입 중심보다는 성과 중심에 둔다.
④ '프로그램 - 단위사업 - 세부사업'은 품목별예산 체계의 '항 - 세항 - 세세항'에 해당한다.

20 □□□
2016년 국가직 7급

프로그램예산제도에 대한 설명으로 옳지 않은 것은?

① 동일한 정책목표를 가진 단위사업들을 하나의 프로그램으로 묶어 예산 및 성과관리의 기본단위로 삼는다.
② 우리나라에서는 지방자치단체가 2004년부터, 중앙정부는 2008년부터 공식적으로 채택하였다.
③ 자원배분의 투명성을 높일 수 있고, 일반 국민이 예산 사업을 쉽게 이해할 수 있게 한다.
④ 우리나라가 도입한 배경에는 투입 중심 예산운용의 한계를 극복하려는 측면이 있었다.

21 □□□
2018년 지방직 7급

2000년대 초반 도입된 한국의 프로그램예산제도에 대한 설명으로 옳지 않은 것은?

① 프로그램예산제도는 현재 운영되지 않는 제도이다.
② 프로그램예산의 분류(과목) 체계는 분야 - 부문 - 프로그램 - 단위사업 - 세부사업 등으로 구성된다.
③ 프로그램예산제도 도입 시 비목(품목)의 개수를 대폭 축소함으로써 비목 간 칸막이를 최대한 줄였다.
④ 프로그램예산제도는 정책과 성과 중심의 예산운영을 위해 설계 · 도입된 제도이다.

22 □□□
2024년 지방직 9급

프로그램예산제도에 대한 설명으로 옳지 않은 것은?

① 우리나라 중앙정부는 2007년부터 프로그램예산제도를 도입하였다.
② 예산 전과정을 프로그램 중심으로 구조화하고 성과평가 체계와 연계시킨다.
③ 세부 업무와 단가를 통해 예산 금액을 산정하는 상향식(bottom up) 방식을 사용한다.
④ 일반회계, 특별회계, 기금이 포괄적으로 표시되어 총체적 재정배분 파악이 가능하다.

23 □□□

2019년 국가직 7급

1980년대 이후 주요 국가들의 예산개혁에 대한 설명으로 옳은 것은?

① 성과주의예산제도는 재정사업에 대한 투입보다는 그 결과에 대한 관심을 강조하고 있으나, 정작 성과측정, 사업원가산정, 성과 - 예산의 연계 등에서 여전히 많은 난관이 있다.
② 중기재정계획은 단년도 예산의 장점인 안정성과 일관성보다는 재정건전성 등 중장기적 거시재정목표의 효과적인 추구를 위해 도입되었다.
③ 하향식 예산편성제도는 추계한 예산총량을 전략적 우선순위에 따라 먼저 부문별 · 부처별로 배분하여 예산의 기술적 효율성(technical efficiency)의 제고를 우선적인 목적으로 한다.
④ 총액배분 자율편성예산제도는 기획재정부가 부문별 · 부처별로 예산상한을 할당하는 집권화된 예산편성 방식으로, 부처의 사업별 재원배분에 대한 보다 세밀한 관리 · 통제 필요성에 따라 도입되었다.

24 □□□

2008년 경기 9급

성인지예산제도(남녀평등예산)의 기본전제에 대한 설명으로 옳지 않은 것은?

① 세입뿐 아니라 세출에 관해서도 차별 철폐를 추구한다.
② 여성정책의 영향에 대한 여러 가지 분석이 필요하다.
③ 호주에서 1984년 처음 시작되어 OECD 많은 국가들이 채택하고 있는 제도이다.
④ 세입 · 세출예산이 남성과 여성에게 미치는 영향은 다르지 않다는 전제의 제도이다.

25 □□□

2018년 국가직 9급

우리나라의 성인지예산제도에 대한 설명으로 옳지 않은 것은?

① 정부는 예산이 여성과 남성에게 미치는 효과를 평가하고, 그 결과를 정부의 예산편성에 반영하기 위하여 노력하여야 한다.
② 성인지 예산서는 기획재정부장관이 각 중앙관서의 장과 협의하여 제시한 작성기준 및 방식 등에 따라 여성가족부장관이 작성한다.
③ 성인지 예산서에는 성인지예산의 개요, 규모, 성평등 기대효과, 성과목표 및 성별 수혜 분석 등의 내용이 포함되어야 한다.
④ 성인지 결산서에는 집행실적, 성평등 효과분석 및 평가 등이 포함되어야 한다.

26 □□□

2021년 국가직 7급

성인지예산제도에 대한 설명으로 옳은 것은?

① 2010 회계연도 성인지 예산서가 처음으로 국회에 제출되었다.
② 성인지예산제도의 목적은 여성성을 지원하는 것이다.
③ 1984년 독일에서 처음 도입되었다.
④ 우리나라 성인지예산제도는 예산사업만을 대상으로 하고 기금사업을 제외한다.

27 □□□

2010년 국가직 7급

주민의 합의와 참여를 근거로 예산을 수립하는 '주민참여예산제도'에 대한 설명으로 옳지 않은 것은?

① 공공부문에서 예산운영의 효율성과 지출가치의 극대화보다는 예산주권의 극대화나 시민욕구의 반영을 중요시하는 제도이다.
② 보수주의적 예산을 탈피하기 위하여 경직성 경비를 삭감하고 최고관리층의 중앙집권적 통제에 의해 성과주의예산과 목표기준예산을 활용한다.
③ 주민참여예산제도는 실질적 참여가 이루어지는 것을 전제로 하기 때문에 아른스테인(Arnstein)의 주민권력단계에 속한다고 할 수 있다.
④ 관료 중심의 예산운영으로 인한 전통적 비효율성과 지방자치단체장의 인기성, 선심성 예산운영으로 인한 비효율성을 극복하려는 사전적 주민통제방안이라고 할 수 있다.

28 □□□

2018년 국가직 7급

참여예산제도에 대한 설명으로 옳지 않은 것은?

① 브라질의 포르투 알레그리(Porto Alegre)시는 참여예산제도를 도입한 대표적인 사례다.
② 예산과정에의 시민참여는 중앙정부와 지방정부 모두 가능하지만, 참여예산제는 주로 지방정부를 대상으로 시행된다.
③ 참여예산제는 과정적 측면보다는 결과적 측면의 이념을 지향한다.
④ 예산과정의 단계별로 볼 때 예산편성단계에서의 참여에 초점을 둔다.

29 □□□

2018년 교육행정직 9급

주민참여예산제도에 관한 설명으로 옳은 것을 〈보기〉에서 모두 고른 것은?

〈보기〉

ㄱ. 주민참여예산제도는 재정민주주의를 구현하는 제도이다.
ㄴ. 브라질의 포르투 알레그레(Porto Alegre)시는 주민참여예산제도를 가장 먼저 실시한 도시이다.
ㄷ. 우리나라의 주민참여예산제도는 「지방재정법」에 의하여 지방자치단체가 의무적으로 시행하고 있다.
ㄹ. 우리나라의 주민참여예산제도에 의하면 수렴된 주민의 의견서를 지방의회에 제출하는 예산안에 첨부하지 않도록 하고 있다.

① ㄱ, ㄴ ② ㄷ, ㄹ
③ ㄱ, ㄴ, ㄷ ④ ㄱ, ㄷ, ㄹ

30 □□□

2019년 지방직 7급

주민참여예산제도에 대한 설명으로 옳지 않은 것은?

① 지방자치단체의 장은 주민참여예산제도를 통하여 수렴한 주민의 의견서를 지방의회에 제출하는 예산안에 첨부하여야 한다.
② 주민참여예산기구의 구성·운영과 그 밖에 필요한 사항은 해당 지방자치단체의 조례로 정한다.
③ 2011년 「지방자치법」의 개정으로 모든 지방자치단체가 의무적으로 이행해야 하는 제도가 되었다.
④ 행정안전부장관은 지방자치단체의 재정적 여건을 고려하여 지방자치단체별 주민참여예산제도의 운영을 평가할 수 있다.

31 □□□

2021년 국가직 7급

우리나라 주민참여예산제도에 대한 설명으로 옳지 않은 것은?

① 주민이 참여할 수 있는 예산의 범위는 「지방재정법」에 규정되어 있다.
② 지방자치단체의 장은 주민참여예산제도를 마련하여 시행해야 할 법적 의무가 있다.
③ 지방자치단체 중 최초로 주민참여예산조례를 제정한 곳은 광주광역시 북구이다.
④ 지방의회 예산심의권 침해 논란이 있다.

32 □□□

2017년 국가직 7급(8월 시행)

dBrain System에 대한 설명으로 옳지 않은 것은?

① UN 공공행정상을 수상하는 등 국제적으로 호평을 받고 있다.
② dBrain 구축이 완료됨에 따라 총액배분 자율편성예산제도의 도입이 가능해졌다.
③ 예산편성, 집행, 결산, 사업관리 등 재정업무 전반을 종합적으로 연계 처리하도록 하는 통합재정정보시스템이다.
④ 노무현 정부 당시 재정개혁의 일환으로 구축이 추진되었다.

33 □□□

2019년 국가직 7급

재정·예산제도에 대한 설명으로 옳은 것은?

① 조세지출예산제도는 조세지출의 투명성과 항구성·지속성을 제고하는 장점이 있다.
② 통합재정은 일반회계, 특별회계, 기금을 모두 포괄하며, 재정활동의 전모를 파악할 수 있도록 융자지출을 통합재정수지의 계산에 포함하고 있다.
③ 성인지예산제도는 각 지출부처가 기획재정부와 여성가족부의 지휘 아래 대부분의 재정사업에 대해 성인지예산서·결산서를 작성하도록 하고 있다.
④ 예비타당성조사는 대규모 건설사업, 정보화사업, 연구개발사업 등을 대상으로 하며, 교육·보건·환경 분야 등에는 아직 적용되지 않고 있다.

CHAPTER 4

예산과정론

THEME 66 예산과정 I (편성 - 심의)

중요도 ●●●●○

정답 및 해설 p. 245

선생님TIP

예산과정은 재무행정에서의 핵심적인 테마로, 출제가능성이 매우 높으니 제대로 이해하며 학습하여야 합니다. 우리나라의 예산주기는 3년으로 예산의 '편성 → 심의 → 집행 → 결산'으로 이루어지며, 특히 예산편성과정과 심의과정의 세부적인 내용에 대한 철저한 숙지가 필요합니다. 예산편성은 행정부가 회계연도 개시 120일 전까지 국회로 제출하는데, 국회에서는 회계연도 개시 30일 전까지 의결하면 예산이 성립된 것으로 보고 이렇게 성립된 예산을 본예산이라 합니다.

■ 우리나라의 예산과정

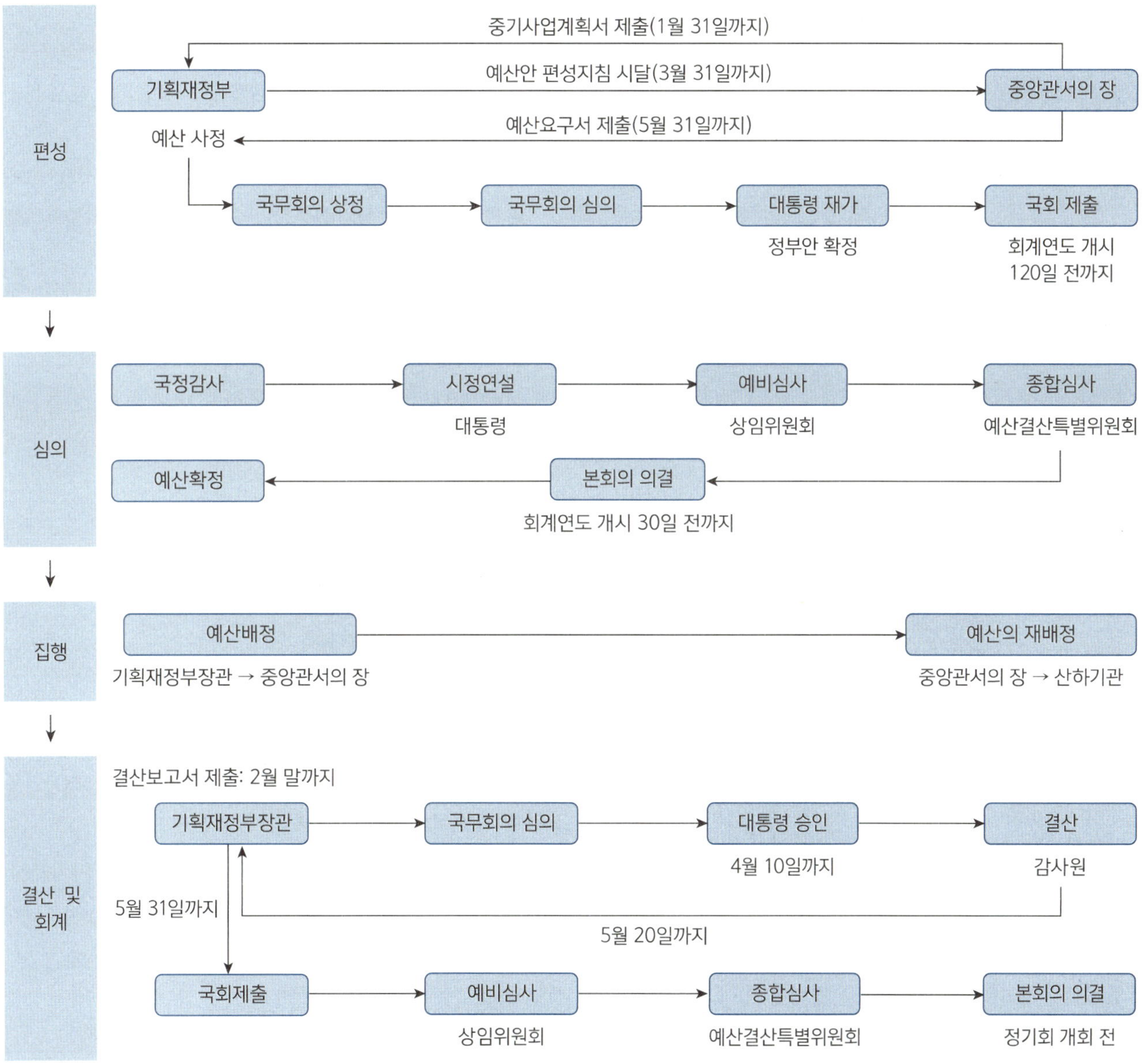

01 □□□

2014년 국회직 9급

우리나라 예산과정과 담당주체 간 연결이 바르게 짝지어진 것은?

	편성	심의	집행	결산검사
①	행정부	국회	행정부	국회
②	행정부	행정부	행정부	국회
③	행정부	국회	행정부	행정부
④	국회	행정부	국회	행정부
⑤	국회	국회	행정부	국회

02 □□□

2022년 군무원 9급

국가재정운용계획에 대한 설명으로 옳지 않은 것은?

① 중기재정계획은 정부가 매년 당해 회계연도부터 5회계연도 이상의 기간에 대해 수립하는 재정운용계획이다.

② 예산안과 함께 국회에 제출하는 국가재정운용계획은 5년 단위 계획이다.

③ 국가재정운용계획은 국회가 심의하여 확정한다.

④ 국가재정운용계획은 중·장기 국가비전과 정책우선순위를 고려한 중기적 시계를 반영하며, 단연도 예산편성의 기본틀이 된다.

03 □□□

2022년 지방직 7급

정부예산 편성에 대한 설명으로 옳지 않은 것은?

① 국가재정운용계획은 중·장기적 국가비전과 정책 우선순위를 고려한 계획으로 단년도 예산편성의 기본틀이 된다.

② 기획재정부는 예산안 편성 시 사전에 지출한도를 설정하고 각 중앙부처는 그 한도 내에서 예산을 자율적으로 편성한다.

③ 기획재정부는 예비타당성조사를 실시하여 정치·경제적 이해관계가 배제될 수 있도록 예산배분의 타당성을 검토한다.

④ 각 중앙관서의 장은 완성에 2년 이상이 소요되는 사업으로서 대통령령으로 정하는 대규모사업에 대하여는 그 사업규모·총사업비 및 사업기간을 정하여 미리 기획재정부장관과 협의해야 한다.

04 □□□

2015년 교육행정직 9급

우리나라 예산과정과 관련된 기술로 옳은 것은?

① 기획재정부장관의 예산안편성지침 통보에 따라 각 중앙관서의 장은 중기사업계획서와 예산요구서를 작성하여 기획재정부에 제출한다.

② 국회의 예산안 심의는 정부 예산안 제출 → 국회 소관상임위원회의 예비심사 → 국회 예산결산특별위원회의 종합심사 → 시정연설 → 본회의 의결 순으로 진행된다.

③ 기획재정부장관은 분기별 예산배정계획을 작성하여 국무회의 심의와 대통령 승인 후 각 중앙관서의 장에게 예산을 배정하며, 중앙관서의 장은 배정된 예산을 다시 하급기관에 재배정한다.

④ 국회는 결산에 대한 심의·의결을 정기회 폐회 전까지 완료해야 한다.

05 □□□

2017년 교육행정직 9급

「국가재정법」상의 예산안 편성과정에 관한 설명으로 옳지 않은 것은?

① 기획재정부장관은 국가재정운용계획과 예산편성을 연계하기 위하여 예산안편성지침에 중앙관서별 지출한도를 포함하여 통보할 수 있다.

② 기획재정부장관은 제출된 예산요구서가 예산안편성지침에 부합하지 아니하는 때에는 기한을 정하여 이를 수정 또는 보완하도록 요구할 수 있다.

③ 기획재정부장관은 대통령의 승인을 얻은 다음 각 중앙관서의 장에게 예산안편성지침을 통보하고 이 지침을 국회 상임위원회에 보고하여야 한다.

④ 각 중앙관서의 장이 기획재정부장관에게 제출하는 예산요구서에는 대통령령이 정하는 바에 따라 예산의 편성 및 예산관리기법의 적용에 필요한 서류를 첨부하여야 한다.

06 □□□

2018년 국가직 7급

「국가재정법」 및 「지방자치법」상 정부와 지방자치단체의 장은 국회와 지방의회에 회계연도 개시 며칠 전까지 예산안을 제출해야 하는가?

	정부	광역지방자치단체	기초지방자치단체
①	90일	40일	30일
②	90일	50일	30일
③	120일	50일	40일
④	120일	50일	30일

07 □□□
2018년 서울시 7급(6월 시행)

현행 「국가재정법」에 의한 우리나라 예산편성절차에 관한 설명으로 가장 옳은 것은?

① 중앙관서의 장은 매년 3월 31일까지 다음 회계연도의 신규 사업계획서를 기획재정부장관에게 제출한다.
② 기획재정부장관은 국무총리의 승인을 얻어 예산안편성지침을 4월 30일까지 중앙관서의 장에게 통보한다.
③ 중앙관서의 장은 6월 30일까지 예산요구서를 기획재정부장관과 국회예산결산특별위원회에 제출한다.
④ 행정부 예산안은 대통령의 승인을 거쳐 회계연도 개시 120일 전까지 국회에 제출한다.

08 □□□
2018년 국회직 8급

다음 〈보기〉의 ㉠에 해당하는 것은?

> 〈보기〉
> 각 중앙관서의 장은 중기사업계획서를 매년 1월 31일까지 기획재정부장관에게 제출하여야 하며, 기획재정부장관은 국무회의 심의를 거쳐 대통령 승인을 얻은 다음 연도의 (㉠)을(를) 매년 3월 31일까지 각 중앙관서의 장에게 통보하여야 한다.

① 국가재정운용계획
② 예산 및 기금운용계획 집행지침
③ 예산안편성지침
④ 총사업비관리지침
⑤ 예산요구서

09 □□□
2021년 군무원 9급

우리나라 예산편성절차에 대한 설명으로 가장 옳지 않은 것은?

① 우리나라 예산담당부처인 기획재정부는 예산안 편성지침과 국가재정운용계획을 사전에 준비하고 범부처 예산사정을 담당한다.
② 각 중앙행정기관은 기획재정부의 지침에 따라 사업계획서와 예산요구서 작성을 준비한다.
③ 기획재정부는 총액배분자율편성제도에 따라 각 부처의 세부사업에 대한 심사보다 부처예산요구 총액의 적정성을 집중적으로 심의한다.
④ 기획재정부는 조정된 정부예산안을 회계연도개시 120일 전까지 국회에 제출한다.

10 □□□
2024년 지방직 9급

예산과정에 대한 설명으로 옳지 않은 것은?

① 「국가재정법」에서는 대통령의 승인을 얻은 정부 예산안이 회계연도 개시 90일 전까지 국회에 제출되어야 한다고 규정하고 있다.
② 기획재정부장관은 국무회의의 심의를 거쳐 대통령의 승인을 얻은 다음 연도의 예산안편성지침을 매년 3월 31일까지 중앙관서의 장에게 통보해야 한다.
③ 국회 예산결산특별위원회는 소관 상임위원회에서 삭감한 세출예산 각 항의 금액을 증가하게 하거나 새 비목을 설치할 경우 소관 상임위원회의 동의를 받아야 한다.
④ 정부는 국회에 예산안을 제출한 후 부득이한 사유로 인하여 그 내용의 일부를 수정하고자 하는 때에는 국무회의의 심의를 거쳐 대통령의 승인을 얻은 수정예산안을 국회에 제출할 수 있다.

11 □□□
2025년 지방직 9급

우리나라 정부의 예산제도에 대한 설명으로 옳은 것은?

① 회계연도는 매년 3월 1일부터 다음 해 2월 28일까지이다.
② 예산안 국회 제출 기한은 헌법상 회계연도 개시 90일 전까지이나 「국가재정법」상 회계연도 개시 120일 전까지이다.
③ 각 중앙관서의 장은 한 회계연도가 끝나기 전에 해당 회계연도의 중앙관서결산보고서를 기획재정부장관에게 제출하여야 한다.
④ 회계연도 개시 전까지 예산안이 국회에서 의결되지 못한 경우 잠정예산을 편성해야 한다.

12 □□□

2025년 군무원 9급

국회 예산심의에 대한 설명으로 옳은 내용을 모두 고른 것은?

ㄱ. 상임위원회의 예비심사를 거친 예산안은 예산결산특별위원회에 회부된다. ㄴ. 예산결산특별위원회의 심사를 거친 예산안은 본회의에 부의된다. ㄷ. 예산결산특별위원회를 구성할 때에는 그 활동기한을 정하여야 한다. 다만, 본회의의 의결로 그 기간을 연장할 수 있다. ㄹ. 예산결산특별위원회는 소관상임위원회의 동의하에 새 비목을 설치할 수 있다.

① ㄱ, ㄴ ② ㄱ, ㄷ
③ ㄱ, ㄴ, ㄷ ④ ㄱ, ㄴ, ㄹ

13 □□□

2013년 지방직 9급

우리나라의 예산심의에 대한 설명으로 옳지 않은 것은?

① 예산은 본회의 중심이 아니라 상임위와 예결위 중심으로 심의된다.
② 우리나라는 미국과 같이 예산의 형식으로 통과되어 법률보다 하위의 효력을 갖는다.
③ 국회는 정부의 동의 없이 새로운 비목을 설치하지 못한다.
④ 예결위의 심의과정은 예산조정의 정치적 성격이 강하게 반영되는 특징이 있다.

14 □□□

2017년 서울시 7급

우리나라 예산심의의 특징으로 가장 옳지 않은 것은?

① 정치체제의 성격상 예산심의과정이 의원내각제에 비해 상대적으로 엄격하지 않다.
② 일반적으로 예산의 심의에서 본회의는 형식적인 경우가 많다.
③ 국회는 정부의 동의 없이 금액 증가나 새로운 비목을 설치하지 못한다.
④ 예산심의과정에서 국회 상임위원회가 소관 부처의 이해관계를 대변하기 쉽다.

15 □□□

2022년 군무원 9급

다음 중 우리나라의 예산심의에 대한 설명으로 옳지 않은 것은?

① 정부의 시정연설 후에 국회에서 예비심사와 본회의 심의를 거쳐서 종합심사를 하고 의결을 한다.
② 예산심의는 행정부에 대한 관리통제기능이다.
③ 예산심의 과정에서 정당이 영향을 미친다.
④ 우리나라는 대통령 중심제로 인해 의원내각제인 나라에 비해 예산심의가 상대적으로 엄격하다.

16 □□□

2010년 국가직 9급

우리나라의 예산과정에 대한 설명으로 옳은 것을 모두 고르면?

ㄱ. 결산은 정부의 예산집행의 결과가 정당한 경우 집행 책임을 해제하는 법적 효과를 가진다. ㄴ. 결산심의에서 위법하거나 부당한 지출이 지적되면 그 정부활동은 무효나 취소가 된다. ㄷ. 국회 심의과정에서 증액된 부분은 부처별 한도액 제한을 받는다. ㄹ. 국회 심의 후의 예산은 당초 행정부 제출 예산보다 증액되기도 한다. ㅁ. 예산집행의 신축성을 확보하기 위한 장치로는 회계연도 개시 전 예산배정, 국고채무부담행위 등이 있다.

① ㄱ, ㄷ, ㄹ ② ㄱ, ㄹ, ㅁ
③ ㄴ, ㄷ, ㅁ ④ ㄴ, ㄹ, ㅁ

17 □□□

2015년 지방직 7급

우리나라의 예산과정에 대한 설명으로 옳은 것은?

① 국회에서는 본회의보다 상임위원회와 예산결산특별위원회를 중심으로 예산이 심의된다.
② 국회는 정부의 동의 없이 새 비목을 설치할 수 없지만, 정부가 제출한 지출예산 각 항의 금액을 증가할 수 있다.
③ 예산안은 세출예산법안의 형식으로 국회에서 의결된다.
④ 「국회법」에서는 국회가 회계연도 개시 30일 전까지 정부가 제출한 예산안을 의결하여야 한다고 규정하고 있다.

18 □□□

2016년 국가직 9급

국회의 예산심의에 대한 설명으로 옳지 않은 것은?

① 상임위원회의 예비심사를 거친 정부예산안은 예산결산특별위원회에 회부되고, 예산결산특별위원회에서 종합심사가 종결되면 본회의에 부의된다.
② 예산결산특별위원회는 소관상임위원회의 동의 없이 상임위원회에서 삭감한 세출예산 각 항의 금액을 증액할 수 있다.
③ 국회는 정부의 동의 없이 정부가 제출한 지출예산 각 항의 금액을 증가하거나 새 비목을 설치할 수 없다.
④ 국회의장은 예산안을 소관상임위원회에 회부할 때에는 심사기간을 정할 수 있으며, 상임위원회가 이유 없이 그 기간 내에 심사를 마치지 아니한 때에는 이를 바로 예산결산특별위원회에 회부할 수 있다.

19 □□□

2023년 지방직 7급

예산과정에 대한 설명으로 옳지 않은 것은?

① 각 중앙관서의 장은 그 소관에 속하는 다음 연도의 세입세출예산 · 계속비 · 명시이월비 및 국고채무부담행위 요구서를 작성하여 매년 5월 31일까지 기획재정부장관에게 제출하여야 한다.
② 정부는 예산안을 국회에 제출한 후 부득이한 사유로 그 내용의 일부를 수정하고자 할 때에는 국무회의의 심의를 거쳐 대통령의 승인을 얻은 수정예산안을 국회에 제출할 수 있다.
③ 국회에 제출된 예산안은 예산결산특별위원회에서 예비심사하여 그 결과를 의장에게 보고하고, 의장은 소관 상임위에 회부하여 심사가 끝난 후 본회의에 부의한다.
④ 기획재정부장관은 회계연도마다 작성하여 대통령의 승인을 받은 국가결산보고서를 다음 연도 4월 10일까지 감사원에 제출하여야 한다.

20 □□□

2021년 군무원 9급

예산과정 중에서 재정민주주의(fiscal democracy)와 가장 관련이 깊은 것은?

① 예산심의
② 예산집행
③ 회계검사
④ 예비타당성조사

21 □□□

2025년 군무원 7급

예산과정 중 재정민주주의(Fiscal Democracy) 구현과 가장 관계가 밀접한 단계로 옳은 것은?

① 예산편성
② 예산심의
③ 예산집행
④ 회계검사

22 □□□

2022년 국회직 8급

예산과 재정운영제도에 대한 설명으로 옳지 않은 것은?

① 국회는 국가재정운용계획과 예산안을 함께 심의하여 확정한다.
② 총액배분 · 자율편성제도는 정부가 사전에 설정한 지출한도에 맞추어 각 중앙부처가 예산을 편성하는 것을 의미한다.
③ 프로그램예산제도는 유사 정책을 시행하는 사업의 묶음인 프로그램별로 예산을 편성하는 제도로 우리나라의 경우 중앙정부와 지방정부 모두 도입하고 있다.
④ 기획재정부장관은 예비타당성조사의 결과를 국회 소관 상임위원회와 예산결산특별위원회에 제출하여야 한다.
⑤ 정부는 예산이 온실가스 감축에 미칠 영향을 미리 분석한 보고서를 작성하여야 한다.

THEME 67 예산과정 Ⅱ(집행 - 결산)

중요도 ●●●●●

정답 및 해설 p. 249

선생님TIP

예산집행에서는 특히 집행의 목표인 재정을 통제하기 위한 방안과 신축성을 유지하기 위한 방안에 대하여 명확하게 비교하여 정리해두어야 합니다. 특히 배정과 재배정은 재정통제방안으로, 긴급배정과 조기배정 등은 신축성 유지방안으로 본다는 것을 유의하여야 합니다. 그리고 우리나라의 예산결산과정에 대한 부분도 중요하므로 철저한 숙지가 필요합니다. 특히 예산결산에 있어서 결산검사(확인)는 감사원(행정부) 담당이고, 결산승인(의결)은 국회에서 담당한다는 것을 주의하여 알아두어야 합니다.

■ 예산집행의 재정통제방안과 신축성 유지방안

1. 예산집행의 재정통제방안

배정	기획재정부장관이 중앙관서의 장에게 일정기간 동안 집행할 수 있는 금액과 소재를 명확히 하는 절차
재배정	각 중앙관서의 장이 배부받은 예산액의 범위 내에서 다시 산하기관에게 일정기간 사용할 수 있는 예산액을 배분하는 것
정원 및 보수의 통제	「국가공무원총정원령」, 「공무원보수규정」
지출원인행위(계약)통제	국가의 지출원인이 되는 계약 및 기타의 행위에 대한 통제
회계기록 및 보고제도	중앙관서가 자체 수입과 지출을 회계 처리하여 기록·보고
총사업비관리제도	• 2년 이상의 대규모 사업을 조정·관리함으로써 생산성 및 품질 제고 • 토목사업은 500억 원 이상, 건축사업은 200억 원 이상인 경우 관리대상이 됨
예비타당성조사	총사업비 500억 원 이상이고, 국가가 300억 원 이상 출자한 사업
지방재정진단제도	사후적 평가를 통해 재정운영의 책임성과 효율성을 도모하기 위한 제도

2. 예산집행의 신축성 유지방안

이용	• 입법과목(장·관·항) 간의 상호융통(돌려쓰기) • 국회의 사전의결이 요구됨
전용	• 행정과목(세항·목) 간의 상호융통 • 기획재정부장관의 재량
명시이월	• 미리 국회의 승인을 얻어서 다음 연도에 사용 • 재이월 1회 가능
사고이월	• 집행 중 불가피한 사유로 인해 다음 연도에 사용 • 재이월 불가
이체	• 예산집행의 소관 변경 • 사전의결의 원칙 예외
계속비	완성에 수년의 시간이 들 때 경비의 총액과 연부액을 정하여 국회의 의결로써 수년에 걸쳐서 집행할 수 있는 제도
체차이월	계속비의 이월
예비비	예측할 수 없는 예산 외의 지출 또는 초과지출을 충당하기 위해서 재원 마련
국고채무부담행위	법률 및 세출예산금액 또는 계속비 총액의 범위 안에 속하는 것을 제외하고 국가가 채무 부담
신축적 배정	• 긴급배정(회계연도 개시 전 배정) • 조기배정(분기 당기기) • 당겨배정(월말 예산을 월초에 배정)
추가경정예산	예산성립 후 변경(예산 변경 ≠ 예산안 변경 = 수정예산)
수입과 지출의 특례	정상적인 수입과 지출방식을 채택하지 않은 모든 수입과 지출
장기계속 계약제도	• 장기간 공사에 사용되는 물품의 제조 • 당해 연도 예산범위 내에서 허용

01 □□□
2022년 국가직 9급

예산집행의 신축성을 유지하기 위한 제도로 옳지 않은 것은?

① 계속비
② 수입대체경비
③ 예산의 재배정
④ 예산의 이체

02 □□□
2017년 서울시 9급

예산집행의 신축성을 유지하기 위한 방안에 대한 설명 중 가장 옳지 않은 것은?

① 이체란 정부조직 등에 관한 법령의 제정 · 개정 또는 폐지로 인하여 중앙관서의 직무와 권한에 변동이 있을 때 관련 예산을 이동하는 것이다.
② 전용이란 입법과목 간 상호융통으로, 각 중앙관서의 장은 예산의 목적범위 안에서 재원의 효율적 활용을 위하여 기획재정부장관의 승인을 얻어 각 세항 또는 목의 금액을 전용할 수 있다.
③ 이월이란 당해 연도 예산액의 일정 부분을 다음 연도로 넘겨서 사용할 수 있는 제도이다.
④ 계속비란 완성에 수년도를 요하는 사업에 대해 그 경비의 총액과 연도별 지출액을 정하여 미리 국회의 의결을 얻은 범위 안에서 수년도에 걸쳐 지출하는 경비이다.

03 □□□
2011년 국가직 9급

우리나라 행정부의 예산집행 통제장치에 해당하지 않는 것은?

① 정원 및 보수를 통제하여 경직성 경비의 증대를 억제한다.
② 정부조직 등에 관한 법령의 제정, 개정, 폐지로 인해 그 직무권한에 변동이 있을 때 예산도 이에 따라서 변동시킬 수 있다.
③ 각 중앙관서의 장은 2년 이상 소요되는 사업 중 대통령령이 정하는 대규모사업에 대해 사업규모 · 총사업비 · 사업기간을 정해 미리 기획재정부장관과 협의해야 한다.
④ 각 중앙관서의 장은 월별로 기획재정부장관에게 사업집행 보고서를 제출해야 한다.

04 □□□
2015년 국가직 7급

예산집행의 신축성을 보장하기 위한 장치가 아닌 것은?

① 예산총계주의
② 예산의 이체와 이월
③ 예비비
④ 수입대체경비

05 □□□
2010년 국가직 7급

예산집행의 신축성을 보장하기 위한 제도적 장치와 그것에 대한 설명으로 옳지 않은 것은?

① 총괄예산제도 – 구체적 용도를 제한하지 아니하고 포괄적인 지출을 허용하는 것
② 예산의 이용과 전용 – 예산의 목적 외 사용을 금지하는 한정성 원칙의 예외적 장치
③ 추가경정예산 – 국회의 의결에 의해 예산이 성립된 이후 상황변화로 인해 사업을 변경하거나 새로운 사업을 추진해야 하는 경우 국회의결을 받아 예기치 못한 상태에 대처하는 예산
④ 예비비제도 – 완공에 수년이 소요되는 대규모 공사 · 제조 · 연구개발 사업의 경우에 총액과 연부금을 정해 인정하는 제도

06 □□□
2017년 교육행정직 9급

예산집행의 신축성 유지방안에 관한 설명으로 옳은 것은?

① 추가경정예산은 예산성립 이후 사업을 변경하거나 새로운 사업을 추진해야 하는 경우, 예산을 우선 집행하고 사후에 국회의 승인을 받도록 하는 것이다.
② 예비비는 예측할 수 없는 예산 외의 지출 또는 예산초과지출에 충당하기 위하여 특별회계예산 총액의 100분의 1 이내의 금액을 세입세출예산에 계상한 것이다.
③ 예산의 전용은 장 – 관 – 항 간의 융통을 의미하며, 중앙관서의 장은 예산의 효율적인 활용을 위하여 대통령령이 정하는 바에 따라 기획재정부장관의 승인을 얻어 재원을 사용할 수 있다.
④ 계속비는 완성에 수년도를 요하는 공사나 제조 및 연구개발사업에 대해 그 경비의 총액과 연부액을 정하여 미리 국회의 의결을 얻은 범위 안에서 수년도에 걸쳐서 지출할 수 있는 것이다.

07 □□□

2013년 국가직 9급

재정민주주의에 대한 설명으로 옳지 않은 것은?

① 재정민주주의는 '대표 없이 과세 없다'라는 표현에서 나타나듯이 재정주권이 납세자인 국민에게 있다는 의미를 내포하고 있다.
② 납세자인 시민이 국가 또는 지방자치단체의 재정지출과 관련된 부정과 낭비를 감시하는 납세자 소송제도는 재정민주주의의 본질을 잘 반영하고 있다.
③ 주민참여예산제도는 예산편성과정에 주민참여를 확대함으로써 지방재정 운영의 투명성 및 공정성을 제고하여 재정민주주의에 기여한다.
④ 정부 예산집행의 신축성을 확대하기 위하여 만들어진 예산의 전용제도는 국회의 동의를 구해야 하므로 재정민주주의 확보에 기여하는 제도적 장치이다.

08 □□□

2014년 국회직 8급

예산의 신축성을 유지하기 위한 장치에 대한 설명으로 옳지 않은 것은?

① 총괄예산제도는 구체적인 용도를 제한하지 않고 신축적 집행을 인정하는 것이다.
② 계속비제도는 완공에 수년이 소요되는 대규모 공사 · 제조 · 연구개발 사업의 경우에 총액과 연부금을 정해 집행을 인정하는 것이다.
③ 이월제도는 예산을 당해 회계연도에 집행하지 않고 다음 연도에 넘겨 차기 회계연도의 예산으로 사용하는 것이다.
④ 회계연도 개시 전 예산배정제도는 회계연도 개시 전에 대통령이 정하는 바에 의해 기획재정부장관이 예산을 배정하는 것이다.
⑤ 수입대체경비는 과년도 수입과 지출금을 반납하는 것이다.

09 □□□

2015년 지방직 7급

「국가재정법」상 예산집행에 있어 신축성을 보장하는 규정으로 옳지 않은 것은?

① 각 중앙관서의 장은 예산이 정한 각 기관 간 또는 각 장 · 관 · 항 간에 상호이용(移用)할 수 없다. 다만, 예산집행상 필요에 따라 미리 예산으로써 국회의 의결을 얻은 때에는 기획재정부장관의 승인을 얻어 이용하거나 기획재정부장관이 위임하는 범위 안에서 자체적으로 이용할 수 있다.
② 각 중앙관서의 장은 예산의 목적범위 안에서 재원의 효율적 활용을 위하여 대통령령이 정하는 바에 따라 기획재정부장관의 승인을 얻어 각 세항 또는 목의 금액을 전용할 수 있다.
③ 행정안전부장관은 정부조직 등에 관한 법령의 제정 · 개정 또는 폐지로 인하여 중앙관서의 직무와 권한에 변동이 있는 때에는 기획재정부장관의 요구에 따라 그 예산을 상호이용하거나 이체(移替)할 수 있다.
④ 세출예산 중 경비의 성질상 연도 내 지출을 끝내지 못할 것이 예측되는 때에는 그 취지를 세입세출예산에 명시하여 미리 국회의 승인을 얻은 후 다음 연도에 이월하여 사용할 수 있다.

10 □□□

2014년 서울시 7급

예산집행의 신축성을 유지하는 방법에 대한 설명으로 옳지 않은 것은?

① 계속비의 지출 기간은 5년 이내이며 필요한 경우 국회의 의결을 얻어 연장할 수 있는데, 매년 연부액은 국회의 의결을 받아야 한다.
② 사고이월은 지출원인행위를 하였으나 연도 내에 지출하지 못한 경비와 지출원인행위를 하지 않은 부대경비를 다음 연도에 지출하는 것을 말한다.
③ 예산의 전용(轉用)은 행정과목 간의 융통을 뜻하며, 이용(移用)은 입법과목 간의 융통을 뜻한다.
④ 이체(移替)는 정부조직 등에 관한 법령의 제정, 개정 또는 폐지로 인하여 그 직무와 권한의 변동이 있을 때, 중앙관서장의 요구에 의하여 기획재정부장관이 허용하는 제도이다.
⑤ 국고채무부담행위는 법률에 의한 것, 세출예산금액 그리고 계속비 범위 이외의 것에 한하여 사전에 국회의 의결을 얻어 지출할 수 있는 권한이다.

11 □□□

2024년 국가직 9급

국고채무부담행위에 대한 설명으로 옳은 것만을 모두 고르면?

> ㄱ. 사항마다 필요한 이유를 명백히 하고 그 행위를 할 연도와 상환연도, 채무부담의 금액을 표시해야 한다.
> ㄴ. 국가가 금전 급부 의무를 부담하는 행위로서 그 채무 이행의 책임은 다음 연도 이후에 부담됨을 원칙으로 한다.
> ㄷ. 국가가 채무를 부담할 권한과 채무의 지출권한을 부여 받은 것으로, 지출을 위한 국회 의결 대상에서 제외된다.
> ㄹ. 단년도 예산원칙의 예외라는 점에서 계속비와 동일하지만, 공사나 제조 및 연구개발 사업 등 대상이 한정되어 있다는 점에서는 대상이 한정되지 않는 계속비와 차이가 있다.

① ㄱ, ㄴ ② ㄱ, ㄹ
③ ㄴ, ㄷ ④ ㄷ, ㄹ

12 □□□

2019년 국가직 9급

예산집행에 대한 설명으로 옳지 않은 것은?

① 예산의 재배정은 행정부처의 장이 실무부서에게 지출을 할 수 있는 권한을 부여하는 것을 의미한다.
② 예산의 전용을 위해서 정부부처는 미리 국회의 승인을 받아야 한다.
③ 예비비는 공무원 인건비 인상을 위한 인건비 충당을 목적으로 사용할 수 없다.
④ 사고이월은 집행과정에서 재해 등의 이유로 불가피하게 다음 연도로 이월된 경비를 말한다.

13 □□□

2021년 국가직 7급

예산의 이용과 전용에 대한 설명으로 옳은 것은?

① 이용은 입법과목 사이의 상호 융통으로 국회의 의결을 얻으면 기획재정부장관의 승인이나 위임 없이도 할 수 있다.
② 기관(機關) 간 이용도 가능하다.
③ 세출예산의 항(項) 간 전용은 국회 의결 없이 기획재정부장관의 승인을 얻어서 할 수 있다.
④ 이용과 전용은 예산 한정성 원칙의 예외로 볼 수 없다.

14 □□□

2020년 국가직 9급

예산의 집행에 대한 설명으로 옳은 것은?

① 기획재정부장관은 각 중앙관서의 장에게 예산을 배정한 때에는 감사원에 통지하여야 한다.
② 기획재정부장관은 반기별 예산배정계획을 작성하여 국회의 심의를 받은 뒤에 예산을 배정한다.
③ 중앙관서의 장에게 자금을 사용할 수 있는 권한을 부여하는 것을 예산 재배정이라고 한다.
④ 기획재정부장관은 매년 2월 말까지 예산집행지침을 각 중앙관서의 장과 국회예산정책처에 통보하여야 한다.

15 □□□

2019년 지방직 9급

예산과정에 대한 설명으로 옳은 것은?

① 예산과정은 예산편성 - 예산집행 - 예산심의 - 예산결산의 순으로 이루어진다.
② 예산집행의 신축성을 확보하기 위해 예비비, 총액계상제도 등을 활용하고 있다.
③ 예산제도 개선 등으로 절약된 예산 일부를 예산성과금으로 지급할 수 있지만 다른 사업에 사용할 수는 없다.
④ 각 중앙부처가 총액 한도를 지정한 후에 사업별 예산을 편성하고 있어 기획재정부의 사업별 예산통제기능은 미약하다.

16 □□□

2019년 서울시 7급(2월 추가)

「국가재정법」에 규정되어 있는 예산의 전용에 대한 설명으로 가장 옳은 것은?

① 각 중앙관서의 장이 예산을 전용한 경우에는 반기별로 그 전용내역을 감사원에 제출하여야 한다.
② 각 중앙관서의 장은 당초 예산에 계상되지 아니한 사업을 추진하는 경우에도 예산을 전용할 수 있다.
③ 각 중앙관서의 장은 회계연도마다 기획재정부장관이 위임하는 범위 안에서 각 세항 또는 목의 금액을 자체적으로 전용할 수 있다.
④ 각 중앙관서의 장은 예산의 목적범위 안에서 재원의 효율적 활용을 위하여 기획재정부장관의 승인을 얻어 각 관, 항, 세항의 금액을 전용할 수 있다.

17 □□□

2014년 경찰간부

수입대체경비에 대한 설명으로 가장 옳지 않은 것은?

① 수입대체경비란 용역 또는 시설을 제공하여 발생하는 수입과 관련된 경비로서 수입이 예산을 초과할 때 그 초과수입에 직접 관련되는 경비 및 이에 수반되는 초과경비를 의미한다.

② 초과수입에 직접 관련되는 경비 및 이에 수반되는 경비에 일시적인 업무 급증으로 인한 일용직 임금은 포함되지 아니한다.

③ 수입대체경비는 예산총계주의 원칙의 예외이다.

④ 각 중앙관서의 장은 예산을 초과하여 수입대체경비를 지출한 때에는 그 이유 및 금액을 명시한 명세서를 기획재정부장관 및 감사원에 각각 송부하여야 한다.

18 □□□

2021년 국회직 8급

우리나라 예산집행제도에 대한 설명으로 옳은 것만을 다음에서 모두 고르면?

ㄱ. 총괄예산제도는 예산집행의 신축성을 위한 제도이다.
ㄴ. 계속비는 사전승인의 원칙에 대한 예외로, 국가가 지출할 수 있는 연한은 원칙적으로 그 회계연도로부터 5년 이내이다.
ㄷ. 예비비는 일반회계 예산총액의 1/100 이내에서 계상할 수 있다.
ㄹ. 국고채무부담행위에는 차관, 국공채 등이 포함된다.

① ㄱ, ㄴ
② ㄱ, ㄷ
③ ㄱ, ㄷ, ㄹ
④ ㄴ, ㄷ, ㄹ
⑤ ㄱ, ㄴ, ㄷ, ㄹ

19 □□□

2024년 지방직 9급

예산집행의 신축성 유지방안에 대한 설명으로 옳지 않은 것은?

① 추가경정예산의 경우, 정부는 국회에서 추가경정예산안이 확정되기 전에 이를 미리 배정하거나 집행할 수 없다.

② 예비비의 경우, 정부는 예측할 수 없는 예산 외의 지출 또는 예산초과지출에 충당하기 위하여 일반회계 예산총액의 100분의 5 이내의 금액으로 세입세출예산에 계상할 수 있다.

③ 계속비의 경우, 국가가 지출할 수 있는 연한은 그 회계연도로부터 5년 이내이나, 사업규모 및 국가재원 여건을 고려하여 필요한 경우에는 예외적으로 10년 이내로 할 수 있다.

④ 각 중앙관서의 장은 예산의 목적범위 안에서 재원의 효율적 활용을 위하여 대통령령으로 정하는 바에 따라 기획재정부장관의 승인을 얻어 각 세항 또는 목의 금액을 전용(轉用)할 수 있다.

20 □□□

2024년 국가직 7급

예산 집행 과정의 신축성 유지 방안에 대한 설명으로 옳은 것만을 모두 고르면?

ㄱ. 예산의 전용이란 각 기관·장·관·항 간에 상호 융통하는 것을 말한다.
ㄴ. 예산의 명시이월이란 예산 성립 후 연도 내 지출원인행위를 하고 불가피한 사유로 지출하지 못한 경비와 지출원인행위를 하지 아니한 그 부대경비의 금액에 대한 이월을 말한다.
ㄷ. 예비비란 예측할 수 없는 예산 외의 지출 또는 예산초과지출에 충당하기 위해 세입·세출예산에 계상한 금액을 말한다.
ㄹ. 예산의 이체란 정부조직 등에 관한 법령의 제정, 개정 또는 폐지로 인해 그 직무와 권한에 변동이 있을 때에 예산도 이에 따라 변경하는 것을 말한다.

① ㄱ, ㄴ
② ㄱ, ㄷ
③ ㄴ, ㄹ
④ ㄷ, ㄹ

21 □□□

2021년 군무원 7급

예산관련법령의 내용으로 옳지 않은 것은?

① 정부는 예측할 수 없는 예산 외의 지출 또는 예산초과지출에 충당하기 위하여 일반회계 예산총액의 100분의 1 이내의 금액을 예비비로 세입세출예산에 계상할 수 있다. 다만 예산총칙 등에 따라 미리 사용목적을 지정해 놓은 예비비는 본문에도 불구하고 별도로 세입 세출예산에 계상할 수 있다.

② 완성에 수년이 필요한 공사나 제조 및 연구 개발사업은 그 경비의 총액과 연부액(年賦額)을 정하여 미리 국회의 의결을 얻은 범위 안에서 수년도에 걸쳐서 지출할 수 있다.

③ 세출예산 중 경비의 성질상 연도 내에 지출을 끝내지 못할 것이 예측되는 때에는 그 취지를 세입세출예산에 명시하여 미리 국회의 승인을 얻은 후 다음 연도에 이월하여 사용할 수 있다.

④ 국가는 법률에 따른 것과 세출예산금액 또는 계속비의 총액의 범위 안의 것 외에 채무를 부담하는 행위를 하는 때에는 사후에 국회의 승인을 얻어야 한다.

22 □□□

2024년 군무원 9급

다음 중 우리나라의 예비비에 대한 설명으로 가장 적절하지 않은 것은?

① 목적예비비는 예산총칙 등에서 미리 사용목적을 지정해야 하며, 따로 세입 · 세출예산에 계상할 수 있다.

② 예측할 수 없는 예산 외의 지출 또는 초과지출에 충당하기 위하여 편성한다.

③ 재해대책비 · 공공요금 · 환율상승에 따른 원화부족액 보정 등을 위해 사용 가능한 한도액을 정한 목적예비비가 있다.

④ 일반예비비는 그 사용 목적을 특정하지 않고 국회의 사전 의결을 거친 경비이므로 회계연도를 달리하여 사용할 수 있다.

23 □□□

2014년 서울시 7급

우리나라의 경우 기획재정부장관이 회계연도 개시 전에 예산을 배정할 수 없는 경비는?

① 과년도 지출

② 외국에서 지급하는 경비

③ 여비

④ 선박의 운영 · 수리 등에 소요되는 경비

⑤ 각 관서에서 필요한 부식물의 매입경비

24 □□□

2022년 지방직 9급

다음은 「국가재정법」상 예비타당성조사에 대한 내용이다. (가)와 (나)에 들어갈 숫자로 옳은 것은?

> 기획재정부장관은 총사업비가 (가)억 원 이상이고 국가의 재정지원 규모가 (나)억 원 이상인 신규 사업으로서 건설공사가 포함된 사업 등에 대한 예산을 편성하기 위하여 미리 예비타당성조사를 실시하고, 그 결과를 요약하여 국회 소관 상임위원회와 예산결산특별위원회에 제출하여야 한다.

	(가)	(나)
①	300	100
②	300	200
③	500	250
④	500	300

25 □□□

2019년 지방직 9급

예비타당성조사에 대한 설명으로 옳은 것은?

① 기존에 유지된 타당성조사의 문제점을 보완하기 위해 2013년부터 도입하였다.

② 신규 사업 중 총사업비가 300억 원 이상인 사업은 예비타당성 조사대상에 포함된다.

③ 중앙행정기관의 장은 예비타당성조사를 실시하고 기획재정부장관과 그 결과를 협의해야 한다.

④ 조사대상 사업의 경제성, 정책적 필요성 등을 종합적으로 검토하여 그 타당성 여부를 판단한다.

26 □□□

2015년 국가직 9급

예비타당성조사의 분석 내용을 경제성 분석과 정책적 분석으로 구분할 때, 경제성 분석에 해당하는 것은?

① 상위계획과의 연관성
② 지역경제에의 파급효과
③ 사업추진 의지
④ 민감도분석

27 □□□

2023년 군무원 7급

현행 「국가재정법」상 예비타당성조사에 관한 규정으로 가장 적절하지 않은 것은?

① 기획재정부장관은 총사업비가 500억 원 이상이고 국가의 재정지원 규모가 300억 원 이상인 신규사업으로서 일정한 경우에 해당하는 대규모 사업에 대한 예산을 편성하기 위하여 미리 예비타당성조사를 실시해야 한다. 다만, 특정한 분야의 사업은 중기사업계획서에 의한 재정지출이 500억 원 이상 수반되는 신규 사업으로 한다.
② 예비타당성조사 대상사업은 중앙관서의 장의 신청이 있는 경우에 한하여 기획재정부장관이 선정할 수 있다.
③ 기획재정부장관은 국회가 그 의결로 요구하는 사업에 대하여는 예비타당성조사를 실시하여야한다.
④ 기획재정부장관은 일정한 국가연구개발사업에 대한 예비타당성조사에 관해서는 대통령령으로 정하는 바에 따라 과학기술정보통신부장관에게 위탁할 수 있다.

28 □□□

2017년 서울시 9급

우리나라의 재정건전성 관련 제도에 대한 설명으로 가장 옳은 것은?

① 총사업비관리제도는 예비타당성조사제도와 같은 시기에 도입되었다.
② 예비타당성조사는 총사업비 500억 원 이상이면서 국가재정지원이 300억 원 이상인 신규사업 중에서 일정한 절차를 거쳐 실시한다.
③ 토목사업은 400억 원 이상일 경우 총사업비 관리대상이다.
④ 재정사업자율평가제도는 2004년부터 실시되었다.

29 □□□

2023년 국가직 9급

우리나라의 재정사업 성과관리에 대한 설명으로 옳지 않은 것은?

① 재정사업 성과관리의 내용은 성과목표관리와 성과평가로 구성된다.
② 재정사업 성과평가 결과는 지출 구조조정 등의 방법으로 재정운용에 반영될 수 있다.
③ 재정사업 심층평가 결과 기획재정부장관이 필요하다고 판단하면 재정사업 자율평가를 실시할 수 있다.
④ 재정사업 자율평가는 미국 관리예산처(OMB)의 PART (Program Assessment Rating Tool)를 우리나라 실정에 맞게 도입한 제도이다.

30 □□□

2017년 국가직 9급(4월 시행)

재정성과관리와 재정건전성에 대한 설명으로 옳지 않은 것은?

① 중기지방재정계획은 「지방재정법」에 근거한 사후예산제도로 지방재정 건전화를 추구한다.
② 통합재정수지는 재정건전성 분석, 재정의 실물경제 효과 분석, 재정운용의 통화부문에 대한 영향분석 등에 활용될 수 있다.
③ 총사업비관리제도는 시작된 대형사업에 대한 총사업비를 관리해 재정지출의 생산성 제고를 도모한다.
④ 예비타당성조사는 대규모 신규 사업에 대한 예산편성 및 기금운용계획을 수립하기 위하여 기획재정부장관 주관으로 실시하는 사전적인 타당성 검증 · 평가제도이다.

31 □□□

2021년 국회직 8급

우리나라 중앙예산부서의 재정관리 혁신에 대한 설명으로 옳지 않은 것은?

① 총사업비가 500억 원 이상이고 국가재정 지원규모가 300억 원 이상인 신규사업 중 지능정보화사업은 예비타당성조사의 대상사업이 될 수 있다.
② 사회간접자본(SOC)에 대한 대규모 민간투자사업은 기획재정부가 결정한다.
③ 예산절감이나 국가 수입 증대에 기여한 자에게 제공하는 예산성과금은 공무원뿐만 아니라 일반국민에게도 지급될 수 있다.
④ 총사업비가 500억 원 이상인 토목사업과 총사업비가 200억 원 이상인 건축사업은 총사업비 관리제도의 대상사업이 될 수 있다.
⑤ 기획재정부는 정부예산 및 기금의 불법지출에 대한 국민감시를 위해 예산낭비신고센터를 운영하고 있다.

32 □□□

2024년 국회직 8급

예비타당성조사에 대한 설명으로 옳은 것은 모두 몇 개인가?

ㄱ. 예비타당성조사제도는 재정운용의 효율성을 제고하기 위해 1999년 김대중 정부 때 도입된 제도로서, 건설공사가 포함된 사업만 대상으로 한다.
ㄴ. 예비타당성조사는 총사업비가 500억 원 이상인 대규모 신규사업을 대상으로 국토교통부가 실시하고, 조사 결과를 토대로 기획재정부가 사업추진 여부를 결정한다.
ㄷ. 예비타당성조사를 실시하는 경우 경제성 분석, 정책성 분석, 지역균형발전 분석을 반드시 실시해야 하고, 종합평가는 비용효과분석에 의해 이루어진다.
ㄹ. 편익비용비율이 1보다 작아 경제성이 낮은 경우라도 정책성 분석이나 지역균형발전 분석 등을 통한 종합평가 결과에 의해 예비타당성조사를 통과할 수 있다.
ㅁ. 「국가재정법」은 공공청사 신축 및 증축, 재난복구 지원사업, 지역균형발전사업 등 다양한 사업에 대해 예비타당성조사를 면제할 수 있도록 규정하고 있다.

① 1개 ② 2개
③ 3개 ④ 4개
⑤ 5개

33 □□□

2016년 사회복지직 9급

우리나라의 예산 · 회계제도에 대한 설명으로 옳지 않은 것은?

① 총액배분자율편성예산제도, 디지털예산회계시스템 등과 같은 예산개혁의 실효성을 확보하기 위한 제도적 기반으로서 프로그램예산제도가 도입되었다.
② 국가의 재정활동에서 발생하는 경제적 거래 등은 발생사실에 따라 복식부기방식으로 회계처리되어야 한다.
③ 예비타당성조사제도는 완성에 2년 이상이 소요되는 사업으로서 대통령령이 정하는 대규모사업에 대하여 각 중앙관서의 장이 그 사업규모 등을 정하여 미리 기획재정부장관과 협의하도록 하는 제도이다.
④ 기획재정부장관은 예비타당성조사를 실시하기로 결정한 경우에는 대상 사업의 경제성 및 정책적 필요성 등을 종합적으로 검토하여야 한다.

34 □□□

2018년 지방직 7급

공공서비스 공급을 확대하는 과정에서 정부예산이 부족한 경우 활용되는 수익형 민자사업(BTO)에 대한 설명으로 옳지 않은 것은?

① BTO는 민간이 자금을 투자해 공공시설을 건설하고 소유권을 정부로 이전하지만, 그 대가로 민간사업자는 일정기간 사용수익권을 인정받게 된다.
② BTO의 경우 민간사업자는 시설을 운영하면서 사용료 징수로 투자비를 회수하는데, 주로 도로 · 철도 등 수익창출이 가능한 영역에 적용된다.
③ BTO의 경우 시설에 대한 수요변동 위험은 정부에서 부담하며, 정부는 사전에 약정한 수익률을 포함한 리스료를 민간사업자에게 지출한다.
④ BTO는 일반적으로 임대형 민자사업(BTL)에 비해 사업리스크와 수익률이 상대적으로 더 높고, 사업기간도 상대적으로 더 길다.

35 □□□
2017년 국가직 9급(10월추가)

사회기반시설에 대한 민간투자사업에 있어서 사업시행자가 시설을 건설한 후 해당 시설의 소유권 및 운영권을 사업시행자가 가지는 방식은?

① BOO(Build-Own-Operate)
② BLT(Build-Lease-Transfer)
③ BTO(Build -Transfer-Operate)
④ BTL(Build-Transfer-Lease)

36 □□□
2020년 지방직 9급

민간투자사업자가 사회기반시설 준공과 동시에 해당 시설 소유권을 정부로 이전하는 대신 시설관리운영권을 획득하고, 정부는 해당 시설을 임차 사용하여 약정기간 임대료를 민간에게 지급하는 방식은?

① BTO(Build-Transfer-Operate)
② BTL(Build-Transfer-Lease)
③ BOT(Build-Own-Transfer)
④ BOO(Build-Own-Operate)

37 □□□
2011년 국회직 8급

지방자치단체의 민간투자사업에 대한 설명으로 옳은 것을 모두 고르면?

ㄱ. BTL 방식에서는 사회간접자본시설의 준공과 동시에 당해 시설의 소유권이 지방자치단체에 귀속되며, 사업시행자에게 일정기간의 운영권을 인정한다.
ㄴ. BTO 방식에서는 사회간접자본시설의 준공 후 민간의 운영이 종료되는 시점에 시설의 소유권이 지방자치단체에 귀속된다.
ㄷ. BTL 방식에서는 최소운영수입보장제도가 적용되고 있다.
ㄹ. BTO 방식은 최종수요자에게 사용료를 부과하기 쉬운 시설에 적합하다.
ㅁ. BTO 방식에서는 일차적으로 민간이 수요 위험을 부담하게 된다.
ㅂ. 민간투자사업의 추진방식은 소유권, 운영권을 민간부문과 공공부문 중에서 누가 보유할 것인가에 따라 구분된다.

① ㄱ, ㄷ, ㄹ
② ㄴ, ㄷ, ㅂ
③ ㄴ, ㄹ, ㅂ
④ ㄷ, ㅁ, ㅂ
⑤ ㄹ, ㅁ, ㅂ

38 □□□
2018년 교육행정직 9급

우리나라 결산에 관한 설명으로 옳은 것은?

① 결산은 부당한 지출인 경우 집행된 내용을 무효로 할 수 있다.
② 국회는 결산 의결권을 가지며 예산결산특별위원회에서 결산을 최종 승인한다.
③ 결산은 회계연도에서 국가의 수입과 지출을 잠정적 수치로 표시하는 행위이다.
④ 감사원은 세입·세출의 결산을 매년 검사하여 대통령과 차년도 국회에 그 결과를 보고하여야 한다.

39 □□□
2018년 국가직 9급

우리나라의 결산에 대한 설명으로 옳지 않은 것은?

① 결산은 한 회계연도의 수입과 지출 실적을 확정적 계수로 표시하는 행위이다.
② 정부는 감사원의 검사를 거친 국가결산보고서를 국회에 제출하여야 한다.
③ 결산은 국회의 심의를 거쳐 국무회의의 의결과 대통령의 승인으로 종료된다.
④ 각 중앙관서의 장은 회계연도마다 소관 기금의 결산보고서를 중앙관서결산보고서에 통합하여 작성하여야 한다.

40 □□□
2021년 국가직 9급

예산주기에 비추어 볼 때 2021년도에 볼 수 없는 예산과정은?

① 국방부의 2022년도 예산에 대한 예산요구서 작성
② 기획재정부의 2021년도 예산에 대한 예산배정
③ 대통령의 2022년도 예산안에 대한 국회 시정연설
④ 감사원의 2021년도 예산에 대한 결산검사보고서 작성

41 □□□

2021년 국회직 8급

결산에 대한 설명으로 옳지 않은 것은?

① 정부는 집행실적, 성평등 효과분석 및 평가 등을 포함한 성인지 결산서를 작성하여야 한다.
② 각 중앙관서의 장은 회계연도마다 작성한 결산보고서를 다음 연도 2월 말일까지 기획재정부장관에게 제출하여야 한다.
③ 국회의 사무총장은 회계연도마다 예비금사용명세서를 작성하여 다음 연도 2월말까지 기획재정부장관에게 제출하여야 한다.
④ 기획재정부장관은 회계연도마다 작성하여 대통령의 승인을 받은 국가결산보고서를 다음 연도 4월 20일까지 감사원에 제출하여야 한다.
⑤ 감사원은 제출된 국가결산보고서를 검사하고 그 보고서를 다음 연도 5월 20일까지 기획재정부장관에게 송부하여야 한다.

42 □□□

2024년 군무원 7급

다음 중 대한민국의 결산절차에 대한 설명으로 가장 적절한 것은?

① 「국가회계법」에 따라 각 중앙관서의 장은 회계연도마다 일반회계 · 특별회계 및 기금을 통합한 중앙관서결산보고서를 작성하여 국무총리에게 제출하며, 국무총리는 중앙관서결산보고서를 통합하여 국가의 결산보고서를 작성하여 국무회의 심의를 거쳐 대통령의 승인을 받는다.
② 「국가재정법」에 따라 국무총리는 대통령의 승인을 받은 국가결산보고서를 감사원에 제출하여야 하며, 감사원은 결산보고서에 대한 재심의를 수행한다.
③ 재심의를 거친 국가결산보고서에 대해 감사위원회의 의결을 거쳐 확정한 후 감사원장이 국회의 소관 상임위원회에 제출한다.
④ 국회는 국가결산보고서를 소관 상임위원회와 예산결산특별위원회를 거쳐 본회의에서 심의 · 의결을 통해 최종 판단한다. 결산의 심사결과 위법하거나 부당한 사항이 있는 경우에는 본회의 의결 후 정부 또는 해당 기관에 변상 및 징계 조치 등 그 시정을 요구한다.

43 □□□

2020년 국가직 9급

세계잉여금에 대한 설명으로 옳은 것만을 모두 고르면?

> ㄱ. 일반회계, 특별회계가 포함되고 기금은 제외된다.
> ㄴ. 적자 국채 발행 규모와 부(-)의 관계이며, 국가의 재정 건전성을 파악하는데 효과적이다.
> ㄷ. 결산의 결과 발생한 세계잉여금은 전액 추가경정예산에 편성하여야 한다.

① ㄱ　② ㄷ
③ ㄱ, ㄴ　④ ㄴ, ㄷ

44 □□□

2019년 서울시 7급(2월 추가)

효과성 성과감사를 위한 질문과 가장 거리가 먼 것은?

① 부처 간 공통목적달성을 위해 잘 협조하고 있는가?
② 사업의 대상 집단은 정확히 정의되었는가?
③ 사람들은 제공된 사업내용이나 수단에 만족하는가?
④ 선택된 수단들은 추구하는 목적달성에 어느 정도로 기여하는가?

PART 6

행정환류론

CHAPTER 1 / 행정책임과 행정통제
CHAPTER 2 / 행정개혁론
CHAPTER 3 / 정보화와 행정

CHAPTER 1

행정책임과 행정통제

THEME 68 행정책임

중요도 ●●○○○

정답 및 해설 p. 258

선생님TIP

2~3년마다 한 번씩 출제되는 테마입니다. 행정책임과 통제는 불가분의 관계로서, 행정책임이 목표라면 행정통제는 행정책임을 확보하기 위한 수단이 됩니다. 행정책임의 유형에 대한 정리가 필요하며, 특히 객관적 책임인 제도적 책임과 주관적 책임인 자율적 책임을 구별하는 것이 주요 출제 포인트입니다. 행정책임에 대한 파이너(Finer)와 프리드리히(Fridrich)의 논쟁까지도 함께 주목하여 학습하여야 합니다.

■ 행정책임의 의의와 유형

개념	행정인이나 행정조직이 국민의 기대와 요구에 부응하여 행동하여야 할 의무
기준	• 규정 有: 법령에 따름, 합목적적 운용 • 규정 無: 공익 등 행정이념, 공직윤리, 국민의 요구 등에 따름
특징	• 행정상의 일정한 의무를 전제로 함 • 행정책임의 비중 변화: 외재적 책임 → 내재적 책임 • 행정인의 재량권과 자율성에 근거하여 발생 • 행정행위의 결과(내용)와 과정(절차)에 대한 책임 • 행정책임은 행정통제의 목적이며, 행정통제는 행정책임을 보장하기 위한 수단
유형	• 객관적(제도적) 책임과 주관적(자율적) 책임 • 법적 책임과 도의적 책임 • 정치적 책임과 기능적 책임

01 □□□ 2018년 서울시 7급(3월 추가)

행정의 책임성에 대한 설명으로 가장 옳지 않은 것은?

① 행정의 책임성에는 결과에 대한 책임과 함께 과정에 대한 책임도 포함된다.

② 신공공관리론(NPM)에서 강조하고 있는 시장책임성은 고객 만족에 의한 행정책임을 포함한다.

③ 법적 책임의 확보방법은 시대에 따라 변하고 있다.

④ 제도적 책임성은 공무원의 자율적이고 능동적인 행정책임을 의미한다.

02 □□□ 2005년 대구 9급

현대 행정에서 행정책임이 강조되는 이유로 가장 옳지 않은 것은?

① 시민통제의 강화

② 공무원의 재량영역 확대

③ 행정의 전문화 · 복잡화

④ 입법 및 사법통제의 약화

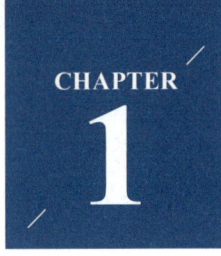

03 □□□ 2010년 국가직 9급

제도적 책임성(accountability)과 대비되는 자율적 책임성(responsibility)에 대한 설명으로 옳지 않은 것은?

① 전문가로서의 직업윤리와 책임감에 기초해 적극적 · 자발적 재량의 발휘로 확보되는 책임
② 객관적으로 기준을 확정하기 곤란하므로 내면의 가치와 기준에 따르는 것
③ 국민들의 요구와 기대를 정확하게 인식해서 이에 능동적으로 대응하는 것
④ 고객 만족을 위하여 성과보다는 절차에 대한 책임 강조

04 □□□ 2016년 지방직 9급

행정윤리에 대한 설명으로 옳지 않은 것은?

① 제도적 책임성이란 공무원이 전문가로서의 직업윤리와 책임감에 기초해서 자발적인 재량을 발휘해 확보되는 행정책임을 의미한다.
② 행정윤리는 사익보다는 공익과 밀접한 관계가 있다.
③ 결과주의에 근거한 윤리평가는 사후적인 것이며 문제의 해결보다는 행위 혹은 그 결과에 대한 처벌에 중점을 둔다.
④ 공무원 부패의 원인을 사회문화적 접근으로 보는 관점에서는 특정한 지배적 관습이나 경험적 습성이 부패를 조장한다는 입장이다.

05 □□□ 2013년 서울시 9급

행정책임과 행정통제에 대한 설명으로 옳지 않은 것은?

① 행정통제의 중심과제는 궁극적으로 민주주의와 관료제 간의 조화 문제로 귀결된다.
② 행정통제는 설정된 행정목표와 기준에 따라 성과를 측정하는 데 초점을 맞추면 별도의 시정 노력은 요구되지 않는 특징이 있다.
③ 행정책임은 행정관료가 도덕적 · 법률적 규범에 따라 행동해야 하는 국민에 대한 의무이다.
④ 행정통제란 어떤 측면에서는 관료로부터 재량권을 빼앗는 것이다.
⑤ 행정책임은 국가적 차원에서 국민에 대한 국가역할의 정당성을 확인하는 것이다.

06 □□□ 2018년 지방직 7급

행정통제와 행정책임에 대한 설명으로 옳은 것은?

① 대응적 책임(responsiveness)은 공복으로서의 관료의 직책과 관련된 광범위한 도의적 · 자율적 책임을 의미한다.
② 입법국가 시절에는 외부통제에 중점을 두었으나, 행정국가로 이행하면서 내부통제의 중요성이 부각되었다.
③ 도의적 책임(responsibility)은 국민이나 고객의 요구, 이념, 가치에 대한 대응성을 강조하는 책임이다.
④ 행정에 대한 외부통제 수단으로 우리나라 국회는 국정조사, 국정감사, 직무감찰, 옴부즈만 등을 행사한다.

07 □□□ 2021년 지방직 9급

행정통제와 행정책임에 대한 설명으로 옳은 것만을 모두 고르면?

> ㄱ. 파이너(Finer)는 법적 · 제도적 외부통제를 강조한다.
> ㄴ. 감사원의 직무감찰과 회계감사는 외부통제에 해당한다.
> ㄷ. 프리드리히(Friedrich)는 내재적 통제보다 객관적 · 외재적 책임을 강조한다.

① ㄱ ② ㄴ
③ ㄱ, ㄷ ④ ㄴ, ㄷ

08 □□□ 2024년 국회직 8급

우리나라의 행정통제제도에 대한 설명으로 옳은 것은?

① 국민권익위원회는 행정부와 독립된 옴부즈만 기능을 수행하는 헌법상 기관으로서, 독립적인 직권조사권과 시찰권은 갖고 있지만 소추권은 갖고 있지 않다.
② 국회는 대통령을 비롯하여 국무총리, 국무위원, 행정각부의 장, 감사원장 등이 직무를 집행함에 있어 법률을 위반할 때 탄핵소추를 의결할 수 있다.
③ 감사원은 헌법적 지위를 갖는 대통령 직속기구로서 회계검사와 직무감찰을 수행하는데, 직무감찰은 행정부, 입법부, 사법부에 소속된 공무원들을 대상으로 한다.
④ 헌법재판소는 9명의 재판관으로 구성되며, 위헌법률심판, 탄핵심판, 정당해산심판, 행정심판, 행정소송 등을 담당한다.
⑤ 국무총리실은 2006년 시행된 「정부업무평가 기본법」에 의해 각 부처의 자체평가를 폐지하고 매년 각 부처를 대상으로 직접 업무평가를 실시하고 있다.

THEME 69 행정통제와 옴부즈만제도

중요도 ●●●●○

정답 및 해설 p. 259

선생님TIP

행정통제의 유형은 행정환류론 파트에서 가장 중요한 테마 중의 하나로 반드시 정리해두어야 합니다. 행정부를 기준으로 내부통제와 외부통제로 구분하며, 공식성 여부에 따라 공식적 통제와 비공식적 통제로 분류합니다. 특히 스웨덴이나 미국의 옴부즈만제도는 국회 소속으로 외부·공식적 통제인데 반해 우리나라의 옴부즈만제도인 국민권익위원회는 국무총리 소속으로 내부·공식적 통제라는 것도 헷갈릴 수 있으니 주의하여 학습합니다.

■ 행정통제의 유형과 옴부즈만 제도

1. 행정통제의 유형1(Gilbert)

구분	내부	외부
공식적	행정수반(대통령), 계층제(상관), 독립통제기관(감사원, 국민권익위원회), 교차기능조직, 정부업무평가	입법부, 사법부, 헌법재판소, 옴부즈만제도
비공식적	공익, 행정윤리, 대표관료제, 비공식조직(규범)	시민통제, 시민참여(선거 포함), NGO, 이익집단, 언론(매스컴), 정당

2. 행정통제의 유형2(Romzek & Dubnick)

구분		통제의 원천	
		내부	외부
통제 정도	강	관료적 통제	법적 통제
	약	전문적 통제	정치적 통제

3. 옴부즈만제도

(1) 일반적인 옴부즈만

구분	내용
개념	공무원의 위법 또는 부당 등 다양한 행위로 인해 권리를 침해받은 시민이 제기하는 민원과 불평을 조사하여 관계기관에 시정을 권고함으로써 국민의 권리를 구제하는 기관
특징	• 입법부 소속기관 • 직무수행상의 독립성 • 신청조사와 직권에 의한 조사 가능 • 간접적 통제 • 신속한 처리와 저렴한 비용 • 의회와 정부 간 완충 역할 • 고발행위의 다양성: 합법성뿐 아니라 합목적성도 조사 • 소추권, 처벌권 인정(단, 소추권의 경우 실제 적용하지 않음)

(2) 우리나라의 옴부즈만(국민권익위원회)

구분	내용
구성	• 국무총리 소속 • 대통령이 위촉 또는 임명하는 15명의 위원(위원장 1인, 부위원장 3인, 상임위원 3인 포함)
특징	• 누구든지 직접 고충민원 신청 가능: 신청에 의한 조사만 가능, 직권조사 불가 • 민원사항에 관한 안내·상담 및 고충민원에 관한 조사·처리 • 시민고충처리위원회의 설치 • 위법·부당한 처분 등에 관한 시정조치의 권고 • 관계 행정기관의 조치결과 통보 요구 • 부패행위 등의 신고 및 신고자 등 보호

01 □□□

2015년 사회복지직 9급

길버트(Gilbert)는 행정통제를 통제자의 위치와 제도화 여부에 따라 다음과 같이 네 가지 유형으로 구분하였다. 각 유형에 해당되는 우리나라의 행정통제 방법으로 옳지 않은 것은?

통제자의 위치 / 제도화 여부	외부	내부
공식적	(가)	(나)
비공식적	(다)	(라)

① (가) - 청와대에 의한 통제
② (나) - 감사원에 의한 통제
③ (다) - 이익집단 및 언론에 의한 통제
④ (라) - 직업윤리에 의한 통제

02 □□□

2020년 지방직 7급

행정책임과 행정통제에 대한 설명으로 옳은 것은?

① 파이너(Finer)는 행정의 적극적 이미지를 전제로 전문가로서의 관료의 기능적 책임을 강조하는 책임론을 제시하였다.
② 프리드리히(Friedrich)는 개인적인 도덕적 의무감에 호소하는 책임보다 외재적 · 민주적 책임의 중요성을 강조하였다.
③ 행정통제를 내부통제와 외부통제로 구분할 경우, 윤리적 책임의식의 내재화를 통한 통제는 전자에 속한다.
④ 옴부즈만제도를 의회형과 행정부형으로 구분할 경우, 국민권익위원회의 고충민원처리제도는 전자에 속한다.

03 □□□

2010년 서울시 7급

롬젝과 더브닉(Romzek & Dubnick)의 행정책임성 유형 중 내부지향적이고 통제의 강도가 높은 책임성은?

① 정치적 책임성
② 법적 책임성
③ 전문가적 책임성
④ 관료적 책임성
⑤ 시민적 책임성

04 □□□

2023년 국가직 9급

롬젝(Romzeck)의 행정책임유형에 대한 설명으로 옳지 않은 것은?

① 계층적 책임 - 조직 내 상명하복의 원칙에 따라 통제된다.
② 법적 책임 - 표준운영절차(SOP)나 내부 규칙(규정)에 따라 통제된다.
③ 전문가적 책임 - 전문직업적 규범과 전문가집단의 관행을 중시한다.
④ 정치적 책임 - 민간 고객, 이익집단 등 외부 이해관계자의 기대에 부응하는가를 중시한다.

05 □□□

2011년 국가직 9급

우리나라의 통치체제에 대한 설명으로 옳지 않은 것은?

① 위임입법의 확대는 행정국가화 경향과 밀접한 관련이 있다.
② 사법부는 행정처분에 대한 행정재판권을 통하여 부당하게 권리를 침해받은 국민을 구제하는 역할을 한다.
③ 행정부는 감사원의 국정감사권을 통하여 행정행위에 대한 내부통제를 행한다.
④ 입법부는 국정에 관한 다양한 법률제정권을 활용하여 행정부를 견제한다.

06 □□□

2013년 국가직 9급

행정통제의 유형과 사례를 연결한 것으로 옳지 않은 것은?

① 외부 · 공식적 통제 - 국회의 국정감사
② 내부 · 비공식적 통제 - 국무조정실의 직무감찰
③ 외부 · 비공식적 통제 - 시민단체의 정보공개 요구 및 비판
④ 내부 · 공식적 통제 - 감사원의 정기 감사

07 □□□

2015년 국가직 7급

행정에 대한 시민단체의 역할로 옳지 않은 것은?

① 국민에게 교육을 실시하는 등 사회에 필요한 재화와 서비스의 제공자 역할을 한다.
② 정당과 함께 행정에 대한 공식적 통제자 역할을 한다.
③ 소수 약자의 인권이나 재산권 침해 등에 대한 대변자 역할을 한다.
④ 이익집단 간 갈등이나 지역이기주의로 나타나는 지역 간 갈등 등에 대한 조정자 역할을 한다.

08 □□□

2016년 국가직 7급

행정통제 중 내부통제에 해당하는 것을 모두 고르면?

ㄱ. 입법부에 의한 통제
ㄴ. 사법부에 의한 통제
ㄷ. 감사원에 의한 통제
ㄹ. 시민에 의한 통제
ㅁ. 공무원으로서 직업윤리

① ㄱ, ㄴ　　② ㄴ, ㄷ
③ ㄷ, ㅁ　　④ ㄹ, ㅁ

09 □□□

2017년 지방직 9급(6월 시행)

행정통제에 대한 설명으로 옳지 않은 것은?

① 국무총리 소속 국민권익위원회는 옴부즈만적 성격을 가지며, 국민권익위원회의 위원장과 부위원장은 국무총리의 제청으로 대통령이 임명한다.
② 교차기능조직(criss-cross organizations)은 행정체제 전반에 걸쳐 관리작용을 분담하여 수행하는 참모적 조직단위들로서 내부적 통제체제로부터 완전히 독립되어 있다.
③ 헌법재판제도는 헌법을 수호하고 부당한 국가권력으로부터 국민의 권리와 자유를 보호하는 과정에서 행정에 대한 통제기능을 수행한다.
④ 독립통제기관(separate monitoring agency)은 일반행정기관과 대통령 그리고 외부적 통제중추들의 중간 정도에 위치하며, 상당한 수준의 독자성과 자율성을 누린다.

10 □□□

2018년 서울시 9급

정부통제를 내부통제와 외부통제로 구분할 때, 내부통제가 아닌 것은?

① 감찰통제
② 예산통제
③ 인력의 정원통제
④ 정당에 의한 통제

11 □□□

2019년 서울시 9급(6월 시행)

행정통제의 유형 중 공식적 · 내부통제유형에 포함되는 방식으로 가장 옳은 것은?

① 정당에 의한 통제
② 감사원에 의한 통제
③ 사법부에 의한 통제
④ 동료집단의 평판에 의한 통제

12 □□□

2022년 지방직 7급

행정책임 확보방안 중 내부통제에 해당하는 것은?

① 공정한 감시와 견제기능을 하는 시민단체 활동
② 부정청탁금지법 제정과 같은 국회의 입법 활동
③ 부당한 행정에 대한 언론의 감시 활동
④ 중앙부처의 예산 편성과 집행에 대한 기획재정부의 관리 활동

13 □□□

2019년 서울시 9급(6월 시행)

행정통제에 대한 설명으로 가장 옳지 않은 것은?

① 행정권한의 강화 및 행정재량권의 확대가 두드러지면서 행정책임 확보의 수단으로서 행정통제의 중요성이 커지고 있다.
② 의회는 국가의 예산을 심의하고 승인하거나 혹은 지출을 금지하거나 제한하는 등의 조치를 통하여 행정부를 통제한다.
③ 행정이 전문성과 복잡성을 띠게 된 현대 행정국가 시대에는 내부통제보다 외부통제가 점차 강조되고 있다.
④ 일반국민은 선거권이나 국민투표권의 행사를 통하여 행정을 간접적으로 통제한다.

14 □□□

2019년 국회직 8급

행정통제에 대한 설명으로 옳은 것만을 〈보기〉에서 모두 고르면?

〈보기〉

ㄱ. 행정통제는 통제시기의 적시성과 통제내용의 효율성이 고려되어야 한다.
ㄴ. 옴부즈만제도는 공무원에 대한 국민의 책임 추궁의 창구역할을 하며 입법·사법통제의 한계를 보완하는 제도이다.
ㄷ. 외부통제는 선거에 의한 통제와 이익집단에 의한 통제를 포함한다.
ㄹ. 입법통제는 합법성을 강조하므로 위법행정보다 부당행정이 많은 현대 행정에서는 효율적인 통제가 어렵다.

① ㄱ, ㄴ
② ㄴ, ㄹ
③ ㄱ, ㄴ, ㄷ
④ ㄱ, ㄷ, ㄹ
⑤ ㄴ, ㄷ, ㄹ

15 □□□

2020년 지방직 9급

행정통제의 유형 중 외부통제가 아닌 것은?

① 감사원의 직무감찰
② 의회의 국정감사
③ 법원의 행정명령 위법 여부 심사
④ 헌법재판소의 권한쟁의 심판

16 □□□

2021년 국가직 9급

행정부에 대한 외부통제에 해당하는 것만을 모두 고르면?

ㄱ. 행정안전부의 각 중앙행정기관 조직과 정원 통제
ㄴ. 국회의 국정조사
ㄷ. 기획재정부의 각 부처 예산안 검토 및 조정
ㄹ. 국민들의 조세부과 처분에 대한 취소소송
ㅁ. 국무총리의 중앙행정기관에 대한 기관평가
ㅂ. 환경운동연합의 정부정책에 대한 반대
ㅅ. 중앙행정기관장의 당해 기관에 대한 자체평가
ㅇ. 언론의 공무원 부패 보도

① ㄱ, ㄷ, ㅁ, ㅅ
② ㄴ, ㄷ, ㄹ, ㅁ
③ ㄴ, ㄹ, ㅁ, ㅇ
④ ㄴ, ㄹ, ㅂ, ㅇ

17 □□□

2024년 국가직 7급

우리나라 행정통제 방법 중 내부통제에 해당하는 것은?

① 감사원의 회계검사
② 헌법재판소의 위헌법률심판
③ 국회의 국무위원에 대한 탄핵소추
④ 지방자치단체의 주민참여예산제도

18 □□□

2012년 서울시 9급

옴부즈만제도에 대한 설명으로 옳지 않은 것은?

① 행정부가 입법부의 통제로부터 자율권을 갖기 위한 수단이다.
② 정의롭지 못하거나 잘못된 행정에 대해 관련 공무원의 설명을 요구한다.
③ 옴부즈만은 법적으로 확립되고, 기능적으로 자율적이다.
④ 제도의 기본 성격은 청원이나 진정과 비슷하다.
⑤ 독립적 조사권, 시찰권, 소추권 등의 권한을 갖고 있다.

19 □□□

2009년 국회직 8급

옴부즈만제도에 대한 설명으로 옳은 것은?

① 1809년 덴마크에서 처음으로 채택되어 실시된 제도로 입법부의 행정부 통제 수단으로 활용된다.
② 전형적인 내부 행정통제의 하나로 행정권의 남용이나 부당행위로 인한 국민의 권익침해를 구제한다.
③ 부당한 행정행위에 대해 시정조치를 법적으로 강제하고 취소하는 권한을 갖는 것이 원칙이다.
④ 융통성과 신속성이 높은 제도로 기존의 경직된 관료제 구조를 보완하기 위해 활용되며 국가마다 동일한 형태를 지닌다.
⑤ 국민의 고발에 의해 임무수행이 수동적으로 시작되는 것이 일반적이나 직권에 의해 조사를 하는 경우도 있다.

20 □□□

2010년 지방직 9급

옴부즈만제도에 대한 설명으로 옳지 않은 것은?

① 옴부즈만은 입법부 및 행정부로부터 정치적으로 독립되어 있다.
② 옴부즈만은 행정행위의 합법성뿐만 아니라 합목적성 여부도 다룰 수 있다.
③ 옴부즈만은 보통 국민의 불편 제기에 의해 활동을 개시하지만 직권으로 조사를 할 수도 있다.
④ 옴부즈만은 법원이나 행정기관의 결정이나 행위를 무효로 할 수는 없지만, 취소 또는 변경할 수는 있다.

21 □□□

2018년 교육행정직 9급

공직윤리이론에 관한 설명으로 옳은 것을 〈보기〉에서 모두 고른 것은?

〈보기〉

ㄱ. 공직자 윤리기준은 행위의 이유에 따라 판단하는 목적론적 접근방법과 그 행위의 결과나 성과에 따라 판단하는 의무론적 접근방법으로 구분된다.
ㄴ. 공직자의 통제방식은 입법적·사법적 통제에 초점을 둔 외적 통제와 직업가치 및 윤리기준에 의한 내적 통제로 구분된다.
ㄷ. 공직자의 책임은 외부의 기대에 부응해야 하는 객관적 책임과 자신의 양심 및 가치에 따라 결정하는 주관적 책임으로 구분된다.
ㄹ. 공직자의 역할책임론은 전문직업가 역할과 민주주의 담론의 촉진자 역할로 구분된다.

① ㄱ, ㄷ　　② ㄴ, ㄹ
③ ㄱ, ㄴ, ㄷ　　④ ㄴ, ㄷ, ㄹ

22 □□□

2010년 국가직 7급

행정통제를 향상시키기 위한 방안에 대한 설명으로 옳지 않은 것은?

① 행정정보공개제도는 행정책임의 확보와 통제비용 절감에 기여할 수 있다.
② 행정절차의 명확화는 열린 행정과 투명행정을 통해 행정기관과 시민 간의 분쟁을 방지할 수 있다.
③ 정책과정에서 시민참여 확대 및 자체감사 기능의 활성화는 투명하고 열린 행정을 가능하게 할 수 있다.
④ 옴부즈만제도의 권한으로서 독립적 조사권, 시찰권, 소추권 등은 대부분의 나라에서 인정하고 있다.

23 □□□

2019년 지방직 9급

옴부즈만(Ombudsman)제도에 대한 설명으로 옳지 않은 것은?

① 행정에 대한 통제기능을 수행한다.
② 스웨덴에서는 19세기에 채택되었다.
③ 옴부즈만을 임명하는 주체는 입법기관, 행정수반 등 국가별로 상이하다.
④ 우리나라의 국민권익위원회는 헌법상 독립성을 보장하기 위해 대통령 소속으로 설치되었다.

24 □□□

2021년 국가직 7급

옴부즈만제도에 대한 설명으로 옳은 것은?

① 시민의 요구가 없다면 직권으로 조사활동을 할 수 없다.
② 부족한 인력과 예산으로 국민의 권익을 구제하는 데 한계가 있다.
③ 사법부가 임명한다.
④ 시정조치를 법적으로 강제할 수 있는 권한이 있다.

25 □□□

2017년 서울시 9급

온라인 시민참여유형과 관련 제도가 바르게 연결된 것은?

① 정책결정형 - 「행정절차법」
② 협의형 - 국민의 입법 제안
③ 협의형 - 옴부즈만제도
④ 정책결정형 - 정보공개법

26 □□□

2020년 지방직 9급

민원행정의 성격에 대한 설명으로 옳은 것만을 모두 고르면?

> ㄱ. 규정에 따라 서비스를 제공하는 전달적 행정이다.
> ㄴ. 행정기관도 민원을 제기하는 주체가 될 수 있다.
> ㄷ. 행정구제수단으로 볼 수 없다.

① ㄱ　　② ㄷ
③ ㄱ, ㄴ　　④ ㄴ, ㄷ

CHAPTER 2

행정개혁론

THEME 70 행정개혁

중요도 ●●●○○

정답 및 해설 p. 263

선생님TIP

행정개혁의 접근방법은 전통적 접근방법인 구조적 · 기술적 · (인간)행태적 전략과 현대적 접근방법인 종합적(체계적) · 사업중심적 · 문화론적 접근으로 나누어지므로 이에 따라 정리하여 학습하는 것이 좋습니다. 또한 개혁을 실시하면 이에 따른 저항이 발생하는데, 그 저항에 대한 대응전략이 중요합니다. 특히 공리적 전략과 규범적 전략을 비교하는 것이 주요 포인트이며, 가장 바람직한 것이 규범적 전략이라는 것도 명심해두어야 합니다.

■ 행정개혁과 주요 국가의 행정개혁

1. 접근방법

구조적 접근	• 원리 전략: 통솔범위의 수정, 기능 중복의 제거, 의사결정권한의 수정 • 분권화 전략: 분권화를 통한 조직개선(분권화 확대, 막료서비스 확립)
기술적(과정적) 접근	행정정보시스템, 행정정보공개, 민원절차 간소화, 리엔지니어링, 관리과학(OR) 등
인간관계적(행태적) 접근	감수성훈련, 태도조사, 직무확충 등을 이용한 자율적 행태변화 유도
기타 접근	• 종합적 접근 • 문화론적 접근 • 사업중심적 접근

2. 과정

(1) 행정개혁의 과정

개혁의 필요성 인식 → 개혁안 준비 · 결정 → 개혁 시행 → 개혁의 평가 및 환류

(2) 개혁안 입안주체별 장단점

구분	내부주도형	외부주도형
장점	• 시간, 비용 절감 • 집중적, 간편 • 실제적 정책 · 사업계획에 중점 • 집행의 신속성과 용이성	• 종합적, 객관적 • 국민의 광범위한 지지 가능 • 본질적 재편성 가능 • 개혁의 정치적 측면 고려
단점	• 객관성 · 종합성 결여 • 보고서가 덜 세밀 • 광범위한 지지 곤란 • 권력구조의 근본적 재편성 불가	• 시간, 비용 과다 소요 • 보고서가 세밀 • 관료들의 저항 • 낮은 실현가능성 • 내부인사의 추가 연구 필요

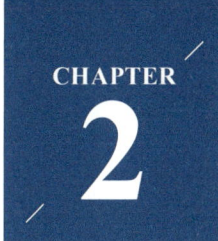

3. 저항원인과 대응전략

저항원인	• 기득권의 침해로 인한 반발 • 개혁내용의 불명확성 • 관료의 경직성 및 보수적 성격 • 공개되지 않은 채로 개혁이 추진되어 국민의 참여 부족 및 무관심한 행태	
대응전략	강제적(물리적) 전략	• 물리적 제재, 권력이나 권위사용, 의도적인 긴장조성, 급진적 추진, 일방적 권력구조 개편에 의한 저항 집단세력 약화 • 한계: 단기적 · 일방적 방안으로 장기적으로는 또 다른 저항을 야기할 우려 발생
	공리적(기술적) 전략	• 개혁시기의 조절, 점진적 추진, 개혁내용의 명확화와 공공성의 강조, 개혁전략(방법 · 기술)의 수정, 적절한 인사배치, 호혜적 전략(예 인센티브 제공 등) • 한계: 비용이 수반되며, 개혁의 퇴색 및 도덕성 결여의 문제 발생
	규범적(도덕적) 전략	• 참여의 증대, 의사소통의 촉진, 개혁에 대한 정보제공과 충분한 시간 부여, 집단토론과 교육훈련, 지도자의 카리스마나 상징조직 활용 • 한계: 장기적으로 바람직하지만, 시간 · 비용이 많이 소요됨

4. 주요 국가의 행정개혁

특징	정부의 기능 감축, 성과 중심주의, 정부규제의 완화 및 비용가치(VFM)의 증대, 협력과 네트워크의 중시	
국가별 개혁 내용	미국	클린턴(Clinton) 정부의 국가업적평가위원회(NPR): 번문욕례의 제거, 고객우선주의, 기본적 기능에의 복귀
	영국	• 대처(Thatcher) 정부의 Next Steps(1988): 정책결정과 집행 및 서비스 기능의 분리 • 메이저(Major) 정부의 시민헌장(Citizen's Charter, 1991)제도: 행정서비스의 기준, 절차와 방법, 시정 및 보상을 구체화 • 시장성 검증(market testing): 정부기능 재검토, 공공서비스의 적정공급주체 결정 • 블레어(Blair) 정부의 더 나은 정부: 제3의 길에 기초, 서비스 제일주의
	뉴질랜드	• 『Path to 2010』 • 기업적 재정운용원리 도입(발생주의 회계, 재무제표 작성), 사무차관에게 부처운영에 대한 법적 책임 부여, 엄격한 성과관리제도, 사업부처 조직을 공기업으로 전환
	캐나다	• 『Public Service 2000』 • 정부조직 개편, 사업재검토, 인사관리권 위임, 성과 중심의 관리, 규제완화와 서비스 기준 제정

01 □□□ 2015년 국가직 9급

행정개혁의 접근방법에 대한 설명으로 옳지 않은 것은?

① 사업(산출)중심적 접근방법은 행정활동의 목표를 개선하고 서비스의 양과 질을 개선하려는 접근방법으로 분권화의 확대, 권한 재조정, 명령계통 수정 등에 관심을 갖는다.

② 과정적 접근방법은 행정체제의 과정 또는 일의 흐름을 개선하려는 접근방법이다.

③ 행태적 접근방법의 하나인 조직발전(OD; Organizational Development)은 의식적인 개입을 통해서 조직 전체의 임무수행을 효율화하려는 계획적이고 지속적인 개혁활동이다.

④ 문화론적 접근방법은 행정문화를 개혁함으로써 행정체제의 보다 근본적이고 장기적인 개혁을 성취하려는 접근방법이다.

02 □□□ 2011년 서울시 9급

행정개혁의 주요 속성에 해당되는 것이 아닌 것은?

① 공공적 상황에서의 개혁

② 포괄적 연관성

③ 동태성

④ 시간적 단절성

⑤ 목표지향성

03 □□□

2014년 국회직 8급

행정개혁의 저항을 줄이는 방법에 대한 설명으로 옳은 것을 모두 고르면?

ㄱ. 참여기회 제공
ㄴ. 포괄적 개혁 추진
ㄷ. 구성원의 부담 최소화
ㄹ. 외부집단에 의한 개혁 추진
ㅁ. 피개혁자 교육 및 홍보
ㅂ. 개혁안의 명료화

① ㄱ, ㄴ, ㄷ, ㅁ
② ㄱ, ㄷ, ㅁ, ㅂ
③ ㄱ, ㄴ, ㄷ, ㅁ, ㅂ
④ ㄱ, ㄷ, ㄹ, ㅁ, ㅂ
⑤ ㄱ, ㄴ, ㄷ, ㄹ, ㅁ, ㅂ

04 □□□

2015년 지방직 7급

행정개혁에 대한 저항을 극복하는 방법에 관한 설명으로 옳지 않은 것은?

① 강제적 방법은 저항을 근본적으로 해결하기보다는 단기적으로 또는 피상적으로 해결하는 방법으로서, 장래에 더 큰 저항을 야기할 위험이 있다.
② 공리적 · 기술적 방법에는 개혁의 시기조정, 경제적 손실에 대한 보상, 개혁이 가져오는 가치와 개인적 이득의 실종 등이 있다.
③ 규범적 · 사회적 방법에는 개혁지도자의 신망 개선, 의사전달과 참여의 원활화, 사명감 고취와 자존적 욕구의 충족 등이 있다.
④ 저항을 가장 근본적으로 해결하는 방법은 공리적 · 기술적 방법이다.

05 □□□

2021년 국가직 7급

행정개혁에 대한 저항을 극복하는 전략 및 방법에 관한 설명으로 옳은 것은?

① 경제적 손실 보상, 임용상 불이익 방지는 규범적 · 사회적 전략이다.
② 개혁지도자의 신망 개선, 의사전달과 참여의 원활화, 사명감 고취는 공리적 · 기술적 전략이다.
③ 교육훈련과 자기계발 기회 제공은 규범적 · 사회적 전략이다.
④ 개혁시기 조정은 강제적 전략이다.

06 □□□

2022년 군무원 9급

행정개혁에 대한 저항이 나타나는 원인이나 요인으로 옳지 않은 것은?

① 행정개혁을 담당하는 조직의 중복성 혹은 가외성(redundancy)의 존재
② 행정개혁의 내용이나 그 실행계획의 모호성
③ 행정개혁에 요구되는 지식이나 기술의 부족
④ 행정개혁에 필요한 관련 법규의 제 · 개정의 어려움

07 □□□

2005년 선관위 9급

각국에서 단행된 행정개혁의 내용을 가장 적절하게 기술하고 있는 것은?

① 영국을 중심으로 발전된 소위 신관리주의(new managerialism)는 신좌파의 사고에 기초한 개혁모형이라고 할 수 있다.

② 영국에서 개혁의 주된 담당기관은 NPR(National Performance Review)이었다.

③ Next Steps는 미국에서 추진한 행정개혁의 대표적인 예이다.

④ 미국을 중심으로 한 기업가적 정부모형의 특색은 부처통폐합과 같은 조직개편을 거의 채택하지 않았다는 데 있다.

08 □□□

2014년 경찰간부

세계 각국의 정부혁신 내용에 대한 설명으로 가장 적절하지 않은 것은?

① 북유럽은 복지국가의 위기 속에서 행태나 문화변수, 관리기법의 변화 등에 초점을 맞추는 능률성 진단, Next Steps, 책임집행기관 창설 등의 방법을 추진하였다.

② 일본은 중앙집권체제에 입각한 정부혁신을 추진하여 하향적이었고, 범위도 제한적이었다.

③ 영국형 개혁에서는 신자유주의에 입각하여 민영화나 결과지향적 행정, 복식부기 방식의 정부회계, 시민헌장제도 등을 추진하였다.

④ 미국은 클린턴(Clinton) 행정부 시절 신공공관리론에 입각한 혁신을 단행하여 고객지향적 행정, red-tape 제거 등 기업가형 내지 기업형 정부로 변화를 추진하였다.

09 □□□

2011년 지방직 9급

외국의 예산개혁에 대한 설명으로 옳지 않은 것은?

① 영국의 경우 1982년에 재정관리 프로그램(Financial Management Initiative)을 도입해 개혁을 추진하였다.

② 호주의 경우 지출통제를 위해서 지출심사위원회(Expenditure Review Committee)를 두어 새로운 정책과 예산을 검토하게 했다.

③ 뉴질랜드의 경우 1988년에 국가부문법(State Sector Act)을 제정하여 예산개혁을 추진하였다.

④ 미국의 경우 국가성과평가위원회(National Performance Review)가 최고의 가치(Best Value) 프로그램에 의해 개혁을 추진하였다.

10 □□□

2021년 군무원 7급

1980년대 이후 미국, 영국, 일본 등 주요 국가의 정부개혁에 관한 설명으로 옳지 않은 것은?

① 미국에서는 이보다 앞서 1970년대 후반 조세에 대한 저항운동이 일어났다.

② 영국에서는 종전의 Executive Agency를 폐지하고 중앙행정기관의 통합성을 지향했다.

③ 일본에서는 정부개혁의 일환으로 독립행정법인을 창설했다.

④ 정책집행의 자율성을 제고하고 그 결과에 대한 평가를 강화했다.

CHAPTER 3

정보화와 행정

THEME 71 정보화 사회와 지식행정관리

중요도 ●●○○○

정답 및 해설 p. 265

선생님TIP

최근 출제빈도가 급격하게 증가하고 있는 테마로 정보화 사회와 그에 따른 특징을 정리해두어야 합니다. 우리나라의 정보공개와 관련하여 「공공기관의 정보공개에 대한 법률」의 내용 또한 함께 알아두는 것이 좋습니다. 지식에 있어서는 암묵지와 형식지의 비교를 간단히 정리하고, 전통적 행정관리와 최근의 지식행정관리에 대한 비교·정리가 중요한 포인트라고 할 수 있습니다.

■ 정보화 사회와 지식행정관리

1. 정보화

영향	• 조직형태에 미치는 영향 – 종래의 견해: 업무자동화(중간 계층 감소), 수용성 차이(갈등 증대) – 최근의 견해: 계층의 수직적 통합, 탈관료제화 현상 • 조직구조에 미치는 영향: 집권화, 분권화
역기능	• 정보격차 • 프라이버시 침해 • 해킹기술 발달과 바이러스 유포의 일상화

2. 정보공개

의의	• 협의: 신청공개(국민의 청구) • 광의: 신청공개 + 자발공개	
도입배경	1992년 청주시 정보공개조례 → 1996년 정보공개법 제정 → 정보공개위원회 설치	
내용	• 청구권자: 국민 + 외국인(3년 이상 거주) • 범위: 국가, 지방자치단체, 공공기관 및 대통령령이 정하는 기관(예 각급학교, 지방공사와 지방공단, 정부산하기관, 특수법인, 사회복지법인 등) • 비공개 대상: 국가안보, 신체 위협 정보, 재판 간섭 정보 • 공개여부 결정: 10일 이내(부득이한 사유로 10일 연장 가능), 연장사실과 사유를 청구인에게 통지	
장점	• 국민의 알권리 충족 • 국민의 참여 증대	• 민주성과 대응성 향상 • 공직자의 부패방지
단점	• 국가기밀의 유출 • 정보의 왜곡과 남용 • 공직자의 유연성 저해	• 사생활의 침해 • 정보공개 비용·업무량의 증가 • 공개혜택의 차별 발생

3. 전통적 행정관리와 지식행정관리

구분	전통적 행정관리	지식행정관리
조직구조	계층제적 조직	학습조직 기반 구축
조직구성원의 능력	조직구성원의 기능과 경험이 일과성으로 소모	개인의 전문적 자질 향상
지식 소유	지식의 개인 사유화	지식의 조직 공동재산화
지식 공유와 활용	• 정보·지식의 중복 활용 • 조직 내 정보 및 지식의 분절·파편화	• 조직의 업무 능력 향상 • 지식공유를 통한 가치 향상 및 확대·재생산

01 □□□

2012년 지방직 7급

행정정보 공개에 대한 설명으로 옳지 않은 것은?

① 국민생활에 큰 영향을 미치는 정책정보는 청구가 없더라도 공개해야 한다.
② 유비쿼터스(ubiquitous) 정부의 실현은 행정정보공개제도의 실질적 구현에 긍정적인 영향을 미칠 수 있다.
③ 행정정보공개의 확대는 공무원의 도전적이고 적극적인 행태를 조장한다.
④ 정보공개청구제도는 특정 청구인을 대상으로 한다.

02 □□□

2022년 국가직 7급

우리나라 공공기관의 정보공개제도에 대한 설명으로 옳지 않은 것은?

① 당시 법률의 구체적 위임은 없었으나 청주시에서 우리나라 최초로 행정정보공개조례가 제정되었다.
② 청구에 의한 공개도 가능하지만 특정 정보는 별도의 청구 없이도 사전에 공개해야 한다.
③ 비공개 대상 정보를 제외한 모든 정보를 공개 대상으로 하는 네거티브 방식을 취하고 있다.
④ 정보목록은 비공개 대상 정보가 포함된 경우라도 공공기관이 작성, 공개하여야 한다.

03 □□□

2010년 국가직 9급

정보화 사회의 특징으로 가장 옳지 않은 것은?

① 피라미드형 조직구조에서 수평적 네트워크구조로 전환되고 있다.
② 관료가 정보를 독점하여 권력의 오남용 문제가 없어진다.
③ 전자정부가 출현하고 문서 없는 정부가 구현될 수 있다.
④ 정보통신기술을 활용한 원스톱(one-stop)·논스톱(non-stop) 행정서비스가 가능해진다.

04 □□□

2010년 서울시 7급

지식정보화 사회에서의 다양한 정부 논의에 대한 설명으로 가장 적절하게 제시된 것은?

① 삼엽조직 - 소규모 전문적 근로자, 계약직 근로자, 신축적 근로자로 구성된 조직
② 혼돈정부 - 조직 내에 존재하는 혼동을 제거함으로써 질서를 확보하는 조직
③ 공동(空洞)조직 - 정부의 업무가 미치지 않는 영역까지 영역이 확장된 확대조직
④ 그림자국가 - 고객에 대한 복지서비스 공급보다는 생산활동을 강조하는 국가
⑤ 후기 기업가조직 - 신속성, 창의성, 신축성보다는 안정성과 지속성을 강조하는 조직

05 □□□

2013년 서울시 7급

지식정보사회의 도래는 사회의 모든 곳에 지대한 영향을 미치고 있다. 지식정보사회가 행정조직에 미칠 영향에 대한 설명으로 적절하지 않은 것은?

① 정보화 진전에 따라 오히려 정부관료제의 계층제적 구조가 강화될 수 있다는 우려도 있다.
② 환경에 신속하게 적응하기 위해 조직구조를 보다 경직화할 필요가 있다.
③ 조직의 신축성이 더욱 요구되고 있다.
④ 수평적인 형태로 연결된 네트워크구조가 증가할 것이다.
⑤ 조직의 신축성을 보장하는 조직이론의 탄생을 강요하고 있다.

06 □□□
2017년 국가직 9급(10월 추가) 변형

정보 격차에 대한 설명으로 옳지 않은 것은?

① 경제협력개발기구(OECD)는 정보 격차를 '개인, 가정, 기업 및 지역들 간에 상이한 사회 · 경제적 여건에서 비롯된 정보통신기술에 대한 접근 기회와 다양한 활동을 위한 인터넷 이용에서의 차이'로 정의했다.
② '정보화마을'은 우리나라에서 도농 간 정보 격차 해소를 위해 시행한 지역정보화정책의 사례이다.
③ 「지능정보화 기본법」은 국가기관과 지방자치단체뿐 아니라 민간기업에 대해서도 정보격차 해소 시책을 마련할 의무를 규정하고 있다.
④ 「장애인차별금지 및 권리구제 등에 관한 법률」은 정보통신 · 의사소통 등에서의 정당한 편의제공의무에 관한 규정을 두고 있다.

07 □□□
2015년 지방직 7급

지식관리시스템(KMS; Knowledge Management System)의 성공 요인에 대한 설명으로 옳지 않은 것은?

① 조직적 지식의 창출보다는 조직구성원의 개인적 지식 축적을 강조한다.
② 개인 또는 부서가 업무결과로 얻은 새로운 지식을 다른 구성원들과 공유하는 문화를 조성한다.
③ 지식을 효과적으로 발굴하고 활용할 수 있는 제도와 조직구조를 정비한다.
④ 지식관리의 촉진제이자 실질적인 도구인 정보기술 인프라를 구축한다.

08 □□□
2010년 서울시 7급

지식정부 공공행정의 기대효과로 보기 어려운 것은?

① 개인의 전문성 증진
② 조직의 업무 능력 향상
③ 지식의 조직 공동재산화
④ 정보와 지식의 중복 활용
⑤ 학습조직의 기반 구축

09 □□□
2011년 지방직 9급

지식행정의 특징과 가장 거리가 먼 것은?

① 연성조직의 강화
② 의사소통의 활성화
③ 인적 자본의 강화
④ 암묵지의 축소화

10 □□□
2011년 지방직 9급

인공지능의 한 응용분야로서 컴퓨터시스템이 특정 분야의 문제 해결을 자동적으로 지원하는 시스템은?

① 관리정보시스템(MIS)
② 의사결정지원시스템(DSS)
③ 전문가시스템(ES)
④ 거래처리시스템(TPS)

11 □□□
2013년 지방직 9급

지식을 암묵지(tacit knowledge)와 형식지(explicit knowledge)로 구분할 경우, 암묵지에 해당하는 것만을 모두 고르면?

ㄱ. 업무매뉴얼
ㄴ. 조직의 경험
ㄷ. 숙련된 기능
ㄹ. 개인적 노하우(know-how)
ㅁ. 컴퓨터 프로그램
ㅂ. 정부보고서

① ㄱ, ㄴ, ㄷ ② ㄴ, ㄷ, ㄹ
③ ㄷ, ㄹ, ㅁ ④ ㄹ, ㅁ, ㅂ

THEME 72 전자정부와 정부 3.0, 4차 산업혁명

중요도 ●●●●○

정답 및 해설 p. 266

선생님TIP

전자정부는 최근 가장 크게 주목을 받는 테마에 해당하며 모든 시험에 출제되고 있으니 제대로 알아두어야 합니다. 전자적 참여형태나 우리나라 전자정부의 원칙도 함께 알아두어야 하고, 특히 우리나라의 전자정부로서 정부 3.0에 대한 이해와 정리가 필요합니다. 그 중 하나인 '빅데이터를 활용한 과학적 행정 구현'에서 빅데이터의 특징인 3V를 반드시 숙지하시고 최근에 급속도로 진행되고 있는 4차 산업혁명의 개념과 특성에 대한 정리가 꼭 필요합니다.

1 전자정부

1. 전자정부의 의의

개념	IT기술을 활용한 대국민 서비스 향상을 위한 정부
효과	• 단기적으로 능률↑(비용절감, 효율성↑) • 장기적으로 국가경쟁력↑(국민참여↑, 행정 민주성↑)
내용	직접민주주의 구현, 사이버크라시, 테크노폴리틱스, 인터넷 민주주의
유형	• 능률형(비용절감) • 서비스형(대민서비스) • 민주형(국민참여)
전자적 참여 형태	전자정보화(e-Information) → 전자자문(e-Consultation) → 전자결정(e-Decision) 순으로 발전 • 전자정보화: 전자적 채널(정부 웹사이트)을 통해 국민에게 정보를 공개하는 단계 • 전자자문: 시민과 선거직 공무원 간의 상호 의사소통과 환류가 이루어지는 단계(전자청원, e-Petition) • 전자결정: 시민의 의견이 정부의 정책과정에 반영되는 단계
평가	• 긍정적 측면: 의사표현 증가, 비용절감, 정책의 질 향상, 정보교환 증가, 정치문화 변화 • 부정적 측면: 대중 조작, 부익부 빈익빈, 감시강화, 정치적 무력감, 사생활 침해 • 성공조건: 독점 방지, 보편적 서비스 증가, 접근 용이성, 정보활용교육, 참여의식 배양

2. 우리나라의 전자정부

우리나라 전자정부의 발전	• 태동기: 1960년대 경제기획원 중심, 1970년대 과학기술처 중심 • 안정기: 1978년 행정전산화, 1987년 행정전산망 • 구축기: 1994년 초고속정보통신망, 1996년 「정보촉진기본법」 • 추진기: 2001년 「전자정부법」 제정
우리나라 전자정부의 원칙	• 대민서비스의 전자화 및 국민편익의 증진 • 행정업무의 혁신 및 생산성·효율성의 향상 • 행정정보의 공개 및 공동이용의 확대 • 행정기관 확인의 원칙 • 중복투자의 방지 및 상호운용성 증진 • 개인정보 및 사생활의 보호 • 정보시스템의 안전성·신뢰성 확보 • 정보기술아키텍처를 기반으로 구현·운영 • 행정기관 보유 개인정보를 당사자 의사에 반하여 사용 금지

2 정부 3.0과 빅데이터

1. 정부 3.0

소통하는 투명한 정부	• 공공정보 적극 공개로 국민의 알권리 충족 • 공공데이터의 민간 활용 활성화 • 민관 협치 강화
일 잘하는 유능한 정부	• 정부 내 칸막이 해소 • 협업·소통 지원을 위한 정부운영 시스템 개선 • 빅데이터를 활용한 과학적 행정 구현
국민 중심의 서비스 정부	• 수요자 맞춤형 서비스 통합 제공 • 창업 및 기업활동 원스톱 지원 강화 • 정보 취약계층의 서비스 접근성 제고 • 새로운 정보기술을 활용한 맞춤형 서비스 창출

2. 정부운영 패러다임의 변화

구분	정부 1.0	정부 2.0(Web 1.0)	정부 3.0(Web 2.0 이후)
운영방향	정부 중심	국민 중심	국민개개인 중심
핵심가치	효율성	민주성	확대된 민주성
참여방식과 수단	관주도 동원방식 (직접 방문)	제한된 공개참여 (인터넷)	능동적 공개와 참여 (무선인터넷, 광대역 통신망, SNS)
행정서비스	일방향	양방향	양방향·맞춤형

3. 빅데이터의 특징(3V)

크기(Volume)	엄청난 규모의 데이터(테라바이트, 페타바이트)
속도(Velocity)	스트리밍 형태, 즉 실시간 라이브 형태로 사용
다양성(Variety)	정형적인 데이터를 넘어 정형 또는 비정형의 다양한 데이터

3 4차 산업혁명

의의	• 인공지능, 로봇기술, 생명과학이 주도하는 차세대 산업혁명 • 4차 산업혁명의 핵심은 산업과 산업 간의 초연결성, 초지능성, 초융합성 등을 특성으로 하며 정부 4.0으로서의 새로운 행정패러다임을 의미
발달과정	• 1784년 영국에서 시작된 증기기관과 기계화로 대표되는 1차 산업혁명 • 1870년 전기를 이용한 대량생산이 본격화된 2차 산업혁명 • 1969년 인터넷이 이끈 컴퓨터 정보화 및 자동화 생산시스템이 주도한 3차 산업혁명 • 2010년 이후 로봇이나 인공지능(AI)을 통해 실제와 가상이 통합돼 사물을 자동적, 지능적으로 제어할 수 있는 가상 물리 시스템의 구축이 기대되는 4차 산업상의 변화

01 □□□

2014년 국가직 7급

전자정부(e-government) 구현과정에서 예측되는 현상으로 옳지 않은 것은?

① 직무 간 경계와 기능 간 경계가 점점 명확해진다.
② 조직규모가 줄어들고 수평적 관계가 중요해진다.
③ 중간관리층 규모가 축소되고 행정농도가 낮아진다.
④ 분권화를 촉진시키지만 집권화를 위해서 사용될 수도 있다.

02 □□□

2022년 국가직 9급

「전자정부법」에서 정의하고 있는 다음의 개념은?

일정한 기준과 절차에 따라 업무, 응용, 데이터, 기술, 보안 등 조직 전체의 구성요소들을 통합적으로 분석한 뒤 이들 간의 관계를 구조적으로 정리한 체제 및 이를 바탕으로 정보화 등을 통하여 구성요소들을 최적화하기 위한 방법

① 전자문서
② 정보기술아키텍처
③ 정보시스템
④ 정보자원

03 □□□

2009년 국가직 7급

전자정부의 미래모습을 나타내는 요인들을 모두 고르면?

ㄱ. Zero-Stop 서비스
ㄴ. 전자정부 대표 포털
ㄷ. 접근수단의 단일화
ㄹ. 조직구조 · 프로세스 혁신
ㅁ. 부처별 · 기관별 업무처리
ㅂ. e-Governance 구현
ㅅ. 정부 중심의 전자정부
ㅇ. 백오피스와 프런트오피스 간격 확대

① ㄱ, ㄴ, ㄷ, ㄹ　② ㄱ, ㄴ, ㄹ, ㅂ
③ ㄴ, ㄹ, ㅂ, ㅅ　④ ㄴ, ㄹ, ㅂ, ㅇ

04 □□□

2010년 국가직 7급

전자정부의 특징에 대한 설명으로 옳지 않은 것은?

① 전자정부는 정보기술을 이용하여 정부활동의 시간적 · 공간적 제약을 축소한다.
② 전자정부는 공개지향적 정부로서 정부가 보유하고 있는 모든 정보에 접근이 가능하다.
③ 전자정부는 생산성을 높이기 위해 정보기술 집약화를 이룩한 정부이다.
④ 전자정부는 대국민 서비스 제공의 효율화를 목표로 한다.

05 □□□

2011년 국가직 9급

UN에서 제시하는 세 가지 전자적 참여형태에 해당하지 않는 것은?

① 전자정보화(e-information) 단계
② 전자자문(e-consultation) 단계
③ 전자결정(e-decision) 단계
④ 전자홍보(e-public relation) 단계

06 □□□

2009년 지방직 7급

유비쿼터스 정부(u-government)에 대한 설명으로 옳지 않은 것은?

① 언제 어디서나 개인화되고 중단 없는 정보서비스를 제공함으로써 부가적인 가치를 제공하는 정부이다.
② 개인의 관심사, 선호도 등에 따른 실시간 맞춤 정보 제공으로 시민참여도가 제고되어 궁극적으로 투명한 정책결정과 행정처리가 가능해진다.
③ 행정서비스가 추구하는 가치는 고객지향성, 지능성, 실시간성, 형평성 등으로 요약된다.
④ 인터넷 기반 온라인 서비스의 강화에 초점을 맞춘 웹(web) 2.0 시대의 미래형 전자정부이다.

07 □□□
2013년 국가직 9급

유비쿼터스 정부(u-government)의 특성과 거리가 먼 것은?

① 중단 없는 정보서비스 제공
② 맞춤 정보 제공
③ 고객지향성, 실시간성, 형평성 등의 가치 추구
④ 일방향 정보 제공

08 □□□
2020년 지방직 9급

유비쿼터스 전자정부에 대한 설명으로 옳은 것만을 모두 고르면?

> ㄱ. 기술적으로 브로드밴드와 무선, 모바일 네트워크, 센싱, 칩 등을 기반으로 한다.
> ㄴ. 서비스 전달 측면에서 지능적인 업무수행과 개개인의 수요에 맞는 맞춤형 서비스를 제공한다.
> ㄷ. Any-time, Any-where, Any-device, Any-network, Any-service 환경에서 실현되는 정부를 지향한다.

① ㄱ, ㄴ　② ㄱ, ㄷ
③ ㄴ, ㄷ　④ ㄱ, ㄴ, ㄷ

09 □□□
2014년 지방직 7급

「전자정부법」에서 규정하는 전자정부의 원칙에 해당되지 않는 것은?

① 개인정보 및 사생활의 보호
② 행정정보의 공개 및 공동이용의 확대
③ 중복투자의 방지 및 상호운용성 증진
④ 행정기관 및 국가공무원의 통제 효율성 확대

10 □□□
2023년 군무원 7급

현행 「전자정부법」에 명시된 전자정부의 원칙이 아닌 것은?

① 대민서비스의 전자화 및 국민편익의 증진
② 행정업무의 혁신 및 생산성 · 효율성의 향상
③ 중복투자의 방지 및 상호운용성 증진
④ 전자정부의 국제협력 강화

11 □□□
2019년 지방직 7급

전자정부의 효율적 구현을 목적으로 하는 「전자정부법」의 내용으로 옳지 않은 것은?

① 행정정보의 처리업무를 방해할 목적으로 행정정보를 위조 · 변경 · 훼손하거나 말소하는 행위를 한 사람은 10년 이하의 징역에 처한다.
② 전자정부의 발전과 촉진을 위해 「전자정부법」은 전자정부의 날을 규정하고 있다.
③ 행정기관의 장은 3년마다 해당 기관의 전자정부의 구현 · 운영 및 발전을 위한 기본계획을 수립하여야 한다.
④ 행정안전부장관은 전자적 대민서비스와 관련된 보안대책을 국가정보원장과 사전 협의를 거쳐 마련하여야 한다.

12 □□□
2021년 지방직 7급

「전자정부법」상 전자정부 추진에 대한 설명으로 옳지 않은 것은?

① 「고등교육법」상 사립대학은 적용받지 않는다.
② 행정기관 등의 장은 해당기관의 전자정부의 구현 · 운영 및 발전을 위한 기본계획을 5년마다 수립하여야 한다.
③ 전자정부의 날이 지정되었다.
④ 필요한 경우 둘 이상의 지방자치단체가 공동으로 지역정보통합센터를 설립 · 운영할 수 있다.

13 □□□

2023년 국가직 9급

우리나라의 전자정부에 대한 설명으로 옳지 않은 것은?

① 정부는 '지능정보사회 종합계획'을 3년 단위로 수립하여야 한다.
② 과학기술정보통신부장관은 5년마다 행정기관 등의 기관별 계획을 종합하여 '전자정부기본계획'을 수립하여야 한다.
③ 「전자정부법」상 '전자화문서'는 종이문서와 그 밖에 전자적 형태로 작성되지 아니한 문서를 정보시스템이 처리할 수 있는 형태로 변환한 문서를 말한다.
④ 중앙행정기관의 장과 지방자치단체의 장은 해당기관의 지능정보사회 시책의 효율적 수립·시행과 대통령령이 정하는 업무를 총괄하는 '지능정보화책임관'을 임명하여야 한다.

14 □□□

2018년 서울시 7급(6월 시행)

전자정부의 발전단계에 대한 설명으로 가장 옳지 않은 것은?

① 우리나라의 나라장터(G2B)는 2002년 개설된 범정부적 전자조달사업으로서 입찰공고 및 조달정보 제공, 제안서 제출시스템 등을 갖추고 있다.
② 미국의 'challenge.gov' 프로그램은 국민을 프로슈머 협력자로 보기보다는 정부의 정책을 홍보해야 할 대상으로 여긴다.
③ 정부의 '국민신문고'나 서울시의 '천만상상 오아시스' 시스템은 참여형 전자거버넌스의 예이다.
④ 공동생산형 전자정부 단계에서는 정부와 국민이 공동 생산자로 등장하기 때문에 GNC(Government and Citizen)로 약칭된다.

15 □□□

2018년 지방직 7급

전자적 행정서비스를 제공받는 집단에 대한 설명으로 옳은 것은?

① G2G(Government, Government)에서는 그룹웨어시스템을 통한 원격지 연결, 정보 공유, 업무의 공동처리, 업무 유연성 등으로 행정의 생산성이 저하된다.
② G2C(Government, Citizen)의 관계 변화를 통해 시민요구에 부응하는 질 높은 행정서비스를 제공하고 시민참여를 촉진할 수 있지만 공공서비스 수요에 대한 대응성이 낮아진다.
③ G2G(Government, Government)에서는 정부부처 간, 중앙과 지방정부 간에 정보를 공동활용하여 행정업무의 정확성과 효율성이 증대되고 거래비용이 감소한다.
④ G2B(Government, Business)의 관계 변화로 정부의 정책수행을 위한 권고, 지침전달 등을 위한 정보교류 비용이 감소하지만 조달행정 비용은 증가한다.

16 □□□

2022년 국가직 7급

전자정부 구현사례에 대한 설명으로 옳지 않은 것은?

① 'G2B'의 대표적 사례는 '나라장터'이다.
② 'G2C'는 조달 관련 온라인 서비스를 통합적으로 제공하는 것이다.
③ 'G4C'는 단일창구를 통한 민원업무혁신사업으로 데이터베이스 공동활용시스템 구축을 내용으로 한다.
④ 'G2G'는 정부 내 업무처리의 전자화를 내용으로 하고 있으며 대표적 사례로는 '온-나라시스템'이 있다.

17 □□□

2020년 국가직 7급

전자정부에 대한 설명으로 옳지 않은 것은?

① 온라인 참여포털 국민신문고는 국민의 고충 민원과 제안을 원스톱으로 접수 및 처리하는 것을 목적으로 한다.
② 디지털예산회계시스템(D-Brain)은 재정업무의 전 과정을 온라인으로 수행하고 재정사업의 현황을 실시간으로 파악할 수 있는 통합재정정보시스템이다.
③ 스마트워크(smart work)란 통신, 방송, 인터넷 등을 통합한 멀티미디어 서비스를 안전하게 제공하는 통합네트워크를 의미한다.
④ 전자정부 2020 기본계획은 「전자정부법」에 따라 2016년부터 2020년까지 5개년 계획으로 수립되었다.

18 □□□

2010년 지방직 9급

전자정부로의 개혁이 가져오는 행정관리구조의 변화로 보기 어려운 것은?

① 관리과정 및 정책과정의 투명성 제고
② 저층화된 구조의 형성
③ 규제지향적인 행정절차의 확대
④ 이음매 없는 조직의 구현

19 □□□

2018년 서울시 7급(6월 추가)

전자정부의 역기능에 해당하는 내용과 그 요인을 〈보기〉에서 모두 고른 것은?

〈보기〉
ㄱ. 인포데믹스(infordemics)
ㄴ. 집단극화(group polarization)
ㄷ. 선택적 정보 접촉(selective exposure to information)
ㄹ. 정보 격차(digital divide)

① ㄱ, ㄴ　② ㄷ, ㄹ
③ ㄱ, ㄴ, ㄹ　④ ㄱ, ㄴ, ㄷ, ㄹ

20 □□□

2015년 국회직 9급

전자민주주의 혹은 전자정부의 부정적 효과와 연관된 개념을 모두 고르면?

ㄱ. 모자이크 민주주의(mosaic democracy)
ㄴ. 전자 파놉티콘(electronic panopticon)
ㄷ. 정보격차(digital divide)
ㄹ. 프라이버시(privacy)

① ㄱ, ㄴ, ㄷ　② ㄱ, ㄴ, ㄹ
③ ㄱ, ㄷ, ㄹ　④ ㄴ, ㄷ, ㄹ
⑤ ㄱ, ㄴ, ㄷ, ㄹ

21 □□□

2016년 지방직 7급

기존 전자정부와 비교한 스마트 전자정부의 특징이 아닌 것은?

① 개인별 맞춤형 통합서비스 제공
② 스마트폰, 태블릿 PC, 스마트 TV 등 다매체 활용
③ 공급자 중심의 서비스 개발
④ 1회 신청으로 연관 민원 일괄 처리

22 □□□

2013년 지방직 7급

스마트사회 및 스마트 정부의 모습과 거리가 먼 것은?

① 유연성 · 창의성 · 인간 중심 가치가 중시되는 사회이다.
② 정부는 국민이 요구하기 전에 먼저 알아서 서비스를 제공한다.
③ 스마트워크의 확산으로 현장에서 업무를 처리하고 실시간으로 입력하기 때문에 효율성과 생산성이 제고된다.
④ 재난 발생 후 최대한 빠른 시간 내에 복구하는 것을 정책목표로 추구한다.

23 □□□

2014년 서울시 7급

최근 정부의 '정부 3.0'에 대한 설명으로 옳지 않은 것은?

① 개방 · 공유 · 소통 및 협력을 핵심가치로 사용하고 있다.
② 인터넷 사용과 함께 정부와 국민의 면대면 접촉을 강화하는 전략을 강조하고 있다.
③ 정부의 직접참여보다는 민간의 능동적 참여를 유도하는 플랫폼 정부를 지향하고 있다.
④ 국민 개개인의 행복에 초점을 둔 맞춤형 서비스 제공을 강조하고 있다.
⑤ 부처 간 칸막이를 없애고 소통과 협력을 통한 일하는 방식의 개선을 강조하고 있다.

24 □□□

2014년 지방직 7급

정부 3.0 추진 기본계획의 과제 중에서 공공정보가 민간의 창의성 및 혁신적인 아이디어와 결합하여 새로운 비즈니스를 창출할 수 있는 생태계를 조성하는 것과 관련이 있는 과제는?

① 공공정보 적극 공개로 국민의 알권리 충족
② 공공데이터의 민간활용 활성화
③ 민관협치 강화
④ 빅데이터를 활용한 과학적 행정 구현

25 □□□

2015년 국가직 7급

데이터 기반의 과학적 정책수립을 위하여 빅데이터의 중요성이 커지고 있다. 빅데이터에 대한 설명으로 옳지 않은 것은?

① 빅데이터 부상의 이유로 페이스북(Facebook) · 트위터(Twitter) 등의 소셜네트워크서비스(SNS)의 보급 확대를 들 수 있다.
② 인터넷 쇼핑업체인 아마존(Amazon)이 고객행동패턴 데이터를 분석하여 상품 추천 시스템을 도입한 것은 빅데이터를 활용한 사례이다.
③ 빅데이터는 비정형적 데이터가 아닌 정형적 데이터를 지칭한다.
④ 빅데이터를 활성화하기 위해서는 개인정보 보호장치가 제도적으로 선행될 필요가 있다.

26 □□□

2025년 국가직 7급

데이터 간 융합과 활용 촉진의 제도적 기반 마련을 위해서 2020년 개정된 '데이터 3법'에 속하지 않는 것은?

① 개인정보 보호법
② 신용정보의 이용 및 보호에 관한 법률
③ 데이터 산업진흥 및 이용촉진에 관한 기본법
④ 정보통신망 이용촉진 및 정보보호 등에 관한 법률

27 □□□

2016년 국가직 9급

정보화와 전자정부 등에 대한 설명으로 옳지 않은 것은?

① e-거버넌스는 모범적인 거버넌스를 실현하기 위하여 다양한 차원의 정부와 공공부문에서 정보통신기술의 잠재력을 활용하기 위한 과정과 구조의 실현을 추구한다.
② 웹 접근성이란 장애인 등 정보 소외계층이 웹사이트에 있는 정보에 접근할 수 있도록 편의를 제공하는 것을 말한다.
③ 빅데이터(big data)의 3대 특징은 크기, 정형성, 임시성이다.
④ 지역정보화 정책의 기본 목표는 지역경제의 활성화, 주민의 삶의 질 향상, 행정의 효율성 강화이다.

28 □□□
2022년 군무원 9급

기존 전자정부 대비 지능형 정부의 특징에 대한 설명으로 옳지 않은 것은?

① 국민주도로 정책결정이 이루어진다.
② 현장 행정에서 복합문제의 해결이 가능하다.
③ 생애주기별 맞춤형 서비스를 제공한다.
④ 서비스 전달방식은 수요기반 온·오프라인 멀티채널이다.

29 □□□
2017년 지방직 9급(6월 시행)

기존 데이터와 비교할 때 빅데이터의 주요 특징이 아닌 것은?

① 속도(velocity)
② 다양성(variety)
③ 크기(volume)
④ 수동성(passivity)

30 □□□
2021년 국가직 7급

빅데이터에 대한 설명으로 옳지 않은 것은?

① 사진은 빅데이터에 포함되지 않는다.
② 정형 데이터도 포함하는 개념이다.
③ 각종 센서 장비의 발달로 데이터가 늘어나면서 나타났다.
④ 데이터를 실시간으로 처리하기도 한다.

31 □□□
2025년 지방직 9급

데이터기반행정에 대한 설명으로 옳지 않은 것은?

① 우리나라는 2020년 「데이터기반행정 활성화에 관한 법률」을 제정하였다.
② 데이터기반행정이란 공공기관이 생성하거나 취득하여 관리하고 있는 데이터를 수집하고 분석하여 정책 수립 및 결정에 활용하는 행정을 의미한다.
③ 데이터 분석뿐만 아니라 정책결정자의 경험에 근거한 의사결정을 지향하여 객관적이고 과학적인 행정을 구현하고자 한다.
④ 행정안전부장관은 데이터기반행정을 체계적으로 추진하기 위하여 데이터기반행정 활성화를 위한 기본계획을 3년마다 수립하여야 한다.

32 □□□
2017년 국가직 7급

정보통신기술을 활용한 행정개선 사례로 옳지 않은 것은?

① 정부서울청사 등에 스마트워크센터를 설치하여 운영하고 있다.
② 민원서비스를 통합적으로 제공하는 '민원24'를 도입하였다.
③ 정부에 대한 불편사항 제기, 국민제안, 부패 및 공익 신고 등을 위해 '국민신문고'를 도입하였다.
④ 공공기관의 공사, 용역, 물품 등의 발주정보를 공개하고 조달절차를 인터넷으로 처리하도록 '온나라시스템'을 도입하였다.

33 □□□

2017년 사회복지직 9급

2009년 서울의 한 고등학생이 개발한 '서울버스 앱'은 공공 데이터의 무료 개방에 따른 부가서비스 개발의 대표적 사례로 알려져 있다. '서울버스 앱'의 기반이 되는 웹 기술은?

① 하이퍼링크 중심의 Web 1.0 기술
② 플랫폼 기반의 Web 2.0 기술
③ 시맨틱웹(Semantic Web) 기반의 Web 3.0 기술
④ 사물인터넷 기반의 Web 3.0 기술

34 □□□

2014년 국회직 8급

'정부 3.0 추진 기본계획'에 포함된 정부 3.0의 내용으로 옳지 않은 것은?

① 공공데이터의 민간활용 활성화
② 정부 주도의 적극적인 일방향 서비스 제공
③ 민관협치 강화
④ 빅데이터를 활용한 과학적 행정 구현
⑤ 창업 및 기업활동에 대한 원스톱 지원 강화

35 □□□

2019년 국회직 8급

다음 글의 (ㄱ)에 해당하는 것은?

> (ㄱ)은/는 정부업무, 업무수행에 필요한 데이터, 업무를 지원하는 응용서비스 요소, 데이터와 응용시스템의 실행에 필요한 정보기술, 보안 등의 관계를 구조적으로 연계한 체계로서 정보자원관리의 핵심수단이다. (ㄱ)은(는) 정부의 정보시스템 간의 상호 운용성 강화, 정보자원 중복투자 방지, 정보화 예산의 투자효율성 제고 등에 기여한다.

① 블록체인 네트워크
② 정보기술아키텍처
③ 제3의 플랫폼
④ 클라우드-클라이언트 아키텍처
⑤ 스마트워크센터

36 □□□

2019년 서울시 7급(2월 추가)

4차 산업혁명에 대한 설명으로 가장 옳지 않은 것은?

① 산업과 산업 간의 초연결성을 바탕으로 초지능성을 창출한다.
② 3차 산업혁명의 연장선상이며 근본적인 특성을 공유하고 있다.
③ 사이버 물리 시스템(cyber-physical system) 혁명이라고 할 수 있다.
④ IoT, 인공지능, 빅데이터 등의 신기술을 기존 제조업과 융합해 생산능력과 효율을 극대화시킨다.

37 □□□

2021년 지방직 9급

4차 산업혁명에 관한 설명으로 옳지 않은 것은?

① 초연결성, 초지능성 등의 특징이 있다.
② 대량생산 및 규모의 경제 확산이 핵심이다.
③ 사물인터넷은 스마트 도시 구현에 도움이 된다.
④ 빅데이터를 활용한 맞춤형 공공서비스 제공이 가능하다.

38 □□□

2021년 국회직 8급

4차 산업혁명으로 인한 행정 변화로 옳지 않은 것은?

① ICT기술의 발달로 투명하고 효율적인 정부가 운영된다.
② 대규모 정보에 대한 분석으로 정책의 예측가능성이 높아지게 된다.
③ 정보 및 분석기술의 발달로 의사결정의 분권화가 촉진될 수 있다.
④ 정보의 공개와 유통으로 간접민주주의가 활성화되고 시민중심의 서비스가 제공된다.
⑤ 행정서비스의 종합적 제공을 위한 플랫폼 중심의 서비스가 발달한다.

39 □□□

2023년 국가직 7급

정보기술의 활용을 통해 업무처리의 절차를 근본적으로 개선하는 데 초점을 맞추고, ICT 기반 행정혁신을 촉진하는 것은?

① 혼합현실(mixed reality)
② 업무재설계(business process reengineering)
③ 정보자원관리(information resource management)
④ 제3의 플랫폼(the 3rd platform)

40 □□□

2024년 국가직 9급

다음은 4차 산업혁명 시대의 주요 정보기술을 설명하고 있다. 이에 해당하는 것은?

거래정보의 기록을 중앙집중화된 서버나 관리 기능에 의존하지 않고, 분산원장(distributed ledger)을 기반으로 모든 참여자에게 분산된 형태로 배분함으로써, 데이터 관리의 탈집중화된 환경을 제공하는 기술이다.

① 인공지능(AI)
② 블록체인(block chain)
③ 빅데이터(big data)
④ 사물인터넷(IoT)

PART 7

지방행정론

CHAPTER 1 / 지방행정의 기초이론
CHAPTER 2 / 지방행정의 조직
CHAPTER 3 / 지방자치단체의 사무
CHAPTER 4 / 지방자치단체와 국가의 관계
CHAPTER 5 / 지방자치와 주민참여
CHAPTER 6 / 지방자치단체의 재정

CHAPTER 1

지방행정의 기초이론

THEME 73 지방자치의 의의와 유형

중요도 ●●○○○

정답 및 해설 p. 275

선생님TIP

지방행정의 기초가 되는 부분으로서 최근에 출제빈도가 높아지고 있는 테마입니다. 먼저 주민자치와 단체자치의 비교를 이해하여야 하는데, 특히 주민자치는 영미법계로서 정치적 의미이고, 단체자치는 대륙법계로서 법률적 의미를 갖고 있다는 것을 알아두어야 합니다. 기관의 형태도 주민자치는 기관통합형이고 대륙법계는 기관대립형인데, 최근에는 비용절감 등의 문제로 인해 기관통합형이 대세임을 알아두시고 우리나라도 지방자치법이 전면 개정되어 시행되는 2022년부터 주민투표를 거쳐 지방의회와 장의 구성변경이 가능하며 추후 주변 여건, 주민요구나 성숙도 등을 반영하여 개별법을 제정추진 할 예정입니다.

■ 주민자치와 단체자치

구분	주민자치	단체자치
의미	정치적 의미(민주적 성격)	법률적 의미(법률적 위임)
자치의 중점	지방정부와 주민과의 관계(주민참여)	지방자치단체와 국가의 관계(지방분권)
사무의 구분	사무구별 없음	자치사무와 위임사무의 구별
권한배분 방식	개별적 수권주의	개괄적(포괄적) 수권주의
기관의 형태	기관통합형	기관대립형
지방세	독립세(자치단체가 과세주체)	부가세(국가가 과세주체)
자치권	국가 이전의 고유권(고유권설)	국가로부터 부여받은 권리(전래권설)
자치단체	순수한 자치단체(독립적 지위)	이중적 지위(자치단체 + 하급기관)
통제의 중점	주민통제	중앙통제
중앙통제 방식	입법적 · 사법적 통제	행정적 통제
주요 국가	영국, 미국 등(영미법계)	프랑스, 독일, 우리나라 등(대륙법계)

01 □□□ 2019년 서울시 7급(10월 추가)

주민자치와 구별되는 단체자치의 특성으로 가장 옳지 않은 것은?

① 지방분권
② 고유사무와 위임사무의 구분
③ 법률적 차원의 자치
④ 정치적 차원의 자치

02 □□□ 2015년 서울시 9급

지방자치의 의의로 가장 옳지 않은 것은?

① 민주주의의 훈련
② 다양한 정책실험의 실시
③ 공공서비스의 균질화
④ 지역주민에 대한 행정의 반응성 제고

03 □□□ 2005년 경북 9급

주민자치제도와 단체자치제도의 차이점으로 옳은 것은?

① 자치권의 인식에서 주민자치는 전래권으로, 단체자치는 고유권으로 본다.
② 자치의 중점에서 주민자치는 자치정부에의 주민참여로, 단체자치는 지방자치단체의 중앙정부로부터의 독립이다.
③ 사무구분에서 주민자치에서는 자치사무와 위임사무로 구분하지만, 단체자치에서는 이를 엄격하게 구분하지 않는다.
④ 권한부여 방법에서 주민자치는 포괄적 위임주의이고, 단체자치는 개별적 지정주의이다.

04 □□□ 2014년 국회직 9급

지방자치에 대한 설명으로 가장 옳지 않은 것은?

① 단체자치는 중앙정부가 지역단위의 지방행정기관을 설치하고 자치정부로서의 법인격과 일정한 사무에 대한 자치권을 부여하는 지방자치의 방식이다.
② 지방자치는 구역, 주민, 지방정부, 자치권을 그 구성요소로 한다.
③ 지방정부의 자치권은 자치입법권, 자치행정권, 자치조직권, 자치재정권으로 구성된다.
④ 보충성의 원칙은 모든 공공사무는 기본적으로 중앙정부가 담당하고 지방정부는 이를 보충해야 한다는 원칙이다.
⑤ 지방정부의 사무 중 기관위임사무는 국가적 차원의 이해관계가 크게 걸려있는 사무로 지방의회는 이러한 사무의 처리에서 배제된다.

05 □□□ 2015년 서울시 7급(지방자치론)

단체자치와 주민자치에 대한 설명으로 옳지 않은 것은?

① 단체자치는 지방자치단체와 국가와의 관계에 중점을 둔다.
② 단체자치는 법률적 의미의 자치라고 한다.
③ 주민자치는 지방분권화를 핵심으로 한다.
④ 주민자치는 대내적 자치라고 할 수 있다.

06 □□□ 2019년 서울시 9급(6월 시행)

지방자치의 이념과 사상적 계보에 대한 설명으로 가장 옳은 것은?

① 자치권의 인식에서 주민자치는 전래권으로, 단체자치는 고유권으로 본다.
② 주민자치는 지방분권의 이념을, 단체자치는 민주주의 이념을 강조한다.
③ 주민자치는 의결기관과 집행기관을 분리하여 대립시키는 기관분리형을 채택하는 반면, 단체자치는 의결기관이 집행기관도 되는 기관통합형을 채택한다.
④ 사무구분에서 주민자치는 자치사무와 위임사무를 구분하지 않지만, 단체자치는 이를 구분한다.

07 □□□ 2018년 서울시 9급

지방자치의 두 요소인 주민자치와 단체자치에 대한 설명으로 가장 옳은 것은?

① 주민자치의 원리는 주로 영국과 미국에서 발달하였으며, 단체자치의 원리는 주로 독일과 프랑스에서 발달하였다.
② 주민자치가 지방자치의 형식적 · 법제적 요소라고 한다면, 단체자치는 지방자치를 실현하기 위한 내용적 · 본질적 요소라고 할 수 있다.
③ 단체자치에서는 법률에 의해 권한이 명시적 · 한시적으로 규정되어 사무를 자주적으로 처리할 수 있는 재량의 범위가 크다.
④ 단체자치에서는 입법통제와 사법통제가 주된 통제방식이다.

08 □□□ 2021년 군무원 9급

단체자치에 대한 설명으로 옳은 것만을 모두 고르면?

ㄱ. 자치권에 대한 인식은 전래권으로 본다.
ㄴ. 권한부여 방식은 포괄적 위임주의이다.
ㄷ. 중앙정부와 지방자치단체의 관계는 기능적 협력관계이다.
ㄹ. 유럽대륙을 중심으로 발전해 왔다.

① ㄱ, ㄴ
② ㄱ, ㄷ, ㄹ
③ ㄴ, ㄷ, ㄹ
④ ㄱ, ㄴ, ㄷ, ㄹ

THEME 74 중앙집권과 지방분권

중요도 ●●○○○

정답 및 해설 p. 276

선생님TIP

최근 지방분권의 장점이 출제된 바 있으며, 중앙집권과 지방분권의 장·단점을 학습하는 것이 좋습니다. 우리나라의 정부별 지방분권위원회의 내용과 최근 문재인 정부의 「지방자치분권 및 지방행정체제개편에 관한 특별법」에 대한 정리가 필요하며, 집권과 분권의 시대적 흐름은 영미법계의 경우 '중앙집권 → 지방분권 → 신중앙집권 → 신지방분권'으로 전개되었다는 것도 알아두어야 합니다.

■ 중앙집권과 지방분권

1. 중앙집권과 지방분권

구분	중앙집권	지방분권
의의	의사결정권이나 지휘·감독권이 중앙정부에 집중되는 현상	의사결정권이나 지휘·감독권이 지방정부에 분산되는 현상
효용	• 국가위기 시 신속한 대응 • 행정통제에 유리 • 행정의 통일성을 확보 • 전국적인 행정과 광역적 업무 처리가 용이	• 지역적 실정에 맞는 행정으로 지역사회의 성장에 기여 • 민주주의의 발전에 기여 • 주민참여 활성화
촉진요인	• 소규모의 영세조직과 신설조직인 경우 • 국가적 위기의 존재 • 카리스마적 리더십이 필요한 상황 • 교통·통신과 과학기술의 발달 • 하위조직의 능력 부족 • 국민적 최저수준(national minimum)의 확보	• 대규모 조직과 오래되고 안정된 조직 • 주변상황이 불확실하고 동태적인 경우 • 신속한 사무처리와 지역실정에 맞는 사무처리가 필요한 경우 • 권한위임을 통한 관리자 양성이 필요한 상황 • 시민최저생활기준(civil minimum)의 확보

2. 신중앙집권과 신지방분권

구분	신중앙집권	신지방분권
개념	• 20세기 영미법계에서 나타나는 새로운 중앙집권화 현상으로, 지방자치의 부정이 아니라 수평적인 지식 및 기술의 협력 관계 • 밀즈(Mills): "권력의 분산, 지식의 집권"	최근 집권적 성향이 강한 국가에서 중앙집권의 폐해를 인식하여 이를 극복하기 위해 중앙통제의 완화, 지방정부의 자율성 증대를 추구하는 경향
특징	• 기능적·협력적 관계 • 비권력적·기술적·수평적·지도적 집권성 • 능률성(집권)과 민주성(분권)의 조화	• 상대적 분권 • 참여적 분권 • 협조적 분권
촉진요인	• 교통과 통신의 발달(행정의 광역화) • 지방재정의 중앙에의 의존성 증대 • 국제정세의 불안과 긴장 고조 • 국민적 최저수준의 유지 • 행정권의 강화 • 행정사무의 전국화·복잡화·전문화 경향 • 지방정부의 양적·기술적 능력의 한계	• 시민사회의 직접 참여 요구 확대 • 세계화와 지방화에 따른 지방적 특수성 부각 • 거버넌스와 시민 네트워크 • 정보화와 도시화

01 □□□

2018년 교육행정직 9급

지방분권의 장점에 관한 설명으로 옳은 것을 〈보기〉에서 고른 것은?

〈보기〉

ㄱ. 지역의 특성을 살려 지역실정에 맞는 행정을 수행할 수 있을 것이다.
ㄴ. 중앙정부의 조정에 의해서 지역 간의 격차를 해소하는 데 도움이 될 것이다.
ㄷ. 노사 간의 대립, 사회의 복잡화, 실업 등의 사회문제 해결에 도움이 될 것이다.
ㄹ. 정치훈련을 가능하게 하고 주민의 정치의식 수준이 향상될 것이다.

① ㄱ, ㄴ　② ㄱ, ㄹ
③ ㄴ, ㄷ　④ ㄷ, ㄹ

02 □□□

2023년 군무원 9급

다음 중 지방자치의 정치적·행정적인 기능과 가장 거리가 먼 것은?

① 민주정치에 대한 훈련
② 지역 간 행정의 통일성 확보
③ 행정의 대응성 제고
④ 정책의 지역별 실험 검증

03 □□□

2008년 선관위 9급

중앙집권과 지방분권의 측정지표로 활용하기에 가장 부적절한 것은?

① 지방에 설치되어 있는 국가 소속 특별지방행정관서의 종류와 수
② 지방자치단체의 단체위임사무와 기관위임사무의 비율
③ 지방자치단체의 중요 직위의 선임방식
④ 국가와 지방자치단체의 민원사무 처리의 비율

04 □□□

2015년 지방직 9급

소규모 자치행정구역을 지지하는 논리로 옳은 것을 모두 고르면?

ㄱ. 티부(Tiebout)모형을 지지하는 공공선택이론가들의 관점
ㄴ. 사무엘슨(Samuelson)의 공공재 공급이론
ㄷ. 지역격차의 완화에 공헌
ㄹ. 주민과 지방정부 간의 소통·접촉기회 증대

① ㄱ, ㄷ　② ㄱ, ㄹ
③ ㄴ, ㄷ　④ ㄴ, ㄹ

05 □□□

2006년 서울시 7급

신중앙집권화의 촉진요인이 아닌 것은?

① 교통·통신의 발달
② 행정기능의 확대
③ 지방재정의 부족
④ 지역이기주의의 팽배
⑤ 생활권 확대에 따른 국가의 경제적 규제 필요성

06 □□□

2005년 경남 9급

신중앙집권화에 대한 설명으로 옳은 것은?

① 주로 선진국보다는 개도국에서 나타나는 현상이다.
② 정보통신과 컴퓨터가 발달하면서 나타나는 권력의 집권성을 의미한다.
③ 전통적으로 집권적인 국가에서 나타나는 현상이다.
④ 오랫동안 분권적인 국가에서 생기는 비권력적 집권성이다.

07 □□□

2012년 국가직 7급

신중앙집권화의 촉진요인으로 적절하지 않은 것은?

① 유엔의 '리우선언'(1992)에 따른 환경보존행동계획
② 정보통신기술 및 교통의 발달로 인한 생활권역의 확대
③ 경제력 및 세원의 편재로 인한 지방자치단체 간 재정력 격차의 확대
④ 환경문제, 보건문제 등 전국적인 문제의 발생

08 □□□

2015년 서울시 7급(지방자치론)

신중앙집권화와 관련성이 가장 적은 것은?

① 국제적 긴장감의 고조
② 고객지향적 행정의 강조
③ 광역행정수요의 증대
④ 정보통신기술의 발달

09 □□□

2015년 해경간부 수정

박근혜 정부에서 지방분권을 추진하기 위하여 대통령 소속으로 설치한 위원회는?

① 정부혁신지방분권위원회
② 지방분권촉진위원회
③ 지방자치발전위원회
④ 지방이양추진위원회

10 □□□

2024년 군무원 7급

다음 중 신중앙집권화와 신지방분권화에 대한 설명으로 가장 적절하지 않은 것은?

① 신중앙집권화는 분권의 비능률성과 중앙집권의 비민주성 문제를 해결하기 위한 새로운 형태의 집권이다.
② 국민적 최저수준 유지에 대한 요청이 확대되면서 경제 및 사회적 불평등 해소를 위해 신지방분권화가 촉진되었다.
③ 신지방분권은 중앙정부에 의한 지도의 필요성을 인정하고 국가발전에 적극적으로 동참하는 상대적 분권이다.
④ 신중앙집권은 비권력적 지도의 폭이 넓어진 수평적이고 협동적 집권을 의미한다.

11 □□□

2023년 지방직 7급(지방자치론)

신중앙집권화와 신지방분권화에 대한 설명으로 옳지 않은 것은?

① 신중앙집권은 중앙정부와 지방정부 간의 관계를 지배적·강압적 관계가 아닌 지도적·협동적 관계로 설정한다.
② 신지방분권은 절대적·소극적 분권이 아닌 상대적·적극적 분권의 특징을 지닌다.
③ 세계화에 따른 지방자치단체의 역할 강화에 대한 요구는 신지방분권화를 촉진했다.
④ 미국의 신연방주의(New Federalism)와 프랑스의 코뮌(Commune), 데파르트망(Département) 및 레지옹(Région)의 권리와 자유에 관한 법은 신중앙집권의 대표적 사례이다.

12 □□□

2019년 국회직 8급

지방분권과 지방자치 등의 추진을 위해 설치된 대통령 소속 위원회로 현재 운영 중인 것은?

① 정부혁신지방분권위원회
② 자치분권위원회
③ 지방분권촉진위원회
④ 지방자치발전위원회
⑤ 지방이양추진위원회

13 □□□

2018년 지방직 7급

「지방자치분권 및 지방행정체제개편에 관한 특별법」상 지방자치분권에 대한 내용으로 옳은 것은?

① 정부업무평가위원회는 자치분권 및 지방행정체제 개편을 효과적으로 추진하기 위하여 관계 중앙행정기관의 장과 협의하고 지방자치단체의 의견을 수렴하여 자치분권 종합계획을 수립하여야 한다.
② 국가와 지방자치단체 간 또는 지방자치단체 상호간의 사무를 배분하는 경우 원칙적으로 국가가 처리하기 어려운 사무는 특별시 · 광역시 · 특별자치시 · 도 및 특별자치도의 사무로, 특별시 · 광역시 · 특별자치시 · 도 및 특별자치도가 처리하기 어려운 사무는 시 · 군 및 자치구의 사무로 각각 배분하여야 한다.
③ 국가는 사무배분의 원칙에 따라 그 권한 및 사무를 적극적으로 지방자치단체에 이양하여야 하며, 그 과정에서 국가사무 또는 특별시 · 광역시 · 특별자치시 · 도 및 특별자치도의 사무로서 특별시 · 광역시 · 특별자치시 · 도 및 특별자치도 또는 시 · 군 및 자치구의 장에게 위임된 사무는 원칙적으로 폐지하고 자치사무와 국가사무로 이분화하여야 한다.
④ 국가는 자치분권정책을 추진할 때 어떠한 경우에도 지방자치단체 간에 차등을 두어서는 아니 된다.

14 □□□

2021년 군무원 9급

지방분권의 장점으로 가장 옳지 않은 것은?

① 행정의 민주화 진작
② 지역 간 격차 완화
③ 행정의 대응성 강화
④ 지방공무원의 사기진작

CHAPTER 2

지방행정의 조직

THEME 75 지방자치단체의 구성과 권한

중요도 ●●●○○

정답 및 해설 p. 278

선생님TIP

지방자치단체의 구성과 관련된 부분으로, 지방행정의 기본이자 중요한 테마입니다. 보통지방자치단체의 종류 및 특별지방자치단체에 대한 정리가 필요하며, 자치권은 자치입법권과 행정권은 있지만 「지방자치법」의 규정에 따라 자치사법권이 없다는 것이 중요합니다. 지방자치단체의 구역변경에 있어서 법률과 대통령령으로 가능한 것은 각각 정리해두는 것이 좋으며, 계층제는 단층제와 중층제로 나누는데 우리나라의 경우 특별시, 광역시, 도는 중층제이고 제주특별자치도와 특별자치시는 단층제이므로 중층제와 단층제의 장단점도 각각 정리하여야 합니다. 2025년에 인구 100만 이상 특례시는 창원·수원·고양·용인·화성이며, 행정수요, 균형발전 등을 고려하여 대통령령에 따라 행정안전부장관이 정하는 시·군·구에 특례부여가 가능하도록 하였습니다.

■ 지방자치단체의 구성과 권한

1. 지방자치단체의 종류

보통지방자치단체	• 자치구역에 대한 일반적인 행정업무를 수행하는 고유한 지역행정기관 • 광역자치단체: 특별시, 광역시, 특별자치시, 도, 특별자치도 • 기초자치단체: 시(자치시), 군, 구(자치구)
특별지방자치단체	특정한 행정목적의 달성 또는 행정사무의 공동처리를 위해서 설치하는 지방자치단체, 법인격 있음 예 부산울산경남특별연합

2. 자치권

자치입법권	조례와 규칙을 제정할 수 있는 권한
자치행정권	지방자치단체 자신의 사무를 자주적으로 처리할 수 있는 권한
자치조직권	지방자치행정을 수행하기 위해 필요한 조직을 스스로 형성·변경·폐지할 수 있는 권한
자치인사권	필요한 인력을 채용·관리할 수 있는 권한
자치재정권	재원을 자주적으로 조달·관리할 수 있는 권한

3. 지방자치단체의 구역변경

지방자치단체의 명칭변경, 폐치·분합, 구역변경	법률
지방자치단체의 한자명칭변경 및 경계변경	대통령령
자치구가 아닌 구·읍·면·동의 폐치·분합	행정안전부장관 승인 후 조례
자치구가 아닌 구·읍·면·동의 명칭 및 구역변경	조례제정 후 시·도지사에게 보고
리의 폐치·분합·구역변경	조례

4. 자치계층과 행정계층

자치계층	• 주민공동체의 정책결정 및 집행의 단위 • 광역자치단체(특별시·광역시·특별자치시·도·특별자치도), 기초자치단체(시·군·구) • 일반적 중층제(강원·전북특별자치도), 특별자치시와 제주특별자치도는 단층제
행정계층	• 중앙집권국가의 효율적 통치를 위한 편의상 분할단위 • 시(행정시: 제주시·서귀포시), 일반구(행정구), 읍·면·동, 리 등 • 우리나라의 경우 자치 + 행정계층으로 보통 3 ~ 4계층으로 구성

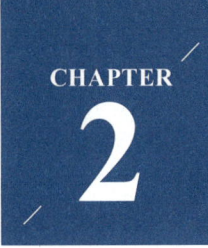

5. 단층제와 중층제

구분	단층제	중층제
장점	• 신속한 행정 가능 • 낭비의 제거와 행정의 능률성 • 행정책임의 명확화 • 자치권 및 지역적 특수성의 인정	• 민주주의 원리확산에 용이 • 국가의 감독기능 유지에 용이 • 중간자치단체가 기초단체의 기능 보완 • 공공기능의 분업적 수행 가능
단점	• 국토가 넓거나 인구가 많으면 적용 곤란 • 중앙집권화의 우려 • 광역사무처리에 부적합 • 중앙정부의 비대화 발생	• 행정기능의 중첩에 따른 이중행정의 폐단 • 기능배분의 불명확과 책임의 모호성 • 행정의 지체와 낭비로 인한 불합리성 • 지역적 특성을 경시할 우려

01 □□□ 2023년 군무원 9급

지역에서의 행정서비스 전달주체에 대한 설명으로 가장 적절하지 않은 것은?

① 지역에서의 행정서비스 전달주체는 크게 특별지방행정기관과 지방자치단체로 구분된다.
② 특별지방행정기관은 지역에 위치한 세무서 등인데 소속 중앙행정기관의 지시 및 감독을 받는다.
③ 지방자치단체는 독자적인 법인격은 없지만 국가의 위임사무나 자치사무를 수행한다.
④ 지역에서의 행정서비스는 주민복지 등 지역 주민의 생활공간 안에서의 생활행정이자 근접 행정이다.

02 □□□ 2013년 국가직 9급

우리나라 지방행정체제와 관련된 내용으로 옳지 않은 것은?

① 자치구의 자치권범위는 시·군의 경우와 같다.
② 특별시·광역시·도는 같은 수준의 자치행정계층이다.
③ 광역시가 아닌 시라도 인구 50만 이상의 경우에는 자치구가 아닌 구를 둘 수 있다.
④ 군은 광역시나 도의 관할구역 안에 둔다.

03 □□□ 2023년 군무원 7급

다음 중 지방자치단체의 집행기관인 소속 행정기관에 속하지 않은 것은?

① 보조기관
② 직속기관
③ 합의제행정기관
④ 자문기관

04 □□□ 2016년 사회복지직 9급

특별지방자치단체에 대한 설명으로 옳지 않은 것은?

① 특정한 목적을 수행하기 위하여 필요한 경우에 설치되는 지방자치단체이다.
② 특정한 지방공공사무를 보다 편리하면서도 효율적으로 수행하기 위하여 별도의 관할구역과 행정조직이 필요하다는 것이 설립의 일반적 이유이다.
③ 특별지방자치단체의 설립을 통해 지방자치단체의 난립과 구역·조직·재무 등 지방제도의 복잡성과 혼란을 완화할 수 있다.
④ 특별지방자치단체는 행정사무처리 이외에 공기업의 경영을 위해 설립되기도 한다.

05 □□□

2022년 국가직 9급

특별지방자치단체에 대한 설명으로 옳지 않은 것은?

① 2개 이상의 지방자치단체가 공동으로 특정한 목적을 위하여 광역적으로 사무를 처리할 필요가 있을 때에는 특별지방자치단체를 설치할 수 있다.
② 보통의 지방자치단체와 같이 법인격을 갖는다.
③ 특별지방자치단체의 의회는 규약으로 정하는 바에 따라 구성 지방자치단체의 의회 의원으로 구성한다.
④ 구성 지방자치단체의 장은 「지방자치법」상 겸임 제한 규정에 의해 특별지방자치단체의 장을 겸할 수 없다.

06 □□□

2024년 국회직 8급

특별지방자치단체에 대한 설명으로 옳지 않은 것은?

① 2개 이상의 지방자치단체가 공동으로 특정한 목적을 위하여 광역적으로 사무를 처리할 필요가 있을 때 설치할 수 있다.
② 특별지방자치단체는 법인으로 한다.
③ 지방의회의원은 특별지방자치단체의 의회의원을 겸직할 수 없다.
④ 특별지방자치단체를 구성하는 지방자치단체(이하 '구성지방자치단체'라고 함)는 상호 협의에 따른 규약을 정하여 구성지방자치단체의 지방의회 의결을 거쳐 행정안전부장관의 승인을 받아야 한다.
⑤ 특별지방자치단체의 사무가 구성지방자치단체 구역의 일부에만 관계되는 등 특별한 사정이 있을 때에는 해당 지방자치단체 구역의 일부만을 구역으로 할 수 있다.

07 □□□

2025년 지방직 9급

「지방자치법」상 특별지방자치단체에 대한 설명으로 옳지 않은 것은?

① 특별지방자치단체는 법인으로 한다.
② 특별지방자치단체는 2개 이상의 지방자치단체가 공동으로 특정한 목적을 위하여 광역적으로 사무를 처리할 필요가 있을 때 설치할 수 있다.
③ 구성 지방자치단체의 지방의회의원은 특별지방자치단체의 의회 의원을 겸할 수 있다.
④ 특별지방자치단체를 구성하는 지방자치단체는 상호 협의에 따른 규약을 정하여 구성 지방자치단체의 지방의회 의결을 거쳐 기획재정부장관의 승인을 받아야 한다.

08 □□□

2015년 교육행정직 9급

우리나라의 자치입법권에 대한 설명으로 옳은 것은?

① 규칙과 조례가 충돌할 때는 지방자치단체장의 입법권인 규칙이 조례에 우선한다.
② 지방자치단체는 조례로 주민의 권리 제한에 관한 사항을 법률의 위임 없이 제정할 수 있다.
③ 지방자치단체는 조례를 위반한 행위에 대하여 조례로써 1천만 원 이하의 과태료를 정할 수 있다.
④ 지방자치단체의 격이 변경된 경우, 그 단체장은 필요한 사항에 대하여 종래 그 지역에 시행되던 조례나 규칙을 시행할 수 없기 때문에 새로운 규칙과 조례를 제정하여야 한다.

09 □□□

2010년 서울시 7급

우리나라 지방자치제도에 대한 설명으로 옳지 않은 것은?

① 행정기구는 대통령령에 따라 조례로 설치할 수 있다.
② 단체장의 직속기관은 대통령령에 따라 조례로 설치할 수 있다.
③ 사업소는 대통령령에 따라 조례로 설치할 수 있다.
④ 출장소는 대통령령에 따라 조례로 설치할 수 있다.
⑤ 합의제 행정기관은 대통령령에 따라 조례로 설치할 수 있다.

10 □□□

2017년 국가직 9급(4월 시행)

우리나라의 지방자치계층에 대한 설명으로 옳지 않은 것은?

① 제주특별자치도는 자치계층 측면에서 단층제로 운영되고 있다.
② 자치계층은 주민공동체의 정책결정 및 집행의 단위로서 정치적 민주성 가치가 중요시된다.
③ 세종특별자치시의 관할구역으로 자치구를 둘 수 있다.
④ 자치계층으로 군을 두고 있는 광역시가 있다.

11 □□□

2011년 국가직 9급

지방자치단체의 계층구조에 대한 설명으로 옳지 않은 것은?

① 계층구조는 각 국가의 정치형태, 면적, 인구 등에 따라 다양한 형태를 갖는다.
② 중층제에서는 단층제에서보다 기초자치단체와 중앙정부의 의사소통이 원활하지 못할 수 있다.
③ 단층제는 중층제보다 중복행정으로 인한 행정지연의 낭비를 줄일 수 있다.
④ 중층제는 단층제보다 행정책임을 보다 명확하게 할 수 있다.

12 □□□

2007년 충남 9급

우리나라 지방자치단체 계층구조에 대한 설명으로 옳지 않은 것은?

① 현행 우리나라 자치계층은 중층제로 된 계층구조이다.
② 광역자치단체에는 특별시, 광역시, 도가 있다.
③ 기초자치단체에는 시, 군, 구(자치구)가 있다.
④ 자치계층과 행정계층을 합치면 모두 3 ~ 4계층제로 구성된다.

13 □□□

2024년 군무원 9급

다음 중 우리나라 지방자치단체 간의 연결구조에 대한 설명으로 가장 적절하지 않은 것은?

① 하나의 자치단체가 다른 자치단체를 구역 안에 포괄하는 중층제를 원칙으로 하며, 광역단체(시 · 도)와 기초단체(시 · 군 · 구)의 연결구조가 그 예이다.
② 한 구역에 하나의 자치단체만이 존재하는 단층제를 예외적으로 채택하고 있으며, 강원특별자치도 · 전북특별자치도 · 제주특별자치도 · 세종특별자치시가 여기에 해당한다.
③ 자치계층이 자치권을 바탕으로 하는 계층 간 독립적 관계구조라면, 행정계층은 계층 간 지휘 · 감독적 관계구조라고 할 수 있다.
④ 자치계층이 정치적 민주성을 중심으로 한다면, 행정계층은 행정의 효율성을 중심으로 하는 개념이라고 할 수 있다.

14 □□□

2005년 경북 9급

지방자치단체의 계층구조 중 단층제의 장점이 아닌 것은?

① 행정의 신속성
② 낭비제거 및 능률 증진
③ 지역의 특수성과 개별성 존중
④ 국가의 감독기능 유지

15 □□□

2013년 국가직 9급

기초지방자치단체의 구역설정 시 일반적 기준으로 고려되지 않는 것은?

① 재원조달능력
② 주민 편의성
③ 노령화지수
④ 공동체와 생활권

16 □□□

2009년 국회직 8급

'○○광역시'의 명칭을 '△△광역시'로 바꾸려고 한다. 이를 위한 현행 법령의 절차로서 옳은 것은?

① ○○광역시 의회의 의결을 거쳐 조례로 정한다.
② ○○광역시 의회의 의견을 들어 법률로 정한다.
③ ○○광역시장의 신청에 의해 행정법원에서 재결한다.
④ ○○광역시 주민투표로 확정하여 대통령령으로 정한다.
⑤ 국무회의의 심의를 거쳐 대통령령으로 정한다.

17 □□□

2024년 지방직 7급

「지방자치법」상 지방자치단체의 관할구역에 대한 설명으로 옳은 것은?

① 지방자치단체의 명칭과 구역을 바꾸거나 지방자치단체를 폐지하거나 설치하거나 나누거나 합칠 때에는 조례로 정한다.
② 지방자치단체를 폐지하거나 설치하거나 나누거나 합칠 때는 반드시 관계 지방의회의 의견을 들어야 한다.
③ 지방자치단체의 장은 지방의회 재적의원 과반수 출석과 출석의원 과반수의 동의를 받아, 행정안전부장관에게 지방자치단체의 관할구역 경계변경에 대한 조정을 신청할 수 있다.
④ 지방자치단체의 구역을 변경하거나 지방자치단체를 폐지하거나 설치하거나 나누거나 합칠 때에는 새로 그 지역을 관할하게 된 지방자치단체가 그 사무와 재산을 승계한다.

THEME 76 지방자치단체의 기관(장과 의회와의 관계)

중요도 ●●○○○

정답 및 해설 p. 281

선생님TIP

지방행정에서 지속적으로 출제되고 있는 테마입니다. 지방자치단체의 기관구성은 기관통합형과 기관대립형으로 나누어지는데, 우리나라는 대륙법계로서 견제와 균형의 원리에 따른 기관대립형을 따르고 있으나 세계적인 추세는 기관통합형으로 가고 있습니다. 이에 우리나라도 추후 여건이나 성숙도 및 주민요구 등을 감안하여 주민투표를 거쳐, 지방자치단체장의 선임방법을 포함한 지방의회와 집행기관의 기관구성 형태를 달리할 수 있도록 규정한 점을 참고해야 합니다(「지방자치법」 제4조). 또한 의결기관인 지방의회의 권한과 집행기관인 장의 권한을 정리해두어야 하며, 특히 의결기관 내에서 의장단에 대한 불신임의결은 가능하지만 지방자치단체장에 대한 불신임의결은 불가능한 점을 기억하여야 합니다.

■ 지방자치단체의 기관구성

1. 기관구성의 유형

기관통합형	• 지방자치단체의 의결기능과 집행기능을 단일기관인 지방의회에 귀속시키는 형태, 대부분의 국가에서 시행 • 영국의 시정위원회형, 미국의 위원회형, 프랑스의 의회의장형 등
기관대립형	• 의결기관과 집행기관을 분리시켜 권력분립주의의 원칙에 의해 견제와 균형의 원리를 추구하는 형태 • 대륙계 일부 국가(이탈리아, 일본, 우리나라)에서 채택

2. 의결기관과 집행기관

의결기관	• 의의: 주민이 선출한 의원들로 구성되어 주민의 의사를 대표하고 지방자치단체장을 감시하는 합의제 행정기관, 헌법상 기관, 지방의회를 의미 • 권한: 의결권, 서류제출요구권, 행정사무감사권, 행정사무조사권, 선서권과 피선거권(기관선출), 자율운영권
집행기관	• 의의: 의결기관(지방의회)이 결정한 의사에 따라 행정사무를 구체적으로 실현하는 기관, 주로 지방자치단체장을 의미 • 권한: 지방자치단체의 대표 및 사무통할권, 사무의 관리집행권, 지휘감독권, 임면권과 기관시설의 설치권, 규칙제정권, 재의요구권, 선결처분권, 사무위임권, 임시회요구권, 예산안편성제출권, 의안발의권

01 □□□ 2012년 지방직 7급

지방자치단체의 기관구성에 대한 설명으로 옳지 않은 것은?

① 기관대립형은 이원적 구성으로 인한 비효율성을 야기할 수 있다.

② 기관통합형은 기관대립형과는 달리 지방의회만을 주민 직선으로 구성한다.

③ 기관대립형을 채택하고 있는 대표적인 나라는 일본, 독일이다.

④ 우리나라는 기관대립형을 채택하면서도 단체장의 지위를 강화하였다는 특징을 가진다.

02 □□□ 2019년 지방직 7급

지방자치단체의 기관구성에 대한 설명으로 옳은 것은?

① 우리나라는 시장의 권한이 지방의회의 권한에 비해 상대적으로 약한 기관대립형을 유지하고 있다.

② 영국의 의회형에서는 집행기관의 장을 주민이 직선으로 선출한다.

③ 미국의 위원회형은 기관대립형의 특수한 형태로 볼 수 있다.

④ 기관통합형의 집행기관은 기관대립형에 비해 행정의 전문성이 높지 않을 가능성이 크다.

03 □□□
2021년 지방직 9급

지방정부의 기관구성 형태에 대한 설명으로 옳지 않은 것은?

① 강시장-의회(strong mayor-council) 형태에서는 시장이 강력한 정치적 리더십을 행사한다.
② 위원회(commission) 형태에서는 주민 직선으로 선출된 의원들이 집행부서의 장을 맡는다.
③ 약시장-의회(weak mayor-council) 형태에서는 일반적으로 의회가 예산을 편성한다.
④ 의회-시지배인(council-manager) 형태에서는 시지배인이 의례적이고 명목적인 기능을 수행한다.

04 □□□
2022년 국가직 7급

지방자치단체의 기관구성 형태에 대한 설명으로 옳지 않은 것은?

① 기관통합형은 행정에 주민들의 의사를 보다 정확하게 반영할 수 있다는 장점이 있다.
② 기관통합형은 지방의회에서 의결기능과 집행기능을 모두 수행하는 형태로, 영국의 의회형이 대표적이다.
③ 기관대립형 중 약시장-의회형은 시장의 고위직 지방공무원 인사에 대해서 의회의 동의를 요하는 반면, 시장은 지방의회의결에 대한 거부권을 가진다.
④ 기관대립형은 견제와 균형을 통해 권력남용을 방지하는 장점이 있지만, 의결기관과 집행기관 간의 대립 및 마찰 가능성이 있다는 단점이 있다.

05 □□□
2015년 사회복지직 9급

우리나라의 지방자치제도에 대한 설명으로 옳지 않은 것은?

① 지방의회는 법률에 위배되는 내용을 포함한 조례를 제정할 수 없다.
② 지방의회는 지방자치단체의 장을 감시하고 통제하는 기능을 하지만, 지방자치단체의 장에 대한 불신임권은 갖고 있지 않다.
③ 우리나라 지방자치단체의 기관구성 형태는 기관통합형이다.
④ 조례안이 지방의회에서 의결되면 의장은 의결된 날부터 5일 이내에 그 지방자치단체의 장에게 이를 이송하여야 한다.

06 □□□
2025년 국회직 8급

우리나라의 지방자치제도에 대한 설명으로 옳지 않은 것은?

① 우리나라는 「지방자치법」상 기관대립형으로만 기관구성을 하도록 규정하고 있다.
② 지방의회의원의 임기는 4년으로 한다.
③ 지방의회 의장과 부의장의 임기는 2년으로 한다.
④ 지방자치단체의 장의 임기는 4년으로 하며, 3기 내에서만 계속 재임(在任)할 수 있다.
⑤ 특별시의 부시장은 3명, 광역시·특별자치시의 부시장과 도 및 특별자치도의 부지사는 2명(인구 800만 이상의 광역시 및 도는 3명)으로 한다.

07 □□□
2007년 울산 9급

지방의회가 의결한 조례안이 월권 또는 법령에 위반되거나 공익을 현저히 해한다고 인정되는 때에 지방자치단체의 장이 행사할 수 있는 권한은?

① 선결처분권
② 재의요구권
③ 제소권
④ 불신임결의권

08 □□□
2008년 경남 9급

지방의회의 권한이 아닌 것은?

① 지방의회 의장에 대한 불신임 의결
② 자치단체장에 대한 불신임 의결
③ 행정감사 및 행정조사권
④ 청원수리 및 심사권

09 □□□ 2021년 국가직 9급

우리나라 지방자치단체의 권한(자치권)으로 옳지 않은 것은?

① 지방자치단체는 법률의 위임이 있어야 주민의 권리를 제한하는 조례를 제정할 수 있다.
② 지방자치단체는 주민의 복지증진과 사업의 효율적 수행을 위하여 지방공기업을 설치·운영할 수 있다.
③ 지방자치단체는 조례를 위반한 행위에 대하여 조례로써 1,500만 원 이하의 과태료를 정할 수 있다.
④ 지방자치단체조합도 따로 법률로 정하는 바에 따라 지방채를 발행할 수 있다.

10 □□□ 2022년 군무원 9급

우리나라의 자치입법권에 관한 설명으로 옳지 않은 것은?

① 법령의 범위 안에서 자치법규를 제정할 수 있다.
② 주민에 대하여 형벌의 성격을 지닌 벌칙은 정할 수 없다.
③ 자치입법권에 근거한 자치법규로는 조례, 규칙 및 교육규칙 등이 있다.
④ 조례는 지방의회의 의결을 필요로 하지만, 규칙은 지방의회의 의결을 필요로 하지 않는다.

11 □□□ 2007년 경북 9급

우리나라 지방자치단체가 중앙정부의 승인 없이 독자적으로 조례를 통하여 행사할 수 있는 자치권은?

① 지방채 발행
② 법정 외 세목 신설
③ 인접 시·군의 경계 조정
④ 주민감사청구가 가능한 주민 수 조정

12 □□□ 2016년 국가직 7급

「지방자치법」상 주민에 의한 조례의 제정 및 개폐 청구대상에 포함되지 않는 것을 모두 고르면?

ㄱ. 지방세의 부과·징수에 관한 사항
ㄴ. 행정기구를 설치하거나 변경하는 것에 관한 사항
ㄷ. 공공시설의 설치를 반대하는 사항

① ㄱ ② ㄱ, ㄷ
③ ㄴ, ㄷ ④ ㄱ, ㄴ, ㄷ

13 □□□ 2010년 지방직 9급

우리나라 지방자치단체 자치권의 행사에 대한 예시로 옳지 않은 것은?

① A광역시 의회는 유류가격 인상에 대응하여 주행세 세율의 20%를 감하기로 의결하였다.
② B시 의회는 예산운영의 투명성을 제고하기 위하여 주민참여 예산제도 운영에 관한 조례를 제정하였다.
③ C자치구는 도시미관을 개선할 목적으로 총액인건비 범위 내에서 부서정원을 조정하여 도시디자인과를 신설하였다.
④ D도 도지사는 국제물류센터 건립을 위하여 행정안전부장관이 승인한 외채발행을 시의회에 의결 요청하였다.

14 □□□ 2014년 서울시 7급

지방의원의 권한과 의무에 대한 설명으로 옳은 것을 모두 고르면?

ㄱ. 지방의원은 직무수행과 관련해 면책특권이 인정되지 않고 있다.
ㄴ. 집행기관의 행정사무 처리사항을 조사 및 감사할 권한을 가진다.
ㄷ. 임시회의 소집요구권이 없다.
ㄹ. 광역의회의원은 정당공천을 받을 수 없다.
ㅁ. 이해관계가 있는 안건에는 참여가 금지되어 있다.

① ㄴ, ㄷ, ㅁ ② ㄴ, ㄹ
③ ㄴ, ㄷ, ㄹ ④ ㄱ, ㄹ
⑤ ㄱ, ㄴ, ㅁ

15 □□□

2016년 서울시 7급

지방의회가 지방자치단체에 대하여 행사할 수 있는 권한으로 옳지 않은 것은?

① 예산불성립 시 예산집행
② 선결처분의 사후승인
③ 행정사무의 감사 · 조사
④ 청원서의 이송 · 보고요구

16 □□□

2017년 교육행정직 9급

지방자치에 관한 설명으로 옳지 않은 것은?

① 지방의회의 사무직원의 정수는 지방의회가 조례로 정하고, 사무직원은 지방자치단체장의 승인을 얻어 지방의회의 의장이 임명한다.
② 인구 50만 명 이상의 기초자치단체인 시에 대하여는 광역자치단체인 도가 처리하는 사무의 일부를 직접 처리하게 할 수 있다.
③ 지방자치단체의 장은 지방의회에 재의를 요구한 사항이 재의결된 경우, 재의결된 사항이 법령에 위반된다고 인정되면 재의결된 날부터 20일 이내에 대법원에 소를 제기할 수 있다.
④ 지방의회 의원에 대한 징계의 종류로는 '공개회의에서의 경고, 공개회의에서의 사과, 30일 이내의 출석정지, 제명'이 있으며, 제명의 경우 재적의원 3분의 2 이상의 찬성이 있어야 한다.

17 □□□

2018년 국가직 9급

「지방자치법」상 지방의회에 대한 내용으로 옳지 않은 것은?

① 지방의회는 조례로 정하는 바에 따라 위원회를 둘 수 있으며, 위원회의 종류는 상임위원회와 특별위원회로 한다.
② 지방의회는 그 의결로 소속 의원의 사직을 허가할 수 있다. 다만, 폐회 중에는 의장이 허가할 수 있다.
③ 의장은 의결에서 표결권을 가지지 못하며, 찬성과 반대가 같으면 부결된 것으로 본다.
④ 지방의회에서 부결된 의안은 같은 회기 중에 다시 발의하거나 제출할 수 없다.

18 □□□

2017년 교육행정직 9급

지방의회의 의결사항으로 옳지 않은 것은?

① 지방자치단체장의 규칙 제정
② 지방자치단체장의 지방채 발행
③ 지방자치단체의 출자 또는 출연
④ 지방자치단체장의 보증채무부담행위

19 □□□

2018년 국회직 8급

다음 중 「지방자치법」상 지방의회의 의결사항에 해당하지 않는 것은?

① 조례의 제정 · 개정 및 폐지
② 재의요구권
③ 기금의 설치 · 운용
④ 대통령령으로 정하는 중요 재산의 취득 · 처분
⑤ 청원의 수리와 처리

20 □□□

2023년 국가직 7급

「지방자치법」상 지방의회에 대한 설명으로 옳지 않은 것은?

① 지방의회의원의 의정활동을 지원하기 위하여 정책지원 전문인력을 둘 수 있다.
② 지방의회의 의장은 지방의회의 사무직원을 지휘 · 감독한다.
③ 지방의회는 매년 4회 정례회를 개최한다.
④ 지방의회의원은 각급 선거관리위원회 위원을 겸직할 수 없다.

21 □□□

2025년 국회직 8급

지방의회의 전문성을 강화하기 위한 제도에 대한 설명으로 옳은 것만을 <보기>에서 모두 고르면?

〈보기〉
ㄱ. 지방의회에 지방의회의원 정수의 2분의 1 범위에서 정책지원관을 둘 수 있다.
ㄴ. 전문위원은 위원회 소속으로 소속 위원장의 지휘를 받으며 의회 사무기구 장의 지휘·감독을 받지 않는다.
ㄷ. 전문위원과 정책지원관 모두 일반직 지방공무원으로 임명한다.
ㄹ. 시·도의 경우 전문위원은 4급 및 5급 이하의 직급으로 임명하고, 정책지원관은 6급 이하로 임명한다.

① ㄱ, ㄴ
② ㄱ, ㄹ
③ ㄴ, ㄷ
④ ㄱ, ㄷ, ㄹ
⑤ ㄱ, ㄴ, ㄷ, ㄹ

22 □□□

2024년 국회직 8급

「지방자치법」에 대한 설명으로 옳지 않은 것은?

① 지방의회의장의 지방의회 소속 사무직원 임용
② 지방의회의원 정수의 3분의 2 범위에서 정책지원 전문인력 충원
③ 주민투표를 통해 지방의회와 집행기관의 구성 형태 변경 가능
④ 주민은 권리 · 의무와 직접 관련되는 규칙에 대한 제정 · 개정 및 폐지 의견을 지방자치단체장에게 제출 가능
⑤ 국가와 지방자치단체 간의 협력을 도모하고 지방자치 발전과 지역 간 균형발전에 관련되는 중요 정책을 심의하기 위한 중앙지방협력회의 도입

23 □□□

2024년 국가직 9급

지방행정제도에 대한 설명으로 옳지 않은 것은?

① 일정 조건을 충족한 주민은 해당 지방의회에 조례를 제정하거나 개정 또는 폐지할 것을 청구할 수 있다.
② 지방자치단체 간 관할 구역의 경계변경 조정 시 일정기간 이내에 경계변경자율협의체를 구성하지 못 한 경우 행정안전부장관은 지방자치단체 중앙분쟁조정위원회의 심의 · 의결을 거쳐 조정할 수 있다.
③ 정책지원 전문인력인 정책지원관제도는 지방자치단체장의 정책기능을 강화하기 위해 도입되었다.
④ 자치경찰사무는 합의제 행정기관인 시 · 도지사 소속 시 · 도 자치경찰위원회가 관장하며 업무는 독립적으로 수행한다.

24 □□□
2022년 국회직 8급

지방자치단체장의 권한 및 기능에 해당하지 않는 것은?

① 지방의회에 조례안을 제출할 수 있다.
② 교육기관을 설치, 이전 및 폐지할 수 있다.
③ 조례나 규칙으로 정하는 바에 따라 그 권한에 속하는 사무의 일부를 보조기관 등에 위임할 수 있다.
④ 법령 또는 조례의 범위에서 그 권한에 속하는 사무에 관하여 규칙을 제정할 수 있다.
⑤ 주민에게 과도한 부담을 주거나 중대한 영향을 미치는 지방자치단체의 주요 결정사항 등에 대하여 주민투표에 부칠 수 있다.

25 □□□
2008년 지방직 7급

지방의회의 의결에 대한 지방자치단체장의 재의요구사유가 아닌 것은?

① 지방의회의 의결이 월권이거나 법령에 위반된다고 인정되는 경우
② 지방의회의 의결이 국제관계에서 맺은 국제교류업무 수행에 드는 경비를 축소한 경우
③ 지방의회의 의결이 예산상 집행불가능한 경비를 포함하고 있다고 인정되는 경우
④ 지방의회의 의결이 비상재해로 인한 시설의 응급 복구를 위하여 필요한 경비를 축소한 경우

26 □□□
2020년 국가직 7급

「지방자치법」상 지방의회 의원이 받을 수 있는 징계의 사례가 아닌 것은?

① A 의원은 45일간 출석정지를 내용으로 하는 징계를 받았다.
② B 의원은 공개회의에서 사과를 하는 징계를 받았다.
③ C 의원은 재적의원 3분의 2 이상 찬성에 따라 제명되는 징계를 받았다.
④ D 의원은 공개회의에서 경고를 받는 징계를 받았다.

27 □□□
2018년 서울시 7급(3월 추가)

지방자치단체장(서울시장)의 직무이행명령에 대한 설명 중 가장 옳지 않은 것은?

① 서울시장이 국가위임사무의 관리와 집행을 명백히 게을리하고 있다고 인정되면 주무부장관이 기간을 정하여 서면으로 이행할 사항을 명령할 수 있다.
② 주무부장관은 서울시장이 국가위임사무에 대한 이행명령을 이행하지 아니하면 서울시의 비용부담으로 대집행하거나 행정상·재정상 필요한 조치를 할 수 있다.
③ 서울시장은 주무부장관의 이행명령에 이의가 있으면 이행명령서를 접수한 날부터 20일 이내에 대법원에 소를 제기할 수 있다.
④ 위 ③의 경우 서울시장은 이행명령의 집행을 정지하게 하는 집행정지결정을 신청할 수 있다.

28 □□□
2025년 군무원 7급

현재 우리나라 지방행정과 교육행정 간의 관계에 대한 설명으로 가장 적절하지 않은 것은?

① 우리나라는 현재 지방자치와 별도로 교육자치를 실시하고 있다.
② 교육자치단체는 별도의 세원(稅源)과 과세권(課稅權)이 없기 때문에 중앙정부와 자치단체에 대한 재정적 의존도가 절대적이다.
③ 지방자치와 마찬가지로 교육자치도 광역자치(시 · 도)와 기초자치(시 · 군 · 구)로 운영되고 있다.
④ 지방교육재정은 지자체의 예산과 별도의 특별회계로 운영하고 있다.

CHAPTER 3

지방자치단체의 사무

THEME 77 지방자치단체의 사무와 배분원칙

중요도 ●●●○○

정답 및 해설 p. 287

지방자치단체의 사무는 최근 출제빈도가 급격하게 증가하고 있는 테마로, 먼저 사무배분의 원칙과 각 사무의 구분과 그 예를 정리하여야 합니다. 최근 「지방자치법」 전면개정으로 국가 · 지방 간 사무배분원칙 및 준수의무를 규정하고 중복배제의 원칙, 포괄적 배분원칙을 규정하였습니다. 특히 위임사무에서 단체위임사무는 지방자치단체에, 기관위임사무는 집행기관인 지방자치단체장에 각각 위임되었다는 점이 중요하며, 이에 따라 기관위임사무에 대한 지방의회의 관여가 불가능하고 조례로도 제정할 수 없다는 것도 함께 알아두어야 합니다. 최근 기출문제는 각 사무의 비용부담과 감독에 대한 문제까지도 출제되고 있으므로 꼼꼼하게 숙지해두는 것이 좋습니다.

■ 지방자치단체의 사무

구분	자치(고유)사무	단체위임사무	기관위임사무
개념	지방자치단체가 자기의 책임과 부담으로 처리하는 지방적 공공사무	법령에 의하여 국가 또는 상급 지방자치단체로부터 그 지방자치단체에 위임된 사무	법령에 의하여 국가 또는 상급 지방자치단체로부터 지방자치단체의 집행기관에 위임된 사무
결정 주체	지방의회	지방의회	국가
사무처리 주체	지방자치단체	지방자치단체	지방자치단체장
조례 제정권	○	○	×
국가의 감독	합법성 중심의 사후 · 교정적 감독	합법성 + 합목적성의 교정적 감독	교정적 감독 + 사전 · 예방적 감독
경비의 부담	지방자치단체 (보조금 = 장려적 보조금)	국가 + 지방자치단체 공동부담 (보조금 = 부담금)	국가 전액부담 (보조금 = 교부금)
사무 예시	지방자치단체의 존립 · 유지사무, 주민복지사무(상하수도, 민방위, 소방, 도서관, 주민등록, 학교, 병원, 도로, 도시계획, 쓰레기 처리 등)	보건소, 생활보호, 의료보호, 재해구호, 국세징수, 공과금징수, 직업안정, 하천유지보수, 국도유지보수 등	대통령 · 국회의원 선거, 경찰, 근로기준설정, 가족관계 등록, 의 · 약사면허, 도량형, 외국인등록, 여권 발급 등

01 □□□ 2020년 지방직 9급

지방분권 추진 원칙 중 다음 설명에 해당하는 것은?

> • 기능 배분에 있어 가까운 정부에게 우선적 관할권을 부여한다.
> • 민간이 처리할 수 있다면 정부가 관여해서는 안 된다.
> • 가까운 지방정부가 처리할 수 있는 업무에 상급 지방정부나 중앙정부가 관여해서는 안 된다.

① 보충성의 원칙 ② 포괄성의 원칙
③ 형평성의 원칙 ④ 경제성의 원칙

02 □□□ 2009년 지방직 7급

지방자치의 이론적 기초 중에서 적극적 보충성의 원리에 대한 설명으로 옳은 것은?

① 개인 및 지역 간의 과도한 격차를 줄이기 위해 상급공동체는 필요한 최소수준을 정하고 이에 미달하는 개인 및 지역의 삶을 보장하여야 한다.
② 주민들의 자발적 참여가 전제된 상태에서 상향적 의사결정을 통해 공동이익을 실현하는 방식이다.
③ 개인이나 하급공동체가 할 수 있는 일을 상급공동체가 과도하게 개입하여 처리하는 것은 옳지 않다.
④ 강력한 통치권을 가진 국가(중앙정부)로부터 일정한 자치권을 부여받아 지방자치를 실시하는 전통을 말한다.

03 □□□

2021년 국가직 7급

중앙정부의 지방자치단체 사무배분원칙에 대한 설명으로 옳은 것만을 모두 고르면?

> ㄱ. 지역주민생활과 밀접한 관련이 있는 사무는 원칙적으로 시 · 군 및 자치구의 사무로 배분하여야 한다.
> ㄴ. 서로 관련된 사무들을 배분할 때는 포괄적으로 배분하여야 한다.
> ㄷ. 시 · 군 및 자치구가 처리하기 어려운 사무는 국가보다는 시 · 도에 우선적으로 배분하여야 한다.
> ㄹ. 시 · 군 및 자치구가 해당 사무를 원활히 처리할 수 있도록 행정적 · 재정적 지원을 병행하여야 한다.
> ㅁ. 주민의 편익증진과 집행의 효과 등을 고려하여 지방자치단체 상호 간 중복되지 않도록 해야 한다.

① ㄱ, ㄷ, ㅁ
② ㄴ, ㄷ, ㄹ
③ ㄱ, ㄴ, ㄹ, ㅁ
④ ㄱ, ㄴ, ㄷ, ㄹ, ㅁ

04 □□□

2022년 국가직 7급

「지방자치법」상 지방자치단체 종류별 사무배분의 기준에 대한 설명으로 옳지 않은 것은?

① 인구 30만 이상의 시에 대해서는 도가 처리하는 사무의 일부를 직접 처리하게 할 수 있다.
② 시·군 및 자치구가 독자적으로 처리하기 어려운 사무는 시·도의 사무이다.
③ 지방자치단체의 구역, 조직, 행정관리 등은 시 · 도와 시 · 군 및 자치구에 공통된 사무이다.
④ 국가와 시 · 군 및 자치구 사이의 연락 · 조정 등의 사무는 시 · 도의 사무이다.

05 □□□

2020년 국가직 9급

단체위임사무와 기관위임사무에 대한 설명으로 옳지 않은 것은?

① 지방의회는 기관위임사무에 대해 조례제정권을 행사할 수 없다.
② 보건소의 운영업무와 병역자원의 관리업무는 대표적인 기관위임사무이다.
③ 중앙정부는 단체위임사무에 대해 사전적 통제보다 사후적 통제를 주로 한다.
④ 기관위임사무의 처리를 위한 비용은 국가가 부담한다.

06 □□□

2018년 교육행정직 9급

지방자치단체 자치사무의 종류로 옳은 것을 〈보기〉에서 고른 것은?

〈보기〉

ㄱ. 교원능력개발평가	ㄴ. 부랑인선도시설 감독
ㄷ. 주민등록 관리	ㄹ. 공유재산관리
ㅁ. 국회의원 선거사무	ㅂ. 상하수도사업

① ㄱ, ㄴ, ㅁ
② ㄱ, ㄹ, ㅁ
③ ㄴ, ㄷ, ㅂ
④ ㄷ, ㄹ, ㅂ

07 □□□

2016년 국가직 9급

우리나라 지방자치제에 대한 설명으로 옳지 않은 것은?

① 지방자치단체의 의사를 결정하는 의결기관과 의사를 집행하는 집행기관을 이원적으로 구성하는 기관대립(분립)형이다.
② 지방분권화의 세계적 흐름에 따라 지방사무의 배분방식은 제한적 열거방식을 채택하고 있다.
③ 자치경찰제는 현재 제주특별자치도에서만 실시되고 있다.
④ 특별지방행정기관은 중앙행정기관이 소관 사무를 집행하기 위해 설치한 지방행정기관이며, 세무서와 출입국관리사무소는 특별지방행정기관에 해당한다.

08 □□□
2017년 사회복지직 9급(서울)

지방자치단체의 사무에 관한 설명 중 가장 옳지 않은 것은?

① 기관위임사무에 소요되는 비용은 원칙적으로 자치단체와 위임기관이 공동으로 부담한다.
② 지방의회는 단체위임사무에 대해 조사·감사를 시행한다.
③ 예방접종에 관한 사무는 통상 자치단체에 위임된 사무로 본다.
④ 자치사무에 대한 국가의 감독에서 적극적 감독, 즉 예방적 감독과 합목적성의 감독은 배제되는 것이 원칙이다.

09 □□□
2023년 지방직 9급

지방정부의 사무에 대한 설명으로 옳지 않은 것은?

① 기관위임사무의 처리에 드는 경비는 중앙정부와 지방정부가 공동 부담하는 것이 원칙이다.
② 단체위임사무는 집행기관장이 아닌 지방정부 그 자체에 위임된 사무이다.
③ 지방의회는 단체위임사무의 처리 과정에 관한 조례를 제정할 수 있다.
④ 중앙정부는 자치사무에 대해 합법성 위주의 통제를 주로 한다.

10 □□□
2016년 국가직 7급

우리나라 지방자치제도에 대한 설명으로 옳지 않은 것은?

① 자치사무(고유사무)와 달리 법령에 의하여 지방자치단체에 속하는 사무(단체위임사무)에 관해서는 조례로 규정할 수 없다.
② 합의제 행정기관의 설치·운영에 관하여 필요한 사항은 대통령령 또는 조례로 정한다.
③ 지방자치단체는 공공시설을 부정사용한 자에 대하여 과태료를 부과하는 규정을 조례로 정할 수 있다.
④ 지방자치단체는 공공시설을 관계 지방자치단체의 동의를 얻어 그 지방자치단체의 구역 밖에 설치할 수 있다.

11 □□□
2015년 국가직 9급

기관위임사무에 대한 설명으로 옳지 않은 것은?

① 법령에 의하여 국가 또는 상급지방자치단체로부터 지방자치단체의 장에게 위임된 사무를 말한다.
② 국가와 지방자치단체 사이의 행정적 책임의 소재를 명확하게 해준다.
③ 지방자치단체를 국가의 하급기관으로 전락시키는 요인으로 작용할 수 있다.
④ 전국적으로 획일적인 행정을 강조함으로써 지방적 특수성이 희생되기도 한다.

12 □□□
2022년 군무원 7급

기관위임사무에 대한 설명으로 옳지 않은 것은?

① 원칙적으로 국가가 경비를 전액 부담한다.
② 지방자치단체의 장은 국가기관적 지위를 갖는다.
③ 지방의회는 사업수행에 필요한 경비부담에 한해 관여한다.
④ 원칙적으로 중앙정부의 소송이 허용된다.

13 □□□
2018년 서울시 9급

「지방자치법」상 지방자치단체의 사무처리에 관한 설명으로 가장 옳지 않은 것은?

① 지방자치단체는 법령을 위반하여 그 사무를 처리할 수 없다.
② 행정처리 결과가 2개 이상의 시·군 및 자치구에 미치는 광역적 사무는 시·도가 처리한다.
③ 시·도와 시·군 및 자치구의 사무가 서로 경합하면 시·도에서 먼저 처리한다.
④ 지방자치단체는 법률에 다른 규정이 있는 경우를 제외하고 외교, 국방, 사법, 국세 등 국가의 존립에 필요한 사무를 처리할 수 없다.

14 □□□ 2019년 서울시 9급(2월 추가)

「지방자치법」상 지방자치단체의 사무범위에 해당하지 않는 것은?

① 농림 · 상공업 등 산업 진흥에 관한 사무
② 교육 · 체육 · 문화 · 예술의 진흥에 관한 사무
③ 축산물 · 수산물 및 양곡의 수급 조절과 수출입 사무
④ 지역민방위 및 지방소방에 관한 사무

15 □□□ 2024년 군무원 7급

다음 중 우리나라 지방자치단체의 사무에 대한 설명으로 가장 적절하지 않은 것은?

① 지방자치단체의 사무는 자치사무와 위임사무로 구분된다.
② 지방의회는 지방자치단체의 자치사무에 대해 행정사무 감사 및 조사를 실시할 수 있다.
③ 지방자치단체나 그 장이 위임받아 처리하는 국가사무에 대하여 주무부장관의 지도 · 감독을 받는다.
④ 지방자치단체의 자치사무에 대하여는 행정안전부장관이 그 회계를 감사할 수 없다.

16 □□□ 2024년 국가직 7급

국가와 지방자치단체 간의 사무배분에 대한 설명으로 옳지 않은 것은?

① 기관위임사무는 주로 지방적 이해관계보다 국가적 차원의 이해관계가 크게 걸려 있는 사업이 대상이며, 지방자치단체 그 자체에 위임한 사무이다.
② 효율성의 원칙은 보충성의 원칙을 받아들인다 해도 사무에 따라서는 보다 넓은 지역을 담당하는 광역지방자치단체나 중앙정부가 일차적인 책임을 지고 처리하는 것이 훨씬 효율적일 수 있다는 것이다.
③ 포괄성의 원칙은 지방자치단체가 배분받은 사무에 대해 배타적인 권한을 행사할 수 있도록 해야 한다는 내용도 포함한다.
④ 자치사무는 지방자치단체의 고유사무이므로 스스로의 책임과 부담으로 처리하는 것이 원칙이며, 중앙정부는 사후 감독과 합법성 감독을 수행한다.

17 □□□ 2021년 지방직 9급

자치경찰제도에 대한 설명으로 옳지 않은 것은?

① 지역 실정에 맞는 치안 행정을 펼칠 수 있다.
② 경찰 업무의 통일성과 효율성을 높일 수 있다.
③ 제주자치경찰단은 주민의 생활안전 활동에 관한 사무를 수행한다.
④ 자치경찰사무를 관장하기 위하여 광역자치단체에 시 · 도 자치경찰위원회를 둔다.

18 □□□ 2024년 행정사

자치경찰제에 관한 설명으로 옳지 않은 것은?

① 2006년 제주특별자치도 자치경찰제 시범 도입에 이어 2021년부터 본격적으로 자치경찰제가 시행되었다.
② 자치경찰사무로 지역 내 주민의 생활안전 활동과 교통활동에 관한 사무가 있다.
③ 광역자치단체장 소속으로 시 · 도자치경찰위원회가 자치경찰사무를 관장한다.
④ 시 · 도 자치경찰위원회는 시 · 도지사의 지휘감독을 받아 자치경찰사무를 수행한다.
⑤ 국가경찰사무는 국민의 생명 · 신체 및 재산의 보호, 범죄의 예방 · 진압 및 수사 등이다.

CHAPTER 4

지방자치단체와 국가의 관계

THEME 78 지방자치단체와 국가의 관계(IGR, 분쟁조정)

중요도 ●●●○○

정답 및 해설 p. 290

선생님TIP

출제빈도가 높은 편에 속하는 테마로, 지방자치단체와 국가와의 관계에서 먼저 정부 간 관계(IGR)모형에 대한 이해가 필요합니다. 가장 일반적인 라이트(Wright)의 모형을 중점적으로 정리하여야 하고, 최근의 로즈(Rhodes)의 권력의존모형에 대해서도 함께 알아두는 것이 좋습니다. 또한 정부 간 분쟁조정에서는 중앙정부와 지방자치단체 간 제3자 조정으로서 국무총리 소속의 행정협의조정위원회가 있고, 지방자치단체 간의 분쟁조정으로 지방자치단체 중앙/지방분쟁조정위원회가 있으므로 각각의 특징에 대해서 비교하여 숙지해두어야 합니다.

■ 지방자치단체와 국가의 관계

1. 정부 간 관계(IGR)모형

(1) 라이트(Wright)의 모형

분리권위형	중앙정부와 지방정부는 독립적 관계, 자치적으로 운영
포괄권위형	지방정부가 중앙정부에 전적으로 의존하는 종속적 관계
중첩권위형	중앙정부와 지방정부는 상호 의존적 관계, 가장 이상적 모형

(2) 로즈(Rhodes)의 권력 - 의존모형(power-dependency model)

개념	• 중앙정부의 우월적 입장을 인정하면서도 지방정부의 능력을 어느 정도 인정하는 일종의 절충형 모형 • 지방정부는 중앙정부에 완전히 예속되는 것도, 동등한 관계가 되는 것도 아닌 상태에서 상호 의존적 관계를 가짐
보유자원	• 정부보유자원 유형 5가지: 법적 자원, 정치적 자원, 재정적 자원, 조직자원, 정보자원 • 정부 간의 상호작용은 이러한 자원의 교환과정으로 다룰 수 있음 • 중앙정부는 법적 · 정치적 · 재정적 자원에서 우위를 점하며, 지방정부는 정보와 조직자원의 측면에서 우위를 점한다고 봄

2. 티부모형의 기본가정

다수의 지역사회 존재	상이한 재정프로그램을 제공하는 다양한 지방정부 존재
완전한 정보	각 지역의 재정프로그램에 대해 정확히 알고 있어야 함(모든 정보 공개)
완전한 이동	지역 간 자유로운 이동이 가능하여야 함(이사비용 없음)
단위당 평균비용 동일	공공재 생산을 위한 단위당 평균비용이 동일해야 하다는 것으로 규모의 경제가 작용하지 않아야 한다는 '규모수익의 불변의 원리'
외부효과의 부존재	당해지역의 프로그램의 이익은 당해지역 주민들에게만 돌아가며, 이웃주민들에게 영향을 미쳐서는 안 됨(외부효과=0)
고정적 생산요소의 존재와 최적규모의 추구	• 모든 지방정부에서는 최소한 한 가지 고정적인 생산요소(fixed factor)가 존재하며, 이와 같은 제약 때문에 각 지방정부는 자신에게 맞는 최적 규모(optimal size)를 갖게 됨 • 최적 규모: 일정 수준의 지방공공재가 최저평균비용으로 생산될 수 있는 인구 규모
자체적 재정 운영	• 소득은 배당수입에 의하며, 재원은 당해지역 주민들의 재산세(property tax)로 충당함 • 국고보조금 등은 존재하지 않는 것으로 함

3. 정부 간 분쟁조정

중앙 - 지방 간	• 행정적 조정: 취소정지, 직무이행명령, 감사제도, 사전승인제 • 사법적 조정: 헌법재판소 권한쟁의심판, 대법원 기관소송 • 제3자에 의한 조정: 행정협의조정위원회(국무총리)
지방 간	• 당사자 간 조정: 행정협의회, 지방자치단체조합 • 제3자에 의한 조정: 지방자치단체 중앙 · 지방분쟁조정위원회, 환경분쟁조정위원회

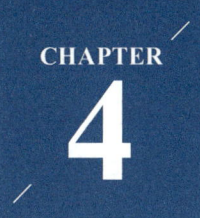

01 □□□

2011년 지방직 9급

라이트(Wright)의 정부 간 관계모형에 대한 설명으로 옳지 않은 것은?

① 분리형은 중앙 - 지방 간의 독립적인 관계를 의미한다.
② 내포형은 지방정부가 중앙정부에 완전히 의존되어 있는 관계를 의미한다.
③ 중첩형은 정치적 타협과 협상에 의한 중앙 - 지방 간의 상호의존관계를 의미한다.
④ 경쟁형은 정책을 둘러싼 정부 간 경쟁관계를 의미한다.

02 □□□

2013년 서울시 7급

라이트(Wright)의 정부 간 관계모형에 대한 설명으로 옳은 것은?

① 대립형은 정책을 둘러싸고 정부 간 경쟁관계를 유지한다.
② 포함형은 정부 간 관계의 이상적 모형으로 간주된다.
③ 포함형은 정치적 타협과 협상에 의한 정부 간 상호 의존관계이다.
④ 중첩형은 지방정부가 중앙정부에 종속된 경우이다.
⑤ 분리형은 재정과 인사 등의 독립적 기능이 있다.

03 □□□

2016년 지방직 9급

정부 간 관계(IGR)모형에 대한 설명으로 옳은 것을 모두 고르면?

> ㄱ. 로즈(Rhodes)모형에서 지방정부는 중앙정부에 완전히 예속되는 것도 아니고 완전히 동등한 관계가 되는 것도 아닌 상태에서 상호 의존한다.
> ㄴ. 로즈(Rhodes)는 지방정부는 법적 자원, 재정적 자원에서 우위를 점하며, 중앙정부는 정보자원과 조직자원의 측면에서 우위를 점한다고 주장한다.
> ㄷ. 라이트(Wright)는 정부 간 관계를 포괄형, 분리형, 중첩형의 세 유형으로 나누고, 각 유형별로 지방정부의 사무내용, 중앙 · 지방 간 재정관계와 인사관계의 차이가 있음을 밝히고 있다.
> ㄹ. 라이트(Wright)모형 중 포괄형에서는 정부의 권위가 독립적인 데 비하여, 분리형에서는 계층적이다.

① ㄱ, ㄴ　　② ㄴ, ㄷ, ㄹ
③ ㄱ, ㄷ　　④ ㄱ, ㄴ, ㄷ

04 □□□

2022년 군무원 9급

정부 간 관계모형에 대한 설명으로 옳지 않은 것은?

① 라이트(D. S. Wright)는 미국의 연방, 주, 지방정부 간 관계에 주목하여 분리형, 중첩형, 포함형으로 구분했다.
② 그린피스(J. A. Griffith)는 영국의 중앙 · 지방관계는 중세 귀족사회에서 지주와 그 지주의 명을 받아 토지와 소작권을 관리하는 마름(steward)의 관계에 가깝다고 하여 지주 마름모형을 제시했다.
③ 로즈(R. A. W Rhodes)는 집권화된 영국의 수직적인 중앙 · 지방 관계하에서도 상호의존현상이 나타남을 권력의존 모형으로 설명했다.
④ 무라마쓰(村松岐夫)는 일본의 중앙 · 지방 관계의 변화에 주목하여 수직적 행정통제모형과 수평적 정치경쟁모형을 제시했다.

05 □□□

2023년 지방직 9급

라이트(Wright)의 정부 간 관계(Inter-Governmental Relations: IGR)모형에 대한 설명으로 옳지 않은 것은?

① 정부 간 상호권력관계와 기능적 상호의존관계를 기준으로 정부 간 관계(IGR)를 3가지 모델로 구분한다.
② 대등권위모형(조정권위모형, coordinate-authority model)은 연방정부, 주정부, 지방정부가 모두 동등한 권한을 가지고 있다고 설명한다.
③ 내포권위모형(inclusive-authority model)은 연방정부, 주정부, 지방정부를 수직적 포함관계로 본다.
④ 중첩권위모형(overlapping-authority model)은 연방정부, 주정부, 지방정부가 상호 독립적인 실체로 존재하며 협력적 관계라고 본다.

06 □□□

2022년 지방직 7급

지방자치에 관한 이론에 대한 설명으로 옳은 것은?

① 피터슨(Peterson)의 저서 『도시한계(City Limits)』에 따르면, 개방체제로서의 지방정부는 재분배정책보다 개발정책을 추구하는 경향이 있다.
② 라이트(Wright)는 정부 간 관계를 분쟁형, 창조형, 교환형으로 분류하고, 연방정부와 주정부 간 사회적 · 문화적 측면의 동태적 관계를 기술하였다.
③ 로즈(Rhodes)의 정부 간 관계론은 지방정부가 조직자원과 재정자원 측면에서 중앙정부보다 우월한 지위에 있다고 본다.
④ 티부(Tiebout)의 발에 의한 투표(voting with feet)가 가능하기 위해서는 주민의 자유로운 이동성, 공공서비스 제공에서 외부효과 존재 등의 전제조건이 충족되어야 한다.

07 □□□

2025년 국가직 9급

지방자치 이론에 대한 설명으로 옳지 않은 것은?

① 피터슨(Peterson)의 도시한계론은 엘리트론과 다원론의 정치적 자율주의 관점과 달리 시장경제의 구조적 요인을 강조하였다.
② 티부(Tiebout)는 주민들의 자유로운 이동을 통해 지방정부가 제공하는 공공서비스를 선택함으로써 효율적인 자원배분이 가능하다고 보았다.
③ 로즈(Rhodes)의 권력의존모형은 정부 간 관계에서 지방의 중앙에 대한 의존을 강조하여 상호 의존적 관계를 부정하였다.
④ 엘코크(Elcock)의 정부 간 관계 모형 중 대리인 모형은 중앙정부가 지방정부를 권력적으로 통제한다고 본다.

08 □□□

2023년 국가직 7급

정부 간 관계와 지방자치권에 대한 설명으로 옳지 않은 것은?

① 라이트(Wright)는 미국의 연방정부, 주정부, 지방정부 간 관계에 주목하면서 중앙 · 지방정부 간 관계를 3가지 형태로 구분하였다.
② 엘코크(Elcock)가 제시한 대리인모형은 지방정부의 자율성이 제약되는 상황을 특징으로 한다.
③ 우리나라 지방자치단체의 자치조직권은 「지방자치법」의 위임에 따라 제정된 대통령령의 제약을 받는다.
④ 우리나라 지방자치단체의 단체위임사무는 의결기관인 지방의회가 그 사무의 처리에 관여할 수 없다.

09 □□□

2024년 국가직 7급

정부간 관계이론에 대한 설명으로 옳지 않은 것은?

① 앤더슨(Anderson)에 따르면 정부 간 관계는 연방체계 내에서 모든 계층과 모든 형태의 정부단위들 간에 일어나는 상호작용과 행위의 총체이다.
② 라이트(Wright)의 중첩권위모형에서는 연방정부, 주정부, 지방정부가 때로는 경쟁하고 때로는 협력하는 관계를 맺으며, 그 과정에서 합의를 이루고 협력체제를 구축하기 위한 협상과 협의가 계속된다.
③ 로즈(Rhodes)의 지배인 모형에 따르면 지방정부는 중앙정부로부터 어느 정도의 자율성을 가지고 지방을 관리한다.
④ 엘코크(Elcock)의 동반자모형에 따르면 중앙정부와 지방정부 간 관계는 상호협력적이며 대등한 국정의 파트너이다.

10 □□□

2015년 교육행정직 9급

우리나라 중앙정부와 지방자치단체 간 또는 지방자치단체 상호 간의 관계에 대한 기술로 옳지 않은 것은?

① 행정안전부장관은 공익상 필요하면 지방자치단체조합의 설립이나 해산을 명할 수 있다.

② 지방자치단체 간 의견이 달라 분쟁이 생길 경우 당사자의 신청 없이는 조정을 할 수 없다.

③ 중앙행정기관의 장과 지방자치단체의 장 간에 의견을 달리하는 경우 국무총리 소속으로 행정협의조정위원회를 두어 조정한다.

④ 「지방자치법」상 인정되는 지방자치단체 간의 협력방안으로 지방자치단체조합의 설립, 사무위탁, 행정협의회의 구성 등이 있다.

11 □□□

2012년 국가직 9급

지역사회 및 지방자치단체의 권력구조에 대한 이론과 이에 대한 설명으로 옳은 것은?

① 신다원론(neo-pluralism) - 기업이나 개발관계자들의 우월적 지위를 주민이나 지방정부가 용인하지 않는다.

② 엘리트론(elite theory) - 엘리트계층 내의 분열과 다툼이 최소화되기 때문에 내부조정과 사회화의 과정은 의미를 지니기 어렵다.

③ 성장기구론(Growth Machine) - 성장연합과 반성장연합의 대결구도에서 대체로 반성장연합이 승리하여 권력을 쟁취한다.

④ 레짐이론(regime theory) - 지방정부와 지방의 민간부문 주요 주체가 연합하여 권력기반을 형성한다.

12 □□□

2020년 국가직 7급

지역사회 권력구조에 관한 이론에 대한 설명으로 옳은 것은?

① 레짐이론은 기업을 비롯한 민간부문 주요 주체들과의 연합이나 연대를 배제하는 특성을 갖는다.

② 성장기구론에서 성장연합은 비성장연합에 비해 부동산의 사용가치(use value), 즉 일상적 사용으로부터 오는 편익을 중시한다.

③ 지식경제 사회에서 엘리트 계층과 일반 대중 사이의 정보비대칭성(asymmetry)이 심화되면 엘리트 이론의 설명력은 더 높아진다.

④ 신다원론에서는 정책과정이 지역사회의 모든 구성원들에게 공정하게 개방되어 있으며, 엘리트 집단의 영향력은 의도적 노력의 결과이다.

13 □□□

2024년 국회직 8급

레짐이론에 대한 설명으로 옳은 것은?

① 레짐이론은 경제적·사회적 도전을 극복하는 과정에서 조성되는 정부기관과 비정부기관의 상호의존 관계를 강조함으로써, 정부와 비정부기관의 행위자가 협력하고 조정하는 활동에 초점을 맞춘다.

② 레짐이론은 지방정부의 의사결정에 영향을 주는 외생변수의 중요성에 주목하고 있으며, 지방정부의 정책은 정치행위자들의 요구나 협상력보다는 사회경제적 제약에 의해 영향을 받는다는 견해이다.

③ 레짐이론은 초기 다원주의론과 달리 정치과정이 모든 집단이나 개인에게 똑같이 개방되어 있지 않고, 정부 또한 이들을 동등하게 대우하지 않는다는 전제하에서 출발한다.

④ 레짐이론은 정부의 결정 및 집행에 있어서 비공식적 민관협력이 아닌 공식적 장치를 강조한다.

⑤ 레짐이론은 지방 권력이 소수의 엘리트에 집중되어 있고, 이들 대부분이 정책 영역에서 지방정부의 정책결정에 지배적인 영향력을 행사한다고 주장한다.

14 □□□ 2019년 서울시 9급(2월 추가)

티부(Tiebout)모형에서 제시한 '발로 하는 투표(vote by feet)'의 전제조건에 해당하지 않는 것은?

① 정보의 불완전성
② 다수의 지방정부
③ 고정적 생산요소의 존재
④ 배당수입에 의한 소득

15 □□□ 2019년 국가직 7급

티부가설(Tiebout Hypothesis)의 가정이 아닌 것은?

① 다수의 이질적인 지방정부가 존재한다.
② 주민들은 지방정부가 제공하는 서비스의 정보를 완전히 알고 있다.
③ 지방공공재는 외부효과가 존재한다.
④ 개인들은 자유롭게 다른 지역으로 이주할 수 있다.

16 □□□ 2019년 서울시 7급(2월 추가)

분권화된 지방정부에서 발에 의한 투표(vote by feet)가 가능해지기 위한 전제조건들에 대한 설명으로 가장 옳지 않은 것은?

① 지방정부의 시민들은 그들의 선호체계에 가장 적합한 지역으로 이동하는 것이 가능하다.
② 시민들이 지방정부들의 세입·세출형태에 관해 완전한 정보를 가지고 있어야 한다.
③ 시민들이 배당수입에 의존하여 생활하여야 한다.
④ 공급되는 공공재도 외부비용과 외부효과 문제를 가지고 있을 수 있다.

17 □□□ 2016년 국가직 9급

티부(Tiebout)모형의 가정(assumptions)으로 옳지 않은 것은?

① 충분히 많은 수의 지방정부가 존재한다.
② 공급되는 공공서비스는 지방정부 간에 파급효과 및 외부효과를 발생시킨다.
③ 주민들은 언제나 자유롭게 이동할 수 있다.
④ 주민들은 지방정부들의 세입과 지출 패턴에 관하여 완전히 알고 있다.

18 □□□ 2022년 지방직 9급

티부(Tiebout)모형의 전제조건으로 옳지 않은 것은?

① 시민의 이동성
② 외부효과의 배제
③ 고정적 생산요소의 부존재
④ 지방정부 재정패키지에 대한 완전한 정보

19 □□□ 2022년 국회직 8급

티부(C. Tiebout)모형의 가정으로 옳지 않은 것은?

① 지방정부의 재원에 국고보조금은 포함되지 않아야 한다.
② 지방정부의 공공서비스에 외부효과가 발생하지 않아야 한다.
③ 고용기회와 관련된 제약조건은 거주지 의사결정에 왜곡을 초래할 수 있으므로 고려하지 않아야 한다.
④ 개인은 자신의 선호에 따라 다른 지방정부의 지역으로 자유롭게 이주할 수 있어야 한다.
⑤ 소수의 대규모 지방자치단체가 존재해야 한다.

20 □□□

2021년 국가직 7급

오츠(Oates)의 분권화 정리가 성립하기 위한 조건에 대한 설명으로 옳은 것만을 모두 고르면?

> ㄱ. 중앙정부의 공공재 공급 비용이 지방정부의 공공재 공급 비용보다 더 적게 든다.
> ㄴ. 공공재의 지역 간 외부효과가 없다.
> ㄷ. 지방정부가 해당 지역에서 파레토 효율적 수준으로 공공재를 공급한다.

① ㄱ
② ㄷ
③ ㄱ, ㄴ
④ ㄴ, ㄷ

21 □□□

2015년 지방직 9급

우리나라의 중앙정부와 지방정부 간 관계에 대한 설명으로 옳지 않은 것은?

① 중앙정부와 지방정부 간의 인사교류 활성화는 소모적 갈등의 완화에 기여할 수 있다.
② 특별지방행정기관과 지방정부 간 기능이 유사·중복되어 갈등이 발생하기도 한다.
③ 중앙정부와 지방정부 간 재원 및 재정 부담을 둘러싼 갈등이 심화되고 있다.
④ 중앙정부와 지방정부 간 갈등을 해결하기 위하여 설치된 행정협의조정위원회의 결정은 강제력을 지닌다.

22 □□□

2008년 지방직 7급

지방자치단체 상호 간의 분쟁조정에 대한 설명으로 옳지 않은 것은?

① 지방자치단체 상호 간에 분쟁이 발생할 경우 행정안전부장관 또는 시·도지사가 당사자의 신청에 의하여 이를 조정할 수 있다.
② 지방자치단체 상호 간 분쟁이 공익을 현저히 저해하여 조속한 조정이 필요하다고 인정될 경우에는 당사자의 신청이 없어도 행정안전부장관 또는 시·도지사가 직권으로 이를 조정할 수 있다.
③ 조정결정사항 중 예산이 수반되는 경우에 관계 지방자치단체는 이에 필요한 예산을 우선적으로 편성하여야 한다.
④ 동일 광역자치단체 내 기초자치단체 간의 분쟁은 중앙분쟁조정위원회에서 조정한다.

23 □□□

2017년 국가직 9급(4월 시행)

중앙과 지방의 권한배분에 대한 설명으로 옳지 않은 것은?

① 지방분권 및 지방행정체제 개편을 추진하기 위하여 국무총리 소속으로 지방자치발전위원회를 둔다.
② 국가는 지방자치단체에 이양한 사무가 원활히 처리될 수 있도록 행정적·재정적 지원을 병행하여야 한다.
③ 중앙행정기관의 장과 지방자치단체의 장이 사무를 처리할 때 의견을 달리하는 경우 이를 협의·조정하기 위하여 국무총리 소속으로 행정협의조정위원회를 둔다.
④ 「지방자치법」은 원칙적으로 사무배분방식에 있어서 포괄적 예시주의를 취하고 있다.

24 □□□

2017년 사회복지직 9급

중앙행정기관의 장과 지방자치단체의 장이 사무를 처리할 때 의견을 달리하는 경우 이를 협의·조정하기 위하여 설치하는 기구는?

① 중앙분쟁조정위원회
② 지방분쟁조정위원회
③ 갈등관리심의위원회
④ 행정협의조정위원회

25 □□□

2023년 지방직 7급

「지방자치법」상 지방자치단체 상호 간 분쟁 발생 시 조정에 대한 설명으로 옳지 않은 것은?

① 지방자치단체 상호 간 사무를 처리할 때 의견이 달라 생긴 분쟁이 공익을 현저히 해쳐 조속한 조정이 필요하다고 인정되면 당사자의 신청이 없어도 행정안전부장관이나 시·도지사가 직권으로 조정할 수 있다.
② 행정안전부장관이나 시·도지사는 조정 결정 사항이 성실히 이행되지 아니할 경우 그 지방자치단체에 대하여 직무이행명령을 통해 이행하게 할 수 있다.
③ 지방분쟁조정위원회는 시·도에 설치하며 시·도와 시·군 및 자치구 간 또는 그 장 간의 분쟁을 심의·의결한다.
④ 중앙분쟁조정위원회는 행정안전부에 설치하며 시·도 간 또는 그 장 간의 분쟁을 심의·의결한다.

26 □□□

2018년 국가직 7급

정부 간 관계에 대한 설명으로 옳은 것은?

① 미국 건국초기에는 연방의 권한이 상대적으로 강했으며, 연방과 주의 권한을 명확히 구분하지 않았다.
② 딜런의 규칙(Dillon's rule)에 의하면 지방정부는 '주정부의 피조물'로서 명시적으로 위임된 사항 외에도 포괄적인 권한을 지닌다.
③ 영국의 경우 개별적으로 수권 받은 사무에 대해서는 지방자치단체가 자치권을 보유하지만, 그 범위를 벗어나는 행위는 금지된다.
④ 일본의 경우 메이지유신 이래 강력한 중앙집권적 체제를 유지해 왔으며, 국가의 관여를 폐지하거나 축소시키는 등의 분권개혁은 이루어지지 못했다.

27 □□□

2024년 국가직 7급

딜런(Dillon)의 원칙에 대한 설명으로 옳은 것은?

① 지방정부의 절대적 권리를 인정하고, 주정부가 이를 폐지할 수 없다는 것을 강조한다.
② 지방정부는 연방헌법이 부여한 권한만을 행사할 수 있다.
③ 엽관주의로 인해 나타난 지방정부의 부패와 무능을 해결하려는 의도를 담고 있다.
④ 지역사회에서 만든 헌장 안을 주민투표 등을 통하여 결정하는 방식을 지지한다.

THEME 79 중앙통제와 특별지방행정기관

중요도 ●●●○○

정답 및 해설 p. 295

선생님TIP

중앙통제는 아직까지 남아 있는 관치행정적 요소로서, 지방행정의 의의를 고려하였을 때 가급적 중앙통제를 최소한으로 줄여야 합니다. 하지만 완전히 없애는 것은 아니기 때문에 기본적인 중앙통제의 방식이나 「지방자치법」의 규정에 대해서는 알아둘 필요가 있습니다. 특히 중앙통제의 예로서 특별지방행정기관인 일선기관이 있는데 이에 대한 장단점을 정리해두어야 합니다.

■ 중앙통제와 특별지방행정기관

1. 일반적 중앙통제

입법상 통제	• 예산심의, 공공정책 결정, 상임위원회, 국정조사, 감사, 임명동의, 해임건의, 청원 • 한계: 전문성 하락, 정보부족, 정치자금 취득문제
사법상 통제	• 행정소송의 심사권 • 한계: 사후적 구제, 많은 비용, 전문성 결여, 공정성·독립성에 대한 위협

2. 우리나라의 중앙통제

행정상 통제	주무부장관이 지방자치단체에 지도, 국가사무처리의 지도·감독, 위법명령을 취소·정지, 지방자치단체장에 대한 직무이행명령, 행정안전부의 자치사무감사, 지방의회의결 재의요구 지시 및 제소, 감사원, 지침 제공
인사상 통제	정원 통제, 총액인건비 통제, 국가공무원 임용
재정상 통제	예산·결산 보고, 자치단체 재정운용업무편람, 지방채발행 통제(법률로 규정), 보조금 감독, 중기지방재정계획 통제, 지방재정진단제도

3. 특별지방행정기관(일선기관)

장점	• 신속하고 통일적인 행정수행 용이 • 국가의 업무부담 경감 • 광역행정 및 협력 용이
단점	• 행정책임 저하와 비효율성 증대 • 주민참여 저하와 중앙통제 강화 • 종합행정 저해 • 지방자치단체와의 갈등 가능성 증대

01 □□□ 2008년 지방직 9급

우리나라의 지방정부에 대한 중앙통제로 옳지 않은 것은?

① 감사원은 지방공무원에 대해 직무감찰을 실시할 수 있다.
② 중앙정부는 위법·부당한 명령·처분의 시정명령 및 취소·정지를 할 수 있고, 지방자치단체의 장이 이에 이의가 있을 때에는 행정법원에 소를 제기할 수 있다.
③ 지방자치단체는 법률이 정하는 바에 의하여 국가공무원을 둘 수 있다.
④ 중앙정부는 지방자치단체가 보조금을 다른 용도로 사용한 경우, 보조금을 반환하게 할 수 있다.
⑤ 지방자치단체 또는 그 장이 위임받아 처리하는 국가사무에 관하여는 주무부장관의 지도·감독을 받는다.

02 □□□ 2009년 지방직 7급

특별지방행정기관에 대한 설명으로 옳지 않은 것은?

① 국가업무의 효율적이고 광역적인 추진이라는 긍정적인 목적과 부처이기주의적 목적이 결합되어 설치되었다.
② 지방자치단체와의 관계에서 이중행정, 이중감독의 문제는 보조금의 교부, 자금의 대부 등에서 현저하게 나타난다.
③ 특별지방행정기관의 수는 IMF 경제위기를 극복하기 위해 1990년대 후반에 급증했다.
④ 지역주민의 의사를 반영시키는 제도적 연결장치가 결여되어 있다.

03 □□□

2007년 국가직 9급

특별지방행정기관의 남설에 따른 폐단이라고 할 수 없는 것은?

① 공무원의 수 팽창
② 업무의 중복추진
③ 지역종합행정 수행의 장애
④ 국가업무의 통일적 수행의 저해

04 □□□

2008년 서울시 9급

특별지방행정기관에 관한 설명으로 옳지 않은 것은?

① 특별지방행정기관은 소속기관의 관할 내에서 지방자치단체의 행정사무를 관장하는 기관이다.
② 특별지방행정기관 중 일부는 지방자치단체의 소관사무를 처리함과 동시에 중앙정부의 소관사무도 처리한다.
③ 지방자치단체의 하급행정기관은 특별지방행정기관이 아니다.
④ 특별지방행정기관은 지방행정의 종합성을 저해할 우려가 있다.
⑤ 전국적 통일성을 요구하는 기능은 특별지방행정기관이 맡는 것이 바람직하다.

05 □□□

2025년 군무원 9급

특별지방행정기관에 대한 설명으로 가장 적절하지 않은 것은?

① 관할지역 주민들의 직접적인 통제와 참여가 용이하기 때문에 책임행정을 실현할 수 있다.
② 국가의 사무를 집행하기 위해 중앙정부에서 설치한 일선행정기관으로 자치권을 가지고 있지 않다.
③ 현장의 정보를 중앙정부에 전달하거나 중앙정부와 지방자치단체 사이의 매개 역할을 수행하기도 한다.
④ 출입국관리, 공정거래, 근로조건 등 국가적 통일성이 요구되는 업무를 수행한다.

06 □□□

2019년 국가직 7급

특별지방행정기관에 대한 설명으로 옳은 것은?

① 국가의 사무를 집행하기 위해 설치한 일선집행기관으로 고유의 법인격을 가지고 있다.
② 전문분야의 행정을 보다 효율적으로 수행하기 위해 설치하나 행정기관 간 중복을 야기하기도 한다.
③ 특별지방행정기관의 예로는 자치구가 아닌 일반행정구가 있다.
④ 특별지방행정기관은 지방행정의 전문성을 제고하여 지방분권강화에 긍정적인 영향을 미친다.

THEME 80 광역행정

중요도 ●●●○○

정답 및 해설 p. 296

선생님TIP

광역행정은 전통적으로 중요한 지방행정의 테마로서, 하나의 지방자치단체 또는 지방행정기관의 구역을 초월하는 광역을 단위로 하여 행정사무 또는 사업을 일체적 · 종합적으로 처리하는 것을 말합니다. 광역행정의 방식에서 통합방식과 연합방식을 구별하여 알아두는 것이 중요하며, 우리나라의 광역행정방식인 행정협의회와 지방자치단체조합에 대해서도 정리가 필요합니다.

■ 광역행정

1. 광역행정의 방식

통합	합병	몇 개의 기존 자치단체를 통 · 폐합하여 하나의 법인격을 가진 새로운 자치단체를 신설
	흡수통합	하급자치단체의 권한이나 지위를 상급자치단체가 흡수
	전부사무조합	둘 이상의 자치단체가 계약에 의해 모든 사무를 공동처리하기 위해 설치
연합	자치단체연합체	둘 이상의 자치단체가 독립된 법인격을 유지하면서 특별자치단체인 연합정부를 구성
	도시공동체	대도시권의 기초자치단체인 시(市)들이 광역자치단체 내지 광역행정단위를 구성
	복합사무조합	둘 이상의 자치단체가 계약에 의해 일부 사무를 공동처리하기 위해 규약을 정하고 설치
공동처리방식	일부사무조합	둘 이상의 자치단체가 사무의 일부를 공동처리하기 위해 계약으로 새로운 법인을 설치, 특별자치단체의 지위
	행정협의회	둘 이상의 자치단체가 광역업무의 공동처리를 위해 협의체를 구성
	사무위탁	사무의 일부를 다른 자치단체의 계약에 의하여 위탁하여 처리
	공동기관	둘 이상의 자치단체가 기관의 간소화, 전문 직원 확보, 재정 절약 등을 위하여 별도의 계약에 의해 기관장, 위원, 직원 등을 공동으로 두는 방식
	연락회의	둘 이상의 자치단체가 일정한 상호관련 사무에 관한 연락을 원활히 하기 위하여 각 자치단체의 대표들로 구성되는 연락회의를 두는 방식
특별구방식		특정 광역행정사무를 처리하기 위하여 기존의 일반행정구역 또는 자치구역과는 별도의 구역 설치 예 교육구 등
특별지방행정기관		특정 광역행정사무를 처리하기 위하여 인접자치단체 간의 합의에 의하여 특정기능만을 수행하는 국가행정기관을 별도로 설치 예 뉴욕항만청, 우리나라의 지방경찰청, 지방병무청 등

2. 우리나라의 광역행정

단일정부방식	구역변경에 의한 광역행정(시 · 군 통합 · 합병)
행정협의회	• 두 개 이상의 지방자치단체에 관련된 사무 일부를 공동으로 처리 · 관리 • 법인격과 강제력이 없기 때문에 행정협의회 협의사항은 지방자치단체를 구속하지 않음(강학상)
특별지방자치단체	2개 이상의 자치단체가 공동으로 특정한 목적을 위하여 규약을 정해서 설립된 법인체 예 충청광역연합
지방자치단체조합	둘 이상의 지방자치단체가 사무의 일부를 공동으로 처리하기 위해 설치한 법인체(법인격 있음)
특별지방행정기관	지방별로 국가의 소관사무를 분담시키고 이를 처리하기 위해 설치하는 중앙정부의 하부기관(일선기관)
사무위탁	다른 지방자치단체와 협의하여 소관사무 일부를 다른 지방자치단체 또는 그 장에게 위탁하여 처리

3. 광역행정의 필요성과 한계

필요성	• 규모의 경제를 통한 능률성 향상 • 교통 · 통신의 발달과 사회경제권의 확대 • 행정서비스의 균질화 · 평준화의 요구 • 지역이기주의 문제의 해결 • 행정의 능률성(중앙집권)과 민주성(지방분권)의 조화 • 산업사회의 고도성장과 지역개발 추진
한계	지방자치(풀뿌리 민주주의)의 저해 및 지방자치단체의 행정수요 경시

01 □□□

2019년 지방직 9급

광역행정에 대한 설명으로 옳지 않은 것은?

① 기존의 행정구역을 초월해 더 넓은 지역을 대상으로 행정을 수행한다.
② 행정권과 주민의 생활권을 일치시켜 효율성을 촉진시킬 수 있다.
③ 규모의 경제를 확보하기 어렵다.
④ 지방자치단체 간에 균질한 행정서비스를 제공하는 계기로 작용해 왔다.

02 □□□

2025년 국회직 8급

우리나라의 광역행정에 대한 설명으로 옳지 않은 것은?

① 지방자치단체는 행정협의회를 구성하려면 관계 지방자치단체 간의 협의에 따라 규약을 정하여 관계 지방의회에 각각 보고한 다음 고시하여야 한다.
② 특별지방자치단체는 구성 지방자치단체의 지방의회 의결 없이 행정안전부장관의 승인으로 설립할 수 있다.
③ 지방자치단체조합 설립 시 구성원인 시·군 및 자치구가 2개 이상의 시·도에 걸쳐 있는 경우 행정안전부장관의 승인을 받아야한다.
④ 행정협의회는 사무의 일부를 공동으로 처리하기 위하여 구성하며, 지방자치단체조합은 하나 또는 둘 이상의 사무를 공동으로 처리할 필요가 있을 경우 구성한다.
⑤ 지방자치단체는 2개 이상의 지방자치단체가 공동으로 특정한 목적을 위하여 광역적으로 사무를 처리할 필요가 있을 때 설치할 수 있다.

03 □□□

2016년 서울시 9급

자치단체 상호 간의 적극적 협력을 제고하기 위한 제도적·비제도적 방식에 해당하지 않는 것은?

① 자치단체조합
② 전략적 협력
③ 분쟁조정위원회
④ 사무위탁

04 □□□

2010년 국가직 9급

현행 「지방자치법」상 지방자치단체 상호 간 협력방식에 대한 설명으로 가장 적합하지 않은 것은?

① 사무위탁은 사무처리비용의 절감, 공동사무처리에 따른 규모의 경제 등의 장점이 있으나, 위탁처리비용의 산정문제 등으로 인해 광범위하게 이용되지 못하고 있다.
② 2개 이상의 지방자치단체가 그 사무 중 일부를 공동 처리할 필요가 있을 때에는 규약을 정하고 일정한 절차를 거쳐 지방자치단체조합을 설립할 수 있다.
③ 행정협의회를 구성한 관계 지방자치단체는 반드시 협의회의 결정에 따라 사무를 처리할 필요는 없다.
④ 지방자치단체는 다른 지방자치단체로부터 사무의 공동처리에 관한 요청이나 사무처리에 관한 협의·조정·승인 또는 지원의 요청을 받으면 법령의 범위에서 협력하여야 한다.

05 □□□ 2007년 국회직 8급

광역행정의 처리방식 중 기존 지방자치단체의 자치권이 가장 크게 제약되는 것은?

① 지방자치단체조합
② 연합
③ 특별구 설치
④ 합병
⑤ 사무위탁

06 □□□ 2009년 지방직 7급

광역행정의 방식에 대한 설명으로 옳지 않은 것은?

① 흡수통합은 자치단체를 몇 개 폐합하여 하나의 법인격을 가진 새로운 자치단체를 신설하는 방식이다.
② 공동처리방식은 둘 이상의 자치단체가 상호 협력관계를 형성하여 광역적 행정사무를 공동으로 처리하는 방식이다.
③ 연합은 기존의 자치단체가 각각 독립적인 법인격을 유지하면서 그 위에 광역행정을 전담하는 새로운 자치단체를 신설하는 방식이다.
④ 자치단체 간 계약은 한 자치단체가 다른 자치단체에게 일정한 대가를 받고 서비스를 제공하는 것을 말한다.

07 □□□ 2011년 서울시 9급

광역행정방식으로 여러 자치단체를 포괄하는 단일 정부를 설립하여 그 정부의 주도로 사무를 광역적으로 처리하는 광역행정방식은?

① 연합방식
② 통합방식
③ 공동처리
④ 참여
⑤ 효용방식

08 □□□ 2024년 행정사

우리나라는 도·농 통합이나 행정구역개편을 통하여 지속적으로 통합을 전개해왔는데, 가장 최근에 통합한 도시는?

① 청주시 + 청원군 = 청주시
② 창원시 + 마산시 + 진해시 = 창원시
③ 여수시 + 여천시 + 여천군 = 여수시
④ 춘천시 + 춘천군 = 춘천시
⑤ 천안시 + 천안군 = 천안시

09 □□□ 2010년 지방직 9급

광역행정에 대한 설명으로 옳지 않은 것은?

① 광역행정이란 둘 이상의 지방자치단체 관할구역에 걸쳐서 공동적 또는 통일적으로 수행되는 행정을 말한다.
② 사회경제권역의 확대는 광역행정을 촉진시키는 요인으로 작용한다.
③ 공동처리방식은 둘 이상의 지방자치단체가 상호 협력하여 광역행정사무를 공동으로 처리하는 방식이다.
④ 연합방식은 일정한 광역권 안에 여러 자치단체를 통합한 단일의 정부를 설립하여 광역행정사무를 처리하는 방식이다.

10 □□□

2019년 국회직 8급

광역행정에 대한 설명으로 옳지 않은 것은?

① 광역행정의 방식 중 통합방식에는 합병, 일부사무조합, 도시공동체가 있다.

② 광역행정은 지방자치단체 간의 재정 및 행정서비스의 형평적 배분을 도모한다.

③ 광역행정은 규모의 경제를 실현할 수 있다.

④ 광역행정은 지방자치단체 간의 갈등해소와 조정의 기능을 수행한다.

⑤ 행정협의회에 의한 광역행정은 지방자치단체 간의 동등한 지위를 기초로 상호 협조에 의하여 광역행정사무를 처리하는 방식이다.

11 □□□

2017년 서울시 7급

다음 중 커뮤니티 비즈니스(Community Business)에 대한 설명으로 가장 옳지 않은 것은?

① 혁신적인 중소기업의 창업 촉진과 육성 그리고 도시의 발전이라는 두 가지 과제를 동시에 해결하기 위해 시도되었다.

② 일본에서 커뮤니티 비즈니스란 마을 만들기 경험의 축적이 비즈니스 차원으로 전개된 것이다.

③ 커뮤니티 비즈니스는 지역공동체 단위의 사회적 기업을 함께 공유한다는 점에서 사회적 기업과 유사점이 강하다.

④ 일본에서는 버블경제 붕괴 후 구도심 쇠퇴현상이 발생하자, 지역재활성화를 위한 방안으로 1990년대 중반부터 이 용어를 사용하기 시작했다.

12 □□□

2018년 교육행정직 9급

광역행정의 공동처리방식에 관한 설명으로 옳은 것은?

① 사무위탁은 둘 이상의 지방자치단체가 계약에 의하여 자기 사무의 일부를 상대방에게 위탁하여 처리하는 방식이다.

② 연락회의는 둘 이상의 지방자치단체가 광역적 갈등분쟁을 원활하게 해결하기 위하여 조정권을 갖는 연락기구를 구성하는 방식이다.

③ 공동기관은 둘 이상의 지방자치단체가 광역사무를 처리하기 위하여 조례에 의해 공동으로 법인격을 갖는 기관을 운영하는 방식이다.

④ 협의회는 둘 이상의 지방자치단체가 광역적 지역개발사업을 수행하기 위하여 규칙에 의해 법인격을 갖는 기관을 운영하는 방식이다.

13 □□□

2021년 국회직 8급

광역행정의 방식 중에서 법인격을 갖춘 새 기관을 설립하는 방식만을 다음에서 모두 고르면?

ㄱ. 사무위탁	ㄴ. 행정협의회
ㄷ. 지방자치단체조합	ㄹ. 연합
ㅁ. 합병	

① ㄱ, ㄷ　　② ㄴ, ㄹ

③ ㄷ, ㄹ　　④ ㄷ, ㅁ

⑤ ㄹ, ㅁ

CHAPTER 5

지방자치와 주민참여

THEME 81 주민참여와 우리나라의 주민참여제도

중요도 ●●●●○

정답 및 해설 p. 298

선생님TIP

최근 지방행정에서 출제빈도가 가장 높은 테마에 해당합니다. 먼저 주민참여의 순기능과 역기능에 대한 정리가 필요하며, 최근 「지방자치법」 전면개정과 관련하여 주민조례발안, 주민감사청구, 주민소송과 주민투표의 연령을 18세 이상으로 낮추고 주민조례발안 청구요건 등의 변화가 있으니 반드시 숙지해야 합니다. 우리나라 주민참여제도의 순서별 정리와 각 제도별 특징은 반드시 출제되는 부분으로 철저한 이해와 숙지를 통해서 대비하여야 합니다. 특히 주민감사청구제도와 주민소환제도의 청구요건이 헷갈리기 쉬우므로 명확하게 정리해둘 수 있도록 합니다.

■ 주민참여

1. 우리나라의 주민참여제도

구분	도입 시기	청구권자	청구요건
조례제정개폐청구제 ↓ 주민조례발안	「지방자치법」(1999) ↓ 「주민조례발안에 관한 법률」(2021)	• 주민 • 재외국민 • 외국인	18세 이상의 주민으로 다음과 같이 정한 수 이상의 연대 서명으로 청구 • 특별시 및 800만 이상의 광역시·도: 1/200 • 800만 미만의 광역시·도, 특별자치시, 특별자치도 및 100만 이상의 시: 1/150 • 시·군 및 자치구: 1/100(50만 이상 100만 미만), 1/70(10만 이상 50만 미만), 1/50(5만 이상 10만 미만), 1/20(5만 미만)
주민감사청구	「지방자치법」(1999)	• 주민 • 재외국민 • 외국인	• 시·도: 300명 • 50만 이상 대도시: 200명 • 시·군·구: 150명 이내에서 조례가 정하는 18세 이상 주민 수 이상의 연서로 시·도는 주무부장관에게, 시·군 및 자치구는 시·도지사에게 청구
주민투표	「지방자치법」, 「주민투표법」(2004)	• 주민 • 재외국민 • 외국인	18세 이상 주민투표권자 총수의 1/20 이상 1/5 이하의 범위 안에서 조례로 정하는 수 이상의 서명
주민소송	「지방자치법」(2006)	감사 청구한 자	• 주무부장관 또는 시·도지사가 감사청구를 수리한 날부터 60일을 경과하여도 감사를 종료하지 아니한 경우 • 감사결과 또는 조치요구에 불복이 있는 경우 • 주무부장관 또는 시·도지사의 조치요구를 지방자치단체의 장이 이행하지 아니한 경우 • 지방자치단체의 장의 이행조치에 불복이 있는 경우
주민소환	「지방자치법」, 「주민소환법」(2007)	• 주민 • 외국인	19세 이상의 주민으로 다음과 같이 정한 수 이상의 서명을 받아 청구(단, 비례대표의원은 제외) • 시·도지사: 10/100 • 시장·군수·구청장: 15/100 • 광역 및 기초의원: 20/100
규칙에 대한 의견제출권	「지방자치법」(2021)	주민	주민의 권리·의무와 직접 관련되는 사항

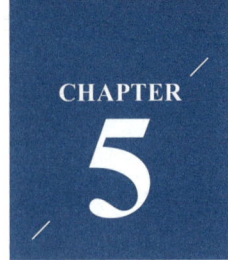

2. 순기능과 역기능

순기능	역기능
• 대의민주주의의 한계 보완 • 행정의 대응성과 책임성 제고 • 절차적 민주주의와 정당성 실현 • 정책의 신뢰성 향상과 순응 확보 • 정책의 현실성 및 적실성 제고	• 행정의 능률성 저해(시간 · 비용 증가) • 주민 대표성의 문제(활동적 소수의 문제) • 행정의 전문성 저하 • 책임의 분산을 통한 전가 • 갈등의 증대(거부점으로 작용)

01 □□□ 2019년 국가직 9급 변형

「지방자치법」상 주민참여 수단에 대한 설명으로 옳지 않은 것은?

① 지방자치단체의 장은 주민에게 과도한 부담을 주거나 중대한 영향을 미치는 지방자치단체의 주요 결정사항 등에 대하여 주민투표에 부칠 수 있다.
② 18세 이상의 주민은 그 지방자치단체와 그 장의 권한에 속하는 사무의 처리가 법령에 위반되거나 공익을 현저히 해친다고 인정되면 감사를 청구할 수 있다.
③ 주민은 그 지방자치단체의 장을 소환할 권리를 갖지만, 비례대표 지방의회의원을 소환할 권리를 가지고 있지는 못하다.
④ 주민은 행정기구를 설치하거나 변경하는 것에 관한 사항이나 공공시설의 설치를 반대하는 사항의 조례를 제정하거나 개정하거나 폐지할 것을 청구할 수 있다.

02 □□□ 2003년 국가직 9급

시민참여의 순기능이 아닌 것은?

① 행정의 민주화에 기여
② 행정의 능률성 제고에 기여
③ 행정의 책임성 제고에 기여
④ 소외계층의 이익반영에 기여

03 □□□ 2012년 서울시 9급

지방자치에 있어서 주민들의 참여제도에 대한 설명으로 옳지 않은 것은?

① 오늘날에는 자문위원회, 도시계획위원회, 환경연합회, 협의회 등을 통한 직접적인 참여제도가 주류를 이루고 있다.
② 오늘날에는 사회적 소외계층에 대한 참여 기회의 확대가 강조된다.
③ 오늘날에는 적극적인 참여방식으로서의 공동생산과 파트너십이 강조된다.
④ 오늘날에는 개별 자치단체 내 커뮤니티를 활용한 참여가 강조된다.
⑤ 오늘날에는 첨단 정보통신수단에 의한 텔레참여(tele-participation)가 강조된다.

04 □□□ 2022년 군무원 9급

주민자치위원회와 주민자치회에 대한 설명으로 옳지 않은 것은?

① 주민자치위원회위원은 시 · 군 · 구청장이 위촉하고, 주민자치회위원은 읍 · 면 · 동장이 위촉한다.
② 주민자치회가 주민자치위원회보다 더 주민대표성이 강하다.
③ 주민자치위원회는 읍 · 면 · 동의 자문기구이고, 주민자치회는 주민자치의 협의 · 실행기구이다.
④ 지방자치단체와의 관계는 주민자치회가 주민자치위원회보다 더 대등한 협력적 관계이다.

05 □□□

2018년 서울시 7급(3월 추가)

주민참여제도 중 지방자치 실시 이후 가장 먼저 도입된 것은?

① 주민소환제
② 조례제정개폐청구제
③ 주민투표제
④ 주민소송제

06 □□□

2011년 국가직 9급

우리나라 주민참여제도의 법제화 순서로 옳은 것은?

① 조례제정개폐청구제도 → 주민투표제도 → 주민소송제도 → 주민소환제도
② 주민투표제도 → 주민감사청구제도 → 주민소송제도 → 주민소환제도
③ 주민소송제도 → 주민투표제도 → 주민감사청구제도 → 주민소환제도
④ 주민감사청구제도 → 주민소송제도 → 주민투표제도 → 조례제정개폐청구제도

07 □□□

2014년 지방직 7급 변형

우리나라의 주민참여제도에 대한 연결로 옳지 않은 것은?

① 주민투표제도 - 주민에게 과도한 부담을 주거나 중대한 영향을 미치는 지방자치단체의 주요 결정사항을 주민이 직접 결정하는 제도이다.
② 주민참여예산제도 - 법령이 정하는 절차에 따라 수렴된 주민의 의견을 검토하고, 그 결과를 예산편성에 반영하지 않을 수도 있다.
③ 주민발의제도 - 주민이 직접 조례의 제정 및 개폐를 발의할 수 있는 제도이다.
④ 주민소환제도 - 주민은 그 지방자치단체의 장 및 지방의회의원을 소환할 수 있다. 단, 비례대표의원은 제외된다.

08 □□□

2014년 국회직 9급

우리나라 주민직접참여제도에 대한 설명으로 옳은 것은?

① 2014년 현재 「지방자치법」상 주민직접참여제도로는 주민투표, 주민소송, 주민소환만이 인정되고 있다.
② 지방의회는 주민에게 과도한 부담을 주거나 중대한 영향을 미치는 지방자치단체의 주요 결정사항 등에 대하여 주민투표에 부칠 수 있다.
③ 「주민투표법」은 특정 지방자치단체의 주민이 국가정책에 관해 주민투표를 하는 것을 허용하지 않는다.
④ 주민소송의 구체적인 사항과 절차는 주민소송법을 따르고, 「행정소송법」의 규정은 적용되지 않는다.
⑤ 비례대표 지방의회의원은 주민소환의 대상이 아니다.

09 □□□

2022년 군무원 9급

우리나라의 주민참여제도에 대한 설명으로 옳지 않은 것은?

① 주민은 지방자치단체의 장을 상대로 소송을 제기할 수 있다.
② 주민은 지방자치단체의 장 및 지방의회의원(비례대표 지방의회의원은 제외)을 소환할 수 있다.
③ 주민은 지방자치단체의 장에게 조례의 제정과 개폐를 청구할 수 있다.
④ 주민은 지방예산 편성 등 예산과정에 참여할 수 있다.

10 □□□

2018년 지방직 9급 변형

「지방자치법」상 주민의 감사청구에 대한 설명으로 옳지 않은 것은?

① 주민의 감사청구는 사무처리가 있었던 날이나 끝난 날부터 3년이 지나면 제기할 수 없다.
② 주무부장관이나 시 · 도지사는 감사청구를 수리한 날부터 60일 이내에 감사청구된 사항에 대하여 감사를 끝내는 것을 원칙으로 한다.
③ 다른 기관에서 감사한 사항이라도 새로운 사항이 발견되거나 중요 사항이 감사에서 누락된 경우는 감사청구의 대상이 될 수 있다.
④ 지방자치단체의 19세 이상의 주민은 시 · 도는 500명, 인구 50만명 이상 대도시는 200명, 그밖의 시 · 군 및 자치구는 100명을 넘지 아니하는 범위에서 그 지방자치단체의 조례로 정하는 19세 이상의 주민 수 이상의 연서로 감사를 청구할 수 있다.

11 □□□

2014년 지방직 7급 변형

우리나라 주민감사청구제도에 대한 설명으로 옳지 않은 것은?

① 19세 이상의 주민은 50만 이상의 대도시의 경우에는 19세 이상 주민 500명을 넘지 않는 범위 내에서 해당 지방자치단체가 조례로 정하는 주민 수 이상의 연서로 청구할 수 있다.

② 사무처리가 있었던 날이나 끝난 날부터 3년이 지나면 제기할 수 없다.

③ 주무부장관이나 시 · 도지사는 감사청구를 수리한 날부터 60일 이내에 감사청구된 사항에 대하여 감사를 끝내야 한다. 다만, 그 기간에 감사를 끝내기가 어려운 정당한 사유가 있으면 그 기간을 연장할 수 있다.

④ 주무부장관이나 시 · 도지사는 감사결과에 따라 기간을 정하여 해당 지방자치단체의 장에게 필요한 조치를 요구할 수 있다.

12 □□□

2022년 군무원 7급

다음 중 아래의 주민감사청구에 대한 「지방자치법」에 들어갈 내용이 모두 옳은 것은?

> 제21조【주민의 감사청구】① 지방자치단체의 (　　) 이상의 주민으로서 다음 각 호의 어느 하나에 해당하는 사람은 시 · 도는 (　　), 제198조에 따른 인구 50만 이상 대도시는 (　　), 그 밖의 시 · 군 및 자치구는 (　　) 이내에서 그 지방자치단체의 조례로 정하는 수 이상의 (　　) 이상의 주민이 연대 서명하여 그 지방자치단체와 그 장의 권한에 속하는 사무의 처리가 법령에 위반되거나 공익을 현저히 해친다고 인정되면 시 · 도의 경우에는 (　　)에게, 시 · 군 및 자치구의 경우에는 (　　)에게 감사를 청구할 수 있다.

① 19세 - 300명 - 200명 - 150명 - 19세 - 대통령 - 주무부장관

② 18세 - 200명 - 150명 - 100명 - 18세 - 주무부장관 - 시 · 도지사

③ 19세 - 300명 - 250명 - 200명 - 19세 - 대통령 - 주무부장관

④ 18세 - 300명 - 200명 - 150명 - 18세 - 주무부장관 - 시 · 도지사

13 □□□

2017년 국가직 9급(10월 추가)

우리나라의 주민참여제도에 대한 설명으로 옳지 않은 것은?

① 지방자치단체의 장은 주민에게 과도한 부담을 주거나 중대한 영향을 미치는 지방자치단체의 주요 결정사항 등에 대하여 주민투표에 부칠 수 있다.

② 개인의 사생활을 침해할 우려가 있는 사항이라도, 사무의 처리가 법령에 위반되거나 공익을 현저히 해친다고 인정되면 주민감사청구를 할 수 있다.

③ 주무부장관이나 시 · 도지사는 주민감사청구를 처리(각하 포함)할 때 청구인의 대표자에게 반드시 증거 제출 및 의견 진술의 기회를 주어야 한다.

④ 지방자치단체의 장은 대통령령으로 정하는 바에 따라 지방예산 편성과정에 주민이 참여할 수 있는 절차를 마련하여 시행하여야 한다.

14 □□□

2014년 경찰간부 변형

다음의 제도를 설명하는 내용으로 가장 적절하지 않은 것은?

> 2005년 실시된 제주도 주민투표는 제주도 행정구조 개편에 관한 것으로 현행 유지안과 단일광역자치안(도를 하나의 광역자치단체로 개편하고 기초자치단체는 폐지) 중 선택하는 것이었다.

① 지방자치단체의 장 및 지방의회는 주민투표결과 확정된 사항에 대해 2년 이내에는 이를 변경하거나 새로운 결정을 할 수 없다.

② 전체 투표수가 주민투표권자 총수의 4분의 1에 미달되는 때에는 양자 모두를 선택하지 않는 것으로 본다.

③ 재외국민의 경우, 국내거소 신고 등 일정 요건하에 주민투표권이 부여될 수 있다.

④ 지방자치단체의 예산 · 회계 · 계약 및 관리에 관한 사항 등이 대표적인 주민투표 대상이다.

15 □□□

2023년 지방직 7급

주민참여제도에 대한 설명으로 옳은 것은?

① 주민투표의 대상 · 발의자 · 발의요건, 그 밖에 투표절차 등에 관한 사항은 따로 「주민투표법」으로 정하고 있다.
② 주민은 지방자치단체의 권한에 속하는 사무의 처리가 법령에 위반되거나 공익을 현저히 해친다고 판단될 때 해당 지방자치단체장에게 감사를 청구할 수 있다.
③ 주민은 지방자치단체의 공금지출에 관한 위법한 행위에 대하여 해당 지방자치단체의 장을 상대방으로 주민소송이 가능하며, 이 제도는 2021년 「지방자치법」 전부개정을 통해 처음 도입되었다.
④ 주민은 지방의회의원과 지방자치단체장에 대해 소환할 권리를 가지며 비례대표 지방의회의원도 소환 대상에 포함된다.

16 □□□

2011년 서울시 9급

지방자치단체의 예산이 불법 · 부당하게 지출된 경우 공무원의 책임을 확보하는 데 가장 효과적인 주민통제제도는?

① 주민감사청구
② 납세자소송
③ 주민소환
④ 주민참여예산
⑤ 예산감시운동

17 □□□

2021년 국회직 8급 변형

우리나라에서 채택하고 있는 주민참여제도에 대한 설명으로 옳지 않은 것은?

① 주민발안제도를 통해 주민들이 지방자치단체의 조례의 제정 및 개폐를 지방의회에 청구할 수 있다.
② 지방자치단체장, 지방의회의원에 대한 주민소환제도는 임기 만료 1년 미만일 때는 청구할 수 없다.
③ 주민들이 지방자치단체의 주요 현안을 직접 결정하기 위해서 주민투표의 실시를 청구할 수 있다.
④ 지방자치단체의 재무행위가 위법하다고 인정되는 경우에 주민들은 자신의 권익에 침해가 없는 경우에도 주민소송을 청구할 수 있다.
⑤ 주민참여예산제도는 「지방재정법」상 지방자치단체의 의무이므로, 주민참여예산제도를 통해 수렴된 주민의 의견은 예산에 반영되어야만 한다.

18 □□□

2015년 서울시 9급 변형

우리나라의 주민직접참여제도에 대한 설명으로 가장 옳지 않은 것은?

① 주민은 해당 지방의회에 조례의 제정 · 개정 · 폐지를 청구할 수 있다.
② 지방자치단체의 장은 주민에게 과도한 부담을 주거나 중대한 영향을 미치는 지방자치단체의 주요 결정사항 등에 대하여 주민투표에 부칠 수 있다.
③ 주민은 해당 지방자치단체와 그 장의 권한에 속하는 사무의 처리가 법령에 위반되거나 공익을 현저히 해친다고 인정되면 감사를 청구할 수 있다.
④ 주민은 그 지방자치단체의 장 및 비례대표 지방의회의원을 포함한 지방의회의원을 소환할 권리를 가진다.

19 □□□

2014년 서울시 7급

주민소환제에 대한 설명으로 옳은 것은?

① 주민은 그 지방자치단체의 장 및 비례대표를 포함한 지방의회의원을 소환할 권리를 가진다.
② 선출직 지방공직자의 임기만료일로부터 1년 미만일 때에는 주민소환투표의 실시를 청구할 수 없다.
③ 주민소환은 주민소환투표권자 총수의 2분의 1 이상의 투표자와 유효투표 총수 과반수의 찬성으로 확정된다.
④ 지방행정의 민주성과 책임성을 제고할 목적으로 도입한 주민 간접참여방식의 제도이다.
⑤ 주민소환투표의 효력에 이의가 있는 경우 투표결과가 공표된 날부터 10일 이내에 소청할 수 있다.

20 □□□

2016년 지방직 9급

「지방자치법」상 우리나라 지방자치단체에 대한 설명으로 옳지 않은 것은?

① 지방자치단체인 구는 특별시와 광역시의 관할구역 안의 구만을 말한다.
② 자치구가 아닌 구의 명칭과 구역의 변경은 그 지방자치단체의 조례로 정한다.
③ 주민은 지방자치단체와 그 장의 권한에 속하는 사무의 처리가 법령에 위반되거나 공익을 현저히 해친다고 인정되면 감사를 청구할 수 있다.
④ 주민은 그 지방자치단체의 장뿐만 아니라 지방에 속한 모든 의회의원까지도 소환할 권리를 가진다.

21 □□□

2015년 국가직 7급

「지방자치법」이 규정하고 있는 제도가 아닌 것은?

① 주민소환제도
② 주민정보공개청구제도
③ 주민소송제도
④ 주민감사청구제도

22 □□□

2016년 서울시 9급

주민의 직접적 지방행정 참여제도와 가장 거리가 먼 것은?

① 주민소환제도
② 주민감사청구제도
③ 주민협의회제도
④ 주민참여예산제도

23 □□□

2020년 군무원 9급

우리나라 「지방자치법」이 인정하는 주민의 직접참여제도로 옳은 것은?

① 주민발안, 주민소환
② 주민소환, 주민참여예산
③ 주민투표, 주민감사청구
④ 주민소송, 주민총회

24 □□□

2021년 국가직 9급

우리나라의 주민소환제도에 대한 설명으로 옳지 않은 것은?

① 가장 유력한 직접민주주의 제도이다.
② 비례대표 지방의회의원은 주민소환 대상이 아니다.
③ 심리적 통제 효과가 크다.
④ 군수를 소환하려고 할 경우에는 해당 군의 주민소환투표 청구권자총수의 100분의 10이상의 서명을 받아 청구해야 한다.

25 □□□

2018년 국회직 8급

다음 중 「지방자치법」 및 「주민소환에 관한 법률」 상 주민소환 제도에 대한 설명으로 옳지 않은 것은?

① 시 · 도지사의 소환청구요건은 주민투표권자 총수의 100분의 10 이상이다.
② 비례대표의원은 주민소환의 대상이 아니다.
③ 주민소환투표권자의 연령은 주민소환투표일 현재를 기준으로 계산한다.
④ 주민소환투표권자의 4분의 1 이상이 투표에 참여해야 한다.
⑤ 주민소환이 확정된 때에는 주민소환투표대상자는 그 결과가 공표된 시점부터 그 직을 상실한다.

26 □□□

2018년 서울시 7급(3월 추가) 변형

「지방자치법」에서는 지방자치단체의 구역 안에 주소를 가진 자를 '주민'의 자격이 있는 것으로 정의하고 있다. 주민이 갖는 권리에 해당하지 않는 것은?

① 법령으로 정하는 바에 따라 그 지방자치단체에서 실시하는 지방의회의원과 지방자치단체의 장의 선거에 참여할 권리를 가진다.
② 주민은 지방자치단체의 조례를 제정하거나 개정하거나 폐지할 것을 청구할 수 있다.
③ 주민에게 과도한 부담을 주거나 중대한 영향을 미치는 지방자치단체의 주요 결정사항 등에 대하여 주민투표를 발의할 수 있다.
④ 지방자치단체의 장 및 지방의회의원(비례대표 지방의회의원은 제외)을 소환할 권리를 가진다.

27 □□□

2018년 교육행정직 9급 변형

우리나라 주민참여의 유형에 관한 설명으로 옳은 것은?

① 감사청구는 지방자치단체에 대하여 불만이나 이의를 제기하기 위해 지방의회에 감사를 청구하는 제도이다.
② 공청회는 주민의 직접적인 제안과 토의를 거쳐 당해 지역의 정치 · 행정에 관한 의사결정을 직접 행하는 제도이다.
③ 주민발안은 일정한 수의 유권자의 서명으로 조례의 제정 또는 개 · 폐에 관하여 주민이 직접 청구하는 제도이다.
④ 주민소환은 지방자치단체장과 지방의회의원으로 대상을 한정하여 임기만료 전에 주민들이 해임을 청구하는 제도이다.

28 □□□

2019년 지방직 9급 변형

주민참여제도에 대한 설명으로 옳지 않은 것은?

① 주민참여제도에는 주민투표, 주민소환, 주민소송 등이 있다.

② 「지방자치법」에서는 주민소송에 관한 사항을 명시하고 있다.

③ 지역구지방의회의원에 대한 주민소환투표는 당해 지방의회의원의 지역선거구를 대상으로 한다.

④ 지방자치단체가 조례를 제정하더라도 해당 지역에 거주하는 18세 이상의 외국인에게는 주민투표권이 없다.

29 □□□

2019년 서울시 9급(6월 시행) 변형

우리나라 지방자치단체 주민투표제도에 대한 설명으로 가장 옳은 것은?

① 1994년 「지방자치법」 개정에서 도입된 이래 지금까지 시행되고 있다.

② 주민투표에 부쳐진 사항은 법에서 정한 경우를 제외하고는 주민투표권자 총수의 4분의 1 이상의 투표와 유효투표수 과반수의 득표로 확정된다.

③ 지방자치단체의 장은 주민 또는 지방의회의 청구에 의한 경우가 아닌 자신의 직권으로 주민투표를 실시할 수 없다.

④ 일반 공직선거와 마찬가지로 외국인은 어떠한 경우에도 주민투표에 참여할 수 없다.

30 □□□

2021년 군무원 7급 변형

「주민투표법」상 주민투표에 관한 규정으로 옳지 않은 것은?

① 18세 이상의 주민 중 투표인명부 작성기준일 현재 그 지방자치단체의 관할 구역에 주민 등록이 되어 있는 사람은 주민투표권이 있다.

② 「공직선거법」상 선거권이 없는 사람도 주민투표권이 있다.

③ 주민투표권자의 연령은 투표일 현재를 기준으로 산정한다.

④ 출입국관리 관계 법령에 따라 대한민국에 계속 거주할 수 있는 자격을 갖춘 외국인으로서 지방자치단체의 조례로 정한 사람은 투표권이 있다.

31 □□□

2019년 서울시 9급(6월 시행)

다음 중 현행 법률상 허용되지 않는 것만을 모두 고르면?

> ㄱ. 비례대표 지방의회의원에 대한 주민소환
> ㄴ. 수사에 관여하게 되는 사항에 대한 주민감사청구
> ㄷ. 수수료 감면을 위한 주민의 조례개정청구
> ㄹ. 지방공무원의 정원에 관한 주민투표

① ㄱ, ㄷ　　② ㄱ, ㄴ, ㄹ

③ ㄴ, ㄷ, ㄹ　　④ ㄱ, ㄴ, ㄷ, ㄹ

32 □□□

2022년 국회직 8급

현행 「지방자치법」에 근거하는 제도에 해당하지 않는 것은?

① 주민참여예산제

② 주민투표제

③ 주민감사청구제

④ 주민소송제

⑤ 주민소환제

33 □□□

2023년 국가직 9급

2021년 1월 전부개정된 「지방자치법」에서 처음으로 도입된 주민참여제도는?

① 주민소환

② 주민의 감사청구

③ 조례의 제정과 개정 · 폐지 청구

④ 규칙의 제정과 개정 · 폐지 관련 의견 제출

34 □□□

2025년 국가직 9급

주민참여제도에 대한 설명으로 옳은 것만을 모두 고르면?

> ㄱ. 주민감사청구는 사무처리가 있었던 날이나 끝난 날부터 3년이 지나면 제기할 수 없다.
> ㄴ. 주민은 비례대표 지방의회의원을 포함한 모든 지방의회의원을 소환할 수 있다.
> ㄷ. 지방자치단체의 사무 중 예산 편성 · 의결 및 집행에 관한 사항을 주민투표에 부칠 수 있다.
> ㄹ. 주민참여예산기구의 구성 · 운영에 관한 사항은 해당 지방자치단체의 조례로 정한다.

① ㄱ, ㄴ　② ㄱ, ㄹ
③ ㄴ, ㄷ　④ ㄷ, ㄹ

35 □□□

2025년 지방직 9급

다음 설명에 해당하는 제도는?

> 주민이 지방자치단체의 조례를 제정하거나 개정하거나 폐지할 것을 청구할 수 있는 제도로 주민의 직접참여를 보장하고 지방자치행정의 민주성과 책임성을 높이는 것을 목적으로 한다.

① 주민소환제도
② 주민감사청구제도
③ 주민발안제도
④ 주민소송제도

36 □□□

2018년 서울시 7급(6월 시행)

우리나라의 지방선거에 대한 설명으로 가장 옳은 것은?

① 현재 광역 - 기초자치단체장 및 광역 - 기초의회 의원선거 모두에 정당공천제가 허용되고 있다.
② 광역의회의 지역구선거는 기본적으로 중선거구제를 채택하고 있다.
③ 기초의회 지역구선거는 기본적으로 소선거구제를 채택하고 있다.
④ 소선거구제의 경우에 풀뿌리 민주주의의 기반이 되는 주민과 의원과의 관계가 멀어질 수 있다는 단점이 있다.

37 □□□

2019년 국가직 9급

지방선거에 대한 설명으로 옳은 것은?

① 이승만 정부에서 처음으로 시 · 읍 · 면 의회의원을 뽑는 지방선거가 실시되었다.
② 박정희 정부부터 노태우 정부 시기까지는 지방선거가 실시되지 않았다.
③ 지방자치단체장과 지방의회의원을 동시에 뽑는 선거는 김대중 정부에서 처음으로 실시되었다.
④ 2010년 지방선거부터 정당공천제가 기초지방의원까지 확대되었지만 많은 문제점이 지적되면서 현재는 실시되지 않고 있다.

38 □□□

2022년 국가직 7급

우리나라 지방자치의 역사에 대한 설명으로 옳은 것은?

① 제헌의회가 성립하면서 1949년 전국에서 도의회의원 선거가 실시되었다.
② 1991년 지방선거에서 지방의회의원을 선출하였으나, 지방자치단체장 선거는 실시되지 않았다.
③ 1995년부터 주민직선제에 의한 시 · 도교육감 선거가 실시되면서 실질적 의미의 교육자치가 시작되었다.
④ 1960년 지방선거에서 서울특별시장 · 도지사 선거는 실시되었으나, 시 · 읍 · 면장 선거는 실시되지 않았다.

39 □□□

2020년 지방직 7급(지방자치론)

지방선거제도에 대한 설명으로 옳은 것은?

① 기초의회의원선거에서는 정당공천제를 적용하지 않고 있다.
② 기초의회의원선거는 중선거구제로 시작하였으나, 2014년부터 소선거구제로 전환되었다.
③ 제주특별자치도는 비례대표의원 정수를 지역구 의원 정수의 100분의 30 이상으로 하도록 하고 있다.
④ 광역의회의 지역구의원 선거는 소선거구제를 적용하고 있다.

CHAPTER 6

지방자치단체의 재정

THEME 82 지방재정의 의의

중요도 ●●○○○

정답 및 해설 p. 305

선생님TIP

지방행정론 파트에서 지방재정은 매우 중요한 부분으로, 특히 지방직 시험에서 출제빈도가 높은 편입니다. 지방재정의 의의에서는 국가재정과 지방재정에 대한 기본적인 이해가 필요하며 국가재정은 형평성을, 지방재정은 효율성을 더욱 강조한다는 점을 인지한 채로 양자를 비교하여 정리하는 것이 효과적입니다. 또한 국가재정 대비 지방재정의 문제점이 무엇인지도 함께 알아두도록 합니다.

■ 국가재정과 지방재정의 비교

구분	국가재정	지방재정
주요 기능	포괄적 기능 수행	자원배분기능 치중
공공재	순수공공재 공급(예 외교, 치안, 국방, 사법 등)	준공공재의 공급(예 도로, 교량, SOC 등)
주민부담	응능주의	응익주의
가격원리	가격원리 적용 곤란	가격원리 적용 용이
기업가형 정부	기업가형 정부 적용 곤란	기업가형 정부 적용 용이
정책	전략적 정책기능	전술적 집행기능
행정이념	형평성	효율성
경쟁여부	비경쟁성	경쟁성(지방정부 간)
의존성	조세에 의존	세외수입에 의존
이동성	지역 간 이동성 낮음	지역 간 이동성 높음(티부가설)

01 □□□ 2004년 입시

국가재정과 지방재정의 차이에 대한 설명으로 가장 옳지 않은 것은?

① 국가재정은 포괄적인 기능을 수행하는 데 비해, 지방재정은 자원배분기능을 주로 담당하고 있다.
② 국가재정은 지방재정에 비해 조세에 대한 의존도가 높다.
③ 지방재정은 국가재정에 비해 가격원리가 적용될 수 있는 여지가 많다.
④ 국가재정은 순수공공재적 성격이 강한 재화나 서비스를 공급하는 데 비해, 지방재정이 공급하는 재화나 서비스는 순수공공재적 성격이 약하다.
⑤ 공평성과 효율성이라는 이념에 비추어 본다면 국가재정은 상대적으로 효율성을 더 강조하는 데 비해 지방재정은 공평성을 더 강조한다.

02 □□□ 2005년 인천 9급

우리나라의 지방재정에 대한 문제인식으로 옳은 것을 모두 고르면?

ㄱ. 중앙의 국가재정보다 지방재정을 강조하고 있다.
ㄴ. 지방정부의 과세자주권이 결여되어 있다.
ㄷ. 지방재정의 근본변화를 위해선 세원구조의 변경이 필요하다.
ㄹ. 지방재정의 세수신장은 국세에 비해 미흡하지 않다.
ㅁ. 지방교부세는 지방재정의 경상경비에 주로 이용된다.

① ㄱ, ㄴ, ㄷ
② ㄴ, ㄷ, ㅁ
③ ㄱ, ㄴ, ㄷ, ㄹ
④ ㄱ, ㄴ, ㄷ, ㄹ, ㅁ

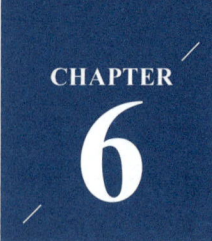

03 □□□

2008년 국회직 8급

지방재정에 대한 설명으로 옳은 것은?

① 지방채는 세대 간 부담의 형평성 제고에 도움이 된다.
② 기준재정수요액이 높을수록 재정력지수가 높다.
③ 국고보조금의 배정은 중앙정부에 재량권이 없다.
④ 재정자립도가 높을수록 지방재정이 건전하다.
⑤ 지방세의 종목은 지방의회가 정한다.

04 □□□

2009년 국가직 7급

지방재정에 대한 설명으로 옳지 않은 것을 모두 고르면?

ㄱ. 지방세의 중요한 원칙으로는 응익성, 안정성, 보편성 등이 있다.
ㄴ. 지방자치단체의 목적세로는 주행세, 도시계획세, 지방교육세 등이 있다.
ㄷ. 자치구의 보통세로는 등록면허세, 재산세가 있다.
ㄹ. 중앙정부는 보통교부세를 교부할 때 일정한 조건을 붙이거나 용도를 제한할 수 없다.
ㅁ. 지방채 발행 한도액의 범위 안이라도 외채를 발행하는 경우에는 지방의회의 의결을 거친 후 행정안전부장관의 추인을 받아야 한다.
ㅂ. 지방자치단체장은 그 지방자치단체의 항구적 이익이 되거나 긴급한 재난복구 등의 필요가 있을 때에는 지방채를 발행할 수 있다.

① ㄱ, ㄴ　② ㄴ, ㄹ
③ ㄴ, ㅁ　④ ㄷ, ㅂ

05 □□□

2017년 지방직 9급(6월 시행)

우리나라 지방자치단체의 자치재정권에 대한 설명으로 옳지 않은 것은?

① 지방세 탄력세율제도는 지방자치단체 재정의 신축성과 자율성을 제고하기 위한 제도이다.
② 지방자치단체는 법령의 위임이 없더라도 조례의 제정을 통하여 지방 세목을 설치할 수 있다.
③ 지방자치단체의 장은 재정투자사업에 관한 예산안을 편성할 경우 대통령령이 정하는 바에 따라 사전에 그 필요성과 타당성에 대한 심사를 하여야 한다.
④ 지방자치단체의 장은 재해예방 및 복구사업을 위한 자금조달에 필요할 때에는 지방채를 발행할 수 있다.

06 □□□

2019년 서울시 7급(10월 시행)

지방재정의 사전관리제도에 해당하는 것을 <보기>에서 모두 고른 것은?

〈보기〉

ㄱ. 중기지방재정계획
ㄴ. 지방재정투자심사
ㄷ. 행정사무감사
ㄹ. 성인지예산제도
ㅁ. 재정공시

① ㄱ, ㄴ　② ㄴ, ㄷ
③ ㄱ, ㄴ ㄹ　④ ㄷ, ㄹ, ㅁ

07 □□□

2023년 국가직 7급

지방재정에 대한 설명으로 옳지 않은 것은?

① 부동산교부세는 일반재원이다.
② 내국세 및 교육세의 일부는 지방교육재정교부금의 재원이다.
③ 지역균형발전특별회계는 노무현 정부의 국가균형발전특별회계의 신설에서 비롯되었다.
④ 지역상생발전기금은 지방소비세 도입 과정에서의 광역지자체와 기초지자체 간 세수입 배분의 불균형을 해소하기 위한 것이다.

08 □□□

2021년 지방직 9급

지방자치단체의 예비비에 대한 설명으로 옳지 않은 것은?

① 예측할 수 없는 예산 외의 지출에 충당하기 위하여 예산에 계상한다.
② 일반회계의 경우 예산총액의 100분의 1 이내의 금액을 예비비로 계상하여야 한다.
③ 지방의회의 예산안 심의 결과 감액된 지출항목에 대해 예비비를 사용할 수 있다.
④ 재해·재난 관련 목적 예비비는 별도로 예산에 계상할 수 있다.

THEME 83 자주재원(지방세와 세외수입)

중요도 ●●●●○

정답 및 해설 p. 307

선생님TIP

출제빈도가 매우 높은 테마입니다. 자주재원은 지방자치단체가 직접 걷는 재원으로 지방세와 세외수입이 포함되며, 최근 국세와 지방세를 구분하는 문제가 출제되고 있으니 국세와 지방세의 정확한 정리와 암기가 필요합니다. 또한 지방세의 원칙을 구분하고 세외수입의 종류와 특징을 이해하여야 합니다. 그리고 지방채의 종류와 발행요건에 대해서 「지방재정법」과 「제주특별자치도 설치 및 국제자유도시 조성을 위한 특별법」에 규정된 내용들도 함께 정리하여 숙지해두는 것이 좋습니다.

■ 자주재원

1. 지방세

(1) 국세와 지방세의 체계

① 국세의 체계(13종)

내국세	직접세	소득세, 법인세, 상속증여세, 종합부동산세
	간접세	부가가치세, 개별소비세, 주세, 인지세, 증권거래세
목적세	교육세, 교통 · 에너지 · 환경세, 농어촌특별세	
관세	-	

② 지방세의 체계(11종)

구분	광역자치단체		기초자치단체	
	특별시세 · 광역시세	도세	자치구세	시 · 군세
보통세	• 취득세 • 주민세 • 자동차세 • 담배소비세 • 레저세 • 지방소비세 • 지방소득세	• 취득세 • 등록면허세 • 레저세 • 지방소비세	• 등록면허세 • 재산세	• 주민세 • 재산세 • 자동차세 • 담배소비세 • 지방소득세
목적세	• 지방교육세 • 지역자원시설세	• 지방교육세 • 지역자원시설세	-	-

(2) 지방세의 원칙

재정수입 측면	• 충분성의 원칙: 지방자치를 위하여 충분한 금액이어야 함 • 보편성의 원칙: 세원이 지역 간에 균형적(보편적)으로 분포되어 있어야 함 • 안정성의 원칙: 경기변동에 관계없이 세수가 안정적으로 확보되어야 함 • 신장성의 원칙: 늘어나는 행정수요에 대응하여 매년 지속적으로 세수가 확대되어야 함 • 신축성(탄력성)의 원칙: 지방자치단체의 특성에 따라 탄력적으로 운영되어야 함
주민부담 측면	• 부담분임의 원칙: 가급적 모든(많은) 주민이 경비를 나누어 분담하여야 함 • 응익성(편익성)의 원칙: 주민이 향유한 이익(편익)의 크기에 비례하여 부담되어야 함(티부가설) • 효율성의 원칙: 자원배분의 효율화에 기여하여야 함 • 부담보편(평등성, 형평성)의 원칙: 주민에게 공평(동등)하게 부담되어야 함
조세행정 측면	• 자주성의 원칙: 중앙정부로부터 독자적인 과세주권이 확립되어야 함 • 편의 및 최소비용의 원칙: 징세가 용이하고 징세비용이 절감되어야 함 • 국지성의 원칙: 과세객체가 관할구역 내에 국한되어 있어야 함. 즉, 조세부담을 회피하기 위한 지역 간 이동이 없어야 함

2. 세외수입

의의	지방자치단체의 자체 세입원 중 지방세 수입을 제외한 나머지 수입
종류	• 사용료: 지방자치단체의 재산이나 영조물을 사용하는 경우에 징수하는 것 • 수수료: 행정서비스에 대하여 소요되는 비용을 징수하는 것 • 분담금: 지방자치단체의 재산이나 공공시설로 주민 일부가 이익을 얻는 경우 그 비용의 일부에 대해서 부과하는 것 • 부담금: 국가와 지방자치단체 사이에 어느 한쪽이 상대방에게 이익을 주는 일을 하였을 때 그 이익의 범위 안에서 그 일을 처리하는 데 필요한 경비를 부담시켜 수납하게 하는 것 • 기타: 재산수입, 전입금, 이월금 등

3. 지방채

의의	지방자치단체가 재정수입의 부족을 보충하기 위해 외부로부터 자금을 조달함으로써 부담하는 채무
종류	• 발행형식에 따른 구분 - 증서차입채 - 증권발행채 • 발행방법에 따른 구분 - 매출공채 - 모집공채 - 교부공채

01 □□□ 2009년 서울시 7급

지방세가 갖추어야 할 요건과 그 설명이 옳지 않은 것은?

① 부담보편의 원칙: 동등한 지위에 있는 자에게는 동등하게 과세하고 조세감면의 폭이 너무 넓어서는 안 된다.
② 국지성(지역성)의 원칙: 지방세의 과세 객체는 가능한 한 지방자치단체 간의 이동이 적고 그 자치단체의 관할구역 내에 국지화·지역화되어 있어야 한다.
③ 안정성의 원칙: 지방세가 지방재정의 건전성과 관련이 깊으므로 지방세는 경기변동에 민감하지 않도록 안정적으로 유지되어야 한다.
④ 응익성의 원칙: 행정주체가 제공하는 공공서비스와 주민의 담세액이라는 반대급부 사이에 대가 관계가 성립되어야 한다.
⑤ 부담분임의 원칙: 지방세의 세원은 특정한 지방자치단체에만 편재되어서는 안 되며 지방자치단체별로 차이가 없도록 가능한 모든 자치단체에 골고루 분포되어 있어야 한다.

02 □□□ 2015년 서울시 7급

재정수입의 측면에서 '지방세의 세원이 특정지역에 편재되어 있지 않고 고루 분포되어 있어야 한다'는 내용과 관련된 지방세의 원칙은?

① 세수안정의 원칙
② 책임분담의 원칙
③ 응익성의 원칙
④ 보편성의 원칙

03 □□□ 2013년 서울시 9급

지방세에 해당하지 않는 것은?

① 자동차세
② 재산세
③ 등록세
④ 취득세
⑤ 교육세

04 □□□

2023년 지방직 7급(지방자치론)

「지방세기본법」상 지방자치단체의 세목에 해당하지 않는 것은?

① 농어촌특별세
② 담배소비세
③ 지방소득세
④ 자동차세

05 □□□

2014년 국회직 8급

다음의 지방세 중 자치구세는 모두 몇 개인가?

ㄱ. 재산세
ㄴ. 주민세
ㄷ. 지방소득세
ㄹ. 등록면허세
ㅁ. 담배소비세
ㅂ. 레저세

① 1개 ② 2개
③ 3개 ④ 4개
⑤ 5개

06 □□□

2014년 경찰간부

우리나라 지방자치에 대한 설명으로 가장 적절하지 않은 것은?

① 지방자치단체는 법인격을 가지고 있다.
② 지방의회와 집행기관이 대립하는 기관분립형이다.
③ 지방자치단체의 조례로 중소기업지도기관, 시험연구기관 등을 직속기관으로 설치할 수 있다.
④ 지방세로는 인지세와 증여세 등이 있다.

07 □□□

2015년 지방직 9급

지방세제에 대한 설명으로 옳지 않은 것은?

① 지방소비세는 국세인 부가가치세의 일부를 일정한 기준에 따라 광역지방자치단체에 이전하는 일종의 세원공유 방식의 지방세이다.
② 지역자원시설세와 지방교육세는 목적세이다.
③ 레저세는 국세인 개별소비세와 지방세인 경주·마권세의 일부가 전환된 세목이다.
④ 지방세는 재산과세의 비중이 높으며 중앙정부의 부동산 정책과 지역경제 상황에 따라 영향을 받는다.

08 □□□

2015년 사회복지직 9급

다음 설명에 해당하는 지방세의 원칙은?

- 납세자의 지불능력보다는 공공서비스의 수혜 정도를 기준으로 한다.
- 세외수입 역시 이 원칙의 적용을 받는다.

① 신장성의 원칙
② 응익성의 원칙
③ 안정성의 원칙
④ 부담분임의 원칙

09 □□□

2016년 사회복지직 9급

우리나라의 지방자치제에 대한 설명으로 옳지 않은 것은?

① 지방자치단체의 기관구성에 있어 기관대립형 구조를 채택하고 있다.
② 주민투표제, 조례제정개폐청구, 주민감사청구, 주민소송제 등을 통해 주민참여를 보장하고 있다.
③ 지방자치단체가 지방고유사무와 관련된 영역에 한해 법령의 근거 없이 스스로 세목을 개발하고 지방세를 부과·징수할 수 있다.
④ 지역 간 재정형평성을 확보하기 위해 지방재정조정제도를 운영하고 있다.

10 □□□

2016년 지방직 9급

「지방세기본법」상 특별시 · 광역시의 세원이 아닌 것은?

① 취득세
② 자동차세
③ 등록면허세
④ 레저세

11 □□□

2018년 국가직 7급

국세에 해당하는 것으로만 묶은 것은?

ㄱ. 취득세
ㄴ. 자동차세
ㄷ. 종합부동산세
ㄹ. 인지세
ㅁ. 등록면허세
ㅂ. 주세

① ㄱ, ㄹ
② ㄴ, ㄷ
③ ㄷ, ㅁ
④ ㄹ, ㅂ

12 □□□

2022년 국회직 8급

다음 중 국세에 해당하는 것만을 모두 고르면?

ㄱ. 증여세
ㄴ. 취득세
ㄷ. 담배소비세
ㄹ. 농어촌특별세
ㅁ. 레저세
ㅂ. 재산세
ㅅ. 등록면허세
ㅇ. 종합부동산세

① ㄱ, ㄷ, ㅂ
② ㄱ, ㄹ, ㅇ
③ ㄴ, ㄹ, ㅁ
④ ㄴ, ㅁ, ㅂ
⑤ ㄷ, ㅅ, ㅇ

13 □□□

2018년 국회직 8급

국세 중 간접세에 해당되는 것으로만 묶인 것은?

① 개별소비세, 인지세, 부가가치세, 주세
② 증권거래세, 증여세, 상속세, 관세
③ 취득세, 재산세, 자동차세, 등록면허세
④ 종합부동산세, 법인세, 소득세, 상속세
⑤ 농어촌특별세, 교육세, 레저세, 담배소비세

14 □□□

2019년 국회직 8급

국세이며 간접세인 것으로 옳은 것만을 〈보기〉에서 모두 고르면?

〈보기〉

ㄱ. 자동차세
ㄴ. 주세
ㄷ. 담배소비세
ㄹ. 부가가치세
ㅁ. 개별소비세
ㅂ. 종합부동산세

① ㄱ, ㄴ, ㄷ
② ㄱ, ㄹ, ㅂ
③ ㄴ, ㄷ, ㅁ
④ ㄴ, ㄹ, ㅁ
⑤ ㄷ, ㄹ, ㅁ

15 □□□

2023년 군무원 7급

다음 중 2023년 현재 조세를 실제로 부담하는 사람과 이를 직접 납부하는 사람이 서로 다른 간접세를 포함하고 있는 국세의 종목은 모두 몇 개인가?

ㄱ. 자동차세
ㄴ. 부가가치세
ㄷ. 담배소비세
ㄹ. 주세
ㅁ. 개별소비세
ㅂ. 종합부동산세

① 1개
② 2개
③ 3개
④ 4개

16 □□□

2016년 서울시 7급

다음 <보기>에서 특별(광역)시세로만 짝지어진 것은?

〈보기〉

ㄱ. 레저세
ㄴ. 담배소비세
ㄷ. 지방소비세
ㄹ. 주민세
ㅁ. 자동차세
ㅂ. 재산세
ㅅ. 지방교육세
ㅇ. 등록면허세
ㅈ. 지역자원시설세

① ㄱ, ㄴ, ㄷ
② ㄹ, ㅁ, ㅂ
③ ㄹ, ㅁ, ㅇ
④ ㅅ, ㅇ, ㅈ

17 □□□

2022년 지방직 9급

특별시 · 광역시의 보통세와 도의 보통세에 공통적으로 속하는 세목만을 모두 고르면?

ㄱ. 지방소득세
ㄴ. 지방소비세
ㄷ. 주민세
ㄹ. 레저세
ㅁ. 재산세
ㅂ. 취득세

① ㄱ, ㄴ, ㄹ
② ㄱ, ㄷ, ㅁ
③ ㄴ, ㄹ, ㅂ
④ ㄷ, ㅁ, ㅂ

18 □□□

2017년 서울시 9급

우리나라의 지방재정에 대한 설명으로 가장 옳지 않은 것은?

① 지방자치단체의 세입재원은 크게 자주재원과 의존재원으로 나눌 수 있는데, 자주재원에는 지방세와 세외수입이 있고, 의존재원에는 국고보조금과 지방교부세 등이 있다.
② 지방세 중 목적세로는 담배소비세, 레저세, 자동차세, 지역자원시설세, 지방교육세 등이 있다.
③ 지방교부세는 지방자치단체 간 재정력의 불균형을 조정하는 재원으로 보통교부세 · 특별교부세 · 부동산교부세 및 소방안전교부세로 구분한다.
④ 지방재정자립도를 높이기 위해 국세의 일부를 지방세로 전환할 경우 지역 간 재정불균형이 심화될 수 있다.

19 □□□

2022년 지방직 7급

현행 지방세의 탄력세율제도에 대한 설명으로 옳은 것만을 모두 고르면?

ㄱ. 지방세 일부 세목의 세율에 대해 일정 범위 내에서 지방자치단체가 자율적으로 결정할 수 있다.
ㄴ. 레저세, 지방소비세는 탄력세율이 적용되지 않는다.
ㄷ. 조례로 담배소비세, 주행분 자동차세에 대해 표준세율의 50%를 가감하는 방식과 같이 일정 비율을 가감하는 방식이 주로 활용된다.

① ㄱ
② ㄱ, ㄴ
③ ㄴ, ㄷ
④ ㄱ, ㄴ, ㄷ

20 □□□

2020년 지방직 7급(지방자치론)

지방자치단체의 세외수입에 대한 설명으로 옳은 것은?

① 수입연도별 안정성과 균형성이 높으며, 수입의 근거 · 종류 · 형태가 단순하다.
② 세외수입 중 재산수입에는 재산매각수입과 재산임대수입이 있는데, 전자는 경상적 수입이고 후자는 임시적 수입이다.
③ 세외수입 중 사용료란 지방자치단체의 활동에 개별적으로 특수한 이익을 누리는 사람으로부터 그 비용의 일부 또는 전부를 반대급부로 징수하는 수입이다.
④ 서비스 이용의 혼잡 방지와 자원 절약의 장점이 있으며, 일반회계와 특별회계 모두에서 발생할 수 있다.

21 □□□

2010년 지방직 7급

세외수입의 종류와 그에 대한 설명을 바르게 연결한 것은?

ㄱ. 지방자치단체가 주민의 복지증진을 위해 설치한 공공시설을 특정소비자가 사용할 때 그 반대급부로 개별적인 보상원칙에 따라 지방자치단체의 조례에 의거하여 강제적으로 부과·징수하는 공과금이다.
ㄴ. 지방자치단체의 재산 또는 공공시설의 설치로 인해 주민의 일부가 특별히 이익을 받을 때 그 비용의 일부를 부담시키기 위해 그 이익을 받는 자로부터 수익의 정도에 따라 징수하는 공과금이다.
ㄷ. 지방자치단체가 특정인에게 제공한 행정 서비스에 의해 이익을 받는 자로부터 그 비용의 전부 또는 일부를 반대급부로 징수하는 수입이다.

	ㄱ	ㄴ	ㄷ
①	사용료	분담금	수수료
②	수수료	부담금	과년도 수입
③	사용료	부담금	과년도 수입
④	수수료	분담금	사용료

22 □□□

2020년 국가직 7급

부담금에 대한 설명으로 옳지 않은 것은?

① 특정의 공공서비스를 창출하거나 바람직한 행위를 유도하기 위해 사용된다.
② 수익자 부담의 원칙이 적용된다.
③ 「지방세법」상 지방세 수입의 재원 중 하나이다.
④ 부담금에 관한 주요 정책과 그 운용방향 등을 심의하기 위하여 기획재정부장관 소속으로 부담금심의위원회를 둔다.

23 □□□

2020년 지방직 9급

지방재정의 세입항목 중 자주재원에 해당하는 것은?

① 지방교부세
② 재산임대수입
③ 조정교부금
④ 국고보조금

24 □□□

2023년 국회직 8급

우리나라 고향사랑 기부금에 대한 설명으로 옳지 않은 것은?

① 지방자치단체는 해당 지방자치단체의 주민이 아닌 사람 또는 법인에 대해서만 고향사랑 기부금을 모금·접수할 수 있다.
② 지방자치단체는 고향사랑 기부금의 효율적인 관리·운용을 위하여 기금을 설치하여야 한다.
③ 고향사랑 기부금은 지방자치단체가 주민복리 증진 등의 용도로 사용하기 위한 재원을 마련하기 위한 것이다.
④ 지방자치단체는 현금, 고가의 귀금속 및 보석류를 답례품으로 제공하여서는 아니 된다.
⑤ 「고향사랑 기부금에 관한 법률」에 따른 고향사랑 기부금의 모금·접수 및 사용 등에 관하여는 「기부금품의 모집 및 사용에 관한 법률」을 적용하지 아니한다.

25 □□□

2018년 국가직 7급

지방채에 대한 설명으로 옳은 것은?

① 지방자치단체조합의 장은 지방채를 발행할 수 없다.
② 이미 발행한 지방채의 차환을 위해서 지방자치단체의 장은 지방채를 발행할 수 없다.
③ 제주특별자치도지사는 제주특별자치도의 발전과 관계가 있는 사업을 위하여 필요하면 도의회 의결을 마친 후 외채 발행과 지방채 발행 한도액의 범위를 초과한 지방채 발행을 할 수 있다.
④ 외채를 발행할 경우에는 지방채 발행 한도액 범위더라도 지방의회의 의결을 거치기 전에 기획재정부장관의 승인을 받아야 한다.

26 □□□

2024년 지방직 7급

지방채에 대한 설명으로 옳지 않은 것은?

① 「지방재정법 시행령」상 지방채의 종류는 지방채증권과 차입금으로 구분된다.
② 「지방재정법」상 외채를 발행하려면 지방의회의 의결을 거친 이후 행정안전부장관의 승인을 받아야 한다.
③ 「지방재정법」상 지방채의 차환을 위해 자금조달이 필요할 때 발행할 수 있다.
④ 「지방재정법」상 지방채의 발행, 원금의 상환, 이자의 지급, 증권에 관한 사무절차 및 사무 취급기관은 대통령령으로 정한다.

중요도 ●●●●○

정답 및 해설 p. 311

선생님TIP

의존재원은 최근 출제비중이 증가하고 있는 테마로서, 지방자치단체가 중앙정부로부터 지원받는 재원을 뜻합니다. 의존재원은 일반재원의 성격이 강한 지방교부세와 특정재원인 국고보조금으로 분류되는데, 지방교부세의 종류와 특징이 매우 중요하며 출제비중도 높은 부분이니 이에 유의하여 학습하여야 합니다. 그리고 일반재원인 보통교부세와 부동산교부세, 특정재원인 특별교부세와 소방안전교부세의 재원과 용도를 각각 정리해두어야 합니다. 또한 광역에서 기초에게 주는 시·군조정교부금, 자치구조정교부금도 넓은 의미의 의존재원에 포함된다는 것도 알아두어야 합니다.

의존재원

1. 지방교부세

구분	개념		교부주체	재원	용도
보통교부세	재정력지수가 1 이하인 지방자치단체에 교부		행정안전부 장관	지방교부세율 (내국세총액의 19.24% + 정산액)의 100분의 97	일반재원
특별교부세	기준재정수요액으로는 산정할 수 없는 특별한 재정수요 발생 시 교부	40/100		지방교부세율 (내국세총액의 19.24% + 정산액)의 100분의 3	특정재원
	재난 복구 및 안전관리를 위한 특별한 재정수요 발생 시 교부	50/100			
	국가적 장려, 국가와 지방 간 시급한 협력, 역점시책, 재정운용 실적 우수 시 등 교부	10/100			
소방안전교부세	소방 및 안전시설 확충, 안전관리 강화 등을 위하여 교부			담배에 부과되는 개별소비세 총액의 100분의 45 + 정산액	특정재원
부동산교부세	재정여건 및 지방세 운영상황 등을 고려하여 교부			종합부동산세 전액 + 정산액	일반재원

2. 국고보조금

개념	지방자치단체의 행정수행에 소요되는 경비의 일부 또는 전부를 충당하기 위해 용도를 특정하여 교부하는 자금
특징	특정재원, 의존재원, 무상재원, 경상재원, 비도제한 있음
종류	장려적 보조금, 교부금, 부담금

01 □□□ 2018년 국가직 7급

지방재정의 구성요소 중 의존재원의 기능으로 적절하지 않은 것은?

① 지방자치단체에 대한 유도·조성을 통한 국가차원의 통합성 유지
② 지방재정의 안정성 확보
③ 지방재정의 지역 간 불균형 시정
④ 지방자치단체의 다양성과 지방분권화 촉진

02 □□□ 2015년 교육행정직 9급

우리나라 지방재정의 세입에 대한 기술로 옳지 않은 것은?

① 세외수입은 자주재원이지만 그 용도가 제한되는 경우가 있다.
② 지방교부세의 종류는 보통교부세, 특별교부세, 분권교부세, 부동산교부세로 구분한다.
③ 상급지방자치단체가 하급지방자치단체를 지원하는 제도로 자치구조정교부금과 시·군조정교부금이 있다.
④ 지방재정의 세입구조는 수입원에 따라 자주재원과 의존재원으로, 용도의 제한성에 따라 일반재원과 특정재원으로 분류된다.

03 □□□

2016년 지방직 7급

지방재정에 대한 설명으로 옳은 것은?

① 지방교부세의 기본 목적은 지방자치단체 간 재정격차를 줄임으로써 기초적인 행정서비스가 제공될 수 있도록 하는 데 있다.
② 세외수입은 연도별 신장률이 안정적이며 그 종류와 형태가 다양하다.
③ 보통교부세, 특별교부세, 분권교부세, 부동산교부세 등의 지방교부세가 운영되고 있다.
④ 대부분의 국고보조사업에는 차등보조율이 적용되고 있다.

04 □□□

2017년 국가직 9급(10월 추가)

우리나라 지방자치단체의 세입 · 세출에 대한 설명으로 옳지 않은 것은?

① 의존재원의 비중이 높아지면 재정분권이 취약해질 수 있다.
② 보통교부세는 중앙정부가 용도를 제한하여 지방자치단체의 재량권이 없는 재원이다.
③ 지방세와 세외수입은 자주재원에 속하고, 보조금은 의존재원에 속한다.
④ 현행법상 지방자치단체의 관할구역 자치사무에 필요한 경비는 그 지방자치단체가 전액을 부담한다.

05 □□□

2007년 경북 9급

지방교부세에 대한 설명으로 옳은 것은?

① 재정자금의 효율적 배분을 위한 것이다.
② 지방교부세는 중앙정부의 조건과 통제가 따른다.
③ 지방자치단체 간의 재정불균형 해소 및 조정을 위한 것이다.
④ 국가의 사무를 지방자치단체에 위임하고 중앙정부가 그 경비를 지급하는 것이다.

06 □□□

2015년 지방직 7급

우리나라의 지방교부세에 대한 설명으로 옳지 않은 것은?

① 국고보조금제도와 함께 지방재정조정제도 중에 하나로 운영되고 있다.
② 지방교부세는 대표적인 지방세로서, 내국세의 일정 비율의 금액으로 법정되어 있다.
③ 보통교부세는 그 용도를 특정하지 아니한 일반재원이다.
④ 특별교부세는 중앙정부가 지방정부를 통제하기 위한 수단으로 사용된다는 비판도 있다.

07 □□□

2017년 교육행정직 9급

지방교부세에 관한 설명으로 옳은 것은?

① 2005년부터 도입되었던 분권교부세는 2015년부터 소방안전교부세로 전환되었다.
② 지방교부세의 총액은 내국세 총액의 19.24%와 담배에 부과하는 개별소비세 총액의 20%를 합한 금액이다.
③ 행정안전부장관은 지방재정분석 결과 건전성과 효율성 등이 우수한 지방자치단체라 하더라도 특별교부세를 별도로 교부할 수 없다.
④ 행정안전부장관이 필요하다고 인정하는 경우에는 지방자치단체장의 신청이 없는 경우에도 일정한 기준을 정하여 특별교부세를 교부할 수 있다.

08 □□□

2017년 지방직 9급(6월 시행)

「지방교부세법」상 지방교부세에 대한 설명으로 옳지 않은 것은?

① 지방교부세의 재원에는 종합부동산세 총액, 담배에 부과하는 개별소비세 총액의 일부 등이 포함된다.
② 보통교부세의 산정기일 후에 발생한 재난을 복구하거나 재난 및 안전관리를 위한 특별한 재정수요가 생기거나 재정수입이 감소한 경우 특별교부세를 교부할 수 있다.
③ 지방교부세의 종류는 보통교부세, 특별교부세, 부동산교부세 및 교통안전교부세로 구분한다.
④ 지방행정 및 재정운용 실적이 우수한 지방자치단체의 재정지원 등 특별한 재정수요가 있을 경우 특별교부세를 교부할 수 있다.

09 □□□
2016년 지방직 7급(지방자치론)

지방재정조정제도의 특징으로 옳은 것은?

① 지방자치단체의 재정력 격차의 해소보다 지역발전에 중점을 둔다.
② 지방자치단체에게 최대한의 행정수준을 제공하도록 보장하고 있다.
③ 지방자치단체 상호 간의 재정불균형을 조정할 뿐만 아니라 중앙정부의 지방자치단체 간의 수직적 재정조정기능도 갖는다.
④ 지방교부세와 국고보조금은 「지방자치법」에 근거한다.

10 □□□
2018년 지방직 9급

지방재정조정제도 중 「지방교부세법」에서 규정하고 있지 않은 것은?

① 소방안전교부세
② 보통교부세
③ 조정교부금
④ 부동산교부세

11 □□□
2022년 국가직 9급

지방교부세에 대한 설명으로 옳지 않은 것은?

① 지역 간 재정력 격차를 완화시키는 재정 균등화 기능을 수행한다.
② 보통교부세, 특별교부세, 부동산교부세, 소방안전교부세로 구분한다.
③ 신청주의를 원칙으로 하며 각 중앙관서의 예산에 반영되어야 한다.
④ 부동산교부세는 종합부동산세를 재원으로 하며 전액을 지방자치단체에 교부한다.

12 □□□
2023년 군무원 7급

현행 지방교부세에 대한 설명으로 가장 거리가 먼 것은?

① 지방교부세의 종류는 보통교부세 · 특별교부세 · 부동산교부세 및 소방안전교부세로 구분한다.
② 보통교부세는 해마다 기준재정수입액이 기준재정수요액에 못 미치는 지방자치단체에 그 미달액을 기초로 교부한다. 다만, 자치구의 경우에는 기준재정수요액과 기준재정수입액을 각각 해당 특별시 또는 광역시의 기준재정수요액 및 기준재정수입액과 합산하여 산정한 후, 그 특별시 또는 광역시에 교부한다.
③ 행정안전부장관은 법령에 따른 특별교부세의 사용에 관하여 조건을 붙이거나 용도를 제한하여서는 아니된다.
④ 행정안전부장관은 지방자치단체의 장이 법령에 따른 특별교부세의 교부를 신청하는 경우에는 이를 심사하여 특별교부세를 교부한다. 다만, 행정안전부장관이 필요하다고 인정하는 경우에는 신청이 없는 경우에도 일정한 기준을 정하여 특별교부세를 교부할 수 있다.

13 □□□
2021년 국회직 8급

지방재정조정제도에 대한 설명으로 옳은 것은?

① 교부세의 재원에는 내국세 총액의 19.24%, 종합부동산세 총액, 담배에 부과하는 개별소비세 총액의 45%가 포함된다.
② 부동산교부세는 지방교부세 중 가장 최근에 신설되었다.
③ 소방안전교부세는 담배소비세 총액의 100분의 20을 재원으로 하였으나 2020년 100분의 40으로 상향 조정되었다.
④ 특별교부세는 그 교부 주체가 기획재정부장관으로 통합 · 일원화되었다.
⑤ 국고보조금은 지정된 사업목적 이외의 용도로 사용할 수 있는 재원이다.

14 □□□

2015년 서울시 7급(지방자치론)

우리나라 지방재정조정제도에 대한 설명으로 옳은 것은?

① 특별시·광역시 관할구역의 자치구 간 재정력 격차의 조정을 위한 자치구 조정교부금의 배분은 지방보조금심의위원회의 심의를 거쳐 정한다.

② 최근 국고보조사업에 대한 지방비 부담 비중이 점차 감소하는 추세에 있다.

③ 현재 지방교부세는 보통교부세, 특별교부세, 부동산교부세 및 소방안전교부세로 구성된다.

④ 국고보조금은 지방자치단체의 신청 없이는 국가가 보조금을 예산에 계상할 수 없도록 하고 있다.

15 □□□

2017년 국가직 7급(8월 시행)

국고보조금에 대한 설명으로 옳은 것은?

① 내국세 총액의 일정비율과 「종합부동산세법」에 따른 종합부동산세 총액을 재원으로 한다.

② 사업별 보조율은 50%로 사업비의 절반은 지방자치단체가 부담해야 한다.

③ 국고보조사업의 수행에서 중앙정부의 감독을 받으므로 지방자치단체의 자율성이 약화될 우려가 있다.

④ 중앙관서의 장은 보조사업을 수행하려는 자로부터 신청받은 보조금의 명세 및 금액을 조정하여 행정안전부장관에게 보조금 예산을 요구하여야 한다.

16 □□□

2025년 국회직 8급

중앙정부와 지방자치단체 간 지방재정조정제도에 활용되는 세목으로 옳은 것만을 <보기>에서 모두 고르면?

〈보기〉

ㄱ. 재산세
ㄴ. 개별소비세
ㄷ. 종합부동산세
ㄹ. 담배소비세

① ㄱ, ㄴ
② ㄱ, ㄷ
③ ㄴ, ㄷ
④ ㄴ, ㄹ
⑤ ㄷ, ㄹ

17 □□□

2025년 군무원 7급

국고보조금에 대한 설명으로 가장 적절한 것은?

① 국가 예산으로 계상한다.

② 광역자치단체가 제도 운영의 주체다.

③ 기초자치단체가 제도 운영의 주체다.

④ 지방교육재정교부금법을 준용한다.

18 □□□

2020년 지방직 7급

다음 사례에 대한 설명으로 옳은 것은?

> 2013년 환경부는 상수도 낙후지역에 사는 국민이 안심하고 마실 수 있는 수돗물을 공급하기 위해 총사업비 8,833억 원(국비 30%, 지방비 70%)을 들여 '상수관망 최적관리시스템 구축사업'을 추진한다고 발표하였다. 그러나 A시는 상수도 사업을 자체관리하기로 결정하고, 당초 요청하기로 계획했던 국고보조금 56억 원을 신청하지 않았다.

① 만약 A시가 이 사업에 참여하여 당초 요청하기로 계획했던 보조금이 그대로 배정된다면, A시가 부담해야 하는 비용은 총 56억 원이다.

② 상수관망을 통해 공급되는 수돗물과 민간재인 생수가 모두 정상재(normal goods)라고 가정하면, 환경부의 사업보조금은 수돗물과 생수의 공급수준을 모두 증가시키는 소득효과만을 유발시킨다.

③ 이 사례에서와 같은 보조금은 지역 간에 발생하는 외부효과를 시정하거나 중앙정부의 특정 목적을 달성하기 위해 운영된다.

④ A시가 신청하지 않은 보조금은 일반정액보조금에 해당한다.

19 □□□

2021년 지방직 9급

지방재정에 대한 설명으로 옳지 않은 것은?

① 재정자립도는 일반회계 세입 중 지방세와 세외수입이 차지하는 비중을 말한다.

② 국고보조금은 지방재정운영의 자율성을 제고한다.

③ 지방교부세는 지역 간의 재정 불균형을 시정하기 위한 제도이다.

④ 지방자치단체는 재해예방 및 복구사업에 경비를 조달하기 위해서 지방채를 발행할 수 있다.

20 □□□

2024년 지방직 7급

「지방재정법」상 지방재정에 대한 설명으로 옳지 않은 것은?

① 특정한 재정수요에 충당하기 위한 특별조정교부금은 민간에 지원하는 보조사업의 재원으로 사용할 수 있다.

② 지방자치단체나 그 기관이 법령에 따라 처리하여야 할 사무로서 국가와 지방자치단체 간에 이해관계가 있는 경우에는 원활한 사무처리를 위하여 국가에서 부담하지 아니하면 아니 되는 경비는 국가가 그 전부 또는 일부를 부담한다.

③ 국가가 스스로 하여야 할 사무를 지방자치단체나 그 기관에 위임하여 수행하는 경우 그 경비는 국가가 전부를 그 지방자치단체에 교부하여야 한다.

④ 국가는 정책상 필요하다고 인정할 때 또는 지방자치단체의 재정 사정상 특히 필요하다고 인정할 때에는 예산의 범위에서 지방자치단체에 보조금을 교부할 수 있다.

THEME 85 지방재정관리와 지방공기업

중요도 ●●○○○

정답 및 해설 p. 315

선생님TIP

자주는 아니지만 지속적으로 출제되고 있는 테마입니다. 지방재정과 관련하여 세 가지의 재정지표가 있는데, 이에 대한 정확한 이해와 숙지가 필요합니다. 특히 지방재정자립도와 그에 따른 한계로 인하여 만들어진 재정자주도, 그리고 재정력지수에 대한 개념과 공식을 알아두어야 합니다. 지방공기업의 유형인 지방직영기업(공무원)과 지방공사 및 지방공단(민간인)도 직원의 신분 등을 구별해서 정리하여야 합니다.

■ 지방재정관리와 지방공기업

1. 지방재정지표

재정자립도	• 개념: 지방자치단체의 전체 재원에 대한 자주재원(지방세 + 세외수입)의 비율 • 산정(「지방자치법 시행령」): [(지방세 + 세외수입 − 지방채) / 일반회계 예산] × 100(%) • 한계: 실질적 재정상태 파악 곤란, 세출구조 불고려
재정자주도	• 개념: 재정수입 중 일반재원이 차지하는 비중 • 산정: (자주재원 + 일반재원) / 일반회계 예산 × 100(%), 차등보조율 교부기준
재정력지수	• 개념: 지방자치단체가 기초적인 재정수요를 어느 정도 자체적으로 해결할 능력을 가지고 있는지의 정도를 추정하는 지표 • 산정: 기준재정수입액 / 기준재정수요액, 1 이하인 경우 보통교부세 교부

2. 지방공기업의 유형

<table>
<tr><td>직접경영형태
(지방직영기업)</td><td colspan="2">• 지방자치단체가 직접적으로 경영하며, 직원의 신분은 공무원
• 예산도 지방자치단체의 특별회계로서 지방자치단체의 예산에 포함됨</td></tr>
<tr><td rowspan="3">간접경영형태</td><td colspan="2">지방자치단체가 법인을 설립하여 간접적으로 경영하며, 직원의 신분은 민간인</td></tr>
<tr><td>지방공단</td><td>• 지방자치단체의 공공성 업무를 전담하여 대행
• 지방자치단체가 전액출자 · 출연한 것</td></tr>
<tr><td>지방공사</td><td>• 지방자치단체의 민간사업의 공공성 확보를 위해 설립
• 지방자치단체가 50% 이상 출자 · 출연한 것</td></tr>
</table>

01 □□□ 2014년 국가직 7급

우리나라 지방자치단체의 재정에 대한 설명으로 옳은 것은?

① 지방세는 재산보유에 대한 과세보다 재산거래에 대한 과세의 비중이 상대적으로 높다.

② 재정력지수는 지방자치단체의 전체 재원에 대한 자주재원(지방세수입, 지방세외수입)의 비율을 의미한다.

③ 재정자립도란 일반회계 세입에서 자주재원과 지방교부세를 합한 일반재원의 비중으로 생계급여 등 사회복지 분야에서 차등보조율을 설계할 때 사용된다.

④ 지방재정조정제도는 크게 지방자치단체에 재원 사용의 자율성을 전적으로 부여하는 국고보조금과 특정한 사업에 사용할 것을 조건으로 선택적으로 지원하는 지방교부세로 구분한다.

02 □□□ 2009년 국가직 7급

지방자치단체의 재정자립도에 대한 설명으로 옳지 않은 것은?

① 재정지출의 내역이라고 할 수 있는 세출의 질을 고려하고 있지 않다.

② 대규모 사업의 수행을 가능케 하는 재정규모의 중요성을 간과하고 있다.

③ 지방자치단체의 실질적 재정상태를 나타내며 중앙정부로부터 얼마나 많은 지원을 받고 있는가를 보여준다.

④ 중앙정부에 의한 재정지원을 의존재원으로 처리함으로써 재정지원의 형태를 제대로 파악할 수 없다.

03 □□□

2008년 지방직 7급

최근 지방재정자립도를 높이기 위하여 국세의 일부를 지방세로 전환해야 한다는 여론이 높아지고 있는데, 전환할 경우에 나타날 수 있는 현상과 가장 거리가 먼 것은?

① 조세저항이 일어날 수 있다.
② 지역 간 재정불균형이 심화될 수 있다.
③ 지방교부세 총액이 감소될 수 있다.
④ 중앙과 지방의 기능을 조정할 필요가 있다.

04 □□□

2005년 서울시 7급

지방자치단체의 지방재정자립도를 제고시키는 방안으로 옳은 것은?

① 조세체계를 개편하여 내국세의 비중을 높인다.
② 지방교부세의 법정교부율을 대폭 상향조정한다.
③ 지출의 우선순위를 조정하여 감축관리를 강화한다.
④ 국고보조금의 교부방법을 포괄보조금방식으로 한다.
⑤ 사용료 · 수수료 등의 요율을 인상하는 등 수익자 부담원칙을 강화한다.

05 □□□

2014년 경찰간부

지방재정력을 설명하는 내용으로 옳지 않은 것은?

① 지방재정자립도는 예산 규모에서 지방세수입과 세외수입의 합계액이 차지하는 비율을 의미한다.
② 지방재정자립도는 자치단체의 재정상황과는 무관하게 의존재원이 적으면 적을수록 재정자립도는 높게 나타난다.
③ 일반적으로 일반재원의 비중이 커지면 지출 선택의 범위가 넓어져 재정운영의 자주성과 탄력성이 커진다.
④ 지방자치단체의 자주재원은 지방교부세, 조정교부금, 재정보전금, 국고보조금 등 4종류의 이전재원을 합친 재원이다.

06 □□□

2019년 서울시 7급(2월 추가)

지방재정에 대한 설명으로 가장 옳지 않은 것은?

① 지방수입에 있어서 자주재원의 핵심은 지방세와 세외수입으로 지방세는 법률이 정하는 바에 따라 강제적으로 징수하고, 세외수입은 지방세 외의 모든 수입을 포함하는 개념이다.
② 의존재원은 지방교부세, 국고보조금, 조정교부금, 지방채로 구성되며, 지방자치단체에서 필요로 하거나, 부족한 재원을 외부에서 조달한다는 특징이 있다.
③ 지방자치단체 지방수입의 구조에서 가장 두드러진 특징 중 하나는 자주재원에 비해 의존재원이 매우 많다는 점으로, 지방자치단체의 국가재정에 대한 의존도가 상당히 크다 할 수 있다.
④ 재정자립도는 지방자치단체 총 예산규모 중 자주재원이 차지하는 비율로 그 산식에 있어서 분모와 분자에 모두 자주재원이 존재함으로 인해 재정자립도를 결정하는 데에 중요한 요인은 의존재원이 된다.

07 □□□

2019년 서울시 9급(6월 시행)

지방자치단체의 재정자립도에 대한 설명으로 가장 옳지 않은 것은?

① 재정자립도는 세입 총액에서 지방세수입과 세외수입이 차지하는 비율을 나타낸다.
② 자주재원이 적더라도 중앙정부가 지방교부세를 증액하면 재정자립도는 올라간다.
③ 재정자립도가 높다고 지방정부의 실질적 재정이 반드시 좋다고 볼 수는 없다.
④ 국세의 지방세 이전은 재정자립도 증대에 도움이 된다.

08 □□□

2021년 군무원 9급

지방재정 지표 중 총세입(總歲入)에서 자율적으로 사용가능한 재원의 비율을 나타내는 것은?

① 재정자립도
② 재정탄력도
③ 재정자주도
④ 재정력지수

09 □□□

2023년 지방직 7급

지방재정에 대한 설명으로 옳지 않은 것은?

① 재정자립도는 일반회계 예산규모에서 지방세와 세외수입 합계액의 비(比)를 의미하며 지방자치단체의 실제 재정력과 차이가 있다는 비판이 있다.
② 재정자주도는 일반회계 예산규모에서 자체수입과 자주재원합계액의 비를 의미하며 보통교부세 교부 여부의 적용 기준으로 활용된다.
③ 재정력지수는 기준재정수요액에서 기준재정수입액의 비를 의미하며 기본적 행정 수행을 위한 재정수요의 실질적 확보능력을 판단하는 기준이 된다.
④ 주민 1인당 지방세 부담액은 지방세액을 해당 지방자치단체 주민 수로 나눈 것으로 세입구조 안정성을 판단하는 기준이 된다.

10 □□□

2024년 군무원 9급

다음 중 지방자치단체의 재정자립도에 대한 설명으로 가장 적절하지 않은 것은?

① 특별회계와 기금을 제외하고 일반회계만을 고려하기 때문에 실제 재정능력이 과소평가된다.
② 자체재원만을 반영하고 세출 구조를 고려하지 않아 세출의 질을 알 수 없다.
③ 중앙정부의 재정지원을 의존재원으로 처리함으로써 그 재정지원의 형태나 성격을 제대로 파악할 수 없다.
④ 지방자치단체가 중앙정부 등 외부의 간섭이나 통제 없이 자주적으로 편성 · 집행할 수 있는 재원의 비율을 말한다.

11 □□□

2017년 서울시 9급

지방공기업의 유형 중 지방직영기업에 대한 설명으로 가장 옳지 않은 것은?

① 지방자치단체가 행정조직형태로 직접 운영하는 사업을 말한다.
② 지방자치단체의 장이 지방직영기업의 관리자를 임명한다.
③ 소속된 직원은 공무원 신분이 아니다.
④ 「지방공기업법 시행령」에 따라 경영평가가 매년 실시되어야 하나, 행정안전부장관이 이에 대해 따로 정할 수 있다.

12 □□□

2017년 서울시 7급

지방공기업의 유형 중 지방직영기업에 대한 설명으로 가장 옳지 않은 것은?

① 지방자치단체가 일반회계와 구분되는 공기업특별회계를 설치해 독립적으로 회계를 운영하는 형태의 기업이다.

② 지방직영기업의 직원은 대부분 민간인 신분이다.

③ 지방자치단체가 직접 사업수행을 위해 소속행정기관의 형태로 설립하여 경영한다.

④ 일반적으로 상수도사업, 하수도사업, 공영개발, 지역개발기금 등이 지방직영기업에 속한다.

13 □□□

2019년 서울시 7급(2월 추가)

「지방공기업법」에 근거한 지방공기업에 대한 설명으로 가장 옳지 않은 것은?

① 지방공기업은 수도사업(마을상수도사업은 제외한다), 공업용수도사업, 주택사업, 토지개발사업, 하수도사업, 자동차운송사업, 궤도사업(도시철도사업을 포함한다)을 할 수 있다.

② 지방공기업에 관한 경영평가는 원칙적으로 행정안전부장관의 주관으로 이루어진다.

③ 공사의 운영을 위하여 필요한 경우에는 자본금의 2분의 1을 넘지 아니하는 범위에서 지방자치단체 외의 자로 하여금 공사에 출자하게 할 수 있다. 단, 외국인 및 외국법인은 제외한다.

④ 지방공기업에 대한 경영평가, 관련정책의 연구, 임직원에 대한 교육 등을 전문적으로 지원하기 위하여 지방공기업평가원을 설립한다.

14 □□□

2024년 지방직 9급

「지방공기업법」상 지방공기업에 대한 설명으로 옳지 않은 것은?

① 지방직영기업의 관리자는 해당 지방자치단체의 공무원으로서 지방직영기업의 경영에 관하여 지식과 경험이 풍부한 사람 중에서 지방자치단체의 장이 임명한다.

② 지방공사를 설립하고자 하는 시장 · 군수 · 구청장은 설립 전에 행정안전부장관과 협의하여야 한다.

③ 지방자치단체는 상호 규약을 정하여 다른 지방자치단체와 공동으로 지방공사를 설립할 수 있다.

④ 지방자치단체는 지방직영기업을 설치 · 경영하려는 경우에는 그 설치 · 운영의 기본사항을 조례로 정하여야 한다.

15 □□□

2025년 국가직 9급

「지방재정법」상 지방재정진단제도의 내용에 해당하는 것은?

① 재정위험 수준 점검결과 재정위험 수준이 대통령령으로 정하는 기준을 초과하는 지방자치단체에 대하여 실시할 수 있다.

② 대규모의 재정적 부담을 수반하는 사업의 유치를 신청할 때 미리 지방자치단체의 재정에 미칠 영향을 평가한다.

③ 지방재정을 계획성 있게 운용하기 위하여 매년 중기지방재정계획을 수립한다.

④ 소속 공무원의 인건비를 30일 이상 지급하지 못하여 자력으로 재정위기상황을 극복하기 어렵다고 판단되는 경우 실시한다.

MEMO

MEMO

2026 대비 최신개정판

해커스공무원 현 행정학 단원별 기출문제집

개정 13판 1쇄 발행 2025년 11월 3일

지은이	서현, 해커스 공무원시험연구소 공편저
펴낸곳	해커스패스
펴낸이	해커스공무원 출판팀
주소	서울특별시 강남구 강남대로 428 해커스공무원
고객센터	1588-4055
교재 관련 문의	gosi@hackerspass.com 해커스공무원 사이트(gosi.Hackers.com) 교재 Q&A 게시판 카카오톡 채널 [해커스공무원 노량진캠퍼스]
학원 강의 및 동영상강의	gosi.Hackers.com
ISBN	979-11-7404-580-5 (13350)
Serial Number	13-01-01

2026 대비 최신개정판

해커스공무원

현 행정학

단원별 기출문제집

약점 보완 해설집

해커스공무원

해커스공무원

현 행정학

단원별 기출문제집

해커스공무원

서현

약력

서울대학교 행정대학원 정책학 전공

현 | 해커스공무원 행정학 강의
전 | 김재규공무원학원 행정학 강의
전 | 장안대학교 행정법률과 강의
전 | EBS 명품행정학개론 강의
전 | 에듀윌 행정학개론 강의

저서

해커스공무원 현 행정학 기본서
해커스공무원 현 행정학 단원별 기출문제집
해커스공무원 현 행정학 실전동형모의고사 1
해커스공무원 현 행정학 실전동형모의고사 2
멘토행정학 Ⅰ·Ⅱ, 도서출판 배움
9급 솔루션 행정학개론 문제집, 도서출판 예응

정답 및 해설

PART 1 행정학의 기초이론
PART 2 정책학
PART 3 행정조직론
PART 4 인사행정론
PART 5 재무행정론
PART 6 행정환류론
PART 7 지방행정론

PART 1 행정학의 기초이론

CHAPTER 1 | 행정과 행정학의 발달

THEME 01 행정의 의의와 환경

정답 p. 10

01	④	02	③	03	④	04	①	05	①
06	②	07	①	08	④	09	③	10	③
11	③	12	④	13	①	14	②	15	③
16	①	17	②	18	①	19	①	20	③
21	④	22	②	23	④	24	③	25	③
26	④	27	④	28	④	29	②	30	①
31	④	32	③	33	③	34	②	35	③

01 행정의 의의 답 ④

현대 행정은 정치권력을 배경으로 정부가 독점하기보다는 공공서비스의 생산 및 공급을 정부와 시장 및 시민이 함께하는 협력적 통치로서의 거버넌스 행정을 의미한다.

02 행정의 개념 답 ③

행정은 정치권력을 배경으로 공공서비스의 생산과 공급을 독점하는 통치가 아니라, 정부와 시장과 시민 간의 협력적 네트워크를 추구하는 거버넌스 체제이다.

03 윌슨(Wilson)의 『행정의 연구』 답 ④

윌슨(Wilson)은 행정의 본질을 의사결정이 아니라 결정된 정책이나 법률을 효율적으로 집행하는 것으로 보며 근본적으로 효율적인 정부가 되어 돈과 비용을 덜 들여야 한다고 주장하고 있다.

(선지분석)

③ 윌슨(Wilson)은 1897년 『행정의 연구(The Study of Administration)』에서 행정의 영역(field of administration)은 정치의 영역(field of politics)이 아니라 비즈니스의 영역(field of business)이라고 규정하여 정치와 행정의 분리를 강조하였다.

04 정치행정일원론 답 ①

정치행정일원론은 정책결정과 집행이 통합되어 있다는 것으로, 공공조직의 관리자(정책집행자)들은 정책결정자를 위한 지원과 정보 제공의 역할만을 수행하는 것은 정책결정과 집행이 분리되어 있다는 정치행정이원론에 해당한다.

05 정치행정이원론 답 ①

정치행정이원론(공사행정일원론)은 정당정치(엽관정치)의 폐단을 극복하기 위해서 정치영역과 행정영역을 구분하여 행정은 정치가 아니라 경영의 영역임을 강조했던 행정학 성립 초기의 입장이다.

(선지분석)

② 1929년 경제대공황으로 인한 뉴딜정책은 정치행정일원론이 등장하게 된 주요 배경이다.

③ 과학적 관리론 등 행정개혁운동은 정치행정이원론이 등장하게 된 배경이다.

④ 애플비(Appleby)는 정치와 행정은 단절적 관계가 아니라 연속적 관계임을 강조한 대표적인 정치행정일원론자이다.

06 정치행정일원론(Appleby) 답 ②

애플비(Appleby)는 현대행정을 정책형성이라고 보면서, 정치와 행정은 연속적·순환적 관계임을 강조하는 혼합작용이라고 주장하였다.

(선지분석)

① 효율성을 추구하는 관리를 핵심으로 하는 것은 공사행정일원론에 대한 설명이다.

③ 시간과 동작연구를 통한 직무의 전문화는 테일러(Taylor)의 과업관리에 대한 설명이다.

④ 귤릭(Gulick)의 『행정학 논총』에서 최고관리자의 7가지 기능(POSDCoRB)에 대한 설명이다.

07 정치행정일원론 답 ①

정치행정일원론(공사행정이원론)은 1929년 경제대공황의 발생으로 인한 정부개입을 강조하는 큰 정부로서 현대 행정국가의 등장과 연관성이 깊다.

(선지분석)

②, ③, ④는 모두 정치행정이원론(공사행정일원론)에 대한 설명이다.

08	정치행정이원론(공사행정일원론)	답 ④

대공황 이후 각종 사회문제를 해결하기 위해서 행정의 정책결정·형성 및 준입법적 기능수행을 정당화한 것은 정치행정일원론(공사행정이원론)의 특징이다.

09	정치행정이원론	답 ③

행태주의적 관점은 과학적 관리법에 기반한 것이 아니라 논리실증주의에 의한 엄정한 과학적 방법을 통해서 가능한 것이다. 정치행정이원론(공사행정일원론)은 정치로부터 행정의 독자성을 강조하면서 과학적 관리법에 기반한 것으로 행정관리론의 관점이다.

10	정치·행정이원론(공·사행정일원론)	답 ③

행정이 정책형성(결정)기능까지 담당하는 것은 1930년대 통치기능론에 의한 "기능적 행정학"으로 정치·행정일원론의 특징이다.

선지분석

① 1829년 제7대 잭슨 대통령의 엽관주의에 의한 부정부패 등의 엽관주의의 폐단을 극복하기 위한 반엽관주의(anti-spoils system)의 맥락이다.

② 엽관주의로 인한 부패한 정치로부터 행정의 분리(정치행정이원론)를 주장하였다.

④ 윌슨(W. Wilson)은 1887년 「행정의 연구」를 통해서 행정을 정치로부터 분리시키고 관리와 경영의 영역(business)으로 규정하였다.

11	정치·행정이원론(공·사행정일원론)	답 ③

정치행정이원론(공사행정일원론)은 행정이 정치로부터 분리되어야 함을 강조하며 엽관주의를 극복하였고, 행정을 경영처럼 능률적으로 관리하여 실적주의에 대한 논의와 확립을 촉발시켰다.

12	행정학의 성격	답 ④

무엇이 합리적이고 정당하며 선에 입각한 행정인지를 따져 보는 데 관심을 두고 있는 것은 과학성이 아니라 기술성(처방성)에 대한 설명이다. 양자를 잘 구별해야 한다.

13	행정학의 성격	답 ①

정해진 목표를 어떻게 효율적으로 달성하는가 하는 방법을 의미하는 것을 'practice'란 용어로 지칭한 기술성은 사이먼이 언급한 내용이다. 사이먼이 'practice'란 용어로 지칭한 기술성은 정해진 목표를 어떻게 효율적으로 달성하는가 하는 방법을 의미한다. 왈도(D. Waldo)가 'art' 혹은 'professional'이란 용어로 지칭하는 기술성은 가치판단을 통한 사회문제에 대한 실질적 처방을 의미한다.

선지분석

② 윌슨(W. Wilson) 등 초기 행정학자들은 능률적인 관리를 위한 관리기술이나 행정의 원리 등을 발견하려는 데 초점을 두고 행정학의 기술을 강조했는데, 그러한 기술(기술적 행정학)을 기술성으로 본 지문으로 논란이 될 수 있는 사항이다.

14	행정학의 성격	답 ②

제시문은 행정학의 보편성과 특수성에 관한 설명이다. 선진국의 행정이론을 모든 국가에 보편적으로 적용할 수 없고, 각국의 사회문화적인 특수성을 고려해야 함을 설명하고 있다.

15	행정학의 성격	답 ③

행정학의 학문적 성격에서 과학성은 행정현상과 관련하여 견고한 이론적 체계를 구축할 수 있고 동시에 이를 통하여 행정현상을 설명하고 예측할 수 있느냐에 관한 것으로, '왜(why)'를 중심으로 설명성·인과성·객관성을 강조한다. 이는 행정현상에 있어서 시대나 상황을 초월하는 일반적 법칙이 있다고 보며 행정학의 일반이론을 구축하려는 노력과 관계되는 보편성과, 주관적 판단을 배제하고 행정현상을 객관적인 하나의 현실이나 사실로서 이해하고 파악하려는 가치중립성과 연관된다. 반면, 기술성은 행정현상에 대한 실제적 처방에 관한 것으로, '어떻게(how)'를 중심으로 실천성·처방성을 강조한다. 이는 시대나 상황을 초월하는 일반적 법칙은 존재하지 않고 그 역사적·시대적 상황에 따라 행정은 달라진다고 보는 특수성과, 어떤 현상이 올바르고 바람직한지를 판단하려는 태도로 가치판단이 개입된 규범적이고 실천적인 연구를 추구하는 가치판단불가피성과 연관된다.

핵심POINT 행정학의 학문적 성격

1. 과학성과 기술성

과학성	'왜(Why)'를 중심으로 객관적 자료를 수집하고, 실증적이고 통계적·경험적 방법에 의해 인과성(Causality) 및 유형성(Pattern)을 정립하려는 것으로서 설명성·기술성(記述性)·객관성을 강조
기술성(技術性)	'어떻게(how)'를 중심으로 문제해결을 위한 실용성·실천성·처방성을 강조

2. 보편성과 특수성

보편성	행정현상이 각국의 역사적 상황이나 문화적 장벽을 뛰어 넘어 보편적으로 적용될 수 있음
특수성	행정현상이 특정한 역사적 상황이나 문화적 맥락 속에서 이루어지기 때문에 행정이론이 그 나름의 독특한 성격을 가짐

3. 가치판단성과 가치중립성

가치판단성	가치(value)판단이란 '주관적인 평가의식, 선과 악 또는 옳고 그름에 대한 판단'을 의미하며 가치판단이 개입된 규범적·당위적·재량적 차원의 연구를 가치중심적 연구라고 함
가치중립성	사실중심적 연구로서 사실(fact)이란 '있는 그대로의 객관적인 현상'을 의미하며, 연구자의 주관을 배제한 채 객관적인 현상을 과학적으로 연구하는 것을 사실중심적 연구라고 함

16	행정학 이론의 특징	답 ①

행정관리론은 정치행정이원론(공사행정일원론)으로 능률성을 강조한다. 대표적인 학자는 귤릭(Gulick)이다.

선지분석

② 행정행태론은 정치행정새이원론의 입장으로서 합리성을 강조한다.
③ 형평성을 강조하는 것은 신행정론이다. 비교행정론은 서로 다른 국가들 간의 행정을 비교·연구하는 것이다.
④ 발전행정론은 행정우위의 정치행정새일원론적 입장이다.

17	진보주의 정부관과 보수주의 정부관	답 ②

진보주의자는 사회적 극빈층의 보호를 위하여 누진세와 같은 조세제도나 사회보장제도 등의 소득재분배정책을 선호한다.

선지분석

① 보수주의자는 기본적으로 자유시장을 신뢰하고, 정부의 개입을 반대한다.
③ 1970년대 말 스태그플레이션(정부실패)에 대한 대응방안으로 신자유주의가 등장하면서 큰 정부에서 작은 정부로의 전환이 이루어졌다.
④ 1930년대 경제대공황(시장실패)을 겪으면서 최대의 정부(큰 정부)가 최선의 정부라는 신념이 중요시되었다.

핵심POINT 정부관과 보수주의 정부관의 비교

구분	진보주의 정부관	보수주의 정부관
이데올로기	좌파	우파
인간관	경제인관 부정, 루소(Rousseau)의 인간관	경제인관 인정, 홉스(Hobbes)의 인간관
자유	적극적 자유	소극적 자유
정부규제	시장실패 치료를 위한 정부규제 선호	비선호 (자유시장 신뢰)
재분배정책	선호	비선호
이념	공평성(수직적 공평)	효율성(수평적 공평)

18	진보주의 정부관과 보수주의 정부관	답 ①

소극적 자유(정부로부터의 자유)의 선호는 보수주의 정부관의 특징이다. 진보주의 정부관은 적극적 자유(정부를 향한 자유)를 추구한다.

19	진보주의 정부	답 ①

조세 감면 확대는 진보주의 정부가 아니라 보수주의 정부에서 선호하는 정책이다. 진보주의 정부는 많은 조세를 거두고 이를 바탕으로 정부규제를 강화하는 것이 특징이다.

20	진보주의와 보수주의의 구분	답 ③

조세 감면 확대 정책은 정부의 규모를 줄이는 것으로 보수주의 정부관에 해당한다.

21	진보주의 정부관과 보수주의 정부관	답 ④

조세제도를 통한 소득재분배 구현은 진보주의 정부관의 특징이다. 보수주의 정부관은 조세제도를 통한 소득재분배정책을 선호하지 않는다.

22	행정과 경영	답 ②

행정은 공익을 추구하므로 법적 규제가 강한 반면, 경영은 시장의 자율성으로 인해서 행정에 비하여 법적 규제로부터 좀 더 자유로운 편이다.

핵심POINT 행정과 경영의 차이점

구분	행정(공행정)	경영(사행정)
주체	정부·국가	민간기업·사기업
목적	국민의 복리증진, 다원적	사익 이윤극대화, 일원적
정치성 강약	정치적 합리성	경제적 합리성
권력성 여부	권력적 성격	비권력적 성격
독점성 유무	강함	약함
법적 규제 정도	강함	완화
평등원칙 적용 정도	강함	약함
능률성 척도	일률적 계량화 곤란	계량화 용이
경쟁성 정도	경쟁력 약함	경쟁력 강함

23	행정과 경영의 유사점	답 ④

행정은 공익을 추구하므로 경영에 비해 법적 규제가 강하고, 경영은 시장의 자율성을 위해서 법적 규제로부터 자유롭다.

24	행정과 경영의 유사성	답 ③

경영은 시장의 자율성을 추구하기 위해서 법적 규제로부터 상대적으로 자유로운 반면, 행정은 경영에 비해 법적 규제를 많이 받기 때문에 법적 규제는 행정과 경영의 차이점이다.

25	합리적 행동을 제약하는 요인	답 ③

대다수의 공조직은 하나의 목표가 아니라 여러 개의 목표를 가지고 있기 때문에 이러한 여러 개의 목표를 추구하는 과정에서 갈등과 대립이 발생한다면 합리적 행동을 제약하는 요인이 될 수 있다.

26	우리나라의 행정환경	답 ④

한국사회의 환경은 국제적인 경기침체와 인플레이션 등의 문제와 국내적인 이념 갈등 및 저출산·노령화 사회가 급속하게 진행되면서 이에 따른 다양한 행정수요가 유발되어 복잡하거나 불확실할 가능성이 높다.

27	비정부조직(NGO)의 실패모형	답 ④

NGO의 전문성·책임성 부족현상은 살라몬(Salamon)의 NGO 실패모형 중 '박애적 아마추어리즘'에 해당한다. '박애적 불충분성'은 안정적 자원·자금 확보의 어려움에 대한 것이다.

핵심POINT 살라몬(Salamon)의 NGO 실패모형

박애적 불충분성	강제성의 결여로 인하여 안정적으로 자원 확보 곤란함
박애적 배타주의	활동영역과 서비스 공급대상이 한정됨
박애적 온정주의	많은 자원을 공급하는 사람과 집단에 의하여 활동이 좌우됨
박애적 아마추어리즘	충분한 전문성과 책임성 확보 곤란함

28	사회적 기업	답 ④

「사회적기업 육성법」 제8조 제1항에 따르면, 사회적 기업은 1인 이상의 유급근로자를 고용하여 영리활동을 수행하여야 하는 조직이며, 이러한 점에서 비영리조직(NPO)과는 구분된다.

핵심POINT 사회적 기업의 개념과 특징

개념	고용노동부장관의 인증을 받아 사회적(공익적) 목적을 추구하면서 재화 및 서비스의 생산·판매 등 영업활동을 수행하는 기업(「사회적기업 육성법」 제2조 제1호)
특징	• 공익 추구: 취약계층에게 사회서비스 또는 일자리를 제공하거나 지역사회에 공헌함 • 영리행위: 유급근로자를 고용하여 영리활동을 수행함 → 자원봉사자들로만 구성되는 NGO와의 차이점

29	정부와 비정부조직(NGO)의 관계	답 ②

NGO가 생산하는 공공재나 집합재의 생산비용을 정부가 지원하는 경우 정부와 NGO는 보완적·협력적 관계를 형성한다. 대체적 관계일 경우 국가의 한계로 인해 공공재를 NGO가 대신 공급한다.

선지분석

③ 이익의 비배분성이란 구성원들 간의 편익을 분배받을 수 없다는 뜻으로 비영리조직의 특징에 해당한다.

핵심POINT 정부와 NGO의 관계

대체적 관계	정부의 한계로 인해 공공재 등의 공급을 NGO가 대신함(경쟁관계)
보완적 관계	정부의 재정 지원하에 정부와 NGO가 긴밀한 협조를 유지함(협력관계)
대립적 관계	서로 투명한 활동을 위해 상호 감시함(긴장관계)
의존적 관계	정부가 NGO의 성장을 육성·유도하거나 수단으로 활용함
동반자 관계	독립된 파트너로서 서로의 존재를 인정하고 협력하는 관계로 최근 가장 일반적인 형태임

30	시민사회조직(NGO)	답 ①

비정부조직이 생산하는 공공재나 집합재의 생산비용을 정부가 지원하는 경우에는 정부와 대체적 관계가 아니라 보완적 관계이다.

31	정부의 비영리민간단체 지원	답 ④

등록비영리민간단체는 보조금을 받아 수행한 공익사업을 완료한 때에는 사업보고서를 행정안전부장관이나 시·도지사나 특례시의 장에게 제출해야 하며 사업평가, 사업보고서 및 평가결과의 공개 등에 필요한 사항은 행정안전부령으로 정한다.

⊕ 보충 「비영리민간단체 지원법」

제9조 【사업보고서 제출 등】 ① 등록비영리민간단체는 제8조의 사업계획서에 따라 사업을 완료한 때에는 다음 회계연도 1월 31일까지 사업보고서를 작성하여 행정안전부장관, 시·도지사나 특례시의 장에게 제출하여야 한다.
③ 사업 평가, 사업보고서 및 평가결과의 공개 등에 필요한 사항은 행정안전부령으로 정한다.

32	시민단체	답 ③

시민단체의 해석의 관점에서 전통적 자유주의와 보수주의를 절충한 입장을 취하는 것은 다원주의가 아니라 공동체주의이다. 다원주의는 시민단체가 사회적 다원주의를 전제로 하며 사회서비스의 생산은 사회의 다양한 주체에 의하여 이루어질 수 있다는 모형으로, 시민단체의 출현을 다원주의의 결과물로 본다.

선지분석

① 결사체 민주주의 입장에서는 이상적인 사회란 NGO 등의 자원조직이 많이 생겨서 효과적으로 활동하며 사회적 의미를 부여하는 형태를 의미하며, 바람직한 정부의 역할은 결사체들이 성장하고 활동하면서 서로 경쟁하도록 보장할 수 있어야 한다.
② 공동체주의에서는 개인의 이익보다는 공동체의 이익을 위한 책임있는 개인의 자원봉사 정신을 강조한다.
④ 사회자본은 시민의 자발적 참여에 의해 생산되는 무형의 자본을 의미하며 시민사회와 시민단체에 대해 의미 있는 해석을 강화한다. 시민사회와 시민단체는 사회자본 형성에 필요한 신뢰 등의 중요한 역할을 담당한다.

33	NGO의 분류(설립 목적)	답 ③

NGO의 설립 목적에 따른 분류에서 서비스형 NGO는 사회적 약자를 위한 복지혜택을 제공하고, 주창형 NGO는 국민권익을 보호하는 역할을 담당한다.

(선지분석)

① NGO는 자원봉사주의에 입각하여 공공목적의 실현을 위해 자발적·능동적으로 참여하는 조직이다.
② NGO가 정부의 역할을 보완하기 위하여 등장한 배경이다.
④ NGO는 시민의 자발적 참여를 통한 자치성(self-governing)과 비영리성 등을 특징으로 한다.

핵심POINT NGO의 분류(설립 목적)

1. **서비스 제공형**: 사회적 약자를 위한 복지혜택 제공
   예 빈민구제, 의료보건, 교육사업 등
2. **권익 주창형**: 국민권익을 보호하는 역할
   예 소비자 보호, 환경 보호, 여성 해방 운동 등

34	미국 초기 행정사상가의 주장	답 ②

매디슨(Madison)주의는 이익집단 간의 견제와 균형을 정치활동의 원천으로 인식하였다.

(선지분석)

① 제퍼슨(Jefferson)주의는 분권주의를 주장하였으며, 대중에 뿌리를 둔 풀뿌리민주주의를 강조하였다.
③ 해밀턴(Hamilton)주의는 연방정부에 힘이 집중되어 있는 중앙집권주의를 주장하였다.
④ 윌슨(Wilson)은 정치와 행정은 분리되어야 하고 행정은 결정된 정책을 실제 집행하는 사무(business)의 분야로 보는 공사행정일원론(정치행정이원론)의 입장을 취한다.

35	미국 행정의 발달과정과 행정학의 태동	답 ③

미국 행정학의 진보적 개혁운동으로 1906년 뉴욕시정연구회, 1910년 절약과 능률에 관한 대통령위원회(Taft위원회) 등이 있었는데, 특히 1906년에 설립된 뉴욕시정조사연구소(The New York Bureau of Municipal Research)는 좋은 정부를 구현하기 위한 능률과 절약의 실천방안을 제시하고 시정에 대한 과학적 연구를 수행했다.

(선지분석)

① 잭슨(Jackson)이 도입한 엽관주의는 정치지도자의 행정통솔력을 강화함으로써 국민의 요구에 대한 관료적 대응성을 높였으나 정책수행과정에서 공직의 상품화로 인하여 예산의 낭비와 정책수행과정에서의 비효율성을 초래하였다.
② 건국 직후 미국 정치체제는 행정의 효율성을 지향하는 해밀턴주의(Hamiltonianism)가 지배했다기보다는 제퍼슨주의(Jeffersonism)와 서로 상반된 정치이념을 바탕으로 극심한 대립을 벌였다고 본다.
④ 미국 행정학의 학문적 초석을 다진 윌슨(W. Wilson)은 행정에 대한 지나친 정당정치의 개입이 정책의 능률적 집행을 저해한다고 보았다. 이와 달리 애플비(Appleby)는 정치·행정의 분리에 대해 반발하면서 정치와 행정의 융합적 성격을 강조하였다.

핵심POINT 미국관료제의 규범적 이념

해밀턴주의	중앙집권에 의한 능률적 행정(연방주의)
제퍼슨주의	지방분권에 의한 민주적 행정(민주주의)
매디슨주의	이익집단의 의한 견제와 균형(다원주의)
잭슨주의	엽관주의에 의한 대응과 책임(엽관주의)

CHAPTER 2 | 현대 행정의 이해

THEME 02 재화의 유형과 시장실패

정답

p. 18

01	③	02	④	03	③	04	①	05	②
06	④	07	①	08	③	09	④	10	①
11	③	12	④	13	③	14	③	15	①
16	④	17	④	18	②	19	④	20	③
21	①								

01 시장실패의 원인 답 ③

X-비효율성은 정부조직의 관리나 기술상의 비효율성으로서 정부실패의 원인에 해당한다.

02 사바스(Savas)의 재화의 유형 답 ④

공공서비스의 유형 중에서 비경합성(공동소비, 집합소비)과 비배제성(무임승차)을 모두 가진 재화는 공공재(집합재)이다.

03 재화의 유형 답 ③

공공재는 경합성과 배제성을 띄지 않는 재화로서 국방, 외교, 치안 또는 등대나 가로등이 대표적인 공공재에 해당한다.

선지분석

① 국립도서관은 공유재, ② 고속도로는 유료재에 해당한다.

핵심POINT 재화의 유형

구분		배제성 여부	
		비배제성	배제성
경합성 여부	비경합성	공공재(public goods) 예 국방, 치안, 외교 서비스, 등대, 가로등	요금재(toll goods) 예 전기, 가스, 유료 고속도로
	경합성	공유재(common pool resources) 예 바다 속 물고기, 야생나물	사적재(private goods) 예 컴퓨터, 냉장고 등 시장재화

04 공유재 답 ①

국공립도서관, 국립공원은 공공시설로서 비배제성과 경합성을 갖는 공유재이지만, 외교, 국방, 치안 서비스는 비배제성과 비경합성을 갖는 공공재이다.

05 재화의 유형 답 ②

공유재에 대한 설명으로 옳은 것은 ㄴ, ㄷ이다.

선지분석

ㄱ. 전기, 상하수도, 가스 등과 같은 사회기반시설은 공유재가 아니라 요금재(유료재)에 해당한다. 공유재에는 바다 속 물고기나 야생나물 등이 해당한다.

ㄹ. 소비의 비경합성과 비배제성의 특성을 동시에 갖는 재화는 공유재가 아니라 공공재이다. 공유재는 소비의 비배제성과 경합성의 특성을 갖는 재화이다.

06 재화의 유형 답 ④

하딘(Hardin)이 공유지의 비극을 방지하기 위하여 국가규제의 강화까지 주장한 것은 아니다.

⊕ 보충 공유지의 비극

의의	1968년 하딘(Hardin)이 제시한 개념으로, 구성원 모두가 공유하는 자원의 경우 전체적 합리성보다는 개인적 합리성을 앞세워 경쟁적으로 남비함으로써 결과적으로 공유지가 황폐하게 된다는 시장실패현상을 설명한 모형
대안	• 공유의 상태를 근본적으로 제거하기 위하여 소유권을 명확화(사유화)하는 방안[코즈(Coase)의 정리] • 정부가 적절히 개입하여 규제하는 방안 • 각자 스스로의 양심으로 공유지를 최적으로 운영하게 하는 방안 등 → 하딘(Hardin)은 먼저 소유권을 명확히 하여 공유상태를 해소하는 것을 가장 이상적인 방안으로 보았고, 차선책으로 정부규제를 주장하였으며 양심에 맡기는 방안은 회의적으로 봄

07 재화의 유형 답 ①

요금재는 배제성과 비경합성의 특징을 갖는 재화로, 대가를 지불하지 않는 소비자를 배제할 수 있다. 대가를 지불하지 않는 소비자를 배제할 수 없는 비배제성을 가진 재화는 공공재와 공유재이다.

08 사바스(Savas)의 재화유형 답 ③

요금재는 전기, 수도, 가스, 고속도로 등 초기비용의 과다나 규모의 경제 때문에 발생하는 자연독점(natural monopoly)은 시장실패가 발생할 수 있기 때문에 일반적으로 정부가 공급하게 된다. X-비효율성은 정부가 경쟁하지 않고 재화나 서비스를 독점적으로 제공하기 때문에 발생하는 비효율성을 말한다.

선지분석

④ 집합재(collective goods)는 개별소비되지 않고 집합적으로 공동소비되는 공공재(public goods)를 말한다. 이러한 공공재는 대가를 지불하지 않고 사용할 수 있는 비배제성으로 인해 무임승차자 문제가 발생한다.

09 사바스(Savas)의 공공서비스 유형 답 ④

비경합성과 비배제성을 특징으로 하며 국방, 외교, 치안 등이 그 예인 재화는 공공재이다.

선지분석

① 요금재는 주로 사회간접자본시설(예 도로, 공항 등)에 적용되는데 이를 건설하는 데 드는 비용에서 규모의 경제가 존재하기 때문에 자연독점이라는 시장실패가 발생하여 정부가 직접 공급하거나 공기업이 공급하는 경우가 많다.

10 재화의 유형 답 ①

재화를 배제성과 경합성 여부에 따라 분류할 경우 재화의 유형별 사례가 옳게 연결된 것은 ①이다. A는 사적재(시장재) - 구두, B는 공유재 - 해저광물, C는 요금재(유료재) - 고속도로, D는 공공재(집합재) - 등대에 각각 해당한다.

핵심POINT 재화의 유형별 사례(Savas)

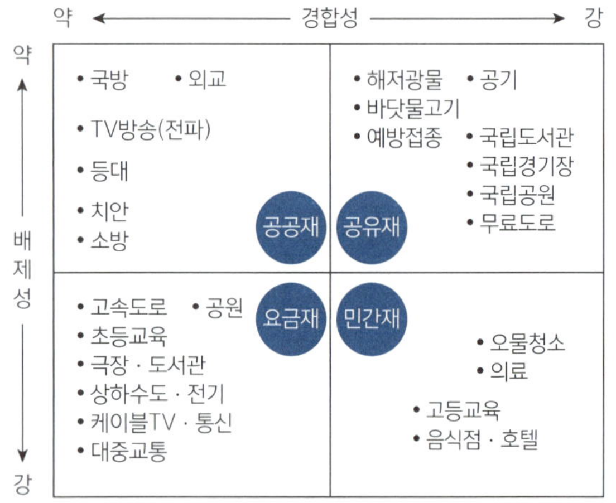

11 시장실패에 대한 대응방안 답 ③

외부불경제가 아니라 외부경제에서 나타나는 문제에 대응하기 위해 정부는 보조금을 지원한다. 외부효과에 대한 대응방안은 외부불경제인 경우와 외부경제인 경우에 차이가 있다. 외부불경제(부정적 외부효과)의 경우에는 과잉생산되는 문제를 억제하기 위해서 조세부과 등 정부규제를 강화하여야 하고, 외부경제(긍정적 외부효과)의 경우에는 과소생산되는 문제를 공급을 늘리게끔 하여 해결하기 위해서 보조금 지급, 인센티브 제공 등의 방법이 고려되어야 한다.

12 시장실패에 따른 정부개입 근거 답 ④

불완전경쟁은 시장의 균형을 깨뜨리는 독과점으로 정부규제로 대응할 수 있다.

13 시장실패요인 답 ③

자연독점은 규모의 경제 때문에 발생하는 시장실패요인으로 대기업의 자연독점(불공정거래)은 정부규제로 해결하고, 기업들이 이윤이 부족해 참여하지 않은 때(민자유치가 안될 때)에는 최종적으로 정부의 공적공급(재정사업)으로 대응할 수 있다.

14 시장실패에 대한 대응방안 답 ③

정부규제는 공공재를 제외한 모든 시장실패의 원인에 대한 대응방안이다.

핵심POINT 시장실패의 원인과 대응방안

구분	공적 공급(조직)	공적 유도(유인)	공적 규제(권위)
공공재의 존재	○		
외부효과		○	○
자연독점	○		○
불완전경쟁			○
정보의 격차		○	○

15 외부효과 답 ①

긍정적 외부효과(나무심기 등)는 일반적으로 사회적 적정수준보다 과소생산되고, 부정적 외부효과(폐수방출 등)는 사회적 적정수준보다 과다생산되는 결과를 가져온다.

16 규제의 유형 답 ④

일정한 양의 오염허가서(pollution permits) 혹은 배출권을 보유하고 있는 경제주체만 오염물질을 배출할 수 있게 허용하는 방식은 직접적 규제(명령지시적 규제)가 아니라 간접적 규제(시장유인적 규제)에 해당한다.

선지분석

① 피구세(Pigouvian tax)는 유발된 외부효과의 양에 해당하는 만큼 조세로 비용을 부담시키는 제도로, 외부효과를 내부화시켜 부정적 외부효과를 억제하는 제도이다.

② 긍정적 외부효과를 유발하는 기업에 대해서는 과소공급을 막기 위하여 보조금을 주어야 한다.

③ 코즈의 정리(Coase theorem)란 소유권을 명확하게 확립할 때 당사자 간 자발적인 협상을 통해 외부효과 문제가 해결될 수 있다는 이론이다.

⊕ 보충 오염허가서제도

오염허가서(pollution permits)제도란 오염물질 배출행위를 할 수 있는 일정한 권리를 신설 · 인정하여 이 권리를 시장에서 매매가 가능하도록 하는 공해배출권 거래제도를 말한다.

핵심POINT 직접규제와 간접규제

구분	직접규제 (명령지시적 규제)	간접규제 (시장유인적 규제)
방법	• 환경기준 (예 기술기준, 성과기준, 안전기준, 고용기준, 보건기준 등) • 규칙 제정 • 명령(시정명령) • 처분 • 차별금지입법	• 공해배출 부과금제도 • 공해권 경매(거래)제도 (예 오염허가서제도) • 보조금제도 • 고용부담금제도 • 등급사정, 정보공개 (예 표시, 공시)
특징	• 기준의 법정화 • 재량 없음, 경직성 • 정치적 설득력 및 수용성 높음 • 처벌 강함(예 형사처벌)	• 신축적 규제 • 재량 및 선택권 인정 • 설득력 및 수용성 약함 • 처벌 약함(예 과징금)

17 작은 정부의 등장 답 ④

작은 정부의 등장은 지나친 정부팽창으로 인한 감축관리의 흐름이다. 외부효과는 시장실패의 원인으로 정부개입을 통한 큰 정부를 가져오게 되므로 적절하지 않다.

선지분석

① 예산극대화모형은 관료들의 자기부처의 예산을 극대화한다는 모형으로, 결국 공공재가 과다공급되어 정부실패의 원인이 되므로 작은 정부의 이론적 배경에 해당한다.
② 지대추구이론은 특정 인허가를 얻어 사적 이득을 추구하려는 기업의 로비활동으로, 관료들의 부정부패(포획현상)를 가져오는 정부실패의 원인에 해당한다.
③ X-비효율성은 조직에서 경쟁의 부족때문에 발생하는 구성원의 의욕저하로 인한 비효율성으로 정부실패의 원인에 해당한다.

18 작은 정부와 큰 정부 답 ②

시장실패에 대한 대응으로 나타난 큰 정부는 규제를 완화한 것이 아니라 강화하였다. 또한 사회보장, 의료보험 등 사회정책을 펼침으로써, 정부의 적극적 역할을 강조하였으며, 이러한 이유로 정부의 크기가 커졌다.

19 작은 정부 지지이론 답 ④

1970년대 후반 정부실패 이후 작은 정부를 지향하는 것은 신공공관리론(NPM)이다. 나머지는 시장실패 이후의 큰 정부와 관련되어 있다.

20 시장실패의 원인 답 ③

X-비효율성은 경쟁의 부재 때문에 발생하는 의욕저하와 같은 조직관리상의 비효율성으로 정부실패의 원인이다. 외부효과, 시장의 독점, 공공재의 존재 등은 시장실패의 원인이다.

21 시장실패의 원인과 대응방안 답 ①

민영화(민간화)를 강조하는 작은 정부론은 시장실패가 아닌 정부실패에 대한 대응방안으로 제기되었다.

THEME 03 정부실패와 정부규모에 대한 논쟁

정답

p. 23

01	④	02	②	03	①	04	②	05	④
06	①	07	②	08	④	09	①	10	③
11	①	12	③	13	④	14	④	15	⑤
16	③	17	④	18	③	19	①	20	①
21	④								

01 사적목표의 설정(내부성; interity)의 개념 답 ④

관료가 국가발전이나 공익이라는 사회적 목표가 아니라 관료 자신의 개인적 이익이나 소속기관의 이익을 우선 고려함으로써 행정조직 내부의 목표에 집착하는 현상이다(내부성). 이로 인해 궁극적인 목표달성이 어려워져서 결국 정부실패가 발생하게 되는 원인이 된다.

02 정부실패의 요인 답 ②

설문은 관료가 공적 목표(공익실현)보다 사적 목표에 집착하여 공익을 훼손하는 내부성(internality) 또는 사적 목표의 설정에 해당하는 개념이다.

선지분석

① 비용과 수익의 절연은 비용을 지불하는 자와 수익을 누리는 자가 분리되는 것을 말한다.
③ X-비효율은 경쟁의 결여로 인한 의욕부재로 인해서 비용이 상승하는 현상이다.
④ 파생적 외부효과는 정부정책이 의도하지 않은 부작용을 초래하는 현상이다.
⑤ 분배적 불공평은 정부권력과 특혜에 의해서 소득분배가 왜곡되는 현상을 말한다.

03 정부실패의 요인 답 ①

정부가 가진 권력을 통해 불평등한 분배가 이루어지는 현상은 권력독점에 의한 불평등성이다. X-비효율성은 경쟁력이 부족한 조직에서 발생하는 근무의욕저하로 조직관리상의 비효율성을 의미한다.

04 정부실패의 원인과 대응방안 답 ②

정부실패를 야기하는 요인 중 X-비효율, 비용체증은 민영화를 통해 대응한다.

선지분석

① 사적 목표의 설정은 민영화를 통해 대응한다.
③ 파생적 외부효과는 보조 삭감, 규제 완화를 통해 대응한다.
④ 권력의 편재는 민영화, 규제 완화를 통해 대응한다.
⑤ 정보의 비대칭성은 정부실패가 아니라 시장실패의 원인에 해당한다.

핵심POINT 정부실패의 원인과 대응방안

구분	민영화	보조 삭감	규제 완화
사적 목표	○		
X-비효율성	○	○	○
파생적 외부효과		○	○
권력의 편재	○		○

05 정부실패에 대한 대응방안 답 ④

권력의 편재에 대한 정부의 대응방안으로는 정부 보조 삭감이 아니라 민영화, 규제 완화 등이 있다.

06 파킨슨의 법칙(Parkinson's Law) 답 ①

파킨슨의 법칙은 공무원의 수는 해야 할 업무의 경중이나 그 유무에 관계없이 일정 비율로 증가한다는 것으로, 영국의 행정학자 파킨슨(Parkinson)이 주장하였다. 이렇게 공무원 수가 증가하는 이유로 부하배증의 법칙(제1공리)과 업무배증의 법칙(제2공리) 두 가지를 들고 있다.

선지분석

② 영국 해군성의 경우 해군과 군함의 수는 줄었음에도 불구하고 해군직원의 수는 매년 5.75%씩 증가하는 현상을 지적하며 주장을 뒷받침하였다.
④ 파킨슨의 법칙은 리바이어던가설처럼 관료제의 팽창을 지적하는 이론이다.

07 파킨슨(C. Parkinson) 법칙 답 ②

파킨슨(C. Parkinson) 법칙은 공무원의 수는 업무량과는 직접적인 관계없이 부하배증의 법칙과 업무배증의 법칙에 의하여 일정 비율(5.89%)로 증가한다는 이론이다.

선지분석

ㄴ. 공공봉사동기(Public Service Motivation)와 관련 있는 내용이다. 공공봉사동기(PSM)는 개인이 자신의 이익(금전적 효용)이 아닌 공익과 공공가치(직무에 관련한 효용)를 추구하며, 국가와 국민을 위해 의미 있는 봉사를 하려는 신념이나 가치를 말한다.
ㄷ. 피터의 원리(Peter Principle)에 대한 설명이다.

08 정부실패의 원인 답 ④

정부실패는 시장에 대한 정부의 개입이 자원의 최적 배분 등 본래 의도한 결과를 가져오지 못하거나 기존상태를 오히려 악화시키는 경우를 말한다. 이러한 정부실패의 원인은 X-비효율성, 권력의 독점과 불균형에 의한 분배의 불공정성, 정부조직의 내부성, 파생적 외부효과, 비용과 편익의 괴리 등이 있다. 그중 점증적 정책결정은 기존정책에 약간의 변화를 가져오는 것으로, 환경의 불확실성이나 정보의 비대칭성으로 인해 발생하기 때문에 시장실패의 원인으로 보아야 한다.

선지분석

① 권력으로 인한 분배적 불공정성, ② 정부조직의 내부성, ③ 파생적 외부효과, ⑤ 비용과 편익의 괴리는 모두 정부실패의 원인에 해당한다.

핵심POINT 시장실패와 정부실패의 원인

시장실패의 원인	정부실패의 원인
• 공공재의 존재 • 외부효과(외부경제 및 외부불경제) • 불완전경쟁(독점 및 과점)의 존재 • 소득분배의 불공평성 • 정보의 비대칭성 및 불완전성 (정보의 편재) • 평균 비용의 증가와 평균 수익의 감소	• 정부조직의 내부성 (기관목표와 사회목표의 괴리) • 파생적 외부효과(비의도적 역효과) • 비용과 수익(혜택)의 분리: 울프(Wolf)의 비시장실패 • X-비효율성 • 공공서비스 공급의 독점성 (경쟁 결여) • 권력과 특혜에 의한 가치배분의 불공평성 • 정보의 불충분성 (대리손실 및 도덕적 해이)

09 X-비효율성(X-inefficiency) 답 ①

제시문의 설명은 정부실패의 한 요인인 X-비효율성에 해당한다. 라이벤슈타인(Leibenstein)은 정부조직과 같이 경쟁이 부재한 상태에서 조직구성원들의 의욕저하로 발생하는 비효율성을 X-비효율성(X-inefficiency)이라고 주장하였다.

10 정부실패 요인 답 ③

㉠은 내부성, ㉡은 파생적 외부효과에 대한 설명이다.

선지분석

지대추구행위는 지대추구는 포획의 일종이며, 정부규제가 결국 독점상태를 만들어 사회적 낭비를 가져온다는 이론이다. X-비효율성은 경제적 요인이 아닌 심리적·행태적 요인(사명감이나 직업의식의 부족)에 의해 나타나는 관리상의 비효율성을 의미한다. 권력의 편재는 권력이 특정 계층이나 집단에게 편재되어 있어 발생하는 소득분배의 불공평성을 말한다.

11	정부의 규모와 역할에 대한 행정이론	답 ①

정부실패의 요인 중 X-비효율성이란 정부조직관리상의 비효율성으로, 정부업무가 경쟁상태에 노출되지 않는 독점적 성격에서 나타나는 정부의 과다한 비용발생을 의미한다.

선지분석

② 지대추구이론은 정부의 시장개입이 클수록 규제에 따른 독점적 이윤(지대)과 그에 따른 사회적 손실이 증가한다고 보았다.
③ 거래비용이론에서는 당사자 간의 협상 및 커뮤니케이션 비용과 계약의 준수를 감시하는 비용 등 사전적·사후적 비용을 모두 거래비용으로 포함한다.
④ 대리인이론은 정보의 비대칭성 때문에 발생하며, 역선택과 도덕적 해이 문제가 발생할 수 있다고 주장한다.

12	정부실패의 원인	답 ③

파생적 외부효과는 민영화가 아니라 정부규제를 완화하거나 보조금 등의 유인을 줄이는 방법으로 해결하여야 한다. 파생적 외부효과란 정부의 개입(유인제공, 정부규제)이 의도하지 않은 결과(예상하지 못한 부작용)를 초래하는 것이다.

13	시장실패와 정부실패	답 ④

정부실패는 관료나 정치인들의 도덕적 해이 등 개인적인 요인 때문에 발생하기도 하지만, 공공재의 무형성이나 정부의 생산함수의 불확실성·경직성 등 공공조직에 내재하는 구조적인 요인 때문에 발생하는 경우도 있다.

14	시장실패와 정부실패	답 ④

관료가 부서의 이익이나 확장에만 집착하는 것은 외부성이 아니라 내부성(Internality)으로 정부실패의 원인이다.

선지분석

① 비배제성과 비경합성을 갖는 공공재에 대한 설명으로 공공재는 시장실패의 원인이다.
② 부정적 외부효과에 대한 설명으로 시장실패의 원인이다.
③ 공유지의 비극은 개인의 효용극대화가 사회전체의 효용극대화를 가져오지 못하는 현상으로 시장실패의 원인이다.
⑤ X-비효율성에 대한 설명으로 정부실패의 원인이다.

15	정부팽창에 대한 이론	답 ⑤

제시문은 뷰캐넌(Buchanan)의 리바이어던 가설에 대한 설명이다. 리바이어던 가설은 공공지출에 대한 통제 권한이 집중될 경우, 정치인·관료·특수이익 로비스트들의 선호가 재정정책에 반영됨으로써, 정부의 재정지출이 늘어나고 규모가 과도하게 팽창하게 된다는 것을 구약성서에 나오는 괴물인 리바이어던(Leviathan)에 비유한 것이다.

선지분석

① 로머와 로젠탈(Romer & Rosenthal)의 복귀수준이론은 다운스(Downs)의 중위투표자정리를 비판한 이론으로서, 예산은 중위수준이 아니라 'all or nothing'이라는 극단적 형식으로 결정된다는 것이다.
② 파킨슨(Parkinson)의 법칙은 영국의 해군성에 대한 실증적 연구를 통해 공무원의 수는 본질적인 업무량의 증가와는 일정한 비율로 증가한다고 주장한 법칙이다.
③ 니스카넨(Niskanen)의 관료들의 부처예산극대화로 인해 적정 예산규모를 초과하는 과다지출이 이루어져 정부팽창이 발생한다는 가설이다.
④ 털록(Tullock)의 지대추구이론은 정부의 인허가(포획)를 얻기 위한 기업의 지대추구행위(로비)가 지속적으로 발생하게 된다는 이론이다.

핵심POINT 공공재의 과소공급설과 과다공급설

과소공급설	• 머스그레이브(Musgrave)의 조세저항: 국민들의 조세저항(재정착각)이 공공재의 과소공급 유도 • 다운스(Downs)의 합리적 무지: 합리적 개인들은 공공재에 대한 적극적 정보를 수집하지 않으므로 공공재 수요저하 현상 발생 • 갈브레이스(Galbraith)의 선전효과: 공공재는 선전이 없어 공적 욕구를 자극하지 못함 • 듀젠베리(Duesenberry)의 전시효과: 공공재에는 민간재와 달리 체면유지 등의 이유로 실제 필요한 지출보다 더 많이 지출하지 않음
과다공급설	• 와그너(Wagner)의 경비팽창의 법칙: 사회발전에 따라 행정수요의 팽창이 일어남 • 피콕(Peacock)과 와이즈맨(Wiseman)의 전위효과: 전쟁 등 위기 시에는 국민의 조세부담증대의 허용수준이 높아짐 • 보몰효과: 정부부문의 노동집약적 성격이 생산성 저하를 가져오는 고질병으로 인한 비용상승 효과 • 니스카넨(Niskanen)의 예산극대화모형: 자기 부서의 이익극대화를 위해 과잉예산을 확보 • 지출한도의 부재: 정부 지출에 종결장치가 존재하지 않음 • 양출제입: 지출수요의 증가에 따라 수입을 확대함 • 파킨슨(Parkinson)의 법칙: 정부의 인력은 본질적인 업무량과는 상관없이 과잉증대됨 • 간접세 위주의 재정구조: 간접세의 경우 조세저항이 회피되어 세금을 과다징수하게 됨 • 뷰캐넌(Buchanan)의 다수결 투표와 리바이어던가설: 투표의 거래나 담합(Log-Rolling)에 의한 사업의 팽창과 정부의 완전성에 대한 믿음

16	공공서비스의 과소 및 과다공급설	답 ③

정부규모팽창에 대한 이론의 설명으로 옳은 것은 ㄴ, ㄷ, ㄹ이다.

선지분석

ㄱ. 전위효과란 전쟁 등 사회혼란기에 공공지출(공적 지출)이 민간지출(사적 지출)을 대신하여 재정이 팽창하는 현상이다. 즉, 위기 시에는 국민의 조세부담증대의 수용성(허용 수준)이 높아진다고 보았다.

ㅁ. 보몰효과는 행정의 노동집약적 성격으로 인하여 계속적으로 과다한 인건비가 투입되고, 이에 따라 재정규모가 팽창하게 되는 병리적 현상이다. 생산성 저하로 인해 정부가 생산·공급하는 서비스의 생산비용이 상대적으로 빨리 증가하여 정부지출이 증가하는 현상을 의미한다.

17	정부팽창론	답 ④

관료들이 자신들의 권력 극대화를 위해 필요 이상으로 자기 부서의 예산을 추구함에 따라 정부예산이 지속적으로 증가한다고 주장하는 것은 니스카넨(Niskanen)의 예산극대화가설이다. 파킨슨(Parkinson)은 정부조직이 본질적인 업무와 관계없이 부하배증과 업무배증으로 인해서 일정비율(5.89%)로 증가한다는 법칙이다.

핵심POINT 공공재의 규모(정부팽창론)

와그너(Wagner)의 법칙	정부의 기능과 활동이 증가 → 공공부문 지출도 증가
피콕(Peacock)과 와이즈맨(Wiseman)의 전위효과	전쟁 등 위기 시에 국민의 조세부담증대의 수용성(허용수준)이 높아짐
보몰효과 (Baumol's Disease)	정부부문이 노동집약적인 성격이 생산성 저하를 가져와서 비용이 증대되는 현상
니스카넨(Niskanen)의 예산극대화 모형	자기부서의 이익 극대화를 위한 과잉예산 확보
뷰캐넌(Buchanan)의 다수결 투표와 리바이어던가설	투표의 거래나 담합(Log-Rolling)에 의한 사업의 팽창과 정부의 완전성에 대한 믿음
지출한도(Expending Belt)의 부재	정부의 종결장치 및 가시적인 길항력(균형유지력)의 부재
양출제입의 원리	지출수요의 증가에 따라 수입 확대
파킨슨(Parkinson)의 법칙	본질적인 업무량과 무관하게 부하배증의 법칙과 업무배증의 법칙으로 조직팽창
간접세 위주의 국가재정구조	조세저항의 회피에 따른 재정팽창(재정착각)

18	공공재의 공급 규모	답 ③

보몰효과(Baumol's effect)로 인하여 공공재의 비용상승과 지출 규모가 증대되고, 공공재가 과다공급된다.

19	보몰효과(Baumol effect)	답 ①

정부부문이 노동집약적인 성격이 생산성 저하를 가져와서 비용이 증대하여 정부지출이 증가되는 현상은 보몰효과(Baumol effect)를 말한다.

(선지분석)

② 그레샴의 법칙(Gresham's law)은 "악화가 양화를 구축한다"라는 것으로 실질 가치가 다른 두 종류의 화폐가 동일한 액면가로 유통될 때, 가치가 낮은 화폐(악화)가 가치가 높은 화폐(양화)를 시장에서 몰아내는 현상을 말한다.
③ 바그너의 국가 활동 증대 법칙(Wagner's law)은 1인당 국민소득이 증가할 때(사회가 발전할 때) 국민경제에서 차지하는 공공부문의 상대적 크기가 증가한다는 것으로 정부팽창설이다.
④ 피코크와 와이즈맨(A. Peacock & J. Wiseman)의 전위효과(displacement effect)는 사회변혁기(전쟁이나 비상시)에는 공공지출이 늘어나면서 늘어난 공공지출이 민간지출을 대체한다는 것으로 정부지출이 증가하는 현상을 말한다.

20	복지국가의 공공서비스 공급	답 ①

복지국가란 국민을 위해서 요람에서 무덤까지 모든 것을 서비스해주는 현대 행정국가로, 정부가 민간부문을 직접 조정·관리·통제(규제)하는 공공서비스 기능이 강조된다.

(선지분석)

나머지는 복지국가의 한계(정부실패)에 따라 등장한 신자유주의적 국가의 공공서비스 공급 접근방법에 대한 설명이다. 복지국가의 공공서비스 공급 접근방법에 대한 설명으로 고치면 다음과 같다.
② 복지국가의 서비스 배분 준거는 형평적 배분이다.
③ 복지국가의 공공서비스 형태는 국가적 최저수준(National minimum)에 따라 보편화된 서비스이다.
④ 복지국가의 성과관리는 기관 중심의 공급자 관점에서 이루어진다.

21	정부관의 변천	답 ④

하이에크(Hayek)는 시장 중심의 신자유주의자로 1945년 『노예로의 길』에서 정부실패를 비판하고 작은 정부를 강조했다. 하이에크(Hayek)는 케인즈(Keynes)의 주장을 반대하여, 정부의 시장개입은 단기적 경기 부양에는 효과적일 수 있어도 장기적으로는 시장의 효율성을 심각하게 훼손한다고 주장하였으며 이는 신자유주의나 신공공관리론의 이론적 기초가 되었다.

(선지분석)

① 19세기 근대 자유주의국가는 국가의 역할을 치안유지에 국한하는 야경국가와 같은 작은 정부를 지향하였다.
② 1929년 경제대공황 이후의 케인즈(Keynes)와 루스벨트(Roosevelt) 대통령은 시장실패를 해결하기 위해서 정부개입을 주장하는 큰 정부를 강조하였다.
③ 영국의 대처리즘, 미국의 레이거노믹스는 정부팽창에 따른 정부실패를 해결하기 위해서 신자유주의에 바탕을 두는 작은 정부를 지향하였다.

THEME 04 정부규제와 규제정치모형(Wilson)

정답

p. 28

01	②	02	④	03	③	04	②	05	②
06	②	07	④	08	①	09	④	10	③
11	②	12	②	13	③	14	④	15	④
16	④	17	①	18	②	19	①	20	①
21	②	22	③	23	④				

01 정부규제의 내용 답 ②

정부규제에 대한 설명으로 옳은 것은 ㄴ, ㄷ이다.

(선지분석)

ㄱ. 파생적 외부효과는 정부실패의 원인이다.

ㄹ. 시장유인적 규제(예 보조금 지급, 부담금 부과 등)는 간접적 규제이기 때문에 명령지시적 규제에 비하여 규제효과를 담보할 수 없으며 기업에 불필요한 비용부담을 준다는 단점이 있다.

02 규제의 유형 답 ④

진입규제는 지나친 경쟁을 막기 위해서 인·허가를 제한하는 경제적 규제(협의)이다.

(선지분석)

① 소비자안전규제, ② 산업재해규제, ③ 환경규제는 국민이나 사회적 약자를 보호하기 위한 사회적 규제이다.

03 정부규제 답 ③

경제적 규제는 기업의 본원적 활동을 제한(인허가, 면허 등)하여 과도한 경쟁을 제한하는 것을 말한다.

04 윌슨(Wilson)의 규제정치모형 답 ②

제시문은 윌슨(J. Wilson)이 제시한 규제정책 중 고객정치의 사례에 해당한다. 고객정치는 규제의 비용은 다수(모든 국민)에게 분산되어, 편익은 소수(고객)에게 집중되는 것으로 수입면허 규제, 면세업 규제 등이 있다.

05 윌슨(Wilson)의 규제정치모형 답 ②

감지된 비용이 불특정다수인에게 넓게 분산되어 상대적으로 작고, 감지된 편익이 소수에게 좁게 집중되어 상대적으로 큰 경우는 고객정치에 해당한다. 고객정치의 예로는 최저가격규제, 수입규제 및 진입규제 등 각종 협의의 경제적 규제 등이 있다.

(선지분석)

① 각종 위생 및 안전규제는 대중적 정치가 아니라 기업가적 정치(ㄷ)에 해당한다.

③ 낙태규제는 기업가적 정치가 아니라 대중적 정치(ㄱ)에 해당한다.

④ 농산물에 대한 최저가격규제는 이익집단 정치가 아니라 고객정치(ㄴ)에 해당한다.

핵심POINT 윌슨(Wilson)의 규제정치모형

구분		감지된 편익	
		넓게 분산	좁게 집중
감지된 비용	넓게 분산	대중적 정치 예 음란물규제, 낙태규제 등	고객 정치 예 경제적 규제 - 최저가격규제 등
	좁게 집중	기업가적(운동가적) 정치 예 사회적 규제 - 환경오염규제 등	이익집단 정치 예 의약분쟁규제, 노사규제 등

06 윌슨(Wilson)의 규제정치모형 답 ②

윌슨(Wilson)은 규제에 따른 비용과 편익의 집중과 분산 여부에 따라 네 가지 규제정치모형을 제시하였다. 다수가 비용을 부담하고 다수가 편익을 누리는 신문·방송·출판물의 윤리규제는 음란물규제, 낙태규제 등에 해당하는 대중 정치이다.

07 윌슨(Wilson)의 규제정치모형 답 ④

제시된 사례는 환경오염규제정책에 대하여 희생자 집단(상인대표단)이 저항하는 상황을 설명한 것이다. 환경오염규제 등의 사회적 규제정책은 비용이 소수의 동질적인 집단(상인대표단)에 집중되어 강력한 반대가 나타나고 이로 인하여 집행이 가장 어려우며, 편익은 대다수(국민)에 넓게 확산되어 집단행동의 딜레마가 나타나고 정치적 활동이 미약하다. 이러한 사회적 규제정책은 윌슨(Wilson)의 기업가 정치(운동가 정치)에 해당한다.

08 윌슨(Wilson)의 규제정치모형 답 ①

윌슨(Wilson)은 규제에 따른 비용과 편익의 집중·분산 여부에 따라 규제정치모형을 네 가지 유형으로 나누어 주장하였다. 그중 교통체증 완화를 위한 차량 10부제 운행정책은 차량운행 제한으로 인한 불편(규제의 비용)이 모든 국민(대중)에게 분산되고, 통행속도 증가로 인한 편리함(규제의 편익)이 모든 국민(대중)에게 분산되는 것으로 대중적 정치에 해당한다.

(선지분석)

② 기업가 정치는 비용은 소수의 동질적인 집단에 집중되어 있으나 편익은 불특정다수인에게 넓게 분산되어 있는 경우로 환경오염규제, 작업장 안전규제 등 사회적 규제에 해당한다.

③ 이익집단 정치는 비용과 편익이 모두 소수의 동질적인 집단에 국한된 것으로 의약분쟁, 노사분쟁규제 등이 해당한다.

④ 고객 정치는 규제의 비용은 불특정 다수인에게 분산되어 있으나 편익은 동질적인 소수에게 집중되는 상황으로 수입면허규제, 농산물 최저가격 규제 등 경제적 규제에 해당한다.
⑤ 소비자 정치모형은 윌슨(Wilson)의 규제정치모형에 해당하지 않는다.

09	윌슨(Wilson)의 규제정치모형	답 ④

제시문은 캡슐커피로 인하여 발생하는 환경문제를 해결해야 한다는 내용으로, 이러한 경우 필요한 환경규제는 윌슨(Wilson)의 규제정치모형 중 기업가적 정치에 해당한다. 캡슐커피 사용을 규제하게 되면 비용은 캡슐을 만드는 소수 기업가가 부담하고, 편익은 환경개선으로 인한 국민 다수가 누리는 정치적 상황이 발생하므로 비용은 소수에게 집중되고, 편익은 불특정 다수에게 분산된 기업가적 정치이다.

10	윌슨(J. Wilson)의 규제정치이론	답 ③

수입규제는 경제적 규제로서 수입면허를 얻은 소수의 고객에게 편익이 집중되고, 다수의 국민이 비용을 부담하는 고객정치의 사례이다.

11	정부규제의 내용	답 ②

'원칙 허용 · 예외 금지'의 형태를 취하는 것으로서, 명시적으로 금지하는 것 이외의 모든 것을 허용하는 것은 포지티브 규제가 아니라 네거티브 규제에 해당한다. 반대로 포지티브 규제는 '원칙 금지 · 예외 허용'의 형태를 취하는 것으로서, 명시적으로 허용하는 것 이외의 모든 것을 금지하는 것이다.

12	정부규제의 내용	답 ②

정부규제를 수행주체에 따라 구분할 경우, 정부가 주체가 되어 민간집단을 통제하는 직접규제, 민간집단 내에서 규칙과 기준을 정하고 이를 따르는 자율규제, 정부로부터 위임을 받은 민간집단에 의해 이루어지는 공동규제(직접규제와 자율규제의 중간적 성격)로 분류할 수 있다.

(선지분석)

① 수단규제는 정부가 목표달성을 위하여 필요한 수단을 '사전적으로 규제'하는 것으로, 목표달성 수준을 정하고 피규제자에게 '이를 달성할 것을 요구'하는 성과규제에 비해 규제대상기관의 자율성이 낮다.
③ 포지티브(positive) 규제는 명시적으로 허용하는 것 이외의 모든 것을 '금지'시키는 것이고, 네거티브(negative) 규제는 명시적으로 금지하는 것 이외의 모든 것을 '허용'하는 것이므로 포지티브(positive) 규제는 네거티브(negative) 규제에 비해 규제대상기관의 자율성이 낮다.
④ 규제개혁은 규제완화 → 규제품질관리 → 규제관리 순으로 진행되는 것이 일반적이다.

핵심POINT 규제개혁의 3단계와 규제대상에 따른 규제유형

1. 규제개혁의 3단계

규제완화	규제총량 감소
규제품질관리	개별규제의 질적 관리(규제영향분석)
규제관리	거시적 접근을 통한 전반적인 규제체계의 관리

2. 규제대상에 따른 규제유형

수단규제	정부가 목표달성을 위하여 필요한 기술이나 행위 등 수단을 사전적으로 규제하는 것
성과규제	특정 사회문제의 해결에 대한 목표달성 수준을 정하고, 피규제자에게 이를 달성할 것을 요구하는 규제
관리규제	수단과 성과가 아닌 규제과정을 규제하는 것

13	규제의 유형과 특징	답 ③

포지티브(positive) 규제는 원칙금지 · 예외허용, 네거티브(negative) 규제는 원칙허용 · 예외금지로 피규제자(규제대상자)의 자율성은 네거티브(negative) 규제가 더 보장한다.

14	정부규제의 개념과 특징	답 ④

정부규제에 대한 설명으로 옳은 것은 ㄴ, ㄷ, ㄹ이다.
ㄴ. 사회적 규제는 국민이나 사회적 약자를 보호하기 위한 것으로 환경규제와 산업재해규제 등이 있다.
ㄷ. 공동규제는 정부로부터 위임 받은 민간집단에 의해 이루어지는 규제로서, 직접규제와 자율규제의 중간적 성격을 갖는다.
ㄹ. 수단규제는 특정 목표를 달성하기 위해 필요한 기술이나 행위에 대해 사전적으로 규제하는 투입규제로서 피규제자의 자율성이 낮다.

(선지분석)

ㄱ. 포지티브(positive) 규제는 '원칙 금지, 예외 허용'으로 피규제자의 자율성이 낮아진다. 네거티브(negative) 규제는 '원칙 허용, 예외 금지'로서 피규제자의 자율성이 높아진다.

핵심POINT 규제의 수행주체에 따른 분류

직접규제	정부가 직접적으로 피규제자(규제대상자)를 규제하는 방식
자율규제	피규제자가 스스로 규제주체가 되어 규제하는 방식
공동규제	정부로부터 위임을 받은 민간집단에 의해 이루어지는 방식

15	정부규제의 방향성	답 ④

포지티브(positive) 규제는 어떤 행위를 원칙적으로 금지하되, 허용되는 행위만 예외적으로 규정하는 방식을 말한다.

(선지분석)

③ 정부규제는 제품의 원가 상승 등 불필요한 비용을 유발하고, 그에 따른 민간의 순응 비용 등이 발생하기 때문에 '규제에 의한 조세' 또는 '숨겨진 조세(hidden tax)'라고도 한다.

16	규제의 대상에 따른 분류와 그 사례	답 ④

규제의 대상별 사례와 특징이 옳게 연결된 것은 ④이다. 규제의 대상에 따라 정부규제를 분류하면 수단규제, 관리규제, 성과규제로 구분된다.

ㄱ. 수단규제는 규제방법이나 기술에 대한 것으로 ⓑ 작업장 안전 확보를 위한 안전장비 착용 규제에 해당하며, ② 투입(예 원료나 기술, 장비 등)에 대한 규제에 해당한다.

ㄴ. 성과규제는 규제의 목표달성여부와 관련된 것으로 ⓐ 개발 신약에 대한 허용 가능한 부작용 발생 수준 규제에 해당하며, ③ 산출규제에 해당한다.

ㄷ. 관리규제는 규제의 전과정에 대한 규제로서 ⓒ 식품안전성 확보를 위한 식품위해요소 중점관리기준(HACCP) 규제에 해당하며, ① 과정규제에 해당한다.

17	정부규제의 유형	답 ①

정부가 제시한 성과 기준을 달성하는 수단과 방법의 선택은 피규제자가 자유롭게 선택할 수 있으며, 수단규제에 비해 피규제자가 많은 자율성을 갖는 것은 관리규제가 아니라 성과규제에 대한 설명이다.

(선지분석)

② 수단규제에 대한 설명이다.
③ 공동규제에 대한 설명이다.
④ 자율규제에 대한 설명이다.
⑤ 네거티브 규제방식은 원칙 허용, 예외 금지이므로 명시적으로 금지하는 것 이외의 모든 것을 자유로이 할 수 있다.

18	포지티브 규제와 네거티브 규제	답 ②

포지티브 규제방식(원칙 금지, 예외 허용)은 네거티브 규제방식(원칙허용, 예외 금지)에 비해 피규제자(규제대상집단)의 자율성을 더 약화시킨다.

(선지분석)

③ 명령지시적 규제는 정부가 직접 기준을 정해 놓고 이를 위반할 경우 강력하게 처벌하는 정부의 직접 규제(폐수방출규제 등)로서 국민들이 그 내용을 이해하기 쉽고 직관적 설득력(수용력)이 높다는 것이 장점이다.

19	규제유형	답 ①

투입규제(수단규제)는 사전규제로서 피규제자인 기업에게 생산물을 생산하기도 전에 새로운 신기술을 요구하는 등 산출규제(성과규제)에 비해서 자율성이 약하다.

(선지분석)

④ 네거티브 규제는 원칙허용, 예외금지로서 포지티브 규제보다 피규제자의 자율성을 더욱 보장해 준다.

20	정부규제의 유형	답 ①

가공식품의 품질 및 성분표시는 국가가 기업에 의무를 부과한 것은 맞지만, 이는 소비자에게 결정에 필요한 정보를 제공하기 위한 것으로 소비자가 공개된 정보를 가지고 현명하게 판단할 수 있도록 한다는 측면에서 시장유인적 규제에 해당한다.

(선지분석)

②, ③ 법정 장애인 의무고용비율과 의약품 제조기업의 안전기준 설정은 국가가 법이나 규칙을 제정하는 방법으로 기업의 최소한의 행동기준을 정해주는 것으로서 명령지시적 규제에 해당한다.
④ 금융업 진출에 필요한 자격요건 제한은 진입규제로서 명령지시적 규제에 해당한다.

핵심POINT 명령지시적 규제와 시장유인적 규제

명령지시적 규제 (직접적 규제)	• 국가가 직접규제를 위한 기준을 설정하여 의무화하고 금지·제한하는 행위 • 주로 기준이나 규칙을 제정하는 등 기업의 최소한의 행동기준(환경기준, 안전기준, 보건기준, 위생기준 등)을 강제로 정해주는 것 예 위반 시 벌금부과, 영업정지처분이나 영업장 폐쇄 등
시장유인적 규제 (간접적 규제)	• 국가가 국민과 대등한 입장에서 간접적으로 민간의 활동에 영향을 미치는 행위 • 기업이 소비자에게 필요한 최소한의 정보를 제공하도록 하기 위해 피규제자에게 경제적 유인을 부여함으로써 효율적으로 규제효과를 극대화하려는 비강제적인 규제 • 품질 및 성분표시규제, 효능 및 성능 표시규제 등 포함 • 이행결과에 따라 부과금이나 보조금, 정부지원 등 수반 • 정보제공이나 부담금 부과 등 개인이나 기업의 부담을 필요로 한다는 점이 한계 예 보조금 지급, 부담금 부과, 오염배출권, 공병보증금제도 등

21	규제피라미드의 정의	답 ②

규제피라미드는 규제가 또 다른 규제를 가져오는 현상을 말한다. 규제는 규제를 부른다. 잘못 설정된 규제는 의도하지 않은 결과를 가져오고, 그 잘못을 치유하기 위해 또 규제를 만들지만, 내성만 키울 뿐이다. 즉, 규제는 한 번 생기면 쉽게 사라지지 않고, 다른 규제가 꼬리를 무는 악순환을 의미한다.

(선지분석)

① 새로운 위험만 규제하면 사회의 전체 위험 수준이 증가하는 것은 규제의 역설에 해당한다.
③ 기업체에게 상품정보에 대한 공개 의무를 강화할수록 기업은 더 이상 정보공개할 유인을 느끼지 못하게 되므로 소비자의 실질적인 정보량이 줄어드는 규제의 역설이 발생한다.
④ 과도한 규제를 무리하게 설정하다 보면 실제로는 규제가 거의 이루어지지 않게 되는 규제의 역설이 발생한다.
⑤ 소득재분배를 위해서 최저임금을 인상하게 되면 고용주가 최저임금의 부담 때문에 채용을 기피하게 되므로 오히려 최저임금제가 일자리를 줄어들게 만들어 실업이 증가하는 규제의 역설이 발생한다.

핵심POINT 규제의 역설

1. 새로운 위험만 규제하면 사회의 전체 위험 수준은 증가한다.
2. 기업에게 상품에 대한 정보공개를 의무화할수록 소비자들의 실질적인 정보량은 줄어든다.
3. 과도한 규제는 과소한 규제가 된다.
4. 최고의 기술을 요구하는 규제는 기술 개발을 지연시킨다.
5. 소득재분배를 위한 규제가 오히려 사회적 약자에게 해가 된다.

22 정부규제의 내용 답 ③

사전적 규제가 아니라 사후적 규제의 방향으로 규제방식을 다양화하여야 한다. 규제개혁의 방향은 규제를 강화하는 것보다는 완화하는 방향이 되어야 하며, 포지티브 규제보다는 네거티브 규제로, 직접규제보다는 간접규제로, 수단규제보다는 성과규제로, 사전적 규제보다는 사후적 규제로 규제대상자의 자율성이 높아지는 방향으로 나아가야 한다.

23 우리나라 정부의 규제제도 답 ④

규제샌드박스(sandbox)제도는 사업자가 신기술을 활용한 새로운 제품과 서비스를 일정 조건하에서 시장에 우선 출시해 시험·검증할 수 있도록 현행 규제의 전부나 일부를 적용하지 않는 것을 말한다.

선지분석

① 정부의 규제정책을 심의 · 조정하고 규제의 심사 · 정비 등에 관한 사항을 종합적으로 추진하기 위하여 대통령 소속으로 규제개혁위원회를 둔다.
② 규제일몰제는 규제의 존속기한 또는 재검토기한을 정하여(원칙적 5년) 규제의 타당성을 주기적으로 관리하는 제도이다.

⊕ 보충 「행정규제기본법」

제8조 【규제의 존속기한 및 재검토기한 명시】 ① 중앙행정기관의 장은 규제를 신설하거나 강화하려는 경우에 존속시켜야 할 명백한 사유가 없는 규제는 존속기한 또는 재검토기한을 설정하여 그 법령등에 규정하여야 한다.
② 규제의 존속기한 또는 재검토기한은 규제의 목적을 달성하기 위하여 필요한 최소한의 기간 내에서 설정되어야 하며, 그 기간은 원칙적으로 5년을 초과할 수 없다.

③ 포지티브 규제는 '원칙적 금지, 예외적 허용'의 형식을 갖는 규제체계를 의미한다.

CHAPTER 3 | 행정학의 접근방법과 주요이론

THEME 05 과학적 관리론과 인간관계론

정답 p. 34

01	②	02	⑤	03	②	04	②	05	①
06	②	07	④	08	③	09	④	10	②
11	④	12	②						

01 과학적 관리론 답 ②

조직 내의 인간은 사회적 욕구에 의해 동기가 유발된다고 전제하는 것은 인간관계론이고, 과학적 관리론은 경제적인 욕구에 의해 동기가 유발된다고 전제한다.

02 과학적 관리론 답 ⑤

과학적 관리론은 사회적 능률이 아니라 기계적인 능률을 강조하였다. 반면 인간관계론은 과학적 관리론이 인간의 부품화를 가져와 인간소외문제를 야기하였다고 비판하며 인간적 가치를 중요시하는 사회적인 능률을 강조하였다.

03 테일러(Taylor)의 과학적 관리론 답 ②

테일러(Taylor)가 제시한 과학적 관리법에 대한 설명으로 옳은 것은 ㄱ, ㄷ, ㅁ이다.

선지분석

ㄴ. 테일러(Taylor)는 생산성과 임금에 있어 고용주와 종업원 모두 성과급을 원하는 경제인으로 가정한다.
ㄹ. 종업원의 과업은 조직의 상관과 협의하여 정하는 것이 아니라 시간연구와 동작연구를 통하여 노동자에게 과학적으로 명확한 일일과업을 설정하였다.

핵심POINT 과학적 관리론과 인간관계론의 비교

구분	과학적 관리론	인간관계론
배경	산업혁명 이후 경영합리화 운동	과학적 관리론의 검증 (반발적 행정학)
주요연구	과업관리(Taylor)	호손실험(Mayo)
특징	• 기계적 능률성, 절약 강조 • 공식적 구조 중시 • 합리적 · 경제적 인간관	• 사회적 능률성 강조 • 비공식적 구조 중시 • 사회적 인간관 • 민주적 리더십
한계	• 인간의 내면 · 심리 · 사회 요인 간과 • 비공식적 요인 경시 • 폐쇄체제 • 비정형 작업에 적용 불가능	• 경제적 동기 간과 • 공식적 구조 경시 • 폐쇄체제 • 지나친 이원론

04	과학적 관리론의 적용 사례	답 ②

테일러(Taylor)는 1911년 과학적 관리론에서 동작연구(motion study)와 시간연구(time study)를 통한 작업여건을 분석 · 표준화하고 적정한 일일작업량(daily task)을 부여하였다. 이러한 분석을 바탕으로 기준에 맞도록 과업을 달성했을 경우에는 고임금을 지급하고, 달성하지 못했을 경우에는 저임금을 지급하는 차별적 성과급 제도를 제시하였다.

05	과학적 관리론	답 ①

테일러(F. W. Taylor)는 과학적 관리의 핵심을 개인적 기술이 아닌 '시간과 동작연구'를 통한 표준화된 과업으로 보고 노동자는 이러한 방법에 따라 작업해야 함을 강조한다.

선지분석

② 테일러(Taylor)는 과학적 방법이 아닌 어림식 방법을 지양하고 작업의 기본 요소 발견과 수행방법에 대해 과학적 방법을 발전시켰다.
③ 표준화된 과업은 일류의 노동자만이 달성할 수 있는 기준을 설정하였다.
④ 테일러는 인간을 경제인으로 간주했기 때문에 노동자가 표준화된 과업을 완수하는 경우 높은 보상, 실패하는 경우 손실을 받는 성과급 체계를 실시하였다.

06	사무관리	답 ②

사무관리란 사무작업을 능률화하고 사무비용을 경제화하기 위한 각종 관리활동을 말한다. 이러한 사무작업의 능률화에는 작업능률, 정신능률, 균형능률이 있는데 조직 구성원 간의 불화나 비협조가 사무의 작업능률이 아닌 정신능률화를 저해하는 요인이다.

핵심POINT 사무작업의 능률화

작업능률	작업수행 시에 발생하는 능률 예 작업과정의 간소화, 기계화
정신능률	정신적인 요소에 의해서 제기되는 능률 예 스트레스 등
균형능률	목표를 달성하기 위한 수단과의 조화(균형된 상태) 예 적재적소배치

07	관리과학으로서 주류행정학	답 ④

고전적 행정학인 관리과학으로서의 주류행정학은 시장실패인 경제대공황과 이의 해결책인 뉴딜(New Deal)정책 이후에 정부개입을 강조하는 행정국가현상이 등장하면서 정체성을 유지하지 못하고 퇴조하였다.

선지분석

① 1910년대부터 1930년대까지 미국 행정학의 주류는 능률에 기초한 관리과학을 강조하였다.
② 고전기 행정관리주의는 "절약과 능률에 관한 위원회"를 강조했던 미국의 태프트(Taft) 위원회(1912)에서 시작되었다.
③ 1937년 '행정관리에 관한 대통령 위원회(브라운로우 위원회)'와 귤릭(Gulick)의 POSDCoRB(최고관리층의 7대 관리기능)으로 집약되었다.

08	폴랜드(Poland)의 행정이론	답 ③

폴랜드(Poland)는 귤릭(Gulick)이 제안한 최고관리자들이 수행해야 할 7가지 기능(POSDCoRB)에 평가(Evaluation)의 첫 문자인 E를 추가시켜 'POSDECoRB'를 주장하였다.

09	조직관리과정	답 ④

조직에 적용되는 관리의 행동과정으로 전체관리를 주장한 페이욜(Fayol)은 관리자가 수행해야 할 조직관리과정으로 계획화 → 조직화 → 동기화 → 조정화 → 통제화의 5단계와 14가지 일반적 관리원칙을 주장하였다.

핵심POINT 페이욜(Fayol)의 조직관리과정

계획화	목표 정의, 협력 활동을 위한 계획, 개발, 전략 수립을 포함하는 과정
조직화	어떤 과업을 수행할지, 누가 수행할지, 이를 어떻게 편성할지, 누가 누구에게 보고할지, 의사결정은 어디서 맡아서 할 것인지를 결정하는 것
동기화(지휘)	조직의 목표를 달성하는 데 의욕적이고 적극적으로 수행하도록 부하들에게 영향을 미치는 과정, 권한위양이 행해지면 명령에 대신하여 동기유발(motivation)이 결정적으로 중요하게 됨
조정화	조직구성원과 조직, 개인과 개인, 조직과 조직 간에 발생하는 갈등을 해소하는 과정
통제화	사전에 계획한 대로 업무가 추진되고 있는지를 모니터링하고 심각한 차이가 표출될 경우 이를 바로잡는 활동

10	인간관계론	답 ②

시간과 동작에 관한 연구는 인간관계론이 아니라 과학적 관리론의 주요 연구 중 테일러(Taylor)가 주장한 과업관리의 내용에 해당한다.

11	인간관계론	답 ④

인간관계론은 신고전적 조직이론으로 인간의 사회 · 심리적 요인을 동기요인으로 한다.

선지분석

①, ②, ③ 고전적 조직이론인 과학적 관리론에 대한 설명이다.

12	행정이론의 순서	답 ②

행정이론은 ㄱ. 과학적 관리론 → ㄷ. 인간관계론 → ㄴ. 행태론 → ㄹ. 신공공서비스론 순으로 발전하였다.
ㄱ. 과학적 관리론: 1880~1910년대
ㄴ. 행태론: 1940년대
ㄷ. 인간관계론: 1920년대
ㄹ. 신공공서비스론: 1990년대

THEME 06 행정행태론 - 과학성(1)

정답

p. 37

01	③	02	②	03	②	04	④	05	③
06	①	07	④	08	②	09	④	10	④

01	행태적 접근방법	답 ③

행태주의는 논리실증주의에 의한 연구방법을 따르기 때문에 가치와 사실을 구분하여 가치를 연구대상으로 보지 않고 사실 위주의 연구를 지향한다.

(선지분석)

① 행태주의는 개인의 행태를 연구하는 방법론적 개체주의를 추구한다.
② 행태주의는 인간행태에 존재하는 규칙성과 인과성을 발견하여 검증하고자 한다.
④ 사회현상을 관찰이 어려운 주관적 가치를 연구대상에서 배제하고 관찰 가능한 객관적 대상을 연구대상으로 하는 논리실증주의를 지지한다.

02	행태론적 접근방법의 특징	답 ②

행태론은 논리실증주의에 입각하여 경험적 연구를 중시하였다. 행정을 경영으로 봄으로써 정치행정이원론의 입장에 있으며, 가치명제를 연구대상에서 제외하고 사실명제만을 연구하였다.

03	행태론적 접근방법의 특징	답 ②

사이먼(Simon)의 행태주의이론은 가치와 사실을 엄격히 구분하여 가치문제는 연구대상으로 고려하지 않는 가치중립의 측면을 강조하였다. 그러나 사이먼(Simon) 등의 행태론자들은 과학적 이론을 연구하면서 사기업의 경영에 대하여 오히려 더 치중하게 되었는데, 이는 행정의 공적인 특수성과 공공성을 과소평가한 것이라고 볼 수 있다.

핵심POINT 행태론의 특징

연구대상	관찰자에 의해 객관화되는 사실만을 연구대상으로 함
가치중립적	과학적·경험적 연구에는 주관적인 가치나 의식은 배제되어야 하므로 관찰가능한 객관적인 사실 중심의 외면적 행태만을 연구대상으로 하며 가치문제는 연구대상으로 고려하지 않음
계량적 분석	객관적 사실이나 경험적으로 검증 가능한 사실을 중요시하며 행정행태에 관한 계량적이고 미시적 분석에 중점을 둠
논리실증주의	자연과학적 방법을 활용하여 실험·관찰함으로써 가설의 검증·수정·반박이 가능하도록 논리적 실증주의 방식을 강조함
인간행태의 규칙성 전제	행정과정이나 인간의 상호작용에는 일정한 규칙성과 법칙성을 발견할 수 있다고 전제함
집단행태의 중시	행정조직의 구조적·제도적 측면보다 행정인이 조직 안에서 현실적으로 어떻게 행동하는가 또는 조직이나 기타 구성원과 어떻게 상호작용하고 있는가에 대한 연구의 초점을 두며, 행정인의 행동을 규제하고 조건짓는 집단규범 내지 집단행태를 강조함
행정문화의 중시	행정인의 의식구조·사고방식·신념체계·가치관과 사회적 배경·동기·인지 등 행정문화의 분석에 중점을 둠
협동과학적 성격	인접과학인 심리학·사회심리학·사회학 등과 밀접한 관련이 있고, 이들 학문의 개념·이론·접근방법에 대하여 개방적이며 협동연구를 강조함

04	행태론	답 ④

사이먼(H. Simon)은 귤릭(Gulick) 등이 제시한 행정의 원리들은 상호모순되는 격언(proverb, 속담)에 불과하다고 비판하며, 행정이란 경험적 검증을 거친 과학성을 가져야 한다고 주장하였다.

05	행태론적 접근방법의 특징	답 ③

행태론적 접근방법은 내면의 주관적 의지, 감정, 가치 등은 연구대상에서 배제하고, 관찰 가능한 객관적인 사실 중심의 외면적 행태만을 연구대상으로 한다.

06	행정학의 이론과 접근방법	답 ①

행태주의는 인간행태의 규칙성을 전제하여 행정과정이나 인간의 상호작용에의 일정한 규칙성과 인과성을 발견할 수 있다고 보았다. 또한 가치와 사실을 통합한 것이 아니라 이분법적으로 분리하여 가치를 연구대상에서 배제하였고, 사실만을 연구대상으로 하는 가치중립성을 지향한다.

07	행태론적 접근방법의 특징	답 ④

사회문제 개선이나 가치평가적 연구는 행태론이 아니라 후기 행태주의의 특징에 해당한다. 행태론은 가치와 사실을 구분하고 사실중심의 연구를 통하여 이론적 체계를 구축하고 과학성을 높이는 데 역점을 두었다.

선지분석

③ 사이먼(Simon)은 행정현상의 연구에서 논리실증주의적으로 접근하여야 한다고 강조하며 행태론을 주장하였다. 논리실증주의란 행태주의의 바탕이 되는 과학철학으로, 가설을 세우고 경험적 자료를 수집하여 이를 검증하는 절차와 논리를 따른다.

08	행정학이론의 발달	답 ②

행태주의는 사회문제에 대한 실질적인 처방을 하는 것보다는 논리실증주의(자연과학적 연구방법)에 입각하여 사실을 바탕으로 한 인과관계 파악을 통해 이론적 체계를 구축하는 과학적 설명(과학성)을 강조하였다.

09	행태론적 접근방법(Behaviorism)	답 ④

행태론적 접근방법(Behaviorism)은 개인의 규칙적인 행태가 집단의 문화를 결정하는 방법론적 개체주의에 입각하고 있기 때문에 집단의 고유한 특성을 인정하지 않는다.

선지분석

① 사회현상에서 관찰 가능한 객관적 대상을 연구대상으로 보며 인간의 주관적인 가치나 의식을 배제한다.
② 행태는 객관적인 사실(실재)을 연구하는 것이 원칙이나, 연구자가 질문을 통해서 외면화된(표출된) 의견, 개성 등도 행태에 포함시키고 있다.
③ 사회과학은 인간의 행태에 공통된 관심을 가지고 통합될 수 있다고 보며, 연구 활동에 있어서 사회학, 심리학 등 여러 사회과학을 광범위하게 활용하는 연합학문적 성격을 띤다.

10	행태론적 접근방법(Behaviorism)	답 ④

행태론적 접근방법은 집단의 고유한 특성을 인정하지 않는 방법론적 개체주의에 의한 미시적 접근을 추구하며, 개념의 조작적 정의를 통해 객관적인 측정방법을 사용한다.

선지분석

② 심리학적 행동주의는 명백한 자극과 반응으로 볼 수 있는 행위 또는 행동만을 연구대상으로 삼는데, 행태론에서의 행태는 특정 질문에 따른 반응을 통해 파악해 볼 수 있는 태도, 의견, 개성 등도 행태에 포함시키고 있다.

THEME 07 생태론 · 체제론 · 비교행정론 - 과학성(2)

정답 p. 40

01	①	02	③	03	③	04	②	05	③
06	④	07	⑤	08	①	09	①	10	⑤

01	생태론적 접근방법	답 ①

생태론적 접근방법은 행위자 개인보다 조직이나 집단을 분석단위로 하는 중범위적 시각에서 거시를 지향하는 이론이다.

02	체제론적 접근방법	답 ③

제시문은 체제론적 접근방법에 대한 비판이다.

ㄱ. 체제론은 행정의 가치판단이나 정책결정, 인간의 심리적 문제를 고려하지 못한다.
ㄷ. 체제론은 지나치게 거시적인 접근방법을 취함으로써 체제 내의 구체적이고 미시적 운영의 측면을 다루지 못한다.
ㄹ. 체제론은 행정과 환경 간의 교호작용을 강조하지만 지나치게 체제와 환경 간의 균형만을 강조해, 개발도상국과 같이 변화와 발전을 중시하는 경향의 행정현상을 설명하기 어렵다.

핵심POINT 체제론적 접근방법

구성요소	환경 → 투입 → 전환 → 산출 → 환류
특징	• 총체주의적 관점 • 목적론적 관점 • 계서적 관점 • 시간중시의 관점 • 추상적 · 관념적 관점
개방체제의 특징	• 파슨스(Parsons)의 AGIL 기능 • 동적 항상성 • 부(-)의 엔트로피 • 등종국성
주요이론	• 파슨스(Parsons)의 사회체제론(AGIL 모형): A(적응), G(목표달성), I(통합), L(현상유지) • 이스턴(Easton)의 정치체제론(투입-산출 모형)

03	행정에 영향을 미치는 환경요인(Gaus)	답 ③

대화(communication)는 가우스(Gaus)가 제시한 행정에 영향을 미치는 환경요인에 포함되지 않는다. 가우스(Gaus)는 행정에 영향을 미치는 7가지 생태적 · 환경적 요인으로 국민, 장소, 물리적 기술, 사회적 기술, 욕구와 이념, 재난, 인물을 제시하였다.

04	생태론적 접근방법	답 ②

생태론적 접근방법은 개인보다 조직이나 집단을 분석단위로 하는 중범위적 관점에서 환경요인에 의해 행정이 종속되는 환경결정론적 입장이다. 사람의 행태에 대해서는 연구대상으로 보지 않으며 사람의 행태에 대해서 연구대상으로 삼는 것은 행태론이다.

핵심POINT 생태론적 접근방법

특징	• 개방체제이론 • 행정을 환경에 대한 종속변수로 파악 (환경 → 행정, 환경 ↚ 행정) • 중범위 수준의 거시적 분석
주요이론	• 가우스(Gaus)의 생태론: 행정에 영향을 미치는 7가지 환경적 요인[P4SWC(국민, 장소, 물리적 기술, 지도자의 특성, 사회적 기술, 욕구와 이념, 재난)] • 리그스(Riggs)의 생태론 - 행정에 영향을 미치는 요인: 정치, 경제, 사회, 이념적 요인, 의사소통 - 사회삼원론: 프리즘적 사회의 특징 제시

05 체제이론에서 개방체제의 특징 답 ③

개방체제는 체제의 에너지 소모로 인한 소멸 가능성을 강조하는 것이 아니라 환경과의 불균형을 해소하기 위해서 동적 적응을 통해 지속적인 상태를 유지할 수 있는 특징(동적 항상성)을 갖는다.

선지분석

① 개방체제는 시작조건이 서로 달라도 여러 가지 상이한 진로를 통하여 결국에는 동일한 최종성을 지닌다는 것이다. 즉 목적 달성을 위한 유일 최선의 방법은 없으며 다양한 방법이 존재한다는 등종국성의 개념을 의미한다.

② 체제의 내부적인 운영체계는 시스템이 당면하고 있는 환경만큼이나 다양해야 함을 의미하는 필수다양성의 개념이다.

④ 개방체제는 환경과의 끊임없는 교환을 하면서도 형태의 규칙성과 환경으로부터의 개별성을 유지하여 균형과 안정을 추구한다.

06 비교행정론 답 ④

비교행정론은 생태론적 접근방법을 취하며 체제의 기능을 비교하는 연구방법으로 기술성보다는 과학성을 연구한다.

07 사랑방관료제(sala model)의 특징 답 ⑤

사랑방관료제(Sala model)는 가격 메커니즘이 적용되고 있으나, 전통사회의 신분·의리 등 시장 외적인 요인들이 가격에 작용하여 정확한 가격이 존재하지 않는 '가격의 불확정성'을 특징으로 하고 있다.

⊕ 보충 리그스(Riggs)의 사회유형 분류

구분	융합(미분화) 사회	프리즘적 사회	분화 사회
사회구조	농업사회	전이사회	산업사회
관료제 모형	안방모형 (chamber model)	사랑방모형 (sala model)	사무실모형 (office model)

08 행정학의 접근방법과 주요이론 답 ①

행태론적 접근방법에서 '행태'란 개인·집단·조직의 가치관과 사고 등을 총칭하는 개념으로 관찰이나 면접, 질문 등을 통해서 파악할 수 있는 객관적이고 외면적인 요소이다. 따라서 특정질문에 따른 반응을 통해 파악할 수 있는 태도, 의견, 개성 등도 행태에 포함시키고 있다.

선지분석

② 생태론적 접근방법은 행정현상을 환경과 연관시켜 진단하고 설명하였지만, 행정이 추구해야 할 목표나 방향을 전혀 제시하지 못하고 있다는 비판을 받았다.

③ 체제론적 접근방법은 체제의 전체적인 국면은 잘 다루고 있으나 행정현상에서 중요한 권력, 의사전달, 정책결정 등의 미시적·행태적 측면을 간과하였고, 행정의 가치문제를 고려하지 못하였다.

④ 발전행정론은 가치지향적인 입장을 취하면서 행정의 독립변수적 측면을 강조하고 있다.

09 미국 행정이론의 발달과정 답 ①

19세기 이후 엽관제의 비효율(폐단)을 극복하기 위하여 진보주의 운동이 전개되었는데, 이는 재퍼슨 - 잭슨철학에 입각한 것이 아니라 펜들턴(Pendleton)의 실적주의 법안과 윌슨(Wilson)의 효율적 관리주의의 패러다임이 주도한 것이다. 재퍼슨(Jefferson)은 지방분권을 제창하였던 인물이고, 잭슨(Jackson)은 엽관주의를 제창하였던 인물로 진보주의 개혁운동과는 거리가 멀다.

10 행정학의 접근방법 답 ⑤

체제론적 접근방법은 보편적이고 거시적인 환경요소를 지나치게 중시한 나머지 조직 내 권력이나 갈등, 의사전달, 정책결정, 가치문제 등을 고려하지 않는다는 비판을 받는다.

THEME 08 발전행정론·신행정론 - 기술성(Art)

정답 p. 43

01	③	02	①	03	②	04	④	05	④
06	①	07	②	08	①	09	③	10	③
11	②	12	③						

01 신행정학의 내용 답 ③

신행정학의 핵심내용으로 옳은 것은 ㄷ, ㄹ이다.
신행정학의 특징으로는 적실성 있는 행정학의 추구, 실증주의로부터의 이탈과 가치 및 규범의 중시, 사회적 형평성의 추구, 능동적 행정인과 고객에 대한 관심 등을 들 수 있다.

선지분석

ㄱ. 효율성이 아니라 사회적 형평성과 적실성을 강조한다.
ㄴ. 실증주의적 연구가 아니라 탈실증주의적 연구를 지향한다.
ㅁ. 기업식 정부운영은 신행정학이 아니라 신공공관리론(NPM)에서 강조된 시장지향적 정부운영이다.

핵심POINT 신행정론

특징	• 전통적 행정이론 비판과 현실적합성의 추구 • 실증주의에 대한 비판(탈실증주의) · 현상학적 연구방법 중시 • 가치문제의 중시: 사회적 형평성 추구 • 고객 중심의 행정 및 대응성, 능동적 행정 추구 • 비계서제적 · 탈관료제적 처방
한계	• 개발도상국에 적용 곤란 • 급진적 · 비현실적 • 형평성에 대한 기준설정 곤란 • 관료제의 순기능 간과

02 행정이론의 특징 답 ①

ㄱ, ㄴ은 옳고 ㄷ, ㄹ은 옳지 않다.
ㄱ. 인간관계론에서 조직 참여자의 생산성은 육체적 능력을 통한 경제적 보상(경제적 능률성)보다 인간관계에 의한 사회적 규범(사회적 능률성)에 의해 좌우된다.
ㄴ. 과학적 관리론은 과학적 분석을 통해 업무수행에 적용할 유일 최선의 방법을 발견할 수 있다고 전제한다.

선지분석

ㄷ. 체제론은 체제 간에 상하관계(상위체제와 하위체제)가 존재한다는 계서적 관점을 취하고 있다.
ㄹ. 발전행정론은 정치, 경제, 사회체제를 균형적으로 발전시키기보다는 행정이 주도하고 정치, 경제, 사회체제의 따라오는 불균형적 발전전략을 강조한다.

03 신행정론의 특징 답 ②

기업식 정부운영을 주장하면서 신자유주의적 행정개혁에 앞장선 것은 신행정학이 아니라 신공공관리론이다.

04 신행정론의 특징 답 ④

논리실증주의는 행태론의 특징이다. 1960년대 혼란스러운 시대상황에서 행태론이 정치적 · 경제적 · 사회적 문제의 해결에 아무런 해답을 제시하지 못한다고 비판하며 신행정론이 등장하였다. 이는 가치주의 행정학으로, 행정이 사회적 적실성과 실천성을 갖추어야 한다고 보았다.

05 신행정론의 특징 답 ④

신행정학의 특징에 해당하는 것으로 옳은 것은 ㄴ, ㄷ, ㄹ이다.

선지분석

ㄱ. 신행정론은 행정행태론의 논리실증주의에 대해서 과학적 지식을 사회문제해결에 적극 활용하지 못했다고 비판하였다. 신행정학은 1960년대 말 미국사회의 격동기 때 발생한 사회문제를 해결하기 위하여 적실성과 실천성, 참여를 통한 사회적 형평성의 추구를 중시했던 이론이다.

06 신행정론의 특징 답 ①

신행정론은 1960년대 후반 미국사회의 사회문제해결을 위하여 적실성과 실천을 강조하였고, 행정에 있어서 가치지향적 측면을 중시하므로 정치행정일원론의 관점이다.

07 신행정학의 태동과 주요 특징 답 ②

신행정학(NPA; New Public Administration)은 1968년 왈도(Waldo)가 주도한 미노브룩(Minnowbrook) 회의를 계기로 태동하였다. 그 당시 미국의 정치 · 경제 · 사회문제를 해결하기 위해서 가치지향성을 추구하였고, 행정의 적실성과 실천을 강조한 정치행정일원론에 해당한다.

08 신행정학의 등장과 주요 특징 답 ①

〈보기〉의 내용은 신행정학에 대한 설명이다. 신행정론은 1968년 왈도(Waldo)가 주최한 미노브룩(Minnowbrook) 회의에 참여하였던 소장 학자들을 중심으로 전개되었으며, 사회적 형평성과 적실성을 강조한 이론이다.

09 신행정학운동 답 ③

신행정학운동은 정책지향적, 적실성(현실적합성)과 참여, 고객 지향성, 사회적 형평성 등을 강조하였다. 전문직업주의에 대해서는 상대적인데 왈도(Waldo)는 전문직업주의를 강조하였으나, 대부분의 신행정학자들은 전문직업주의와 중립적인 관리론을 비판하였다.

선지분석

② 고객 지향적 행정을 강조하며 시민참여 등 고객에 의한 통제를 중시한다.

10 신행정학의 태동 답 ③

행정의 능률성을 강조했으며, 논리실증주의 및 행태주의의 주장을 지지한 것은 사이먼(Simon)의 행태론에 대한 설명이다. 신행정학은 탈실증주의와 탈행태주의에 기반한 사회문제해결(적실성)을 강조하는 새로운 행정학의 방향이다.

11	신행정론의 주요 특징	답 ②

신행정론은 행태론의 논리실증주의를 비판하며 등장한 가치주의 행정학으로, 행정이 사회적 적실성과 실천성을 갖추어야 한다고 보았다.

(선지분석)

① 신행정론은 1960년대 미국의 여러 사회적 문제를 해결하지 못하는 논리실증주의와 행태주의에 대한 비판에서 대두되었다.
③ 1968년 12월 왈도에 의하여 주장된 미노부룩회의에서 적실성, 사회적 형평성, 고객지향성 등 가치를 중시하였다.
④ 행정이 정책결정의 역할을 하는 정치 · 행정 일원론적 관점으로 본다.

12	주요 행정이론	답 ③

신행정론은 탈실증주의와 탈행태주의를 추구하며 사회적 형평성과 적실성을 신조로 하였다.

(선지분석)

① 최고관리자의 운영원리로 POSDCoRB를 제시한 사람은 귤릭이다. 귤릭(L. Gulick)은 '행정학 논총'(1937)에서 행정의 제1공리로 능률성을 강조하며, 최고관리자의 7가지 기능으로 POSDCoRB를 제시하였다.
② 행정행태론은 사실과 가치를 구분하여 사실에 기반한 행정의 과학화를 시도하였다.
④ 민간과 공공부문의 파트너십을 강조한 것은 뉴거버넌스론에 대한 설명이다.

THEME 09 후기 행태주의

정답

p. 46

01	③	02	③	03	②	04	③	05	②
06	①	07	①	08	②	09	④		

01	행정이론의 가치주의 접근법	답 ③

행정이론에 있어서 가치주의는 객관적 사실이 아니라 주관적인 가치에 근거한 접근법으로 대표적으로 후기행태주의 접근법(신행정론)이 있으며 그 예로 현상학, 비판이론, 포스트 모더니즘 접근법 등이 있다.

02	현상학적 접근방법	답 ③

현상학적 접근방법에서 인간행위의 가치는 행위가 산출한 결과(행태론)보다 행위의 동기나 의도 자체에 있다. 행정학 연구에 현상학적 접근방법을 도입한 것은 하몬(Harmon)의 행위이론(action theory)이다.

03	현상학적 접근방법	답 ②

현상학적 접근방법에 대한 설명으로 옳은 것은 ㄱ, ㄷ이다.

(선지분석)

ㄴ. 진리의 기준을 맥락의존적인 것으로 보며, 상상 · 해체 · 영역해체 · 타자성 등의 핵심개념을 포함하는 것은 포스트모더니즘이론이다.
ㄹ. 복잡한 미래사회에서 정부의 방향잡기 역할이 어렵거나 불가능하기 때문에 행정의 역할은 서비스를 제공해야 하는 데 있음을 강조하는 것은 신공공서비스론이다.

04	현상학적 행정연구	답 ③

행정연구에서 가치와 사실의 구별을 인정하며, 현상을 개체적으로 파악하는 접근법은 현상학이 아니라 객관적 사실을 연구하는 행태론적 접근법에 해당한다. 현상학은 가치와 사실을 분리하지 아니하며, 사회현상을 상호주관적인 경험으로 이루어지는 것으로 파악하는 후기 행태론적 연구방법이다.

05	현상학적 인식관	답 ②

현상학적 인식관에 의한 변화로 볼 수 없는 것은 ㄴ이다.
현상학은 사회문제해결에 대하여 가치중립적인 객관적 연구가 아니라 그 이면에 감추어진 의도에 대한 이해가 중요하다고 보며 상호주관성을 강조하였고, 이를 위해서 의사소통을 통한 합의적 결정을 중시하였다.

06	포스트모더니즘의 특징	답 ①

포스트모더니즘 행정이론은 시공간을 초월하는 보편적인 진리보다는 시대와 상황에 따라 다르게 적용되는 상대적이고 맥락의존적인 진리를 인정한다.

(선지분석)

② 포스트모더니티는 타인을 조작이나 인식의 대상으로 보지 않고 자신과 소통과 교류가 가능한 도덕적 주체(타자)로 본다. 즉 타인을 인식적 타자가 아니라 도덕적 타자로 본다.
③ 포스트모더니티는 이론 간 고유한 경계나 영역을 거부하는 탈영역화를 강조한다.
④ 포스트모더니티는 인간을 억압하고 통제하는 지배권력을 거부하고 이러한 지배적 권력으로부터의 인간해방을 주장한다.

07	포스트모더니티이론	답 ①

포스트모더니티이론의 특징으로 소극적으로는 과거의 관행과 규칙에 얽매이지 않는 행정의 운영이며, 적극적으로는 문제의 특수성을 인정하는 것은 상상(imagination)이다.

(선지분석)

② 해체는 외면적인 텍스트(언어, 몸짓, 이야기, 설화, 이론)를 해체하고 그것들의 근거를 파헤쳐 보는 것이다.

③ 영역해체는 지식이나 조직의 고유 영역이 사라지는 탈영역화, 학문영역 간의 경계파괴를 의미한다.

④ 타자성이란 다른 사람을 인식적 객체로서가 아니라 도덕적 타자로 인정하는 것이다.

08	포스트 모던 관점에서 본 조직구조와 행태	답 ②

포스트 모던 관점은 모더니즘의 합리주의에 대한 회의, 즉 과학주의와 기술주의의 한계와 부작용을 비판하는 포스트모더니즘(post modernism)이 등장하면서 행정학 분야에도 포스트모더니즘 행정이론이 등장하게 되었다. 이러한 포스트 모던 관점은 전체성 해체, 독자적 개체의 인정, 주체와 객체의 구별해소 등 '해체'와 '해방'을 의미한다. 이러한 관점에서 본 조직구조와 행태는 혼돈이론과 유사한 "조직화된 무정부 상태"에 가까울 것이라고 볼 수 있다.

(선지분석)

① 조직구조의 설계 과정에서 절대적인 상위(메타) 설화를 부정하고 주관적이고 상대적인 관점을 수용한다.

③ 인간 이성에 기반을 둔 계몽주의 개념은 근대 모더니즘으로 이를 비판한 탈모더니즘이 바로 포스트 모더니즘이다.

④ 부서 할거주의는 조직의 다양성과 창의성을 저해하는 요소로서 지양하고, 개방성을 통한 효율적 행정은 신뢰할 수 있게 된다.

09	행정현상의 접근방법	답 ④

후기 행태주의에 기반한 현상학적 접근방법에 대한 옳은 설명이다.

(선지분석)

① 생태론적 접근방법은 선진국이 아닌 후진국(개도국)의 행정 현상을 설명하는 데 크게 기여하였다.

② 행태론적 접근방법은 행정인의 행태를 연구하는 데 있어서 객관적인 자연현상과 같게 객관적 사실을 통한 엄밀한 과학적 연구가 가능하다고 보았다.

③ 공식적 제도가 형성되는 과정에 분석의 초점을 맞추는 것은 전통적(구) 제도주의고, 행태주의에 대한 반발로서 사회적으로 형성된 제도가 개인의 행위를 지배한다고 보는 것은 신제도주의이다.

⑤ 포스트모더니티 접근방법에서 진리의 기준은 절대적인 보편적 진리가 아닌, 상대적인 맥락의존적 진리이다.

THEME 10 공공선택론

정답

p. 49

01	④	02	④	03	④	04	③	05	②
06	③	07	④	08	④	09	①	10	①
11	③	12	④	13	①	14	④		

01	공공선택론	답 ④

공공선택론의 접근방법은 경제주체의 집단적 선택행위를 중시하는 방법론적 집단주의 입장이 아닌, 경제주체 개인의 최적화를 추구하는 방법론적 개체(개인)주의 입장이다.

02	공공선택론	답 ④

공공선택론은 방법론적 개체주의를 가정하며 공공부문에 경제원리를 도입하여 재화의 공급과 분배의 효율성을 높일 수 있는 제도적 장치를 중시한다.

03	공공선택론적 행정학 연구의 특징	답 ④

공공선택론적 행정학 연구에서는 공공재의 효율적인 공급과 생산은 제도적 장치(규칙)의 마련을 통해서 가능하다고 가정하였다. 이에 정부의 각 수준에 적합한 분권적이고 다양한 규모의 제도적 장치가 마련되어야 한다고 주장하였다.

04	공공선택론의 내용	답 ③

공공선택론에서는 공공재의 종류와 수준이 다르면 그에 적합한 조직의 규모나 폭도 달라져야 한다고 보고 관할구역을 중첩시켜 경쟁성을 확보하여야 공공재의 질이 향상된다고 주장하였다. 따라서 '관할구역의 분리'라는 것은 공공선택론에 대한 설명으로 옳지 않다. 공공선택론은 전통적인 정부실패의 한계에서 출발한 이론으로 정부를 공공재의 생산자로, 시민을 공공재의 소비자로 규정하고 시민의 편익이 극대화되는 공공재 생산이란 공공서비스의 시장화를 의미한다고 가정하였다.

핵심POINT 공공선택론의 기본가정과 특징

1. 합리적인 이기주의자(효용의 극대화)
2. 방법론적 개체주의 및 연역적 이론과 수학적 공식의 사용
3. 공공재와 의사결정구조에 관한 연구
4. 민주주의에 의한 집단적 의사결정
5. 재화와 용역의 공공성 및 정책의 파급효과 강조
6. 탈관료제적 처방: 새로운 제도적 장치로서 중첩적인 관할구역과 분권적인 조직 장치(다중공공관료제)

05	공공선택론의 의의	답 ②

공공선택론은 비시장적 영역의 경제학적 접근으로 경제학적인 분석도구를 관료행태, 투표자 행태, 정당정치, 이익집단 등의 비시장적 영역에 적용함으로써 공공서비스의 효율적 공급을 위한 제도적 장치를 탐색하는 것을 주요 연구대상으로 한다.

06	예산결정의 공공선택론적 관점	답 ③

공공선택론적 관점에서는 예산결정에 있어서 정치인과 관료들은 개인효용함수에 따라 권력이나 예산규모의 극대화를 추구한다고 본다[니스카넨(Niskanen)의 예산극대화모형].

선지분석

① 본질적 문제해결보다는 보수적 방식을 통해 예산의 정치적 합리성이 제고될 수 있는 것은 공공선택론적 관점이 아니라 점증주의적 관점이다.

② 니스카넨(Niskanen)의 예산극대화모형에 따르면 관료들은 자신의 이익을 극대화하기 위하여 예산을 극대화하는 행태를 보이기 때문에 예산결정에 있어 정치인의 최적수준보다 높은 수준에서 예산결정을 하게 된다.

핵심POINT 공공선택론의 주요 이론

뷰캐넌과 털록(Buchanan & Tullock)의 비용극소화모형	(내부) 결정비용 + (외부) 집행비용의 최소화 지점 = 적정 참여자 수
오스트롬(Ostrom)의 민주행정 패러다임	관할권의 중첩과 권한의 분산을 통한 다중공공관료제로 공공재에 효율적으로 접근
니스카넨(Niskanen)의 예산극대화모형	자기부처의 이익극대화를 위한 예산극대화 → 정부 산출물의 과잉생산 → 정부실패
미그와 블레인저(Migue & Belanger)의 재량예산극대화모형	니스카넨(Niskanen)의 예산극대화모형 비판, 실제로는 재량예산의 극대화 추구
로머와 로젠탈(Romer & Rosenthal)의 회복수준이론	다운스(Downs)의 중위투표자모형 부정, 정치인은 관료의 회복수준을 감수하기보다는 관료의 높은 예산 요구를 수용
다운스(Downs)의 중위투표자모형	다수결 투표제하에서는 중간의 선호를 가진 대안이 선택
티부가설	'발로 뛰는 투표', 주민들의 선호에 따라서 지방공공재 공급의 적정규모가 결정됨
애로우(Arrow)의 불가능성 정리	'투표의 역설', 투표에 의한 어떠한 의사결정도 민주적인 동시에 효율적이기는 불가능
스크루라이더(Sculeider)와 노드하우스(Nordhaus)의 정치적 경기순환론	경기순환의 정치성(선거 전 경기부양책 → 선거 후 긴축재정)

07	공공선택이론	답 ④

던리비(Dunleavy)에 의한 고위직 관료들의 관청형성 전략(bureau-shaping strategy)은 고위직 관료는 소속 조직을 집권화된 대규모의 계서적 관료조직으로 개편하는 것이 아닌 책임과 통제가 수반되는 일상적 업무는 준정부조직이나 책임운영기관으로 떠넘기고(분권화 시키고) 권력이 강한 참모기능을 선호한다는 것이다.

선지분석

① 중위투표자이론이란 양대 정당 체제하에서 다수 국민의 표를 얻기 위해서 정당들이 극단적인 정책보다는 중간적 성격(중도적)의 정책을 선택한다는 이론이다. 이러한 중도적 성격의 정책이나 대안들은 최적화된 자원배분의 효율성을 가져오지 못한다는 비판을 받는다.

08	공공선택론	답 ④

합리적이고 이기적인 인간이 효용극대화를 추구한다는 공공선택론의 가정은 지나치게 이상적이어서 현실적합성이 높지 않다는 비판이 있다.

선지분석

① 비시장적인 영역의 경제학적 결정으로 본다.

② 뷰캐넌과 털록(Buchanan & Tullock)의 『동의의 계산』이란 논문에서 보듯이 국민들의 동의를 경제학적으로 계산하므로 민주행정의 구현에도 기여하고 오스트롬(Ostrom) 부부는 이를 민주행정 패러다임으로 보았다.

③ 비효율적이고 비대응적인 전통적 관료제를 비판하고 그것을 대체할 새로운 공공재 공급방식으로 다중공공관료제의 도입을 강조한다.

09	공공선택론	답 ①

공공선택론은 비시장적 영역에 대한 경제학적 접근으로 연역적 접근을 따르는데 기본적인 전제로서 방법론적 개인주의를 지향하는 것이지 집단주의를 지향하지 않는다.

10	공공선택모형	답 ①

공공선택론은 비시장적인 영역(예 국가이론, 투표, 규칙, 투표자 행태, 정당정치, 관료형태, 이익집단 등)에 대한 경제학적인 접근방법이며 방법론적 개인주의에 입각하여 국민의 합의를 통한 의사결정을 강조하기 때문에 민주행정패러다임으로 불리운다.

11	행정학의 접근방법	답 ③

공공선택이론은 단일의 대규모 조직(중앙정부)보다 권한이 분산된 여러 작은 조직들(다중공공관료제)에 의하여 공공서비스를 공급되는 것을 선호한다.

선지분석

① 생태론적 접근방법은 행정 체제가 환경의 종속변수로서 역할을 한다는 결정론적 시각이 비판 받는다.
② 후기행태주의는 신행정론의 토대로서 적실성(relevance)과 실천(action)을 강조하였다.
④ 역사적 신제도주의는 제도가 경로의존성과 관성적인 성향을 갖고 있기 때문에 환경변화에 잘 적응하지 못할 수도 있다고 본다.

12 애로우(Arrow)의 불가능성 정리 답 ④

두 대안에 대한 개개인의 선호순위는 두 대안뿐 아니라 다른 제3의 대안도 고려하여 결정한다는 것은 애로우(Arrow)가 제시한 불가능성 원리 중 독립성의 원리에 반하는 지문이다. 독립성의 원리란 두 대안에 대한 개개인의 선호순위 결정 시 이들 대안과는 무관한 다른 대안을 고려해서는 안 되고, 이에 대한 선호가 영향을 미쳐서도 안 된다는 원리이다.

선지분석

① 경제적 합리성의 원리에 대한 설명이다.
② 선호의 비제한성의 원리에 대한 설명이다.
③ 비독재성의 원리에 대한 설명이다.

핵심POINT 애로우(Arrow)의 불가능성 정리

완전성(완비성)의 원리	모든 사회적 상태를 비교·평가·선택할 수 있어야 함
이행성의 원리	'A > B이고 B > C'라면 'A > C'라야 함(선호가 단봉)
파레토 원칙	모두가 'A > B'라면 투표에 의한 사회적 선택도 'A > B'라야 함
비독재성의 원리	인간은 모두 이기적이므로 한 사람에 의한 독재적 의사결정은 안 됨
독립성의 원리	특정의 두 가지 대안에 대한 사회적 선호의 결정 시 이들 대안과 무관한 제3의 대안으로부터 독립적이어야 함

13 던리비(Dunleavy)의 관청형성모형 답 ①

던리비(Dunleavy)는 니스카넨(Niskanen)의 관료예산극대화모형 중 관료들이 공적 결정을 내림에 있어서 자신의 사적 이익을 극대화 한다는 가정은 받아들였지만 합리적인 고위관료들은 예산극대화동기보다 관청형성동기가 더 강하다고 주장한다. 고위관료의 선호에 맞지 않는 기능을 민영화나 위탁계약을 통해 지방정부나 준정부기관 또는 책임운영기관으로 이전시킨다는 이론이다.

선지분석

② 합리적인 고위직 관료들은 예산극대화동기보다는 관청형성동기가 더 강하다고 주장한다.
③ 중하위직 관료들은 관청예산이 아니라 주로 핵심예산의 증대로부터 이익을 얻게 된다. 핵심예산은 기관자체의 운영비를 의미한다.
④ 관료들은 정책결정 시 공적 이익보다는 사적 이익을 더 우선시한다.

핵심POINT 관청형성모형(Dunleavy)

유형	개념	예산극대화동기	기관의 유형
핵심예산	기관운영비	중하위직	전달기관 (국방부, 경찰청)
관청예산	핵심예산+ 민간지출	고위직 (핵심예산제외)	이전기관, 전달기관 (보건복지부, 환경부)
사업예산	관청예산+ 타기관지출	-	-
초사업예산	사업예산+ 영향력행사 가능지출	-	-

14 예산극대화이론과 관청형성이론 답 ④

예산극대화 행동은 예산유형과 직위의 관계, 기관유형, 시대적 상황 등의 측면에서 다양하게 나타날 수 있다는 것은 니스카넨(Niskanen)이 아니라 던리비(Dunleavy)의 관청형성이론이다.

선지분석

① 니스카넨(Niskanen)에 따르면 최적의 서비스 공급 수준은 한계편익(marginal benefit)과 한계비용(marginal cost)이 일치하는 최적화된 수준에서 결정된다고 본다.
② 두 이론 모두 경제학적 관점에서 관료를 자신의 이익과 효용을 추구하는 경제적 인간으로 가정한다.
③ 던리비(Dunleavy)에 따르면 관청형성의 전략 중 하나는 내부 조직 개편을 통해 정책결정 기능과 수준을 강화하되 일상적이고 번잡스러운 업무는 참모조직 형태나 책임운영기관으로 분리하고 이전하는 것이다.

THEME 11 신제도주의

정답 p. 52

01	④	02	②	03	④	04	③	05	④
06	③	07	②	08	④	09	④	10	①
11	④	12	③	13	②	14	③	15	④
16	④	17	③	18	①				

01 신제도주의이론의 내용 답 ④

구제도주의는 신제도주의와 달리 제도의 개념을 동태적인 것으로 파악하지 않으며, 제도의 국가 간 차이에 대해서 설명하지 못한다는 차이점이 있다.

02 신제도주의의 유파별 특징 답 ②

신제도주의에 대한 설명으로 옳은 것은 ㄱ, ㄷ이다.

선지분석

ㄴ. 사회학적 신제도주의는 신제도주의의 유파 중에서 제도를 가장 폭넓게 이해하는 것으로, 제도에 공식적인 규칙이나 절차뿐만 아니라 인간의 행위를 해석하기 위한 의미의 틀을 제공하는 상징체계, 도덕적 전형, 문화 등을 포함한다. 따라서 사회학적 신제도주의는 문화가 제도에 미치는 영향을 강조한다.

핵심POINT 신제도주의의 유파별 비교

구분	합리적 선택 신제도주의	역사적 신제도주의	사회학적 신제도주의
개념	• 전략적 균형점 • 제도유지의 균형성	• 역사적 맥락 • 지속성(우연성)	사회문화적인 관행과 규범
학문적 기초	경제학	정치학, 역사학	사회학, 문화인류학, 민속학
구성원 선호	• 외생적 - 불변 • 합리적, 선호 주어짐, 효용극대화	• 내생적 - 변화 • 맥락 속에서 형성	• 내생적 - 변화 • 사회문화에 의해 형성
특징	• 제한적 합리성 • 윌리암슨(Williamson)의 거래비용이론	• 권력의 불균형 • 맥락성, 지속성 • 우연성, 경로의 존성	• 배태성 • 적절성(정당성) • 동형화
제도 변화	균형점의 변화	외부충격, 단절적 균형	적절성, 동형화
제도 측면	공식적 측면	공식적 측면	비공식적 측면
접근법	연역적, 개체주의, 환원주의	귀납적(사례연구), 전체주의(신비주의)	귀납적(경험적), 전체주의

03 신제도주의의 내용 답 ④

사회학적 제도주의에서는 제도를 개인들 간 선택적 균형에 기반한 산출물이 아니라 제도적 동형화과정의 결과물로 본다. 제도를 개인들 간 선택적 균형에 기반한 제도적 동형화과정의 산출물로 보는 것은 합리적 선택의 신제도주의이다.

04 신제도주의의 선호 답 ③

합리적 선택 신제도주의에서 행위자의 선호는 개인 간 상호작용을 통해 형성되는 게 아니라 선험적이고 제도와 무관하게 외부에서 주어지는 외생적(고정된) 선호라고 가정한다.

05 행정이론 답 ④

신공공관리론은 행정과 경영을 동일시하며 기업의 경영의 원리와 기법을 그대로 공공부문에 이식하려한다는 비판을 받는다. 뉴거버넌스나 신공공서비스론(NPS)은 이러한 신공공관리론의 한계를 보완하려는 것이다.

선지분석

① 법률적·제도론적 접근방법은 구제도주의를 말하는 것으로 정태적 접근방법을 추구하기 때문에 동태적 측면을 파악할 수 없다.

② 행태론이 아니라 생태론에 대한 설명이다.

③ 합리적 선택 신제도주의는 연역적 접근을 추구하기 때문에 방법론적 개체주의에, 사회학적 신제도주의는 귀납적 접근을 추구하기 때문에 방법론적 전체주의에 기반을 둔다.

06 신제도주의 답 ③

사회학적 신제도주의는 귀납적 방법에 의한 질적연구를 추구하는 방법론적 전체주의에 의해서 분석한다.

선지분석

① 제도를 연구의 중심개념으로 사용하고 합리적 행동모형에 회의적이라는 점은 구제도주의와 신제도주의의 공통점이다. 합리적 행동모형은 사회현상을 개인의 합리적 선택행위가 최적화된 결과라고 본다.

④ 합리적 선택 신제도주의는 개인을 합리적·이기적 개인으로 전제하는 연역적 접근과 방법론적 개체주의에 따라 개인의 선택에 따른 최적화된 균형점을 제도로 본다.

07 행정학의 접근방법 답 ②

신제도주의 접근방법은 구제도주의 접근방법과는 달리 제도를 공식적인 구조나 조직 등에 한정하지 않고 비공식적인 규범이나 관습, 인지체계도 제도에 포함된다.

선지분석

① 개인이나 집단의 속성과 행태를 행정현상의 설명변수로 규정하는 것은 행태론적 접근법이다.

③ 행정을 자연·문화적 환경과 관련하여 이해하면서 행정체제의 개방성을 강조하는 것은 생태론적 접근방법에 대한 설명이다.

④ 환경을 포함하여 거시적인 관점에서 행정현상을 분석하고, 확실성을 지닌 법칙 발견을 강조하는 것은 자연과학적인 연구방법에 해당한다. 툴민(Toulmin)의 논변적 접근방법은 1990년대 이후 행정현상과 같은 가치 측면의 규범성을 연구할 때는 결정에 대한 정당성을 갖추는 것이 필요하며 이를 위해서 토론을 통한 합의를 도출하는 민주적 절차를 중시하는 접근법을 의미한다.

08 신제도주의 답 ④

사회학적 신제도주의는 조직구성원 개인의 효용극대화나 최적화 등의 경제적 합리성에 따라 행동하기보다는 사회문화적 관행·규범에 적응하고자 하는 사회적 정당성과 동형화에 따라 행동한다고 본다.

선지분석

① 합리적 선택 신제도주의는 제도를 개인으로 환원시키는 방법론적 개체주의의 입장이다.

② 제도의 동형화를 강조하는 것은 사회학적 신제도주의이다.
③ 기존 경로를 유지하려는 제도의 속성(경로의존성)을 강조하는 것은 역사적 신제도주의이다.

09 사회학적 신제도주의 답 ④

사회학적 신제도주의에서는 조직구성원들이 자신의 경제적 이익을 추구하기보다는 사회적 정당성에 따라 행동하려 한다고 하며, 이를 배태성이라는 용어를 사용하여 표현한다. 배태성(embeddedness)이란 본래 어떤 현상이나 사물이 발생하거나 일어날 원인을 내포한다는 의미로서 제도적 동형화와 연관되며, 사회학적 신제도주의에서 중시하는 개념이다.

10 신제도주의 답 ①

역사적 신제도주의는 제도를 장기간에 걸친 역사적인 맥락과 지속성의 산물로 본다. 또한 제도란 역사적 경로에 의존하므로 쉽게 변하지 않는다는 제도의 경로의존성과 우연성을 강조한다.

(선지분석)
② 제도를 공식적인 체제나 구조에 한정하여 규정하는 것은 구제도주의의 특징이다.
③ 제도를 개인의 효용을 극대화하기 위한 수단으로 보는 것은 합리적 선택 신제도주의이다.
④ 제도가 서로 닮아간다는 제도적 동형화에 주목하는 것은 사회학적 신제도주의의 특징이다.

11 행태주의와 제도주의 답 ④

신제도주의 접근방식의 하나인 역사적 신제도주의는 각 국가에서 채택된 정책의 상이성과 효과를 중시한다. 제도를 역사적인 맥락과 지속성의 산물로 보며 국가마다 다르게 형성되는 경로의존성 및 우연성의 요소를 중시한다.

(선지분석)
① 행태주의는 논리실증주의에 따라 가치와 사실을 분리하여 연구대상에서 가치를 배제하기 때문에 연구자의 주관이나 가치판단 문제는 연구대상에서 제외된다. 그러므로 행태주의에서는 인간의 자유와 존엄과 같은 인본주의적 가치를 강조하지 않으며, 이러한 인본주의적 가치를 중시하는 것은 후기 행태주의 관점이다.
② 사회과학도 자연과학과 같은 논리실증주의적 연구방법을 강조하는 것은 행태주의이다.
③ 시대적 상황에 적합한 학문의 실천력을 중시하는 것은 후기 행태주의이다.
⑤ 행태주의는 과학성을 강조하며 객관적인 사실에 근거한 인과관계를 검증하여 이론적 체계를 구축하는 일반법칙적·논리실증주의적인 연구로서 제도의 변화와 개혁을 지향하지 않는다. 제도의 변화와 개혁을 추구하는 것은 기술성을 강조하는 후기 행태주의적 관점이다.

12 신제도주의의 주요 분파 답 ③

역사적 제도주의는 제도를 역사적 맥락과 지속성의 산물로 보며 경로의존성을 중시하는 중범위적인 신제도주의이론이다. 따라서 중범위적 제도 변수가 개별 행위자의 행동과 정치적 결과를 어떻게 연계시키는지에 대해 초점을 둔다.

(선지분석)
① 합리적 선택 제도주의는 개인을 합리적인 존재로 전제하고 선호는 이미 주어진 외생적인 것으로 가정하기 때문에 제도는 선호 형성에 대해서 영향을 주지 못한다.
② 역사적 제도주의에 대한 설명이다.
④ 사회적 딜레마는 집단행동의 딜레마(공유지의 비극)로서 이를 해결하기 위해 사람들이 스스로 만드는 게임의 규칙을 제도로 인식하는 것은 합리적 선택 제도주의의 특징이다.

13 신제도주의 유파 답 ②

신제도주의의 유파별 특징을 바르게 연결한 것은 ②이다. 합리적 선택 제도주의는 거래비용의 최소화가 관건이며, 역사적 제도주의는 경로의존성을 강조하고, 사회학적 제도주의는 제도동형성을 제도변화의 원인으로 본다.

14 신제도주의 답 ③

사회학적 제도주의는 결과성의 논리보다 적절성의 논리를 중시한다. 사회학적 제도주의는 제도의 변화요인으로 사회적 정당성을 통한 적절성의 논리와 동형화를 강조한다.

(선지분석)
① 신제도주의에서 제도는 공식적인 법률뿐만 아니라 비공식적인 규범, 관습 또는 인지체계 등이 포함된다.
② 역사적 제도주의에서 제도는 역사적 맥락과 지속성의 산물로 역사적 경로에 의존한다고 본다.
④ 합리적 선택 제도주의는 제도는 개인적 행위자들의 전략적 균형점으로 지나치게 이기적 행태(독점, 과점 등)를 제약한다고 본다.

15 신제도주의 답 ④

ㄱ은 옳지 않은 지문이고 ㄴ, ㄷ, ㄹ은 모두 옳은 지문이다.
ㄴ. 역사적 제도주의에 의하면, 제도는 평소 안정적인 균형상태를 유지하다가 외부의 충격을 겪으면서 근본적 변화를 경험하고 새로운 경로에서 다시 균형상태를 이룬다는 단절적 균형이론으로 설명하고 있다.
ㄷ. 사회학적 제도주의에서는 개인이나 조직의 제도적 환경에 대한 적응력이 강조되고, 개인이나 조직은 사회로부터 정당성을 부여받는 과정으로 제도의 변화를 설명한다.
ㄹ. 사회학적 제도주의에서 개인은 자신의 의도에 따라 제도를 만들거나 변화시킬 수 없으며 제도에 종속될 뿐이라는 배태성의 개념을 강조한다.

선지분석

ㄱ. 역사적 제도주의가 제도의 종단면적 측면을 중시하면서 국가 간의 차이를 강조한다면, 사회학적 제도주의는 횡단면적으로 서로 다른 국가나 조직에서 어떻게 유사한 제도가 나타나는지에 관심을 갖는다.

16	사회학적 제도주의	답 ④

사회학적 제도주의는 제도동형화를 강조하는데, 이러한 시각에 따르면 많은 근대국가에서 베버의 관료제를 채택한 이유는 그것이 효율성을 보장해 주는 합리성 때문이 아니라, 다른 조직을 닮아가는 동형화와 정당성의 논리로 설명한다.

선지분석

② 사회학적 제도주의는 횡단면적으로 서로 다른 국가나 조직에서 어떻게 유사한 제도가 나타나는지에 관심을 가지며, 역사적 제도주의는 종단면적으로 시간적 흐름에 따른 국가 간 차이에 관심을 갖는다.

17	신제도주의	답 ③

제도가 개인과 조직, 국가의 성패를 결정한다고 보는 결정론적 관점은 구제도주의의 특징으로 신제도주의에서 제도는 개별 행위자들의 행태를 지배하고 그에 제약을 가하는 규칙의 집합이지만, 제도가 개인들 간의 상호작용의 결과에 의해서 변할 수도 있다는 임의론적 관점이다.

18	신제도주의	답 ①

신제도주의는 그동안 외생변수로만 다루어 오던 정책 혹은 행정환경을 내생변수와 같이 직접적인 분석대상에 포함시켜 종합·분석적인 연구에 기여하고 있다.

THEME 12 신공공관리론(NPM)

정답

p. 57

01	④	02	③	03	③	04	③	05	①
06	②	07	①	08	①	09	④	10	⑤
11	①	12	②	13	②	14	④	15	②
16	④	17	①	18	④	19	③	20	②
21	④	22	④						

01	신공공관리론의 내용	답 ④

구조적 통합을 통한 분절화의 축소를 지향하고 있는 것은 탈신공공관리론의 특징이다. 신공공관리론은 민영화의 추구, 책임운영기관의 도입 등으로 행정의 분절화를 강조한다.

02	신공공관리론의 지향가치	답 ③

신공공관리론은 정부의 감축과 시장주의의 도입을 기조로 소비자 만족, 비용가치(Value for Money) 증대, 행정의 생산성 및 효율성 등을 중시하지만, 지나친 성과나 결과 중심의 행정으로 절차적 정당성을 경시하는 경우가 발생한다.

03	신자유주의 정부이념 및 관리수단	답 ③

신자유주의는 케인즈(Keynes) 경제학에 기반을 둔 수요 중시 거시경제정책을 반대하며, 시장기능을 활성화하려는 레이거노믹스 등의 공급 측면의 경제정책을 지지한다.

핵심POINT 신공공관리론의 주요 이론

1. 오스본과 개블러(Osborne & Gaebler)의 정부재창조론 (기업가적 정부 운영의 10대 원리)

10대 원리	전통적 정부	기업가적 정부
촉매적 정부	노젓기	방향잡기
지역사회소유 정부	직접 제공	권한 부여
경쟁적 정부	독점 공급	경쟁적 공급
임무 위주 정부	규칙 중심	임명, 사명 중심
결과지향적 정부	투입 중심	성과 중심
고객 위주 정부	관료 중심	고객 중심
기업가적 정부	지출 지향	수익 창출
예견적 정부	사후 치료	사전 예방
분권적 정부	집권	참여, 분권
시장지향적 정부	행정 메커니즘	시장 메커니즘

2. 오스본과 프래스트릭(Osborne & Plastrik)의 5C 전략

구분	전략	접근방법
목적	핵심전략	목적, 역할, 방향의 명확성을 추구함
유인체계	결과전략	경쟁관리, 기업관리, 성과관리를 강조함
책임성	고객전략	고객선택 접근법, 경쟁적 선택 접근법, 고객 품질의 보증을 강조함
권한	통제전략	실무조직, 실무자, 지역사회에 대한 권한부여를 제시함
문화	문화전략	관습 타파, 감정적 의식의 변화, 새로운 정신의 획득을 제시함

04	신공공관리론	답 ③

신공공관리론은 권력의 분권화(empowerment)를 강조한다.

선지분석

① 신공공관리론은 과정보다는 성과(산출, 결과)를 중시한다.
② 신공공관리론은 노젓기(rowing, 서비스의 직접 제공)보다는 방향잡기(steering, 목표설정, 결정, 기획, 민간부문의 유도)에 중점을 둔다.
④ 신공공관리론은 시장실패가 아니라 정부실패를 치유하고 규제 완화와 민영화를 통한 작은 정부를 지향한다.

05	신공공관리론	답 ①

신공공관리론(NPM)은 신관리주의와 시장주의를 기반으로 하며 경쟁원리와 고객지향주의를 강조한다.

선지분석

② 정책(결정)과 집행의 분리로 인한 행정의 공동화가 발생한다.
③ 정부, 시장, 시민사회의 평등한 관계를 중시하는 것은 뉴거버넌스이다.
④ 신공공관리론은 투입보다는 산출(결과)를 더욱 중시한다. 결과보다 과정에 가치를 두는 것은 뉴거버넌스의 특징이다.

06	신공공관리(NPM)	답 ②

신공공관리는 작은 정부를 추구하며 시장지향적인 효율적인 정부를 만들 수 있는 개혁방안에 관심을 갖는다. 1980년대 신자유주의가 부활하여 '작은 정부'를 구현하기 위한 공무원 인력 감축, 정부 지출삭감, 규제 완화, 민영화 등에 대한 논의가 활발하게 진행되었다.

07	신공공관리론	답 ①

신공공관리론은 시장원리와 고객지향주의를 기반으로, 형평성이 아닌 효율성에 초점을 맞춘 고객지향적 정부를 강조한다.

08	신공공관리론	답 ①

'작지만 효율적인 정부'는 신공공관리론에 따른 기업가형 정부를 말한다. 정부실패에 대한 대안으로서의 작은 정부로서 규모와 역할을 축소하는 외형적인 측면에 중점을 두는 것이 아닌 자율과 재량을 주고 결과에 대한 성과책임을 지는 실질적인 측면에 중점을 둔 개혁을 말한다.

09	신공공관리론의 특징	답 ④

분절화의 축소와 조직구조의 통합, 조정을 강조하는 것은 탈신공공관리론(post-NPM)의 특징이다. 신공공관리론은 정책결정과 집행의 분절화를 통한 작은 정부를 추구한다.

10	행정학의 주요 이론과 특징	답 ⑤

행정학 계보에 대한 서술내용으로 옳은 것은 ㄴ, ㄹ, ㅁ이다.

선지분석

ㄱ. 과학적 관리법의 한계인 '인간의 기계화'에 대한 저항으로 야기된 인간관계론은 사회적 능률을 주장하였다.
ㄷ. 행정에 경쟁원리의 도입은 공공선택론, 신공공관리론에서 주장하였다. 행태론의 가치중립성을 비판하며 등장한 신행정학파는 가치문제를 중시하였고, 고객 중심의 능동적이고 책임성 있는 행정을 추구하였다.

11	신공공관리론의 주요 이론	답 ①

시민에 대한 봉사 지향적 정부는 오스본(Osborne)과 개블러(Gaebler)의 기업가적 정부의 모습이 아니라 신공공서비스론(NPS)에서 강조하는 정부의 모습이다.

12	오스본(Osborne)과 개블러(Gaebler)의 기업가적 정부	답 ②

ㄴ, ㄹ, ㅁ은 오스본(Osborne)과 개블러(Gaebler)의 기업가적 정부에 해당한다.

선지분석

ㄱ. 투입이나 과정이 아닌 성과 중심의 관리를 중시하는 성과지향적 정부이다.
ㄷ. 서비스의 직접적 공급자인 노젓기로서의 정부가 아닌 방향잡기로서의 역할을 강조하는 촉진적 정부이다.
ㅂ. 문제에 대한 사후해결보다는 문제가 발생하기 전 사전예방을 강화하고자 하는 예견적 정부이다.

13	기업가적 정부	답 ②

신공공관리론에서 지향하는 '기업가적 정부'는 촉진적 정부로서 노젓기가 아니라 방향잡기를 강조한다. 노젓기는 전통적 정부에 해당하는 설명이다.

선지분석

① 경쟁적 정부, ③ 성과지향적 정부, ④ 미래대비형 정부(예견적 정부)는 '기업가적 정부'의 특성에 대한 설명이다.

14	기업가적 정부 운영의 10대 원리	답 ④

기업가적 정부는 예산지출의 절감보다는 수입 확보 위주의 정부 운영 방식을 강조한다.

15	기업가적 정부	답 ②

오스본(Osborne)과 개블러(Gaebler)의 『정부재창조론』에서 제시한 기업가적 정부의 10대 원리에서 정부는 규칙 및 역할 중심 관리방식에서 사명 지향적 관리방식으로 전환되어야 함을 강조한다.

(선지분석)

① 정부의 새로운 역할로 종래의 노젓기보다는 방향잡기를 강조한다(촉매적 정부).

③ 치료 중심적 정부보다는 예방적 정부로 바뀌어야 함을 강조한다(예견적 정부).

④ 행정서비스 제공에 독점적 공급을 도입하기보다는 경쟁 개념을 강조한다(경쟁적 정부).

⑤ 서비스를 제공하기보다는 주민에게 권한을 부여하는 방향으로 전환되어야 함을 강조한다(분권적 정부).

16	오스본(D. Osborne)과 게블러(T. Gaebler)의 기업가적 정부	답 ④

신공공관리론(NPM)에 의한 기업가적 정부는 업무 성과를 제고하기 위해서 투입이 아닌 산출이나 결과를 기준으로 자원을 배분하는 성과주의에 기반을 둔다.

핵심POINT Osborne과 Gaebler의 「정부재창조론(Reinventing Government, 1992)」 - 기업가적 정부

1. **촉매적 정부**: 노젓기보다는 방향잡기 기능을 강조
2. **지역사회소유 정부(community-owned government)**: 중앙정부보다는 지역사회에 권한을 부여
3. **경쟁적 정부**: 서비스 제공에 경쟁도입
4. **임무위주 정부(mission-driven gov't)**: 권한부여를 통한 임무에 초점
5. **결과지향적 정부(results-oriented gov't)**: 투입이 아닌 성과와 연계한 예산배분
6. **고객위주 정부**: 관료제가 아닌 고객의 요구충족
7. **기업가적 정부**: 지출보다는 수익창출로서 탈규제정부모형과 관련
8. **예견적(미래대비형) 정부(anticipatory gov't)**: 사후문제해결이 아닌 사전예방
9. **분권적 정부**: 위계조직에서 참여와 팀워크로 권한 분산
10. **시장지향적 정부**: 시장중심의 경쟁원리 도입

17	신공공관리론(NPM)에 대한 비판	답 ①

신공공관리론의 유인기제는 인센티브나 성과급제도 등 지나치게 경제적·금전적 측면에만 치우쳐 있어서 비경제적 측면을 고려하지 못하는 한계에 따라 공공부문의 성과관리에 어려움을 초래할 수 있다.

(선지분석)

② 민영화의 한계로 인한 정부역할의 축소와 책임의 분산으로 인해 행정의 책임성 문제가 발생될 수 있다.

③ 거버넌스적 관점에서 국민이 소극적 고객이 아니라 적극적이고 능동적인 주체라는 점을 간과하고 있다.

④ 정부와 기업 간의 근본적인 차이를 인정하지 않고 정부 부문에 무분별하게 시장기제를 적용하려 하고 있다는 비판을 받는다.

18	신공공관리론(NPM)에 대한 비판적 논의	답 ④

신공공관리론은 정치적 논리를 경시하여 지나치게 경제적인 내부관리적 효율성만을 중시한다는 문제점이 있다.

19	신공공관리론	답 ③

신공공관리론에 대한 설명으로 옳은 것은 ㄱ, ㄷ, ㅁ이다.

(선지분석)

ㄴ. 정부 내의 관리적 효율성에 초점을 맞추나 규칙이나 절차 중심의 관리보다는 성과 중심의 관리를 강조한다.

ㄹ. 중앙정부의 지나친 감독과 통제보다는 관료들에게 권한부여를 통한 자율과 책임을 중시한다.

20	신공공관리론	답 ②

ㄱ, ㄴ, ㄹ은 옳은 지문이고 ㄷ, ㅁ은 옳지 않은 지문이다.

(선지분석)

ㄷ. 투입 중심이 아니라 산출 중심의 예산제도를 통해 예산을 관리한다.

ㅁ. 집권적 계층제를 통해 행정의 책임성을 확보하는 것은 전통적 관료제의 특징에 해당한다.

21	행정이론	답 ④

지역사회 문제를 해결하는 과정에서 시민들의 공유된 가치를 관료가 협상하고 중재해야 한다고 주장한 것은 신공공서비스론(NPS)이다.

22	블랙스버그 선언과 행정재정립운동	답 ④

신행정학의 태동을 가져온 것은 1968년 12월에 개최된 미노부룩회의이다. 1980년대의 블랙스버그 선언은 미국 사회에서 일어나고 있는 필요 이상의 관료 공격, 대통령의 반관료적 성향, 정당 정치권의 반정부 어조 따위와 같이 행정의 정당성을 침해하는 정치 사회적 문제점을 지적하고 그 원인의 일부가 행정학 연구의 문제점에서 비롯되었음을 주장한 선언이다.

(선지분석)

②, ③ 행정재정립운동은 직업공무원제의 적극적인 역할을 옹호하였으며, 정부를 재창조하기보다는 재발견해야 한다고 주장했다.

THEME 13 탈NPM(뉴거버넌스 · 신공공서비스론)

정답

p. 62

01	③	02	②	03	②	04	①	05	②
06	①	07	③	08	②	09	④	10	②
11	④	12	①	13	②	14	①	15	④
16	②	17	②	18	②	19	①	20	②
21	④	22	②	23	③	24	③	25	③
26	②	27	①	28	①	29	③	30	③
31	④	32	②	33	②	34	①	35	③
36	④	37	②	38	④	39	④	40	③
41	④	42	①						

01 뉴거버넌스(New Governance) 답 ③

뉴거버넌스는 행정의 경영화와 시장화(신공공관리)보다는 정부와 시장과 시민과의 신뢰에 기반한 협력을 강조하며 행정과 정치의 관계를 이원론적으로 보지 않고 일원론적으로 이해한다.

02 뉴거버넌스의 내용 답 ②

거버넌스는 네트워크에 의한 민관협력적 통치현상으로 신공공관리론과는 달리 정치적 과정을 매우 중요하게 인식한다. 즉, 탈정치화가 아니라 재정치화를 강조한다.

03 피터스(Peters)의 거버넌스모형 답 ②

피터스(Peters)가 『미래의 국정관리(The Future of Governing)』에서 제시한 정부개혁모형은 ⓐ 시장적 정부, ⓑ 참여적 정부, ⓒ 신축적(유연) 정부, ⓓ 탈내부규제(저통제)모형이다. 자유민주주의 모형과는 거리가 멀다.

04 피터스(Peters)의 뉴거버넌스모형 답 ①

시장모형은 독점을 문제의 진단기준으로 삼기 때문에 구조 개혁방안으로 분권화된 조직을 상정한다. 평면조직은 계층제를 문제의 진단기준으로 하는 참여적 정부모형의 구조 개혁방안이다.

(선지분석)

③ 유연조직모형(신축적 정부모형)에 대한 설명으로 옳다.

④ 저통제정부모형(탈내부규제 정부모형)에 대한 설명으로 옳다.

핵심POINT 피터스(Peters)의 뉴거버넌스모형

구분	전통적 정부	시장적 정부	참여적 정부	신축적 정부	탈내부 규제 정부
문제의 진단기준	전근대적 권위	독점	계층제	영속성	내부규제
구조의 개혁방안	계층제	분권화	평면조직	가상조직	-
관리의 개혁방안	직업 공무원제, 절차적 통제	성과급, 민간 부문의 기법	TQM, 팀제	가변적 인사관리, 고위 공무원단	관리의 재량확대
정책결정의 개혁방안	정치 · 행정 구분	내부시장, 유인	협의, 협상	실험	기업가적 정부
공익의 기준	안전성, 평등	저비용	참여, 협의	저비용, 조정	창의성, 활동주의

05 피터스(Peters)의 뉴거버넌스모형 답 ②

참여정부모형은 정책결정과정에 관료조직의 하급 구성원과 고객인 시민들의 참여가 증가될수록 정부개혁이 성공한다고 주장한다.

(선지분석)

① 시장모형은 정부의 독점성을 문제로 보며, 분권화를 통한 민간 기법의 도입을 강조한다.

③ 신축적 정부모형은 정부의 영속성을 문제로 보며, 가상조직을 통한 가변적(탄력적) 인사관리(고위공무원단)를 강조한다.

④ 탈규제적 정부모형은 정부의 지나친 내부규제(통제)를 문제로 보며, 관료의 권한부여를 중시하는 기업가적 정부를 강조한다.

06 피터스(Peters)의 정부모형 답 ①

피터스(Peters)는 전통적 정부의 대안으로 제시한 거버넌스모형 중 참여모형에서는 계층제를 문제의 원인으로 보고 하위계층과 시민들의 참여를 중시한다. 이러한 참여가 이루어지기 위해서는 조직의 고위층과 최하위층 간에 계층 수가 많지 않아야 한다고 보았다.

(선지분석)

② 유연정부모형은 변화하는 정책수요에 맞춰 탄력적으로 구성원들을 활용하는 것으로, 조직과 업무에 대한 몰입도가 낮아진다는 비판이 있다.

③ 정책결정에서 정치지도자들의 권력을 약화시키고 기업가적 관료의 역할을 강조한 것은 탈규제모형이다.

④ 정부역할의 적극성 및 개입성이 높으면 공익 구현이 어렵다는 인식을 전제하는 것은 시장모형이다.

07 피터스(Peters)의 정부개혁모형 답 ③

참여정부모형의 관리의 개혁방안은 총품질관리(TQM) 및 팀제 도입이다. 가변적 인사관리는 신축적 정부모형의 관리개혁방안이다.

08 피터스(Peters)의 뉴거버넌스모형 답 ②

시장(적) 정부모형에서는 문제의 원인을 정부의 독점으로 보며 이에 따른 구조개혁 방안으로 분권화를 주장한다.

09 피터스(B.G. Peters)의 뉴거버넌스 모형 답 ④

저통제정부모형(탈규제정부모형)은 국민에 대한 규제가 아니라 관료제 내부의 규제완화와 권한부여를 통해서, 정책과정에서 관료들의 정책형성 역할을 확대할 것을 권고한다.

핵심POINT 피터스(B.G. Peters)의 뉴거버넌스 모형

구분	전통적 정부모형	시장적 정부모형	참여적 정부모형	신축적 정부모형	탈내부규제 (저통제) 정부모형
문제의 진단기준	전근대적 지위	독점	계층제	영속성	내부규제
구조 개혁방안	계층제	분권화	평면조직	가상조직	없음
관리 개혁방안	직업 공무원제, 절차적 통제	성과급, 민간부문의 기법	TQM, 팀제	가변적 인사관리, 고위공무원단	관리의 재량권 확대
정책결정 개혁방안	정치·행정 구분	내부시장, 시장적 유인	협의, 협상	실험	기업가적 정부
공익의 기준	안정성, 평등	저비용	참여, 협의	저비용, 조정	창의성, 활동주의

10 신공공관리론과 뉴거버넌스의 비교 답 ②

신공공관리론과 뉴거버넌스는 모두 정부의 역할로서 방향잡기를 강조하며, 공공부문과 민간부문을 상대적으로 구분한다는 공통점이 있다.

핵심POINT 신공공관리론과 뉴거버넌스 비교

1. 공통점
   - 정부역할: 노젓기(Rowing) → 방향잡기(Steering)
   - 정부실패의 대안
   - 공사행정의 상대적 구별
   - 투입보다 산출(결과) 중시
2. 차이점

구분	신공공관리론	뉴거버넌스
이념적 기초	신자유주의	공동체주의
관리기구	시장	연계망
통제의 중점	산출통제에 중점	과정통제에 중점
관료의 역할	공공기업가	조정자
국민에 대한 인식	고객으로 봄	주인으로 봄
작동원리	경쟁(시장 메커니즘)	협력체제
분석수준	조직내부문제에 중점	조직 간 문제에 중점
서비스	민영화, 민간위탁	공동공급
관리방식	고객지향	임무중심

11 신공공관리론과 뉴거버넌스의 비교 답 ④

신공공관리론의 인식론적 기초는 신자유주의이며, 뉴거버넌스의 인식론적 기초는 공동체주의이다.

12 신공공관리론과 뉴거버넌스의 비교 답 ①

뉴거버넌스와 신공공관리론 모두 '방향잡기'라는 정부역할 측면에서 같다.

선지분석

구분	신공공관리론	뉴거버넌스
② 관리기구	시장	서비스연계망
③ 관료역할	기업가	조정자
④ 서비스	민영화 및 민간위탁	공동생산
⑤ 관리방식	고객지향	임무중심

13 신공공관리론과 뉴거버넌스의 비교 답 ②

신공공관리론과 뉴거버넌스론 모두 정부의 역할로서 노젓기(rowing)보다 방향잡기(steering)를 강조한다.

선지분석

① 신공공관리론에서 관료의 역할은 공공기업가이며, 뉴거버넌스론에서 관료의 역할은 조정자이다.
③ 신공공관리론은 산출을, 뉴거버넌스는 상대적으로 산출(결과)보다는 과정을 중시한다.
④ 신공공관리론은 부문 간 경쟁에, 뉴거버넌스론은 부분 간 협력에 역점을 둔다.

14 신공공관리와 뉴거버넌스 답 ①

신공공관리론이나 뉴거버넌스가 상정하는 정부의 역할은 방향잡기(steering)이다.

선지분석

② 신공공관리의 인식론적 기초는 신자유주의이다.
③ 신공공관리가 중시하는 관리 가치는 경쟁(competition)이다.
④ 뉴거버넌스의 관리 기구는 연계망(network)이다.

15 신공공관리론과 뉴거버넌스의 비교 답 ④

신자유주의 이념에 기반을 둔 신공공관리론은 행정의 효율성을 보다 중시하고, 공동체주의나 참여주의에 이념적 기초를 두고 있는 뉴거버넌스는 행정의 민주성에 더 초점을 둔다.

선지분석

① 신공공관리론은 경쟁을 중심으로 시장지향적 원리를 강조하며, 뉴거버넌스는 신뢰를 기반으로 조정의 원리를 통한 협력이나 통합을 강조한다.

② 신공공관리론은 국민을 수동적 대상인 고객으로 보며, 뉴거버넌스는 능동적이고 자발적인 덕성을 지닌 시민으로 본다.
③ 신공공관리론과 뉴거버넌스의 정부역할은 노젓기(rowing)가 아닌 방향잡기(steering)로 촉매적 정부역할을 강조하는 것이 공통점이다.

16	탈신공공관리론	답 ②

탈신공공관리론은 재집권화와 재규제를 경계하는 것이 아니라 이를 강조하여, 신공공관리론의 여러 가지 한계를 보완하기 위한 것을 주요 특징으로 한다.

핵심POINT 탈신공공관리론의 주요 내용

1. 구조적 통합을 통한 분절화의 축소
2. 재집권화와 재규제의 주창(집권과 분권의 조화)
3. 총체적(합체된) 정부의 주도
4. 역할 모호성의 제거 및 명확한 역할 관계의 안출(案出)
5. 민간·공공부문의 파트너십 강조
6. 역량 및 조정의 확대
7. 중앙의 정치·행정적 역량의 강화
8. 환경적·역사적·문화적 요소에의 유의 등

17	탈신공공관리론(post-NPM)	답 ②

탈신공공관리론(post-NPM)은 신공공관리론(NPM)의 한계를 극복하기 위한 통치역량을 강화하며, 구조적 통합을 통한 분절화의 축소, 재집권화와 재규제의 확대, 중앙의 정치·행정적 역량의 강화 등을 강조한다.

핵심POINT 신공공관리론과 탈신공공관리론의 비교

구분		신공공관리론	탈신공공관리론
정부 기능	정부-시장 관계의 기본철학	시장지향주의(규제완화)	정부의 정치·행정적 역량 강화(재규제의 주장, 정치적 통제 강조)
	주요 행정가치	능률성, 경제적 가치 강조	민주성·형평성 등 전통적 가치 동시 고려
	정부규모와 기능	정부규모와 기능 감축(민영화·민간위탁)	민간화·민영화의 신중한 접근
	공공서비스 제공의 초점	시민과 소비자 관점 강조	-
	공공서비스 제공방식	시장 메커니즘 활용	민간-공공 부문의 파트너십 강조
조직 구조	기본모형	탈관료제모형	관료제모형과 탈관료제모형의 조화
	조직구조의 특징	비항구적·유기적 구조, 분권화	재집권화(분권과 집권의 조화)
	조직개편의 방향	소규모의 준자율적 조직으로 분절화 예 책임운영기관 등	분절화 축소, 총체적 정부 강조, 집권화, 역량 및 조정의 증대
관리 기법	조직관리의 기본철학	경쟁과 자율성을 강조하는 민간부문의 관리기법 도입	자율성과 책임성 증대
	통제 메커니즘	결과·산출 중심의 통제	-
	인사관리의 특징	경쟁적 인사관리, 개방형 인사제도	공공 책임성 중시

18	행정이론의 등장시기	답 ②

행정이론의 등장한 시기는 (다) → (라) → (나) → (가) 순서이다.
(가) 뉴거버넌스론에 대한 설명으로 1990년대에 등장하였다.
(나) 공공선택론으로 오스트롬(Ostrom) 부부가 1973년 발표한 논문으로 민주행정패러다임에 대한 것이다.
(다) 정치행정이원론(공사행정일원론)을 주장한 굿노(Goodnow)의 『정치와 행정』에서 주장된 내용으로 1900년에 발표되었다.
(라) 신행정학의 내용으로 왈도(Waldo)의 중심으로 1960년대 후반 주장하였던 내용이다.

19	미국 행정학의 발달과정	답 ①

미국 행정학의 발달과정 순서대로 나열하면 (가)-(다)-(바)-(마)-(나)-(라)의 순이다.
(가) 행정관리학파의 원리(과학적 관리론): 1880 ~ 1920년대
(나) 신공공관리론의 등장: 1980년대
(다) 행정과학의 적실성에 대한 논쟁(행정행태론): 1940년대
(라) 거버넌스이론의 유행(뉴거버넌스): 1990년대
(마) 신행정론의 등장: 1960년대 후반 ~ 1970년대
(바) 비교행정론과 발전행정론의 등장: 1950 ~ 1960년대

20	행정이론의 발달	답 ②

(가) 과학적 관리론(1880~1920) - (라) 행정행태론(1940) - (다) 신행정론(1970) - (나) 신공공관리론(1980)의 순서로 행정이론이 발달하였다.

21	행정학의 주요 접근법	답 ④

뉴거버넌스는 정부와 시장 그리고 시민 간의 협력적 네트워크로서 대표적으로 피터스(peters)와 로즈(Rhodes)의 모형이 있으므로 옳은 지문이다.

선지분석

① 오스본(D. Osborne)과 게블러(T. Gaebler)의 '정부재창조론'은 신공공관리론의 대표적인 모형이다.
② 후기행태주의는 신행정학의 이론적 기초로서 기술성(art)을 추구하기 때문에 가치판단적인 연구를 강조한다.
③ 리그스(Riggs)는 가우스(Gaus)와 더불어 생태요인을 연구한 대표적인 행태론 학자이다.

22 행정이론 답 ②

ㄴ과 ㄷ은 옳은 연결이고 나머지는 옳지 않기 때문에 바르게 연결된 것은 2개이다.

(선지분석)

ㄱ. 공공선택론은 공공서비스를 독점 공급하는 전통적인 정부관료제에 비판적인 입장으로 관할권의 중첩과 권한의 분산을 강조하는 분권화를 추진하였다.

ㄹ. 사회자본의 구성요소는 신뢰와 호혜적 규범, 호혜적 네트워크이다. 형평성과 사회보장을 강조하는 복지국가와는 거리가 멀다.

ㅁ. 신공공서비스론은 방향잡기가 아닌 서비스 제공과 사회봉사자로서의 정부역할을 강조한다. 효율성은 신공공관리론의 행정이념으로 관련이 없다.

23 하향식 재정비 방식의 문제점 극복 답 ③

기존의 하향적인 재정비 방식은 지역주민이 배제되는 문제점이 발생하기 때문에, 지역주민의 의견을 수렴하는 방향으로 지역공동체의 복원을 통해서 지역거버넌스를 구축하는 것이 행정의 가장 바람직한 방향이다.

24 탈신공공관리론(post-NPM) 답 ③

규제완화를 강조한 것은 신공공관리론(NPM)으로 탈신공공관리론(post-NPM)에서는 신공공관리론의 한계를 극복하기 위해서 재집권화와 재규제를 강조하여 정부의 역량을 강화하였다.

25 탈신공공관리(post-NPM) 답 ③

탈신공공관리(post-NPM)의 아이디어는 ㄱ, ㄷ, ㅁ, ㅂ이다.

(선지분석)

ㄴ. 민간위탁과 민영화의 확대, ㄹ. 정부부문 내 경쟁 원리 도입은 신공공관리론과 관련이 있다.

핵심POINT 탈신공공관리론의 주요 내용

1. 구조적 통합을 통한 분절화의 축소
2. 재집권화와 재규제의 주창
3. 총체적 정부(whole-of-government, 통정부) 또는 연계형 정부(joined-up government)의 주도
4. 역할 모호성의 제거 및 명확한 역할 관계의 안출
5. 민간·공공부문의 파트너십 강조
6. 집권화, 역량 및 조정의 증대
7. 중앙의 정치·행정적 역량의 강화
8. 환경적·역사적 문화적 요소에의 유의 등

26 탈신공공관리론(Post-NPM) 답 ②

신공공관리론적 개혁의 한계를 보완하고 조정하기 위한 것이지, 신공공관리론의 주요 아이디어들을 대체하기 위한 것은 아니다.

27 신공공관리론과 신공공서비스론의 비교 답 ①

신공공관리론과 신공공서비스론에 대한 설명으로 옳은 것은 ㄱ, ㄴ이다.

(선지분석)

ㄷ. 신공공서비스론(NPS)이 아니라 신공공관리론이 추구하는 가치(생산성, 효율성)는 행정의 민주성과 충돌 가능성이 있다. 신공공서비스론(NPS)이 추구하는 가치는 행정의 민주성이다.

ㄹ. 신공공서비스론(NPS)은 신공공관리론(NPM)이 간과하거나 경시한 행정의 공공성, 민주성, 책임성 및 형평성을 재조명한다.

핵심POINT 신공공서비스론

1. 개념 및 등장배경

개념	행정과정에서 시민참여에 기반한 담론을 통한 행정활동을 주장하는 이론
등장배경	전통적 행정과 신공공관리론에 대한 비판

2. 신공공관리론과 신공공서비스론의 비교

구분	신공공관리론(NPM)	신공공서비스론(NPS)
이론적 토대	경제이론에 기초한 분석적 토의	민주주의·인본주의·포스트모더니즘 및 담론 이론을 포괄하는 다양한 접근
공익에 대한 입장	개인들의 총 이익	공유가치에 대한 담론의 결과
정부의 역할	방향잡기(steering)	봉사(service)
관료의 반응대상	고객(customer)	시민(citizen)
책임에 대한 접근양식	시장지향적	다면적, 복잡성
합리성	경제적·기술적 합리성	전략적 합리성
행정재량	기업적 목적을 달성하기 위해 넓은 재량 허용	재량이 필요하지만 그에 따른 제약과 책임이 수반
기대하는 조직구조	기본적 통제를 수행하는 분권화된 조직	조직 내외적으로 공유된 리더십을 갖는 협동적 조직
관료의 동기유발	기업가정신, 작은 정부를 추구하려는 신자유주의적 욕구	공공서비스, 시민에 봉사하고 사회에 기여하려는 욕구

28 신공공서비스론 답 ①

기업주의 가치를 추구하는 것은 신공공서비스론이 아니라 신공공관리론이다. 신공공관리론에 대한 반발로 등장한 신공공서비스론은 기업가정신이 아닌 시민정신(citizenship)을 추구한다.

29	신공공서비스론	답 ③

신공공서비스론(NPS)은 현대의 불확실한 행정환경에서는 방향잡기가 어렵고 실패할 가능성이 크기 때문에 시민들에게 봉사해야 하는 서비스를 강조한다. 정부가 시장의 힘을 활용하여 방향잡기의 역할을 해야 한다고 보는 것은 신공공관리론(NPM)의 관점이다. 나머지는 모두 신공공서비스론의 특징이다.

30	신공공서비스론	답 ③

신공공서비스론은 신공공관리론과는 달리 정부역할을 방향잡기(steering)가 아닌 인본주의적인 마인드로 시민에게 더 많은 서비스(service)를 제공하는 것이다.

31	신공공서비스론(NPS)	답 ④

신공공서비스론은 민주적 목표를 중시하기 때문에 수단적·기술적 전문성을 소홀히 한다는 비판을 받는다.

(선지분석)

② 신공공서비스론은 정부 역할을 방향잡기(조정자)로 보는 것이 아닌 국민에게 서비스 하는 존재로 인식하기 때문에 다양한 단체와 조직의 이익을 조정하는 정부의 역할을 과소평가한다는 비판을 받는다.

32	신공공서비스론	답 ②

공익을 개인적 이익의 집합체로 보는 것은 신공공관리론(NPM)의 특성이다. 신공공서비스론은 공익을 구성원이 공유하는 가치에 대한 담론의 결과로 본다.

33	신공공서비스론	답 ②

ㄱ, ㄴ, ㅁ은 신공공서비스론에 대한 옳지 않은 설명이고, ㄷ, ㄹ은 옳은 설명이다.

ㄱ. 공무원이 반응해야 하는 대상은 고객과 유권자 집단이 아니라 시민이다.
ㄴ. 책임성 확보의 방법으로 책임은 단순하지 않으며, 공익을 개인 이익의 총합으로 보지 않으며 공동체가 공유하는 가치에 대한 담론의 결과물로 이루어져야 한다고 본다.
ㅁ. 공무원의 동기를 유발하는 수단은 정부 규모를 축소하려는 이데올로기적 욕구가 아니라 시민정신에 부응하려는 사회봉사이다.

34	신공공서비스론의 기본원칙	답 ①

신공공서비스론(NPS; New Public Service)에서 공직자는 전략적 합리성에 기반하여 전략적으로 생각하고 민주적으로 행동하여야 한다고 규정한다.

(선지분석)

② 방향잡기가 아닌 시민에 대한 서비스를 중시한다.
③ 공익을 개인이익의 총합이 아닌 공유된 가치를 창출하는 담론의 결과로 인식한다.
④ 기업가정신보다는 시민의식을 강조한다.

핵심POINT 신공공서비스론의 일곱 가지 기본원칙

1. 방향잡기가 아닌 서비스 제공자로서의 정부
   - "조종하기보다 시민에게 봉사한다."
2. 담론을 통한 공익의 중시
   - "공익은 부산물이 아니라 목표이다."
3. 전략적 사고와 민주적 행동
   - "전략적으로 생각하고 민주적으로 행동한다."
4. 시민에 대한 봉사
   - "고객이 아니라 시민 모두에게 봉사한다."
5. 책임의 다원성
   - "책임은 단순하지 않다."
6. 인간존중
   - "생산성만을 중시하는 것이 아니라 사람을 존중한다."
7. 시티즌십과 공공서비스의 중시
   - "기업가정신보다 시티즌십(시민정신)과 공공서비스를 중시한다."

35	신공공서비스론의 기본원칙	답 ③

예산지출 위주의 정부 운영방식에서 탈피하여 수입 확보의 개념을 활성화하는 것이 필요하다는 내용은 신공공서비스론의 내용이 아니라, 신공공관리론의 주요 이론인 오스본과 개블러(Osborne & Gaebler)의 『정부재창조론』 중 '기업가적 정부운영의 10대 원리'에 해당한다.

36	신공공서비스론	답 ④

신공공서비스론은 정부(관료)의 역할이 방향잡기(steering)가 아니라 국민에 대한 봉사(service)여야 한다고 주장한다.

37	신공공서비스(New Public Service)	답 ②

ㄴ, ㄷ은 신공공서비스(New Public Service)의 특징으로 옳은 지문이다.

ㄴ. 신공공서비스는 재량이 필요하지만 그에 따른 제약과 다면적 책임이 수반된다.
ㄷ. 신공공서비스는 네트워크로 연계된 리더십을 공유하는 협동적 조직 구조를 추구한다.

(선지분석)

ㄱ. 대의제에 의해서 민주적으로 선출된 정치지도자에게 책임성을 확보하는 것은 전통적 행정의 책임확보방식이다.
ㄹ. 민간기관 및 비영리기구를 활용해 정책 목표를 달성할 유인 체계의 창출하는 것은 신공공관리론의 특징이다.

ㅁ. 조직 내 주요 통제권이 유보된 분권화된 조직은 신공공관리론의 조직이다.
ㅂ. 정치적으로 정의된 단일의 목표에 초점을 맞춘 정책설계 및 집행은 전통적 행정방식의 특징이다.

38 신공공관리론(NPM)과 신공공서비스론(NPS)의 비교 답 ④

ㄴ, ㄷ, ㅁ은 옳은 지문이고, ㄱ, ㄹ은 옳지 않다.

선지분석

ㄱ. 정부 역할: 신공공관리론은 방향잡기, 신공공서비스론은 서비스이다.
ㄹ. 책임성 확보: 신공공관리론은 시장지향적 책임을, 신공공서비스론은 다원적 책임(예 법령, 사회공동체의 정치적 가치나 규범, 시민의 이익 등)을 중시한다. 위계적 책임은 전통적 행정이론의 책임성 확보 방법으로, 행정인은 민주적으로 선출된 정치지도자에게 책임을 져야 한다.

39 거버넌스 연계망의 단점 답 ④

거버넌스는 협력적인 네트워크로서 이해당사자 간 자발적·상호의존적인 교환을 특징으로 한다. 이러한 상호의존적 교환이 협력과 신뢰를 기반으로 자발적으로 이루어지므로 이해당사자 간 상호의존적인 교환의 필요성은 줄어들게 된다.

선지분석

① 분절화는 정책결정과 집행기능이 분리되어 연계되지 못하는 현상으로 거버넌스에서 분절화(fragmentation)현상이 나타난다. 즉, 집행이나 서비스를 여러 조직과 기관들이 협력하여 추진하기 때문에 정책집행에 대한 통제가 어려워지게 된다.
② 거버넌스에서는 협력적 네트워크를 위한 광범위한 정보와 이를 통한 조정의 필요성이 요구된다.
③ 거버넌스에서는 정부, 시장, 시민들의 참여로 인한 서비스의 공동생산이 발생함에 따라 책임소재가 불명확한 한계가 있다.

40 무어(Moore)의 공공가치창출론(creating public value) 답 ③

무어(Moore)의 공공가치창출론(creating public value)은 1990년대 중반에 신공공관리론을 비판하며 등장한 이론이다. 이는 신공공관리론이 야기한 행정의 정당성 위기, 즉 행정의 공공성 약화를 극복하기 위한 대안적 패러다임으로 정부의 관리자들은 공공가치 실현에 힘써야 한다고 주장한다.

선지분석

② 공공가치창출을 위한 전략적 삼각형 모델을 제시하며 전략적 삼각형은 ⓐ 정당성과 지지의 확보, ⓑ 공공가치의 형성, ⓒ 운영역량의 형성이다.

41 공공가치관리론 답 ④

공공가치관리론에 대한 설명으로 옳은 것은 ㄷ, ㄹ이다.

ㄷ. 무어(Moore)의 공공가치창출론은 정당성과 지지, 운영 역량, 공공가치로 구성되며 이들 간의 전략적 관리로 공공가치가 창출된다고 본다.
ㄹ. 보즈만(Bozeman)은 공공가치실패론에서 시장 메커니즘이 효율적으로 작동하고 있음에도 불구하고 본질적 가치를 제공하지 못할 때 '공공가치 실패'가 발생하며 이는 정부개입의 근거가 된다고 주장한다.

선지분석

ㄱ. 보즈만(Bozeman)의 공공가치실패론에서 공공가치 실패를 진단하는 도구로 '공공가치 지도그리기(mapping)'를 제안하였다.
ㄴ. 무어(Moore)는 공공기관에 의해 생산된 순(純) 공공가치를 추정하는 '공공가치 회계'를 제시하였다.

42 공공가치관리론 답 ①

공공가치관리론에서 정당성과 지지, 공공가치, 운영역량으로 구성된 전략적 삼각형(strategic triangle) 모형을 제시한 학자는 무어의 공공가치창출론이다. 보즈만(Bozeman)은 시장 메커니즘이 효율적으로 작동하고 있음에도 불구하고 본질적 가치를 제공하지 못하는 실패 현상으로 공공가치실패론을 주장하였다.

핵심POINT 무어(Moore)의 공공가치창출론

1. 개념
민간분야의 관리자들이 주어진 자산을 활용하여 주주가 요구하는 민간부문의 가치를 창출하는 것처럼 민주적으로 선출되어 정당성을 부여 받은 정부의 관리자들은 공공자산(국가권위나 재정)을 활용하여 시민을 위한 공공가치를 창출해야 한다는 것

2. 공공가치창출을 위한 전략적 삼각형 모델

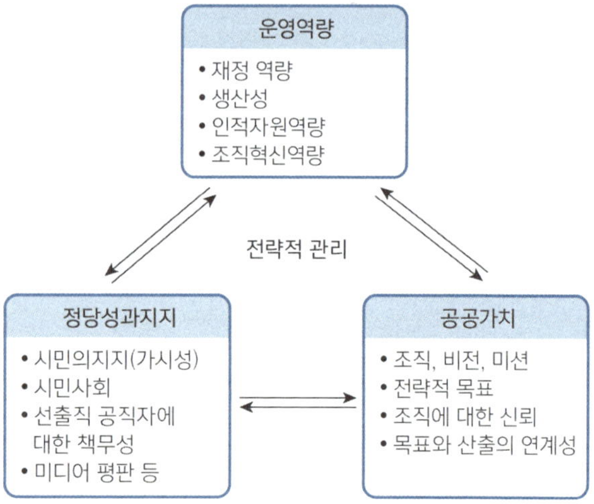

3. 공공가치 회계(Public Value Accounting)
• 공공가치를 창출하는 데 드는 비용과 공공기관이 창출한 성과를 투명하게 계산하는 방식
• 공공기관의 성과를 단순히 금전적 수치로만 평가하지 않고 사회적 가치를 종합적으로 고려

THEME 14 사회자본(social capital)

정답

p. 71

01	②	02	②	03	⑤	04	①	05	③
06	①	07	④	08	②	09	①	10	③
11	④	12	②	13	④	14	①	15	④
16	②								

01 사회자본의 특징 답 ②

동등한 가치의 등가교환이 이루어지는 것은 경제적 자본이다. 사회자본의 사회적 교환관계는 동등한 가치의 등가교환이 아니며, 동시적 교환이 이루어지는 것도 아니다.

핵심POINT 사회자본

개념	공동의 목적을 위해서 협력을 가능하게 하는 사람들 사이의 사회적 구조
구성	신뢰, 사회적 네트워크, 호혜성의 규범, 믿음, 규율
특징	• 사회적 관계의 부산물 • 공공재적 특성 • 무형의 존재 형태(믿음 속 존재) • 선순환 · 악순환 관계 • 이익의 공유 • 지속적인 유지 노력 필요 • 등가물의 교환이 아님(부등가교환) • 교환의 동시성을 전제하지 않음(비동시성)
기능	• 정보획득비용의 감소 • 효과적인 제재와 통제 • 결속력의 증대를 통한 혁신적 조직발전 • 지역사회의 발전 및 거버넌스 구축

02 사회자본의 개념 답 ②

제시문은 사회자본의 개념에 대한 설명이다. 사회자본의 구성요소에는 사회적 네트워크, 호혜성 규범, 규율 이외에도 신뢰나 믿음이 있다.

03 사회자본의 형성전략 답 ⑤

사회자본을 형성하기 위한 전략으로 집단행동의 딜레마를 해결하려면 수직적 네트워크가 아니라 수평적 소통과 참여, 신뢰와 협력을 근간으로 한 사회자본의 형성, 즉 수평적 네트워크를 강화해야 한다.

04 사회자본의 모습 답 ①

지역주민들의 소득은 유형적인 경제적 자본으로서 무형적인 사회자본(social capital)의 형성과는 관계가 없다.

05 사회자본 답 ③

사회자본을 통한 신뢰와 다양성은 협력적 행태와 혁신적 조직발전을 촉진시킨다. 아울러 사회자본은 네트워크에 참여하는 당사자들이 공동으로 소유하는 자산으로서 거래비용을 감소시키고 행동의 능률성과 효율성을 제고시킨다.

06 신뢰성과 윤리 답 ①

지방분권화를 통한 중앙과 지방과의 거버넌스는 신뢰 구축을 강화시키므로 신뢰성과 윤리문제가 국정운영의 핵심쟁점으로 제기되지 않는다.

07 행정가치 답 ④

공무원 부패의 가장 큰 원인은 투명하지 못한 밀실행정으로 이를 방지하기 위해서 투명성을 가장 중요한 가치로 인식한다.

08 사회자본 답 ②

사회적 자본은 신뢰와 호혜적 규범을 기본요소로 하며, 단기간에 정부주도하에 이루어지는 것이 아니라 장기적으로 민간에 의해 자발적으로 이루어지는 협력적 네트워크를 의미한다.

선지분석

① 신뢰를 통하여 불필요한 거래비용을 줄일 수 있다.
③ 추상적이고 무형적인 자본이므로 객관적인 계량화가 곤란하다.
④ 개인에서부터 국가까지 모든 수준의 거시적인 네트워크를 의미한다.

09 사회자본 답 ①

사회자본은 구성원 간 신뢰와 네트워크를 통해서 사회문제를 해결하려는 것으로, 과도한 폐쇄성을 통하여 집단적 결속력을 조성할 수 있다는 점에서 오히려 비판을 받고 있다.

선지분석

② 사회자본의 핵심인 신뢰는 거래비용을 낮추고, 혁신을 통한 경제발전을 촉진시킨다.
③ 퍼트남(Putnam)은 사회자본의 대표적 학자로서 이탈리아를 사례로 한 연구에서 사회적 자본이 지방정부 간의 제도적 성과 차이를 나타낸다고 주장했다.
④ 사회자본은 신뢰, 규범, 네트워크라는 구성요소로 이루어지며, 순기능으로 효과적인 목표달성에 기여한다.

10	사회자본	답 ③

사회적 자본(social capital)은 구성원들이 공동의 문제를 해결하는 데 적극적으로 참여하려는 사회적 조건이나 특성이다. 공동체정신이나 호혜주의 규범을 중심으로 이루어지는 것으로, 사회학적 관점인 공동체에 대한 무조건적인 봉사나 이타주의를 전제로 하는 것은 아니다.

11	사회적 자본(social capital)	답 ④

ㄱ, ㄴ, ㄷ, ㄹ, ㅁ은 모두 옳은 지문이다.

ㄱ. 퍼트남(Putnam)은 사회적 자본의 구성요소로 네트워크, 규범, 신뢰를 강조하였다.

ㄹ. 세계은행(World Bank), UN 등 국제기구에서는 개발도상국가의 빈곤퇴치를 위한 지원사업과 관련하여 사회적 자본 개념을 중요하게 활용되고 있다.

ㅁ. 후쿠야마(Fukuyama)는 저서 『트러스트(Trust)』에서 독일, 일본, 미국 등을 고신뢰사회로 한국, 중국, 프랑스 등을 저신뢰사회로 구분하고 한국사회에 만연한 불신은 사회적 비효율성의 원인이라고 주장하였다. 자유민주주의와 시장경제 발전을 위해 법과 제도들이 제대로 작동하게 하려면 사회적 신뢰 수준부터 끌어올려야 한다는 지적이다.

12	사회적 자본(social capital)	답 ②

사회적 자본은 지역이 보유하고 있는 정신적 자본인 신뢰와 협력을 바탕으로 하므로 물질적·경제적 자원과는 거리가 멀다.

13	사회적 자본	답 ④

사회적 자본은 구성원 간 신뢰와 협력을 바탕으로 하기 때문에 거래비용을 감소시키는 순기능이 있다.

(선지분석)

① 사회적 자본이 증가하면 사회적 규범이 형성되기 때문에 구성원들의 일탈에 대한 제재력이 강화되는 순기능을 가진다.

② 구성원 간 신뢰나 믿음은 사회적 자본의 구성요소이다.

③ 사회적 자본의 구성요소로서 규범은 호혜적 성격을 갖는 것으로 개인적 이기주의나 이타적인 무조건적인 봉사가 아닌 호혜주의적인 규범이다.

14	사회적 자본	답 ①

사회적 자본은 유형적인 경제적 자본에 비하여 형성과정도 불투명하고 불확실하다.

(선지분석)

④ 사회적 자본은 무형의 질적 자본이기 때문에 측정이 용이하지 않다는 지적을 받는다.

15	사회적 자본의 특성과 장·단점	답 ④

사회적 자본은 정부에 의해 단기간에 형성되는 것이 아니라 시민들의 참여에 의한 거버넌스 관점에서 장기간·지속적으로 형성된다.

(선지분석)

① 사회적 자본은 상호 신뢰를 통해서 이루어지므로 계약이나 협상 등에 소요되는 거래비용을 감소시키는 순기능이 있다.

② 사회적 자본은 상호 신뢰와 호혜적 규범을 통해서 조정과 협동을 용이하게 하며 구성원 간의 협력적 행태를 촉진시키고 창의와 혁신을 증대시킨다.

③ 사회적 자본은 사용하면 할수록 총량이 더욱 증가하는 선순환과 사용하지 않으면 더욱 감소하는 악순환 관계를 갖는다.

⑤ 사회적 자본의 요소에는 신뢰, 규범, 네트워크 등이 포함된다고 퍼트남(R. Putnam) 교수가 주장하였다.

16	정부신뢰 및 시민참여	답 ②

ㄱ, ㄷ은 정부신뢰 및 시민참여에 대한 옳은 설명이다.

(선지분석)

ㄴ. 정부와 시민 간의 신뢰 유형은 신탁적 신뢰(fiduciary trust)와 상호적 신뢰(mutual trust)가 있는데 이 중에서 신탁적 신뢰는 주인-대리인 이론과 같은 정보의 비대칭적 관계에서 형성된다.

핵심POINT 정부신뢰의 종류

1. 신탁적 신뢰(fiduciary trust)
   시민이 정부의 활동에 대한 충분한 지식이 없는 상태(비대칭적 관계)에서 정부가 윤리적·효율적이라고 믿는 것으로 주인-대리인 이론과 같은 정보의 비대칭적 관계에서 나타남
2. 상호적 신뢰(mutual trust)
   정부와 시민이 상호 간에 교류하면서 발생하는 신뢰로서 주인과 대리인의 정보가 대칭적 관계

CHAPTER 4 | 행정의 가치와 이념

THEME 15 행정의 본질적 가치

정답 p. 75

01	③	02	①	03	②	04	①	05	①
06	③	07	④	08	①	09	①	10	③
11	③	12	③	13	④	14	④	15	①
16	③	17	④	18	④	19	②	20	②
21	①	22	④	23	③				

01 공익 답 ③

공익에 대한 설명으로 옳은 것은 ㄱ, ㄴ, ㄹ이다.
ㄱ. 공익은 사익을 초월한 것으로 보는 것은 실체설의 입장이다.
ㄴ. 공익은 사익 간 갈등을 이해관계의 조정과정으로 보는 것은 과정설의 입장이다.
ㄹ. 플라톤(Plato)과 루소(Rousseau)는 공익의 실체설을 주장한 대표적인 학자이다.

선지분석

ㄷ. 다원적 민주주의는 이해관계의 조정과정을 통해서 민주적인 의사결정을 만들어 가는 것으로 과정설과 관련된다.

02 행정이념 답 ①

행정이 달성하고자 하는 미래의 바람직한 상태는 행정목표이다. 행정이념은 행정수행에 필요한 지도원리나 지침을 말한다.

03 공익 답 ②

2016년 1월 대통령 훈령으로 제정된 「공무원 헌장」에는 공무원이 실천해야 하는 가치로 공익, 창의성과 전문성, 다양성, 민주성, 청렴 등이 규정되어 있다.

선지분석

① 「국가공무원법」 제1조(목적)는 '이 법은 각급 기관에서 근무하는 모든 국가공무원에게 적용할 인사행정의 근본 기준을 확립하여 그 공정을 기함과 아울러 국가공무원에게 국민 전체의 봉사자로서 행정의 민주적이며 능률적인 운영을 기하게 하는 것을 목적으로 한다.'로, 공익을 추구해야 함은 명시되어 있지 않고 공정성 · 민주성 · 능률성 등에 대해서만 규정하고 있다.

③ 신공공서비스론(NPS)에서는 공익을 행정의 부산물이 아닌 궁극적인 목적으로 보아야 한다는 점을 강조한다.

④ 공익을 사익 간 타협 또는 집단 간 상호작용의 산물로 보는 것은 실체설이 아니라 과정설에 해당한다.

⊕ 보충 「공무원 헌장」

1. 공익을 우선시하며 투명하고 공정하게 맡은 바 책임을 다한다.
2. 창의성과 전문성을 바탕으로 업무를 적극적으로 수행한다.
3. 우리 사회의 다양성을 존중하고 국민과 함께 하는 민주 행정을 구현한다.
4. 청렴을 생활화하고 규범과 건전한 상식에 따라 행동한다.

04 행정의 본질적 가치 답 ①

본질적 가치에는 공익, 정의, 자유, 형평성(평등), 복지가 있다.

선지분석

② 합리성, ③ 민주성, ④ 합법성은 수단적 가치에 해당한다.

핵심POINT 행정의 본질적 가치와 수단적 가치

본질적 가치	공익, 정의, 자유, 평등(형평성), 복지
수단적 가치	합법성, 능률성, 민주성, 합리성, 효과성, 가외성, 생산성, 신뢰성, 투명성

05 공익에 대한 학설 답 ①

공익의 실체설은 부분적이며 특수한 이익보다는 사회구성원 간에 보편적으로 공유되는 공동의 이익을 공익으로 보는 입장이다.

핵심POINT 공익의 본질에 관한 학설

실체설 (적극설)	• 공익은 사익을 초월하여 도덕적 · 규범적인 것으로 존재함(선험적) • 공익과 사익은 별개의 존재(사익보다 공익 우선) • 집단의 이익을 중시하는 집단주의적 입장 • 적극적 정부(관료)역할 • 합리모형, 엘리트주의와 관련 • 주요 학자: 플라톤(Plato), 아리스토텔레스(Aristotles), 루소(Rousseau), 헤겔(Hegel), 마르크스(Marx), 롤스(Rawls)
과정설 (소극설)	• 사익을 초월한 공익은 없으며, 공익이란 사익의 총합이거나 다원화된 특수이익의 조정과 타협의 결과임(상대적 구별) • 개인주의적 · 현실주의적 입장(복잡성, 다원성) • 소극적 정부(관료)역할 • 점증모형, 다원주의와 관련 • 주요 학자: 헤링(Herring), 홉스(Hobbs), 린드블룸(Lindblom), 흄(Hume), 벤틀리(Bentley), 트루만(Truman), 슈버트(Schubert), 키(Key), 벤담(Bentham)
절충설 (중간설)	• 실체설과 과정설의 중간적 견해 • 공공선택론자들: 국가의 이익과 개인의 이익의 중간인 소비자의 이익을 공익으로 봄 • 공익은 특수한 개별집단의 이익이나 타협의 소산도 아니지만 사익과 전혀 별개의 것도 아님(Appleby) • 주요 학자: 뷰캐넌(Buchanan), 털록(Tullock), 애플비(Appleby)

06	공익에 대한 학설	답 ③

실체설은 집단주의나 전체주의적 경향으로 공익(국가의 이익)이라는 전체의 이익을 위해서는 개인의 이익(사익)이 희생될 수 있는 위험요소를 내포하고 있다.

(선지분석)

① 집단 간 상호작용의 산물이 공익이라고 보는 것은 과정설의 특징이다.
② 플라톤(Plato)과 루소(Rousseau)는 실체설을 주장한 대표적 학자이다.
④ 공익과 사익이 명확히 구분되는 것은 실체설의 특징이다.

07	공익에 대한 학설	답 ④

적법절차는 법치행정에 의한 과정을 의미하며 이러한 과정을 강조하며 국민주권원리에 의한 행정의 중심적 역할을 강조하는 입장은 실체설이 아니라 과정설에 해당한다.

08	공익에 대한 학설	답 ①

개인의 사익을 초월한 공동체 전체의 이익을 공익으로 보는 견해는 과정설이 아니라 실체설에 해당한다.

09	공익(public interest)	답 ①

공익의 실체를 인정하며 공익이 인식 가능한 행동결정의 유용한 안내자 역할을 한다는 입장은 실체설에 대한 설명이다. 나머지는 과정설에 대한 설명으로 옳다.

(선지분석)

② 과정설은 공익은 하나의 실체로 보지 않고 다수의 이해관계자들의 조정의 결과로 본다.
③ 과정설은 다원주의 관점으로 다원주의에서 관료(공무원)의 역할은 이익집단들의 경쟁과 대립을 중립적으로 조정하는 소극적 중재자의 역할을 수행한다고 본다.
④ 과정설은 실체설을 지나치게 이상적이며 추상적이라고 비판하며 이를 통해서 전체주의에 기반한 정부의 정당성 확보를 위한 도구(상징적 수사)로 본다.

10	공익의 실체설	답 ③

ㄱ, ㄷ은 옳은 지문이고 ㄴ, ㄹ은 옳지 않은 지문이다.
ㄱ. 공익의 실체설로서 공동체의 이익이나 가치설이다.
ㄷ. 공익의 실체설에 보편적 이익설이다.

(선지분석)

ㄴ. 적법절차의 준수에 의해서 공익이 보장되는 것으로 과정설이다.
ㄹ. 행정의 조정자 역할을 강조하는 것은 과정설로서 국가가 소극적이고 중립적인 조정자 역할에 그친다.

11	공익에 대한 학설	답 ③

공익은 본질적 가치로서 정책집행에 따른 비용과 편익 등의 자원배분원칙의 가치기준을 제시한다.

(선지분석)

① 과정설은 사익들의 타협과 협상의 산물(이해관계의 조정)을 공익이라고 본다.
② 실체설은 정부(행정관료)가 공익결정 과정에서 능동적 주체로서 적극적인 역할을 수행한다고 본다.
④ 공익은 정의, 자유, 평등(형평성), 복지와 같이 본질적 행정가치에 해당한다.

12	공리주의적 관점의 공익	답 ③

공리주의는 19세기 중반 영국에서 나타난 사회 사상으로 가치 판단의 기준을 효용과 행복의 증진에 두어 '최대 다수의 최대 행복' 실현을 윤리적 행위의 목적으로 보는 상대주의적 또는 목적론적 윤리관이다. 분배의 공평성보다는 사회 전체의 효용이 증가하면 공익이 향상되는 것으로 보는 관점으로 ㄱ, ㄴ은 옳은 지문이고 ㄷ은 옳지 않은 지문이다.
ㄱ. 공리주의는 '최대 다수의 최대 행복'을 강조하여 사회 전체의 효용이 증가하면 공익이 향상된 것으로 본다.
ㄴ. 롤스의 정의론이나 공동체주의는 결과보다는 절대적 가치나 동기를 중시하는 절대론(의무론)적 윤리관에 해당하고, 공리주의는 반대로 목적 달성이라는 결과만 중시하는 상대론(목적론)적 윤리관을 따르고 있다.

(선지분석)

ㄷ. 공리주의는 합법성과 같은 절차적·절대적 가치보다는 효율성과 같은 결과적·상대적 가치가 윤리적 행정의 판단기준이다.

13	롤스(Rawls)의 정의론	답 ④

롤스(Rawls)의 정의론은 자유주의와 사회주의의 양 극단을 지양하고, 자유와 평등의 조화를 추구하는 중도적 입장이다.

14	롤스(Rawls)의 정의론	답 ④

롤스(Rawls)가 정의론에서 제시한 정의의 제1원리인 '기본적 자유의 평등원리'는 개개인의 권리가 다른 사람의 자유를 침해하지 않는 범위 내에서 최대한의 기본적 자유가 인정되어야 한다는 것이다.

핵심POINT 행정의 정의와 형평성

1. 정의[롤스(Rawls)의 정의론]

조건	인지적(무지의 베일에서 도출, 절차적), 동기적(상호 무관심적 합리성)	
원칙	제1원칙	동등(평등)한 자유의 원칙 (타인의 자유와 상충되지 않는 한 보장)
	제2원칙	정당한 불평등(차등)의 원칙 • 제1원리: 기회균등의 원리 • 제2원리: 차등조정의 원리(Maximin)
우선 순위	제1원칙 > 제2원칙(제1원리 > 제2원리)	

2. 형평성(평등)

구분	주창자	평등의 대상	형평성	평등의 내용	정책 예시
실적 이론	자유 주의자	기회의 평등	수평적 형평성	상대적·형식적·절차적 평등	비례세, 공개채용, 수익자 부담주의
평등 이론	사회 주의자	결과의 평등	수직적 형평성	절대적·실질적·적극적 평등	누진세, 보통선거, 의무교육 제도
욕구 이론 (필요 이론)	자유주의 + 사회주의	최저수준	절충적 형평성	양자의 절충	최저 임금제, 사회보장 제도

15	행정가치	답 ①

행정가치에 대한 설명으로 옳은 것은 ㄱ, ㄴ이다.

ㄱ. 공익의 과정설은 이해관련집단들 간의 이해관계의 조정이 이루어지는데 이러한 과정에서 자기가 속한 집단이나 조직의 이익을 강조하는 집단이기주의의 문제가 발생한다는 한계가 있다.

ㄴ. 우선순위에서 제1원칙(동등한 자유의 원칙)이 최우선이고 그 다음 제2원칙에서는 기회균등의 원리가 차등의 원리에 우선한다.

선지분석

ㄷ. 현실주의 혹은 개인주의적으로 공익 개념을 주장하는 것은 개인의 이익(사익)이 합쳐서 공익이 되는 과정설이다.

ㄹ. 롤스의 정의관은 자유방임주의의 자유와 사회주의의 평등과의 조화를 추구하는 중도적 입장이다.

16	롤스(Rawls)의 정의론	답 ③

롤스(Rawls)가 제시한 정의의 두 원리 중 제1원리는 동등한(평등한) 자유의 원리로서 누구나 타인의 자유를 방해하지 않는 범위 내에서 자신의 자유를 최대한 누릴 수 있는 원리를 말한다. 사회적 약자의 편익을 최대화하는 것은 제2원리인 정당한 불평등의 원리 중 차등조정의 원리에 해당한다.

선지분석

① 로크(Locke)나 루소(Rousseau)의 사회계약론처럼 원초적 입장에서의 계약과 같은 형식으로 정의의 원리가 도출될 수 있다고 본다.

② 원초적 상태란 자신의 타고난 소질이나 재능, 물려받은 유산, 기존의 사회제도 등이 전혀 영향을 주지 않는 상태를 말한다.

④ 롤스(Rawls)는 자유주의자와 사회주의자 간의 중도적 입장에서 정의를 주장하였다.

17	롤스(J. Rawls)의 정의론	답 ④

'공정한 기회 균등의 원리'와 '차등 원리'가 충돌할 때에는 전자(기회 균등의 원리)가 우선되어야 한다.

선지분석

② 저축 원리란 차등의 원칙을 실현할 때 사회의 모든 산물 중 어느 정도 비율의 것을 분배나 재분배에 충당하지 않고 교육 등의 형태로 장래 세대의 복지를 위해 저축해야 한다는 원리이다.

18	존 롤스(John Rawls)의 정의의 원리	답 ④

존 롤스(John Rawls)가 주장한 정의의 원리에 의하면 ㄱ, ㄴ, ㄷ은 모두 옳은 지문이다.

선지분석

ㄱ. 롤스의 정의의 원리는 벤담의 공리주의와는 달리 사회적 강자가 자신의 이익을 위해 사회적 약자의 자유를 침해하는 것을 허용하지 않는다.

ㄴ. 정의의 제2원리인 차등조정의 원리에서 최소극대화(maximin) 대한 설명이다.

ㄷ. 정의의 제1원리인 동등한 자유의 원리에 대한 설명이다.

19	사회적 형평성의 내용	답 ②

사회적 형평성에 대한 설명으로 옳은 것은 ㄱ, ㄹ이다.

ㄱ. 형평이란 합리적인 차별이나 정당한 불평등의 개념을 포함하고 있다.

ㄹ. 사회적 형평성은 1960년대 말 가치중립적인 행태주의에 대한 비판에서 나온 신행정론에 의하여 강조되기 시작하였다.

선지분석

ㄴ. 투입 대비 산출의 비율로 표현되는 경제적 개념은 과학적 관리론이 강조한 (기계적) 능률(efficiency)이다.

ㄷ. 동일한 것은 동일하게 취급하는 것은 수평적 형평, 다른 것은 다르게 취급해야 한다는 것은 수직적 형평에 각각 해당한다.

20 (사회적) 형평성 답 ②

1970년대 신행정학의 등장과 함께 강조된 이념으로 소외된 약자 및 소수집단에 대한 특별한 배려가 필요함을 의미하는 것은 사회적 형평성(equity)이다.

선지분석

① 평등성(equality)은 형평성과 종종 혼용되어 사용되기도 하지만 사회정의와 관련하여 좀 더 포괄적인 의미로 사용된다. 평등성(equality)은 모든 사람에게 동일한 자원이나 기회를 제공하는 것을 의미하며, 형평성(equity)은 개인의 특성이나 상황을 고려하여 공정하고 공평하게 자원이나 기회를 제공하는 것을 의미한다.

21 형평성의 의의 답 ①

롤스(Rawls)는 정의론에서 사회에서 가장 취약한 집단에게 최대의 편익이 돌아가게 하는 최대최소원칙(maximin principle; 최소극대화원칙)이 정의롭다는 것을 주장하였다.

선지분석

② 욕구이론은 최저임금제, 최저생계비와 같은 최소한의 기준을 정함으로써 수평적 평등에 대한 유용한 기준을 제시한다.
③ 실적이론은 능력에 따른 차등적 배분을 설명하는 것으로 능력에 따라 차등하게 배분하는 수직적 형평에 기반을 두고 있다.

22 행정이념 답 ④

수직적 형평성이란 동등하지 않은 것을 서로 다르게 취급하는 것, 수평적 형평성이란 동등한 것을 동등하게 취급하는 것을 의미한다.

23 사회적 형평성(social equity) 답 ③

수직적 형평성(vertical equity)은 '다른 것은 다르게' 즉 '동등한 여건에 있지 않은 사람을 동등하지 않게 취급'하는 것이며 (소득)누진세가 그 예이다.

THEME 16 행정의 수단적 가치

정답

p. 81

01	④	02	①	03	③	04	①	05	③
06	②	07	②	08	④	09	④	10	④
11	④	12	④	13	③	14	④	15	②
16	②	17	④	18	①	19	①	20	④
21	④	22	①	23	②				

01 행정이념 중 수단적 가치 답 ④

액코프(Ackoff)에 따르면 행정의 가치를 본질적/수단적 가치로 나누는데, 본질적 가치는 공익, 정의, 자유, 평등(형평성), 복지이며, 나머지 가치는 수단적 가치이다.

선지분석

① 형평성과 공익성은 본질적 가치이다.
② 평등성과 공익성은 본질적 가치이다.
③ 형평성은 본질적 가치이다.

02 행정이론의 패러다임별 추구 가치 답 ①

행정관리론은 공사행정일원론을 근거로 하는 고전적 행정학으로 행정에 있어서 절약과 능률에 의한 관리방식을 강조하였다.

선지분석

② 신행정론(NPA)은 사회적 형평성과 적실성을 중시하였지만 탈규제하고는 거리가 멀다. 탈규제는 신공공관리론(NPM)에 의한 규제완화와 연결되는 개념이다.
③ 신공공관리론(NPM)은 신자유주의와 시장주의에 바탕을 두고 시장의 경쟁원리와 고객지향주의를 통한 효율성을 중시하였지만 지나친 성과주의에 의한 민주성은 저하될 가능성이 높다.
④ 뉴거버넌스는 정부와 시장 그리고 시민과의 협력적 네트워크로서 민주성과 대응성을 중시하지만 효율성은 강조하지 않았다. 효율성은 신공공관리론(NPM)이 강조한 이념으로 봐야 한다.

03 행정의 가치 답 ③

동일한 기능을 여러 기관들이 독자적인 상태에서 수행하는 것은 중첩성(overlapping)이 아니라 반복성(duplication)이다. 중첩성(overlapping)은 기능이 여러 기관에 배타적으로 분할되어 있지 않고 협력적으로 수행되는 상태로, 여러 기관이 상호의존성을 가지고 기능을 공동으로 수행하는 현상이다.

선지분석

① 능률성은 일반적으로 좁은 의미의 능률성(기계적 능률성, 투입에 대한 산출의 비율)을 의미한다.
② 대응성은 시민의 의사를 행정에 반영하고 이를 통해 시민에게 책임지는 행정을 구현하는 것으로 책임성, 민주성과 관련된다.
④ 사이먼(Simon)은 합리성을 내용적 합리성과 절차적 합리성으로 구분하였는데, 내용적 합리성은 분석적 합리성으로 '주어진 목표와 제약조건하에서 목표달성을 위한 최적수단을 선택하는 정도'를 의미하며, 절차적 합리성은 추론이라는 특별한 사유과정의 합리성으로 '행동대안을 선택하기 위해 사용된 절차가 인간의 인지능력과 한계에 비추어 보았을 때 얼마만큼 효과적이었는지의 정도'를 의미한다. 이 중 사이먼(Simon)은 절차적 합리성을 중시하였다.
⑤ 공익에 대한 과정설(소극설)은 공익을 사익의 총합 또는 다원화된 특수이익의 조정과 타협의 결과라고 보는 입장으로, 민주주의를 실현하는 방법과 과정이라고 보기 때문에 과정 중심의 절차적 합리성을 강조한다.

04	능률성과 효과성의 개념	답 ①

투입한 자원 대비 얼마나 많은 산출을 얻었느냐를 의미하는 것은 효과성이 아니라 능률성의 개념이다.

선지분석

② 효율성과 형평성은 성장과 분배차원에서 대개 서로 배타적인 관계의 이념으로 본다.
③ 공익, 자유, 형평, 평등, 정의, 복지는 본질적 가치이고, 나머지는 모두 수단적 가치이다. 따라서 효율성과 효과성은 일반적으로 수단적 가치이다.
④ 효율성은 벤담(Bentham)의 공리주의나 후생경제학의 한계효용이론 등에 근거를 두고 있다.
⑤ 민주성은 목적적 가치이고, 효율성이나 능률성은 수단적 가치로서 서로 상충될 소지가 많다.

핵심POINT 행정이념 간 관계

부합관계	• 능률성 - 효과성 • 능률성 - 중립성 • 민주성 - 형평성 • 민주성 - 대응성 • 민주성 - 공익성 • 합법성 - 민주성
상충관계	• 능률성 - 민주성 • 능률성 - 형평성 • 능률성 - 가외성 • 민주성 - 효과성 • 민주성 - 중립성 • 합법성 - 효과성

05	행정의 가치	답 ③

행정이 추구하는 가치에 대한 설명으로 옳은 것은 ㄱ, ㄴ, ㄹ이다.
ㄱ. 효과성은 목표달성도이고 능률성은 편익/비용 비율을 의미하는 것으로 목표를 추구과정에서 비용이 증가하여 양자는 상충될 수 있다.
ㄴ. 민주성은 두 가지 측면에서 논의되는데 국민의 의견을 정책에 반영하는 것은 대외적 민주성, 관료제 내부의 의사결정에 공무원을 참여시키는 것은 대내적 민주성이다.
ㄹ. 투명성은 국민에 대한 정보공개 및 정보에 대한 접근성 보장까지를 포함한다.

선지분석

ㄷ. 사이먼(Simon)의 합리성 개념으로 볼 때 목표달성에 대한 합리성은 절차적 합리성이 아니라 내용적 합리성을 의미한다.
ㅁ. 자율적이고 적극적인 행정책임은 제도적(외재적·객관적) 책임이 아닌 자율적(내재적·주관적) 책임을 의미한다.

06	행정의 가치와 이념	답 ②

②는 반대로 설명되었다. 능률성은 투입 대비 산출의 비율을, 효과성은 목표의 달성도를 나타내는 개념이다.

07	행정가치와 이념	답 ②

효율성(능률성, efficiency)은 투입 대비 산출의 비율을 나타내고, 효과성은 목표의 달성도를 의미한다.

08	정책분석 기준	답 ④

능률성(efficiency)은 투입(비용)대비 편익(산출)의 정도를 다루는 자원배분의 문제로서 소득 재분배에 대한 형평성의 문제는 다루지 못한다는 것이 한계이다. 정책대안에 따른 비용과 편익이 상이한 개인 및 집단에게 얼마나 고르게 배분될 수 있는가를 판단하는 기준은 형평성(equity)이다.

09	행정이념의 개념	답 ④

효과성은 목표의 달성도를 의미한다. 투입에 대한 산출의 비율을 의미하는 것으로 산출에 대한 비용의 관계라는 조직 내의 조건으로 이해되는 것은 능률성이다.

10	사회적 능률	답 ④

단기적 능률은 사회적 능률이 아니라 양적·대차대조표적·기계적 능률이다.

핵심POINT 기계적 능률과 사회적 능률

구분	기계적 능률	사회적 능률
관련이론	과학적 관리론	인간관계론, 통치기능설
유사개념	양적·단기적·사실적·대차대조표식 능률	질적·장기적·합목적적·민주적·상대적 능률
특징	• 능률의 수치화 중시 • 성과를 계량화하여 객관적 기준에 의해 평가	• 행정조직 내부에서 구성원의 인간적 가치 실현 추구 • 계량화가 곤란한 행정활동 결과의 파급효과까지 고려
학자	귤릭(Gulick), 사이먼(Simon)	디목(Dimock), 메이요(Mayo)

11	행정의 수단적 가치	답 ④

사회적 효율성은 과학적 관리론이 아닌 인간관계론에서 강조한 가치이다. 과학적 관리론에서는 기계적(경제적) 효율성을 강조하였다. 기계적 효율성은 양적 개념으로 투입 대비 산출을 의미하며, 사회적 효율성은 질적 개념으로 인간적 가치의 증대, 민주성 등을 의미한다.

선지분석

① 대외적 민주성의 확보, 즉 국민의 가치 증대를 위해서는 행정통제가 필요하다.

② 수단적 가치는 본질적 가치의 실현을 가능하게 하는 것으로 민주성, 효율성 등이 있다. 본질적 가치에는 공익, 자유, 형평, 평등, 정의, 복지 등이 있다.
③ 책임은 전통적으로 제도적 책임(accountability)과 자율적 책임(responsibility)으로 구분할 수 있는데, 제도적 책임은 법적·제도적 책임에 의한 외재적 책임과 관련되고, 자율적 책임은 재량과 기능에 의한 내재적 책임과 관련된다.

12 행정의 가치와 이념 답 ④

효과성(effectiveness)은 1960년대 발전행정론에서 강조한 것으로 목표달성도를 의미한다.

선지분석

① 공익을 사익을 초월한 규범적·도덕적 개념으로 파악하는 것은 실체설이다.
② 사회적 형평성은 1960년대 후반 신행정론의 등장과 더불어 강조되기 시작하였다.
③ 사회적 효율성(능률성)은 1920년대 중반 인간관계론에서 강조한 것으로 인간적 가치의 구현을 통한 사회적 능률성을 추구한다.

13 행정의 가치와 이념 답 ③

파레토 최적은 행정가치 중에서 능률성과 관련된 것으로서 형평성과는 관련이 없다. 즉, 시장에서의 자원 배분의 최적화가 이루어진 상태를 의미하는 것이다.

선지분석

① 공익의 과정설에 대한 설명이다. 공익이 사익과 별도로 실체가 존재하는 것이 아니라 사익의 합이 공익이 된다는 입장이다.
② 롤스(Rawls)는 사회정의에 의하면 정의의 제1원리와 제2원리가 충돌할 때 제1원리가 우선하고, 제2원리 중에서도 기회균등의 원리와 차등조정의 원리가 충돌할 때는 기회균등의 원리가 우선한다고 본다.
④ 합리성은 학자별로 다양한 개념이 있으나 일반적으로 목표에 대한 수단의 적합성을 의미한다.

14 행정가치 답 ④

슈버트(Schubert)는 공익 과정설의 입장에서 공익이 다수결 절차 등을 통해서 민주적 정부이론의 중심에 놓여 있다고 주장했다.

선지분석

① 디목(Dimock)은 능률성을 금전적 측면에서만 바라볼 것이 아니라 사회문제의 해결이나 다양한 가치의 통합여부 등 사회 전반적 관점에서 판단해야 한다는 사회적 효율성을 강조했다.
② 프레드릭슨(Frederickson)과 왈도(Waldo) 등은 1968년 미노부룩회의를 통해서 사회적 형평성이 행정가치로 주목받는 데 크게 기여하는 신행정학을 주창하였다.
③ 롤즈(Rawls)는 정의론에서 정의의 원리를 동등한 자유의 원리와 차등조정의 원리로 나누고 차등조정의 원리(정당한 불평등의 원리)를 다시 기회균등의 원리와 차등의 원리로 나누었다.

15 절차적 합리성 답 ②

어떤 행위가 의식적인 사유과정의 산물이거나 인지력과 결부되고 있을 때의 합리성은 사이먼(Simon)의 절차적 합리성이다.

핵심POINT 사이먼(Simon)의 합리성

내용적 합리성	절차적 합리성
• 목표성취에의 기여 여부 • 결과적·객관적 합리성 • 사이먼(Simon)은 인간의 인지능력상 한계로 인하여 내용적 합리성 포기	• 인지력과 결부된 합리성 • 사이먼(Simon)이 만족모형에서 중시한 합리성 • 결과보다는 인지적·지적 과정을 중시하는 주관적·과정적·제한된 합리성

16 합리성의 개념과 유형 답 ②

폴 디징(P. Diesing)은 합리성을 정치적 합리성, 경제적 합리성, 사회적 합리성, 기술적 합리성, 법적 합리성의 5가지로 나누어 설명한다.

핵심POINT 합리성의 유형(P. Diesing)

정치적 합리성	정결정구조 및 과정의 합리성, 다수결 원리 등(가장 중시)
경제적 합리성	비용·편익을 측정·비교하여 대안의 우선순위를 결정하는 것
사회적 합리성	사회구성요소 간 조화 있는 통합·조정, 갈등 해결의 정도
기술적 합리성	목표를 성취하기 위한 적합한 수단인지 여부
법적 합리성	법적 논리에 적합한 의사결정과 행위, 예측가능성

17 경쟁가치모형(경쟁적 가치접근법) 답 ④

<보기>의 설명은 조직효과성의 다양한 측정 기준들을 경쟁적 가치를 기준으로 범주화해 통합적 분석틀을 마련하고자 하는 퀸과 로보그(Quinn & Rohbaugh, 1983)의 경쟁가치모형이다.

선지분석

① 조직문화창조모형은 조직 구성원들로 하여금 다양한 상황에 대한 해석과 행위를 불러일으키는 조직 내에 공유된 정신적인 가치가 문화로 창조된다는 모형이다.
② 갈등·협상모형은 어떠한 상황에서 문제해결을 갈등과 협상을 통해서 이룩한다는 모형이다.
③ 혼합주사모형은 에치오니(Etzioni)가 주장한 합리모형과 점증모형을 혼합한 모형이다.
⑤ 하위정부모형은 정책네트워크모형으로 국회상임위, 정부관료, 이익집단이 상호연계하여 관련 정책을 수립해가는 모형이다.

18	조직문화의 경쟁가치모형	답 ①

위계문화는 집권적 통제, 안정성 등을 강조하는 내부과정모형과 관련이 있고, 조직구성원들의 응집력, 사기 유지를 강조하는 것은 인간관계모형이다.

선지분석

② 혁신지향문화는 조직의 변화와 유연성을 통한 창의성을 강조하는 개방체제모형과 관련된다.
③ 과업지향문화는 생산성, 효율성, 이윤 등을 주요 목표로 하는 합리목표모형과 관련된다.
④ 관계지향문화는 조직구성원들의 응집력, 사기유지를 강조하는 인간관계모형과 관련된다.

⊕ 보충 효과성 평가모형(경쟁적 가치접근법)

구분	조직(외부)		인간(내부)	
통제	합리목표모형(과업지향문화)		내부과정모형(위계문화)	
	목표	능률성, 생산성	목표	안정성, 통제와 감독
	수단	기획, 평가	수단	의사소통, 정보관리
유연성(신축성)	개방체제모형(혁신지향문화)		인간관계모형(관계지향문화)	
	목표	성장, 적응, 자원획득	목표	팀워크, 인적자원개발
	수단	유연성, 신속성	수단	응집력, 사기유지

19	경쟁가치모형(경쟁적 가치접근법)	답 ①

퀸과 로보그(Quinn & Rohbaugh, 1983)의 경쟁가치모형(Competing Values Model)에서 조직의 성장 및 자원획득의 목표를 강조하는 관점은 개방체제모형에 해당한다. 퀸과 로보그(Quinn & Rohbaugh)는 경쟁하는 다양한 가치들을 결합하여 조직의 효과성을 종합적으로 평가하는 경쟁가치모형 즉, 경쟁적 가치접근법을 제시하였다. 이는 조직의 효과성을 특정 측면으로 보는 전통적 접근법을 지양하고 통합하여 고찰하는 접근법이다. 퀸과 로보그(Quinn & Rohrbaugh)는 조직과 인간, 통제와 유연성의 경쟁적 가치기준에 따라 구분한 네 가지 평가모형을 조직의 성장단계에 따라 각 모형을 적용하기도 하였다.

20	가외성의 특성	답 ④

가외성은 여러 기관에 한 가지 기능이 혼합되는 중첩성(overlapping)과, 동일 기능이 여러 기관에서 독립적으로 수행되는 중복성(duplication), 주기능과 보조기능이 동일한 역할을 수행하는 동등잠재력 등을 포괄하는 개념을 말한다. 안전을 위한 자동차의 이중제동장치, 정전에 대비하는 자가발전시설 등은 가외성의 특징 중에서 동등잠재력에 해당하는 특징이다. 불확실한 상황하에서 가외적인 장치와의 상호작용으로 인한 창의성을 확보할 수 있다.

선지분석

① 가외성은 형평성이 아니라 능률성과 상충관계에 있다.
② 가외성은 중첩성과 반복성을 통하여 행정체제의 신뢰성과 안전성을 증진시킨다.
③ 가외성은 행정의 수단적 가치로서의 성격이 더 강하다.

21	행정의 수단적 가치	답 ④

능률성이 '산출/투입'이라면, 효과성은 '목표달성도'를 의미한다. 능률성은 투입 중심으로 양적 개념이라면, 효과성은 결과 중심으로 질적 개념이라 볼 수 있다. 따라서 양자는 대체로 부합되는 관계이지만 반드시 일치하지는 않는다. 예컨대 투입량을 늘리게 되면 능률성은 떨어지지만 결과로서의 목표달성이 수월해지는 경우도 있다.

선지분석

① 경제성은 소극적 능률성을 의미하므로 본질적 가치가 아니라 수단적 가치이다.
② 적극적 의미의 합법성은 입법목적을 달성하기 위하여 상황에 따라 법률을 신축성 있게 적용하는 실질적 합법성을 의미하고, 소극적 의미의 합법성은 상황을 고려하지 않고 법률을 예외 없이 적용하는 형식적 합법성을 의미한다.
③ 가외성은 행정의 중복부분을 의미하는 것으로, 기능 중복으로 인한 갈등과 대립·충돌이 발생하게 되고 책임 한계의 모호성을 초래하므로 과정의 공정성을 확보한다고 보기 어렵다.

22	행정가치와 이념	답 ①

가외성은 중첩성이나 동등잠재력을 통해서 예측하지 못한 행정수요에 대응이 가능하게 함으로써 행정에 대한 신뢰성을 제고한다.

선지분석

② 공익의 과정설에 대한 설명이다.
③ 사회적 효율성에 대한 설명이다.
④ '다른 사람은 다르게 취급한다'는 것은 수직적 형평성에 대한 설명이다.

23	가외성	답 ②

가외성은 중복, 여분, 초과분으로 경제성 또는 능률성과 충돌하기 때문에 행정의 능률성 관점에서 근거를 찾기는 어렵다.

선지분석

① 법원의 삼심제도, 삼권분립, 연방제 등은 대표적인 가외성의 예이다.
④ 여러 가외성 장치를 통해 불확실한 상황에 대비할 수 있게 되므로 행정의 신뢰성과 안정성을 제고할 수 있다.

PART 2 정책학

CHAPTER 1 | 정책학의 개관

THEME 17 정책의 의의와 구성요소

정답 p. 90

01	②	02	②	03	②	04	②	05	①
06	③	07	③	08	②	09	②	10	①
11	②	12	②	13	①	14	②	15	④
16	①	17	③	18	②	19	②	20	④
21	②	22	④	23	①	24	①		

01 정책의 특성 답 ②

정책은 규범이나 가치지향성을 추구하기 때문에 공정성(fairness)과 가치판단성을 지향한다. 가치중립성은 행태주의의 주요 특징이다.

02 정책(policy) 답 ②

정책은 가치의 권위적 배분에 관한 정치적 행위로서 정치행정일원론에 입각하고 있다.

(선지분석)

③ 정책결정을 행정부가 주도하게 되면 입법부의 입법행위에 영향을 미치게 되어 입법부의 역할을 위축시킬 수도 있다.

03 라스웰(Lasswell)의 정책지향 답 ②

라스웰(Lasswell)은 1951년 발표한 정책지향(policy orientation)에서 합리적 정책결정을 위하여 정책과학을 '정책과정에 관한 지식'과 '정책과정에 필요한 지식'으로 구분하였다. '정책과정에 관한 지식'은 현실적·실증적 지식을 의미하고 '정책과정에 필요한 지식'은 규범적·처방적 지식을 의미한다. 라스웰(Lasswell)은 정책과학의 특성으로 문제지향성, 규범지향성, 사회적 맥락성, 연구방법의 다양성 등을 제시하였다.

(선지분석)

① 문제지향성에 대한 설명이다.
③ 사회적 맥락성에 대한 설명이다.
④ 연구방법의 다양성에 대한 설명이다.

04 정책학의 발달과정 답 ②

라스웰(Lasswell)은 1971년 『정책학 소개(A Pre-View of Policy Sciences)』에서 ⓐ 의사결정은 사회과정 속에서 이루어져야 한다는 맥락성(contextuality), ⓑ 문제지향성(problem orientation), ⓒ 연구방법의 다양성(diversity)을 제시하였다.

05 정책학의 발전과정 답 ①

드로어(Y. Dror)는 정책학이 보다 나은 정책결정을 위한 방법을 다루는 학문으로, 설정된 목표를 보다 효과적·능률적으로 달성하는 데 주안점이 있다고 보며, 정책학의 목적은 사회지도체제, 즉 정책결정체제에 대한 이해를 증진시키고 이를 정책결정의 개선을 강조하는 것이라고 파악한다.

(선지분석)

② 문제가 의제로 설정되지 않는 비결정(무의사결정, non-decision making)은 신엘리트이론에서 엘리트가 자신의 이익에 반하는 의제를 설정하지 않는 상황을 의미하므로 비결정에 대하여 관심이 적다고 보기는 어렵다.
③ 라스웰은(Lasswell)은 1951년 『정책지향』이라는 논문에서 정책과정에 관한 지식과 정책과정에 필요한 지식을 모두 중요시 하였으며, 규범적 접근(기술성)과 실증적 접근(과학성)을 동시에 강조하였으므로 사회적 가치를 분석 대상에서 포함시켰다.
④ 1950년대 정책학은 의사결정을 합리적으로 하기 위하여 OR(Operation Research)과 후생경제학의 기법을 활용하는 과학적·실증적 연구방법을 통하여 사회문제해결을 강조하였다.

06 정책과정의 참여자 답 ③

전문가집단은 비공식적 참여자에 해당한다. 공식적 참여자는 광의의 정부(입법부, 행정부, 사법부, 헌법재판소 등)이다.

핵심POINT 정책과정의 참여자

공식적 참여자	중앙(대통령, 참모진, 행정부, 입법부, 사법부), 지방(지방자치단체장, 지방의회, 지방공무원, 일선행정기관)
비공식적 참여자	이익집단, 정당, 전문가집단, 시민단체, 언론기관

07 정책과정의 참여자 답 ③

행정기관이 준입법적·준사법적 권한을 수행하는 경우는 있으나, 법률 제정은 어디까지나 국회의 고유권한이고 사법적 판단은 사법부의 역할이다.

08	정책참여자	답 ②

정당은 대표적인 비공식적 참여자로서 사회에서 여론을 형성하고 국민에게 정보를 전달해주는 외부 참여자이다.

09	목표 변동의 유형	답 ②

설문은 목표가 달성되었거나 달성이 불가능할 때 새로운 목표를 설정하는 것으로 목표의 승계(Goal succession)에 해당한다.

10	정책목표 변동의 유형	답 ①

조직목표 변동의 한 유형으로 조직이 추구하고자 하는 원래의 목표가 다른 목표로 뒤바뀌어 조직의 목표가 왜곡되는 현상은 목표의 전환 또는 대치에 해당한다.

선지분석

② 목표의 추가는 기존목표에 새로운 목표를 첨가하는 경우(목표의 다원화)를 말한다.
③ 목표의 승계는 본래의 목표가 완전히 달성되었거나 달성이 불가능한 경우 다른 목표를 내세우는 것을 말한다.
④ 목표의 비중변동은 여러 개의 목표를 가지고 있을 때 그 우선순위나 비중이 변하는 경우를 말한다.
⑤ 목표의 감소는 업무이양 등으로 목표의 수나 범위가 줄어드는 경우를 말한다.

11	목표의 변동	답 ②

목표의 전환(diversion)이 아니라 목표의 승계(succession)에 해당한다. 목표의 전환은 최초의 조직목표는 실현되지 못하였으나 대신 다른 목표에 의해서 대체된 경우를 말한다. 예를 들어, 1933년 타운센드 조직의 타운센드 박사가 60세에 해당하는 사람에게 월 200달러의 연금을 지불하여 퇴직하게 함으로써 미국의 경제적 불황을 극복하도록 하는 것을 목표로 하였으나 「사회보장법(Social Security Act)」의 통과로 본래의 목표를 크게 상실하게 되었을 때, 타운센드 조직은 정치적 운동단체로 탈바꿈하게 되었다. 이처럼 생산목표뿐만 아니라 일반적인 산출목표도 함께 바뀌게 된 것을 목표의 전환이라고 한다.

선지분석

③ 목표의 대치(displacement)란 수단과 목표가 뒤바뀌는 목표의 도치나 대치 및 왜곡을 의미한다.
④ 운영상 목표는 공식 목표를 추진하는 과정에서 발생하는 비공식적 목표에 해당한다.

핵심POINT 목표 변동의 유형

목표의 비중변동	목표 간 우선순위가 바뀌는 것
목표의 승계	목표가 이미 달성 또는 불가능 시 새로운 목표 설정
목표의 확장 (다원화)	목표달성이 낙관적일 때 새로운 목표가 추가되거나 범위가 넓어지는 것(이종목표추가)
목표의 축소	목표달성이 비관적일 때 목표를 낮추는 것
목표의 대치	목표와 수단이 뒤바뀌는 목표의 전도, 왜곡, 전환

12	조직목표의 변동	답 ②

목표의 다원화(multiplication)는 조직목표 달성이 어려울 때 기존 목표에 새로운 목표를 추가하는 것으로 옳은 설명이다.

선지분석

① 조직목표 달성이 어려울 때 기존 목표를 새로운 목표로 전환하는 것은 목표의 전환(diversion)에 해당한다.
③ 본래 조직목표를 달성하였을 때, 새로운 목표를 발견하여 선택하는 것은 목표의 승계(succession)에 해당한다.
④ 목표의 승계는 조직목표가 달성되었거나 불가능할 때 새로운 목표를 발견하여 선택하는 것이다.

13	목표 변동의 유형	답 ①

과두제의 철칙이란 조직에서는 일반적으로 소수의 우두머리가 다수를 지배하게 된다는 현상을 말하는 것으로, 이는 목표와 수단이 뒤바뀌는 목표의 대치, 도치, 왜곡, 전도와 동조과잉현상을 가져온다.

14	과두제의 철칙(Iron Law Of Oligarchy)	답 ②

문제의 설명은 미헬스(R. Michels)가 주장한 과두제의 철칙(Iron Law Of Oligarchy)으로 소수 간부(과두)가 조직을 지배하여 자신들의 이익을 위해서 본래의 목표를 희생시키는 목표의 대치와 관련된 개념이다.

선지분석

① 더러운 손의 딜레마(The Problem Of Dirty Hands)는 공직자는 옳은 일을 하기 위해 비도덕적인 행위를 하는 상황에 놓이기도 하는 것을 설명하는 이론으로 왈처(Walzer)가 주장하였다.
③ 철의 삼각(Iron Triangle)은 하위정부의 다른 표현으로, 국회 상임위, 정부관료, 이익집단이 그들만의 이익을 추구하기 위해서 형성하는 단단한 결속관계를 의미한다.
④ 베버주의(Weberism)는 막스 베버의 사회·경제 이론을 바탕으로, 근대 자본주의의 형성과 그 배경에 종교적·윤리적 가치가 미친 영향을 분석하는 사상을 말하며 대표적으로 합리적 자본주의와 관료제 등을 의미한다.

15 목표의 대치 답 ④

ㄴ. 과두제의 철칙, ㄹ. 규칙과 절차의 집착은 목표의 대치가 발생하는 원인으로 옳은 설명이고, ㄱ, ㄷ, ㅁ이 옳지 않은 설명이다.

선지분석

ㄱ. 공공부문이 가지고 있는 내부성(사적목표의 설정)의 문제로 목표의 대치가 발생할 수 있다.

ㄷ. 추상적이고 무형적인 목표가 아닌 구체적이고 유형적인 목표를 추구하는 과정에 목표 대치가 나타날 수 있다.

ㅁ. 조직의 최고 관리자나 소수의 간부가 일단 권력을 장악한 후에는 조직의 본래 목표를 추구하기보다 자기의 권력을 유지·강화시키는 데 더 관심을 가진다.

핵심POINT 목표 대치의 원인

규칙이나 절차에 대한 집착(Merton)	본래의 목표가 아닌 규칙이나 절차에 집착하는 현상(동조과잉; over-conformity)
하위목표에의 집착(Warner & Haven)	조직의 관리자가 조직의 효과성을 측정하기 위하여 무형적이고 추상적인 상위목표를 추구하는 것이 아닌 유형적이고 구체적인 하위목표를 추구하는 현상(유형적 목표의 추구)
조직의 내부성	사회적 목표인 공익를 추구하는 것이 아닌 조직 내부의 특정한 목적(사익)을 추구하게 되는 현상(사적 목표의 설정)
소수간부의 권력 강화 현상	조직의 최고관리자나 소수간부가 일단 권력을 장악한 후에는 조직의 본래 목표를 추구하기보다는 자기의 권력·지위를 유지하고 강화시키기 위해 목표를 전환하는 현상(과두제의 철칙)
목표의 과다측정	• 조직이 대외적인 홍보활동을 증가시키고 대내적인 통제나 감시활동을 하기 위한 정보나 자료를 과다하게 수집하면 목표를 계량화하는 경향이 심각해짐 • 이러한 경우 계량화하기 어려운 질적 목표(예 국민의 삶의 질, 행복감, 자아실현 등)는 망각되기 쉽게 됨

16 정책수단 답 ①

정책수단에 대한 설명으로 옳은 것은 ㄱ, ㄴ이다.

ㄱ. 살라몬(Salamon)의 정책수단에 따르면 경제적 규제는 정부가 진입 여부를 정하는 재량을 갖은 것으로 직접시행(정부소비), 공기업 등과 같은 직접성이 높은 정책수단이다.

ㄴ. 조세지출은 조세감면으로 개인이나 기업에게 정부가 조세를 감면해주어 재정적 인센티브를 부여하는 것으로 간접적인 정책수단이다.

선지분석

ㄷ. 바우처는 쿠폰을 지급하여 선택권을 주는 방식으로 최근에 주목받고 있다. 역사는 짧으며, 가장 광범위하게 사용되는 수단으로 보기 어렵다.

ㄹ. 전통적 삼분법에 근거한 정책수단은 강제적 수단, 자발적 수단, 혼합적 수단으로 나누어진다. 규제(강압적 수단), 인센티브(공리적 수단), 권위(규범적 수단)로 분류하는 것은 정책집행에 대한 순응전략으로 에치오니(Etzioni)의 모형으로 볼 수 있다.

⊕ 보충 강제성과 정부관여의 정도에 따른 정책집행수단의 구분(전통적 분류)

강제적 수단	정부의 직접 시행(서비스 공급), 공기업, 법과 규제 등
혼합적 수단	이전지출, 보조금, 민간위탁, 조세감면, 임대, 지급보증, 보험, 설득 등
자발적 수단	민간부문(예 시민단체, 시장경제 등)의 자율적 활동 등

17 살라몬(Salamon)의 정책수단의 유형 답 ③

ㄴ. 경제적 규제(economic regulation), ㄷ. 정부소비(direct government), ㅁ. 공기업(government corporation)은 정부가 직접 시행하는 직접성이 높은 정책수단에 해당한다.

선지분석

살라몬(Salamon)이 제시한 직접성의 정도에 의한 정책수단의 분류에 따르면, ㄱ. 조세지출(tax expenditure)과 ㄹ. 사회적 규제(social regulation)는 중간 정도, ㅂ. 보조금(grant)은 낮은 정도의 직접성을 가진 정책수단으로 보았다.

18 정책수단의 내용 답 ②

살라몬(Salamon)은 형평성에 대한 고려가 특히 중요한 경우에는 정부가 직접 시행하는 직접적 수단이 간접적 수단보다 적절하다고 주장한다. 살라몬(Salamon)이 직접성의 정도에 따라 분류한 정책수단에 의하면 직접적 수단은 정부의 서비스 공급, 공기업, 법과 규제 등으로 분류할 수 있고, 간접적 수단은 보조금, 지급보증, 바우처 등으로 분류할 수 있다.

19 잉그람과 슈나이더(Ingram & Schneider)의 모형 답 ②

잉그람과 슈나이더(Ingram & Schneider)의 정책대상집단의 사회적 구성모형의 논점은 사회현상이나 정책문제에 대한 '주관적 관점'과 '객관적 관점'의 구분에 관한 것이다. 정책문제를 사회적 구성의 관점(social construction of policy problem), 즉 '객관적 실재'가 아니라 '현상학적 관점'으로 이해하는 견해로, 개인이나 집단은 모두 객관적인 실재를 해석하여 주관적인 실재를 구성한다는 것이다. 이는 정책대상집단에 대한 사회적 구성(Social Construction of Target Population)으로 군인, 아동, 어머니, 중소기업가, 주택소유자는 긍정적으로 인식되고, 범죄자, 테러리스트, 대기업, 노동조합, 오염산업, 극우파, 환경론자 등은 부정적으로 인식된다고 한다. 이와 같이 정책대상집단은 두 가지 이상의 유형으로 구성될 수 있으며, 그 사회적 구성이 시간에 따라 변화할 수 있다고 전제하였다.

선지분석

① 사회문제를 설명할 때 이미지, 고정관념, 사람·사건에 대한 가치부여 등에 관한 해석에 근거한다.

③ 정책설계 및 집행의 맥락을 이해하기 위해 사회적·정치적 상황을 객관적 분석으로 단순화하는 방법을 지양하고 전체적이고 종합적인 방법을 추구하였다.

④ 정책설계는 기술적인(technical) 과정으로 보기 보다는 정치적인(political) 과정으로 볼 수 있으므로, 어느 집단의 이익을 더 많이 반영할 것인가에 대한 논쟁이 빈번하게 발생할 가능성이 있다.

⊕ 보충 '정책대상집단의 사회적 구성(Social Construction of Target Population)'모형(Ingram & Schneider)

사회적 형상(Social Image) / 정치적 권력(Political Power)	긍정적	부정적
높음	수혜집단(Advantaged)	주장집단(Contenders)
낮음	의존집단(Dependents)	이탈집단(Deviants)

20 정책수단 답 ④

살라몬(Salamon)의 정책수단 분류에 따르면 일반적으로 공적 보험은 정부가 직접 수행하는 보험으로 직접성이 높은 정책도구이지만, 공공기관을 통해 전달되는 공적 보험은 간접적인 정책 수단으로 볼 수 있다.

선지분석

① 비덩(Vedung)은 정책도구를 규제적 도구(stick, 채찍), 유인적 도구(carrots, 당근), 정보적 도구(sermons, 정보제공) 등으로 유형화하였다(정정길).

② 후드 & 마게츠(Hood & Margetts)의 통치자원 분류방식을 적용하여 정책수단을 분류하면 조직에 기반을 둔 수단(예 정부기관, 공기업, 시장조직), 권위에 기반을 둔 수단(예 규제정책), 자금에 기반을 둔 수단(예 재정인센티브, 대출, 조세지출, 바우처, 공적보험), 정보에 기반을 둔 수단(예 공공정보, 권고 또는 설득)으로 구분할 수 있다. 권위에 기반을 둔 수단은 규제정책을 의미하는 것으로 예측가능성이 높기 때문에 사회적 위기 상황에 적합한 수단이다.

③ 정책수단의 선택은 가치배분을 가져오는 정치적인 성격을 지니며, 특히 좌파와 우파와 같은 이념적인 지향가치는 정책수단의 선택에 중요한 영향을 미친다.

21 베덩(Vedung)의 정책수단 답 ②

비덩(Vedung)의 강제성에 따른 정책수단 분류는 규제적 도구(sticks), 유인적(경제적) 도구(carrots), 정보적 도구(sermons)로 구분한다.

22 살라몬(Salamon)의 정책수단 답 ④

살라몬(Salamon)은 직접성의 정도에 따라 정책수단을 구분하였다. 공기업은 공공의 목적을 달성하기 위해 정부가 투자해서 소유권을 갖거나 통제권을 행사하는 기업을 말한다. 그러므로 살라몬(Salamon)에 의하면 공기업은 직접적 정책수단에 해당한다.

핵심POINT 직접성의 정도에 의한 정책수단의 분류(Salamon)

직접성의 정도	정책수단
낮음	보조금, 지급보증, 바우처, 정부지원기업, 불법행위책임
중간	조세감면, 계약, 사회규제, 라벨부착 요구, 교정조세, 부과금
높음	직접시행(정부소비), 공기업, 경제규제, 직접보험, 직접대부, 공공정보(행정 PR)

23 살라몬(Salamon)의 정책도구 분류 답 ①

살라몬(Salamon)의 정책도구 분류에서 일반적인 모형인 직접성의 정도에 따른 분류와 다르다는 점에 유의해야 한다. 강제성이 높은 것은 정부가 강제력(공권력)을 가지고 시행하는 규제로서 인·허가와 관련된 경제적 규제와 환경규제와 관련된 사회적 규제가 있다.

선지분석

② 바우처는 소비자의 선택권이 있는 강제성이 중간인 정책도구이다.

③ 조세지출은 정부가 개인이나 기업의 조세를 감면해주는 것으로 강제성이 낮은 정책도구이다.

④ 직접대출은 대출을 받는 대상자의 결정에 의한 것으로 강제성이 중간인 정책도구이다.

⊕ 보충 강제성의 정도에 따른 정책도구의 분류(Salamon)

강제성의 정도	정책도구(수단)
낮음	정보제공, 조세지출, 손해책임법
중간	바우처, 보조금, 직접 대출, 계약, 벌금, 공기업, 보험
높음	경제적 규제, 사회적 규제

24 관료의 우월적 위치의 근원 답 ①

정책과정에 관료가 우월적 위치를 차지는 근원으로 예산의 통제 등 여러 가지를 들고 있는데 정치자원의 활용은 이에 해당되지 않는다.

⊕ 보충 관료의 우월적 위치의 근원(한국행정학/유민봉)

1. 예산의 통제
   관료는 실제 예산을 배분하는 중요한 역할을 함
2. 정보의 통제
   보다 정확하고 풍부한 정보를 가진 관료가 정책결정의 중요한 역할을 담당함
3. 전문성
   관료는 장기간 관련 분야의 전문적이고 풍부한 경험을 통한 학습과 정보를 축적함
4. 사회적 신뢰
   우리나라에서 공직은 과거 높은 사회적 평가를 받아옴
5. 전략적 지위
   관료는 국회와 국민의 커뮤니케이션에서 자신들의 역할을 지속할 수 있도록 정보의 흐름을 관리할 수 있는 전략적 지위를 가짐
6. 기관장의 리더십
   기관장의 리더십은 정책결정의 중요한 흐름을 바꿀 정도로 강력한 작용을 함

THEME 18 정책의 유형

정답

p. 96

01	①	02	①	03	②, ③	04	②	05	③
06	①	07	①	08	④	09	①	10	④
11	③	12	④	13	③	14	②	15	①
16	②	17	③	18	④	19	①	20	②
21	④	22	①	23	①	24	②	25	②
26	①	27	②						

01 로위(Lowi)의 정책유형 답 ①

로위는 강제력의 행사방법과 강제력의 적용대상을 기준으로 정책을 4가지 유형으로 나누었다. 로위(Lowi)의 정책유형에서 강제력이 행위의 환경(국가전체)에 직접적으로 적용되는 것은 사회보장제도와 같은 재분배정책(redistributive policy)이다.

선지분석

② 로위(Lowi)의 정책유형에서 규제정책(regulatory policy)은 직접적으로 개인에게 적용된다.
③ 로위(Lowi)의 정책유형에서 구성정책(constituent policy)은 간접적으로 환경에 적용된다.
④ 로위(Lowi)의 정책유형에서 분배정책(distributive policy)은 간접적으로 개인에게 적용된다.

핵심POINT 로위(Lowi)의 정책유형

강제력		적용대상	
		개인의 행위	행위의 환경
행사방법	간접적	배분정책	구성정책
	직접적	규제정책	재분배정책

02 로위(Lowi)의 정책유형 답 ①

로위(Lowi)는 정책을 분배정책, 규제정책, 재분배정책, 구성정책으로 구분하였다.

선지분석

② 분배정책, 규제정책, 추출정책, 상징정책은 알몬드와 파웰(Almond & Powell)의 분류이다.
③ 분배정책, 경쟁적 규제정책, 보호적 규제정책, 재분배정책은 리플리와 프랭클린(Ripley & Franklin)의 분류이다.
④ 분배정책, 규제정책, 재분배정책, 자율규제정책은 셀리스버리(Salisbury)의 분류이다.
⑤ 분배정책, 규제정책, 재분배정책, 자본축적정책, 윤리정책은 프로혹(Prohock)의 분류이다.

03 로위(T. J. Lowi)의 정책유형과 사례 답 ②, ③

② 누진세를 기반으로 하는 종합소득세, 임대주택, 노령연금 정책은 기득권의 부를 피기득권에게 나누어 주는 재분배정책이다.
③ 상징정책은 알몬드와 파웰(Almond & Powell)의 정책유형으로 로위(Lowi)의 정책유형과는 관련이 없으므로 옳지 않은 지문이다.

04 정책유형과 사례 답 ②

최저임금제도의 시행은 국민이나 노동자를 보호하기 위한 근로기준 규제로서 재분배정책이 아니라 보호적 규제정책에 해당한다.

05 알몬드와 파웰(Almond & Powell)의 정책유형 답 ③

알몬드와 파웰(Almond & Powell)은 정책을 분배정책, 규제정책, 추출정책, 상징정책으로 구분하였다.

핵심POINT 알몬드와 파웰(Almond & Powell)의 정책유형

분배정책	행정서비스의 제공이나 이득의 배분과 관련된 정책으로 공공재원, 즉 세금을 재원으로 서비스를 불특정다수에게 골고루 나누어 주는 정책 예 도로, 공원, 비행장, 항만 등 사회간접자본 건설이나 기업에 대한 보조금 지급, 국유지나 택지불하·공급, 택지분양, 주택자금대출, 벤처기업 창업지원금, 우수지방대 육성지원(NURI) 등
규제정책	개인·집단행동의 제약과 관련된 정책 예 환경규제, 안전규제, 진입규제 등
추출정책	환경으로부터 인적·물적 자원(수단)을 확보하는 정책으로, 미첼(Mitchell)은 이를 동원정책이라 함 예 징세, 징집, 노력동원, 모집, 성금모금, 준조세, 토지수용 등
상징정책	정부가 정치체제에 대한 정당성과 신뢰성 및 국민통합성을 증진시키기 위하여 국내외 환경에 산출시키는 이미지나 상징(symbol)과 관련된 정책 또는 주된 정책의 홍보를 위하여 보완적으로 사용하는 정책 예 국경일·국기·국화의 제정, 동상, 특정인물의 영웅화, 스포츠행사, 축제, 궁궐 복원 등

06 분배정책 답 ①

국가의 자원을 개인, 기업, 집단, 계층, 분야별로 나눌 때 로그롤링(통나무굴리기)이나 포크배럴(나눠먹기식 정치)과 같은 현상이 나타나는 것은 분배정책의 특징이다.

07 알몬드와 파웰(Almond & Powell)의 정책유형 답 ①

국민에게 인적·물적 자원을 부담시키는 정책은 알몬드와 파웰(Almond & Powell)이 분류한 추출정책에 해당한다. 알몬드와 파웰(Almond & Powell)은 정책의 유형을 분배정책, 규제정책, 상징정책, 추출정책으로 구분하였다.

(선지분석)

② 구성정책은 정부조직의 신설이나 변경, 선거구의 조정, 공무원의 보수와 관련된 것이다.

③ 분배정책은 정부가 개인, 기업, 대상 집단에게 각종 서비스·지위·이익·기회 등을 나누어 주는 것으로 수출산업에 대한 재정·금융 지원 정책과 도로·항만 건설사업 등을 말한다.

④ 상징정책은 정부 정책에 대한 국민들의 순응을 높이기 위해서 애국가를 제창하고, 국기를 게양하며, 군대 사열식을 거행하는 등 국가적 상징물을 동원하는 정책을 말한다.

08	정책유형	답 ④

추출정책은 정부가 국내의 환경으로부터 병역·조세 등과 같은 인적·물적 자원의 일부를 뽑아내는 것을 말하며, 정부가 집단 간에 재산, 소득, 권리 등의 배정을 변동시켜 그들로부터 자원을 획득하는 것은 재분배정책에 대한 설명이다.

09	리플리와 프랭클린(Ripley & Franklin)의 정책유형	답 ①

상징정책, 추출정책은 알몬드와 파웰(Almond & Powell)의 분류에 해당한다. 리플리와 프랭클린(Ripley & Franklin)의 정책유형은 분배정책, 경쟁적 규제정책, 보호적 규제정책, 재분배정책이다.

10	정책유형	답 ④

게임의 규칙, 총체적 기능, 권위의 성격과 관련된 것은 '구성정책'이다. 구성정책은 정부조직의 신설·변경이나 관할구역의 조정과 관련된 정책이므로 조직 내부적으로 유리한 기관구성을 위하여 조직 간 '게임의 규칙들'이 나타나며, 그들은 정부의 총체적 기능에 초점을 맞추므로 정부는 권위적 성격을 띠게 된다.

11	정책유형과 사례	답 ③

리플리와 프랭클린(Ripley & Franklin)의 정책유형 중에서 작업장의 안전을 위한 규제나 식품위생규제 등은 국민을 보호하기 위한 보호적 규제정책에 해당한다.

(선지분석)

① 환경오염방지를 위한 기업규제는 분배정책이 아니라 보호적 규제정책에 해당한다.

② 교육서비스는 경쟁적 규제정책이 아니라 분배정책에 해당한다.

④ 항공노선 취항권의 부여는 재분배정책이 아니라 경쟁적 규제정책에 해당한다.

12	정책유형과 사례	답 ④

정책유형과 사례를 바르게 연결한 것은 것은 ㄷ, ㄹ, ㅁ이다.

(선지분석)

ㄱ. 부실기업 구조조정(강제퇴출)은 추출정책이 아니라 규제정책에 해당한다.

ㄴ. 노령연금제도는 상징정책이 아니라 재분배정책에 해당한다.

ㅂ. 지방자치단체에 지원되는 국고보조금은 재분배정책이 아니라 분배정책에 해당한다.

핵심POINT 주요 정책유형의 특징 및 예시

구분	분배정책	재분배정책	규제정책
특징	• 비용부담자와 수혜자의 미구분 • non zero-sum game • 포크배럴, 로그롤링 • 갈등·대립 없음 • 정형화, 표준운영절차(SOP)	• 비용부담자와 수혜자의 구분 • zero-sum game • 엘리트적 성격 • 갈등·대립 심화 • 평등한 소유(결과적 평등)	• 비용부담자와 수혜자의 구분 • 법령주의 • 다원주의적 성격 • 포획현상(경제적 규제)과 대립현상(사회적 규제)
예	보조금, 국유지 불하, SOC	임대주택 건설	사업자 선정, 차별 규제
구분	추출정책	상징정책	구성정책(입헌정책)
특징	인적·물적 자원의 확보	• 국가정책에 순응하도록 하는 정책 • 정통성 인식	• 국민에게 미치는 영향 적음 • 부처별 게임의 법칙 발생 • 권위적 성격, 총체적 기능 • 정당의 역할 중요
예	징병, 징세, 토지수용	경복궁 복원, 88 올림픽	정부조직 신설·변경, 선거구 변화

13	정책유형	답 ③

근로장려금제도는 근로장려세제(earned income tax credit)라고도 하는데, 저소득층 근로소득자를 대상으로 근로장려금을 세금 환급형태로 지원해 주는 제도로서 재분배정책에 해당한다. 열심히 일은 하지만 소득이 적어 생활이 어려운 근로자 또는 사업자(전문직 제외)가구에 대해 가구원 구성과 총급여액 등에 따라 산정된 근로장려금을 지급함으로써 근로를 장려하고 실질소득을 지원하는 근로연계형 소득지원제도이다. 1975년 미국에서 처음 실시된 이후 영국, 뉴질랜드, 호주 등 선진국에서 도입되어 시행되고 있으며, 한국에서는 2008년부터 시행되어 2009년부터 지급되기 시작했다.

14	정책유형의 내용	답 ②

로위(Lowi)는 강제력의 행사방법과 강제력의 적용대상을 기준으로 정책을 네 가지로 나누었다. 수직적 차원에서 강제력의 행사가 직접적(immediate)인가, 간접적(remote)인가에 따라 나누고 수평적 차원에서 강제력의 적용대상이 개인의 행위인가 행위의 환경(사회 전체)에 따라서 나누었다.

15 정책유형과 분류 답 ①

로위(Lowi)는 정책유형별로 정책결정에서 나타나는 정치적 특성이 다르기 때문에 하나의 정치적 모형이 모든 정책을 지배할 수 없다고 보았다. 그래서 이에 대한 방법으로 다원주의(규제정책)와 엘리트주의(재분배정책)의 통합을 시도하였다.

(선지분석)

② 알몬드와 파웰(Almond & Powell)에 따르면 조세 및 부담금 등은 추출정책에 해당한다.
③ 로위(Lowi)는 보수나 연금에 관한 정책을 법률로 정하기 때문에 구성정책에 해당한다.
④ 로위(Lowi)의 분류는 처음에는 없던 구성정책이 나중에 추가되고 동일한 분류기준을 사용하지 않아 기본적인 개념들을 정의하기 곤란하게 만드는 등 정책에 대한 조작적 정의(operationalization)가 어려워졌다는 비판을 받는다.

16 정책유형 답 ②

보기의 ㉠은 재분배정책에 대한 내용으로 이데올로기에 근거한 정책의 효과가 사회 전체에 파급되므로 계층 간 갈등과 저항이 심하므로 국민적 공감대를 형성하기 위한 정책변화가 필요하다.

(선지분석)

①, ④ 배분정책의 특징에 해당한다.
③ 구성정책의 특징에 해당한다.
⑤ 규제정책의 특징에 해당한다.

17 리플리와 프랭클린(Ripley & Franklin)의 정책유형 답 ③

경쟁적 규제정책은 수많은 경쟁자들 중에서 가장 경쟁력이 있는 개인 또는 집단에게 서비스공급권을 부여하는 정책으로, 배분정책과 규제정책의 성격을 동시에 지니고 있는 혼합정책(hybrid policy)의 성격을 갖는다. 일반적으로 규제정책이라고 하면 경쟁적 규제정책도 있지만 보호적 규제정책도 소홀히 할 수 없기 때문에 옳지 않다. 오히려 일반국민이나 사회적 약자를 보호하기 위한 보호적 규제정책이 규제정책의 성격에 더욱 가깝다고 봐야한다.

(선지분석)

① 배분정책의 주요 특징이다.
② 재분배정책은 제로섬 게임으로 인해서 계층 및 이념 간 갈등이 심하여 운영절차(SOP)와 같은 정형화된 집행절차의 확립이 곤란하다.
④ 보호적 규제정책은 국민이나 사회적 약자를 보호하기 위하여 강제력을 수반하기 때문에 피규제집단(규제대상집단)에 의한 반발이 발생할 수 있기 때문에 규제집행조직과 피규제집단 간 갈등의 가능성이 높다고 본다.

18 경쟁적 규제정책 답 ④

정책집행 단계에서 규제받는 자들은 규제기관에 강하게 반발하거나 저항하기도 하는 것은 환경규제와 같은 보호적 규제정책에 대한 설명이다. 경쟁적 규제정책은 정부로부터 재화나 서비스의 독점적인 공급권을 획득하려는 소수의 집단들이 치열하게 경쟁하는 양상이 나타난다.

19 리플리와 프랭클린(Ripley & Franklin)의 정책유형 답 ①

특정 기업에게 특정 노선의 항공 운항권을 부여하는 정책이 리플리와 프랭클린(Ripley & Franklin)의 경쟁적 규제정책에 해당한다. 리플리와 프랭클린(Ripley & Franklin)은 정책집행과정의 특징으로 정책을 구분하는데 규제정책의 경우 보다 경쟁력 있는 업자를 선정하는 경쟁적 규제정책(예 이동통신사업권·항공노선사업권 설정 등)과, 일반국민과 사회적 약자를 보호하기 위한 보호적 규제(예 식품·의약품규제, 환경규제, 과대광고규제, 공정거래규제, 근로기준규제 등)로 나눌 수 있다.

(선지분석)

② 공공요금 책정은 정부가 과도한 공공요금 책정부과로부터 국민들을 보호하는 보호적 규제정책에 해당한다.
③ 최저임금제도 및 근로시간 제한은 근로자들이 적정임금을 받도록 하고, 근로시간 과다책정을 막기 위한 보호적 규제에 해당한다.
④ 환경 문제를 개선하기 위한 규제는 환경오염으로부터 국민들을 보호하려는 보호적 규제에 해당한다.

20 로위(Lowi)의 정책유형 답 ②

보호적 규제정책은 국민이나 사회적 약자(예 저소득층 등)를 보호하기 위해 개인이나 집단의 자유나 권리를 제한하는 것으로 옳은 설명이다.

(선지분석)

① 분배정책이 아닌 재분배정책에 대한 설명이다.
③ 상징정책이 아닌 추출정책에 대한 설명이다.
④ 로위(Lowi)가 제시한 정책유형은 포괄성과 상호배타성을 확보하고 있지 못하다고 본다. 알몬드(Almond)와 파웰(Powell)의 추출정책과 같이 로위(Lowi)의 정책유형에 포함되지 않는 정책들도 있고(포괄성 X), 재분배정책은 분배정책과 규제정책의 성격을 동시에 갖고 있기에 서로 배타적이지도 않다(상호배타성 X).

21 정책의 유형 답 ④

국유지 불하는 구성정책이 아니라 국민들에게 재화나 서비스를 나눠주는 배분정책에 해당한다. 구성정책이란 정부조직의 신설이나 변경, 선거구의 조정, 공무원의 보수나 연금에 관한 정책 등 정부의 구성이나 유지를 위한 정책이다.

22	로위(Lowi)의 정책유형	답 ①

선거구의 조정 등 헌법상 운영규칙과 관련된 것은 로위(Lowi)의 정책유형 중 구성정책에 해당한다. 구성정책은 정치체제의 조직변경 등에 관한 정책으로 정부기관 신설, 선거구의 조정, 공무원의 보수와 연금 등이 그 예이다.

23	학자별 정책유형	답 ①

알몬드와 파웰(Almond & Powell)의 정책유형은 분배, 규제, 상징, 추출정책이 있지만 재분배정책은 언급하고 있지 않다. 로위(Lowi)와 리플리와 프랭클린(Ripley & Franklin)의 정책유형에는 재분배정책이 존재한다.

24	로위(Lowi)의 정책유형	답 ②

ㄱ, ㄷ은 옳은 설명이다. 배분정책은 정책과정에서 이해당사자들 간의 협상을 통해 비교적 안정적인 연합을 형성하며 이 과정에서 편익을 추구하기 위한 로그롤링(통나무 굴리기) 및 포크배럴(나눠먹기식 정치)현상이 나타난다.

선지분석

ㄴ. 재분배정책에 대한 내용이다.
ㄹ. 규제정책에 대한 내용이다.

25	로위(Lowi)의 정책유형	답 ②

로위의 정책유형에 대한 설명으로 옳은 것은 ㄱ, ㄷ, ㅁ이다.

선지분석

ㄴ. FTA협정에 따른 농민피해 지원, 중소기업을 위한 정책자금지원은 분배정책이지만 사회보장 및 의료보장정책은 저소득층에 대한 지원을 목적으로 하는 재분배정책에 해당한다.
ㄹ. 저소득층 근로장려금, 영세민 임대주택 등은 재분배정책이지만 대덕연구특구 지원 등은 국가의 자원의 배분하는 분배정책에 해당한다.

26	로위(Lowi)의 정책유형	답 ①

정부 혹은 정치체제의 정통성과 정당성을 확보하고, 국민의 단결력이나 자부심을 높여줌으로써 정부의 정책활동을 원활하게 하기 위한 정책은 알몬드(Almond)와 파웰(Powell)의 상징정책이다. 예를 들면 올림픽, 월드컵 유치, 한글날 기념식 거행, 군대의 열병이나 사열 등이 있다.

27	정책의 유형	답 ②

(가) 샐리스버리(R. Salisbury)의 정책분류에서 요구패턴(demand pattern)은 통합적이고, 결정체제(decisional system)는 분산적인 정책유형은 A. 자율규제정책이다.
(나) 윌슨(J. Wilson)의 규제정치모형에서 비용은 다수에 분산되고, 편익은 소수에 집중되는 유형은 D. 고객지향 정치이다.

핵심POINT 샐리스버리(R. Salisbury)의 분류(요구패턴과 결정패턴)

구분		요구패턴	
		통합	분산
결정체제	통합	재분배정책 (정치적 재량)	규제정책 (기획적 재량)
	분산	자율규제정책 (전문적 재량)	분배정책 (기술적 재량)

핵심POINT 윌슨의 규제정치모형

구분		감지된 편익	
		넓게 분산	좁게 집중
감지된 비용	넓게 분산	대중적 정치	고객정치
	좁게 집중	기업가적 정치	이익집단정치

CHAPTER 2 | 정책의제설정 및 정책과정에 대한 이론

THEME 19 정책의제설정

정답 p. 102

01	④	02	②	03	③	04	②	05	④
06	①	07	①	08	②	09	②	10	②
11	①	12	②	13	④	14	④	15	④
16	④	17	②	18	④	19	①		

01 콥과 로스(Cobb & Ross)의 정책의제설정과정 답 ④

제시문에서 (가)는 내부접근형, (나)는 외부주도형, (다)는 동원형에 해당하므로 옳은 것은 ④번이다. (가)는 공중의제화 과정이 없다는 것이 주요 특징으로 내부접근형에 해당하고, (나)는 공중의제화 과정이 먼저 일어나므로 외부주도형, (다)는 공중의제화 과정이 마지막에 나타나므로 동원형에 해당한다.

02 콥(Cobb)과 로스(Ross)의 정책의제설정모형 답 ②

콥(Cobb)과 로스(Ross)의 정책의제설정모형에서 사회문제 → 정부의제 → 공중의제의 순서로 전개되는 것은 동원형에 해당한다. 동원형은 사회문제가 정부에 의하여 일방적으로 의제가 채택된 후 행정 PR 등을 통하여 공중의제화가 이루어지는 것이 특징이다.

선지분석

① 외부주도형은 사회문제 → 사회적 이슈 → 공중의제 → 정부의제의 과정으로 전개된다.

③, ④ 내부접근형(음모형)은 사회문제 → 정부의제의 과정으로 전개되며 행정 PR을 통한 공중의제화 과정이 없다는 점이 동원형과의 차이점이다.

03 정책의제설정과정 답 ③

일반대중의 관심과 주의를 받고 있으며, 정부가 개입하여 문제를 해결하는 것이 정당하다고 인정되지만 정부가 공식적으로 문제해결을 고려하기로 명백히 밝히지 않은 것은 공중의제 또는 체제의제이다.

선지분석

④ 정부가 공식적인 의사결정에 의하여 문제해결을 심각하게 고려하기로 명백히 밝힌 문제는 정부의제 또는 제도의제이다.

04 정부(정책)의제 답 ②

여러 사회문제 중에서 정부가 적극적으로 해결하기로 채택한 문제를 정부(정책)의제라고 한다.

05 정책의제설정에 영향을 미치는 요인 답 ④

전문가의 문제 분석 능력은 정책의제설정에 영향을 미치는 요인이 아니라 정책분석(PA)에 영향을 미치는 요인이다.

핵심POINT 정책의제설정에 영향을 미치는 요인

주도 집단	공식적 참여자가 존재하고 주도 집단의 힘이 클수록 의제화 용이
정책 문제	• 문제의 중요성: 이해관계집단이 크고 문제의 내용이 중요한 것일수록 의제화 용이 • 사회적 유의성: 사회 전체에 주는 충격의 강도(파급효과)가 클수록 의제화 용이 • 쟁점화의 정도: 쟁점화된 것일수록 의제화 용이 • 선례의 유무: 선례가 있거나 관례화된 문제일수록 의제화 용이 • 해결책의 유무: 해결책이 있을수록 의제화 용이 • 문제의 복잡성: 복잡하고 난해한 문제보다 단순하고 쉬운 문제가 의제화 용이 • 문제의 구체성: 논란이 있으나 문제가 추상적일 때 의제화 가능성이 높다는 의견이 지배적
정치적 요인	후진국에서는 동원형과 내부접근형이, 다원주의 국가에서는 외부주도형이 압도적이며, 정치적 사건이 있는 경우 의제화 용이

06 정책의제설정에 영향을 미치는 요인 답 ①

선례가 없는 새로운 문제보다 관례화·일상화된 문제가 더 쉽게 정책의제화된다.

07 정책의제(문제)의 특징 답 ①

호그우드와 건(Hogwood & Gunn)은 정책문제의 성격이 이성적 측면보다 인간의 감정에 호소하는 문제일수록 정책의제화가 쉽다고 하였다.

핵심POINT 정책의제설정이 용이한 경우(Hogwood & Gunn)

1. 문제가 심각성과 특수성을 지니는 경우
2. 제기된 문제가 감정적 측면을 가지고 있어 대중매체의 관심을 끄는 경우
3. 다수의 사람들에게 영향을 주는 문제일 경우
4. 이미 해결책이 강구된 문제나 다른 지방자치단체에서 정책의제로 채택문제일 경우
5. 주도집단의 규모나 정치적 자원이 풍부할 경우

08 정책의제형성과정의 내용 답 ②

공공의제(public agenda)는 일반대중의 주목을 받을 가치가 있으며 정부가 개입하여 문제를 해결하는 것이 정당한 것으로 인정되는 사회문제를 말한다.

09	정책의제설정모형	답 ②

내부접근형은 정책결정자에게 쉽게 접근할 수 있는 외부집단이 주도하여 문제를 공식의제화하는 경우로, 대중의 지지를 획득하기 위한 공중의제화 과정이 없다는 점에서 공중의제화 과정을 거치는 동원형과 다르다.

(선지분석)

① 올림픽이나 월드컵 유치 등 국민들이 적극적인 관심을 보이지 않는 사례는 국가가 집행에 필요한 민간의 지지를 동원하여 의제를 설정하는 동원형의 대표적인 사례이다.

③ 사회문제가 바로 정책의제로 채택되는 과정을 거치는 모형은 외부주도형이 아니라 내부접근형이다.

④ 동원형은 정부의 힘이 강하고 민간부문의 힘이 취약한 후진국에서 많이 나타나는 모형으로 행정 PR 등을 통하여 공중의제화 과정을 거친다.

핵심POINT 주도집단에 따른 정책의제설정모형

구분	외부주도형	동원형	내부접근형
과정	사회문제 → 이슈화 → 공중(체제)의제 → 공식(제도)의제	사회문제 → 공식(제도)의제 → 공중(체제)의제	사회문제 → 공식(제도)의제
개념 (Hirshman)	강요된 정책문제	채택된 정책문제	-
특징	• 문제당사자가 주도 • 점증주의적	• 정책담당자가 주도 • 행정 PR 중시	• 정책담당자가 주도 • 공중의제화를 막음
공개성·참여도	높음	중간	낮음
사회	다원주의적 선진국	계층사회	불평등사회
예	전자상거래, 금융실명제	새마을운동	외교·국방 정책

10	정책의제설정모형	답 ②

동원형은 정부의 힘이 강하고 민간부문의 힘이 취약한 후진국에서 많이 나타나는 모형이지만, 의도적·일방적으로 국민을 무시하며 의제화하는 것이 아니라 행정 PR 등을 통하여 일반대중(국민)이나 관련 집단들의 지지를 얻고 순응을 확보하기 위한 노력을 수행한 뒤에 의제를 채택한다. 의도적이고 일방적으로 국민을 무시하는 정부에서 나타날 수 있는 유형에는 내부접근형(음모형)이 있다.

11	정책의제설정모형(P. May)	답 ①

일반 시민의 지지를 얻기 위해 관료집단이 주도한 의제가 정부의 홍보활동을 통해 공중의제로 확산되는 것은 동원형에 대한 설명이다. 내부접근모형은 정부기관 내부의 집단 혹은 정책결정자와 빈번히 접촉하는 집단에 의해 정책의제화가 진행되는 형태로, 의도적이고 일방적으로 국민을 무시하는 정부에서 나타날 수 있기 때문에 행정 PR(홍보활동)은 나타나지 않는다.

12	메이(May)의 정책의제설정모형	답 ②

도표에서 A는 외부주도형, B는 내부접근형, C는 굳히기형, D는 동원형에 각각 해당한다. B의 내부접근형의 경우 정책결정에 영향력이 있는 집단 내부에서 은밀하게 정책의제형성이 이루어지기 때문에 정책을 일반대중에게 공개하여 지지를 획득하려는 공중의제화 과정은 발생하지 않는다.

(선지분석)

① 외부주도형에 대한 설명으로 옳은 지문이다.

③ 굳히기형에 대한 설명으로 옳은 지문이다. 정부가 주도할 수 있고 민간의 지지가 높으므로 별도의 노력 없이 정책으로 굳히면 되는 것이다. 예를 들면 학교폭력, 왕따 문제 등이 있다.

④ 동원형에 대한 설명으로 옳은 지문이다. 민간의 지지를 확보하기 위하여 정부에 의하여 행정 PR이 이루어진다.

핵심POINT 메이(May)의 정책의제설정모형

대중관여 / 주도자	높음	낮음
민간	외부주도형	내부접근형 (내부주도형)
정부	굳히기형 (공고화모형)	동원형

13	정책의제설정모형	답 ④

설문의 자료는 메이(May)의 정책의제설정모형(1991년)을 흘릿(Howlett)과 라메쉬(Ramesh)가 2003년 재인용한 것으로 메이(May)의 정책의제설정모형을 그대로 적용하면 된다. (라)는 동원형에 대한 설명으로 국가의 역할이 강하고 민간이 취약한 개발도상국에서 주로 나타나는 형태이다. 성공적인 집행을 위해서는 공중의 지지가 필요하므로 공중(국민)에게 행정 PR을 통해서 공중의제화 과정이 반드시 필요하다.

(선지분석)

① (가)는 외부주도형으로 사회(시민단체 등)에서 이슈를 정부에게 강요하는 강요된 정부(정책)의제이다.

② (나)는 내부주도형으로 정부의 의사결정자(고위관료)에게 접근할 수 있는 영향력 있는 집단(무기회사)이 정책을 주도한다.

③ (다)는 공고화(굳히기)형으로 이미 민간집단의 광범위한 지지가 형성되었기 때문에 정책이 결정된 후 정책집행이 순조롭게 이루어진다.

14	메이(P. May)의 정책의제설정모형(공고화 모형)	답 ④

메이(P. May)의 정책의제설정에서 공고화모형은 대중의 지지가 높을 때 정부가 주도하는 것으로, 학교폭력문제의 해결이나 조직폭력문제 척결 등이 그 예이다.

15	정책의제형성	답 ④

내부접근형은 행정 PR을 통한 공중의제화 단계가 없고, 동원형은 행정 PR을 통한 공중의제화 단계가 있다.

16	정책의제설정모형	답 ④

동형화(isomorphism)모형에 따르면 정책전이(policy transfer)가 동형화를 통해서 이루어진다고 주장한다. 동형화의 유형에는 세 가지가 있는데 모방적 동형화는 청소년들이 연예인들을 따라하듯이 자발적으로 주변의 성공사례를 벤치마킹하는 것이며, 규범적 동형화는 서울시 각 구청이 청소년 문제해결을 위한 청소년 전문가의 상담강화주장에 따라 상담소를 설치하는 전문가의 능력에 의한 동형화를 말한다. 또한 강압적 동형화는 일제침략과 같이 억압이나 통치에 의한 순응을 의미한다.

선지분석

① 포자모형은 포자가 적당한 환경이 조성되어야 비로소 균사체로 성장할 수 있듯이 정책문제 자체의 성격보다는 정책문제의 환경을 중시하는 모형이다.
② 이슈관심주기모형은 하나의 이슈 자체에 대하여 일반대중은 오랫동안 관심을 기울이지 못하기 때문에 이슈 자체에 대한 생명주기보다는 이슈관심에 대한 생명주기가 있다고 보는 모형이다.
③ 정책흐름모형은 쓰레기통모형이 발전한 모형으로 조직화된 무정부상태에서의 합리성을 의제설정과정에 적용하는 모형이다.

17	정책의제설정과정	답 ②

크렌슨(Crenson)은 문제특성론에서 선출직 지도자들이 공장공해 등 전체적인 문제에 민감하게 반응하지 않기 때문에 이러한 환경문제가 정책의제화하기 어렵다고 주장하였다.

선지분석

① 정책문제에 대한 통계지표의 오류는 정책문제의 올바르게 인지하거나 정의하기 어렵기 때문에 바람직한 정책의제설정을 어렵게 한다.
③ 우리나라 1960년대 박정희 정부의 경제제일주의정책으로 무의사결정의 한 사례이다.
④ 정치체제의 자원부족은 올바른 정책의제에 대한 적극적인 탐색을 어렵게 한다.

18	정책의제설정모형	답 ④

메이(P. May)는 대중적 지지와 주도자를 기준으로 정책의제설정모형을 분류하였는데 공고화(굳히기)형은 대중적 지지가 높은 정책문제에 대한 정부의 주도적인 해결을 나타내는 모형이다.

선지분석

① 내부접근형(inside access model)은 정부기관 내부의 집단 혹은 정책결정자와 은밀하고 빈번히 접촉하는 집단에 의하여 의제설정이 주도된다는 모형으로 국민에게 알리는 행정 PR을 꺼리면서 공중의제화를 하지 않는 모형이다.
② 동원형(mobilization model)에서는 주로 정부 내 최고 통치자(대통령 등)나 고위정책결정자가 주도적으로 정부의제를 만든다.
③ 외부주도형(outside initiative model) 정책의제설정은 민주화가 이루어지고 다원화된 선진국에서 주로 나타난다.

19	정책의제설정모형	답 ①

동원형은 정부가 의제를 먼저 채택한 후 국민들에게 행정 PR을 통하여 받아들이도록 하는 의제설정모형으로, 주로 개발도상국에서 볼 수 있다. 우리나라의 새마을운동, 가족계획사업, 제2건국운동 등이 대표적인 사례이다.

THEME 20 정책과정에 대한 이론

정답

p. 107

01	③	02	④	03	①	04	④	05	④
06	②	07	②	08	②	09	③	10	④
11	④	12	⑤	13	①	14	③	15	②
16	①	17	②	18	③	19	③	20	④
21	③								

01	다원주의(Pluralism)	답 ③

다원주의는 다양한 이익집단 간 협상과 타협에 의하여 정책이 결정되는 것으로 정부는 소극적인 중재자에 불과하다. 정책과정에 대한 동등한 접근기회를 원칙으로 하며 이익집단들 간의 영향력 차이는 있지만 전체적으로 균형을 유지하고 있다고 본다.

02	신엘리트이론의 무의사결정론	답 ④

무의사결정이란 정책의제설정과정에서 지배계층(기존 세력)의 이익에 도전하는 요구 또는 의제는 정책문제화하지 않고 이를 억압하는 것으로, 지배계층(기존 세력)에게 안전한 이슈만을 논의하고 불리한 문제는 거론조차 못하게 봉쇄하는 것이다.

선지분석

① 지배적인 엘리트집단은 자신들의 이해관계와 부합하지 않는 이슈는 정책의제화하지 않는다.
② 무의사결정은 중립적 행동이 아니며, 다원주의이론의 관점을 반영한 것이 아니라 신엘리트이론의 관점을 반영한 것이다.
③ 집행과정에서도 무의사결정이 일어날 수 있다. 무의사결정은 정책의제설정과정뿐만 아니라 정책결정과 집행·평가 등 정책의 전 과정에서 나타난다고 보았다.

03	신엘리트이론의 무의사결정론	답 ①

무의사결정의 수단으로 강제적 폭력이나 물리력의 행사 등도 사용된다.

핵심POINT 무의사결정론

의의	• 엘리트의 이익과 가치에 반하는 이슈는 의제설정조차 되지 못하게 막아버리는 도전 질식화 현상 • 바흐라흐와 바라츠(Bachrach & Baratz)의 『권력의 두 얼굴』 • 정책과정 전반에 나타남 → 광의의 무의사결정
수단(방법)	폭력의 행사, 권력의 행사, 편견의 동원, 편견의 수정 · 강화

04	무의사결정론	답 ④

조직의 주의집중력과 가용자원의 한계로 일부 사회문제만이 정책의제로 채택된다는 주장은 이스턴(Easton)의 체제이론에서 조직의 체제내부 능력상의 한계로 봐야 한다.

선지분석

① 무의사결정의 수단인 '편견의 동원'에 대한 설명이다.
② 무의사결정의 일반적인 개념이다.
③ 위협과 폭력도 대표적인 무의사결정의 수단이나 방법이다.

05	바흐라흐(Bachrach)와 바라츠(Baratz)의 무의사결정론	답 ④

엘리트의 두 얼굴 중 권력행사의 어두운 측면을 고려하지 못한다고 비판한 것은 신엘리트주의이다.

선지분석

① 일반적으로 광의의 무의사결정으로 정책문제 채택단계 이외에서도 일어난다.
② 무의사결정의 수단으로 '편견의 동원'에 대한 설명이다.
③ 가장 직접적인 폭력의 행사에 대한 설명이다.

핵심POINT 무의사결정의 수단 (P. Bachrach & M. S. Baratz)

폭력의 행사	가장 직접적인(강도가 높은) 수단으로서 기존질서의 변화를 주장하는 요구가 정치적 이슈가 되지 못하도록 테러(구타, 암살, 처벌 등)행위를 자행하는 방법
권력의 행사	권력을 행사하는 방법, 직접적이기는 하나 폭력보다 온건한 방법으로서, 권력을 이용하여 기존질서의 변화를 요구하는 개인·집단에게 기존의 혜택을 박탈하겠다고 위협하거나 또는 새로운 이익을 주겠다고 유혹하는 방법 또는 적응적 흡수(co-optation) 등
편견의 동원	간접적인 방법으로서 현존하는 정치체제내의 지배적 규범(규칙, 미신)이나 제도적 과정(절차)을 강조하여 변화를 위한 주장을 꺾는 방법
편견의 수정이나 강화	가장 간접적·우회적인(강도가 약한) 방법으로서 현존하는 정치체계의 규범·규칙·절차 자체를 수정·보완하여 정책의 요구를 봉쇄하는 방법

06	무의사결정론	답 ②

무의사결정은 엘리트 자신의 이익과 상충되는 도전과 주장을 좌절시키는 것으로 정책결정권자(엘리트 계층)의 무관심이나 무능력 때문에 이루어지는 것은 아니다.

07	신엘리트이론의 권력의 두 얼굴	답 ②

신엘리트이론은 바흐라흐와 바라츠(Bachrach & Baratz)가 연구한 '권력의 두 얼굴'을 말한다. 이들은 권력을 밝은 면과 어두운 면으로 나누고 어두운 면의 묵시적 권력에 의한 무의사결정을 강조하였다. 밀즈(Mills)의 지위접근법이나 헌터(Hunter)의 명성접근법은 신엘리트이론이 아니라 고전적 엘리트이론을 미국사회에 실증·분석한 연구이다.

선지분석

① 신엘리트이론의 무의사결정론을 의미한다.
③ 신엘리트이론자들은 '권력의 두 얼굴'에서 권력을 밝은 면과 어두운 면으로 나누고 어두운 면에서 묵시적 권력에 의한 무의사결정을 강조하였으며 다원주의는 이 중에 밝은 면만을 고려하였다고 비판한다.
④ 엘리트는 정책과정의 처음부터 불리한 의제가 제기되지 못하도록 은밀하게 영향력을 행사하기 때문에 실증적인 분석방법이 적용되기 어렵다고 주장하였다.

08	엘리트이론과 다원주의이론	답 ②

밀스(Mills)는 국가차원의 지위접근법을 연구하였으며, 명성접근법을 사용하여 엘리트들을 분석한 학자는 헌터(Hunter)이다.

선지분석

④ 광의의 무의사결정에 대한 설명이다.

09	신엘리트이론의 무의사결정론	답 ③

제시문은 신엘리트이론의 무의사결정론에 대한 설명이다. 무의사결정론은 엘리트들이 자신들의 기득권 유지를 위해 사회적 변화의 요구를 질식시켜 버림으로써 정책의제로 채택되지 못하게 하는 현상이다.

선지분석

① 다원주의, ② 공공선택론, ④ 뉴거버넌스에 대한 설명이다.

10	다원주의적 정책과정	답 ④

다원주의는 여러 이익집단의 활동에 의하여 정책문제가 제기되며, 이익집단과 정당의 역할을 중시하므로 국가는 이익집단 간의 힘의 균형을 반영하는 풍향계나 중립적인 조정자와 같은 수동적·소극적 역할에 국한된다고 본다. 이러한 다원주의에서 각종 이익집단은 영향력이 서로 다르지만, 정책과정에 동등한 정도의 접근기회를 갖는 것이 특징이다.

선지분석

① 다원주의에서 정책의제설정은 동원형이 아니라 대부분 외부주도형에 따라 이루어진다.

② 다원주의적 국가(미국 등)에서는 행정부보다 사법부가 정책결정과정에서 담당하는 역할이 강한 편이다.

③ 엘리트가 모든 정책영역에서 지배적인 권력을 행사하는 것은 다원주의가 아니라 엘리트이론이다.

11	다원주의	답 ④

다원주의는 다양한 이익집단들은 정부의 정책과정에 동등한 접근 기회를 가지고 있으나 이익집단들 간의 영향력의 차이가 있음을 인정한다.

선지분석

① 다원주의에서 이익집단들 간의 경쟁은 민주주의 발전의 원동력으로 정치체제의 유지에 순기능적이라고 본다.

② 다원주의에서는 권력의 원천이 특정 세력에 집중되어 있는 것이 아니고 다양하게 분산되어 불공평성을 띠고 있지만 전체적으로 균형을 유지하고 있다고 본다.

③ 이익집단들 간에 상호 경쟁적이지만 기본적으로 집단이나 사회에서의 게임의 규칙을 준수해야 하는 데 합의를 하고 있다고 본다.

12	엘리트이론과 다원주의론	답 ⑤

다원주의론은 이익집단이 정부 정책과정에 대한 동등한 접근 기회를 가지고 있다고 주장하며, 정부는 중립적인 입장에서 이익집단 간의 이해관계를 조정하고 중재하는 소극적 중재자의 역할을 수행한다고 본다.

선지분석

③ 광의의 무의사결정에 대한 설명이다.

13	정책과정에 대한 시각	답 ①

헌터(Hunter)의 지역사회연구(명성접근법)에 의하면 애틀란타 시정정책을 정치엘리트가 주도하는 것이 아니라 경제엘리트가 주도한다고 보는 것이 옳다. 헌터(Hunter)의 『지역권력구조(1963)』라는 논문에는 애틀란타 시를 대상으로 명성이 나있는 40명의 엘리트들의 성분을 조사한 결과 기업가 23명, 노동지도자 2명, 변호사 5명, 고위공직자 4명 등으로 나타나며 이 중에서 기업가(경제엘리트)들을 중심으로 정책의 기본방향을 결정하고 하위관료들이 이를 그대로 집행한다고 주장하였다.

선지분석

② 신엘리트론자들의 무의사결정의 개념에 해당한다.

③ 다원론을 전개한 달(Dahl)은 New Haven시를 대상으로 한 연구에서 정책결정을 담당하는 엘리트가 존재는 하지만 동일한 엘리트가 모든 정책영역에서 지배적 권력을 행사하는 것은 아니며, 엘리트들이 협력관계가 아닌 정치적 경쟁(선거)과정을 통하여 일반대중의 선호가 정책에 반영될 수 있다고 주장한다.

④ 신다원론은 다원론의 근간인 이익집단 간 경쟁을 중시하면서도 고전적 다원론과 달리 경제적 집단이라는 우월적 특정집단의 존재를 인정한 모형이다.

14	정책과정에 대한 권력모형	답 ③

㉠은 헌터(Hunter)의 명성접근법, ㉡은 달(R. Dahl)의 다원주의론에 대한 설명이다.

㉠ 헌터(Hunter)의 명성접근법은 지역(아틀란타市)차원의 권력구조를 실증적으로 연구한 결과 사회적 명성이 있는 소수자들이 결정한 정책을 일반대중은 조용히 수용한다는 엘리트이론이다.

㉡ 달(R. Dahl)의 다원주의론은 뉴헤이븐 시를 연구한 결과 엘리트는 대중의 요구에 민감하게 반응한다는 다원주의이론으로, 신엘리트론자인 바흐라흐와 바라츠(Bachrach & Baratz)의 무의사결정론에 의하여 권력의 두 얼굴 중 눈에 보이는 밝은 측면만 보았을 뿐 어두운 측면을 간과하고 있다고 비판받았다.

15	고전적 엘리트 이론	답 ②

엘리트의 이익과 상충되는 요구를 적극적으로 좌절시키는 의도적 무결정 현상은 무의사결정으로, 신엘리트론자인 바흐라흐와 바라츠가 주장한 것이다.

16	정책과정의 권력모형	답 ①

ㄱ. 사회조합주의는 북유럽의 복지국가에서 나타난 유형으로 이익집단과 국가와의 관계에서 이익집단의 자율적 결성과 능동적 참여가 보장된다고 설명한다.

ㄴ. 국가가 이익집단을 조정 · 통제하며 이에 따라 계급, 민족, 언어, 지역 등에 근거한 하위문화는 억압될 수밖에 없다.

선지분석

ㄷ. 다원주의자인 달(R. Dahl)의 다두정치론의 주장이다.

ㄹ. 엘리트 이론을 애틀란타시에서 실증분석한 헌터의 명성접근법에 대한 내용이다.

17	조합주의론	답 ②

조합주의론은 이익집단 간에 상호 경쟁하지 않는 것이 특징이다.

핵심POINT 조합주의론(Schmitter)

1. 의의

개념	사용자단체(자본), 노동자단체(노동), 정부대표의 삼자 연합의 합의로 정책을 결정
신조합주의	다국적 기업의 영향력 강조, 다국적 기업과 국가(정부)가 긴밀한 협력관계 유지

2. 특징
- 조합주의 체제하에서의 이익집단은 기능적으로 분화된 범주를 가지고 단일하고 강제적이며 비경쟁적이고 위계적으로 조직화되어 있다. 그리고 이익집단들 간에는 경쟁보다는 협력적이며 집단들 간의 상대적 중요성은 이들이 수행하는 기능적 중요성의 정도에 따라 다르다.
- 조합주의에서 정부는 자체적인 이익을 가지면서 이익집단의 활동을 규정하고 포섭 또는 억압하는 독립적인 실체로 간주된다.
- 정책결정과정에서의 정부와 이익집단 간에는 합의 형성이 발생하며, 이러한 합의는 공식화된 제도 속에서 이루어진다고 본다. 또한 이익집단의 협의대상은 주로 행정부이며, 주된 활동방식은 제도적 참여이다.
- 조합주의하에서 이익집단이 결성되는 것은 구성원의 이익 못지않게 사회적 합의를 유도하려는 정부의 의도가 크게 작용한다고 본다.

18 조합주의의 특징 답 ③

조합주의는 정책결정에서 정부(관료)의 적극적인 역할을 인정하고 조합을 형성하여 합의를 중시하는 이론으로 정부의 역할을 줄이는 것은 아니다. 정부의 역할을 줄이고 이익집단과의 상호협력을 보다 중시하는 것은 다원주의의 특징이다.

19 정책결정과정 답 ③

정책결정과정에 대한 설명으로 옳은 것은 ㄱ, ㄹ, ㅁ으로 총 3개이다.

선지분석

ㄴ. 바흐라흐(Bachrach) 등이 제시한 무의사결정론은 고전적 다원주의를 비판하며 등장한 신엘리트이론에 해당한다.
ㄷ. 사회적 명성이 있는 소수자들이 결정한 정책을 일반대중이 수용한다는 입장은 헌터(Hunter)의 명성접근법이다.

20 신조합주의론 답 ④

1970년대의 강력한 노조와 인플레, 불황의 장기화라는 조건하에서 정부와 기업의 선택은 노·사·정의 협의와 전국적으로 집중화된 노사관계의 체계를 확립하고 노동조합을 경제정책추진의 파트너로 참여시킴으로써 책임을 분담시키고자 하였는데 이에 따라 등장한 것이 신조합주의모델이다. 국가가 이익집단을 지배하고 억압하는 것이 조합주의라면, 신조합주의는 특히 다국적 기업의 영향력을 강조하는 것이다. 그러므로 신조합주의는 다국적 기업과 국가 또는 정부가 긴밀한 협력관계를 유지하는 모델이다.

21 정책참여자 간 관계 답 ③

정책참여자 간 관계에 대한 설명으로 옳은 것은 ㄴ, ㄷ이다.

선지분석

ㄱ. 정책공동체는 지속적이고 강력한 형태의 집합체라는 점에서 이슈네트워크와 차이점이 있다.
ㄹ. 국가조합주의는 국가가 능동적 주체로서 이익집단을 억압하며 통제하므로 이익집단의 자율성 결성과 능동적 참여는 보장되지 않는다.

THEME 21 정책네트워크모형

정답

p. 113

01	②	02	③	03	④	04	③	05	④
06	②	07	①	08	①	09	①	10	④
11	①	12	④	13	④	14	②	15	①
16	②								

01 정책네트워크 답 ②

경계의 개방성이 낮고 제한된 행위자들이 정책과정에 참여하는 것은 이슈네트워크가 아니라 정책공동체의 특징이다. 이슈네트워크(issue network)는 모든 이해관련자들의 참여하는 경계의 개방성이 높은 특성을 갖고 있다.

02 정책네트워크의 유형 답 ③

이음매 없는 조직은 린덴(Linden)이 정의한 것으로, 지나친 전문화에 의해서 분리된 업무를 결합하려는 유기적 구조로서 정책네트워크와는 거리가 멀다.

선지분석

① 하위정부모형은 1950년대 가장 처음으로 만들어진 정책네트워크모형으로 공적 부문인 관료와 의회의 상임위원회, 사적 부문인 이익집단이 연결된 것으로 지나치게 그들만의 이익을 추구하면 철의 삼각(iron triangle)으로 변질될 수도 있다.
② 하위정부모형의 적실성에 대한 비판으로 유럽에서 연구되어진 정책공동체는 주로 전문가들로 이루어진 인지공동체의 결합체이다.
④ 하위정부모형을 비판·대체하려는 개념으로 미국에서 논의된 모형을 이슈네트워크라고도 하며, 이는 다양한 이해관계자들이 참여하고 특정한 경계가 없는 광범위한 정책네트워크이다.

핵심POINT 정책네트워크모형의 비교

구분	철의 삼각	이슈네트워크	정책공동체
행위자	관료 + 의회 상임위원회 + 이익집단	광범위한 다수의 이해관계자 참여	제한된 참여 (관료 + 전문가)
폐쇄성	폐쇄적	개방적	비교적 폐쇄적
안정성	안정적	불안정적 (유동적 · 일시적)	비교적 안정적 (지속적)
행위자 간 관계	동맹관계	경쟁적 · 갈등적	의존적 · 협력적
정책 예측	분야별 정책지배	정책산출 예측 곤란	의도한 정책산출 예측 가능

03 철의 삼각(iron triangle) 답 ④

철의 삼각은 하위정부모형의 다른 모습으로 국회상임위원회-정부관료-이익집단의 연합이다. 법원은 철의 삼각에 해당하지 않는다.

04 이슈네트워크와 정책공동체의 특징 답 ③

참여자의 범위가 넓고 경계의 개방성이 높은 것은 정책공동체의 특징이 아니라 이슈네트워크의 특징이다.

05 정책네트워크모형 답 ④

이슈네트워크는 다양한 행위자들이 정책과정에 참여하는 개방성을 특징으로 한다. 이러한 네트워크에는 조직화된 이익집단뿐만 아니라 조직화되지 않은 개인, 전문가, 언론 등도 개입될 수 있으므로 행위자들 간의 관계의 밀도와 중심성의 개념을 중심으로 네트워크를 표현한다고 볼 수 있다.

06 정책네트워크 답 ②

정책네트워크의 경계는 공식기관들에 의해 결정되기보다는 행위자와 행위자 간의 연계에 의한 구조적인 틀에 따라 달라지는 상호인지의 과정에 의하여 결정된다.

07 정책네트워크모형 답 ①

ㄱ. 정책네트워크는 여러 하위체제들로 구성된 분산적·분권적 정치체제를 전제로 한다.

(선지분석)

ㄴ. 하위정부모형에서는 정책 행위자들의 관계가 안정적·폐쇄적이다.

ㄷ. 이슈네트워크모형에서는 다양한 이해관련집단의 참여가 자유롭기 때문에 유동적이고 불안정적인 관계를 전제한다.

ㄹ. 정책공동체모형에서는 참여자 간의 균등한 권력을 보유하고 있다고 본다.

08 정책네트워크 유형 답 ①

정책네트워크 모형은 특정집단이 지배력을 확보하지 못한 영역에서 등장한다. 참여자가 유동적인 것은 이슈네트워크의 특징이며, 상호작용이 빈번하게 발생하는 것은 정책공동체의 특징이다.

(선지분석)

⑤ 정책네트워크 모형을 참여자의 폐쇄성으로 볼 때 하위정부모형이 가장 폐쇄적이고, 정책공동체, 이슈네트워크의 순으로 개방적이다. 따라서 하위정부, 정책공동체, 이슈네트워크 순으로 참여자가 많아진다.

핵심POINT 정책망모형의 비교

구분	외부 참여	주된 참여자	폐쇄성	의존성	지속성
하위정부 (= 철의 삼각 Iron Triangle)	제한적	국회상임위원회, 정부관료, 이익집단	높음	높음	높음
Policy Community (정책공동체)	비교적 제한적	정부부처, 약간의 관련 전문가집단	보통	높음	보통
Issue Network (이슈 네트워크)	제한 없음	정부부처, 다수의 이해관련집단	낮음 (개방적)	낮음	낮음 (유동적)

09 정책네트워크모형 답 ①

①은 반대로 서술되었다. 로즈와 마쉬(Rhodes & Marsh)에 따르면 이슈네트워크는 다양한 참여자로 구성된 공동체이므로 비교적 개방적이고 유동적이지만, 정책공동체는 전문가집단으로만 한정된 공동체이므로 비교적 폐쇄적이고 안정적인 네트워크이다.

(선지분석)

② 이슈네트워크모형은 1970년대 이익집단의 수적인 증가와 다원화로 인해서 하위정부식 정책결정이 어려워지게 되자 헤클로(Heclo)가 철의 삼각모형(하위정부모형)을 비판하며 제시한 개념이다.

③ 정책네트워크모형은 1960년대 하위정부(철의 삼각) → 1970년대 이슈공동체 → 1980~90년대 정책공동체 순으로 발달하였다.

④ 정책공동체는 모든 참여자가 자원과 권한을 가지며 이를 교환하는 권력균형관계로, 관계의 속성은 포지티브 섬(positive sum) 게임의 속성이 강하다.

10 정책커뮤니티와 이슈네트워크의 비교 답 ④

합의와 관련하여 정책커뮤니티는 모든 참여자가 기본적인 가치관을 공유하며 성과의 정통성을 수용하기 때문에 갈등이 거의 존재하지 않고, 이슈네트워크는 어느 정도의 합의는 있으나 항상 갈등이 존재한다.

핵심POINT 이슈네트워크와 정책공동체의 비교

구분	이슈네트워크	정책공동체
기본가치(공유도)	약함	강함
참여자의 범위	광범위, 개방적	제한적, 폐쇄적
참여자들의 연계	불안정(유동적 · 일시적), 예측 불가능	안정적(지속적 · 장기적), 예측 가능
참여자의 자원 · 권한보유	일부만 자원 · 권한 보유 (권력 불균형)	모든 참여자가 자원 · 권한 보유 (권력 균형)
게임의 성격	경쟁적 · 갈등적, 영합게임 (negative-sum)	의존적 · 협력적, 정합게임 (positive-sum)
정책산출	예측 곤란	예측 용이
이익	관련된 모든 이익	경제적 · 전문직업적 이익
합의	제한적 합의	가치관 공유, 성과의 정통성 수용

11 정책네트워크모형 답 ①

이슈네트워크모형에서는 참여자들의 관계를 유동적이고 불안정적인 경쟁과 갈등관계로 가정한다.

선지분석

② 하위정부란 정부관료, 상임위원회, 이익집단 간에 형성된 모형으로 정책이 그들 사이의 협상과 타협에 의하여 이루어지는 형태이다.

③ 정책지지연합모형에 의하면 정책변화를 신념체계를 지닌 정책하위체제의 경쟁과 타협에 의한 정책학습과정으로 이해한다고 볼 수 있다.

④ 정책공동체모형은 정책문제에 대해서는 기본적인 이해를 공유하지만, 그 해결방안을 둘러싸고 전문가들의 다양한 견해가 제시되므로 갈등이 발생할 수도 있다.

12 정책네트워크모형 답 ④

제시문은 이슈네트워크의 특성에 해당한다. 이슈네트워크는 특정 이슈에 대한 다양한 이해관계를 가진 집단이 참여하는 광범위한 정책네트워크이다. 또한 참여자들 간에 경쟁적 · 갈등적인 제로섬 게임의 형태가 나타나고 있다.

13 정책네트워크모형 답 ④

정책네트워크모형에서의 정책산출 예측은 모형에 따라 약간 차이가 있다. 이슈네트워크는 정책산출 예측이 곤란한 반면, 정책공동체는 예측이 용이하다는 것이 특징이다.

14 배분적 협상과 통합적 협상 답 ②

②의 주요 동기는 반대로 설명되었다. 배분적 협상이란 상대방의 자원을 좀 더 갖기 위한 제로섬 게임(영합 게임, 승-패 게임)을 해야 하는 것으로 정책네트워크모형 중 이슈공동체와 관련되고, 통합적 협상은 서로 간에 나눠먹는 게임으로 논제로섬 게임(정합 게임, 승-승 게임)을 하는 것으로 정책공동체와 관련된다.

핵심POINT 배분적 협상과 통합적 협상

구분	배분적 협상	통합적 협상
개념	상대방의 자원을 뺏기 위한 경쟁게임	상대방과 나눠먹는 비경쟁게임
게임의 성격 (주요 동기)	제로섬(zero-sum)게임, 영합 게임, 승-패 게임	논제로섬(non-zero-sum) 게임, 정합 게임, 승-승 게임
자원의 양	고정적	유동적
이해관계	서로 상반, 상호경쟁	서로 조화, 상호수렴
관계	단기간	장기간

15 정책네트워크의 유형 답 ①

정책공동체는 상대적으로 공동의 이익을 추구하는 포지티브섬 게임(positive-sum game)의 성격을 띠지만, 정책문제망은 대체로 상대방과 갈등이나 대립 관계에 있는 제로섬게임(zero-sum game)의 성격이다.

선지분석

② 정책문제망은 특정 이슈를 중심으로 이해관계나 전문성을 갖는 개인 및 조직으로 구성되는 네트워크로서 특정한 경계가 없다.

③ 하위정부의 구성원은 국회의 상임위원회, 정부관료, 이익집단이 참여하는 것으로 정책공동체보다 더 제한적이다.

④ 하위정부모형에서는 각 정책영역별로 국회의 상임위원회, 정부관료, 이익집단이라는 참여자들 간에는 빈번한 접촉을 통한 활발한 교류를 한다.

16 정책네트워크의 유형 답 ②

설문은 하위정부모형에 대한 설명이다. 하위정부모형은 특정 정책영역에서 관련 이익집단, 관료조직, 의회의 해당 위원회 3자 간에 동맹이 형성되고 있는 현상을 가리키는 철의 3각(iron triangle)과 거의 동일한 의미를 지닌다.

CHAPTER 3 | 정책결정론

THEME 22 정책결정과정(정책분석; PA)

정답

p. 117

01	②	02	④	03	②	04	③	05	①
06	④	07	④	08	②	09	②	10	③
11	②	12	④	13	①	14	③	15	④
16	③	17	③	18	④	19	④	20	④
21	④	22	③	23	②	24	①	25	①
26	③	27	④	28	③	29	③	30	④
31	②	32	②	33	①	34	①	35	③
36	①	37	①	38	③	39	③	40	⑤
41	②	42	①	43	④	44	③	45	③
46	③	47	③	48	②				

01 공공사업의 경제성분석 답 ②

공공사업의 경제성분석에 대한 설명으로 옳은 지문은 ㄱ, ㄹ이다.

선지분석

ㄴ. 경제성분석에서 비용과 편익을 산정할 때 간접적이고 무형적인 비용과 편익도 모두 포함되어야 한다.

ㄷ. 순현재가치(NPV)는 편익의 총현재가치(TPB)에서 비용의 총현재가치(TPC)를 뺀 것이며 0보다 클 경우 타당성이 인정되어 능률적이다.

02 경제적 자원모형 답 ④

도슨과 로빈슨(Dawson & Robinson)은 참여경쟁모형(Key & Lockard)을 검증하였는데, 정당 간 경쟁이 치열할수록 사회복지비는 증가하였지만, 이것은 도시화, 산업화, 소득이라는 사회경제적 변수가 작용했기 때문에 나타난 것이라고 보았다. 이들은 체제이론이 가정하였던 사회경제적 변수, 정치체제, 정책 간의 순차적 관계를 부정하였다. 즉, 사회경제적 변수가 정치체제와 정책 모두에 대하여 영향을 미치고 이것이 정치체제와 정책의 상관관계를 초래하였으며 결론적으로 정치적 변수와 정책은 허위관계라는 것을 주장하였다.

03 정책결정요인론 답 ②

도슨-로빈슨(Dawson-Robinson)모형은 사회·경제적 변수가 정치체제(정치적 요인)와 정책 모두에 영향을 미치므로 정치적 요인과 정책과의 관계가 허위변수임을 주장하여 사회경제적 변수로 인해 정치체제와 정책의 상관관계가 유발된다고 설명한다.

선지분석

① 정책의 내용에 영향을 미치는 요인이 무엇인가를 밝히는 이론으로, 정치적 요인의 중요성을 과소평가했다는 비판을 받고 있다.

③ 키-로커트(Key-Lockard)의 참여경쟁모형은 사회경제적 변수가 직접적 영향을 미치는 것이 아니라 사회경제적 변수 → 정치체제 → 정책은 순차적 관계라고 보았다. 즉 경제가 발전할수록 정당 간 경쟁은 심해지고, 심화된 정당 간 경쟁은 복지정책에 대한 지출을 증가시킨다는 것이다.

④ 루이스-벡(Lewis-Beck)모형은 사회경제적 변수뿐만 아니라 정치적 변수도 정책결정에 독립적인 영향을 미치는 것을 통계적으로 증명하였다.

04 정책결정요인론 답 ③

정책결정요인론은 소득수준이나 투표율과 같은 사회·경제적 변수(정량적 변수)는 고려되었지만, 규제정책이나 단체행동 등의 정치체제(정성변수)를 고려하지 않는다는 비판을 받는다.

선지분석

① 정책결정요인론은 정책과정이나 환경이 정책이 미친 영향을 분석하는 것으로 정책의 종속변수적 성격에만 치중하여 정치체제가 환경에 미치는 영향을 고려하지 않았다는 비판을 받는다.

② 도슨과 로빈슨[Dawson & Robinson(1963)]의 허위관계모형에 따르면, 정치체제는 정책에 영향을 미치는 것이 아니라는 허위관계로서 정치체제의 매개·경로적 역할을 고려하지 않는다는 비판을 받는다.

④ 계량화가 곤란한 정치적 변수는 과소평가되고, 계량화가 가능한 사회·경제적 변수만 과대평가되어, 정치적 변수인 정치체제의 영향이 과소평가되었다는 비판이 따른다.

05 재니스(Janis)의 집단사고(groupthink) 답 ①

집단사고(groupthink)는 집단 내의 사회적 압력 때문에 빚어지는 판단능력(비판적 평가능력)의 저하현상을 지칭한다. 응집성이 강한 조직의 경우 흔히 만장일치에 대한 환상 때문에 구성원들이 획일적이고 기계적인 사고를 하게 되는 것이다. 이러한 집단사고의 부작용에 대한 예방전략으로 토론을 바탕으로 한 집단지성의 활용이 가능하다.

선지분석

②, ③, ④는 집단사고의 대표적인 특성(징후)이다.

핵심POINT 재니스(Janis)의 집단사고(groupthink)

개념	• 집단 내의 사회적 압력 때문에 빚어지는 판단능력(비판적 평가능력)의 저하현상 • 응집성이 강한 조직의 경우 흔히 만장일치에 대한 환상 때문에 구성원들이 획일적이고 기계적인 사고를 하게 됨
사례	• 미국의 재니스(Janis)란 학자가 집단의 행동을 연구하는 중에 발견한 것으로, 구체적 사례로 '베트남 폭격'과 케네디(Kennedy) 대통령의 '쿠바 피그스만(Bay of Pigs) 침공사건(1961)'을 들고 그 실패원인을 집단사고(groupthink)라고 주장함 • 집단사고의 불행한 결과는 히틀러(Hitler)의 유태인 학살, 일본의 동북아 침략은 물론 부시(Bush) 미대통령의 이라크 침공 결정, 최근 러시아의 우크라이나 침공에서도 발견됨

징후	• 집단의 결정은 올바르다는 생각 • 경고를 무시하기 위한 집단적 합리화의 노력 • 집단에 내재하는 윤리성의 전폭적 신뢰 • 상대세력을 무시하는 안이한 태도 • 집단 내 반대분자의 충성을 요구하는 직접적인 압력 • 집단적 합의로부터의 이탈을 기피하려는 태도 • 다수의견에 따른 판단에 관하여 의견일치를 보고 있다는 환상의 공유 • 집단적 안정감을 깨뜨릴 불리한 정보로부터 집단을 보호하려는 생각 등
예방 전략	• 토론을 바탕으로 한 집단지성의 활용 • 집단적 의사결정에서 의사결정단위를 2개 이상으로 분류 • 조직의 결정이나 정책에 대한 외부인사들의 재평가체계를 구축 • 최종 대안 도출 후 각 참여자들에게 반대의견 제시기회를 부여 • 대안탐색단계마다 참여자에게 악역을 맡겨 다수의견에 반대의견을 강제로 개진시킴

06 집단사고(Group Think)의 예방전략 답 ④

최고 의사결정자의 지속적인 계층적 권위의 행사는 조직 구성원들에게 더욱 강한 압력이 가해져 집단사고가 발생할 가능성이 증가하게 된다. 제니스(Janis)의 집단사고(Group Think)는 집단 내의 사회적 압력 때문에 빚어지는 판단능력(비판적 평가능력)의 저하현상을 지칭한다. 응집성이 강한 조직의 경우 흔히 만장일치에 대한 환상 때문에 구성원들이 획일적이고 기계적인 사고를 하게 되는 것이다.

선지분석

① 집단적 의사결정에 의사결정 단위를 2개 이상으로 구분하여 의사결정을 하면 집단사고를 예방할 수 있다.
② 대안탐색단계마다 의사결정 과정에 악역(Devil's Advocate) 투입하여 다수의견에 반대의견을 강제로 개진시킴으로써 집단사고를 예방할 수 있다.
③ 조직의 결정이나 정책에 대한 외부인사들의 재평가체계를 구축하여 집단사고를 예방할 수 있다.

07 정책문제의 특징 답 ④

정책문제에 대한 설명으로 옳은 것은 ㄷ, ㅁ이다.

선지분석

ㄱ. 정책문제는 공익성 · 공공성을 띤다.
ㄴ. 정책문제는 주관적이고 인공적이다.
ㄹ. 정책문제는 동태적 성격을 갖는다.

> **⊕ 보충 정책문제의 성격**
> 1. 공공성 · 공익성
> 2. 주관적 · 인공적
> 3. 복잡성 · 다양성
> 4. 상호의존성
> 5. 역사적 산물
> 6. 동태적

08 정책문제의 특징 답 ②

정책문제는 객관적이지 않고 정책결정자의 가치관이나 이념에 따라서 달라지는 주관적인 특성을 갖고 있다.

선지분석

① 정책문제의 정의는 공익, 정의 등 당위론적 가치를 가져야 한다.
③ 정책문제들은 다른 문제들과 서로 복잡하게 얽혀있는 상호 연관성을 가진다.
④ 정책으로부터 이득을 보는 정책수혜집단이나 피해를 보는 정책비용집단으로 분리되며, 서로 이해관계가 대립되는 차별적 이해성을 갖는다.

> **⊕ 보충 정책문제의 특성**
> 1. 정치성(가치배분적)
> 2. 주관성
> 3. 인위성(자연발생적이지 않음)
> 4. 동태성(복잡 · 다양성, 상호 의존성, 연관성)
> 5. 역사성(역사적 산물)
> 6. 공공성(공익과 직결)

09 정책결정과정의 민주화가 요청되는 이유 답 ②

정책결정과정에서 다양한 이해관계자의 의견을 반영하여 정책결정을 하면 민주성은 높아지지만 시간과 비용이 많이 소요되는 만큼 능률성이 떨어질 수밖에 없다. 따라서 정책효과의 능률성을 높이기 위해서는 민주화가 요청되기는 어렵게 된다.

10 정책문제 정의 시 고려요인 답 ③

합리적 정책결정과정에서 정책문제가 정의되면 정책목표의 설정이 이루어지고, 그 다음에 정책대안의 탐색이 이루어진다. 따라서 정책대안의 탐색을 정책문제를 정의할 때의 주요 요인이라고 보기 어렵다.

선지분석

정책문제의 정의는 문제의 구성요소, 원인, 결과 등을 규정하여 문제를 명확하게 밝히는 것으로서, 정책문제를 정의할 때 ① 관련 요소 파악, ② 관련된 사람들이 원하는 가치에 대한 판단, ④ 관련 요소들 간의 인과관계 파악, ⑤ 관련 요소들 간의 역사적 맥락 파악 등을 고려하여야 한다.

> **핵심POINT 정책문제 정의 시 고려요인**
> 1. 관련 요소 파악
>   정책문제를 유발하는 사람들과 사물의 존재 및 상황요소 파악
> 2. 가치 판단
>   문제의 심각성을 파악하고 피해계층이나 피해집단을 파악하여 관련된 사람들이 원하는 가치가 무엇인가를 판단
> 3. 역사적 맥락 파악
>   관련 요소(변수)들의 역사적 발전과정, 변수들 사이의 관계의 변화 과정 파악
> 4. 인과관계 파악
>   관련 요소(변수)들의 관계를 원인, 매개, 결과로 나누어 파악

11	정책대안의 탐색	답 ②

다른 정부의 정책들도 정책대안의 원천으로 활용할 수 있다. 다른 정부의 정책을 대안으로 고려할 때는 가급적 사회문화적 배경 등이 유사한 지역을 선택하는 것이 바람직하다.

(선지분석)

③ 브레인스토밍과 델파이는 정책대안의 탐색 및 개발뿐만 아닌 정책대안의 결과예측에도 사용할 수 있는 정책분석(PA) 기법이다.

12	정책대안 탐색 및 집단의사결정기법	답 ④

ㄷ, ㄹ은 정책대안 탐색 및 집단의사결정기법에 대한 옳은 설명이다.

(선지분석)

ㄱ. 델파이기법은 대면 토론을 실시하지 않는다. 일차 회람 후에 대면 토론을 실시하는 것은 정책델파이기법이다.
ㄴ. 브레인스토밍은 규격화되지 않은 집단토론 상황에서 구성원들이 개방적이고 자유롭게 토론하는 기법으로 브레인스토밍 과정에서 타인의 아이디어를 비판하거나 자제한다.
ㅁ. 명목집단 기법은 관련자들이 의사결정에 참여하지 않은 채 서면으로 대안에 대한 아이디어를 제출하도록 하고, 모든 아이디어가 제시된 이후 제한된 토론을 거쳐 투표로 의사결정을 하는 기법이다.

핵심POINT 표적집단면접기법(초점집단면접법)

1. 개념
   - 표적시장으로 예상되는 소비자를 일정한 자격기준에 따라 6~12명 정도 선발하여, 한 장소에 모이게 한 후 면접자의 진행 아래 조사목적과 관련된 토론을 함으로써 자료를 수집하는 마케팅조사 기법
   - 소비자를 대상으로 수치화된 자료를 수집하는 정량적(quantitative) 조사방법과는 달리 토론을 통하여 소비자의 심리상태를 파악하는 정성적(qualitative) 조사방법이며, 정량적 조사에 앞서 탐색조사로 이용됨
2. 장단점
   제품에 대한 아이디어나 소비자의 제품구매나 사용행태를 이해하는 데 도움이 되나, 표적집단만을 대상으로 면접조사하기 때문에 다른 집단에 적용하기 어렵다는 일반화의 한계가 있음

13	정책결정의 합리성 제약요인	답 ①

정책결정의 합리성을 제약하는 요인으로 가치관이나 태도의 차이를 들 수 있다. 다수 간의 조화된 가치는 합리성을 강화시키는 요인이다.

핵심POINT 정책결정의 합리성 저해요인

인간적 측면	• 정책결정자들 사이의 가치관·태도의 차이 • 정책결정자의 권위주의적 성격 • 정책결정자의 전문지식 결여 • 미래예측 불가능성 • 관료제의 병리현상 • 제한적 합리성 • 과거의 경력, 선입관 등
구조적 측면	• 정보·자료의 부족과 부정확성 • 집권적 결정구조 • 정책참모기능 약화 및 결정인의 시간적 제약성 • 정책전담기구의 결여 • 정책결정과정의 폐쇄성 • 행정선례와 표준운영절차(SOP) 존중 • 부처할거주의 • 관료제의 역기능
환경적 측면	• 사회문제와 목표의 다양성·무형성 • 취약한 요구와 지지, 비판 • 매몰비용의 문제 • 피동적인 사회·문화적 관습 • 외부준거집단의 영향 • 행정문화의 비합리성 • 이익집단의 압력 불균형

14	정책문제의 구조화	답 ③

각각 ㄱ은 가정분석(B), ㄴ은 계층분석(C), ㄷ은 경계분석(A), ㄹ은 분류분석(D)에 해당한다.

핵심POINT 정책문제의 구조화기법

경계분석	문제의 위치 및 범위 파악(경계선상에서의 메타문제해결)
계층분석	문제의 다양한 원인 식별
분류분석	문제의 구성요소 식별
유추분석	유추를 통한 문제해결
가정분석	여러 대립적 가정의 창조적 통합

15	정책문제의 구조화기법	답 ④

정책문제의 구조화기법(W. Dunn)은 정책문제의 본질, 범위, 심각성 등을 구체적으로 보여 주는 것으로, 옳은 것은 ㄷ. 시네틱스(유추분석)와 ㄹ. 분류분석이다.

(선지분석)

ㄱ. 문제의 다양한 원인을 찾는 기법은 계층분석이다.
ㄴ. 서로 대립되는 가설의 창조적 통합(종합)은 가정분석이다.

16	정책문제의 구조화	답 ③

문제의 추상화가 아니라 문제의 구체화이며, 문제구조화의 순서도 옳지 않다. 던(Dunn)은 문제의 원인과 발생요인을 기준으로 정책문제의 구조화를 문제의 감지(problem sensing) → 문제의 탐색(problem searching) → 문제의 정의(problem definition) → 문제의 구체화(problem specification)의 네 가지 단계로 제시하였다.

17	정책문제의 오류	답 ③

각각 ㄱ은 제3종 오류, ㄴ은 제1종 오류, ㄷ은 제2종 오류에 해당한다.

핵심POINT 정책문제의 오류

제1종 오류	올바른 귀무가설을 기각하고 올바르지 않은 다른 대안을 채택하는 오류
제2종 오류	올바르지 않은 귀무가설을 채택하여 올바른 대안을 기각하는 오류
제3종 오류	정책문제를 잘못 정의하여 발생하는 근본적(meta)인 오류

18	정책문제의 오류	답 ④

ㄱ. 정책이나 프로그램의 효과가 실제로 발생하였음에도 불구하고 통계적으로 효과가 나타나지 않은 것으로 결론을 내리는 경우는 제2종 오류이다.
ㄴ. 정책의 대상이 되는 문제 자체에 대한 정의를 잘못 내리는 경우는 제3종 오류이다.
ㄷ. 정책이나 프로그램의 효과가 실제로 발생하지 않았음에도 불구하고 통계적으로 효과가 나타난 것으로 결론을 내리는 경우는 제1종 오류이다.

19	통계적 가설검정의 오류	답 ④

확률 1-α는 신뢰수준이고, 확률 1-β가 검정력에 의미한다. 1-α는 신뢰수준으로 통계치를 믿을 수 있는 신뢰구간을 말하며 여기서 α는 유의수준으로 1-α는 신뢰수준이 되는 것이다. 즉 유의수준이 0.05이면 신뢰수준은 0.95가 된다. 1-β는 검정력으로 가설의 참·거짓과 관계없이 귀무가설(영가설; null hypothesis)을 기각시킬 확률을 의미한다.

선지분석

① 제1종 오류는 옳은 귀무가설(영가설)을 기각(배제)하는 오류이다.
② 제2종 오류는 틀린 귀무가설(영가설)을 인용(채택)하는 오류이다.
③ 제1종 오류는 알파 에러(α Error), 제2종 오류는 베타 에러(β Error)라고 한다. 제3종 오류는 문제의 인지나 정의를 잘못 한 것으로 가장 근본적인 메타 에러(Meta Error)이다.

핵심POINT 신뢰수준과 검정력

신뢰수준 (1-α)	• 통계치를 믿을 수 있는 신뢰구간 • α는 유의수준으로 제1종 오류를 범할 확률을 의미하는데, 유의수준이 0.05이면 신뢰수준은 0.95가 됨 • 따라서, 1-α는 신뢰수준으로 옳은 귀무가설을 인용하여 올바른 결정을 할 수 있는 확률(제1종 오류를 범하지 않을 확률)을 뜻함
검정력 (1-β)	• 가설의 참·거짓과 관계없이 귀무가설(영가설; null hypothesis)을 기각시킬 확률 • β는 제2종 오류를 발생시킬 확률 • 따라서 1-β란 틀린 귀무가설을 기각하여 올바른 결정을 할 수 있는 확률(제2종 오류를 범하지 않을 확률)을 뜻함

20	비용편익분석	답 ④

내부수익률(IRR)은 미래에 발생하는 편익(B)의 현재가치와 비용(C)의 현재가치를 같도록 만들어 주는 할인율, 즉 순현재가치(NPV)를 0으로, 편익비용비율(B/C)을 1로 만드는 할인율이다.

핵심POINT 비용편익분석(능률성)의 평가기준

평가기준	개념	특징
순현재가치법 (NPV)	총편익(TB) - 총비용(TC)	B-C > 0이면 능률적 (가장 일반적 기준)
비용편익비법 (B/C ratio)	총편익(TB) / 총비용(TC)	B/C > 1이면 능률적 (이차적·보완적 기준)
내부수익률법	총편익(TB)과 총비용(TC)의 현재가치를 같게 할 때 (NPV=0, B/C=1인 경우)의 할인율	내부수익률 > 기준할인율 (시중금리), 능률적, 높을수록 좋음
자본의 회수기간법	투자원금을 회수하는데 걸리는 시간	기급적 짧을수록 좋음 (할인율이 높을 때는 단기, 낮을 때는 장기투자가 유리)

21	비용편익분석	답 ④

할인율이 높을 경우 장기간에 걸쳐있는 편익은 현재가치가 작아져서 투자에 불리하게 된다. 즉, 높은 할인율을 적용하면 단기투자에 유리하다.

선지분석

① 비용편익분석은 예산편성과정에서 사업의 타당성과 우선순위를 식별하여 일정편익을 최소비용으로 얻거나 일정비용으로 최대 편익을 얻고자 하는 합리적인 예산편성기법이다.
② 공공부문의 비용편익분석에서는 시장가격을 직접 사용할 수 없기 때문에 완전경쟁적인 조정된 시장가격인 잠재가격을 사용한다.
③ 이자계산법은 일반적으로 복리 접근방법을 사용한다.

22	비용편익분석	답 ③

칼도-힉스 기준(Kaldor-Hicks criterion)은 능률성을 평가하는 기준으로 사회적인 총편익이 사회적인 총비용보다 크다면 사업의 타당성을 인정하는 기준이다. 따라서 분배정책의 비용편익분석에 일반적으로 활용되며 형평성과 같은 재분배적 편익의 문제를 고려하지 못한다.

(선지분석)

① 잠재가격(그림자가격; shadow price)은 시장의 불완전한 상황으로 인해서 시장가격이 존재하지 않거나 활용할 수 없을 때 비용과 편익의 화폐가치에 대해 주관적인 판단을 하는 절차로써 가격의 왜곡이 발생할 수 있다. 잠재가격이 결정방법에는 비교가격, 소비자선택, 유추수요, 보상비용, 서베이분석 등이 있다.

② 내부수익률(IRR)은 총편익과 총비용의 현재가치가 같을 때의 할인율로서 순현재가치(TB-TC)를 0으로, 편익비율비(B/C)를 1로 만들어주는 할인율이다.

④ 비용편익분석은 모든 비용과 편익을 금전적 가치로 표현하되, 화폐적 비용이나 편익으로 쉽게 측정할 수 없는 무형적인 것도 포함된다.

23	비용편익분석의 비교기준	답 ②

비용편익분석(Cost Benefit Analysis)은 여러 정책대안 가운데 목표달성에 가장 효과적인 대안을 찾기 위해 각 대안이 초래할 비용과 편익을 비교·분석하는 기법을 말한다. 비용편익분석의 평가기준으로는 순현재가치(NPV), 편익비용비율, 내부수익률(IRR), 자본의 회수기간법 등이 있다. ② 생산성(Productivity) 지표는 이에 해당하지 않는다.

24	능률성 평가기준 중 내부수익률(IRR)방식	답 ①

능률성 평가 기준 중에서 내부수익률(IRR: Internal Rate of Return) 기법은 편익(B)의 현재가치와 비용(C)의 현재가치를 같도록 해주는 할인율로서 즉 NPV(순현재가치)가 0, B/C가 1이 되도록 하는 할인율이다. 투자비용에 비하여 매년 몇 %의 이득(편익)을 되돌려 받느냐의 투자수익률(일종의 예상수익률)의 개념이다. 할인율이 주어져 있지 않아 현재가치를 계산할 수 없을 때 사용하는 기준으로 내부수익률이 클수록 우수한 대안이다. 참고로 이 문제는 2010년 국가직 9급 문제와 동일하다.

핵심POINT 능률성 평가기준

평가기준	개념	특징
순현재가치(NPV)	편익의 현재가치 - 비용의 현재가치	• B-C > 0이면 타당성 O • 가장 일반적 기준
비용편익비(B/C Ratio)	편익의 현재가치 / 비용의 현재가치	• B/C > 1이면 타당성 O • 이차적 · 보완적 기준
내부수익률(IRR)	비용과 편익의 현재가치를 같게 해주는 때(NPV=0, B/C=1)의 할인율	• 예상(기대)수익률, 내부수익률이 높을수록 능률적 • 한계: 기간이 상이할 경우 복수의 해를 가짐(부정확)
자본회수기간	투자원금을 회수하는 데 걸리는 시간	짧을수록 능률적 (단, 할인율 높을 때는 단기, 낮을 때는 장기투자가 유리)

25	비용편익분석	답 ①

비용편익분석은 여러 정책대안 가운데 목표 달성에 가장 효과적인 대안을 찾기 위해 각 대안이 초래할 비용과 편익을 비교·분석하는 기법을 말한다. 비용과 편익을 모두 금전적 가치로 환산하여 비교·평가하므로 분야가 다른 정책이나 프로그램도 비교할 수 있다는 것이 특징이다.

(선지분석)

② 정책대안의 비용과 편익을 모두 가시적인 금전적 가치로 표시하여 비교한다.

③ 미래가치의 비용과 편익의 가치를 할인율을 적용하여 현재가치로 환산하여 비교·평가한다.

④ 순현재가치(NPV)는 총편익에서 총비용을 뺀 것으로 옳은 설명이다.

26	비용효과분석	답 ③

비용효과분석은 목표의 달성정도를 파악하는 것으로, 비용에 따른 편익을 중시하는 비용편익분석과는 달리 시장가격에 따른 이윤을 중시하지 않기 때문에 민간부분의 사업대안 분석에 적용하기 어렵고 오히려 국방, 경찰, 보건 등과 같은 공적사업을 분석하는데 활용되고 있다.

(선지분석)

① 모든 관련 요소를 공통의 가치 단위(화폐가치)로 측정하는 것은 비용편익분석이다.

② 경제적 합리성은 비용대비 편익을 의미하는 것으로 비용편익분석과 관련된다.

④ 비용효과분석은 목표의 달성정도를 분석하는 것으로 무형적, 질적 가치 분석에 적합하다.

⑤ 비용효과분석은 고정비용효과분석으로 변동하는 비용과 효과의 문제분석에 활용하지 않는다. 변동하는 비용과 효과의 분석에 활용하는 것은 비용편익분석이다.

핵심POINT 비용편익분석 vs 비용효과분석

구분	비용편익분석(B/C)	비용효과분석(E/C)
적용	1930년대 미국의 수자원개발(유형적 사업)	국방, 경찰, 보건 (무형적 사업)
정의	편익(소비자잉여) / 비용(기회비용)	결과 / 비용(고려 ×)
특징	• 객관적 가치(화폐) • 동종산업 O, 이종산업 O • 개인 간의 효용비교 ×	• 주관적 가치 • 동종산업 O, 이종산업 × • 개인 간의 효용비교 O
비용의 고정유무	가변비용 / 편익분석 (장기적 안목에서 분석)	고정비용 / 효과분석

27 비용효과(cost-effectiveness)분석 답 ④

비용효과분석은 투입대비 효과 즉 목표달성도를 분석하는 것으로 객관적인 화폐가치로 평가하기 곤란한 국방, 치안, 보건 등의 영역에 주로 적용한다.

선지분석

①, ②, ③ 비용편익분석의 특징이다.

28 평균기대값 기준 답 ③

라플라스(Laplace) 기준이란 불확실한 상황에서 각 상황이 발생할 확률은 모두 동일하다고 가정하고, 발생가능한 조건부 상황들의 평균값을 도출하여 구한 평균기대값을 비교하여 최선의 대안을 선택하는 기준으로 평균기대값 기준이라고도 한다. 주어진 정산표에서 각 조건부 상황이 발생할 확률은 0.33으로 모두 동일하다고 보고 조건부 상황값과 확률을 모두 곱하고 이를 합하여 라플라스(Laplace) 기준에 따른 각 대안별 평균기대값을 계산하면 다음과 같다.

상황 / 대안	S_1	S_2	S_3	계
A_1	16.5	6.6	-3.3	19.8
A_2	9.9	7.92	4.95	22.77
A_3	8.25	8.25	8.25	24.75

따라서 값이 가장 큰 A_3 대안이 가장 최선의 대안이다.

29 최대최솟값(Maximin) 기준 답 ③

최대최솟값(Maximin) 기준, 즉 최소극대화(maximin) 기준은 최악의 상황(S1)이 발생할 것이라는 가정하에 이득의 크기가 최대인 대안(A2)을 선택하는 것이며 그에 따른 이득의 크기는 20이다.

30 정책대안 예측기법 답 ④

정책대안의 예측기법은 투사, 예견, 추측(추정) 등이 있는데 ㄷ, ㅁ, ㅅ은 옳지 않은 분류이다.

ㄷ. 경로분석은 인과관계를 확인하는 이론적 예측(예견)에 해당한다.
ㅁ. 자료전환법은 시간의 흐름에 변화를 살펴보는 연장적 예측(투사)에 해당한다.
ㅅ. 격변예측기법(격변방법)은 시간의 추이에 따른 연장적 예측(투사)에 해당한다.

31 정책대안의 미래예측 방법 답 ②

교차영향행렬(cross-impact matrix) 분석은 미래예측기법 중 추세연장(extrapolation) 예측기법 인 투사(Projection)가 아닌 전문가의 직관적, 주관적 판단을 통한 추측(conjecture)이다.

32 정책분석(PA) 답 ②

ㄴ과 ㄷ은 정책분석에 대한 옳지 않은 설명이다.

ㄴ. 비용과 편익 모두 화폐가치로 측정하기 때문에 대안 간 비교에 용이한 것은 비용편익분석이다.
ㄷ. 문제 자체에 대한 정의를 잘못 내리는 오류는 제3종 오류이다.

33 델파이기법 답 ①

정책분석에서 사용되는 주요 미래예측기법 중 미국 랜드(RAND) 연구소에서 개발된 것으로, 전문가들을 대상으로 서면으로 설문을 반복하여 특정 주제에 대한 합의를 도출하는 접근방식은 직관적·질적 미래예측기법인 델파이분석(delphi technique)에 해당한다.

34 미래예측기법 답 ①

미래예측기법 중에서 전문가의 주관적·직관적 판단에 의한 정책대안의 결과를 예측하는 방법으로 가장 적절한 것은 델파이기법이다.

선지분석

② 시나리오분석이란 정책분석에서 종속변수에 영향을 미치는 여러 변수의 민감도분석 등 모든 요인을 고려한 시나리오 작성을 통해 정책대안을 분석하는 방법을 말한다. 조직이 처할 수 있는 유·불리한 상황을 설정하고 각각의 상황하에서 투자안의 순현재가치와 기본적인 상황에서의 순현재가치를 비교하여 투자에 따른 위험을 추출하는 기법으로, 계량적이고 객관적인 예측기법이다.
③ 회귀모형이란 회귀분석으로 독립변수 한 단위가 변화할 때 종속변수가 얼마나 변화할지를 예측하는 객관적인 예측기법이다.
④ 경로분석이란 회귀분석의 일종으로 변수 간 인과관계가 발생한 경로를 분석하는 객관적 예측기법이다.

핵심POINT 미래예측기법

접근방법	기초	적합한 기법
연장적 예측(투사)	추세연장	시계열분석, 선형경향분석, 지수가중법, 자료변환법, 격변방법론
이론적 예측(예견)	인과관계	선형계획법, 경로분석, 투입산출분석, 시나리오분석, 회귀분석, 상관분석, 구간(점)추정, 이론지도작성
주관적 예측(추측)	식견 있는 판단	델파이, 브레인스토밍, 교차영향분석, 실현가능성분석, 시나리오 작성

35 델파이기법 답 ③

델파이기법은 가까운 미래(단기)보다는 먼 미래(중장기)를 예측하는 것으로, 전문가들의 주관적 · 직관적인 판단을 토대로 하는 추측기법이다.

36 델파이기법과 정책델파이 답 ①

전문가들의 다양성을 고려해 의견일치를 유도하지 않고 토론을 통해서 정책결정이 이루어지는 것은 정책델파이의 특성이다. 전통적 델파이기법은 동일 영역의 전문가들의 의견을 수렴하여 합의를 하려는 분석기법이다.

핵심POINT 전통적 델파이기법과 정책델파이의 비교

구분	델파이기법	정책델파이
개념	일반문제에 대한 예측	정책문제에 대한 예측
응답자	동일영역의 일반전문가를 응답자로 선정	정책전문가와 이해관계자 등 다양한 대상자 선정
익명성	철저한 격리성과 익명성 보장	선택적 익명성 보장 (중간에 상호교차토론 허용)
통계처리	일반적 통계처리, 의견의 대푯값 · 평균치(중위값) 중시	극단적이고, 의견차이나 갈등을 부각시키는 통계처리

37 정책분석기법의 기본원칙 답 ①

제시문은 델파이기법에 대한 설명이다. 델파이기법은 아폴론 신전이 있던 고대 그리스의 도시 델포이(Delphoe)의 아폴론 신전에서 예언가들이 모여 미래를 점치던 것에서 유래한 것으로 전문가들이 집단토의를 하는 경우 발생하는 약점을 극복하기 위해서 개발된 전문가들의 의견을 종합하는 기법이다.

(선지분석)

① 조건부확률과 교차영향행렬의 적용하는 것은 델파이기법이 아니라 교차영향분석의 특성에 해당한다. 교차영향분석은 연관된 사건의 발생여부에 기초하여 미래 특정사건의 발생확률(조건부확률)을 추정하는 기법으로 교차영향행렬(cross-impact matrix)을 사용한다.

38 정책델파이기법 답 ③

정책델파이기법은 전통적인 델파이기법과 달리 주장들이 표면화된 후(일차회람 후)에는 참가자들이 공개적으로 토론을 벌이게 한다.

(선지분석)

① 정책델파이는 대립되는 입장에 내재된 가정과 논증을 표면화시키고 명백하게 하기 위하여 노력한다.
② 정책델파이는 극단적인 통계처리 등을 통하여 갈등을 의도적으로 조성한다.
④ 정책델파이는 동질적인 전문가보다는 다양한 이해관계와 식견이라는 기준에 의하여 참가자를 선정한다.

39 델파이기법 답 ③

장래에 일어날 사건의 줄거리를 가상적 시나리오로 구성하는 것은 미래에 대한 결과예측 기법 중 전문가의 주관적·직관적인 판단을 활용하는 추측(Conjecture)이다.

40 브레인스토밍 답 ⑤

브레인스토밍에서는 아이디어 개발과 평가가 동시에 이루어지지 않고, 아이디어 개발단계에서 모든 아이디어가 제시된 다음에 그에 대한 평가가 시작된다. 브레인스토밍은 자유분방한 토론을 통해 의견을 교환함으로써 다양한 아이디어를 도출하는 것이 목적이기 때문에 첫 단계인 아이디어 개발활동은 개방적이고 자유롭게 진행되며, 비판과 평가는 금지된다.

41 정책분석기법 답 ②

전통적 델파이기법의 보완하기 위한 분석기법으로 어떤 사건이 일어날 확률에 기초하여 미래의 어떤 사건이 일어날 확률에 대해서 식견 있는 판단을 이끌어 내는 것은 교차영향분석이다. 예를 들면 안개와 교통사고와의 관계분석 등이 있다.

(선지분석)

④ 선형경향추정은 시간의 흐름에 따른 연장적 예측기법(투사)으로 시간에 따른 관측치를 기초로 하나의 선으로 시간의 흐름에 따른 전반적인 흐름의 변화를 추정하는 방법이다. 예를 들면 과거 수년간의 교통사고 발생건수를 관찰하고, 그 경험치를 이용하여 미래 일정 시점의 교통사고 발생건수를 예측하는 것 등이 있다.

42 불확실성에 대한 대응방안 답 ①

일반적으로 행정의 불확실성이 높다고 생각하는 경우에는 시간을 확보하여 다량의 정보를 획득하는 활동으로 이를 극복하고자 적극 노력한다.

43 불확실성의 대처방안 답 ④

정책환경의 불확실성에 대하여 지연이나 회피하는 것은 불확실성을 인정하고 대안을 찾는 소극적 방법에 해당한다.

(선지분석)

① 정보의 획득, ② 정책실험, ③ 협상이나 타협을 통한 환경의 통제는 적극적 대처방안에 해당한다.

⊕ 보충 불확실한 상황에서의 대응방안

	불확실성을 인정하고 대안을 찾는 방안
소극적 대응방안	• 보수적(conservation decision) 접근(결정): 최악의 상황을 전제하고 대안 모색 • 중복 및 가외성 장치의 확보 • 민감도분석: 모형의 파라미터가 불확실할 때 여러 가능한 값에 따라 대안의 결과가 어떻게 달라지는지를 분석 • 제한적 합리성의 확보 • 악조건 가중분석: 최선의 대안은 최악의 상황을, 다른 대안은 최선의 상황을 가정해 보는 분석 • 분기점 분석: 악조건 가중분석의 결과 대안의 우선순위가 달라질 경우 대안들이 동등한 결과를 가져오기 위해서는 어떤 가정이 필요한지를 밝히는 분석 • 복수의 대안 제시: 불확실성에 대비하여 2개 이상의 대안 제시 • 상황의존도 분석: 정책상황의 변화 등에 따라 정책결과가 어떻게 영향을 받는지 분석 • 휴리스틱스(heuristics)기법 - 최선의 답(best answer)보다는 그럴 듯한 답(nice and good answer)에 이르게 하는 주먹구구식 탐색 규칙(rule of thumb)과 관련됨 - 알고리즘(algorism) 기법에 비해 현실적임 - 알고리즘에 비해 문제해결수단의 탐색에 유연함 - 알고리즘에 비해 인간이 수행할 수 있는 계산 범위에서 채택 가능한 해답을 찾고자 하는 문제풀이 방법의 발견에 몰두하기 때문에 현실적으로 효율적인 방법이 됨
	불확실성을 인정하지 않고 확실하게 하려는 방안
적극적 대응방안	• 불확실성을 유발하는 환경의 통제(타 기관과의 흥정이나 협상) • 모형이나 이론의 개발 · 적용 • 정보의 충분한 획득 • 정책실험, 브레인스토밍, 정책델파이 등

44 불확실성에 대한 대응방안 답 ③

적극적 극복방안은 불확실성을 인정하지 않고 이를 파악하여 확실하게 통제하려는 노력을 하는 것으로, ㄴ, ㄷ, ㄹ이 이에 해당한다.

ㄴ. 이론 또는 모형을 개발하여 인과관계를 예견하는 적극적 극복방안이다.

ㄷ. 정책델파이는 전문가의 주관적 · 직관적 판단을 통해 추측하는 방법으로 적극적 극복방안이다.

ㄹ. 상황이 좀 더 확실해질 때까지 추가적으로 정보를 충분히 획득하는 방법은 적극적 극복방안이다.

(선지분석)

ㄱ. 민감도분석은 불확실성을 주어진 것으로 보고 이를 감안하여 대안을 찾는 소극적 극복방안(불확실성을 인정하고 대안을 찾는 방안)이다. 즉, 여러 가지 가능한(외생변수) 값이 변함에 따라 대안의 결과가 얼마나 민감하게 달라지는지를 분석하는 방법이다.

45 정책분석의 기법 답 ③

Q-방법론(Q-methodology)은 1953년 스티븐슨(Stevenson)이 개발한 것으로 과학에서 경시되어 왔던 인간의 주관적인 영역(개인적인 관점, 의견 등)을 중심으로 정책을 분석하는 기법이다. 특정대상이나 현상에 대해 사람들이 가지고 있는 생각이나 태도, 가치관 등의 유사성에 따라 사람들을 집단으로 분류하는 방식으로, 비슷한 반응패턴을 보이는 사람들을 묶어서 공통인자를 발견하는 것을 특징으로 한다.

(선지분석)

① 정책과 우선순위 선정을 위한 기법은 AHP분석에 해당한다. DEA(Data Envelopment Analysis)분석(자료포괄분석)은 기존의 비율분석이나 비용함수와는 다른 선형계획법형태의 DEA모형을 이용하여 정책대안의 상대적 효율성을 분석하기 위한 기법이다.

② 생산성/효율성 분석을 위한 기법은 AHP분석이 아니라 DEA분석에 해당한다. AHP(Analysis of Hierarchical Process)분석(계층화분석)은 사티(Saaty)교수가 개발한 것으로 쌍대비교를 통한 정책의 우선순위를 선정하는 기법이다.

④ 전문가들의 주관적 의견을 수렴하기 위한 기법은 시나리오기법이 아니라 델파이기법에 해당한다. 시나리오기법은 미래에 나타날 가능성이 있는 여러 가지 시나리오를 구상하여 각각의 전개과정을 추정하는 분석기법이다.

46 재니스(Janis)의 집단사고(group think) 답 ③

위험을 회피하고 어떠한 혁신이나 도전도 하지 않으려는 경향은 무사안일주의나 복지부동을 말한다. 집단사고(group think)란 응집력이 강한 조직에서 만장일치에 대한 환상 때문에 구성원들이 획일적이고 기계적인 사고를 함으로써 반대의견을 표출하지 못하는 현상을 말한다.

47 의사결정 휴리스틱스의 오류 답 ③

지문의 내용은 상상의 용이성(imaginability)으로 인한 휴리스틱스(heuristics)의 오류에 해당한다. 실제로 2명일 때와 8명일 때의 조합 가능한 위원회의 수는 같은데 2명으로 위원회를 구성하는 조합이 8명으로 구성하는 경우보다 훨씬 쉬울 것이라고 상상되기 때문에 발생하는 오류이다.

⊕ **보충** 의사결정 휴리스틱스의 오류

휴리스틱스(heuristics)에 의한 직관적 판단은 명확한 인과관계에 의하지 않기 때문에 때로는 많은 오류를 가져오는데 이러한 오류는 다음과 같다.

1. **대표성(representativeness)에 의한 오류**
   A가 B를 대표하는 정도나 A와 B의 유사한 정도에 의해 확률을 평가하는 오류
   예 사물 A가 집합 B에 속하거나, 집합 B에 기인하거나, 집합 B를 발생시킬 확률에 따른 오류
2. **이용가능성(availability)에 의한 오류**
   사람들이 어떤 사건의 빈도나 확률을 판단할 때 실제 빈도에 근거하기보다는 쉽게 떠올릴 수 있는 구체적인 예에 따라 빈도 판단을 하는 오류

사례의 연상가능성으로 인한 오류	예가 친숙할수록, 현저할수록, 최근의 것일수록 연상하기 쉬어 발생하는 오류
탐색의 용이성으로 인한 오류	특정 속성을 만족시키는 집단의 예를 찾는 것이 얼마나 용이한가에 따라 판단이 달라지는 오류
상상의 용이성으로 인한 오류	적절한 예를 얼마나 쉽게 상상할 수 있는가가 빈도판단에 영향을 주는 오류 예 2명으로 위원회를 구성하는 조합이 8명으로 구성하는 경우보다 훨씬 쉬울 것이라고 상상되는 오류
허위상관으로 인한 오류	실제 상관관계가 없음에도 두 변수 간에 상관관계가 높을 것이라고 착각하기 쉬운 오류

3. **고착화와 조정(anchoring & adjustment)으로 인한 오류**
   사람들은 대개 초기의 값으로부터 추정을 시작하여 조정과정을 거쳐 최종적인 값을 도출하는데 조정은 대체로 불충분하며 결국 서로 다른 초기의 출발점은 서로 다른 결과를 유발하게 되어 발생하는 오류

48	공론조사(deliberative polling)	답 ②

공론조사는 1988년 미국 스탠퍼드대 교수인 제임스 피시킨(James Fishkin)이 제안한 방법으로 주로 찬반이 뚜렷한 사안에 대하여 정보를 충분히 제공받은 시민들이나 전문가들의 다양한 의견을 토론 등의 과정을 거쳐 수렴하여 공론을 형성하는 숙의형 여론조사기법이다. 공론조사는 사회적 갈등 해결책을 찾는 과정에서 이해관계자 · 전문가 · 일반시민 등의 다양한 의견을 민주적으로 수렴해 공론을 형성하는 것으로, 대의민주주의를 보완하는 숙의민주주의 방법의 하나이다.

(선지분석)

① 일정 기간 동안 공론화 과정을 거쳐야 하기 때문에 토론에 필요한 시간과 비용이 소요된다.
④ 우리나라는 최근 탈원전정책 등에서 공론화위원회를 구성하여 공론조사를 활용한 바 있다.

⊕ **보충** 공론조사의 장단점

장점	여론조사가 단편적 정보와 인식에 기초한 데 비해 공론조사는 다양한 정보와 사안에 대한 이해가 이뤄져야 하기 때문에 보다 합리적인 여론 수렴이 가능함
단점	조사대상자의 범위가 일반여론조사보다 좁고, 단계별로 중간에 탈락하는 경우가 있기 때문에 대표성 측면에서 일반여론조사보다 낮음

THEME 23 정책결정모형 I (개인)

정답

p. 128

01	②	02	②	03	③	04	①	05	③
06	③	07	⑤	08	④	09	④	10	②
11	②	12	①	13	②	14	②	15	②
16	④	17	③	18	①	19	②	20	③
21	③	22	④	23	①	24	②	25	③
26	③								

01	의사결정모형	답 ②

국가권력이 사회 각 계층에 분산된 다원주의 사회에서는 점증주의 모형이 적합하다. 합리모형은 권위적이고 위계적인 전체주의 사회에 더욱 적합한 모형이다.

(선지분석)

① 합리모형은 모든 대안을 포괄적으로 탐색하고 대안의 결과도 포괄적으로 고려한다.
③ 합리모형은 권위적인 전체주의 사회에 적합하고, 점증모형은 다원화된 민주사회에 적합하다.
④ 에치오니(Etzioni)는 혼합주사모형은 범사회적 지도체제(societal guidance system)로서의 틀을 갖춘 능동적 사회(개도국)에 적용하는 것이 바람직하다고 하였다.

02	점증모형	답 ②

가장 합리적인 대안을 선택하기 위하여 모든 대안을 검토하는 것은 점증모형이 아니라 합리모형이다.

03	점증모형	답 ③

점증모형은 모든 대안이 아니라 기존의 한정된 대안에서 약간의 소폭적 변화를 추구하므로 혁신적 정책결정이 곤란하다. 급격한 개혁과 새로운 환경을 반영하는 혁신적 정책결정을 설명하기 용이한 것은 합리모형에 대한 설명이다.

04	정책결정모형	답 ①

정책결정자나 정책분석가가 절대적 합리성을 가지고 있고, 주어진 상황하에서 목표의 달성을 극대화할 수 있는 최선의 정책대안을 찾아낼 수 있다고 보는 것은 만족모형이 아니라 합리모형이다. 만족모형은 인간의 인지능력상 한계로 인해 제한된 합리성을 통하여 몇 개의 대안 중에서 만족할 만한 대안을 선택한다.

05	합리성의 가정	답 ③

목표달성에 대한 만족 기준의 명확성은 합리모형이 아니라 만족모형과 관련된다.

06	점증모형	답 ③

점증모형은 1959년 린드블룸(Lindblom), 윌다브스키(Wildavsky) 등이 주장한 모형으로, 인간의 지적 능력의 한계와 정책결정수단의 기술적 제약을 전제로 기존의 정책에서 약간 수정된 정책을 추구하는 모형이다. 따라서 점증모형은 정책결정을 어느 한 시점에서 완벽하게 끝내버리지 않고 상황을 고려하여 부분적·점진적·순차적으로 수행하며, 한계적 변화를 추구하면서 그러한 과정에서 발생하는 갈등과 대립을 타협이나 협상을 통해서 극복하려고 하는 합의를 중시한다. 또한 기존 정책이 잘못된 것이더라도 이를 축소하거나 종결하기 어렵다는 한계가 있다.

07	점증주의	답 ⑤

정책목표달성을 극대화하는 정책을 최선의 정책으로 평가하는 것은 합리모형의 특징이다. 점증모형은 수단과 목표가 명확히 구분되지 않으므로 흔히 목표-수단의 분석이 부적절하거나 제한되는 경우가 많기 때문에 이해관계의 조정을 통해서 기존 대안에 소폭적 변화를 추구한다.

08	점증모형의 논리적 근거	답 ④

점증모형은 매몰비용을 고려하며, 제한적 합리성(정치적 제약)하에서 실현가능성을 강조하는 현실적인 모형이다. 그렇지만 제한적 합리성 때문에 모든 정보에 대한 접근성은 떨어지기 때문에 정보접근성은 논리적 근거로 보기 어렵다.

09	정책결정모형	답 ④

점증모형의 장점을 합리모형과의 통합으로 보완하려는 시도는 에치오니(Etzioni)의 혼합모형에서 나타난다.

10	만족모형	답 ②

만족모형은 제한된 합리성을 기반으로 하므로 ㄱ. 책임회피의식과 보수적 사고가 지배적인 상황에서 혁신을 이끄는 데 어려우며, ㄹ. 일반적이고 가벼운 의사결정과 달리 중대한 의사결정에 적용하기 어려울 수 있다는 한계가 있다.

선지분석

ㄴ. 만족모형은 주관적인 만족을 기준으로 하므로 만족에 대한 기대수준을 명확히 규정하기 어려우며, 획일적인 의사결정 구조가 나타나지 않는다.
ㄷ. 조직 내 상하관계 등에서 나타나는 권력적 측면이 의사결정에 미치는 영향을 간과하는 것은 각 부서 간의 타협적 결정(갈등의 준해결)에 의해서 의사결정이 이루어지는 연합(회사)모형의 한계이다.

11	정책결정모형에 대한 비판	답 ②

만족모형은 몇 개의 대안 중에서 만족할 만한 대안을 선택하는 것으로 대안 선택 시 지나치게 심리적이고 주관적이라는 비판을 받는다.

선지분석

① 합리모형은 목표-수단 분석을 통해서 가치(목표)와 사실(수단)이 분리되었기 때문에 현실적으로 가치와 사실이 분리하기 어렵다(불가능)는 비판을 받는다.
③ 점증모형은 기존 대안에 소폭적 변화를 하기 때문에 타성적 정책결정을 조장한다는 비판을 받는다.
④ 점증모형은 기존결정이나 대안을 유지하므로 안정적 상황에서만 적용 가능하고 불확실하고 유동적인 상황에는 적용하기 어렵다는 비판을 받는다.

12	정책결정모형	답 ①

정책결정모형은 개인, 집단(조직)적 수준의 모형으로 나눌 수 있다. 혼합주사모형은 개인의 의사결정을 다룬 개인적 차원의 정책결정모형이다.

선지분석

④ 최적모형에서는 정책결정구조의 계속적인 검토·개선을 강조하며 정책결정능력의 향상을 위해 정책집행의 평가와 환류작용에 중점을 둔다.

13	정책결정모형	답 ②

(가)와 (라)는 합리모형의 특징으로 올바르게 짝지어져 있다.

선지분석

(나) 에치오니가 주장한 혼합주사모형의 특징이다.
(다) 사이먼과 마치가 주장한 만족모형의 특징이다.

14	혼합주사모형(mixed-scanning model)	답 ②

혼합주사모형은 정책결정을 근본적 결정과 세부적 결정으로 나누어 근본적 결정은 합리모형, 세부적 결정은 점증모형에 의하여 결정하는 절충적 정책결정모형이다.

(선지분석)

① 특정한 상태를 유지하는 적응적 의사결정모형은 사이버네틱스 모형의 설명이다.
③ 연합모형(회사모형)의 특징에 해당한다.
④ 의사결정은 사전에 정해진 주요 변수에 따라 결정하며 상황변화에 따른 새로운 정보를 중시하지 않고 불확실성을 통제하는 방식은 사이버네틱스모형의 특징이다.

15	혼합모형	답 ②

혼합모형에서는 근본적인 결정은 중요한 대안을 종합적으로 고려하는 합리모형에 입각하여 거시적이고 장기적인 안목에서 대안의 방향성을 탐색하는 한편, 세부적인 결정은 점증모형에 입각하여 근본적인 결정의 범위 내에서 소수의 대안만 고려하는 쪽으로 심층적이고 대안적인 변화를 시도하는 것이 바람직하다고 본다.

(선지분석)

① 최적모형에 대한 설명이다.
③ 쓰레기통모형에 대한 설명이다.
④ 점증모형에 대한 설명이다.
⑤ 만족모형에 대한 설명이다.

16	혼합탐사모형	답 ④

제시문은 합리모형의 특징인 개략적인 파악과 점증모형의 특징인 면밀하게 관찰을 혼합적으로 적용한 혼합탐사모형에 대한 설명이다. 혼합탐사모형은 근본적인 결정은 합리모형을 적용하여 전체를 개괄적으로 파악하고, 세부적인 결정에 대해서는 점증모형을 적용하여 한정된 대안을 세부적으로 관찰하여 정책을 결정하는 모형이다.

17	정책결정이론 모형	답 ③

에치오니(A. Etzioni)의 혼합관조모형(Mixed Scanning Model)은 합리모형과 점증모형(Incremental Model)의 한계를 극복하고자 하는 모형으로 근본적(기본적·전체적)인 측면에서는 합리모형, 부분적(구체적·세부적)인 측면에서는 점증모형을 적용한다.

18	최적모형	답 ①

합리적인 요소(경제적 합리성)와 초합리적인 요소(직관, 통찰력)의 조화를 강조하는 모형은 최적모형이다.

19	정책결정모형	답 ②

최적모형은 드로어(Dror)가 주장한 모형으로, 합리성과 초합리성의 조화를 추구하므로 정책결정에 있어서 정책결정자의 직관이나 통찰력 등의 초합리성을 강조한다.

20	드로어(Dror)의 메타정책결정	답 ③

드로어(Dror)는 최적모형에서 정책결정의 단계를 '메타정책결정 → 본래 의미의 정책결정 → 후정책결정'의 3단계로 나누고 이 중 메타정책결정(초정책결정)은 정책을 어떻게 결정할 것인가를 결정하는 것으로서 결정참여자 · 시기 · 결정을 위한 조직과 비용 · 결정 방식들을 미리 결정하는 것을 말한다.

(선지분석)

①, ②, ④ 모두 정책결정 이후의 후정책결정에 해당한다.

21	드로어(Dror)의 최적모형	답 ③

조직의 구성단위나 구성원 사이의 응집성이 아주 약한 혼란상태에서 이루어지는 의사결정의 특징을 강조하는 모형은 마치, 코헨과 올슨이 주장한 쓰레기통 모형이다.

(선지분석)

⑤ 메타정책 결정단계는 정책결정 이전에 전반적인 정책결정의 구상에 관해 결정하는 단계로서 직관이나 통찰력 같은 초합리성이 활용된다.

22	정책결정모형	답 ④

최적모형은 합리모형의 한계를 극복하기 위해 직관이나 통찰력과 같은 초합리성을 결합하여 최적화하는 모형이다.

(선지분석)

① 합리모형은 목표와 수단 및 우선순위가 명확하기 때문에 변화 가능한 정책과정의 역동성을 고려하기는 어렵다.

23	최적모형	답 ①

최적모형에서 상위정책결정(meta - policy making)은 7단계로 구분되며, 정책결정과 관련하여 위험최소화전략 대신 혁신전략을 취하는 것은 상위정책결정 중 정책결정전략의 결정에 해당한다.

(선지분석)

② 앨리슨모형 Ⅱ는 느슨하게 연결된 반독립적인 하위 조직체들이 표준운영절차(SOP)를 통해 의사결정을 한다.

③ 만족모형은 의사결정자들이 만족할 만하고 괜찮은 해결책을 얻기 위하여 몇 개의 대안을 순차적으로 탐색 · 분석한다. 여러 가지 대안을 동시에 병렬적으로 검토하는 것은 만족모형이 아니라 합리모형의 특징이다.
④ 쓰레기통모형은 의사결정을 위해서는 문제, 해결책, 선택기회, 참여자의 네 가지 흐름(요소)이 필요하다고 본다.

핵심POINT 상위정책결정의 7단계

1. 가치의 처리
2. 현실의 처리
3. 문제의 처리
4. 자원의 조사 · 처리 및 개발
5. 정책체제(시스템)의 설계 · 평가 및 재설계
6. 문제 · 가치 및 자원의 할당
7. 정책결정전략의 결정

24	정책의 전략적 관리방안	답 ②

정책의 전략적 관리를 위해서 제일 먼저 상위정책결정단계로 볼 수 있는 것은 총체적인 정책방향과 통용되는 규범적 가치 파악이다. 이후 SWOT 분석을 통한 조직의 현재 상황의 파악한 후 전략적 의제를 개발하고, 전략적 대안을 모색한 후 전략적 대안의 성공가능성을 평가하여 선택된 대안을 전략적으로 집행하면 된다. 그러므로 정책의 전략적 관리방안을 단계별 순서대로 바르게 나열한 것은 'ㄱ → ㅁ → ㄴ → ㄹ → ㅂ → ㄷ'이다.

25	정책결정모형	답 ③

에치오니(Etzioni)는 합리모형과 점증모형의 단점을 극복하기 위하여 혼합모형을 주장하였다. 혼합모형은 근본적 결정은 합리모형을, 세부적 결정은 점증모형을 혼합한 제3모형이다. 최적모형은 드로우(Dror)가 주장한 것으로 합리성과 초합리성(직관, 통찰력)을 결합한 모형이다.

선지분석

④ 사이버네틱스모형은 와이너(Wiener)에 의하여 창시되고 애쉬비(Ashby)가 계승하였다. 스타인부르너(Steinbruner)는 이를 시스템 공학에 의하여 응용하여 관료제에서 이루어지는 정책결정을 단순하게 묘사하려고 하였다.

26	정책결정모형	답 ③

ㄴ, ㄷ은 점증모형과 쓰레기통모형에 대한 설명으로 옳은 설문이다.

선지분석

ㄱ. 정책결정을 근본적 결정과 세부적 결정으로 구분하는 것은 혼합주사모형이다.
ㄹ. 갈등의 준해결과 표준운영절차(SOP)의 활용은 연합모형의 특징이다.

THEME 24 정책결정모형 Ⅱ (집단)

정답 p. 134

01	④	02	③	03	③	04	④	05	④
06	①	07	②	08	③	09	④	10	③
11	④	12	④	13	②	14	③	15	②
16	⑤	17	④	18	③	19	③	20	①
21	④	22	③	23	①	24	③	25	②
26	④	27	④	28	①	29	③	30	③
31	②	32	①	33	②	34	②	35	③
36	②	37	②	38	③	39	④		

01	의사결정모형의 특징	답 ④

회사모형(연합모형)은 합리모형과 달리 불확실한 환경을 회피하고 조직 내의 갈등을 극복하기 위하여 장기적인 전략과 기획보다는 단기적이고 일시적인 전략과 기획을 중요시한다.

선지분석

① 최적모형에 대한 설명이다.
② 쓰레기통모형에 대한 설명이다.
③ 점증모형은 기존정책이나 결정에 약간의 변화를 추구하는 것으로 정책을 점증적으로 결정하는 것이 바람직하고 이상적이라고 본다.

02	앨리슨(Allison)모형의 특징	답 ③

앨리슨(Allison)의 관료정치모형(모형Ⅲ)은 조직을 독립적인 개인적 행위자들의 집합체로 상정하며 이들의 목표는 일관되지 않고 응집력이 매우 약하다.

선지분석

① 합리적 행위자모형(모형 Ⅰ)은 조직을 조정과 통제가 잘 된 하나의 유기체로 간주한다. 국가 전체의 이익과 국가목표 추구를 위해서 개인의 이익을 고려하지 않는 것을 전제하며, 국가가 단일적인 결정자임을 인정한다.
② 조직과정모형(모형 Ⅱ)은 연합모형과 전제조건이 유사하며 따라서 조직은 불확실성을 회피하기 위하여 정책결정을 할 때 표준운영절차(SOP)나 프로그램목록(program repertory)에 의존한다.
④ 정부의 정책결정과정을 설명하고 예측하기 위한 분석틀로서 기존에 제시되었던 합리모형과 조직과정모형에 관료정치모형을 새롭게 추가하여 세 가지 의사결정모형을 제시하였다. 특히 외교안보문제 분석에 있어서 설명력을 높이기 위한 대안적 모형으로 조직과정모형을 고려한다. 미국 국무부는 외교정책, 국방부는 안보정책, 재무부는 경제정책 등으로 정책을 분리하여 관리한다고 본다.

03	정책결정모형의 특징	답 ③

의사결정자에 의하여 조직의 의사결정이 통제된다고 보는 모형은 모형Ⅰ(합리모형)이다. 회사모형은 각 단위 조직이 사업부서별로 독립적인 운영을 하는 연합체의 형태를 띠고 있기 때문에 이를 연합모형, 모형Ⅱ(조직과정모형)라고도 한다. 이는 갈등이 불가피하고 의사결정자가 조직의 의사결정을 완전하게 통제하지 못한다는 특징이 있다.

(선지분석)

① 만족모형은 인간의 인지능력상 한계로 인한 제한된 합리성을 가정한다.
② 점증모형은 기존 정책을 유지하거나 기존 정책보다 약간 향상된 대안에 관심을 갖는 모형으로, 점진적이고 부분적인 변화를 중시한다.
④ 앨리슨(Allison)은 쿠바 미사일 사건에서 세 가지 의사결정모형을 제시하였는데, 기존에 논의되던 모형Ⅰ(합리모형)과 모형Ⅱ(조직과정모형)에다가 그동안 경시되어 오던 정치적 결정, 모형Ⅲ(관료정치모형)의 중요성을 강조하였다.

04	정책결정모형의 특징	답 ④

정부를 잘 조직화된 유기체로 간주하는 것은 합리모형(모형Ⅰ)에 해당한다. 앨리슨(Allison)의 관료정치모형은 정부를 독립된 참여자 개개인의 집합체로 간주하며, 정책결정과정을 본질적으로 정치게임에 참여하는 개인의 경우와 같다고 본다.

05	앨리슨(Allison)의 정책결정모형	답 ④

정책결정의 일관성이 강한 것은 모형Ⅱ(조직과정모형)가 아니라 모형Ⅰ(합리모형)의 특징에 해당한다.

06	앨리슨(Allison)의 정책결정모형	답 ①

조직과정모형(모형Ⅱ)은 조직을 단일의 결정주체가 아니라 느슨하게 연결된 반독립적인 하부조직의 연합체로 보고, 의사결정이 주로 관행과 표준적 절차(SOP)에 의하여 이루어진다고 보는 것이 기본 전제이다.

(선지분석)

② 합리모형(모형Ⅰ)의 특징이다.
③, ④ 관료정치모형(모형Ⅲ)의 특징이다.

07	앨리슨(Allison)의 정책결정모형	답 ②

관료정치모형은 조직 상위계층에서의 적용가능성이 높고, 조직과정모형은 조직 하위계층에서의 적용가능성이 높다. 앨리슨(Allison)은 쿠바 미사일 위기사건을 연구대상으로 하여 의사결정모형을 세 가지로 나누었는데, 관료정치모형(모형Ⅲ)은 조직의 상층부에서 나타나는 모형이고 조직과정모형(모형Ⅱ)은 조직의 하층부에서 나타나는 모형이라고 하였다. 또한 실제의 정책과정에서는 세 가지 모형 모두 적용될 수 있다고 하였다.

08	앨리슨(Allison)모형	답 ③

정책결정결과가 참여자들 간 타협, 협상 등에 의해 좌우된다고 보는 것은 독립적인 개인적 행위자들이 정치적 자원에 의존하여 게임이나 협상을 하는 관료정치모형(AllisonⅢ모형)이다. 조직과정모형(AllisonⅡ모형)은 조직을 느슨하게 묶여진 하위조직들의 결합체로 보면서, SOP와 프로그램목록에 따라 정책결정이 이루어진다고 본다.

(선지분석)

① 앨리슨(Allison)은 『의사결정의 본질』(1971)에서 1960년대 초 쿠바 미사일 사건과 관련된 미국의 외교정책 과정을 분석한 후 정부의 정책결정과정을 설명하고 예측하기 위한 분석틀로서 기존에 제시되었던 합리모형과 조직과정모형에 관료정치모형을 새롭게 추가하여 세 가지 상이한 이론모형을 제시하였다.

09	앨리슨(Allison)모형	답 ④

제시문은 앨리슨모형 중 관료정치모형(모형Ⅲ)의 특징에 해당한다. 1960년대 쿠바 미사일 사태에서 미국의 해안봉쇄 결정은 대통령의 단일적 결정(합리적 행위자 모형, 모형Ⅰ)이 아닌 여러 대표자들(개인적 행위자, 모형Ⅲ)의 정책대안에 대한 갈등과 타협을 통하여 정책결정을 한 것이 핵심적인 특징이다.

10	앨리슨(Allison)모형	답 ③

앨리슨(Allison)의 관료정치모형(모형 III)은 독립적인 개인적 행위자들의 집합체로서 정책결정에 참여하는 구성원들 간의 목표 공유정도와 정책결정의 일관성이 모두 매우 낮다.

(선지분석)

① 조직과정모형(모형 II)의 특징이다.
② 합리적 행위자모형(모형 I)의 특징이다.
④ 조직과정모형(모형 II)의 특징이다.

핵심POINT 앨리슨(Allison)모형

구분	Allison I (합리적 행위자)	Allison II (조직과정)	Allison III (관료정치)
조직관	조정과 통제가 잘 된 유기체	느슨하게 연결된 하위조직들의 연합체	독립적인 개인적 행위자들
권력의 소재	조직의 두뇌와 같은 최고지도자가 보유	반 독립적인 하위조직들이 분산소유	개인적 행위자들의 정치적 자원에 의존
행위자의 목표	조직전체의 목표	조직전체의 목표 + 하위조직들의 목표	조직전체의 목표 + 하위조직의 목표 + 개인적 행위자들의 목표
목표의 공유도 (정책의 일관성)	매우 강함	약함	매우 약함
정책결정의 양태	최고지도자가 조직의 두뇌와 같이 명령	SOP에 대한 프로그램 목록에서 대안 추출	정치적 게임의 규칙에 따라 타협, 흥정, 지배

11 앨리슨(Allison)모형 답 ④

앨리슨(G. T. Allison)은 '의사결정의 본질(1971)'에서 1960년대 초 쿠바 미사일 사건과 관련된 미국의 외교정책 과정 분석한 후 정부의 정책결정과정을 설명하고 예측하기 위한 분석틀로서 3가지 모형(합리적 행위자모형, 조직과정모형, 관료정치모형)을 제시하였다. 앨리슨(Allison)은 실제의 정책결정과정에서 분석가는 동일한 사건이나 현상에 대해 동일한 모형이 아닌 다양한 모형을 적용해야 한다고 주장하였으며, 앨리슨(Allison)도 쿠바미사일 사건을 분석할 때 세 가지 모형이 하나씩 적용되기도 하고 동시에 적용될 수 있다고 보았다.

12 정책결정모형 답 ④

앨리슨 모형 I (Allison Model I)의 '합리적 행위자모형'은 국가 또는 정부에 의해서 채택된 정책은 그 국가전체의 전략적 목표나 목적을 극대화하도록 의도된다고 본다.

(선지분석)

① 쓰레기통모형에서 '문제성 있는 선호(problematic preferences)'란 의사결정 참여자들이 무엇이 바람직한지에 관한 선호가 분명하지 않은 상태에서 결정에 참여하는 것이다.

② 쓰레기통모형에서 '불명확한 기술'이란 목표와 수단 사이의 인과관계가 명확하지 않은 것이다.

③ 연합(회사)모형에서 '문제중심의 탐색'이란 정책결정 능력의 한계로 관심 있는 문제 중심으로 대안을 탐색하는 것이다.

13 표준운영절차(SOP)의 특징 답 ②

표준운영절차(SOP; Standard Operation Process)란 업무처리 과정을 표준화·정형화·루틴화하는 것으로 이러한 공식화가 이루어지면 업무처리의 공평성과 객관성이 확보되어 진다.

(선지분석)

① 업무가 발생해도 표준운영절차로 인해 업무처리의 연속성을 유지하는 것이 용이하다.

③ 표준운영절차에 의한 업무처리는 정형화되어 있기 때문에 정책집행현장의 특수성을 반영하기 곤란하다.

④ 표준운영절차에 의한 의사결정은 앨리슨모형 II (조직과정모형)에 해당한다.

14 정책결정모형의 특징 답 ③

정책결정모형에 대한 설명으로 옳지 않은 것은 ㄴ, ㄹ이다.

ㄴ. 만족모형은 모든 대안을 탐색하는 것이 아니라 습득 가능한 몇 개의 중요한 대안만을 순차적으로 탐색한 뒤 만족할 만한 대안을 선택하는 것이다.

ㄹ. 정책문제, 해결책, 선택기회, 참여자의 네 요소가 독자적으로 흘러 다니다가 어떤 계기로 교차하여 만나게 될 때 의사결정이 이루어진다고 보는 것은 앨리슨모형이 아니라 쓰레기통모형에 대한 설명이다.

15 정책결정모형의 특징 답 ②

정책결정모형에 대한 설명으로 옳은 것은 ㄱ, ㄷ이다.

(선지분석)

ㄴ. 공공선택모형은 경제학적 분석도구를 공공부문에 도입한 모형으로, 의사결정에 참여하는 모든 사람, 즉 관료, 정치인, 시민, 이익집단 모두가 이기적 경제인이라고 가정한다. 따라서 관료들도 예산의 극대화를 통하여 자신의 이익을 추구하는 존재로 본다.

ㄹ. 쓰레기통모형에 따르면 문제의 흐름, 해결책의 흐름, 선택기회의 흐름 및 참여자의 흐름의 네 가지 요소가 만나서 의사결정이 이루어진다고 본다.

16 쓰레기통모형 답 ⑤

쓰레기통모형은 조직화된 무정부상태에서 의사결정에 필요한 네 가지 흐름(문제, 해결책, 선택기회, 참여자)이 흘러 다니다가 어떠한 계기로 우연히 한 곳에 모이게 되면 정책이 결정된다고 보는데, 의사결정에 필요한 네 가지 흐름을 결합하는 점화계기에는 극적 사건과 정치적 사건이 있다. 설문에 제시된 '대형 참사'는 극적 사건에 해당한다.

⊕ 보충 네 가지 흐름을 결합하는 점화계기

극적 사건	문제를 부각시키는 대형 참사 예 대구 지하철사건, 9.11테러 등
정치적 사건	국가의 분위기나 정치이념의 변화를 가져오는 사건 예 정권의 변동 등

17	쓰레기통모형	답 ④

현실적합성이 낮기 때문에 이론적으로만 설명이 가능한 모형은 쓰레기통모형이 아니라 합리모형이다. 쓰레기통모형은 계층제적 권위가 없고 상하관계가 분명하지 않은 대학조직이나 친목단체와 같은 조직의 의사결정에 적용할 수 있고, 현실적으로도 나타나고 있는 모형이다.

18	쓰레기통모형의 주창자	답 ③

<보기>에서 설명하고 있는 정책결정모형은 쓰레기통모형으로, 이 모형을 주장한 학자는 코헨, 마치와 올슨(Cohen, March & Olsen)이다.

19	쓰레기통모형	답 ③

쓰레기통모형의 의사결정방식은 끼워넣기(by oversight)나 미뤄두기(by flight) 등이 활용된다. 끼워넣기(날치기 통과)는 다른 관련 문제가 제기되기 전에 재빨리 의사결정을 하는 것이고, 미뤄두기(진빼기 결정)는 걸림돌이 되는 문제가 사라질 때까지 기다렸다가 결정을 하는 것이다.

선지분석

① 쓰레기통모형은 응집성이 약한 혼란상태(조직화된 무질서)에서의 의사결정을 기술하고 설명한다.
② 불명확한 기술이 아니라 유동적 참여자에 해당하는 내용이다.
④ 문제성 있는 선호가 아니라 불명확한 기술(인과관계)에 해당하는 내용이다.

20	쓰레기통모형의 기본적인 전제	답 ①

갈등의 준해결은 하위부서 간에 업무를 타협하거나 조정하는 형태로 연합모형(회사모형)에 대한 설명이다. 나머지는 쓰레기통모형의 기존전제인 '조직화된 무질서'를 설명하는 주요 특징이다.

21	정책결정모형	답 ④

쓰레기통모형에서는 불확정적 선호, 불명확한 기술, 유동적 참여자를 기본 전제로 해결을 요하는 문제, 문제의 해결책, 정책결정의 참여자, 정책결정의 기회 등 네 가지 정책결정 요소들이 우연한 사건이나 기회에 합쳐지면서 의사결정이 이루어진다고 본다.

선지분석

② 린드블럼(Lindblom)이 주장한 점증모형의 합리성은 정치적 합리성인데, 사이먼(Simon)의 제한된 합리성은 인간의 인지적, 정치적 제약에 바탕을 두고 있는 이론으로 주로 정책결정자의 의사결정에 적용된다.

22	정책의 창 모형	답 ③

킹던(Kingdon)이 주장한 정책의 창 모형(Policy Window Model)에서 정책 창문은 '정책주창자들이 그들의 관심대상에 주의를 집중시키고 그들이 선호하는 대안을 관철시키기 위해서 열려지는 기회'로 정의된다. 이러한 정책 창문은 정책과정의 세 가지 흐름(문제 · 정책 · 정치의 흐름)에 의하여 열리게 되는데 한번 열리면 문제에 대한 대안이 도출될 때까지 계속 열려있는 것이 아니라 아주 짧은 기간 동안 열려있게 된다.

23	정책의 창 모형	답 ①

정책의 창 모형의 세 가지 흐름은 문제의 흐름, 정책의 흐름, 정치의 흐름이며, 정보의 흐름은 포함되지 않는다.

핵심POINT 쓰레기통모형과 정책의 창 모형의 흐름(구성요소)

쓰레기통모형	정책의 창 모형
• 문제의 흐름 • 해결책의 흐름 • 선택기회의 흐름 • 참여자의 흐름	• 문제의 흐름 • 정책의 흐름 • 정치의 흐름

24	정책의 창 모형	답 ③

킹던(Kingdon)의 정책의 창 모형은 문제의 흐름, 정책의 흐름, 정치의 흐름의 세 가지 흐름이 상호 의존적 경로를 따라 진행되는 것이 아니라, 서로 관련성 없이 독자적으로 흘러다니다가 어떠한 기회로 우연히 만나게 되면 정책의 창이 열리게 된다.

25	정책의 창 모형	답 ②

킹던(Kingdon)의 정책의 창 모형의 세 가지 흐름에 해당되는 것은 이슈 흐름(issue stream)이 아니라 정책의 흐름(policy stream)이다.

26	킹던(Kingdon)의 정책창 모형	답 ④

ㄴ. 쓰레기통모형, ㄷ. 정치의 흐름, ㄹ. 점화장치는 킹던(Kingdon)의 정책창 모형과 관련된 내용이다.

선지분석

ㄱ. 킹던(Kingdon)의 정책창 모형은 집단차원의 의사결정모형으로 방법론적 개인주의와는 관련이 없다.
ㅁ. 정책창모형은 표준운영절차(SOP)와 같은 정형화 · 표준화된 결정과는 관련이 없다.

27	킹던(Kingdon)의 정책흐름모형	답 ④

킹던(Kingdon)의 정책흐름모형은 쓰레기통모형을 발전시킨 것으로, 정책과정의 세 흐름인 문제, 정책, 정치흐름을 강조하는 흐름모형이므로 ㄴ과 ㄷ은 옳은 지문이다.

선지분석

ㄱ. 경쟁하는 연합의 자원과 신념체계(belief system)를 강조하는 모형은 사바티어(Sabatier)의 통합모형(ACF)이다.

28	킹던(Kingdon)의 정책흐름모형	답 ①

킹던(John W. Kingdon)의 정책흐름모형은 문제의 흐름, 정치의 흐름, 정책의 흐름의 세 가지 흐름을 제시하며 이러한 세 가지 흐름이 독자적으로 흘러다니다가 우연한 사건이나 기회에 합쳐지면서 정책의 창이 열린다는 모형이다. 문제의 흐름, 해결책의 흐름, 참여자의 흐름, 선택기회의 흐름을 제시하는 것은 쓰레기통 모형(GCM)의 네 가지 흐름이다.

29	킹던(Kingdon)의 '정책의 창(Policy Windows)'의 세 가지 흐름	답 ③

쓰레기통 모형을 발전시킨 킹던(John W. Kingdon)의 '정책의 창(Policy Windows)' 모형에서 세 가지 흐름은 문제(Problem), 정치(Political), 정책(Policy)의 흐름이다.

30	사이버네틱스모형	답 ③

사이버네틱스모형은 대안의 결과를 미리 예측하는 인과적 학습이 아니라 시행착오적인 도구적 학습을 강조한다. 인과적 학습은 합리모형(분석적 모형)에서 강조한다.

핵심POINT 분석적 모형과 사이버네틱적 모형의 비교

구분	분석적 모형	사이버네틱적 모형
성격	엄격한(완전한) 합리성	제한된 합리성
문제해결	알고리즘(연역적 방식)	휴리스틱(귀납적 방식)
학습	인과적 학습	도구적 학습 (시행착오적 학습)
해답	'최선의 답' 추구	'그럴듯한 답' 추구
이념	(경제적) 효율성	(배분적) 형평성
인간관	전지전능인	인지능력의 한계 인정
대안분석	동시적 분석	순차적 분석

31	사이버네틱스(cybernetics)모형	답 ②

문제해결과 목표달성을 위한 정보와 대안의 광범위한 탐색을 강조하는 것은 합리모형의 특징이다. 사이버네틱스모형은 완전한 분석적 합리성이 존재하지 않는 적응적 의사결정을 특징으로 한다.

32	정책결정모형	답 ①

사이버네틱스모형은 고차원의 목표가 반드시 사전에 존재하는 것으로 전제하지 않고 일정한 주요 변수의 유지를 위한 끊임없는 적응에 초점을 둔다(비목적적 적응).

선지분석

② 합리적 분석과 함께 정책결정자의 직관적 판단도 정책결정의 중요 요인으로 수용하는 것은 최적모형의 특징이다.
③ 의사결정이 분산되어 있는 상황에서 합의된 정책결정을 위해 타협을 시도하는 상황을 설명하는 것은, 개인적 행위자가 정치적 자원을 가지고 게임(타협과 협상)을 벌이는 관료정치모형(AllisonⅢ)에 좀 더 가깝다고 보여진다.
④ 정책결정을 하나의 우연한 현상으로 설명하는 것은 우연한 사건이나 기회에 의해서 의사결정이 이루어지는 쓰레기통모형의 특징이다.

33	정책결정모형	답 ②

사이버네틱스모형은 자동온도조절장치와 같이 일정한 상태의 유지를 위한 끊임없는 적응에 초점을 두며 새로 추가된 정보에 따라 대안의 결과예측을 수정해 나감으로써 불확실성을 감소시켜 나간다.

선지분석

① 1960년대 미국의 쿠바 미사일 위기사건을 설명하기 위해 연구된 모형은 앨리슨(Allison)모형이다.
③ 갈등의 준해결, 문제 중심의 탐색, 불확실성 회피, 표준운영절차의 활용을 설명하는 모형은 연합(회사)모형이다.
④ 만족할 만한 수준에서 의사결정이 이루어진다고 설명하는 모형은 만족모형이다.

34	딜레마이론	답 ②

딜레마 상황을 예방하고 관리하기 위해서는 이해관계자가 정책결정자에게 직접적인 영향력을 행사할 수 없도록 여과장치(예 행정계층)를 설계하거나 마련할 필요가 있다.

35	딜레마이론	답 ③

ㄱ. 분절성, ㄷ. 상충성, ㅁ. 균등성, ㅂ. 선택불가피성이 딜레마 상황이 가지는 논리적 구성요건이다.
ㄱ. 정책대안들이 서로 단절적이어서 절충이 불가능하다.
ㄷ. 정책대안들이 구체적이고 명료하지만 상호 갈등적이다.
ㅁ. 정책대안들의 가치가 유사하며 기회손실도 유사하다.
ㅂ. 정책대안의 선택이 곤란한 상황이지만 그중 하나를 선택해야 하는 압박을 받고 있는 정책상황을 말한다.

36	딜레마이론의 논리적 구성요건	답 ②

균등성(Equality)은 정책 대안들의 가치가 유사하며 기회의 손실도 균등하게 유사하다는 것이다.

핵심POINT 딜레마가 발생될 논리적 구성요건

1. **상충성**: 정책대안들이 구체적이고 명료하지만 상호갈등적
2. **분절성**: 대안들이 서로 단절적이어서 절충이 불가능
3. **균등성**: 대안들의 가치가 유사하며 기회의 손실도 유사
4. **선택불가피성**: 대안의 선택이 곤란한 상황이지만 그중 하나를 선택해야 하는 압박을 받고 있는 정책상황

37 정책딜레마의 구성요건 답 ②

상호갈등적인 정책대안들이 구체적이고 명료할 때 정책딜레마가 발생한다.

(선지분석)

① 정책문제 대한 정부조직의 관할이 명확하게 구분되면 정책딜레마가 발생하기 어렵다.

③ 정책딜레마 상황에서는 갈등집단들의 내부응집력이 강해지며 다른 집단에 강력하게 대응하게 된다.

④ 정책딜레마는 갈등집단 간의 권력이 균형 상황에서 발생한다.

38 하이예스(Hayes)는 정책결정상황 답 ③

합리적 의사결정이 이루어지는 영역은 목표와 수단에 대한 합의가 모두 이루어져 있는 상황Ⅳ에 해당한다. 상황Ⅲ에서는 수단에 대한 합의가 이루어져 있지만 목표(가치)에 대한 합의는 이루어져 있지 않아서 순수한 가치갈등의 문제가 제기되는 영역으로, 합리적 의사결정이 아닌 협상·타협에 의한 의사결정이 이루어진다.

⊕ 보충 하이예스(Hayes)의 정책결정상황

구분	목표의 갈등	목표의 합의
수단적 지식의 갈등	정상적 점증주의 영역(Ⅰ)	순수한 지식기반의 문제(Ⅱ)
수단적 지식의 합의	순수한 가치갈등의 문제(Ⅲ)	합리적 의사결정의 영역(Ⅳ)

1. **상황Ⅰ**
   목표와 수단에 대한 합의가 이루어져 있지 않으므로 목표수단분석 불가
   → 점증주의 전략이 불가피함
2. **상황Ⅱ**
   목표는 합의가 되어 있으나 수단에 대한 합의가 되어 있지 않으므로 지식이나 정보의 지속적 수집·분석이 중요
   → 사이버네틱스모형이 적용됨
3. **상황Ⅲ**
   수단은 합의가 되어 있으나 목표는 합의가 되어 있지 않으므로 합리적 결정이 불가능하고 가치갈등 해결이 필요
   → 타협전략이 적용됨
4. **상황Ⅳ**
   목표와 수단에 대한 합의가 모두 이루어져 있으므로 목표수단분석이 가능
   → 합리적 의사결정이 가능함

39 증거기반 정책결정 답 ④

증거기반 정책결정자들은 정책결정과정이 이념, 가치관, 신념 등에 기반하거나 과학적 사실이 부족한 담론에 의한 정치적 정책결정과정에 지나치게 치우쳐 있다고 비판하면서, 과학적 증거에 기반한 합리적 정책결정이 필요하다고 주장한다. 하지만 이러한 증거기반 정책결정이 정치적 결정과정을 대체하는 것은 아니고 보완하고 조정하는 것이라고 본다.

핵심POINT 헤드(Head, 2010)가 제시한 증거기반 정책결정의 성공적 도입조건

1. 관련 정책 영역에서 상당한 수준의 정보를 활용할 수 있는 정보기반이 갖추어져 있어야 함
2. 관련 데이터를 분석하고 가공하여 정책대안 및 기존 정책성과 등을 평가할 수 있는 전문가가 확보되어야 함
3. 증거기반 각종 분석을 수행하고 조언을 수행할 수 있는 조직 차원의 인센티브 구조가 마련되어야 함
4. 정책분석을 수행하는 연구자, 일선 정책 담당자, 그리고 정책결정자 사이의 확고한 상호 이해 과정이 필요함

CHAPTER 4 | 정책집행론

THEME 25 정책집행의 유형과 통합모형

정답 p. 142

01	②	02	④	03	④	04	④	05	①
06	②	07	④	08	①	09	①	10	②
11	②	12	③	13	①	14	①	15	③
16	③	17	④	18	④	19	④	20	④
21	③	22	④	23	③	24	③	25	②
26	①	27	③	28	②	29	③	30	②
31	③	32	①	33	④	34	①	35	①
36	③								

01 오클랜드 사례분석 답 ②

프레스만(Pressman)과 윌다브스키(Wildavsky)는 정책집행연구의 초기 학자들로서 오클랜드 프로젝트의 실패원인이 정책결정과 정책집행을 분리되었기 때문으로 보고 정책집행을 정책결정과 분리하지 않고 연속적인 과정으로 정의하여 현대적 집행연구의 계기를 마련하였다.

⊕ 보충 오클랜드 프로젝트의 실패요인(Pressman & Wildavsky)

1. 참여기관 및 참여자가 너무 많아서 거부점(veto point)으로 작용
2. 보직 변경 등으로 인한 중요 인물의 잦은 교체도 집행에 대한 기존의 지지와 협조를 허물고 리더십의 중단을 가져옴
3. 정책결정과 정책집행이 분리되어 정책집행을 위한 여러 가지 다양한 요인이 고려되지 못함
4. 경기회복담당기관(EDA; 경제개발처)이 사회복지사업의 집행을 담당하는 등 적절하지 않은 기관이 정책집행을 담당함

02 정책집행의 하향식 접근 답 ④

정책집행의 하향식 접근은 ㄷ, ㄹ이다. 하향식 접근은 정책이란 상위부서의 정책결정자들에 의해 만들어져서 집행담당자에게 내려지는 지침으로 정책결정자의 관점을 중시한다.

ㄷ. 하위직보다는 고위직이 주도하는 것은 하향식 접근의 특징이다.
ㄹ. 정책결정자가 정책과정을 충분히 통제할 수 있다고 가정하는 것은 하향식 접근의 특징이다.

(선지분석)

ㄱ. 집행현장에 초점을 맞추는 것은 상향식 접근에 해당한다.
ㄴ. 일선공무원의 전문지식과 문제해결능력을 중시하는 것은 상향식 접근에 해당한다.

03 효과적 정책집행의 조건 답 ④

하향적 접근방법이 중시하는 효과적 정책집행의 조건으로 옳은 것은 ㄴ, ㄷ, ㄹ이다.

ㄴ. 지배기관들(sovereigns)의 지원은 정책결정자의 권한을 강화시키므로 하향적 정책집행에 효과적이다.
ㄷ. 집행을 위한 자원의 확보는 수단의 명확성으로 하향적 정책집행에 효과적이다.
ㄹ. 명확하고 일관성 있는 목표는 하향적 정책집행에 효과적이다.

(선지분석)

ㄱ. 일선관료의 재량권 확대는 상향적 정책집행에 효과적인 조건이다. 반면 하향적 정책집행은 일선관료의 재량을 불인정하며 정책결정자의 리더십을 효과적 정책집행의 조건으로 본다.

핵심POINT 효과적 정책집행의 요건(Sabatier & Mazmanian)

1. **타당한 인과모형**
   정책수단을 통하여 얻고자 하는 변화와 인과관계(기술적 타당성)가 분명해야 한다.
2. **명확한 정책지침과 대상집단의 순응 극대화**
   명확한 정책목표, 충분한 재정적 자원, 적절한 집행기관, 집행기관 간 계층적 통합, 적합한 의사결정규칙(SOP), 이해관계자의 참여가 필요하다.
3. **정책집행자의 능력**
   유능하고 헌신적인 집행관료가 정책을 집행해야 한다.
4. **관련집단의 지지**
   조직화된 이익집단, 유권자, 입법가(국회의원), 행정부의 장(대통령)과 관료 등의 지속적 지지가 필요하다.
5. **명확하고 일관성 있는 목표**
   정책목표의 명확성 및 정책목표 간 안정성이 필요하다.

04 정책집행의 유형 답 ④

정책결정과 집행의 엄격한 분리를 강조하는 정책집행유형은 하향적 집행의 특징이다. 상향적 집행은 정책결정과 집행의 분리가 아니라 통합을 강조한다.

핵심POINT 정책집행의 유형

구분	고전적 · 하향적 집행 (top - down)	현대적 · 상향적 집행 (bottom - up)
정책환경	안정적 · 구조적	유동적 · 동태적
정책목표 수정	목표가 명확, 수정 필요성 없음	목표가 유동, 수정 필요성 높음
결정과 집행	정책결정과 집행의 분리(이원론)	정책결정과 집행의 통합(일원론)
집행자의 재량	불인정	인정
정책평가의 기준	집행의 성과	환경에의 적응성
집행의 성공요건	정책결정자의 리더십	집행관료의 재량권 여부
정책수단	구조화, 체계화, 서열화	유동적

05	상향적 접근방법(bottom-up approach)	답 ①

엘모어(Elmore)는 상향적 접근방법을 후방향적 집행이라 하였고, 립스키(Lipsky)는 일선관료제이론을 통해서 상향적 집행을 연구하였다.

(선지분석)

ㄴ. 사바티어(Sabatier)와 매즈매니언(Mazmanian)의 집행과정모형은 초기 연구로서 하향적 접근방법의 성공요건을 연구하였다.

ㄹ. 반 미터(Van Meter)와 반 호른(Van Horn)의 집행연구는 집행모형 구축을 필요성을 강조한 하향적 접근방법을 연구한 학자이다.

06	정책집행의 상향적 접근방법	답 ②

정책결정자가 설계한 정책을 중심으로 정책집행의 전체적인 틀을 구조적, 체계적으로 파악할 수 있는 것은 하향적 접근방법의 장점이다.

(선지분석)

① 정책집행현장을 분석하므로 공공부문과 민간부문의 조직 등 다양한 집행조직의 상대적 문제해결능력을 파악하는 것이 가능하다.

③ 일선관료가 정책대상집단(수혜자나 희생자)과의 대화를 통해서 그들의 의견수렴이 상향적(적극적)으로 이루어질 수 있다.

④ 정책집행현장에서 정책집행과정을 상세히 기술하여 집행과정의 인과관계 파악이 가능하다.

07	정책집행과정연구	답 ④

제시문은 반 미터와 반 혼(Van Meter & Van Horn)의 하향적 집행과정연구이다. 이들은 프레스만(Pressman)과 윌다브스키(Wildavsky) 등의 집행연구를 검토한 후 집행현상을 설명할 수 있는 이론적 관점이 부족함을 지적하고, 집행모형의 구축의 필요성을 강조하였다. 이들은 정책과 성과를 연결하는 모형에 정책 기준과 목표, 집행에 필요한 자원, 조직 간 의사소통과 집행활동(enforcement activities), 집행기관의 특성, 경제·사회·정치적 조건, 정책집행자의 성향(disposition)이라는 변수를 제시하였다.

핵심POINT 반 미터와 반 혼(Van Meter & Van Horn)의 여섯 가지 집행변수

1. 정책의 기준과 목표
2. 집행에 필요한 가용자원
3. 조직 간 의사소통과 집행 활동(enforcement activities)
4. 집행기관의 특성
5. 정치·경제·사회적 조건
6. 정책집행자의 성향(disposition)

08	정책집행모형	답 ①

설명하는 내용은 사바티어(Sabatier)와 마즈매니언(Mazmanian)의 초기 연구인 성공적인 하향적 정책집행(top-down)의 요건에 관한 것이다. 이후에 두 학자는 통합모형인 정책지지연합(AFC)모형을 제시하였다.

(선지분석)

② 린드블럼(Lindblom)은 점증주의를 주장한 대표적 학자이다.

③ 프레스만(Pressman)과 윌다브스키(Wildavsky)의 집행론(1973)에서 오클랜드 프로젝트의 실패원인을 밝혔고 이는 현대적(상향적) 정책집행으로 넘어가는 중요한 계기가 되었다.

④ 레인(Rein)과 라비노비츠(Rabinovitz)는 정책집행과정을 기존의 단일방향적인 정책집행관으로부터 탈피해 순환의 원칙이 지배하는 과정으로 보고 있으며, 정책집행자의 정책결정에의 개입양상을 지침개발 → 자원배분 → 감시과정의 3단계로 설명하고 있다.

09	정책대상집단의 특성과 집행의 용이성	답 ①

정책의 희생집단보다 수혜집단의 조직화가 강하면 정책집행은 용이하다. 오히려 수혜집단보다 희생집단의 조직화가 강하면 정책집행이 곤란하다.

⊕ 보충 정책대상집단의 특성과 집행의 용이성

구분	규모 및 조직화 정도	
	강	약
수혜집단 > 희생집단	집행 용이	집행 용이
수혜집단 = 희생집단	집행 곤란	집행 용이
수혜집단 < 희생집단	집행 곤란	집행 용이

10	하향적 정책집행	답 ②

일선공무원의 재량과 자율을 확대하여야 하는 것은 하향적 집행이 아니라 상향적 집행의 특징에 해당한다.

(선지분석)

①, ③, ④ 사바티어와 마즈매니언(Sabatier & Mazmanian)이 제시한 성공적 정책집행의 요건으로 하향식 집행모형의 특징에 해당한다.

11	하향적 접근방법	답 ②

ㄱ, ㄹ은 하향적 접근방법, ㄴ, ㄷ은 상향적 접근방법의 장점에 해당한다.

ㄱ. 하향적 접근방법은 정책목표와 수단을 통한 달성을 중시하므로 목표에 입각하여 객관적인 정책평가가 가능하다.

ㄹ. 하향적 접근방법은 집행에 영향을 미치는 변수들을 검증하여 목표달성을 파악하므로 이러한 변수들은 체크리스트의 역할을 할 수 있다고 본다.

(선지분석)

ㄴ. 문제해결능력은 실제 집행현장에서 근무하고 있는 정책집행자나 일선관료의 능력을 의미하는 것으로 이러한 집행과정에서의 프로그램의 상대적 효과성이나 중요도를 평가할 수 있는 것은 상향적 접근방법이다.

ㄷ. 실제적인 정책집행과정의 인과관계를 보다 잘 설명할 수 있는 모형은 상향적 접근방법이다. 정책과정에서의 인과관계인 목표-수단과의 인과관계를 잘 설명할 수 있는 것은 하향적 접근방법이다.

12	하향적 정책집행	답 ③

정책집행을 주어진 정책목표의 달성을 위한 수단적 행위로 파악하는 접근방법은 정책집행의 하향적 접근방법에 대한 설명이다. ③은 정책집행의 상향적 접근방법에 대한 설명으로 옳지 않다.

13	사바티어와 마즈매니언(Sabatier & Mazmanian)의 성공적 정책집행조건	답 ①

사바티어와 매즈매니언이 주장한 성공적 집행조건은 하향적 모형으로서 공무원의 재량보다는 정책대상집단의 순응을 확보하기 위하여 명확한 법령과 지침이 필요하다.

핵심POINT 성공적인(효과적) 정책집행의 요건 (하향적, Sabatier & Mazmanian)

1. 정책목표의 명확성과 일관성
2. 타당한 인과이론의 존재
3. 정책대상집단의 순응 극대화
4. 유능하고 헌신적인 집행관료
5. 정책관련집단의 지속적 지지
6. 환경변화의 최소화(안정성)

14	정책집행의 접근법	답 ①

정책목표의 명확성과 그 실현을 위한 다양한 수단의 필요성을 강조하는 합리모형에 입각한 이론은 하향적 접근법에 대한 설명이다.

(선지분석)

② 엘모어(Elmore)는 초기(1980)에 상향적 연구방법을 주도한 학자였으나, 후기(1985)에는 후방향적 집행의 개념을 전방향적 집행의 아이디어와 통합하고자 하였다. 정책결정자들이 정책프로그램 설계 시 하향적 접근에 의하여 정책목표를 결정하되, 상향적 접근에서 제시하는 방법을 수용하여 집행가능성이 가장 높은 정책수단을 선택하는 방안을 제시하였다.

15	상향적 정책집행	답 ③

정책집행의 상향식 접근방법은 정책집행현장의 상황을 강조하는 모형으로 집행현장에서 일선관료의 재량과 자율성을 강조한다.

(선지분석)

① 사바티어(Sabatier)의 정책지지연합모형은 상향적 접근방법이 아니라 통합모형이다. 사바티어는 처음에는 하향적 접근방법을 주장하다가 나중에 통합모형인 정책지지연합모형을 주장하였다.

② 정책결정과 정책집행을 뚜렷하게 구분하는 것은 하향식 접근방법의 특징이다.

④ 안정되고 구조화된 정책상황을 전제로 하는 것은 하향식 접근방법의 특징이다.

16	상향적 접근방법	답 ③

상향적 접근방법에 대한 설명으로 옳은 것은 ㄴ, ㄷ, ㄹ이다.

ㄴ. 상향적 접근방법은 정책집행현장에서 초점을 둔다.

ㄷ. 상향적 접근방법은 실제 업무현장에서의 일선공무원의 전문지식과 문제해결능력을 강조한다.

ㄹ. 상향적 접근방법은 고위적인 정책결정자의 리더십보다는 하위직인 정책집행관료에게 재량권을 부여한다.

(선지분석)

ㄱ. 합리모형의 선형적 시각은 목표수단분석을 통한 하향적 접근방법과 관련된다.

ㅁ. 공식적 정책목표를 통한 집행결과에 대한 객관적인 평가가 용이한 것은 하향식 접근방법의 특징이다.

핵심POINT 하향적 접근방법과 상향적 접근방법

구분	고전적 · 하향적 접근방법 (top-down)	현대적 · 상향적 접근방법 (bottom-up)
정책상황	안정적 · 구조화	유동적 · 동태화
정책목표 수정	수정 필요성 없음 (목표 명확)	수정 필요성 높음
결정과 집행	정책결정과 집행의 분리 (이원론)	정책결정과 집행의 통합 (일원론)
관리자의 참여	참여 제한, 충실한 집행이 중요시됨	참여 필요
집행자의 재량	집행자의 재량 불인정	집행자의 재량 인정
정책평가의 기준	집행의 충실성 및 성과	환경에의 적응성 중시, 정책성과는 2차적 기준
집행의 성공요건	정책결정자의 리더십	정책집행자의 재량권
핵심적 법률	있음	없음
연구목적	성공과 실패의 원인 유형화	상황적응적 집행

17 현대적 · 상향적 집행(bottom-up)방식 답 ④

상향적 또는 후향적(backward) 집행은 정책집행이 실제로 현장에서 어떻게 이루어지는지를 기술하고 설명하는 것을 말한다. 특히 집행현장에서 직접 정책집행을 담당하고 있는 일선관료들의 재량을 강조하므로 정책집행과정에서 가장 큰 영향력을 행사한다.

(선지분석)

① 정책목표의 설정과 정책목표 간 우선순위가 명확한 것은 하향적(전향적) 접근에 대한 설명이다.
② 엘모어(Elmore)는 상향적 접근을 후향적(backward) 집행이라고 하였다.
③ 버먼(Berman)은 상향적 접근을 적응적 집행이라고 하였다.

18 정책집행연구의 내용 답 ④

정책집행의 하향적 접근방법은 공식적 정책목표를 중요한 변수로 취급하며, 명확하고 일관된 정책목표를 중시한다. 그러므로 공식목표의 달성 여부를 정책성공 여부의 중요한 요소로 보며, 객관적인 정책평가가 가능해진다.

19 정책집행연구의 내용 답 ④

모두 옳은 지문이다.

ㄱ. 사바티어와 마즈매니언(Sabatier & Mazmanian)은 성공적으로 정책을 집행하기 위해서는 타당한 인과모형이 필요하다고 주장하였다.
ㄴ. 프레스만과 윌다브스키(Pressman & Wildavsky)는 성공적으로 정책을 집행하기 위해서는 정책집행과 정책결정을 분리하여 생각해서는 안 되며, 정책결정자는 목적을 달성하기 위한 직접적인 수단까지도 강구하여야 한다고 주장하였다.
ㄷ. 정책대상집단 중 수혜집단의 조직화가 강할수록 정책집행이 용이하고, 희생집단의 조직화가 강할수록 정책집행이 곤란하다.
ㄹ. 립스키(Lipsky)는 상향적 접근방법을 강조한 학자로서 일선관료들이 일반적으로 처하게 되는 업무환경과 일선관료들의 집행문제해결에 초점을 맞춘다.

20 정책집행의 접근방법 답 ④

정책집행의 세대별 변천은 1970년대 제1세대부터 1990년대 제3세대에 걸쳐 진행되었는데 고긴(Goggin)과 오툴(O'Toole)은 제3세대 집행연구로서 집행에 영향을 미치는 변수들 간의 인과적 복잡성을 중시하고 과학적인 접근을 시도하였다.

(선지분석)

① 하향식 접근방법에서는 정책목표의 신축적 조정보다는 안정성이 효과적인 정책집행을 가져온다고 보았다.
② 사바티어(Sabatier)와 매즈매니언(Mazmanian)은 처음에 하향식 접근방법을 주장하다가 나중에 통합모형(ACF모형)을 주장하였다.
③ 엘모어(Elmore)가 제안한 전방향적 연구(Forward mapping)는 하향식 접근방법과 유사하고 후방향적 연구(Backward mapping)가 상향식 접근방법과 유사하다.

21 정책지지연합모형(정책옹호연합모형) 답 ③

정책변동모형 중에서 정책과정 참여자의 신념체계를 가장 강조하는 모형은 사바티어와 마즈매니언(Sabatier & mazmanian)이 제시한 정책지지연합모형(정책옹호연합모형)이다. 정책지지연합모형이란 정책하위시스템 내 신념체계별로 구성된 정책지지연합 간에 자신들의 신념을 정책으로 관철하기 위하여 경쟁하고 타협하는 과정이 정책의 기본과정이라는 점을 강조하는 모형이다.

22 정책지지연합모형(정책옹호연합모형) 답 ④

정책옹호연합모형(정책지지연합모형)은 사바티어(Sabatier)가 주장한 정책변동모형이다. 이는 정책하위시스템 내에서 신념체계를 공유하는 대상자들로 구성된 경쟁적인 정책지지연합 간 갈등과 타협과정을 통한 정책지향학습을 강조하는 통합모형의 일종이다. 따라서 정책집행과정에 초점을 맞췄다기보다는 정책학습에 의한 정책의 변동에 초점을 맞춘 이론이다.

⊕ 보충 정책옹호연합모형(Sabatier)

1. 통합모형(상향적 분석 + 하향적 변수) → 정책지향 학습
2. 상향적 접근방법의 분석단위(정책하위체제 내의 경쟁적 지지연합 간 상호작용)를 채택
3. 하향적 접근방법의 변수(법 · 사회 · 경제적 요인)를 결합

23 정책지지연합모형(ACF)의 특징 답 ③

이는 사바티어(Sabatier)의 정책지지연합모형(ACF)의 특징에 해당한다. 정책지지연합모형은 통합모형으로 신념체계를 가진 하위체제간의 경쟁이나 상호작용을 통한 정책학습을 강조하는 모형이다.

(선지분석)

④ 정책패러다임변동모형(Hall)은 정책목표와 수단의 변화로 인해서 정책패러다임이 급격히 변동될 수도 있다는 모형이다.

24	사바티어(Sabatier)의 통합모형	답 ③

사바티어의 통합모형은 상향식 분석과 하향식 변수(요인)을 통합한 모형으로 정책의 분석관점은 상향식이지만 정책하위시스템 참여자의 활동에 영향을 미치는 요소(변수)는 하향식 접근방법으로 도출하였다.

선지분석

④ 정책집행은 한 번의 기계적 과정이 아닌 장기적이고 연속적인 정책변동을 통한 학습과정으로 보았다.

25	정책옹호연합모형	답 ②

정책옹호연합모형에서 정책옹호연합별 행위자들의 기저핵심신념(deep core beliefs)은 유아시절 사회화과정의 산물로서 쉽게 변화되지 않으며, 각 행위자들은 이러한 신념을 실현하기 위하여 경쟁하고 갈등하며 발전해나가는 과정에서 정책학습과 정책변동이 일어난다고 본다.

선지분석

① 정책과 관련된 외적인 환경변수(법, 제도 등)를 집행과정과 연계하여 정책변동을 설명한다.
③ 정책옹호연합 간에 정치적 갈등 발생 시 정책중재자가 이를 조정하는 중요한 역할을 한다.
④ 정책옹호연합은 자신들의 신념체계를 관철시키기 위하여 여론, 정보, 인적자원 등을 동원한다.

⊕ 보충 정책옹호연합의 신념체계

정책옹호연합의 신념체계는 기저핵심신념(deep core beliefs), 정책핵심신념(policy core beliefs), 부차적 신념(secondary beliefs) 등으로 구성된다고 본다. 기저핵심신념(deep core beliefs)은 가장 상위수준의 신념으로 인간의 본성에 관한 근본적인 존재론적 가정, 자유 및 평등과 같은 본질적인 가치의 중요성, 시장과 정부의 적정한 역할(좌파와 우파의 구별) 등에 관한 신념체계를 포함한다.

26	정책옹호연합모형(Advocacy Coalition Framework)	답 ①

사바티어(Sabatier)의 통합모형인 정책옹호연합모형(ACF)에 대한 설명으로 옳은 것은 ㄱ, ㄴ이다.

ㄱ. 특정 정책에 대한 신념체계를 가진 하위체제에 초점을 두어 정책변동이나 정책학습을 설명한다.
ㄴ. 정책지향학습은 하위연합인 옹호연합(찬성연합) 내에서 뿐만 아닌 찬성연합과 반대연합 사이에서도 갈등과 대립, 조정과 타협이라는 시행착오의 과정(학습과정)을 거쳐 정책지향학습을 추구한다.

선지분석

ㄷ. 행정규칙, 예산배분, 규정의 해석에 대한 결정은 정책핵심 신념(policy core)이 아닌 부차적 신념(secondary aspects)과 관련된다. 신념체계는 변화의 용이성에 따라 규범적 핵심(deep core), 정책 핵심(policy core), 부차적 측면(secondary aspects) 등으로 구분된다.
ㄹ. 관심 있는 특정 정책 규범은 정책 핵심(policy core)이며, 이차적 측면(secondary aspects)보다는 변화 가능성이 작다.

27	정책지지연합모형	답 ③

정책변화를 분석하기 위한 기본적인 분석단위로 정책하위체계를 설정한다.

선지분석

① 신념체계와 정책변화는 정책지향적 학습에 의해서만 일어나는 것이 아니라 핵심신념에 기초한 지지연합의 상호작용, 시간의 흐름에 따른 정책지향적 학습, 사회경제적 변동과 정치체제구조의 변화 등으로 일어난다.
② 정책변동의 과정과 정책지향적 학습의 역할을 이해하려면 단기나 중기보다는 상당한 기간이 필요한 것으로 보아 분석의 시계를 10년 이상의 장기간으로 설정한다.
④ 분석단위는 상향적 접근방법과 하향적인 여러 변수를 통합하고자 하였다.
⑤ 과학적, 기술적 정보인 기술의 변화는 여러 지지연합의 정치적 지지를 크게 변경시킴으로써 정책하위체계에 실질적 영향을 미칠 수 있다. 예를 들면 1960년대 후반 환경악화에 대한 대중의 관심이 극적으로 커지면서 1970년 대기오염방지법 통과에 중요한 역할을 담당하였는데 그 당시 아랍국가의 석유수출금지조치는 미국 자동차 생산의 급격한 감소를 가져왔고, 이에 따라 엄격한 대기오염방지프로그램을 지지하였던 자동차 노조원들이 지나친 대기오염 통제를 반대하게 되었다.

28	사바티어(Sabatier)의 옹호연합모형(ACF모형)	답 ②

사바티어의 정책옹호(지지)연합모형은 정책 변화과정을 이해하기 위해 정책집행을 1년 이내의 단기간이 아닌 10년 이상의 장기간으로 설정하여 '정책결정 → 정책집행 → 재결정 → 재집행'이라는 정책변동 차원에서 재조명하는 데 초점을 두었다.

선지분석

① 정책변화를 이해하기 위한 분석단위로서 정책하위체제(policy subsystem)에 중점을 둔다. 안정적인 환경에 역동적인 외적변수의 개입은 장기간에 걸쳐 연합기회구조를 형성함으로써 정책하위체제를 형성한다.
③ 정책하위체제에는 대립구도를 갖는 둘 이상의 옹호연합들이 구성된다. 둘 이상의 옹호연합들은 정책중재자(policy broker)가 중재함으로써 정책산출을 만든다.
④ 정책하위체제에 영향을 미치는 외생변수는 거시적 변수로서 규칙적인 안정적 변수(예 기본적인 사회가치와 구조와 법적체계: 자유민주주의, 헌법질서 등)와 불규칙적인 역동적 변수(예 사회경제적 조건의 변화: 관세협상 등)로 구분된다. 안정적 외적변수로 구성된 기존 환경에 역동적 외적변수의 개입을 통해 안건에 대한 대립구도를 형성함으로써 발생된다.

29 정책집행의 유형과 모형 답 ③

매틀랜드(Matland)는 통합모형으로 정책목표의 모호성과 갈등 개념을 활용하여 특정 집행상황을 네 가지로 구조화하였다.

핵심POINT 매틀랜드(Matland)의 통합모형

구분		정책갈등	
		낮음	높음
정책목표의 모호성	낮음	관리적 집행	정치적 집행
	높음	실험적 집행	상징적 집행

1. 관리적 집행
   하향적 접근이 가능한 모형으로 SOP가 나타남
2. 정치적 집행
   정치적인 매수, 담합, 날치기 통과 등이 주로 나타남
3. 실험적 집행
   정책을 학습으로 보며 정책결과는 맥락적인 조건에 의해 결정된다고 봄
4. 상징적 집행
   상향적 접근이 유용한 모형으로 집행과정은 목표와 수단을 해석하는 과정으로 봄

선지분석

① 정책집행 현장에서 집행조직과 정책사업 간 상호작용의 중요성을 강조하는 것은 상향식 접근방법으로 엘모어에 의하면 후방접근법(Backward mapping)이다.
② 정책결정의 결과물인 정책 목표를 달성해 가는 과정을 정책집행으로 이해하는 것은 목표를 정하고 이를 달성하는 하향식 접근방법이다.
④ 나카무라와 스몰우드(Nakamura & Smallwood)의 이론에서 정책결정자들이 개괄적인 정책을 결정하고, 집행과정에서 정책의 집행자와 협상하는 것은 협상가형에 대한 설명이다. 관료적 기업가형은 정책집행자가 목표를 정하고, 그 목표를 달성할 수 있는 수단에 대하여 정책결정자와 협상하는 것이다.

30 정책학습의 유형 답 ②

정책문제의 정의 또는 정책목적 자체에 대한 의문제기를 포함하는 것은 내생적 학습이 아니라 외생적 학습이다. 정책학습은 정책과정에서 이루어지는 학습활동을 의미하는데, 하울렛과 라메쉬(Howlett & Ramesh)는 학습의 주체와 대상을 기준으로 '내생적 학습'과 '외생적 학습'으로 구분하였다. 내생적 학습은 정책의 환경이나 수단들에 대한 학습이다.

선지분석

① 버크랜드(Birkland)가 제안한 '사회적 학습'은 사업목표에 대한 태도 그리고 정부활동의 본질과 타당성까지도 검토하는 학습으로 하울렛과 라메쉬(Howlett & Ramesh)의 '외생적 학습'과 같은 맥락이다.

⊕ 보충 정책학습의 유형

1. 버크랜드(Birkland)의 유형
   학습이 일어나는 수준에 따라 분류

수단적 학습	집행수단이나 기법을 통한 학습
사회적 학습	문제 그 자체의 핵심, 사업목표에 대한 태도 그리고 정부활동의 본질과 타당성까지도 검토하는 학습
정치적 학습	정치적 변화를 찬성 또는 반대하기 위한 학습

2. 하울렛과 라메쉬(Howlett & Ramesh)의 유형
   학습주체와 대상을 기준으로, 학습의 원천과 동기가 현존 정책과정의 내부인지 외부인지에 따라 분류

구분	학습주체	학습대상
내생적 학습	소규모의 정책하위체계(특정 정책네트워크)	정책의 환경(setting) 또는 정책의 수단들
외생적 학습	보다 광범위한 공동체(누구나 참여하는 정책네트워크)	정책문제의 정의 또는 정책목표 자체에 대한 의문 제기

31 효과적 정책집행의 요건 답 ③

사바티어와 마즈매니언(Sabatier & Mazmanian)은 정책목표의 집행과정에서 우선순위를 탄력적이고 신축적으로 조정하기보다는 정책목표의 명확성·일관성 및 정책목표 간 우선순위의 안정성을 제시하였다.

선지분석

① 정책수단을 통하여 얻고자 하는 변화와 인과관계가 분명해야 한다.
② 명확한 정책목표, 충분한 재정적 자원, 적절한 집행기관, 이해관계자의 참여 등을 통해 대상 집단의 순응을 극대화시켜야 한다.
④ 유능하고 헌신적인 정책집행자의 능력이 필요하다.

32 정책집행의 성공가능성 답 ①

정책집행연구의 하향론자들은 복잡한 조직구조보다 전통적인 계층제적 조직구조가 정책의 성공적 집행을 도와준다고 주장한다.

선지분석

② 정책목표와 수단이 구체적일수록 수혜자 집단의 조직화가 강하면 성공가능성이 커진다고 본다.
③ 불특정 다수인이 혜택을 보는 경우에는 집단행동의 딜레마가 발생하여 강력한 지지를 얻기 힘들지만, 특정 집단이 배타적으로 혜택을 얻으면 조직화가 강해져서 정책집행이 용이해진다.
④ 배분정책은 국가의 자원을 나눠먹기 하는 정치로서 커다란 저항과 반발이 없어 루틴화가 가능하며 원만한 집행이 이루어진다.

33	넛지이론	답 ④

넛지(nudge)의 특성으로 옳은 것은 ㄱ, ㄴ, ㄷ 모두이다.
넛지(nudge)는 원래 '팔꿈치로 슬쩍 찌르다'라는 뜻으로 탈러(Thaler)와 선스타인(Sunstein)은 이를 선택을 유도하는 부드러운 개입이라는 의미로 행동경제학을 주장하였다. 넛지이론은 강압하지 않고 부드러운 개입으로 사람들이 더 좋은 선택을 할 수 있도록 유도하는 방법을 뜻한다. 즉, 넛지를 통하여 실제의 인간 행동에 관한 행동경제학의 통찰을 정부의 정책설계 및 집행에 적용하기 위한 이론이다.

ㄱ. 새고전학파 경제학에서는 정책수단으로 법과 규제, 경제적 유인을 활용하는 반면에 행동경제학에서는 넛지, 즉 선택설계를 활용한다.

ㄴ. 정책대상집단의 행동에 개입하지만 개인의 자유로운 선택 즉 자유주의적 개입주의를 추구한다.

ㄷ. 디폴트 옵션의 설정은 환경 조건을 디자인하는 '선택 설계자'와 재지정하지 않으면 자동적으로 설정되는 기본값인 '디폴트 옵션'이 있는데 이러한 디폴트 옵션의 설정을 통하여 사람들의 인지적 편향을 전략적으로 활용하는 것이다. 예를 들면 장기 기증의 디폴트 옵션을 동의로 지정한다면, 이에 대한 거절의 의사표시 전까지는 장기 이식에 동의하는 것으로 간주하게 되므로 디폴트 옵션을 부동의로 지정했을 경우보다 상대적으로 장기 기증률이 높아지게 되는 것이다.

핵심POINT 신고전학파 경제학과 행동경제학(넛지이론)의 비교

구분	신고전파 경제학	행동경제학
인간관	• 완전한 합리성(이기성) • 경제적 인간(homo economicus)	• 제한된 합리성, 생태적 합리성 • 이타성·호혜성 • 심리적 인간(homo psychologicus)
연구방법	가정에 기초한 연역적 분석	실험을 통한 귀납적 분석
의사결정모델	• 효용극대화 행동 • 기대효용이론(효용함수)	• 만족화 행동, 휴리스틱 • 전망이론(가치함수)
정부역할의 근거와 목적	• 시장실패와 제도실패 • 재화의 효율적인 생산과 공급	• 행동적 시장실패 • 바람직한 의사결정 유도
정책수단	법과 규제, 경제적 유인	넛지(선택설계)

34	넛지이론(Nudge Theory)	답 ①

행동경제학에서는 행동적 시장실패의 핵심요소로서 개인 간의 관계에서 발생하는 외부효과와는 별도로 개인 차원에서 자신의 판단과 선택과정에서 자신에게 귀착되는 내부효과로 인한 후생손실의 문제를 핵심요소로 보고 있다.

선지분석

④ 넛지이론은 기본설정(디폴트 옵션 등)과 최소 저항 경로 등을 통해서 엄격하게 검증된 증거에 기반하여 정책을 선택하거나 결정하는 것을 강조한다.

35	신공공관리론과 넛지이론	답 ①

신공공관리론(NPM)의 학문적 토대는 신고전학파 경제학(공공선택론)인데, 넛지이론의 학문적 토대는 행동경제학이다.

36	넛지이론의 특징	답 ③

넛지(nudge)이론은 강압하지 않고 부드러운 개입으로 사람들이 더 좋은 선택을 할 수 있도록 유도하는 방법을 뜻한다. 넛지를 통하여 실제의 인간 행동에 관한 행동경제학의 통찰을 정부의 정책설계 및 집행에 적용하기 위한 이론이다.

선지분석

① 자유주의적 개입주의 원리에 따라 시장기반의 경제적 인센티브 수단을 선호하는 것은 신고전학파 경제학이다. 넛지이론은 이러한 법과 규제, 경제적 유인과는 다른 넛지(nudge) 즉 선택설계를 활용한다는 것이 차이점이다.

② 행동경제학에 기반하여 가정에 기초한 연역적 분석보다는 실험을 통한 귀납적 분석을 지향한다.

④ 인간의 휴리스틱은 인지적 오류와 행동편향이 발생시키기 때문에 넛지를 통해서 공익에 부합하는 방향으로 정책을 집행한다는 것이다.

THEME 26 정책집행모형

정답 p. 151

01	④	02	④	03	⑤	04	④	05	③
06	④	07	④	08	③	09	④	10	④
11	③	12	④	13	④	14	①	15	④
16	④	17	①						

01	나카무라와 스몰우드(Nakamura & Smallwood)	답 ④

제시문은 나카무라(Nakamura)와 스몰우드(Smallwood)의 정책집행모형 중에서 관료적 기업가형에 해당한다. 관료적 기업가형에서 정책집행자는 자신이 설정한 목표를 달성하기 위한 수단을 획득하기 위해 정책결정자와 협상한다. 미국 연방조사국(FBI)의 후버(Hoover) 국장이 여론을 적절히 활용하여 연방조사국의 기구축소 또는 폐지압력에서 벗어난 경우가 대표적인 사례이다.

선지분석

② 협상형에서의 협상은 정책결정자와 집행자 간의 정책목표와 정책수단에 대한 동시적 협상으로 관료적 기업가형에서의 목표를 달성하기 위한 수단에 대한 협상과는 다르다.

핵심POINT 나카무라와 스몰우드(Nakamura & Smallwood)의 정책집행모형

구분	정책결정자	정책집행자	평가 기준
고전적 기술자형	• 추상적·구체적 목표 설정 • 정책집행자에게 기술적인 권한을 위임	정책결정자의 목표를 지지하고 그 목표를 달성하기 위한 기술적 수단을 강구	능률성, 목표 달성도 (효과성)
지시적 위임자형	• 구체적 목표를 설정 • 정책집행자에게 행정적 권한을 위임	정책결정자의 목표를 지지하며 목표달성을 위해 집행자 상호 간에 행정적 수단에 관하여 교섭	
협상자형	집행자와 목표 또는 목표달성을 위한 협상	목표달성에 필요한 수단에 관해 정책결정자와 협상	주민 만족도
재량적 실험가형	• 추상적 목표를 지지 • 집행자가 목표달성수단을 구체화시킬 수 있도록 넓은 재량권 위임	• 구체적 목표와 수단을 보유 • 넓은 재량권의 보유하고 활동	수익자 대응성
관료적 기업가형	집행자가 설정한 목표와 목표달성수단을 지지	정책결정자로 하여금 그 목표를 받아들이도록 설득	체제 유지도

02 나카무라와 스몰우드(Nakamura & Smallwood) 답 ④

나카무라와 스몰우드(Nakamura & Smallwood)가 분류한 정책집행의 유형 중 관료적 기업가형은 정책의 모든 과정을 집행자가 지배하는 모형이다.

선지분석

① 지시적 위임가형에 대한 설명이다.
② 협상가형에 대한 설명이다.
③ 재량적 실험가형에 대한 설명이다.

03 나카무라와 스몰우드(Nakamura & Smallwood) 답 ⑤

정책결정자가 정책의 구체적인 내용을 수립할 수 없기 때문에 정책집행자에게 광범위한 재량을 위임하는 것은 관료적 기업가형이 아니라 재량적 실험가형의 경우이다.

04 나카무라(Nakamura)와 스몰우드(Smallwood) 답 ④

지시적 위임형은 정책결정자가 구체적인 목표를 설정하면 정책집행자가 정책수단을 강구하는 모형으로 옳지 않은 설명이다.

05 정책집행자모형 답 ③

고전적 기술자형은 정책결정자가 목표를 정하고 행정적 수단(권한)을 갖고 집행자에서 기술적 수단(권한), 즉 실무를 맡기는 모형으로 정책집행자는 결정자의 엄격한 통제 아래 약간의 정책적 재량(기술적 수단)만을 갖는 유형이다.

선지분석

① 재량적 실험가형에 대한 설명이다.
② 고전적 기술자형은 결정자가 집행자를 엄격하게 통제하기 때문에 집행자의 재량권은 거의 없는 상태이다.
④ 협상가형에 대한 설명이다.

06 정책집행론에 대한 설명 답 ④

나카무라와 스몰우드(Nakamura & Smallwood)의 정책집행 유형 중 지시적 위임형은 정책집행자가 목표달성을 위한 행정적 협상과 기술적 역량을 모두 가지고 있는 유형이다.

선지분석

① 정책집행과정에서 정책대상집단의 불응 정도는 분배정책 → 경쟁적 규제정책 → 보호적 규제정책 → 재분배정책으로 갈수록 갈등이 높아져 정책집행이 어려워지고 정책불응이 증가한다.
② 버크랜드(Birkland)는 하향적 접근방법이 정책설계자들은 집행자의 능력과 헌신에 대해 충분한 지식이 있다고 가정하였다.
③ 상향적 접근방법은 실제 정책집행현장을 연구하면서 공식적 정책목표 외에도 의도하지 않은 효과를 분석할 수 있다.
⑤ 사바티어 & 매즈매니언은 효과적인 정책집행이 이루어지기 위한 조건으로 정책목표가 분명하고 일관성을 가져야 한다고 주장한다.

07 일선관료제이론 답 ④

일선관료들의 업무상황은 복잡·다양하고, 기계적이기보다 인간적 차원에서 대처할 상황이 많아 상당 부분 재량권을 가진다. 하지만 수행해야 하는 업무량에 비해 인적·물적자원 및 시간이 부족하여 실질적으로 재량권을 발휘하지 못하고 비효율을 초래하게 된다.

핵심POINT 일선관료제이론(Lipsky)

개념	일선관료(시민들과 직접 접촉하는 공무원, 경찰관, 교사, 민원담당자)의 행태를 연구
특징	일선관료는 행정의 중요한 행위자(직접 접촉)로서 재량권을 행사하여 실질적으로 정책을 수행
업무환경	만성적인 자원 부족, 권위에 대한 도전, 모호하고 대립되는 기대, 서비스 초과수요현상
업무관행	단순화·정형화·관례화된 업무관행

08	립스키(Lipsky)의 일선관료제이론	답 ③

일선관료는 집행에 필요한 자원이 부족할 경우 대체로 부분적이고 간헐적으로 정책을 집행한다.

(선지분석)

① 일선관료는 불충분한 자원, 권위에 대한 위협과 도전, 모호하거나 대립되는 기대 등의 불리한 직무환경에서 업무를 정형화·단순화·관례화시키는 고정관념에 빠진다.
② 일선관료가 업무를 수행하는 기관에 대한 고객들의 목표기대는 서로 상충되거나 모호하다.
④ 일선관료는 하위계층에서 고객과 직접 접촉하기 때문에 의사결정과정에서 상당한 재량권을 보유하고 있다.

09	립스키(Lipsky)의 일선관료제이론	답 ④

일선관료는 정책과정의 최종 단계에서 대상 집단과 직접적으로 상호작용하며 업무 수행 중 상당한 재량을 보유하는 공무원이나 집행요원을 말한다. 립스키(Lipsky)의 일선관료제이론에서 일선관료가 처하는 문제성 있는 업무환경으로 ① 자원의 부족, ② 일선관료 권위에 대한 도전, ③ 모호하고 대립되는 기대로 보며 ④의 단순하고 정형화된 정책대상 집단은 옳지 않은 설명이다. 일선관료가 상대하는 정책대상집단(국민)은 상황변화적인 업무가 많기 때문에 다양하고 비정형적이다.

10	립스키(Lipsky)의 일선관료제론	답 ④

일선관료는 자원이 불충분할 경우에 정책을 체계적·계획적으로 집행하기보다는 정형적이고 관례화된 집행을 하게 되어 행정의 비효율성을 초래한다.

(선지분석)

① 일선관료의 집행성과에 대한 고객의 목표와 기대는 모호하고 대립되며 비현실적인 경우가 많고 상호갈등을 일으킨다.
② 일선관료는 정책의 최종적 과정에서 고객과 접촉하며 상당한 자율성과 재량권을 가지고 있다.
③ 관료들은 고객에 대한 고정관념을 형성하여 예를 들면 '잠재적 공격자'로서 악성민원인과 일반민원인 등으로 구별하여 의사결정을 단순화한다.
⑤ 부족한 자원에 대처하는 가장 손쉬운 방법은 '지름길'을 택하는 것으로 시간을 절약하고 고객과의 갈등을 최소화한다.

11	일선관료제(street level bureaucracy)이론	답 ③

일선관료는 모든 계층을 공평하게 대우하지 않고, 자신의 주관적 기준에 따라 고정관념을 형성하여 구분하고 서비스를 정형화, 단순화, 관례화한다.

12	정책집행의 접근방법	답 ④

버만(Berman)의 거시적 집행구조는 하향적 접근으로서 실질적인 집행이 가능하고 의도한 효과가 발생되도록 프로그램을 구체화하는 것이 특징이다.

(선지분석)

① 정책결정자들은 구체적인 정책이나 목표를 설정하지 못하고 추상적인 수준에 머무는 것은 재량적 실험가형에 대한 설명이다.
② 사바티어(Sabatier)의 통합적 접근법은 정책지지연합모형이라고 불리며, 두 접근법의 특성을 결합하여 하나의 분석틀을 구성하려는 시도이다. 기본적 관점은 상향적 접근방법의 분석단위를 채택하고, 여기에 영향을 미치는 요인으로 하향적 접근방법의 여러 변수와 사회경제적 상황과 법적 수단을 결합하는 것이다.
③ 립스키(Lipsky)가 제시한 일선관료의 문제성 있는 업무환경은 불충분한 자원(자원의 부족), 권위에 대한 위협과 도전, 모호하고 대립되는 기대 등 세 가지이다.

13	정책집행의 접근방법	답 ④

엘모어(Elmore)는 일선현장에 종사하는 공무원이 정책집행에 가장 큰 영향을 미치는 행위자라고 하면서, 이를 후방접근법(backward mapping)이라고 하였다. 엘모어(Elmore)는 정책집행에 있어서 정책결정자의 리더십이 중요하다고 보는 전방접근법(forward mapping)과 일선집행관료의 재량과 자율이 중요하다고 보는 후방접근법(backward mapping)으로 정책집행모형을 구분하였는데, 이 중 후방접근법의 모형으로 정책집행을 설명하였다.

(선지분석)

① 나카무라(Nakamura)와 스몰우드(Smallwood)는 정책결정자와 집행자 간의 관계에 따라 정책집행모형을 고전적 기술자형, 지시적 위임가형, 협상자형, 재량적 실험가형, 관료적 기업가형으로 구분하였다.
② 사바티어(Sabatier)는 처음에는 하향적 접근방법을 주장하다가 나중에는 통합모형(ACF모형)을 주장하였다.
③ 버만(Berman)은 정책집행모형을 거시적 집행구조와 미시적 집행구조로 구분하고 집행현장을 강조하는 미시적 집행구조를 중시하였다.

14	버만(Berman)의 적응적 집행	답 ①

버만(Berman)은 정책집행을 정형적(하향적) 집행과 적응적(상향적) 집행으로 구분하고, 상향적 집행에 해당하는 적응적 집행을 강조하였다. 적응적 집행은 미시집행 국면에서 발생하는 정책과 집행조직 사이의 상호적응이 이루어질 때 성공적으로 집행된다는 것이다.

(선지분석)

② 동원, 전달자의 집행, 제도화의 세 단계로 구분되는 것은 미시적 집행구조이다. 거시적 집행구조는 'ⓐ 행정 → ⓑ 채택 → ⓒ 미시적 집행 → ⓓ 기술적 타당성'의 네 단계로 구분된다.
③ 행정이 아니라 채택을 설명하는 내용이다.
④ 채택이 아니라 미시적 집행을 설명하는 내용이다.

핵심POINT 정형적 집행과 적응적 집행의 비교

구분	정형적 집행	적응적 집행
정책상황	안정적 · 구조화된 상황	유동적 · 동태적 상황
정책목표 수정	목표 명확, 수정 필요성 적음	수정 필요성 많음
관리자의 참여	참여 제한, 충실한 집행 강조	참여 필요
집행자의 재량	불인정	인정
정책평가의 기준	집행의 충실성 및 성과	환경에의 적응성 중시

⊕ 보충 버만(Berman)의 거시적 집행구조의 네 단계

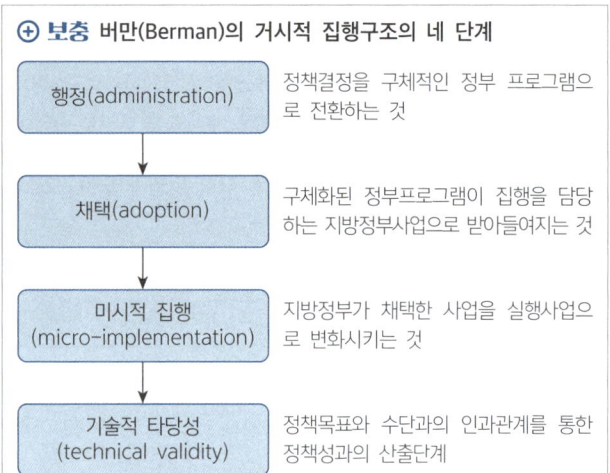

단계	내용
행정(administration)	정책결정을 구체적인 정부 프로그램으로 전환하는 것
↓ 채택(adoption)	구체화된 정부프로그램이 집행을 담당하는 지방정부사업으로 받아들여지는 것
↓ 미시적 집행(micro-implementation)	지방정부가 채택한 사업을 실행사업으로 변화시키는 것
↓ 기술적 타당성(technical validity)	정책목표와 수단과의 인과관계를 통한 정책성과의 산출단계

15	매틀랜드(Matland)의 정책집행모형	답 ④

정책목표가 명확하지 않기 때문에 집행과정이 목표의 해석과정으로 이해될 수 있는 것은 정책목표의 모호성이 높고 갈등도 높은 상황인 상징적 집행에 해당한다. 모호성이 낮고 갈등이 높은 상황은 정치적 집행으로 정책목표가 명확하지만 갈등이 높기 때문에 매수나 담합, 날치기 통과 등이 나타난다. 순응을 확보하기 위해서는 강압적 또는 보상적 수단이 동원되기도 하며, 정책집행과정은 대립되는 이해관계를 가진 집행조직 외부의 행위자에 의해 영향을 많이 받는다.

16	맥러린(McLaughlin)의 정책집행	답 ④

맥러린(M. Mclaughlin)은 '상호 적응으로서 집행(Implementation as Mutual Adaption)'에서 정책집행자를 정책과정에서 중요한 행위자로 보면서, 정책결정자와 정책집행자 간 상호작용의 유형을 ① 상호적응(mutual adaptation), ② 적응적 흡수(co-optation), ③ 부집행(non-implementation)의 3가지 형태로 구분하였다.

핵심POINT 맥러린(McLaughlin)의 정책집행

의의		• 정책결정자와 집행자 간의 상호작용을 강조하며, 정책의 성공적 집행을 위해 집행자의 행태와 정책 설계 모두 현지 실정에 맞게 수정되어야 한다는 관점을 제시함 • 정책집행이 단순한 명령 이행이 아니라, 정책과 집행 환경 간의 상호작용과 적응이 필수적임을 강조함
맥러린 정책집행의 핵심 개념	상호적응(mutual adaptation)	• 정책결정자와 집행자가 협의하여 서로 적응하며, 집행 성공에 기여함 • 정책이 집행되는 동안 정책결정자의 프로젝트 디자인과 지방 기관의 설정 및 인사가 모두 조정됨
	적응적 흡수(co-optation)	• 집행자가 자원을 사용하되 본래 의도와 다르게 지출하는 경우로, 정책의 도와 집행의 불일치를 초래함 • 지방 기관의 설정 및 인사의 조정없이 정책결정자의 프로젝트 디자인을 그대로 채택하는 형태
	부집행(non-implementation)	• 정책집행이 전혀 이루어지지 않는 경우로, 정책의 실패로 간주됨 • 정책결정자의 프로젝트가 집행 도중 실패하거나 프로젝트 참여자에 의해서 무시되는 형태
정책집행 성공의 요건		• 정책집행자의 정책목표 달성도, 효율성, 이해관계자 만족도가 중요함 • 정책 자체가 현지 실정에 맞게 수정되어야 한다고 주장함

17	정책순응 확보수단	답 ①

정책에 대한 순응을 확보하기 위한 수단으로 (가)는 도덕적 설득, (나)는 유인, (다)는 처벌에 대한 설명이다.

⊕ 보충 정책순응 확보수단

강제적 처벌	• 정책집행에 순응하지 않을 경우 벌과금 등의 불이익을 부과하는 방법 • 개인의 인권이나 재산권 침해의 우려가 있으므로 정책의 정통성에 대한 사회적 공감대 형성이 전제가 됨 • 처벌을 위한 불응의 행태(폐수방출량 등)를 정확하게 파악하기 곤란
유인과 보상	• 정책집행에 순응 시에는 보상과 편익을 제공함으로써 자발적인 순응을 확보하는 방법 • 능률적이고 효과적인 방법이나, 많은 비용이 소요되는 문제가 있음 • 도덕적인 자각이나 이타주의적 고려에 의하여 자발적으로 순응하는 사람들의 명예나 체면을 고려하지 않고 인간을 타락시킬 가능성이 있음
도덕적 설득	• 정책의 도덕적 당위성을 의식적으로 교육이나 설득을 통하여 호소하는 방법 • 효과가 있기 위해서는 정책목표와 수단이 객관적인 타당성과 일관성이 있고 분명해야 하며, 결정주체의 정통성이 있어야 함 • 일선집행관료는 본래 정책집행을 해야 할 행정책임이 있기 때문에 큰 저항이 없으며, 정책에 의해 피해를 입는 희생자집단은 의도적으로 불응의 핑계를 찾으려 함 • 가장 바람직한 순응확보전략

CHAPTER 5 | 정책평가론

THEME 27 정책평가의 의의와 유형

정답 p. 155

01	③	02	③	03	③	04	③	05	③
06	④	07	②	08	②	09	④	10	②
11	①	12	③	13	③				

01 정책평가의 유형 답 ③

평가성 사정(evaluability assessment)은 영향평가 또는 총괄평가를 실시하기 전에 평가의 유용성과 가능성, 성과증진효과 등을 미리 평가하는 활동으로서 일종의 예비평가이다.

핵심POINT 정책평가의 유형

평가의 시기	형성적 평가	정책집행이 이루어지는 도중에 수행하는 평가(도중평가, 과정평가)
	총괄적 평가	정책집행이 이루어진 후에 실시되는 평가(사후평가)
평가의 목적	과정평가	• 협의의 과정평가: 정책수단과 효과 간의 인과관계의 경로 검증 • 형성평가: 집행분석, 집행과정평가(프로그램모니터링)
	총괄평가	정책수단과 효과간의 인과관계의 결과에 대한 평가(능률성 평가, 효과성 평가, 영향평가)
기타 정책평가	평가성 사정	본격적인 평가 전에 이루어지는 예비평가, 사이비평가를 방지
	메타평가	평가에 대한 평가(평가결산, 상위평가)
	착수직전분석	본 평가를 착수하기 직전에 수행하는 평가기획 작업(사전분석)

02 정책평가의 과정 답 ③

일반적인 정책평가의 단계는 ㄷ. 정책목표의 확인 → ㄹ. 정책평가대상 및 기준의 확정 → ㄱ. 인과모형의 설정 → 연구설계(평가설계) → ㄴ. 자료의 수집 및 분석 → ㅁ. 평가결과의 환류로 이루어진다.

03 정책평가의 일반적인 절차 답 ③

정책평가의 일반적인 과정(절차)은 ㅁ. 정책목표의 확인 → ㄱ. 정책평가 대상 확정 → ㄷ. 인과모형 설정 → ㄹ. 자료수집 및 분석 → ㄴ. 평가결과의 제시 및 환류 순으로 ③이 올바른 순서이다.

04 정책평가의 의의와 기법 답 ③

정책평가의 합리적 목적은 정책결정과 집행에 필요한 정보제공 및 정책과정의 책임성 확보에 있다.

(선지분석)

① 최선의 정책대안을 선택하는 것은 정책평가가 아니라 정책분석(PA)에 해당한다.

② 참여관찰법, 심층면접법 등은 양적 기법이 아니라 질적 기법이다. 정책평가에는 양적 평가와 질적 평가가 있는데, 양적 평가란 계량적인 자료분석을 통해 사실적 가치에 초점을 둔 과학적인 접근법을 사용하는 것으로, 총괄평가에서 많이 사용하는 실험적 근법이 있다. 반면 질적 평가란 현상학적 입장에서 대상자들의 요구에 더 많은 관심을 두는 가치지향적인 평가방법으로, 과정평가에서 주로 사용하며 비실험적 접근법이 주로 사용된다.

④ 정책평가 연구에서는 현실적인 제약으로 인해서 진실험적 방법보다 준실험적 방법이 더 많이 사용된다.

⊕ 보충 정책평가기법의 유형(질적 기법)

심층면담법	정보제공자로 하여금 연구문제와 관련된 경험이나 태도에 대해 그들 나름대로 이야기하는 대화방식
단체면담법	소수의 사람들이 함께 모여 연구 안건에 관해 토론하게 함으로써 연구과제에 대한 질적인 자료를 얻는 방법
참여관찰법	관찰자가 자연적인 환경 속에서 사람들의 일일활동에 참여하여 연구과제에 관련된 정보를 수집·분석하는 방법
투사법	응답자들의 그들의 동기나 감정 등을 제대로 묘사할 수 없거나 답변을 거부할 경우 답변자들로 하여금 자연스러운 방법으로 표현을 권장하여 정보를 수집하는 방법

05 정책평가의 유형 답 ③

총괄평가는 정책집행의 최종 성과를 확인하기 위하여 내부 평가자가 아닌 외부 평가자에 의해 주로 수행되며, 평가결과는 정책 프로그램의 지속·중단·확대 등 정책적 판단 혹은 의사결정에 활용된다.

(선지분석)

① 총괄평가는 정책집행이 종료된 후 정책이 당초 의도한 목적을 달성했는지 여부를 평가하는 것으로서 정책의 성과나 효과에 대한 평가이다.

②, ④ 형성평가는 정책집행이 이루어지는 도중에 수행하는 평가(과정평가)로서 과정의 적절성, 수단·목표 간 인과성 등을 평가하고 정책집행과정에서 나타나는 문제들을 해결하여 사업계획을 더 나은 방향으로 개선하기 위한 것이다. 이때 주로 내부·외부 평가자의 자문에 의해 평가를 진행하며, 그 결과를 정책집행에 환류시켜 집행단계에서 정책담당자를 도울 수 있도록 한다.

06 정책평가의 방법(유형) 답 ④

총괄평가는 정책이 집행된 후에 그 정책이 의도했던 효과를 초래했는가를 평가하는 것으로, 정책수단과 목표 사이에 존재하는 인과관계의 결과를 검증하려는 것이다. 인과관계의 경로를 검증·확인하는 것은 협의의 과정평가(인과관계의 경로평가)에 해당한다.

07	정책평가의 종류	답 ②

총괄평가는 정책이 집행되고 난 후에 의도한 목적이 달성했는지의 여부를 판단하는 것으로, 평가기준에 따라 능률성 평가, 효과성 평가, 영향평가 등으로 나누어진다. 그중 능률성 평가는 비용편익분석의 사후적 평가로 활용된다.

08	정책평가의 유형	답 ②

일종의 예비평가로 본격적인 평가 이전에 정책평가의 실행 가능성과 유용성을 검토하기 위하여 실시되는 것은 '평가성 사정'이다. 형성평가는 정책집행이 의도하였던 대로 집행되었는지를 확인하고 문제점을 발견·시정하는 평가이다.

09	정책평가의 유형	답 ④

집행이 종료된 후 정책이 의도했던 목적을 달성했는지에 초점을 맞추는 평가는 형성평가가 아닌 총괄평가이다.

10	정책평가의 내용	답 ②

비용편익분석과 같은 계량적 평가는 정책의 능률성은 측정할 수 있지만, 국민에 대한 대응성은 측정하기 곤란하다. 대응성은 정부 정책이 국민의 기대에 부응하는 것으로 정량평가라기 보다는 정성평가에 가깝기 때문이다.

11	정책집행점검(Policy Implementation Monitoring)	답 ①

정책집행점검(Policy Implementation Monitoring)은 정책집행 모니터링으로 실행중인 정책과정에서 무엇이 일어나고 있는지 주기적으로 파악하여 그 집행 과정에 관한 정보를 수집하는 활동이다.

선지분석

② 착수직전분석(사전분석)에 대한 설명이다.
③ 목표달성도를 평가하는 것으로 효과성 평가에 대한 설명이다.
④ 총괄평가에 대한 설명이다.

12	논리모형(논리 매트릭스)과 목표모형	답 ③

정책이 달성하려는 장기목표와 중단기목표들이 잘 달성되었는지에 초점을 맞춘 평가모형은 논리모형이 아니라 목표모형에 해당한다. 논리모형이 인과관계의 경로를 통하여 이론 중심의 평가를 추구하는 형성평가모형이라면, 목표모형은 인과관계의 결과를 통하여 정책의 목표달성도(효과성)에 초점을 맞춘 총괄평가이다.

13	정책평가의 논리모형	답 ③

논리모형은 과정평가적 성격을 갖고 있지만 1차적인 산출(output)과 2차적인 결과(outcome) 등 목표달성 여부를 평가할 수 있으며, 다만 중·장기적인 목표달성 여부(영향)를 평가하는 것은 어렵다는 한계가 있다.

선지분석

④ 정책평가의 과정평가이기 때문에 인과관계의 경로를 검토하고 시정조치하는 과정에서 정책프로그램과 관련된 다양한 이해관계자의 이해도를 높일 수 있다.

핵심POINT 프로그램 논리모형과 목표모형

구분	논리모형(logic model)	목표모형(target model)
의의	프로그램의 인과관계를 투입(input) – 활동(activity) – 산출(output) – 결과(outcome)로 도식화	프로그램의 목표와 중·장기 목표달성에 대한 측정
시기	과정평가 (도중평가, 집행 도중)	총괄평가 (사후평가, 집행 후)
목적	인과관계의 경로설정 (논리적 관계 설정)	인과관계의 결과판단 (중·장기목표 달성의 측정 및 평가)

THEME 28 정부업무평가제도(「정부업무평가 기본법」)

정답

p. 159

01	①	02	①	03	②	04	①	05	②
06	②	07	③	08	①	09	④	10	④
11	②	12	②	13	④				

01	정부업무평가제도의 내용	답 ①

「정부업무평가 기본법」에 의한 정부업무평가대상에는 중앙행정기관과 지방자치단체뿐만 아니라 공공기관도 포함된다(「정부업무평가 기본법」 제2조 제2호).

02	우리나라 정부업무평가제도	답 ①

특정평가는 국무총리가 중앙행정기관을 대상으로 국정을 통합적으로 관리하기 위하여 필요한 정책 등을 평가하는 것으로 중앙행정기관이 정책대상이며 공공기관 평가는 외부평가를 원칙으로 하며 특정평가의 대상에는 포함되지 않는다(「정부업무평가 기본법」 제2조 제4호).

선지분석

② 정부업무평가위원회는 정부업무를 평가하여 심의·의결하는 국무총리 소속의 합의제기관이다(「정부업무평가 기본법」 제9조 제1항).
③ 지방자치단체에 대한 자체평가에 대해서 행정안전부 장관은 자치단체를 지원할 수 있으며 국가위임사무에 대해서는 합동평가를 실시할 수 있다(「정부업무평가 기본법」 제18조 제4항, 제21조 제1항).
④ 중앙행정기관과 지방자치단체의 자체평가에 대한 설명이다(「정부업무평가 기본법」 제2조 제3호).

⊕ 보충 「정부업무평가 기본법」

제2조【정의】 이 법에서 사용하는 용어의 정의는 다음과 같다.
3. "자체평가"라 함은 중앙행정기관 또는 지방자치단체가 소관 정책 등을 스스로 평가하는 것을 말한다.
4. "특정평가"라 함은 국무총리가 중앙행정기관을 대상으로 국정을 통합적으로 관리하기 위하여 필요한 정책 등을 평가하는 것을 말한다.

제9조【정부업무평가위원회의 설치 및 임무】 ① 정부업무평가의 실시와 평가기반의 구축을 체계적·효율적으로 추진하기 위하여 국무총리 소속하에 정부업무평가위원회를 둔다.

제18조【지방자치단체의 자체평가】 ① 지방자치단체의 장은 그 소속기관의 정책 등을 포함하여 자체평가를 실시하여야 한다.
④ 행정안전부장관은 평가의 객관성 및 공정성을 높이기 위하여 평가지표, 평가방법, 평가 기반의 구축 등에 관하여 지방자치단체를 지원할 수 있다.

제21조【국가위임사무 등에 대한 평가】 ① 지방자치단체 또는 그 장이 위임받아 처리하는 국가사무, 국고보조사업 그 밖에 대통령령이 정하는 국가의 주요시책 등에 대하여 국정의 효율적인 수행을 위하여 평가가 필요한 경우에는 행정안전부장관이 관계중앙행정기관의 장과 합동으로 평가를 실시할 수 있다.

03 정부업무평가 대상기관 답 ②

정부업무평가의 대상기관은 공공기관을 포함한 중앙행정기관 및 지방자치단체와 그 소속기관이다.

핵심POINT 정부업무평가 대상기관

1. 중앙행정기관(소속기관 포함)평가
2. 지방자치단체평가
3. 특정평가(총리가 직접 평가)
4. 공공기관평가

04 정부업무평가 중 특정평가 답 ①

특정평가는 둘 이상의 중앙행정기관 간 협력과 조정을 촉진하고 국정을 통합적으로 관리하기 위하여 도입된 정책평가제도이다. 따라서 ①을 옳지 않은 지문으로 보기에는 논란이 있을 수 있지만, 우리나라의 특정평가가 하향식 평가이기 때문에 자율평가 강화라는 취지에 맞지 않고, 실질적으로 중앙행정기관 간 긴밀한 정책 협력체제 확립에 의한 정책의 효과성과 능률성을 제고시키지도 못하고 있다는 부정적 평가(한국행정연구원 연구보고서)가 있기 때문에 이에 근거하여 ①을 옳지 않은 지문으로 보아야 한다.

선지분석

② 국무총리가 중앙행정기관을 대상으로 국정통합관리 평가를 하는 것은 특정평가이다.
③ 특정평가는 제3의 기관이나 상급기관이 실시하는 재평가 또는 일종의 메타평가이다.
④ 정권차원의 관심사항(역점사업)이나 주요 국정과제를 특정평가 대상에 포함(추가)시켜 집중적으로 평가를 실시하기도 한다(예 이명박 정부의 녹색성장사업 등).
⑤ 정부업무평가는 국정 전반의 성과관리체제와 연계되어있다.

05 「정부업무평가 기본법」상 정부업무평가제도 답 ②

지방자치단체의 자체평가위원회는 평가의 공정성과 객관성을 확보하기 위하여 자체평가위원의 3분의 2 이상은 민간위원으로 하여야 한다(「정부업무평가 기본법」 제14조 제2항).

선지분석

① 중앙행정기관의 장은 그 소속기관의 정책 등을 포함하여 자체평가를 실시하여야 한다(「정부업무평가 기본법」 제14조 제1항).
③ 지방자치단체 또는 그 장이 위임받아 처리하는 국가사무, 국고보조사업 그 밖에 대통령령이 정하는 국가의 주요시책 등(국가위임사무 등)에 대하여 국정의 효율적인 수행을 위하여 평가가 필요한 경우에는 행정안전부장관이 관계중앙행정기관의 장과 합동으로 평가(합동평가)를 실시할 수 있다(「정부업무평가 기본법」 제21조 제1항).
④ 공공기관에 대한 평가(공공기관평가)는 공공기관의 특수성·전문성을 고려하고 평가의 객관성 및 공정성을 확보하기 위하여 공공기관 외부의 기관이 실시하여야 한다(「정부업무평가 기본법」 제22조 제1항).

06 「정부업무평가 기본법」상 정부업무평가제도 답 ②

환경영향평가는 「정부업무평가 기본법」상 정부업무평가에 해당하지 않는다.

선지분석

정부업무평가는 국정운영의 능률성·효과성 및 책임성을 확보하기 위하여 중앙행정기관, 지방자치단체, 중앙행정기관 또는 지방자치단체의 소속기관, 공공기관(평가대상기관)이 행하는 정책 등을 평가하는 것을 말한다(「정부업무평가 기본법」 제2조 제2호).

핵심POINT 우리나라 정부업무평가의 종류

중앙행정기관평가	자체평가, 재평가(국무총리)
지방자치단체평가	자체평가, 평가지원(행정안전부장관), 합동평가
특정평가	국정업무의 통합적 수행 정도를 평가(국무총리)
공공기관평가	외부기관(자체평가 불인정)

07 「정부업무평가 기본법」상 정부업무평가제도 답 ③

지방자치단체합동평가위원회의 위원장은 민간위원 중에서 행정안전부장관이 지명한다(「정부업무평가 기본법 시행령」 제18조 제2항).

선지분석

① 김포시는 지방자치단체이고, 도로교통공단은 공공기관이므로 평가대상에 포함된다(「정부업무평가 기본법」 제2조 제2호).

② 관세청장은 중앙행정기관의 장이므로 자체평가를 실시하여야 하고 이를 위한 자체평가위원회를 구성·운영하여야 한다(「정부업무평가 기본법」 제14조).

④ 정부업무평가위원회의 위원장은 국무총리와 민간위원 중에서 대통령이 지명하는 2인이 되고, 위원 중 기획재정부장관, 행정안전부장관, 국무조정실장은 당연직 위원이다(「정부업무평가 기본법」 제10조).

> **⊕ 보충 「정부업무평가 기본법 시행령」**
>
> 제18조 【지방자치단체합동평가위원회의 구성·운영 등】 ① 지방자치단체합동평가위원회는 위원장 1인을 포함한 20인 이하의 위원으로 구성하되, 평가의 객관성 및 공정성을 확보하기 위하여 위원의 3분의 2 이상은 평가에 관한 전문적인 지식과 경험이 풍부한 민간전문가로 구성하여야 한다.
>
> ② 지방자치단체합동평가위원회의 위원장은 민간위원 중에서 행정안전부장관이 지명한다.

08 정부의 분석 및 평가제도 답 ①

정부에서 실시하고 있는 분석 및 평가제도에 대한 설명으로 옳은 것은 ㄱ, ㄷ이다. ㄴ, ㄹ은 옳지 않다.

선지분석

ㄴ. 지방공기업평가는 행정안전부장관이 실시한다. 행정안전부장관은 지방공기업의 경영 기본원칙을 고려하여 지방공기업에 대한 경영평가를 하고, 그 결과에 따라 필요한 조치를 하여야 한다. 다만, 행정안전부장관이 필요하다고 인정하는 경우에는 지방자치단체의 장으로 하여금 경영평가를 하게 할 수 있다(「지방공기업법」 제78조).

ㄹ. 환경영향평가제도는 1977년 「환경보전법」에 처음으로 근거가 명시되었고, 1999년에 제정된 「환경·교통·재해 등에 관한 영향평가법」에 의하여 2001년부터 시행되었던 제도이다. 이 법은 2009년 1월 「환경영향평가법」으로 개칭되어 현재까지도 시행되고 있다.

09 정부업무평가위원회의 구성 답 ④

정부업무평가위원회의 구성은 위원장 2인을 포함한 15인 이내의 위원으로 구성한다.

> **⊕ 보충 「정부업무평가 기본법」**
>
> 제10조 【위원회의 구성 및 운영】 ① 위원회는 위원장 2인을 포함한 15인 이내의 위원으로 구성한다.
>
> ② 위원장은 국무총리와 제3항 제2호의 자 중에서 대통령이 지명하는 자가 된다.
>
> ③ 위원은 다음 각 호의 자가 된다.
>
> 1. 기획재정부장관, 행정안전부장관, 국무조정실장
> 2. 다음 각 목의 어느 하나에 해당하는 자로서 대통령이 위촉하는 자
>   가. 평가관련 분야를 전공한 자로서 대학이나 공인된 연구기관에서 부교수 이상 또는 이에 상당하는 직에 있거나 있었던 자
>   나. 1급 이상 또는 이에 상당하는 공무원의 직에 있었던 자
>   다. 그 밖에 평가 또는 행정에 관하여 가목 또는 나목의 자와 동등한 정도로 학식과 경험이 풍부하다고 인정되는 자

10 「정부업무평가 기본법」상 정부업무평가제도 답 ④

국가위임사무에 대하여 평가가 필요한 경우에는 행정안전부장관은 관계 중앙행정기관의 장과 특정평가가 아니라 합동평가를 실시할 수 있다. 특정평가의 경우 국정의 통합적 관리가 필요한 정책평가로서 국무총리가 주관한다.

11 정부업무평가제도 답 ②

「정부업무평가 기본법」 제14조의 내용이다.

선지분석

① 재평가 실시기관은 기획재정부장관이 아닌 국무총리이다.

③ 특정평가 실시기관은 행정안전부장관이 아닌 국무총리이다.

④ 합동평가 실시기관은 국무총리가 아닌 행정안전부장관이다.

> **⊕ 보충 「정부업무평가 기본법」**
>
> 제14조 【중앙행정기관의 자체평가】 ① 중앙행정기관의 장은 그 소속기관의 정책 등을 포함하여 자체평가를 실시하여야 한다.
>
> ② 중앙행정기관의 장은 자체평가조직 및 자체평가위원회를 구성·운영하여야 한다. 이 경우 평가의 공정성과 객관성을 확보하기 위하여 자체평가위원의 3분의 2 이상은 민간위원으로 하여야 한다.
>
> 제17조 【자체평가결과에 대한 재평가】 국무총리는 중앙행정기관의 자체평가결과를 확인·점검 후 평가의 객관성·신뢰성에 문제가 있어 다시 평가할 필요가 있다고 판단되는 때에는 위원회의 심의·의결을 거쳐 재평가를 실시할 수 있다.
>
> 제20조 【특정평가의 절차】 ① 국무총리는 2 이상의 중앙행정기관 관련 시책, 주요 현안시책, 혁신관리 및 대통령령이 정하는 대상부문에 대하여 특정평가를 실시하고, 그 결과를 공개하여야 한다.
>
> 제21조 【국가위임사무 등에 대한 평가】 ① 지방자치단체 또는 그 장이 위임받아 처리하는 국가사무, 국고보조사업 그 밖에 대통령령이 정하는 국가의 주요시책 등에 대하여 국정의 효율적인 수행을 위하여 평가가 필요한 경우에는 행정안전부장관이 관계중앙행정기관의 장과 합동으로 평가를 실시할 수 있다.

12 정부업무평가위원회 답 ②

정부업무평가위원회의 회의는 재적위원 과반수의 출석으로 개의하고 출석위원 과반수의 찬성으로 의결한다(「정부업무평가 기본법」 제10조 제6항).

선지분석

① 「정부업무평가 기본법」 제10조 제1항의 내용이다.
③ 「정부업무평가 기본법」 제14조 및 제18조의 내용이다.
④ 「정부업무평가 기본법」 제28조 제3항의 내용이다.

> **⊕ 보충 「정부업무평가 기본법」**
>
> **제10조【위원회의 구성 및 운영】** ① 위원회는 위원장 2인을 포함한 15인 이내의 위원으로 구성한다.
> ⑥ 위원회의 회의는 재적위원 과반수의 출석으로 개의하고 출석위원 과반수의 찬성으로 의결한다.
>
> **제14조【중앙행정기관의 자체평가】** ① 중앙행정기관의 장은 그 소속기관의 정책 등을 포함하여 자체평가를 실시하여야 한다.
>
> **제18조【지방자치단체의 자체평가】** ① 지방자치단체의 장은 그 소속기관의 정책 등을 포함하여 자체평가를 실시하여야 한다.
>
> **제28조【평가결과의 예산·인사 등에의 연계·반영】** ③ 기획재정부장관은 평가결과를 중앙행정기관의 다음 연도 예산편성 시 반영하여야 한다.

13 「정부업무평가 기본법」상 정부업무평가 답 ④

ㄴ. 「정부업무평가 기본법」 제10조 제1항으로 옳은 내용이다.
ㄹ. 「정부업무평가 기본법」 제2조로 옳은 내용이다.

선지분석

ㄱ. 정부업무평가위원회는 행정안전부장관 소속이 아니라 국무총리 소속이다(「정부업무평가 기본법」 제9조 제1항).
ㄷ. 행정안전부장관이 국무회의에 보고하거나 평가보고회를 개최하는 것이 아니라 국무총리가 국무회의에 보고하거나 평가보고회를 개최하여야 한다(「정부업무평가 기본법」 제27조 제1항).

> **⊕ 보충 「정부업무평가 기본법」**
>
> **제2조【정의】** 이 법에서 사용하는 용어의 정의는 다음과 같다.
> 2. "정부업무평가"라 함은 국정운영의 능률성·효과성 및 책임성을 확보하기 위하여 다음 각 목의 기관·법인 또는 단체(이하 "평가대상기관"이라 한다)가 행하는 정책등을 평가하는 것을 말한다.
> 가. 중앙행정기관(대통령령이 정하는 대통령 소속기관 및 국무총리 소속기관·보좌기관을 포함한다. 이하 같다)
> 나. 지방자치단체
> 다. 중앙행정기관 또는 지방자치단체의 소속기관
> 라. 공공기관
>
> **제9조【정부업무평가위원회의 설치 및 임무】** ① 정부업무평가의 실시와 평가기반의 구축을 체계적·효율적으로 추진하기 위하여 국무총리 소속하에 정부업무평가위원회를 둔다.
>
> **제10조【위원회의 구성 및 운영】** ① 위원회는 위원장 2인을 포함한 15인 이내의 위원으로 구성한다.
>
> **제27조【평가결과의 보고】** ① 국무총리는 매년 각종 평가결과보고서를 종합하여 이를 국무회의에 보고하거나 평가보고회를 개최하여야 한다.

THEME 29 정책평가의 타당도와 저해요인

정답 p. 163

01	④	02	④	03	②	04	④	05	③
06	③	07	④	08	④	09	②	10	②
11	③	12	③	13	③	14	②	15	①
16	①	17	①	18	③	19	②	20	①
21	②	22	③	23	①	24	①	25	①
26	②	27	③	28	②	29	③	30	④

01 정책평가의 인과관계 답 ④

ㄴ. 비허위적 관계(경쟁 가설의 배제)에 대한 설명이다.
ㄷ. 공동변화(상호연관성)에 대한 설명이다.

선지분석

ㄱ. 정책목표의 달성보다 정책수단의 실현이 선행해서 존재해야 한다. 정책평가의 논리모형에서 목표와 수단 간의 인과관계가 성립하기 위한 요건은 시간적 선행성, 공동변화, 비허위적 관계(경쟁가설의 배제)이다.

02 정책평가 답 ④

대부분의 데이터 수집을 평가대상자들에 대한 심층면담 및 참여관찰 등의 방법으로 평가하는 것은 질적 평가방법에 해당한다.

03 정책변수 답 ②

각각 ㄱ은 혼란변수, ㄴ은 허위변수에 해당한다.
혼란변수란 독립변수가 종속변수에 미치는 영향을 과대 내지 과소평가하게 하여 정확한 인과관계 추론을 위협하는 제3의 변수를 의미하며, 허위변수란 독립변수와 종속변수 간 아무런 관계가 없음에도 불구하고 마치 상관관계가 있는 것처럼 두 변수에 영향을 주는 제3의 변수를 의미한다.

04 정책변수 답 ④

ㄴ. 조절변수는 종속변수에 대한 독립변수의 효과를 중간에서 조절하는 변수이다. 독립변수와 종속변수 사이에서 두 변수 간 관계를 강화시키거나 약화시키는 제3의 변수를 말하는데 예를 들어, 학습시간량으로서 학업성취도를 예언하고자 할 때, 학습방법에 따라서 예언력이 달라진다면 학습방법이 조절변수가 된다.
ㄹ. 허위변수는 독립변수와 종속변수 간에 상관관계가 없는데도 있는 것처럼 나타나서 독립변수와 종속변수 모두에게 영향을 미치며 이들 사이에 공동변화를 야기하는 제3의 변수를 말한다.

선지분석

ㄱ. 매개변수는 독립변수와 종속변수 사이의 매개체 역할을 하는 것으로 독립변수의 결과인 동시에 종속변수의 원인이 되는 제3의 변수이다.

ㄷ. 억제변수란 독립변수와 종속변수 간에 상관관계가 있는데도 없는 것처럼 나타나는 제3의 변수이다.

05	정책평가의 타당성과 신뢰도	답 ③

내적 타당도는 집행된 정책내용(원인)과 발생한 정책효과(결과) 간의 관계에 대한 인과적 추론의 정확성 정도를 의미한다.

선지분석

① 타당성의 유형 중 일반화와 관련된 외적 타당성에 대한 설명이다.

② 타당성의 유형 중 개념적 정의와 관련된 구성적 타당성에 대한 설명이다.

④ 결과의 일관성으로 신뢰도에 대한 설명이다.

06	정책평가의 타당성과 신뢰성	답 ③

정책평가를 위한 요건으로 타당성과 신뢰성이 있다. 타당성이란 측정하고자 하는 목표의 일치를 의미하며 신뢰성이란 측정결과의 일관성을 의미한다. ③ 신뢰성은 타당성의 필요조건이지만 충분조건은 아니다. 즉, 신뢰성이 높더라도 반드시 타당성이 높아지는 것은 아니다.

선지분석

④ 타당성이 없는 측정도구는 인과관계를 정확하게 판단할 수 없어서 통계적 결론의 타당도가 결여되어 제1종 오류 또는 제2종 오류가 발생할 수 있다.

07	정책평가의 타당성 검토	답 ④

정책의 대상집단과 내용 등이 동질적이나 정책평가 시기를 달리하는 경우 각 시기별 정책결과 측정값의 상관관계를 분석하는 것은 타당성이 아니라 결과의 일관성에 대한 것으로 신뢰도와 관련이 있다.

선지분석

① 개념적 정의에 대한 구성적 타당도에 해당하는 설명이다.

② 인과관계에 대한 내적 타당도에 해당하는 설명이다.

③ 일반화(적용)에 대한 외적 타당도에 해당하는 설명이다.

08	정책평가의 타당성	답 ④

정책평가의 타당성(validity)을 논의할 때 먼저 1차적으로 확보되어야 할 것은 인과관계를 확인할 수 있는 내적 타당성(internal validity)이며, 내적타당성이 확보되었을 때 2차적으로 이를 다른 사건이나 상황에 적용할 수 있는 일반화의 문제를 다루는데 이를 외적타당성(external validity)이라 한다.

핵심POINT 타당성의 유형

구성적 타당성	이론적 구성요소(처리, 결과, 모집단)가 성공적으로 개념화된 정도
통계적 결론의 타당성	실험설계가 충분하고 정밀하게 설계되어진 정도
내적 타당성(인과관계)	인과관계(X → Y)의 적합성 정도
외적 타당성(일반화)	주어진 상황 외에서의 일반화(적용) 정도

09	정책평가의 타당도	답 ②

정책평가의 초점은 정책이 집행된 후에 정책효과가 있었는지 여부를 판단하는 데 있다. 이러한 목적은 내적 타당도(인과관계)가 있는 평가로서만 달성될 수 있다. 반면 외적 타당도는 특정 상황에서 내적 타당성을 확보한 정책평가가 다른 상황에서도 적용될 가능성, 즉 일반화의 가능성을 말한다. 따라서 내적 타당도를 확보해야 외적 타당도를 논할 수 있으므로 정책평가를 위해 고찰된 통계적 · 실험적 방법들은 '내적 타당도'의 제고를 제1차적 목적으로 한다.

핵심POINT 정책평가의 요소

1. 타당도와 신뢰도

타당도 (목적의 일치)	• 구성적 타당도: 이론적 구성요소(처리, 결과, 모집단)가 성공적으로 조작화된 정도 • 통계적 결론의 타당도: 연구설계(가설)가 충분하고 정밀하게 설계되어진 정도 • 내적 타당도: 인과적 결론의 적합성 정도(인과관계) • 외적 타당도: 주어진 상황 외에서의 일반화 정도
신뢰도 (결과의 일관성)	• 유사한 실험을 반복 실시할 경우 동일한 결과가 나타날 확률 • 측정 방법: 재검사법, 복수양식법, 반분법, 내적 일관성 분석법 • 타당도와의 관계: 신뢰도는 타당도의 필요조건(신뢰도가 낮으면 타당도도 낮으나, 신뢰도가 높다고 하여 반드시 타당도가 높은 것은 아님)

2. 타당도 저해요인

내적 타당도 저해요인	• 선발요소(외재적 요인) • 성숙효과(성장효과) • 측정요소 • 상실요소 • 선발과 성숙의 상호작용	• 역사적 요소(사건효과) • 회귀인공요소 • 검사도구 변화 • 모방효과(오염) • 처지와 상실의 상호작용
외적 타당도 저해요인	• 대표성의 문제 • 임의적 조작과 처리 • 크리밍효과	• 측정과 조작의 상호작용 • 호손효과

10	내적 타당도 저해요인	답 ②

A는 성숙(maturation)효과(ㄷ), B는 실험(testing)효과(ㄱ), C는 역사(history)효과(ㄹ), D는 회귀(regression)효과(ㄴ)에 해당한다.

핵심POINT 내적 타당도 저해요인

선발요소(외재적 요인)	실험집단과 통제집단의 표본선정 과정상의 오류(동질성의 부족)
역사적 요소(사건효과)	실험기간 동안에 일어난 역사적 사건이 실험에 영향을 미치는 것
성숙효과(성장효과)	실험기간 중 집단구성원의 자연적 성장이나 발전에 의한 효과로서 실험기간이 길어질수록 사건효과나 성장효과는 커짐
상실요소	연구기간 중 집단으로부터 이탈 등 두 집단 간 구성상 변화에 의한 효과
회귀-인공요소	실험이 진행되는 동안 구성원들이 원래 자신의 성향으로 돌아갈 경우에 나타나는 오차
모방효과(오염효과)	통제집단 구성원이 실험집단 구성원의 행동을 모방하는 것(오염 또는 확산효과)
측정요소	실험 전에 측정한 사실 그 자체가 연구되고 있는 현상에 영향을 주는 것
측정도구의 변화	프로그램의 집행 전과 집행 후에 사용하는 측정절차·측정도구의 변화로 인한 오류
선발과 성숙의 상호작용	두 집단의 선발에서부터 차이가 있었을 뿐 아니라 두 집단의 성숙 속도가 다름으로 인한 내적 타당도 저해
처치와 상실의 상호작용	집단들의 서로 다른 처치로 인하여 두 집단으로부터 처치기간 동안에 서로 다른 성질의 구성원들이 상실되는 경우 남아 있는 개인들을 대상으로 처치효과를 추정하게 되면 그 결과가 왜곡될 가능성이 존재

11 내적 타당도 저해요인 답 ③

제시문은 혼잡통행료 정책과 그 정책의 실시 이전과 실시 이후 효과 간의 인과관계를 측정하려는 것이다. 이는 투입과 효과의 발생 사이에 유류가격 급등이라는 비의도적 사건이 측정에 영향을 미치는 것으로 역사요인 또는 사건효과에 해당한다.

12 내적 타당도 저해요인 답 ③

제시문은 청년소득 정책과 그 정책의 효과 간의 인과관계를 측정하려는 것으로 정책의 투입과 효과의 발생 사이에 경기불황이라는 역사적 요소(사건)가 외부에서 발생하여 내적 타당도의 측정을 어렵게 만든 것이므로 이는 역사적 요인 또는 사건효과에 해당한다.

13 내적 타당도 저해요인 답 ③

정책실시 전과 정책실시 후에 측정자와 측정방법이 달라짐으로써 측정결과에 영향을 미치는 것은 시험효과가 아니라 측정도구의 변화(instrumentation)이다. 시험효과는 시험(측정) 그 자체가 연구되고 있는 현상에 영향을 주는 경우를 말한다.

14 내적 타당성 저해요인 답 ②

실험대상자들이 사전측정의 내용에 대해 친숙하게 되어 사후측정값이 달라지는 것은 내적 타당성 저해요인 중 측정요소(testing)에 해당한다. 성숙효과는 시간이 지남에 따라 나타난 대상집단의 특성 변화로 인과관계를 저하시키는 것을 말한다.

15 내적 타당성 저해요인 답 ①

제시문은 정책실험에서 내적타당성 저해요인 중 검사요인(Testing)에 해당한다. 검사요인(측정요인)이란 실험대상자들한테 사전측정을 실시한 것이 사후측정값에 영향을 미쳐 인과관계를 저하시키는 효과를 말한다. 예를 들어 동일한 시험문제를 사전·사후에 사용하게 되면 사후시험에서는 점수가 높아지는 현상이다. 이러한 검사요인을 방지하려면 '눈에 띄지 않는 관찰방법' 등으로 이를 통제하는 것이다.

16 외적 타당도 저해요인 답 ①

조건이 양호한 집단을 대상으로 정책수단을 실시한 후 그 결과가 좋게 나타난 정책수단을 다른 상황에 적용하려고 하는 경우에 나타나는 외적 타당성(일반화)의 문제는 정책평가의 외적 타당성을 저해하는 요인 중 크리밍 효과(creaming effect)에 해당한다.

핵심POINT 외적 타당도 저해요인

호손효과(Hawthorne Effect)	• 실험집단 구성원이 실험의 대상이라는 사실로 인하여 평소와는 다른 특별한 심리적 행동을 보이는 현상으로 외적 타당도를 저해하는 대표적 요인 • 실험조작의 반응효과라고도 함
다수적 처리에 의한 간섭	동일 집단에 여러 번의 실험적 처리를 실시하는 경우 실험조작에 익숙해지게 되면서 이로 인한 영향이 발생하므로 그 결과를 처치받지 않은 집단에게 일반화하는 것은 곤란함
표본의 대표성 부족	두 집단 간 동질성이 있더라도 사회적 대표성이 없으면 일반화하는 것은 곤란함
실험조작과 측정의 상호작용	실험 전 측정(측정요소)과 피조사자의 실험조작(호손효과)의 상호작용으로 실험결과가 나타난 경우 이를 일반화하는 것은 곤란함
크리밍 효과(creaming effect)	• 효과가 크게 나타날 사람만 의도적으로 실험집단에 배정한 경우 그 결과를 일반화하는 것은 곤란함 • 상이한 실험집단과 통제집단의 선택(선발)과 실험조작(호손효과)의 상호작용이라고도 함

17 외적 타당성 저해요인 답 ①

연구자의 측정기준이나 측정도구가 변화되는 경우는 측정도구의 변화로서 내적 타당성(인과관계) 저해요인이다.

선지분석

② 표본으로 선택된 집단의 대표성이 약할 경우는 표본의 비대표성으로 외적 타당성(일반화)의 저해요인이다.

③ 실험집단 구성원 자신이 실험대상임을 인지하고 평소와 다른 특별한 반응을 보일 경우는 호손효과로서 외적 타당성(일반화)의 저해요인이다.
④ 실험의 효과가 크게 나타날 것으로 예상되는 집단만을 의도적으로 실험집단에 배정하는 경우는 크리밍 효과로서 외적 타당성(일반화)의 저해요인이다.

18	타당도 저해요인	답 ③

정책효과가 나타날 가능성이 높은 집단을 의도적으로 실험집단으로 선정함으로써 정책의 영향력이 실제보다 과대평가되는 것은 호손효과가 아니라 크리밍(Creaming) 효과이다. 호손효과는 실험집단의 대상이 실제 실험에 참여하고 있다는 것 때문에 평소와는 다른 특별한 심리적 행동을 보이는 현상으로 정책평가의 외적 타당도를 저해하는 대표적 요인에 해당한다.

19	내적 타당성과 외적 타당성	답 ②

준실험은 실험집단과 통제집단 간에 동질성을 확보하지 못한 것으로 진실험에 비하여 외적 타당성은 높지만 내적 타당성은 상대적으로 낮다는 한계가 있다.

(선지분석)
① 외적 타당성이 아니라 인과관계를 저해하는 내적 타당성 저해요인이다.
③ 호손효과(실험조작의 반응효과)에 대한 설명으로 내적 타당성이 아니라 외적 타당성 저해요인이다.
④ 인과관계에 대한 설명으로 외적 타당성이 아니라 내적 타당성에 대한 설명이다.

핵심POINT 사회실험의 종류

실험적 설계		비실험적 설계
진실험	준실험	비실험
• 통제집단과 실험집단 구분 • 실험집단과 통제집단 간 동질성을 확보하는 실험	• 통제집단과 실험집단 구분 • 실험집단과 통제집단 간 동질성을 확보하지 못하는 실험	• 통제집단과 실험집단 구분 없이 실험집단에 정책처리를 하는 실험 • 정책실시 전후 비교방법, 사후 비교집단 선정

20	내적 타당성 저해요인	답 ①

제시문은 정책평가의 내적 타당성을 저해하는 역사요인에 해당한다. 역사적 요인(history)은 연구기간 동안에 일어나는 사건이 실험집단에 영향을 미쳐 대상변수에 중요한 영향을 끼치는 경우이다. 사례에서는 정책 시행기간 중 불경기로 공장들이 문을 닫은 것, 오염수준 측정 직전에 갑자기 비가 많이 온 것과 같은 사건이 역사요인으로 내적 타당도를 저해한 것이다.

(선지분석)
② 검사요인은 검사(측정) 그 자체가 연구되고 있는 현상에 영향을 주는 경우이다.
③ 선발요인은 정책의 대상이 되는 실험집단과 그렇지 않은 통제집단(비교집단)이 동등하게 선발되지 못하고 처음부터 다른 특성을 가져 정책결과에 영향을 미치는 현상이다.
④ 상실요인은 실험 도중에 실험집단의 몇몇 구성원이 탈락하는 경우에 인과관계에 영향을 미치는 것이다.

21	실험설계의 방법	답 ②

준실험설계방법 중에서 실험집단과 통제집단에 실험대상을 배정할 때 분명하게 알려진 자격기준을 적용하는 방법은 회귀-불연속설계 방법이다.

핵심POINT 사회실험(정책실험)의 설계방법

진실험설계		• 무작위 배정에 의한 동질적 통제집단설계 • 통제집단사후측정설계, 통제집단사전사후측정설계 • 솔로몬식 4집단실험설계
준실험설계	축조된 통제	• 비동질적 통제집단 설계(사전측정비교집단 설계): 짝짓기(매칭)로 구성 • 비동질적 통제집단 사후측정설계: 정태적 집단 비교방법 • 회귀불연속 설계(자격기준에 의한 설계)
	재귀적 통제	• 단절적 시계열분석에 의한 평가 • 단절적 시계열 비교집단 설계에 의한 평가
비실험설계		• 대표적 비실험: 정책실시전후비교방법, 사후적 비교집단 선정방법(단일집단 사전사후측정설계) • 통계적 통제: 통계적 방법으로 외생변수(허위·혼란변수)를 추정·제거 • 포괄적 통제: 포괄적인 규범·목표를 통제 • 잠재적 통제: 잠재적 집단(전문가·패널)의 판단과 비교, 통제

22	실험설계의 유형과 특징	답 ③

회귀-불연속 설계나 단절적 시계열 설계는 미래지향적(prospective)인 진실험 방식이 아니라 과거지향적(retrospective)인 준실험방식(Quasi-experiment)에 해당한다. 진실험설계에서는 연구자가 사전에 계획하여 미리 실험집단과 통제집단을 무작위적으로 배정할 수 있기 때문에 미래지향적인 성격이 강하고 준실험설계는 연구자가 사전에 두 집단 간 동질성을 확보하지 못하여 주로 과거에 발생한 실험처리의 효과를 추정하는 경우가 많기 때문에 과거지향적인 것이 특징이다.

(선지분석)
① 실험설계는 원인변수와 결과변수 간의 인과관계(내적 타당성)을 확보하여 특정 정책의 효과성 판단을 위한 인과관계 입증에 활용될 수 있다.

② 진실험(true experiment)과 준실험(quasi-experiment)의 차이는 실험집단과 통제집단 간 동질성 확보여부로 진실험은 동질성을 확보하고 준실험은 확보하지 못한 상태에서 행하는 실험이다.
④ 짝짓기(matching)는 준실험 설계에서 사용되는 변수의 통제 방법으로 연구대상을 비슷한 대상끼리 둘씩 짝을 지은 다음 하나는 실험집단에 다른 하나는 통제집단에 배정하는 방법을 사용하여 두 집단 간 동질성을 확보하는 방법으로 제3의 요인에 관하여 실험집단과 통제집단을 비교적 동등화시킬 수 있는 것이다.

23	정책평가를 위한 사회실험	답 ①

동질성을 확보한 진실험적 방법인 통제집단 사전·사후설계는 사전측정을 함으로써 검사요인의 효과를 통제할 수 없다는 것이 단점이다. 즉 실험집단과 통제집단에 속한 대상들이 사전측정에 의하여 비정상적인 반응을 보일 수도 있기 때문에 검사효과를 통제할 수 없어서 내적 타당성(인과관계)의 저해요인으로 작용한다.

선지분석
② 준실험은 실험집단과 통제집단의 동질성을 확보하지 못한 상태의 실험으로 현실적으로 가장 많이 진행되는 방식으로 진실험보다 실행가능성이 높다.
③ 회귀불연속 설계는 준실험적 방법으로 구분점(구간)에서 회귀직선의 불연속적인 단절이 발생하기 때문에 이를 통제하기 위하여 실험집단과 통제집단을 구분할 때 분명하게 알려진 자격기준(eligibility criterion)을 활용하는 방법이다.
④ 솔로몬(Solomon)에 의해 제안된 4집단설계는 진실험적 방법으로 통제집단 사전·사후 설계와 통제집단 사후 설계의 장점을 결합한 것이다. 솔로몬의 4집단실험설계는 제1실험집단과 제1통제집단, 제2실험집단과 제2통제집단으로 나누어 제2실험집단과 제2통제집단의 경우 사전측정(검사요인)의 효과를 배제하기 위하여 사전측정을 하지 않기 때문에 내적 타당성(인과관계)를 확보하기에 매우 효과적인 방식이다.

24	자연실험(natural experiment)	답 ①

자연실험은 사회실험에 비하여 자연스러운 상태에서 이루어지는 실험으로 진실험보다는 준실험에 가까운 실험설계방식이다.

선지분석
② 자연실험은 자연스러운 상태에서 진행되기 때문에 인위적인 집단구성 및 통제비용이 발생하지 않으며, 진실험의 동질성 확보에서 발생할 수 있는 인위적 격리 등의 윤리적 문제가 발생할 가능성이 적은 편이다.
③ 자연실험에서 실험여건은 자연적인 충격(shock)뿐만 아니라 급격한 정책이나 제도변화 등을 포함한다.
④ 독립변수와 종속변수가 상관관계에 있을 때 이를 통제하기 위하여 자연실험을 이용하면 효과적이다.

⊕ 보충 자연실험(natural experiment)의 특성
1. 실험에는 인위적 실험인 사회실험과 비인위적인 자연실험이 있다.
2. 자연실험은 자연스러운 상태에서 실시되는 실험으로 변수를 인위적으로 통제하는 진실험보다는 준실험이나 비실험에 더욱 가깝다고 볼 수 있다.
3. 자연적으로 발생하는 정치적·경제적·사회적·자연적 충격 또는 급격한 정책이나 제도변화에 의해서 자연실험의 여건을 형성하며. 비용이 적게 들고, 동질성 확보를 위한 인위적 격리 등이 없기 때문에 윤리적 문제가 발생하지 않는다.
4. 독립변수와 종속변수가 상관관계에 있을 때 이를 통제하기 위하여 자연실험을 이용하면 효과적이다.

25	정책평가의 내적 타당성	답 ①

준실험설계보다 진실험설계를 사용할 때 내적 타당성의 저해요인이 감소하여 내적 타당성이 높아진다.

선지분석
③ 허위변수나 혼란변수는 정책효과에 영향을 미치는 제3변수로서 이를 통제하면 내적 타당성을 높일 수 있다.
④ 선발요인과 상실요인은 내적 타당성 저해요인으로 이를 통제하기 위해서는 집단의 동질성 확보를 위해서 무작위배정(진실험)이 필요하다. 무작위배정이 어려울 경우(준실험) 비동질적 통제집단설계를 하는데 이때 실험집단과 통제집단의 유사성을 높이기 위해 사전 측정을 한 후 유사한 점수를 받은 대상자를 짝을 지어 실험집단과 통제집단에 배정하여 실험을 실시하면 내적 타당성을 높일 수 있게 된다.

핵심POINT 정책실험의 유형별 특징

유형	비교집단	동질성	내적 타당도	외적 타당도	실행 가능성
비실험	×	×	낮음	높음	높음
준실험	○	×	중간	중간	중간
진실험	○	○	높음	낮음	낮음

26	실험설계의 유형	답 ②

진실험설계에 해당하는 것은 통제집단 사전사후측정설계이다. 이는 사전에 통제집단과 실험집단을 무작위배정에 의하여 동질적으로 구성하여 두 집단 간 사전·사후측정값을 비교하여 정책효과를 판단하는 실험설계방식이다.

선지분석
① 단절적 시계열설계는 준실험설계이다.
③ 비동질적 통제집단설계는 준실험의 설계방법이다. 동질성을 확보하지 않은 비동질적 실험은 준실험의 중요한 특징이다.
④ 단일집단 사전사후측정설계는 비실험설계이다. 통제집단(비교집단) 없이 단일한 실험집단만으로 실험을 하는 것은 비실험설계의 대표적인 특징이다.

27 정책평가의 설계 답 ③

비동질적 통제집단설계는 무작위 배정에 의한 실험집단과 통제집단의 동질성을 확보할 수 없는 상황에서 짝짓기 등을 통하여 실험집단과 유사한 비교집단을 구성하는 준실험적 방법으로 진실험과 같은 수준의 내적 타당성을 확보하기 어렵다.

(선지분석)

① 사후측정 비교집단 설계는 정책집행 이전 자료가 없어 정책실시 이후 비교집단을 설계하여 실험집단과 비교하는 방법이다. 따라서 실험집단과 통제집단을 구성할 때 두 집단에 서로 다른 성질의 구성원들을 선발함으로써 발생하는 선정요인이 발생하여 내적 타당성이 훼손될 수 있다.

② 모방효과는 사회 실험에서 통제집단의 사람들이 태도 변화를 보이면 실험집단의 사람들이 이를 흉내 내게 되는 효과로서 이를 통해서 내적 타당성(인과관계)이 저하된다. 특히 집단의 동질성이 확보된 진실험에서 나타난다.

④ 진실험과 준실험을 비교하면 진실험은 내적 타당성(인과관계)의 확보, 준실험은 외적 타당성(일반화)과 실행가능성 측면에서는 상대적으로 더 우수하다.

28 정책평가를 위한 실험설계 답 ②

ㄱ, ㄷ은 옳은 설명이고 ㄴ은 옳지 않은 설명이다.

ㄱ. 동일 정책대상집단에 정책실시 전후 시계열자료를 비교하는 단절적 시계열 분석에 의한 평가는 준실험 설계방법이다.

ㄷ. 통계분석기법을 통한 통계적 통제는 비실험 설계에 해당하며 회귀분석이나 경로분석 등이 있다.

(선지분석)

ㄴ. 시간의 경과 때문에 발생하는 조사대상 집단의 특성변화가 정책의 효과에 혼재되어 나타나는 경우는 성숙효과에 대한 설명이다.

29 정책평가의 준실험설계 답 ③

준실험설계는 짝짓기 방법으로 실험집단과 통제집단을 구성하여 실험집단을 통제집단과 비교하거나, 시계열분석과 같은 시계열적인 방법으로 정책영향을 평가한다.

(선지분석)

① 무작위에 의한 실험집단과 통제집단을 구성하는 것은 진실험이다.

② 진실험 설계와 비교하여, 인위적 요소가 많아 내적 타당성이 낮지만, 실험의 실현 가능성이 높은 편이다.

④ 준실험적 방법은 진실험적 방법과는 달리 사전검사를 하지 않기 때문에 선발효과와 성숙효과를 통제하기 어려워 진실험에 비해서 내적 타당도가 저하되는 문제가 나타난다.

⑤ 회귀불연속설계는 실험집단과 통제집단을 구분할 때 분명하게 알려진 자격기준(eligibility criterion)을 활용하는 방법이다. 이러한 자격기준을 통해서 실험집단과 비교집단의 결과를 비교해서 인과관계를 판단하는 방법이다. 실험의 효과가 있다면 정책의 시행 시점인 구분점에서 기울기와 절편이 모두 변화하는데, 다만 그 효과는 일시적이고 장기적 효과가 발생하는 것은 아니다.

30 사회실험 답 ④

사회실험에 대한 설명으로 옳은 설명은 ㄷ, ㄹ이다.

ㄷ. 아직 검증되지 않은 정책 프로그램에 대규모 투자를 하기 전에 그 결과를 미리 계획적으로 평가해 보는 것이 사회실험의 중요한 목적 중 하나이다. 과거지향적인 자연시험(준실험)에 비하여 사회실험(진실험)은 미래지향적이고 계획적이다.

ㄹ. 무작위 배정(random assignment)에 의하여 실험집단과 비교집단을 동질적으로 구성할 수 없을 때에는 사회실험보다는 자연실험인 준실험 방법을 채택하여 진행하는 것이 바람직하다.

(선지분석)

ㄱ. 사회실험은 자연과학의 실험실 실험으로서 실험집단과 통제집단(control group) 또는 비교집단(comparison group)을 동질적으로 선정하여 행하는 실험이다.

ㄴ. 진실험 방법을 활용하여 사회실험을 진행할 경우 실험대상자들이 자신이 실험대상이라는 사실을 인지하여 평소와 다른 행동을 할 경우 실험결과를 일반화시킬 수 없는 호손효과(Hawthorne Effect)같은 외적 타당도 저해요인이 발생할 수 있다.

CHAPTER 6 | 정책변동과 기획론

THEME 30 정책변동과 기획

정답 p. 171

01	①	02	④	03	①	04	③	05	②
06	①	07	②	08	④	09	②	10	④
11	①	12	③						

01 정책변동의 유형 답 ①

정책혁신은 기존의 조직이나 예산을 기반으로 하는 것이 아닌 새로운 조직이나 예산을 기반으로 새로운 형태의 개입을 결정하는 것이다.

02 정책변동의 유형 답 ④

호그우드(Hogwood)와 피터스(Peters)의 정책변동유형 중에서 정책목적은 유지하되 세부적 정책수단을 변화시키는 것은 정책승계에 해당한다.

핵심POINT 정책변동의 유형과 범위

1. 정책변동의 유형

정책혁신	새로운 문제의 등장(의도적)
정책종결	문제의 소멸(의도적)
정책승계	문제의 변질(의도적), 정책목표는 변동되지 않음
정책유지	문제의 지속(적응적)

2. 정책변동의 범위

구분	변동여부		
	정책목표	근본적 정책성격	정책수단
정책혁신	○	○	○
정책종결	○	○	○
정책승계	×	○	○
정책유지	×	×	○

03 정책변동의 유형과 예 답 ①

정책혁신은 정부가 관여하지 않고 있던 분야에 개입하기 위해서 새로운 정책을 결정하는 것이다. 따라서 기존의 조직과 예산을 활용하여 새로운 분야에 개입하는 것은 아니다.

선지분석

② 정책종결은 정책이 완전히 소멸되는 것으로 정책수단이 되는 사업들을 지원하는 예산이 완전히 소멸되고, 이들을 대체할 다른 어떠한 정책도 결정하지 않은 경우이다.

③ 정책목표는 변동되지 않는 상태에서 정책수단을 대체하는 것으로 선형적 승계의 예이다.

④ 정책유지는 정책의 기본적 특성을 그대로 유지하면서 약간의 수정·변경을 가하는 것이다.

04 정책변동 답 ③

실질적인 정책내용(정책수단)이 변동되더라도 정책목표가 변하지 않는다면 정책승계이다. 정책유지란 정책목표는 물론 실질적인 정책내용(정책수단의 근본적 성격)이 변하지 않는 상태에서 정책산출(투입, 기구, 산출, 수혜범위 등)만 변동되는 것이다.

선지분석

① 킹던(Kingdon)의 정책흐름이론에 따르면 정책변동은 3P(문제: problem, 정치: politics, 정책: policy)의 흐름이 결합되어 이루어진다고 본다.

② 이익집단 위상변동모형은 제도적 맥락과 이슈 맥락에 따라 정책변동은 물론, 이익집단의 변화를 가져온다고 설명한 무치아로니(Mucciaroni, G.)의 모형이다. 이슈맥락은 환경적인 요인과 같이 정책의 유지 또는 변동에도 영향을 미치는 정책요인이다.

④ 정책목표, 정책수단 등이 모두 소멸되고 더 이상 이를 대체할 다른 정책이 마련되지 않는 것을 정책종결이라 한다.

05 정책변동의 유형 답 ②

정책유지는 정책목표와 정책수단의 기본 골격은 변하지 않고, 정책수단의 세부적이고 부분적인 변화(대상집단, 수혜범위 등)를 말한다.

선지분석

① 정책승계에 대한 설명이다.

③ 정책승계의 유형 중에서 부분적 종결에 대한 설명이다.

④ 정책혁신에 대한 설명이다.

06 호그우드(Hogwood)와 피터스(Peters)의 정책변동 유형 답 ①

기존의 정책목표는 유지되지만 정책수단의 기본적 성격(조직과 프로그램 등)을 바꾸는 것으로서 근본적인 수정을 하는 경우는 정책승계(policy succession)에 해당한다. 이러한 정책승계의 유형에는 선형적 승계, 우발적 승계, 정책통합, 정책분할 등이 있다.

선지분석

② 정책쇄신(정책혁신; policy innovation)은 기존의 조직과 예산을 활용하지 않고 정부가 관여하지 않고 있던 분야에 개입하기 위해서, 새로운 조직과 예산을 활용하여 정책을 추진하는 것이다.

③ 정책유지(policy maintenance)는 정책수단의 기본적 성격을 그대로 유지하면서 정책산출(부분적 수단)의 대상집단이나 수혜범위를 변경하는 것이다.

④ 정책종결(policy termination)은 현존하는 정책을 완전히 소멸시키는 것이다. 정책수단이 되는 사업들을 지원하는 예산이 완전히 소멸되고, 이들을 대체할 다른 어떠한 정책도 결정하지 않은 경우이다.

07 정책승계의 유형 답 ②

정책승계는 정책목표는 변화시키지 않고 목표 달성을 위한 실질적 정책수단 등을 변경시키는 것을 말한다. 이러한 정책승계에는 여러 유형이 있는데 그 중 ②는 부분적 종결이 아니라 정책분할(policy splitting)이다. 부분적 종결(partial termination)이란 기존의 정책 중 일부는 계속적으로 유지하면서 일부는 완전히 종결시키는 정책승계를 말한다.

핵심POINT 정책승계의 유형

선형적 승계	기존의 정책수단이나 사업을 완전히 종결하고 종전과 동일한 목표를 달성하기 위해 새로운 사업계획을 수립하는 것(가장 전형적인 형태)
우발적 승계	기존 정책이 타 분야의 정책변동에 연계하여 우연하게 정책변화가 발생하는 것
정책통합	두 개 이상의 정책이나 사업계획이 완전히 또는 부분적으로 종결되고 이와 유사한 정책목표를 추구하기 위하여 새로운 단일의 정책이 제도화되는 것
정책분할	기존 정책이 두 개 또는 그 이상의 정책으로 분할되는 것
부분적 종결	기존 정책 중 일부는 계속적으로 유지하면서 일부는 완전히 종결시키는 것
복합적 정책승계	정책유지·대체·종결 또는 추가 등 정책승계의 여러 유형들이 복합적으로 나타나는 것

08 홀(Hall)의 정책패러다임변동모형 답 ④

홀(Hall)에 의해 제시된 정책패러다임변동모형으로 급격한 정책변동현상을 초래하는 모형이다. 홀(Hall)의 정책패러다임변동모형은 정책형성을 '정책목표', '정책수단' 그리고 '정책환경' 등 세 가지 변수를 포함하는 과정으로 간주하고, 그중 정책목표와 정책수단에 있어서 급격한 변화를 가져오는 정책변동을 '패러다임변동(paradigm shift)'으로 개념화하였다.

09 전략기획(strategic planning) 답 ②

전략기획은 내부자원이나 전략 및 외부환경에 대한 세밀한 분석이 필요하므로, 상대적으로 정치 및 경제 등 외부환경이 안정적인 환경 속에서 유용성이 높다.

10 기획의 효용 답 ④

기획은 아직 결정되지 않은 미래의 바람직한 활동계획을 준비하는 예측과정으로 불확실한 가정하에서 계획을 작성하는 것이 일반적이다.

11 국가기획과 민주주의에 대한 논쟁 답 ①

기획이 시장질서를 교란시키고 국민의 자유권을 침해하며 자유민주주의에 위배된다고 주장한 것은 하이에크(Hayek)이다. 하이에크(Hayek)는 『노예로의 길』에서 국가기획의 도입에 따라 시민의 자유와 권리침해 등 민주주의의 원리가 훼손된다고 주장하며 국가기획을 반대하였다.

핵심POINT 국가기획과 민주주의에 대한 논쟁

부정론	• 하이에크(Hayek): 『노예로의 길』(1944)에서 국가기획의 도입으로 시민의 자유와 권리 침해 등 민주주의 원리가 훼손된다고 주장 • 포퍼(Popper): 『열린 사회와 그 적들』에서 반전체주의적 입장으로 열린 사회를 주장
긍정론	• 파이너(Finer): 『반동의 길』(1945)에서 국가기획 도입을 찬성, 시민의 자유와 권리 등 민주주의 원리와 양립 가능함을 주장 • 만하임(Mannheim): 『자유·권력 및 민주적 기획론』에서 자본주의 경제에서 민주적 기획의 필요성 역설 • 홀콤(Holcomb): 『계획적 민주정부론』

12 홀콤(Holcomb)의 계획적 민주정부론 답 ③

'계획적 민주정부'를 주창하면서 인간자원의 합리적 이용을 위해서는 제3자인 국가의 힘에 의한 기획제도가 필요하다고 한 사람은 홀콤(Holcomb)이다. 홀콤(Holcomb)은 『계획적 민주정부론』에서 사유재산과 사기업의 절대성을 전제하면서도 정부의 적극적 정책이 필요하다고 주장하며 국가기획의 도입을 찬성하였다.

PART 3 행정조직론

CHAPTER 1 | 조직의 기초이론

THEME 31 조직의 유형과 이론변천

정답 p. 176

01	①	02	④	03	③	04	②	05	①
06	①	07	④	08	①	09	②	10	①
11	①	12	②	13	③	14	③	15	③
16	②	17	②	18	①	19	④	20	②

01 블라우(Blau)와 스콧(Scott)의 조직유형 답 ①

블라우(Blau)와 스콧(Scott)은 조직의 수혜자를 기준으로 유형을 구분하였는데 호혜적 조직은 주요 수익자가 조직구성원이며 그 예는 정당, 노동조합 등이다. 고객이 수혜자가 되는 것은 서비스 조직이다.

핵심POINT 블라우와 스콧의 조직유형

구분	주요 수혜자	주요 과제	조직의 예
호혜적 조직	조직 구성원	구성원의 만족 (예 민주주의 절차 등)	정당, 클럽, 노동조합
사업 조직	소유주	이윤추구를 위한 능률 극대화	사기업, 은행
봉사(서비스) 조직	고객	고객에 대한 전문서비스 제공	학교, 병원, 사회사업기관
공익 조직	국민일반	국민에 대한 외재적 통제 확보	행정기관, 군대, 경찰

02 조직목표의 기능 답 ④

조직의 목표는 조직이 나아가야 할 방향으로 조직이 존재하는 정당성의 근거가 될 수 있다.

핵심POINT 조직목표의 기능

1. 조직의 활동에 대한 방향과 지침을 제공해 준다.
2. 조직의 성공여부 및 능률성, 효과성을 평가하는 기준이 된다.
3. 조직의 정당성에 대한 근거를 제공하며 권위의 정당화 기능을 수행한다.
4. 조직의 통제와 행정개선의 기능을 수행한다.

03 현대의 행정조직 답 ③

현대의 행정조직은 사회적·경제적 조건의 변동에 따라 변화하는 신축적이고 탄력적인 정부의 형태를 갖는다.

04 파슨스(Parsons)의 조직유형 답 ②

파슨스(Parsons)는 체제의 기능을 중심으로 조직을 4가지로 구분하였다. 보기 중 옳게 연결된 것은 '목표달성(goal attainment)기능 - 정치조직 - 행정기관'이다.

선지분석

① 교육조직(예 학교 등)은 적응기능이 아니라 잠재적 형상유지기능과 관련된다.
③ 통합기능은 통합조직과 관련되는데, 이때 통합조직은 종교단체가 아니라 경찰·사법기관이다.
④ 경제조직(예 민간기업 등)은 잠재적 형상유지기능이 아니라 경제적 기능과 관련된다.

⊕ 보충 학자별 조직유형

1. 파슨스(Parsons)와 카츠와 칸(Katz & Kahn)의 조직유형

구분	파슨스 (Parsons)	카츠와 칸 (Katz & Kahn)
적응기능	경제적 조직 (예 회사 등 사기업체)	적응조직 (예 연구소)
목표달성기능	정치조직 (예 행정기관)	경제적·생산적 조직 (예 산업조직)
통합기능	통합조직 (예 정당, 사법기관)	정치적·관리적 조직 (예 정당)
형상유지기능	교육조직 (예 교회, 학교)	형상유지조직

2. 콕스(Cox)의 조직유형
문화론적 시각에서 문화적 다양성에 대한 조직의 방침, 문화변용의 과정, 구조적 통합의 수준, 비공식적 통합의 수준, 인적자원관리상의 제도적·문화적 편견, 집단 간 갈등을 분류 기준으로 하여 유형화

획일적 조직	문화적 이질성이 배척되고 단일의 강력한 문화가 지배하는 조직
다원적 조직	구성원들의 문화적 이질성이 높은 조직으로 다른 문화적 입장을 가진 사람들을 포용하지만 집단 간 갈등수준은 상당히 높음
다문화적 조직	문화적 다양성의 긍정적 가치를 존중하는 조직으로 집단 간 갈등은 최소화됨

05	에치오니(Etzioni)의 조직유형	답 ①

조직유형을 강압적 조직, 공리적 조직, 규범적 조직으로 구분한 학자는 파슨스(Parsons)가 아니라 에치오니(Etzioni)이다. 파슨스(Parsons)는 체제의 기능(AGIL)을 중심으로 경제조직, 정치조직, 통합조직, 형상유지조직으로 구분하였다.

핵심POINT 에치오니(Etzioni)의 조직유형

구분	강제적 권력	공리적 권력	규범적 권력
소외적 관여	강제적 조직 예 질서 - 교도소	-	-
타산적 관여	-	공리적 조직 예 경제 - 회사	-
도덕적 관여	-	-	규범적 조직 예 문화 - 정당

06	조직의 유형구분	답 ①

블라우(Blau)와 스콧(Scott)은 수혜자 중심으로 조직의 유형을 호혜적 조직, 사업조직, 봉사조직, 공익조직으로 분류하였다. 기능을 중심으로 조직을 경제, 정치, 통합, 교육조직으로 구분한 학자는 파슨스(T. Parsons)이다.

선지분석

② 블라우(Blau)와 스콧(Scott)은 수혜자인 고객을 기준으로 하는 봉사조직의 예로 병원, 학교 등을 제시하였다.
③ 파슨스(Parsons)는 기능을 중심으로 조직을 경제, 정치, 통합, 교육조직으로 구분하고 경찰, 법원을 사회의 통합기능을 수행하는 통합조직으로 분류한다.
④ 에치오니(Etzioni)는 강제적, 공리적, 규범적 조직으로 구분하는데 경제목표를 추구하는 민간기업체는 공리적 조직으로 분류한다.

07	민츠버그(Mintzberg)의 조직유형	답 ④

민츠버그(Mintzberg)는 조직의 구성부분과 조정기제를 기준으로 단순구조, 기계적 관료제, 전문관료제, 사업부제, 임시조직으로 구분하였다.

선지분석

④ 홀라크라시(holacracy)는 조직의 권한과 의사결정이 상위계층(보스)에 속하지 않고 조직 전체에 걸쳐 분배되어 있는 조직구조, 즉, 관리자 없는 조직체계를 말한다. 자포스의 CEO 토니 셰이는 사원들에게 "보스 없는 조직(홀라크라시)에 적응 못할 사람은 떠나라"라는 최후통첩으로 유명하다.

08	민츠버그(Mintzberg)의 조직유형	답 ①

기계적 관료제(machine bureaucracy)는 높은 분화, 높은 집권화, 높은 공식화 등이 특징이며 막스 베버(Max Weber)의 관료제와 유사하다.

선지분석

② 임시조직은 대개 복잡하고 비정형적인 문제를 해결하기 위해 생성된다.
③ 민츠버그(Mintzberg)는 개방체제적 관점에서 조직을 다섯 가지로 유형화하였다. 이때 조직형태를 결정하는 데 영향을 미치는 요인으로 조직의 구성부분, 조직이 채택하는 조정기제, 상황적 요인을 지적하였다.
④ 사업부조직은 사업부별 중복적인 기능수행으로 규모의 경제를 실현하기 어렵기 때문에 조직 전체의 공통관리비를 절감하기 힘들다.

핵심POINT 민츠버그(Mintzberg)의 조직유형

구분	환경	규모	권한(통제수단)	주요구성
단순구조	단순·동태적	소규모 신설조직	최고관리자에 집중(직접통제)	최고관리층 (전략적 정점)
기계 관료제	단순·안정적	대규모 조직	조직적 분화 (작업 표준화)	기술구조
전문 관료제	복잡·안정적	중·소규모 조직	수평적 분화 (기술 표준화)	작업계층 (핵심운영)
사업부제 구조	단순·안정적	대규모 조직	하부단위 준자율적 (산출 표준화)	중간관리층
임시조직	복잡·동태적	소규모 조직	수평적 분화 (상호조절)	지원참모

09	민츠버그(Mintzberg)의 조직유형	답 ②

전문적 관료제가 처한 환경은 복잡하고 안정적인 환경이다. 전문적 관료제는 주로 기술의 표준화를 통해서 조정·통제되며, 수평적 분화 정도가 높고 작업계층의 전문성도 높은 것이 특징이다.

10	민츠버그(Mintzberg)의 구성부문과 조직유형	답 ①

민츠버그(Mintzberg)는 조직의 구성부문과 조정기제 및 상황변수를 기준으로 조직성장 경로모형을 다섯 가지로 제시하였다. 그 중 최고관리층에 해당하는 전략적 정점을 구성부문으로 하는 조직은 기계적 관료제구조가 아니라 단순구조에 해당한다.

11	민츠버그(Mintzberg)의 조직성장 경로모형	답 ①

민츠버그(Mintzberg)는 조직성장경로를 바탕으로 조직을 다섯 가지 모형으로 유형화하였다. 그 중 임시조직(adhocracy)은 지원스태프(Support staff)부문으로 구성되어 타 구성부문의 지원업무를 담당하는 계층으로, 조직의 협동성을 강화하려는 성향을 보이므로 기본적인 과업흐름 외에서 발생하는 조직의 문제에 대해 지원하는 모든 전문가로 구성되어 있다.

12	민츠버그(H. Mintzberg)의 조직유형	답 ②

민츠버그(Mintzberg)의 기계적 관료제는 제한된 수평적 분권화 조직으로 높은 분화·전문화 수준을 가지는 대규모 조직이다.

13	민츠버그(Mintzberg)의 전문적 관료제	답 ③

전문적 관료제의 상황요인은 복잡하지만 안정적인 환경에 적합하다. 예를 들면 종합병원의 의사나 대학교의 교수가 있다.

14	대프트(Daft)의 조직구조의 유형	답 ③

대프트(Daft)는 기계적 구조와 유기적 구조를 양 끝에 위치시키고 그 안에 기계적 구조에 가까운 기능구조부터 유기적 구조에 가까운 네트워크구조까지 '기능구조 - 사업구조 - 매트릭스구조 - 수평구조 - 네트워크구조' 순으로 이루어지는 모형을 제시하였다. 여기서 기능구조의 대표적인 예는 관료제이므로, 옳게 배열한 것은 'ㅁ - ㄷ - ㄴ - ㄹ - ㄱ'이다.

핵심POINT 대프트(Daft)의 조직유형

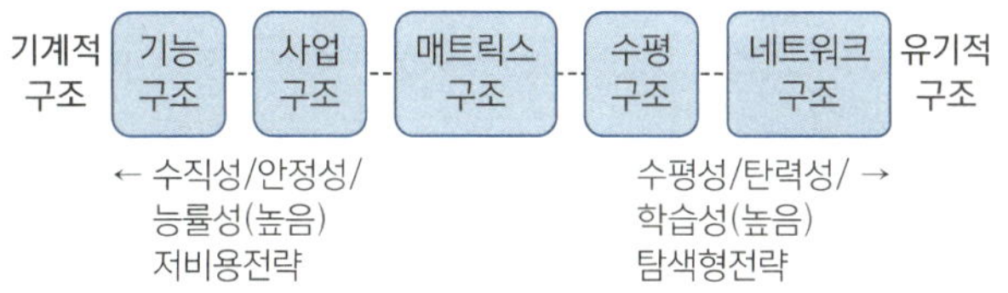

15	대프트(Daft)의 조직유형	답 ③

단순구조는 민츠버그(Mintzberg)의 조직유형이다. 민츠버그(Mintzberg)는 구성부분, 조정기제, 환경을 기준으로 단순구조, 기계적 관료제, 사업부제(할거적 양태), 전문적 관료제, 임시조직(adhocracy)으로 나누었다. 대프트(Daft)는 기계적 구조와 유기적 구조의 특성을 기준으로 기능구조, 사업구조, 매트릭스구조, 수평구조, 네트워크구조를 제시하였다. 기능구조에서 네트워크구조로 갈수록 유기적 구조의 특성이 강하다.

16	고전적 조직이론	답 ②

고전적 조직이론은 인간을 합리적·경제적 인간으로 본다. 고전적 조직이론은 목표를 달성하기 위해서 조직을 기계적인 관점에서 바라보는 조직이론으로 1930년대를 전후하여 관료제이론, 과학적 관리론 등과 밀접한 관련이 있다.

선지분석

① 능률을 조직이 추구해야 할 제일의 원리라고 생각하였고, 조직의 능률 향상을 위해 투입을 산출로 전환하는 과정의 에너지 손실을 줄이는 공식적 구조와 장치를 개발하는 데 주력하였다.
③ 효과적인 운영을 위해서 전문화와 분업, 조정과 통제가 필요하다고 보았다.

17	조직이론의 발달순서	답 ②

조직이론의 유형별 발달은 'ㄴ. 과학적 관리론 → ㄷ. 인간관계론 → ㄱ. 체제이론 → ㄹ. 신제도이론'의 순서로 진행되었다.
ㄱ. 체제이론: 1950년대
ㄴ. 과학적 관리론(고전적 조직이론): 1880~1920년대
ㄷ. 인간관계론(신고전적 조직이론): 1930년대
ㄹ. 신제도이론: 1970~80년대

18	조직이론	답 ①

인간관계론은 호손실험을 통하여 동기유발기제로 인간관계의 증진을 통한 사회심리적 측면을 강조한다.

선지분석

② 시간-동작 연구를 통해 과학적 관리론을 주장한 학자는 귤릭(Gulick)이 아니라 테일러(Taylor)이다.
③ 고전적 조직이론은 기계적 능률을 중시하고 인간을 합리적인 경제인으로 간주한다.
④ 상황이론은 모든 상황에 적용되는 유일·최선의 조직구조를 부정하고 조직이 처해진 상황에 맞는 구조나 전략을 중시한다.

19	신고전 조직이론(인간관계론)	답 ④

신고전적 조직이론은 인간관계론을 의미하며 인간관계론은 조직 내 사회적 능률을 강조하고, 조직의 비공식적 구조나 요인에 초점을 둔다.

선지분석

① 조직군생태론, 자원의존이론은 거시조직이론의 예이다.
② 인간을 복잡한 내면구조를 가진 복잡인으로 간주한 것은 현대적 인간인 샤인(Schein)의 복잡인에 대한 설명이다.
③ 환경과 상호작용하는 개방적·동태적·유기적 조직을 강조하는 것은 현대적 조직이론이다.

20	조직이론	답 ②

페이욜(H. Fayol)은 최고관리자의 관점에서 『산업 및 일반행정』(1916)이라는 저서를 발간하였고, 계획·조직·명령·조정·통제 등 관리의 요소를 확인했으며, 분업·명령 통일·집권화·계층제 등 14개 국면에 관한 관리의 원칙을 제시하였다.

선지분석

① 테일러(F. Taylor)는 과업관리에서 조직의 생산성과 능률성을 향상시키기 위해 관리자의 직관에 따를 것이 아니라 동작연구와 시간연구를 통한 표준화된 직무를 달성하는 것을 강조한다.
③ 귤릭(L. Gulick)은 『행정학 논총』(1937)에서 행정의 제1공리로 능률성을 강조하며 최고관리자의 7가지 기능으로 "POSDCoRB"를 강조하였는데 Planning(기획), Organizing(조직), Staffing(인사), Directing(지시), Coordinating(조정), Reporting(보고), Budgeting(예산)에 해당하는 것으로 협력(Cooperation)은 포함되지 않는다.

④ 베버(M. Weber)는 정당성을 기준으로 권위의 유형을 전통적 권위, 카리스마적 권위, 법적·합리적 권위로 나누었는데 근대적 관료제는 법적·합리적 권위에 기초를 두고 있다고 주장하였다.
⑤ 메이요(E. Mayo)의 호손실험은 공식조직이 아닌 비공식조직의 중요성을 강조하였다.

THEME 32 조직의 원리와 조정기제

정답

p. 181

01	③	02	①	03	③	04	⑤	05	①
06	④	07	②	08	⑤				

01 조직의 원리 답 ③

분업의 원리란 조직 전체의 업무를 그 종류와 성질별로 나누어 조직구성원에게 한 가지의 주된 업무로 분담시켜 조직의 능률을 향상시키려는 전문화의 원리를 말한다. 그러나 분업이 지나치면 부서 간 의사소통이나 조정이 어려워 할거주의나 전문가적 무능이 발생하며, 이에 따라 부서 간 의사소통이나 조정의 필요성이 높아진다.

핵심POINT 조직의 원리

1. 분업을 위한 원리(분화)
   - 전문화의 원리: 분업의 원리를 뜻함
   - 부성화의 원리: 동질적인 업무끼리 묶어 부서화해야 한다는 것으로, 동질성의 원리도 이의 보완적 원리에 해당함
   - 참모조직의 원리: 계선과 참모는 구분되어야 함
   - 동질성의 원리: 동질적인 기능으로 분류해야 함
   - 기능명시의 원리: 분화된 업무는 명문으로 규정화해야 함
2. 통합을 위한 원리
   - 조정의 원리: 분화된 활동을 통합해야 함
   - 명령통일(계통)의 원리: 명령계통의 일원화를 뜻함
   - 계층제의 원리: 권한체제의 계층화를 뜻함
     ※ 계층제는 분업(수직적 분업)의 원리로 보는 일부 견해도 있음
   - 통솔범위의 원리: 통솔범위에는 일정한 한계가 있어야 함
   - 일치성의 원리: 권한과 책임은 일치(상응)하여야 함
   - 예외성의 원리: 표준화(기준)에 어긋나거나 전략적인 것만 통제
   - 목표중시의 원리: 모든 활동은 목표에 기여해야 함
   - 집권화의 원리: 집권을 통한 능률 증진을 뜻함

02 분업의 특성 답 ①

분업은 업무량의 변동이 심하거나 원자재의 공급이 불안정한 경우에는 지속적으로 유지되기가 어렵다. 분업이란 각 노동자가 일정한 작업에 종사하여 그 노동에만 전문화하는 일로서 정해진 역할분담이나 작업과정에 따라 표준화·정형화된 업무를 안정되게 수행하여야 한다.

선지분석

② 지나치게 분업화되면 업무가 고립되고 단순해지므로 인간소외 문제가 발생한다.
③ 한 가지 업무를 반복하기 때문에 작업 전환에 드는 시간(change-over time)은 단축된다.
④ 반복적 업무수행으로 작업도구와 그 사용방법을 개선하는 아이디어를 제공한다.

03 조직구성의 원리 답 ③

명령통일의 원리는 조직의 각 구성원은 누구나 한 사람의 직속 상관에게만 보고하고 또 그로부터 명령을 받아야 한다는 원칙으로 설문은 옳지 않은 내용이다.

04 수직적 전문화와 수평적 전문화 답 ⑤

각각 (가)는 비숙련직무, (나)는 일선관리직무, (다)는 전문가적 직무, (라)는 고위관리직무에 해당한다.

핵심POINT 수평적·수직적 전문화에 따른 과제의 성격

구분		수평적 전문화 높음	수평적 전문화 낮음
수직적 전문화	높음	비숙련직무 (생산부서)	일선관리직무
	낮음	전문가적 직무	고위관리직무 (전략적 결정)

05 수직적 전문화와 수평적 전문화 답 ①

전문가적 직무는 수평적 전문화의 수준은 높고 수직적 전문화의 수준은 낮은 경우에 효과적이다.

보충 수직적·수평적 전문화와 직무설계와의 관계

수직적 전문화	과업수행방법이나 결과에 대해 책임을 지는 정도 → 직무충실과 반대
수평적 전문화	과업범위의 세분화 정도로서 한 사람이 한 가지의 일만 반복적으로 수행하는 정도 → 직무확장과 반대

06 조직구조의 조정(연결)기제 답 ④

임시위원회라고도 불리는 임시작업단(task force)은 대프트(Daft)가 분류한 조직구조의 조정기제 중 수직적 조정(연결)기제가 아니라 수평적 조정(연결)기제에 해당한다.

핵심POINT 대프트(Daft)의 조직구조의 조정기제

수직적 조정기제	수평적 조정기제
• 계층제 • 규칙과 계획 • 계층직위의 추가 • 수직정보시스템	• 정보시스템 • 직접 접촉 • 임시작업단(TF) • 프로젝트매니저(PM) • 프로젝트팀(PT)

07 조직구조의 설계(조정기제) 답 ②

프로젝트팀(project team)의 설치 등은 수직적 연결방법(기제)이 아니라 수평적 연결방법(기제)에 해당한다.

08 부서화의 유형(Daft) 답 ⑤

개별 직무와 직위를 부서로 묶어서 관리하는 조직구조설계에 자원 부서화는 포함되지 않는다. 대프트(Daft)는 부서화의 방식을 기능 부서화, 사업부서화, 지역부서화, 혼합부서화의 네 가지로 나누었다.

핵심POINT 대프트(Daft)의 부서화 유형

기능부서화	유사한 기능 혹은 업무과정을 중심으로 같은 부서로 묶는 방식
사업부서화	구성원을 조직의 산출물에 따라 같은 부서로 묶는 방식
지역부서화	특정 지역의 고객에게 봉사하기 위해 조직자원을 조직하는 방식
혼합부서화	두 개의 부서화 대안을 동시에 수용하는 경우 (기능부서화 + 사업부서화, 사업부서화 + 지역부서화)

CHAPTER 2 | 조직구조론

THEME 33 조직구조의 변수(기본변수와 상황변수)

정답 p. 184

01	④	02	②	03	②	04	④	05	③
06	②	07	②	08	⑤	09	③	10	①
11	④	12	④	13	①	14	①	15	③
16	②	17	①	18	③	19	④	20	③
21	④	22	③	23	②				

01 조직구조의 기본변수 답 ④

조직구조의 기본변수에는 복잡성, 공식성, 집권성 등이 있으며 복잡성(complexity)은 '조직이 얼마나 나누어지고 흩어져 있는가'의 분화 정도를 의미하며 수직적 · 수평적 · 장소적 분화로 나누어 볼 수 있다.

선지분석

① 공식화의 수준이 높을수록 업무지침 등이 정형화 · 표준화되기 때문에 구성원들의 재량은 감소하게 된다.
② 통솔범위가 넓은 조직은 탄력적인 유기적 구조로 일반적으로 저층구조를 갖는다.
③ 고객에 대한 신속한 서비스를 제공하기 위해서는 환경에 대한 탄력성이 높고 분권적인 유기적 구조가 적합하다.

02 조직구조의 변수 답 ②

조직 내에 존재하는 활동이 분화되어있는 정도는 집권화가 아니라 복잡성을 말한다. 복잡성은 분화의 정도(degree of differentiation)를 말하며 수평적(분업), 수직적(계층화), 장소적(지역) 분화가 있다.

선지분석

① 단순하고 반복적인 직무일수록, 규모가 클수록, 안정된 환경일수록 공식화가 높아진다.
③ 지나친 전문화는 구성원을 기계부품화 내지는 비인간화시켜서 인간관계를 저해하여 조정이나 통합을 어렵게 한다.
④ 공식화란 업무의 정형화 · 표준화정도를 말하는데 공식화가 높으면 정형화된 절차를 중시하여 조직적응력이나 탄력성이 떨어진다.
⑤ 유기적인 조직(구조)은 기계적인 조직(구조)에 비하여 업무가 기능별로 명확하게 구분되지 않고 일의 흐름을 중심으로 이루어지기 때문에 책임관계가 모호할 가능성이 크다.

03 조직구조의 상황요인과 기본변수 답 ②

ㄴ, ㄹ, ㅁ은 옳고 ㄱ, ㄷ은 옳지 않다.

(선지분석)

ㄱ. 비일상적 기술일 경우 유기적 구조에 적합하므로 공식화가 낮아진다.

ㄷ. 환경의 불확실성이 높을수록 신속한 대응이 필요하므로 집권화가 낮아진다.

핵심POINT 조직구조의 상황요인과 기본변수 간 관계

구분	규모	기술(일상적)	환경(확실)
복잡성	+	−	+
공식성	+	+	+
집권성	−	+	+

04 조직구조와 기술 답 ④

조직구조의 기본적인 변수는 복잡·공식·집권으로 구성원 간 상호작용과 아주 밀접한 관련을 맺는다.

(선지분석)

① 일상적 기술은 신발공장·PC공장과 같이 정형화·표준화되어 있는 기술로 복잡성은 낮지만 공식성과 집권성은 높은 구조를 갖고 있다.

② 조직구조의 형태는 일반적으로 기계적 구조와 유기적 구조로 구분된다.

③ 환경이 단순하고 안정된 경우에 기계적 구조, 복잡하고 불안정한 경우 유기적 구조가 적합하다.

05 기계적 조직구조 답 ③

복잡하고 불안정한 동태적 환경에는 기계적 구조가 아닌 수평적이고 탄력적인 유기적 구조가 적합하다.

06 유기적 구조 답 ②

안정적이고 확실한 상황에 적합한 조직은 유기적 구조가 아닌 기계적 구조이다.

07 기계적 구조와 유기적 구조 답 ②

ㄱ, ㄴ, ㅁ은 조직구조의 유형에 대한 옳은 설명이고, ㄷ, ㄹ은 옳지 않은 설명이다.

(선지분석)

ㄷ. 안정적이고 확실한 환경에 적합한 것은 기계적 구조이다. 유기적 구조는 유동적이고 불확실한 환경에 적합하다.

ㄹ. 수평적 조정을 강조하는 것은 유기적 구조의 특징이다. 기계적 구조는 상하 간의 수직적 의사소통을 특징으로 한다.

08 조직구조의 상황요인과 기본변수 답 ⑤

조직의 규모가 커짐에 따라 표준화되고 공식화가 높아질 것이다.

(선지분석)

① 비일상적 기술일수록 공식화가 낮아질 것이다.

② 환경의 불확실성이 높을수록 집권화가 낮아질 것이다.

③ 비일상적 기술일수록 집권화가 낮아질 것이다.

④ 환경의 불확실성이 높을수록 공식화가 낮아질 것이다.

09 조직구조 답 ③

복잡성은 조직 내의 분화의 정도이다. 복잡성은 수평적·수직적·공간적 분화 등으로 세분화할 수 있다.

(선지분석)

① 애드호크라시는 공식화 정도가 낮고 분권화되어 있으며, 수직적 분화(계층화) 수준이 낮은 특징이 있다.

② 자원배분을 포함한 의사결정 권한이 조직의 상하직위 간에 어떻게 분배되어 있는가를 의미하는 것은 공식화가 아니라 집권화이다.

④ 업무수행 방식이나 절차가 표준화되어 있는 정도를 의미하는 것은 집권화가 아니라 공식화이다.

10 조직구조 답 ①

공식화(formalization)의 수준이 높을수록 규칙이나 규범의 정형화·표준화가 중시되어 조직구성원들의 재량은 감소한다.

11 조직의 기본변수 답 ④

조직의 구조적 특성을 나타내는 대표적인 지표(구조변수)는 일반적으로 조직구조 형성에 직접 영향을 미치는 기본변수를 말하는데 기본변수에는 복잡성(분화), 공식성, 집권성이 있다. 규모, 기술, 환경 등의 상황변수는 기본변수에 영향을 미치는 이차적·간접적인 변수이다.

(선지분석)

① 의사결정권한의 분산 정도는 집권성에 대한 설명이다.

② 수직적·수평적·지리적 분화의 정도는 복잡성에 대한 설명이다.

③ 행동을 표준화하는 문서화·규정화의 정도는 공식성에 대한 설명이다.

핵심POINT 조직의 구조변수

기본변수	복잡성(분화)	• 수직적: 계층화의 정도 • 수평적: 분업(전문화)의 정도 • 장소적: 지역적 분산도
	공식성	직무수행절차의 표준화 정도
	집권성	의사결정권한의 집권·분권 정도
상황변수	규모	조직의 크기(구성원의 수)
	기술	투입을 산출로 전환하는 방법·기술의 정도나 성격
	환경	조직 외부영역의 불확실성의 정도

12 집권화와 분권화의 장단점 답 ④

분권화는 행정기능의 중복과 혼란을 야기할 수 있으며 분열을 증가시킬 수 있다. 오히려 집권화는 행정기능의 중복과 혼란을 회피할 수 있고 분열을 억제할 수 있다.

13 조직구조와 원리 답 ①

명령체계는 조직 내 모든 구성원을 수직적으로 연결하는 연속된 권한의 흐름으로 누가 누구에게 보고하는지를 결정하는 보고체계와 관련된다.

선지분석

② 분권화의 수준이 높은 조직의 의사결정권한은 조직의 저층부에 집중된다.
③ 공식화의 수준이 높을수록 조직 구성원들의 재량이 감소한다.
④ 통솔범위가 넓은 조직은 일반적으로 저층구조의 형태를 보인다.

14 조직구조 답 ①

수평적 분화는 개인 간, 단위부서 간 업무의 세분화(분업)를 의미하기 때문에 세분화가 심할수록 부서 간 커뮤니케이션과 업무 협조가 어려워진다.

15 조직의 상황변수와 기본변수와의 관계 답 ③

조직의 규모가 커질수록 구성원과 업무량이 증가하여 상위계층은 하위계층으로 업무와 권한을 분산시키게 되어 분권화되는 경향이 있다.

선지분석

① 조직의 규모가 클수록 업무가 표준화·정형화되어 공식화 수준이 높아진다.
② 조직의 규모가 클수록 일반적으로 조직 내 구성원의 응집력이 약해진다.
④ 조직의 규모가 클수록 계층의 수가 늘어나고 기능분화가 발생하여 복잡성이 높아진다.

16 일반적인 조직구조 설계원리 답 ②

ㄷ은 옳지 않은 지문이고 ㄱ, ㄴ, ㄹ은 옳은 지문이다. 통솔범위가 좁을수록 고도의 수직적 분화가 일어나 고층구조가 형성되고, 넓을수록 평면구조가 이뤄진다.

선지분석

ㄱ. 계선(line)은 상급자가 부하에게 지시와 명령권을 행사하고 참모(staff)는 정보제공, 자료분석 등의 전문적인 기능을 수행한다.
ㄴ. 부문화(departmentation)의 원리는 일정한 기준에 따라 서로 기능이 같거나 유사한 업무를 조직단위로 묶는 것을 말한다.
ㄹ. 명령통일의 원리는 조직의 각 구성원은 누구나 한 사람의 직속 상관에게만 보고하고 또 그로부터 명령을 받아야 한다는 원칙을 말한다.

17 조직구조 답 ①

기술과 집권화의 관계는 일반적으로 상관도가 낮다. 기술이 집권화에 미치는 영향은 다른 변수의 개입으로 달라지기 때문이다.

18 상황론적 조직이론 답 ③

페로우(Perrow)는 과업의 다양성(예외의 수)과 문제의 분석가능성(정보의 명확성)을 기준으로 조직의 기술을 장인적 기술, 비일상적 기술, 일상적 기술, 공학적 기술로 구분하였다.

선지분석

① 우드워드(Woodward)는 대량생산기술은 표준화된 작업으로서 기술적 복잡성의 수준이 중간이며, 이 경우에는 기계적 구조가 효과적이라고 주장하였다.
② 톰슨(Thompson)은 종합병원처럼 집약기술이 필요한 조직은 상호조정이 중요하다고 보았다.
④ 상황론적 조직이론에서는 상황과 조직특성의 적합성이 조직의 효과성을 결정한다고 주장하면서 조직의 환경적응성을 강조하는 이론으로 환경이 조직구조에 영향을 미친다고 본다.

19 우드워드(Woodward)의 기술 유형 답 ④

우드워드에 따르면 단위 소량 생산 기술에서 연속공정 생산 기술로 갈수록 기술의 복잡성이 증대되고, 그에 따라 관리계층의 수가 증대되며, 전체 구성원 중에서 관리자가 차지하는 비율이 증가한다.

선지분석

① 다수 대량 생산기술은 표준화된 제품 생산을 위해 여러 가지 공정으로 이루어지기 때문에 공식적인 절차나 규칙에 따라 관리하는 기계적 구조에 적합하다.
② 단위 소량 생산기술은 선박, 비행기, 맞춤양복 등 특정 고객의 필요성을 충족시키기 위한 것으로 문서에 의한 의사소통이 낮게 나타나고, 작업자 간 구두에 의한 의사소통이 많이 이루어진다.
③ 단위 소량 생산기술은 기계화의 정도가 매우 낮으며 느슨한 조직구조와 낮은 수직적 분화의 특징을 갖는다. 즉 다수 대량 생산기술에 의존하는 조직은 기계적 구조에 적합하며, 단위 소량 생산 기술에 의존하는 조직은 유기적 구조 형태에 적합하다.

20 톰슨(Thompson)의 기술모형 답 ③

제시문은 톰슨(Thompson)의 기술유형론 중 중개형 기술을 활용하는 조직에서 나타나는 집합적 상호의존성(pooled interdependence)에 대한 설명이다. 여기서 중개형 기술이란 고객들을 연결하여 독자적으로 조직목표에 공헌하는 기술로서 부서 간 상호의존성은 단순히 집합적(pooled)으로 의존관계에 있기 때문에 의사소통의 빈도는 상대적으로 낮아지게 된다.

21	톰슨(Thompson)의 기술 분류	답 ④

톰슨(Thompson)은 세 가지 기술 분류로 집약형 기술(intensive technology), 연속형 기술(long-linked technology), 중개형 기술(mediating technology) 제시하였는데 이 중에서 중개형 기술은 집합적(pooled) 상호의존성을 갖고 있으며, 규칙이나 표준화된 약관을 사용하여 조정한다.

선지분석

① 집약형 기술은 교호적 상호의존성을 갖으며 정기적 회의는 연속적 기술에서 사용하는 조정방안이다.
② 공학형 기술은 톰슨(Thompson)이 아니라 페로우(Perrow)가 제시한 기술유형이다.
③ 연속형 기술은 연속적 상호의존성을 갖으며 상호조정은 집약적 기술을 조정방안이다.

핵심POINT 톰슨(Thompson)의 기술유형과 상호의존성

기술유형	상호의존성	조정방안	조정곤란도	예
중개적 기술	집합적	규칙, 표준화	가장 용이	은행, 보험회사 등
연속적 기술	순차적 (연속적)	계획, 예정표, 정기적 회의	중간	원유정제 등
집약적 기술	교호적	상호적응	가장 곤란	종합병원, 대학교 등

22	페로우(Perrow)의 기술유형	답 ③

페로우(Perrow)의 기술유형 중 과업의 다양성(예외의 수)과 문제의 분석가능성(정보의 명확성)이 모두 높은 경우에 해당하는 기술은 공학적(engineering) 기술이다.

선지분석

① 장인(craft) 기술은 과업의 다양성과 문제의 분석가능성이 모두 낮은 경우이다.
② 비일상적(non-routine) 기술은 과업의 다양성이 높고 문제의 분석가능성이 낮은 경우이다.
④ 일상적(routine) 기술은 과업의 다양성이 낮고 문제의 분석가능성이 높은 경우이다.

23	페로우(Perrow)의 기술유형	답 ②

페로우(Perrow)는 과제의 다양성과 문제의 분석 가능성을 기준으로 기술의 유형을 구분하였다. 이 중 비정형화된(비일상적) 기술은 유기적 구조로서 우주항공산업과 같은 질적 업무로서 상사의 부하에 대한 통솔범위가 좁다는 것이 특징이다.

선지분석

① 정형화(일상적)된 TV조립, 신발공장과 같은 단순반복적인 업무로서 공식성 및 집권성이 높은 기계적 구조와 부합한다.
③ 공학적 기술은 과제의 다양성과 문제의 분석가능성이 모두 높은 건축이나 토목공학을 말한다.
④ 기예적(장인적) 기술이란 도예가나 예술가의 작업으로 대체로 유기적 조직구조와 부합한다.

핵심POINT 페로우(Perrow)의 기술유형

구분	예외(다양성) 적음 (정보의 불확실성 낮음)		예외(다양성) 많음 (정보의 불확실성 높음)	
	장인적 기술(craft)		비일상적 기술(non - routine)	
분석 곤란 (정보의 모호성 높음)	• 다소 유기적 • 다소 공식화 • 다소 집권화 • 작업경험 • 수평적, 언어	• 소량의 풍성한 정보 • 하이터치 • 개인적 관찰 • 면접회의	• 유기적 구조 • 낮은 공식화 • 낮은 집권화 • 훈련과 경험 • 수평적, 회의	• 다량의 풍성한 정보 • 하이테크 · 하이터치 • 면접회의 • MIS, DSS
	일상적 기술(routine)		공학적 기술(engineering)	
분석 가능 (정보의 모호성 낮음)	• 기계적 구조 • 높은 공식화 • 높은 집권화 • 낮은 훈련경험 • 수직적 문서화	• 소량의 분명한 계량적 정보 • 보고서, 규정집, 계획표 • TPS	• 다소 유기적 • 다소 공식화 • 다소 집권화 • 공식적 훈련 • 문서, 언어	• 다량의 계량적 정보 • 하이테크 • 데이터베이스 • MIS, DSS

THEME 34 관료제의 의의와 특징

정답

p. 190

01	①	02	③	03	①	04	③	05	④
06	①	07	②	08	④	09	②	10	④
11	④	12	③	13	④	14	③	15	①
16	②	17	③	18	③	19	④	20	④
21	③	22	③						

01	베버(Weber)의 이념형 관료제	답 ①

베버(Weber)가 제시한 전형적인 관료제는 협업이 아닌 분업과 계층제를 특징으로 한다. 협업(協業)이란 조직구성원들이 상호 협력하여 일을 처리하는 것으로, 팀제 등 탈관료제 조직의 특성이다.

02	관료제모형의 행정가치	답 ③

베버(M. Weber)의 관료제모형은 고전적 조직이론을 대표하는 수직적 계층제로서 조직내부의 능률적 관리에 초점을 두는 능률성을 행정가치로 강조한다.

03	베버(Weber)의 관료제모형	답 ①

계층제적 구조를 핵심으로 하는 관료제는 국민에게 책임을 지는 것이 아니라 상급자에게 계층적 책임을 져야 한다.

(선지분석)

② 'Sine ira et studio'는 라틴어로 감정과 편견이 없는 비개인화, 비정의성(impersonalism)을 뜻하는 말로 이는 관료제의 전형적인 특징이다.

04	베버(Weber)의 관료제모형	답 ③

베버(Weber)의 이상적인 관료제는 정치적 전문성이 아니라 업무와 관련된 기술적·행정적 전문성에 의해 충원되는 제도를 갖는다.

05	베버(Max Weber)의 관료제	답 ④

관료제는 일정한 자격 또는 능력에 따라 규정된 기능을 수행하는 전문화(분업)의 원리에 따르며 조직 전반의 일반적인 업무에 대해 책임을 지는 것은 아니다.

06	베버(Weber)의 관료제모형	답 ①

베버(Weber)의 관료제모형에서 관료에게 지급되는 봉급은 업무수행 실적에 대한 평가로 결정되는 것이 아니라, 관료의 근속연수에 따라 정해진 보수를 지급하는 연공서열로 봉급이 결정된다.

07	베버(Weber)의 근대 관료제모형	답 ②

베버(Weber)의 근대 관료제모형은 민원인의 입장이 아니라 상급자의 명령에 따라 법규와 규정에 근거하여 판단하고 결정하여 업무를 수행한다.

핵심POINT 근대 관료제의 특징(Weber)

1. 문서주의
2. 업무의 법규기속성 및 권한의 명확성
3. 계층제(기계적·계서적 조직)
4. 비정의성(공사구별 철저)
5. 전문성과 전임직 - 전문적인 자격과 능력(충원 및 승진 기준)
6. 자유계약 → 보수지급(근무연한, 연공서열)

08	베버(Weber)의 이념형 관료제	답 ④

베버(Weber)의 이념형 관료제에서 관료는 감정과 편견 등이 배제된 비정의성에 입각하여 공사구별을 철저히 하는 업무수행을 하였기 때문에 관료와 민원인과의 긴밀한 감정교류는 이루어지지 않는다.

(선지분석)

① 관료의 충원 및 승진에 있어서 전문성에 기반을 둔 전문적인 자격과 능력을 기준으로 하였다.

09	베버(Weber)의 이념형 관료제	답 ②

막스 베버(Max Weber)가 주장하는 관료제의 이념형(ideal type)은 권위의 세 가지 유형인 전통적 권위, 카리스마적 권위, 합법적 권위 중 법적·합리적 권위에 근거한 조직구조이다.

(선지분석)

① 이념형 관료제는 전문성의 강화를 위해서 순환근무보다는 전문화(분업)의 원리를 중시한다.
③ 이념형 관료제는 도덕적 이상을 지닌 관료제가 아니라 조직의 목표를 달성하기 위한 수단으로 제시된 이념형 관료제이다.
④ 이념형 관료제는 전문직업적 판단보다는 법규를 중시하는 문서화된 법규집을 강조한다.

⊕ 보충 지배의 유형과 관료제(Weber)

구분	특징	관료제의 유형
전통적 지배	전통이나 관습에 의해 지배가 정당화	가산관료제, 유교관료제
카리스마적 지배	개인의 초인적 자질에 근거	카리스마적 관료제(독재관료제)
합법적 지배	• 국민의 동의에 의한 합법성에 근거 • 가장 과학적이고 합리성에 일치	근대 관료제

10	관료제의 특징	답 ④

베버(Weber)의 이념형 관료제는 직업관료제에 바탕을 두므로 봉급이나 승진 등 임용 후 전반적인 인사가 실적에 따른 성과급제도보다는 연공서열에 따라 이루어진다.

11	조직이론과 인간관	답 ④

막스 베버(M. Weber)에 의한 이념형(이상적) 관료제는 인간으로서의 감정이나 충동을 멀리하는 비인간성(impersonality)에 의해서 행동하는 비정의적 행동(impersonal conduct)을 추구한다.

12	후기 관료제모형	답 ③

계층제적 관료조직 내에서 구성원이 각자의 능력을 넘는 수준까지 승진하게 되어 조직이 무능력자로 가득 채워진다는 관료제의 병리현상을 지적한 모형은 피터(Peter)의 원리이다. 맥커디(McCurdy)는 임무와 문제해결능력의 중시, 표준화(SOP)의 배척과 상황적응성의 강조, 비계서제적 구조 등을 특징으로 하는 후기 관료제모형을 제시하였다.

13	막스 베버(Max Weber)의 관료제	답 ④

막스 베버(Max Weber)의 관료제는 조직목표 달성을 위한 조직의 효율적 구조에 관심을 가지는 반면, 환경변화 등에 대응하는 행정조직 발전적인 측면에서는 한계를 갖는다.

14	베버(M. Weber)가 제시한 관료제	답 ③

베버(Weber)가 제시한 이념형 관료제는 비정의성을 강조하기 때문에 고객과의 일체감을 갖지 못하고 구체적인 상황을 충분히 고려하지 못하는 융통성이 결여된 임무를 수행한다.

15	베버(Weber)의 이념형(ideal type) 관료제	답 ①

베버(Weber)의 이념형 관료제 성립의 배경은 봉건적 지배체제를 무너뜨리고 산업사회의 근대화 과정에서 나타나는 법적 · 합리적 권위에 기초를 둔 것이다. 베버(Weber)는 대규모 조직의 능률적 관리에 초점을 둔다는 점에서 봉건적 지배체제와 구별된다.

(선지분석)

④ 베버(Weber)의 관료제는 상명하복의 계층제적 구조를 기반으로 하므로 관료는 원칙적으로 상관이 임명한다.

16	베버(M. Weber)의 관료제 이론에 대한 비판	답 ②

발전행정론의 관점에서 계층제를 지배·복종관계가 아닌 목표달성을 위한 분업이나 협업의 체계로 보아야 한다고 비판하였다.

(선지분석)

① 베버의 관료제 이론이 지나치게 비정의성을 강조하여 조직의 비공식적 측면의 존재를 무시하였다고 비판하였다.

③ 과학적관리론 등과 같이 환경과의 관계를 무시한 폐쇄이론이라고 비판받는다.

④ 발전행정론의 관점에서 합법성보다 효과성 또는 합목적성이 더 중요하다고 본다. 즉 합법성에서 나타나는 경직화를 타파하고 목표달성의 위해서 법률을 신축적이고 탄력적으로 운영하여야 한다고 주장한다.

17	관료제의 역기능	답 ③

상사의 계서적 권한과 부하의 전문적 권력이 충돌하여 그로 인한 갈등이 발생하는 관료제의 역기능은 권력구조의 이원화에 해당한다.

(선지분석)

① 양적 복종은 관료들이 직무수행을 할 때에 질적인 목표보다는 단기적이고 가시적인 양적인 기준만을 충족시키려고 하는 경향으로 업무수행의 형식화를 초래한다.

④ 국지주의는 관료들이 자신들의 이익이나 자기 부처의 이익만을 추구하는 할거주의를 말한다.

핵심POINT 관료제에 대한 평가

긍정적 평가	• 전문성과 능률성의 확보 • 공평한 업무처리 • 통일성의 확보 • 기회균등의 보장
부정적 평가 (역기능)	• 지나친 서면주의 또는 형식주의 • 전문화로 인한 무능(훈련된 무능) • 할거주의 • 무사안일주의 • 독선주의(국민에 대한 무책임성) • 변화에 대한 저항 • 몰인간성

18	관료제 병리현상	답 ③

<보기>의 가상 사례는 고위관료들이 자리보전에 대한 불안감 때문에 변화나 혁신을 거부하고 심지어는 해외일정을 핑계로 결정을 미루는 등의 보신주의 행정으로 발생하는 관료제의 병리현상을 말한다.

19	관료제 병리현상	답 ④

베버(Weber)의 관료제는 공사의 구별과 법규 · 절차의 준수를 강조함으로써 관료제 내 구성원들에게 감정 및 편견 없이 공평무사한 행정을 추구하도록 하는 비정의성(impersonalism)을 강조한다.

20	관료제	답 ④

적극적으로 새로운 과업을 찾아서 실행하기보다 현재의 주어진 업무만을 소극적으로 수행하는 것은 동조과잉이 아니라 무사안일주의 또는 복지부동이다. 동조과잉(over-conformity)은 수단이나 절차를 지나치게 강조하여 수단이 목표를 앞질러버리는 목표의 대치를 의미한다.

21	관료제 병리현상	답 ③

피터(Peter)의 원리는 관료조직의 구성원이 각자의 능력을 넘는 수준까지 승진함으로써 모든 직위가 무능력자로 가득 채워지는 현상을 의미한다. 관료들의 세력 팽창 욕구로 인한 기구와 인력의 증대는 파킨슨(Parkinson)의 법칙 또는 관료제국주의 등과 관련이 있다.

(선지분석)

① 할거주의(국지주의)는 지나친 전문화로 인해서 조직구성원들이 자신이 소속된 기관과 부서의 이해관계만 고려하고 다른 부서를 전혀 배려하지 않는 것으로 조정과 협조가 곤란해지는 것을 말한다.

② 지나치게 형식만을 강조하는 형식주의(번문욕례)나 문서주의(레드테입)는 번거로운 문서처리의 한계가 나타난다.
④ 전문화로 인한(훈련된) 무능이란 하나의 전문적인 지식 또는 기술에 관하여 훈련받고 길들여진 사람은 타 분야에 대한 이해력 부족의 문제가 나타나는 것을 말한다.

22	관료제의 비판이론	답 ③

조직구성원들이 자신의 무능력수준까지 승진하는 경향이 관료제에 존재한다고 주장한 이론은 피터의 원리(Peter's principle)이다.

선지분석

① 번문욕례(繁文縟禮; red tape)는 모든 업무를 문서로 처리하는 것으로 과도한 문서주의를 말한다.
② 파킨슨 법칙(Parkinson's law)은 정부의 인력은 본질적인 업무량과는 상관없이 과잉증대된다는 법칙이다. 따라서 과다한 인건비로 인해 정부의 예산이 팽창된다.
④ 훈련된 무능(전문가적 무능; trained incapacity)은 전문화가 강조될수록 자기 분야는 잘 알지만 시야가 좁아지는 우려를 말한다.

THEME 35 탈관료제조직

정답

p. 195

01	③	02	③	03	②	04	③	05	⑤
06	②	07	③	08	①	09	③	10	①
11	①	12	③	13	①	14	①	15	③
16	②	17	③	18	②	19	④	20	①
21	③	22	①	23	③	24	②	25	④
26	③	27	④	28	④	29	⑤	30	③
31	③	32	①	33	③	34	②	35	④
36	④	37	⑤						

01	탈관료제	답 ③

분업화(전문화)에 의한 문제해결을 강조하는 것은 근대적인 관료제의 특징이다. 탈관료제는 수평적인 비계서구조로서 임무와 능력 중심의 상황 적응성을 강조한다.

02	애드호크라시(adhocracy)	답 ③

조직화나 표준화가 신속하게 이루어지는 관료제와 달리 애드호크라시는 표준화(SOP)를 배척하고 상황적응성·잠정성·기동성 등을 강조한다.

03	애드호크라시(adhocracy)	답 ②

애드호크라시는 구조적으로 낮은 수준의 복잡성, 낮은 수준의 공식화, 낮은 수준의 집권화를 특징으로 한다.

04	애드호크라시(adhocracy)	답 ③

책임소재가 명확하여 갈등이 생길 가능성이 작은 것은 수직적 계층제인 관료제에 대한 설명이다. 애드호크러시는 유기적 구조로서 책임소재가 불명확하고 애매하여 갈등발생가능성이 크다.

05	조직구조의 유형	답 ⑤

수평적 전문화 수준이 높을수록 업무는 단순해지고 한 사람이 한 가지 일만 반복적으로 수행하게 된다. 수평적 전문화란 직무의 범위(scope)가 얼마나 분업화되어 있는가를 의미하는 것으로 직무의 종류와 성질별로 분화된 정도이다.

선지분석

① 매트릭스조직은 기능구조와 사업구조의 화학적 결합이며, 팀제는 수평구조이다.
② 정보통신기술의 발달과 통솔의 범위에 대해서는 양면성이 있다. 단순 업무가 줄어들고 창의력을 요구하는 복잡한 업무가 늘어남에 따라 과거보다 통솔범위가 좁아졌다고 주장하는 입장도 있지만, 중간계층이 축소되고 조직이 유기적 구조로 변하면서 통솔범위가 넓어졌다고 보는 입장도 있다.
③ 기계적 구조(계층제적 구조)는 직무범위(통솔범위)와 반비례하기 때문에 직무범위가 좁아지게 된다.
④ 유기적 구조는 안정적인 행정환경이 아니라 불확실성이 높은 환경에 적합한 조직이다.

06	탈관료제조직	답 ②

매트릭스구조는 기능구조와 사업구조가 중첩된 행렬조직으로서 인적·물적자원을 함께 사용함으로써 효율성을 향상시키는 장점이 있는 반면, 기능부서와 사업부서가 이원적 권한체계를 가지고 있어 정체성 약화와 역할 갈등을 초래하며 과업조정이 곤란할 수 있다.

07	탈관료제조직	답 ③

각 부서가 자기완결적 기능단위로 기능 간 조정이 용이한 것은 매트릭스구조가 아니라 사업구조이다.

핵심POINT 탈관료제조직의 유형과 특징

팀제 (TF, PT)	• 특징: 전문가집단, 공동목적, 공동책임·보상, 긴밀한 관계, 팀 내 자율성 보장, 완결적 업무수행 • 유형: 한시적 조직 – TF: 임시적·단기적(달성 후 해체), 일시차출, 수평적, 인적, 소규모, 비전문적 예 FTA협상단 등 – PT: 장기적(달성 후 존속 경향), 전임제, 수직적, 물적, 대규모, 전문적 예 조직위원회 등 • 장점: 자율업무, 높은 환경대응력, 내재적 동기부여, 통제↓, 창의성↑, 서비스↑ • 단점: 갈등 가능성, 무사안일주의와 업무공동화, 계급사회에 적용 곤란	
매트릭스 조직	• 특징: 복합조직(기능구조+사업부제 조직의 장점), 혼합적·이원적 구조, 화학적 결합 • 장점: 신축적, 신속한 대처, 특수한 사업 추진에 용이, 창의성·전문성의 통합, 기존 인력의 활용 • 단점: 이원적 지시로 인한 결정 지연, 책임불명확, 예측가능성 저하, 중복 비용	
네트워크 조직	• 개념: 조직의 기능은 핵심역량 위주, 부수적인 것은 다른 조직, 외부와 계약 • 원리: 공동의 목적, 독립적 구성원, 자발적 연결, 다수의 지도자, 계층의 통합, 복잡성 완화, 지식정보의 교류 • 장점: 조직 개방화(민감한 대처), 조직 슬림화, 경쟁력 향상, 효율성 제고, 권한 위임 • 단점: 행동의 제약, 네트워크 폐쇄화(장기적), 경쟁자 배양과 대안 필요, 통제 곤란	
가상조직	• 개념: 정보네트워크 기술의 발전을 이용한 기업 간 협력전략 • 특징: 사이버공간상의 조직, 임시적·일시적, 핵심역량 결합	
자생조직	• 개념: 환경변화에 따라 조직의 상태 및 산출물을 조정하는 조직 • 특징: 탄력성, 유연성, 학습능력, 자치성, 필수 다양성	
하이퍼텍스트형 조직	• 개념: 기존의 사업부제와 같은 계층형 조직에 프로젝트팀 조직의 특징을 가미한 조직모델 • 구성: 프로젝트 팀층 + 비즈니스 시스템층 + 지식기반층 • 특징: 계층 간의 자유로운 이동, 중간층 주도(middle up-down)	
학습조직	지식과 관련된 학습 프로세스와 학습활동이 활성화되어 있는 조직	
동료조직	고급전문조직에서 흔히 활용되는 애드호크라시적인 형태의 구조를 갖는 조직	
연결핀 조직	부서 간에 연결핀 역할을 하는 자가 있어 이를 통해 조정이 원활히 이루어지도록 하는 조직	
꽃송이 조직	팀 단위로 조직이 구성되어 최고관리층 팀과 중간관리층 팀이 서로 중복되어 참여하는 교차다기능 조직	
자유형 조직	분권화된 이윤중심 기구의 구조적 자율성을 보장하여 환경에 탄력적으로 적응하도록 하는 조직	
정보화 사회의 조직	후기 기업가 조직	거대한 규모를 유지하면서도 신속하게 움직이는 유연성을 강조하는 조직
	삼엽조직	핵심직원(소규모 전문적 근로자), 하청업체(계약직 근로자), 융통성 있는 인력(시간제·임시직원) 등 세 가지 부분으로 구성된 조직
	혼돈조직	혼돈상태 속에 숨어 있는 질서를 발견하고, 조직변동과정의 분석과 이해를 중시하는 조직
	공동화조직 (제3자정부, 대리정부)	정부가 기획, 조정, 통제, 감독과 같은 중요한 업무만을 수행하고, 서비스의 생산과 공급업무를 제3자에게 위임 또는 위탁하는 조직

08 조직구조의 유형 답 ①

사업(부)구조는 조직의 산출물에 기반을 둔 구조화 방식으로 사업(부)내 기능 간 조정은 용이하지만 사업(부) 간 기능 조정은 산출물이 다르기 때문에 곤란하다.

09 팀제조직 답 ③

팀제조직에 대한 설명으로 옳은 것은 ㄴ, ㄹ이다. 팀제조직은 관료제의 병리를 타파하고 업무수행에 새로운 의식과 행태의 변화 필요성으로 등장한 탈관료제조직이며(ㄹ), 역동적 환경변화에 유연하게 적응하고 신속한 문제해결이 가능하다는 장점이 있다(ㄴ).

선지분석

ㄱ. 네트워크조직에 대한 설명이다.
ㄷ. 민츠버그(Mintzberg)의 기계적 관료제에 대한 설명이다.

10 팀(Team) 조직, 팀(Team)제 답 ①

팀제는 탈관료제 조직으로 조직환경이 불안정적이고 동태적인 현대적 환경에 적합하다.

선지분석

② 주로 다수의 인원이 공동의 목표를 달성하기 보다는 소수의 전문인력이 신속하게 업무에 대응하는 데 효과적이다.
③ 정형화된 업무를 처리하는 조직이나 대규모의 조직의 운영방식에 전면적으로 적용하기 곤란하다.
④ 팀장은 구성원들과 수평적 상하관계를 이루어 수평적 통합 및 조정을 용이하게 한다.

11 관료제조직의 폐단을 극복하기 위한 대안 답 ①

업무의 명확한 구분에서 야기되는 문제점은 유기적 구조(organic structure)로 처방한다. 기계적 구조는 업무의 명확한 구분이 특징이기 때문에 할거주의나 전문가적 무능이 나타나는데 이를 해결하기 위해서는 팀제나 네트워크조직 등의 유기적 구조가 적합하다.

12 학습조직 답 ③

학습조직의 특성에 대한 설명으로 옳은 것은 ㄴ, ㄷ이다.

선지분석

ㄱ. 학습조직은 수평적 조직구조이다.
ㄹ. 학습조직은 체계화된 학습이 강조됨에 따라 조직구성원의 권한은 강화된다.

핵심POINT 학습조직의 특징과 지향점

1. 자아실현적 인간관과 개방체제를 전제
2. 탈관료제 지향(분권적 · 신축적 · 유기체적 조직)
3. 창조적인 변화를 촉진할 수 있는 능력을 가진 조직
4. 지식의 창출 · 공유 · 활용에 능숙 → 문제해결능력 향상
5. 전략적 사고와 변화를 탐구하는 조직
6. 집단적 · 사회적 학습, 팀 및 상호 주관성 중시
7. 표준화(규칙 · 절차 · 관행) 거부 및 시행착오(실험)의 허용
8. 환류를 통한 의사소통(비공식소통) 중시
9. 분명한 리더십(공유 · 분배된 리더십) 중시

13	매트릭스조직	답 ①

제시문은 기능구조와 사업구조(프로젝트팀)를 화학적으로 결합한 매트릭스조직을 설명한 것이다. 매트릭스조직은 탈관료제적 조직으로 조직의 표준화와 규칙화의 정도가 낮다.

선지분석

② 매트릭스조직은 유기적 조직으로서 외부의 환경변화에 탄력적으로 적응한다.
③ 매트릭스조직은 조직 내부의 복잡하고 상호의존적인 문제를 기능구조의 전문성과 사업구조의 신속한 대응성을 화학적으로 결합하여 유연하게 해결한다.
④ 매트릭스조직은 인적 · 물적자원을 서로 공유함으로써 유기적으로 확보하고 배분 · 이용한다.

14	매트릭스조직	답 ①

매트릭스구조란 기능구조와 사업구조를 화학적으로 결합한 이중적 권한구조를 가지는 조직구조로서, 기능부서의 전문성과 사업부서의 신속한 대응성을 결합한 조직이다.

⊕ 보충 매트릭스조직의 특징

1. 기술의 전문성과 제품라인의 혁신을 동시에 필요로 하는 경우 이를 모두 만족시킬 수 있음
2. 조직의 내부자원을 각 제품라인에 효율적으로 사용할 수 있으며, 외부환경의 변화에 신속히 대응할 수 있음
3. 조직구성원들에게 양부문의 관리기술을 습득할 기회를 제공하여 경영자로서의 자질을 함양시켜 줌. 즉, 능력발전과 자아실현(자기계발), 창조적인 아이디어의 원천을 제공
4. 조직이 다수의 복잡하고 상호의존적인 활동을 수행하고 있을 때 활동 간의 조정을 용이하게 할 수 있음
5. 전문기술을 가진 사람들이 특정 기능부서나 사업부서에 전속되지 않고 다양한 분야의 업무를 수행할 수 있고 기존의 인력으로 새로운 프로젝트를 수행할 수 있어 인적 자원의 효율적 활용과 규모의 경제로부터 오는 이익을 추구할 수 있음
6. 환경의 불확실성과 조직의 복잡성에 대응하기 매우 용이하며, 원활한 의사소통, 효과적인 조정, 예측하기 어려운 문제에 대한 적응 및 해결을 용이하게 해주는 유기적 구조라는 장점이 있음
7. 분화(전문화)를 추구하면서도 통합을 중시하는 조직으로 체제론적 사고의 응용

15	매트릭스조직	답 ③

매트릭스구조(복합구조)는 조직의 환경영역이 복잡하고 불확실한 경우, 조직이 사용하는 기술이 비일상적일 경우 등에 유용하게 사용될 수 있다.

⊕ 보충 매트릭스구조가 유용할 수 있는 상황적 조건

1. 조직의 규모가 너무 크거나 작지 않은 중간 정도의 크기일 것
2. 환경적 변화가 심하고 불확실성이 높을 것
3. 조직이 사용하는 기술이 비일상적일 것
4. 기술적 전문성도 높고 산출의 변동도 빈번해야 한다는 이원적 요구가 강력할 것
5. 사업부서들이 사람과 장비 등을 함께 사용해야 할 필요가 클 것

16	매트릭스조직	답 ②

②번 지문은 반대로 설명되었다. 정보화시대에 팀제가 핵심업무과정을 수행하는 수평구조로서 '스피드의 경제'를 추구한다면 매트릭스조직은 '규모의 경제'를 추구할 수 있다. 매트릭스조직은 기능별 조직과 사업별 조직을 결합한 이중적 구조로 기능별 조직의 전문성을 통한 규모의 경제를 추구하고 사업별 조직을 통해서는 신속한 대응성을 확보할 수 있기 때문이다. 일반적으로 기계적 구조는 기능별로 전문화되므로 규모의 경제를, 유기적 구조는 일의 흐름을 통한 팀 · 사업별로 구성되므로 스피드의 경제를 추구한다고 본다.

선지분석

① 매트릭스조직은 전문화된 기능적 부문들을 프로젝트로 통합하기 위한 장치이다.
③ 기존 조직을 그대로 활용할 수 있으므로 인건비를 줄일 수 있다.
④ 이원적 조직체계로서 기능부서와 사업부서 간에 할거주의가 존재할 경우 원만한 인간관계가 어렵다는 비판을 받는다.

17	조직형태나 구조	답 ③

매트릭스구조는 기능구조의 전문성과 사업구조의 신속한 대응성을 화학적으로 결합시킨 조직으로 기능구조를 계층구조와 결합시킨 것은 아니다.

18	탈관료제조직	답 ②

조직유형에 대한 설명으로 옳은 것은 ㄷ, ㅁ이다.

선지분석

ㄱ. 민츠버그(Mintzberg)의 전문적 관료제는 낮은 공식화와 높은 수직적 · 수평적 분권을 특성으로 가진다.
ㄴ. 다른 문화적 입장을 가진 사람들을 포용하지만, 집단 간 갈등수준이 상당히 높은 것은 콕스(Cox)의 다원적 조직이다. 콕스(Cox)의 다문화적 조직은 다른 문화적 입장을 가진 사람들을 포용하고 문화적 다양성의 긍정적 가치를 존중하는 조직으로, 집단 간 갈등수준이 상당히 낮다.

ㄹ. 정보화사회에서는 삼엽조직이나 공동화조직이 확대되고, 이에 따라 기획 및 조정의 핵심기능을 제외한 부수적인 집행기능을 위임·위탁하여 업무가 간소화되기도 한다.

19	기능구조와 사업구조	답 ④

중복과 낭비를 예방하고 기능 내에서 규모의 경제를 구현할 수 있는 것은 사업별 구조가 아니라 기능별 구조의 장점이다. 사업별 구조는 각 사업부서들이 자기완결적 기능단위로 여러 가지 기능을 중복적으로 수행함으로써 중복과 낭비로 인한 비효율이 초래되고 규모의 경제를 구현하기 어렵다.

핵심POINT 기능구조와 사업구조의 비교

기능구조	사업구조
• 확실한(안정적) 환경 • 일상적인 기술 • 수평적 조정의 필요가 적은 경우 • 내적 능률성이 중요한 경우 • 목표달성에의 전문지식 필요 • 수직적 계층제에 의한 통제 필요	• 불확실한(유동적) 환경 • 비일상적인 기술 • (기능) 부서 간 높은 상호의존성 • 외부지향적 목표를 가진 조직 • 성과 중심의 관리 • 분권화된 자기완결적 조직구조

20	조직의 통합 및 조정방법	답 ①

연락 역할 담당자(liaison)는 부문 간의 일이나 정보의 흐름을 촉진시켜주는 데 공식적인 권한은 없으나 비공식적인 권한을 상당히 부여받아 업무를 수행하게 되므로 이에 필요한 전문지식을 가지고 있느냐에 따라 업무수행의 성공 여부가 결정된다. 조직의 통합 및 조정 방법은 연락 역할 담당자, 태스크포스, 위원회조직, 임시팀조직, 연결핀모형 등이 있다.

선지분석

③ 리커트(Likert)의 연결핀(liking pin)모형은 개인을 조직에 있는 여러 단위 부문 사이의 연결핀으로 삼는 것이다. 조직을 일련의 중첩된 집단들로 구성되어 있다고 보고, 모든 관리자는 연결핀으로서 자신이 관리하는 집단의 구성원인 동시에 상사에게 보고하는 관리자 집단의 구성원이 되며, 자신이 수평적인 연락을 취해야만 하는 집단의 구성원이 되기도 한다는 것이다.

핵심POINT 조직의 통합 및 조정방법

연락 역할 담당자	부문 간의 정보의 흐름을 촉진시키고 일을 추진하는 데 전문지식을 가진 비공식적 권한의 담당자(liaison)가 조정기능을 수행(Mintzberg)
태스크포스 (task force)	여러 부서에서 선발된 사람들이 모여 과업을 수행하고 나면 해체되는 공식 또는 비공식 임시기구
위원회조직 (committee)	부서 간 이견 등을 조정하기 위해 정기적으로 소집되는 조직(차관회의 등의 자문위원회)
임시팀조직 (project team)	집단 간 통합과 특정 프로젝트 수행을 위한 임시적인 조직으로 TF(Task Force)보다 장기적인 역할 수행
연결핀모형 (link-pin)	관리자는 자신이 관리하는 집단의 구성원인 동시에 상사에게 보고하는 집단의 구성원이 되는 것과 같이 부서 간에 연결을 하는 모형(Likert)

21	기능구조와 사업구조	답 ③

의사결정의 상위 집중화로 최고관리층의 업무 부담이 증가될 수 있는 것은 사업구조가 아니라 기능구조의 단점이다. 사업구조는 각 부서들이 산출물별로 자율적으로 운영되는 자기완결적 구조로서 중간관리층에 전적으로 권한이 위임되기 때문에 최고관리층의 업무 부담은 줄어든다.

22	애드호크라시(adhocracy)	답 ①

일상적 업무수행을 통한 내부 효율성을 제고하는 것은 애드호크라시(adhocracy)가 아니라 기계적 구조의 특징이다. 애드호크라시(임시조직)는 탄력성과 학습성을 통하여 비일상적이고 창의적인 업무에 적합한 조직이다.

23	애드호크라시(adhocracy)	답 ③

애드호크라시(adhocracy)는 불확실하고 유동적인 현대 환경에 적합한 조직유형으로, 환경변화에 신속하게 대응한다는 장점이 있으나 신속한 조직화나 표준화가 어렵고 권한에 따른 책임의 문제가 발생하는 등 전통적 관료제 조직모형을 대체하기 보다는 관료제의 부족한 점을 보완하는 관계이다.

선지분석

② 유기적 구조는 일반적으로 복잡성·공식성·집권성이 낮지만 복잡성의 경우 고도의 수평적 분화는 이루어졌다고 보는 입장도 있다. 즉, 환경이 불확실하고 동태적일수록 수평적 분화(복잡성)가 높아진다(Daft, 유민봉). 이때 분화의 기준은 기능의 동질성이 아니라 흐름의 동질성이다.

24	애드호크라시(adhocracy)	답 ②

애드호크라시는 일상적인 업무보다는 비일상적이고 창의적인 업무에 적합하기 때문에 업무나 기능의 동질성이 낮고 전문성을 기반으로 한 기능별 구조로 이루어지기 어렵다.

선지분석

③ 애드호크라시는 구조적으로 복잡성, 공식성, 집권성이 낮지만, 복잡성의 경우 수평적 분화는 높다고 보는 입장(Daft, 유민봉)도 있다. 이 경우 수평적 분화는 기능별 분화가 아닌 일의 흐름을 통한 전문화를 의미한다.

25	애드호크라시(Adhocracy)	답 ④

네트워크조직은 전체 기능을 포괄하는 조직을 중심에 놓는 것이 아닌 핵심기능(예 기획, 조정, 규제 등)은 조직자체에서 합리화하고 기타 기능은 다른 조직에 외주(아웃소싱)를 주는 조직형태이다.

26 탈관료제조직의 유형 답 ③

설문은 네트워크조직에 대한 설명이다. 네트워크조직(network structure)은 조직의 기능을 핵심역량 위주로 합리화하고, 여타의 기능을 외부기관들과의 계약관계를 통해 수행한다.

27 네트워크구조의 기본원리 답 ④

네트워크조직의 연계장치는 계서적인 통제가 아닌 수평적인 협력관계에 바탕을 둔 것으로 단일의 절대적 지도자가 아닌 역량 있는 다수의 지도자로 구성된다.

28 네트워크조직의 장단점 답 ④

네트워크조직은 핵심적인 업무(결정, 기획, 조정, 규제 등)는 조직 내부에서 합리화하고 기타 부수적인 업무는 외부의 다른 조직에 위탁계약을 하여 수행하는 조직이다. 그런데 이러한 계약관계가 느슨하기 때문에 조직의 정체성과 응집력을 약화시킨다는 단점이 있다.

29 네트워크조직의 특징 답 ⑤

집권화된 의사결정, 엄밀한 규칙과 절차, 업무의 명확한 구분은 기계적 구조인 수직적 계층제의 특징이다.

선지분석

① 네트워크 조직은 비계서제적인 연계작용을 통해 수평적 · 공개적 의사전달이 강조되는 수평적 신뢰관계를 갖는다.
② 네트워크 조직은 조직의 유연성과 자율성이 높아 업무처리의 신속성과 유연성을 확보할 수 있다.
③ 네트워크 조직의 연계장치는 수평적인 협력관계에 바탕을 두고, 조직 간의 상호의존성과 관계성이 중시된다.
④ 네트워크 조직의 양태는 다양하며 개인 간 · 집단 간 · 조직 간에 각각 네트워크가 형성될 수 있다.

30 탈관료제조직 답 ③

매트릭스조직(matrix organization)은 조직의 신축성을 확보하기 위하여 기능 중심의 수직조직과 프로젝트 중심의 수평조직을 결합한 구조이다. 이러한 이원적 명령체계로 인해서 명령통일의 원리가 적용되지 않고 책임과 권한의 한계가 불명확하다는 문제점이 있다.

31 커크하트(Kirkhart)의 연합적 이념형 답 ③

커크하트(Kirkhart)의 연합적 이념형은 반(탈)관료제 모형으로, 고용관계의 안정성 · 영속성을 강조하는 것이 아니라 불안정적 · 일시적 고용관계를 특징으로 한다. 조직의 기초단위는 사업단위들로서 이러한 잠정적 · 다원적 사업단위들의 연합체가 조직을 형성한다고 본다.

선지분석

① 커크하트(Kirkhart)의 연합적 이념형은 탈관료제 모형으로 컴퓨터 등 IT기술을 활용한다.
② 커크하트(Kirkhart)의 연합적 이념형은 사회적 층화(계층화)를 억제하여 탈계층화를 추구한다.
④ 커크하트(Kirkhart)의 연합적 이념형은 권한체제가 잠정적이고 다원적이므로 상황적응성이 높다.

32 탈관료제 조직구조 - 린든(Linden)의 이음매 없는(seamless) 조직 답 ①

린든(Linden)의 이음매 없는(seamless) 조직은 탈관료제 조직으로 내부적 필요에 의해 조직단위와 기능을 분산적으로 설계하는 편린적 조직(관료제 조직)과는 달리 기능분화가 아니라 통합을 추구한다.

33 탈관료제의 유형 답 ③

기능구조의 전문성과 사업구조의 신속한 대응성을 화학적으로 통합한 것은 매트릭스조직이다. 매트릭스조직은 기존의 기능부서 상태를 유지하면서 특정한 프로젝트를 위해 서로 다른 부서의 인력이 함께 일하는 현대적인 조직설계방식이다.

34 매트릭스(matrix)구조 답 ②

②는 반대로 서술되었다. 매트릭스구조는 기능부서 통제권한의 계층은 수직적으로 흐르고, 사업부서 간 조정권한의 계층은 수평적으로 흐르게 된다.

35 매트릭스구조 답 ④

매트릭스구조는 기능구조와 사업구조의 화학적 결합(혼합형 구조)으로 명령이나 지시계통의 이원화로 인한 갈등이나 대립의 문제가 있지만, 탄력적인 인적자원의 활용이 가능하다는 장점이 있다.

36 학습조직 답 ④

학습조직은 조직구성원에 의해 지식이 창출되고 이에 기초해 조직혁신이 이루어지며 조직의 환경적응력과 경쟁력이 증대되어 나가는 유기적 구조이다. 이러한 학습조직은 구성원 각자의 개인적 학습이 아닌 팀 학습을 강조한다.

선지분석

① 학습조직은 개방체제를 강조하며 자아실현적 인간관을 추구한다.
② 학습조직은 체계적 사고(systems thinking)를 강조한다.
③ 조직구성원들은 조직의 비전을 공유(shared vision)한다.

37	학습조직의 다섯 가지 방법(P. Senge)	답 ⑤

셍게(P. Senge)가 제시한 학습조직의 성립에 필요한 다섯 가지 수련방법은 자기완성(전문적 소양), 사고의 틀, 공동의 비전, 집단(팀) 학습, 시스템 중심의 사고이다. 관리자의 리더십은 이에 해당하지 않으며 사고의 틀을 통한 세계관에 대한 성찰이 필요하다.

THEME 36 우리나라의 정부조직(위원회, 책임운영기관)

정답

p. 203

01	④	02	①	03	③	04	③	05	③
06	③	07	①	08	④	09	②	10	④
11	④	12	⑤	13	②	14	①	15	④
16	④	17	③	18	③	19	①	20	④
21	①	22	②	23	④	24	④	25	③
26	③	27	①	28	①	29	④	30	③
31	④								

01	정부위원회	답 ④

정부위원회에 대한 설명으로 옳은 것은 ㄱ, ㄷ, ㄹ이다.

ㄱ. 위원회는 구성원이 복수이므로 구성원들 간에 책임이 분산되어 책임전가현상이 나타나거나 책임성이 결여될 수 있다.

ㄷ. 합의제 행정기관인 위원회에서는 다수의 의견을 모아 신중한 결정을 하기 때문에 행정의 민주성이 제고된다.

ㄹ. 설문에 나열된 6개 위원회는 모두 행정위원회인 동시에 「정부조직법」상 중앙행정기관이다.

선지분석

ㄴ. 자문위원회는 자문을 담당하는 참모적 성격의 기관으로 일시적인 필요에 의해 의한 것이고, 업무의 계속성과 상시성이 필요한 것은 행정위원회이다.

⊕ 보충 「정부조직법」

제2조 【중앙행정기관의 설치와 조직 등】 ② 중앙행정기관은 이 법에 따라 설치된 부·처·청과 다음 각 호의 행정기관으로 하되, 중앙행정기관은 이 법 및 다음 각 호의 법률에 따르지 아니하고는 설치할 수 없다.

1. 「방송통신위원회의 설치 및 운영에 관한 법률」 제3조에 따른 방송통신위원회
2. 「독점규제 및 공정거래에 관한 법률」 제54조에 따른 공정거래위원회
3. 「부패방지 및 국민권익위원회의 설치와 운영에 관한 법률」 제11조에 따른 국민권익위원회
4. 「금융위원회의 설치 등에 관한 법률」 제3조에 따른 금융위원회
5. 「개인정보 보호법」 제7조에 따른 개인정보 보호위원회
6. 「원자력안전위원회의 설치 및 운영에 관한 법률」 제3조에 따른 원자력안전위원회

02	위원회의 유형과 기능	답 ①

의결위원회는 의사결정권을 갖기 때문에 구속력이 있지만 집행권은 없는 것이 특징이다.

선지분석

② 공정거래위원회는 대표적인 행정위원회이지만 공직자윤리위원회는 각 정부기관에 설치하는 의결위원회이다.

③ 행정위원회는 독립적 지위를 가진 행정관청으로 결정권과 집행권을 모두 갖는다.

④ 자문위원회는 참모기관으로서 사안에 따라 조사·분석 등의 기능을 수행하는 합의제 행정기관이다.

핵심POINT 위원회의 유형과 기능

유형	예	자문기능	의결기능	집행기능
자문위원회	지방시대위원회, 경제사회노동위원회	○	×	×
의결위원회	공직자윤리위원회, 분쟁조정위원회, 징계위원회	×	○	×
행정위원회	공정거래위원회, 방송미디어통신위원회, 금융위원회	×	○	○

03	위원회의 유형	답 ③

소청심사위원회는 행정위원회에 속한다.

선지분석

① 공정거래위원회는 독립규제위원회에 속한다.

② 중앙선거관리위원회는 독립규제위원회에 속한다.

④ 경제관계장관회의는 조정위원회에 속한다.

핵심POINT 우리나라 위원회의 유형

자문위원회	민주평통자문회의, 경제사회노동위원회, 저출산고령사회위원회
조정위원회	국무회의, 경제관계장관회의, 중앙환경분쟁조정위원회
행정위원회	금융위원회, 국민권익위원회, 원자력안전위원회, 소청심사위원회, 방송미디어통신위원회
독립규제위원회	중앙선거관리위원회, 중앙노동위원회, 공정거래위원회, 금융통화위원회

04	정부의 위원회	답 ③

국민권익위원회는 자문위원회가 아니라 고충처리, 부패방지, 행정심판 등의 기능을 담당하는 행정관청의 지위를 갖는 국무총리 소속의 행정위원회이다.

05	행정기관위원회	답 ③

위원회의 유형 중에서 행정관청의 지위를 갖는 행정위원회는 의사결정의 권한(의결권) 뿐만 아니라 이를 실제 실행에 옮길 수 있는 집행권까지 보유한다.

06 중앙행정기관 답 ③

현재 그 설치와 직무범위를 법률로 정하고 있는 「정부조직법」상 중앙행정기관은 개인정보보호위원회이다.

07 특별지방행정기관 답 ①

농촌진흥청은 특별지방행정기관이 아닌 「정부조직법」상 중앙행정기관(19부 6처 19청) 중 청에 해당한다.

선지분석

② 유역환경청은 환경부 산하 특별지방행정기관에 해당한다.
③ 국립검역소는 식품의약품안전처 산하 특별지방행정기관에 해당한다.
④ 지방국토관리청은 국토교통부 산하 특별지방행정기관에 해당한다.

08 우리나라의 정부조직 답 ④

서울지방국세청은 국세청(중앙행정기관)이 지방에 설치한 특별지방행정기관, 즉 일선기관이다.

선지분석

① 새만금개발청은 각급 행정기관이며, 개정된 「정부조직법」에 의하여 개별법으로 설치된 중앙행정기관이다.
② 방송미디어통신위원회 는 대통령 직속 행정위원회(합의제 행정기구)이다.
③ 기획재정부 예산실장을 비롯하여 여타 실장, 국장, 과장 등은 참모조직이 아닌 계선조직에 속한다.
⑤ 국무조정실장은 장관급이지만 장관(국무위원)은 아니다.

09 정부조직의 구성 답 ②

국가보훈부 장관이 장관급 정무직공무원이므로 그 아래 차관은 일반직공무원이 아니라 차관급 정무직공무원이다.

⊕ 보충 「정부조직법」

제12조 **【국무회의】** ① 대통령은 국무회의 의장으로서 회의를 소집하고 이를 주재한다.
② 의장이 사고로 직무를 수행할 수 없는 경우에는 부의장인 국무총리가 그 직무를 대행하고, 의장과 부의장이 모두 사고로 직무를 수행할 수 없는 경우에는 부총리가 그 직무를 대행하며, 부총리가 직무를 수행할 수 없는 경우에는 제26조 제1항에 규정된 순서에 따라 국무위원이 그 직무를 대행한다.

10 행정부의 각 부 장관과 그 소속 행정기관 답 ④

행정각부와 그 소속 행정기관의 연결으로 옳은 것은 ㄴ, ㄹ이다.
ㄴ. 국방부 소속으로 병무청과 방위사업청이 있다.
ㄹ. 국무총리 소속으로 지식재산처가 있다.

선지분석

ㄱ. 교육지원청은 교육부 소속이 아니라 시도지사 소속 특별지방행정기관(일선기관)이다.
ㄷ. 식품의약품안전처는 국무총리 소속 중앙행정기관이다.

11 우리나라의 정부조직 답 ④

책임운영기관에는 「정부조직법」에서 규정한 청으로 중앙행정기관인 중앙책임운영기관과 중앙행정기관의 소속기관인 소속책임운영기관이 있는데, 특허청은 유일하게 중앙행정기관이자 책임운영기관이다.

선지분석

① 감사원은 「정부조직법」에서 정하는 합의제 행정기관이 아니라 대통령 직속의 헌법상 기관이다. 「정부조직법」에서 정하는 합의제 행정기관에는 방송통신위원회, 공정거래위원회 등이 있다.
② 금융감독원은 「정부조직법」에 따라 설치된 중앙행정기관이 아니라 「금융위원회의 설치 등에 관한 법률」에 따라 설치된 무자본 특수법인(한국은행 등)이다. 금융감독원은 금융위원회나 증권선물위원회의 지도·감독을 받아 금융기관에 대한 검사·감독업무 등을 수행하기 위한 목적으로 설립되었다.
③ 소청심사위원회는 행정안전부가 아니라 인사혁신처 소속으로, 공무원의 소청에 관한 사무를 관장한다. 행정기관 소속 공무원의 징계처분에 관한 사무를 관장하는 곳은 징계위원회이다.

12 행정각부와 그 소속 행정기관 답 ⑤

행정각부와 그 소속 행정기관의 연결으로 옳은 것은 ㄴ, ㅁ, ㅂ이다.

선지분석

ㄱ. 관세청은 재정경제부 소속 외청이다.
ㄷ. 지식재산처는 국무총리 소속 외청이다.
ㄹ. 산림청과 농촌진흥청은 농림축산식품부 소속 외청이다.

13 우리나라 정부조직 답 ②

식품 및 의약품의 안전에 관한 사무를 관장하기 위하여 국무총리 소속으로 식품의약품안전처를 둔다.

선지분석

① 「정부조직법」 제2조 제1항의 규정이다.
③ 「정부조직법」 제19조 제1항의 규정이다.
④ 지식재산처는 중앙행정기관이자 책임운영기관으로 중앙책임운영기관이다.

⊕ **보충** 「정부조직법」

제2조 【중앙행정기관의 설치와 조직 등】 ① 중앙행정기관의 설치와 직무범위는 법률로 정한다.

제19조 【부총리】 ① 국무총리가 특별히 위임하는 사무를 수행하기 위하여 부총리 2명을 둔다.

제25조 【식품의약품안전처】 ① 식품 및 의약품의 안전에 관한 사무를 관장하기 위하여 국무총리 소속으로 식품의약품안전처를 둔다.

14	행정기관의 정의	답 ①

부속기관은 특정한 행정기관에 부설된 기관을 말한다. 부속기관으로는 시험연구기관, 교육훈련기관, 문화기관, 의료기관, 제조기관(製造機關), 자문기관 등이 있다.

선지분석

② 행정기관이 그 기능을 원활하게 수행할 수 있도록 그 기관장을 보좌함으로써 행정기관의 목적달성에 공헌하는 기관은 보좌기관에 대한 설명이다.
③ 중앙행정기관에 소속된 기관으로서, 특별지방행정기관과 부속기관은 소속기관에 대한 설명이다.
④ 합의제 기관으로 행정기관이다.

⊕ **보충 행정기관의 조직과 정원에 관한 통칙(대통령령)**

1. **중앙행정기관**
   국가의 행정사무를 담당하기 위하여 설치된 행정기관으로서 그 관할권의 범위가 전국에 미치는 행정기관을 말한다. 다만, 그 관할권의 범위가 전국에 미치더라도 다른 행정기관에 부속하여 이를 지원하는 행정기관은 제외한다.
2. **특별지방행정기관(일선기관)**
   특정한 중앙행정기관에 소속되어, 당해 관할구역 내에서 시행되는 소속 중앙행정기관의 권한에 속하는 행정사무를 관장하는 국가의 지방행정기관을 말한다.
3. **부속기관**
   행정권의 직접적인 행사를 임무로 하는 기관에 부속하여 그 기관을 지원하는 행정기관을 말한다.
4. **자문기관**
   부속기관 중 행정기관의 자문에 응하여 행정기관에 전문적인 의견을 제공하거나, 자문을 구하는 사항에 관하여 심의 · 조정 · 협의하는 등 행정기관의 의사결정에 도움을 주는 행정기관을 말한다.
5. **소속기관**
   중앙행정기관에 소속된 기관으로서, 특별지방행정기관과 부속기관을 말한다.
7. **보좌기관**
   행정기관이 그 기능을 원활하게 수행할 수 있도록 그 기관장이나 보조기관을 보좌함으로써 행정기관의 목적달성에 공헌하는 기관을 말한다.
8. **하부조직(기관)**
   행정기관의 보조기관과 보좌기관을 말한다.

15	「정부조직법」상 행정기관의 소속	답 ④

지식재산처는 재정경제부가 아니라 국무총리 소속기관(외청)이다. 재정경제부 소속기관(외청)은 국세청, 관세청, 조달청 등 3개이다.

선지분석

① 대통령경호처를 제외한 법제처 등 6개의 처는 국무총리 소속이다.
② 국가정보원은 대통령 소속 행정기관이다(「정부조직법」 제17조).
③ 소방청과 경찰청은 행정안전부장관 소속기관(외청)이다.

16	중앙행정기관의 소속기관	답 ④

중앙행정기관의 소속기관은 중앙행정기관에 소속된 기관으로서 특별지방행정기관과 부속기관을 말한다. 소속기관에 해당하는 것은 ㄱ. 지방자치인재개발원, ㄹ. 국가기록원, ㅁ. 국립중앙박물관이고 나머지는 중앙행정기관이다.

ㄱ. 지방자치인재개발원은 지방공무원에 대한 교육훈련을 담당하는 부속기관으로 행정안전부 소속기관에 해당한다.
ㄹ. 국가기록원은 국가기록물을 관리 · 보존하는 기관으로 행정안전부 소속기관이다.
ㅁ. 국립중앙박물관은 우리 역사와 문화의 중요한 가치를 배우고 체험할 수 있는 문화체육관광부 소속기관이다.

선지분석

ㄴ. 공정거래위원회는 국무총리 소속의 중앙행정기관이다.
ㄷ. 지식재산처는 국무총리 소속의 중앙행정기관이다.
ㅂ. 국가유산청은 문화체육관광부 소속의 중앙행정기관이다.

17	보조기관과 보좌기관	답 ③

보조기관(계선기관)은 목표달성에 직접 관여하거나 고객에게 직접 봉사하는 조직(예 차관, 국장, 과장 등)으로서, 권한과 책임의 한계가 명확한 계층제적 형태를 띠며 보좌기관(참모기관)보다는 더 현실적이고 보수적이다. 보좌기관(참모기관)은 조직의 목표달성을 위해 직접 활동하는 계선조직의 능력을 보완하고 지원하는 역할을 하는 조직(예 차관보, 담당관 등)으로서 조직의 신축성 · 융통성을 확보하기에 유리한 비계층제적 형태를 띠며 상대적으로 개혁적이고 이상적이다.

18	보조기관과 보좌기관	답 ③

보조기관은 계선(line)으로서 업무별로 분업화되어 있기 때문에 부문 간 조정이 곤란하여 할거주의가 발생하는 등 조직 운영의 효율성을 저하시킨다.

선지분석

① 보조기관은 상하의 명령복종 관계를 가진 계층적 구조를 형성하여 조직의 규모가 커질 경우, 조직의 장에게 업무가 과중될 수 있다.
② 보좌기관인 차관보와 담당관은 전문적인 지식을 갖고서 계선기관(예 실, 국, 과장 등)의 기능을 보완하고 지원하여 계선의 통솔범위를 확대시킬 수 있다.

19	정부소속기관	답 ①

「국가공무원법」상 소청심사위원회는 행정안전부가 아니라 중앙인사행정기관인 인사혁신처에 설치한다. 헌법상 독립기관인 삼부와 헌법재판소 및 지방자치단체는 인사와 소청심사업무를 별도의 기관에서 관장한다.

핵심POINT 각 정부기관별 중앙인사기관의 유형

정부기관	중앙인사기관
행정부(정부)	인사혁신처
입법부(국회)	국회사무처
사법부(법원)	법원행정처
헌법재판소	헌법재판소사무처
중앙선거관리위원회	중앙선거관리위원회사무처
지방자치단체	시도인사위원회, 시도소청심사위원회

20	책임운영기관의 의의	답 ④

책임운영기관은 공공성이 강하면서도 경쟁원리에 따라 운영하는 것이 바람직한 사무에 대해 행정 및 재정상의 자율성을 부여하고 그 운영성과에 대하여 책임을 지도록 하는 기관으로, 성과측정기준의 개발 및 성과측정이 용이한 분야에 적용할 필요가 있다.

⊕ 보충 「책임운영기관의 설치·운영에 관한 법률」

제2조【정의】 ① 이 법에서 "책임운영기관"이란 정부가 수행하는 사무 중 공공성(公共性)을 유지하면서도 경쟁 원리에 따라 운영하는 것이 바람직하거나 전문성이 있어 성과관리를 강화할 필요가 있는 사무에 대하여 책임운영기관의 장에게 행정 및 재정상의 자율성을 부여하고 그 운영 성과에 대하여 책임을 지도록 하는 행정기관을 말한다.

21	우리나라의 책임운영기관	답 ①

우리나라 책임운영기관의 직원은 공무원 신분이다. 책임운영기관은 아직까지 공공성이 필요하여 민영화·공사화 추진이 곤란한 분야를 대상으로 한다. 우리나라의 경우 정부와 민간을 연속선상에서 볼 때, 책임운영기관은 정부조직의 범주에 속하는 정부기업에 해당한다. 따라서 우리나라의 책임운영기관은 정부조직이며, 구성원도 공무원 신분이다.

(선지분석)

② 책임운영기관은 「정부기업예산법」에 의한 정부기업으로서 특별회계로 예산이 운영된다.
③ 책임운영기관은 영국의 1988년 Next Steps 프로그램에 의하여 도입된 제도로서 교육기관, 기상대, 면허사업소, 산림사업소, 청사방호사업소 등 130여 기관을 지정하면서 시작되었다. 국방, 보건, 교도소 등의 순수 공공재는 책임운영기관의 대상사업이 될 수 없다.
④ 인사의 자율성은 물론 예산의 자율성도 확대된다.
⑤ 소속책임운영기관의 사업성과를 평가하고 소속책임운영기관의 운영에 관한 중요 사항을 심의하기 위하여 중앙행정기관장의 소속으로 소속책임운영기관운영심의회를 두며, 책임운영기관의 존속 여부 및 제도의 개선 등에 관한 중요 사항을 심의하기 위하여 행정안전부장관 소속으로 책임운영기관운영위원회를 둔다.

22	책임운영기관 공무원의 정원	답 ②

소속책임운영기관에 두는 공무원의 총 정원 한도는 총리령이 아니라 대통령령으로 정하며, 이 경우 고위공무원단에 속하는 공무원의 정원은 총리령 또는 부령으로 정한다.

(선지분석)

④ 논란이 있으나 「책임운영기관 설치·운영에 관한 법률」 제7조 제3항에 따라 옳은 지문으로 보아야 한다.

⊕ 보충 「책임운영기관 설치·운영에 관한 법률」

제7조【기관장의 임용】 ① 소속중앙행정기관의 장은 공개모집 절차에 따라 행정이나 경영에 관한 지식·능력 또는 관련 분야의 경험이 풍부한 사람 중에서 기관장을 선발하여 「국가공무원법」 제26조의5에 따른 임기제공무원으로 임용한다. 이 경우 대통령령으로 정하는 바에 따라 기관장으로 임용하려는 사람의 능력과 자질을 평가하여 임용 여부에 활용하여야 한다.
② 기관장의 임용요건은 소속중앙행정기관의 장이 정하여 인사혁신처장에게 통보하여야 한다.
③ 기관장의 근무기간은 5년의 범위에서 소속중앙행정기관의 장이 정하되, 최소한 2년 이상으로 하여야 한다. 이 경우 제12조 및 제51조에 따른 소속책임운영기관의 사업성과의 평가 결과(이하 "책임운영기관 평가 결과"라 한다)가 우수하다고 인정되는 때에는 총 근무기간이 5년을 넘지 아니하는 범위에서 대통령령으로 정하는 바에 따라 근무기간을 연장할 수 있다.

제16조【공무원의 정원】 ① 소속책임운영기관에 두는 공무원의 총 정원 한도는 대통령령으로 정한다. 이 경우 다음 각 호의 정원은 총리령 또는 부령으로 정하되, 대통령령으로 정하는 바에 따라 통합하여 정할 수 있다.
1. 공무원의 종류별·계급별 정원
2. 고위공무원단에 속하는 공무원의 정원

23	우리나라의 책임운영기관(executive agency)의 연혁	답 ④

책임운영기관이란 정부가 수행하는 사무 중 공공성을 유지하면서도 경쟁원리에 따라 운영하는 것이 바람직한 사무에 대하여 기관장에게 행정 및 재정상의 자율성을 부여하고 그 운영성과에 대하여 책임을 지도록 하는 기관이다. 영국 대처(Thatcher) 정부의 1988년 정부개혁 프로그램인 'Next Steps'에 의해서 채택되었다. 우리나라는 1999년 1월(김대중 정부)에 「책임운영기관의 설치·운영에 관한 법률」을 제정하였고 동년 7월 국립중앙극장, 국립재활원 등에서 처음 실시되었다.

24	책임운영기관	답 ④

책임운영기관은 1988년 영국의 대처 정부 때 'Next Steps Program'에 의하여 집행기관(executive agency)이라는 이름으로 처음 도입되었고 우리나라는 1999년 김대중 정부 때 처음 도입되었다.

(선지분석)

② 국립병원이나 국립극장과 같이 공공성이 강하여 민영화가 곤란한 업무를 정부가 직접 수행하는 집행기관이다.

③ 책임운영기관은 자율과 책임을 통한 성과 중심의 조직으로 성과평가 시스템의 구축여부는 기관의 성패여부를 결정짓는 중요한 요건 중의 하나이다.

25	「책임운영기관의 설치·운영에 관한 법률」	답 ③

소속책임운영기관에는 소속 기관을 둘 수 있다.

⊕ 보충 「책임운영기관의 설치·운영에 관한 법률」

제3조의2【중기관리계획의 수립 등】① 행정안전부장관은 5년 단위로 책임운영기관의 관리 및 운영 전반에 관한 기본계획을 수립하여야 한다.

제15조【소속 기관 및 하부조직의 설치】① 소속책임운영기관에는 대통령령으로 정하는 바에 따라 소속기관을 둘 수 있다.

제40조【중앙책임운영기관의 장의 임기】중앙책임운영기관의 장의 임기는 2년으로 하되, 한 차례만 연임할 수 있다.

제47조【인사 관리】① 중앙책임운영기관의 장은 「국가공무원법」 제32조 제1항 및 제2항이나 그 밖의 공무원 인사 관계 법령에도 불구하고 고위공무원단에 속하는 공무원을 제외한 소속 공무원에 대한 일체의 임용권을 가진다.

제50조【위원회의 구성 및 운영】① 위원회는 위원장 및 부위원장 각 1명을 포함한 15명 이내의 위원으로 구성한다.

26	소속 책임운영기관	답 ③

소속책임운영기관의 장은 공직내외에서 공개모집절차에 따라 5년 범위내에서 최소한 2년 이상의 임기제공무원으로 임용된다(「책임운영기관의 설치·운영에 관한 법률」 제7조).

(선지분석)

① 「정부조직법」이 아니라 「책임운영기관의 설치·운영에 관한 법률」 및 동법 시행령에 근거하여 설치·운영된다.

② 기본운영규정은 소속중앙행정기관장이 아니라 소속책임운영기관장이 자율적으로 제정하여야 한다(동법 제10조).

④ 소속 공무원에 대한 일체의 임용권은 중앙행정기관장이 가지며 임용권의 일부를 소속책임운영기관장에게 위임할 수 있다(동법 제18조).

⑤ 공무원의 종류별·계급별 정원은 대통령령이 아니라 모두 총리령 또는 부령으로 정한다(동법 제16조).

⊕ 보충 「책임운영기관의 설치·운영에 관한 법률」

제10조【기본운영규정】① 기관장은 법령에서 정하는 범위에서 소속책임운영기관의 조직 및 운영에 관한 기본운영규정을 제정하여야 한다.

제18조【임용권자】중앙행정기관의 장은 소속책임운영기관 소속 공무원에 대한 일체의 임용권을 가진다. 이 경우 중앙행정기관의 장은 대통령령으로 정하는 바에 따라 그 임용권의 일부를 기관장에게 위임할 수 있다.

27	우리나라 행정조직	답 ①

책임운영기관은 「책임운영기관의 설치·운영에 관한 법률」에 의하여 설치되고 운영된다. 동법에 따르면 행정안전부장관은 기획재정부 및 해당 중앙행정기관의 장과 협의하여 책임운영기관을 설치하거나 해제할 수 있다.

(선지분석)

⑤ 중앙선거관리위원회, 공정거래위원회는 행정관청의 지위를 갖는 행정위원회에 속한다. 이외에도 중앙노동위원회와 금융통화위원회가 행정위원회에 포함된다.

28	책임운영기관	답 ①

(소속 책임운영)기관장은 임기제 공무원으로 임용하며, 근무기간은 5년의 범위에 최소한 2년을 보장한다. 소속 책임운영기관은 구성원은 공무원으로 하는 정부 기관으로 공법인이 아니다.

(선지분석)

② 책임운영기관은 1970년대 후반 제2차 오일쇼크와 스태그플레이션 이후 신공공관리론이 대두됨에 따라 등장한 제도이다.

④ 책임운영기관은 정책집행 및 서비스 기능의 업무를 주로 담당한다.

29	우리나라의 책임운영기관 제도	답 ④

책임운영기관은 공공기관이 아닌 정부기관이므로 「공공기관의 운영에 관한 법률」상 종합평가의 대상이 아니고, 「책임운영기관의 설치·운영에 관한 법률」상 종합평가기관이다.

⊕ 보충 「책임운영기관의 설치·운영에 관한 법률」

제49조【책임운영기관운영위원회의 설치 및 기능 등】① 책임운영기관의 존속 여부 및 제도의 개선 등에 관한 중요 사항을 심의하기 위하여 행정안전부장관 소속으로 책임운영기관운영위원회(이하 "위원회")를 둔다.

제51조【책임운영기관의 종합평가】① 위원회는 책임운영기관제도의 운영과 개선, 기관의 존속 여부 판단 등을 위하여 책임운영기관에 대한 종합평가를 한다.

30	정부부처 형태의 공기업	답 ③

국립중앙극장은 책임운영기관으로 정부부처에 해당하며 나머지는 정부부처가 아닌 공공기관에 해당한다. 법령상 「책임운영기관 설치·운영에 관한 법률」 제30조에는 책임운영기관특별회계기관의 사업은 「정부기업예산법」 제2조에도 불구하고 정부기업으로 본다는 규정이 있어 국립중앙극장의 경우 1999년 최초 지정 당시에는 특별회계기관으로서 정부기업으로 간주되었으나, 2008년 이후 일반회계 적용기관으로 전환되었으므로 현재는 정부기업으로 보기에는 문제가 있다. 하지만 강학상 분류에 따라 공무원으로 구성된 조직으로 정부기업을 넓게 확대하면 국립중앙극장의 직원은 공무원이므로, 국립중앙극장을 정부기업으로 간주할 수 있게 된다.

선지분석

① 한국철도공사는 공공기관 중 준시장형 공기업에 해당한다.
② 한국소비자원은 공공기관 중 위탁집행형 준정부기관에 해당한다.
④ 한국연구재단은 공공기관 중 위탁집행형 준정부기관에 해당한다.

핵심POINT 일반회계기관과 특별회계기관

일반회계기관 (36)	국립국제교육원, 통일교육원, 국방홍보원, 국방전산정보원, 국립과학수사연구원, 국가정보자원관리원, 국립재난안전연구원, 국립중앙극장, 국립현대미술관, 한국정책방송원, 한국농수산대학, 국립종자원, 고용노동부고객상담센터, 국토지리정보원, 항공교통본부, 국립수산과학원, 해양수산인재개발원, 국립해양측위정보원, 국세상담센터, 관세국경관리연수원, 통계개발원경인지방통계청, 동북지방통계청, 호남지방통계청, 동남지방통계청, 충청지방통계청, 국립문화재연구소, 국립해양문화재연구소, 궁능유적본부, 국립원예특작과학원, 국립축산과학원, 국립산림과학원, 국립수목원, 항공기상청, 국립기상과학원, 해양경찰정비창
특별회계기관 (13)	국립중앙과학관, 국립과천과학관, 국립정신건강센터, 국립나주병원, 국립부곡병원, 국립춘천병원, 국립공주병원, 국립마산병원, 국립목포병원, 국립재활원, 경찰병원, 국립자연휴양림관리소, 특허청

31	공공서비스 공급방식	답 ④

ㄱ은 일반행정, ㄴ은 민간위탁, ㄷ은 책임경영, ㄹ은 민간기업이 수행한다.

핵심POINT 공공서비스 수행방식

일반행정	정부가 직접 생산하여 공급하는 정부의 기본적인 업무
민간위탁	정부의 사무를 계약을 통해 민간부문이 대신하여 수행하도록 하는 방식
책임경영	공공성 측면에서 공공부문에서 공급하지만 서비스 제공 방식은 시장을 활용하여 성과를 관리(책임운영기관)
민간기업	민간부문에서 서비스를 생산할 능력이 있어 시장을 통한 탄력적으로 서비스가 공급됨

THEME 37 공공기관과 공기업의 민영화

정답

p. 211

01	④	02	①	03	③	04	④	05	①
06	①	07	④	08	④	09	②	10	③
11	④	12	②	13	④	14	①	15	③
16	②	17	④	18	④	19	①	20	④
21	②	22	②	23	②	24	④	25	②
26	④	27	③, ④	28	①	29	④	30	①

01	공기업의 특징	답 ④

주식회사형 공기업은 공기업의 한 유형으로서 공공기관에 해당한다. 공공기관인 공기업은 일반행정기관이 아니며 그러므로 일반행정기관에 적용되는 조직과 인사 원칙(「정부조직법」, 「국가공무원법」 등)이 적용되지 않는다.

02	우리나라 공공기관의 유형과 그 사례	답 ①

한국마사회는 시장형 공기업이 아니라 준시장형 공기업에 해당한다.

⊕ 보충 공기업의 유형

1. 공기업
   자체수입액이 총수입액의 1/2을 초과하는 기관(정원 300인 이상)
   - 시장형 공기업: 자산규모가 2조 원 이상이고 총수입액 중 자체수입액이 85% 이상인 기관
     예 한국가스공사, 한국전력공사, 인천국제공항공사, 한국공항공사, 한국석유공사, 한국지역난방공사, 한국수력원자력 등 6개 발전회사, 강원랜드 등
   - 준시장형 공기업: 총수입액 중 자체수입액이 50% 이상 85% 미만인 기관
     예 한국조폐공사, 한국마사회, 주택도시보증공사, 한국도로공사, 한국방송광고진흥공사 등
2. 준정부기관
   공기업이 아닌 공공기관 중에서 지정(정원 300인 이상)
   - 기금관리형 준정부기관: 「국가재정법」에 따라 기금을 관리하거나 관리를 위탁받은 준정부기관
   - 위탁집행형 준정부기관: 기금관리형 기관이 아닌 준정부기관
3. 기타 공공기관
   공기업과 준정부기관을 제외한 공공기관으로서 이사회 설치, 임원임면, 경영실적 평가, 예산, 감사 등의 규정을 적용하지 않음

03	우리나라 공공기관의 유형	답 ③

「공공기관의 운영에 관한 법률」에 따른 공공기관의 유형에는 위탁집행형 공기업이 아니라 위탁집행형 준정부기관이 속한다. 「공공기관의 운영에 관한 법률」에 의하면 공공기관은 공기업(시장형 공기업, 준시장형 공기업), 준정부기관(기금관리형 준정부기관, 위탁집행형 준정부기관), 기타 공공기관으로 구분되어 있다(「공공기관의 운영에 관한 법률」 제5조).

04	우리나라 공공기관의 유형과 그 사례	답 ④

한국소비자원은 위탁집행형 준정부기관에 해당한다.

선지분석

① 한국방송공사(KBS)는 언론의 중립성을 보장하기 위하여 EBS와 같이 「공공기관의 운영에 관한 법률」상 공공기관으로 지정할 수 없다(「공공기관의 운영에 관한 법률」 제4조 제2항).
② 한국마사회는 시장형 공기업이 아니라 준시장형 공기업에 해당한다.
③ 한국연구재단은 기금관리형 준정부기관이 아니라 위탁집행형 준정부기관에 해당한다.

05	공공서비스 공급주체와 그 사례	답 ①

ㄱ, ㅁ은 옳게 연결되어 있고 나머지는 옳지 않다.
ㄱ. 국립의료원은 보건복지부 소속 책임운영기관이고, ㅁ. 과학기술정보통신부 소속 우정사업본부는 정부기업이다.

선지분석

ㄴ. 한국관광공사는 위탁집행형 준정부기관이다.
ㄷ. 근로복지공단은 기금관리형 준정부기관이다.
ㄹ. 한국철도공사는 준시장형 공기업이다.

06	「공공기관의 운영에 관한 법률」상 공공기관의 구분과 그 예	답 ①

한국재정정보원은 위탁집행형 준정부기관이다. 2025년에 기타공공기관에서 위탁집행형 준정부기관으로 변경지정되었다.

선지분석

② 대한석탄공사는 준시장형공기업이 아니라 기타공공기관이다. 2025년에 준시장형공기업에서 기타공공기관으로 변경지정되었다.
③ 한국관광공사는 기금관리형준정부기관이 아니라 위탁집행형 준정부기관이다.
④ 한국마사회는 시장형공기업이 아니라 준시장형 공기업이다.
⑤ 한국소비자원은 기타공공기관이 아니라 위탁집행형 준정부기관이다.

핵심POINT 2025년 공공기관 지정내역
(2024년 342개 지정 → 2025년 331개 지정)

공기업	시장형	한국가스공사, 한국전력공사, 공항공사(인천국제, 김포한국), 한국석유공사, 한국지역난방공사, 한국수력원자력, 한국남부발전㈜ 등 5개 발전회사, ㈜강원랜드, 한국도로공사 등 (총 14개)
	준시장형	한국조폐공사, 한국마사회, 한국토지주택공사, 한국도로공사, 한국수자원공사, 한국철도공사, 그랜드코리아레저㈜, 한국전력기술㈜, 한전KDN㈜, 한전KPS㈜, 한국가스기술공사, ㈜에스알, 한국광해광업공단 등 (총 17개)
준정부기관	기금관리형	공무원연금공단, 기술보증기금, 신용보증기금, 예금보험공사, 국민연금공단, 근로복지공단, 한국자산관리공사, 중소기업진흥공단, 소상공인시장진흥공단 등 (총 12개)
	위탁집행형	한국소비자원, 한국농어촌공사, 대한무역투자진흥공사, 한국가스안전공사, 에너지관리공단, 한국환경공단, 국립공원관리공단, 한국산업인력공단, 한국연구재단, 한국관광공사, 한국원자력환경공단, 한국건강가정진흥원, 한국수목원정원관리원, 한국재정정보원 등 (총 45개)
기타 공공기관		부산항만공사, 인천항만공사, 여수광양항만공사, 울산항만공사, 한국특허기술진흥원, 사립학교교직원 연금공단, 한국투자공사, 한국수출입은행, 서민금융진흥원, 대한석탄공사, 스포츠 윤리센터 등 (총 243개)

07	「공공기관의 운영에 관한 법률」	답 ④

지방자치단체가 설립하고 그 운영에 관여하는 기관은 지방공공기관으로, 기획재정부장관이 이를 공공기관으로 지정할 수 없다.

선지분석

③ 「공공기관의 운영에 관한 법률」 제5조 공공기관의 구분에 대한 설명이다.

⊕ 보충 「공공기관의 운영에 관한 법률」

제4조 【공공기관】 ② 기획재정부장관은 다음 각 호의 어느 하나에 해당하는 기관을 공공기관으로 지정할 수 없다.
1. 구성원 상호 간의 상호부조·복리증진·권익향상 또는 영업질서 유지 등을 목적으로 설립된 기관
2. 지방자치단체가 설립하고, 그 운영에 관여하는 기관
3. 「방송법」에 따른 한국방송공사와 「한국교육방송공사법」에 따른 한국교육방송공사

08	공공기관의 유형	답 ④

기금관리형 준정부기관은 「국가재정법」에 따라 기금을 관리하거나 기금의 관리를 위탁받은 준정부기관이다(「공공기관의 운영에 관한 법률」 제5조 제4항).

선지분석

① 한국방송공사(KBS), 한국교육방송공사(EBS), 구성원 상호 간의 상호부조·복리증진·권익향상 또는 영업질서 유지 등을 목적으로 설립된 기관, 지방자치단체가 설립하고 그 운영에 관여하는 기관은 공공기관으로 지정할 수 없다(동법 제4조).
② 한국조폐공사는 시장형이 아니라 준시장형 공기업이다.
③ 지방자치단체가 설립하고 그 운영에 관여하는 기관은 공공기관으로 지정할 수 없다(동법 제4조)
⑤ 공공기관의 유형을 구분하고 지정하는 것은 행정안전부장관이 아닌 기획재정부장관이 지정·고시한다.

09	공공기관의 규정	답 ②

기획재정부장관은 총수입액 중 자체수입액이 차지하는 비중이 대통령령으로 정하는 기준 이상인 기관은 공기업으로 지정하고, 공기업이 아닌 공공기관은 준정부기관으로 지정한다(「공공기관의 운영에 관한 법률」 제5조 제3항).

선지분석

① 직원 정원 300명, 총수입액 200억 원, 자산규모 30억 원 이상이다(「공공기관의 운영에 관한 법률 시행령」 제7조).
③ 기획재정부장관은 필요한 경우 구성원 상호 간의 상호부조·복리증진·권익향상 또는 영업질서 유지 등을 목적으로 설립된 기관도 공공기관으로 지정할 수 없다(「공공기관의 운영에 관한 법률」 제4조 제2항).
④ 기획재정부장관은 기타공공기관의 일부만을 세분하여 지정할 수 있다(「공공기관의 운영에 관한 법률」 제5조 제3항).

⊕ 보충 「공공기관의 운영에 관한 법률 시행령」

제7조【공기업 및 준정부기관의 지정기준】 ① 기획재정부장관은 법 제5조 제1항 제1호에 따라 다음 각 호의 기준에 해당하는 공공기관을 공기업·준정부기관으로 지정한다.
1. 직원 정원: 300명 이상
2. 수입액(총수입액을 말한다): 200억 원 이상
3. 자산규모: 30억 원 이상

10	「공공기관의 운영에 관한 법률」상 임명권	답 ③

공기업의 상임이사는 공기업의 장이 임명한다(「공공기관의 운영에 관한 법률」 제25조 제2항).

11	공공기관과 지방공기업	답 ④

지방공기업에 대한 경영평가는 원칙적으로 행정안전부장관이 실시하며 필요한 경우에는 지방자치단체장에게 위임할 수 있고 경영평가를 토대로 경영진단대상 지방공기업의 선정주체는 행정안전부장관이다.

선지분석

① 「공공기관의 운영에 관한 법률」 제5조의 공공기관의 구분이다.
② 「공공기관의 운영에 관한 법률」 제31조의 경영실적평가결과의 조치에 대한 내용이다.
③ 「지방공기업법」 제2조 지방공기업의 적용범위에 대한 내용이다.

⊕ 보충 「지방공기업법」

제78조【경영평가 및 지도】 ① 행정안전부장관은 지방공기업의 경영 기본원칙을 고려하여 대통령령으로 정하는 바에 따라 지방공기업에 대한 경영평가를 하고, 그 결과에 따라 필요한 조치를 하여야 한다. 다만, 행정안전부장관이 필요하다고 인정하는 경우에는 지방자치단체의 장으로 하여금 경영평가를 하게 할 수 있다.

12	「공공기관의 운영에 관한 법률」의 주요 내용	답 ②

직원 정원이 50인 이상의 공공기관 중에서 공기업과 준정부기관을 지정한다(「공공기관의 운영에 관한 법률」 제5조).

선지분석

① 「공공기관의 운영에 관한 법률」은 2007년 공공기관의 운영에 관한 기본적인 사항과 자율경영 및 책임경영체제의 확립에 관하여 필요한 사항을 정하여 경영을 합리화하고 운영의 투명성을 제고함으로써 공공기관의 대국민 서비스 증진에 기여함을 목적으로 제정되었다.
③ 「공공기관의 운영에 관한 법률」 제5조에 규정되어 있다.
④ 「공공기관의 운영에 관한 법률」 제48조 제1항에 규정되어 있다.

⊕ 보충 「공공기관의 운영에 관한 법률」

제5조【공공기관의 구분】 ① 기획재정부장관은 공공기관을 다음 각 호의 구분에 따라 지정한다.
1. 공기업·준정부기관: 직원 정원, 수입액 및 자산규모가 대통령령으로 정하는 기준에 해당하는 공공기관
2. 기타공공기관: 제1호에 해당하는 기관 이외의 기관

② 제1항 제1호에도 불구하고 기획재정부장관은 다른 법률에 따라 책임경영체제가 구축되어 있거나 기관 운영의 독립성, 자율성 확보 필요성이 높은 기관 등 대통령령으로 정하는 기준에 해당하는 공공기관은 기타공공기관으로 지정할 수 있다.

③ 기획재정부장관은 제1항의 규정에 따라 공기업과 준정부기관을 지정하는 경우 총수입액 중 자체수입액이 차지하는 비중이 대통령령으로 정하는 기준 이상인 기관은 공기업으로 지정하고, 공기업이 아닌 공공기관은 준정부기관으로 지정한다.

④ 기획재정부장관은 제1항 및 제3항의 규정에 따른 공기업과 준정부기관을 다음 각 호의 구분에 따라 세분하여 지정한다.
1. 공기업
   가. 시장형 공기업: 자산규모와 총수입액 중 자체수입액이 대통령령으로 정하는 기준 이상인 공기업
   나. 준시장형 공기업: 시장형 공기업이 아닌 공기업
2. 준정부기관
   가. 기금관리형 준정부기관: 「국가재정법」에 따라 기금을 관리하거나 기금의 관리를 위탁받은 준정부기관
   나. 위탁집행형 준정부기관: 기금관리형 준정부기관이 아닌 준정부기관

⑤ 기획재정부장관은 제1항 및 제2항에 따라 기타공공기관을 지정하는 경우 기관의 성격 및 업무 특성 등을 고려하여 기타공공기관 중 일부를 연구개발을 목적으로 하는 기관 등으로 세분하여 지정할 수 있다.

제48조【경영실적 평가】 ① 기획재정부장관은 계약의 이행에 관한 보고서, 경영목표와 경영실적보고서를 기초로 하여 공기업·준정부기관의 경영실적을 평가한다. 다만, 공기업·준정부기관으로 지정(변경지정 제외)된 해에는 경영실적을 평가하지 아니한다.

13	우리나라 공공기관	답 ④

도로교통공단은 교통안전교육, 교통정보 제공 및 교통안전시설 점검 등의 업무를 위탁받아 처리하는 위탁집행형 준정부기관에 해당한다.

선지분석

① 정부기업은 정부가 소유권을 가지고 직접 운영하는 공기업으로서 정부조직에 해당한다.
② 국가공기업은 「공공기관의 운영에 관한 법률」의 적용을 받지만, 지방공기업은 「지방공기업법」의 적용을 받는다.
③ 준정부기관은 총수입 중 자체수입의 비율이 50% 이하인 공공기관을 의미한다.
⑤ 공기업의 기관장은 법령에 규정된 관할행정부처의 감독과 통제를 받지만, 인사, 조직 및 예산 운영 등에 있어서 자율성을 가진다.

14	공공기관과 지방공기업	답 ①

「공공기관의 운영에 관한 법률」 제48조 제8항의 내용이다.

선지분석

② 지방자치단체는 상호 규약을 정하여 다른 지방자치단체와 공동으로 공사를 설립할 수 있다(「지방공기업법」 제50조 제1항).
③ 자산규모가 2조 원 이상이고, 총수입액 중 자체수입액이 차지하는 비중이 85% 이상인 공기업을 시장형 공기업으로 지정한다(「공공기관의 운영에 관한 법률 시행령」 제7조 제3항).
④ 지방공사의 경우 자본금의 2분의 1을 넘지 아니하는 범위에서 지방자치단체 외의 자(외국인 및 외국법인을 포함한다)로 하여금 공사에 출자하게 할 수 있다(「지방공기업법」 제53조 제2항).

⊕ 보충 공공기관과 지방공기업 관련 법률

「공공기관의 운영에 관한 법률」

제48조【경영실적 평가】 ① 기획재정부장관은 제24조의2 제3항에 따른 연차별 보고서, 제31조 제3항 및 제4항의 규정에 따른 계약의 이행에 관한 보고서, 제46조의 규정에 따른 경영목표와 경영실적보고서를 기초로 하여 공기업·준정부기관의 경영실적을 평가한다. 다만, 제6조의 규정에 따라 공기업·준정부기관으로 지정(변경지정은 제외한다)된 해에는 경영실적을 평가하지 아니한다.
⑧ 기획재정부장관은 제7항에 따른 경영실적 평가 결과 경영실적이 부진한 공기업·준정부기관에 대하여 운영위원회의 심의·의결을 거쳐 제25조 및 제26조의 규정에 따른 기관장·상임이사의 임명권자에게 그 해임을 건의하거나 요구할 수 있다.

「공공기관의 운영에 관한 법률 시행령」

제7조【공기업 및 준정부기관의 지정기준】 ③ 기획재정부장관은 법 제5조 제4항 제1호에 따라 다음 각 호의 기준에 해당하는 공기업을 시장형 공기업으로 지정한다.
1. 자산규모: 2조원
2. 총수입액 중 자체수입액이 차지하는 비중: 100분의 85

「지방공기업법」

제50조【공동설립】 ① 지방자치단체는 상호 규약을 정하여 다른 지방자치단체와 공동으로 공사를 설립할 수 있다.

제53조【출자】 ① 공사의 자본금은 그 전액을 지방자치단체가 현금 또는 현물로 출자한다.
② 제1항에도 불구하고 공사의 운영을 위하여 필요한 경우에는 자본금의 2분의 1을 넘지 아니하는 범위에서 지방자치단체 외의 자(외국인 및 외국법인을 포함한다)로 하여금 공사에 출자하게 할 수 있다. 증자(增資)의 경우에도 또한 같다.

15	우리나라 공공기관 및 지방공기업	답 ③

「공공기관의 운영에 관한 법률」에 근거하여 공공기관운영위원회를 설치하며, 기획재정부장관이 위원장이 된다.

선지분석

① 「지방공기업법」 제78조 제1항의 내용이다.
② 「지방공기업법」 제2조 및 제5조의 내용이다.
④ 「공공기관의 운영에 관한 법률」 제5조 제4항의 내용이다.

⊕ 보충 공공기관과 지방공기업 관련 법률

「지방공기업법」

제2조【적용 범위】 ① 이 법은 다음 각 호의 어느 하나에 해당하는 사업(그에 부대되는 사업을 포함한다. 이하 같다) 중 제5조에 따라 지방자치단체가 직접 설치·경영하는 사업으로서 대통령령으로 정하는 기준 이상의 사업(이하 "지방직영기업"이라 한다)과 제3장 및 제4장에 따라 설립된 지방공사와 지방공단이 경영하는 사업에 대하여 각각 적용한다.
6. 하수도사업
7. 주택사업
8. 토지개발사업

제5조【지방직영기업의 설치】 지방자치단체는 지방직영기업을 설치·경영하려는 경우에는 그 설치·운영의 기본사항을 조례로 정하여야 한다.

제78조【경영평가 및 지도】 ① 행정안전부장관은 제3조에 따른 지방공기업의 경영 기본원칙을 고려하여 대통령령으로 정하는 바에 따라 지방공기업에 대한 경영평가를 하고, 그 결과에 따라 필요한 조치를 하여야 한다. 다만, 행정안전부장관이 필요하다고 인정하는 경우에는 지방자치단체의 장으로 하여금 경영평가를 하게 할 수 있다.

「공공기관의 운영에 관한 법률」

제5조【공공기관의 구분】 ④ 기획재정부장관은 제1항 및 제3항의 규정에 따른 공기업과 준정부기관을 다음 각 호의 구분에 따라 세분하여 지정한다.
1. 공기업
  가. 시장형 공기업: 자산규모와 총수입액 중 자체수입액이 대통령령으로 정하는 기준 이상인 공기업
  나. 준시장형 공기업: 시장형 공기업이 아닌 공기업
2. 준정부기관
  가. 기금관리형 준정부기관: 「국가재정법」에 따라 기금을 관리하거나 기금의 관리를 위탁받은 준정부기관
  나. 위탁집행형 준정부기관: 기금관리형 준정부기관이 아닌 준정부기관

제8조【공공기관운영위원회의 설치】 공공기관의 운영에 관하여 다음 각 호에 관한 사항을 심의·의결하기 위하여 기획재정부장관 소속하에 공공기관운영위원회(이하 "운영위원회"라 한다)를 둔다.

제9조【운영위원회의 구성】 ① 운영위원회는 위원장 1인 및 다음 각 호의 위원으로 구성하되, 기획재정부장관이 위원장이 된다.

16	공공기관 경영평가제도	답 ②

공공기관심의위원회가 아니라 공공기관운영위원회가 경영평가에 관한 사항을 심의·의결한다. 공공기관의 운영, 지정, 지정해제 및 경영평가 등에 관한 사항을 심의·의결하기 위하여 기획재정부장관 소속하에 공공기관운영위원회를 두도록 하고 있다.

선지분석

① 「공공기관의 운영에 관한 법률」는 공공기관 경영평가와 감독에 관해 규정하고 있다.
③ 기획재정부장관은 공기업 및 준정부기관의 경영실적을 평가하고, 행정안전부장관은 지방공기업에 대한 경영평가를 한다.
④ 경영평가 결과에 따라 기관장이나 상임이사의 해임을 건의할 수 있고 인사상·예산상 조치를 취하도록 요청할 수는 있지만 민영화를 결정할 수 있는 것은 아니다.
⑤ 경영평가는 경영목표의 합리성 및 달성 정도, 주요사업의 공익성 및 효율성, 조직·인력 운영의 적정성, 재무운용의 건전성, 고객만족도, 성과급 지급제도의 합리성 등이 반영될 수 있도록 한다.

17	공공기관 기업지배구조의 이념형적 모델	답 ④

④는 주주 자본주의 모델에 대한 설명이다. 이해관계자 자본주의 모델에서 근로자의 경영 참여는 이사회를 통해서 이루어지며 장기적 성장 촉진을 추구한다. 공공기관의 지배구조는 공공기관의 운영 또는 경영상의 의사결정 및 통제에 관한 거버넌스이다. 공공기관 기업지배구조 모델은 소유권과 지배권의 집중도와 다양한 이해관계자 중에서 누가 기업지배의 주체로서 핵심적인 역할을 수행하느냐를 기준으로 주주 자본주의 모델과 이해관계자 자본주의 모델로 구분된다.

핵심POINT 주주 자본주의 모델 vs 이해관계자 자본주의 모델

구분	주주 자본주의 모델	이해관계자 자본주의 모델
기업의 본질	주주 주권주의	기업공동체 주의
경영목표	주주 이익 극대화	이해관계자들의 이익 극대화
기업규율 방식	이사회의 경영감시, 시장에 의한 규율	조직에 의한 통제, 주거래 은행의 경영감시 및 통제, 이해관계자 경영 참여
근로자 경영참여	종업원지주제(ESOP; Employee Stock Ownership Plan), 연금펀드를 통한 지분 참여	이사회를 통한 근로자 경영참여, 공동결정 제도
기업의 사회적 책임	주주이익 우선의 경제적 가치 추구, 단기 업적주의	기업의 사회적 책임과 이해관계자 전체 이익 추구, 장기적 성장 추구

18	민영화	답 ④

공기업의 민영화를 계획할 때는 시장성이 강한 기관을 중심으로 시행해야 민영화의 실익이 있다. 공기업의 민영화는 공공성보다는 시장성이 강하고 시장지향적 방향으로 발전할 수 있는 조직을 대상으로 하여야 하며, 그러한 조직일수록 시장에 잘 적응되어 민영화의 효과가 크게 나타날 수 있다.

핵심POINT 민영화의 유형과 한계

구분		내용
유형	내부 민영화	• 공공서비스를 정부의 책임하에 두면서 민간을 활용하는 방식 • 민간위탁(외주), SOC 건설에 민자유치, 책임운영기관 도입, 수익자 부담주의, 개방형 임용, 성과급제도, 시민헌장제도 등
	외부 민영화	• 공공서비스를 민간의 권한과 책임하에 이루어지도록 하는 방식 • 정부기능의 민간 이양, 정부 자산이나 주식의 매각, 보조금 방식, 면허 방식, 자조활동, 구매권(바우처), 자원봉사자, 프랜차이즈, 규제완화 및 경쟁 촉진 등
한계		• 대상기업의 선정문제 • 공익성 훼손 • 크림 스키밍(Cream Skimming)현상: 흑자 공기업만 민영화 • 노조의 반발

19	민영화	답 ①

공공기관이 경영평가에서 3년 연속 최하등급을 받았다고 해서 바로 민영화 대상이 되는 것은 아니다. 기획재정부장관은 공공기관의 경영실적 평가결과 경영실적이 부진한 공기업·준정부기관에 대하여 운영위원회의 심의·의결을 거쳐 기관장·상임이사의 임명권자에게 그 해임을 건의하거나 요구할 수 있다(「공공기관의 운영에 관한 법률」 제48조 제8항).

선지분석

② 공기업의 민영화는 공공부문을 축소하고 민간영역을 확대하는 것으로 볼 수 있다.
③ 공기업을 민영화하면 일반적으로 서비스 요금인상 등 국민에 대한 보편적 서비스의 제공이 어렵게 된다.
④ 공기업의 매각대금 수입으로 공공재정의 확충이 가능하다.

20	공공서비스 전달방식	답 ④

임대형 민자사업(BTL; Build-Transfer-Lease)방식은 민간이 사회기반시설의 준공과 동시에 해당 시설의 소유권이 국가 또는 지방자치단체에 귀속되며, 민간은 일정기간 동안 임대료 수익을 보장받는 방식이다.

선지분석

① 정부가 개인들에게 특정 상품 및 서비스 구입이 가능한 쿠폰을 제공하는 방식은 바우처(vouchers) 방식이다.

② 공공-민간협력방식(PPP; Public Private Partnerships)은 사회간접자본(Social Overhead Capital)시설의 건설과 운영을 민간부문이 수행하는 것으로 대표적인 형태가 BOT(build-operate-transfer)이다. 그러므로 정부가 모든 위험을 부담하지 않고 일차적으로 민간이 위험부담을 하며 정부가 MRG(최소수입보장제도)로 이를 보전해주는 방식이다.
③ 민간이 시설을 건설하고 직접 소유하면서 운영하는 방식은 BOO(Build-Own-Operate) 방식이다.

21	공공서비스	답 ②

바우처 사용업체를 선정하는 과정에서 관료와 사용업체 간의 유착이 생길 가능성이 높아서 부정부패의 가능성이 증가한다.

(선지분석)
① 면허(franchise)는 서비스 제공자들 사이에 경쟁이 미약하면 독점적 서비스를 제공하는 것과 같아져서 이용자의 비용부담이 과중해지는 문제점이 발생한다.
③ 민간위탁은 신축적 인력운영이 가능하여 관료조직의 팽창을 억제할 수 있다.
④ 집합적 공동생산은 공공재 공급에 있어서 서비스의 공동생산에 꼭 참여하지 않더라도 공공부문과 민간부문의 협력적 분업 관계(예 의용소방대 등)를 형성해 공동서비스를 제공하기 때문에, 모든 시민들이 서비스를 제공받는 것을 목표로 한다.

22	민간위탁(contracting out)의 대상	답 ②

민간위탁(contracting out)은 정부가 기업이나 비영리단체와의 계약을 통해 국민에게 서비스를 전달하는 방법으로 복지회관운영과 같은 사회복지분야에 대하여 시행하는 제도이다.

23	민영화의 유형	답 ②

자원봉사는 서비스의 생산과 관련된 직접 지출(예 서비스에 사용할 재료비 등)에 대해서만 보상받지만, 간접적인 보수는 허용되지 않는 시민을 위해서 자발적으로 봉사하는 방식이다.

24	민간위탁(민영화) 방식	답 ④

서비스 생산과 관련된 직접적 보수를 받지 않는 봉사자들이 생산을 담당하는 방식은 자원봉사(volunteer)이다. 자조활동(self-help)은 공공서비스의 수혜자와 제공자가 같은 집단에 소속되어 서로 돕는 형식이다(수혜자=공급자).

(선지분석)
① 조세유인방식은 조세를 감면하거나 공제해주는 것으로 이를 통해서 정부규제나 독점을 줄이는 것으로 광의의 민간위탁에 포함된다.

25	자원봉사자 활용의 단점	답 ②

자원봉사는 공공서비스의 생산과 분배에 있어서 주민(자원봉사자)에 의한 자발적 서비스 제공방식이다. 자원봉사자들은 대부분 이타적 동기를 가지고 공공서비스에 참여하기 때문에 업무 충실도가 매우 높다는 평가를 받는다.

26	주인-대리인이론	답 ④

정보비대칭을 줄이기 위한 방안으로는 주민참여, 내부고발자 보호제도, 입법예고제도, 인센티브 설계 등이 있다.

(선지분석)
① 관료들이 피규제집단의 입장을 옹호하는 소위 관료포획현상은 역선택이 아니라 도덕적 해이의 사례이다.
② 주인이 대리인의 업무처리 능력과 지식을 충분히 알지 못해 기준 미달의 대리인을 선택하는 현상은 도덕적 해이가 아니라 역선택이다. 도덕적 해이는 대리인이 주인을 위하여 업무를 수행할 때, 주인은 대리인의 행위 등을 효과적으로 관찰·통제하는 것이 불가능하거나 과도한 비용이 소요되는 경우가 대부분이므로, 대리인은 과업수행에 필요한 주의와 노력을 기울이지 않을 유인을 가지게 되는 현상이다.
③ 공기업의 민영화는 시장의 경쟁요소를 도입함으로써 역선택보다는 도덕적 해이를 방지하고자 하는 노력의 일환이다.
⑤ 주인-대리인이론은 대리인의 책임성을 확보할 수 있는 방안을 내부통제보다는 주로 외부통제에서 찾고 있다.

27	사바스(Savas)의 공공서비스 제공방식	답 ③, ④

정답으로 ④번이 제시되었으나 ③번의 내용도 잘못되어 복수정답이다.
③ 바우처(voucher)를 통한 서비스 제공은 민간부문이 생산자이고 배열자인 경우이다.
④ 임대형 민자사업(BTL)은 시장공급(markets)으로 옳지만, 보조금에 의한 서비스 제공은 민간부문이 생산자이고 정부가 배열자인 경우이다.

(선지분석)
① 정부 간 협약을 통한 서비스 제공에 대한 설명이다.
② 정부판매(government vending)는 정부가 생산을 하고 민간이 선별 구매하는 방식으로 정부가 운영하는 연수원에서 기업 직원들에게 교육하고 수수료를 받는 행위를 말한다.

핵심POINT 사바스(Savas)의 공공서비스 공급유형

정부의 공급결정	정부의 서비스 생산	• 정부서비스 • 정부 간 협정
	민간의 서비스 생산	• 계약(contracting out) • 면허(franchises) • 보조금
민간의 공급결정	민간의 서비스 생산	• 바우처(vouchers) • 시장공급(markets) • 자원봉사 • 자기생산(self-service)
	정부의 서비스 생산	정부판매(government vending)

28	사바스(Savas)의 공공서비스의 공급유형	답 ①

공급결정(배열)은 공급에 대한 결정과 책임을 지는 것이고, 생산(서비스)은 공급권을 부여 받아 서비스를 생산·전달하는 활동이다. 계약방식은 정부가 공급을 결정하고 생산은 민간이 담당하는 방식이며, 셀프 서비스(자기생산)는 민간이 공급을 결정하고 공급도 민간이 담당하는 형식에 해당한다.

29	지방정부의 행정서비스	답 ④

자원봉사(voluntary service)방식은 민간이 결정하고 민간이 공급하는 유형에 속한다.

(선지분석)

①, ② 사바스(Savas)는 서비스의 공급결정자가 정부/민간인지, 서비스의 생산자가 정부/민간인지에 따라 공공서비스 공급방식을 분류하고 있다.

③ 사용자부담방식은 이용자에게 비용을 부담하는 것으로 수평적 공평성을 제고한다.

30	바우처(voucher)제도	답 ①

살라몬(Salamon)이 제시한 행정수단의 분류에서 바우처는 저소득층 등 특수계층에게 바우처에 명시된 금액만큼 특정재화나 서비스를 선택하여 구매할 수 있는 증서를 제공하는 방식으로, 직접성이 낮은 행정수단에 해당한다. 민간위탁도 직접성이 중간인 행정수단에 해당한다.

⊕ 보충 직접성의 정도에 따른 행정수단의 유형(Salamon)

직접성	행정수단
저	바우처, 보조금, 대출보증(지급보증), 정부출자기업(정부지원기업)
중	조세지출(조세감면), 계약(민간위탁), 사회적 규제, 벌금, 부과금(교정조세)
고	공기업, 정부소비(직접시행), 보험(공적 보험), 경제적 규제, 직접대출(직접대부), 공공정보(정보제공)

CHAPTER 3 | 조직행태론

THEME 38 동기부여이론

정답

p. 218

01	①	02	③	03	①	04	②	05	①
06	④	07	④	08	①	09	③	10	②
11	①	12	④	13	①	14	④	15	①
16	②	17	⑤	18	②	19	②	20	②
21	①	22	③	23	③	24	②	25	①
26	④	27	④	28	④	29	④	30	①
31	①	32	③	33	③	34	③	35	②
36	④	37	①	38	①	39	④	40	①
41	④	42	④	43	①	44	②	45	①
46	①	47	①	48	①	49	③	50	④
51	②	52	④	53	①	54	④	55	①
56	②	57	②	58	④	59	②	60	④
61	①	62	②	63	①	64	②	65	③

01	동기이론(과정이론)	답 ①

동기부여의 과정이론은 동기부여가 어떠한 과정을 거쳐 이루어지는가를 연구하는 것으로 ㄱ. 브룸(Vroom)의 기대이론, ㄴ. 애덤스(Adams)의 공정성이론, ㄷ. 로크(Locke)의 목표설정이론이다.

(선지분석)

ㄹ. 앨더퍼(Alderfer)의 ERG이론은 내용이론에 해당한다.

ㅁ. 맥그리거(McGregor)의 X·Y이론은 내용이론에 해당한다.

02	동기부여이론	답 ③

맥클리랜드(McClelland)는 모든 사람이 공통적으로 비슷한 욕구의 계층을 가지고 있다고 주장한 매슬로우(Maslow)의 이론을 비판하며, 개인의 행동을 동기화시키는 잠재력을 지니고 있는 욕구는 학습되는 것이므로 개인마다 욕구의 계층에 차이가 있다고 주장했다.

(선지분석)

① 두 가지 이상의 복합적인 욕구가 하나의 행동을 유발할 수 있다고 본 이론은 앨더퍼(Alderfer)의 ERG이론이다.

② 앨더퍼(Alderfer)는 매슬로우(Maslow)와 달리 욕구좌절로 인한 하향적 진행(퇴행)을 강조하였다.

④ 연구자료가 중요사건기록법을 근거로 수집되었다는 한계를 갖는 이론은 허즈버그(Herzberg)의 욕구충족요인 이원론이다.

⑤ 직무수행자의 성장 욕구가 낮은 경우에는 단순한 직무를 제공하는 동기유발전략이 필요하다고 한 이론은 핵크만과 올드햄(Hackman & Oldham)의 직무특성이론이다.

03	조직의 인간관	답 ①

제시문은 샤인(Schein)의 합리적·경제적 인간관에 해당한다. 합리적 경제인관에 따르면 인간은 수동적인 존재로서 조직은 인간의 주관적인 감정을 통제하고 억압할 수 있도록 설계되어야 하며, 경제적 보상을 통하여 움직이는 합리적·경제적 인간으로 본다.

선지분석

④ 샤인(Schein)의 복잡한 인간관은 구성원의 욕구와 상황에 다라 다양한 관리전략을 융통성 있게 적용하는 상황적응적 관리전략을 중시한다.

핵심POINT 인간관의 변천(Schein)

합리적·경제적 인간관	• 고전적 이론의 관점 • 인간을 합리적·경제적 존재로 파악함 (성악설적 인간, X이론)
사회적 인간관	• 신고전적 이론의 관점 • 인간을 사회적 존재로 파악함(성선설적 인간, Y이론)
자아실현적 인간관	• 인간을 자신의 잠재력을 구현하려는 경향을 가진 존재로 파악하여 직무를 통한 성숙을 강조 • 아지리스(Argyris)의 성숙인, 매슬로우(Maslow)의 자아실현인과 관련
복잡한 인간관	• 구성원의 욕구와 상황에 따라 융통성 있게 적용하는 상황적응적 관리전략을 중시 • 현대인은 복잡한 인간으로 구성원의 변전성(變轉性)과 개인차(individual differences)를 고려하여 변화에 대해 인정해 주고 존중해야함을 강조

04	후기 인간관계론	답 ②

개인은 다양한 차원에서 다양한 특성을 지니고 있어 상황에 따라 다양한 시각으로 이해할 필요가 있다고 보는 것은 상황이론에 따른 복잡한 인간에 해당한다. 후기 인간관계론은 인간을 적극적이고 능동적인 자아실현적 존재로 보고 개인목표와 조직목표의 통합과 참여적 민주주의를 구현하려는 전략적 인적자원관리(SHRM) 및 직장생활의 질(QWL), 워라밸(Work-life balance) 등을 추구한다.

선지분석

① 합리적·경제적 인간관은 과학적 관리론에 해당하며 자아실현적 인간관이 후기 인간관계론에 더 부합한다.

③ 후기 인간관계론을 대표하는 학자는 맥그리거(McGregor), 아지리스(Argyris), 리커트(Likert), 등이 있으며 맥그리거의 Y이론, 아지리스의 성숙인, 리커트의 체제Ⅲ·Ⅳ를 의미한다.

④ 후기 인간관계론에서는 자아실현적 인간관을 가지므로 이를 위해서는 조직의 의사결정과정에 개인을 참여시키는 관리전략이 필요하다.

05	자아실현적 인간관과 관리전략	답 ①

상황조건 등을 고려하여 유연하고 다원적이고 세분화된 관리전략을 사용하는 것은 샤인(Schein)의 복잡한 인간관에서의 관리전략이다.

06	동기부여 실험	답 ④

동기부여에는 일반적으로 외재적 동기와 내재적 동기가 있다. 선물을 준다고 약속한 것은 외재적 동기부여(보상, 당근과 채찍)이며, 가치관 일치나 일에 대한 즐거움 등은 내재적 동기이다. 제시문과 같이 외재적 보상을 받은 집단이 그림 그리기라는 동기부여(내재적 보상)가 사라지게 되는, 즉 외재적 동기가 내재적 동기를 밀어내는 구축효과가 있을 수 있다.

07	동기이론 중 내용이론	답 ④

브룸(Vroom)의 기대이론은 동기부여이론 중 내용이론이 아니라 과정이론에 해당한다.

선지분석

① 앨더퍼(Alderfer)의 ERG이론, ② 허즈버그(Herzberg)의 욕구충족요인이원론, ③ 맥클리랜드(McClelland)의 성취동기이론은 모두 내용이론에 해당한다.

핵심POINT 동기부여이론의 체계

내용이론	합리적·경제인 모형	X이론, 과학적 관리론
	사회인 모형	Y이론, 인간관계론
	성장이론	인간의 성장 및 고급욕구 중시(X이론 → Y이론), 행태론
		• 매슬로우(Maslow)의 욕구단계설 • 머레이(Murray)의 명시적 욕구이론 • 앨더퍼(Alderfer)의 ERG이론 • 맥클리랜드(McClelland)의 성취동기이론 • 맥그리거(McGregor)의 X·Y이론 • 리커트(Likert)의 관리체제이론 • 아지리스(Argyris)의 성숙미숙이론 • 허즈버그(Herzberg)의 욕구충족이원론
	복잡인모형	욕구의 복합성과 개인차를 고려하는 Z이론, 상황적응론
		• 샤인(Schein)의 복잡인모형 • 핵크만과 올드햄(Hackman & Oldham)의 직무특성이론 • 오우치(Ouchi)의 Z이론
과정이론	기대이론	• 브룸(Vroom)의 동기기대이론 • 포터와 로러(Porter & Lawler)의 업적만족이론 • 베른(Berne)의 의사거래분석 • 조고풀러스(Georgopoulos)의 통로·목적이론 • 앳킨슨(Atkinson)의 기대모형
	형평성이론	아담스(Adams)의 공정성이론
	목표설정이론	로크(Locke)의 이론
	학습이론	• 고전적 조건화이론: 스키너(Skinner)의 강화이론 • 현대 학습이론: 자율학습이론(예 인지학습이론)

08	동기부여이론	답 ①

동기부여이론은 내용이론과 과정이론으로 나눌 수 있는데, 포터와 롤러(Porter & Lawler)의 성과·만족이론은 과정이론이고 나머지는 내용이론이다.

09	엘더퍼(C. Alderfer)의 ERG이론	답 ③

앨더퍼(Alderfer)의 ERG이론은 욕구를 단계별로 생존욕구(existenceneeds), 관계욕구(relatedness needs), 성장욕구(growth needs)의 3단계로 분류하였고, 그 중에서 존경, 자긍심, 자아실현욕구와 관련된 것은 가장 높은 차원의 성장욕구이다.

10	동기부여이론의 특징	답 ②

동기이론에 대한 설명으로 옳은 것은 ㄱ, ㄹ이다.

선지분석

ㄴ. 맥그리거(McGregor)의 X이론은 하위욕구를, Y이론은 주로 상위욕구를 중요시하였다.

ㄷ. 아담스(Adams)의 형평성이론에서는 자신의 노력과 그 결과로 얻어지는 보상을 준거인물과 비교하여 불공정하다고 인식할 때 공정한 방향으로 동기가 유발된다고 주장하였다.

11	동기부여이론	답 ①

앨더퍼(Alderfer)의 욕구내용 중 관계욕구(R)는 매슬로우(Maslow)의 사회적 욕구와 존경욕구에 해당한다.

12	허즈버그(Herzberg)의 욕구충족요인 이원론	답 ④

원만한 대인관계 등 대인적 요인은 동기요인(만족요인)이 아니라 위생요인(불만요인)에 해당한다.

핵심POINT 허즈버그(Herzberg)의 욕구충족요인 이원론

요인	위생요인(불만요인)	동기요인(만족요인)
성격	물리적·경제적·대인적 환경 (작업자의 환경적 요인)	사람과 직무와의 관계 (직무요인)
예	정책과 관리, 보수, 지위, 안전, 감독, 기술, 작업조건, 조직의 방침과 관행, 개인 상호 간의 관계(감독자와 부하, 동료 상호 간의 관계) 등	성취감, 책임감, 안정감, 승진, 직무 그 자체에 대한 보람, 직무충실, 성장 및 발전 등 심리적 요인

13	허즈버그(F. Herzberg)의 욕구충족요인이원론	답 ①

동기부여를 위생요인과 동기요인으로 이분화하여 설명하는 학자는 욕구충족요인이원론의 허즈버그(F. Herzberg)이다.

14	허즈버그(Herzberg)의 욕구충족요인이원론	답 ④

성취감은 직무달성을 통해서 얻는 보람과 같은 것으로 동기(만족)요인에 해당하며, ① 감독, ② 대인관계, ③ 보수는 작업자와 관련된 환경적 요인으로 위생(불만)요인에 해당한다.

15	동기부여이론의 특징	답 ①

개인의 욕구는 학습되는 것이므로 개인마다 그 욕구의 계층에 차이가 많이 난다고 주장한 것은 맥클리랜드(McClelland)의 성취동기이론이다. 매슬로우(Maslow)는 사람마다 비슷한 욕구계층을 가지고 있어 차이가 없으며 획일적이고 순차적으로 충족되어 나간다고 주장하였는데, 맥클리랜드(McClelland)는 이러한 매슬로우(Maslow)의 이론을 비판하고 개인의 행동을 동기화시키는 잠재력을 지니고 있는 욕구는 학습되는 것이므로 개인마다 욕구계층에 차이가 있다고 주장하며 인간의 욕구를 권력욕구, 친교욕구, 성취욕구로 분류하였다.

16	동기부여이론의 특징	답 ②

허즈버그(Herzberg)의 위생요인은 불만족을 제거해주는 요인으로 불만만 없애줄 뿐, 동기부여를 가져다주지는 못한다. 동기부여 효과를 높이기 위해서는 동기요인의 충족에 중점을 두어야 한다.

선지분석

①, ③, ④ 모두 동기부여의 효과가 높은 상위욕구이다.

17	동기부여이론	답 ⑤

앨더퍼(C. Alderfer)는 매슬로우(Maslow)의 욕구계층 5단계이론을 수정하여 인간의 욕구를 생존(존재), 관계, 성장의 3단계로 구분하였다.

선지분석

① 브룸(Vroom)의 기대이론에 대한 설명이다.

② 반대로 설명되어 있다. 맥그리거(McGregor)의 X이론은 주로 하위욕구를, Y이론은 주로 상위욕구를 중요시하는 것이다.

③ 매슬로우(Maslow)의 욕구단계이론은 생리 → 안전 → 사회(소속감) → 존경 → 자아실현의 욕구의 순서에 따라 유발된다.

④ 허즈버그(Herzberg)이론에 의하면 조직구성원에게 불만족을 주는 요인은 위생요인이고 만족을 주는 요인이 동기요인이다.

18	동기부여이론	답 ②

허즈버그(F. Herzberg)의 욕구충족이원론에 의하면 위생요인과 동기요인은 독립적이기 때문에 위생요인이 충족되더라도 동기부여와는 전혀 관련이 없다.

19	인간관계론의 동기부여이론	답 ②

전통적 조직이론의 인간관을 위생이론(hygene theory), 새로운 조직이론의 인간관을 동기이론(motivation theory)으로 구분한 것은 맥그리거(McGregor)가 아니라 허즈버그(Herzberg)의 욕구충족요인 이원론에 해당한다. 맥그리거(McGregor)는 인간본성에 대하여 일을 본래 하기 싫어하는 소극적·수동적 인간상인 X와 스스로 책임을 질 뿐만 아니라 책임을 추구하기도 하는 적극적·능동적 인간상인 Y의 두 가지로 가정하고, 그에 따라 관리전략이나 동기부여방법이 달라져야 한다고 주장하였다.

20	동기부여이론의 구분	답 ②

동기부여이론 중 기대이론은 과정이론에 해당하고 욕구계층이론, 욕구충족요인이원론, 성취동기이론, X·Y이론은 내용이론에 해당한다.

21	동기부여이론(내용이론과 과정이론)	답 ①

합리적 또는 경제적 인간모형, 사회적 인간모형은 과정이론이 아닌 내용이론의 범주에 해당한다.

22	맥그리거(McGregor)의 X·Y이론	답 ③

제시문은 맥그리거(McGregor)의 X·Y이론에 근거한 두 가지 동기특성에 대해서 설명하고 있다. 조직구성원의 동기부여 방식을 비교하자면, 직원 A는 X이론적 인간으로, 수동적이고 나태한 인간으로 보아 외재적 보상과 처벌로서 관리하려는 전략이다. 직원 B는 Y이론적 인간으로 능동적·자율적 인간이며, 직무몰입과 직무충실화 등을 통해서 관리하는 전략이다. 보기의 내용 중 ㄱ, ㄴ, ㄷ은 X이론적 관리전략, ㄹ은 Y이론적 관리전략에 해당한다.

23	맥그리거(McGregor)의 X·Y이론	답 ③

목표에 의한 관리(MBO)는 관리자와 조직구성원들의 자발적인 참여를 통해 민주적으로 합의된 목표를 설정하는 것으로, 조직목표·개인목표의 조화를 강조하고 인간에 대해서도 스스로 참여하여 열심히 일하는 자율적 인간을 가정하므로 Y이론 측면의 조직관리전략이다.

핵심POINT X이론과 Y이론

X이론	Y이론
• 통제와 감독, 경제적 보상	• 자율과 책임, 비경제적 보상
• 권위적 리더십	• 민주적 리더십
• 상부책임과 감독	• 하부자율과 책임
• 고층적·계층제적 구조	• 저층적·비계층제적 구조
• 통제에 의한 관리체계	• 목표에 의한 관리체계(MBO 등)

24	맥그리거(McGregor)의 X·Y이론	답 ②

<보기> 이론은 맥그리거(McGregor)의 X·Y이론 중 X이론에 해당하며, 이는 조직 중심으로 생산을 강조하는 이론이다. 부하의 참여 확대와 권한 확대는 Y이론적 관리전략에 해당한다.

선지분석

① 감독이나 통제의 강화, ③ 철저한 상벌의 원칙, ④ 적절한 업무량 분담은 X이론적 조직관리전략에 해당한다.

25	공공서비스동기이론	답 ①

공공서비스동기(PSM; Public Service Motive)이론은 제임스 페리(James Perry)의 주장으로 공무원이 되고자 하는 공직자들의 봉사정신과 이타심에 근거한 공공서비스동기가 중요하다고 보았다. 또한 기업가정신만을 강조하는 신공공관리론이나 신자유주의를 비판하고 신공공서비스론을 주장한 이론이다.

⊕ 보충 페리(Perry)의 공공서비스동기이론

페리(Perry)는 공공선택론이나 신공공관리론에 대한 대안으로 신공공서비스론에 입각하여 시민정신에의 부응을 통한 관료들의 동기유발을 중시하였다. 관료들에게는 이윤 동기나 물질적 보상, 기업가정신과는 다른 이타심과 봉사정신에 바탕을 둔 공직동기(public service motive)가 존재한다는 것이다.

26	신공공서비스론의 동기요인	답 ④

신공공서비스론에서는 신공공관리론(NPM)과는 달리 정부(공무원)가 사회를 방향잡기(steering)하는 것이 아니라 시민에게 봉사(service)하며 사회의 공동이익을 추구하는 역할을 해야 한다고 본다.

27	공공봉사동기이론(public service motivation)	답 ④

'공공봉사동기'(Public Service Motivation, PSM)는 국민과 국가를 위해 봉사하려는 이타적 동기를 가지고 공익증진 및 공공목표 달성을 위해 헌신하고자 하는 공무원들의 고유한 동기로서 페리와 와이즈(Perry & Wise, 1990)가 주장하였다. 페리와 와이즈(Perry & Wise)는 공공봉사동기이론에서 '채용, 업무환경, 직원-고객 간의 관계, 신입직원 교육, 리더들의 역할'을 통해 조직을 발전시킬 수 있다는 것을 제시하면서 공공봉사동기를 합리적 차원, 규범적 차원, 감성적 차원으로 구성된다고 주장하였다.

선지분석

① 공직자는 민간부문 종사자와 달리 공익을 추구하는 업무이므로 합리적, 이기적 동기와는 다른 공직에 대한 봉사나 사명감과 같은 이타적인 공직동기를 갖고 있다고 본다.
② 공공봉사동기이론에서 정책에 대한 호감은 합리적 차원, 공공에 대한 봉사는 규범적 차원, 동정심(compassion)은 감성적 차원 등의 개념으로 구성된다.

핵심POINT 공공봉사동기의 세 가지 차원(구성요소)

1. 합리적 차원
   공공정책에 대한 공직자의 이해관계를 말하며 정책에 대한 호감이나 매력, 정책과정에의 참여 등을 의미
2. 규범적 차원
   공공정책에 대한 공직자의 의무감이나 정부에 대한 충성도, 사회적 형평성 등을 말하며 공공 또는 공익에 대한 봉사를 의미
3. 감성적 차원
   공공정책에 대한 공직자의 선의의 애국심이나 동정심 같은 것을 말하며 사회적으로 중요한 정책에 대한 몰입 등 정서적 차원을 의미

28	공직(공공봉사)동기이론	답 ④

공직동기이론은 신공공관리론에 대한 비판에서 출발한 것으로 동기유발요인으로 신공공관리론의 금전적·물질적 보상(외재적 보상)보다 지역공동체나 국가, 인류를 위해 봉사하려는 이타심에 주목한다. 즉, 공사부문 간 업무성격이 다르듯이, 공공부문의 조직원들은 동기부여가 다르다는 것이다.

29	동기부여이론	답 ④

맥클리랜드(McClelland)의 성취동기이론은 개인의 욕구를 성취욕구, 친교욕구, 권력욕구로 분류하고, 성취욕구가 높을수록 생산성이 높아진다고 주장하며 성취욕구를 중요시하였다.

30	동기부여이론	답 ①

매슬로우(Maslow)는 한 단계의 욕구가 완전히 달성되어야만 상위욕구로 진행될 수 있는 것은 아니며, 어느 정도 욕구가 충족되면 그 다음 단계의 욕구로 나아갈 수 있다는 욕구의 상대적 충족을 주장하였는데, 이때 욕구가 퇴행적으로 진행될 수 있음은 고려하지 못하였다.

31	동기부여이론	답 ①

성취욕구, 권력욕구, 친교욕구로 인간의 욕구를 분류하고 이 중 성취욕구가 높을수록 동기유발이 기대된다는 이론은 맥클리랜드(McClleland)의 성취동기이론이다. 브룸(Vroom)의 기대이론은 기대감(E), 수단성(I), 유의성(V)에 의해 동기부여가 이루어진다고 보는 이론이다.

32	동기부여이론	답 ③

허즈버그(Herzberg)의 욕구충족요인이원론에서 불만요인(위생요인)은 개인의 불만족을 방지하는 효과를 가져오는 요인으로서, 불만요인이 충족된다 하더라도 만족감을 갖게 되어 동기가 유발되는 것이 아니라 불만족이 없는 상태가 되는 것이며, 만족요인(동기요인)이 충족되어야 만족감을 갖게 되어 동기가 유발된다고 본다. 즉, 불만을 제거해주는 위생요인과 동기유발을 가져오는 만족요인은 상호 독립적 관계이다.

33	매슬로우(Maslow)의 욕구단계이론	답 ③

매슬로우(Maslow)의 욕구단계설에 따르면 어느 한 단계의 욕구가 완전히 충족되어야만 다음 단계의 욕구를 추구하게 되는 것이 아니라 어느 한 단계의 하위욕구가 어느 정도(상대적으로) 충족되면 이미 충족된 욕구는 동기부여요인으로서의 의미를 상실하게 되어 욕구의 강도가 약해지며, 다음 단계의 상위욕구로 진행하게 된다고 보았다.

선지분석

① 매슬로우(Maslow)의 욕구단계이론에 따르면 가장 낮은 생리적 욕구부터 시작하여 안전욕구, 사회적 욕구, 존경욕구, 자아실현욕구의 다섯 가지 위계적 욕구가 존재한다.
② 매슬로우(Maslow)의 생리적 욕구와 안전욕구 중 물리적 안전은 앨더퍼(Alderfer)의 ERG이론의 첫 번째 욕구단계인 존재욕구에 해당하며, 안전욕구 중 신분보장과 사회적 욕구는 ERG이론의 두 번째 욕구단계인 관계욕구에 해당한다.
④ 어떤 일을 행함으로써 느끼게 되는 자신감, 성취감 등은 사회적 욕구가 아니라 자아실현욕구에 해당한다. 사회적 욕구는 어느 조직에서 다른 사람들과 주고받는 관계를 유지하고 싶은 욕구(사랑, 소속감)를 말한다.

34	동기이론	답 ③

앨더퍼(Alderfer)의 ERG이론은 매슬로우(Maslow)의 5단계 욕구이론을 비판하며, 욕구추구는 분절적으로 일어날 수도 있지만 두가지 이상의 욕구를 동시에 추구하기도 한다는 3단계 통합이론(복합연결욕구모형)을 제시하였다.

선지분석

① 매슬로우(Maslow)는 하위욕구는 어느 정도 충족되면 욕구의 강도가 약해지며 다음 단계의 욕구로 진행된다고 주장하였다.
② 불만요인(위생요인)은 충족이 되지 않으면 불만을 야기하지만 충족이 되더라도 동기요인으로 작용하지는 않기 때문에 만족요인(동기요인)을 충족시켜야 한다고 주장한다.
④ 공식조직이 개인의 행태에 미치는 영향 연구를 통하여 미성숙 상태에서 성숙 상태로 발전하는 성격 변화의 경험이 성취동기의 기본이 된다고 주장한 것은 아지리스(Argyris)의 미성숙·성숙이론이다.

35	동기이론	답 ②

앨더퍼(Alderfer)의 ERG이론은 욕구의 전향적 · 단계적 충족만을 중시한 매슬로우(Maslow)의 욕구계층이론과는 달리 상위욕구가 만족되지 않으면 하위욕구로 퇴행하여 하위 욕구를 더욱 충족시키고자 한다는 좌절-퇴행접근법을 주장하였다.

(선지분석)

① 매슬로우(Maslow)의 욕구계층이론은 욕구가 상위수준에서 하위수준으로 퇴행하지 않는다고 본다.
③ 허즈버그(Herzberg)의 욕구충족이원론은 '감독자와 부하의 관계'를 불만요인(위생요인) 중 하나로 제시한다.
④ 포터와 롤러(Porter & Lawler)의 업적만족이론은 업적(성과)이 구성원의 만족을 가져온다고 지적한다.

36	업적-만족이론	답 ④

노력, 성과, 보상, 만족, 환류로 이어지는 동기부여과정을 제시하면서 노력-성과 간 관계에 있어 개인의 능력과 자질, 그리고 역할 인지를 강조한 것은 포터와 롤러(Porter & Lawler)의 업적-만족이론이다. 직원의 노력에 따라 달성되는 근무성과는 그 직원의 능력, 특성 및 역할 인지의 수준에도 영향을 받는다고 보았다. 역할 인지란 자신의 직무를 이해하는 정도를 의미한다.

37	동기부여이론	답 ①

동기부여이론에 대한 설명으로 옳은 것은 ㄱ, ㄴ이다.

ㄱ. 매슬로우(Maslow)는 인간의 욕구를 다섯 가지 단계(생-안-사-존-자)로 구분하고, 하위단계의 욕구가 어느 정도 충족되면 다음 단계의 욕구가 발로된다는 만족-진행이론을 주장하였다.
ㄴ. 앨더퍼(Alderfer)는 인간의 욕구를 생존욕구(E: Existence needs), 관계욕구(R: Relatedness needs), 성장욕구(G: Growth needs)로 분류하고, 두 가지 이상의 욕구가 동시에 작용할 수 있다는 복합적 욕구와 좌절하면 욕구가 퇴행한다는 퇴행적 욕구를 인정하였다.

(선지분석)

ㄷ. 욕구좌절로 인한 후진적·하향적 퇴행을 제시한 학자는 맥그리거(McGregor)가 아닌 앨더퍼(Alderfer)이다.
ㄹ. 개인의 동기는 사회문화가 상호작용하는 과정에서 취득되고 학습된다고 본 학자는 아지리스(Argyris)가 아닌 매클리랜드(McCleland)이다.

38	동기부여이론	답 ①

(ㄱ)은 인간의 행위를 발생시키는 욕구를 연구하는 내용이론을 말하며, (ㄴ)은 동기를 부여하는 요소를 규명하고, 동기를 부여하는 변수 상호 간의 관계를 설명하게 하는 과정이론을 뜻한다. (ㄱ)은 내용이론이고, (ㄴ)은 과정이론에 해당하는 것은 ①이다. 맥클리랜드(McCleland)의 성취동기이론과 허즈버그(Herzberg)의 2요인이론, 앨더퍼(Alderfer)의 ERG이론은 내용이론이고, 브룸(Vroom)의 기대이론, 포터와 로러(Porter & Lawler)의 업적만족이론, 아담스(Adams)의 공정성이론은 과정이론이다.

39	허즈버그(Herzberg)의 욕구충족요인이원론	답 ④

제시문은 위생요인인 업무환경요인을 개선하였으나 근무의욕이 개선되지 않는다는 것으로, 성취감이나 책임감과 같은 동기요인이 개선되어야 근무의욕이 개선될 것이라는 허즈버그(Herzberg)의 욕구충족요인이원론에 해당한다.

40	허즈버그(Herzberg)의 욕구충족요인이원론	답 ①

허즈버그의 욕구충족요인이원론은 위생요인과 동기요인이 서로 독립되어 있다는 것을 강조하는 이론이지 두 요인 간의 계층화를 강조하지는 않았다. 욕구의 계층화를 설명한 이론은 매슬로우(Maslow)의 욕구단계이론과 앨더퍼(Alderfer)의 ERG이론이다.

41	브룸(Vroom)의 기대이론	답 ④

④는 보상의 형평성에 대한 이론으로 아담스(Adams)의 공정성이론에 대한 설명이다. 브룸(Vroom)의 기대이론은 유의성(V), 수단성(I), 기대감(E)을 매개변수로 한다.

(선지분석)

① 기대감(E)에 대한 설명이다.
② 수단성(I)에 대한 설명이다.
③ 유의성(V)에 대한 설명이다.

핵심POINT 브룸(Vroom)의 기대이론(VIE이론)

유의성(V)	보상(2차 산출 · 결과)이 만족을 가져다주는 만족감에 대한 주관적인 선호의 강도
수단성(I)	성과(1차 산출)가 바람직한 보상(2차 산출 · 결과)을 가져다줄 것이라고 믿는 주관적인 정도
기대감(E)	노력하면 성과(1차 산출)를 가져올 것이라는 주관적인 기대감

42	브룸(Vroom)의 기대이론	답 ④

브룸(Vroom)의 기대이론에서 특정한 결과에 대한 선호의 강도를 의미하는 것은 유의성(valence)이다.

43	올바른 동기부여방안	답 ①

브룸(Vroom)의 기대이론에 의하면 개인의 선호에 부합하는 결과물을 유인으로 제시하여 받게 된 보상을 통해 동기부여를 극대화하게 된다.

선지분석

② 로크(Locke)의 목표설정이론에 의하면 난이도가 높고 구체적인 목표를 제시하는 경우에 노력의 강도를 높일 수 있다고 보았다.
③ 허즈버그(Herzberg)의 2요인이론에 의하면 보수는 위생요인(불만요인)이므로 낮은 보수를 인상해주는 것은 불만족을 없애주는 것에 불과하며, 승진이나 성취감과 같은 동기요인을 충족시켜주어야 동기부여가 될 수 있다고 보았다.
④ 아담스(Adams)의 형평성이론에 의하면 모든 참여자에게 동일한 보상을 하는 것보다 노력과 보상의 비율이 준거인의 노력과 보상의 비율과 비교하였을 때 불공정하다면, 이 비율이 공정해지는 방향으로 동기유발이 된다고 보았다.

44	브룸(Vroom)의 기대이론	답 ②

브룸(Vroom)의 기대이론에서 기대감(expectancy)은 개인의 노력이 공정한 보상(reward)이 아니라 어떠한 성과(performance)를 가져다 줄 것이라는 주관적인 믿음을 의미한다.

선지분석

① 기대이론은 동기부여의 과정이론에 속한다.
③ 수단성이란 개인이 이루어낸 성과가 보상으로 이어질 수 있는지에 대한 주관적 인식이다.
④ 유인가는 개인이 성과에 따른 특정 보상에 대해서 갖는 만족감(선호)의 강도를 의미한다.

45	동기부여이론	답 ①

조직구성원이 자신의 투입에 대한 결과의 비율을, 동일한 직무상황에 있는 준거인(準據人)의 투입 대 결과의 비율과 비교하여 자신의 행동을 결정하게 된다는 것은 아담스(Adams)의 형평성이론을 의미한다. 이것은 성과의 차이에 따른 보수의 차이를 인정하는 성과보수제도의 중요성을 일깨운 이론으로 자신이 기울인 노력과 성과 간의 비율이 준거인의 비율과 일치하지 않으면 불공평을 느끼게 되고 이러한 불공평을 제거하는 방향으로 구성원의 동기가 유발된다는 것이다.

46	동기이론	답 ①

개인은 투입한 노력 대비 결과의 비율을 준거인물의 그것과 비교하여 불균형이 발생했을 때 이를 조정하는 방향으로 동기가 부여된다는 것은 아담스(Adams)의 공정성이론에 해당한다. 브룸(Vroom)의 기대이론(VIE이론)은 동기부여(M)는 유의성(V), 수단성(I), 기대감(E)에 의하여 결정된다는 이론이다.

47	과정이론	답 ①

동기부여이론은 내용이론과 과정이론으로 구분할 수 있는데, ㄱ. 브룸(Vroom)의 기대이론, ㄷ. 아담스(Adams)의 형평성(공정성)이론은 과정이론에 해당한다. ㄴ. 핵크만과 올드햄(Hackman & Oldham)의 직무특성이론은 주로 내용이론으로 보는 것이 일반적이지만 직무의 다양한 특성까지도 고려한다는 점에서 과정이론으로 보는 견해도 있다.

선지분석

ㄹ. 앨더퍼(Alderfer)의 ERG이론, ㅁ. 아지리스(Argyris)의 성숙-미성숙이론은 인간의 욕구에 대한 것으로 동기부여이론 중 내용이론에 해당한다.

핵심POINT 동기부여의 과정이론

<table>
<tr><th colspan="2">구분</th><th>대표 학자</th><th>내용</th></tr>
<tr><td rowspan="4">기대 이론</td><td>기대이론</td><td>브룸(Vroom)</td><td>• 동기부여 요인: 기대감(확률), 수단성(보상), 유인가(보상 선호 강도)
• 기대이론 모형: 노력(E) → 성과(P) → 보상(R) → 만족(S)</td></tr>
<tr><td>업적·만족이론</td><td>포터와 로러(Porter & Lawler)</td><td>• 내재적 보상(성취감) + 외재적 보상(승진 등)을 타인과 비교 → 공정할 시 만족
• 브룸(Vroom)의 기대이론을 보완(공정성 강화)</td></tr>
<tr><td>통로목표이론</td><td>조고풀러스(Georgopoulos)</td><td>목표가 서로 만나거나 유사할 때 동기유발(주관적 기대)</td></tr>
<tr><td>기대이론</td><td>앳킨슨(Atkinson)</td><td>행위선택은 긍정적 기대와 부정적 기대의 상호작용</td></tr>
<tr><td colspan="2">공정성(형평성) 이론</td><td>아담스(Adams)</td><td>• 전제: 호혜주의 규범, 인지일관성
• 나의 보상과 타인(준거인)의 보상 비교하여 형평성을 유지하는 쪽으로 동기부여
• 과소보상 시 더 열심히, 과대보상 시 유지를 위해 열심히 노력</td></tr>
<tr><td colspan="2">목표설정이론</td><td>로크(Locke)</td><td>목표가 어렵고 구체적일수록 동기부여가 높게 나타남</td></tr>
<tr><td colspan="2">학습이론</td><td>파블로프(Pavlov), 손다이크(Thorndike), 스키너(Skinner)</td><td>• 고전적 조건화: 파블로프(Pavlov)의 개실험, 손다이크(Thorndike)의 효과의 법칙
• 조작적 조건화: 스키너(Skinner)의 강화이론(강화유형)
<table><tr><th>구분</th><th>정의</th><th>예</th></tr><tr><td>적극적 강화</td><td>바람직한 결과 제공</td><td>승진</td></tr><tr><td>소극적 강화</td><td>바람직하지 않은 결과 제거</td><td>부담 제거</td></tr><tr><td>처벌(제제)</td><td>바람직하지 않은 결과 제공</td><td>질책</td></tr><tr><td>소거(중단)</td><td>바람직한 결과 제공</td><td>성과급 폐지</td></tr></table></td></tr>
</table>

48	동기요인이론	답 ①

아담스(Adams)의 공정성이론에 따르면 자신의 노력에 따른 보상과 비교대상인 준거인이 받은 보상을 비교하여 불공정하다고 느낄 때 공정해지는 방향으로 동기가 유발된다고 주장한다.

49	동기부여이론	답 ③

포터(Porter)와 롤러(Lawler)의 업적·만족 이론은 업적(직무성취수준)이 직무만족의 요인이 될 수 있다고 주장한다.

선지분석

① 스키너(Skineer)의 강화이론은 외부 자극에 의해 학습된 행동이 유발되는 과정에 초점을 맞추며, 행동의 원인보다 결과를 더 강조한다.
② 로크(Locke)의 목표설정이론에 따르면, 개인의 동기유발을 위해서는 어렵고 구체적인 목표를 채택해야 한다고 주장한다.
④ 공공봉사동기(public service motivation)이론은 공공부문의 종사자들은 동기구조 자체도 공익이나 봉사정신으로 민간부분의 종사자들이 추구하는 이기적 동기부여와는 다르다는 입장이다. 즉, 공공부문 종사자들의 물질적인 외재적 보상보다 봉사와 공익과 같은 내재적 동기요인의 제고를 강조한다.

50	아담스(Adams)의 공정성이론	답 ④

아담스(Adams)는 공정성이론에서 자신의 비교대상인 준거인과 비교하여 과소보상자와 과대보상자 모두 불공정하다 인식하고, 공정해지는 방향으로 동기가 부여된다고 본다.

51	아담스(Adams)의 공정성(형평성)이론	답 ②

아담스(Adams)의 공정성이론은 자신과 준거인을 비교하여 보상이 불공정하다고 느낄 때 그 불공정을 제거하는 방향으로 동기가 부여된다는 이론이다. 불공정을 제거하는 방식에는 투입 또는 산출의 변경, 투입과 산출에 대한 지각 변경, 준거인물의 변경, 조직의 이동 등이 있는데 ② 준거인물의 업무방식을 배우는 것은 이에 해당하지 않는다.

선지분석

① 투입의 변경에 해당한다.
③ 투입이나 산출에 대한 지각 변경에 해당한다.
④ 준거인물의 변경에 해당한다.

핵심POINT 공정성(형평성) 확보방안

1. 투입 또는 산출을 변화시켜 조정. 노력에 비해 보상이 과소이면 투입을 줄이고, 과다이면 투입을 늘림
2. 투입과 산출에 대한 본인의 지각을 바꿈
3. 준거인물(비교대상)을 바꿈
4. 조직을 이동 예 전직, 이직

52	아담스(Adams)의 공정성이론의 행동전략	답 ④

아담스(Adams)의 공정성이론은 자신의 노력과 보상의 비율이 준거인의 보상과 일치하지 않을 때(불공정할 때)에 일치하는(공정한) 방향으로 동기가 부여된다는 이론이다. 이 때 나타나는 행동전략에는 ㉠ 투입이나 산출의 조정, ㉡ 자신의 지각의 변경, ㉢ 준거인물의 변경, ㉣ 조직의 이동 등이 있다. ④ 보상의 재산정을 요구하는 것은 행동전략에 포함되지 않는다.

선지분석

① 투입이나 산출의 조정에 해당한다.
② 자신의 지각의 변경에 해당한다.
③ 조직의 이동(이직, 전직)에 해당한다.

53	동기부여이론	답 ①

로크(Locke)의 목표설정이론은 목표의 도전성(난이도)과 명확성(구체성)에 따라 동기부여가 달라진다고 보았다.

선지분석

② 매슬로우(Maslow)의 욕구 5단계설에서는 욕구의 전진과 상행만을 논의하였고, 좌절과 퇴행을 강조한 것은 앨더퍼(Alderfer)의 ERG이론이다.
③ 유의성, 수단성, 기대감을 동기부여의 핵심으로 본 것은 브룸(Vroom)의 동기기대이론이다.
④ 허즈버그(Herzberg)는 욕구충족이원론에서 위생요인과 동기요인이 독립적이라고 주장한다.

54	동기부여 이론	답 ④

자신의 노력과 그 결과로 얻어지는 보상 간의 관계를 다른 사람의 것과 비교해 상대적으로 느끼는 공정함의 정도가 동기부여에 중요하다는 이론은 애덤스의 공정성(형평성)이론이다.

핵심POINT 리커트(Likert)의 관리체제이론

리커트(Likert)는 조직개혁을 위한 행태적 지표로 사용하기 위하여 맥그리거(McGregor)의 X-Y이론을 더욱 세분화하여 조직의 관리방법을 4가지로 분류하였다.

체제 1(착취적 권위)	부하불신, 부하의 의사결정참여 배제
체제 2(온정적 권위)	인자한 주인의 하인에 대한 입장, 하향적 의사소통
체제 3(협의적 민주)	부하에게 상당한 신뢰, 활발한 의사소통
체제 4(참여적 민주)	부하에게 전적 신뢰, 상향적·하향적, 쌍방향적 의사소통

55	핵크만과 올드햄(Hcakman & Oldham)의 직무특성이론	답 ①

직무의 다섯 가지 특성(기술다양성, 직무정체성, 직무중요성, 자율성, 환류) 중 동기부여에 가장 중요한 역할을 하는 것은 자율성과 환류로 기술다양성, 직무정체성, 직무중요성보다 중요하다고 본다.

56	동기부여 이론	답 ②

해크만(Hackman)과 올드햄(Oldham)의 직무특성이론에서 핵심 직무특성은 기술 다양성, 과업 정체성, 과업 중요성, 자율성, 피드백(환류)의 5가지이다.

(선지분석)

① 사회문화적으로 학습된 욕구를 권력욕구, 친교욕구, 성취욕구로 구분하는 것은 맥클리랜드(McClelland)의 성취동기이론에 대한 설명이다.
③ 애덤스(Adams)의 공정성 이론은 타인과 비교하여 자신의 노력 대비 보상 정도가 동기부여에 영향을 미친다고 본다.
④ 목표의 난이도와 구체성에 의해 개인의 동기부여가 결정된다고 주장하는 것은 로크(Locke)의 목표설정이론에 대한 설명이다.

57	조직시민행동의 특성	답 ②

조직시민행동(organizational citizenship behavior)은 직무에 대한 최소한의 요구를 넘어서서 조직을 위해 과업 수행을 지원하는 사회적, 심리적 맥락의 유지와 강화에 기여하는 행동이다. 즉 조직에서 공식적으로 요구하지 않음에도 불구하고 구성원이 자발적으로 조직의 효과성을 위하여 노력하는 행동을 말한다.
구성원들의 역할모호성 지각은 조직시민행동에 긍정적 영향이 아니라 부정적인 영향을 미친다. 역할모호성이란 역할이 명확하거나 일관성 있는 기대 없이 수행되는 상태 또는 현상을 의미한다. 역할이 불분명 할 때 발생하는 불확실성으로 이는 긴장감이나 무력감을 증가시키고 직무만족·자신감을 감퇴시켜 자발적인 조직시민행동이나 노동력의 손실을 초래한다.

58	조직시민행동(OCB)	답 ④

조직시민행동은 조직에서 공식적으로 요구하지 않음에도 불구하고 구성원이 자발적으로 조직의 목표달성을 위하여 노력하는 행동을 뜻한다. OCB에는 크게 개인 차원의 조직시민행동(OCB-I)와 조직 차원의 시민행동(OCB-O)의 두 가지 유형이 있다. ④의 이타적 행동(altruism)은 OCB-O가 아니라 OCB-I에 해당한다.

⊕ 보충 조직시민행동(organizational citizenship behavior) - Williams & Anderson

1. 개념
   조직에서 공식적으로 요구하지 않음에도 불구하고 구성원이 자발적으로 조직의 목표달성을 위하여 노력하는 행동
2. 유형
   - 개인에 대한 조직시민행동(OCB-I)
     - 예의적 행동(courtesy): 자기 때문에 남이 피해보지 않도록 미리 배려하는 행동
     - 이타적 행동(altruism): 타인을 도와주려는 친사회적 행동 또는 친밀한 행동
   - 조직에 대한 조직시민행동(OCB-O)
     - 양심적 행동(성실행동, conscientiousness): 양심에 따라 조직이 요구하는 이상의 봉사나 노력을 성실하게 하는 행동
     - 신사적 행동(sportsmanship): 정정당당히 행동하는 것으로 남의 험담을 하지 않는 행동
     - 공익적 행동(시민의식행동, civic virtue): 조직 활동에 시민의식을 가지고 솔선수범하는 행동

59	우리나라 관료문화의 특징	답 ②

우리나라의 관료문화에 대한 설명으로 옳은 것은 ㄱ, ㄹ이다.

(선지분석)

ㄴ. 집단주의는 집단 내 구성원들 간의 소속감과 심리적 안정욕구를 충족하지만, 혈연·지연·학연 등의 집단 내부 결속으로 인해 할거주의적 태도를 증가시킨다.
ㄷ. 온정주의는 자기 집단 간의 따뜻한 정을 강조하여 행정의 공평성과 합리성을 저하시킨다.

60	조직문화의 일반적 기능	답 ④

조직문화는 지속성과 안정성을 특성으로 하기 때문에 조직의 성숙 및 쇠퇴 단계에서는 혁신을 저해하는 요인이 된다.

(선지분석)

① 조직문화는 구성원들에게 경계를 정해주기 때문에 조직의 정체성을 제공한다.
② 조직문화는 구성원들을 통합하여 행동을 형성시킨다.
③ 조직문화는 구성원들을 연결시키는 응집력과 일체감을 높여주는 접착제로써의 역할을 한다.

61	우리나라 문화의 특성	답 ①

개인주의는 우리나라 행정문화의 특성이 아니라 선진국의 행정문화의 특성이다. 우리나라의 행정문화는 집단주의적이고 전체주의적 성향이 강하다.

62	홉스테드(Hofstede)의 문화 차원	답 ②

집단주의가 강한 문화는 개인주의가 강한 문화에 비하여 상대적으로 개인 간 협력이나 결속력이 강한 특징을 보인다.

(선지분석)

① 불확실성 회피지수에 대한 설명이다.
③ 권력거리지수에 대한 설명이다.
④ 남성성/여성성에 대한 설명이다.

핵심POINT 홉스테드(Hofstede)의 문화 차원이론(CDT)

권력거리지수(PDI)	• 조직 내 불평등을 하급자들이 용인하는 정도 • 권력거리지수가 작은 경우 권력의 차이가 작은 민주적인 문화이고, 권력거리지수가 큰 경우 권력의 차이를 인정하는 권위적인 문화
개인주의/집단주의	• 사회구성원들이 집단보다 개인을 우선시하는 정도 • 개인주의적 문화에서는 개인적 성취와 개인의 권리를 강조하는 반면, 집단주의적 문화에서는 개인 간 협력이나 결속력을 강조
불확실성 회피지수(UAI)	• 사회구성원들이 불확실성과 모호성을 회피하려는 정도 • 불확실성과 모호성에 대한 사회적 저항력으로 사회 구성원이 불확실성을 최소화함으로써 불안에 대처하려고 하는 정도
남성성/여성성	• 남성성은 사회구성원들의 성공이나 재산, 권력에 대해 더 높은 가치를 주는 것이고 여성성은 사회구성원들이 삶의 질(QoL)이나 안정, 동료 간 관계 등에 더 높은 가치를 주는 것 • 성별 간 감정적 역할의 분화로서 남성적인 문화에서는 성역할의 차이가 크고 유동성이 작음
장기 지향성/단기 지향성	• 사회구성원들의 중시하는 시간범위 • 장기지향성은 저축 등 장기적이고 미래지향적인 가치를 중시하는 반면, 단기 지향성은 과거와 현재적 가치를 더욱 중시

63 한국의 행정문화 답 ①

우리나라의 행정문화는 아직까지 선진국의 문화보다는 개도국(후진국)적 행정문화와 관련되며, 이러한 개도국적 행정문화와 가장 가까운 것은 일반능력자주의이다. 선진국의 행정문화는 전문성과 능력에 기반한 전문행정가주의를 지향한다.

선지분석

② 상대주의는 선진국의 행정문화이고, 한국의 행정문화는 절대주의이다.
③ 합리주의, 과학주의는 선진국의 행정문화이고, 한국의 행정문화는 비합리주의, 비과학주의이다.
④ 모험주의는 선진국의 행정문화이고, 한국의 행정문화는 운명주의, 숙명주의이다.

64 조직문화 및 변동의 이론 답 ②

ㄱ, ㄷ은 조직문화 및 변동의 이론에 대한 옳은 설명이다.

선지분석

ㄴ. 홉스테드(Hofstede)는 '권력거리'의 크기가 작은 문화에서 평등한 관계를 중시하기 때문에 조직 내 의사소통이 활발하고 분권화된 경우가 많다고 본다. '권력거리'가 큰 경우 제도나 조직 내에 내재되어 있는 상당한 권력의 차이를 자연스럽게 인정하기 때문에 불평등한 관계를 인정하고 조직 내 의사소통이 집권화된 경우가 일반적이다.

65 조직문화 답 ③

퀸(Quinn)과 킴벌리(Kimberly)의 조직문화유형에 대한 옳은 설명이며, 특히 조직몰입의 중요성을 강조한다. 조직몰입이란 조직에 대해 갖고 있는 개인적 태도로서 자신이 소속되어 있는 그 조직에 얼마나 헌신하고자 하는 정도, 즉, 조직구성원이 조직에 대해 가지는 애착의 정도를 말한다.

선지분석

① 조직의 성숙 및 쇠퇴 단계에서는 이미 형성된 공식화된 조직문화가 조직혁신의 제약요인으로 작용할 수 있다.
② 기존 연구들은 주로 조직 내부 구성원 간의 거래관계나 조직 외부 환경과의 대응 관계를 두 가지 범주에서 조직문화의 유형화 기준을 도출하고 있다.
④ 퀸(Quinn)과 킴벌리(Kimberly)에 의하면 합리문화는 합리적인 계획과 목표, 의사결정의 효과성, 그리고 성과에 따른 적절한 보상을 중시한다. 참여를 중시하는 것은 집단 문화이고, 안정성을 중시하는 것은 계층적 문화이다.
⑤ 홉스테드(Hofstede)의 문화차원이론에 따르면 구성원들의 화합과 상호의존적인 관계를 강조하는 집단주의 문화는 개인주의의 문화보다 단단한 개인 간 관계를 더 중요시한다.

핵심POINT 퀸(Quinn)과 킴벌리(Kimberly)의 조직문화유형

구분	계층문화	발전문화	합리문화	집단문화
기본전제	안정	변혁	달성	친밀한 유대감
동기유발	안정성	성장 가능성	능력	심리적 일체감
의사결정	문서, 책임	적응성, 합법성	능률, 효과성	참여, 후원
지향가치	안정성, 통제	성장, 자원획득	생산성, 효율성	인적자원 개발
리더십	보수적, 모험 회피적	혁신적, 모험 지향적	지시적, 목표 지향적	상호 관계적, 상호 보완적

CHAPTER 4 | 조직과 환경

THEME 39 거시조직이론

정답 p. 234

01	④	02	①	03	②	04	②	05	②
06	①	07	③	08	④	09	④	10	④
11	②	12	③	13	④	14	②	15	②
16	①	17	④	18	④	19	①	20	③
21	③	22	⑤	23	③	24	③	25	①
26	③								

01 거시조직이론의 특징 답 ④

대리인이론은 주인과 대리인 간의 정보비대칭문제를 해결하기 위하여 성과급제도와 같은 유인설계를 하는 것이 바람직하며, 정보의 비대칭성하에서 대리인에게 지나치게 권한을 위임하면 대리인의 도덕적 해이가 더욱 증가하는 문제가 발생하게 된다.

02 거래비용이론 답 ①

거래비용이론에 대한 설명으로 옳은 것은 ㄱ, ㄴ, ㄷ이다.

선지분석

ㄹ. 거래비용이론에 따르면 제한된 합리성, 환경의 불확실성 등의 요인으로 인하여 거래비용이 존재하고 시장실패가 발생하게 되며, 이에 대한 대안으로 거래비용을 최소화하기 위하여 사람들은 계서적 조직을 선호한다는 것이다. 이는 거래비용의 측면에서 시장조직보다 계서적 조직이 더 효율적이라는 이론이지만, 계서적 조직이 능률성을 높일 수 있는 유일한 방안이라고 보지는 않는다.

ㅁ. 거래비용이론은 비용 측면만 강조하므로 상대적으로 공공행정의 민주성이나 형평성 등을 고려하지 못한다.

03 거시조직이론 답 ②

자원의존이론은 조직이 외부자원에 의존적이라고는 보지만, 자원을 획득하고 유지할 수 있는 능력을 조직생존의 핵심요인으로 보는 전략적 선택이론의 일종이다. 조직은 상황적 제약요건을 어느 정도 정치적이고 전략적인 조정을 통해 완화시킬 수 있다는 입장(Pfeffer & Salanick, 1978)이므로 결정론에 속하지는 않는다.

선지분석

① 로렌스와 로쉬(Lawrence & Lorsch)의 상황적응이론은 개방체제론을 조직현상에 응용한 것으로 분화와 통합을 강조한다.

04 상황론적 조직이론 답 ②

상황론적 조직이론은 모든 상황에 적합한 유일최선의 원리와 관리방법은 없다는 것을 전제로 조직의 보편적이고 일반적인 원리들을 부정한다. 즉, 조직이 처한 특정 상황에 적합한 조직구조를 처방하고자 노력한다.

05 거시조직이론 답 ②

조직과 제도의 변화과정을 사회문화적 규범이나 가치체계에 적용하는 입장은 결정론적 입장에서의 제도화이론이다.

핵심POINT 임의론적 관점의 거시조직이론

<table>
<tr><td>전략적 선택이론</td><td colspan="3">• 조직의 능력 강조: 관리자의 상황판단전략이 구조 결정
• 스콧(Scott)의 전략이론
- 완충전략(분류, 비축, 형평화, 성장, 예측)
- 연결전략(권위주의, 경쟁, 계약, 합병)</td></tr>
<tr><td>자원의존이론</td><td colspan="3">조직의 능동적 행동 강조: 환경의 불확실성을 극복하기 위해서 조직은 환경적 영향에 적극적으로 대처</td></tr>
<tr><td rowspan="5">공동체생태학 이론</td><td colspan="3">• 조직은 공동전략에 의해 능동적으로 환경에 적응, 상호 의존적 · 호혜적
• 조직군생태학이론과의 비교</td></tr>
<tr><td>구분</td><td>공동체생태학</td><td>조직군생태학</td></tr>
<tr><td>환경에 대한 관점</td><td>통제 ○, 상호작용</td><td>통제 ×, 적소 찾기</td></tr>
<tr><td>관리자</td><td>환경에 적극적 대응</td><td>무기력, 상징적</td></tr>
<tr><td>조직 간 관계</td><td>협력적, 호혜적, 적극적</td><td>경쟁적, 수동적</td></tr>
</table>

06 조직군생태론 답 ①

조직군생태이론에서 조직은 환경을 선택하는 능동적 존재가 아니라 환경이 조직을 선택하는 수동적인 존재로 가정하며 환경의 절대적 영향력을 강조한다.

핵심POINT 조직군생태론의 종단분석(longitudinal analysis)

변이	⇨	선택	⇨	보존
• 계획적 변화 • 우연적 변화		• 환경적소 • 동일성 원칙		• 관료제화 • 구조적 타성

보충 조직군생태론의 가정과 특징

1. 분석단위는 개별조직 또는 조직군
2. 조직학의 지배적 관점인 적응관에 대한 대안이자 도전
3. 조직은 구조적 타성에 빠지기 쉽고 적응능력을 제한하는 구조적 타성이 바로 적응관점을 선택관점으로 대치하는 근거가 됨
4. 조직변화는 시계열적인 종단분석(변이 → 선택 → 보존)에 의해서만 검증이 가능
5. 조직구조와 환경적소 간에는 1 : 1 동일성 원칙에 입각하여 조직구조는 환경적소로부터 편입되거나 도태됨

07	현대(거시)조직이론	답 ③

상황론적 조직이론은 변수를 한정시키고 상황조건을 유형화해 개별 조직(중범위) 수준에서 일반성과 규칙성을 발견하려고 한다.

선지분석

① 조직군생태론은 단일조직이 아닌 조직군을 기본분석단위로 한다.
② 거래비용이론은 조직경제학이론의 한 접근법으로 조직 내 거래비용보다는 조직 간 거래비용에 더 많은 관심을 둔다.
④ 대리인이론은 정보의 비대칭성과 자산특정성으로 인해 합리적 선택을 제약하며, 주인-대리인 관계는 조직 내·외에서 모두 나타난다고 본다.

08	거시조직이론	답 ④

조직군생태학이론에서는 조직군의 변화를 이끄는 변이의 원인으로 환경에 대한 적응이나 선택 등과 같은 계획적 변화뿐만 아니라 우연한 사건이나 기회와 같은 우연적 변화를 통해서도 나타난다.

선지분석

① 구조적 상황이론은 불안정한 환경 속에 있는 조직은 유기적인 조직구조를 선택하는 것이 효과적이다.
② 전략적 선택이론은 동일한 환경에 처한 조직도 환경에 대한 관리자의 지각 차이로 상이한 선택을 할 수 있다.
③ 거래비용이론은 시장에서의 거래비용(외부비용)이 조직의 내부거래비용(조정비용)보다 클 경우 내부 조직화를 선택한다.

09	현대조직이론	답 ④

상황론적 조직이론은 규모, 기술, 환경 등 다양한 상황 요인에 적응해가는 조직적합성을 찾는 이론으로 모든 상황에 적합한 유일 최선의 조직설계와 관리(원리)의 방법은 없다는 것을 강조한다.

선지분석

③ 혼돈이론은 불규칙한 무질서 현상의 배후에 감추어져 있는 규칙성을 찾는 이론적 접근을 말한다. 혼돈이론은 복잡한 문제에 대한 통합적 접근을 시도하지만, 아직까지 경험적 연구가 부족하고 현실에 적용하기 어렵다는 한계를 갖는다.

10	대리인이론	답 ④

설문은 A 보험회사와 B 보험가입자와의 정보의 비대칭성으로 인해 발생하는 회사의 보험재정악화와 같은 대리손실을 다루는 주인-대리인이론과 관련이 있다.

11	주인-대리인이론	답 ②

주인과 대리인의 정보비대칭성으로 역선택과 도덕적 해이가 발생한다. 이로 인해서 주인과 대리인의 목표 상충으로 인해 대리손실(agent-loss)이 나타나게 된다.

12	주인 - 대리인이론	답 ③

대리인에 의한 도덕적 해이는 대리인에게 지급하는 성과급이 거래비용보다 작을 때 나타난다. 따라서 도덕적 해이를 막으려면 대리인 없이 거래하는 거래비용보다 많은, 충분한 인센티브(예 성과급 등)를 대리인에게 제공해야 한다.

선지분석

① 주인 - 대리인이론에서는 주인과 대리인 모두 합리적 인간이며, 주인이 대리인보다 전문지식이 부족하다고 전제한다.
② 대리인에 대한 감시 · 통제비용을 포함한 거래 전 · 후의 모든 비용이 거래비용에 포함된다.
④ 주인이 대리인에 대한 정보가 부족해서 무능력자나 부적격자를 대리인으로 잘못 선임하는 역선택이 발생한다.

13	합리적 선택을 제약하는 요인	답 ④

주인 - 대리인이론에서 자산특정성이 높으면 주인 - 대리인 관계를 변경하기 어렵게 된다. 이러한 자산특정성은 자산의 고정성 및 이전불가능성을 말하는 것으로 조직이 투자한 자산이 고정적이어서 자산 특정성이 높으면 관계가 고착화되어 대리인 관계가 비효율적이더라도 이를 바꾸기 어렵게 된다.

14	거래비용이론	답 ②

윌리암슨(Williamson)의 거래비용이론에서 계층제는 거래비용을 최소화하기 위한 대안으로, 조직 내부에서 의사결정이 이루어지기 때문에 내부비용(의사결정비용)은 감소하고, 외부비용(외부에 있는 관련자들을 설득하는 비용, 집행비용)은 늘어난다.
윌리암슨(Williamson)의 거래비용이론은 제한된 합리성 및 기회주의라는 인간적 요인과 환경의 불확실성 및 소수교환관계라는 환경적 요인 등으로 인해 거래비용이 발생하는데, 이를 최소화하기 위하여 조직을 이용하여 거래를 내부화하는 것이 필요하다고 본다. 즉, 조직을 통한 거래는 ① 연속적 · 적응적 의사결정을 용이하게 함으로써 인간의 제한된 합리성을 완화할 수 있고, 소수에 의한 교환(경쟁)관계로 인한 기회주의적 행동을 희석시킬 수 있으며, ② 환경의 불확실성을 감소시킬 수 있고, ③ 정보의 밀집성(편재성)을 극복할 수 있어 시장거래보다 효율적이라고 주장한다.

⊕ 보충 거래비용 발생(증가)요인 - 시장실패요인

1. 인간적 요인
   - 사이먼(Simon)의 제한된 합리성
   - 기회주의적 행동
2. 환경적 요인
   - 환경의 불확실성
   - 소수에 의한 경쟁
3. 자산의 특정성(전속성), 이전 불가능성
4. 정보의 편재성(밀집성), 정보격차
5. 거래빈도가 많을수록 거래비용 증가

15	거래비용이론	답 ②

생산보다는 비용에 관심을 가지며, 조직을 거래비용 감소를 위한 장치로 파악하고 거래비용의 최소화가 효율성의 관건이라고 본다. 이러한 거래비용의 감소를 위해서는 조직의 구조가 U형보다는 M형이 되어야 한다고 주장한다.

선지분석

① 거래비용의 최소화를 위해서는 거래를 외부화하는 것이 아니라 내부화하는 것이 효율적이다.
③ 조직 통폐합이나 내부 조직화는 내부조정비용이 거래비용보다 작을 때 효과적이다.
④ 거래비용에는 거래 상대방의 기회주의적 행동에 대비한 탐색비용 등이 모두 포함된다.
⑤ 거래비용이론은 거래비용 발생에 따른 시장실패를 설명하기 위한 모형이었으며 따라서 공공조직보다 민간조직에 적용가능성이 높다.

16	거래비용이론	답 ①

정보의 비대칭성에 의한 역선택과 도덕적 해이 등 기회주의적인 행동은 주인이 대리인을 알 수 없는 시장에서 더욱 증가한다. 그러므로 기회주의적 행동을 제어하는 데에는 시장이 계층제보다 더 효율적인 수단이라고 보기는 어렵다.

선지분석

② 거래비용에는 사전 탐색비용과 거래이행비용, 그리고 사후감시비용 등을 모두 포함한다.
③ 시장에서의 거래비용이 계층제 내의 조정비용보다 크면 거래를 조직내부에서 새로운 조직을 만들거나 부서를 개편하는 것을 통해 내부화하는 것이 효율적이다.
④ 거래비용이론에서 조직은 '거래비용의 최소화'를 관건으로 하는 조직경제학의 주요이론이다.

17	거시조직이론	답 ④

거시적 조직이론 중 전략적 선택이론의 분석단위는 조직군이 아니라 개별조직이다.

핵심POINT 거시적 조직이론

구분	결정론 (환경 → 조직)	임의론 (자발론, 환경 ⇄ 조직)
개별 조직	체제구조적 관점 구조적 상황이론 (상황적응이론)	전략적 선택 관점 • 전략적 선택이론 • 자원의존이론
조직군	자연적 선택 관점 • 조직군생태학이론 • 조직경제학이론 - 주인대리인이론 - 거래비용이론 • 제도화이론	집단적 행동 관점 공동체생태학이론

18	거시조직이론	답 ④

자원의존이론은 임의론적 관점으로 조직은 환경의 희소한 자원에 의존적이지만 환경에 능동적으로 대응할 수 있는 적극적이고 동태적인 조직이다.

19	상황적응적 접근방법	답 ①

상황이론은 모든 상황에 적합한 유일 최선의 관리방법을 모색하는 고전적 조직이론을 비판한다. 효과적인 조직구조나 관리방법은 환경 등의 상황요인에 따라 달라지기 때문에 모든 상황에 적합한 유일 최선의 방법보다는 정해진 상황에 적합한 효과적인 조직구조설계나 관리방법을 규명하는 것이다.

20	거시조직이론	답 ③

구조적 상황이론은 환경에의 적응이 조직 생존능력의 핵심으로 유일 최선의 조직구조나 전략은 존재하지 않으며 상황에 따라 환경에 적응하는 조직의 구조설계를 강조한다.

선지분석

① 공동체생태학이론은 조직상호 간에 공동체를 형성하여 환경에 적극적으로 대응하는 전략으로 조직의 내적 논리보다는 조직 간 공동전략에 의한 외적 논리를 강조한다.
② 자원의존이론은 임의론적 관점으로 관리자의 선택에 의한 능동적이고 적극적인 환경관리를 중시한다.
④ 조직군생태학이론은 환경이 조직을 선택한다는 절대적인 환경결정론으로서 조직의 주도적 선택을 인정하지 않는다.

21	거시조직이론	답 ③

거시조직이론 중 조직군 생태학은 조직군을 대상으로 하는 결정론적 입장으로 조직을 외부환경의 선택에 영향을 받는 수동적인 존재로 이해한다.

선지분석

① 전략적 선택론은 조직 설계의 문제를 단순히 상황적응의 차원이 아니라 설계자의 자유재량에 의한 능동적 산물로 파악한다.
② 번스(Burns)와 스토커(Stalker)는 구조적 상황이론에서 조직을 둘러싼 환경의 성격 및 특성이 조직구조와 어떻게 관련되는지를 설명하고 있다.
④ 버나드(Barnard)는 관리자의 기능(1937)에서 과학적 관리론을 비판하며 조직 내 인간적·사회적 측면을 강조하였다. 특히 구성원들 간의 관계와 협력이 생산성에 중요한 영향을 준다고 하여 사이먼(H. Simon)의 행태론에 중요한 영향을 미쳤다.

22	조직이론	답 ⑤

자원의존이론은 조직과 환경과의 관계를 조직에 의한 전략적 선택으로 보는 임의론적 관점이며, 조직은 능동적으로 환경을 개척해나간다는 것을 전제로 한다.

(선지분석)

① 고전적 조직이론은 과학적 관리론을 배경으로 하며, 인간관계론을 배경으로 성립된 조직관은 신고전적 조직이론이다.
② 신고전적 조직이론인 인간관계론은 기계적 능률이 아닌 사회적 능률을 강조한다.
③ 주인-대리인 이론에서는 정보의 비대칭성이 있다는 점을 전제로 한다.
④ 상황론적 조직이론은 모든 상황에 유일 최선의 방법이나 원리는 없다는 입장으로 상황변수에 따라 조직을 적합하게 설계하여야 한다는 이론이다.

23	조직군 생태학(population ecology)	답 ③

조직군 생태학은 조직이 외부환경의 선택에 좌우되는 피동적인 존재로 보는 환경결정론적 관점으로, 조직의 전략적 선택이나 집단적 행동의 중요성을 경시한다는 비판을 받는다.

(선지분석)

① 조직의 성공은 환경에 가장 적합한 환경적소를 강조한다.
② 조직은 구조적 타성 즉 기존의 조직구조를 유지하려는 성향을 갖기 때문에 환경변화에 부적합한 조직은 자연도태 된다는 것이다.
④ 분석 수준을 개별 조직에서 조직군에 중점을 둔다.

24	혼돈이론	답 ③

혼돈이론의 특징에 조직의 규모 확대는 포함되지 않으며, 탈관료제적 처방을 선호한다. 창의적 학습과 계획을 위하여 제한된 무질서를 용인하도록 조성하며 계층제의 탈피, 업무의 유동성, 다기능적 팀의 활용, 흐름 중심의 조직, 저층구조화 등을 추구한다.

⊕ 보충 혼돈이론의 특징

1. 초기치 민감성과 나비효과(Butterfly effect)
2. 정책결과 예측의 어려움
3. 결정론적 혼돈(한정적 혼란, 질서 속의 무질서)
4. 방법론적 환원주의의 한계 지적
5. 정책연구에 대한 새로운 시각 제공

25	혼돈이론	답 ①

혼돈이론은 현실의 복잡성과 불확실성을 극복하기 위해 단순화·정형화시키기보다는 혼돈과 무질서 속에서 일정한 흐름을 능동적으로 찾아 문제를 해결하자는 것이다.

26	혼돈이론	답 ③

ㄱ, ㄴ, ㄹ은 옳은 내용이다.

ㄱ. 혼돈이론은 안정된 운동 상태를 보이는 계(系)가 어떻게 혼돈상태의 복잡계로 바뀌는가를 설명하고, 또 혼돈상태에서 숨겨진 질서를 찾으려는 시도이다.
ㄴ. 혼돈이론에 의하면, 혼돈은 스스로 불규칙하게 변화할 뿐 아니라 미세한 초기조건의 차이가 점차 증폭되어 시간이 얼마간 지나면 완전히 다른 결과를 나타내는 이른바 초기치민감성을 중시한다.
ㄹ. 혼돈이론에서 자기조직화란 스스로 학습하는 자생적 학습능력을 말하고 공진화란 원인과 결과변수가 상호작용하면서 함께 진화하는 공동적인 진화를 의미한다. 이러한 자기조직화(self-organizing)와 공진화(co-evolution)과정을 통해서 혼돈 속에서 질서를 찾는 과정을 설명하고 있다.

(선지분석)

ㄷ. 혼돈이론은 선형적 변화가 아닌 비선형적 변화를 가정하며, 이는 뉴턴(Newton)의 운동법칙과 달리 초기의 작은 변화요인이 엄청난 결과를 가져올 수도 있는 나비효과를 나타낸다.

CHAPTER 5 | 조직관리 및 개혁론

THEME 40 권위와 권력, 갈등관리, 의사전달

정답

p. 241

01	①	02	④	03	②	04	③	05	②
06	④	07	③	08	⑤	09	⑤	10	①
11	②	12	④	13	②	14	③	15	⑤
16	④	17	③	18	②	19	③	20	④
21	④	22	④						

01 조직관리의 내용 답 ①

조직관리는 조직구성원들이 조직의 목표를 성취하기 위한 체계적이고 의도적인 과정 및 방법, 활동을 의미한다. 그러한 과정 속에서 구성원 간의 목표가 일치하지 않을 수도 있기 때문에 구성원 간의 목표일치를 전제로 하여 관리전략을 수립하는 것은 아니다.

02 프렌치와 레이븐(French & Raven)의 권력유형 답 ④

프렌치와 레이븐(French & Raven)의 권력의 원천을 기준으로 권력의 유형을 다섯 가지로 분류하고 있는데, 상징(symbol)은 권력의 원천에 해당하지 않는다.

핵심POINT 권력의 유형

합법적 권력	조직이나 계층상의 위계에 의하여 행사되는 권력
강제적 권력	공포에 기반을 둔 권력으로서 처벌할 수 있는 능력에 의하여 야기되는 권력
보상적 권력	복종의 대가로서 승진이나 봉급의 인상 등 보상을 제공할 수 있는 능력에 기반을 둔 권력
전문적 권력	전문적 지식이나 기술에 의하여 전개되는 권력으로서 정통적·보상적·강제적 권력과는 달리 조직의 공식적 직위와 일치하지 않을 수도 있음
준거적 권력	어떤 사람의 능력이나 매력에 존경과 호감을 느낌으로써 그를 자기의 역할모델로 삼으며(역할모형화), 일체감과 신뢰를 바탕으로 함

03 프렌치와 레이븐(French & Raven)의 권력의 원천 답 ②

프렌치와 레이븐(French & Raven)은 권력의 원천에 따라 권력을 5가지(합법적 권력, 강압적 권력, 보상적 권력, 전문적 권력, 준거적 권력)로 구분하였다. ② 강압적 권력은 인간의 공포심에 근거를 두고 처벌과 위협을 가함으로써 상대방의 복종을 이끌어내는 권력으로 카리스마적 개념과는 전혀 다른 것이다. 카리스마적 권력은 리더의 초인적인 자질과 능력에 따라 추종자의 리더에 대한 강한 헌신과 일체화를 기반으로 하는 권력이다.

(선지분석)

① 합법적 권력은 상급자의 공식적인 직위에 따른 권력이다.
③ 전문적 권력은 구성원의 전문성에 기반을 둔 권력으로 공식적인 직위와 항상 일치하지 않는다.
④ 준거적 권력은 자신보다 뛰어나다고 생각하는 사람을 닮고자하는 역할모델에 의한 권위이다.

04 갈등에 대한 관점 답 ③

행태론적 입장에서는 갈등이 조직성과에 부정적 영향을 미치므로 제거되어야 한다고 보지 않고 순기능적 관점에서 갈등을 불가피한 현상으로 보거나 건설적으로 해결하면 조직목표달성에 기여한다고 본다.

05 갈등관리의 관점 답 ②

갈등을 조직발전의 원동력으로 보는 관점은 행태주의 관점이 아니라 상호작용론의 관점이다. 행태주의 관점은 갈등을 불가피한 현상으로 간주하였으며, 갈등발생의 경우 건설적으로 해결하면 조직목표달성에 기여할 수도 있다고 보았다. 이는 갈등을 해결의 대상으로 본 것이지 조직발전의 원동력으로 본 것은 아니다.

핵심POINT 갈등관리의 관점(Robins & Judge)

전통적 관점 (갈등역기능론)	갈등은 해롭고 나쁜 것이고 부정적이므로 회피의 대상으로 간주
행태주의 관점 (갈등불가피론)	• 갈등은 자연적이고 불가피한 것으로 수용 • 용인의 대상으로 간주, 순기능 인정
상호주의 관점	갈등의 용인(수용)에 그치지 않고 적극적인 갈등 조장하여 조직변화의 원동력으로 간주

06 토마스(Thomas)의 대인적 갈등관리방안 답 ④

자신과 상대방의 이익 모두를 만족시키려는 방안은 타협이 아니라 협동이다. 타협은 자신과 상대방의 이익을 중간 정도로 절충시키려는 방안이다.

핵심POINT 갈등유형과 사용전략(Thomas)

경쟁	• 신속하고 결단력이 필요한 경우 • 인기 없는 조치를 실행할 경우 예 비용 절감 등
협동	• 타협이 안 될 때 - 양쪽 관심사가 너무 중요한 경우 • 양쪽의 관여(협력)가 필요한 경우
타협	• 복잡한 문제에 대한 잠정적 해결방안 • 임기응변적 해결이 요구될 경우
회피	• 한 문제는 사소하고, 다른 문제는 중요한 경우 • 사람들의 생각을 가다듬게 할 필요가 있을 경우
순응	• 논제가 타인에게 중요한 의미를 지닌 경우 • 다음 논제에 대한 사회적 신용 획득을 위한 경우

07	갈등관리유형	답 ③

당사자 간 서로 존중하고 자신과 상대방 모두의 이익을 극대화하려는 유형으로 'win-win' 전략을 취하는 것은 타협(compromising)이 아닌 협동(collaboration)이다.

08	갈등관리의 전략	답 ⑤

의사전달통로를 변경하거나 조직 내의 계층 수 및 기능적 조직단위의 수를 늘려 서로 견제하게 하는 것은 해소전략이 아니라 조성전략에 해당한다.

(선지분석)

갈등관리전략에는 해소전략과 조성전략이 있는데, 해소전략은 갈등을 해로운 것으로 보는 역기능적 관점이지만, 조성전략은 갈등 순기능적 관점이다. 따라서 ①, ②, ③은 갈등해소전략에 해당한다.

핵심POINT 갈등관리의 전략

해소 전략	• 문제의 공동해결 및 상호작용의 촉진 • 상위목표 설정 • 집단 간 상호의존성 감소 • 자원 및 평가기준과 보상시스템 확충 • 갈등집단의 통폐합 및 공동경쟁대상(공동의 적) 설정 • 청원시스템(공식경로를 통한 고충 해결) • 공식적인 계층제에 의한 방법(상급자의 권한 발동에 의한 해결방법으로 명령과 강제 수반) • 기타방안: 리더십의 발휘, 의사전달의 촉진, 인사교류 및 공동교육훈련, 상위이념(상위목표)의 제시(Gulick), 조정기구에 의한 방법, 협상·타협과 완화, 조직개편 등
조성 전략	• 정보 및 권력의 재분배: 정보량의 조절(억제 또는 확대)이나 정보전달 통로의 의도적 변경 • 제도적 갈등조장 방안: 수평적 분화를 통한 조직구조의 분화·변경으로 부처 간의 차이 심화, 조직개편이나 직무재설계로 새로운 조직환경하에서 새로운 직무를 담당하도록 유도 • 충격요법적 방법: 긴장과 갈등을 야기할 수 있는 의사결정을 앞당기거나, 외부집단의 도전이나 위협을 느끼도록 유도하여 무사안일주의 타파 • 인사정책적 방법: 순환보직 등 인사이동 • 경쟁상황의 창출: 보수·인사 등에 있어 경쟁원리 도입(예 성과급, 공모·개방형 직위 등) 및 갈등을 야기할 수 있는 의사결정의 시도

09	갈등관리 방안	답 ⑤

업무의 상호의존성이 높은 경우에는 갈등이 높아진다. 따라서 업무의 상호의존성에 따른 갈등예방을 위해서는 업무 의존성을 완화시키고 구체적으로 당사자 간, 부서 간 접촉의 필요성을 줄여주는 전략이 유효하다.

(선지분석)

① 직급교육이란 분야별 전문교육과는 다른 것으로 동일 직급 구성원들을 함께 교육시키는 것인데 분업으로 인한 갈등을 예방하는 데 효과적이다.
② 자원의 희소성으로 인한 갈등예방은 자원을 늘리는 것이 근본적인 방법이지만 자원이 제약되어 있다면 그 배분기준을 명확하게 하는 것이 필요하다.
③ 조직침체 극복을 위한 갈등조장을 위해서는 적당한 긴장과 불확실성을 높이는 전략이 유효하다.
④ 개인의 특성 차이로 인한 갈등은 공감대 형성과 가치관 근접을 위한 교육이 바람직하다.

10	갈등관리	답 ①

구조적 분화와 전문화는 부처 간 차이를 심화시키므로 갈등의 해소전략이 아니라 갈등의 조성전략이다.

11	갈등의 조성전략	답 ②

공동으로 추구해야 할 상위목표를 제시하는 것은 갈등의 조성전략이 아니라 해소전략이다.

12	조직 내 갈등	답 ④

갈등을 진행단계별로 분류할 때 지각된 갈등은 구성원들이 느끼게 된 갈등을 의미한다. 갈등이 야기될 수 있는 상황 또는 조건은 잠재적 갈등에 해당한다. 폰디(Pondy)는 갈등을 진행 단계에 따라 다음과 같이 5단계로 구분하였다.

(선지분석)

① 과업 간 상호의존성이 높은 경우 갈등이 야기될 수 있는 상황이 높아지며 이 경우 잠재적 갈등이 야기될 수 있다.
② 고전적 관점(인간관계론)에 따르면 갈등은 인간관계에 부정적인 것이므로 해소시키는 것이 바람직하다는 입장이다.
③ 의사소통과정에서 충분한 양의 정보도 정보의 정확성 문제 등으로 인해서 갈등을 유발하는 경우도 있다.

핵심POINT 진행단계에 따른 갈등 분류(Pondy)

잠재적 갈등	갈등이 야기될 수 있는 상황 또는 조건
지각된 갈등	구성원들이 지각하게 되는 갈등
감정적 갈등	지각이 감정으로 연결되는 갈등
표면화된 갈등	감정이 노골적으로 표출되는 갈등
갈등의 결과	갈등에 대응한 후 남는 조건 또는 상황

13	갈등해소전략	답 ②

갈등해소전략은 조직 내 하위목표가 아니라 상위목표를 강조하는 것이다. 하위목표를 강조할수록 갈등은 오히려 심화될 수 있다.

선지분석

① 전통적인 시각인 인간관계론에서 갈등은 비용과 비합리성을 초래하는 해로운 것으로 회피의 대상으로 간주한다.
③ 갈등을 순기능은 적정 수준의 갈등은 새로운 아이디어를 촉발, 문제 해결의 개선에 기여하는 순기능이 있다.
④ 행태론적 시각은 조직 내 갈등을 불가피하고 정상적인 것으로 간주하며 가급적 목표달성에 기여하도록 한다.

14	갈등관리(Timorthy & Judge)	답 ③

티모시와 저지(Timorthy & Judge)는 갈등의 대상을 기준으로 직무갈등(task conflict), 관계갈등(relationship conflict), 과정갈등(process conflict)으로 구분하였다. 이 중 직무갈등이란 업무의 내용이나 목표와 관련된 갈등으로 업무 간 상호의존성이나 지나친 분업, 목표간 차이 등에서 발생하는 갈등이다. 따라서 업무의 존성을 줄여주거나 계층제적 권위 또는 상위목표의 제시 등에 의하여 해결하는 것이 바람직하다.

선지분석

① 갈등의 순기능에 해당하는 설명이다.
② 관계갈등은 대인관계의 악화로 인한 갈등으로 이를 해결하기 위해서는 의사전달의 장애요소를 제거하고 직원들 간 소통기회를 제공해 줄 필요가 있다.
④ 과정갈등은 업무수행과정에서 발생하는 갈등으로 상호 의사소통증진이나 조직구조의 변경을 통하여 해결할 수 있다.
⑤ 갈등의 역기능에 해당하는 설명이다.

15	갈등관리에 대한 내용	답 ⑤

중재(arbitration)는 당사자가 분쟁을 제3자인 중재자(arbitrator)에게 의뢰하여 중재인이 법적 구속력이 있는 결정을 내리는 방식으로 구속력이 없는 조정과는 구별된다.

선지분석

① 로빈스와 저지(Robbins & Judge)의 갈등에 관한 관점에서 인간관계적(human relations)관점은 행태론적 관점으로 인간관계에서 갈등은 자연스러운 것으로 불가피하다면 받아들이자는 입장이다.
② 사이먼과 마치의 갈등해결 방안 중 교섭(bargaining)이 아니라 정략(politics)에 대한 설명이다.
③ 폰디(Pondy)가 분류한 관료제적(bureaucratic) 갈등이 아니라 협상적 갈등에 대한 설명이다.
④ 갈등 예방 전략이 아니라 갈등 조성 전략에 대한 설명이다.

핵심POINT 사이먼과 마치의 갈등에 대한 조직의 대응행동

합리적·분석적 해결	문제해결 (problem solving)	갈등의 당사자 간에 목표의 합의가 이루어져 있으므로 결정되어야 할 문제는 이미 합의를 본 기준에 맞는 해결책을 강구하는 것을 강조하는 방식
	설득 (persuasion)	자신은 하지 않고 상대방을 이해시켜 자신의 주장으로 끌어들이려 하는 노력으로, 공동목표에 입각하여 하위목표에 대한 의견대립을 조정하는 방식
정치적·비분석적 (협상적) 해결	거래 (bargaining)	어떤 공통된 문제에 대하여 당사자 상호 간에 합의를 형성함으로써 상충되는 이익을 조정해 나가는 방식
	정략 (politics)	열세에 놓인 당사자가 유력한 후원자를 동원해 유리한 타결을 모색하는 방식

핵심POINT 조직체제(하위단위)에 의한 갈등의 유형(R. Pondy)

협상적 갈등	자원의 부족에 기인한 이해관계자 간의 갈등상태로 상호 간의 협상에 의하여 해결을 모색 예 노사 간의 갈등
관료제적 갈등	수직적 계층제인 관료제의 상·하 간에 발생하는 갈등 예 임금, 근무시간에 대한 갈등
체제적 갈등	수평적이고 횡적인 조직(부서)단위 간의 기능적인 갈등 예 부처 할거주의(이기주의)

핵심POINT 대안적 분쟁해결 방법(Alternative Dispute Resolution; ADR; 제3자 협상)

협상 (Negotiation)	서로 다른 의견을 가진 당사자들이 제3자의 개입 없이 대화나 합의로서 분쟁을 해결하는 방식
알선 (Conciliation)	알선자(conciliator)가 분쟁해결을 주선하는 것으로 조정보다 덜 공식적인 형태로 일어나며, 알선자는 분쟁해결에 적극적으로 참여하지 않고 비공식적으로 양측의 의견을 소통해주는 역할을 담당함
조정 (Meditation)	알선으로 해결이 어려울 경우, 제3자인 중립적인 조정자(mediator)가 협상에 개입해 상호 수용할만한 해결책에 이르도록 돕는 것으로 구속력은 없음
중재 (Arbitration)	이해당사자가 갈등해결을 제3자인 중재자(arbitrator)에게 의뢰해 중재자가 법적 구속력 있는 결정(재정)을 내리는 방식으로 준사법적 절차에 해당하며 불복 시 소송절차로 이행됨

16	의사전달의 특징	답 ④

공식적 의사전달은 비공식적 의사전달에 비해 신속하지 않으나, 책임소재는 명확하다.

핵심POINT 공식적 · 비공식적 의사전달의 장단점

구분	공식적 의사전달	비공식적 의사전달
장점	• 상관의 권위를 유지 • 의사전달이 확실 · 편리 • 전달자와 피전달자가 분명하고 책임소재가 명확 • 정보의 사전입수로 비전문가라도 의사결정이 용이 • 정보나 근거의 보존이 용이	• 신속하고 적응성이 강함 • 배후사정을 소상히 전달 • 긴장 · 소외감 극복과 개인적 욕구의 충족 • 직원들의 동태 파악과 행동의 통일성 확보 • 신속성과 융통성이 높고 공식적 전달을 보완
단점	• 의사전달의 신축성이 없고 형식화되기 쉬움 • 배후사정을 소상히 전달하기 곤란 • 변동하는 사태에 신속히 적응하기 어려움 • 기밀 유지 곤란	• 책임소재가 불분명하고, 조정 · 통제가 곤란 • 개인목적에 역이용되는 점 • 공식적 의사소통기능을 마비시키는 점 • 수직적 계층제하에서 상관의 권위가 손상

17 의사전달의 장애요인 답 ③

환류를 차단할 경우 의사전달의 신속성을 제고할 수는 있으나, 정확성은 낮아지게 된다.

18 계층제로 인한 의사소통의 장애현상 답 ②

②는 전달매체에 기인한 의사전달 장애현상이며, 계층제로 인한 상하 간의 의사전달 장애현상은 아니다.

선지분석

① 전달자의 자기방어의식에 기인한 의사전달의 왜곡현상이다.
③ 전달자의 의식적 제한에 기인한 의사소통의 장애현상이다.
④ 잘못된 상급자의 의사결정을 하급자가 수용하는 상하 간 의사소통의 장애현상이다.

19 개인적 갈등의 원인과 유형 답 ③

사이먼과 마치(Simon & March)는 개인적 갈등을 세 가지 유형으로 분류하였는데, 설문은 비비교성(incomparability)에 의한 갈등이라 하였다.

⊕ 보충 개인적 갈등의 원인과 유형(Simon & March)

1. 비수락성(unacceptability)
   대안의 결과는 알 수 있으나 그 결과를 수용할 수 없을 때 발생하는 갈등
2. 비비교성(incomparability)
   대안의 결과는 알 수 있으나 어떤 대안이 바람직한지 그 결과를 비교할 수 없을 때 발생하는 갈등
3. 불확실성(uncertainly)
   대안의 결과를 알 수 없을 때 발생하는 갈등

20 의사전달 네트워크(communication network)의 유형 답 ④

제시문은 조직 내 모든 구성원 간에 의사소통이 이루어지는 개방(all-channel)형의 특징이다. 개방형은 모든 구성원들이 자유롭게 의사소통을 할 수 있어 구성원의 만족도가 높으며, 의사소통에 있어 왜곡되는 수준이 낮아 의사결정의 질 또는 정확성이 높은 의사전달 유형이다. 또는 정확성이 환경변화에의 적응성이 높고, 신속한 의사전달이 이루어지며, 유기적 구조에 적합하다는 특징을 가지고 있다. 그렇지만 개방도가 높기 때문에 전체적 경로를 통해서 의사결정이 이루어지므로 신속한 의사전달이 이루어지지 않는다는 것이 단점이다.

⊕ 보충 바퀴형과 개방형의 특징

구분	구조	신속성	집중도	개방도	정확성	환류
바퀴형 (윤형)	기계적	높음	높음	낮음	낮음	낮음
개방형 (전체경로형)	유기적	낮음	낮음	높음	높음	높음

⊕ 보충 의사전달망의 형태

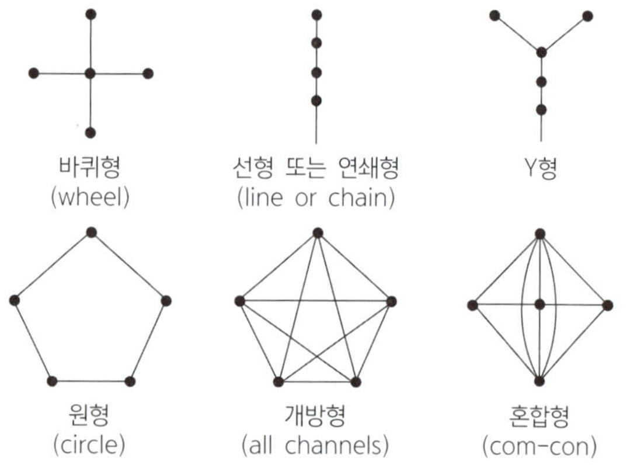

21 행정 PR(public relations) 답 ④

행정 PR은 정부가 정책에 대하여 국민에게 공개하여 알릴 의무가 있고(의무성), 국민의 요구나 민원을 수렴해야 하기 때문에 일방적·명령적인 것이 아닌 쌍방향적이고 상호관계적이다(동태성, 상호관계성).

22 문서를 통한 명령이 효과적인 경우 답 ④

구두 명령만으로는 명령 내용이 복잡하여 이해하기 어려운 경우에 문서를 통한 명령이 효과적이다.

선지분석

① 긴급을 요하는 경우는 문서를 작성할 시간이 부족하기 때문에 구두로 명령하는 것이 효과적이다.
② 문서가 없어도 수명자가 충분한 지식을 가지고 숙련되어 있는 경우에 구두로 명령하는 것이 효과적이다.
③ 문서로 남기면 극비사항으로 누설위험이 있을 경우에 이를 방지하고자 구두로 명령하는 것이 효과적이다.

THEME 41 리더십이론

정답

p. 247

01	①	02	③	03	①	04	③	05	③
06	②	07	②	08	③	09	①	10	①
11	②	12	②	13	④	14	②	15	①
16	③	17	③	18	③	19	②	20	④
21	④	22	①	23	①	24	③	25	①

01 리더십 상황이론 답 ①

블레이크(Blake)와 머튼(Mouton)의 관리그리드이론은 상황이론이 아니라 행태이론이다. 상황이론은 리더십에 있어서 상황변수의 중요성을 강조하는 이론으로 3차원적 리더십이론이다. 피들러(Fiedler)의 상황적응모형, 허쉬(Hersey)와 블랜차드(Blanchard)의 삼차원적 모형, 하우스(House)와 에반스(Evans)의 경로-목표이론은 대표적인 상황이론이다.

02 리더십 답 ③

리더십격자모형(관리망그리드모형)은 행태론의 대표적 연구로서 리더의 행태가 권위적인지, 민주적인지로 구분하는 모형이다. 상황의 통합과는 전혀 관련이 없다.

(선지분석)

④ 피들러(Fiedler)의 상황이론에 대한 설명이다. 피들러(Fiedler)는 리더와 구성원 관계, 과업구조, 그리고 리더의 직위에서 나오는 권력을 상황변수로 보았다.

03 변혁적 리더십의 특징 답 ①

변혁적 리더십은 번스(Burns)가 1978년 처음 사용한 용어이다. 조직구성원들이 리더에 대한 신뢰를 갖고 새로운 비전을 제시하게 하는 리더십으로, 구성원들이 참여에 대한 기대가 큰 경우에 적합하며 예외관리가 아닌 변혁적 관리에 초점을 둔다. 예외관리란 합의된 목표에 도달하지 못할 때 리더가 개입하는 것으로 거래적 리더십의 특징이다.

(선지분석)

② 개별적 배려 및 카리스마적 리더십과 관련된 설명이다.
③ 지적 자극에 대한 설명이다.
④ 도덕적 가치와 이상에 의한 미래에 대한 비전을 제시하는 것으로 영감적 리더십과 관련 있는 설명이다.

핵심POINT 변혁적 리더십

1. 구성요소
카리스마, 영감, 개별적 배려, 지적 자극, 촉매적 리더십
2. 거래적 리더십과 변혁적 리더십의 비교

구분	거래적 리더십	변혁적 리더십
현상	현실의 안정과 유지	변화와 개혁 강조
목표	현실적 목표 지향	이상적 목표 지향
시계	단기적 전망	장기적 전망
동기부여 전략	부하들에게 즉각적이고도 가시적인 보상으로 동기부여	부하들에게 자아실현과 같은 높은 수준의 개인적 목표를 동경하도록 동기부여
행위 표준	부하들은 규칙과 관례를 따르기를 선호	변화와 새로운 시도에 도전하도록 부하를 격려
문제 해결	부하들을 위해 문제를 해결하거나 해답을 찾을 수 있는 곳을 알려 줌	질문을 하여 부하들이 스스로 해결책을 찾도록 격려하거나 함께 일함

04 리더십의 정의 답 ③

리더가 특출한 성격과 능력으로 추종자들의 강한 헌신과 리더와의 일체화를 이끌어내는 리더십은 카리스마적(위광적) 리더십으로, 변혁적 리더십과도 관련된다.

(선지분석)

① 변혁적 리더십이 아니라 거래적 리더십에 대한 설명이다.
② 거래적 리더십이 아니라 변혁적 리더십에 대한 설명이다.
④ 서번트 리더십이 아니라 지시적 리더십에 대한 설명이다. 서번트 리더십이란 발전적 리더십으로서 리더가 부하들에게 더 봉사적인 리더십을 말한다.

05 하우스(House)의 리더십 답 ③

하우스(House)는 부하들과 상담하고 의사결정 전에 부하들의 의견을 반영하는 리더를 지원적 리더가 아니라 참여적 리더라고 보았다. 하우스와 에반스(House & Evans)의 경로-목표이론은 상황에 따라 효과적인 리더의 행동이 달라진다는 이론으로, 상황변수에 따라 달라지는 효과적인 리더십의 유형을 지시적 리더십, 지원적 리더십, 참여적 리더십, 성취지향적 리더십의 네 가지로 제시하였다.

(선지분석)

④ 촉매적 리더십을 변혁적 리더십과 분리하여 이해하는 입장도 있다. 이 경우 형식적 관행을 타파하고 새로운 관념을 촉발하는 것은 지적 자극에 해당하게 되고 촉매적 리더십은 이와는 달리 공공부문에 요구되는 전략적 리더십으로 정의된다.

06 민주형 리더십 답 ②

민주형 리더십은 리더의 권위와 책임을 부하에게 일부 위임하지만 최종책임은 리더에게 있는 것이 중요한 특징이다.

07 피들러(Fiedler)의 상황적합적 리더십이론 답 ②

부하의 성숙도(maturity)는 허쉬와 블랜차드(Hersey & Blanchard)의 3차원모형에서 제시된 상황변수이다. 피들러(Fiedler)의 상황적합적 리더십이론에서 ㉠ 리더와 부하의 관계(leader-member relations), ㉡ 직위 권력(position power), ㉢ 과업구조(task structure)를 상황변수로 제시하였다.

08 허시와 블랜차드(Hersey & Blanchard)의 리더십이론 답 ③

허쉬와 블랜차드(Hersey & Blanchard)의 리더십이론은 부하의 성숙도를 상황변수로 보고 상황변수에 따라 과업행동과 관계행동이 달라져야 한다고 보았다. 이러한 부하의 성숙도에 따라 리더십의 유형이 ㄹ. 지시형 → ㄴ. 설득형 → ㄱ. 참여형 → ㄷ. 위임형으로 발전되어 간다고 보았다.

09 허쉬와 블랜차드(Hersey & Blanchard)의 리더십이론 답 ①

허쉬와 블랜차드(Hersey & Blanchard)는 구성원의 성숙도가 높아짐에 따라 '지시형 → 설득형 → 참여형 → 위임형'으로 전개된다고 보았다. 따라서 국민의 성숙수준이 가장 높은 경우에 적응될 수 있는 정부운영방식은 위임형이다.

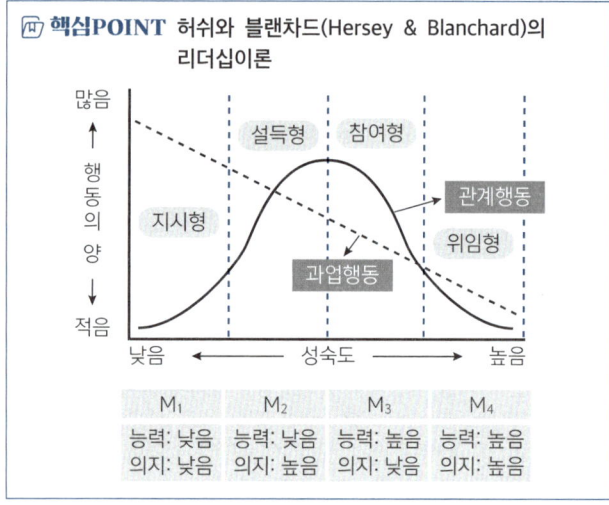

핵심POINT 허쉬와 블랜차드(Hersey & Blanchard)의 리더십이론

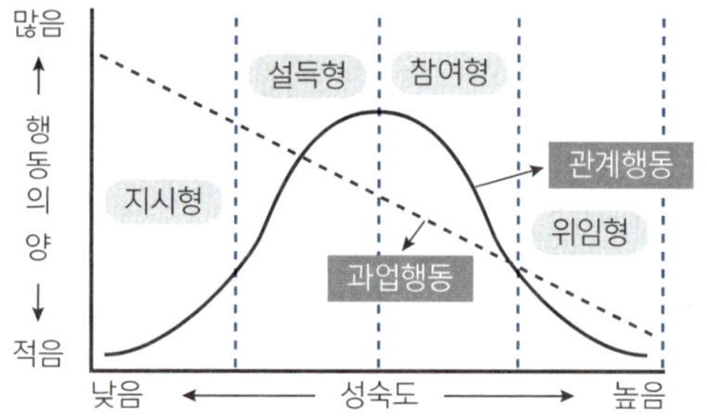

M1	M2	M3	M4
능력: 낮음 의지: 낮음	능력: 낮음 의지: 높음	능력: 높음 의지: 낮음	능력: 높음 의지: 높음

10 피들러(Fiedler)의 상황적합적 리더십 답 ①

피들러(Fiedler)의 상황적응적 리더십이론에 따르면 리더십의 효율성은 상황요인에 따라 달라지며 상황요인으로 리더와 부하의 관계, 직위권력, 과업구조의 3가지 요인이다.

11 하우스(House)의 경로 - 목표모형 답 ②

친절하고 접근하기 쉽도록 하는 리더행동으로 부하들의 욕구를 배려하고 그들의 복지에 관심을 가지며 구성원들의 인간관계를 강조하는 배려형(consider) 리더십은 후원적(지원적; supportive) 리더십이다.

선지분석

① 지시적(directive) 리더십은 도구적 리더십(Instrumental leadership)이라고도 하며, 통제와 조직화, 감독 행위 등과 관련된 리더의 행동으로 리더가 부하들이 해야 할 일이 무엇인지 분명히 알려주고 구체적인 지시를 명령하는 리더십이다.

③ 참여적(participative) 리더십은 부하의 문제에 관하여 리더 혼자 독단적으로 결정하는 것이 아닌 부하와 협의를 하며, 부하의 의견과 제안을 고려하고 의사결정과정에 참가시키는 행동을 하는 리더십이다.

④ 성취 지향적(achievement - oriented) 리더십은 리더가 부하에게 도전적인 목표를 설정하고, 성과의 달성을 강조하며 높은 탁월성수준(high standard of excellence)을 설정해 주고 지속적인 개선을 추구하는 리더십이다.

12 리더십 상황이론의 상황요인 답 ②

피들러(Fiedler)의 상황적합적 리더십이론의 상황변수는 ④ 리더와 부하와의 관계, 직위 권력, ③ 과업구조이며, 허쉬와 블랜차드(Hersey & Blanchard)의 상황이론에서 ① 부하의 성숙도(조직구성원의 심리적·업무적 성숙도)가 상황요인이다. ② 리더의 상황판단 능력을 상황요인으로 규정한 학자는 없다.

13 탭스콧(Tapscott)의 지식정보사회의 리더십 답 ④

탭스콧(Tapscott)의 지식정보사회에서 리더십의 중점은 중간관리자가 아니라 최고관리자의 지원과 관심이다.

⊕ 보충 지식정보사회의 리더십

1. 상호연계적 리더십
   정보화사회처럼 예측 불가능한 시대의 리더십은 특정 상관이 아닌 여러 가지 원천을 기반으로 하고 있기 때문에 상호연계적 리더십이 필요하다.
2. 공유된 비전과 학습의지
   조직구성원 각자가 복잡한 정보사회에 대한 이해를 바탕으로 한 명백하고 공유된 비전을 가져야 하고, 이를 위해 조직구성원 전체가 끊임없는 학습의지를 지녀야 한다.
3. 개인역량의 결합
   조직은 상호연계적 리더십의 발휘를 통해서 다양한 개인들의 역량이 효과적으로 결합되어야만 창조적 사고가 충만해지고 바람직한 조직문화가 형성될 수 있다.

4. 최고관리자의 지원과 관심
상호연계적 리더십을 형성하고 발휘하는 데 최고관리자의 지원과 관심은 필수적이다. 최고관리자의 변화에 대한 의지 및 변화를 위한 제스처가 미치는 영향력은 즉각적이고 강력하며 또한 급격한 변화에 따른 전환 및 적응에 추진력을 제공한다.

5. 구성원 모두가 리더(셀프리더십)
구성원 누구나 리더로서의 기능을 수행해야 하는 네트워크화된 지능의 시대에 적절하게 효과적으로 기술을 사용하는 것은 조직 구성원들의 창의력을 자극하고, 자신과 조직에 대한 문제의식을 갖게 하는 등 획기적 변혁의 원동력이 된다.

14 변혁적 리더십의 구성요소 답 ②

합리적 과정은 변혁적 리더십의 주된 요인이 아니라, 거래적·교환적 리더십에 관한 설명이다. 변혁적 리더십은 영감적 리더십, 카리스마적 리더십, 개별적 배려, 지적 자극을 주요 내용으로 한다.

15 변혁적 리더십의 특징 답 ①

리더는 부하의 욕구와 직무수행에 필요한 자원을 정확히 파악하여 그에 대한 보상과 지원을 제공하고, 부하는 그에 상응하는 노력으로 리더가 제시한 과업목표를 달성하는 것은 교환모형에 기초한 것으로 거래적 리더십의 특징에 해당한다.

16 변혁적 리더십 답 ③

부하에게 새로운 비전을 제시하고 지적 자극을 통한 동기부여를 강조하는 것은 변혁적 리더십의 주요한 요소이다.

(선지분석)
① 조직의 안정보다 변화 또는 적응을 강조한다.
② 기계적 조직체계보다 유기적 조직체계에 더욱 적합하며 부하에 대한 개인적 배려를 중시한다.
④ 리더와 부하의 관계를 경제적 교환관계로 인식하고, 보상에 관심을 두는 것은 거래적 리더십에 대한 설명이다.

17 변혁적 리더십의 구성요인 답 ③

상황에 따른 조건적 보상과 예외관리를 특징으로 하는 것은 전통적인 거래적 리더십의 특징이다.

18 거래적 리더십(Transactional Leadership) 답 ③

거래적 리더십은 전통적인 교환관계에서 발생하는 것으로 업무수행 과정이 반복적이고 성과수준의 측정이 가능할 때 효과적이다.

(선지분석)
① 변혁적 리더십에 대한 설명이다.
② 서번트 리더십에 대한 설명이다.
④ 카리스마적 리더십에 대한 설명이다.

19 커와 저미어(Kerr & Jermier)의 리더십대체물접근법 답 ②

대체물은 리더십을 불필요하게 만드는 요인이고 중화물은 리더십의 필요성을 약화시키는 요인이다. 따라서 ㄱ, ㄹ이 옳은 설명이다.

(선지분석)
ㄴ. 조직이 제공하는 보상에 대한 무관심은 중화물이다.
ㄷ. 부하의 경험, 능력, 훈련 수준이 높은 것은 대체물이다.

핵심POINT 커와 저미어(Kerr & Jermier)의 리더십대체물이론

대체물과 중화물		영향받는 리더의 행동: 지시적 리더십	영향받는 리더의 행동: 지원적 리더십	비고
부하의 특성	경험·능력·훈련	대체물	-	대체물(리더십을 불필요하게 만듦)
	전문가적 지향	대체물	대체물	
과업의 특성	애매하지 않고, 구조화된 일상적인 과업	대체물	-	
	과업에 의해 제공되는 피드백	대체물	-	
	내적으로 만족되는 과업	-	대체물	
조직의 특성	응집력이 높은 집단	대체물	대체물	
	공식화된 구조(명확한 계획·목표·책임)	대체물	-	
부하의 특성	조직의 보상에 대한 무관심	중화물	중화물	중화물(리더의 필요성을 감소시킴)
조직의 특성	리더가 통제할 수 없는 보상	중화물	중화물	
	비유연성(엄격한 규칙과 절차)	-	중화물	
	리더와 부하 간 긴 공간적 거리	중화물	중화물	

20 리더십이론 답 ④

변혁적 리더십은 기계적 구조 등에서 강조하는 거래적 리더십과는 달리 유기적 구조에서 요구되는 리더십으로 카리스마적 리더십, 영감적 리더십, 지적 자극, 개별적 배려, 촉매적 리더십 등을 강조하는 미래지향적 리더십이다.

(선지분석)
① 자질론은 리더의 타고난 자질을 리더십의 본질로 본다.
② 행태론은 리더의 타고난(무형적) 자질보다 실제 관찰되는 행동유형을 중시한다.
③ 리더십의 효율성은 상황에 따라 달라진다는 상황론이며 상황변수를 중시한다.

21	변혁적 리더십의 구성요인	답 ④

번스(Burns)의 리더십이론에서 카리스마적 리더십을 기반으로 하는 것은 변혁적 리더십이다. 카리스마적 리더십과 중첩되는 측면이 있다.

22	리더십의 유형과 특성	답 ①

변혁적 리더십의 특성에는 자유방임이 아니라 카리스마적 리더십이 필요하다. 자유방임은 행태론적 리더십의 특징으로 변혁적 리더십의 요소에 해당하지 않는다.

(선지분석)

② 진성 리더십(authentic leadership, 진실한 리더십)은 리더의 진정성을 강조하는 리더십으로, 명확한 자기 인식에 기초하여 확고한 가치와 원칙을 세우고 투명한 관계를 형성하여 조직 구성원들에게 긍정적인 영향을 미치는 리더십이다.
③ 서번트(servant) 리더십은 인간존중을 바탕으로, 구성원들이 잠재력을 발휘할 수 있도록 앞에서 이끌어주는 리더십이라 할 수 있다.
④ 거래적(transactional) 리더십은 조건적 보상과 예외적 관리를 중시하는 전통적 리더십으로 구성원들에게 적극적 보상이나 소극적 보상을 통해 영향력을 행사한다.

⊕ 보충 진성 리더십의 구성요소(특징)

1. 리더의 솔선수범을 통한 추종자들의 임무수행에 헌신
2. 희망을 창출하고 신뢰관계를 구축
3. 긍정적인 감성표출과 낙관론의 확산

23	서번트 리더십	답 ①

서번트 리더십(servant leadership)은 타인을 위한 봉사에 초점을 두며, 종업원, 고객 및 커뮤니티를 우선으로 여기고 그들의 욕구를 만족시키기 위해 노력하는 섬기는 리더십이다. 서번트 리더십의 개념을 처음 제시한 그린리프(Greenleaf)는 리더십에 관한 첫 에세이 『지도자로서의 서번트』를 발표하였으며, 주요 구성요소로 존중, 봉사, 정의, 정직, 공동체 윤리 등을 강조하였다.

(선지분석)

ㄴ. 보상과 처벌은 교환관계를 주요 관리수단으로 하는 거래적 리더십과 관련이 있다.
ㄹ. 리더의 최우선적인 역할로 부하에게 업무를 명확하게 지시하는 것은 거래적 리더십의 특징이다.

⊕ 보충 서번트 리더의 7가지 특성

1. 리더로서 자신을 부하의 입장에서 생각하고 부하를 위한 지원자로 인식함
2. 조직에서 가장 가치 있는 자원은 사람이라고 여김
3. 항상 학습함
4. 먼저 종업원들의 말을 경청함
5. 설득과 대화로 업무를 추진함
6. 조직이 가족과 같은 공동체를 형성하도록 유도함
7. 권한위임을 통해 리더십을 공유함

24	리더십과 팔로워십이론	답 ③

ㄴ, ㄷ은 옳은 지문이고 ㄱ, ㄹ은 옳지 않은 지문이다.

(선지분석)

ㄱ. 켈리의 팔로워십이론은 팔로워를 독립성과 활동이라는 두 가지 기준을 가지고 5가지 유형으로 구분하였다. 그 중에서 조직을 분열시킬 잠재적 위험성 가지고 있는 소외된 팔로워가 가장 위험하다고 보았다.
ㄹ. 오하이오(Ohio) 주립대학의 연구에 따르면 가장 훌륭한 리더는 높은 수준의 구조주도와 배려를 가진 리더로 보았다.

핵심POINT 켈리(Kelley)의 팔로워십(Followership)이론

1. 켈리(Kelley)는 "리더는 20%만 기여하고, 부하에게 80%의 기여를 할 기회를 주는 것"이 바람직하다고 보아 팔로워십의 중요성을 강조함
2. 팔로워를 '독립성과 활동'이라는 두 가지 기준을 가지고 5가지 유형으로 구분함

소외된 팔로워 (alienated follower)	리더와 조직운영에 대해 상당히 독립적, 비판적인 사고를 갖고 있는 존재(적극적인 활동 부족) → 조직을 분열시킬 잠재적 위험성 가지고 있음
순응적 팔로워 (conforming follower)	조직활동에 적극적으로 참여하나 독립적인 비판능력 부족('Yes People') → 리더의 지시에 무조건 순종
실용적 팔로워 (pragmatic follower)	상당히 독립적인 비판력을 가지고 있으면서 동시에 조직활동에도 평균적인 수준으로 참여함('눈치꾼들', 정부관료형) → 조직을 가장 덜 위험하게 하지만, 조직의 변화·혁신을 방해함
수동적 팔로워 (passive follower)	독립적 비판력과 판단력이 없고, 조직활동에도 참여하지 않음 → 조직 내 역할 미약, 책임감도 부족
효과적 팔로워 (effective follower)	독자적인 판단력과 비판의식을 발휘할 줄 알고 조직의 활동에 적극적 참여 → 리더의 임파워 전략에 긍정적으로 반응할 수 있는 사람

25	리더-구성원 교환이론(LMX)	답 ①

리더-구성원 교환이론에 따르면 ㄱ과 ㄴ이 옳은 설명이다. 리더-구성원 교환이론(Leader Member Exchange Theory: LMX)은 리더가 여러 구성원들을 동일하게 다루지 않고 차별적으로 다룬다고 주장한다. 리더-구성원 교환이론(LMX)의 한 연구인 수직적 쌍연결이론(VDL)에 따르면 구성원들을 내집단(in-group)과 외집단(out-group)으로 구분하여 내집단에 속한 부하들에게 후원적, 위임적, 참여적 행동을 하거나 도전적이고 흥미로운 직무를 할당함은 물론 보상에 있어서도 혜택을 부여하게 한다. 반면에 외집단에 속한 부하들에게는 최소한의 관심과 배려만 함은 물론 관리자로서의 역할인 지시, 관리, 감독 등의 업무만을 수행하게 하는 리더의 차별적 행동하에서 부하들의 성과를 높일 수 있다고 본다.

ㄱ. 내집단(in-group)에 속한 구성원은 리더를 믿고 신뢰하기 때문에 내집단이 많을수록 집단의 성과가 높아지게 된다.
ㄴ. 리더가 내집단(in-group)에 속한 구성원과 관계를 맺고 파트너십으로 발전하는 과정을 '리더십 만들기'라 한다.

(선지분석)

ㄷ. 리더가 여러 구성원들을 동일하게 다루지 않고 차별적으로 다룬다고 주장한다.

ㄹ. 리더와 구성원이 점점 높은 도덕성과 동기 수준으로 서로를 이끌어 가는 상호 관계를 중시하는 것이 아닌 내집단(in-group)과 외집단(out-group)으로 구분하여 내집단을 통한 목표달성에 기여하게 된다.

핵심POINT 평균적 리더십(ALS)과 리더-구성원 교환이론(LMX)

구분	평균적 리더십(ALS)	리더-구성원 교환이론(LMX)
가정	조직의 모든 구성원들의 동일한 차원으로 리더십 반응	개별 리더-구성원 간의 관계에 따라 차별적 차원으로 리더십 결과가 다름
분석대상	조직의 모든 구성원들의 반응	개별 리더-구성원의 반응
분석방법	구성원들의 반응을 평균적으로 분석	리더-구성원 각각의 반응을 개별적으로 분석
연구중점	리더십의 결과	리더십의 과정

THEME 42 조직관리

정답

p. 254

01	②	02	④	03	④	04	②	05	②
06	②	07	③	08	③	09	③	10	④
11	③	12	③	13	①	14	①	15	④
16	①	17	③	18	③	19	②	20	④
21	④	22	③	23	⑤	24	④	25	①
26	①	27	①	28	①				

01 목표관리제(MBO) 답 ②

목표관리제(MBO)에 대한 설명으로 옳은 설명은 ㄱ, ㄷ이다.

ㄱ. 목표를 부하와 상사 간의 참여를 통하여 설정한다.

ㄷ. 폐쇄적이므로 유동적이고 불확실한 상황보다 안정적이고 예측 가능한 상황하에서 성공확률이 높다.

(선지분석)

ㄴ. 중·장기 목표보다 단기목표를 강조한다.

ㄹ. 목표관리제(MBO)가 추구하는 목표는 정성적·주관적 성격보다는 정량적·객관적 성격의 목표이다. 정성적 목표는 질적이고 추상적인 목표를 의미한다.

02 MBO와 TQM의 비교 답 ④

MBO가 개별 구성원의 활동을 바탕으로 하는 개인 중심의 성과관리제도라면, TQM은 팀 단위의 활동을 바탕으로 하는 조직 중심의 성과관리제도이다.

(선지분석)

① MBO와 TQM은 모두 참여적·민주적 관리전략으로 Y이론적 인간관에 기반하고 있다.

② MBO와 TQM은 모두 구성원에게 권한을 부여하는 분권화된 관리방식에 입각하고 있다.

③ MBO가 조직 내부 성과의 효율성에 초점을 둔다면, TQM은 고객만족도 중심의 대응성에 초점을 둔다.

03 SWOT 분석 답 ④

기존 프로그램의 축소 또는 폐지는 약점-위협을 고려한 방어적 전략으로 약점과 위협을 고려하는, 즉 모두 최소화하는 가장 소극적이고 수동적인 전략이다. SWOT 분석은 미국 하버드 대학에서 개발한 전략적 관리모형으로 조직 내부 역량은 강점(S)과 약점(W)으로, 조직 외부 환경은 기회(O)와 위협(T)으로 구분하는 전략적 관리모형이다.

핵심POINT 전략적 관리(SM)

1. 의의

특징	목표지향, 장기적, 환경분석, 조직역량분석, 전략개발, 통합성
효용	조직 대응성↑, 장기·포괄적 안목, 개혁노선, 자기통제
한계	계획의 단기적 안목, 보수적 조직, 자율성 제약, 평가·환류 제약

2. SWOT 분석

내부 / 외부	강함(S)	약함(W)
기회(O)	공격적 전략(SO전략)	방향전환 전략(WO전략)
위협(T)	다양화 전략(ST전략)	방어적 전략(WT전략)

- 공격적 전략(SO): 강점을 가지고 기회를 살리는 전략
- 방어적 전략(WT): 약점을 보완하면서 동시에 위협을 회피하거나 최소화하는 전략
- 다양화 전략(ST): 강점을 가지고 위협을 회피하거나 최소화하는 전략
- 방향전환 전략(WO): 약점을 보완하여 기회를 살리는 전략

04 SWOT분석 답 ②

방향전환전략은 조직 내부의 약점(W)을 보완하여 외부의 기회(O)를 살리는 전략(WO)이다.

05 정부성과평가 답 ②

개인의 성과평가 및 보상을 위한 도구로 도입된 것은 목표관리제(MBO)이다. 총체적 품질관리(TQM)는 구성원 전체의 총체적 헌신을 통한 조직성과를 중시하는 관리기법이다.

06	성과주의의 장점	답 ②

성과주의는 개인성과평가 등 추가적 관리 활동에 따른 비용이 증가할 수 있다.

07	목표관리제(MBO)	답 ③

MBO는 상하 간 공동으로 목표를 공유하고 평가를 실시하는 다면평가를 이용한 제도이다.

(선지분석)

① MBO는 유동적인 상황에서는 효용을 발휘하기 어렵다.
② MBO는 개인별 목표달성능력을 중요시하지만 팀워크의 극대화도 강조한다.
④ MBO는 결과지향적 목표를 설정하는 것으로, 양적이고 구체적인 목표를 중시한다.

핵심POINT 목표관리제(MBO)

개념	관리자를 비롯한 조직구성원들이 참여하여 조직의 공동목표를 명확히 하고, 구체적인 개인별 목표를 상호 협의하여 설정하며, 그 수행결과에 대한 중간평가와 최종평가를 실시하고, 이를 환류시켜 조직의 효율성을 증진시키고자 하는 관리방식
장점	• Y이론적 관리방식: 조직목표와 개인목표의 조화로 민주적 관리 가능 • 조직목표의 명확화: 조직 활동의 집중과 조직 효과성의 제고 • 관료제의 역기능 보완 • 조직 내 의사소통 활성화, 조직 내부 갈등의 건설적 해결 중시 • 참여관리를 통한 조직의 인간화, 조직구성원의 사기와 직무만족 제고 • 평가·환류기능 중시
단점	• 단기적·양적·유형적 목표 치중: 장기적·질적 목표 경시 • 유동적·불확실한 환경하에서의 제약 • 폐쇄적 성격: 외부인의 부재 • 권위주의적·집권적 조직에서의 제약: 업무분담이나 참여관리 곤란 • 시간과 노력의 과다 소모: 다양한 참여자의 의견절충(감축관리와 무관) • 목표의 명확한 설정 및 성과측정 곤란

08	목표관리제(MBO)가 성공하기 쉬운 조직	답 ③

MBO는 계량적·유형적 목표를 중시하므로 목표를 계량적으로 명확히 측정하기 용이할 때 적용이 가능한 기법이다. MBO는 기존의 일방적·지시적인 관리방식을 탈피하여, 조직의 상하구성원들이 공동 참여하여 조직단위와 구성원의 목표를 명확하게 설정하고 그에 따라 생산활동을 수행한 후 성과를 측정·평가·환류함으로써 관리의 효율화와 조직 전체의 생산성 향상을 도모하는 관리기법이다.

(선지분석)

① 직원에게 권한을 부여해야 하므로 집권적 조직에는 맞지 않다.
② 목표달성도에 따라 보수를 지급하므로 보수를 균등 지급하는 조직에는 맞지 않다.
④ 불확실한 환경에서는 목표를 빈번이 수정해야 하므로 적용이 곤란하다.

09	목표관리제(MBO)의 특성	답 ③

목표관리제는 명확한 목표설정을 강조하기 때문에 조직 운영상 불분명하고 애매한 것을 제거할 수 있다는 장점이 있다.

(선지분석)

① 목표관리제는 구성원의 참여를 중시하는 분권적, 민주적인 관리기법의 일종이다.
② 목표를 달성하는 개인에게 성과급을 주므로 관료제의 구성원들에게 동기부여가 된다.
④ 행정이 추구하는 목표는 공공성 등의 질적목표를 다루기 때문에 측정가능한 양적목표를 다루기 어렵다는 공행정의 본질적 한계가 있다.

10	조직의 성과관리제와 목표관리제	답 ④

민간조직과 달리 공공조직의 경우, 성과관리제에서 예산과정을 고려할 때 전년도 평가 결과를 즉각적으로 반영하여 환류하기에는 한계가 있다.

(선지분석)

① 목표관리제는 목표성취의 결과를 측정하는 데 치중하기 때문에 사람들이 높은 수준의 목표설정을 회피하고 성과의 계량적 측정이 용이한 업무에만 주력하는 경향이 있다.
② 성과관리제는 평가 대상자 간의 지나친 과열경쟁으로 인해서 다른 부서와의 협력이 어려워짐에 따라 갈등이 발생할 수 있고 조직 전반의 성과수준이 저하될 수 있다.
③ 목표관리제는 조직활동을 목표 달성에 집중시키고 목표와 산출을 연계하여 조직원이 직무에 몰입하도록 유도한다.

11	총체적 품질관리(TQM)	답 ③

총체적 품질관리(TQM)에 대한 설명으로 옳은 것은 ㄱ, ㄷ, ㅁ이다.

ㄷ. TQM은 민간부문에서 발전한 관리전략이므로 공공부문의 비시장성과 비경쟁성의 특성상 TQM의 도입에 대한 필요성의 인식을 약화시키고 도입이 곤란하다는 주장도 있었다.

(선지분석)

ㄴ. 상하 간의 참여적 관리를 의미하며 조직의 목표설정에서 책임의 확정, 실적 평가에 이르기까지 상관과 부하의 합의로 이루어지는 것은 MBO이다.
ㄹ. TQM은 조직의 환경변화에 적절히 대응하기 위해 결과보다는 투입 및 과정을 지속적으로 개선한다. 결과를 중시하는 것은 MBO이다.

핵심POINT 총체적 품질관리(TQM)

개념	고객만족을 1차적 목표로 삼고 조직구성원의 광범위한 참여하에서 조직의 과정과 절차를 지속적으로 개선하여 장기적으로 전략적 질을 관리하는 것
주요 내용	• 고객이 질의 최종결정자 • 사전적 · 예방적 · 지속적 품질관리 • 서비스의 변이성 방지 • 전체구성원의 참여에 의한 관리 • 지속적인 개선 • 개인보상이 아닌 총체적 헌신

12 총체적 품질관리(TQM) 답 ③

TQM의 관심은 MBO 등과 달리 개방적(외부지향적)이어서 고객의 요구가 최우선으로 중시되며, 고객의 필요에 따라 목표를 설정하고 서비스를 제공하며 품질도 평가한다.

선지분석

① 품질관리가 결과가 아닌 매 과정마다 이루어진다.
② 개인적 노력이 아니라 팀워크나 전체구성원에 의한 집단적 노력이나 총체적 헌신을 중시한다.
④ TQM은 결과가 아닌 과정에 대한 계량적 통제기법이다.

핵심POINT MBO와 TQM의 비교

구분	MBO	TQM
시각	단기적, 미시적, 양적(계량적)	장기적, 거시적, 질적(규범적)
지향	결과지향(대내적, 폐쇄적)	고객지향(대외적, 개방적)
초점	결과, 성과평가	과정, 절차강조
성격	관리전략, 평가 및 환류 중시(사후적 관리)	관리철학, 사전적 관리 (예방적 통제)
계량화	중요시함	중요시하지 않음
보상	개인별 보상	총체적 헌신(조직중심)

13 총체적 품질관리(TQM) 답 ①

총체적 품질관리(TQM)에 대한 설명으로 옳은 것은 ㄱ, ㄷ이다.

선지분석

ㄴ. TQM은 전통적 관리에 비해 장기적 관점을 강조한다.
ㄹ. TQM은 서비스 제공 이전의 품질관리체계를 강조한다.
ㅁ. TQM은 기능적 조직(수직적 집권적 구조)보다는 수평적 조직에 적합하다.

14 총체적 품질관리 답 ①

총체적 품질관리(TQM)는 고객만족을 1차적 목표로 삼고 조직구성원의 광범위한 참여하에서 조직의 과정과 절차를 지속적으로 개선하여 장기적으로 전략적 질을 관리하는 기법으로 ㄱ, ㄴ은 옳은 지문이고 ㄷ, ㄹ은 옳지 않은 지문이다.

선지분석

ㄷ. TQM은 팀 중심의 분권화된 기획과 사전예방적 통제를 강조한다.
ㄹ. TQM은 개인별 분업보다는 팀워크에 의한 집단적 노력(협업)을 통해서 문제해결을 한다.

15 전통적 관리와 TQM 답 ④

전통적 관리체제는 기능 중심의 분업구조에 입각한 관리방식이므로 낮은 성과를 근로자 개인의 책임으로 간주하는데 반하여 TQM은 팀 중심의 협업에 의거한 관리방식이므로 낮은 성과의 원인을 동기유발과 팀워크를 책임지는 관리자의 책임으로 간주한다.

선지분석

① 전통적 관리는 기능중심의 전문화, TQM은 업무협조의 과정(절차)을 위한 팀제를 강조한다.
② 전통적 관리는 개인적 분업을, TQM은 팀구성을 통한 협업을 강조한다.
③ 전통적 관리는 고위층에 의한 집권적 · 하향적 의사결정을 위한 정보체제를, TQM은 분권적 · 수평적 의사결정을 정보체제를 중시한다.

16 균형성과표(BSC)의 관점과 측정지표 답 ①

학습과 성장 관점은 미래적 관점의 선행지표로서 인적자원의 역량, 지식의 축적, 정보시스템 구축, 학습동아리 수, 제안 건수, 직무만족도 등을 측정지표로 한다.

선지분석

② 내부프로세스 관점은 기업 내부의 업무처리 방식의 혁신에 대한 과정 중심의 지표로서 측정지표로는 의사결정과정에의 시민참여, 적법적 절차, 커뮤니케이션구조 등이 있다.
③ 재무적 관점은 민간부문에서 중시하는 성과나 이익에 대한 관점으로서 측정지표로는 매출, 자본수익률, 예산대비차이 등이 있다.
④ 고객 관점은 고객(국민)들의 요구를 반영하는 것을 중시하는 대외적 지표로서 측정지표로는 고객만족도, 정책순응도, 민원인의 불만율, 신규 고객 증감 등이 있다.

핵심POINT 균형성과표(BSC)의 지표별 특성과 측정지표

관점	특성	측정지표
재무적 관점	민간부문 중시, 전통적인 후행지표	매출, 자본수익률, 예산대비차이 등
고객 관점	공공부문 중시	고객만족도, 정책순응도, 민원인의 불만율, 신규 고객의 증감 등
내부과정 관점	업무처리과정의 혁신, 과정 중심 지표	의사결정과정에의 시민참여, 적법적 절차, 커뮤니케이션구조 등
학습과 성장 관점	나머지 관점의 토대, 미래지향적인 선행지표	인적자원의 역량, 지식의 축적, 정보시스템 구축, 학습동아리 수, 제안 건수, 직무만족도 등

17	균형성과표(BSC)의 측정지표	답 ③

재무적 관점의 성과지표는 전통적 관점으로서 선행지표가 아니라 과거 실적을 중시하는 후행지표이다. 그 예로는 매출, 자본수익률, 예산대비차이 등이 있다.

18	균형성과표(BSC)	답 ③

균형성과표(BSC)에 대한 설명으로 옳은 것은 ㄱ, ㄴ, ㄹ이다.

(선지분석)

ㄷ. 조직의 내부요소와 외부요소의 균형을 중시한다.
ㅁ. 성과관리의 과정과 결과의 균형을 중시한다.

19	균형성과표(BSC)의 관점	답 ②

균형성과표(Balanced Score Card)는 기업의 비전과 전략을 조직 내·외부의 핵심성과지표(KPI)로 재구성해 전체 조직이 목표달성을 위한 활동에 집중하도록 하는 전략경영시스템이다. 균형성과표(BSC) 4대 관점에는 재무적 관점, 고객 관점, 내부프로세스 관점, 학습 및 성장관점이 있다. 프로그램적 관점은 포함되지 않는다.

핵심POINT 균형성과표(BSC)의 관점

재무적 관점	• 이해관계자의 관점으로서 위험·성장·수익에 대한 전략 • 기업에서 강조하는 후행지표(과거실적 강조)
고객 관점	• 차별화와 가치를 창출하는 전략 • 공행정에서 중시
내부과정 (프로세스) 관점	다양한 프로세스에 대한 전략적 우선순위결정
학습과 성장 관점	• 조직의 변화·혁신·성장을 지원하는 분위기 창출에 대한 우선순위 • 나머지 세 가지 관점의 토대로서 장기적인 성장과 발전 강조

20	균형성과표(BSC) 도입 시 중요 관점	답 ④

상향식 접근법에 기초하여 공무원의 개인별 실적평가를 중시하는 것은 MBO이다. 균형성과관리(BSC)는 재무적 관점에만 치중하는 전통적 성과관리와 달리 재무적 관점, 고객 관점, 내부프로세스 관점, 학습과 성장 관점 등을 균형 있게 고려하는 성과관리기법으로 기관의 임무, 비전 및 전략목표를 토대로 하는 하향적 성과관리방법이다.

(선지분석)

① 공기업 재정운영의 효율성을 제고하기 위해 직원보수를 조정하는 것은 균형성과 관점 중 재무적 관점에 해당하는 내용이다.
② 공무원의 능력향상을 위해 전문적 직무교육을 강화하는 것은 학습과 성장 관점에 해당한다.
③ 시민들의 행정서비스 만족도를 제고하기 위해 노력하는 것은 균형성과 관점 중 고객 관점에 해당하는 설명이다.

21	균형성과표(Balanced Score Card)	답 ④

재무적 관점은 전통적인 선행 성과지표가 아니라 후행 성과지표이다.

(선지분석)

① 결과에 초점을 둔 전통적인 재무지표 방식의 성과관리에 대한 대안으로 고객, 내부과정, 학습과 성장관점을 추가하였다.
⑤ 조직구성원들에게 조직의 목표를 달성하기 위해 필요한 성과가 무엇인지를 알려주기 때문에 조직구성원 간의 커뮤니케이션 도구로 사용할 수 있다.

22	균형성과표(BSC)	답 ③

균형성과표(BSC; Balanced Score Card)는 성과관리체계로 이전의 관리방식인 TQM이나 MBO와 크게 다르지 않고, 다만 거기에서 진화된 종합모형이라 평가받고 있다. 즉 재무적 관점과 비재무적 관점, 대내적 관점과 대외적 관점, 결과적 관점과 과정적 관점 등을 통하여 균형 있게 성과관리를 하자는 것이다. 이 중에서 고객관점은 고객에 대한 의사소통, 내부절차(Process) 관점은 이해당사자들에 대한 의사소통채널에 대해서는 좀 더 관심을 갖자는 측면의 관점이다.

23	균형성과표(BSC)	답 ⑤

행동지향적 관점은 하부구조 관점으로 업무처리 관점과 학습과 성장관점에 해당한다. 재무적 관점과 고객 관점은 가치를 지향하는 상부구조 관점으로 볼 수 있다.

(선지분석)

④ 업무처리(내부과정) 관점은 정책결정 및 집행과정, 재화와 서비스의 전달과정 등 행정의 전반적 과정을 포함하는 넓은 의미를 가진다.

24	균형성과표(BSC)	답 ④

정책순응도는 고객 관점에서의 성과지표이지만 시민참여, 적법절차, 공개 등은 내부절차 관점의 성과지표이며 내부 직원의 직무만족도는 학습과 성장 관점의 성과지표에 해당한다.

(선지분석)

① 조직의 장기적 전략 목표와 단기적 활동을 연결할 수 있는 효율적인 성과관리도구이다.
② 재무와 비재무, 과정과 결과 등의 성과지표를 균형적으로 고려한다.
③ 기존의 재무적 정보 외에 고객, 내부절차, 학습과 성장 등 조직운영에 필요한 관점을 추가한 것이다.

25	균형성과표(BSC)의 네 가지 관점과 성과지표	답 ①

의사결정과정에 시민참여는 내부과정(프로세스) 관점의 지표이다.

26	임파워먼트(empowerment)	답 ①

임파워먼트(empowerment, 권한부여, 힘실어주기)는 조직 현장의 구성원에게 업무 재량을 위임하고 자주적이고 주체적인 체제 속에서 사람이나 조직의 의욕과 성과를 이끌어 내기 위한 '권한부여'의 의미이다. 갈등을 줄이기 위해 일단 변화의 장애가 되는 요소를 제거하고 구성원들이 변화의 비전과 전략을 직접 행동으로 옮길 수 있도록 힘을 실어주고 실행에 옮기는 것이다. 최근 고객 니즈에 대한 신속한 대응과 함께 구성원이 직접 의사결정에 참여하여 현장에서 개선과 변화가 신속 정확하게 이루어지기 위해서 활용도가 높아지고 있다.

27	조직발전(OD)의 특징	답 ①

조직발전(OD; Organization development)은 인간행태적 지식을 활용하여 구성원들의 인간관계를 의도적으로 개선시켜 조직 전체의 변화를 추구하려는 계획적인 조직개혁방안이다.

(선지분석)

② 감수성훈련은 실제 근무상황이 아닌 격리된 인위적 상황을 설정하여 실시하는 훈련기법이다.

③ 블레이크와 머튼(Blake & Mouton)은 관리모형에서 과업형 리더보다는 과업과 인간 모두를 중시하는 단합형(9 · 9형) 리더를 가장 이상적인 유형으로 보았다.

④ 조직발전(OD)은 단기간에 급진적인 조직변화를 추구하는 것이 아니라 장기간에 걸친 지속적인 변화를 추구하는 조직발전기법이다.

핵심POINT 조직발전(OD)

개념	행태과학적 기술을 활용하여 조직구성원의 가치관이나 태도를 변화시켜 조직개혁을 성취하려는 과정
특징	행태과학적, 장기 · 지속적 과정, 변동 컨설턴트, Y이론적, 계획적, 의식적
기법	태도조사환류, 실험실훈련(감수성훈련), 관리망훈련, 과정상담 등

28	감수성훈련	답 ①

구성원 간의 협력적 노력을 향상시켜 팀 성과를 증가시키려는 것은 맥그리거(McGregor)에 의해서 제시된 작업집단발전(team building)에 해당한다. 감수성훈련은 피훈련자들을 10~15명 정도의 소집단형태로 구성하여 하나의 그룹을 만든 다음, 이들이 외부환경과 격리된 상황에서 생활을 하면서 서로 토론하게 함으로써 자신과 다른 사람의 태도에 자각과 감수성을 기르게 하는 훈련으로 참여자의 인간관계를 개선하는 방법이다.

PART 4 인사행정론

CHAPTER 1 | 인사행정의 기초이론 및 제도

THEME 43 엽관주의와 실적주의

정답 p. 264

01	④	02	④	03	④	04	③	05	②
06	②	07	①	08	①	09	④	10	③
11	②	12	②	13	③	14	③	15	①
16	③	17	④	18	②				

01 엽관주의와 실적주의 답 ④

실적주의는 1883년 미국의 「펜들턴법」에서 도입된 것으로 공개경쟁채용시험을 통하여 공직임용에 대한 기회의 균등을 보장한다.

(선지분석)

① 개인의 능력, 적성, 기술을 공직임용기준으로 하는 것은 실적주의이다.
② 엽관주의는 정당에의 충성도에 따라 관료를 임명하기 때문에 정치지도자들의 국정지도력을 강화시킨다.
③ 실적주의는 개인의 능력, 자격, 성적에 의한 임용을 통하여 행정의 능률성과 전문성을 강화하지만 국민에 대한 대응성과 책임성은 약화시킨다.

02 행정 관련 법률의 행정가치(목적) 답 ④

「국가공무원법」, 「지방공무원법」, 「지방자치법」은 기본적인 행정가치로 행정의 양대 이념인 민주성과 능률성을 천명하고 있다.

> **핵심POINT 행정 관련 법률의 행정가치**
>
> 1. **「국가공무원법」(제1조)의 행정가치(목적) - 공정성, 민주성, 능률성**
> 이 법은 각급 기관에서 근무하는 모든 국가공무원에게 적용할 인사행정의 근본 기준을 확립하여 그 공정을 기함과 아울러 국가공무원에게 국민 전체의 봉사자로서 행정의 민주적이며 능률적인 운영을 기하게 하는 것을 목적으로 한다.
> 2. **「지방공무원법」(제1조)의 행정가치(목적) - 민주성, 능률성**
> 이 법은 지방자치단체의 공무원에게 적용할 인사행정의 근본 기준을 확립하여 지방자치행정의 민주적이며 능률적인 운영을 도모함을 목적으로 한다.
> 3. **「지방자치법」(제1조)의 행정가치(목적) - 민주성, 능률성, 균형성**
> 이 법은 지방자치단체의 종류와 조직 및 운영에 관한 사항을 정하고, 국가와 지방자치단체 사이의 기본적인 관계를 정함으로써 지방자치행정을 민주적이고 능률적으로 수행하고, 지방을 균형있게 발전시키며, 대한민국을 민주적으로 발전시키려는 것을 목적으로 한다.

03 「국가공무원법」과 「지방공무원법」의 목적 답 ④

「국가공무원법」과 「지방공무원법」 제1조는 목적으로 행정의 민주적이며 능률적인 운영을 기하게 하는 것을 목적으로 한다. 이러한 민주성과 능률성은 행정의 가장 중요한 양대 가치이다.

04 엽관주의와 실적주의 답 ③

각 개인이 가지고 있는 능력에는 차이가 있음을 인정하는 인간의 상대적 평등주의를 신봉하는 것은 엽관주의가 아니라 실적주의이다.

05 엽관주의와 실적주의 답 ②

엽관주의와 실적주의는 궁극적으로 모두 민주성과 형평성을 추구한다. 그 외 수단적 가치로 엽관주의는 대응성을, 실적주의는 능률성을 추구한다.

(선지분석)

① 엽관주의는 공직을 개방함으로써 특정 계층의 공직독점을 방지하기 위하여 등장한 제도이다.
③ 실적주의는 개인의 능력과 자격, 업적 등에 근거한 임용을 강조하나, 출신을 고려하지는 않는다. 출신을 고려하는 것은 대표관료제(임용할당제)이다.
④ 실적주의와 직업공무원제는 능력 중심의 인사제도, 정치적 중립 등 공통점이 있으나, 둘은 별개의 인사제도이다.

06 엽관주의 답 ②

혈연, 학연, 지연 등 사적 인간관계를 반영하여 공무원을 선발하는 것이 영국의 정실주의이다.

07 엽관주의의 장점 답 ①

ㄱ, ㄴ, ㅁ은 엽관주의의 장점에 해당하지 않는다.
ㄱ. 매관매직 등의 부정부패를 방지하기가 어렵다.
ㄴ. 공직경질제로 인해서 행정의 안정성과 지속성을 확보하기 어렵다.
ㅁ. 정권교체 시 대량경질로 인해서 신분보장이 안되므로 직업공무원제 정착이 어려워진다.

(선지분석)

ㄷ. 국민의 선거를 통해서 표를 얻은 정당이 권력을 가짐으로써 국민의 요구가 정책에 반영되어 민주성이 높아진다.

ㄹ. 국민의 선거를 통해서 정부관료제가 이루어지므로 국민에 대한 정치적 책임을 확보하기 용이하다.
ㅂ. 공무원들의 선출직 정치인에 대한 충성심을 확보하기 용이하다.

핵심POINT 엽관제의 장단점

장점	단점
• 정치적 민주화에 기여 • 정당의 이념이나 정강정책의 강력한 추진 • 공직경질을 통한 관료주의화나 공직침체방지 • 행정책임 및 행정통제 구현가능 • 공직의 개방으로 민주주의의 평등이념에 부합 • 중요한 정책변동에 대응 유리	• 행정의 안정성 저해 • 정치적 중립의 저해 • 신분보장 미흡으로 사기저하 • 비능률과 낭비 초래

08 엽관주의 답 ①

엽관주의는 국민 다수의 지지를 받은 정당의 당원이 관직에 임명됨으로써 민주통제의 강화 및 행정과 정부관료제의 민주화에 기여한다. 따라서 엽관주의는 국민요구에 대한 대응성을 제고할 수 있다.

09 엽관주의의 정당화 근거 답 ④

엽관주의는 정당에의 충성도에 따라 관료를 임용하는 것으로 공무원들의 임기를 정하여(4년 임기법) 근무하는 인사제도로서 신분이 보장되지 않기 때문에 행정의 안정성과 지속성 확보가 곤란하다.

선지분석

①, ②, ③은 모두 엽관주의의 장점에 해당한다.

10 엽관제 공무원제도(spoil system) 답 ③

엽관주의는 정당에의 충성도에 따라 임용되고 선거가 끝나면 공직경질제가 시행되어 행정의 안정성과 중립성을 저해하게 된다는 문제점이 있다.

선지분석

④ 공직에의 임용을 정당에의 충성도에 따라 널리 임용하므로 개방형 인사제도의 성격을 갖는 것으로 볼 수 있다.

11 정실주의와 엽관제 답 ②

엽관주의는 정당에의 충성도에 따라 임용하는 것으로, 국민의 지지를 받기 위해서 국민의 요구를 정책에 반영하기 때문에 대응성과 책임성은 높지만 어느 누구든지 정당에 충성만 하면 관료가 되기 때문에 능률성과 전문성을 제고하기는 어렵다.

선지분석

① 영국의 실적주의는 1870년 제2차 추밀원령을 통해서 제도화된 것으로 1883년 미국의 실적주의가 시행된 「펜들턴법」보다 시기적으로 빠르다.

12 엽관주의와 정실주의 답 ②

엽관주의는 정권교체 시 공직의 전면 교체(공직경질제)가 이루어지나, 정실주의는 공석이 발생한 경우에 부분교체가 이루어진다.

핵심POINT 정실주의와 엽관주의의 비교

구분		정실주의(영국)	엽관주의(미국)
유사점		능력이나 실적 등에 의하여 선발하지 않음	
차이점	시기	17C 말	19C 초(1829~1883)
	배경이념	기득권 존중전통, 공직을 재산권으로 인식	잭슨 민주주의 (민주적 책임성)
	선발기준	당파성 + 정치적 요소 (예 혈연, 지연, 학연, 문벌 등)	당파성 (정당에의 공헌도)
	신분변경	종신직, 부분교체	정권교체 시 변경, 전면교체
	신분보장	인정	불인정
	실적제 전환	1870년 제2차 추밀원령	1883년 Pendleton 법

13 우리나라의 엽관주의와 정실주의 답 ③

우리나라 제도에서 엽관주의 원리가 공식적으로 완전히 배제되어 있는 것은 아니다. 정무직과 별정직 등에 대해서는 엽관제적 임용이 공식적으로 허용되어 있다.

핵심POINT 대한민국 헌법상의 공무원

1. 헌법상의 규정(제17조)
   - 공무원은 국민 전체에 대한 봉사자이며, 국민에 대하여 책임을 진다(제1항).
   - 공무원의 신분과 정치적 중립성은 법률이 정하는 바에 의하여 보장된다(제2항).
2. 조문의 의미
   "공무원의 신분과 정치적 중립성은 법률이 정하는 바에 의하여 보장된다."라는 것은 직업공무원제도가 헌법에서 제도적으로 보장하고 있다는 것을 의미한다.

⊕ 보충 우리나라의 엽관주의

1. 우리나라는 직업공무원의 임용에서 엽관주의를 공식적인 인사정책으로 채택한 적은 없다. 우리나라에서 엽관주의는 인사행정체제의 전반을 지배하는 기본원리는 아니다. 그러나 엽관주의 원리가 공식적으로 완전히 배제되어 있는 것은 아니다.
2. 우리나라의 엽관주의(정실주의)는 전체적으로 볼 때 영국의 정실주의와 유사하다. 우리나라 엽관주의는 이승만 정권의 권력 강화를 위하여 1952년의 자유당 창당을 계기로 대두되었다고 볼 수 있다. 임용에 있어서 개인적 충성도가 강하게 작용하였으며, 주기적 대량경질과 같은 원칙이 법제화되어 있지 않았다.

14	실적주의의 기본원리	답 ③

대통령의 인사권을 강조하는 것으로 정치적 임용에 해당하는 엽관주의의 특징으로 볼 수 있다.

(선지분석)

① 공개경쟁채용시험은 공직임용의 기회균등이라는 실적제의 성립요건이다.
② 공무원의 정치적 중립성에 관한 내용으로 실적제의 성립요건이다.
④ 신분보장에 관한 규정으로 실적제의 성립요건이다.

핵심POINT 실적제의 성립요건
1. 정치적 중립성
2. 신분보장
3. 공직임용상의 기회균등
4. 자격·능력에 의한 임용(공개경쟁채용시험)

15	실적주의(merit system)	답 ①

실적주의의 도입은 공정하고 독립적인 인사행정을 위한 연방인사위원회를 설치하여 인사행정의 집권화를 가져왔다.

(선지분석)

② 실적주의는 능력과 성적중심의 인사제도로 사회적 약자(예 장애인 등)의 공직 진출을 제약할 수 있다는 한계가 있다.
③ 미국의 실적주의는 1883년 「펜들턴법」(Pendleton Act)이 제정됨으로써 연방정부에 적용되기 시작하였다.
④ 실적주의에 의하여 공무원의 권리와 신분이 보장되므로 자의적인 제재로부터 적법절차에 의해 구제받을 권리를 보장 받는다.

16	실적주의의 기본요소	답 ③

실적주의는 공개경쟁시험, 신분보장, 정치적 중립을 기본요소로 하는 제도이다.

(선지분석)

① 미국 잭슨(Jackson) 대통령에 의해 공식화된 인사행정제도는 엽관주의이다.
② 잭슨(Jackson)은 행정의 단순성을 주장하며 공직의 일은 건전한 상식과 인품을 가진 일반 대중 누구나 수행할 수 있는 것이라고 전제하였다.
④ 사회적 형평성을 가장 중요한 가치로 삼는 인사제도는 대표관료제(균형인사제도)이다.

17	실적주의의 정당화 근거	답 ④

실적주의는 개인의 능력과 자격을 기준으로 임용하는 제도로 능률성과 전문성을 강화시키지만, 전문적인 실력으로 임용된 엘리트 관료들은 국민들의 참여나 통제에 대하여 둔감하기 때문에 행정에 대한 민주적 통제는 약화된다.

18	인사행정제도	답 ②

엽관주의는 정당정치의 강화를 통한 행정의 민주화와 정치적 의식의 고양에 공헌한다는 장점이 있다.

(선지분석)

① 직업공무원제는 공직에의 계속성과 안정성의 확보가 중요하므로 폐쇄형 인사제도가 요구되며, 일반행정가주의에 입각하고 있다.
③ 실적주의는 정치적 중립과 신분보장이 요구되기 때문에 정치지도자들의 행정통솔력을 약화시킨다. 정치지도자들의 행정통솔력을 강화시키는 데 기여하는 인사제도는 엽관주의이다.
④ 대표관료제는 전체 국민에 대한 정부의 대응성을 향상시킬 수 있지만 실적주의를 약화시켜 행정의 능률성을 저하시킨다는 단점이 있다.

THEME 44 직업공무원제와 대표관료제(균형인사제도)

정답

p. 269

01	①	02	④	03	④	04	④	05	②
06	③	07	②	08	④	09	③	10	③
11	①	12	②	13	②	14	④	15	④
16	③	17	①	18	③	19	①	20	②
21	③	22	①	23	②	24	③	25	②
26	①	27	①	28	②	29	③		

01	직업공무원제	답 ①

직업공무원제도는 계급제, 폐쇄형을 기본으로 하며, 계급제는 공직자의 생계유지를 위한 생활급 중심의 보수체계를 특징으로 한다. 직무급은 직무의 곤란도(난이도)와 책임도를 기준으로 하는 합리적인 보수제도로 직위분류제와 개방형 임용에 적합한 제도이다.

(선지분석)

② 직업공무원제도는 계급제와 폐쇄형을 기본으로 하므로 재직자들에게 장기적인 능력발전의 기회를 부여한다.
③, ④ 폐쇄형 충원방식은 내부승진을 기본으로 하기 때문에 공직자의 신분보장을 가능하게 하는 직업공무원제의 특징이다.

02	직업공무원제	답 ④

직업공무원제도는 젊은 인재들이 공직에 들어와 평생에 걸쳐 명예롭게 근무하도록 조직·운영되는 인사 제도로 공직의 침체, 보수성, 비전문성 등의 단점을 초래한다. 이러한 단점을 보완하는 제도로는 개방형, 계약제, 계급정년제의 도입 등이 필요하다. ④의 정치적 중립의 강화는 모든 정당에 대해 공평성과 비당파성(非黨派性)을 갖는 것으로 실적주의를 기반으로 하는 직업공무원제의 특징이다.

03	직업공무원제	답 ④

직업공무원제는 일반적으로 전문행정가가 아니라 일반행정가 양성에 유리하다. 폐쇄형 인사제도와 계급제라는 공직분류 체계상 전문행정가를 육성하기 어렵기 때문에 행정의 전문화와 기술화를 저해하기도 한다.

04	실적주의와 직업공무원제의 비교	답 ④

실적주의도 직업공무원제와 마찬가지로 공무원의 정치적 중립이 필수적이다.

핵심POINT 실적주의와 직업공무원제의 비교

구분	실적주의	직업공무원제
공통점	정치적 중립성, 신분보장, 기회균등(정실주의 배제), 자격에 의한 채용 · 승진	
차이점	연령제한 없음 (공직에 대한 기회균등)	연령제한이 필수적 (기회균등 저해)
	폐쇄형 또는 개방형 (절대적 또는 상대적 신분보장)	폐쇄형 (절대적 신분보장)
	직위분류제	계급제
	직무급 보수	생활급 보수

05	실적주의와 직업공무원제	답 ②

직업공무원제는 실적주의를 필요로 하는 것이며, 오히려 실적주의는 직업공무원제의 확립 요건 또는 구성요소 중 하나로 볼 수 있는 것이다.

06	공무원 인사제도	답 ③

엽관주의는 국민 다수의 지지를 받은 정당의 당원이 관직에 임명됨으로써 민주통제의 강화 및 행정의 민주화, 정부관료제의 민주화에 기여한다. 최근 실적주의의 소극성을 극복하기 위하여 엽관주의적 요소를 신축성 있게 받아들이는 적극적 인사행정이 강조되고 있는 추세이다.

07	직업공무원제도	답 ②

직업공무원제도는 젊고 유능한 인재를 공직에 임용하여 평생 동안 업무수행에 전념하도록 신분을 보장하여 주는 인사제도이다. 또한 폐쇄형, 계급제로 일반행정가를 양성하기 때문에 지나친 신분보장으로 인한 공무원 집단의 보수화와 공직의 전문성이 저하되기 때문에 전문행정가 양성이 곤란하다는 문제점이 있다.

선지분석

④ 직업공무원제도는 폐쇄형 인사제도로 승진이 어렵기 때문에 승진적체가 심화되면서 직원들의 불만이 증가하게 된다.

08	직업공무원제도	답 ④

직업공무원제도는 폐쇄형, 계급제에 입각하여 공무원들의 신분을 보장해주는 제도로서 공무원의 일체감이나 단결심 및 공직에 헌신하려는 정신을 강화하는데 유리한 제도이다.

선지분석

① 직업공무원제의 장점으로 옳은 지문이다.
② 직업공무원제도의 개념이다.
③ 직업공무원제도는 폐쇄형을 추구하기 때문에 환경변화에 둔감하고 특권집단화 염려가 있다.

09	직업공무원제	답 ③

미국에서는 펜들턴법(1883)을 시작으로 실적주의 원칙이 도입되었으며 계급제 채용방식이 아닌 직위분류제를 채택하고 있다.

10	직업공무원제도의 특징	답 ③

직업공무원제도는 폐쇄형, 계급제의 공직구조를 갖기 때문에 외부환경에 소극적이고 새로운 지식개발을 통한 전문성 강화에 어려움이 있다. 외부환경에 대한 적극적 대응과 새로운 지식 및 기술 도입이 활성화되어 행정의 전문성을 강화하는 것은 폐쇄형, 직위분류제에 기반한 실적주의 제도이다.

11	인사행정제도	답 ①

공직충원의 개방성을 확대하면 절대적인 신분보장이 어렵기 때문에 직업공무원제의 확립을 저해한다. 직업공무원제는 계급제, 폐쇄형과 관련되며 행정의 탄력성을 강조하는 일반행정가주의를 지향하는 제도이다.

12	대표관료제(representative bureaucracy)	답 ②

주기적인 선거 결과에 기초하여 주요 관직을 임명하는 제도는 엽관제(spoil system)이다.

13	대표관료제의 효과	답 ②

대표관료제의 효과에 해당하는 것은 ㄱ, ㄷ, ㅁ이다.

선지분석

ㄴ. 공무원의 신분보장을 통해 행정의 안정성과 계속성을 확보하는 것은 직업공무원제에 대한 설명이다.
ㄹ. 정당의 대중화와 정당정치 발달에 기여하는 것은 엽관주의에 대한 설명이다.

핵심POINT 대표관료제

개념	사회를 구성하는 모든 주요 집단의 인구비례에 맞게 관료를 충원하여 정부관료제가 사회의 모든 계층과 집단에 공평하도록 구성하는 제도
전제	• 진보적 평등이념: 집단 · 계층 반영, 기회의 평등 보완 • 피동적 대표성이 능동적 대표성을 보장함
장점	• 정부관료제의 대응성 강화 • 책임성 · 민주성 확보 • 효율적인 비공식적 내부통제방안 • 사회적 형평성 제고 및 실질적 평등 확보
단점	• 관료들의 재사회화 과정 경시 • 역차별 문제와 사회분열 조장 • 실적주의와의 상충관계 • 기술상의 문제
관련 학자	• 킹슬리(Kingsley): 구성적 측면을 강조 • 크랜츠(Kranz): 비례대표개념으로까지 확대 • 모셔(Mosher): 적극적 측면과 소극적 측면으로 나누어 적극적 측면에 대해서 문제 제기

14 대표관료제 답 ④

양성평등채용목표제는 원래의 여성채용목표제가 목표를 초과하고 오히려 여성비율이 증가함에 따라, 남녀 어느 한 성(性)의 비율이 30%가 되도록 하는 제도로서 대표관료제의 제도적 장치에 해당한다. 대표관료제는 그 사회를 구성하는 모든 집단으로부터 인구비례에 따라 관료를 충원하고 그들을 정부관료제 내의 모든 계급에 비례적으로 배치함으로써(소극적 대표) 정부관료제가 그 사회의 모든 계층과 집단에 공평하게 대응(적극적 대표)하도록 하는 제도를 의미한다.

선지분석

① 대표관료제는 능력 · 자격을 2차적 기준으로 삼을 뿐만 아니라, 각 사회집단을 대표하는 관료는 해당 계층의 이해와 요구에 민감하므로 직무수행에 있어서 행정의 능률성 · 객관성 · 전문성 · 합리성이 저해된다.
② 각 출신집단을 대표해서 임용된 관료들은 각자의 출신집단 이익을 정책에 반영할 것이라는 전제를 가진다.
③ 엄정한 능력에 의한 선발은 실적주의의 특징이다.

15 대표관료제의 필요성과 한계 답 ④

대표관료제에 따르면 관료들은 자신들의 사회적 배경이 되는 집단의 이익이나 가치를 표출하여 정책에 반영하려고 하기 때문에 관료들의 책임의식은 매우 주관적이고 내면적이라고 주장한다.

16 대표관료제의 예 답 ③

대표관료제란 사회를 구성하는 모든 주요 집단의 인구비례에 따라 공직을 할당임용하는 제도로, 총액인건비제와는 관계가 없다.

선지분석

① 양성평등채용목표제, ② 지방인재채용목표제, ④ 장애인 고용촉진제 등은 우리나라의 대표성 확보방안(균형인사제도)이다.

17 대표관료제 답 ①

대표관료제는 킹슬리(Kingsley)가 처음 사용한 용어로서 능력 · 자격 · 성적을 기준으로 임용하는 실적주의의 폐단을 극복하기 위하여 등장하였다.

18 적극적 인사행정 답 ③

적극적 인사행정은 실적주의의 소극성이나 경직성, 직업공무원제의 폐쇄성을 보완하기 위한 개방적 · 탄력적 인사행정이므로 정년보장과는 거리가 멀다.

핵심POINT 적극적 인사행정

개념	실적주의의 한계를 극복하기 위해 엽관주의와 인간관계론적 요소를 받아들이는 제도
등장 배경	• 실적주의의 문제점: 인사행정의 소극성, 비융통성, 집권성 • 과학적 인사관리의 문제점: 인간을 합리적 도구로만 간주
내용	• 적극적 모집 • 정치적 임용 허용 • 인사권의 분권화와 인간 중심의 인사 • 재직자의 능력발전, 공무원의 단체활동 인정 • 장기적 · 종합적 인력계획 • 민주적 · 인간적 인사관리

19 대표관료제의 특징 답 ①

엽관주의의 폐단을 시정하기 위해서 등장한 것은 대표관료제가 아니라 실적주의이다. 대표관료제는 소극적이고 경직적이며 비인간적인 실적주의의 폐단을 시정하기 위하여 등장하였다.

20 대표관료제의 등장배경과 장단점 답 ②

엽관주의의 폐단을 시정하기 위해 등장한 것은 대표관료제가 아니라 실적주의이다. 대표관료제는 실적주의의 폐단을 극복하기 위한 제도로서 역차별의 문제가 발생한다는 문제점이 있다.

21	대표관료제의 장단점	답 ③

대표관료제(representative bureaucracy)는 1944년 영국의 킹슬리(Kingsley)가 주장한 것으로, 각계각층(집단)의 구성원을 관료로 임용하여 대표성을 높여야 한다는 제도이다. 그러므로 개인의 능력과 자격, 성적에 의하여 임용하는 실적제와 충돌하며 행정의 능률성을 저해하고 형평성을 강화시키는 제도이다.

선지분석

① 대표관료제는 소극적 대표성(구성론적 대표성)이 적극적 대표성(역할론적 대표성)을 확보해줄 것이라는 전제하에 도입된 제도이다. 즉, 관료들이 누구나 자신의 사회적 배경의 가치나 이익을 정책과정에 반영시키려고 노력한다는 명제를 전제로 한다.

22	대표관료제의 특징	답 ①

대표관료제는 각계각층의 국민의 비율에 따라 관료로 임명하는 제도로 관료의 전문성과 생산성을 저하시킨다는 비판을 받는다. 관료의 전문성과 생산성 제고에 기여하는 제도는 개인의 능력과 자격, 성적을 기준으로 임용하는 실적주의이다.

선지분석

② 역차별을 통한 사회 내 갈등과 분열을 조장할 수 있다는 것은 대표관료제의 한계이다.

③, ④ 국민에 대한 관료의 대응성 향상과 각계각층의 이해를 공공정책에 반영하여 사회적 정의 실현에 기여할 수 있다는 것은 대표관료제의 장점이다.

23	대표관료제	답 ②

대표관료제는 다양한 집단의 이익을 반영하는 집단주의·사회주의적 성격의 제도로서, 개인의 능력이나 성적을 중시하는 개인주의·자유주의적 성격의 실적주의와 충돌하는 인사제도이다.

24	대표관료제	답 ③

개인의 능력·자격을 기준으로 선발하여 행정의 전문성과 생산성을 제고하는 실적주의는 집단의 대표성을 강조하는 대표관료제와는 조화를 이루지 못하고 충돌한다.

25	우리나라 균형인사정책	답 ②

우리나라 균형인사정책의 시행순서는 양성평등채용목표제(2003년) → 지역인재추천채용제(2005년) → 지방인재채용목표제(2007년)의 순서로 도입하였다.

선지분석

① 우리나라 균형인사정책의 주요대상은 장애인, 지방 · 지역인재, 양성평등, 이공계, 저소득층 등이다.

③ 장애인 구분모집제는 국가공무원의 경우 선발예정인원의 3.8%를 장애인만 응시할 수 있도록 구분하여 시험을 실시하는 제도이다.

④ 장애인, 지방 · 지역인재, 양성평등, 이공계, 저소득층 등 사회적 소수집단의 공직진출을 위한 지원정책으로 대표관료제의 적용 사례이며 다양성 관리방안이다.

26	인사행정의 주요 원리	답 ①

인사행정의 주요 원리와 그 특징이 바르게 연결된 것은 ㄱ, ㄴ이다.

ㄱ. 실적주의는 정치적 중립과 신분보장을 주요내용으로 한다.

ㄴ. 대표관료제는 각계각층의 국민을 관료로 임용하는 실질적 평등을 추구하기 때문에 사회적 형평성을 제고한다.

선지분석

ㄷ. 엽관주의는 정당에의 충성도에 따라 임용하는 것으로 행정논리보다는 정치논리가 강하다.

ㄹ. 대표관료제는 국민에 대한 대응성과 책임성은 강화시키지만 행정의 효율성과 전문성은 저하된다.

ㅁ. 직업공무원제는 행정의 안정성과 계속성 유지에 기여하는 행정논리이며, 정치논리는 엽관주의이다.

ㅂ. 엽관주의는 국민들의 대응성과 책임성의 요구에 부응한다.

27	균형인사정책	답 ①

균형인사정책이 곧 대표관료제를 의미한다. 각계각층별로 공직을 균형적으로 배분하기 때문에 대표관료제를 균형인사제도라고도 한다.

선지분석

④ 엽관제는 정당에의 충성도에 따른 인사제도로 개인의 능력과 성적중심의 인사제도인 실적주의에 비하여 행정의 능률성이 저하되지만 정치지도자의 행정통솔력을 강화시켜 정책과정의 능률성을 제고할 수 있다는 평가를 받는다.

28	대표관료제의 연혁과 특징	답 ②

제시문의 내용은 킹슬리(Kingsley)가 주장한 대표관료제에 대한 설명이다. 공직 구성을 출신집단의 비율과 맞게 할당하여 구성하자는 제도이다. 크랜츠(Kranz)는 이 제도의 개념을 비례대표(proportional representation)로까지 확대하는 것에 찬성하였다.

29	다양성 관리	답 ③

균형인사정책, 일과 삶 균형정책은 다양성 관리방안에 해당한다.

⊕ 보충 다양성 관리(diversity management)

1. 개념
   다양한 속성(성, 연령, 국적, 기타 개인적 차이)이나 다양한 가치·발상을 받아들여 기업의 활성화를 위한 조직문화 변혁을 목표로 하는 전략이며, 기업과 고용된 개인의 성장·발전으로 이어지게 하려는 전략
2. 유형
   다양성(diversity)은 한 집단 내에 개인들이 보유하고 있는 각기 다른 특성, 신념, 상대적 위치 등을 보유하고 있는 상태를 말하며 다양성은 외적인 요소에 의한 '표면적 다양성'과 내적인 요소에 의한 '내면적 다양성'으로 구분
3. 관리방안
   구성원들을 일률적으로 관리하지 않고 다양한 차이와 배경, 시각을 조직업무에 적극 반영시키려는 전략적 인적자원관리(SHRM)로서 개인별 맞춤형 관리, 일과 삶의 균형(워라벨), 우리나라의 균형인사정책(대표관료제) 등이 대표적인 관리방안

THEME 45 중앙인사행정기관

정답

p. 275

01	①	02	④	03	③	04	③	05	②, ③
06	④	07	①	08	①	09	②		

01 비독립단독형 중앙인사행정기관의 특징 답 ①

현재 우리나라의 중앙인사행정기관인 인사혁신처는 비독립단독형 기관으로 인사에 대한 의사결정이 신속하고 책임소재가 명확하다는 장점이 있다.

선지분석

② 비독립단독형의 경우 비독립성으로 인해서 인사의 공정성 및 안정성 확보는 어렵다는 한계가 있다.
③, ④ 독립합의형 중앙인사행정기관의 특성이다.

⊕ 보충 비독립단독형의 장단점

장점	단점
• 인사행정의 책임소재 명확화 • 신속한 의사결정 • 행정수반에게 인사관리수단을 제공함으로써 신속·강력한 국가정책 추진	• 독립성의 결여로 인사행정의 정실화를 막기 어려움 • 기관장의 독선적·자의적 결정을 견제하기 어려움 • 기관장의 잦은 교체로 인한 인사행정의 일관성·계속성 저해

02 우리나라의 중앙인사행정기관 답 ④

현재 우리나라 인사혁신처는 합의제 중앙인사기관이 아니라 국무총리 소속으로 인사혁신처장을 중심으로 하는 비독립단독형 중앙인사기관이다.

선지분석

① 우리나라 중앙인사위원회는 1999년 김대중 정부 때 설립되었다가 2008년 이명박 정부 때 폐지되었다.
② 미국의 연방인사위원회(CSC)는 집권적인 독립합의형 중앙인사기관이었다가 1978년 카터(Carter) 행정부 때 인사관리처(OPM)와 실적주의보호위원회(MSPB)로 이원화되면서 인사권이 분권화되었다.
③ 일본의 인사행정기관은 총무성 인사국(비독립단독형)과 인사원(독립합의형)으로 이원화되어 있다.

03 중앙인사행정기관의 유형 답 ③

미국의 인사관리처(OPM)는 대통령 직속의 비독립단독기관이고, 영국의 공무원 장관실(OMCS)은 수상 직속의 비독립단독기관이다.

⊕ 보충 중앙인사행정기관의 유형

구분	합의성	단독성
독립성	독립합의형	독립단독형
비독립성	비독립합의형	비독립단독형

04 소청심사제도 답 ③

인사혁신처에 설치된 소청심사위원회는 위원장 1명을 포함한 5명 이상 7명 이내의 상임위원과, 상임위원 수의 2분의 1 이상인 비상임위원으로 구성된다(「국가공무원법」 제9조 제3항).

⊕ 보충 「국가공무원법」

제9조 【소청심사위원회의 설치】 ① 행정기관 소속 공무원의 징계처분, 그 밖에 그 의사에 반하는 불리한 처분이나 부작위에 대한 소청을 심사·결정하게 하기 위하여 인사혁신처에 소청심사위원회를 둔다.
② 국회, 법원, 헌법재판소 및 선거관리위원회 소속 공무원의 소청에 관한 사항을 심사·결정하게 하기 위하여 국회사무처, 법원행정처, 헌법재판소사무처 및 중앙선거관리위원회사무처에 각각 해당 소청심사위원회를 둔다.
③ 국회사무처, 법원행정처, 헌법재판소사무처 및 중앙선거관리위원회사무처에 설치된 소청심사위원회는 위원장 1명을 포함한 위원 5명 이상 7명 이내의 비상임위원으로 구성하고, 인사혁신처에 설치된 소청심사위원회는 위원장 1명을 포함한 5명 이상 7명 이내의 상임위원과 상임위원 수의 2분의 1 이상인 비상임위원으로 구성하되, 위원장은 정무직으로 보한다.
④ 소청심사위원회는 다른 법률로 정하는 바에 따라 특정직 공무원의 소청을 심사·결정할 수 있다.

제10조의2 【소청심사위원회위원의 결격사유】 ① 다음 각 호의 어느 하나에 해당하는 자는 소청심사위원회의 위원이 될 수 없다.
1. 제33조 각 호(공무원임용결격사유)의 어느 하나에 해당하는 자
2. 「정당법」에 따른 정당의 당원
3. 「공직선거법」에 따라 실시하는 선거에 후보자로 등록한 자

05	중앙인사기관	답 ②, ③

② 1999년 김대중 정부 때 중앙인사위원회와 행정자치부의 업무가 분리되었지만 중앙인사위원회는 대통령 소속으로 비독립형 합의제기관이었다. 그 후 중앙인사위원회는 2004년부터는 중앙인사위원회로 통합되어 정부 인사 기능이 일원화되었다.
③ 2008년 중앙인사위원회의 폐지 이후 2013년까지 행정안전부를 거쳐 박근혜 정부에서 안전행정부로 개칭되었는데, 안전행정부는 대통령 직속의 비독립형 단독제 기관으로 본다. 사실상 우리나라의 경우 독립형 중앙인사행정기관은 존재하지 않는 것으로 볼 수 있다. 시험출제 당시 ②가 정답으로 제시되었으나, 이의신청 후에 ③도 복수정답으로 처리되었다.

⊕ 보충 우리나라 중앙인사행정기관의 변천

1. 고시위원회와 총무처(1948)
2. 국무원 사무국(1955)
3. 국무원 사무처(1960)와 내각 사무처(1961)
4. 총무처(1963~1998)
5. 행정자치부(1998)
6. 행정자치부와 중앙인사위원회(1999) → 이원화
7. 중앙인사위원회(2004) → 일원화
8. 행정안전부(2008) → 중앙인사위원회폐지, 행정안전부로 일원화
9. 안전행정부로 개칭(2013)
10. 인사혁신처로 개편(2014)

06	소청심사제도	답 ④

지방소청심사위원회 위원은 지방자치단체의 장이 임명 또는 위촉하며, 위원장은 위촉위원 중에서 호선(互選)한다(「지방공무원법」 제13조).

선지분석

① 소청심사위원회의 결정은 처분 행정청에 대하여 권고의 효력이 아니라 구속력이 인정되므로 처분청의 행위를 기속하는 효력이 있다.
② 강임과 면직은 물론 휴직과 전보도 소청심사제도의 대상이 된다. 소청심사위원회에서는 소속 공무원의 징계처분 또는 의사에 반하는 불리한 처분이나 부작위에 대한 소청을 심사·결정한다.
③ 지방소청심사위원회는 기초자치단체가 아니라 시·도(광역자치단체)별로 설치되어 있다.

07	정부소속기관	답 ①

「국가공무원법」상 소청심사위원회는 행정안전부가 아니라 중앙인사행정기관인 인사혁신처에 설치한다. 헌법상 독립기관인 삼부와 헌법재판소 및 지방자치단체는 인사와 소청심사업무를 별도의 기관에서 관장한다.

핵심POINT 각 정부기관별 중앙인사기관

정부기관	중앙인사기관
행정부(정부)	인사혁신처
입법부(국회)	국회사무처
사법부(법원)	법원행정처
헌법재판소	헌법재판소사무처
중앙선거관리위원회	중간선거관리위원회사무처
지방자치단체	시·도인사위원회, 시·도소청심사위원회

08	소청심사위원회	답 ①

소청심사위원회에서의 심사결정은 재적위원 3분의 2 이상의 출석과 출석위원 과반수의 합의에 의한다.

선지분석

② 소청은 강임, 휴직, 직위해제, 면직처분 등 신분상 불이익한 처분을 받은 경우에 처분사유 설명서를 받은 후 30일 이내에 심사청구를 할 수 있다.
③ 소청심사위원회는 중앙인사기관인 인사혁신처 소속이며 그 위원장은 정무직(차관급)으로 보한다.
④ 소청심사는 일종의 행정심판이므로 원징계처분보다 무거운 징계를 부과하는 결정을 할 수 없다는 불이익변경금지의 원칙이 적용된다.
⑤ 소청심사위원회의 구성은 위원장 1인을 포함한 5명 이상 7명 이하의 상임위원과, 상임위원 수의 2분의 1 이상의 비상임위원으로 구성되어 있다.

09	공무원과 관할 소청심사기관	답 ②

검사는 소청제도가 없으며, 사법부 소속인 법원공무원은 법원행정처 소청심사위원회가 관할이다.

선지분석

① 경기도청 소속 지방공무원은 시·도 지방공무원(경기도) 소청심사위원회가 관할이다.
③ 소방공무원은 행정기관 소속으로 인사혁신처 소청심사위원회가 관할이다.
④ 교원(국립대학교 교수)은 교육부 교원소청심사위원회가 관할이다.

핵심POINT 소청심사위원회 관할기관

구분		소청담당기관
행정부	국가공무원(일반직, 외무, 경찰, 소방공무원)	인사혁신처 소청심사위원회
	지방공무원(지방교육)	각 시·도 소청심사위원회(교육소청심사위원회)
입법부		국회사무처 소청심사위원회
사법부		법원행정처 소청심사위원회
헌법재판소		헌법재판소사무처 소청심사위원회
중앙선거관리위원회		중앙선거관리위원회사무처 소청심사위원회
교원		교육부 교원소청심사위원회
검사		없음(소청제도 X)

CHAPTER 2 | 공직의 분류

THEME 46 공직의 분류와 유형

정답

p. 278

01	①	02	②	03	②	04	③	05	③
06	③	07	①, ④	08	④	09	③	10	③, ④
11	①, ③	12	④	13	②	14	④	15	①, ④
16	④	17	④	18	①	19	③	20	③
21	③	22	②	23	③	24	①		

01 우리나라 공무원 구분 답 ①

임용주체와 경비부담을 기준으로 국가공무원과 지방공무원으로 나누며 지방공무원의 임용권자에는 지방자치단체장과 교육감(지방교육행정공무원) 그리고 지방의회의 의장(지방의회 사무직원)도 포함된다(「국가공무원법」 제2조, 「지방공무원법」 제6조, 「지방자치법」 제103조).

(선지분석)

② 일반직공무원은 기술 · 연구 또는 행정 일반에 대한 업무를 담당하는 경력직공무원이다(「국가공무원법」 제2조).

③ 특정직공무원은 헌법재판소 헌법연구관, 경찰공무원, 군무원 등 특수 분야의 업무를 담당하는 경력직공무원이다(「국가공무원법」 제2조 제2항).

④ 정무직공무원은 대통령, 국무총리 등 선거로 취임하거나 임명할 때 국회의 동의가 필요한 특수경력직공무원이다(「국가공무원법」 제2조 제3항).

⊕ 보충 우리나라 공무원 구분 관련 법령

「국가공무원법」

제2조 【공무원의 구분】 ① 국가공무원(이하 "공무원"이라 한다)은 경력직공무원과 특수경력직공무원으로 구분한다.

② "경력직공무원"이란 실적과 자격에 따라 임용되고 그 신분이 보장되며 평생 동안(근무기간을 정하여 임용하는 공무원의 경우에는 그 기간 동안을 말한다) 공무원으로 근무할 것이 예정되는 공무원을 말하며, 그 종류는 다음 각 호와 같다.

1. 일반직공무원: 기술 · 연구 또는 행정 일반에 대한 업무를 담당하는 공무원
2. 특정직공무원: 법관, 검사, 외무공무원, 경찰공무원, 소방공무원, 교육공무원, 군인, 군무원, 헌법재판소 헌법연구관, 국가정보원의 직원, 경호공무원과 특수 분야의 업무를 담당하는 공무원으로서 다른 법률에서 특정직공무원으로 지정하는 공무원

③ "특수경력직공무원"이란 경력직공무원 외의 공무원을 말하며, 그 종류는 다음 각 호와 같다.

1. 정무직공무원
   가. 선거로 취임하거나 임명할 때 국회의 동의가 필요한 공무원
   나. 고도의 정책결정 업무를 담당하거나 이러한 업무를 보조하는 공무원으로서 법률이나 대통령령(대통령비서실 및 국가안보실의 조직에 관한 대통령령만 해당한다)에서 정무직으로 지정하는 공무원

2. 별정직공무원: 비서관 · 비서 등 보좌업무 등을 수행하거나 특정 한 업무 수행을 위하여 법령에서 별정직으로 지정하는 공무원

「지방공무원법」
제6조【임용권자】 ① 지방자치단체의 장[특별시 · 광역시 · 특별자치시 · 도 또는 특별자치도(이하 "시 · 도")의 교육감을 포함한다. 이하 같다] 및 지방의회의 의장[시 · 도의회의 의장 및 시 · 군 · 구(자치구)의회의 의장을 말한다. 이하 같다]은 이 법에서 정하는 바에 따라 그 소속 공무원의 임명 · 휴직 · 면직과 징계를 하는 권한(이하 "임용권"이라 한다)을 가진다.

「지방자치법」
제103조【사무직원의 정원과 임면 등】
① 지방의회에 두는 사무직원의 수는 인건비 등 대통령령으로 정하는 기준에 따라 조례로 정한다.
② 지방의회의 의장은 지방의회 사무직원을 지휘 · 감독하고 법령과 조례 · 의회규칙으로 정하는 바에 따라 그 임면 · 교육 · 훈련 · 복무 · 징계 등에 관한 사항을 처리한다.

02	공무원의 구분	답 ②

공무원 구분에 대한 설명으로 옳은 것은 ㄱ, ㄷ이다.
ㄱ. 헌법재판소 헌법연구관은 특정직공무원이며, 헌법재판소 헌법연구관보는 별정직공무원이다.
ㄷ. 공직분류는 실적주의 적용과 신분보장(직업공무원제)의 여부에 따라 경력직공무원과 특수경력직공무원으로 구분된다.

선지분석
ㄴ. 감사원 사무총장은 정무직공무원이다.
ㄹ. 임기제공무원은 근무기간을 정하여 임용하는 경력직공무원이다.

03	전문경력관제도	답 ②

전문경력관은 「국가공무원법」 제4조 제2항 제1호에 따라, 계급 구분과 직군 및 직렬의 분류를 적용하지 아니하는 특수업무 분야에 종사하는 일반직공무원을 말한다(「전문경력관 규정」).

⊕ **보충 「전문경력관 규정」**
제4조【직위군 구분】 ① 전문경력관직위의 군은 직무의 특성 · 난이도 및 직무에 요구되는 숙련도 등에 따라 가군, 나군 및 다군으로 구분한다.

04	전문경력관제도	답 ③

전문경력관의 경우 전직시험을 거쳐 전문경력관을 다른 일반직공무원으로 전직시키거나 다른 일반직공무원을 전문경력관으로 전직시킬 수 있다(「전문경력관 규정」 제17조 제1항).

선지분석
① 전문경력관의 경우 일반직 공무원과 같은 계급 구분과 직군 및 직렬의 분류를 적용하지 않는다(「전문경력관 규정」 제2조 제1항).
② 전문경력관의 경우 직무의 특성, 난이도 및 직무에 요구되는 숙련도 등에 따라 가군, 나군, 다군으로 구분한다(「전문경력관 규정」 제4조 제1항).
④ 전문경력관의 경우 소속 장관은 해당 기관의 일반직공무원 직위 중 순환보직이 곤란하거나 장기 재직 등이 필요한 특수 업무 분야의 직위를 인사혁신처장과 협의하여 전문경력관직위로 지정할 수 있다(「전문경력관 규정」 제3조 제1항).

⊕ **보충 「전문경력관 규정」**
제2조【적용 범위】 ① 이 영은 「국가공무원법」(이하 "법"이라 한다) 제4조 제2항 제1호에 따라 계급 구분과 직군 및 직렬의 분류를 적용하지 아니하는 특수 업무 분야에 종사하는 공무원[「공무원임용령」(이하 "임용령"이라 한다) 제3조의2에 따른 전문임기제공무원(시간선택제전문임기제공무원을 포함한다) 및 한시임기제공무원은 제외하며, 이하 "전문경력관"이라 한다]에 대하여 적용한다.
제3조【전문경력관직위 지정】 ① 임용령 제2조 제3호에 따른 소속 장관은 해당 기관의 일반직공무원 직위 중 순환보직이 곤란하거나 장기 재직 등이 필요한 특수 업무 분야의 직위를 인사혁신처장과 협의하여 전문경력관직위로 지정할 수 있다.
제4조【직위군 구분】 ① 제3조에 따른 전문경력관직위의 군은 직무의 특성 · 난이도 및 직무에 요구되는 숙련도 등에 따라 가군, 나군 및 다군으로 구분한다.
제17조【전직】 ① 임용권자는 다음 각 호의 어느 하나에 해당하는 경우에는 전직시험을 거쳐 전문경력관을 다른 일반직공무원으로 전직시키거나 다른 일반직공무원을 전문경력관으로 전직시킬 수 있다.

05	우리나라 인사제도	답 ③

별정직공무원의 근무상한연령도 일반직공무원과 같이 60세이며, 일반 임기제공무원으로 임용될 수 없다. 일반 임기제공무원은 경력직공무원의 정원에 해당하는 직위에 임용되는 임기제공무원을 말한다(「공무원임용령」 제3조의2).

선지분석
① 인사혁신처는 국무총리 소속의 비독립 단독형에 해당한다.
② 전문경력관이란 직무분야가 특수한 직위에 임용되는 일반직공무원이다.
④ 각 중앙부처 1~3급(실 · 국장급) 공무원들을 범정부적으로 인력풀로 관리하는 고위공무원단 제도가 2006년 노무현 정부 이후 운영되고 있다.

⊕ **보충 「별정직공무원 인사규정」**
제6조【근무상한연령】 ① 별정직공무원의 근무상한연령은 60세로 한다. 다만, 「대통령 등의 경호에 관한 법률」 제6조에 따른 별정직공무원에 대해서는 임용권자나 임용제청권자가 근무상한연령을 따로 정할 수 있다.
② 제1항에도 불구하고 다음 각 호의 어느 하나에 해당하는 별정직공무원에 대해서는 근무상한연령을 두지 않는다.
1. 비서, 비서관(「전직대통령 예우에 관한 법률」 제6조 제1항에 따른 비서관을 포함한다) 및 정책보좌관
2. 제1호에 따른 별정직공무원과 담당 직무 및 직위가 유사하거나 근무기간이 정해져 있는 등의 사유로 임용권자나 임용제청권자가 인사혁신처장과 협의하여 근무상한연령을 두지 않는 것으로 정한 별정직공무원

06	우리나라의 공직분류	답 ③

감사원의 경우 감사원장과 사무총장은 정무직공무원이고 감사원 사무차장은 일반직공무원이다. ① 경호공무원, ② 경찰공무원(경찰청장 포함), ④ 헌법재판소 헌법연구관은 특정직공무원이다.

> ⊕ **보충** 「감사원법」
> **제19조 【사무총장 및 사무차장】** ① 사무총장은 정무직으로, 사무차장은 일반직으로 한다.

07	공직의 분류	답 ①, ④

① 지방의회 전문위원은 특정직지방공무원이 아니라 일반직지방공무원에 해당한다.
④ 2020년 4월 「지방공무원법」 개정으로 지방소방공무원이 국가직으로 전환되었으므로 지방소방공무원도 특정직지방공무원에 해당하지 않는다.

선지분석

②, ③ 교육, 경찰공무원은 특정직지방공무원에 해당한다.

> ⊕ **보충** 「지방공무원법」
> **제2조 【공무원의 구분】** ① 지방자치단체의 공무원(지방자치단체가 경비를 부담하는 지방공무원)은 경력직공무원과 특수경력직공무원으로 구분한다.
> ② "경력직공무원"이란 실적과 자격에 따라 임용되고 그 신분이 보장되며 평생 동안(근무기간을 정하여 임용하는 공무원의 경우에는 그 기간 동안을 말한다) 공무원으로 근무할 것이 예정되는 공무원을 말하며, 그 종류는 다음 각 호와 같다.
> 1. 일반직공무원: 기술·연구 또는 행정 일반에 대한 업무를 담당하는 공무원
> 2. 특정직공무원: 공립 대학 및 전문대학에 근무하는 교육공무원, 교육감 소속의 교육전문직원 및 자치경찰공무원과 그 밖에 특수 분야의 업무를 담당하는 공무원으로서 다른 법률에서 특정직공무원으로 지정하는 공무원
>
> ③ "특수경력직공무원"이란 경력직공무원 외의 공무원을 말하며, 그 종류는 다음 각 호와 같다.
> 1. 정무직공무원
>   가. 선거로 취임하거나 임명할 때 지방의회의 동의가 필요한 공무원
>   나. 고도의 정책결정업무를 담당하거나 이러한 업무를 보조하는 공무원으로서 법령 또는 조례에서 정무직으로 지정하는 공무원
> 2. 별정직공무원: 비서관·비서 등 보좌업무 등을 수행하거나 특정한 업무 수행을 위하여 법령에서 별정직으로 지정하는 공무원

08	특정직공무원	답 ④

「검찰청 사무기구에 관한 규정」에 의하면 검찰청 검찰사무관은 일반직공무원이다. 공립학교 교원, 소방서장, 경찰서장은 특수한 업무를 담당하는 특정직공무원이다.

09	특수경력직공무원	답 ③

교육·소방·경찰공무원 및 법관, 검사, 군인 등 특수 분야의 업무를 담당하는 공무원은 특수경력직공무원이 아니라 경력직공무원에 해당한다.

선지분석

① 특수경력직공무원은 신분보장(직업공무원제)나 실적주의의 획일적 적용을 받지 않는다.
② 특수경력직공무원에 대하여는 이 법 또는 다른 법률에 특별한 규정이 없으면 「국가공무원법」의 적용을 받는다.
④ 국회수석전문위원은 특수경력직공무원 중 별정직공무원에 해당한다. 국회전문위원은 일반직이므로 경력직에 해당한다.
⑤ 선거에 의해 취임하거나 임명할 때 국회 동의를 요하는 공무원은 특수경력직공무원 중 정무직공무원에 해당한다.

핵심POINT 경력직과 특수경력직(신분보장)

경력직	일반직	행정일반, 연구지도, 기술 분야에 종사함
	특정직	• 특수한 업무를 담당함 • 법관, 검사, 경찰, 외무, 소방, 경찰, 군인, 군무원, 국가정보원 일반직원, 헌법재판소헌법연구관 등
특수 경력직	정무직	• 선거나 정치적 임용, 국회의 임명 동의 요함 • 고도의 정책결정업무
	별정직	별도의 절차로 임용, 신임, 기밀을 요함

10	특수경력직공무원	답 ③, ④

특수경력직공무원은 별정직과 정무직이다. 계약직과 고용직은 폐지되었으며, 특정직공무원은 경력직이다.

11	특수경력직공무원	답 ①, ③

감사원 사무차장은 「감사원법」 제19조에 따라 고위공무원단이며 일반직공무원이다. 헌법재판소 헌법연구관의 경우 「헌법재판소법」 제19조에 의하여 특정직공무원으로 규정되어 있으므로 신분보장이 되는 경력직공무원에 해당된다.

선지분석

② 국회 수석전문위원은 별정직, ④ 국가정보원 기획조정실장은 정무직으로서 신분보장이 되지 않는 특수경력직공무원이다. 수석전문위원은 별정직인 반면, 기타 전문위원은 일반직이다. 「국회사무처법」에 의하면 국회 수석전문위원 외의 전문위원은 일반직공무원으로서 경력직공무원에 해당된다.

⊕ 보충 「국회사무처법」

제8조【위원회의 공무원】 ① 위원회에 수석전문위원 1명을 포함한 전문위원과 입법심의관, 입법조사관, 그 밖에 필요한 공무원을 둔다. 다만, 특별위원회의 수석전문위원과 위원회의 입법심의관은 필요한 경우에만 둘 수 있다.
② 수석전문위원은 별정직으로 하고 차관보와 같은 금액의 보수를 받는다.
③ 수석전문위원 외의 전문위원은 2급인 일반직국가공무원(「국가공무원법」 제26조의5에 따른 임기제공무원은 제외한다)으로 보한다.
④ 입법심의관은 2급 또는 3급, 입법조사관은 3급부터 5급까지인 일반직국가공무원(「국가공무원법」 제26조의5에 따른 임기제공무원은 제외한다)으로 각각 보한다.
⑤ 의장은 필요하다고 인정할 때에는 전문위원과 필요한 공무원을 특별위원회에 겸직근무하게 할 수 있다.

12 특수경력직공무원 답 ④

고위공직자범죄수사처 차장은 특정직(경력직)공무원(검사)이다.

선지분석

①, ③ 국회사무총장과 헌법재판소 사무차장은 정무직(특수경력직)이다.
② 특별시의 행정2부시장은 정무직(특수경력직)이다.
⑤ 국회 수석전문위원은 별정직(특수경력직) 공무원이다.

⊕ 보충 공무원 관련 법령

「고위공직자범죄수사처 설치 및 운영에 관한 법률」

제4조【처장·차장 등】 ① 수사처에 처장 1명과 차장 1명을 두고, 각각 특정직공무원으로 보한다.

「지방자치법」 시행령

제71조【부시장·부지사 등의 수와 직급 등】 ② 법 제123조 제2항에 따라 국가공무원으로 보(補)하는 특별시·광역시 및 특별자치시의 부시장, 도와 특별자치도의 부지사는 특별시의 경우 정무직 국가공무원으로, 광역시·특별자치시·도와 특별자치도의 경우 「국가공무원법」 제2조의2에 따라 고위공무원단에 속하는 일반직공무원으로 보하며, 그 직무등급(「국가공무원법」 제23조에 따라 인사혁신처장이 행정안전부장관과 협의하여 배정하는 직무등급을 말한다)은 행정안전부령으로 정한다.

13 공무원의 구분 답 ②

소방사는 2020년 국가직으로 전환되었으며 소방공무원으로 특정직공무원에 해당한다.

선지분석

① 일반직공무원이 아니라 공무원 전체가 경력직과 특수경력직으로 구분된다.
③ 행정부 국가공무원 중에서는 일반직공무원이 아니라 특정직공무원의 수가 가장 많다. 그중 특히 교육·경찰공무원의 비중이 가장 크다.
④ 국가정보원 7급 직원은 경력직공무원으로 특정직에 해당된다.

14 공직의 분류 답 ④

감사원 사무총장은 정무직공무원(차관급)이고 감사원 사무차장은 일반직공무원이다(「감사원법」 제19조). 최근 별정직공무원의 일반직화 흐름에 따라 별정직이었던 감사원 사무차장과 시·도 선거관리위원회 상임위원 등이 일반직으로 전환되었다.

선지분석

① 국가정보원 원장과 차장은 정무직공무원이다(「국가정보원법」).
② 현재 국무총리실에 해당하는 국무조정실 실장과 차장 및 국무총리비서실장은 정무직공무원이다(「정부조직법」 제20조, 제21조).
③ 헌법재판소 사무총장 및 차장은 정무직공무원이다(「헌법재판소법」).

핵심POINT 각 기관별 공직분류체계

기관	직위		신분
국회	사무총장, 사무차장		정무직
	전문위원		일반직
	수석전문위원		별정직
헌법재판소	헌법재판관, 사무처장, 사무차장		정무직
	헌법연구관		특정직
	헌법연구관보		별정직
대법원	대법원장, 대법관		특정직
선거관리위원회	중앙선거관리위원회	중앙선거관리위원회위원, 사무처장, 사무차장	정무직
	시·도선거관리위원회	상임위원	일반직
감사원	사무총장		정무직
	사무차장		일반직
국가정보원	원장, 차장		정무직
	기획조정실장		정무직
	일반직원		특정직

⊕ 보충 정부조직법상 국무총리실 관련 조문

제20조【국무조정실】 ① 각 중앙행정기관의 행정의 지휘·감독, 정책 조정 및 사회위험·갈등의 관리, 정부업무평가 및 규제개혁에 관하여 국무총리를 보좌하기 위하여 국무조정실을 둔다.
② 국무조정실에 실장 1명을 두되, 실장은 정무직으로 한다.
③ 국무조정실에 차장 2명을 두되, 차장은 정무직으로 한다.

제21조【국무총리비서실】 ① 국무총리의 직무를 보좌하기 위하여 국무총리비서실을 둔다.
② 국무총리비서실에 실장 1명을 두되, 실장은 정무직으로 한다.

15 공직의 분류 답 ①, ④

행정일반이나 기술에 대한 업무를 담당하는 공무원은 일반직공무원에 해당한다. 공립 대학 및 전문대학에 근무하는 교육공무원, 자치경찰공무원은 「지방공무원법」상 특정직공무원이나, 지방소방공무원은 2020년 4월에 국가직으로 전환되었기에 현재는 「지방공무원법」상 특정직공무원이 아니다.

16 특정직공무원 답 ④

ㄴ. 검사, ㄷ. 헌법재판소 헌법연구관, ㅁ. 국가정보원 직원은 특정직공무원에 해당한다.

선지분석

ㄱ. 국가인권위원회 상임위원은 차관급 정무직공무원이다.
ㄹ. 도지사의 비서는 별정직공무원이다.

17 공직분류 체계 답 ④

경력직공무원은 실적과 자격에 의하여 임용되고 신분이 보장되는 공무원으로 일반직과 특정직이 있다.

선지분석

① 소방공무원은 경력직공무원에 해당한다.
② 국회수석전문위원은 일반직공무원이 아니라 별정직공무원에 해당한다.
③ 차관은 정무직, 1~3급 공무원은 일반직공무원에 해당한다.

18 국가공무원과 지방공무원의 비교 답 ①

임기제지방공무원은 지방자치단체와의 채용계약에 따라 전문지식·기술이 요구되거나 임용에 신축성 등이 요구되는 업무에 일정 기간 종사하는 공무원이다.

선지분석

② 국가공무원은 법적 근거로 「국가공무원법」을 따르고, 지방공무원은 법적 근거로 「지방공무원법」을 따른다.
③ 국가공무원의 보수재원은 국비로 충당하고, 지방공무원의 보수재원은 지방비로 충당한다.
④ 정무직지방공무원은 투표에 의해 취임하는 선출직이므로 국회의 동의를 얻을 필요가 없다.
⑤ 국가공무원은 5급 이상의 경우 대통령이, 6급 이하의 경우 소속장관이 임명하지만, 지방공무원의 임용권자는 모두 지방자치단체장이다.

핵심POINT 국가공무원과 지방공무원의 비교

구분	국가공무원	지방공무원
근거법률	「국가공무원법」	「지방공무원법」
임명권자	• 5급 이상: 대통령 • 6급 이하: 소속장관	지방자치단체장, 교육감
근무기관	• 중앙행정기관 • 특별지방행정기관	지방자치단체
고위공무원단제도	시행 ○	시행 ×
개방형 직위	• 고위공무원단 20% • 과장급 20%	• 광역: 1~5급 10% • 기초: 2~5급 10%
「공무원연금법」	공통 적용	
「공무원노조법」	공통 적용	

19 국가공무원과 지방공무원의 비교 답 ③

국가공무원과 지방공무원 모두 「공무원연금법」의 적용을 받는다(「공무원연금법」 제3조 제1항 제1호).

선지분석

① 국가공무원은 「국가공무원법」, 지방공무원은 「지방공무원법」의 적용을 각각 받는다. 내용은 크게 다르지 않으나 적용되는 기본 법률은 이원화되어 있어 서로 다르다.
② 고위공무원단제도는 중앙에만 시행되고 지방에서는 시행되지 않는다.
④ 특별지방행정기관은 국가의 지방행정기관(일선기관)이므로 소속된 공무원은 모두 국가직공무원이다.

20 정무직공무원과 직업관료의 비교 답 ③

정무직공무원은 장관이나 차관 등 선거나 정치적으로 임명되는 공무원들로서 정치적 이념에 따라 정책문제를 정의하고, 직업관료는 기능적·직업적 전문성에 따라 정치문제를 바라본다는 일반적인 성향 차이가 존재한다.

선지분석

① 정무직공무원(정치인)은 신분보장이 되는 직업관료와는 달리 재임기간이 비교적 짧게 정해져 있으므로 시간적 할인율이 높고 시야가 단기적이다.
② 정무직공무원(정치인)은 대통령의 정책비전에 따른 변화를 추구하고, 직업관료는 제도에 따른 중립적인 공적 서비스를 제공한다.
④ 정책대안을 평가할 때 정무직공무원(정치인)은 국민 등 유권자의 정치적 반응에 민감하고, 직업관료는 소속기관의 내부이익을 중시한다.

핵심POINT 정무직공무원과 직업관료의 차이

구분	정무직공무원	직업관료
신분보장	특수경력직, 신분보장 ×	경력직(직업공무원제), 신분보장 ○
시야	단기적, 시간의 할인율 높음	장기적, 시간의 할인율 낮음
정치성	강함, 정치적 이념	중립성 유지, 직업적 전문성
행태	국민의 반응에 민감, 정책비전에 따른 변화 추구	소속기관의 내부이익 중시, 중립적인 공공서비스 제공

21 공직의 분류 답 ③

정무직공무원 중에서 지방자치단체장이나 지방의회의원 등은 반드시 국회의 동의가 필요한 것은 아니다.

22	우리나라 공직분류체계의 문제점	답 ②

일반직 공무원의 많은 수가 행정직렬에 편중되어 있고, 고위직의 경우에 행정직렬의 비중이 높아서 기술직렬 공무원을 과소평가하고 있다는 지적을 받고 있다.

23	국회 인사청문회제도	답 ③

소관상임위원회의 인사청문은 구속력이 없기 때문에 상임위원회가 경과보고서를 채택하지 않는 경우에도 대통령이 해당 후보자를 임명하는 것을 실정법으로 막을 수 없다. 다만, 헌법상 그 임명에 국회의 동의를 요하는 경우에는 본회의의 의결을 거치며 구속력을 가진다.

핵심POINT 인사청문의 종류와 대상

구분	종류	대상
인사청문 특별위원회	헌법상 국회임명 동의를 요하는 자	국무총리, 대법원장, 대법관, 헌법재판소장, 감사원장 등
	국회선출 공무원	헌법재판관 3인, 중앙선거관리위원회 위원 등
소관 상임위원회	개별법상 청문대상자	• 국정원장, 경찰청장, 국세청장, 검찰총장 등 • 모든 국무위원, 헌법재판관 6인 등

24	「지방공무원법」상 인사위원회의 위원	답 ①

「지방공무원법」상 정당의 당원이나 지방의회의원의 경우에는 정치적 중립성의 침해문제 때문에 인사위원회의 위원이 될 수 없다.

⊕ 보충 「지방공무원법」

제7조 【인사위원회의 설치】 ⑤ 지방자치단체의 장과 지방의회의 의장은 각각 소속 공무원(국가공무원을 포함한다) 및 다음 각 호에 해당하는 사람으로서 인사행정에 관한 학식과 경험이 풍부한 사람 중에서 위원을 임명하거나 위촉하되, 위원의 자격요건에 관하여 필요한 사항은 대통령령으로 정한다. 다만, 시험위원은 시험실시기관의 장이 따로 위촉할 수 있다.

1. 법관 · 검사 또는 변호사 자격이 있는 사람
2. 대학에서 조교수 이상으로 재직하거나 초등학교 · 중학교 · 고등학교 교장 또는 교감으로 재직하는 사람
3. 공무원(국가공무원을 포함한다)으로서 20년 이상 근속하고 퇴직한 사람

⑥ 다음 각 호의 어느 하나에 해당하는 사람은 위원으로 위촉될 수 없다.

1. 제31조 각호의 어느 하나에 해당하는 사람
2. 「정당법」에 따른 정당의 당원
3. 지방의회의원

THEME 47 폐쇄형과 개방형, 고위공무원단(SES)

정답

p. 284

01	②	02	②	03	②	04	④	05	③
06	①	07	③	08	①	09	④	10	③
11	③	12	②	13	①	14	②	15	④
16	⑤	17	④	18	④	19	③	20	③
21	②	22	③, ④						

01	고위공무원단제도	답 ②

고위공무원단제도는 계급과 연공 중심이 아니라 역량과 성과 중심의 인사관리로서 개방과 경쟁을 강조한다.

핵심POINT 고위공무원단제도의 방향

1. 폐쇄적 인사 → 경쟁과 개방 강화(개방형직위, 공모직위)
2. 계급 · 연공 중심 → 직무 · 성과 중심(직무성과급제도)
3. 성과관리 약화 → 성과관리 강화(직무성과계약제)
4. 부처 간 경계 → 통합적 시각(고위공무원단 인력풀)

02	개방형 인사관리의 장점	답 ②

직업공무원제는 공직에의 계속성과 안정성 확보, 신분보장이 중요시되므로 폐쇄형 인사제도가 요구된다. 공직 내외 모두에게 신규채용이 허용되는 개방형 인사제도에서는 직업공무원제의 확립이 어렵다.

03	개방형 인사관리제도	답 ②

개방형 직위제도는 단기는 물론 장기적으로도 직업공무원제도 확립에 반하는 제도이다. 개방형 인사제도는 공직의 모든 계급이나 직위를 불문하고 공직 내외에서 신규채용이 허용되는 제도로, 젊은 인재를 최하직급으로 임용하여 단계적으로 승진시키는 직업공무원제도와 상충된다.

04	우리나라의 개방형 직위제도	답 ④

개방형 직위는 공직 내외부에서 공개모집에 의한 시험을 거쳐 적격자를 선발한다.

(선지분석)

①, ③ 개방형 직위는 모든 직급과 계급에서 지정하여 임용할 수 있는 것이 아니다. 전문성이 특히 요구되거나 효율적인 정책수립을 위하여 필요하다고 판단되어 공직 내부나 외부에서 적격자를 임용할 필요가 있는 직위에 대하여 운영할 수 있다.

② 중앙행정기관의 경우 1~3급까지 공무원 또는 이에 상당하는 공무원으로 보할 수 있는 직위(고위공무원단 직위 포함) 중 임기제공무원으로도 보할 수 있는 직위의 20%를 대상으로 하고, 지방자치단체의 경우 시·도는 1~5급, 시·군·구는 2~5급 직위의 10%를 대상으로 한다.

05	개방형 임용의 특성	답 ③

상대적으로 강제성이 있는 중앙부처의 개방형 직위에 비하여 강제성이 없는 지방자치단체의 개방형 직위 운영이 미흡하다.

(선지분석)

① 개방형 임용제는 외부 전문가의 임용을 통해서 기관장 리더십 발휘의 범위를 확대할 수 있다.

② 유능하고 전문성 있는 외부 전문가를 임용하여도 내부 공무원과의 협조나 융합이 잘 이루어지지 않는다는 한계가 있다.

④ 개방형 임용의 활성화를 위해서 소극적 모집이 아닌 우수인재 확보를 위한 적극적 모집활동이 필요하다.

06	개방형 인사제도	답 ①

개방형 인사제도는 모든 직위에 외부전문가나 경력자를 채용할 수 있는 제도로 공직사회의 침체를 막고 새로운 아이디어나 지식 등을 활용하여 행정의 효율성을 높이는 데 유리하다.

(선지분석)

② 일반적으로 폐쇄형 인사제도는 계급제에 바탕을 두고 일반행정가 중심의 인력구조를 선호한다.

③ 안정적인 공직사회를 형성함으로써 공무원의 사기를 높이고 장기근무를 장려하는 것은 폐쇄형 인사제도의 장점이다.

④ 내부승진과 경력발전을 위한 교육훈련의 기회가 적은 것은 개방형 인사제도의 단점이다.

07	우리나라의 공무원 임용제도	답 ③

ㄴ, ㄷ, ㅁ은 옳지 않은 지문이다.

ㄱ. 공모직위는 공무원에게만 개방하여 부처 내외의 공무원 중에서 적격자를 임용하는 제도이므로 민간인은 제외되며, ㄹ. 우리나라의 공무원 임용제도는 계급제를 기반으로 하여 부분적으로 직위분류제적 요소를 가미하고 있다.

(선지분석)

ㄴ. 개방형 직위의 지정은 일반직뿐만 아니라 별정직과 특정직(외무직 등)도 가능하다. 그러나 공모직위는 일반직과 특정직 등 경력직공무원만 가능하다.

ㄷ. 중앙정부부처의 장은 소속기관의 개방형 직위의 지정범위에 관해 중앙인사기관의 장(인사혁신처장)과 협의해야 하지만 지방자치단체의 경우 행정안부장관과 협의하지 않아도 된다(2008년 폐지).

ㅁ. 개방형 직위에 임용되는 공무원의 임용기간은 다른 법령에 특별한 규정이 있는 경우를 제외하고는 5년의 범위에서 소속 장관이 정하되, 최소한 2년 이상으로 하여야 한다. 다만, 공무원이 아닌 사람이 개방형 직위에 임기제공무원으로 임용되는 경우에는 3년으로 한다.

08	우리나라의 국가공무원제도	답 ①

고위공무원단제도는 일반직공무원뿐만 아니라 별정직공무원, 특정직공무원(예 외무공무원 등)도 그 대상이 된다.

09	우리나라의 국가공무원제도	답 ④

고위공무원단에는 국가공무원이 해당되며, 지방공무원은 원칙적으로 포함되지 않는다. 다만, 지방자치단체에 근무하는 행정부지사 및 기획관리실장 등은 고위공무원단에 속하지만, 이는 지방에는 없는 제도로서 지방공무원 신분으로는 고위공무원단이 될 수 없다.

10	우리나라의 고위공무원단제도	답 ③

고위공무원단에 속하는 모든 일반직공무원의 신규채용 임용권은 각 부처의 장관이 아니라 대통령이 가진다(「국가공무원법」 제32조 제1항). 다만, 대통령은 고위공무원단에 속하는 일반직공무원의 신규채용, 승진임용, 기관 간 전보, 전직, 강임, 강등, 면직, 해임, 파면 등의 임용권을 제외한 일부 권한을 소속장관에게 위임할 수 있다(「국가공무원법」 제32조 제3항).

11	우리나라의 고위공무원단제도	답 ③

국가공무원으로 보하는 부시장, 부지사, 부교육감 등도 고위공무원단에 포함된다.

12	고위공무원단 또는 고위감사공무원단	답 ②

지방자치단체 및 지방교육행정기관의 국가공무원 중 국장급 직위에 상당하는 직위이다. 지방공무원은 해당하지 않는다.

(선지분석)

①, ③ 「국가공무원법」 제2조의2의 내용이다.

④ 「감사원법」 제17조의2 제2항의 내용이다.

⊕ 보충 고위공무원단 관련 법령

「국가공무원법」

제2조의2【고위공무원단】 ② 제1항의 "고위공무원단"이란 직무의 곤란성과 책임도가 높은 다음 각 호의 직위에 임용되어 재직 중이거나 파견·휴직 등으로 인사관리되고 있는 일반직공무원, 별정직공무원 및 특정직공무원(특정직공무원은 다른 법률에서 고위공무원단에 속하는 공무원으로 임용할 수 있도록 규정하고 있는 경우만 해당한다)의 군(群)을 말한다.

1. 「정부조직법」 제2조에 따른 중앙행정기관의 실장·국장 및 이에 상당하는 보좌기관
2. 행정부 각급 기관(감사원은 제외한다)의 직위 중 제1호의 직위에 상당하는 직위
3. 「지방자치법」 제123조 제2항·제125조 제5항 및 「지방교육자치에 관한 법률」 제33조 제2항에 따라 국가공무원으로 보하는 지방자치단체 및 지방교육행정기관의 직위 중 제1호의 직위에 상당하는 직위

「감사원법」

제17조의2【고위감사공무원단의 구성·운영】 ② "고위감사공무원단"이란 다음 각 호의 군(群)을 말한다.

1. 직무의 곤란성과 책임도가 높은 감사원 사무차장·감사교육원장·감사연구원장·실장·국장
2. 제1호에 상당하는 보좌기관
3. 감사원규칙으로 고위감사공무원단에 속하는 공무원으로 임명하도록 정한 직위에 임용되어 재직 중이거나 파견·휴직 등으로 인사관리되고 있는 일반직공무원·별정직공무원

13 우리나라의 고위공무원단제도 답 ①

고위공무원단은 중앙행정기관 실·국장급의 일반직·별정직 및 외무직공무원이 대상이 되며, 지방자치단체 및 지방교육청에 근무하는 국가직고위공무원(부시장, 부지사 및 부교육감 등)도 포함된다.

선지분석

② 적격심사에서 부적격 결정을 받은 경우에는 직권면직이 가능하므로 제도 도입 전보다 고위공무원의 신분보장이 약화되었다.

③ 고위공무원단의 직무등급이 2009년 5등급에서 2등급(가, 나)으로 변경(간소화)됨에 따라 계급 중심의 인사관리로 회귀할 가능성이 낮아졌다.

④ 고위공무원단의 구성은 소속 장관별로 개방형 직위 20%, 공모직위 30%, 기관자율 50%로 이루어져 있다.

핵심POINT 고위공무원단 직위구성과 비율

구분	목적	특징	비율
개방형 직위	전문성 강화, 효율적인 정책수립	공직 내외	20% 이내
공모직위	인적자원의 효과적 활용, 효율적인 정책수립 및 관리	부처 내외	30% 이내
기관자율직위	-	기관 내부	50% 이내

14 우리나라 고위공무원단제도 답 ②

고위공무원단제도는 연공서열이 아닌 공직자 개인의 능력과 성과중심의 인사관리를 강화하기 위하여 시행된 제도로 2006년에 노무현 정부 때 도입된 제도이다. 고위공무원단제도에는 개방형 직위, 공모직위, 자율직위가 있는데 이 중 개방형 직위는 민간인을 채용하기 때문에 공직자의 직위의 안정성은 약화되었다.

선지분석

① 개방형 직위는 민간인을 채용하는 것으로 이를 통해 민간전문가의 임용가능성이 증가하였다.

③ 공모직위제는 타부처 공무원들을 채용할 수 있기 때문에 부처간 이동 가능성이 증가하였다.

④ 고위공무원단제도를 통해서 계급과 연공서열 대신 능력과 성과중심의 인사운영이 가능해졌다.

15 고위공무원단 중 경력개방형 직위 답 ④

경력개방형 직위는 개방형 직위 중 민간의 경험과 전문성을 적극 활용할 수 있는 분야를 중심으로, 각 부처가 지정한 일부 직위에 대해 민간인만을 공개모집·임용하도록 하는 직위이다(「개방형 직위 및 공모 직위 운영 등에 관한 규정」)

⊕ 보충 「개방형 직위 및 공모 직위의 운영 등에 관한 규정」

제3조【개방형 직위의 지정】 ① 「국가공무원법」 제28조의4 제1항에 따라 「공무원임용령」 제2조 제3호에 따른 소속장관은 소속 장관별로 법 제2조의2 제2항 각 호의 고위공무원단 직위 총수의 100분의 20의 범위에서 개방형 직위를 지정하되, 중앙행정기관과 소속 기관 간 균형을 유지하도록 하여야 한다.

③ 소속 장관은 제1항 및 제2항에 따른 개방형 직위 중 특히 공직외부의 경험과 전문성을 적극 활용할 필요가 있는 직위를 공직외부에서만 적격자를 선발하는 개방형 직위로 지정할 수 있다.

16 개방형 직위 제도와 공모 직위 제도 답 ⑤

개방형 직위 제도와 공모 직위 제도의 운영은 모두 의무사항이다.

선지분석

① 개방형 직위 제도는 공직 내·외에서 임용하므로 민간인이 임용될 수 있지만 공모 직위 제도는 해당기관(부처)내·외에서 임용되므로 민간인은 임용될 수 없다(「국가공무원법」 제28조의4와 제28조의5).

② 「개방형 직위 및 공모 직위의 운영 등에 관한 규정」 제3조 및 제13조의 내용이다.

③ 「국가공무원법」 제28조의4와 제28조의5의 내용이다.

④ 「개방형 직위 및 공모 직위의 운영 등에 관한 규정」 제10조 및 제19조의 내용이다.

⊕ 보충 개방형 직위 제도와 공모 직위 제도 관련 법령

「국가공무원법」

제28조의4【개방형 직위】 ① 임용권자나 임용제청권자는 해당 기관의 직위 중 전문성이 특히 요구되거나 효율적인 정책 수립을 위하여 필요하다고 판단되어 공직 내부나 외부에서 적격자를 임용할 필요가 있는 직위에 대하여는 개방형 직위로 지정하여 운영할 수 있다.

제28조의5【공모 직위】 ① 임용권자나 임용제청권자는 해당 기관의 직위 중 효율적인 정책 수립 또는 관리를 위하여 해당 기관 내부 또는 외부의 공무원 중에서 적격자를 임용할 필요가 있는 직위에 대하여는 공모 직위(公募 職位)로 지정하여 운영할 수 있다.

「개방형 직위 및 공모 직위의 운영 등에 관한 규정」

제3조【개방형 직위의 지정】 ①「국가공무원법」 제28조의4 제1항에 따라 「공무원임용령」 제2조 제3호에 따른 소속 장관(이하 "소속 장관")은 소속 장관별로 법 제2조의2 제2항 각 호의 고위공무원단 직위(이하 "고위공무원단직위"라 한다) 총수의 100분의 20의 범위에서 개방형 직위를 지정하되, 중앙행정기관과 소속 기관 간 균형을 유지하도록 하여야 한다.

제13조【공모 직위의 지정】 ① 법 제28조의5 제1항에 따라 소속 장관은 소속 장관별로 경력직공무원으로 임명할 수 있는 고위공무원단직위 총수의 100분의 30의 범위에서 공모 직위를 지정하되, 중앙행정기관과 소속 기관 간 균형을 유지하도록 하여야 한다.

17 고위공무원단제도의 연혁 답 ④

고위공무원단제도는 국장급(3급) 이상 고위공무원들의 자질 향상과 역량강화를 위해 2006년 7월 1일 노무현 정부에 의하여 도입되었다.

선지분석

① 노무현 정부 때 예산효율화를 위해 도입한 제도는 프로그램예산제도이다. 프로그램은 동일한 정책목표를 달성하기 위한 단위사업의 묶음으로, 정책적으로 독립성을 지닌 최소단위이다. 프로그램예산제도에서는 사업관리시스템이 함께 운용되어 재정집행의 투명성 및 효율성을 제고할 수 있다.

② 김영삼 정부 때 대통령 직속으로 행정쇄신위원회를 두고 세계화·민주화를 위하여 당시의 내무부를 실질적인 지방자치 지원부처로 개편하고자 지방통제기능을 축소하였다.

③ 이명박 정부 때 토지개발공사와 주택공사의 통폐합 등 공기업 선진화조치에 대한 설명이다.

18 「국가공무원법」상 우리나라의 인사제도 답 ④

공모직위제에 해당하는 고위공무원단에 속하는 일반직공무원의 경우 소속장관은 해당 기관에 소속되지 아니한 공무원에 대해서도 임용제청을 할 수 있다(「국가공무원법」 제32조 제1항).

19 역량평가제도 답 ③

역량평가제도는 우리나라의 고위공무원단에 적용하는 사전평가제도로, 구조화된 모의상황을 설정한 뒤 현실적 직무상황에 근거한 행동을 다양한 방식으로 관찰하여 임용예정자의 미래역량을 사전에 검증·평가하는 제도이다.

선지분석

① 역량평가제도는 근무실적수준만을 평가하는 것이 아니라 해당 업무수행을 위한 역량을 보유하고 있는지에 대해 사전에 검증·평가하는 것을 목적으로 한다.

② 역량평가제도는 과거의 성과를 평가하는 것이 아니라 미래의 잠재력을 평가하는 것이고, 성과에 대한 외부변수의 통제를 통해서 객관적 평가가 가능해진다.

④ 역량평가는 의사소통, 고객지향, 비전제시 등 다수의 실행과제를 다양한 방법으로 평가한다.

20 역량평가의 내용 답 ③

역량평가에 대한 내용으로 옳은 것은 ㄴ, ㄷ이다.
고위공무원단 역량평가의 대상은 문제인식, 전략적 사고, 성과지향, 변화관리, 고객만족, 조정·통합의 6가지 역량으로 구성되어 있다(「고위공무원단인사규정」).

선지분석

ㄱ. 고위공무원단의 역량평가에서 역량은 조직의 평균적인 성과자가 아니라 가장 높은 성과를 나타낸 고성과자의 행동 특성과 태도를 의미한다.

ㄹ. 고위공무원단 후보자가 되기 위해서는 역량평가를 통과하여야 한다(「고위공무원단 인사규정」 제7조).

⊕ 보충 「고위공무원단 인사규정」

제7조【고위공무원단후보자】 ① 제9조에 따른 역량평가를 통과한 사람으로서 다음 각 호의 어느 하나에 해당하는 사람은 고위공무원단후보자가 된다. 이 경우 재직한 기간의 계산에 관하여는 임용령 제31조의 승진소요최저연수에 산입되는 재직연수 계산 방식을 준용한다.

21 사전역량평가제도 답 ②

평가대상자(피평가자)에 대해 다양한 사람으로부터 입체적이고 다면적인 평가결과를 도출하는 것은 다면평가에 대한 설명이다.

선지분석

③ (사전)역량평가제도는 조직구성원들이 조직에서 직면하는 직무상황과 유사한 모의상황을 평가대상자에게 제시하고 다수의 훈련된 전문평가자가 주어진 과제에서 평가대상자가 수행하는 역할과 행동을 관찰하여 객관적으로 역량을 평가하는 기법이다.

22	우리나라의 고위공무원단제도	답 ③, ④

최초 정답은 ④로 발표되었으나, 2023년 「고위공무원단 인사규정」 제7조(고위공무원단후보자)의 개정사항을 수용하여 ③까지 복수정답으로 최종 발표되었다.

③ 고위공무원단후보자는 (사전)역량평가를 거치면 되고, 교육훈련을 이수하는 것은 임의규정으로 변경되었기 때문에 반드시 교육훈련을 받아야 하는 것은 아니다 (「고위공무원단 인사규정」 제7조 및 제8조).

④ 지방에 근무하는 국가공무원인 행정부지사, 행정부시장 등은 고위공무원이 될 수 있으나, 지방공무원은 고위공무원단에 포함되지 않는다.

선지분석

① 「국가공무원법」 제32조의 내용이다.

② 고위공무원단제도는 개방형 임용으로 직업공무원의 사기를 저하시킬 수 있다.

⊕ 보충 고위공무원단 관련 법령

「국가공무원법」

제32조【임용권자】 ① 행정기관 소속 5급 이상 공무원 및 고위공무원단에 속하는 일반직공무원은 소속 장관의 제청으로 인사혁신처장과 협의를 거친 후에 국무총리를 거쳐 대통령이 임용하되, 고위공무원단에 속하는 일반직공무원의 경우 소속 장관은 해당 기관에 소속되지 아니한 공무원에 대하여도 임용제청할 수 있다. 이 경우 국세청장은 국회의 인사청문을 거쳐 대통령이 임명한다.

「고위공무원단 인사규정」

제7조【고위공무원단후보자】 ① 제9조에 따른 역량평가를 통과한 사람으로서 다음 각 호의 어느 하나에 해당하는 사람은 고위공무원단후보자가 된다. 이 경우 재직한 기간의 계산에 관하여는 임용령 제31조의 승진소요최저연수에 산입되는 재직연수 계산 방식을 준용한다.

제8조【고위공무원단후보자 교육】 ① 인사혁신처장은 4급 이상 공무원(고위공무원이 아닌 연구관·지도관과 수석전문관을 포함한다)을 대상으로 고위공무원에게 필요한 역량을 함양하기 위한 교육과정을 운영하여야 한다.

THEME 48 계급제와 직위분류제

정답 p. 290

01	①	02	②	03	④	04	①	05	③
06	⑤	07	②	08	④	09	②	10	④
11	③	12	④	13	②	14	①	15	③
16	③	17	④	18	③	19	①	20	③
21	②								

01	계급제	답 ①

직무(일)의 속성(종류와 난이도 등)을 중심으로 공직을 분류하는 제도는 직위분류제이다. 계급제는 개인(사람)의 능력, 자격, 경력 등을 중심으로 공직을 분류한다.

02	직위분류제와 계급제의 비교	답 ②

직무의 종류나 성격에 관계없이 폭넓은 인사이동이 가능한 것은 직위분류제가 아니라 계급제의 장점이다. 직위분류제는 '직책'을 중심으로 각 직위를 직무의 난이도와 책임의 경중도에 따라 등급으로 분류하는 것으로 직류, 직렬 등의 제한으로 인하여 폭넓은 인사이동이 불가능하고 행정의 전문화를 가져와 협조와 조정이 곤란하다.

선지분석

① 직위분류제는 단기능률, 단기계획, 단기안목 등 모든 것이 단기적인 반면, 계급제는 장기적이다.

③ 계급제는 폐쇄형으로 신분보장이 강하다.

④ 계급제는 공무원 간, 부서 간 횡적 교류와 유대가 활발하다.

03	공직분류의 기준	답 ④

직무의 난이도와 책임도를 기준으로 한 공직분류는 직위분류제이나, 순환보직제도를 통한 탄력적 인력운용에 용이한 것은 직무가 아닌 사람의 출신이나 능력을 중시하는 계급제의 장점이다. 직위분류제는 직렬 간 엄격한 구분으로 인하여 순환보직 등 탄력적 인력운용이 곤란하다.

04	계급제와 직위분류제의 비교	답 ①

폐쇄형을 기반으로 하는 계급제는 공무원신분이 철저히 보장되기 때문에 긍지를 갖고 평생토록 공직에 근무하도록 하는 직업공무원제 확립에 더 유리하다. 계급제, 폐쇄형, 직업공무원제는 같은 맥락이다.

선지분석

②, ③ 직위분류제는 직무 중심의 인사제도로서 직무급 결정에 타당한 자료를 제공해주며 전문능력을 중시하므로 전문행정가 양성에 유리하다.

④ 계급제는 일반능력을 중시하므로 내부적으로 탄력적 인사관리가 용이하다.

핵심POINT 계급제와 직위분류제의 비교

구분	계급제	직위분류제
분류기준	개개인의 자격·능력·신분 (횡적 분류)	직무의 종류·책임도·곤란도 (종적 분류 + 횡적 분류)
발달배경	농업사회	산업사회
채택국가	영국·독일·일본	미국·캐나다·필리핀
인간과 직무	인간 중심	직무 중심
시험·채용	비합리성	합리성, 공평성
일반·전문행정가	일반행정가 양성	전문행정가 양성
보수정책	생활급 (생계유지수준을 지급하는 비합리적 보수제도)	직무급 (동일직무·동일보수의 합리적 보수제도)
인사배치	신축성 (횡적 이동 용이)	비신축성 (횡적 교류 곤란)
행정계획	장기계획·장기능률·장기안목	단기계획·단기능률·단기안목
교육훈련	일반지식·교양 강조	전문지식 강조
조정·협조	원활	곤란 (할거주의 초래 우려)
개방형·폐쇄형	폐쇄형(내부충원형)	개방형(외부채용형)
신분보장	강함	약함
직업공무원제	확립 용이	확립 곤란
조직구조와의 관계	연계성 부족	연계성 높음
인사운용의 탄력성	높음	낮음
공직의 경직성	높음	낮음
창의력 개발 및 능력발전	유리	불리

05 계급제 답 ③

계급제는 공무원 간의 횡적 교류와 협력이 원활하게 이루어진다는 장점이 있다.

선지분석

① 계급제는 직무가 아닌 사람(능력과 자격) 중심의 공직분류이다.

② 계급제는 수직적 이동(융통성)에 제약이 있다.

④ 계급제는 직무 중심이 아니므로 직무분석기능이 취약하고 따라서 해당 직무에 적합한 인재가 임용되지 못한다.

⑤ 계급제는 폐쇄형이므로 신분이 보장되고 경력을 쌓아 나가기 용이하다.

06 계급제 답 ⑤

계급제는 자유로운 인사배치로 인해서 인사행정의 신축성과 탄력성을 기할 수 있다.

선지분석

①, ③, ④ 계급제가 아닌 직위분류제의 특징이다.

② 계급제에서는 직무가 계급별로 명확하게 구분되지 않아 직무경계가 불명확하며 전문화되고 체계적인 조직관리가 곤란하다.

07 직위분류제 답 ②

직위분류제에 대한 설명으로 옳은 것은 ㄱ, ㄹ이다.

ㄱ. 과학적 관리운동의 영향으로 직무분석과 직무평가방법이 발달하게 되었다.

ㄹ. 직위분류제는 사회적 출신배경과는 관계없이 사전에 분류된 담당직무의 수행능력과 기술을 중심으로 인사를 실시하는 객관적인 직무 중심의 공직분류방법이다.

선지분석

ㄴ. 직무의 종류, 곤란성과 책임도가 상당히 유사한 직위의 군은 직렬이 아니라 직급이다.

ㄷ. 조직 내에서 수평적 이동이 용이하여 유연한 인사행정이 가능한 것은 계급제의 장점이다. 직위분류제는 직류, 직렬, 직군 등의 제한 때문에 수평적 이동이 곤란하다.

08 직위분류제 답 ④

직위분류제는 직류, 직렬, 직군 등의 구분이 엄격하기 때문에 직무의 변화상황에 신속히 대처하기 어렵다는 한계를 가지고 있는 제도이다.

09 직위분류제의 단점 답 ②

직위분류제는 과학적이고 합리적인 공직분류제도로 조직 내의 직위를 각 직위가 내포하고 있는 직무 종류별로 분류하고, 또 직무수행의 곤란성과 책임성에 따라 직급별·등급별로 분류해 관리하는 인사행정 제도를 말한다. 분류기준이 지나치게 세분화되어 계급제에 비하여 조직 내의 인력배치의 신축성이 부족하다는 비판을 받는다.

선지분석

① 행정의 전문성 결여는 계급제의 단점이다.

③ 계급 간 차별 심화는 계급제의 단점이다.

④ 직무경계의 불명확성은 계급제의 단점이다.

10 계급제와 직위분류제의 비교 답 ④

공무원의 신분을 강하게 보장하는 것은 계급제이다. 폐쇄형, 계급제, 직위분류제가 연관되는 개념이다. 계급제에 비하여 직위분류제는 신분보장이 미흡하므로 직업공무원제 확립이 곤란하다.

11 계급제 답 ③

정치적 중립 확보를 통해 행정의 전문성을 제고할 수 있는 것은 실적주의의 특징으로서 직위분류제와 관련된다. 계급제는 폐쇄형, 직업공무원제, 일반행정가주의(generalism)와 관련된다.

선지분석

① 계급제는 폐쇄형이므로 공무원의 신분안정과 직업공무원제 확립에 기여한다.
② 계급제는 인사행정의 탄력성을 강조하므로 인력활용의 신축성과 융통성이 높다.
④ 계급제는 직무보다는 인간 중심의 분류제도로, 조직에 대한 충성심 확보에 유리하다.

12 직위분류제의 장점 답 ④

직위분류제는 합리적이고 철저한 분류구조로 인하여 불확실하고 유동적인 직무의 변화에 신속히 대응할 수 없다는 단점이 있다.

선지분석

① 직위분류제는 직책이 요구하는 능력과 자격이 객관적으로 제시되므로 근무성적평정이나 교육훈련 수요파악을 객관적으로 할 수 있다는 장점이 있다.
② 직위분류제는 합리적이고 과학적인 분류로 직위 간의 권한과 책임의 한계가 명확하다.
③ 직위분류제는 개방형 인사관리로 행정의 전문화를 통한 전문행정가를 양성할 수 있다는 것이 특징이다.

13 계급제와 직위분류제 답 ②

「국가공무원법」에는 직위분류제의 구성요소, 즉 직위, 직군, 직렬, 직류, 직급 등이 규정되어 있다.

선지분석

① 과학적 관리론과 실적제의 발달은 직위분류제의 발전과 계급제의 쇠퇴에 기여했다.
③ 공무원 개인의 능력이나 자격을 기준으로 하는 공직분류체계를 형성하는 것은 직위분류제가 아니라 계급제에 해당한다. 직위분류제는 직무의 종류와 성질, 난이도와 책임도에 따라 공직을 분류한다.
④ 계급제와 직위분류제는 양립가능하며 우리나라의 경우에도 계급제를 기반으로, 직위분류제를 가미하는 절충형을 사용하고 있으며 가장 대표적인 것이 고위공무원단이다.

14 계급제와 직위분류제의 비교 답 ①

보직 관리 범위를 제한하여 공무원의 시야를 좁게 만드는 측면이 있는 것은 직위분류제의 특징이다. 계급제는 배치전환을 자유롭게 하기 때문에 폭넓은 시야를 갖는 일반행정가를 양성한다.

15 실적주의의 특징 답 ③

실적주의는 개인의 능력과 자격 위주로 공무원을 임용하는 제도이다. 능력이나 자격이 없는 사람은 절대 관료가 될 수 없다는 측면에서 인사행정을 소극화·경직화·형식화시켰다는 비판을 받는다.

선지분석

① 계급제가 직위분류제에 비하여 인사행정의 신축성이 높기 때문에 탄력적 인사관리가 가능하다는 장점이 있다. 직위분류제는 직류, 직렬, 직군 등의 제한으로 인하여 인사행정의 신축성이 계급제보다 낮다.
② 엽관주의는 국민의 지지를 받은 사람이 관직에 임명되기 때문에 정책결정에 있어서 국민의 참여가 이루어지는 민주성을 향상시킨다는 평가를 받는다.
④ 직업공무원제는 원칙적으로 폐쇄형의 충원 및 일반행정가주의에 입각하고 있다.

16 계급제와 직위분류제 답 ③

전체 조직업무를 체계적으로 분업화하고 한 사람의 적정 업무량을 조직상 위계에서 고려하는 구조 중심의 접근은 계급제에 대한 설명이다.

17 직위분류제 답 ④

직위분류제는 행정의 전문성과 능률성을 추구하므로 전문적인 인재양성은 가능하지만, 지나친 전문화로 인해서 조직 및 직무환경의 변화 대응에 곤란하다.

18 직위분류제 답 ③

직위분류제는 개방형 인사제도를 기반으로 실적제로 운영되는데, 공직 내부에서 수평적 이동 시 인사배치의 유연함과 신축성이 있는 것은 인사행정의 탄력성을 특징으로 하는 계급제의 특징이다.

선지분석

① 직위분류제는 일(직무)을 기준으로 직무에 대한 능력과 전문성을 가진 사람을 임용한다.
② 직위분류제는 직무급 체계를 기반으로 "동일직무에 대한 동일보수의 원칙"을 반영하여 보수의 형평성이 높다.
④ 개방형을 통해서 외부 임용이 가능하기 때문에 일에 대한 능률성과 전문성이 저하되는 직무 담당자는 자리가 없어서 퇴직할 수밖에 없게 된다.

19	계급제와 직위분류제	답 ①

수평적 인사이동의 폭이 넓어 인력을 융통성 있게 활용할 수 있는 것은 인사행정의 탄력성을 강조하는 계급제의 특징이다.

20	계급제와 직위분류제	답 ③

직위분류제는 계급제와는 달리 사람보다는 일을 기준으로 공직을 분류하는 것(ㄴ)으로 동일직무에 대한 동일 보수를 지급하는 직무급(ㄷ)을 통해서 보수의 형평성을 높이는 공직분류방법이다.

선지분석

ㄱ. 각 부서간의 직위이동을 통해서 인사행정의 탄력성과 융통성이 높은 것은 계급제의 특징이다.

ㄹ. 평생 동안 신분이 보장되는 직업공무원제도에 적합한 공직분류는 폐쇄형, 계급제로 연결된다.

21	연공주의(seniority system)	답 ②

연공주의는 근무연한이나 근속연수 등의 차이에 따라 보수나 승진에 격차를 두는 제도로서 ㄱ. 장기근속으로 조직에 대한 공헌도를 높이고 ㄷ. 계층적 서열구조 확립으로 조직 내 안정감을 높인다는 장점이 있다.

선지분석

ㄴ. 개인의 성과에 따른 적절한 보상을 통해 사기를 높이며, ㄹ. 조직 내 경쟁을 통해서 개인의 역량 개발에 기여하는 것은 성과주의의 장점이다.

THEME 49 직위분류제의 구성요소와 수립절차

정답

p. 295

01	②	02	①	03	③	04	①	05	③
06	①	07	③	08	⑤	09	③	10	⑤
11	①	12	④	13	④	14	④	15	④
16	④	17	②	18	③				

01	직위분류제	답 ②

직무의 종류가 유사하고 곤란도·책임도가 서로 다른 군(群)을 의미하는 것은 직렬이다. 직급은 직무의 종류가 유사하고 곤란도·책임도도 유사한 직위의 군을 말한다.

선지분석

① 직위에 대한 설명이다.

③ 직류에 대한 설명이다.

④ 직무등급에 대한 설명이다.

02	직위분류제의 구성요소	답 ①

각각 ㄱ은 직위, ㄴ은 등급, ㄷ은 직류, ㄹ은 직군에 해당한다.

핵심POINT 직위분류제의 구성요소

직위	한 사람의 근무를 필요로 하는 직무와 책임의 양
직급	직무의 종류, 곤란도, 책임도 등이 유사하여 인사상 동일하게 다룰 수 있는 직위의 군
직렬	직무의 종류는 유사하나 곤란도·책임도가 상이한 직급의 군
직군	직무의 성질이 유사한 직렬의 군
직류	동일한 직렬 내에서 담당분야가 유사한 직무의 군
직무등급	직무의 곤란도·책임도가 유사해 동일 보수를 줄 수 있는 직위의 군(群)
등급	직무의 종류는 다르지만 직무의 곤란도·책임도가 유사하여 동일한 보수를 줄 수 있는 직위의 군

03	직위분류제의 구성요소	답 ③

직무의 종류는 유사하나 곤란도, 책임도가 상이한 직급의 군은 직군이 아니라 직렬이다.

04	직위분류제의 구성요소	답 ①

직무의 곤란성과 책임도가 상당히 유사한 직위의 군은 직급이 아니라 직무등급에 해당하는 설명이다. 직급은 직무의 종류, 곤란성·책임도 등이 유사하여 인사상 동일하게 다룰 수 있는 직위의 군을 말한다.

05	직위분류제의 구성요소	답 ③

직렬은 직무의 종류는 유사하나 난이도와 책임 수준이 상이한 직급의 군이다.

선지분석

① 직위에 포함된 직무의 성질, 난이도, 책임의 정도가 유사하여 채용과 보수 등에서 동일하게 다룰 수 있는 직위의 집단은 등급이 아니라 직급이다.

② 직무 종류가 광범위하게 유사한 직렬의 군은 직류가 아니라 직군이다.

④ 동일 직렬 내에서 담당 직책이 유사한 직무군은 직군이 아니라 직류이다.

06	직무평가의 개념	답 ①

직위분류제에 있어서 직무의 난이도와 책임의 경중에 따라 직위의 상대적 수준과 등급을 구분하는 것은 직무평가(job evaluation)에 해당한다.

07 직위분류제의 수립절차 답 ③

제시문은 직위분류제의 수립절차 중 직무평가에 대한 설명이다. 직무의 곤란성(난이도)과 책임성을 기준으로 직무의 상대적 가치를 결정하여 구성원에게 합리적이고 공정한 보수를 제공하는 데 필요한 작업으로 서열법, 분류법, 점수법, 요소비교법 등이 있다.

08 직위분류제의 구성요소 답 ⑤

⑤는 직군이 아니라 등급에 대한 설명이다. 등급은 직무의 종류는 다르지만 직무의 곤란도·책임도와 자격요건이 유사하여 동일한 보수를 줄 수 있는 직위의 군을 의미하며, 직군은 직무의 성질이 유사한 직렬의 군을 의미한다.

09 직위분류제의 구성요소 답 ③

직무의 성질이 유사한 직렬의 군을 직군이라고 한다.

선지분석

① 직렬이 아니라 등급에 대한 설명이다.
② 직급은 직무의 종류도 유사하고 곤란도와 책임도도 유사한 직무의 군을 말한다.
④ 직류는 동일한 직렬 내에서 담당 분야가 동일한 직무의 군을 말한다.

10 직위분류제의 법적 규정과 특징 답 ⑤

직위분류제에 대한 「국가공무원법」의 규정과 특징으로 모두 옳은 지문이다.

선지분석

ㄱ, ㄴ. 「국가공무원법」 제5조 정의의 내용이다.
ㄷ. 직위분류제에서는 직무의 특성에 따라 직군·직렬·직류 등을 구분하여 서로 특성이 다른 직무를 수행해야 하는 직위로의 횡적 이동이 제한된다.
ㄹ. 직위분류제에서는 동일 노동, 동일 임금 원칙에 기반한 공정하고 합리적인 보수체계를 확보하기에 용이하여 보수의 형평성이 높다.

> **⊕ 보충 「국가공무원법」**
>
> 제5조 【정의】 이 법에서 사용하는 용어의 뜻은 다음과 같다.
> 2. "직급(職級)"이란 직무의 종류·곤란성과 책임도가 상당히 유사한 직위의 군을 말한다.
> 9. "직류(職類)"란 같은 직렬 내에서 담당 분야가 같은 직무의 군을 말한다.

11 직무평가의 방법 답 ①

직무평가방법으로 서열법과 분류법은 비계량적 방법, 점수법과 요소비교법은 계량적 방법에 해당한다.

선지분석

② 단순서열법은 직무와 직무를 중요도에 따라 비교하여 평가하는 방법으로 직위 수가 많으면 평가하기가 곤란하다.
③ 분류법은 등급기준표, 점수법은 직무평가기준표에 의한 절대평가방법이다.
④ 요소비교법은 대표직위(기준직위)를 선정하여 평가대상직위와 비교하는 상대평가방법이다.

12 직무평가의 방법 답 ④

각각 ㄱ은 분류법(B), ㄴ은 요소비교법(D), ㄷ은 서열법(A), ㄹ은 점수법(C)에 해당한다.

핵심POINT 직무평가의 방법

비계량적 방법	서열법	직무를 전체적·종합적으로 평가하여 상대적 중요도에 의해 서열을 부여하는 자의적 평가방법(직무와 직무)
	분류법	• 사전에 작성된 등급기준표에 의해 직무의 책임과 곤란도 등을 파악하는 방법 • 서열법보다 다소 세련된 방안으로서 정부부문에서 많이 사용하나, 등급 정의 작업이 곤란한 문제점 발생(직무와 기준표)
계량적 방법	점수법	• 직위의 직무구성요소를 정의하고 요소별로 평가한 점수를 총합하여 기준표와 비교하는 방식 • 결과의 타당도·객관도가 높고, 이해가 용이하여 가장 광범위하게 사용되지만 고도의 기술과 많은 시간·노력이 요구됨(직무와 기준표)
	요소비교법	직무를 평가요소별로 나누어 계량적으로 평가하되 기준직위를 선정하여 이와 대비시키는 방법으로 보수액 산정이 동시에 이루어짐(직무와 직무)

13 직무평가의 방법 답 ④

분류법은 등급의 수를 정하고 가장 일반적인 특성을 중심으로 등급을 정의한 등급기준표를 미리 준비하여야 한다.

선지분석

① 서열법은 직무와 직무를 직접 비교하기 때문에 주관성이 개입될 소지가 크지만 비용이 적게 드는 장점이 있다.
② 점수법은 직무평가표에 따라 구성요소별 점수를 매기고, 이를 합계하여 총점을 계산하므로 평가표를 개발하는 데 많은 시간과 노력이 요구되는 단점이 있다.
③ 요소비교법은 직무를 평가요소별로 나누어 계량적으로 평가하되 기준직위를 선정하여 이와 대비시키는 방법으로, 점수법과 마찬가지로 시간·비용·노력이 많이 소요되는 방법이다. 가장 광범위하게 사용되는 직무평가방법은 요소비교법이 아니라 점수법이다.

14 점수법 답 ④

점수법은 직무평가기준표에 따라 직무의 세부 구성요소들을 구분한 후 상대적 중요도를 점수로 합산한 것으로 직무의 상대적 가치를 나타내는 가장 일반적인 기법이다.

(선지분석)

① 분류법에 대한 설명이다. 분류법은 사전에 작성된 등급기준표를 토대로 이와 비교해가며 직무 전체를 종합적으로 판단하는 비계량적인 직무평가기법으로, 현재 우리나라 정부가 사용하고 있다.
② 요소비교법에 대한 설명이다. 대표직무를 기준직무로 하여 요소별로 평가대상 직무를 비교해가면서 점수를 부여하는 계량적인 기법이다.
③ 서열법에 대한 설명이다. 직무 상호 간에 직무 전체의 중요도를 종합적으로 비교·판단하는 가장 간편하고 초보적이고 비계량적인 기법이다.

15 직무평가의 방법 답 ④

요소비교법은 상대적 가치를 질적으로 평가하는 비계량적 방법이 아니라 양적으로 평가하는 계량적 방법이다.

16 직무평가방법 답 ④

요소비교법과 점수법은 대표적인 계량적 직무평가방법이다.

핵심POINT 직무평가방법

구분	비계량적	계량적
직무와 직무 (상대평가)	서열법	요소비교법
직무와 기준표 (절대평가)	분류법	점수법

17 직무분석과 직무평가 답 ②

직위분류제 수립절차로서 직무분석(Job Analysis)과 직무평가(Job Evaluation)가 있는데 직무분석에서 직무자료 수집방법에는 관찰, 면접, 설문지, 일지기록법 등이 있다.

(선지분석)

① 직무분석이 아니라 직무평가에 대한 설명이다.
③ 일반적으로 직무분석을 먼저 실시한 후에 직무평가를 실시한다.
④ 직무평가방법 중 서열법과 분류법은 비계량적 방법이고 점수법과 요소비교법은 계량적 방법이다.

18 직무평가방법 답 ③

점수법은 각각의 직무요소에 점수를 매겨서 총점을 작성하는 직무평가기준표에 따른 것으로, 평가자의 직무요소에 대한 개념정의와 주관적 평가 등이 문제가 되므로 명확하고 객관적인 이론적 증명은 어렵다는 한계를 가진다.

CHAPTER 3 | 인적자원관리(임용, 능력발전, 사기부여)

THEME 50 전략적 인적자원관리와 공무원의 임용

정답 p. 299

01	②	02	④	03	①	04	③	05	③
06	③	07	④	08	①	09	⑤	10	①
11	①	12	③	13	②	14	①	15	②
16	②	17	②	18	①	19	③	20	②
21	④	22	①, ②	23	③				

01 전략적 인적자원관리 답 ②

전략적 인적자원관리는 개인목표와 조직목표 간의 통합을 강조하는 통합모형적 관점으로 조직의 구성원을 통제의 대상이 아니라 가장 중요한 자산으로 여기며 개인의 욕구와 조직목표 간의 조화, 일과 삶의 조화(QWL; Quality of Working Life) 등을 중시하는 인본주의적 인사관리를 의미한다.

02 전략적 인적자원관리 답 ④

개인의 욕구는 조직의 전략적 목표달성을 위해 희생해야 한다는 입장은 조직 구성원(개인)을 목표달성의 도구나 수단으로 보는 전통적인 기존 인적자원관리의 측면이다.

핵심POINT 기존 인적자원관리와 전략적 인적자원관리

구분	기존 인적자원관리(HRM)	전략적 인적자원관리(SHRM)
분석	개인의 심리적 측면 (직무만족, 동기부여, 조직시민행동증진 등)	조직의 전략적 측면 (조직의 전략과 인적자원관리활동의 연계 및 성과강조)
범위	미시적 시각 (개별 인적자원관리방식들의 부분적 최적화)	거시적 시각 (인적자원관리 방식들 간의 연계를 통한 전체적 최적화)
관점	단기적 관점 (인사관리상의 단기적 문제해결)	장기적 관점 (전략 수립 관여 및 인적자본 육성)
역할	조직의 목표와 무관, 부수적·도구적 역할	조직전략 수립과 실행에 적극적 관여

03 행정능력 답 ①

행정능력은 지적·실행적·정치적 능력을 모두 포괄한다. 지적능력은 전문성을, 실행적 능력은 정치 및 민간지원의 확보능력을 의미하며, 정치적 능력은 민주적이고 고객지향적인 책임성을 의미한다.

선지분석

② 지적능력은 전문성 및 창의성과 관련되며 우리나라 행정의 중요한 능력요소로 인식되어 왔다.
③ 실행적 능력은 정치 및 민간 지원의 확보나 조정능력이나 리더십, 동기부여 등을 포함한다.
④ 행정능력을 구성하는 지적능력은 능률적인 실적제와 관련되고 정치적 능력은 민주적인 엽관제와 관련되어 양자 간에는 상충관계가 발생한다.

04 「국가공무원법」상 임용결격사유 답 ③

「국가공무원법」상 징계로 파면처분을 받은 때부터 5년이 지나지 아니한 자는 임용될 수 없기 때문에 2019년 10월 13일에 공무원으로서 징계로 파면처분을 받은 丙은 2024년 10월 12일까지는 임용될 수 없다.

선지분석

① 2021년 10월 13일에 성년후견이 종료된 甲은 임용될 수 있다. 피성년후견인이란 질병·장애·노령·그 밖의 사유로 인한 정신적 제약으로 사무를 처리할 능력이 지속적으로 결여된 사람으로서 가정법원으로부터 성년후견개시의 심판을 받은 사람(「민법」 9조)을 말한다.
② 파산선고를 받고 2021년 10월 13일에 복권된 乙은 임용될 수 있다.
④ 2017년 금고형을 선고받고 그 집행유예기간이 2019년 10월 13일에 끝난 丁은 2022년 10월 12일로 집행유예 기간이 끝난 날부터 2년이 지났으므로 임용될 수 있다.

⊕ 보충 「국가공무원법」

제33조【결격사유】다음 각 호의 어느 하나에 해당하는 자는 공무원으로 임용될 수 없다.
1. 피성년후견인
2. 파산선고를 받고 복권되지 아니한 자
3. 금고 이상의 실형을 선고받고 그 집행이 종료되거나 집행을 받지 아니하기로 확정된 후 5년이 지나지 아니한 자
4. 금고 이상의 형을 선고받고 그 집행유예 기간이 끝난 날부터 2년이 지나지 아니한 자
5. 금고 이상의 형의 선고유예를 받은 경우에 그 선고유예 기간 중에 있는 자
6. 법원의 판결 또는 다른 법률에 따라 자격이 상실되거나 정지된 자
6의2. 공무원으로 재직기간 중 직무와 관련하여 「형법」 제355조(횡령, 배임) 및 제356조에 규정된 죄(업무상의 횡령과 배임)를 범한 자로서 300만 원 이상의 벌금형을 선고받고 그 형이 확정된 후 2년이 지나지 아니한 자
6의3. 「성폭력범죄의 처벌 등에 관한 특례법」 제2조에 규정된 죄를 범한 사람으로서 100만 원 이상의 벌금형을 선고받고 그 형이 확정된 후 3년이 지나지 아니한 사람
6의4. 미성년자에 대한 다음 각 목의 어느 하나에 해당하는 죄를 저질러 파면·해임되거나 형 또는 치료감호를 선고받아 그 형 또는 치료감호가 확정된 사람(집행유예를 선고받은 후 그 집행유예기간이 경과한 사람을 포함한다)
7. 징계로 파면처분을 받은 때부터 5년이 지나지 아니한 자
8. 징계로 해임처분을 받은 때부터 3년이 지나지 아니한 자

05	공무원의 인사이동	답 ③

수평적 인사이동(배치전환)에는 전보, 전직, 전입, 겸임, 파견 등이 있다. 전보는 동일 직급, 동일 직렬 내에서 자리만 이동되는 수평적 인사이동으로 전보의 오용과 남용을 방지하기 위해 전보가 제한되는 기간(2~3년)이나 범위를 두고 있다.

(선지분석)

① 겸임은 특정직뿐만 아니라 일반직도 가능하며, 겸임기간도 3년이 아니라 2년 이내로서 필요시 2년 범위에서 연장이 가능하다.

② 인사 관할을 달리하는 기관 사이의 수평적 인사이동은 전직이 아니라 전입에 해당한다. 전직은 동일 직급이지만 직렬을 달리하는 수평적 인사이동으로 원칙적으로 전직 시험을 필요로 한다.

④ 강임은 정부조직 개편이나 예산 감소 등으로 폐직이 되어 하위 계급의 직위에 임용되는 것을 말한다. 별도의 심사절차를 걸쳐야 하는 것은 아니며, 강임된 공무원에게는 강임된 봉급이 강임되기 전보다 많아지게 될 때까지는 강임되기 전의 봉급에 해당하는 금액을 지급한다.

> ⊕ **보충** 「공무원 보수규정」
>
> **제6조 【강임 시 등의 봉급 보전】** 강임된 사람에게는 강임된 봉급이 강임되기 전보다 많아지게 될 때까지는 강임되기 전의 봉급에 해당하는 금액을 지급한다.

06	「지방공무원법」상 공무원 인사이동	답 ③

강임은 같은 직렬 내에서 하위 직급에 임명되는 것이나, 같은 직렬 내에서 하위 직급이 없을 때는 다른 직렬의 하위 직급에 임명되는 것을 말한다.

(선지분석)

④ 「지방공무원법」 제29조의3(전입)에 대한 설명이다.

> ⊕ **보충** 「지방공무원법」
>
> **제5조 【정의】** 이 법에서 사용하는 용어의 뜻은 다음과 같다.
>
> 4. "강임(降任)"이란 같은 직렬 내에서 하위 직급에 임명하거나 하위 직급이 없어 다른 직렬의 하위 직급에 임명하는 것을 말한다.
> 5. "전직(轉職)"이란 직렬을 달리하여 임명하는 것을 말한다.
> 6. "전보(轉補)"란 같은 직급 내에서의 보직변경을 말한다.
>
> **제29조의3 【전입】** 지방자치단체의 장 또는 지방의회의 의장은 공무원을 전입시키려고 할 때에는 해당 공무원이 소속된 지방자치단체의 장 또는 지방의회의 의장의 동의를 받아야 한다.

07	공무원의 인사이동	답 ④

같은 직급 내에서의 보직 변경 또는 고위공무원단 직위 간의 보직 변경은 '전보'이다. '전직'은 같은 직급 내에서 다른 직렬로의 직위 이동을 말한다.

(선지분석)

① '승진'은 상위 직급에 적합한 인재를 하위 직급으로부터 선별해 내는 내부임용이다.

② '겸임'은 한 사람의 공무원에게 둘 이상의 직위를 부여하는 것이다.

③ '강임'은 같은 직렬 내에서 하위 직급에 임명하거나 하위 직급이 없어 다른 직렬의 하위 직급으로 임명하는 것이다.

> ⊕ **보충** 「국가공무원법」
>
> **제5조 【정의】** 이 법에서 사용하는 용어의 뜻은 다음과 같다.
>
> 4. "강임(降任)"이란 같은 직렬 내에서 하위 직급에 임명하거나 하위 직급이 없어 다른 직렬의 하위 직급으로 임명하거나 고위공무원단에 속하는 일반직공무원(제4조제2항에 따라 같은 조 제1항의 계급 구분을 적용하지 아니하는 공무원은 제외한다)을 고위공무원단 직위가 아닌 하위 직위에 임명하는 것을 말한다.
> 5. "전직(轉職)"이란 직렬을 달리하는 임명을 말한다.
> 6. "전보(轉補)"란 같은 직급 내에서의 보직 변경 또는 고위공무원단 직위 간의 보직 변경(제4조제2항에 따라 같은 조 제1항의 계급 구분을 적용하지 아니하는 공무원은 고위공무원단 직위와 대통령령으로 정하는 직위 간의 보직 변경을 포함한다)을 말한다.

08	공무원의 인사이동	답 ①

중징계의 하나로 한 계급 아래로 이동하는 것은 강등으로 수직적 직위이동인 강임과는 구별해야 한다.

(선지분석)

② 「국가공무원법」 제5조 제6호의 내용이다.

③ 「국가공무원법」 제28조의2의 내용이다.

④ 「국가공무원법」 제32조의3의 내용이다.

⑤ 「국가공무원법」 제5조 제5호의 내용이다.

> ⊕ **보충** 「국가공무원법」
>
> **제5조 【정의】** 이 법에서 사용하는 용어의 뜻은 다음과 같다.
>
> 4. "강임(降任)"이란 같은 직렬 내에서 하위 직급에 임명하거나 하위 직급이 없어 다른 직렬의 하위 직급으로 임명하거나 고위공무원단에 속하는 일반직공무원(제4조제2항에 따라 같은 조 제1항의 계급 구분을 적용하지 아니하는 공무원은 제외한다)을 고위공무원단 직위가 아닌 하위 직위에 임명하는 것을 말한다.
> 5. "전직(轉職)"이란 직렬을 달리하는 임명을 말한다.
> 6. "전보(轉補)"란 같은 직급 내에서의 보직 변경 또는 고위공무원단 직위 간의 보직 변경(제4조제2항에 따라 같은 조 제1항의 계급 구분을 적용하지 아니하는 공무원은 고위공무원단 직위와 대통령령으로 정하는 직위 간의 보직 변경을 포함한다)을 말한다.

제28조의2 【전입】 국회, 법원, 헌법재판소, 선거관리위원회 및 행정부 상호 간에 다른 기관 소속 공무원을 전입하려는 때에는 시험을 거쳐 임용하여야 한다. 이 경우 임용 자격 요건 또는 승진소요최저연수 · 시험과목이 같을 때에는 대통령령등으로 정하는 바에 따라 그 시험의 일부나 전부를 면제할 수 있다.

제32조의3 【겸임】 직위와 직무 내용이 유사하고 담당 직무 수행에 지장이 없다고 인정하면 대통령령등으로 정하는 바에 따라 경력직공무원 상호 간에 겸임하게 하거나 경력직공무원과 대통령령으로 정하는 관련 교육 · 연구기관, 그 밖의 기관 · 단체의 임직원 간에 서로 겸임하게 할 수 있다.

제80조 【징계의 효력】 ① 강등은 1계급 아래로 직급을 내리고(고위공무원단에 속하는 공무원은 3급으로 임용하고, 연구관 및 지도관은 연구사 및 지도사로 한다) 공무원신분은 보유하나 3개월간 직무에 종사하지 못하며 그 기간 중 보수는 전액을 감한다. 다만, 제4조제2항에 따라 계급을 구분하지 아니하는 공무원과 임기제공무원에 대해서는 강등을 적용하지 아니한다.

09 공무원 선발시험의 신뢰성과 타당성 답 ⑤

시험이라는 예측치와 직무수행실적이라는 기준 간 상관계수로 측정되는 것은 기준타당도이다.

선지분석

③ 기준타당성에서 동시적 타당성 검증은 시험성적과 근무실적에 대한 자료를 동시에 수집하여 상관관계를 검토하는 것으로 현직자에게 측정 가능한 것이다.

④ 신뢰성이 있다고 해서 반드시 타당성이 확보되는 것은 아니나(충분조건X), 타당성이 확보되기 위해서는 신뢰성이 전제되어야 한다(필요조건O).

10 타당도의 유형 답 ①

구성타당도는 채용시험이 이론적으로 구성된 능력요소를 얼마나 정확하게 측정할 수 있는가에 관한 기준이다.

선지분석

② 기준타당도에 대한 설명이다.

③ 내용타당도에 대한 설명이다.

④ 난이도에 대한 설명이다.

11 타당도의 유형 답 ①

각각 ㄱ은 기준타당도(C), ㄴ은 내용타당도(A), ㄷ은 구성타당도(B)에 해당한다.

12 타당도의 유형 답 ③

내용타당도는 직무에 정통한 전문가집단이 시험의 구체적 내용과 항목이 직무의 성공적 임무수행에 얼마나 적합한 것인지, 즉 직무수행에 필요한 지식 · 기술 등 능력요소를 제대로 측정할 수 있는지를 판단하여 검증한다. 따라서 내용타당도의 확보를 위해서는 직무분석이 필수적이다.

⊕ 보충 타당도의 유형

1. **기준타당도(criterion validity)**
   가장 먼저 개발되고 일반화된 타당도의 경험적 개념으로, 측정의 가장 궁극적인 목적달성과 관련되며 '시험이 직무수행능력을 얼마나 정확하게 측정(예측)했는가의 정도'를 말한다. 시험성적과 근무성적(실제 업무수행실적)을 비교하여 상관관계(상관계수)가 높을수록 기준타당도가 높다고 판단한다. 기준타당도 검증방법에는 예측적 타당도 검증(predictive model)과 동시적(현재적) 타당도 검증(concurrent model)이 있다.
2. **내용타당도(content validity)**
   시험내용이 직위의 의무와 책임에 직접적으로 관련되는 능력요소들, 즉 직무수행에 필요한 지식, 기술, 태도 등을 제대로 측정할 수 있는 정도를 말한다(예 비서요원 선발에 있어서 타이핑 능력, 전화응대 능력 등). 내용타당도는 직무분석을 통하여 능력요소와 시험내용의 적합도를 검증하며, 이를 위해서는 직무수행에 필요한 능력요소와 시험의 내용에 대한 내용분석이 필수적이다.
3. **구성타당도(construct validity)**
   '안출적(案出的) 또는 해석적 타당성'이라고도 불리는 구성적 타당도란 시험이 직무수행의 성공에 관련되어 있다고 이론적(추상적)으로 구성(추정)된 능력요소(traits)를 얼마나 정확하게 측정하고 있느냐의 정도를 말한다.

13 내용타당도의 예 답 ②

제시문의 상황은 내용타당도를 갖추지 못한 경우로 보는 것이 가장 합당하다. 먼저 학생들의 수학능력은 수능성적뿐만 아니라 평소 학업태도, 학생부 기록, 자기소개서, 면접 등으로 구성되는데, 수능성적만으로 능력을 평가하는 것은 수능성적이 수학능력의 전반적인 능력요소를 반영하지 못한 것이므로 1차적으로 내용타당도가 결여된 것이라고 할 수 있다.

선지분석

① 구성타당도란 정책평가에 있어서 정책처리, 결과, 모집단 및 상황들에 대한 이론적 구성요소들이 성공적으로 조작화된 정도를 말하는 것으로서, 구성변수가 개입되지 않아야 구성타당도가 높아진다고 볼 수 있으며, 이 때 구성변수란 포괄적 개념의 하위변수를 말한다. 예컨대 사회계층이 포괄적 개념이라면 교육수준, 수입, 직업, 가족적 배경 등은 이를 구성하는 '하위변수'에 해당한다. 제시문의 상황에서 학생들의 수학능력이 포괄적 개념이라면 수능성적 및 학생부, 자기소개서, 면접 등은 각각 하위변수에 해당한다고 볼 수 있다. 따라서 수능성적은 수학능력을 포괄적으로 나타내주지 못하는 하위변수이며 이 경우 구성타당도가 결여된다고 볼 수도 있다.

④ 액면타당도의 경우 이를 내용타당도와 동일한 것으로 보는 견해도 일부 있지만, 외견상 타당성이 있는 것처럼 보이면서도 실제로는 타당성이 없는 경우를 의미한다고 보는 견해가 일반적이다.
⑤ 예측타당도는 기준타당도를 검증하는 방법으로, 만약 이 상황에서 수능성적이 좋은 학생이 대학에 입학하여 학업성적이 좋지 않았다면 이는 기준타당도를 결여한 것이 될 것이다.

핵심POINT 타당도의 유형

구분	내용	타당화 기법
기준타당도 (이해타당도, 경험적 타당도)	• 시험이라는 예측치와 직무수행능력과의 상관관계 • 종류 - 예측적 타당도: 기준의 측정시점이 미래인 경우(미래의 상태 예측) - 동시적 타당도: 기준의 측정시점이 현재인 경우(현재의 상태 측정)	상관분석, 회귀분석, 인과모형
내용타당도 (액면타당도*, 논리적 타당도)	측정지표(문항)가 지표의 모집단을 대표하고 있는 정도	전문가 검토
구성타당도	• 추상적 개념과 측정지표 간의 일치 정도 • 종류 - 수렴적 타당도(집중타당도): 동일 개념에 대한 상이한 측정방법에 의한 측정값의 상관성 정도 - 차별적 타당도(판별타당도): 다른 개념에 대한 동일 측정방법 또는 다른 측정방법에 의한 측정값의 차별화 정도	행렬분석, 요인분석

* 액면타당도(두 가지 견해)
- 외형적 타당도로 보는 입장(오석홍 등): 겉으로는 타당도가 있는 것처럼 보이지만 실제로는 타당도가 없는 경우로 외형적 타당도라고도 함
- 내용타당도와 동일시하는 입장(남궁근)

14 타당도의 유형 답 ①

측정의 타당도에는 기준타당도, 내용타당도, 구성타당도가 있는데, 구성타당도(구성개념의 타당도)란 이론적 구성개념과 이를 측정하는 측정도구나 측정지표 간의 일치 정도를 나타내는 개념으로서, 추상적으로 구성된 요소를 제대로 측정하였는지에 관한 타당도이다.

선지분석

② 어떤 개념의 측정지표와 이미 타당성이 검증된 다른 기준과의 상관성 정도는 내용타당도가 아니라 기준타당도이다.
③ 측정지표(문항)가 지표의 모집단을 대표하고 있는 정도는 기준타당도가 아니라 내용타당도(논리적 타당도)이다.
④ 같은 개념을 상이한 측정방법으로 측정했을 때, 그 측정값 사이의 상관관계 정도는 차별적 타당도가 아니라 수렴적 타당도이다.

⊕ 보충 구성타당도의 종류

1. 수렴적 타당도
측정결과 간 상관관계가 높을 때 수렴적 타당도가 높다. 두 개념이 서로 같은 개념이라면 다른 측정지표를 사용하더라도 동일한 차원으로 수렴하여야 한다는 것이다.
예 강의를 열심히 들었는지를 알려면 출석률과 단원별 모의고사 성적의 결과가 같아야 한다는 것이다.

2. 차별적 타당도
지표 간 상관관계가 낮을 때 차별적 타당도가 높다. 두 개념이 서로 무관한 개념이라면 상관계수가 0에 가까워야 하고 반대 개념이라면 두 지표 간의 상관계수가 마이너스(-)이어야 한다.
예 진보와 보수의 성향을 측정했을 경우 정부역할이나 조세제도에 대한 입장이 서로 달라야 한다.

15 시험의 효용성 답 ②

시험성적이 직무수행실적과 얼마나 부합하는가를 판단하는 타당성은 기준타당성이다. 내용타당성은 시험내용에 직무수행능력요소가 얼마나 잘 반영되었는지를 평가하는 것이다.

선지분석

③ 신뢰도는 결과의 일관성으로 옳은 지문이다.
④ 신뢰도를 검증하는 방법에는 재시험법, 동질이형법, 반분법(내적 일관성 검증법) 등이 있다.

핵심POINT 시험의 요건(효용도)

구분	내용	측정방법
타당도	측정하고자 하는 내용의 정확한 측정 여부(목적의 일치)	기준·내용·구성타당도를 측정
신뢰도	시기나 장소에 점수가 영향을 받지 않는 정도(결과의 일관성)	재시험법, 반분법(내적 일관성검증법), 동질이형법
객관도	채점의 공정성	-
난이도	쉬운 문제와 어려운 문제의 조화(변별력)	-
실용도	시험의 경제성, 집행의 용이성	-

16 시험의 신뢰성을 검증방법 답 ②

시험성적을 통해서 직무수행능력(기준)을 예측하는 것은 타당도 중에서 기준타당도를 의미한다. 신뢰성은 결과의 일관성으로 재시험법, 동질이형법, 반분법, 내적일관성 분석법 등으로 검증한다.

선지분석

① 신뢰성 검증방법 중 내적일관성 분석법에 대한 설명이다.
③ 신뢰성 검증방법 중 재시험법에 대한 설명이다.
④ 신뢰성 검증방법 중 동질이형법에 대한 설명이다.

17 시험의 타당도 답 ②

②는 바르게 연결되어 있다.
(가) 구성 타당도 – ㄱ. 이론적(추상적)인 구성요소와 시험내용과의 부합도를 검증한다.
(나) 기준 타당도 – ㄷ. 시험성적과 업무수행실적의 상관계수를 측정한다.
(다) 내용 타당도 – ㄴ. 직무수행에 필요한 능력요소와 시험내용과의 부합도를 전문가들(행정학 교수)이 검증한다.

핵심POINT 타당도의 비교

구분	개념	판단기준	검증방법
기준 타당도	직무수행에 필요한 '능력이나 실적' 예측 여부	시험성적 = 근무성적	예측적 또는 동시적 타당도 검증
내용 타당도	직무수행에 필요한 '능력요소' 측정 여부(논리적 타당도)	능력요소 = 시험내용	직무분석에 의한 내용분석
구성 타당도	직무수행에 필요한 능력요소와 관련된다고 믿는 '이론적 구성요소' 측정 여부(개념적 타당도)	이론적 구성요소 = 시험내용 부합 여부	추상적 개념의 측정

18 시험의 타당도 답 ①

시험의 내용이 직위의 의무와 책임에 직결되는 요소, 즉 직무수행능력을 정확하게 측정할 수 있는 것과 관련된 타당성은 내용타당성이다.

선지분석

② 구성타당도는 시험이 직무수행에 필요한 이론적으로 구성된 능력요소를 얼마나 정확하게 측정하고 있느냐의 정도를 의미한다.
③ 개념타당도는 구성타당도를 구성(개념)타당도라고 한다.
④ 예측적 기준타당성은 합격자의 시험성적을 통해서 미래의 직무수행능력을 예측하는 것이다.
⑤ 동시적 기준타당성은 현직자의 시험성적을 통해서 현재의 직무수행능력을 예측하는 것이다.

19 시험의 요건(효용성) 답 ③

시험을 통해 측정하는 행동이나 질문 주제의 내용이 직무 수행의 중요한 국면을 대표할 수 있는지는 직무수행능력(실무능력)을 판단하는 것으로서 내용타당도에 대한 설명이다.

20 우리나라의 시보제도 답 ②

시보공무원 역시 「국가공무원법」과 「지방공무원법」의 적용을 받는 공무원으로, 시보기간에도 보직을 부여받아 근무할 수 있다.

선지분석

① 시보기간 동안 신분보장이 제한적이지만, 정식 임용 후에도 시보기간은 공무원 경력에 포함된다.
③ 시보기간 동안 직권면직이 되면, 해당 공무원 임용이 되지 않을 뿐, 임용 결격사유가 되지 않는다.
④ 시보공무원의 소청심사청구와 관련하여 이론과 사례에 논란이 있다. 이론상 시보공무원은 신분보장이 제한적이기 때문에 소청심사를 청구할 수 없다는 것이 통설이지만, 실제로는 시보공무원에 대한 징계처분이나 면직처분에 대한 소청심사를 인정한 사례가 있다(논란 있음).

21 공무원의 임용 답 ④

대통령령 등으로 정하는 경우에는 시보 임용을 면제하거나 그 기간을 단축할 수 있다(「국가공무원법」 제29조).

선지분석

① 「국가공무원법」 제26조의3의 내용이다.
② 기준타당성이란 시험성적과 본래 시험으로 예측하고자 했던 기준(직무수행실적) 사이에 얼마나 밀접한 상관관계가 있는가를 말하므로 옳은 설명이다.
③ 「국가공무원법」 제26조의2의 내용이다.

⊕ 보충 「국가공무원법」

제26조의2 【근무시간의 단축 임용 등】 국가기관의 장은 업무의 특성이나 기관의 사정 등을 고려하여 소속 공무원을 대통령령 등으로 정하는 바에 따라 통상적인 근무시간보다 짧게 근무하는 공무원으로 임용 또는 지정할 수 있다.

제26조의3 【외국인과 복수국적자의 임용】 ① 국가기관의 장은 국가안보 및 보안·기밀에 관계되는 분야를 제외하고 대통령령 등으로 정하는 바에 따라 외국인을 공무원으로 임용할 수 있다.

제29조 【시보 임용】 ① 5급 공무원(제4조 제2항에 따라 같은 조 제1항의 계급 구분이나 직군 및 직렬의 분류를 적용하지 아니하는 공무원 중 5급에 상당하는 공무원을 포함한다. 이하 같다)을 신규 채용하는 경우에는 1년, 6급 이하의 공무원을 신규 채용하는 경우에는 6개월 간 각각 시보(試補)로 임용하고 그 기간의 근무성적·교육훈련성적과 공무원으로서의 자질을 고려하여 정규 공무원으로 임용한다. 다만, 대통령령 등으로 정하는 경우에는 시보 임용을 면제하거나 그 기간을 단축할 수 있다.

22	우리나라 공무원의 승진제도	답 ①, ②

① 우리나라의 경우 5급 이하 공무원의 승진후보자명부는 근무성적평정 90%, 경력평정 10%를 고려하여 작성된다. 임용권자는 승진임용 예정 직급별로 승진후보자명부를 작성하여야 한다.
② 일반직공무원(우정직공무원은 제외)이 승진하려면 7급은 1년 이상, 6급은 2년 이상 해당 계급에 재직하여야 한다.

핵심POINT 계급별 승진소요 최저연수 개선

구분	합계	3←4	4←5	5←6	6←7	7←8	8←9
과거	16년	3년	4년	3.5년	2년	2년	1.5년
현행	11년	3년	3년	2년	1년	1년	1년

23	배치전환의 장단점	답 ③

배치전환은 동일 등급 내에서 이루어지는 담당 직위의 수평적 인사 이동을 말한다. 구성원의 능력정체와 퇴행을 방지하고 직무의 부적응을 해소한다는 장점은 있지만 행정의 전문성을 저해한다는 단점이 있다.

(선지분석)
①, ② 배치전환은 인사관리의 융통성을 확보하여 조직의 성과를 높일 수 있다는 점, 조직의 변화에 대한 적응능력을 높여 준다는 점, 부수적으로 부패방지의 효과가 있다는 점, 인간관계의 갈등을 해결하는 수단이 된다는 점, 승진적체를 해결해 준다는 점 등의 효과가 있다. 또한 개인에게 능력발전의 기회를 부여한다는 점, 자신이 원하는 직무를 수행할 수 있다는 점 등의 장점이 있다.
④ 정당한 징계절차에 의하지 않는 한직으로의 좌천형식의 전보 등으로 일종의 징계수단으로 활용될 가능성이 존재한다.

THEME 51 공무원의 능력발전(교육훈련)

정답

p. 305

01	③	02	①	03	③	04	④	05	④
06	②	07	③	08	①	09	②	10	①

01	공무원의 교육훈련방법	답 ③

제시문은 조직발전(OD; Organization Development)에 속하는 교육훈련방법으로, 구성원들 간의 비정형적 체험을 통해서 대인관계와 태도를 변화시키기 위한 감수성훈련에 해당한다.

(선지분석)
① 강의는 강사가 일방적으로 지식이나 이론을 전달하는 방식이다.
② 액션러닝은 현장방문이나 사례조사 등을 통하여 배우는 성찰미팅방식이다.
④ 현장훈련은 직장에서 일을 하면서 교육을 받는 것이다.

02	현장훈련과 교육원훈련	답 ①

현장의 업무수행과는 관계없이 사전에 예정된 계획에 따라 실시하기가 용이한 것은 직장훈련(현장훈련)이 아니라 교육원훈련의 장점이다. 직장훈련(현장훈련)은 직장 내에서 정상적으로 업무를 수행하면서 교육이 진행되므로 교육이 업무수행에 의하여 지장을 받을 수 있어 사전에 예정된 계획에 따라 진행하기가 용이하지 않다.

핵심POINT 현장훈련과 교육원훈련의 장단점

구분	현장훈련(OJT)	교육원훈련(Off-JT)
장점	• 훈련이 구체적이고 실제적 • 상사나 동료 간의 이해와 협동정신을 강화·촉진시킴 • 훈련으로 학습 및 기술향상을 알 수 있으므로 구성원의 동기를 유발할 수 있음 • 구성원의 습득도와 능력에 맞게 훈련할 수 있음	• 현장의 업무수행과는 관계없이 예정된 계획에 따라 체계적으로 교육을 실시할 수 있음 • 전문적인 교관이 실시하며 많은 종업원들에게 동시에 교육을 할 수 있음 • 교육생은 업무 부담에서 벗어나 훈련에 전념하므로 교육의 효과가 높음
단점	• 예정계획에 따라 체계적인 훈련을 실시하기 곤란 • 일과 훈련 모두 소홀히 할 가능성이 있음 • 우수한 상관이 반드시 우수한 교관은 아님 • 교육훈련의 내용과 수준을 통일시키기 곤란 • 전문적인 고도의 지식과 기능을 가르치기 힘듦	• 교육훈련결과를 현장에 바로 활용하기가 곤란 • 직무수행에 필요한 인력이 줄어듦(즉, 부서에 남아 있는 종업원의 업무 부담이 늘어남) • 방만한 프로그램의 운영으로 훈련비용이 많이 듦

03	액션러닝	답 ③

액션러닝(action learning)이란 정책현안에 대한 현장방문, 사례조사, 성찰미팅 등을 통해 실제 현안문제를 해결함과 동시에 문제해결과정에 대한 성찰을 통한 학습을 수행하도록 지원하는 행동학습이다. 최근 우리나라 등 각국의 고위공무원단의 교육훈련기법으로 많이 활용되고 있다.

(선지분석)
① 멘토링(mentoring)은 풍부한 경험과 지혜를 겸비한 신뢰할 수 있는 사람이 1 : 1로 지도와 조언을 하는 것이다.
④ 워크아웃 프로그램(work-out program)은 효율성 없이 속도를 저하시키는 복잡한 일(work)은 업무에서 완전히 제외(out)하는 것으로, 모든 절차와 방법을 이해하기 쉽게 단순화시키고, 신속하고 자신감 있게 처리해야 한다.

04	교육훈련의 방식	답 ④

조직의 불필요한 요소(수직적·수평적 장벽)를 제거하고 전 구성원의 자발적 참여에 의한 행정혁신, 관리자의 신속한 의사결정과 문제해결을 도모하는 것은 워크아웃 프로그램(work-out program)이다. 미국 GE사의 교육훈련방식이다.

05	현장훈련과 교육원훈련	답 ④

감수성훈련은 조직구성원들의 행태변화훈련기법으로 직장 내에서 이루어지는 현장훈련(On the job trainig)과는 직접적 관계가 없으며, 현장 외 훈련에 해당한다.

06	OJT의 주요 프로그램	답 ②

현장훈련(OJT; On-the-Job-Training)은 피훈련자가 실제 직무를 수행하면서 감독자 또는 선임자로부터 직무수행에 관한 지식과 기술을 배우는 것으로 '견습'이라고도 하며 실무지도, 직무순환, 실무지도, 인턴십 등이 있다. 역할연기(role playing)는 주로 역할은 바꾸어서 연기하는 방법으로 현장외 훈련(Off - JT; Off-the-Job Training)에 해당한다.

07	교육훈련방법	답 ③

제시문은 교육훈련방법의 하나인 감수성훈련에 대한 설명이다. 감수성훈련은 15명 내외의 인원으로 구성된 소집단(small group)을 통해서 이루어진다. 훈련은 외부와 격리된 장소(실험실)에서 약 1~2주일 동안 실시되며, 지도는 대체로 심리학을 전공한 사람이 실시한다.

08	교육훈련방법	답 ①

직장 내 훈련(OJT; On-the-Job Training)은 피훈련자가 직무를 수행하는 과정에서 현장에서 직접 감독자 또는 선임자로부터 훈련을 받는 것으로 감독자의 능력과 기법에 따라 훈련성과가 달라지며 많은 사람을 동시에 교육하기 어렵다는 문제점이 있다.

선지분석

② 감수성훈련(sensitivity training)은 서로 모르는 10명 내외의 소집단을 만들어 솔직하게 자신의 느낌을 말하고 다른 사람이 자신을 어떻게 생각하는지를 듣게 함으로써, 태도와 행동의 변화를 유도하여 대인관계기술을 향상시키려는 것이다.

③ 모의연습(simulation)은 피훈련자가 업무를 수행함에 있어 실제와 유사한 가상적 상황을 꾸며 놓고 거기에 대처하도록 하는 훈련방법이다. 관리연습, 정보정리연습, 사건처리연습 등이 있다. T-집단훈련(T-group study)은 감수성 훈련을 말하는 것이고, 주어진 사례나 문제에서 어떠한 역할을 실제로 연기해 봄으로써 당면한 문제를 체험해 보는 방법은 역할연기법(Role Playing)이다.

④ 액션러닝(action learning)은 교육참가자들이 팀을 구성하여 실제 현안문제를 해결하면서 동시에 문제해결과정에 대한 성찰을 통해 학습하도록 지원하는 행동학습(learning by doing)이다. 미국 GE사의 전략적 인적자원 개발프로그램으로 활용된 제도는 워크아웃 프로그램(work-out program)이며, 태도와 행동의 변화를 통해 인간관계 기술을 향상하려는 것은 감수성훈련(sensitivity training)에 대한 설명이다.

09	교육훈련 방식	답 ②

교육훈련 방식에 대한 설명으로 옳은 것은 ㄱ, ㄷ이다.

선지분석

ㄴ. 학습조직은 불확실하고 유동적인 환경하에서 변화를 위한 학습역량을 형성하는데 중점을 두고 있기 때문에 학습조직의 형태도 다양하며, 그에 따른 조직설계의 기준도 다양하기 때문에 조직설계기준 제시가 용이하다고 보기는 어렵다.

ㄹ. 워크아웃 프로그램은 조직의 불필요한 여러 장벽을 제거하고 전 구성원의 자발적 참여에 의한 행정혁신과 문제 해결을 도모하는 행정개혁으로 관리자의 의사결정과 문제 해결이 신속히 이루어진다는 장점이 있다.

10	역량기반 교육훈련방법	답 ①

액션러닝(Action Learning)은 조직구성원이 팀을 구성하여 동료와 촉진자(facilitator)의 도움을 받아 실제 현장조사를 통한 현안 문제 해결과 이를 통한 학습과정을 중시하는 교육훈련방법이다. 우리나라 정부 부문에는 2005년부터 고위공직자(고위공무원단)에 대한 교육훈련방법으로 도입되었다.

선지분석

④ 서류함기법은 미래에 발생할 수 있는 다양한 형태의 모의업무상황을 미리 준비해 놓고 하나의 업무상황을 임의적으로 선택하게 하고 이를 실제 수행하게 하는 방법이다.

THEME 52 공무원 근무성적평정제도

정답

p. 308

01	①	02	②	03	①	04	①	05	①
06	①	07	①	08	②	09	③	10	③
11	③	12	②	13	①	14	①	15	②
16	①	17	③	18	①	19	④	20	②
21	④	22	③	23	③	24	①	25	⑤
26	④	27	④	28	③	29	②	30	①
31	②	32	③	33	③	34	②	35	②
36	①								

01 근무성적평정방법 답 ①

평정요소를 나열하고 각 평정요소(기획력, 의사전달력, 협상력, 추진력, 신속성, 팀워크, 성실성 등)마다 그 우열을 나타내는 척도인 등급(매우 미흡 - 미흡 - 보통 - 우수 - 매우 우수)을 표시하는 방법은 도표식평정척도법이다. 평정요소에 대한 등급을 정한 기준이 모호(예 우수와 매우 우수의 차이)하여 평정요소와 평정등급에 대한 평정자의 주관적이고 자의적 해석이 가능한 것이 문제점이다.

02 공무원 평정제도 답 ②

시험의 타당도란 그 시험이 측정하고자 하는 것을 얼마나 정확하게 측정했는지에 대한 것을 나타낸다. 일반적으로는 근무성적평정과 공무원채용시험의 성적이라는 서로 다른 기준에 의한 결과를 비교하여 일치성이 높을수록 타당도가 높다고 보는 기준타당도를 의미한다.

(선지분석)

① 근무성적평정결과는 5급 이하 공무원 및 연구사, 지도사의 경우 성과 지급의 기준이 됨은 물론 승진임용, 교육훈련, 보직관리 등 각종 인사관리에 반영된다.

③ 역량평가제는 고위공무원단 후보자가 고위공무원으로 임용되기 전 필요한 능력과 자질(역량)을 갖추고 있는지 사전에 검증하는 제도이다.

④ 다면평가는 기존의 상관 위주의 일방적인 평가에서 벗어나 동료나 하급자, 민원인까지 평가의 주체로 참여하는 것으로, 탈관료제적 조직에 적합하며, 계서적 문화가 강한 조직에 적용할 경우 하급자가 상급자를 평가함으로 인한 상하 간에 갈등이 초래될 수 있다.

03 공무원 평정제도의 유형 답 ①

각각 ㄱ은 역량평가제, ㄴ은 직무성과관리제, ㄷ은 다면평가제, ㄹ은 근무성적평정제에 해당한다.

04 근무성적평정방법 답 ①

<보기>의 설명은 근무성적평정방법 중 강제배분법에 해당한다. 강제배분법은 등급분포비율을 강제로 배분하여 관대화나 엄격화의 오류가 발생하는 것을 방지할 수 있는 상대평가방법이다. 강제선택법은 체크리스트법으로 4~5개의 체크리스트 중 하나를 강제로 선택하는 방법이다.

05 강제배분법의 한계 답 ①

강제배분법은 근무성적평정의 관대화와 엄격화를 막기 위한 방법으로, 성적분포의 비율을 미리 정해놓고 피평가자를 각 등급에 강제적으로 분포하게 하는 역산식 평정의 문제점이 발생할 수 있다.

06 근무성적평정 답 ①

근무성적평정은 원칙적으로 5급 이하 공무원을 대상으로 한다. 4급 이상 공무원은 업무목표(성과계약) 달성도에 의한 성과계약평가를 실시한다.

07 성과평가의 방법과 모형 답 ①

성과평가의 방법과 모형에 대한 설명으로 옳은 것은 ㄴ, ㄹ이다.

(선지분석)

ㄱ. 논리모형(Logic Model)은 단기적인 산출물보다는 직무활동이 설정된 성과목표를 달성하는 인과관계의 경로인 과정을 더욱 중시한다. 산출이나 성과를 중시하는 모형은 목표모형이다.

ㄷ. 균형성과평정법(Balanced Score Card)은 내부프로세스과정과 동시에 외부고객의 관점도 균형 있게 중시하는 성과평가방법이다.

08 목표관리제(MBO)와 성과관리제의 비교 답 ②

목표관리제(MBO)와 성과관리제의 비교하는 문제로 ㄴ, ㄷ은 옳은 설명이다.

(선지분석)

ㄱ. 목표관리제는 개인이나 부서의 목표를 조직의 관리자가 제시하는 것이 아니라 구성원들의 참여에 의한 결정이라는 점에서 조직목표 달성을 위한 상향식 접근이다.

ㄹ. 성과관리는 조직의 비전과 목표로부터 이를 달성하기 위한 부서단위의 목표와 성과지표, 개인단위의 목표와 지표를 제시한다는 점에서 상향식이 아니라 하향식 접근이다.

09	직무성과계약제의 내용	답 ③

직무성과계약제는 실·국장은 기관장과, 과장은 실·국장과 개인별 성과계약에 기초한 성과관리제도이므로 조직 전반의 성과관리를 중심으로 하는 균형성과관리(BSC)와 구분된다.

(선지분석)

① 직무성과계약제는 기관의 임무나 비전으로부터 하향적으로 성과목표가 도출된다는 점에서 상하 간 합의를 통해 목표를 구체적이고 상향식으로 체결하는 MBO와는 다르다.

② 직무성과계약제는 실·국장은 기관장과, 과장은 실·국장과 성과계약을 체결한다. 5급 이하는 원칙상 성과계약 평가대상이 아니다.

④ 직무성과계약제는 투입보다는 산출이나 성과에 대한 통제에 초점을 둔다.

10	근무성적평정	답 ③

5급 이하 공무원을 대상으로 하는 근무성적평가제의 경우 직급별로 구성한 평가단위별로 실시하되, 소속 장관은 직무의 유사성 및 직급별 인원수 등을 고려하여 평가단위를 달리 정할 수 있다(「공무원 성과평가 등에 관한 규정」 제14조 제3항).

(선지분석)

① 근무성적평가제는 5급 이하 공무원을 대상으로 한다. 4급 이상 공무원을 대상으로 하는 것은 성과계약평가이다.

② 근무성적평가제는 정기평가와 수시평가로 구분하여 실시하는데, 6월 30일과 12월 31일을 기준으로 연 2회 실시한다(「공무원 성과평가 등에 관한 규정」 제5조 제2항·제3항). 성과계약평가가 매년 말일을 기준으로 연 1회 평가가 실시된다.

④ 객관적이고 공정한 평가를 위하여 평가자와 피평가자(평가대상자)의 사전협의 및 면담이 인정된다.

핵심POINT 우리나라 공무원 평정제도

구분	성과계약 등 평가	근무성적평가
대상	4급 이상, 고위공무원단	5급 이하
실시	연 1회(12월 말)	연 2회(6월 말, 12월 말)

11	다면평가제도의 특징	답 ③

우리나라 다면평가의 평가자는 상급자, 동료, 부하 및 고객(민원인)으로, 행정기관 외부인까지 포함시키고 있다. 다만, 다면평가결과는 2010년 이후부터 근무성적평정결과에는 반영하지 않고 역량개발 등에 참고만 하고 있다.

12	다면평가제도의 장단점	답 ②

다면평가제도는 하급자(부하)들도 평가의 주체로 참여하므로 상급자가 하급자(부하)들을 의식하게 되어 강력하고 소신 있는 업무를 추진해 나가기가 어렵다는 단점이 있다.

핵심POINT 다면평가제도의 장단점

구분	내용
장점	• 다수의 평가자가 참여하여 평가의 객관성·공정성·신뢰성 향상에 기여 • 평가방향의 다원화를 통한 민주적 리더십 향상 • 평가결과를 환류하여 공무원의 능력발전·역량강화에 활용 • 평가대상자들의 자기개발에 대한 동기부여 강화 • 조직 상하 간 의사소통의 원활화로 장기적인 권위주의적 행정문화 척결에 기여
단점	• 비용과 시간의 소요 • 대인관계에 급급한 인기위주의 행정 및 상관의 업무추진력 약화 우려 • 평가자들의 유동성에 따른 정확성 및 담합에 의한 형평성 문제 제기 • 평정에 따른 갈등·스트레스 증가로 재직자의 사기 저하 우려

13	다면평가제도의 특징	답 ①

다면평가제도는 상급자, 동료, 하급자(부하), 고객(민원인)까지도 평가에 참여하는 360도 평가이다.

14	다면평가제도의 특징	답 ①

다면평가제도는 다수의 평가자가 합의를 통하여 평가결과를 도출하는 것이 아니며, 주로 온라인평가(익명)를 원칙으로 한다.

(선지분석)

② 주로 상급자, 동료, 부하, 민원인에 의한 다방향적 평가를 실시한다.

③ 팀워크와 소통을 통하여 원활한 인간관계를 증진시키고 업무의 효율성을 제고할 수 있다.

④ 평가자에 부하도 포함되므로 상급자가 부하들의 눈치를 의식하는 소신 없는 행정이나 평정상의 스트레스가 발생하는 문제점이 있다.

15	다면평가제도의 특징	답 ②

다면평가제도는 계층제적 문화가 강한 사회에서는 하급자가 상급자를 평가함으로써 오히려 상하 간 갈등을 초래할 수 있다는 단점이 있다. 계층제적 문화에서는 다면평정보다는 상급자 중심의 감독자 평정이 유리하다.

16	다면평가(「공무원 성과평가 등에 관한 규정」)	답 ①

다면평가 관련규정(「공무원 성과평가 등에 관한 규정」)에 따르면 다면평가는 강행규정이 아니라 임의규정이다. 소속 장관은 소속 공무원에 대한 능력개발 및 인사관리 등을 위하여 해당 공무원의 상급 또는 상위 공무원, 동료, 하급 또는 하위 공무원 및 민원인 등에 의한 다면평가를 실시할 수 있다(「공무원 성과평가 등에 관한 규정」 제28조 제1항).

(선지분석)

② 소속 장관은 다면평가를 실시할 경우 다면평가의 방법 및 절차 등에 관한 구체적인 사항을 직무의 특성 등을 고려하여 설계·운영하여야 한다(「공무원 성과평가 등에 관한 규정」 제28조 제2항).
③ 다면평가의 평가자 집단은 다면평가 대상 공무원의 실적·능력 등을 잘 아는 업무 관련자로 구성하되, 소속 공무원의 인적 구성을 고려하여 공정하게 대표되도록 구성하여야 한다(「공무원 성과평가 등에 관한 규정」 제3항).
④ 다면평가의 결과는 해당 공무원에게 공개할 수 있다(「공무원 성과평가 등에 관한 규정」 제28조 제4항).

17	다면평가제도의 특징	답 ③

다면평가는 현재 꼭 실시해야 하는 의무사항은 아니며, 2010년 이후 사실상 폐지된 상태로 승진이나 성과급에 반영되지는 않고 참고자료로 사용되며 능력개발에만 활용되고 있다.

(선지분석)

① 일반직공무원의 근무성적평정은 크게 4급 이상을 대상으로 한 '성과계약 등 평가'와 5급 이하를 대상으로 한 '근무성적평가'로 구분된다.
② 5급 이하를 대상으로 하는 '근무성적평가'는 정기평가와 수시평가로 나눌 수 있으며 정기평가는 6월 30일과 12월 31일 기준으로 연 2회 실시한다. '성과계약 등 평가'는 12월 말 연 1회 실시한다.
④ 역량평가제도는 고위공무원단 후보자를 대상으로 업무수행에 필요한 충분한 역량을 보유하고 있는지를 사전에 평가하는 제도이다.

⊕ 보충 「공무원 성과평가 등에 관한 규정」

제28조 【다면평가】 ① 소속 장관은 소속 공무원에 대한 능력개발 및 인사관리 등을 위하여 해당 공무원의 상급 또는 상위 공무원, 동료, 하급 또는 하위 공무원 및 민원인 등에 의한 다면평가를 실시할 수 있다.

18	다면평가제도의 특징	답 ①

우리나라 다면평가제도는 상급자, 동료, 부하뿐만 아니라 민원인도 다면평가에 참여할 수 있다.

(선지분석)

② 다면평가의 결과는 해당 공무원에게 공개하는 것이 원칙이다.
③ 다면평가의 결과는 승진, 전보, 성과급 지급 등에 의무적으로 반영되지는 않고, 다만 참고자료로만 활용되며 공직자의 능력개발에 적용하도록 규정하고 있다.
④ 다면평가는 평가정보를 다양하게 제공하여 동기유발과 능력개발을 유도할 수 있다.

19	다면평가제도의 장점	답 ④

④의 미래행동에 대한 잠재력 측정은 다면평가가 아니라 공직자의 역량평가의 장점에 해당한다. 역량평가는 우리나라의 고위공무원에게 시행하는 사전역량검증제도로, 근무실적 등을 사후에 평가하는 근무성적평정제도와는 달리 공무원이 해당 업무수행을 위한 충분한 능력을 보유하고 있는가를 사전에 검증하는 제도이다.

(선지분석)

① 다면평가는 객관적이고 공정한 평가를 통하여 평가대상자들의 직무수행에 대한 동기부여를 강화시킨다.
② 다면평가는 조직 상하 간에 의사소통을 원활하게 하여 장기적으로 권위주의적 행정문화의 척결하는 데 기여한다.
③ 다면평가는 평가결과를 철저하게 환류하여 공무원의 능력발전이나 자기역량강화에 활용한다.
⑤ 다면평가는 조직의 상하 구성원이 모두 평가에 참여하므로 평가결과에 대한 신뢰성이 높아 평가대상자들이 평가의 결과를 인정하기 때문에 평가의 수용성 확보가 가능하다.

20	근무성적평정의 오류	답 ②

언제나 좋은 또는 나쁜 점수를 주는 것은 규칙적 오류에 해당한다. 규칙적 오류는 평정자의 가치관이나 기준에 의해 평정결과가 언제나 과대 또는 과소평정으로 나타나는 현상이다.

핵심POINT 근무성적평정의 오류

연쇄효과 (Halo effect)	하나의 평정요소가 다른 평정요소에 영향을 미침
관대화(엄격화)의 오류	하급자와의 인간관계를 의식하여(의식하지 않아) 평정등급이 높게(낮게) 나타남
집중화의 오류	무난하게 주로 중간등급을 주는 현상
규칙적 오류	언제나 좋은 점수 또는 나쁜 점수를 줌으로써 체계적으로 나타나는 오류
총계적 오류	때로는 좋은 점수를 주기도 하고 때로는 나쁜 점수를 주어 그 평가가 불규칙함으로써 생기는 오류
논리적 오류	논리적 과정이 바르지 못하여 생긴 잘못된 추리나 판단에 의한 오류
상동오차 (고정관념)	집단이나 계층에 대한 편견, 성질이 다른 오류
시간적 오류 (근접오류)	최근의 실적이나 사건이 평정에 영향을 미치는 오류

대비적 오류	평정대상자를 바로 직전의 평정대상자와 비교하여 평정하는 오류
이기적 착오	잘된 성과는 자신의 내적요소, 잘못된 성과는 외적 요소에 의한 것으로 평정하는 오류
근본적 귀속의 착오	개인적 요인은 과대평가, 상황적 요소는 과소평가하는 경향의 오류
피그말리온(스티그마)효과	자기충족적(미충족적) 예언이 긍정적(부정적) 효과를 가져오는 오류

21 근무성적평정의 오류와 대응방안 답 ④

근무성적평정 시 중간점수로 몰리는 집중화 경향과 너그럽게 후한 점수를 주는 관대화 경향을 시정하려면 등급의 분포비율을 강제로 배분하는 강제배분법을 활용하여야 한다.

22 공무원의 근무성적평정과 그 오류 답 ③

대비오차는 평정자가 평정대상자를 다른 평정대상자와 비교하여 발생하는 오류이다.

선지분석

① 평정대상자의 근무실적과 직무수행능력을 주로 평가하며, 근무태도는 기관장이 자율적으로 평가항목에 넣을 수 있다.
② 중요사건기록법이 아니라 자기평정법에 대한 설명이다.
④ 우리나라의 경우 4급 이상 공무원에게는 직무성과계약제가 적용되고 있으며, 5급 이하 공무원에 대해서는 근무성적평가가 적용되고 있다.

23 근무성적평정의 오류방지방안 답 ③

강제배분법은 등급별로 인원을 강제배분하는 평점방법으로 집중화 경향(중간정도)이나 관대화(엄격화) 경향으로 평정하는 오류를 방지할 수 있다.

선지분석

ㄱ. 첫머리 효과는 근무성적평정에서 전체 기간의 근무성적을 평가하기보다는 근무성적평정 초기의 업적에 영향을 크게 받는 경향으로 근무성적평정의 막바지 실적이나 능력을 중심으로 평가함으로써 빚어질 수 있는 오류를 말하는 막바지 효과(recency effect)와 함께 시간적 오류이다. 이러한 시간적 오류에 대한 방지방안은 독립된 평가센터의 설치, MBO평정법, 중요사건기록법 등이 있다.
ㄹ. 선입견에 의한 오류는 고정관념이나 상동오류(stereo-typing)로 집단이나 계층에 대한 편견으로 성질이 다른 오류이다.

24 근무성적평정의 오류 답 ①

성실하다는 것을 이유로 창의적이고 청렴하다고 평정하는 오류는 하나의 평정요소가 다른 평정요소에 영향을 주는 연쇄효과(halo effect)에 해당한다.

선지분석

② 근접효과는 최근의 실적이나 능력을 중심으로 평가하려는 데서 생기는 오류로, 최근 실적·사건 등이 평정에 영향을 미치는 오류이다.
③ 관대화 경향은 실제수준보다 관대하게(높게) 평가하는 오류이다.
④ 선입견과 편견은 평정의 요소와 관계없는 것에 대해 평정자가 가지고 있는 선입견(편견)이 평정에 영향을 미치는 오류이다.

25 근무성적평정의 오류 답 ⑤

평정자가 최근에 일어난 일에 더 많은 영향을 받음으로써 범하는 평정상의 오류는 근접오류로, 중요사건기록법은 평가센터 설치, MBO와 함께 근접오류를 방지할 수 있는 평정방법이다.

26 근무성적평정방법 답 ④

도표식평정척도법은 평정요소와 등급의 추상성이 높기 때문에 평정자의 주관적이고 자의적 평가가 이루어지기 때문에 평정자의 편견이 개입될 가능성이 크다.

27 근무성적평정의 오류 답 ④

평정자의 평정기준이 일정하지 않아, 관대화 경향과 엄격화 경향이 불규칙하게 나타나는 것은 총계적 오류(total error)이다.

28 근무성적평정의 오류 답 ③

언제나 좋은 점수 또는 나쁜 점수를 주는 것은 총계적 오류가 아니라 규칙적 오류에 해당한다. 규칙적 오류는 평가자가 언제나 좋은 점수 또는 나쁜 점수를 주는 것이고 총계적 오류는 일정하지 않은 평정기준에 의하여 평가자가 불규칙적으로 피평정자를 평정하는 오류를 말한다.

29 편의적 지각방법(평정상의 착오) 답 ②

②는 옳고 나머지는 옳지 않은 지문이다. 상동적 태도(stereotyping)는 사람을 하나의 독특한 특징만을 가지고서 평가하는 태도로서 유형화(집단화)의 착오에 해당하는 것으로 그 사람이 속한 집단이나 계층에 대한 편견을 가지고 평가하는 오류를 말한다.

선지분석

① 첫 인상이나 가장 최근의 정보를 가지고 대상을 판단하는 것은 근접오류(recency error) 또는 시간적 오류이다.
③ 비교 대상의 개인적 요인의 영향은 과대평가하고 상황적 요인의 영향은 과소평가하는 경향은 근본적 귀속의 착오에 해당한다.
④ 잘된 성과에 대해서는 자신의 내적 요소에 귀인하고 좋지 않은 성과에 대해서는 외적 요소에 귀인하는 경향은 이기적 착오(self-serving bias)에 해당한다.

30	근무성적평정의 오류	답 ①

설문은 평정요소와 관계없는 성별 · 학교 · 지역 · 종교 · 연령 · 피부색 등에 대해 평정자가 갖고 있는 편견이 평정에 크게 영향을 미치는 현상으로 선입견에 의한 오류(상동오차)에 해당한다.

선지분석

② 집중화 경향으로 인한 오류는 평정자가 피평정자에게 중간 정도의 점수를 주는 경향이다.
③ 엄격화 경향으로 인한 오류는 평정자가 피평정자에게 나쁜 점수를 주는 경향이다.
④ 첫머리 효과에 의한 오류는 평정자가 전체 기간의 근무성적을 평가하기보다는 근무성적평정 초기의 업적에 영향을 크게 받는 경향이다.

31	근무평정상의 착오	답 ②

일관된 착오(규칙적 오류)를 옳게 설명하고 있다. 일관된 착오는 한 평정자가 다른 평정자보다 일관적으로 과대 또는 과소평정하는 것을 말하는 것이다.

선지분석

① 연쇄적 착오(halo error)가 아니라 선택적 지각의 착오이다.
③ 유사성의 착오(stereotyping)가 아니라 방어적 지각의 착오이다.
④ 근본적 귀속의 착오(fundamental attribution error)가 아니라 유형화의 착오(상동적 오차)이다.
⑤ 이기적 착오(self-serving bias)가 아니라 근본적 귀속의 착오이다.

32	근무성적평정상의 오류와 완화방법	답 ③

관대화 경향은 비공식 집단적 유대 등의 이유로 인해서 피평정자에게 좋은 점수를 주는 현상으로 평정결과의 공개가 아닌 비공개를 완화방법으로 고려할 수 있다. 평정결과를 공개할 경우 피평정자와 불편한 관계에 놓일 것을 우려하여 관대화 경향은 더욱 심화될 수 있으며 이를 막기 위해서 강제배분법을 활용하는 방식이 보다 효과적이다.

33	근무성적평정상의 오류	답 ③

초기 실적이나 최근의 실적을 중심으로 평가함으로써 발생하는 시간적 오류는 근접오류라고 하며, 연쇄효과는 하나의 평정요소가 다른 요소에 과도하게 영향을 미치는 것을 말한다.

34	근무성적평정상의 오류	답 ②

최초의 근무성적에 대한 평정자의 인식이 전체 기간의 평정에 영향을 미치는 현상은 '첫머리 효과(primacy effect)'이다. '근접효과(recency effect)'는 쉽게 기억할 수 있는 최근의 실적이나 사건을 중심으로 평가하려는 데서 생기는 오류이다. 시간적 오류에는 초기의 업적에 영향을 크게 받는 첫머리 효과(primacy effect)와, 반대로 최근의 실적이나 능력을 중심으로 평가하는 경향을 일컫는 막바지 효과(근접오류;recency effect)의 오류가 있다.

35	근무성적평정상의 지각오류	답 ②

문제의 상황은 자신의 감정이나 특성을 다른 사람에게 전가하려는 것으로 투사(projection)에 의한 지각오류이다. 예를 들면 흙수저 출신의 상관이 흙수저 출신의 부하에게 더 좋은 평정을 주는 경우이다.

선지분석

① 대조효과(contrast effect)는 평정대상자를 바로 직전의 피평정자(평정대상자)와 비교하여 평정하거나 반대로 평정함으로써 나타나는 오류이다.
③ 후광효과(halo effect; 연쇄효과)는 평정자가 가장 중요시하는 하나의 평정요소에 대한 평가결과가 성격이 다른 나머지 평정요소에도 연쇄적으로 영향을 미쳐 유사한 수준으로 평가결과가 나타나는 오류이다.
④ 기대성 착오(expectancy error)는 어떤 사람이나 사물의 특성 또는 사건의 발생에 관해 미리 가진 기대(期待)에 따라 사실 여부를 따지지 않고 사실로 지각(知覺)하는 데서 빚어지는 오류이다.

36	켈리(Kelly)의 귀인(歸因)이론	답 ①

판단대상 외 다른 사람들이 동일 상황에서 다른 행동을 보이는 정도가 높다면, 그 행동의 원인을 내적 요소에 귀인하는 경향이 나타난다. 즉, 합의성이 낮은 상황의 개념을 잘못 설명하고 있다.

⊕ 보충 귀인이론(Kelly, 1971)

자신이나 다른 사람들의 행동의 원인을 찾아내기 위해 추론하는 과정을 설명하는 이론으로, 하이더(Heider)가 창시하고 켈리(Kelly)의 공변모형으로 주장한 이론이다. 캘리(Kelly)는 다른 사람의 행동의 특성(합의성, 일관성, 특이성)을 관찰하여 지각된 행동의 원인이 내면적/외면적 요인인지를 추론하여 동기부여에 활용하였다. 내면적 요인은 사람의 능력이나 기술, 성취감 등 내적 요인을 말하고, 외면적 요인은 업무의 특성이나 보수 등 외적·환경적 요인을 말한다.

행동특성	개념	행동의 원인	
		내면적	외면적
합의성 (consensus)	다른 사람이 동일한 상황에서 동일하게 행동하는 정도 예 부하 직원 여러 명이 같은 방식으로 소란스럽게 일을 하는 경우 → 외적 요인	낮음	높음
일관성 (consistency)	같은 사람이 다른 시간에도 동일하게 행동하는 정도 예 한 부하 직원이 매주 여러 번 일관되게 소란스럽게 일을 하는 경우 → 내적 요인	높음	낮음
특이성 (distinctive-ness)	같은 사람이 다른 상황에도 동일하게 행동하는 정도 예 한 부하 직원이 사무실뿐만 아니라 공장에서도 소란스럽게 일을 하는 경우 → 내적 요인	높음	낮음

THEME 53 공무원의 사기부여(보수와 연금제도)

정답

p. 316

01	②	02	⑤	03	④	04	②	05	①
06	①	07	④	08	④	09	①	10	②
11	①	12	①	13	②	14	②	15	①
16	④	17	④	18	②	19	①	20	④
21	②	22	⑤						

01 공무원 보수 답 ②

연공급은 근무연한을 기준으로 하는 보수로, 공무원의 근속을 장려하여 필요한 노동력을 확보하려는 목적에 기여하므로 폐쇄적인 특징을 갖는다. 따라서 전문기술인력 확보에는 불리하다.

선지분석

① 직능급은 직무능력(노동력의 가치)을 기초로 하는 보수로 직무능력이 뛰어난 사람에게 더욱 많은 보수를 주므로 유능한 인재의 확보에 유리하다.

③ 직무급은 직무의 종류와 성질, 난이도와 책임도에 따라 상대적으로 결정해서 주는 보수로 일한만큼 주기 때문에 보수의 형평성이 높다.

④ 성과급은 직무성과나 실적에 따라서 주는 보수로 성과에 따라 달라지기 때문에 변동급의 성격을 갖는다.

02 공무원의 보수수준 결정 시 고려요인 답 ⑤

외국공무원의 보수수준은 공무원 보수수준을 결정할 때 고려해야 할 요인과는 거리가 멀다.

선지분석

생계비(하한선), 정부의 지불능력(상한선), 물가수준 및 물가에 미치는 영향, 인사관련정책, 민간부문의 임금수준 등은 공무원의 보수수준의 결정 시 고려해야 할 요인이다.

03 공무원 보수의 특징 답 ④

공무원의 노동권, 특히 단체행동권의 제약은 공무원의 보수를 사기업에 비해 상대적으로 낮게 만드는 주요한 요인 중의 하나로 볼 수 있다.

04 우리나라 공무원의 보수 답 ②

②가 「국가공무원법」 제46조에 나타나 있는 보수결정의 원칙을 가장 정확하게 설명하고 있다.

⊕ 보충 「국가공무원법」

제46조 【보수결정의 원칙】 ① 공무원의 보수는 직무의 곤란성과 책임의 정도에 맞도록 계급별·직위별 또는 직무등급별로 정한다. 다만, 다음 각 호의 어느 하나에 해당하는 공무원의 보수는 따로 정할 수 있다.

1. 직무의 곤란성과 책임도가 매우 특수하거나 결원을 보충하는 것이 곤란한 직무에 종사하는 공무원
2. 제4조 제2항에 따라 같은 조 제1항의 계급 구분이나 직군 및 직렬의 분류를 적용하지 아니하는 공무원
3. 임기제공무원

② 공무원의 보수는 일반의 표준 생계비, 물가 수준, 그 밖의 사정을 고려하여 정하되, 민간 부문의 임금 수준과 적절한 균형을 유지하도록 노력하여야 한다.

05 공무원의 기본급 체계 답 ①

직무의 난이도와 책임에 따라 결정되는 보수는 직능급이 아니라 직무급이다.

핵심POINT 공무원의 기본급 체계

기본급	주요가치	기준	관련원칙
생활급	연령 · 가족관계	생계비	생활보장의 원칙
연공급	근무연한, 근속연한	연공 또는 근속기간	
직무급	노동(업무)의 가치	직무(난이도와 책임도)	근로대가의 원칙
직능급	노동력(능력)의 가치	직무능력	
성과급	노동성과(업적)의 가치	실적 or 성과	

06 공무원 보수체계 답 ①

공무원의 보수는 기본급(봉급)과 부가급(수당)을 포함한다. 이 중 부가급인 수당은 기본급에 의한 경직적인 보수체계를 완화할 수 있지만 복잡하게 만드는 단점이 있다.

(선지분석)

② 생활급은 공무원과 그 가족의 생활을 보장하려는 목적을 지닌 속인적 급여이며, 경우에 따라서 연공급과 근속급을 포함하기도 한다.

③ 실적급이 아닌 직무급에 대한 설명이다.

④ 연공급은 우리나라를 비롯한 계급제 중심의 국가에서 보수체계의 기초로 활용되고 있다.

⑤ 직무급은 주로 직위분류제를 채택하고 있는 미국 등에서 보수체계의 기초로 활용되고 있다.

07 직무급 보수체계 답 ④

직무급제도가 올바르게 정착되기 위해서는 직무가 표준화/객관화되어야 하므로 직무분석과 직무평가가 선행되어야 한다.

(선지분석)

① 직무능력이 우수할수록 보수를 우대하는 보수체계는 직능급이다.

② 직무성과에 따른 차등보수의 원칙을 적용하는 것은 성과(실적)급이다.

③ 보수 산정 시 근속이나 연령을 반영하는 것은 연공(근속)급이다.

08 공무원의 보수 답 ④

계급제는 폐쇄형과 직업공무원제도를 기본으로 하는 영국식 제도로, 보수는 생계유지를 위한 생활급이나 연공급 체계를 갖는다.

(선지분석)

① 직능급은 공무원의 직무수행능력(노동력의 가치)을 측정하여 그 능력이 우수할수록 보수를 우대하는 보수체계이다.

② 연공급은 사람을 중심으로 하는 속인적 기본급으로, 그 사람의 근무연한이나 근속연한을 고려한다.

③ 실적급은 공무원의 근무실적이나 성과를 기준으로 기본급을 결정하는 보수체계이다.

09 보수체계의 원칙 답 ①

기본급을 결정하는 요인에는 일(노동)과 사람(근로자)이 있는데 노동(일) 대가의 원칙과 관련된 것은 직무급, 직능급, 성과급 등이 있고, 근로자의 생활보장과 관련된 원칙은 생활급과 연공(근속)급이다.

핵심POINT 보수원칙과 유형

보수원칙	보수결정기준	보수유형
생활보장의 원칙	생계비(생계유지)	생활급
	근무(근속) 연한	근속(연공)급
노동(근로)대가의 원칙	직무의 난이도와 책임도	직무급
	직무수행능력(노동력의 가치)	직능급
	근무실적/성과	성과(실적)급

10 우리나라 공무원의 보수 답 ②

성과급은 실적의 평가결과를 반영하여 보상을 차별화한다.

(선지분석)

① 공무원 보수는 민간기업 보수와 비교하여 볼 때 정치적 · 사회적 통제가 강하여 경직성이 강하다.

③ 전통적으로 생활급 중심의 보수체계로 인해 공무원 보수의 공정성이 낮다.

④ 노동삼권 중 단체행동권이 제약되어 보수결정이 불리한 영향을 받는 측면이 있다.

11 직무성과급적 연봉제 답 ①

고위공무원단 소속 공무원에게는 직무성과급적 연봉제가 적용되지만, 모든 고위공무원단에 적용되는 것은 아니다. 일부 별정직공무원(대통령경호처 소속 직원 등)에 대해서는 고위공무원단에 속하더라도 호봉제를 적용한다.

12 고위공무원단의 보수 답 ①

직무성과급적 연봉제의 적용을 받는 공무원은 고위공무원단(1~3급)이다.

13 총액인건비제도 답 ②

ㄱ, ㄷ은 옳은 설명이고 ㄴ은 옳지 않다. 책임운영기관의 설치 · 운영에 관한 법령에 따르면 책임운영기관은 총액인건비제 시행대상에 해당한다.

> ⊕ **보충** 「책임운영기관의 설치 · 운영에 관한 법률 시행령」
>
> 제30조 【총액인건비제의 운영에 관한 특례】 ① 책임운영기관의 조직 · 정원 및 보수 운영의 자율성을 보장하고 합리화를 도모하기 위하여 행정안전부장관이 지정하는 책임운영기관의 경우 책임운영기관별 인건비 총액의 범위에서 조직 · 정원 및 보수의 결정에 자율성을 부여하는 총액인건비제를 운영할 수 있다.

14 공무원연금의 이론적 근거 답 ②

공무원이 일반적인 퇴직이 아닌 다른 사유로 퇴직할 때 이에 대한 배상의 의미로 퇴직연금이 제공된다고 이해하는 것은 사회보장설이 아니라 위자료설로 볼 수 있다.

(선지분석)

① 위자료설에 대한 옳은 설명이다.
③ 공로보상설에 대한 옳은 설명이다.
④ 보수후불설에 대한 옳은 설명이다.

핵심POINT 연금의 본질

생활보장설	퇴직 후의 생활보장으로 공무원의 사기를 고양함
공로보상설 (은혜설)	재임 중의 공로를 보상한다는 입장으로서 독일과 영국의 경우, 재원을 국가가 전액 부담하는 비기여제임
거치보수설	유보된 보수를 나중에 지급하는 것이라는 보수후불설(보수유보설)로서 한국과 미국의 경우, 개인과 국가가 연금재원(연금기금)을 공동으로 조성하는 기여제를 취함
위자료설	업무 과정에서 재해 등이 발생하여 공무원이 퇴직하는 경우 이에 대한 위자료를 국가가 제공함

15 우리나라 공무원연금제도 답 ①

현행 우리나라 공무원연금제도에 대한 내용으로 옳은 것은 ㄴ, ㄷ이다.

ㄴ. 퇴직연금 · 조기퇴직연금 및 유족연금의 산정은 평균기준소득월액을 기초로 한다(「공무원연금법」 제30조 제2항).
ㄷ. 기여금은 공무원으로 임명된 날이 속하는 달부터 퇴직한 날의 전날 또는 사망한 날이 속하는 달까지 월별로 내야 한다. 다만, 기여금 납부기간이 36년을 초과한 자는 기여금을 내지 아니한다(「공무원연금법」 제66조 제1항).

(선지분석)

ㄱ. 공무원이 10년 이상 재직하고 퇴직한 경우에는 65세가 되었을 때부터 사망할 때까지 퇴직연금을 지급한다(「공무원연금법」 제46조 제1항).
ㄹ. 퇴직급여 산정에 있어서 소득의 평균기간은 퇴직 전 5년이 아니라 총재직기간이다.

16 공무원연금 답 ④

퇴직급여 산정 기준은 퇴직 전 3년 평균보수월액에서 평균기준소득월액(재직기간 전체평균)으로 변경하였다.

(선지분석)

① 퇴직연금의 지급률을 1.9%에서 1.7%로 단계적으로 인하한다.
② 퇴직연금 수급 재직요건을 20년에서 10년으로 완화한다.
③ 퇴직연금 기여율을 기준소득월액의 7%에서 9%로 단계적 인상한다.

17 「공무원연금법」의 개정내용 답 ④

연금지급률이 1.9%에서 1.7%로 2035년까지 20년간 단계적으로 인하된다.

(선지분석)

① 재직기간 납부 상한은 33년에서 최대 36년까지로 개편되었다.
② 유족연금 지급률은 퇴직연금의 70%에서 60%로 개편되었다.
③ 연금지급개시 연령이 종전에는 2010년 이전 임용자는 60세부터, 그 이후 신규임용자는 65세부터였으나 현재는 모두 65세부터로 통일되었다.

핵심POINT 공무원연금 개혁안(「공무원연금법」 개정 · 공포)

구분	과거	개편 후
기여율	기준소득월액의 7%	9%
지급률	기준소득월액의 1.9%	1.7%
지급개시 연령	만 60세	만 65세
유족연금 지급률	퇴직연금의 70%	60%
기여금 납부기간	33년	36년
연금수령조건	가입기간 20년	10년
퇴직수당	민간의 39%	
기존 수급자 연금액	물가에 연동 지급	향후 5년간 동결

18 우리나라 공무원연금제도 답 ②

우리나라 공무원연금제도에 대한 설명으로 옳은 것은 ㄱ, ㄷ이다.

ㄱ. 우리나라 공무원연금제도는 최초의 공적 연금제도로서 1960년 「공무원연금법」의 제정으로 직업공무원을 대상으로 하는 특수직역연금제도를 도입하였다.
ㄷ. 우리나라 공무원연금제도는 사회보험원리와 부양원리가 혼합된 제도로 운영되며 비용부담은 정부와 공무원이 균등 부담하는 사회보험의 성격과 재정수지 부족액을 재정으로 보전하는 부양원리를 채택하고 있다.

(선지분석)

ㄴ. 「공무원연금법」상 군인과 선거에 의하여 취임하는 공무원은 제외된다. 또한 정규임용 전 견습직원들도 공무원연금대상에서 제외된다.

19	우리나라 공무원연금 재정확보방식	답 ①

우리나라 공무원연금의 재정확보는 기금제-기여제 방식으로 운영하고 있다. 미국과 우리나라는 기금제(적립방식)와 기여제를, 영국 등에서는 비기금제(부과방식)와 비기여제로 운영하고 있다.

20	우리나라의 공무원연금제도	답 ④

비기여제는 정부가 연금재원 조성에 필요한 비용을 전액 부담하는 제도이다.

선지분석

① 비기금제는 기금을 미리 마련하지 않고 매년 국가의 예산 등에서 연금지출에 소요되는 재원을 마련하는 부과방식으로 영국, 독일 등에서 채택하며 미국은 우리나라와 같이 기금제를 채택하고 있다.
② 2009년 연금 개혁이 있었으나 공무원연금공단은 준정부기관인 공공기관이므로 공무원신분이 아니어서 공무원연금의 적용대상에 포함되지 않았다.
③ 공무원연금제도의 운영에 관한 사항은 행정안전부장관이 아니라 인사혁신처장이 관장하고, 그 집행은 공무원연금공단에서 실시하고 있다.

21	공무원의 사기관리	답 ②

소청심사제도는 자신의 의사에 반하는 불이익 처분을 받은 공무원이 그에 불복하여 이의를 제기했을 때 이를 심사하여 결정하는 특별행정심판제도이다.

선지분석

① 우수한 제안을 제출한 공무원에게는 특별승진 또는 특별승급 등의 인사상 특전을 부여함과 동시에 상여금도 지급할 수 있다.
③ 중앙고충심사위원회는 행정안전부가 아니라 인사혁신처에 설치된 소청심사위원회가 그 기능을 관장한다(「국가공무원법」 제76조의2 제3항).
④ 성과상여금제도는 공직의 경쟁력을 높이기 위하여 사람과 연공 중심의 인사 및 급여체계를 능력과 성과 중심으로 개편한 제도이다.

22	공무원정원과 우리나라의 현황	답 ⑤

공무원의 수는 본질적인 업무량의 증가와는 무관하게 부하배증의 법칙과 업무배증의 법칙의 결합으로 팽창한다는 파킨슨(Parkinson)의 법칙에 대한 설명이다.

선지분석

① 공무원의 수는 본질적인 업무량과는 상관없이 과잉증대된다는 공무원 팽창의 법칙을 주장한 사람은 사이먼(Simon)이 아니라 파킨슨(Parkinson)이다.
② 우리나라 공무원정원은 매번 일관되게 증가한 것이 아니라, 정부에 따라 증가하기도 하였고 감소하기도 하였다.
③ 부하배증의 법칙과 업무배증의 법칙은 각각 별개로 작용하지만 서로 영향을 주지 않는 것이 아니라, 상호 악순환되는 관계이다.
④ 행정기구의 팽창과 더불어 공무원 숫자가 증가하는 현상은 대다수의 국가에서 나타나는 현상이다.

THEME 54 공무원의 직무역량과 탄력적 인사행정제도

정답

p. 322

01	④	02	①	03	④	04	②	05	④
06	②	07	①	08	②	09	①	10	③
11	②	12	②						

01	공무원 인사제도	답 ④

총액인건비제도는 기구·정원 조정에 대한 재정당국의 중앙통제를 줄이고 각 부처나 지방자치단체의 자율성을 높이려는 성과 중심의 조직관리제도를 말한다. 우리나라의 경우 2007년 중앙정부와 지방자치단체에 도입되었다가 2014년에 지방자치단체는 기준인건비제도로 변경되었다.

선지분석

① 직업공무원제도는 계급제, 폐쇄형 인사제도에서 이루어져 일반행정가를 양성하기 때문에 행정의 전문성은 약화될 수 있다는 문제점이 발생하게 된다.
② 엽관주의는 행정의 민주성과 대응성을 높일 수 있고 행정부와 의회와의 관계도 원만하게 이루어지므로 정책수행과정의 효율성도 제고시킬 수 있다.
③ 미국의 적극적 조치(affirmative action)와 같은 관점에서 시행된 우리나라의 대표관료제는 능력 중심의 인사제도가 아니기 때문에 실적주의의 훼손과 역차별의 문제 등이 발생하게 된다.

02	총액인건비제도의 운영목표	답 ①

총액인건비제도는 중앙행정기관[기획재정부(예산), 인사혁신처(보수), 행정안전부(조직, 정원)]이 총정원과 정원 상한 및 인건비 예산의 총액만 정해주면, 각 부처는 그 범위 안에서 재량권을 발휘하여 인력운영 및 기구설치에 대한 자율성과 책임성을 보장받는 제도이다. 즉, 민주적 통제보다는 조직·정원·보수·예산상의 자율권을 부여함으로써 자율과 성과와 책임을 조화시키려는 제도이다.

03	표준정원제의 폐지	답 ④

표준정원제 운영에 적합하고, 지방자치단체장의 무분별한 기구와 정원관리의 폐해를 막을 수 있는 것은 총액인건비제에 대한 설명이 아니라 표준정원제에 의한 정원통제제도에 대한 설명이다. 현행 총액인건비제도는 중앙정부(행정안전부)가 정한 총액인건비 범위 내에서 각 부처가 자율적으로 운영하도록 하는 제도이다. 지방자치단체는 기준인건비제도로 변경되었다.

04	총액인건비제도	답 ②

총액인건비제도는 김대중 정부가 아니라 2007년 노무현 정부 때 도입되었다. 총액인건비제도는 자율과 책임을 강조하는 신공공관리론(NPM)의 일환으로 성과중심의 관리체제를 확립하고 예산, 보수, 조직, 정원관리에 대해 각 부처의 자율성을 인정한다. 현재 책임운영기관은 물론, 공공기관에도 총액인건비제도가 시행되고 있으며, 지방에는 2014년부터 기준인건비제도를 시행하고 있다.

05	경력개발제도(CDP)	답 ④

중하위직 공무원의 잦은 보직변경을 방지하고 전문성을 제고하기 위하여 도입한 제도는 경력개발제도(CDP)이다. 경력개발제도(CDP)는 조직 측면에서는 전문성을 심화시켜 직무성과를 향상시키고, 개인 차원에서는 자신의 적성과 관심을 반영하여 전문성을 제고하고 자아를 실현해 나가는 제도이다.

핵심POINT 경력개발제도(CDP)

개념	조직구성원의 입직부터 퇴직 시까지의 경력경로를 설계하도록 도와주고, 개인의 역량개발 및 성과평가와 연관시켜 관리해 줌으로써 조직이 원하는 맞춤형 인재를 육성하는 데 그 목적이 있는 제도
원칙	적재적소의 원칙, 승진경로의 원칙, 인재양성의 원칙, 자기주도의 원칙, 직무와 역량중심의 원칙, 개방 및 공정경쟁의 원칙
구성요소	경력계획, 경력관리
방안	자기신고제도, 직능자격제도, 순환보직제도, 기능목록제도

06	경력개발의 원칙	답 ②

경력개발 시 직급이 아닌 직무 중심의 경력계획을 세우고, 직무가 요구하는 필요역량을 개발하는 데 중점을 두어야 한다.

07	역량기반 교육과정의 기대효과	답 ①

신규인력의 채용 및 선발기준으로 활용이 가능한 것은 인력관리차원의 기대효과이다.

선지분석

②, ③, ④, ⑤ 모두 인재육성차원의 기대효과이다.

⊕ 보충 역량기반 교육

1. 개념
   역량기반 교육이란 조직이 목표로 하는 성과를 창출하는 데 필요한 역량을 규명하고, 이를 조직구성원들이 인식하고 학습하여 실천하는 과정을 말한다.
2. 기대효과
   인재육성차원과 인력관리차원에서 역량기반 교육의 기대효과를 살펴볼 수 있다.
   - 인재육성차원의 기대효과
     - 성과지향적 교육과정 개발의 근거를 제공한다.
     - 부서별 특성에 부합하는 인력육성 계획 수립 및 실행방안을 제고하여 줄 수 있다.
     - 합리적 평가기준의 개발과 활용이 가능하다.
     - 타 부서의 필요 역량에 대한 정보습득이 용이하여 계획적 경력개발(CDP)에 활용이 가능하다.
   - 인력관리차원의 기대효과
     - 신규인력의 채용 및 선발기준으로 활용이 가능하다.
     - 기존 인력에 대한 교육 · 승진 · 보상의 근거로 활용이 가능하다.
     - 부서별 직무역량 보유자의 식별과 적절한 인력 배치의 활용이 가능하다.
     - 업무수행의 목적이나 가치를 인식하여 주인의식(job ownership)이 강화된다.

08	공무원의 근무방식과 형태	답 ②

시간선택제 근무는 통상적인 근무시간(주 40시간)보다 짧은 시간을 근무하는 제도이다. 주 20시간 ± 5시간(최대 35시간까지 가능)을 일하는 정규직공무원으로 오전 · 오후 · 야간 · 격일제 등 다양한 형태로 근무시간대를 조정할 수 있다. 승진과 보수는 근무시간에 비례해 일반공무원 규정을 적용받는다.

09	탄력근무제	답 ①

재택근무형은 원격근무제에 속하고 탄력근무제에 해당되지 않는다. 「인사혁신처 예규」상 탄력근무제는 ②, ③, ④, ⑤에 해당한다. 탄력근무제는 근무장소보다는 근무시간을 자유롭게 조정할 수 있는 시간적 유연근무제를 말한다. 탄력근무제가 시간적 유연근무제라면, 원격근무제는 장소적 유연근무제에 해당한다.

핵심POINT 유연근무제의 종류(「인사혁신처 예규」)

시간선택제 근무제		통상 근무시간보다 짧게 주 15~35시간 근무하고 근무시간 비율에 따라 보수를 받고 신분을 보장받는 정규직 공무원
탄력 근무제	시차 출퇴근형	1일 8시간 범위 안에서 필수근무시간대(10:00~16:00)를 제외하고는 출퇴근 시간을 탄력적으로 조정하여 근무
	근무시간 선택형	1일 근무시간(4~12h)을 조정하되, 주5일 40시간 근무유지
	집약근무형	1일 근무시간(10~12h)을 조정하여 주 40시간 근무를 주 3.5~4일로 압축하여 근무
	재량근무형	출퇴근 의무 없이 프로젝트 수행으로 주40시간 근무 인정
원격 근무제	재택근무형	사무실이 아닌 가정에서 인터넷망을 이용하여 업무처리
	스마트워크 근무형	사무실이나 집이 아닌 주거지 근처 스마트워크(smart office)에서 인터넷통신망을 통해 업무처리

10 유연근무제 답 ③

시간선택제 채용공무원에 대한 설명이다.

선지분석

① 시간선택제 전환공무원은 통상적인 근무를 하던 공무원이 일시적으로 시간선택제로 전환하는 공무원이다.

② 시간선택제임기제공무원은 시간선택제이지만, 정년이 보장되지 않고 일정기간 근무하는 공무원이다.

④ 한시임기제 공무원은 임기제공무원의 종류 중 하나로, 특정 공무원의 사정으로 일정기간 대체하는 공무원이다.

⊕ 보충 「공무원임용령」

제3조의3【시간선택제채용공무원의 임용】 ① 임용권자 또는 임용제청권자는 법 제26조의2에 따라 통상적인 근무시간보다 짧은 시간을 근무하는 일반직공무원(임기제공무원은 제외한다)을 신규채용할 수 있다.
② 제1항에 따라 채용된 공무원(이하 "시간선택제채용공무원"이라 한다)의 주당 근무시간은 「국가공무원 복무규정」 제9조에도 불구하고 15시간 이상 35시간 이하의 범위에서 임용권자 또는 임용제청권자가 정한다. 이 경우 근무시간을 정하는 방법 및 절차 등은 인사혁신처장이 정한다.

제57조의3【시간선택제 근무의 전환 등】 ① 임용권자 또는 임용제청권자는 공무원이 원할 때에는 법 제26조의2에 따라 통상적인 근무시간보다 짧은 시간을 근무하는 공무원으로 지정할 수 있다. 다만, 시간선택제채용공무원, 시간선택제임기제공무원 및 한시임기제공무원은 제외한다.
② 시간선택제전환공무원의 근무시간은 「국가공무원 복무규정」 제9조에도 불구하고 주당 15시간 이상 35시간 이하의 범위에서 소속 장관이 정한다.

11 유연근무제 답 ②

집약근무형에 대한 내용이다. 유연근무제에는 시간선택제 근무, 탄력근무제, 원격근무제가 있는데 집약근무형은 탄력근무제의 한 유형으로, 정규근무시간(1일 8시간)에 구애받지 않고 집중적으로 3~4일 근무한다.

선지분석

① 재택근무형은 원격근무제의 일종으로 IT기술을 활용하여 사무실이 아닌 집에서 근무하는 형태이다.

③ 시차출퇴근형은 정규근무시간(1일 8시간)을 유지하면서 출·퇴근 시간을 자율적으로 조정하는 형태이다.

④ 근무시간선택형은 주 40시간을 유지하면서 1일의 근무시간을 자유로이 조정하는 선택적 근무시간제도이다.

12 관리융통성모형(제도) 답 ②

관리융통성모형은 실적주의의 한계를 보완하기 위한 적극적 인사행정의 일환으로서 변화하는 환경에 효과적으로 대응할 수 있도록 운영상의 자율성과 융통성을 높인 인사행정모형이다.

핵심POINT 관리융통성모형(제도)

조직	• 수평적 탈관료제 조직 • 팀제 • 네트워크조직 • 학습조직
인사	• 실적주의에 엽관주의 가미: 적극적 인사행정 • 계급제에 직위분류제 가미: 고위공무원단 • 내부임용의 신축성 확보 • 다양한 인사제도 활용: 재택근무, 계약제·시간제공무원 등 • 다양하고 체계적인 교육훈련 실시 • 퇴직관리의 효율화(일률적 퇴직 탈피) • 보수관리의 융통성 강화: 총액인건비제 등 • 경력개발 및 관리의 다양화: 경력개발제도(CDP) • 인사권의 분권화: 중앙인사기관은 전략적 정책기능에 치중
예산	• 총액예산(Top-down)제도 • 지출통제예산제도 • 다년도예산(MYB)

THEME 55 공무원의 신분보장

정답

p. 326

01	②	02	④	03	④	04	②	05	①
06	②	07	①	08	③	09	②	10	②
11	②	12	③	13	③	14	⑤	15	④
16	③	17	②	18	③	19	③		

01 공무원의 신분 답 ②

정직은 1개월 내지 3개월 동안 보수의 전액을 삭감하고 1년 6개월간 승급과 승진이 제한되는 징계처분의 일종이다.

선지분석

① 직권면직은 일정한 사유에 의하여 직권으로 면직시키는 처분으로 「국가공무원법」상 징계의 종류에는 포함되지 않는다.

③ 본인 의사에 관계없이 임용권자가 직권으로 휴직을 명령하는 경우로서 직권휴직에 해당하는데 공무원 노동조합 전임자나 신병치료자에 대한 휴직명령이 그 예이다.

④ 직무수행 능력 부족을 이유로 직위해제를 거쳐 대기명령을 거쳐서 직권면직처분을 내리는 경우이다.

⊕ 보충 「국가공무원법」

제71조 【휴직】 ① 공무원이 다음 각 호의 어느 하나에 해당하면 임용권자는 본인의 의사에도 불구하고 휴직을 명하여야 한다.

1. 신체·정신상의 장애로 장기 요양이 필요할 때
3. 「병역법」에 따른 병역 복무를 마치기 위하여 징집 또는 소집된 때
4. 천재지변이나 전시·사변, 그 밖의 사유로 생사(生死) 또는 소재(所在)가 불명확하게 된 때
5. 그 밖에 법률의 규정에 따른 의무를 수행하기 위하여 직무를 이탈하게 된 때
6. 「공무원의 노동조합 설립 및 운영 등에 관한 법률」 제7조에 따라 노동조합 전임자로 종사하게 된 때

02 「국가공무원법」상 징계 답 ④

징계로 파면처분을 받은 때부터 5년이 지나지 아니한 자는 공무원으로 임용될 수 없으며, 퇴직급여의 1/4 ~ 1/2를 감액하여 지급한다(「국가공무원법」 제33조).

선지분석

① 강등은 1계급 아래로 직급을 내리고 공무원 신분은 보유하나 3개월간 직무에 종사하지 못하며 그 기간 중 보수는 전액을 감한다.

② 정직은 1개월 이상 3개월 이하의 기간으로 하고, 정직처분을 받은 자는 그 기간 중 공무원의 신분은 보유하나 직무에 종사하지 못하며 보수는 전액을 감한다.

③ 감봉은 1개월 이상 3개월 이하의 기간 동안 보수의 3분의 1을 감한다.

03 계급정년제도의 적용대상 답 ④

계급정년제도란 공무원이 일정기간 동안 승진하지 못하고 동일계급에 머물러 있으면 자동적으로 퇴직시키는 제도로서, 우리나라에는 모든 공무원에 적용되는 것이 아니라 경찰이나 군인 등 일부 특정직 직위에 적용되고 있다.

04 공무원의 징계 답 ②

해임은 원칙적으로 퇴직급여에 영향을 주지 않으나, 예외적으로 금품 및 향응 수수, 공금의 횡령·유용으로 징계 해임된 경우에는 퇴직급여의 감액사유가 된다. 이때 재직기간 5년 미만의 경우에는 1/8, 5년 이상인 경우에는 1/4을 감액하여 지급한다.

05 공무원의 징계 답 ①

징계로 해임처분을 받은 때부터 3년이 지나지 아니한 자는 공무원으로 임용될 수 없다.

선지분석

④ 임용권자는 직제 또는 정원이 변경되거나 예산의 감소 등으로 직위가 폐직되었을 경우 또는 본인이 동의한 경우에는 소속 공무원을 강임할 수 있다. 강임은 강등과 달리 징계가 아니다.

핵심POINT 공무원 징계의 종류

구분		신분유지	승급정지	직무정지	감봉
경징계	견책	○	6개월	×	-
	감봉	○	12개월	×	1~3개월 동안 보수의 1/3
중징계	정직	○	18개월	1~3개월	전액
	강등	○ 1계급 강등	18개월	3개월	전액
	해임	×	3년간 재임용 ×	-	• 원칙: 제한 없음 • 예외: 횡령 시 퇴직급여 1/8~1/4 지급 제한
	파면	×	5년간 재임용 ×	-	퇴직급여 1/4~1/2 지급 제한

06	「국가공무원법」상 공무원 임용 결격사유	답 ②

파산선고를 받고 복권되지 아니한 자가 공무원 임용 결격사유이다.

선지분석

① 「국가공무원법」 제33조 제8호의 내용이다.
③ 「국가공무원법」 제33조 제4호의 내용이다.
④ 「국가공무원법」 제33조 제7호의 내용이다.

⊕ 보충 「국가공무원법」

제33조 【결격사유】 다음 각 호의 어느 하나에 해당하는 자는 공무원으로 임용될 수 없다.
2. 파산선고를 받고 복권되지 아니한 자
3. 금고 이상의 실형을 선고받고 그 집행이 끝나거나(집행이 끝난 것으로 보는 경우를 포함한다) 집행이 면제된 날부터 5년이 지나지 아니한 자
4. 금고 이상의 형의 집행유예를 선고받고 그 유예기간이 끝난 날부터 2년이 지나지 아니한 자
5. 금고 이상의 형의 선고유예를 받은 경우에 그 선고유예 기간 중에 있는 자
7. 징계로 파면처분을 받은 때부터 5년이 지나지 아니한 자
8. 징계로 해임처분을 받은 때부터 3년이 지나지 아니한 자

07	공무원 신분의 변경과 소멸	답 ①

소청심사의 대상이 되는 것은 징계처분, 그 밖에 해당 공무원 의사에 불리한 처분이므로, 면직처분에 대하여는 소청심사를 청구할 수 있으나 승진 탈락에 대하여는 청구할 수 없다.

선지분석

② 직제와 정원규정이 바뀌어 현재의 공무원 수가 정원을 초과한 경우는 당연퇴직이 아니라 직권면직의 사유에 해당한다.
③ 권고사직은 의원면직의 형식을 취하지만 사직을 강요하는 수단(사실상 강제퇴직)으로 악용되어 왔다.
④ 직위해제는 직위를 부여하지 않아 직무수행을 못할 뿐 신분은 유지된다.
⑤ 강임은 직제나 정원이 변경된 경우 폐직·과원이 되거나 본인이 동의한 경우 하위직위로 임용되는 것으로 강등과 달리 징계가 아니다. 이는 강등과는 다르다.

08	직위해제와 직권면직의 성격	답 ③

직위해제나 직권면직 등은 「국가공무원법」상 징계의 종류에 해당하지 않는다. 징계의 종류에는 견책, 감봉, 정직, 강등, 해임, 파면 등이 있다.

09	공무원의 징계	답 ②

해임은 공무원 신분을 완전히 잃는 것으로 5년이 아니라 3년간 공무원 임용의 결격사유가 된다.

10	공무원의 징계	답 ②

감봉은 1개월 이상 3개월 이하의 기간 동안 보수의 1/3을 감하는 처분으로 1년간 승급과 승진이 정지된다.

선지분석

① 견책은 전과에 대하여 훈계하고 회개하게 하는 것으로 6개월간 승급이 정지된다.
③ 강등은 1계급 아래로 직급을 내리고 공무원 신분은 보유하나 3개월간 직무에 종사하지 못하며 그 기간 중 보수의 전액을 감하고 18개월간 승급이 정지된다.
④ 해임은 강제퇴직의 한 종류로서 3년간 공무원 재임용이 제한된다.
⑤ 파면은 강제로 퇴직시키는 처분으로 5년간 재임용자격이 제한된다.

11	공무원의 신분보장 및 징계	답 ②

정직은 중징계 처분 중의 하나로 사유에 따라 1개월 이상 3개월 이하의 기간이 적용되며, 그 기간 중 공무원의 신분은 보유하나 직무에 종사하지 못하며 무노동 무임금의 원칙에 따라 전액 감봉조치된다.

선지분석

① 중징계인 정직은 직위해제 사유이다(「국가공무원법」 제73조 3의 제1항)
③ 「국가공무원법」 제73조의 4의 내용이다.
④ 해임의 경우 원칙적으로 퇴직급여의 제한은 없으나 금품·향응수수·공금횡령·유용 등으로 해임된 경우에 재직기간이 5년 미만이면 1/8, 5년 이상이면 1/4을 감액한다.

⊕ 보충 「국가공무원법」

제73조의3 【직위해제】 ① 임용권자는 다음 각 호의 어느 하나에 해당하는 자에게는 직위를 부여하지 아니할 수 있다.
3. 파면·해임·강등 또는 정직(중징계)에 해당하는 징계 의결이 요구 중인 자

제73조의4 【강임】 ① 임용권자는 직제 또는 정원의 변경이나 예산의 감소 등으로 직위가 폐직되거나 하위의 직위로 변경되어 과원이 된 경우 또는 본인이 동의한 경우에는 소속 공무원을 강임할 수 있다.

제80조 【징계의 효력】 ③ 정직은 1개월 이상 3개월 이하의 기간으로 하고, 정직 처분을 받은 자는 그 기간 중 공무원의 신분은 보유하나 직무에 종사하지 못하며 보수는 전액을 감한다.

12	공무원의 징계	답 ③

공무원 신분은 보유하나 직무에 종사할 수 없는 징계는 정직이다. 견책은 전과에 대하여 훈계하고 회개하는 등 주의를 주는 것으로 인사기록에 남는다(6개월간 승급 정지).

핵심POINT 징계의 유형과 효력

1. 경징계

견책	• 전과에 대하여 훈계하고 회계하는 등 주의를 주는 것으로 인사기록에 남음 • 6개월간 승급 정지
감봉	• 직무수행은 가능하나 1~3개월 동안 보수의 1/3을 감함 • 12개월간 승급 정지

2. 중징계

정직	• 공무원의 신분은 보유하나 1~3개월 동안 직무를 정지시키고 보수의 전액을 감함 • 18개월간 승급 정지
강등	• 공무원 신분은 보유하나 1계급 아래로 직급을 내리고 3개월간 직무에 종사하지 못하게 하며 보수의 전액을 감함 • 18개월간 승급 정지
해임	• 강제퇴직의 한 종류로서 공무원직이 박탈됨 • 퇴직급여에는 영향을 주지 않으며(원칙) 3년간 공무원 재임용 불가 • 단, 공금횡령 및 유용 등으로 해임된 경우에는 퇴직급여의 1/8 내지는 1/4 지급제한
파면	• 강제퇴직의 한 종류로서 공무원직이 박탈됨 • 5년간 재임용자격이 제한되고 퇴직급여의 1/4 내지는 1/2 지급제한

13 공무원의 징계 답 ③

3년 동안 공무원 피임용권을 박탈하는 것은 파면이 아니라 해임이다. 파면은 연금이 1/4 ~ 1/2까지 지급이 제한되며, 5년간 공무원에 재임용될 수 없는 징계이다.

14 공무원의 신분보장의 배제 답 ⑤

공무원의 징계 중 정직은 공무원의 신분은 보유하나 18개월간 승급이 정지되며 1~3월 이하의 기간 동안 직무수행이 정지되고 보수의 전액을 감하는 처분이다.

선지분석

① 직위해제는 해당 공무원에게 직위를 부여하지 않는 것으로 신분을 박탈하지 않는 인사처분이다.
② 직권면직은 해당 사유가 발생한 경우에 직권으로 신분을 박탈하는 인사처분이다.
③ 해임은 강제면직시키는 중징계처분으로, 원칙적으로 퇴직급여의 제한은 없지만 예외적으로 금품수수나 공금횡령 및 유용 등으로 해임된 경우에는 퇴직급여의 1/8 내지 1/4로 지급이 제한될 수 있다.
④ 파면은 강제면직시키는 중징계처분으로, 원칙적으로 퇴직급여의 1/4 내지는 1/2 지급이 제한된다.

15 「국가공무원법」상 공무원의 임용 답 ④

한 계급 아래로 직급을 내리는 것은 강임이 아니라 강등에 대한 설명이다. 강임은 징계의 종류에 해당하지 않으며 직제와 정원이 변경되거나 예산이 감소되어 폐직이 되었을 경우 등의 상황에 실시한다.

16 공무원의 직위해제 답 ③

직무수행 능력이 부족하거나 근무성적이 극히 나쁜 자는 「국가공무원법」의 규정에 따라 직위해제 대상이다.

선지분석

① 직위해제는 공무원 징계의 종류가 아니라 신분상의 불이익한 처분이다.
② 직위해제 처분을 받더라도 공무원 신분이 상실되지는 않는다.
④ 직위해제의 사유가 소멸된 경우 임용권자는 지체없이 직위를 부여하여야 한다.

⊕ 보충 「국가공무원법」

제73조의3 【직위해제】 ① 임용권자는 다음 각 호의 어느 하나에 해당하는 자에게는 직위를 부여하지 아니할 수 있다.
2. 직무수행 능력이 부족하거나 근무성적이 극히 나쁜 자
3. 파면·해임·강등 또는 정직에 해당하는 징계 의결이 요구 중인 자
4. 형사 사건으로 기소된 자(약식명령이 청구된 자는 제외한다)
5. 고위공무원단에 속하는 일반직공무원으로서 적격심사를 요구받은 자
6. 금품비위, 성범죄 등 대통령령으로 정하는 비위행위로 인하여 감사원 및 검찰·경찰 등 수사기관에서 조사나 수사 중인 자로서 비위의 정도가 중대하고 이로 인하여 정상적인 업무수행을 기대하기 현저히 어려운 자

② 제1항에 따라 직위를 부여하지 아니한 경우에 그 사유가 소멸되면 임용권자는 지체 없이 직위를 부여하여야 한다.

17 현행 「국가공무원법」의 내용 답 ②

임용권자는 직제 또는 정원의 변경이나 예산의 감소 등으로 직위가 폐직되거나 하위의 직위로 변경되어 과원이 된 경우에는 본인의 동의가 없어도 소속 공무원을 강임할 수 있다(「국가공무원법」 제73조의 4).

선지분석

① 임용권자는 직무수행 능력이 부족하거나 근무성적이 극히 나쁜 자에게 직위를 부여하지 아니할 수 있다(「국가공무원법」 제73조의 3).
③ 임용권자는 직제와 정원의 개폐 또는 예산의 감소 등에 따라 폐직(廢職) 또는 과원(過員)이 되었을 때에는 공무원을 직권으로 면직시킬 수 있다(「국가공무원법」 제70조).
④ 임기제공무원의 근무기간이 만료된 경우에는 당연히 퇴직한다(「국가공무원법」 제69조).

⊕ **보충** 「국가공무원법」

제69조【당연퇴직】 공무원이 다음 각 호의 어느 하나에 해당할 때에는 당연히 퇴직한다.

1. 피성년후견인
2. 파산선고를 받고 복권되지 아니한 자
3. 금고 이상의 실형을 선고받고 그 집행이 끝나거나(집행이 끝난 것으로 보는 경우를 포함한다) 집행이 면제된 날부터 5년이 지나지 아니한 자
4. 금고 이상의 형의 집행유예를 선고받고 그 유예기간이 끝난 날부터 2년이 지나지 아니한 자
5. 금고 이상의 형의 선고유예를 받은 경우에 그 선고유예 기간 중에 있는 자
6. 법원의 판결 또는 다른 법률에 따라 자격이 상실되거나 정지된 자

6의2. 공무원으로 재직기간 중 직무와 관련하여 「형법」 제355조 및 제356조에 규정된 죄를 범한 자로서 300만원 이상의 벌금형을 선고받고 그 형이 확정된 후 2년이 지나지 아니한 자

6의3. 다음 각 목의 어느 하나에 해당하는 죄를 범한 사람으로서 100만원 이상의 벌금형을 선고받고 그 형이 확정된 후 3년이 지나지 아니한 사람
- 가. 「성폭력범죄의 처벌 등에 관한 특례법」 제2조에 따른 성폭력범죄
- 나. 「정보통신망 이용촉진 및 정보보호 등에 관한 법률」 제74조제1항제2호 및 제3호에 규정된 죄
- 다. 「스토킹범죄의 처벌 등에 관한 법률」 제2조제2호에 따른 스토킹범죄

6의4. 미성년자에 대하여 「성폭력범죄의 처벌 등에 관한 특례법」 제2조에 따른 성폭력범죄 또는 「아동 · 청소년의 성보호에 관한 법률」 제2조제2호에 따른 아동 · 청소년대상 성범죄를 범한 사람으로서 다음 각 목의 어느 하나에 해당하는 날부터 20년이 지나지 아니한 사람
- 가. 금고 이상의 실형을 선고받고 그 집행이 끝나거나(집행이 끝난 것으로 보는 경우를 포함한다) 집행이 면제된 날
- 나. 금고 이상의 형의 집행유예를 선고받고 그 집행유예가 확정된 날
- 다. 벌금 이하의 형을 선고받고 그 형이 확정된 날
- 라. 치료감호를 선고받고 그 집행이 끝나거나 집행이 면제된 날
- 마. 징계로 파면처분 또는 해임처분을 받은 날

7. 징계로 파면처분을 받은 때부터 5년이 지나지 아니한 자
8. 징계로 해임처분을 받은 때부터 3년이 지나지 아니한 자

2. 임기제공무원의 근무기간이 만료된 경우

제70조【직권 면직】 ① 임용권자는 공무원이 다음 각 호의 어느 하나에 해당하면 직권으로 면직시킬 수 있다.

3. 직제와 정원의 개폐 또는 예산의 감소 등에 따라 폐직(廢職) 또는 과원(過員)이 되었을 때
4. 휴직 기간이 끝나거나 휴직 사유가 소멸된 후에도 직무에 복귀하지 아니하거나 직무를 감당할 수 없을 때
5. 대기 명령을 받은 자가 그 기간에 능력 또는 근무성적의 향상을 기대하기 어렵다고 인정된 때
6. 전직시험에서 세 번 이상 불합격한 자로서 직무수행 능력이 부족하다고 인정된 때
7. 병역판정검사 · 입영 또는 소집의 명령을 받고 정당한 사유 없이 이를 기피하거나 군복무를 위하여 휴직 중에 있는 자가 군복무 중 군무(軍務)를 이탈하였을 때
8. 해당 직급 · 직위에서 직무를 수행하는데 필요한 자격증의 효력이 없어지거나 면허가 취소되어 담당 직무를 수행할 수 없게 된 때
9. 고위공무원단에 속하는 공무원이 제70조의2에 따른 적격심사 결과 부적격 결정을 받은 때

제73조의3【직위해제】 ① 임용권자는 다음 각 호의 어느 하나에 해당하는 자에게는 직위를 부여하지 아니할 수 있다.

2. 직무수행 능력이 부족하거나 근무성적이 극히 나쁜 자
3. 파면 · 해임 · 강등 또는 정직에 해당하는 징계 의결이 요구 중인 자
4. 형사 사건으로 기소된 자(약식명령이 청구된 자는 제외한다)
5. 고위공무원단에 속하는 일반직공무원으로서 제70조의2제1항제2호부터 제5호까지의 사유로 적격심사를 요구받은 자
6. 금품비위, 성범죄 등 대통령령으로 정하는 비위행위로 인하여 감사원 및 검찰 · 경찰 등 수사기관에서 조사나 수사 중인 자로서 비위의 정도가 중대하고 이로 인하여 정상적인 업무수행을 기대하기 현저히 어려운 자

제73조의4【강임】 ① 임용권자는 직제 또는 정원의 변경이나 예산의 감소 등으로 직위가 폐직되거나 하위의 직위로 변경되어 과원이 된 경우 또는 본인이 동의한 경우에는 소속 공무원을 강임할 수 있다.

② 제1항에 따라 강임된 공무원은 상위 직급 또는 고위공무원단 직위에 결원이 생기면 우선 임용된다. 다만, 본인이 동의하여 강임된 공무원은 본인의 경력과 해당 기관의 인력 사정 등을 고려하여 우선 임용될 수 있다.

18 징계의 유형과 효력 답 ③

감봉은 1개월 이상 3개월 이하의 기간 동안 보수의 1/3을 감하는 처분이다.

선지분석

① 징계는 파면, 해임, 강등, 정직, 감봉, 견책으로 구분한다.

② 정직 처분을 받은 자는 그 기간 중 공무원의 신분은 보유하나 직무에 종사하지 못하며 보수의 전액을 감한다.

④ 감사원에서 조사 중인 사건에 대하여는 조사개시 통보를 받은 날부터 징계 의결의 요구나 그 밖의 징계 절차 등을 진행하지 못한다.

19 「국가공무원법」상 공무원의 인사제도 답 ③

징계로 해임처분을 받은 때부터 3년을 경과하지 아니한 자는 공무원으로 임용될 수 없다. 파면처분의 경우 재임용은 5년 이후에 가능하다.

선지분석

① 「국가공무원법」 제4조에 따르면, 특수업무 분야에 종사하는 공무원은 대통령령으로 정하는 바에 따라 일반직공무원의 계급구분과 직군분류를 적용받지 않을 수 있다.

② 「국가공무원법」 제32조의2에 규정되어 있다.

④ 「국가공무원법」 제26조의4에 규정되어 있다. 임용권자는 우수한 인재를 공직에 유치하기 위하여 학업성적 등이 뛰어난 고등학교 이상 졸업자나 졸업 예정자를 추천·선발하여 3년의 범위에서 수습으로 근무하게 하고, 그 근무기간 동안 근무성적과 자질이 우수하다고 인정되는 자는 6급 이하의 공무원으로 임용할 수 있다고 규정하고 있다.

⊕ 보충 「국가공무원법」

제4조 【일반직공무원의 계급 구분 등】 ① 일반직공무원은 1급부터 9급까지의 계급으로 구분하며, 직군(職群)과 직렬(職列)별로 분류한다. 다만, 고위공무원단에 속하는 공무원은 그러하지 아니하다.
② 다음 각 호의 공무원에 대하여는 계급 구분이나 직군 및 직렬의 분류를 적용하지 아니할 수 있다.
1. 특수 업무 분야에 종사하는 공무원
2. 연구·지도·특수기술 직렬의 공무원 등

CHAPTER 4 | 공무원의 근무규율과 인사행정개혁

THEME 56 공무원의 정치적 중립성과 공무원단체

정답 p. 331

01	③	02	①	03	④	04	③	05	②
06	③	07	④	08	④	09	③	10	④
11	③								

01 공무원의 정치적 중립 답 ③

공무원의 정치적 중립은 불편부당하고 공평무사한 행정으로 이를 지나치게 강조할 경우 공무원의 정치적 기본권을 제한할 수 있다. 따라서 공무원의 정치적 기본권을 강화하면 정치적 중립이 약화될 수 있기 때문에 공직의 계속성이나 안정성을 저해할 수 있다는 비판도 있다.

02 공무원의 정치적 중립의 근거 답 ①

공무원에게 정치적 중립이 요구되는 이유는 공무원의 정치적 무관심을 조장하기 위한 것이 아니라 공무원이 정치적 고려를 하더라도 당파성 없이 불편부당하게 국민에게 봉사하게 하기 위함이다.

03 공무원의 정치적 중립의 확보 이유 답 ④

공무원의 대표성 확보를 위한 제도(예 임용할당제)는 공무원 임용에 있어서 약자 보호 등 정치적 배려를 고려하는 제도이므로 정치적 중립이나 실적주의와는 상충된다.

핵심POINT 공무원의 정치적 중립

필요성	공익증진, 행정의 안정성·능률성, 국가기강, 부정부패 방지
한계	정치적 자유의 제한 가능성, 대표관료제와의 상충 가능성

04 우리나라 공무원의 기본권 제한 답 ③

6급 이하 일반직 및 기능직에 대한 공무원노조를 전면 인정하였으며, 공무원은 공무원노조를 통하여 단결권, 단체교섭권을 가진다.

선지분석

①, ④ 「국가공무원법」 제65조에 선거개입 금지의무와 정치적 중립의무가 규정되어 있다.
② 「공직자윤리법」 제10조에 1급 이상 공무원의 재산공개의무가 규정되어 있다.
⑤ 「국가공무원법」 제64조에 겸직금지의무가 규정되어 있다.

05	공무원 노동조합의 단체교섭 대상	답 ②

공무원 노동조합의 단체교섭 대상은 그 노동조합에 관한 사항 또는 조합원의 보수·복지, 그 밖의 근무조건에 관한 사항이다.

선지분석

①, ③, ④는 법률에 규정되지 않은 사항으로 단체교섭의 대상이 될 수 없다.

> **⊕ 보충 「공무원의 노동조합 설립 및 운영 등에 관한 법률」**
>
> **제8조 【교섭 및 체결 권한 등】** ① 노동조합의 대표자는 그 노동조합에 관한 사항 또는 조합원의 보수·복지, 그 밖의 근무조건에 관하여 국회사무총장·법원행정처장·헌법재판소사무처장·중앙선거관리위원회사무총장·인사혁신처장(행정부를 대표한다)·특별시장·광역시장·특별자치시장·도지사·특별자치도지사·시장·군수·구청장(자치구의 구청장을 말한다) 또는 특별시·광역시·특별자치시·도·특별자치도의 교육감 중 어느 하나에 해당하는 사람(이하 '정부교섭대표'라 한다)과 각각 교섭하고 단체협약을 체결할 권한을 가진다. 다만, 법령 등에 따라 국가나 지방자치단체가 그 권한으로 행하는 정책결정에 관한 사항, 임용권의 행사 등 그 기관의 관리·운영에 관한 사항으로서 근무조건과 직접 관련되지 아니하는 사항은 교섭의 대상이 될 수 없다.

06	공무원 노동조합	답 ③

퇴직공무원(공무원이었던 사람)도 노동조합 규약으로 정하는 사람은 노동조합에 가입할 수 있다(「공무원의 노동조합 설립 및 운영 등에 관한 법률」 제6조 제1항 제4호).

선지분석

① 공무원 노동조합과 조합원은 정치활동이 금지된다(동법 제4조).
② 5급 이상의 공무원도 노동조합에 가입할 수 있다(동법 제6조).
④ 소방공무원은 「공무원의 노동조합 설립 및 운영 등에 관한 법률」에 따른 공무원 노조 가입범위에 포함된다. 교원은 「교원의 노동조합 설립 및 운영 등에 관한 법률」에 따라 교원의 노동조합 가입범위에 포함된다.
⑤ 교정·수사 등 공공의 안녕과 국가안전보장에 관한 업무에 종사하는 공무원은 노조에 가입할 수 없다(동법 제6조 제2항).

> **⊕ 보충 「공무원의 노동조합 설립 및 운영 등에 관한 법률」**
>
> **제4조 【정치활동의 금지】** 노동조합과 그 조합원은 정치활동을 하여서는 아니 된다.
>
> **제6조 【가입 범위】** ① 노동조합에 가입할 수 있는 사람의 범위는 다음 각 호와 같다.
> 1. 일반직공무원
> 2. 특정직공무원 중 외무영사직렬·외교정보기술직렬 외무공무원, 소방공무원 및 교육공무원(다만, 교원은 제외한다)
> 3. 별정직공무원
> 4. 제1호부터 제3호까지의 어느 하나에 해당하는 공무원이었던 사람으로서 노동조합 규약으로 정하는 사람
>
> ② 제1항에도 불구하고 다음 각 호의 어느 하나에 해당하는 공무원은 노동조합에 가입할 수 없다.
> 3. 교정·수사 등 공공의 안녕과 국가안전보장에 관한 업무에 종사하는 공무원

07	우리나라의 공무원 노동조합	답 ④

2006년 1월부터 시행된 「공무원의 노동조합 설립 및 운영 등에 관한 법률」에 의하면 전임자는 임용권자의 허가를 받아 노동조합의 업무에만 종사할 수 있도록 하되 그 전임기간은 무급휴직으로 한다.

08	우리나라의 현행 인사행정제도	답 ④

사실상 노무에 종사하는 공무원으로서 노동조합에 가입된 자가 조합업무에 전임하려면 고용노동부장관이 아니라 소속장관의 허가를 받아야 한다.

09	공무원단체활동 제한론의 근거	답 ③

공무원단체활동은 공직 내 의사소통을 활성화시키므로 제한론(반대론)의 근거가 아니라 활성화론(찬성론)의 근거이다.

10	공무원직장협의회의 가입범위	답 ④

공무원직장협의회도 등급에 관계없이 일반직·특정직·별정직공무원이 가입할 수 있다. 하지만 업무의 주된 내용이 지휘·감독권을 행사하거나 다른 공무원의 업무를 총괄하는 업무에 종사하는 공무원은 가입할 수 없다.

핵심POINT 공무원직장협의회

근거법률	「공무원직장협의회의 설립·운영에 관한 법률」(1991)
구성	국가기관, 지방자치단체 및 그 하부기관별로 하나의 협의회 설립 가능(전국단위 결성 금지)
가입범위	• 일반직공무원 및 이에 준하는 일반직공무원 • 특정직공무원 중 가. 외무영사직렬·외교정보기술직렬 외무공무원 나. 경찰공무원 다. 소방공무원 • 별정직공무원
가입제외	• 지휘 및 감독직공무원 • 인사, 예산, 경리, 물품출납, 비서, 기밀, 보안, 경비, 자동차운전 및 그 밖에 이와 유사한 업무에 종사하는 공무원

11	우리나라 공무원제도	답 ③

ㄴ, ㄹ은 공무원제도에 대한 옳은 설명이다.

선지분석

ㄱ. 공무원 직장협의회는 기관 단위로 설립하되, 하나의 기관에는 하나의 협의회만을 설립할 수 있다(「공무원직장협의회의 설립·운영에 관한 법률」 제2조 제2항).

ㄷ. 소청심사위원회의 결정은 처분청만 기속하고 소청인은 기속하지 못한다(「국가공무원법」 제15조).

> **⊕ 보충** 공무원제도 관련 법령
>
> 「공무원직장협의회의 설립·운영에 관한 법률」
>
> **제2조 【설립】** ① 국가기관, 지방자치단체 및 그 하부기관에 근무하는 공무원은 직장협의회(이하 "협의회"라 한다)를 설립할 수 있다.
> ② 협의회는 기관 단위로 설립하되, 하나의 기관에는 하나의 협의회만을 설립할 수 있다.
>
> 「국가공무원법」
>
> **제29조 【시보 임용】** 시보 임용 기간 중에 있는 공무원이 근무성적·교육훈련성적이 나쁘거나 이 법 또는 이 법에 따른 명령을 위반하여 공무원으로서의 자질이 부족하다고 판단되는 경우에는 제68조와 제70조에도 불구하고 면직시키거나 면직을 제청할 수 있다. 이 경우 구체적인 사유 및 절차 등에 필요한 사항은 대통령령 등으로 정한다.
>
> **제71조 【휴직】** ① 공무원이 다음 각 호의 어느 하나에 해당하면 임용권자는 본인의 의사에도 불구하고 휴직을 명하여야 한다.
> ② 임용권자는 공무원이 다음 각 호의 어느 하나에 해당하는 사유로 휴직을 원하면 휴직을 명할 수 있다.

THEME 57 행정(공직)윤리와 의무

정답

p. 334

01	①	02	①	03	②	04	②	05	없음
06	④	07	④	08	②	09	①	10	④
11	②	12	①	13	②	14	①	15	④
16	④	17	④	18	②	19	②	20	①
21	①	22	④	23	②	24	④	25	②
26	①	27	④	28	④	29	②	30	③
31	①	32	②	33	⑤	34	④		

01 「공직자윤리법」 답 ①

「공직자윤리법」에서 규정하고 있는 공무원의 의무는 ㄱ. 이해충돌 방지의무(「공직자윤리법」 제2조의2)와 ㄴ. 등록재산의 공개의무(「공직자윤리법」 제3조)이다.

선지분석

ㄷ. 종교중립의 의무는 「국가공무원법」 제59조의2의 규정하고 있다.
ㄹ. 품위유지의 의무는 「국가공무원법」 제63조의 규정하고 있다.

> **⊕ 보충** 공무원의 의무
>
> 「공직자윤리법」
>
> **제2조의2 【이해충돌 방지 의무】** ① 국가 또는 지방자치단체는 공직자가 수행하는 직무가 공직자의 재산상 이해와 관련되어 공정한 직무수행이 어려운 상황이 일어나지 아니하도록 노력하여야 한다.
>
> **제3조 【등록의무자】** ① 다음 각 호의 어느 하나에 해당하는 공직자(이하 "등록의무자"라 한다)는 이 법에서 정하는 바에 따라 재산을 등록하여야 한다.
>
> 「국가공무원법」
>
> **제59조의2 【종교중립의 의무】** ① 공무원은 종교에 따른 차별 없이 직무를 수행하여야 한다.
>
> **제63조 【품위 유지의 의무】** 공무원은 직무의 내외를 불문하고 그 품위가 손상되는 행위를 하여서는 아니 된다.

02 「공직자윤리법」상 공직자 윤리 확보방안 답 ①

「공직자윤리법」 제1조인 목적은 공직자의 부정한 재산 증식을 방지하고, 공무 집행의 공정성을 확보하는 등 공익과 사익의 이해충돌을 방지하여 국민에 대한 봉사자로서 가져야 할 공직자의 윤리를 확립함을 목적으로 한다. '국민 전체의 봉사자로서 행정의 민주적이며 능률적인 운영을 기하게 하는 것을 목적으로 한다.'는 것은 「국가공무원법」 제1조의 목적이다.

> **⊕ 보충** 「국가공무원법」
>
> **제1조 【목적】** 이 법은 각급 기관에서 근무하는 모든 국가공무원에게 적용할 인사행정의 근본 기준을 확립하여 그 공정을 기함과 아울러 국가공무원에게 국민 전체의 봉사자로서 행정의 민주적이며 능률적인 운영을 기하게 하는 것을 목적으로 한다.

선지분석

② 「공직자윤리법」 제2조의 내용이다.
③ 「공직자윤리법」 제2조의2 제4항의 내용이다.
④ 「공직자윤리법」 제2조의2 제2항의 내용이다.

> **⊕ 보충** 「공직자윤리법」
>
> **제1조 【목적】** 이 법은 공직자 및 공직후보자의 재산등록, 등록재산 공개 및 재산형성과정 소명과 공직을 이용한 재산취득의 규제, 공직자의 선물신고 및 주식백지신탁, 퇴직공직자의 취업제한 및 행위제한 등을 규정함으로써 공직자의 부정한 재산 증식을 방지하고, 공무집행의 공정성을 확보하는 등 공익과 사익의 이해충돌을 방지하여 국민에 대한 봉사자로서 가져야 할 공직자의 윤리를 확립함을 목적으로 한다.
>
> **제2조 【생활보장 등】** 국가는 공직자가 공직에 헌신할 수 있도록 공직자의 생활을 보장하고, 공직윤리의 확립에 노력하여야 한다.
>
> **제2조의2 【이해충돌 방지 의무】** ② 공직자는 자신이 수행하는 직무가 자신의 재산상 이해와 관련되어 공정한 직무수행이 어려운 상황이 일어나지 아니하도록 직무수행의 적정성을 확보하여 공익을 우선으로 성실하게 직무를 수행하여야 한다.
> ④ 퇴직공직자는 재직 중인 공직자의 공정한 직무수행을 해치는 상황이 일어나지 아니하도록 노력하여야 한다.

03	재산등록 및 공개제도	답 ②

재산등록의무자는 4급 이상의 국가공무원 및 지방공무원과 이에 상당하는 보수를 받는 별정직공무원이다.

선지분석

① 공직유관 단체에는 공기업이 포함된다.
③ 등록할 재산에는 본인의 직계존속 것도 포함된다.
④ 등록할 재산에 혼인한 직계비속인 여성 것은 제외한다.

04	「공직자윤리법」상 재산등록의무자	답 ②

「공직자윤리법」상 재산등록의무자는 소령이 아닌 대령 이상의 장교 및 이에 상당하는 군무원이다. 또한 4급 이상 일반직 · 지방 · 별정직, 법관 및 검사, 총경 이상 경찰, 소방정 이상 소방 공무원, 교육장, 학장, 공직유관단체의 임원, 한국토지주택공사 등 부동산 관련 업무나 정보를 취급하는 대통령령으로 정하는 공직유관단체의 직원에 재산등록의무자에 해당한다(「공직자윤리법」 제3조).

05	「공직자윤리법」상 재산등록의무자	답 없음

2023년 출제 당시 「공직자윤리법」상 '소유자별 합계액 1천만 원 이상의 가상화폐'는 등록대상재산이 아니었다. 그 이후 국회의원 가상화폐(코인)사건으로 인해서 2023년 12월에 시행되는 「공직자윤리법」에서 가상자산이 등록재산대상으로 추가되었다. 따라서 현행 법령에 따르면 정답은 없는 것으로 봐야 한다.

⊕ 보충 「공직자윤리법」

제4조 【등록대상재산】 ② 등록의무자가 등록할 재산은 다음 각 호와 같다.
1. 부동산에 관한 소유권 · 지상권 및 전세권
2. 광업권 · 어업권 · 양식업권, 그 밖에 부동산에 관한 규정이 준용되는 권리
3. 다음 각 목의 동산 · 증권 · 채권 · 채무 및 지식재산권(知識財産權)
   아. 품목당 500만 원 이상의 골동품 및 예술품
   차. 소유자별 연간 1천만 원 이상의 소득이 있는 지식재산권
4. 합명회사 · 합자회사 및 유한회사의 출자지분
5. 주식매수선택권
6. 「가상자산 이용자 보호 등에 관한 법률」 제2조 제1호에 따른 가상자산

06	「공직자윤리법」의 내용	답 ④

비위면직자의 취업제한은 「공직자윤리법」이 아니라 「부패방지 및 국민권익위원회의 설치와 운영에 관한 법률」에 규정되어 있다.

⊕ 보충 「부패방지 및 국민권익위원회의 설치와 운영에 관한 법률」

제82조 【비위면직자 등의 취업제한】 ② 비위면직자 등은 당연퇴직, 파면, 해임된 경우에는 퇴직일, 벌금 300만 원 이상의 형의 선고를 받은 경우에는 그 집행이 종료되거나 집행을 받지 아니하기로 확정된 날부터 5년 동안 취업제한기관에 취업할 수 없다.

07	「공직자윤리법」	답 ④

우리나라의 「공직자윤리법」은 '상벌사항 공개'가 아니라 공직자의 재산등록과 공개 등에 대해서 규정하고 있다. 공직자의 상벌(징계 등)을 규정하는 것은 「국가공무원법」 등이다.

08	「공직자윤리법」의 주요 내용	답 ②

영리업무 및 겸직금지의무는 국가공무원법에 규정되어 있는 내용이다(「국가공무원법」 제64조 제1항).

⊕ 보충 「국가공무원법」

제64조 【영리 업무 및 겸직 금지】 ① 공무원은 공무 외에 영리를 목적으로 하는 업무에 종사하지 못하며 소속 기관장의 허가 없이 다른 직무를 겸할 수 없다.

선지분석

① 「공직자윤리법」 제15조 제1항의 내용이다.
③ 「공직자윤리법」 제6조의2 제1항의 내용이다.
④ 「공직자윤리법」 제2조의 내용이다.
⑤ 「공직자윤리법」 제2조의2의 내용이다.

⊕ 보충 「공직자윤리법」

제2조 【생활보장 등】 국가는 공직자가 공직에 헌신할 수 있도록 공직자의 생활을 보장하고, 공직윤리의 확립에 노력하여야 한다.

제2조의2 【이해충돌 방지 의무】 ① 국가 또는 지방자치단체는 공직자가 수행하는 직무가 공직자의 재산상 이해와 관련되어 공정한 직무수행이 어려운 상황이 일어나지 아니하도록 노력하여야 한다.

제6조의2 【주식 및 가상자산 거래내역의 신고】 ① 제10조 제1항 각 호의 공개대상자에 해당하는 등록의무자는 제6조 또는 제11조 제1항에 따른 재산 변동사항 신고 시에 제4조제1항 각 호의 어느 하나에 해당하는 사람의 주식 및 가상자산의 취득 또는 양도에 관한 거래 내용을 등록기관에 신고하여야 한다.

제15조 【외국 정부 등으로부터 받은 선물의 신고】 ① 공무원(지방의회의원을 포함한다. 이하 제22조에서 같다) 또는 공직유관단체의 임직원은 외국으로부터 선물(대가 없이 제공되는 물품 및 그 밖에 이에 준하는 것을 말하되, 현금은 제외한다. 이하 같다)을 받거나 그 직무와 관련하여 외국인(외국단체를 포함한다. 이하 같다)에게 선물을 받으면 지체 없이 소속 기관 · 단체의 장에게 신고하고 그 선물을 인도하여야 한다. 이들의 가족이 외국으로부터 선물을 받거나 그 공무원이나 공직유관단체 임직원의 직무와 관련하여 외국인에게 선물을 받은 경우에도 또한 같다.

09 「공직자윤리법」상 재산등록 답 ①

「공직자윤리법」 제4조 제3항의 내용이다.

선지분석

② 혼인한 직계비속인 여성이 소유한 재산은 재산등록 의무자가 등록할 재산에서 제외된다.
③ 공직자 재산등록기한은 등록의무자가 된 날부터 3개월이 아닌 2개월이다.
④ 교육공무원인 대학교 학장은 재산등록 의무자이다.

⊕ 보충 「공직자윤리법」

제4조 【등록대상재산】 ① 등록의무자가 등록할 재산은 다음 각 호의 어느 하나에 해당하는 사람의 재산(소유 명의와 관계없이 사실상 소유하는 재산, 비영리법인에 출연한 재산과 외국에 있는 재산을 포함한다. 이하 같다)으로 한다.
3. 본인의 직계존속·직계비속. 다만, 혼인한 직계비속인 여성과 외증조부모, 외조부모, 외손자녀 및 외증손자녀는 제외한다.
③ 제1항에 따라 등록할 재산의 종류별 가액(價額)의 산정방법 또는 표시방법은 다음과 같다.
6. 국채·공채·회사채 등 유가증권은 액면가

제5조 【재산의 등록기관과 등록시기 등】 ① 공직자는 등록의무자가 된 날부터 2개월이 되는 날이 속하는 달의 말일까지 등록의무자가 된 날 현재의 재산을 다음 각 호의 구분에 따른 기관에 등록하여야 한다.

10 지방공무원의 공직윤리 답 ④

공무원의 직무와 재산상 이해 간 충돌을 방지하기 위해 노력할 의무는 공무원 자신뿐만 아니라 국가나 지방자치단체에도 있다.

⊕ 보충 「공직자윤리법」

제2조의2 【이해충돌 방지 의무】 ① 국가 또는 지방자치단체는 공직자가 수행하는 직무가 공직자의 재산상 이해와 관련되어 공정한 직무수행이 어려운 상황이 일어나지 아니하도록 노력하여야 한다.
② 공직자는 자신이 수행하는 직무가 자신의 재산상 이해와 관련되어 공정한 직무수행이 어려운 상황이 일어나지 아니하도록 직무수행의 적정성을 확보하여 공익을 우선으로 성실하게 직무를 수행하여야 한다.

11 「국가공무원법」상 공무원의 의무 답 ②

「국가공무원법」상 건강하고 쾌적한 환경을 보전하기 위하여 노력하여야 하는 공무원의 의무는 존재하지 않는다.

핵심POINT 공무원의 윤리

「국가공무원법」상 의무		성실, 복종, 직장이탈금지, 친절·공정, 비밀엄수, 청렴, 영예 등 수령규제, 품위유지, 영리행위금지, 집단행위금지, 정치활동금지, 선서
「공직자윤리법」상 의무	재산 등록·공개	• 등록: 대통령 등 정무직, 4급 이상(금전 관련 7급 이상, 경사 이상) • 공개: 1급 이상 일반·정무직, 고위공무원
	선물수령 신고	직무관련 10만 원 혹은 $100 이상 수령 시 소속기관·단체의 장에 신고
	퇴직자의 취업제한	퇴직 후 3년간 퇴직 전 5년 이내 소속하였던 부서와 관련된 사기업체 취업 금지(비위면직: 퇴직 후 5년간 퇴직 전 3년 이내 소속부서와 관련 공·사기업체 취업 금지)
	주식백지 신탁	• 고위공직자의 직무와 관련된 보유주식을 매각하거나 수탁기관에 위탁해 관리 • 1~5천만 원 사이에서 대통령령으로 정함
	이해충돌 방지	공직자의 재산상 이해와 관련되지 않도록 노력

12 공무원의 의무 답 ①

부패행위 신고의무는 「부패방지 및 국민권익위원회 설치·운영에 관한 법률」에 규정되어 있다.

⊕ 보충 「부패방지 및 국민권익위원회 설치·운영에 관한 법률」

제56조 【공직자의 부패행위 신고의무】 공직자는 그 직무를 행함에 있어 다른 공직자가 부패행위를 한 사실을 알게 되었거나 부패행위를 강요 또는 제의받은 경우에는 지체 없이 이를 수사기관·감사원 또는 위원회에 신고하여야 한다.

13 「국가공무원법」상 공무원의 의무 답 ②

사실상 노무에 종사하는 공무원인 현업관시에 근무하는 우정직 공무원은 집단 행위(태업, 파업)가 가능하다(「국가공무원법」 제66조 제1항).

선지분석

① 「국가공무원법」 제59조의 내용이다.
③ 「국가공무원법」 제59조의 내용이다.
④ 「국가공무원법」 제61조 제1항의 내용이다.

⊕ 보충 「국가공무원법」

제59조 【친절·공정의 의무】 공무원은 국민 전체의 봉사자로서 친절하고 공정하게 직무를 수행하여야 한다.

제61조 【청렴의 의무】 ① 공무원은 직무와 관련하여 직접적이든 간접적이든 사례·증여 또는 향응을 주거나 받을 수 없다.

제62조 【외국 정부의 영예 등을 받을 경우】 공무원이 외국 정부로부터 영예나 증여를 받을 경우에는 대통령의 허가를 받아야 한다.

제66조 【집단 행위의 금지】 ① 공무원은 노동운동이나 그 밖에 공무 외의 일을 위한 집단 행위를 하여서는 아니 된다. 다만, 사실상 노무에 종사하는 공무원은 예외로 한다.

14	공무원 복무와 징계	답 ①

「국가공무원법」 제61조 제2항의 규정으로 옳은 지문이다.

선지분석

② 중징계의 일종인 파면의 경우 5년간 공무원으로 재임용될 수 없고, 연금급여의 불이익이 있다.
③ 공무원은 자신의 직무권한을 행사하거나 지위·직책 등에서 유래되는 사실상 영향력을 행사하여 직무관련자 또는 직무관련공무원으로부터 사적 노무를 제공받거나 요구 또는 약속해서는 아니 된다. 다만, 다른 법령 또는 사회상규에 따라 허용되는 경우에는 그러하지 아니하다(「공무원 행동강령」 제13조의2).
④ 감봉은 경징계로서 감봉을 받더라도 직무에 계속 종사한다.

15	행정윤리의 특징	답 ④

행정윤리는 정부조직에 종사하는 공무원들이 지켜야 할 행동규범과 가치기준을 의미하는데, 이는 절대적인 것이 아니며 특정 시점이나 사실에 관계하여 시대와 상황, 나라마다 다른 국가이념 등에 따라 달라질 수 있다.

16	공직윤리 및 통제	답 ④

우리나라 백지신탁제도는 1급 이상 고위공직자와 기획재정부 · 금융위원회 등 주식관련 공무원들이 보유한 주식을 수탁기관에 신탁해야 하는 제도로 「공직자윤리법」에 규정되어 있다.

17	「공무원 행동강령」의 형식	답 ④

「공무원 행동강령」은 「국가공무원법」, 「공직자윤리법」, 「부패방지 및 국민권익위원회의 설치와 운영에 관한 법률」 등 법령에 규정된 의무를 구체화하기 위한 실천 강령으로, 주로 법률이 아닌 대통령령 형식을 취하고 있다.

18	「공무원 행동강령」	답 ②

공무원 행동강령은 법원, 헌법재판소, 선거관리위원회 소속 공무원에게는 적용되지 않는다.

⊕ 보충 「공무원 행동강령」

제3조 【적용 범위】 이 영은 국가공무원(국회, 법원, 헌법재판소 및 선거관리위원회 소속의 국가공무원은 제외)과 지방공무원(지방의회의원은 제외)에게 적용한다.

19	공직윤리	답 ②

「공무원 윤리헌장」이 2016년 1월 1일부터 「공무원 헌장」으로 전면 개정되어 공직자가 지향해야 할 가치를 규정하고 있다.

선지분석

① 법적 공직윤리는 자율적 공직윤리에 비해 구체적이며 구속력이 높다.
③ 성실의 의무는 「국가공무원법」에 규정되어 있으나, 재산 등록 및 공개의 의무, 주식백지신탁의 의무 등은 「공직자윤리법」에 규정되어 있다.
④ 이해충돌 방지의 의무는 「공직자윤리법」에 규정되어 있으나, 비밀엄수의 의무, 종교 중립의 의무는 「국가공무원법」에 규정되어 있다.

⊕ 보충 「공무원 헌장」

우리는 자랑스러운 대한민국의 공무원이다.
우리는 헌법이 지향하는 가치를 실현하며 국가에 헌신하고 국민에게 봉사한다.
우리는 국민의 안녕과 행복을 추구하고 조국의 평화 통일과 지속 가능한 발전에 기여한다.
이에 굳은 각오와 다짐으로 다음을 실천한다.
하나. 공익을 우선시하며 투명하고 공정하게 맡은 바 책임을 다한다.
하나. 창의성과 전문성을 바탕으로 업무를 적극적으로 수행한다.
하나. 우리 사회의 다양성을 존중하고 국민과 함께 하는 민주 행정을 구현한다.
하나. 청렴을 생활화하고 규범과 건전한 상식에 따라 행동한다.

20	왈처(Walzer)의 더러운 손의 딜레마(the problem of dirty hands)	답 ①

더러운 손의 딜레마(the problem of dirty hands)는 "더러운 손의 문제 (The Problem of Dirty Hands: DH)"라 불리며 공직자는 옳은 일을 하기 위해 비도덕적인 행위를 하는 상황에 놓이기도 하는 것을 설명하는 이론으로 왈처(Walzer)가 주장하였다.

선지분석

② 선택의 역설(the paradox of choice)은 정보의 양이 너무 많을수록 선택이 어려워지는 현상을 말하며, 미국의 심리학자 베리 스와츠(Barry Schwartz)가 주장하였다.
③ 집단행동의 딜레마란 집단 또는 잠재적 집단이 공통의 이해관계가 걸려 있는 문제를 스스로의 노력으로 해결하지 못하는 상황이며 그에 따라 다수의 무임승차가 발생하게 된다.
④ 편견의 동원은 샤츠슈나이더(Schattschneider)가 주장한 개념으로 특정 그룹이 자신들에게 유리하게 작용하는 가치, 신념, 인식을 활용하여 상대가 목소리를 내지 못하게 하는 현상을 의미하며 무의사결정의 수단이나 방법 중의 하나이다.

21	퇴직공직자 취업제한	답 ①

「공직자윤리법」에 따르면 퇴직공직자는 퇴직일부터 3년간 퇴직 전 5년 동안 소속하였던 부서 또는 기관의 업무와 밀접한 관련성이 있는 취업제한기관에 취업할 수 없다.

핵심POINT 공직자 취업제한

대상자	퇴직 전	퇴직 후	대상기관	근거법률
등록의무자	5년 이내	3년간	사기업체	「공직자윤리법」
비위면직자	5년 이내	5년간	공·사 기업체	「부패방지 및 국민권익위원회의 설치와 운영에 관한 법률」

22	공직윤리 확보제도	답 ④

퇴직공직자 취업제한제도는 적용 대상 공직자의 퇴직 후 3년간 그가 퇴직 이전에 5년간 속해 있던 소속부서나 기관의 업무와 밀접한 관련성이 있는 기관으로 취업이 제한되는 것이다.

선지분석

① 「공직자윤리법」에 규정된 재산등록 및 공개제도에 대한 설명이다.

② 「공직자윤리법」에 규정된 이해충돌 방지를 위한 주식백지신탁제도에 대한 설명이다.

③ 「부정청탁 및 금품 등 수수의 금지에 관한 법률」, 일명 김영란법에 규정된 내용이다.

23	주식백지신탁제도의 의의	답 ②

제시문은 공직자의 재산과 직무 사이에 발생하는 이해충돌을 사전에 방지하기 위한 주식백지신탁제도를 설명하고 있다. 주식백지신탁제도도 공직자의 이해충돌 방지제도 중 하나이다.

24	공직자의 이해충돌	답 ④

「공직자의 이해충돌 방지법」의 위반행위는 감사원, 수사기관, 국민권익위원회뿐만 아니라 위반행위가 발생한 기관도 포함된다.

선지분석

① 「공직자의 이해충돌 방지법」은 2021.5.18.에 제정되었고, 1년의 유예기간 후 2022.5.19.에 시행되었다.

② 이해충돌의 유형은 다음과 같다.

실제적 이해충돌	과거에도 발생하였고 현재에도 발생하고 있는 이해충돌
외견적 이해충돌	공무원의 사익이 부적절하게 공적 의무의 수행에 영향을 미칠 가능성이 있는데 부정적 영향이 현재 발생한 것은 아닌 상태
잠재적 이해충돌	공무원이 미래에 발생할 공적 책임에 관련되는 일에 연루되는 경우

③ 이해충돌 회피의 기본적인 원칙은 “누구도 자신의 사건에 대해 판결할 수 없다.”는 것이다.

⊕ 보충 「공직자의 이해충돌 방지법」

제18조【위반행위의 신고 등】① 누구든지 이 법의 위반행위가 발생하였거나 발생하고 있다는 사실을 알게 된 경우에는 다음 각 호의 어느 하나에 해당하는 기관에 신고할 수 있다.
1. 이 법의 위반행위가 발생한 공공기관 또는 그 감독기관
2. 감사원 또는 수사기관
3. 국민권익위원회

25	「공직자의 이해충돌 방지법」	답 ②

공직자의 직무수행과 관련하여 이익 또는 불이익을 직접적으로 받는 다른 공직자는 ‘사적이해관계자’가 아닌 ‘직무관련자’이다.

⊕ 보충 「공직자의 이해충돌 방지법」

제2조【정의】이 법에서 사용하는 용어의 뜻은 다음과 같다.

5. “직무관련자”란 공직자가 법령 기준에 따라 수행하는 직무와 관련되는 자로서 다음 각 목의 어느 하나에 해당하는 개인·법인·단체 및 공직자를 말한다.
   라. 공직자의 직무수행과 관련하여 이익 또는 불이익을 직접적으로 받는 다른 공직자. 다만, 공공기관이 이익 또는 불이익을 직접적으로 받는 경우에는 그 공공기관에 소속되어 해당 이익 또는 불이익과 관련된 업무를 담당하는 공직자를 말한다.
6. “사적이해관계자”란 다음 각 목의 어느 하나에 해당하는 자를 말한다.
   가. 공직자 자신 또는 그 가족
   나. 공직자 자신 또는 그 가족이 임원·대표자·관리자 또는 사외이사로 재직하고 있는 법인 또는 단체
   다. 공직자 자신이나 그 가족이 대리하거나 고문·자문 등을 제공하는 개인이나 법인 또는 단체
   라. 공직자로 채용·임용되기 전 2년 이내에 공직자 자신이 재직하였던 법인 또는 단체
   마. 공직자로 채용·임용되기 전 2년 이내에 공직자 자신이 대리하거나 고문·자문 등을 제공하였던 개인이나 법인 또는 단체
   바. 공직자 자신 또는 그 가족이 대통령령으로 정하는 일정 비율 이상의 주식·지분 또는 자본금 등을 소유하고 있는 법인 또는 단체
   사. 최근 2년 이내에 퇴직한 공직자로서 퇴직일 전 2년 이내에 제5조제1항 각 호의 어느 하나에 해당하는 직무를 수행하는 공직자와 국회규칙, 대법원규칙, 헌법재판소규칙, 중앙선거관리위원회규칙 또는 대통령령으로 정하는 범위의 부서에서 같이 근무하였던 사람
   아. 그 밖에 공직자의 사적 이해관계와 관련되는 자로서 국회규칙, 대법원규칙, 헌법재판소규칙, 중앙선거관리위원회규칙 또는 대통령령으로 정하는 자

26 공직윤리 관련 법령 답 ①

「공직자의 이해충돌 방지법」은 국회, 법원, 중앙행정기관, 지방자치단체 등 공공기관에 소속된 공무원과 공직유관단체·공공기관 임직원 등에게 적용되며, 사립학교 교직원과 언론인에게는 적용되지 않는다.

(선지분석)

② 「공직자 윤리법」 제3조의 내용이다.
③ 「공직자 윤리법」 제17조의 내용이다.
④ 「공무원 행동강령」은 2002년 시행된 「부패방지법」(현재는 「부패방지 및 국민권익위원회의 설치와 운영에 관한 법률」) 제8조에 근거해 2003년에 제정된 공무원이 준수하여야 할 행동기준을 규정한 것으로, 대통령령이다.
⑤ 「공직자 윤리법」 제14조의4 및 제2조의2의 내용이다.

27 공직자 행동강령 답 ④

공직자 행동강령은 2003년 노무현 정부 때 대통령령으로 제정된 것으로 공무원이 준수하여야 할 행동기준으로 공정한 직무수행 등을 강조하고 있다.

(선지분석)

① 「공직자윤리법」상 퇴직공직자의 취업제한의무에 관한 것이다.
② 「부정청탁 및 금품 등 수수의 금지에 관한 법률」상 부정청탁에 해당하는 것이다.
③ 우리나라의 내부고발자 보호제도는 「부패방지 및 국민권익위원회의 설치와 운영에 관한 법률」에 규정되어 있다.

28 「공직자윤리법」의 주요 내용 답 ④

「공직자윤리법」에 따르면 재산등록대상자로 퇴직하는 4급 이상 공무원과 공직유관단체 임직원은 퇴직 후 3년간, 퇴직 전 5년간 소속부서 또는 기관업무와 밀접한 관련이 있는 사기업체에 취업할 수 없다.

(선지분석)

① 「공직자윤리법」상 정무직과 4급 이상 공무원은 재산등록의무가 있다.
② 「공직자윤리법」상 공무원이 직무와 관련하여 외국인으로부터 10만 원 또는 100달러 이상의 선물을 받은 때에는 소속 기관·단체의 장에게 신고하고 그 선물을 인도하여야 한다.
③ 「공직자윤리법」상 재산등록 의무자는 원칙적으로 4급 이상 공무원이고 예외적으로 동법 시행령에 따르면 세무·회계·감사·건축·토목·환경·식품위생분야의 대민업무 담당부서에 근무하는 일반직공무원은 7급 이상도 재산등록대상에 포함된다.

핵심POINT 공직자 재산등록 및 공개대상자

구분	재산등록대상자	재산공개대상자
정무직	전원	전원
일반직, 별정직	4급 이상 (상당 별정직)	1급 이상 (상당 별정직)
법관·검사	모든 법관 및 검사	고법 부장판사 이상, 대검 검사급 이상
군인 등	대령 이상의 장교	중장 이상의 장교
경찰소방	총경, 소방정 이상	치안감, 소방정감 이상
공공기관	공기업의 장·부기관장, 상임이사·상임감사	공기업의 장·부기관장 및 상임감사
예외사항	세무, 회계, 감사, 검찰사무, 건축·토목·환경·식품위생분야의 대민업무 등의 7급 이상	-

29 공직자윤리법령 답 ②

공무원은 그 직무와 관련하여 외국인으로부터 수령 당시 증정한 국가 또는 외국인이 속한 국가의 시가로 미국화폐 100달러 이상이거나 국내 시가 10만 원 이상의 선물을 받으면 지체 없이 신고하고 인도하여야 한다(「공직자윤리법」 제15조와 동법 시행령 제29조).

(선지분석)

① 국립대학교의 학장은 「공직자윤리법」 제3조 등록의무자 중 8호 교육공무원 중 총장·부총장·대학원장·학장(대학교의 학장을 포함한다) 및 전문대학의 장과 대학에 준하는 각종 학교의 장, 특별시·광역시·특별자치시·도·특별자치도의 교육감 및 교육장에 해당하므로 재산을 등록하여야 한다.
③ 재산공개 대상자가 직무 관련성이 있는 경우 매각 혹은 백지신탁 해야 하는 주식의 하한가액은 3천만 원이다(「공직자윤리법 시행령」 제27조의4).
④ 퇴직한 등록의무자는 퇴직일부터 2개월이 되는 날이 속하는 달의 말일까지 그 해 1월 1일(1월 1일 이후에 등록의무자가 된 경우에는 등록의무자가 된 날)부터 퇴직일까지의 재산 변동사항을 퇴직 당시의 등록기관에 신고하여야 한다(「공직자윤리법」 제6조).

30 우리나라의 행정윤리 답 ③

ㄴ, ㄷ은 옳고 ㄱ, ㄹ은 옳지 않은 지문이다.
ㄴ. 우리나라에서 내부고발자 보호제도는 「부패방지 및 국민권익위원회 설치·운영에 관한 법률」에 규정되어 있다.
ㄷ. 「공직자윤리법」에 따르면 경찰은 총경 이상, 소방은 소방정 이상 재산을 등록하도록 규정되어있다.

(선지분석)

ㄱ. 지방의회 의원도 「공직자윤리법」의 적용을 받는 공무원이므로 외국 정부 등으로부터 선물을 받은 경우에는 이를 신고하여야 한다.
ㄹ. 주식백지신탁의무는 「공직자윤리법」에 규정되어 있다.

31	「국가공무원법」상 공직윤리	답 ①

「국가공무원법」에 의하여 소속 상관에게 직무상 관계가 없는 증여를 한 것은 공직윤리에 위배되는 행위이다. 동법 제61조에서 공무원은 직무상 관계가 있든 없든 소속 상관에게 증여하거나 소속 공무원으로부터 증여를 받아서는 안 된다고 규정하고 있다.

(선지분석)

② 제64조(영리 업무 및 겸직 금지)의 내용으로 공직윤리에 위배되지 않는다.
③ 제58조(직장 이탈 금지) 제2항의 내용으로 공직윤리에 위배되지 않는다.
④ 제62조(외국 정부의 영예 등을 받을 경우)의 내용으로 공직윤리에 위배되지 않는다.

⊕ 보충 「국가공무원법」

제58조【직장 이탈 금지】 ① 공무원은 소속 상관의 허가 또는 정당한 사유가 없으면 직장을 이탈하지 못한다.
② 수사기관이 공무원을 구속하려면 그 소속 기관의 장에게 미리 통보하여야 한다. 다만, 현행범은 그러하지 아니하다.

제61조【청렴의 의무】 ① 공무원은 직무와 관련하여 직접적이든 간접적이든 사례·증여 또는 향응을 주거나 받을 수 없다.
② 공무원은 직무상의 관계가 있든 없든 그 소속 상관에게 증여하거나 소속 공무원으로부터 증여를 받아서는 아니 된다

제62조【외국 정부의 영예 등을 받을 경우】 공무원이 외국 정부로부터 영예나 증여를 받을 경우에는 대통령의 허가를 받아야 한다.

제64조【영리 업무 및 겸직 금지】 공무원은 공무 외에 영리를 목적으로 하는 업무에 종사하지 못하며 소속기관장의 허가 없이 다른 직무를 겸할 수 없다

32	공직윤리 관련 제도	답 ②

지방공무원이 외국 정부로부터 영예나 증여를 받을 경우에는 국가공무원과 같이 소속 지방자치단체장의 허가가 아닌 대통령의 허가를 받아야 한다.

(선지분석)

① 「공익신고자 보호법」 제12조와 제30조의 내용이다.
③ 「공직자윤리법」 제14조의4의 내용이다.
④ 「공직자윤리법」 제10조 제1항에 따르면 등록의무자는 일반직 4급 이상 공직자로서 그 중에서 1급 이상 공직자가 공개대상자이다.

⊕ 보충 공직윤리 관련 법령

「공익신고자 보호법」

제12조【공익신고자 등의 비밀보장 의무】 ① 누구든지 공익신고자 등이라는 사정을 알면서 그의 인적사항이나 그가 공익신고자 등임을 미루어 알 수 있는 사실을 다른 사람에게 알려주거나 공개 또는 보도하여서는 아니 된다. 다만, 공익신고자 등이 동의한 때에는 그러하지 아니하다.

제30조【벌칙】 ① 다음 각 호의 어느 하나에 해당하는 자는 5년 이하의 징역 또는 5천만 원 이하의 벌금에 처한다.
2. 제12조 제1항을 위반하여 공익신고자 등의 인적사항이나 공익신고자 등임을 미루어 알 수 있는 사실을 다른 사람에게 알려주거나 공개 또는 보도한 자

「지방공무원법」

제54조【외국정부의 영예 등을 받을 경우】 공무원은 외국정부로부터 영예 또는 증여를 받을 경우에는 대통령의 허가를 받아야 한다.

「공직자윤리법」

제10조【등록재산의 공개】 ① 공직자윤리위원회는 관할 등록의무자 중 다음 각 호의 어느 하나에 해당하는 공직자 본인과 배우자 및 본인의 직계존속·직계비속의 재산에 관한 등록사항과 제6조에 따른 변동사항 신고내용을 등록기간 또는 신고기간 만료 후 1개월 이내에 관보 또는 공보에 게재하여 공개하여야 한다.
1. 대통령, 국무총리, 국무위원, 국회의원, 국가정보원의 원장 및 차장 등 국가의 정무직공무원

33	공직윤리	답 ⑤

총경 이상의 경찰공무원과 시·도의 교육감 및 교육장은 재산등록 의무가 있다.

(선지분석)

① 품위 유지의 의무와 영리업무 및 겸직 금지는 「국가공무원법」에 규정되어 있다.
② 재산등록의무자이던 공직자 등은 퇴직 전 5년 동안 담당했던 직무와 관련 있는 기업체에 퇴직일로부터 3년간 취업할 수 없다.
③ 군인의 경우 재산공개대상자는 중장 이상의 장교이므로 육군 소장은 재산공개의무가 없다.
④ 각급 학교의 장과 교직원 및 학교법인의 임직원의 경우 외부강의 등 사례금 상한액은 시간당 100만 원이다. 공무원과 공직유관단체 임직원은 시간당 40만 원이다.

34	백지신탁제도	답 ④

백지신탁은 이해충돌이 존재하는 주식을 수탁기관은 해당 공직자의 의견을 반영하지 않고 이해충돌이 없는 주식으로 변경하는 것이다(「공직자 윤리법」 제14조).

(선지분석)

① 「공직자윤리법」 제14조의8의 내용이다.
② 백지신탁제도는 「공직자윤리법」에서 규정하고 있다.
③ 「공직자윤리법」 제14조의5의 내용이다.

⊕ **보충** 「공직자윤리법」

제14조의5【주식백지신탁 심사위원회의 직무관련성 심사 등】 ① 공개대상자 등 및 그 이해관계인이 보유하고 있는 주식의 직무관련성을 심사·결정하기 위하여 인사혁신처에 주식백지신탁 심사위원회를 둔다.

제14조의8【신탁상황의 보고 등】 ① 주식백지신탁의 수탁기관은 매년 1월 1일(주식백지신탁계약이 체결된 해의 경우에는 계약체결일)부터 12월 31일까지 신탁재산을 관리·운용·처분한 내용을 다음 해 1월 중에 관할 공직자윤리위원회에 보고하여야 한다.

THEME 58 행정권의 오용과 공직부패

정답

p. 341

01	②	02	③	03	⑤	04	④	05	②
06	③	07	②	08	③	09	①	10	①
11	②	12	③	13	①	14	①	15	②
16	①	17	②	18	②				

01 공직부패의 유형 답 ②

공직자가 국민들의 동요나 기업 활동의 위축을 막기 위한 목적으로 선의의 거짓말을 하는 것은 백색부패에 해당한다.

선지분석

① 급행료나 커미션을 당연시하는 관행은 제도화된 부패이다.

③ 현장단속을 하는 공무원이 저지르는 개인적인 부패는 일탈형 부패이다.

④ 공금횡령, 회계부정 등은 민간과의 거래 없이 공직 내부에서 이루어지는 비거래형 부패로 사기형 부패이다.

02 공직부패에 대한 사회문화적 접근 답 ③

소액의 선물이나 금품을 주고받는 것 등의 공무원 사회의 독특한 인사문화나 선물관행과 관련한 것은 부패가 아니라 선량한 미풍양속이라고 보는 전통적인 공직문화, 시민사회문화, 관행 등이 공직부패를 유발한다고 보는 사회문화적 접근방식이다.

03 행정권 오용의 유형(Nigro) 답 ⑤

재량권 행사의 경우 재량권의 행사 자체가 행정권의 오용은 아니며, 재량권의 남용이나 부당한 행사가 행정권의 오용에 해당한다.

⊕ **보충** 행정권 오용의 형태

1. 공금횡령 등의 부정행위
2. 적극적인 금전수수는 아니지만 개인의 이익을 위해 공정하지 못한 결정이나 행동을 하는 비윤리적 행위
3. 법규의 무시
4. 법규를 위반하지 않는 범위 내에서 자행되는 입법의도의 편향된 해석이나 부당행위
5. 불공정한 인사
6. 무능력과 무소신
7. 정보의 선별적 배포나 비공개를 통한 실책의 은폐
8. 잘못된 결과를 회피하기 위하여 자신에게 부여된 권한을 적극적으로 행사하지 않고 사태를 방치하는 무사안일과 직무유기 등

04 공무원의 부패방지 대책 답 ④

공무원의 부패방지 대책으로 행정정보 공개, 내부고발자 보호, 행정절차의 간소화 등이 요구된다. 특히 규제에 있어서는 불필요한 규제를 줄이고 제거하는 규제완화가 필요하다. 규제강화는 공무원들의 권력 강화와 포획현상을 가져와 부패가 더욱 증가할 수 있다.

05 공직부패와 행정통제 답 ②

공금횡령은 상대가 없는 내부부패로서 거래형 부패가 아니라 사기형 부패에 해당한다. 거래형 부패는 뇌물을 받고 혜택을 부여하는 등의 가장 전형적인 부패 유형으로, 상대가 있는 대외적 부패이다.

핵심POINT 부패의 유형

1. 일반적인 유형

거래형 부패	가장 전형적인 부패, 뇌물을 받고 특혜를 부여하는 부패(상대가 있는 외부부패)
사기형 부패	공금횡령, 회계부정 등(상대가 없는 내부부패)

2. 일탈형 부패와 제도화된 부패

일탈형 부패	돈받고 단속 눈감아 주기(개인적 부패)
제도화된 부패	급행료나 커미션이 당연시되는 부패(문화화·관행화된 체제적 부패, 집단부패)

3. 권력형 부패와 생계형 부패

권력형 부패	정치인이나 상층부 관료들이 정치권력을 이용하여 저지르는 막대한 부패
생계형 부패	하급관료(민원부서 공무원)들이 생계유지를 위해 저지르는 작은 부패

4. 부패의 용인 가능성에 따른 유형

백색부패	선의의 부패로서 구성원 모두가 처벌을 원하지 않는 부패(예 '외환위기는 오지 않는다'는 관료의 말)
흑색부패	악의가 있고 사회적 지탄 대상이 되는 부패로서 구성원 모두가 처벌을 원하는 부패(법률에 규정하여 처벌 가능한 부패)
회색부패	사회에 해를 끼칠 잠재력을 가진 부패로서 일부는 처벌을 원하고 일부는 처벌을 원하지 않는 부패(윤리강령에 규정할 수는 있으나 법률에 규정하여 처벌하는 것에 대해서는 논란이 있는 부패)

06	공직부패의 유형	답 ③

조직 수준의 부패는 구성원들의 공모에 의한 부패이므로 일반적으로 잘 드러나지 않는다.

07	공직부패의 접근방법	답 ②

공무원 부패에 관한 체제론적 접근방법은 어느 하나의 변수에 의하여 부패가 설명되는 것이 아니라 문화적 특성, 제도, 구조, 공무원의 행태 등 다양한 요인에 의해서 복합적으로 나타난다고 본다. 따라서 어느 한 부분에 대한 지엽적인 대응만으로는 부패를 척결하기 어렵다는 입장이다.

선지분석

① 공무원 부패는 개인들의 윤리의식과 자질 때문에 발생한다고 보는 것은 도덕적 접근방법에 대한 설명이다.
③ 사회의 법과 제도상의 결함 때문에 부패가 발생한다고 보는 입장은 제도적 접근방법이다.
④ 특정한 지배적 관습이나 경험적 습성과 같은 것이 부패를 조장한다고 보는 것은 사회문화적 접근방법에 대한 설명이다.

08	공직부패의 접근방법	답 ③

사회문화적 접근방법은 공무원 사회의 독특한 인사문화나 선물관행 등의 사회의 지배적인 습성이나 경험이 부패를 가져온다는 것으로 관료 부패를 사회문화적 환경의 종속변수로 본다.

⊕ 보충 공직부패의 접근방법

기능주의적 접근법(순기능)	• 무능이 부패보다 나쁘다는 입장 • 부패의 순기능 인정
후기 기능주의적 접근법(역기능)	• 기능주의에 대한 반발 • 부패는 자기영속적이며 근절대상
도덕적 접근법	개인들의 윤리의식, 자질, 도덕심 부족으로 인하여 부패 발생
사회문화적 접근법	공직사회의 독특한 인사·선물 문화 등 관행이나 경험적 습성이 부패 조장
체제론적 접근법	부패는 모든 요인(구조, 기술, 행태, 제도 등)의 문제로 인한 복합적 현상
제도적 접근법	부패는 사회의 법과 제도상의 결함
구조적 접근법	공직사유관 등 공무원들의 잘못된 의식구조
권력문화적 접근법	공권력 남용, 정경유착, 독재 등 미분화된 권력문화로 인하여 부패 발생

09	공직부패의 접근방법	답 ①

공직자들의 잘못된 의식구조를 공무원 부패의 원인으로 보는 것은 구조적 접근이다. 권력문화적 접근은 공권력의 남용이나 독재 등 장기집권의 병폐를 포함한 미분화된 권력문화를 부패의 원인으로 본다.

10	공직부패	답 ①

부패의 접근법 중 체제론적 접근법은 하나의 변수보다 구조, 기술, 행태 등 포괄적이고 복합적 요인에 의해 부패가 발생한다고 본다.

11	부패에 대한 접근방법	답 ②

사회의 법과 제도상의 결함이나 이러한 것들에 대한 관리기구와 운영상의 문제들 또는 예기치 않았던 부작용이 부패의 원인으로 작용한다고 보는 입장은 체제론적 접근이 아닌 제도적 접근이다.

선지분석

① 「부패방지 및 국민권익위원회의 설치와 운영에 관한 법률」 제2조의 내용이다.

⊕ 보충 「부패방지 및 국민권익위원회의 설치와 운영에 관한 법률」

제2조 【정의】 이 법에서 사용하는 용어의 뜻은 다음과 같다.
4. "부패행위"란 다음 각 목의 어느 하나에 해당하는 행위를 말한다.
가. 공직자가 직무와 관련하여 그 지위 또는 권한을 남용하거나 법령을 위반하여 자기 또는 제3자의 이익을 도모하는 행위
나. 공공기관의 예산사용, 공공기관 재산의 취득·관리·처분 또는 공공기관을 당사자로 하는 계약의 체결 및 그 이행에 있어서 법령에 위반하여 공공기관에 대하여 재산상 손해를 가하는 행위. 가목과 나목에 따른 행위나 그 은폐를 강요, 권고, 제의, 유인하는 행위

12	공무원 부패의 사례와 그 유형	답 ③

③은 옳은 설명이다. 각각 ㄱ은 일탈형 부패, ㄴ은 백색 부패, ㄷ은 제도화된 부패, ㄹ은 비거래형 부패이다.
ㄱ. 무허가 업소를 단속하던 공무원이 정상적인 단속활동을 수행하다가 금품을 제공하는 특정 업소에 대해서는 단속을 하지 않는 것은 일탈형 부패이다.
ㄴ. 금융위기가 심각함에도 불구하고 국민들의 동요나 기업활동의 위축을 방지하기 위해 금융위기가 전혀 없다고 관련 공무원이 거짓말을 하는 것은 백색 부패에 해당한다.
ㄷ. 인·허가와 관련된 업무를 담당하는 공무원의 대부분은 업무를 처리하면서 민원인으로부터 의례적으로 '급행료'를 받는 것은 제도화된 부패의 예이다.
ㄹ. 거래당사자 없이 공금 횡령, 개인적 이익 편취, 회계부정 등이 공무원에 의해 일방적으로 발생하는 것은 비거래형 부패에 대한 설명이다.

13 공직부패의 유형 답 ①

인·허가 업무처리 시 '급행료'를 당연하게 요구하는 행위는 제도화된(체제적) 부패이다. 일탈형 부패는 부정적인 관행이나 구조보다는 개인의 윤리적 일탈에 의해 발생하는 것으로 '단속 시 눈감아주기' 등이 대표적이다.

14 공직부패의 유형 답 ①

제도화된 부패는 부패가 일상화되어 부패를 저지르는 사람이 죄의식을 느끼지 못하면서 조직의 보호를 받도록 제도화된 것을 말한다. 예를 들면 인·허가와 관련된 급행료, 대출과 관련된 커미션 등이 있다.

선지분석

② 사회에 심각한 해가 없거나 관료의 사익을 추구하려는 의도가 없는 선의의 부패로, 사회구성원들이 어느 정도 용인할 수 있는 관례화된 부패로서 백색부패이다.
③ 관료자신이 공금을 유용하거나 횡령하는 것으로 상대방이 없는 부패(비거래형부패)로 사기형 부패에 해당한다(내부부패).
④ 조직 부패가 아니라 개인적 수준에서 발생하는 개인 부패로 금품수수, 공금횡령 등이 있다.

15 금품수수 허용범위 답 ②

축의금, 조의금 등의 경조사비 가액 범위는 5만 원이며, 예외로 화환·조화 등은 10만 원이다.

선지분석

① 금전, 유가증권 등은 선물의 대상에 포함되지 않는다. 단, 백화점상품권(금액상품권)을 제외한 물품상품권·용역상품권은 대상에 포함된다.
③ 음식물의 가액 범위는 5만 원이다.
④ 농·수산가공물의 가액 범위는 15만 원으로 개정되었다.

핵심POINT 「부정청탁 및 금품 등 수수의 금지에 관련 법률 시행령」

구분	음식물	선물	경조사비
원칙	5만 원	5만 원 [백화점상품권(금액상품권) 제외한 물품상품권, 용역상품권 포함]	5만 원
예외	-	농·수산물(가공품) 15만 원	화환·조화 10만 원

16 「공무원 행동강령」의 주요 내용 답 ①

「공무원 행동강령」 제14조에 따르면 특정인이 아니라 불특정 다수인에게 배포하기 위한 기념품 또는 홍보용품 등이나 경연·추첨을 통하여 받는 보상 또는 상품 등이 예외에 해당한다.

⊕ 보충 「공무원 행동강령」

제14조 【금품 등의 수수금지】 ① 공무원은 직무 관련 여부 및 기부·후원·증여 등 그 명목에 관계없이 동일인으로부터 1회에 100만 원 또는 매 회계연도에 300만 원을 초과하는 금품 등을 받거나 요구 또는 약속해서는 아니 된다.
② 공무원은 직무와 관련하여 대가성 여부를 불문하고 제1항에서 정한 금액 이하의 금품 등을 받거나 요구 또는 약속해서는 아니 된다.
③ 제15조의 외부강의 등에 관한 사례금 또는 다음 각 호의 어느 하나에 해당하는 금품 등은 제1항 또는 제2항에서 수수(收受)를 금지하는 금품 등에 해당하지 아니한다.
1. 중앙행정기관의 장 등이 소속 공무원이나 파견 공무원에게 지급하거나 상급자가 위로·격려·포상 등의 목적으로 하급자에게 제공하는 금품 등
2. 원활한 직무수행 또는 사교·의례 또는 부조의 목적으로 제공되는 음식물·경조사비·선물 등으로서 중앙행정기관의 장 등이 정하는 가액 범위 안의 금품 등
3. 사적 거래(증여는 제외한다)로 인한 채무의 이행 등 정당한 권원(權原)에 의하여 제공되는 금품 등
4. 공무원의 친족(「민법」 제777조에 따른 친족을 말한다)이 제공하는 금품 등
5. 공무원과 관련된 직원상조회·동호인회·동창회·향우회·친목회·종교단체·사회단체 등이 정하는 기준에 따라 구성원에게 제공하는 금품 등 및 그 소속 구성원 등 공무원과 특별히 장기적·지속적인 친분관계를 맺고 있는 자가 질병·재난 등으로 어려운 처지에 있는 공무원에게 제공하는 금품 등
6. 공무원의 직무와 관련된 공식적인 행사에서 주최자가 참석자에게 통상적인 범위에서 일률적으로 제공하는 교통, 숙박, 음식물 등의 금품 등
7. 불특정 다수인에게 배포하기 위한 기념품 또는 홍보용품 등이나 경연·추첨을 통하여 받는 보상 또는 상품 등
8. 그 밖에 사회상규(社會常規)에 따라 허용되는 금품 등

17 부정청탁 답 ②

공개적으로 공직자 등에게 특정한 행위를 요구하는 행위는 부정청탁에 해당하지 않는다(「부정청탁 및 금품 등 수수의 금지에 관한 법률」 제5조 제2항).

선지분석

①, ③, ④는 모두 「부정청탁 및 금품 등 수수의 금지에 관한 법률」상 부정청탁에 해당한다(동법 제5조 제1항).

⊕ 보충 「부정청탁 및 금품 등 수수의 금지에 관한 법률」

제5조 【부정청탁의 금지】 ① 누구든지 직접 또는 제3자를 통하여 직무를 수행하는 공직자 등에게 다음 각 호의 어느 하나에 해당하는 부정청탁을 해서는 아니 된다.
1. 인가·허가·면허·특허·승인·검사·검정·시험·인증·확인 등 법령(조례·규칙을 포함한다. 이하 같다)에서 일정한 요건을 정하여 놓고 직무관련자로부터 신청을 받아 처리하는 직무에 대하여 법령을 위반하여 처리하도록 하는 행위
2. 인가 또는 허가의 취소, 조세, 부담금, 과태료, 과징금, 이행강제금, 범칙금, 징계 등 각종 행정처분 또는 형벌부과에 관하여 법령을 위반하여 감경·면제하도록 하는 행위

3. 채용 · 승진 · 전보 등 공직자 등의 인사에 관하여 법령을 위반하여 개입하거나 영향을 미치도록 하는 행위
4. 법령을 위반하여 각종 심의 · 의결 · 조정 위원회의 위원, 공공기관이 주관하는 시험 · 선발 위원 등 공공기관의 의사결정에 관여하는 직위에 선정 또는 탈락되도록 하는 행위
5. 공공기관이 주관하는 각종 수상, 포상, 우수기관 선정 또는 우수자 선발에 관하여 법령을 위반하여 특정 개인 · 단체 · 법인이 선정 또는 탈락되도록 하는 행위
6. 입찰 · 경매 · 개발 · 시험 · 특허 · 군사 · 과세 등에 관한 직무상 비밀을 법령을 위반하여 누설하도록 하는 행위
7. 계약 관련 법령을 위반하여 특정 개인 · 단체 · 법인이 계약의 당사자로 선정 또는 탈락되도록 하는 행위
8. 보조금 · 장려금 · 출연금 · 출자금 · 교부금 · 기금 등의 업무에 관하여 법령을 위반하여 특정 개인 · 단체 · 법인에 배정 · 지원하거나 투자 · 예치 · 대여 · 출연 · 출자하도록 개입하거나 영향을 미치도록 하는 행위
9. 공공기관이 생산 · 공급 · 관리하는 재화 및 용역을 특정 개인 · 단체 · 법인에게 법령에서 정하는 가격 또는 정상적인 거래관행에서 벗어나 매각 · 교환 · 사용 · 수익 · 점유하도록 하는 행위
10. 각급 학교의 입학 · 성적 · 수행평가 등의 업무에 관하여 법령을 위반하여 처리 · 조작하도록 하는 행위
11. 병역판정검사, 부대 배속, 보직 부여 등 병역 관련 업무에 관하여 법령을 위반하여 처리하도록 하는 행위
12. 공공기관이 실시하는 각종 평가 · 판정 업무에 관하여 법령을 위반하여 평가 또는 판정하게 하거나 결과를 조작하도록 하는 행위
13. 법령을 위반하여 행정지도 · 단속 · 감사 · 조사 대상에서 특정 개인 · 단체 · 법인이 선정 · 배제되도록 하거나 행정지도 · 단속 · 감사 · 조사의 결과를 조작하거나 또는 그 위법사항을 묵인하게 하는 행위
14. 사건의 수사 · 재판 · 심판 · 결정 · 조정 · 중재 · 화해 또는 이에 준하는 업무를 법령을 위반하여 처리하도록 하는 행위

18	금품 등 수수의 금지	답 ②

「부정청탁 및 금품 등 수수의 금지에 관한 법률」 제8조에 따르면, 공직자 등은 직무 관련 여부 및 기부 · 후원 · 증여 등 그 명목에 관계없이 동일인으로부터 1회에 100만 원 또는 매 회계연도에 300만 원을 초과하는 금품 등을 받거나 요구 또는 약속해서는 아니 된다.

선지분석

① 동법 제5조에 규정된 내용이다.
③ 동법 제2조와 제9조에 의한 이 법의 적용대상에 해당하는 공직자 등에는 공무원, 공직유관단체 및 기관의 장과 그 임직원, 각급 학교의 장과 교직원 및 학교법인의 임직원, 언론사의 대표자와 그 임직원 및 그 배우자가 모두 포함된다.
④ 동법 및 그 시행령에 따르면 경조사비는 축의금, 조의금은 5만 원까지 가능하지만 경조사비를 대신하는 화환이나 조화는 10만 원까지 가능하다.

⊕ 보충 「부정청탁 및 금품 등 수수의 금지에 관한 법률」

제2조 【정의】 이 법에서 사용하는 용어의 뜻은 다음과 같다.
1. "공공기관"이란 다음 각 목의 어느 하나에 해당하는 기관 · 단체를 말한다.
   가. 국회, 법원, 헌법재판소, 선거관리위원회, 감사원, 국가인권위원회, 중앙행정기관(대통령 소속 기관과 국무총리 소속 기관을 포함한다)과 그 소속 기관 및 지방자치단체
   나. 「공직자윤리법」 제3조의2에 따른 공직유관단체
   다. 「공공기관의 운영에 관한 법률」 제4조에 따른 기관
   라. 「초 · 중등교육법」, 「고등교육법」, 「유아교육법」 및 그 밖의 다른 법령에 따라 설치된 각급 학교 및 「사립학교법」에 따른 학교법인
   마. 「언론중재 및 피해구제 등에 관한 법률」 제2조 제12호에 따른 언론사
2. "공직자 등"이란 다음 각 목의 어느 하나에 해당하는 공직자 또는 공적 업무 종사자를 말한다.
   가. 「국가공무원법」 또는 「지방공무원법」에 따른 공무원과 그 밖에 다른 법률에 따라 그 자격 · 임용 · 교육훈련 · 복무 · 보수 · 신분보장 등에 있어서 공무원으로 인정된 사람
   나. 제1호 나목 및 다목에 따른 공직유관단체 및 기관의 장과 그 임직원
   다. 제1호 라목에 따른 각급 학교의 장과 교직원 및 학교법인의 임직원
   라. 제1호 마목에 따른 언론사의 대표자와 그 임직원

제8조 【금품 등의 수수 금지】 ① 공직자 등은 직무 관련 여부 및 기부 · 후원 · 증여 등 그 명목에 관계없이 동일인으로부터 1회에 100만 원 또는 매 회계연도에 300만 원을 초과하는 금품 등을 받거나 요구 또는 약속해서는 아니 된다.
② 공직자 등은 직무와 관련하여 대가성 여부를 불문하고 제1항에서 정한 금액 이하의 금품 등을 받거나 요구 또는 약속해서는 아니 된다.

제9조 【수수 금지 금품 등의 신고 및 처리】 ① 공직자 등은 다음 각 호의 어느 하나에 해당하는 경우에는 소속기관장에게 지체 없이 서면으로 신고하여야 한다.
1. 공직자 등 자신이 수수 금지 금품 등을 받거나 그 제공의 약속 또는 의사표시를 받은 경우
2. 공직자 등이 자신의 배우자가 수수 금지 금품 등을 받거나 그 제공의 약속 또는 의사표시를 받은 사실을 안 경우

PART 5 재무행정론

CHAPTER 1 | 국가재정의 기초이론

THEME 59 예산의 의의와 형식

정답 p. 348

01	⑤	02	①	03	①	04	④	05	①
06	④	07	③	08	④	09	①	10	④
11	④	12	④	13	①	14	⑤	15	④
16	①	17	①	18	③	19	③	20	①
21	②	22	④	23	③	24	②	25	③

01 우리나라 예산의 특징 답 ⑤

대통령의 법률에 대한 거부권은 인정되지만, 우리나라의 경우 예산과 법률은 형식과 성립요건이 다르므로 예산에 대해서는 대통령이 거부권을 행사할 수 없다.

핵심POINT 예산과 법률

예산의 형식에는 법률과 예산이 있는데 미국의 경우 법률의 형식을 취하며, 의회에서 제정하는 세입예산법 및 세출예산법에 의하여 예산이 운영된다. 우리의 경우 예산은 의결의 형식으로 운영되므로 예산과 법률은 성립요건이 달라 상호 간의 개폐·수정이 불가능하다.

구분	법률	예산(의결)
특징	• 세입과 세출예산을 매년 의회가 법률로써 확정 • 세입과 세출이 모두 구속력 지님	• 행정부가 편성한 예산을 매년 의회가 의결 • 법률이 아니므로 세입은 단순한 참고자료이고, 세출은 구속력 있음
국가	영국, 미국 등	우리나라, 일본 등
조세제도	일년세주의	영구세주의

02 예산개혁의 시대적 경향 답 ①

예산의 중점은 통제지향(품목별예산) → 관리지향(성과주의예산) → 기획지향(계획예산) → 감축지향(영기준예산) → 참여지향(주민참여예산) 순으로 발전하였다.

03 예산(Budget)의 어원 답 ①

Budget의 어원은 영국의 재무상이 매년 의회에서 재정연설을 할 때 재정계획서를 넣어 가지고 다니던 가죽주머니를 의미하는 말이었다. 이러한 'budget'이 가방 안의 서류라는 의미로 변화되어 오늘날의 '예산'이 된 것이다.

04 결산의 개념 답 ④

예정적 계수로 표시하는 것은 예산이다. 결산이란 한 회계연도의 국가의 수입과 지출의 실적을 예정적 계수가 아닌 확정적 계수로 표시하는 행위이다.

05 시크(Schick)의 예산지향 답 ①

성과지향은 시크(Schick)가 도출한 예산제도의 주된 지향점으로 볼 수 없다. 시크(Schick)는 예산제도를 통제(품목별예산) → 관리(성과주의예산) → 기획(계획예산)으로 구분하였다.

06 머스그레이브(Musgrave)의 재정기능 답 ④

정부성과에 대한 관료통제기능은 머스그레이브(Musgrave)의 3대 기능에 포함되지 않는다. 머스그레이브(Musgrave)는 예산의 경제적 기능을 강조하여 재정의 3대 기능으로 자원배분(효율성), 소득재분배(형평성), 경제안정기능을 강조하였다.

선지분석

① 자원배분기능에 대한 설명이다.
② 소득재분배기능에 대한 설명이다.
③ 경제안정기능에 대한 설명이다.

07 리처드와 머스그레이브(Richard & Musgrave)의 재정의 3대 기능 답 ③

리처드와 머스그레이브(Richard & Musgrave)가 주장한 재정의 3대 기능은 ① 자원최적배분기능(Allocation Function), ② 소득재분배기능(Distribution Function), ④ 경제안정화기능(Stabilization Function)이다. ③ 후생증진기능(Welfare Promotion Function)은 관련이 없다.

08 대한민국 헌법 답 ④

심의·확정된 예산은 법률의 변경이 불가능하며, 또한 법률로 예산을 변경할 수도 없다.

선지분석

① 조세의 종목과 세율은 법률로 정한다(헌법 제59조).
② 확정법률이 정부에 이송된 후 5일 이내에 대통령이 공포하지 아니할 때에는 국회의장이 이를 공포한다(헌법 제53조).
③ 예산은 국회가 심의하고 의결로 확정함으로써 효력을 가지며, 공포는 불필요하다.

09	예산과 법률의 차이	답 ①

우리나라 예산은 법률이 아닌 예산(의결)이라는 형식이므로 법률보다 구속력이 약하다. 그래서 법률은 국가기관과 국민에 대하여 구속력을 갖지만, 예산은 국가기관에 대해서만 구속력을 갖는다.

선지분석

② 대통령은 국회가 의결한 법률안에 대해 거부권이 있지만, 국회 의결 예산에 대해서는 재의요구권이 없다.

③ 국회에 제출된 법률안은 의결기한에 제한이 없으나, 예산안은 매년 12월 2일(회계연도 개시 30일 전)까지 본회의의 의결을 마쳐야 한다.

④ 국회는 발의·제출된 법률안을 수정·보완할 수 있고 제출된 예산안도 수정(삭감)할 수 있지만, 정부의 동의 없이 세출예산 각 항의 금액을 증액하거나 새 비목을 설치할 수 없다.

10	예산과 법률	답 ④

대통령은 국회가 의결한 법률안에 대해 재의 요구를 할 수 있으나, 국회는 회계연도 개시 30일 전까지 제출된 예산안을 심의·의결하여야 한다(헌법 제54조 제2항).

핵심POINT 예산과 법률의 차이

구분	예산	법률
제출권자	정부	정부와 국회
제출기한	회계연도 개시 120일 전	제한 없음
심의기한	회계연도 개시 30일 전	제한 없음
심의범위	증액 및 새 비목설치 불가	자유로운 수정 가능
재의요구권(거부권 행사)	불가	가능
공포여부	불요, 국회의결로 확정	필요
양자의 관계	예산으로 법률 개폐 불가	법률로써 예산 변경 불가

⊕ 보충 헌법

제53조 ② 법률안에 이의가 있을 때에는 대통령은 제1항의 기간 내에 이의서를 붙여 국회로 환부하고, 그 재의를 요구할 수 있다. 국회의 폐회 중에도 또한 같다.

제54조 ① 국회는 국가의 예산안을 심의·확정한다.
② 정부는 회계연도마다 예산안을 편성하여 회계연도 개시 90일 전까지 국회에 제출하고, 국회는 회계연도 개시 30일 전까지 이를 의결하여야 한다.

제57조 국회는 정부의 동의 없이 정부가 제출한 지출예산 각항의 금액을 증가하거나 새 비목을 설치할 수 없다.

11	국회의 입법과정	답 ④

법률안 내용의 위헌 여부, 관련 법률과의 저촉 여부, 같은 법률 내의 조항 간 모순·충돌유무 및 법률의 형식을 정비하는 체계·자구 심사는 모두 법제사법위원회에서 심사한다.

선지분석

① 각 중앙행정기관의 장은 입법계획을 수립하여 전년도 11월 30일까지 법제처장에게 제출해야한다.

② 페이고(pay-go) 법안이란 국회의원이 정부예산의 지출을 수반하는 법안을 발의할 때 그 재원 확보 방안을 함께 제출하도록 의무화하는 방식이다.

③ 전원위원회의 개회 정족수는 4분의 1 이상이다(「국회법」 제63조의2).

⑤ 예산과 달리 법률의 경우는 대통령 거부권이 인정된다(헌법 제53조 제1항 및 제2항).

12	행정환경의 주요 행위자들	답 ④

우리나라 예산은 법률이 아니라 의결의 형식으로 이루어지므로 국회에서 의결된 예산에 대하여 대통령이 재의를 요구할 수 없다.

13	「국가재정법」상 재정운영 목적	답 ①

현행 「국가재정법」 제1조에는 "이 법은 국가의 예산·기금·결산·성과관리 및 국가채무 등 재정에 관한 사항을 정함으로써 효율적이고 성과지향적이며 투명한 재정운용과 건전재정의 기틀을 확립하고 재정운용의 공공성을 증진하는 것을 목적으로 한다."라고 하여 재정운용의 효율성, 성과지향성, 투명성 및 건전성, 공공성이 규정되어 있고 형평성에 대해서는 규정되어 있지 않다.

14	「국가재정법」상 예산의 원칙	답 ⑤

「국가재정법」 제16조는 예산의 원칙으로 예산과정에 있어서 준수하여야 할 사항을 규정하고 있으며 재정건전성의 확보, 국민부담의 최소화, 재정지출의 성과 제고, 예산과정에의 국민참여 제고, 예산의 성평등제고 등을 위한 노력을 규정하고 있으나 ⑤ 재정의 지속가능성 확보에 대한 내용은 포함되어 있지 않다.

⊕ 보충 「국가재정법」

제16조 【예산의 원칙】 정부는 예산의 편성 및 집행에 있어서 다음 각 호의 원칙을 준수하여야 한다.
1. 정부는 재정건전성의 확보를 위하여 최선을 다하여야 한다.
2. 정부는 국민부담의 최소화를 위하여 최선을 다하여야 한다.
3. 정부는 재정을 운용함에 있어 재정지출 및 「조세특례제한법」 제142조의2 제1항에 따른 조세지출의 성과를 제고하여야 한다.
4. 정부는 예산과정의 투명성과 예산과정에의 국민참여를 제고하기 위하여 노력하여야 한다.
5. 정부는 예산이 여성과 남성에게 미치는 효과를 평가하고, 그 결과를 정부의 예산편성에 반영하기 위하여 노력하여야 한다.

15	「국가재정법」상 예산과정	답 ④

「국가재정법」상으로 2016년도부터 정부는 대통령의 승인을 얻은 예산안을 회계연도 개시 120일 전까지 국회에 제출하여야 한다. 예산안 제출기한이 2014년부터 매년 10일씩 2016년까지 30일(회계연도 개시 120일 전) 앞당겨졌다. 헌법상으로는 회계연도 개시 90일 전까지 국회에 제출하여야 한다.

16	「국가재정법」상 재정건전화	답 ①

「국가재정법」은 재정건전화의 수단으로 국가는 국세감면율을 대통령령이 정하는 비율 이하가 되도록 규정하고 있다(동법 제88조). 여기에서 국세감면율이란 당해 연도 국세 수입총액과 국세감면액 총액을 합한 금액에서 국세감면액 총액이 차지하는 비율을 의미한다. 즉, 국세감면율 = [국세감면액 / (국세수입총액 + 국세감면액)]이다.

선지분석

② 국가재정의 국고채무부담행위는 국가의 공식채무에 해당된다.
③ 국가의 보증채무부담행위는 미리 국회의 동의를 얻어야 한다.
④ 정부는 국회에서 추가경정예산안이 확정되기 전에 이를 미리 배정하거나 집행할 수 없다.

⊕ 보충 「국가재정법」

제88조 【국세감면의 제한】 ① 기획재정부장관은 대통령령이 정하는 당해 연도 국세 수입총액과 국세감면액 총액을 합한 금액에서 국세감면액 총액이 차지하는 비율(이하 "국세감면율")이 대통령령이 정하는 비율 이하가 되도록 노력하여야 한다.

17	「국가재정법」상 독립기관	답 ①

(ㄱ)는 독립기관으로, 국회·대법원·헌법재판소 및 중앙선거관리위원회가 이에 해당한다.

⊕ 보충 「국가재정법」

제6조 【독립기관 및 중앙관서】 ① 이 법에서 "독립기관"이라 함은 국회·대법원·헌법재판소 및 중앙선거관리위원회를 말한다.

제40조 【독립기관의 예산】 ① 정부는 독립기관의 예산을 편성할 때 해당 독립기관의 장의 의견을 최대한 존중하여야 하며, 국가재정상황 등에 따라 조정이 필요한 때에는 해당 독립기관의 장과 미리 협의하여야 한다.
② 정부는 제1항의 규정에 따른 협의에도 불구하고 독립기관의 세출예산요구액을 감액하고자 할 때에는 국무회의에서 해당 독립기관의 장의 의견을 들어야 하며, 정부가 독립기관의 세출예산요구액을 감액한 때에는 그 규모 및 이유, 감액에 대한 독립기관의 장의 의견을 국회에 제출하여야 한다.

18	중앙정부의 의무지출(경직성 경비)	답 ③

중앙정부의 재정지출(세출)은 법령 등에 의해서 지출의무가 발생하는 의무지출과 국회 심의 등을 통해 조절이 가능한 재량지출로 구분된다. ㄱ. 지방교부세, ㄴ. 유엔 평화유지활동(PKO) 예산 분담금, ㄹ. 지방교육재정교부금, ㅁ. 국채에 대한 이자지출은 의무지출 항목(경직성 경비)이고, ㄷ. 정부부처 운영비는 재량지출에 해당한다. 우리나라는 2013년 예산안부터 재정지출 사업을 의무지출과 재량지출로 구분하여 산출내역 및 증가율 등을 국가재정 운용계획에 포함하여 국회에 제출하고 있다.

19	국가채무의 종류	답 ③

우리나라가 발행하는 국채의 종류에는 국고채, 재정증권, 국민주택채권, 외국환평형기금채권 등이 있다.

선지분석

① 기획재정부장관은 국가의 회계 또는 기금이 부담하는 금전채무에 대하여 매년 다음 각 호의 사항이 포함된 국가채무관리계획을 수립하여야 한다(「국가재정법」 제91조).
② 국채는 국회의 의결을 받아 기획재정부장관이 발행한다(「국채법」 제5조).
④ 우리나라의 GDP 대비 국가채무비율은 미국, 일본보다 낮은 상태이다. 2018년 우리나라의 GDP 대비 국가채무비율은 38.2%, 미국은 136%, 일본은 233%이다(2018 예산개요).

핵심POINT 우리나라 국채의 종류

국고채	가장 일반적인 유형의 국채로서 세금 부족 시 발행
재정증권	일시적 자금조달을 목적으로 발행하는 1년 만기의 국채
국민주택채권	국민주택건설에 필요한 자금을 마련하기 위한 국채
외국환평형기금채권(외평채)	환율안정에 필요한 자금을 마련하기 위해 위한 국채

20	국가채무의 범위	답 ①

「국가재정법」상 기금이 발행한 채권도 국가채무에 포함된다(「국가재정법」 제91조).

선지분석

③ 국가채무는 성질에 따라 금융성 채무와 적자성 채무로 구분한다. 금융성 채무는 주택기금과 같이 융자금·외화자산 등 대응 금융자산이 있어 별도의 재원 조성 없이 자체 상환이 가능한 채무를 말하며, 적자성 채무는 상환할 때 별도의 재원을 마련하여 상환하는 채무이다.

⊕ **보충** 「국가재정법」

제91조【국가채무의 관리】 ① 기획재정부장관은 국가의 회계 또는 기금이 부담하는 금전채무에 대하여 매년 다음 각 호의 사항이 포함된 국가채무관리계획을 수립하여야 한다.

② 제1항의 규정에 따른 금전채무는 다음 각 호의 어느 하나에 해당하는 채무를 말한다.

1. 국가의 회계 또는 기금(재원의 조성 및 운용방식 등에 따라 실질적으로 국가의 회계 또는 기금으로 보기 어려운 회계 또는 기금으로서 대통령령으로 정하는 회계 또는 기금은 제외한다. 이하 이 항에서 같다)이 발행한 채권

21 우리나라의 국가채무와 국가부채 답 ②

국가채무의 기관 포괄범위에는 중앙정부, 지방자치단체(교육자치단체 포함)의 채무를 말하며, 비영리공공기관은 포함되지 않는다.

선지분석

① 「국가재정법」 제91조 제1항의 내용이다.

③ 국가채무(D1)는 현금주의로 작성되는 채무규모로, 비영리공공기관은 제외된다.

④ 일반정부 부채(D2)는 발생주의로 작성되며, 국가채무(D1)에 국가나 지방자치단체의 비영리공공기관의 부채도 포함된다.

⑤ 공공부문부채(D3)는 발생주의로 작성되며 일반정부 부채(D2)에 비금융공기업의 부채도 포함되기 때문에 공공부문의 재정건전성 관리에 활용된다.

⊕ **보충** 「국가재정법」

제91조【국가채무의 관리】 ① 기획재정부장관은 국가의 회계 또는 기금이 부담하는 금전채무에 대하여 매년 다음 각 호의 사항이 포함된 국가채무관리계획을 수립하여야 한다.

22 「국가재정법」상 재정운용의 건전성 강화방안 답 ④

ㄱ. 성인지 예산서 및 결산서 도입, ㄴ. 예산·기금 지출에 대한 국민 감시와 예산성과금 지급, ㅇ. 재정정보 연 1회 이상 공개 의무화는 재정의 건전성 강화와 직접적 관련이 없다. 나머지는 모두 재정의 건전성 강화와 관련 있는 제도이다.

선지분석

ㄱ. 성인지 예산서 및 결산서 도입은 재정의 형평성 강화와 관련 있는 제도이다.

ㄴ. 예산·기금 지출에 대한 국민 감시와 예산성과금 지급은 재정의 투명성 제고와 관련 있는 제도이다.

ㅇ. 재정정보 연 1회 이상 공개 의무화는 재정의 투명성 제고와 관련 있는 제도이다.

23 재정투명성 답 ③

「국가재정법」에서는 공공부문을 포함하여 일반정부의 재정통계를 매년 1회 이상 투명하게 공표하도록 규정하고 있다.

선지분석

① 재정투명성(fiscal transparency)은 정부가 보유하는 주요 재정정보를 국민 등 이해관계자에게 적시에, 정확하고, 공정하고, 접근 가능한 방식으로 공개하는 것이다.

② IMF 재정투명성 규약은 4개 일반원칙(ⓐ 정부의 역할 및 책임의 명료성, ⓑ 예산과정의 공개, ⓒ 정보의 공공 이용가능성, ⓓ 정보의 신뢰성 보장)을 토대로 하고 있다. 이러한 재정투명성 기준에서 정부의 예산활동, 재정상태와 운영성과, 그리고 예측정보를 적시에 다양한 방식으로 공개할 것으로 강조하고 있다.

④ 「국가재정법」 제100조의 내용이다.

⊕ **보충** 「국가재정법」

제9조【재정정보의 공표】 ① 정부는 예산, 기금, 결산, 국채, 차입금, 국유재산의 현재액, 통합재정수지 및 제2항에 따른 일반정부 및 공공부문 재정통계, 그 밖에 대통령령으로 정하는 국가와 지방자치단체의 재정에 관한 중요한 사항을 매년 1회 이상 정보통신매체·인쇄물 등 적당한 방법으로 알기 쉽고 투명하게 공표하여야 한다.

제100조【예산·기금의 불법지출에 대한 국민감시】 ① 국가의 예산 또는 기금을 집행하는 자, 재정지원을 받는 자, 각 중앙관서의 장(그 소속기관의 장을 포함한다) 또는 기금관리주체와 계약 그 밖의 거래를 하는 자가 법령을 위반함으로써 국가에 손해를 가하였음이 명백한 때에는 누구든지 집행에 책임 있는 중앙관서의 장 또는 기금관리주체에게 불법지출에 대한 증거를 제출하고 시정을 요구할 수 있다.

24 「정부기업예산법」의 주요 내용 답 ②

우편사업, 우체국예금사업, 양곡관리사업, 조달사업은 4대 정부기업(정부부처형 공기업)으로 특별회계로 운영되며 책임운영기관과 같이 「정부기업예산법」이 적용된다.

25 「국가재정법」상 특별회계설치 근거법률 답 ③

군인연금은 특별회계가 아니라 군인연금기금으로 운영된다. 2007년에 군인연금특별회계를 군인연금기금으로 일원화하였다. 현재 「군인연금법」에 따르면 "군인연금제도의 운영에 필요한 재원에 충당하기 위하여 군인연금기금을 설치한다."라고 규정되어 있다(동법 제37조 제1항).

THEME 60 정부회계제도

정답

p. 355

01	②	02	②	03	①	04	①	05	②
06	①	07	①	08	④	09	③	10	④
11	④	12	②	13	①	14	①	15	⑤
16	①	17	④	18	②				

01 우리나라의 정부회계제도 답 ②

우리나라는 지방자치단체에서 기업회계방식인 복식부기·발생주의 회계가 2007년 도입되었고, 중앙정부는 2011년 공식적으로 도입되었다.

선지분석

① 현재 정부회계는 중앙정부의 국가회계와 지방자치단체의 지방회계의 이원적 체계로 운영되고 있다.
③ 재무제표는 해당 회계연도분과 직전 회계연도분을 비교하는 형식으로 작성한다.
④ 「국가회계법」 제14조의 내용으로 2025년 1월에 개정된 사항으로 중앙정부의 재무제표에 현금흐름표가 추가되었다.
⑤ 「국가회계기준에 관한 규칙」 제7조 제1항의 내용이다.

⊕ 보충 정부회계제도 관련 법령

「국가회계법」
제14조【결산보고서의 구성】 결산보고서는 다음 각 호의 서류로 구성된다.
3. 재무제표
가. 재정상태표
나. 재정운영표
다. 순자산변동표
라. 현금흐름표

「국가회계기준에 관한 규칙」
제5조【재무제표】 ① 재무제표는 「국가회계법」 제14조제3호에 따라 재정상태표, 재정운영표, 순자산변동표 및 현금흐름표로 구성하되, 재무제표에 대한 주석을 포함한다.
제7조【재정상태표】 ① 재정상태표는 재정상태표일 현재의 자산과 부채의 명세 및 상호관계 등 재정상태를 나타내는 재무제표로서 자산, 부채 및 순자산으로 구성된다.

02 정부회계 답 ②

정부회계는 기업회계방식인 발생주의·복식부기방식이 적용된다. 그러나 지방공공기관(지방공사·지방공단 등)의 경우 재무회계는 기업회계방식인 발생주의·복식부기방식이 적용되나 예산회계는 현금주의·단식부기방식으로 이원화되어 있다.

선지분석

① 국가회계는 기획재정부가 2007년 구축한 통합재정관리시스템인 디브레인(dBrain) 시스템을 통해, 지방자치단체회계는 행정안전부가 2005년 구축한 통합지방재정관리시스템인 e-호조시스템을 통해 처리된다.
③ 발생주의에서 미지급비용은 미래에 지급해야할 의무가 있으므로 부채로, 미수수익은 미래에 받을 권리가 있으므로 자산으로 인식한다.
④ 재무제표는 복식부기방식을 채택하고 있다.

03 정부회계제도 답 ①

현금의 출납에 근거한 회계방식은 발생주의·복식부기방식이 아니라 현금주의·단식부기방식에 해당한다.

04 우리나라의 정부회계 답 ①

기획재정부장관은 회계연도마다 중앙관서 결산보고서를 통합하여 국가의 결산보고서를 작성하고 대통령의 승인을 받은 후 다음 연도 4월 10일까지 감사원에 제출하여야 한다.

05 발생주의 회계의 특징 답 ②

발생주의 회계는 기관별 성과의 비교가 가능하고 비용·편익 등 재정성과 파악이 용이하다는 장점이 있다.

선지분석

①, ③, ④ 현금주의 회계의 단점에 대한 설명이다.

핵심POINT 현금주의와 발생주의의 장단점

현금주의 (단식부기)	장점	• 절차 간편 및 이해·통제 용이 • 현금흐름 파악 용이 • 회계처리의 객관성
	단점	• 경영성과 파악 곤란 • 단식부기에 의한 조작가능성 • 자산·부채 파악 곤란(비망기록으로 관리) • 감가상각 등 거래의 실질 및 원가 미반영
발생주의 (복식부기)	장점	• 자산·부채 파악으로 재정의 실질적 건전성 확보 • 비용·편익 등 재정성과 파악 용이 • 예산의 자율성 제고 • 자기검정기능으로 회계오류 시정 • 재정의 투명성·신뢰성·책임성 제고 • 출납폐쇄기한 불필요
	단점	• 자산평가 및 감가상각의 주관성 • 채권·채무의 자의적 추정 • 절차복잡 및 현금흐름 파악 곤란 • 의회통제 회피 악용 가능성

06	복식부기의 구성요소	답 ①

차입금은 부채에 해당하므로 부채의 감소는 차변에 기입한다.

(선지분석)

② 순자산(자본)의 증가, ③ 현금(자산)의 감소, ④ 수익의 증가(발생)는 모두 대변에 기입한다.

핵심POINT 정부회계의 재무제표

1. 복식부기의 이해(대차대조표)
   복식부기는 단식부기와 달리 어떠한 거래가 발생하더라도 차변과 대변 양변에 동일한 금액이 이중으로 기재되므로 대차평균의 원리에 의해서 자기검증이 가능함

구분	차변	대변
자산	+(자산의 증가)	-(자산의 감소)
부채	-(부채의 감소)	+(부채의 증가)
자본	-(자본의 감소)	+(자본의 증가)
비용/수익	+(비용의 발생)	+(수익의 발생)

   이 중 자산, 부채, 자본(순자산)을 집계하여 대차대조표를 작성하고, 비용, 수익을 집계하여 손익계산서를 작성함
2. 우리나라 정부회계의 재무제표

기업	정부
대차대조표(stock)	재정상태표
손익계산서(flow)	재정운영표
현금흐름표	-
이익잉여금처분계산서	순자산변동표
주석·부속명세서	주석

07	순자산의 계산	답 ①

회계기간 중 특정 시점의 재정상태를 나타내는 보고서는 재정상태표이다. 재정상태표는 일정 시점(작성일) 현재의 '자산 - 부채 = 순자산'을 의미한다. 따라서 재정상태표의 순자산은 (정부보유 현금자산 200조 + 고정자산 300조) - (유동부채 100조) = 400조이다. 비용과 수익은 재정운영표(수익 - 비용)를 작성할 때 사용하는 회계요소들이므로 재정상태표와는 관계가 없다.

⊕ 보충 결산보고서(「국가회계법」 제14조)

1. 결산 개요
2. 세입세출결산
3. 재무제표(재정상태표, 재정운영표, 순자산변동표)
4. 성과보고서
   - 재정상태표(기업의 대차대조표에 해당): '일정 시점'의 자산과 부채의 명세 및 상호관계 등 재정상태를 나타내는 재무제표, 자산 - 부채 = 순자산으로 구성(수익과 비용은 제외)
   - 재정운영표(기업의 손익계산서에 해당): '일정 기간' 재정운영 결과(수익 - 비용)를 나타내는 재무제표, 정책 또는 사업의 원가와 재정운영에 따른 원가의 회수명세 등을 포함
   - 순자산변동표: '일정 기간' 순자산(자산 - 부채)의 변동명세를 표시하는 재무제표

08	현금주의와 발생주의 비교	답 ④

무상거래(사무용 가구지원 등)는 현금주의에서는 현금의 유입이 없기 때문에 인식되지 않으며, 발생주의에서는 무상거래를 통하여 자산의 감소와 비용의 증가가 이중으로 나타나기 때문에 이중거래로 인식된다.

핵심POINT 현금주의와 발생주의의 비교

구분	현금주의	발생주의
인식기준	현금의 유입·유출	거래의 발생시점
미수수익, 미지급비용	인식 안 됨	자산과 부채로 인식
감가상각, 대손상각, 제품보증비 등	인식 안 됨	비용으로 인식
무상거래	인식 안 됨	이중거래로 인식
상환이자지급액	지급 시기에 비용으로 인식	기간별 인식
정보 활용	개별 자료 우선	통합 자료 우선
추가 정보	별도 작업 필요	기본 시스템에 존재

09	현금주의와 발생주의 회계비교	답 ③

감가상각이란 고정자산의 가치 감소분으로 현금주의에서는 현금의 출납이 없는 감가상각을 비용으로 인식하지 못하고, 발생주의 회계에서는 비용으로 인식한다.

10	복식부기의 특징	답 ④

복식부기는 자산, 자본의 증감 및 변화를 계정과목을 통하여 대변과 차변으로 구분하여 이중 기록·계산하는 형식으로, 자동이월기능(rolling-over)이 존재하며 종합적인 재정상태를 파악할 수 있다.

11	복식부기의 특징	답 ④

발생주의·복식부기방식은 회수가 불가능한 채권이나 지불이 불필요한 채무를 쉽게 구별할 수 없으므로 재무정보의 왜곡현상이 발생할 수 있다는 단점이 있다.

12	정부회계제도의 기장방식	답 ②

정부회계제도의 기장방식 중 ㄱ은 발생주의, ㄴ은 복식부기에 해당한다.

13 정부회계의 기장방식 답 ①

단식부기는 현금주의 회계와, 복식부기는 발생주의 회계와 서로 밀접한 연계성을 갖는다.

14 발생주의 회계제도 답 ①

발생주의 회계제도는 ㄱ. 자산과 부채 그리고 자본(순자산)을 파악함으로써 재화의 감가상각 가치를 회계에 반영할 수 있으며, ㄹ. 현금의 수불과는 관계없이 경제적 자원에 변동을 주는 사건이 발생된 시점에 양변에 기장하는 복식부기 방식을 따르는 것이 일반적이다.

15 예산회계방식 답 ⑤

현금주의 회계방식은 현금의 유입과 유출에 따른 인식으로 화폐자산과 차입금을 측정대상으로 하며, 발생주의 회계방식은 재무자원, 비재무자원을 포함한 모든 경제자원을 측정대상으로 한다.

선지분석

① 재정상태표는 특정 시점의 정부 재정 상태를 나타내는 재무제표이고, 재정운영표는 일정기간동안의 재정운영을 나타내는 재무제표이다.
② 반대로 설명되었다. 현금주의 회계방식은 객관적인 화폐가치인 현금의 수납을 기록하여 회계처리의 객관성 확보에 용이하며, 발생주의 회계방식은 거래의 발생시점에 기장하므로 정보의 적시성을 확보할 수 있다.
③ 현금주의 회계방식은 채권과 채무에 대한 정확한 정보파악이 어려워 재정 건전성 확보가 곤란하며, 발생주의 회계방식은 회계학적인 전문지식이 필요하므로 이해와 통제가 곤란하다.
④ 발생주의 회계방식의 경우 회계 담당자의 자의적이고 주관적인 조작이 가능하므로 의회통제를 회피하기 위해 악용될 가능성이 있으며, 현금주의 회계방식은 객관적인 화폐가치에 대한 기록으로 자의적인 회계처리가 불가능하여 상대적으로 통제가 용이하다.

16 발생주의 회계 답 ①

발생주의 회계는 경제적 자원에 변동을 주는 사건이 발생된 시점에 거래를 인식하는 방식으로, (고정)자산이나 부채 등을 회계과정에서 인식하기 용이하다.

선지분석

② 발생주의 회계는 현금의 수불과 관계없이 거래가 발생된 시점에 거래를 인식하는 방식으로 미지급비용을 부채로 인식한다.
③ 발생주의 회계는 현금의 수불과 관계없이 거래가 발생된 시점에 거래를 인식하는 방식으로 감가상각은 고정자산의 가치 감소분으로 비용으로 인식한다.
④ 발생주의 회계의 인식시점에 대한 설명이다.

17 우리나라의 국가재무제표 답 ④

2009년 「국가회계법」 제정으로 국가와 지방자치단체 등 모든 공공부문에 기업회계방식인 발생주의 및 복식부기가 도입되었다. 그러므로 국가재무제표인 재정상태표와 재정운영표 모두 발생주의와 복식부기가 적용되고 있다.

선지분석

② 「국가회계법」상 재무제표는 재정상태표, 재정운영표, 순자산변동표로 구성된다.

18 우리나라 중앙예산기관의 변천 답 ②

1961년 박정희 정권 때 중앙예산기관의 역할을 담당한 것은 경제기획원이고, 수입·지출의 총괄기능을 담당한 것은 재무부(국고수지총괄기관)이다.

선지분석

① 1948년 제정된 헌법과 「정부조직법」에 의해 국무총리 직속으로 총무처, 기획처, 공보처가 설치되었고, 이때 기획처 소속으로 예산국이 설립되었는데 처음으로 중앙예산기관의 역할을 담당하였다.
③ 1994년 김영삼 정부조직개편에서 경제기획원과 재무부를 재정경제원으로 통합하여 세제, 예산, 국고 기능을 일원화하였다.
④ 2022년 현재 윤석열 정부에서 기획재정부 예산실이 중앙예산기관의 역할을 맡고 있다.

THEME 61 예산의 원칙과 그 예외

정답

p. 360

01	①	02	④	03	③	04	②	05	③
06	③	07	④	08	④	09	④	10	①
11	②	12	④	13	④	14	③	15	③
16	⑤	17	②	18	②	19	③	20	④
21	②	22	④	23	①				

01 전통적 예산원칙 답 ①

예산구조나 과목이 국민들이 쉽게 이해할 수 있도록 명확하고 세부적으로 표시되어야 한다는 것은 명확성(명료성)의 원칙이다. 이는 예산공개의 전제조건이 되는 것이다.

선지분석

② 완전성(포괄성)의 원칙은 '예산총계주의'로서 모든 세입과 세출은 예산에 명시적으로 나열되어 있어야 한다는 원칙이다.

③ 공개성의 원칙은 모든 예산은 공개되어야 한다는 원칙이다. 우리나라는 매년 『예산개요』를 발간하고 인터넷에 공개한다. 다만, 국가안보를 위한 예산은 공개하지 않는다.
④ 한정성(한계성)의 원칙은 예산은 주어진 양(규모), 질(목적), 시간(기간)에 따라 집행되어야 한다는 원칙이다.

02 예산원칙과 그 예외 답 ④

목적세는 공개성의 원칙이 아니라 통일성의 원칙에 대한 예외이다. 통일성의 원칙이란 국가의 모든 수입은 일단 국고에 편입되고 여기서부터 모든 지출이 이루어져야 한다는 것으로, 특정한 수입과 특정한 지출이 연계되어서는 안 된다는 원칙이다.

03 한정성 원칙의 예외 답 ③

한정성(한계성) 원칙은 예산에는 일정한 한계를 두어야 한다는 원칙으로서 목적 외 사용금지, 초과지출금지, 연도경과금지를 내용으로 한다. 이용은 입법과목에 대하여 목적을 변경하는 것이고, 예비비는 초과지출을 허용하는 경비이며, 계속비는 수년간 지속되는 사업에 대하여 연도를 경과하여 사업비를 계속 편성하는 경비이므로 이용, 예비비, 계속비는 한정성(한계성) 원칙의 예외에 해당된다.

04 전통적 예산원칙과 그 예외 답 ②

단일성의 원칙은 '예산은 가능한 단일의 회계 내에서 정리되어야 한다는 것'으로 특별회계, 추가경정예산, 기금이 단일성 원칙의 예외이다.

선지분석

① 완전성의 원칙은 '모든 세입과 세출은 예산에 명시적으로 나열되어 있어야 한다는 것'으로, 특별회계는 예산에 포함되므로 완전성 원칙의 예외가 아니다. 특별회계는 통일성 원칙, 단일성 원칙의 예외이다.
③ 한정성의 원칙은 '주어진 목적, 규모 그리고 시간에 따라 집행되어야 한다는 것'으로, 목적세는 한정성 원칙의 예외가 아니다. 목적세는 통일성 원칙의 예외이다.
④ 사전의결의 원칙은 '미리 국회의 의결을 얻어 회계연도가 시작되면 바로 집행할 수 있도록 해야 한다는 것'으로, 계속비는 미리 국회의 의결을 거치는 것이므로 사전의결 원칙의 예외가 아니다. 계속비는 한정성(한계성) 원칙의 예외이다.
⑤ 통일성의 원칙은 '특정한 수입과 특정한 지출이 연계되어서는 안 된다는 것'으로 준예산은 통일성 원칙의 예외가 아니다. 준예산은 사전의결 원칙의 예외이다.

핵심POINT 전통적 예산원칙(Neumark)과 그 예외

통일성의 원칙	• 특정 세입의 특정 세출 연계 금지 • 예외: 특별회계, 기금, 목적세, 수입대체경비
사전의결(승인)의 원칙	• 국회의 사전의결을 요함 • 예외: 사고이월, 준예산, 예비비 지출, 전용, 재정상 긴급명령, 선결처분
정확성(엄밀성)의 원칙	• 예산과 결산이 가능한 일치 • 예외: 적자예산, 흑자예산
한정성(한계성)의 원칙	• 예산의 양적·질적·시간적 한계 엄수 • 예외: 예비비, 추가경정예산, 이용·전용, 이월, 계속비, 조상충용(2014년 폐지)
명확성(명료성)의 원칙	• 예산은 명확하고 세부적으로 표시 • 예외: 총괄예산, 지출통제예산
단일성의 원칙	• 예산구조가 단일(하나로 편성) • 예외: 특별회계, 기금, 추가경정예산
공개성의 원칙	• 모든 예산을 국민에게 공개 • 예외: 신임예산, 기밀정보비(국정원 예산)
포괄성(완전성)의 원칙	• 모든 예산을 계상 • 예외: 순계예산, 기금, 현물출자, 전대차관, 수입대체경비

05 전통적 예산원칙과 그 예외 답 ③

통일성의 원칙은 모든 예산이 국고로 통일되어야 한다는 것이다. 회계장부가 하나여야 한다는 것은 단일성의 원칙이다.

선지분석

① 공개성의 원칙은 '예산은 국민에게 공개해야 한다는 것'으로, 그 예외에는 신임예산, 국가정보원의 기밀예산이 있다.
② 사전의결의 원칙은 '예산은 집행 전에 국회의 의결을 필요로 한다는 것'으로 그 예외에는 예비비, 전용, 사고이월, 준예산 등이 있다.
④ 목적세는 통일성의 원칙에 대한 예외로서 전통적 예산원칙의 예외이다.
⑤ 명확성의 원칙은 '예산의 세부내역을 명확하게 밝히는 것'으로 그 예외에는 총괄(총액)예산제도가 있다. 총괄예산제도는 예산의 세부내역은 밝히지 않고 총액으로 편성·승인해주는 예산제도이다.

06 한정성 원칙의 예외 답 ③

특별회계는 한정성(한계성) 원칙의 예외가 아니라 단일성 원칙과 통일성 원칙의 예외이다.

07 전통적 예산원칙 답 ④

사업계획과 예산편성이 연계되어야 한다는 원칙은 행정부 계획의 원칙으로 현대적 예산원칙에 해당한다. 행정부가 하고자 하는 사업계획이 예산에 반영되어야 한다는 원칙이다.

선지분석

① 공개성의 원칙에 대한 설명이다.
② 사전의결의 원칙에 대한 설명이다.
③ 한정성의 원칙 중 회계연도 독립의 원칙에 대한 설명이다.
⑤ 한정성의 원칙 중 목적 외 사용금지(질적 한정성)의 원칙에 대한 설명이다.

핵심POINT 예산원칙

전통적 예산원칙(Neumark)	현대적 예산원칙(Smith)
• 통일성의 원칙	• 행정부 계획의 원칙
• 사전의결(승인)의 원칙	• 행정부 책임의 원칙
• 정확성(엄밀성)의 원칙	• 행정부 재량의 원칙
• 한정성의 원칙	• 보고의 원칙
• 명확성(명료성)의 원칙	• 적절한 수단구비의 원칙
• 단일성의 원칙	• 다원적 절차의 원칙
• 공개성의 원칙	• 시기신축성의 원칙
• 완전성(포괄성)의 원칙	• 예산기구 상호성의 원칙

08 예산의 원칙의 개념 답 ④

A는 예산 완전성의 원칙(예산총계주의), B는 예산 통일성의 원칙에 대한 설명이다.

09 예산의 원칙과 그 예외 답 ④

특별회계는 통일성의 원칙과 단일성의 원칙의 예외에 해당한다.

선지분석

① 특정수입과 특정지출이 연계되어서는 안 된다는 것은 통일성의 원칙에 대한 설명이다.
② 예산은 주어진 목적, 규모 그리고 시간에 따라 집행되어야 한다는 원칙은 한정성의 원칙이다.
③ 예산구조나 과목은 이해하기 쉽도록 단순해야 한다는 것은 명확성의 원칙에 대한 설명이다.

10 수입대체경비의 개념과 예산총계주의 답 ①

각각 ㄱ은 수입대체경비, ㄴ은 예산총계주의(완전성) 원칙이다.

ㄱ. 수입대체경비란 국가가 특별한 용역 또는 시설을 제공하고 그 제공을 받은 자로부터 비용을 징수하는 등의 경우로서 지출이 수입을 수반하는 경비를 말한다.
ㄴ. 수입대체경비는 현물출자, 전대차관과 함께 「국가재정법」 제53조에서 예산총계주의 원칙의 예외로 규정되어 있다.

11 전통적 예산원칙과 현대적 예산원칙 답 ②

예산의 편성, 심의, 집행이 공식적인 형식을 가진 재정보고 및 업무보고에 기초를 두어야 한다는 것은 현대적 예산원칙 중 보고의 원칙이다.

선지분석

① 전통적 예산원칙으로 사전의결의 원칙에 대한 설명이다.
③ 전통적 예산원칙으로 공개성의 원칙에 대한 설명이다.
④ 전통적 예산원칙으로 명확성의 원칙에 대한 설명이다.

12 전통적 예산원칙과 그 예외 답 ④

질적 한정성(목적 외 사용금지)의 원칙은 본래 정해진 목적 이외의 다른 용도로는 예산을 사용할 수 없다는 원칙으로, 그 예외로는 이용, 전용 등이 있다. 이용은 입법과목 간 상호 융통(용도변경)으로 국회의 의결이 필요하고, 전용은 행정과목 간 상호 융통으로 기획재정부장관의 승인으로도 가능하다. 따라서 질적 한정성의 원칙은 엄격히 지켜지고 있다고 보기 어렵다.

선지분석

② 예산총계주의 원칙은 완전성의 원칙으로, 모든 세입과 세출은 예산에 명시적으로 나열되어 있어야 한다는 원칙이다. 현물출자, 전대차관, 수입대체경비의 초과수입, 순계예산은 완전성의 원칙의 예외이다.
③ 예산단일성의 원칙은 예산이 가능한 단일의 회계 내에서 정리되어야 한다는 원칙이다. 그 예외로는 특별회계, 기금, 추가경정예산 등이 있다.

13 전통적 예산원칙과 그 예외 답 ④

제시문은 완전성(포괄성)의 원칙, 즉 예산총계주의를 의미하는 것으로 국가연구개발사업의 대가는 2007년 「국가재정법」 제정 때에는 예외로 인정되었으나, 2014년 「국가재정법」 개정으로 예외에서 제외되었다.

선지분석

「국가재정법」상 예산총계주의의 예외에는 ① 수입대체경비의 초과수입, ② 현물출자, ③ 전대차관이 있다.

14 전통적 예산원칙과 그 예외 답 ③

세입과 세출내역의 명시적 나열은 예산 완전성의 원칙에 대한 내용이며, 그 예외에는 순계예산, 기금 등이 있다.

15	예산집행의 신축성 유지제도	답 ③

시간적 제약을 완화하기 위한 제도는 회계연도 독립의 원칙(시간적 한정성)에 대한 예외를 의미하므로 ㄹ. 이월제도, ㅁ. 계속비제도, ㅂ. 국고채무부담행위 등이 있다.

선지분석

ㄱ. 총액계상제도는 명확성 원칙의 예외이다.
ㄴ. 이용, ㄷ. 전용은 한정성 원칙의 예외이다.

16	사전의결(승인)원칙의 예외	답 ⑤

예산의 이체는 정부조직 등에 관한 법령의 제정, 개정 또는 폐지로 인해 그 직무와 권한에 변동이 있을 때, 기획재정부장관의 승인을 얻어 예산을 옮겨 쓰는 것을 말한다. 이체는 국회의 별도 승인이나 의결이 필요가 없다. 국회의 사전의결이 필요한 것은 세입세출예산, 기금, 계속비, 이용, 국고채무부담행위, 명시이월, 예비비의 설치 등이 있다.

선지분석

② 예비비 사용은 약간 애매한 표현이지만 예비비의 설치할 때는 국회의 의결을 필요로 하므로 사전의결이 적용되는 것으로 보아야 한다. 또한 예비비의 구체적인 지출은 사전의결원칙의 예외라는 점도 알아둬야 한다.

17	예산의 원칙과 내용	답 ②

예산 완전성의 원칙은 예산총계주의로서 한 회계연도의 모든 수입과 지출을 예산에 계상되어야 한다는 것을 의미한다.

선지분석

① 예산 명확성의 원칙에 해당한다.
③ 예산 한정성의 원칙에 해당한다.
④ 예산 단일성의 원칙에 해당한다.

18	예산의 고전적 원칙과 그 예외	답 ②

(ㄱ)은 수입대체경비를 말하며, 수입대체경비는 그 수입에 직접 관련되는 경비 및 이에 수반되는 경비에 지출할 수 있으므로 전통적 예산원칙 중 (ㄴ)은 통일성의 원칙의 예외에 해당한다.

19	「국가재정법」상 예산제도의 내용	답 ③

ㄴ은 옳지 않다. 차관물자대(借款物資貸)의 경우 차관 전년도 인출예정분의 부득이한 이월 또는 환율 및 금리의 변동으로 인하여 세입이 그 세입예산을 초과하게 되는 때에는 그 세출예산을 초과하여 지출할 수 있다(「국가재정법」 제53조 제3항 · 제4항).

⊕ 보충 「국가재정법」

제53조 【예산총계주의 원칙의 예외】 ① 각 중앙관서의 장은 용역 또는 시설을 제공하여 발생하는 수입과 관련되는 경비로서 대통령령이 정하는 경비(이하 "수입대체경비"라 한다)에 있어 수입이 예산을 초과하거나 초과할 것이 예상되는 때에는 그 초과수입을 대통령령이 정하는 바에 따라 그 초과수입에 직접 관련되는 경비 및 이에 수반되는 경비에 초과지출할 수 있다.
② 국가가 현물로 출자하는 경우와 외국차관을 도입하여 전대(轉貸)하는 경우에는 이를 세입세출예산 외로 처리할 수 있다.
③ 차관물자대(借款物資貸)의 경우 전년도 인출예정분의 부득이한 이월 또는 환율 및 금리의 변동으로 인하여 세입이 그 세입예산을 초과하게 되는 때에는 그 세출예산을 초과하여 지출할 수 있다.
④ 전대차관을 상환하는 경우 환율 및 금리의 변동, 기한 전 상환으로 인하여 원리금 상환액이 그 세출예산을 초과하게 되는 때에는 초과한 범위 안에서 그 세출예산을 초과하여 지출할 수 있다.
⑥ 수입대체경비 등 예산총계주의 원칙의 예외에 관하여 필요한 사항은 대통령령으로 정한다.

20	예산 원칙의 예외	답 ④

한정성(한계성)의 원칙은 예산의 금액, 목적 및 기간에 명확한 한계가 있어야 한다는 원칙이다. 계속비는 기간의 한정성 원칙의 예외이다. 단일성의 원칙은 예산의 구조가 단일하게 편성되어야 한다는 원칙으로 단일성의 원칙의 예외로는 특별회계, 기금, 추가경정예산이 있다.

21	국가재정의 이해	답 ②

특별회계와 기금은 단일성과 통일성의 원칙에 대한 예외이며, 특별회계는 예산총계주의(완전성) 원칙의 예외는 아니다.

선지분석

① 일반회계는 조세수입 등을 주요 세입으로 하여 국가의 일반적인 세출에 충당하기 위하여 설치한다(「국가재정법」 제4조).
③ 일반회계, 특별회계, 기금 모두 재정민주주의에 따라서 국회로부터 결산의 심의 및 의결을 받아야 한다.
④ 「국가재정법」 규정에 따라 전쟁이나 대규모 재해가 발생한 경우 추가경정예산을 편성할 수 있다(「국가재정법」 제89조).

⊕ 보충 「국가재정법」

제4조 【회계구분】 ① 국가의 회계는 일반회계와 특별회계로 구분한다.

② 일반회계는 조세수입 등을 주요 세입으로 하여 국가의 일반적인 세출에 충당하기 위하여 설치한다.

제89조 【추가경정예산안의 편성】 ① 정부는 다음 각 호의 어느 하나에 해당하게 되어 이미 확정된 예산에 변경을 가할 필요가 있는 경우에는 추가경정예산안을 편성할 수 있다.

1. 전쟁이나 대규모 재해(「재난 및 안전관리 기본법」 제3조에서 정의한 자연재난과 사회재난의 발생에 따른 피해를 말한다)가 발생한 경우
2. 경기침체, 대량실업, 남북관계의 변화, 경제협력과 같은 대내·외 여건에 중대한 변화가 발생하였거나 발생할 우려가 있는 경우
3. 법령에 따라 국가가 지급하여야 하는 지출이 발생하거나 증가하는 경우

22	예산의 원칙과 그 예외	답 ④

사전의결의 원칙은 예산집행 전에 반드시 국회의결을 받아야 하는 것으로 그 예외로는 준예산, 사고이월, 전용, 이체, 긴급재정명령 등이 있다.

23	예산의 전통적 원칙의 예외	답 ①

예산총계주의(완전성의 원칙)는 한 회계연도의 세입세출은 모두 예산에 편입되어야 한다는 예산의 원칙으로 「국가재정법」 제53조에 규정되어 있다.

선지분석

② 사전의결의 원칙은 회계연도 개시 전(집행 전)에 예산을 확정(의결)해야 한다는 것이다.

③ 공개성의 원칙은 모든 예산은 국민에게 공개되어야 한다는 것이다.

④ 예산기구 상호성의 원칙은 중앙예산기관과 기관 내 예산기관은 상호간에 교류·협력해야 한다는 현대적 예산원칙이다.

⊕ 보충 「국가재정법」

제53조 【예산총계주의 원칙의 예외】 ① 각 중앙관서의 장은 용역 또는 시설을 제공하여 발생하는 수입과 관련되는 경비로서 대통령령으로 정하는 경비(이하 "수입대체경비"라 한다)의 경우 수입이 예산을 초과하거나 초과할 것이 예상되는 때에는 그 초과수입을 대통령령으로 정하는 바에 따라 그 초과수입에 직접 관련되는 경비 및 이에 수반되는 경비에 초과지출할 수 있다.

THEME 62 예산의 분류와 종류

정답

p. 366

01	④	02	④	03	②	04	③	05	②
06	①	07	④	08	①	09	①	10	④
11	①	12	④	13	②	14	③	15	③
16	①	17	②	18	①	19	④	20	③
21	③	22	③	23	③	24	④	25	②
26	③	27	①	28	④	29	①	30	④
31	②	32	④	33	③	34	③	35	②
36	①	37	④	38	④				

01	우리나라 정부의 예산구조	답 ④

국가가 특정한 목적을 위하여 특정한 자금을 신축적으로 운용할 필요가 있을 때 설치하는 것은 특별회계가 아니라 기금이다. 특별회계는 국가에서 특정한 사업을 운영하고자 할 때, 특정한 자금을 보유하여 운용하고자 할 때, 특정한 세입으로 특정한 세출에 충당함으로써 일반회계와 구분하여 회계처리할 필요가 있을 때에 법률로써 설치한다(「국가재정법」 제4조 제3항).

02	「국가재정법」상 예산과목의 분류	답 ④

「국가재정법」상 예산과목의 분류에서 세출예산 기준으로 입법과목은 장·관·항이고 행정과목은 세항·목이다.

핵심POINT 세출예산항목의 구조

구분	입법과목			행정과목	
소관	장(章)	관(款)	항(項)	세항(細項)	목(目)
중앙관서	분야	부문	프로그램(정책사업)	단위사업	편성비목
조직별(소관별) 분류	기능별 분류		사업별·활동별 분류		품목별 분류
변경과 제한	이용대상(국회의결 요)			전용대상(국회의결 불요)	

⊕ 보충 「국가재정법」

제21조 【세입세출예산의 구분】 ① 세입세출예산은 필요한 때에는 계정으로 구분할 수 있다.

② 세입세출예산은 독립기관 및 중앙관서의 소관별로 구분한 후 소관 내에서 일반회계 · 특별회계로 구분한다.

③ 세입예산은 제2항의 규정에 따른 구분에 따라 그 내용을 성질별로 관 · 항으로 구분하고, 세출예산은 제2항의 규정에 따른 구분에 따라 그 내용을 기능별 · 성질별 또는 기관별로 장 · 관 · 항으로 구분한다.

④ 예산의 구체적인 분류기준 및 세항과 각 경비의 성질에 따른 목의 구분은 기획재정부장관이 정한다.

03 기능별 분류 답 ②

기능별 분류는 가장 포괄적인 분류로서 주체가 명확하지 않기 때문에 회계책임을 확보하기에는 적합하지 않다. 그렇지만 탄력성이 높아 총괄계정에 적합하고 예산심의나 이해가 용이한 장점이 있다.

04 기능별 분류 답 ③

기능별 분류는 시민들이 예산을 통해 정부활동 및 정책의 우선순위를 파악할 수 있으며 시민들이 이해하기가 가장 용이하므로 '시민을 위한 분류'라고 한다.

05 예산의 분류 답 ②

기능별 분류는 정부가 수행하는 기능(공공영역)이나 목적별로 예산 내용을 분류하는 것으로, 정부활동에 관한 집약적 정보를 국민에게 이해하기 쉽게 제공하므로 '시민을 위한 분류(citizen's classification)'로서의 성격을 지닌다.

선지분석

① 품목별 분류는 예산의 내용을 재화와 용역의 종류를 기준으로 세부항목별로 분류하는 것이다.
③ 경제성질별 분류는 정부예산이 국민경제에 미치는 총체적 파급효과를 파악할 수 있게 하여 정책결정에 필요한 자료를 얻기 위한 분류이다.
④ 조직별 분류는 예산내용을 그 편성과 집행책임을 담당하는 관서나 부처별로 분류하는 것이다.

06 예산의 분류방법과 분류기준 답 ①

기능별 분류는 정부가 무슨 일(기능)을 하는 데 얼마를 쓰느냐에 대한 것으로 옳은 설명이다.

선지분석

② 조직별 분류는 누가 얼마를 쓰느냐에 대한 것으로, 정부가 무엇(품목)을 구입하는 데 얼마를 쓰느냐는 품목별 분류에 따른 것이다.
③ 경제성질별 분류는 예산이 국민경제에 미치는 총체적인 효과가 어떠한가에 대한 것이다.
④ 시민을 위한 분류는 시민이 예산을 이해하기 용이한 기능별 분류에 대한 설명이다.

07 중앙정부의 일반회계 답 ④

양곡관리, 조달, 우편사업, 우체국예금은 정부사업특별회계, 책임운영기관특별회계로 설치된다. 일반회계는 국가의 고유 기능(예 외교, 국방, 치안 등)을 수행하기 위해서 조세수입 등을 주요 재원으로 하며 특별한 세입과 세출의 연계를 배제(통일성의 원칙)한다.

08 예산의 종류 답 ①

특정한 세입으로 특정한 사업을 운용하기 위해 설치되는 것은 기금이 아니라 특별회계이다. 기금은 특정한 목적을 위하여 특정한 자금을 신축적으로 운용할 필요가 있을 때 설치된다.

핵심POINT 예산의 종류

구분	일반회계	특별회계	기금
설치사유	국가 고유의 일반적 재정활동	• 특정사업 운영 • 특정자금 운용 • 특정세입으로 특정세출 충당	• 특정목적을 위해 특정자금 운용 • 일정자금을 활용하여 특정사업을 안정적으로 운영
재원조달 및 운용형태	공권력에 의한 조세수입과 무상급부원칙	일반회계와 기금의 운용 형태 혼재	출연금, 부담금 등의 다양한 수입원으로 기금고유사업 수행
통일성	특정한 수입과 지출의 연계 배제	특정한 수입과 지출의 연계	특정한 수입과 지출의 연계

09 특별회계 답 ①

특별회계는 국가에서 특정한 사업을 운영하고자 할 때, 특정한 자금을 보유하여 운용하고자 할 때, 특정한 세입으로 특정한 세출에 충당함으로써 일반회계와 구분하여 회계처리할 필요가 있을 때에 대통령령이 아닌 법률로서 설치하도록 「국가재정법」 제4조 제3항에 명시되어 있다.

10 특별회계 답 ④

특별회계는 일반회계와는 달리 특정한 세입으로 특정한 세출을 충당하는 별도의 회계이므로 입법부의 예산통제가 어렵다는 단점이 있다.

핵심POINT 특별회계의 장단점

장점	• 정부수지의 명확화 • 재정운영의 자율성 • 행정기능의 전문화·다양화에 부응
단점	• 예산구조와 체계의 복잡화 • 재정운영의 경직성 초래: 특정한 세입이 특정한 세출로 연결되어 재정 칸막이 발생 • 재정통제 약화: 입법통제나 민주통제의 곤란 • 재정팽창의 수단: 목적세와 함께 재정팽창의 원인

11 기금 답 ①

정부는 매년 기금운용계획안을 회계연도 개시 120일 전까지 국회에 제출하여야 하고 국회는 회계연도 개시 30일 전까지 의결하여야 한다.

12	우리나라의 기금 운영	답 ④

주한 미군기지 이전, 행정중심 복합도시 건설 등 일반회계에서 처리하기 곤란한 대규모 국책사업을 시행하기 위해서는 기금이 아니라 특별회계를 설치·운영하여야 한다(예 주한 미군기지 이전 특별회계, 행정중심 복합도시 건설 특별회계 등)

13	기금의 종류와 관련법령	답 ②

기금의 성질별 분류에서 사업성 기금은 특정한 목적의 사업을 수행하는 데 필요한 자금을 관리·운용하는 기금으로 그 예는 국민체육진흥기금, 정보화촉진기금, 직업훈련촉진기금 등이 있다. 공무원 연금기금은 사회보장성 기금이고, 기술보증기금과 무역보험기금은 금융성 기금이다.

선지분석

① 「국가재정법」 제69조의 내용이다.
③ 「국가재정법」 제82조의 내용이다.
④ 「국가재정법」 제63조 제1항의 내용이다.

⊕ 보충 「국가재정법」

제63조 【기금자산운용의 원칙】 ① 기금관리주체는 안정성·유동성·수익성 및 공공성을 고려하여 기금자산을 투명하고 효율적으로 운용하여야 한다.

제69조 【증액 동의】 국회는 정부가 제출한 기금운용계획안의 주요항목 지출금액을 증액하거나 새로운 과목을 설치하고자 하는 때에는 미리 정부의 동의를 얻어야 한다.

제82조 【기금운용의 평가】 ① 기획재정부장관은 회계연도마다 전체 기금 중 3분의 1 이상의 기금에 대하여 대통령령으로 정하는 바에 따라 그 운용실태를 조사·평가하여야 하며, 3년마다 전체 재정체계를 고려하여 기금의 존치 여부를 평가하여야 한다.

핵심POINT 기금의 성질별(설립목적별) 분류

사업성	특정한 목적의 사업을 수행하는 데 필요한 자금을 관리·운용하는 기금 예 국민체육진흥기금, 정보화촉진기금, 직업훈련촉진기금 등
금융성	특정 사업에 수반해 보증 또는 보험 등 보조적 역할을 수행하는 기금 예 기술보증기금, 신용보증기금, 무역보험기금 등
보장성	사회보장 급여 지급을 목적으로 정부가 통제하며, 기금의 명의로 자산과 부채를 보유하는 기금 예 국민연금기금, 공무원 연금기금 등
계정성	특정 자금을 모아 실제 사업을 수행하는 주체에게 전달하는 역할을 하는 기금 예 공적자금상환기금, 외국환평형기금, 복권기금 등

14	「국가재정법」상 기금	답 ③

기금운용계획상 여유자금 운용으로 계상된 지출금액은 기금운용계획변경안을 국회에 제출하지 않고 대통령령으로 정하는 바에 따라 변경할 수 있다(「국가재정법」 제70조 제3항).

선지분석

① 「국가재정법」 제68조 제1항의 내용이다.
② 「국가재정법」 제69조의 내용이다.
④ 「국가재정법」 제70조 제5항의 내용이다.
⑤ 「국가재정법」 제70조 제3항의 내용이다.

⊕ 보충 「국가재정법」

제68조 【기금운용계획안의 국회제출 등】 ① 정부는 제67조 제3항의 규정에 따른 주요항목 단위로 마련된 기금운용계획안을 회계연도 개시 120일 전까지 국회에 제출하여야 한다. 이 경우 중앙관서의 장이 관리하는 기금의 기금운용계획안에 계상된 국채발행 및 차입금의 한도액은 제20조의 규정에 따른 예산총칙에 규정하여야 한다.

제69조 【증액 동의】 국회는 정부가 제출한 기금운용계획안의 주요항목 지출금액을 증액하거나 새로운 과목을 설치하고자 하는 때에는 미리 정부의 동의를 얻어야 한다.

제70조 【기금운용계획의 변경】 ① 기금관리주체는 지출계획의 주요항목 지출금액의 범위 안에서 대통령령으로 정하는 바에 따라 세부항목 지출금액을 변경할 수 있다.

② 기금관리주체(기금관리주체가 중앙관서의 장이 아닌 경우에는 소관중앙관서의 장을 말한다)는 기금운용계획 중 주요항목 지출금액을 변경하고자 하는 때에는 기획재정부장관과 협의·조정하여 마련한 기금운용계획변경안을 국무회의의 심의를 거쳐 대통령의 승인을 얻은 후 국회에 제출하여야 한다.

③ 제2항에도 불구하고 주요항목 지출금액이 다음 각 호의 어느 하나에 해당하는 경우에는 기금운용계획변경안을 국회에 제출하지 아니하고 대통령령으로 정하는 바에 따라 변경할 수 있다.

1. 별표 3에 규정된 금융성 기금 외의 기금은 주요항목 지출금액의 변경범위가 10분의 2 이하
2. 별표 3에 규정된 금융성 기금은 주요항목 지출금액의 변경범위가 10분의 3 이하. 다만, 기금의 관리 및 운용에 소요되는 경상비에 해당하는 주요항목 지출금액에 대하여는 10분의 2 이하로 한다.
3. 다른 법률의 규정에 따른 의무적 지출금액
4. 다음 각 목의 어느 하나에 해당하는 지출금액
   가. 기금운용계획상 여유자금 운용으로 계상된 지출금액
   다. 환율 및 금리의 변동, 기한 전 상환으로 인한 차입금 원리금 상환 지출금액

⑤ 기금관리주체는 제3항 제4호 다목, 같은 항 제5호 및 제6호에 따라 지출금액을 변경한 때(주요항목 지출금액의 변경범위가 10분의 2를 초과한 경우에 한정한다)에는 변경명세서를 국회 소관 상임위원회 및 예산결산특별위원회에 제출하여야 한다. 이 경우 변경명세서에는 국채 발행 및 상환 실적을 포함하여야 한다.

15	정부예산의 종류	답 ③

일반회계와 특별회계인 예산뿐만 아니라 기금에 대해서도 재정민주주의에 의해서 국회의 심의 및 의결을 받아야 한다.

16	통합재정	답 ①

통합재정이란 중앙정부와 지방자치단체의 일반회계, 특별회계, 기금을 통합하여 국가 전체의 재정규모를 파악하기 위한 재정지표로써 일반회계와 특별회계 간의 중복부분인 내부거래와 보전거래를 제외한 순계 개념으로 파악한다.

선지분석

② 통합재정의 기관범위에 지방자치단체는 포함되지만 공공기관은 포함되지 않는다.
③ 통합재정은 회계 간 중복분인 내부거래 및 보전거래를 포함하지 않는다.
④ 2005년부터 통합재정을 정부의 재정규모 통계로 사용하고 있고 세입과 세출을 내부거래와 보전거래를 제외한 순계 개념으로 파악하고 있다.

17	우리나라의 통합재정	답 ②

통합재정의 범위에는 중앙정부와 지방정부의 비금융공공부문으로 한국은행과 공기업 등 금융공공부문은 제외된다.

선지분석

① 세입과 세출은 규칙적인 경상거래와 불규칙적인 자본거래로 구분하여 작성한다.
③ 국가재정이 국민경제에 미치는 효과를 파악하고자 하는 경제성질별 분류에 의한 제도이다.
④ 통합재정은 내부거래와 보전거래를 제외하는 순계 개념으로 파악한다.

18	재정제도	답 ①

재정준칙은 아직 「국가재정법」에 규정되어 있지 않은 재정제도이다. 정부는 2025년 시행을 목표로 「국가재정법」 개정을 추진 중이며, 도입할 준칙은 재정수지준칙(통합재정수지 기준 △3%)과 국가채무준칙(국가채무비율 기준 60%)이다.

선지분석

② 「국가재정법」 제37조(총액계상)의 내용이다.
③ 「국가재정법」 제50조(총사업비의 관리)의 내용이다.
④ 「국가재정법」 제7조(국가재정운용계획의 수립 등)의 내용이다.

19	재정준칙의 유형과 특징	답 ④

재정지출준칙에 따라 지출한도를 준수한다고 하더라도 조세지출을 통해서 우회적으로 지출을 늘림으로써 재정건전성이 훼손될 가능성이 있다. 재정준칙이란 재정수입, 재정지출, 재정수지, 국가채무 등 총량적 재정규율에 대한 법적 구속력을 부여함으로써 구체적인 재정운용목표로 재정규율을 준수하는 것을 말한다. 이러한 재정준칙을 통하여 재정정책 당국의 재량적 재정운용에 제약을 가하는 재정운용체계를 말한다. 재정수입준칙은 재정수입에 대한 구체적인 기준을 정하는 것으로 적절한 재정수입을 통해서 재정지출에 사용하도록 하는 것이다.

선지분석

① 국가채무준칙은 국가채무의 규모에 상한선을 설정하는 준칙이다. 국가채무 규모의 상한선을 설정하며 한도 설정은 절대규모가 아니라 GDP 대비 국가채무의 비율로 설정된다.
② 재정수지준칙은 매 회계연도마다 또는 일정 기간 재정수지를 균형이나 일정 수준으로 유지하도록 하는 준칙이다. 경기변동과는 무관하게 설정되는 것이므로 실질적인 효과를 파악하기 어렵기 때문에 경제 안정화를 저해할 수 있다는 문제점이 있다.
③ 재정지출준칙은 총지출 한도, 분야별 명목·실질지출한도, 명목·실질 지출 증가율 한도를 설정하는 준칙이다. 지출한도의 장점은 다른 변수에 영향을 받지 않고 독립적으로 통제가 가능하며, 경제성장률이나 재정적자규모의 예측에 의존하지 않는다는 점이다. 그렇지만 재정지출 준칙 지출한도를 준수하는 대신 조세지출을 광범위하게 활용함으로써 형식적으로는 재정지출을 준수하지만 실질적으로는 재정건전성이 훼손될 수 있는 문제점이 있다.

핵심POINT 재정준칙의 유형

재정수입준칙	재정수입에 대한 구체적인 기준을 정하는 것으로 적절한 재정수입을 통해서 재정지출에 사용하도록 하는 준칙
재정지출준칙	• 총지출 한도, 분야별 명목·실질지출한도, 명목·실질 지출 증가율 한도를 설정하는 준칙 • 다른 변수에 영향을 받지 않고 독립적으로 통제가 가능하며, 경제성장률이나 재정적자규모의 예측에 의존하지 않음 • 조세지출을 우회적으로 활용함으로써 재정건전성이 훼손될 가능성이 있음
재정수지준칙	• 매 회계연도마다 또는 일정 기간 재정수지를 균형이나 일정 수준으로 유지하도록 하는 준칙 • 경기변동과는 무관하게 설정되는 것이므로 실질적인 효과를 파악하기 어렵기 때문에 경제 안정화를 저해할 수 있음
국가채무준칙	국가채무의 규모에 상한선을 설정하는 준칙으로, 한도 설정은 절대규모가 아니라 GDP 대비 국가채무의 비율로 설정

20	우리나라 정부기금	답 ③

③은 옳은 설명이다. 기획재정부장관은 각 중앙관서장이 제출한 기금운용계획안에 대하여 기금관리주체와 협의·조정하여 기금운용계획안을 마련한 후 국무회의의 심의를 거쳐 대통령의 승인을 얻어야 한다(「국가재정법」 제66조 제6항).

선지분석

① 기금은 세입·세출예산외로 운영되며 예산은 세입·세출예산 내에서 운영해야 한다.
② 일반회계보다 재원운용의 자율성이 보장되지만 예산과 마찬가지로 국회에 지출하여 국회의 심의를 거쳐야 한다.
④ 기금은 법률로써 설치하며 재원은 조세가 아닌 전입금, 출연금, 부담금 등이 재원이 된다.

⊕ **보충** 「국가재정법」

제66조【기금운용계획안】 ① 기금관리주체는 매년 1월 31일까지 당해 회계연도부터 5회계연도 이상의 기간 동안의 신규사업 및 기획재정부장관이 정하는 주요 계속사업에 대한 중기사업계획서를 기획재정부장관에게 제출하여야 한다.

② 기획재정부장관은 자문회의의 자문과 국무회의의 심의를 거쳐 대통령의 승인을 얻은 다음 연도의 기금운용계획안 작성지침을 매년 3월 31일까지 기금관리주체에게 통보하여야 한다.

③ 기획재정부장관은 제7조의 규정에 따른 국가재정운용계획과 기금운용계획 수립을 연계하기 위하여 기금운용계획안 작성지침에 기금별 지출한도를 포함하여 통보할 수 있다.

④ 기획재정부장관은 제2항의 규정에 따라 기금관리주체에게 통보한 기금운용계획안 작성지침을 국회 예산결산특별위원회에 보고하여야 한다.

⑤ 기금관리주체는 기금운용계획안 작성지침에 따라 다음 연도의 기금운용계획안을 작성하여 매년 5월 31일까지 기획재정부장관에게 제출하여야 한다.

⑥ 기획재정부장관은 제출된 기금운용계획안에 대하여 기금관리주체와 협의·조정하여 기금운용계획안을 마련한 후 국무회의의 심의를 거쳐 대통령의 승인을 얻어야 한다.

21	「국가재정법」상 온실가스감축인지 예산제도	답 ③

「국가재정법」은 정부예산과 기금에 대한 법적 규정으로, 정부의 기금도 온실가스감축인지 예산제도의 대상에 포함된다.

⊕ **보충** 「국가재정법」

제16조【예산의 원칙】 정부는 예산을 편성하거나 집행할 때 다음 각 호의 원칙을 준수하여야 한다.

6. 정부는 예산이 「저탄소 녹색성장 기본법」 제2조 제9호에 따른 온실가스 감축에 미치는 효과를 평가하고, 그 결과를 정부의 예산편성에 반영하기 위하여 노력하여야 한다.

제27조【온실가스감축인지 예산서의 작성】 ① 정부는 예산이 온실가스 감축에 미칠 영향을 미리 분석한 보고서(이하 "온실가스감축인지 예산서"라 한다)를 작성하여야 한다.

② 온실가스감축인지 예산서에는 온실가스 감축에 대한 기대효과, 성과목표, 효과분석 등을 포함하여야 한다.

제57조의2【온실가스감축인지 결산서의 작성】 ① 정부는 예산이 온실가스를 감축하는 방향으로 집행되었는지를 평가하는 보고서를 작성하여야 한다.

제68조의3【온실가스감축인지 기금운용계획서의 작성】 ① 정부는 기금이 온실가스 감축에 미칠 영향을 미리 분석한 보고서를 작성하여야 한다.

22	특별회계예산과 기금	답 ③

기금은 특별회계예산보다 합목적성 차원에서 자율성과 탄력성이 강하다. 특별회계예산은 상대적으로 합법성 차원에서 통제를 받게 되므로 자율성과 탄력성이 약하다.

(선지분석)

① 기금은 특정 수입과 지출의 연계가 강하기 때문에 통일성 원칙의 예외이다.

② 특별회계예산도 일반회계와 마찬가지로 세입과 세출이라는 운영체계를 갖는다.

④ 특별회계예산과 기금 모두 결산서를 차년도 5월 31일까지 국회에 제출하여 심의·의결을 받아야 한다.

23	우리나라 예산	답 ③

우리나라의 세출예산은 장·관·항/세항·목으로, 세입예산은 관·항/목으로 구분한다.

(선지분석)

① (세입세출)예산은 일반회계와 특별회계로 구분하며 기금은 예산 외로 운영한다.

② 국회의 예비금은 국회의장이 아닌 사무총장이 관리한다.

④ 특정한 목적을 위해 특정한 자금을 신축적으로 운영하는 것은 특별회계가 아닌 기금에 대한 설명이다.

⑤ 상임위원회 회의가 아닌 본회의에서 정부의 시정연설이 이루어진다.

⊕ **보충** 예산 관련 법률

「국가재정법」

제5조【기금의 설치】 ① 기금은 국가가 특정한 목적을 위하여 특정한 자금을 신축적으로 운용할 필요가 있을 때에 한정하여 법률로써 설치하되, 정부의 출연금 또는 법률에 따른 민간부담금을 재원으로 하는 기금은 별표 2에 규정된 법률에 의하지 아니하고는 이를 설치할 수 없다.

제21조【세입세출예산의 구분】 ② 세입세출예산은 독립기관 및 중앙관서의 소관별로 구분한 후 소관 내에서 일반회계·특별회계로 구분한다.

「국가재정법 시행령」

제7조【예산의 과목구분】 세입예산의 관·항·목의 구분과 설정, 세출예산 및 계속비의 장·관·항·세항·목의 구분과 설정, 국고채무부담행위의 사항 구분은 기획재정부장관이 정하는 바에 따른다.

「국회법」

제23조【국회의 예산】 ③ 국회의 예산에 예비금을 둔다.

④ 국회의 예비금은 사무총장이 관리하되, 국회운영위원회의 동의와 의장의 승인을 받아 지출한다.

제84조【예산안·결산의 회부 및 심사】 ① 예산안과 결산은 소관 상임위원회에 회부하고, 소관 상임위원회는 예비심사를 하여 그 결과를 의장에게 보고한다. 이 경우 예산안에 대해서는 본회의에서 정부의 시정연설을 듣는다.

24	예산과 재정관리	답 ④

「국가재정법」에 추가경정예산의 편성횟수에 대한 제한규정은 없고, 편성사유에 대한 제한은 있다. 추가경정예산은 본예산에 대한 예외로서, 「국가재정법」 제89조에 따르면 정부는 이미 확정된 예산에 변경을 가할 필요가 있는 경우에는 추가경정예산안을 편성할 수 있다고 규정하고 있다.

25 예산의 성립시기에 따른 분류 답 ②

예산을 성립시기에 따라 분류하면 본예산, 수정예산, 추가경정예산으로 분류된다.

(선지분석)

① 일반회계, 특별회계는 세입세출의 성질에 따른 분류이다.

③ 정부출자기관예산, 정부투자기관예산은 정부의 출자 정도에 따른 분류이다.

④ 잠정예산, 가예산, 준예산은 예산 불성립 시 성립되는 예산제도이다.

핵심POINT 성립시기에 따른 예산의 종류

제출 (120일 전) ⇨ 의결 (30일 전) ⇨ 집행 (회계연도 개시)

당초예산	수정예산	본예산	추가경정예산
최초 성립된 당초 예산	제출 후 의결 전 수정하여 편성한 예산		확정(성립) 후에 추가·변경된 예산 (전쟁, 재해, 실업, 법령 등의 요건)

26 성립시기에 따른 예산의 분류 답 ③

예산의 성립시기를 기준으로 할 때 성립 전에 예산을 수정하는 수정예산, 국회의결로 성립된 본예산, 성립 후에 예산을 변경하는 추가경정예산의 순서대로 이루어진다. 즉 성립시기를 기준으로 할 때 시기적으로 가장 빠른 순서는 수정예산 → 본예산 → 추가경정예산의 순서가 된다.

핵심POINT 예산의 성립시기에 따른 분류

수정예산	국회제출 후 의결 전에 정부가 수정하여 편성·제출한 예산
본예산	국회에서 최초 제출되어 정상적으로 의결·확정된 당초 예산
추가경정예산	예산이 국회에서 의결되어 성립된 후 추가·변경된 예산

27 예산의 종류 답 ①

추가경정예산은 국회에서 예산이 확정(성립)된 후에 전쟁, 재해, 실업, 법령 등의 요건으로 인하여 추가·변경되는 예산을 의미한다.

28 추가경정예산의 연혁과 특징 답 ④

추가경정예산은 본예산과 별개로 성립되지만 본예산에 포함되어 운영되므로 당해 회계연도 종료 후 결산에는 추가경정예산이 포함된다.

(선지분석)

② 「국가재정법」 제89조에서 추가경정예산의 편성사유를 제한한다.

③ 2000년도 이후 추가경정예산이 자주 편성되었지만 2007·2010·2011·2012년에는 편성되지 않았고 2013년에는 약 12조 정도의 추가경정예산이 편성되었다.

⊕ 보충 「국가재정법」

제89조 【추가경정예산안의 편성】 ① 정부는 다음 각 호의 어느 하나에 해당하게 되어 이미 확정된 예산에 변경을 가할 필요가 있는 경우에는 추가경정예산안을 편성할 수 있다.
1. 전쟁이나 대규모 자연재해가 발생한 경우
2. 경기침체, 대량실업, 남북관계의 변화, 경제협력과 같은 대내·외 여건에 중대한 변화가 발생하였거나 발생할 우려가 있는 경우
3. 법령에 따라 국가가 지급하여야 하는 지출이 발생하거나 증가하는 경우

② 정부는 국회에서 추가경정예산안이 확정되기 전에 이를 미리 배정하거나 집행할 수 없다.

29 각 예산 유형의 개념 답 ①

예산유형에 대한 설명으로 옳은 것은 ㄱ, ㄴ이다.

(선지분석)

ㄷ. 추가경정예산은 본예산과 별도로 성립되지만 결산심의는 통합되어 이루어진다.

ㄹ. 우리나라는 1960년도 이후부터 준예산제도를 채택하고 있다. 잠정예산은 외국의 불성립예산이다.

30 추가경정예산안의 편성사유 답 ④

경제협력, 해외원조를 위한 지출을 예비비로 충당해야 할 우려가 있는 경우는 추가경정예산의 편성사유에 해당하지 않는다. 추가경정예산안의 편성사유는 「국가재정법」에 규정되어 있다.

⊕ 보충 「국가재정법」

제89조 【추가경정예산안의 편성】 ① 정부는 다음 각 호의 어느 하나에 해당하게 되어 이미 확정된 예산에 변경을 가할 필요가 있는 경우에는 추가경정예산안을 편성할 수 있다.
1. 전쟁이나 대규모 재해가 발생한 경우
2. 경기침체, 대량실업, 남북관계의 변화, 경제협력과 같은 대내·외 여건에 중대한 변화가 발생하였거나 발생할 우려가 있는 경우
3. 법령에 따라 국가가 지급하여야 하는 지출이 발생하거나 증가하는 경우

31 「국가재정법」상 추가경정예산안 편성사유 답 ②

「국가재정법」상 추가경정예산안 편성사유는 전쟁이나 대규모 재해(「재난 및 안전관리기본법」상 자연재난과 사회재난에 따른 피해)가 발생한 경우이고, 발생할 우려가 있는 경우는 편성사유에 해당하지 않는다.

32	추가경정예산의 집행	답 ④

정부는 국회에서 추가경정예산안이 확정되기 전에 긴급한 상황이 발생한 경우 이를 미리 배정하거나 집행할 수 없다(「국가재정법」 제89조 제2항).

33	추가경정예산의 편성사유	답 ③

문제의 보기는 추가경정예산의 편성사유이며 추경예산은 본예산과 별도로 편성하기에 예산의 구조가 다르지 않아야 한다는 예산단일성 원칙의 예외가 된다.

선지분석

① 본예산은 국가나 지방 공공 단체의 한 회계 연도에 확정된 연간 예산을 말한다.

④ 수정예산은 정부가 예산안을 국회에 제출한 후, 국회의 심의·확정 전에 부득이한 사정으로 수정해 제출하는 예산이다.

34	우리나라 예산과정	답 ③

정부는 회계연도 개시 전까지 예산안이 의결되지 못한 때에는 준예산을 편성하는 것은 맞지만 모든 예산이 아니라 헌법 제54조 제3항에 규정된 사항만이 해당한다.

⊕ 보충 헌법

제54조 ③ 새로운 회계연도가 개시될 때까지 예산안이 의결되지 못한 때에는 정부는 국회에서 예산안이 의결될 때까지 다음의 목적을 위한 경비를 전년도 예산에 준하여 집행할 수 있다.

1. 헌법이나 법률에 의하여 설치된 기관 또는 시설의 유지·운영
2. 법률상 지출의무의 이행
3. 이미 예산으로 승인된 사업의 계속

35	준예산	답 ②

제2공화국 이후의 준예산은 국회의 의결을 필요로 하지 않는 사전의결원칙의 예외이다.

36	준예산	답 ①

우리나라는 제2공화국 이후 예산불성립 시 제도로 준예산제도를 도입하여 현재도 시행 중이다.

37	예산불성립에 따른 예산 종류	답 ④

외국의 불성립예산인 잠정예산도 가예산과 마찬가지로 국회의 의결이 필요하다. 국회의결이 불필요한 것은 준예산제도이다.

선지분석

③ 가예산은 우리나라에서 1공화국 이승만 정부 때 사용한 경험이 있다.

38	예산 불성립 시 예산제도	답 ④

가예산도 잠정예산과 같이 입법부의 의결을 필요로 한다. 입법부의 의결을 필요로 하지 않는 사전의결원칙의 예외는 준예산 제도이다.

핵심POINT 예산 불성립 시 예산제도

종류	기간	국회의 의결	지출항목	채택 국가
가예산	최초 1개월	필요	전반적	우리나라 제1공화국
준예산	제한없음	불필요	한정적	1960년 이래 우리나라, 독일
잠정예산	제한없음	필요	전반적	미국, 영국, 캐나다, 일본

CHAPTER 2 | 예산결정이론

THEME 63 예산결정이론

정답 p. 374

01	②	02	②	03	④	04	④	05	①
06	②	07	④	08	③	09	①	10	④
11	①	12	②	13	①	14	①	15	④
16	④	17	⑤	18	①	19	③	20	③

01 예산결정이론 답 ②

거시적 예산결정과 예산삭감을 설명하기에 적합한 이론은 총체주의(합리주의)이다. 점증주의는 미시적 예산결정으로 기존예산에 소폭적 변화를 추구하므로 예산삭감을 설명하기에 부적합하다.

선지분석

① 영기준예산, 계획예산제도는 합리주의예산에 속한다. 점증주의 모형을 적용한 대표적인 예산제도에는 품목별예산, 성과주의예산이 있다.
② 단절균형모형은 예산이 급격한 단절 후에 다시 균형을 이룬다는 모형으로 단절균형 발생시점을 사전에 예측할 수 없기 때문에 미래지향성을 지니지 못한다.
③ 예산극대화모형은 사회적 효용의 극대화가 아닌 관료 자신의 개인적 효용의 극대화를 위해 소속 부서의 예산을 증가시키려는 현상을 설명한다.

02 총체주의예산 답 ②

총체주의예산은 경제적 분석을 통하여 자원을 효율적으로 배분하려는 합리주의예산이다. 정치적 타협과 상호조절에 의한 예산추구는 점증주의예산의 특징이다.

핵심POINT 총체주의예산과 점증주의예산

구분	총체주의(합리주의)	점증주의
분석범위	모든 대안의 분석을 통한 최적대안 선택	기존대안에 대한 소폭적 변화
원리	경제원리	정치원리
접근, 방향	거시적, 하향적	미시적, 상향적
지향	총액지향	세부사업지향
개방성	닫힌 예산	열린 예산

03 점증주의적 예산결정 답 ④

점증주의적 예산결정은 정치원리로서 합리주의적 예산결정인 경제원리와는 다르며 기존의 이해관계를 반영하므로 예산결정에 대한 수용성은 높아진다.

선지분석

① 점증주의 예산은 기존예산+α를 통하여 예산의 지속적인 증가를 조장하여 만성적인 예산적자의 원인이 될 수 있다.
② 점증주의 예산은 기존예산을 유지하는 데 중점을 두므로 경직된 예산구조로 인해 경기변동에 대응하는 재정정책적 기능을 수행하기 어렵다.
③ 점증주의 예산은 기존의 이해관계자(예산과정 참여자)들의 타협과 조정을 통해서 갈등의 소지를 줄이고, 예산과정의 예측가능성을 높일 수 있다.

04 점증주의 예산결정이론 답 ④

④는 다중합리성 이론에 대한 설명이다. 다중합리성 이론은 미시적 예산결정을 강조하며 예산결정 과정의 각 단계에 경제적 기준 외에 정치, 사회, 법적 측면의 다양한 기준들이 영향을 미친다는 점을 강조한다.

05 예산이론 답 ①

계획예산제도는 점증모형이 아닌 합리모형에 의한 예산결정이다.

선지분석

③ 합리모형은 예산의 목표와 수단 및 우선순위를 명확하게 설정하고 합리적 분석을 통해 예산을 탄력적으로 활용하여 경기변동에 대응하는 재정정책적 기능을 수행할 수 있다.

06 점증주의예산의 특징 답 ②

예산결정상의 점증주의는 기존결정에 약간의 소폭적 변화만을 추구하므로 예산의 정책분석기능을 약화시킨다.

07 점증주의예산의 장점 답 ④

합리적 · 총제적 관점에서 의사결정이 가능한 것은 합리주의예산의 장점이다.

08 예산상의 점증주의 유발요인 답 ③

예산의 통일성 원칙의 예외 영역(목적세나 특별회계 등)에서는 예산의 대폭적인 증가가 이루어질 수 있으므로 점증주의가 나타나지 않는다.

선지분석

① 의회와 행정부 간, 전년도와 현년도 예산 간 일정한 선형적 함수관계(안정성 · 규칙성)가 존재한다.
② 점증주의는 주어진 예산의 범주 내에서 이루어지는 결정에만 관심을 가지기 때문에 범주 밖의 외부적 요인을 고려하지 않는다.
④ 대폭적인 변화보다는 참여자 간 부분적인 양보와 획득에 그치는 현상을 한다.

09	예산과 관련된 이론	답 ①

매슬로우(Maslow)의 욕구체계이론은 행정조직론의 동기부여이론으로 예산과는 관련이 없는 이론이다. 다중합리성모형, 단절균형이론, 점증주의는 예산결정과 관련된 주요 이론이다.

10	주요 예산모형	답 ④

합리주의모형은 순현재가치, 내부수익률, 비용편익분석 등 분석적 기법을 사용하여 대안의 우선순위를 검토하고 최적대안을 선택하는 방식이다.

선지분석

① 영기준예산, 계획예산제도는 합리주의예산에 속한다. 점증주의 모형을 적용한 대표적인 예산제도에는 품목별예산, 성과주의예산이 있다.
② 단절균형모형은 예산이 급격한 단절 후에 다시 균형을 이룬다는 모형으로 단절균형 발생시점을 사전에 예측할 수 없기 때문에 미래지향성을 지니지 못한다.
③ 예산극대화모형은 사회적 효용의 극대화가 아닌 관료 자신의 개인적 효용의 극대화를 위해 소속 부서의 예산을 증가시키려는 현상을 설명한다.

11	예산결정이론	답 ①

루이스(Lewis)는 예산배분결정에서 합리주의에 입각한 경제학적 접근법을 적용하여 '상대적 가치', '증분분석', '상대적 효과성'이라는 세 가지 명제를 제시하였다.

선지분석

② 니스카넨(Niskanen)의 예산극대화모형은 관료 자신의 이익을 위하여 자기 소속부서의 예산을 극대화하는 행태를 분석한다.
③ 윌로비와 서메이어(Wiloughby & Thurmaier)의 다중합리성 모형은 복수의 합리성기준이 중앙예산실의 예산분석가들에게 미치는 영향을 주로 분석한다.
④ 단절균형예산이론은 예산의 급격한 단절을 겪은 후에 다시 균형을 이루어 나간다는 이론으로, 단절에 의한 급격한 변화를 미리 예측할 수 없다는 단점이 있다.

12	다중합리성모형	답 ②

서메이어(Thumaier)와 윌로비(Willoughby)의 다중합리성모형은 정치적·경제적 관점의 다양한 합리성기준이 행정부 중앙예산실의 예산분석가들에게 미치는 영향을 미시적으로 분석한 모형이다.

선지분석

① 정부예산이 편성되는 과정을 중심으로 접근하였다.
③ 정부예산의 성공을 위해서는 예산과정 각 단계에서 나타나는 예산활동과 행태를 구분하여야 한다고 주장하였다.
④ 예산과정과 정책과정 간의 연계점의 인식틀을 제시하기 위해 킹던(Kingdon)의 정책결정모형과 루빈(Rubin)의 실시간 예산운영모형(real time budgeting)을 통합하고자 하였다. 킹던(Kingdon)의 정책결정모형은 문제·정책·정치의 흐름에 의하여 의사결정의 창이 열린다는 흐름창모형(정책창모형)이고, 루빈(Rubin)의 실시간 예산운영모형은 서로 성질이 다른, 그러나 서로 연결이 된 세입, 세출, 균형, 집행, 과정의 5가지 의사결정흐름이 통합되면서 의사결정이 이루어진다는 모형이다.

13	예산결정이론	답 ①

다중합리성모형(Thumair & Willoughby)은 예산결정과정에서 다양한 합리성(경제적, 정치적 사회적 합리성 등)을 통해서 미시적 예산결정을 한다고 본다. 이러한 다중합리성모형은 킹던(Kingdon)의 정책창모형과 루빈(Rubin)의 실시간예산모형의 결합으로 이루어졌다.

선지분석

② 단절균형모형에 대한 설명이다.
③ 합리주의모형에 대한 설명이다.
④ 점증주의모형에 대한 설명이다.
⑤ 니스카넨(Niskanen)의 관료예산극대화모형에 대한 설명이다.

14	밀러(Miller)의 모호성모형(ambiguity model)	답 ①

ㄱ은 밀러(Miller)가 개발한 모호성모형(ambiguity model)에 대한 설명이다. 모호성모형은 1991년에 밀러(Miller)가 제시한 예산모형으로, 비합리적 의사결정모형을 예산에 적용한 것이다. 정책결정의 쓰레기통모형을 예산결정이론에 적용한 것으로, 독립적인 조직들이 서로 느슨하게 연결되어 독립성과 자율성을 누릴 수 있는 형태의 조직의 예산결정에 적합한 예산모형이다.

15	예산결정이론	답 ④

예산운영의 다중합리성모형(Thumaire & Willoughby)은 복수의 합리성 기준이 중앙예산실의 예산분석가들에게 미치는 영향을 주로 미시적으로 분석한 과정적 접근법으로 정부예산의 성공을 위해서는 예산 과정 각 단계에서 예산 활동 및 행태를 구분해야 함을 강조한다.

선지분석

① 합리모형은 예산상의 편익을 극대화하기 위한 결정방식으로 규범적·이상적 성격이 강하고, 점증주의는 실증적·현실적 성격이 강하다.
② 예산결정에서 기존 사업에 대한 당위적 예산배분을 통제할 수 없다는 점은 점증모형의 한계이다. 점증모형은 기존사업에 약간의 변화를 추구하는 모형이기 때문이다.
③ 예산결정자가 사후후생을 고려하지 않고 최악을 피하려는 전략을 사용하는 것은 점증주의예산결정의 형태이다. 단절균형모형이란 바움카트너와 존스(Baumgartner & Jones)가 주장한 모형으로 예산이 외부적 충격에 의해서 급격한 변화나 단절을 겪은 이후 다시 균형을 지속한다는 모형이다.

16 다중합리성 예산모형 답 ④

루빈(Rubin)의 실시간 예산운영(real-time budgeting) 모형에서 기술적 성격이 강하며, 책임성(accountability)의 정치적 특징을 갖는 것은 예산 균형흐름이 아니라 예산 집행흐름에 대한 설명이다. 루빈(Rubin)의 실시간 예산운영모형은 세입, 세출, 균형, 집행, 과정 등과 관련한 의사결정 흐름 개념을 활용하여 단계별 정치적 특징을 설명하고 있는데 이 다섯 가지의 의사결정 흐름은 느슨하게 연계된 상호의존성을 가지고 있다고 전제한다.

선지분석

① 루빈(Rubin)의 실시간 예산운영모형에 대한 설명이다.
② 킹던(Kingdon)의 의제설정모형, 즉 정책창모형은 정책과정의 복잡하고 불확실하고 역동적인 정책상황에서의 세 가지 흐름(정책, 정치, 문제)의 중요성을 부각시킨다는 점에서 서메이어와 윌로비(Thumair & Willoughby)가 주장한 다중합리성모형의 중요한 모태가 되었다.
③ 루빈(Rubin)의 실시간 예산운영모형에서 다섯 가지의 의사결정 흐름은 느슨하게 연계된 상호의존성을 가지면서 단계별로 서로 다른 복수의 합리성이 지배한다고 본다.

⊕ 보충 루빈(Rubin)의 실시간 예산운영모형

흐름	개념	정치적 특징
세입흐름	예산부담에 대한 결정 (누가 얼마만큼 부담할 것인가)	설득의 정치
세출흐름	예산획득을 위한 경쟁과 예산 배분에 관한 의사결정	선택의 정치
균형흐름	예산균형을 어떻게 정의할 것인지, 정부의 범위 및 역할에 대한 결정	제약조건의 정치
집행흐름	예산계획에 따른 집행과 수정 및 일탈의 허용범위에 관한 문제 (기술적 성격이 강함)	책임성의 정치
과정흐름	예산결정과정에 대한 분석 (어떻게 예산을 결정하는가)	누가 예산을 결정하는가의 정치

17 예산결정이론 답 ⑤

루빈(Rubin)의 실시간 예산운영모형에 대한 옳은 설명이다.

선지분석

① 예산결정이론은 예산 배분의 경제적 측면을 강조하는 합리주의(총체주의)이론과 정치적 측면을 강조하는 점증주의이론으로 구분할 수 있는데, 전자는 포괄적·분석적 접근이며 후자는 점증적·단편적 접근이다.
② 목표에 대한 사회적 합의가 도출되지 않은 경우에도 적용할 수 있는 예산결정이론은 점증주의예산이다.
③ 예산을 탄력적으로 활용하여 경기변동에 대응하는 재정정책적 기능을 수행할 수 있는 것은 총체주의예산이다.
④ 단절균형예산이론은 특정 사건으로 균형상태에서 급격한 변화가 발생하고 이후 다시 균형을 지속한다는 이론으로, 단절균형이 발생할 수 있는 시점을 미리 예측할 수 없어 장기적 예측이 곤란하다는 것이 한계이다.

18 희소성의 유형 답 ①

가용자원이 정부의 계속사업을 지속할 만큼 충분하지 못한 경우에 발생하는 것은 급성 희소성이 아니라 총체적 희소성이다.

핵심POINT 시크(Schick)의 희소성의 유형과 예산의 특징

구분	계속사업	증가분	신규사업	특징
완화된 희소성	○	○	○	• 사업개발에 중점 • 예산제도로 PPBS 고려
만성적 희소성	○	○	×	• 지출통제보다 관리개선에 역점 • 예산제도로 ZBB 고려
급성 희소성	○	×	×	• 단기적·임기응변적 예산편성 • 예산기획 ×, 비용절감을 위한 관리상 효율 강조
총체적 희소성	×	×	×	• 회피형·반복적 예산편성 • 허위적 회계 처리

19 윌다브스키(Wildavsky)의 예산유형론 답 ③

윌다브스키(Wildavsky)는 경제력이 부족하고 재정의 예측능력이 낮은 저개발국(후진국)의 경우 반복적(답습적) 예산운영이 나타난다고 하였다.

핵심POINT 윌다브스키(Wildavsk)의 예산문화론

구분	풍부한 경제력	부족한 경제력
높은 예측력	점증적(incremental)	양입제출적(revenue), 세입적
낮은 예측력	보충적(supplement)	반복적(repetitive)

20 윌다브스키(Wildavsky)의 예산행태 답 ③

윌다브스키(Wildavsky)는 경제력과 재정의 예측가능성의 정도에 따라 예산의 유형을 네 가지로 구분하는 예산문화론을 제시하였다. 이에 따르면 예산행태유형 중 국가의 경제력은 낮지만 재정 예측력이 높은 경우에 나타나는 예산행태는 세입(양입제출적)예산이다.

선지분석

① 점증적 예산(incremental budgeting)은 국가의 경제력과 재정 예측력이 모두 높은 경우에 나타나는 행태이다.
② 반복적 예산(repetitive budgeting)은 국가의 경제력과 재정 예측력이 모두 낮은 경우에 나타나는 행태이다.
④ 보충적 예산(supplemental budgeting)은 국가의 경제력은 높고 재정 예측력이 낮은 경우에 나타나는 행태이다.

CHAPTER 3 | 예산제도의 발달과 개혁

THEME 64 예산제도

정답 p. 380

01	④	02	④	03	①	04	①	05	②
06	①	07	①	08	④	09	③	10	④
11	①	12	②	13	⑤	14	②	15	①
16	①	17	③	18	③	19	⑤	20	③
21	①	22	④	23	③	24	③	25	③
26	④	27	④	28	②	29	③	30	⑤
31	②	32	①	33	③	34	①	35	②
36	①	37	④	38	③	39	②	40	③
41	②								

01 예산제도 답 ④

성과주의예산은 업무단위의 비용과 업무량을 측정함으로써 행정기관의 관리층에게 효과적인 관리수단을 제공하므로 능률적인 관리에 중점을 둔다고 볼 수 있다. 또한 장기적인 계획과의 연계보다는 구체적인 개별사업만 중시하는 경향이 있어 총체적이고 장기적인 계획하에서 대안의 합리적인 선택이 제대로 검토되지 못하는 한계가 있다.

(선지분석)

① 예산개혁의 정향은 주로 통제지향(품목별예산) → 관리지향(성과주의예산) → 기획지향(계획예산) → 감축지향(영기준예산) → 참여지향(주민참여예산) 순으로 진행되었다.

② 계획예산제도(PPBS)는 케인즈(Keynes) 경제학이나 후생경제학의 영향으로 성립되었으며 장기기획과 예산의 연계를 강조하는 예산제도이다. 행정부에 의한 기획 중심적 성향으로 인하여 의회의 예산심의기능의 약화를 초래할 수 있는 것은 자본예산이 아니라 계획예산제도(PPBS)의 특징이다.

③ 사업단위뿐만 아니라 조직단위까지 의사결정단위가 될 수 있다는 점에서 계획예산보다 더 융통성 있는 제도라고 할 수 있는 것은 영기준예산이다.

핵심POINT 예산제도의 변천

구분	품목별예산	성과주의예산	계획예산	영기준예산
예산기능 (지향점)	통제	관리	기획	감축
핵심요소	투입	투입과 산출 (사업)	장기적 계획 (목표)	우선순위
정책결정	점증적, 분산	점증적, 분산	총체적, 집중	총체적, 분산
이념	민주성	능률성	효과성	생산성
기획책임	분산	분산	집중	분산
필요지식	회계학	-	경제학(B/C)	-

02 예산제도 답 ④

영기준예산제도(ZBB)는 목표 중심이 아니라 평가를 통한 감축 중심의 예산제도이다.

핵심POINT 각 예산제도의 비교

구분	품목별예산	성과주의예산	계획예산
발달연대	1920~1930년대	1950년대	1960년대
예산의 기능	통제(예산을 통제로 연결)	관리(재원을 사업과 연결)	계획(예산을 기획과 연결)
직원의 기술	경리(회계학)	관리(행정학)	경제(경제학)
정보의 초점	품목(투입)	기능·활동·사업(산출)	목표·정책(효과)
예산의 이념	합법성	능률성	효과성
정책목적과의 관계	불투명	불투명	명백
예산의 중심단계	집행단계	편성단계	편성 전의 계획단계
예산기관의 역할	통제·감시	능률 향상	정책에의 관심
결정의 흐름	상향적 (위로 통제)	상향적 (위로 통제)	하향적 (아래로 결정)
결정의 유형	점증모형	점증모형	합리모형
통제책임	중앙	운영단위	운영단위
관리책임	분산	중앙	감독 책임자
기획의 책임	분산	분산	중앙
결정권의 소재	분권화	분권화	집권화
예산과 세출예산의 구별	동일	동일	따로 수립
예산과 조직의 관계	직접	직접	간접 (환산 필요)

03 예산제도 답 ①

성과예산은 예산을 사업 중심으로 편성함으로써 예산액의 절약과 능률보다 사업 또는 정책의 성과에 더 관심을 기울인 예산제도로, 기획책임이 분산적이다.

(선지분석)

② 계획예산은 기획책임이 집권적이다.

③ 목표관리예산은 기획책임이 분산적이다.

④ 품목별예산은 기획책임이 분산적이다.

⑤ 영기준예산은 기획책임이 분산적이다.

04 품목별예산제도 답 ①

품목별예산제도(LIBS)는 지출대상과 성질별로 세부항목을 구성하여 예산을 편성하기 때문에 재정지출을 통제하고 공무원의 회계적 책임을 확보할 수 있는 장점이 있다.

(선지분석)

② 계획예산제도(PPBS)에 대한 설명이다.

③ 성과주의예산제도(PBS)에 대한 설명이다.

④ 영기준예산제도(ZBB)에 대한 설명이다.

05	품목별예산제도	답 ②

품목별예산제도(LIBS)는 특정 사업의 투입만을 알 수 있고 산출을 모르기 때문에 사업의 지출 성과를 파악하기 어렵고 정부 활동에 대한 총체적인 사업계획과 우선순위 결정에 불리하다.

06	품목별 예산제도(LIBS)	답 ①

품목별 예산제도는 인건비, 물건비 등 세부항목에 따라 편성하므로 해당품목에 대한 철저한 통제가 가능하며 관료의 예산 남용이 발생하면 의회에서 철저하게 통제할 수 있다는 장점이 있다.

(선지분석)

② 각 부처의 입장에서 볼 때 예산 확보를 위해 예산 항목(투입)에만 관심을 기울이기 때문에 정책 및 사업(산출)의 우선순위를 알 수 없게 된다.

③, ④ 지출 대상별로 세부적으로 분류되어 있기 때문에 정부가 무엇을 구매하는지는 밝혀져 있어 재화 및 서비스의 구매에 효과적이지만, 사업이나 산출물을 알 수 없기 때문에 왜 구매하는지는 밝혀지지 않는다는 한계가 있다.

07	예산제도	답 ①

품목별예산제도는 투입을 중심으로 예산을 편성하므로 일(산출)에 대한 정보를 제공하지 못하며 세입과 세출의 유기적인 연계를 고려하지 못한다는 한계가 있다.

08	예산제도	답 ④

품목별예산제도는 지출내역별로 예산을 편성하는 예산제도로서 성과나 생산성을 파악하기 곤란하다.

09	예산제도	답 ③

계획예산제도(PPBS)는 예산과정에서 최고관리자의 권한집중과 의사결정의 일원화·집권화가 나타나는 하향식 예산으로, 의회의 예산에 대한 통제기능이 약화되기 때문에 재정민주주의의 실현에 적합하지 않다.

10	예산제도	답 ④

성과주의예산의 기본단위는 업무단위이다. 업무량 또는 활동별 지출을 단위비용으로 표현한다.

(선지분석)

① 품목별예산은 사업대안의 우선순위에 필요한 정보를 제공하지 못한다.

② 정보들을 의사결정 패키지별로 조직하는 것은 영기준예산이다.

③ 장기계획과 단기예산을 프로그래밍을 통하여 연계시키는 것은 계획예산이다.

11	예산제도	답 ①

품목별예산제도는 지출예산을 품목별로 분류하는 제도로 재정통제와 회계책임확보에 용이한 통제중심의 예산제도이다.

(선지분석)

② 성과주의예산제도는 예산총액을 단위원가×업무량의 형식으로 예산을 편성한다.

③ 계획예산제도는 장기적인 기획과 단기적인 예산을 프로그래밍을 통해 유기적으로 연계시킨다.

④ 영기준예산은 전년도 예산(계속사업)에 구애받지 않고 모든 사업을 처음부터 검토한다.

12	예산제도	답 ②

품목별예산제도(LIBS)의 분석의 초점은 지출대상이며 이를 통해 재정통제와 회계책임을 강화시킨다는 장점이 있다.

(선지분석)

① 성과주의예산제도는 업무단위 비용과 업무량의 파악을 통해 예산관리의 능률성을 높이고자 한다.

③ 새로운 성과주의예산제도는 중간 산출물보다는 결과를 강조하고 이를 통해 조직의 효과성을 높이고자 한다.

④ 계획예산제도는 장기적인 계획과 예산을 연결하는 것으로 목표를 정해서 프로그램으로 편성하여 내리는 하향적 방식으로 투명성과 대응성을 높이기는 어렵다.

13	성과주의예산제도	답 ⑤

회계책임을 묻는 데 용이한 예산은 품목별예산제도(LIBS)이다. 성과주의예산은 정책이나 사업계획에 중점을 두므로 입법부의 예산통제가 곤란하고 회계책임의 한계가 모호하다.

14	성과주의예산제도	답 ②

성과주의예산제도에 대한 설명으로 옳은 것은 ㄱ, ㄷ, ㄹ이다.

(선지분석)

ㄴ. 사업의 대안들을 제시하도록 하고 가장 효과적인 프로그램에 대해 재원배분을 선택하도록 하는 것은 계획예산제도(PPBS)의 특징이다. 성과주의예산제도는 정책목표 달성을 위한 대안의 타당성이나 우선순위 분석이 결여되어 있으므로 가장 효과적인 프로그램이나 대안 탐색·평가에 도움을 주지 못한다.

핵심POINT 성과주의예산제도의 장단점

장점	단점
• 국민의 이해 용이 • 내부통제 합리화 • 입법부 예산심의 용이 • 재정의 투명성·신뢰성 제고 • 합리적·효율적 자원배분	• 의회통제·재정통제 곤란 • 장기계획과의 연계보다 개별 단위사업 중심 • 대안적·합리적 검토 곤란 • 점증주의 초래

15	성과주의예산제도의 장점	답 ①

성과주의예산제도는 평가대상 업무단위가 최종 산출물이 아닌 중간 산출물인 경우가 많아 양적인 성과평가에 그칠 뿐 목표의 달성여부나 성과의 질적인 측면까지는 평가할 수 없다는 단점이 있다.

선지분석

② 예산총액을 업무량이나 단위원가 등 계량화된 정보를 통해 계산할 수 있기 때문에 합리적인 의사결정과 관리개선에 기여할 수 있다.
③ 단위사업별로 예산이 편성되어 입법부의 예산심의를 간편하게 만든다.
④ 기능별 분류에 따라 사업 또는 활동별로 예산이 편성되기 때문에 국민들이 정부의 추진사업을 쉽게 이해할 수 있다.

16	성과주의예산	답 ①

프로그램을 이용하여 장기적인 계획과 연차별 예산이 유기적으로 연계되는 것은 계획예산제도(PPBS)의 특징이다.

17	성과주의 예산제도의 특징	답 ③

성과주의예산제도(Performance Budgeting System)에 대한 설명으로 옳은 것은 ㄴ, ㄷ 이다. 성과주의 예산제도는 정부활동을 기능·활동·사업계획에 기초를 두고 편성하되 각 사업마다 가능한 한 업무 측정단위를 선정하여 업무를 계량화하며(ㄴ), 사례로는 미국 테네시계곡개발청(TVA) 사업이 있다(ㄷ).

선지분석

ㄱ. 행정의 재량 범위를 축소시켜 입법부의 통제가 상대적으로 용이하게 하는 것은 통제를 기능으로 하는 품목별 예산제도(LIBS)에 대한 설명이다.
ㄹ. 성과주의 예산제도는 1949년 제1차 후버위원회의 건의로 1950년대 트루먼 정부 때 연방정부예산에 도입되었다. 1970년대 미국 연방정부 예산에 도입된 예산제도는 1973년 닉슨행정부의 목표예산제(MBO)와 1978년 카터 행정부의 영기준예산제도(ZBB)가 있다.

18	성과예산제도(Performance Budgeting System)의 특징	답 ③

장기적인 사업을 중시하기 때문에 전략적인 목표의식이 명확한 것은 장기적 계획과 예산을 연계시키는 계획예산제도(PPBS)의 특징이다.

선지분석

④ 성과예산제도(Performance Budgeting System)의 한계이다.
⑤ 성과예산제도(Performance Budgeting System)는 "기능별 분류"에 따른 것으로 기능별 분류는 일반 국민이 무슨 사업을 추진하는지 쉽게 이해할 수 있기 때문에 시민을 위한 분류라고도 한다.

19	예산제도	답 ⑤

품목별예산제도(LIBS)는 예산을 품목(세부항목)에 따라 분류하여 투입 측면에 치우치기 때문에 왜 돈을 지출해야 하는지, 무슨 일을 하는지에 대한 성과를 알지 못하여 구체적인 정보를 제공하지 못한다는 단점이 있다.

20	예산제도	답 ③

1950년대 성과주의예산제도는 주로 (중간)산출물에 관심을 가진다. 산출 이후의 성과에 관심을 가지며 예산집행의 재량과 결과에 대한 책임을 강조하는 것은 1990년대 신성과주의예산제도의 주요 특징이다.

21	계획예산제도	답 ①

계획예산제도(PPBS)는 기획과 예산을 연결시키려는 합리주의예산으로, 상향식 접근이 아니라 하향식 접근이 원칙이다.

⊕ 보충 계획예산제도(PPBS)의 장단점

장점	단점
• 자원배분의 합리화: 장기적 시계 하에서 목표나 사업의 대안, 비용과 효과 등을 고려하고, 분석적 기법을 활용하여 자원의 절약 및 예산운영의 합리성 증진에 기여 • 의사결정의 일원화: 의사결정이 일원화됨에 따라 신속하고 종합적인 의사결정 • 장기사업계획에 대한 신뢰성 제고: 장기에 걸친 비용효과분석을 통해서 실현가능성 있는 계획을 작성하여 사업의 신뢰성을 제고 • 계획과 예산의 유기적 연계: 연동적인 프로그램을 이용하여 장기적인 계획과 연차별 예산과의 유기적 연결을 도모 • 최고관리층의 관리수단: 예산의 결정과정에 최고관리층의 의사를 반영	• 의사결정의 과도한 집권화: 최고관리자의 권한집중과 의사결정의 집권화에 의한 조직갈등과 경직화현상이 발생 • 성과의 계량화 곤란: 사업요소는 계량화할 수 있는 최종 산출물로써 선정되나, 정부사업이 많은 경우 산출물의 계량화가 어려움 • 목표 설정 및 사업구조 작성의 어려움: PPBS는 명확한 목표의 설정을 요구하고 있는데, 민주주의 국가에서는 목표의 다의성 및 의견대립으로 인해서 목표설정에 곤란 • 과도한 문서·정보량과 환산작업의 곤란: 분석과정에 많은 시간과 비용이 요구되었고, PPBS는 프로그램 중심의 예산이므로 부서의 구분이 되지 않아 환산작업이 필요한데, 이러한 환산작업은 예산이나 회계업무가 전산화되지 않고서는 어려움

22	계획예산제도	답 ④

계획예산제도는 1965년 존슨(Johnson) 대통령에 의해 미국 연방정부 차원에서 도입되었으나, 전반적으로 실패한 것으로 평가되고 있다.

선지분석

① 품목별예산은 하향식이 아니라 상향식 예산과정을 수반한다.

② 계획예산제도는 비용편익분석 등 예산편성에서 계량적 기법의 도입에 대해 적극적이었다.
③ 계획예산제도는 부서별 구분을 없애고 프로그램 중심으로 예산을 분석하는 것으로 사업의 영향이나 구조화된 분석의 역할이 중시된다.
⑤ 계획예산제도는 부서별로 예산을 배정하지 않고 프로그램·정책 중심으로 분석·배분한다는 점에서 과거의 품목별예산 등과 다르다.

23	영기준예산제도(ZBB)	답 ③

영기준예산제도(ZBB; Zero base budgeting)는 계속사업과 신규사업을 모두 처음부터 다시 검토하는 합리주의(총체주의) 예산방식이다. 계획예산제도(PPBS)의 지나치게 집권적인 측면에서 발생하는 예산의 문제점을 해결하기 위하여 구성원의 참여와 분권을 특징으로 하는 상향적 예산제도이다. 그러나 모든 사업을 원점에서 검토하는 과정에서 비용·노력의 과다한 투입을 요구한다는 비판을 받는다.

24	계획예산제도의 연혁	답 ③

제시문은 계획예산제도(PPBS)에 해당하는 설명이다. 계획예산제도는 장기적 기획과 예산을 유기적으로 연계시켜 자원을 합리적으로 배분하기 위한 것으로 기획기능을 강조한다. 미국 맥나마라(McNamara) 국방장관에 의해 국방부에 처음 도입한 것을 1965년 존슨 행정부가 연방정부에 도입하였다.

선지분석

① 통제기능은 품목별예산제도(LIBS)에서 강조한 기능이다.
② 관리기능은 성과주의예산제도(PBS)에서 강조한 기능이다.
④ 감축기능은 영기준예산제도(ZBB)에서 강조한 기능이다.

25	계획예산제도의 한계	답 ③

제시문은 계획예산제도(PPBS)의 한계에 대한 설명이다. 계획예산제도(PPBS)는 ⓐ 사업범주 - 세부사업범주 - 사업요소로 구성되는 사업구조(program structure)의 작성이 복잡하고 어려우며, ⓑ 하향식예산으로 예산결정구조가 최고관리층에게 집권화되기 때문에 실무자들의 참여가 곤란하며, ⓒ 관련 공무원들도 체제분석이나 비용편익분석 등 복잡하고 난해한 분석기법을 이해하기 어렵다는 한계가 있다.

26	참여적(민주적) 관리	답 ④

계획예산제도(PPBS)는 합리주의 예산제도로 하향적(Top-down)인 방식으로 집권화되어 있기 때문에 조직구성원들의 참여를 저해한다는 한계가 있다.

27	참여적 관리(Participatory Management)와 관련된 예산제도	답 ④

참여적 관리는 조직 내 의사결정과정에 직원 등 하급 구성원의 참여를 확대하는 관리 방식을 의미하며 영기준예산제도(ZBB)는 상향식으로 편성하여 구성원들의 참여적 관리를 높이기 위한 예산제도이다. 왜냐하면 계획예산제도(PPBS)가 지나치게 집권적·하향적이기 때문에 구성원들의 참여가 어렵기 때문이다.

선지분석

② 목표기준예산(TBB : Target Base Budget)은 전통적인 상향식 예산을 탈피하는 하향식 예산제도이다. 1980년대 중반 레이건(Regan) 행정부 시절 Stockman에 의해서 제시된 것으로, 상위관리자가 주어진 제약 하의 목표를 통해서 예산을 운영하는 방식으로 정치관리형 예산(BPM : Budgeting as Political Management)이라고도 한다.

28	계획예산과 영기준예산의 비교	답 ②

계획예산(PPBS)은 거시적·하향적이고, 영기준예산(ZBB)은 미시적·상향적이다.

핵심POINT 계획예산과 영기준예산의 비교

계획예산(PPBS)	영기준예산(ZBB)
정책적 측면 강조, 장기적 발전계획 중시	사업지향적, 관리적 측면 및 평가·환류 중시
집권적(하향적) 결정, 최고관리층의 관리 도구	분권적(상향적)결정, 중간관리층의 관리 도구
프로그램 중심, 조직 간 장벽 타파(개방체제), 융통성 저하	기존의 조직구조를 토대로 한 모든 활동(폐쇄체제), 융통성 증대
기획지향, 사업대안의 결정에 초점	평가지향, 사업대안 + 금액대안의 결정에 초점
5년(장기적 관점)	1년(단기적 관점)
신프로그램과 구프로그램 간의 예산변동액에 관심	기존 프로그램의 계속적인 재평가에 관심
점증모형과 합리모형의 중간형(양면성)	완전한 합리모형
거시적·하향적(top-down)	미시적·상향적(bottom-up)
행정국가시대의 예산	탈행정국가시대의 예산

29	일몰법과 영기준예산의 비교	답 ③

일몰법은 조직의 최상위 계층과 관련이 있는 반면, 영기준예산은 조직의 최상위 계층부터 중·하위 계층의 모든 계층과 관련이 있다.

핵심POINT 일몰법과 영기준예산의 비교

구분	일몰법	영기준예산
사용처	입법부의 예산심의 (입법 과정)	행정부의 예산편성 (행정 과정)
목적	사업성과 제고, 행정책임, 규제완화	효율적인 자원배분, 회계책임성 확보
운영단계	상위 정책결정자를 위한 정책도구	중·하위 관리자를 위한 관리도구
관심의 초점	법과 사업의 종결 (자동적 종결)	예산의 관리기능 (영기준 적용)
운영방식	하향식 (상위 이슈에서 특정 문제로)	상향식 (하의상달식 수행)
시계	장기적 (다년도의 광범위한 정책활동)	단기적 (1년 단위의 예산활동)
적용범위	예산, 법규, 사업	예산(경직성 경비 제외)
참여	일반 시민	관리자와 참모

30 일몰법과 영기준예산의 비교 답 ⑤

영기준예산은 행정부의 예산편성과정, 일몰법이 입법적 과정이다.

31 영기준예산제도(ZBB) 답 ②

영기준예산제도는 예산에 관한 의사결정이 상향적(Bottom-up)으로 진행된다.

선지분석

③ 사업 검토에 있어 조직 내부에서만 이루어지기 때문에 폐쇄적이라는 비판을 받는다.
④ 모든 사업에 대한 정보가 상급 관리계층에게 전달되기 때문에 상급자는 정보홍수와 업무과다를 초래할 수 있다.

32 영기준예산제도 답 ①

국방비, 인건비, 교육비 등과 같은 경직성 경비가 많은 공공부문에서는 법령상의 제약이 심하기 때문에 사업의 축소나 폐지가 용이하지 않아 영기준예산의 적용이 제한될 수밖에 없다.

33 영기준예산제도 답 ③

영기준예산제도는 모든 사업을 처음부터 다시 검토하는 합리주의 예산제도로 경제원리에 중점을 두기 때문에 예산과정에서 정치적 고려 및 관리자의 가치관이 반영될 가능성이 낮다는 단점이 있다.

34 영기준예산제도 답 ①

영기준예산제도의 단점으로 옳은 것은 ㄱ, ㄴ, ㄹ, ㅂ이다.

ㄱ. 영기준예산은 합리모형으로 계산전략의 포괄적 적용이 불가능하거나 시간·비용·노력이 과다하게 요구된다.
ㄴ. 분석에 필요한 정확한 정보획득에 애로가 있다.
ㄹ. 축소가 불가능한 경직성 경비(비탄력적 경비, 국방비, 인건비, 교육비, 지방재정교부금 등)가 많을 경우 효용이 저하된다.
ㅂ. 정치적 이해관계, 관리자의 가치관 등 비경제적 요인(정치적·심리적)의 영향을 간과한다.

선지분석

ㄷ. 영기준예산은 모든 사업을 원점에서부터 재검토함으로써 예산 낭비·팽창을 억제한다는 측면에서 예산통제 기능을 가지고 있다.
ㅁ. 모든 사업을 재검토한다는 점에서 재정구조의 경직성을 타파하고 탄력성 확보가 가능하다.

35 예산제도 답 ②

계획예산제도(PPBS)가 단위사업을 사업-재정계획에 따라 장기적인 예산편성 쪽으로 방향을 잡는다면, 영기준예산제도(ZBB)는 당해 연도의 예산 제약조건을 먼저 고려하는 단기적인 예산제도이다.

선지분석

① 시크(Schick)는 예산의 행정적 기능으로 통제-관리-기획이라는 예산의 세 가지 지향을 제시하였다.
③ 우리나라의 각 중앙관서장이 기획재정부장관과 협의하여 매년 전체 재정사업에 해당하는 사업에 대한 성과를 자율적으로 평가하도록 하는 재정사업자율평가제도를 시행하고 있다.
④ 조세지출예산제도는 조세지출, 즉 조세감면의 구체적 내용과 규모를 공표하는 제도이다.

36 예산제도 답 ①

계획예산제도는 지나친 집권화로 최고관리층의 권한을 강화시키는 하향적 예산이다. 그러므로 일선공무원의 참여가 어려운 비민주적이고 집권적인 예산제도이다.

37 영기준예산(ZBB) 답 ④

집권화된 관리체제를 갖는 것은 계획예산제도(PPBS)이며, 영기준예산(ZBB)은 분권화된 관리체계를 갖기 때문에 예산편성과정에 다수의 조직구성원이 참여할 수 있다.

선지분석

② 우리나라는 1981년 국무총리를 위원장으로 하는 예산개혁추진위원회를 구성하여 1982년 예산집행 시부터 영기준예산제도(ZBB) 도입을 부분적으로 시도하였으며, 1983년 예산편성부터 공식적으로 도입하였다.

38	예산제도	답 ③

불요불급한 지출을 억제하고 감축관리를 지향하는 것은 영기준예산(ZBB)에 해당하는 설명이다.

선지분석

① 통제기능을 강조하는 품목별예산제도(LIBS)의 장점이다.
② 주요관심 대상은 장기적 계획을 통한 사업의 목표달성이나, 투입과 산출에도 관심을 두는 것은 계획예산제도(PPBS)이다.
④ 성과주의예산은 기능별 분류에 따른 사업 중심의 예산이므로 국민이나 의회가 정부사업의 내용과 목적을 이해하기가 용이하다.

39	예산제도	답 ②

성과주의예산제도(PBS)는 예산을 기능별로 분류하며 단위원가와 업무량을 곱하여 예산액을 측정하고 편성한다.

선지분석

① 품목별예산제도(LIBS)는 각 항목에 의한 투입 측면에 따른 예산제도로 산출을 알 수 없기 때문에 조직목표 파악이 곤란하다.
③ 목표관리예산제도(MBO)는 부처별 기본목표에 따라 상향식 방식으로 중장기 계획을 수립한다.
④ 영기준예산제도(ZBB)는 기존 사업예산뿐만 아니라 새로운 사업에 대해서도 엄밀한 사정을 한다.

40	주요 예산제도	답 ③

성과관리예산제도(PBS)에 대한 옳은 설명이다.

선지분석

① 성과주의예산제도(PBS)에 대한 설명이다.
② 영기준예산제도(ZBB)에 대한 설명이다.
④ 품목별예산제도(LIBS)는 하향식 예산과정이 아닌 상향식 예산과정을 특징으로 한다.
⑤ 계획예산제도(PPBS)에 대한 설명이다.

41	예산제도의 특징	답 ②

ㄱ과 ㄹ은 옳은 설명이고, ㄴ과 ㄷ은 옳지 않다.

선지분석

ㄴ. 성과주의예산제도는 행정업무 중에서 계량화할 수 있는 최종산출물을 찾기도 어렵고, 선정된 단위가 질적으로 다른 경우도 발생하게 되어 업무단위 선정이 곤란하다. 단위원가를 정확하게 계산하기 위해서는 회계학적 전문지식이 필요하며, 부서 간의 공동경비의 배분문제 등을 해결하기가 곤란하여 단위원가 계산도 곤란하다.
ㄷ. 계획예산제도는 최고관리자의 권한집중과 의사결정의 집권화에 의한 조직갈등과 경직화현상이 발생하며, 정부사업은 질적목표를 추구하고 둘 이상의 사업에 공통적으로 적용되는 간접비나 공통비를 환산하는 작업이 어렵기 때문에 계량화 작업이 곤란하다.

THEME 65 기타 예산제도

정답

p. 388

01	④	02	③	03	①	04	②	05	③
06	②	07	②	08	④	09	②	10	⑤
11	⑤	12	④	13	③	14	④	15	②
16	⑤	17	③	18	②	19	①	20	②
21	①	22	③	23	①	24	④	25	②
26	①	27	②	28	③	29	③	30	③
31	①	32	②	33	②				

01	신성과주의예산제도	답 ④

1990년대 등장한 신성과주의예산제도의 성과의 관점은 전통적인 1950년대의 성과주의예산제도처럼 내부적인 효율성만을 고려하는 것이 아니라 고객에 대한 대응성 등을 포함한 최종적인 영향(impact)까지를 고려한다.

02	신성과관리예산제도	답 ③

장기적인 기획과 단기적인 예산편성을 유기적으로 연결하여 합리적인 자원배분을 이루려는 제도는 신성과주의예산제도가 아니라 계획예산제도(PPBS)에 대한 설명이다.

03	결과지향적 예산제도	답 ①

미국 클린턴(Clinton) 행정부는 1993년에 결과지향적 예산제도의 일환으로 GRPA(Government Performance and Result Act)를 제정·도입하였으며, 부시(Bush) 행정부가 GRPA를 보완하여 2002년에 PART(Program Assessment Rating Tool)로 발전시켰다.

04	신성과주의예산의 특징	답 ②

과거의 성과주의예산은 예산의 구조 및 회계제도의 변경 등 개혁범위가 광범위하고 포괄적이었으나 신성과주의예산(New Performance Budgeting)은 프로그램구조와 발생주의 복식부기 등의 회계제도 개편이 이미 완료되었기 때문에 과거의 성과주의예산과 비교하여 덜 광범위하고 포괄적이다. 신성과주의예산은 1990년대 결과지향적 예산제도로 투입보다는 성과를 중시하며 예산집행에서의 자율성을 부여하되 이를 책임성 확보와 연계시키는 새로운 성과주의의 예산이라는 점에서 1950년대 구(과거)성과주의와 구분된다.

핵심POINT 과거 성과주의와 신성과주의의 비교

구분	과거 성과주의(1950년대)	신성과주의(1990년대)
성과정보	투입과 산출(능률성)	산출과 결과(효과성)
성과책임	정치적, 도덕적 책임	구체적, 보상적 책임
중심점	단위사업	프로그램
경로가정	단선적 가정	복선적 가정
성과관점	정부(공무원) 관점	고객(만족감) 관점
회계방식	불완전한 발생주의(사실상 현금주의)	발생주의
연계범위	예산제도에 국한	국정전반에 연계(조직, 인사, 재무, 정책 등)

05 신성과주의예산제도 답 ③

결과지향적인 신성과주의예산제도는 사업의 목표, 결과, 그리고 재원을 모두 연계해 예산을 성과에 대한 계약으로 활용한다. 또한 동기부여를 강조하고 구성원들에게 자율적인 권한을 주고 성과에 따른 책임을 강조하는 분권화된 관리방식이다.

06 예산제도 개혁 답 ②

조세지출예산제도에 대한 설명이 아니라 예산성과금제도에 대한 설명이다. 조세지출예산제도는 조세감면의 내역을 구체적으로 공개하여 예산의 형평성을 강화시키는 제도이다.

선지분석

① 디지털예산회계시스템(BAR)은 성과 중심의 재정기반을 확충하기 위하여 2007년에 도입된 범정부적인 예산회계 정보시스템이다.
③ 총액배분 자율편성(top-down)예산제도는 신성과주의예산제도의 일환으로 2004년에 도입되었으며, 부처별로 지출 총액을 정해주고 한도 내에서 각 부처가 자율적으로 예산을 편성하는 제도이다.
④ 주민참여예산제도는 2007년 「지방재정법」 개정으로 도입되었으며, 예산편성과정에 주민들이 직접적으로 참여하는 제도를 의미한다.

07 조세지출예산제도 답 ②

조세지출예산제도는 세금을 징수하기 위한 제도가 아니라 정부의 조세감면에 대한 구체적인 내역(간접지출내역 포함)까지 밝혀서 국회의 통제(재정민주주의)를 받도록 하는 예산제도이다.

08 지출통제예산제도 답 ④

지출통제예산(Expenditure Control Budget)제도란 개개의 항목에 대한 통제가 아니라, 예산 총액만 통제하고 구체적인 항목별 지출에 대해서는 집행부의 재량을 확대하는 성과지향적 예산제도이다.

⊕ 보충 지출통제예산제도

지출통제예산제도는 개개의 항목에 대한 통제가 아니라 예산 총액만을 통제하고 구체적인 항목별 지출에 대해서는 집행부의 재량을 확대하는 성과지향적 예산제도의 한 유형이다. 전통적인 예산은 회계담당자의 불신에서 출발해 통제 위주로 운영하였으나, 지출통제예산은 총액의 규모만을 간단하고 핵심적인 숫자로 표시하며, 구체적인 집행에 대해서는 과감하게 권한을 이양하고 융통성을 보장한다. 이는 총괄예산이나 캐나다의 지출대예산(envelope budget)의 맥락에서 이해되며, 공공서비스의 품질을 개선하려는 신관리주의 행정개혁의 일환으로 소개되고 있다. 또한 미국의 페어필드시에 도입되어 있으며, 1994년 뉴질랜드의 재정책임법에서도 이러한 정신이 반영되었다. 지나치게 세분화되어 있는 예산항목을 통합하고, 특히 운영경비의 항목 간 전용을 용이하게 해 주는 운영예산제도 또한 이 범주에 포함된다.

09 총액배분 자율편성제도 답 ②

총액배분 자율편성제도는 하향식(Top-down) 예산제도로서 국가재정운용계획에 따라 기획재정부 등 재정당국이 지출한도를 제시하면 그 한도 내에서 각 중앙부처는 자율적으로 예산을 편성하는 제도이다.

10 결과 중심 예산제도(신성과주의) 답 ⑤

결과 중심 예산제도는 정보의 부족이 아니라 불확실한 정보의 과다가 문제점이다.

핵심POINT 결과 중심 예산제도(신성과주의)의 장단점

장점	• 책임성 향상: 성과에 대한 책임 • 대응성 향상: 시민여망에의 부응 • 능률성 · 효율성 증진
단점	• 목표 · 성과기준 설정의 애로: 성과지표 개발 등 곤란 • 성과측정의 애로: 성과를 산출로 대체하는 경향 • 성과비교의 애로: 공통척도와 지표 개발 곤란 • 억울한 책임: 집행자의 외적 통제요인들에 의한 영향 • 정보의 과다: 정보의 지나친 양적 확대

11 자본예산제도 답 ⑤

자본예산제도는 불경기에 대한 전환 대책으로써 국공채를 발행한 재원으로 공공사업을 활성화하고, 유효수요를 창출하는 등의 방법을 통하여 불경기를 극복하고 재정의 안정화를 추구할 수 있지만, 국공채 남발로 인하여 인플레이션이 발생할 위험이 존재한다.

12 자본예산제도 답 ④

자본예산이란 복식예산의 일종으로서 경상수지를 관리하는 경상예산과 자본수지를 관리하는 자본예산으로 구분하여 운영하는 예산제도를 의미한다. 이때 경상지출은 경상수입으로 충당하도록 하여 수입과 지출의 균형을 이루도록 하지만, 자본지출은 공채발행과 적자재정으로 충당하도록 한다. 또한 자본적 지출에 대해서는 어느 분야의 지출이 경기회복에 도움을 주는지를 심도 있게 분석하지만, 경상적 지출은 일상적인 지출이므로 특별한 관심의 대상이 되지 못한다.

13 조세지출예산제도 답 ③

조세지출예산제도는 조세감면의 구체적 내역을 예산형식으로 표현하여 주기적으로 공표함으로써 조세지출의 관리 및 통제를 용이하게 하는 제도로, 지방자치단체는 2010년 지방세지출보고서라는 이름으로 조세지출예산제도를 이미 도입하였다.

14 조세지출예산제도 답 ④

조세지출예산제도는 개인이나 기업에게 원칙적으로 부과해야 하는 세금이지만 정부가 비과세, 감면, 공제 등 세제상의 각종 유인장치를 통해 간접적으로 지원해 주는 세금감면 제도이다.

선지분석

② 예산지출이 직접지출이라면 조세지출은 조세감면에 의한 간접지출의 성격을 띤다.
③ 조세지출은 간접지출이지만 직접지출인 보조금과 효과는 동일하므로 '숨겨진 보조금'이라고도 불린다.

15 조세지출예산제도 답 ②

우리나라의 지방재정에도 이미 지방세지출제도(2011년)가 도입되어 「지방세특례제한법」에 따라 적절한 세금감면을 위한 통제를 받고 있다.

선지분석

① 세금을 비과세, 조세감면, 소득공제, 우대세율 적용, 과세이연 등의 세제혜택을 통해 받지 않은 액수를 조세지출이라고 한다.
③ 조세지출예산제도는 조세지출의 내용과 규모를 주기적으로 공표해 관리하고 있다.
④ 정부는 「국가재정법」에 따라 기획재정부장관이 조세지출예산서를 작성해 국가(국회)에 보고한다.

⊕ 보충 「국가재정법」

제34조 【예산안의 첨부서류】 제33조의 규정에 따라 국회에 제출하는 예산안에는 다음 각 호의 서류를 첨부하여야한다.
10. 「조세특례제한법」 제142조의2에 따른 조세지출예산서

16 우리나라의 예산 답 ⑤

조세지출의 개념에 대한 옳은 설명이며, 숨겨진 조세(hidden tax)라고도 한다.

선지분석

① 우리나라는 예산불성립 시 예산제도로 제2공화국 이후 준예산제도를 채택하고 있다.
② 입법과목 간 상호융통은 전용이 아닌 이용이다.
③ 명시이월이 아닌 사고이월에 대한 설명이다.
④ 예산이 최종 의결되기 전 예산안의 일부를 변경하거나 증액하고자 할 때 편성하는 예산은 수정예산이다. 추가경정예산은 예산이 성립된 후에 생긴 사유로 인해 이미 성립된 예산에 변경을 가할 필요가 있을 때 편성한다.

⊕ 보충 헌법

제54조 ② 정부는 회계연도마다 예산안을 편성하여 회계연도 개시 90일 전까지 국회에 제출하고, 국회는 회계연도 개시 30일 전까지 이를 의결하여야 한다.
③ 새로운 회계연도가 개시될 때까지 예산안이 의결되지 못한 때에는 정부는 국회에서 예산안이 의결될 때까지 다음의 목적을 위한 경비는 전년도 예산에 준하여 집행할 수 있다.

17 공공재원의 효과 답 ③

국공채는 사회간접자본(SOC) 건설과 같은 투자지출에 사용할 경우 관련 사업으로 편익을 얻게 될 후세대도 비용을 일부 분담하기 때문에 이용자나 세대 간 비용부담의 형평성을 높여준다는 장점이 있다.

핵심POINT 조세와 국공채의 비교

구분	조세	국공채
비용부담	현재세대가 부담 (재정부담이 미래세대로 전가되지 않음)	현재 · 미래세대 간 분담 (이용자 · 세대 간 비용부담 전가)
재정관리	관리가 간편하고, 관리비용이 절감됨	이자상환 등의 문제로 관리가 복잡하고, 비용이 증가함
경기회복효과	주기가 1년이므로 경기회복효과는 작음	장기를 주기로 하므로 경기회복효과는 큼
국민저항	조세부담의 크면 조세저항 발생	국공채는 장기에 걸쳐 분담되므로 조세저항 작음
무임승차	조세부담을 회피하려는 무임승차 발생	수익자 부담주의에 의하므로 무임승차 발생하지 않음

18	조세의 성격	답 ②

국공채를 통한 경비 조달은 내구성이 큰 투자사업의 경비를 조달하기에 적합하며 사업이나 시설로 인해 편익을 얻게 될 후세대도 비용을 분담하기 때문에 세대 간 공평성을 높일 수 있다는 점에서 조세와 다르다.

19	프로그램예산제도	답 ①

세부업무와 단가를 통해 예산금액을 산정하는 상향식 방식을 사용하는 단년도 중심의 예산은 전통적인 품목별예산에 대한 설명이다. 프로그램예산(program budget)제도는 기존의 투입이나 통제 중심의 품목별 분류체계에서 벗어나서 성과와 책임을 지향하는 프로그램 중심의 하향식 방식으로 예산을 분류·운영하는 것이다.

⊕ 보충 프로그램예산제도

의의	• 기존의 투입이나 통제 중심의 품목별 분류체계에서 벗어나서 성과와 책임을 지향하는 프로그램 중심으로 예산을 분류·운영하는 것 • 프로그램의 개념: 동일한 정책목표를 달성하기 위한 단위사업(activity, project)의 묶음으로, 정책적으로 독립성을 지닌 최소단위
기본 구조	일반적으로 정부의 기능(function) - 정책(policy) - 프로그램(program) - 단위사업(activity project)의 계층구조를 가짐
효과	• 일반국민이 정부의 예산사업을 이해하기 용이함 • 총체적 재정배분내용 파악 가능 • 재정집행의 투명성 및 효율성 제고 • 중앙정부예산과 지방정부예산의 연계 가능

20	프로그램예산제도	답 ②

우리나라에서 프로그램예산제도는 중앙정부는 2007년부터, 지방자치단체는 2008년부터 공식적으로 채택하였다.

21	우리나라의 프로그램예산제도	답 ①

우리나라의 경우 프로그램예산제도는 2007년 이미 도입되어 현재 운영되고 있는 제도이다. 전통적인 품목별 분류 대신 프로그램을 중심으로 예산을 분류하는 방식이다.

(선지분석)

② 프로그램예산의 분류(과목)체계는 분야 - 부문 - 프로그램 - 단위사업 - 세부사업 등으로 구성되는데, 전통적 분류에서 분야는 장, 부문은 관, 프로그램은 항, 단위사업은 세항, 세부사업은 세세항에 각각 해당한다.

③ 프로그램예산에서도 품목의 수는 대폭 축소·통합된다.

④ 프로그램예산제도는 통제 중심의 품목별 분류를 벗어나서 정책과 성과 중심의 예산운영을 위한 제도이다.

핵심POINT 예산항목의 구조(세출예산)

구분	입법과목			행정과목	
소관	장(章)	관(款)	항(項)	세항(細項)	목(目)
중앙관서	분야	부문	프로그램 (정책사업)	단위사업	편성비목
조직별(소관별) 분류	기능별 분류		사업별·활동별 분류		품목별 분류
-	이용대상 (국회의결 요)			전용대상 (국회의결 불요)	

22	프로그램예산제도	답 ③

세부 업무와 단가를 통해 예산 금액을 산정하는 상향식(bottom up) 방식을 사용하는 것은 1950년대의 성과주의예산(PBS)이다. 1990년대 결과지향적 예산제도(신성과주의)의 일환인 프로그램예산제도는 총액 중심의 예산으로 예산 전과정을 프로그램 중심으로 구조화하고, 성과평가체계와 연계시키는 하향식 예산방식이다.

23	1980년대 이후 주요 국가들의 예산개혁	답 ①

성과주의예산제도는 재정사업에 대한 투입보다는 그 산출·성과·결과를 중시하지만 지금도 성과측정, 사업원가 산정, 성과 - 예산의 연계 등에서 여러 가지 어려움이 존재하고 있다.

(선지분석)

② 중기재정계획은 단년도 예산편성의 문제점을 극복하고자 중장기 관점에서 사업을 검토하여 재원배분의 효과성을 제고하기 위해 도입된 제도이다.

③ 하향식 예산편성제도는 추계한 예산총량을 전략적 우선순위에 따라 먼저 부문별·부처별로 배분하여 부문 간 효율성인 예산의 배분적 효율성(allocative efficiency)의 제고를 우선적인 목적으로 한다. 기술적 효율성은 운영상의 효율성으로 부문내 효율성을 말한다.

④ 총액배분 자율편성예산제도는 중앙예산기관(기획재정부)이 부문별·부처별로 예산상한을 할당하는 하향적인 예산편성방식으로 부처의 사업별 재원배분에 대한 각 부처의 자율성을 강화하기 위하여 도입되었다.

24	성인지예산제도(남녀평등예산)	답 ④

성인지예산제도는 세입·세출예산이 남성과 여성에게 미치는 영향은 서로 다르다고 전제하는 제도이다. 우리나라에서도 예산이 여성과 남성에게 미치는 효과를 평가하고 이를 예산편성에 반영하기 위하여 예산의 원칙에 명문화하였으며, 「국가재정법」 제26조 등에 성인지예결산제도를 규정하고 있다.

25 우리나라의 성인지예산제도 답 ②

성인지 예산서는 기획재정부장관이 여성가족부장관과 협의하여 제시한 작성기준(성인지 예산서 작성 대상사업 선정기준 포함) 및 방식 등에 따라 각 중앙관서의 장이 작성한다(「국가재정법 시행령」 제9조).

⊕ 보충 성인지 예산서 관련 법령

「국가재정법」

제26조【성인지 예산서의 작성】 ① 정부는 예산이 여성과 남성에게 미칠 영향을 미리 분석한 보고서를 작성하여야 한다.

② 성인지 예산서에는 성평등 기대효과, 성과목표, 성별 수혜분석 등을 포함하여야 한다.

③ 성인지 예산서의 작성에 관한 구체적인 사항은 대통령령으로 정한다.

「국가재정법 시행령」

제9조【성인지 예산서의 내용 및 작성기준 등】 ① 법 제26조에 따른 성인지 예산서에는 다음 각 호의 내용이 포함되어야 한다.

1. 성인지 예산의 개요
2. 성인지 예산의 규모

2의2. 성인지 예산의 성평등 기대효과, 성과목표 및 성별 수혜분석

3. 그 밖에 기획재정부장관이 정하는 사항

② 성인지 예산서는 기획재정부장관이 여성가족부장관과 협의하여 제시한 작성기준(성인지 예산서 작성 대상사업 선정 기준을 포함한다) 및 방식 등에 따라 각 중앙관서의 장이 작성한다.

26 성인지예산제도 답 ①

우리나라의 성인지예산제도는 중앙정부는 2010 회계연도부터, 지방자치단체는 2013 회계연도부터 도입되었다.

(선지분석)

② 성인지예산제도는 예산과정에 있어서 남녀평등을 구현하자는 것이지 여성 중심의 예산으로 여성성을 지원하는 것은 아니다.

③ 성인지예산제도는 1984년 호주에서 세계 최초로 도입되었다.

④ 우리의 경우 성인지예산제도는 예산(일반회계와 특별회계)사업에 2010년에 먼저 적용이 되었고, 2011년부터는 기금사업에도 적용이 되고 있다.

⊕ 보충 남녀평등예산(성인지예산)

1. 개념

세입 · 세출예산에서 남녀평등을 구현하려는 예산으로 성인지적 관점에서 예산의 남녀에게 어떠한 영향을 미치는 지에 대한 여러 가지 분석을 실시한다.

2. 연혁

- 1984년에 호주가 처음 도입하였다.
- 2010년에 우리나라는 성인지예산제도를 도입하여 시행중이고 2011년부터는 기금사업에도 적용하고 있다.

27 주민참여예산제도 답 ②

보수주의적 예산을 탈피하기 위하여 경직성 경비를 삭감하고 최고관리층의 중앙집권적 통제에 의해 성과주의예산과 목표기준예산을 활용하는 예산은 주민참여예산이 아니라 엄밀하게는 정치관리형 예산(BPM)을 의미하는 것이다.

28 참여예산제도의 특징 답 ③

참여예산제도는 예산편성과정에 주민들이 참여하는 제도로 결과적 측면보다는 과정적 측면을 지향하는 예산제도이다. 우리나라도 2006년에 주민참여예산제도를 시행하여 오다가 최근에는 국민참여예산제도가 도입되어 시행되고 있다.

(선지분석)

① 주민참여예산제도는 브라질의 포르투 알레그리(Porto Alegre)시에서 최초로 도입되었다.

② 주민참여예산제도는 중앙정부와 지방정부 모두 가능하지만 참여예산제도는 전통적으로 지방정부를 대상으로 시행되고 있다. 우리나라의 경우에도 지방자치단체에서는 2006년 시작되었지만 중앙정부의 경우 최근 2018년 3월부터 제도화되었다.

④ 참여예산제도는 전체 예산과정에서 주로 예산편성과정에서의 주민이나 국민참여에 초점을 둔다.

29 주민참여예산제도 답 ③

주민참여예산제도에 대한 설명으로 옳은 것은 ㄱ, ㄴ, ㄷ이다.

ㄱ. 주민참여예산제도는 주민들을 지방자치단체의 예산편성과정에 참여시킴으로서 지방재정에 대한 민주적 통제를 하는 재정민주주의(fiscal democracy) 또는 재정협치(fiscal governance)를 구현하기 위한 제도이다.

ㄴ. 브라질의 포르투 알레그레(Porto Alegre)시에서 1989년 주민참여예산제도를 세계 최초로 실시하였다.

ㄷ. 우리나라의 주민참여예산제도는 기초자치단체는 2004년 광주광역시 북구에서 처음 시행한 이후 2006년 전라북도 의회가 도입한 이래 2007년 「지방재정법」에 법적 근거가 마련되고 2011년 이후에는 「지방재정법」에 근거하여 모든 지방자치단체가 의무적으로 시행하고 있다.

(선지분석)

ㄹ. 우리나라의 주민참여예산제도에 의하면 수렴된 주민의 의견서를 지방의회에 제출하는 예산안에 첨부하여야 한다(「지방재정법」 제39조 제3항).

⊕ 보충 「지방재정법」

제39조【지방예산 편성 등 예산과정의 주민 참여】 ③ 지방자치단체의 장은 주민참여예산제도를 통하여 수렴한 주민의 의견서를 지방의회에 제출하는 예산안에 첨부하여야 한다.

④ 행정안전부장관은 지방자치단체의 재정적 · 지역적 여건 등을 고려하여 지방자치단체별 주민참여예산제도의 운영에 대하여 평가를 실시할 수 있다.

30 주민참여예산제도 답 ③

2011년 「지방재정법」의 개정으로 모든 지방자치단체가 의무적으로 이행해야 하는 제도가 되었다. 「지방자치법」이 아니라 「지방재정법」이다.

31 우리나라 주민참여예산제도 답 ①

「지방재정법」에는 '지방의회 의결사항은 제외한다.' 등의 내용만 명시되어있고 주민이 참여할 수 있는 구체적인 예산의 범위는 규정되어 있지 않다.

선지분석

② 2011년부터 「지방재정법」상 의무화된 제도이다.
③ 2004년 광주광역시 북구(기초자치단체)에서 최초로 실시되었다.
④ 주민참여예산제도는 주민에 의한 직접 참여제도라는 점에서 주민의 대표기관인 지방의회의 예산심의권을 침해한다는 논란이 있다.

핵심POINT 주민참여예산제도

1. 의의
   주민이 예산(편성)과정에 직접 참여하는 제도 → 재정민주주의(Fiscal Democracy)
2. 연혁
   - 1989년 브라질 포르투알레그리시에서 세계 최초 도입
   - 우리나라
     - 2004년 광주광역시 북구(기초 최초), 2006년 전라북도 의회(광역 최초)
     - 2006년 「지방재정법」에 근거 마련(임의규정)
     - 2011년 「지방재정법」상 지방자치단체 의무화 → 제도는 의무화(강행규정), 주민의견 반영(임의규정)
     - 2018년 「국가재정법」상 중앙정부도 의무화(국민참여예산제도)

⊕ 보충 「지방재정법」

제39조 【지방예산 편성 등 예산과정의 주민참여】 ① 지방자치단체의 장은 대통령령으로 정하는 바에 따라 지방예산 편성 등 예산과정(「지방자치법」 제47조에 따른 지방의회의 의결사항은 제외)에 주민이 참여할 수 있는 제도(주민참여예산제도)를 마련하여 시행하여야 한다.
② 지방예산 편성 등 예산과정의 주민 참여와 관련되는 다음 각 호의 사항을 심의하기 위하여 지방자치단체의 장 소속으로 주민참여예산위원회 등 주민참여예산기구를 둘 수 있다.
1. 주민참여예산제도의 운영에 관한 사항
2. 제3항에 따라 지방의회에 제출하는 예산안에 첨부하여야 하는 의견서의 내용에 관한 사항
3. 그 밖에 지방자치단체의 장이 주민참여예산제도의 운영에 필요하다고 인정하는 사항

32 dBrain System 답 ②

총액배분 자율편성예산제도는 중앙예산기관이 지출총액을 정해주고 각 부처는 그 한도 내에서 예산을 편성·요구하는 제도로 dBrain 도입 이전인 2004년에 도입된 제도이다.

선지분석

① dBrain System은 2013년 UN공공행정상에서 대상을 수상하는 등 국제적인 명성을 얻고 있다.
③ dBrain System의 개념에 대한 설명이다.
④ 2007년 노무현 정부 때 성과 중심의 재정개혁 일환으로 구축되어 시행되었다.

⊕ 보충 dBrain[디지털브레인, 디지털예산회계정보시스템(dBAIS)]

1. 의의
   2007년 노무현 정부 시절 성과 중심의 재정시스템을 구축하기 위하여 기획재정부가 수입의 발생부터 예산의 편성·집행, 결산 등 국가재정업무의 모든 과정을 포괄하는 통합재정정보시스템으로 구축한 것
2. 효과
   dBrain 구축이 완료됨에 따라 시스템 내 축적된 정보를 활용하여 관련 통계 및 분석자료를 제공함으로써 조달, 국세 등 외부시스템과의 연계를 통해 계약, 국세징수, 자금이체 등의 효율성 및 투명성을 제고할 수 있게 됨

33 재정·예산제도 답 ②

통합재정은 일반회계, 특별회계, 기금을 모두 포괄하는 것으로 정부의 재정활동의 전모를 파악할수 있는 예산이다. 이는 융자지출도 통합재정수지의 계산에 적자요인으로 포함하고 있다.

선지분석

① 조세지출예산제도는 조세지출(조세감면)의 내역을 구체적으로 밝히는 예산제도로, 매년 국회의 심의·의결을 받도록 하는 제도이다. 따라서 조세지출의 항구성·지속성을 타파하고 투명성을 높이려는 제도이다.
③ 성인지예산서 및 결산서는 기획재정부장관이 여성가족부장관과 협의하여 제시한 작성기준 및 방식 등에 따라 각 중앙관서의 장이 작성한다(「국가재정법 시행령」 제9조).
④ 예비타당성조사는 기획재정부가 타당성조사 이전에 예산 반영 여부 및 투자 우선순위결정을 위해 실시하는 것으로 대규모 건설사업, 정보화사업, 연구개발사업뿐만 아니라 교육·보건·환경 분야에도 이미 적용되고 있다.

CHAPTER 4 | 예산과정론

THEME 66 예산과정 I (편성-심의)

정답 p. 395

01	③	02	③	03	③	04	③	05	③
06	③	07	④	08	③	09	③	10	①
11	②	12	④	13	②	14	①	15	①
16	②	17	①	18	②	19	③	20	①
21	②	22	①						

01 우리나라 예산과정 답 ③

예산은 행정부에 의하여 편성되고 국회가 심의·의결하며 다시 행정부에 의하여 집행되고 감사원(행정부 소속)이 결산검사(확인)를 하는 과정을 거친다.

02 국가재정운용계획 답 ③

국가재정운영계획은 국회가 심의하여 확정하는 것이 아니라 정부가 수립 후 국회에 제출한다.

⊕ 보충 「국가재정법」

제7조 【국가재정운용계획의 수립 등】 ① 정부는 재정운용의 효율화와 건전화를 위하여 매년 해당 회계연도부터 5회계연도 이상의 기간에 대한 재정운용계획을 수립하여 회계연도 개시 120일 전까지 국회에 제출하여야 한다.

03 정부예산 편성 답 ③

기획재정부장관은 예비타당성조사에서 대상 사업의 경제성 및 정책적 필요성을 종합적으로 검토하여 사업의 추진여부를 결정하므로 정치·경제적 이해관계가 배제될 수 있도록 타당성을 검토하는 것은 아니다.

선지분석

① 국가재정운용계획은 당해 연도를 포함해 5회계연도 이상을 대상으로 재정운용에 관한 계획을 수립한 후 매년 연동계획을 통하여 단년도 예산과 연계시킴으로 단년도 예산편성의 기본틀이 된다고 볼 수 있다.
② 총액배분 자율편성예산제도에 대한 설명이다.
④ 총사업비 관리제도에 대한 설명이다(「국가재정법」 제50조).

⊕ 보충 「국가재정법」

제50조 【총사업비의 관리】 ① 각 중앙관서의 장은 완성에 2년 이상이 소요되는 사업으로서 대통령령으로 정하는 대규모사업에 대하여는 그 사업규모·총사업비 및 사업기간을 정하여 미리 기획재정부장관과 협의하여야 한다. 협의를 거친 사업규모·총사업비 또는 사업기간을 변경하고자 하는 때에도 또한 같다.

04 우리나라의 예산과정 답 ③

예산의 배정과 재배정에 대한 설명으로 배정은 기획재정부장관이 중앙관서의 장에게 일정기간 동안 집행할 수 있는 금액과 소재를 명확히 하는 절차이며, 재배정은 각 중앙관서의 장이 배부받은 예산액의 범위 내에서 다시 산하기관에 일정기간 사용할 수 있는 예산액을 배분하는 것이다.

선지분석

① 기획재정부장관의 예산안편성지침이 시달되기 전 매년 1월 31일까지 각 중앙관서의 장은 당해 회계연도부터 5회계연도 이상 기간의 신규사업 및 기획재정부장관이 정하는 주요 계속사업에 대한 중기사업계획서를 기획재정부장관에게 제출하여야 한다(「국가재정법」 제28조).
② 국회의 예산안 심의는 정부 예산안 제출 → 본회의 시정연설 → 국회 소관상임위원회의 예비심사 → 국회 예산결산특별위원회의 종합심사 → 본회의 의결 순으로 진행된다.
④ 국회는 결산에 대한 심의·의결을 정기회 개회(매년 9월 1일) 전까지 완료하여야 한다(「국회법」 제128조의2).

05 「국가재정법」상 예산안 편성과정 답 ③

예산안편성지침은 국회상임위원회에 보고하는 것이 아니라 기획재정부장관이 대통령의 승인을 얻은 다음 각 중앙관서의 장에게 예산안편성지침을 통보하고 이 지침을 국회 예산결산특별위원회에 보고하여야 한다(「국가재정법」 제30조).

선지분석

① 「국가재정법」 제29조 제2항(예산안편성지침의 통보)에 규정되어 있다.
② 「국가재정법」 제31조 제3항(예산요구서의 제출)에 규정되어 있다.
④ 「국가재정법」 제34조(예산안의 첨부서류)에 규정되어 있다.

06 「국가재정법」상 예산안 제출시한 답 ③

「국가재정법」상 예산안은 회계연도 개시 120일 전까지, 「지방자치법」상 지방자치단체예산안은 광역자치단체는 회계연도 개시 50일 전까지, 기초자치단체의 경우 40일 전까지 제출해야 한다.

핵심POINT 예산안 제출 및 의결시한

구분	중앙정부	광역자치단체	기초자치단체
제출시한	120일	50일	40일
의결시한	30일	15일	10일

07 「국가재정법」상 우리나라의 예산편성절차 답 ④

행정부 예산안은 국무회의의 심의와 대통령의 승인을 거쳐 회계연도 개시 120일 전까지 국회에 제출한다. 헌법에는 아직도 90일 전까지로 규정되어 있다.

선지분석

① 중앙관서의 장은 매년 1월 31일까지 다음 회계연도의 신규 사업계획서를 기획재정부장관에게 제출한다.
② 기획재정부장관은 대통령의 승인을 얻어 예산안편성지침을 3월 31일까지 중앙관서의 장에게 통보한다.
③ 중앙관서의 장은 5월 31일까지 예산요구서를 기획재정부장관에게 제출한다. 예산요구서는 기획재정부장관에게 제출하며, 국회예산결산특별위원회에 제출하지는 않는다.

08	우리나라의 예산편성과정	답 ③

우리나라의 예산편성과정에 해당하는 내용으로 ㉠은 예산안편성지침에 해당한다. 기획재정부장관이 국무회의의 심의를 거쳐 대통령 승인을 얻은 다음 연도 예산안편성지침을 매년 3월 31일까지 각 중앙관서의 장에게 통보하여야 한다.

핵심POINT 우리나라의 예산편성과정

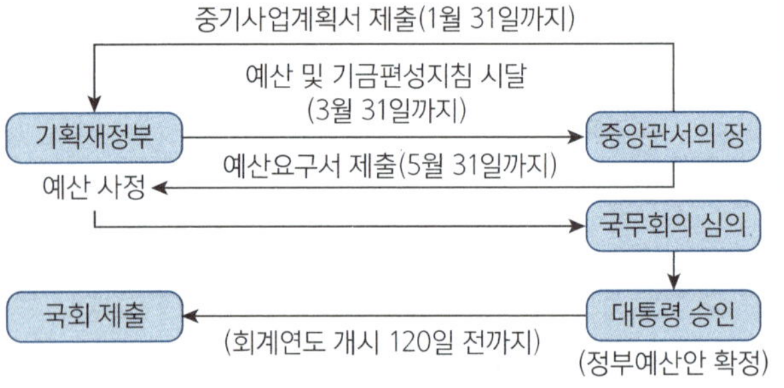

09	우리나라 예산편성절차	답 ③

총액배분자율편성제도가 도입되기 전에는 기획재정부는 부처별 과도한 예산요구에 대해 총액의 적정성을 중심으로 삭감위주로 심사하였다면, 2004년에 총액배분자율편성제도가 도입됨에 따라 재정당국이 부처별 한도를 정하고 부처별 세부사업 위주로 심사하게 되었다.

선지분석

① 기획재정부는 중앙예산기관으로서 예산안편성지침 마련·시달과 국가재정운용계획을 사전에 준비하고 범부처 예산사정을 담당한다.
② 여기서 "기획재정부의 지침"이라는 용어가 "국가재정운용계획에 대한 지침"인지, "예산안편성지침"인지가 불분명하여 논란의 소지가 있다. 국가재정운용계획지침이라고 보면 「국가재정법 시행령」 제2조에 따라 기획재정부장관은 전년도 12월 말까지 국가재정운용계획수립지침을 마련하여 시달하도록 되어있으므로 옳은 지문이 되지만, 예산안편성지침이라고 보면, 예산안편성지침은 전년도 3월 말까지 시달하도록 되어있으므로 이 지침에 따라 각 부처가 사업계획서를 준비한다는 말은 문제가 있는 지문이다.
④ 기획재정부는 대통령의 승인을 얻어 최종 조정된 정부예산안을 회계연도 개시 120일 전까지 국회에 제출해야 한다(「국가재정법」 제33조).

10	예산편성과정	답 ①

「국가재정법」이 아닌 헌법 제54조 제2항에서 정부 예산안이 회계연도 개시 90일 전까지 국회에 제출되어야 한다고 규정하고 있다.

선지분석

② 「국가재정법」 제29조에 대한 설명이다.
③ 「국회법」 제84조에 대한 설명이다.
④ 「국가재정법」 제35조에 대한 설명이다.

⊕ 보충 예산편성 관련 법령

헌법
제54조 ② 정부는 회계연도마다 예산안을 편성하여 회계연도 개시 90일 전까지 국회에 제출하고, 국회는 회계연도 개시 30일 전까지 이를 의결하여야 한다.

「국가재정법」
제29조 【예산안편성지침의 통보】 ① 기획재정부장관은 국무회의의 심의를 거쳐 대통령의 승인을 얻은 다음 연도의 예산안편성지침을 매년 3월 31일까지 각 중앙관서의 장에게 통보하여야 한다.
제35조 【국회제출 중인 예산안의 수정】 정부는 예산안을 국회에 제출한 후 부득이한 사유로 인하여 그 내용의 일부를 수정하고자 하는 때에는 국무회의의 심의를 거쳐 대통령의 승인을 얻은 수정예산안을 국회에 제출할 수 있다.

「국회법」
제84조 【예산안·결산의 회부 및 심사】 ⑤ 예산결산특별위원회는 소관 상임위원회의 예비심사 내용을 존중하여야 하며, 소관 상임위원회에서 삭감한 세출예산 각 항의 금액을 증가하게 하거나 새 비목(費目)을 설치할 경우에는 소관 상임위원회의 동의를 받아야 한다.

11	우리나라 정부의 예산과정	답 ②

헌법상 예산안 국회 제출 기한은 헌법상 회계연도 개시 90일 전(10/2일)까지이나 「국가재정법」상 회계연도 개시 120일 전(9/3일)까지이다(헌법 제54조 제2항, 「국가재정법」 제33조).

선지분석

① 회계연도는 매년 1월 1일부터 12월 31일까지이다(「국가재정법」 제2조).
③ 각 중앙관서의 장은 다음 연도 2월말까지 해당 회계연도의 중앙관서결산보고서를 기획재정부장관에게 제출하여야 한다(「국가재정법」 제58조).
④ 회계연도 개시 전까지 예산안이 국회에서 의결되지 못한 경우 준예산을 편성해야 한다(헌법 제54조 제3항).

⊕ **보충** **우리나라 정부의 예산과정 관련 법령**

헌법

제54조 ① 국회는 국가의 예산안을 심의·확정한다.

② 정부는 회계연도마다 예산안을 편성하여 회계연도 개시 90일 전까지 국회에 제출하고, 국회는 회계연도 개시 30일 전까지 이를 의결하여야 한다.

③ 새로운 회계연도가 개시될 때까지 예산안이 의결되지 못한 때에는 정부는 국회에서 예산안이 의결될 때까지 다음의 목적을 위한 경비는 전년도 예산에 준하여 집행할 수 있다.

1. 헌법이나 법률에 의하여 설치된 기관 또는 시설의 유지·운영
2. 법률상 지출의무의 이행
3. 이미 예산으로 승인된 사업의 계속

「국가재정법」

제2조【회계연도】 국가의 회계연도는 매년 1월 1일에 시작하여 12월 31일에 종료한다.

제33조【예산안의 국회제출】 정부는 제32조의 규정에 따라 대통령의 승인을 얻은 예산안을 회계연도 개시 120일 전까지 국회에 제출하여야 한다.

제58조【중앙관서결산보고서의 작성 및 제출】 ① 각 중앙관서의 장은 「국가회계법」에서 정하는 바에 따라 회계연도마다 작성한 결산보고서(이하 "중앙관서결산보고서"라 한다)를 다음 연도 2월 말일까지 기획재정부장관에게 제출하여야 한다.

12 국회 예산심의 답 ④

ㄱ, ㄴ, ㄹ은 옳은 지문이고, ㄷ은 옳지 않다. 참고로 2013년 지방직 9급 기출문제가 거의 동일하게 출제되었다.

선지분석

ㄷ. 예산결산특별위원회는 특별위원회이지만 다른 특별위(인사청문, 윤리심사특위)와 달리 활동시한이 없이 연중 활동하는 상설된 특별위원회이다.

ㄹ. 예산결산특별위원회에서 삭감은 자유롭게 할 수 있지만 증액이나 새 비목 설치는 소관상임위원회의 동의를 얻어야 한다(「국회법」 제84조).

13 우리나라 예산심의 답 ②

미국은 예산이 법률의 형식을 취하는 반면 우리나라는 예산이 의결의 형식으로 통과되어 법률보다 하위의 효력을 갖는다.

선지분석

④ 우리나라 예결위(예산결산특별위원회)의 심의과정에서는 당리당략 및 선심성 예산 등 예산조정의 정치적 성격이 강하게 반영되어 대폭적인 수정이나 철저한 심의가 이루어지지 못하고 있는 실정이다.

14 우리나라 예산심의 답 ①

정치체제의 성격상 국회와 행정부 간 관계가 긴밀한 의원내각제보다 국회와 행정부가 삼권분립에 의한 견제와 균형이 철저하게 이루어지는 대통령중심제에서 예산심의가 더욱 엄격한 편이다.

선지분석

② 우리나라 예산심의는 위원회 중심주의로서 본회의는 형식적이다.

③ 국회는 정부 동의 없이 예산을 증액하거나 또는 새로운 비목을 설치하는 것이 불가능하다.

④ 국회의 예산심의 시 상임위원회는 소관부처의 이해관계를 대변하여 증액지향적이고, 예산결산특별위원회는 이와 반대로 삭감지향적이다.

15 우리나라의 예산심의과정 답 ①

정부의 시정연설 후에 국회에서 상임위원회의 예비심사와 예산결산특별위원회의 종합심사를 거쳐서 본회의에서 심의 · 의결한다.

16 우리나라의 예산과정 답 ②

우리나라 예산과정에 대한 설명으로 옳은 것은 ㄱ, ㄹ, ㅁ이다.

ㅁ. 국고채무부담행위는 세출예산 외로 별도의 채무부담행위가 인정되는 것이므로 신축성 유지방안으로 보는 것이 일반적이며, 국고채무부담행위의 통제일 경우에는 재정통제방안으로 본다.

선지분석

ㄴ. 결산심의에서 위법하거나 부당한 지출이 지적되더라도 무효와 취소가 불가능하다.

ㄷ. 국회 심의과정에서 증액된 부분은 부처별 한도액 제한을 받지 않는다.

17 우리나라의 예산과정 답 ①

우리나라는 본회의 중심이 아니라 위원회 중심으로 예산이 심의된다.

선지분석

② 국회는 정부의 동의 없이 새 비목을 설치하거나 정부가 제출한 지출예산 각 항의 금액을 증가시킬 수 없다.

③ 우리나라 예산은 법률이 아니라 의결의 형식이므로 법안의 형식이 아니라 세출예산안의 형식으로 국회에 제출 · 의결된다.

④ 국회가 회계연도 개시 30일 전까지 정부가 제출한 예산안을 의결해야 한다는 규정은 「국회법」이 아니라 헌법에 규정되어 있다.

18	우리나라의 예산심의	답 ②

예산결산특별위원회는 소관상임위원회의 동의 없이 상임위원회에서 삭감한 세출예산 각 항의 금액을 증액할 수 없다.

(선지분석)

① 예산안과 결산은 소관상임위원회에 회부되고, 소관상임위원회는 예비심사를 하여 그 결과를 의장에게 보고한다. 의장은 예산안과 결산에 예비심사에 대한 보고서를 첨부하여 이를 예산결산특별위원회에 회부하고 그 심사가 끝난 후 본회의에 부의한다(「국회법」 제84조 제1항 · 제2항).

19	예산과정	답 ③

국회에 제출된 예산안은 소관 상임위원회에서 예비심사하여 그 결과를 의장에게 보고하고, 의장은 예산결산특별위원회에 회부하여 심사가 끝난 후 본회의에 부의한다.

(선지분석)

① 「국가재정법」 제31조의 내용이다.
② 「국가재정법」 제35조의 내용이다.
④ 「국가재정법」 제59조의 내용이다.

⊕ 보충 예산 관련 법률

「국회법」

제84조【예산안·결산의 회부 및 심사】 ① 예산안과 결산은 소관 상임위원회에 회부하고, 소관 상임위원회는 예비심사를 하여 그 결과를 의장에게 보고한다. 이 경우 예산안에 대해서는 본회의에서 정부의 시정연설을 듣는다.
② 의장은 예산안과 결산에 제1항의 보고서를 첨부하여 이를 예산결산특별위원회에 회부하고 그 심사가 끝난 후 본회의에 부의한다. 결산의 심사 결과 위법하거나 부당한 사항이 있는 경우에 국회는 본회의 의결 후 정부 또는 해당 기관에 변상 및 징계조치 등 그 시정을 요구하고, 정부 또는 해당 기관은 시정 요구를 받은 사항을 지체 없이 처리하여 그 결과를 국회에 보고하여야 한다.

「국가재정법」

제31조【예산요구서의 제출】 ① 각 중앙관서의 장은 제29조의 규정에 따른 예산안편성지침에 따라 그 소관에 속하는 다음 연도의 세입세출예산·계속비·명시이월비 및 국고채무부담행위 요구서를 작성하여 매년 5월 31일까지 기획재정부장관에게 제출하여야 한다.

제59조【국가결산보고서의 작성 및 제출】 기획재정부장관은 「국가회계법」에서 정하는 바에 따라 회계연도마다 작성하여 대통령의 승인을 받은 국가결산보고서를 다음 연도 4월 10일까지 감사원에 제출하여야 한다.

20	재정민주주의(fiscal democracy)	답 ①

국민의 대표인 국회에 의한 예산심의는 납세자주권에 따른 재정민주주의(fiscal democracy)를 실현하는 가장 중요한 과정이다.

21	재정민주주의(Fiscal Democracy)	답 ②

재정민주주의(Fiscal Democracy)는 재정주권이 납세자인 국민에게 있다는 것을 의미하며 국회의 예산심의, 시민의 예산감시나 국민의 알 권리를 충족시키는 고객 중심의 이념을 말한다. 현재 예산과정 중에서 국민의 대표기관인 국회의 예산심의과정이 협의의 재정민주주의와 부합하기 때문에 재정민주주의와 가장 밀접하다고 볼 수 있다.

핵심POINT 재정민주주의의 개념

1. **협의의 개념:** "대표 없는 곳에 과세 없다."라는 관점으로 국가의 재정활동이 국민의 대표기관인 국회의 심의·의결에 의해 행해지도록 해야 한다는 의미이다.
2. **광의의 개념:** 재정주권이 납세자인 국민에게 있다는 것을 의미한다. 이렇게 확대해서 해석할 때 국민은 이제 공공서비스 수혜의 대상이라는 수동적 객체에서 벗어나, 예산과정에 국민의 의사를 반영하고 예산운영을 감시하며 잘못된 부분의 시정을 요구할 수 있어야 하는 능동적 주체가 된다. 이러한 광의의 관점에서는 시민에 의한 예산통제의 필요성이 증대되는 것이다.

22	예산과 재정운영제도	답 ①

국회는 예산안을 심의하여 확정하고, 국가재정운용계획을 심의하여 확정하지는 않는다.

⊕ 보충 예산 관련 법률

헌법 제54조 ① 국회는 국가의 예산안을 심의 · 확정한다.

「국가재정법」

제7조【국가재정운용계획의 수립 등】 ① 정부는 재정운용의 효율화와 건전화를 위하여 매년 해당 회계연도부터 5회계연도 이상의 기간에 대한 재정운용계획을 수립하여 회계연도 개시 120일 전까지 국회에 제출하여야 한다.

제27조【온실가스감축인지 예산서의 작성】 ① 정부는 예산이 온실가스 감축에 미칠 영향을 미리 분석한 보고서를 작성하여야 한다.

제38조【예비타당성조사】 ① 기획재정부장관은 총사업비가 500억 원 이상이고 국가의 재정지원 규모가 300억 원 이상인 신규 사업으로서 다음 각 호의 어느 하나에 해당하는 대규모사업에 대한 예산을 편성하기 위하여 미리 예비타당성조사를 실시하고, 그 결과를 요약하여 국회 소관 상임위원회와 예산결산특별위원회에 제출하여야 한다.

THEME 67 예산과정 II (집행 - 결산)

정답

p. 400

01	③	02	②	03	②	04	①	05	④
06	④	07	④	08	⑤	09	③	10	⑤
11	①	12	②	13	②	14	①	15	②
16	③	17	②	18	②	19	②	20	④
21	④	22	④	23	①	24	④	25	④
26	④	27	②	28	②	29	③	30	①
31	②	32	②	33	③	34	③	35	①
36	②	37	⑤	38	④	39	③	40	④
41	④	42	④	43	①	44	①		

01 예산집행의 신축성 유지방안 답 ③

예산집행의 목적은 재정통제와 신축성 유지가 있는데, 배정과 재배정은 재정통제 방안에 해당한다.

(선지분석)

① 계속비는 한정성 원칙 중에서 시간의 한정성 원칙의 예외이다.
② 수입대체경비는 통일성과 완전성 원칙에 대한 예외이다.
④ 예산의 이체는 사전의결원칙의 예외이다.

02 예산집행의 신축성 유지방안 답 ②

입법과목 간 상호융통은 전용이 아니라 이용이다. 전용은 예산의 목적 범위 안에서 재원의 효율적 활용을 위하여 세항, 목 등 행정과목 간 용도변경으로 각 중앙관서의 장이 기획재정부장관의 승인을 얻으면 된다.

03 예산집행의 재정통제방안 답 ②

정부조직 등에 대한 법령의 제정·개정·폐지로 인하여 그 직무권한에 변동이 있을 때 예산도 이에 따라서 변동시킬 수 있는 제도는 예산의 이체이다. 이체는 재정통제장치가 아니라 신축성 유지방안에 해당한다.

(선지분석)

① 정원 및 보수에 대한 통제장치이다.
③ 총사업비제도에 대한 통제장치이다.
④ 예산집행에 대한 통제장치이다.

04 예산집행의 신축성 유지방안 답 ①

예산총계주의는 모든 세입과 세출은 예산에 빠짐없이 계상되어야 한다는 원칙으로, 신축성을 보장하기 위한 장치가 아니라 재정통제를 위한 전통적 원칙에 해당한다.

05 예산집행의 신축성 유지방안 답 ④

완공에 수년이 소요되는 대규모 공사·제조·연구개발사업의 경우에 총액과 연부금을 정해 수년에 걸쳐서 집행할 수 있도록 인정하는 제도는 예비비제도가 아니라 계속비제도이다. 예비비제도는 예측할 수 없는 예산 외의 지출 또는 초과지출을 충당하기 위해서 세입세출예산 외에 상당하다고 인정되는 재원을 마련해 두는 제도이다.

핵심POINT 예산집행의 신축성 유지방안

이용	입법과목 간의 상호융통(돌려쓰기), 국회의 사전의결이 요구됨
전용	행정과목 간의 상호융통, 기획재정부장관의 재량
명시이월	미리 국회의 승인을 얻어서 다음 연도에 사용, 재이월 1회 가능
사고이월	집행 중 불가피한 사유로 인해 다음 연도에 사용, 재이월 불가
이체	예산집행의 소관 변경, 사전의결의 원칙 예외
계속비	완성에 수년의 시간이 들 때(5년 기준) 경비의 총액과 연부액을 정하여 국회의 의결로써 수년에 걸쳐서 집행할 수 있는 제도
체차이월	계속비의 이월
예비비	예측할 수 없는 예산 외의 지출 또는 초과지출을 충당하기 위해서 재원을 마련
국고채무 부담행위	법률 및 세출예산금액 또는 계속비 총액의 범위 안에 속하는 것을 제외하고 국가가 채무를 부담
신축적 배정	긴급배정(회계연도 개시 전 배정), 조기배정(분기 당기기), 당기배정(월말 예산을 월초에 배정)
추가경정예산	예산 성립 후 변경(예산 변경 ≠ 예산안 변경 = 수정예산)
수입과 지출의 특례	정상적인 수입과 지출방식을 채택하지 않은 모든 수입과 지출
장기계속 계약제도	장기간 공사에 사용되는 물품의 제조, 당해 연도 예산 범위 내에서 허용

06 예산집행의 신축성 유지방안 답 ④

계속비는 수년에 걸쳐 완공을 요하는 공사나 제조 및 연구개발사업에 대해서 경비의 총액과 연부액을 정하여 국회의 의결로써 수년에 걸쳐서 집행할 수 있는 제도로, 회계연도 독립에 대한 예외에 해당한다.

선지분석

① 추가경정예산도 본예산처럼 사전에 국회의 의결을 거쳐야만 집행이 가능하다.
② 예비비는 특별회계예산이 아니라 일반회계예산 총액의 100분의 1 이내의 금액을 세입세출예산에 계상한 것이다.
③ 전용이 아니라 이용에 대한 설명이다. 예산의 이용은 장-관-항 간의 융통을 의미하며, 중앙관서의 장은 국회의 의결을 거친 후 기획재정부장관의 승인을 얻어 재원을 사용할 수 있다.

07	재정민주주의와 신축성 유지방안	답 ④

전용은 행정과목 간의 상호융통으로, 이용과 달리 국회의 의결이 필요 없고(사전의결원칙의 예외) 기획재정부장관의 승인이 있으면 가능하다.

08	예산집행의 신축성 유지방안	답 ⑤

수입대체경비는 정부가 용역 또는 시설을 제공하여 발생하는 수입과 관련되는 경비로서, 대통령령이 정하는 경비에 있어 수입이 예산을 초과하거나 초과할 것이 예상되는 때에는 그 초과수입을 대통령령이 정하는 바에 따라 그 초과수입에 직접 관련되는 경비 및 이에 수반되는 경비에 초과지출할 수 있다(「국가재정법」 제53조).

09	예산집행의 신축성 유지방안	답 ③

기획재정부장관은 정부조직 등에 관한 법령의 제정·개정 또는 폐지로 인하여 중앙관서의 직무와 권한의 변동이 있는 때에는 중앙관서의 장의 요구에 의하여 예산을 상호이용하거나 이체할 수 있다(「국가재정법」 제47조 제2항).

10	예산집행의 신축성 유지방안	답 ⑤

국고채무부담행위는 법률에 따른 것과 세출예산금액 또는 계속비의 총액의 범위 안의 것 외에 채무를 부담하는 행위를 하는 때에는 미리 예산으로써 국회의 의결을 얻어야 하는데, 이때 국회의 의결은 그 의결을 얻은 범위 안에서 채무를 부담하는 행위를 할 수 있다는 것이지 지출할 수 있는 권한을 인정한 것은 아니다.

11	국고채무부담행위	답 ①

국고채무부담행위는 국가가 금전 급부 의무부담을 인정하는 행위로서 ㄱ, ㄴ은 옳은 설명이며, ㄷ, ㄹ은 옳지 않은 설명이다.

선지분석

ㄷ. 국가가 채무를 부담할 권한과 채무의 지출권한을 부여받은 것으로, 지출을 위한 국회 의결 대상에서 포함되며 국고채무부담행위는 국가가 채무를 부담할 권한만 부여받은 것이지 지출할 수 있는 권한까지 부여받은 것은 아니므로 지출할 때 추가적으로 국회의 의결을 필요로 한다.
ㄹ. 단년도 예산원칙의 예외라는 점에서 계속비와 동일하지만, 공사나 제조 및 연구개발 사업 등 대상이 한정되어 있는 것은 계속비로서 국고채무부담행위와 다르다.

⊕ 보충 「국가재정법」

제25조 【국고채무부담행위】 ① 국가는 법률에 따른 것과 세출예산금액 또는 계속비의 총액의 범위 안의 것 외에 채무를 부담하는 행위를 하는 때에는 미리 예산으로써 국회의 의결을 얻어야 한다.
② 국가는 제1항에 규정된 것 외에 재해복구를 위하여 필요한 때에는 회계연도마다 국회의 의결을 얻은 범위 안에서 채무를 부담하는 행위를 할 수 있다. 이 경우 그 행위는 일반회계 예비비의 사용절차에 준하여 집행한다.
③ 국고채무부담행위는 사항마다 그 필요한 이유를 명백히 하고 그 행위를 할 연도 및 상환연도와 채무부담의 금액을 표시하여야 한다.

12	예산의 전용	답 ②

예산의 용도변경을 위해서 정부가 미리 국회의 승인을 받아야 하는 것은 입법과목(장, 관, 항) 간의 용도변경인 이용(移用)이다. 전용은 행정과목(세항, 목) 간의 용도변경으로 국회의 승인 없이 기획재정부장관의 승인을 얻어서 할 수 있기 때문에 사전의결원칙의 예외에 해당한다(「국가재정법」 제46조).

13	예산의 이용과 전용	답 ②

입법과목 간의 이용은 장·관·항 간에도 가능하지만 기관 간에도 가능하다(「국가재정법」 제47조).

선지분석

① 이용은 국회의 의결을 얻은 후 기획재정부장관의 승인 또는 위임으로 할 수 있다.
③ 항 간의 융통(용도변경)은 전용이 아니라 이용에 해당하며 국회의 의결을 거쳐야 한다.
④ 이용과 전용은 한정성 원칙 중 질적(목적) 한정성의 예외가 된다.

⊕ 보충 「국가재정법」

제47조 【예산의 이용·이체】 ① 각 중앙관서의 장은 예산이 정한 각 기관 간 또는 각 장·관·항 간에 상호 이용(移用)할 수 없다. 다만, 다음 각 호의 어느 하나에 해당하는 경우에 한정하여 미리 예산으로써 국회의 의결을 얻은 때에는 기획재정부장관의 승인을 얻어 이용하거나 기획재정부장관이 위임하는 범위 안에서 자체적으로 이용할 수 있다.

14	예산의 집행과정	답 ①

기획재정부장관은 각 중앙관서 장에게 예산을 배정한 때에는 감사원에 통지하여야 한다(「국가재정법」 제43조 제2항).

선지분석

② 동법 제43조 제1항에 대한 규정이다.

③ 중앙관서 장에게 기획재정부장관이 자금을 사용할 수 있는 권한을 부여하는 것은 예산의 배정이다. 재배정이란 예산을 배정받은 중앙관서의 장이 하급기관에 다시 자금을 사용할 수 있는 권한을 부여하는 것이다.

④ 기획재정부장관은 예산집행지침을 매년 1월 말까지 각 중앙관서의 장에게 통보하여야 한다. 예산집행지침을 국회예산정책처장에게 통보할 필요는 없다(동법 제44조 및 시행령 제18조).

⊕ 보충 예산의 집행과정

「국가재정법」

제43조 【예산의 배정】 ① 기획재정부장관은 각 중앙관서 장의 예산배정요구서에 따라 분기별 예산배정계획을 작성하여 국무회의의 심의를 거친 후 대통령의 승인을 얻어야 한다.
② 기획재정부장관은 각 중앙관서의 장에게 예산을 배정한 때에는 감사원에 통지하여야 한다.

제44조 【예산집행지침의 통보】 기획재정부장관은 예산집행의 효율성을 높이기 위하여 매년 예산집행에 관한 지침을 작성하여 각 중앙관서의 장에게 통보하여야 한다.

「국가재정법 시행령」

제18조 【예산집행지침의 통보】 ① 기획재정부장관은 법 제44조에 따른 예산집행지침을 매년 1월말까지 각 중앙관서의 장에게 통보하여야 한다.

15	예산과정의 순서와 특징	답 ②

예산집행에는 재정통제방안과 신축성 유지방안이 있는데 예비비와 총액계상제도는 행정부에 관리상의 재량을 부여하는 신축성 유지방안에 해당하며, 이는 고전적 예산원칙의 예외이다.

선지분석

① 예산과정은 예산편성 - 예산심의 - 예산집행 - 예산결산의 순으로 이루어진다.

③ 예산제도 개선 등으로 예산 일부가 절약되었을 경우, 이를 예산성과금으로 지급할 수 있을 뿐만 아니라 다른 사업에 사용할 수도 있다.

④ 우리나라는 현재 총액예산 자율편성제도를 도입하고 있어 중앙예산기관(기획재정부)이 총액 한도를 지정한 후에 각 중앙부처가 사업별 예산을 편성한다. 따라서 기획재정부의 사업별 예산통제기능은 미약하지 않다.

16	예산의 전용	답 ③

전용이란 행정과목 간의 용도 변경을 의미하는 것으로 기획재정부장관의 승인이 필요하지만 예외적으로 각 중앙관서의 장은 회계연도마다 기획재정부장관이 위임하는 범위 안에서 각 세항 또는 목의 금액을 자체적으로 전용할 수 있다(「국가재정법」 제46조).

선지분석

① 각 중앙관서의 장이 예산을 전용한 경우에는 그 전용내역을 기획재정부장관 및 감사원에 즉시 제출하여야 한다(「국가재정법」 제46조 제4항).

② 각 중앙관서의 장은 당초 예산에 계상되지 아니한 사업을 추진하는 경우에는 예산을 전용할 수 없다.

④ 각 중앙관서의 장은 예산의 목적범위 안에서 재원의 효율적 활용을 위하여 기획재정부장관의 승인을 얻어 각 세항 또는 목 간의 금액을 전용할 수 있다. 각 관, 항 간의 용도변경은 이용의 대상으로 국회의결이 필요하다.

17	수입대체경비	답 ②

초과수입에 직접 관련되는 경비 및 이에 수반되는 경비에 일시적인 업무급증으로 인한 일용직 임금도 포함된다(「국가재정법 시행령」 제24조 제2항).

⊕ 보충 「국가재정법 시행령」

제24조 【예산총계주의 원칙의 예외】 ② 초과수입에 직접 관련되는 경비 및 이에 수반되는 경비라 함은 다음 각 호의 경비를 말한다.
1. 업무수행과 직접 관련된 자산취득비 · 국내여비 · 시설유지비 및 보수비
2. 일시적인 업무급증으로 사용한 일용직 임금
3. 초과수입 증대와 관련 있는 업무를 수행한 직원에게 지급하는 보상적 경비

18	우리나라 예산집행 제도	답 ②

ㄱ. 총괄예산제도는 지출을 총액으로 승인해주는 총액개념의 예산제도로 예산집행의 신축성을 위한 제도이고, ㄷ. 일반예비비는 일반회계 예산총액의 1/100 이내에서 계상할 수 있으므로 옳은 설명이다.

선지분석

ㄴ. 계속비는 총액과 연부액 모두 국회의 의결을 얻어야 하므로 사전의결의 원칙의 예외가 아니다.

ㄹ. 차관이나 국공채 등을 국고채무부담행위에 포함시키기는 어렵다는 것이 일반적이다. 국고채무부담행위와 차관, 국공채 등이 모두 국가채무에 포함은 되지만 국고채무부담행위와 국가채무가 동일한 것은 아니고 차관이나 국공채 등이 국고채무부담행위에 포함되는 것도 아니다. 국고채무부담행위는 법률에 의한 것과 세출예산금액 또는 계속비의 총액 범위 안의 것 외에 국가가 채무를 부담하는 행위를 말한다.

19	예산집행의 신축성 유지방안	답 ②

예비비의 경우, 일반회계 예산총액의 100분의 5가 아닌 100분의 1 이내의 금액으로 세입세출예산에 계상할 수 있다(「국가재정법」 제22조).

선지분석

① 「국가재정법」 제89조 제2항에 대한 설명이다.
③ 「국가재정법」 제23조에 대한 설명이다.
④ 「국가재정법」 제46조에 대한 설명이다.

⊕ 보충 「국가재정법」

제22조 【예비비】 ① 정부는 예측할 수 없는 예산 외의 지출 또는 예산초과지출에 충당하기 위하여 일반회계 예산총액의 100분의 1 이내의 금액을 예비비로 세입세출예산에 계상할 수 있다. 다만, 예산총칙 등에 따라 미리 사용목적을 지정해 놓은 예비비는 본문에도 불구하고 별도로 세입세출예산에 계상할 수 있다.

제23조 【계속비】 ① 완성에 수년이 필요한 공사나 제조 및 연구개발사업은 그 경비의 총액과 연부액(年賦額)을 정하여 미리 국회의 의결을 얻은 범위 안에서 수년도에 걸쳐서 지출할 수 있다.
② 제1항의 규정에 따라 국가가 지출할 수 있는 연한은 그 회계연도부터 5년 이내로 한다. 다만, 사업규모 및 국가재원 여건을 고려하여 필요한 경우에는 예외적으로 10년 이내로 할 수 있다.

제46조 【예산의 전용】 ① 각 중앙관서의 장은 예산의 목적범위 안에서 재원의 효율적 활용을 위하여 대통령령으로 정하는 바에 따라 기획재정부장관의 승인을 얻어 각 세항 또는 목의 금액을 전용할 수 있다. 이 경우 사업 간의 유사성이 있는지, 재해대책 재원 등으로 사용할 시급한 필요가 있는지, 기관운영을 위한 필수적 경비의 충당을 위한 것인지 여부 등을 종합적으로 고려하여야 한다.

제89조 【추가경정예산안의 편성】 ② 정부는 국회에서 추가경정예산안이 확정되기 전에 이를 미리 배정하거나 집행할 수 없다.

20	예산 집행의 신축성 유지 방안	답 ④

ㄷ과 ㄹ은 옳은 설명이고, ㄱ과 ㄴ은 옳지 않다.

ㄷ. 예비비란 예측할 수 없는 예산 외의 지출 또는 예산초과지출에 충당하기 위해 세입 · 세출예산에 계상한 금액을 말한다(「국가재정법」 제22조).
ㄹ. 예산의 이체란 정부조직 등에 관한 법령의 제정, 개정 또는 폐지로 인해 그 직무와 권한에 변동이 있을 때에 예산도 이에 따라 변경하는 것을 말한다(「국가재정법」 제47조).

선지분석

ㄱ. 각 기관 · 장 · 관 · 항 간에 상호 융통하는 것은 이용이다.
ㄴ. 예산 성립 후 연도 내 지출원인행위를 하고 불가피한 사유로 지출하지 못한 경비와 지출원인행위를 하지 아니한 그 부대경비의 금액에 대한 이월은 사고이월이다.

⊕ 보충 「국가재정법」

제22조 【예비비】 ① 정부는 예측할 수 없는 예산 외의 지출 또는 예산초과지출에 충당하기 위하여 일반회계 예산총액의 100분의 1 이내의 금액을 예비비로 세입세출예산에 계상할 수 있다. 다만, 예산총칙 등에 따라 미리 사용목적을 지정해 놓은 예비비는 본문에도 불구하고 별도로 세입세출예산에 계상할 수 있다.

제47조 【예산의 이용 · 이체】 ② 기획재정부장관은 정부조직 등에 관한 법령의 제정 · 개정 또는 폐지로 인하여 중앙관서의 직무와 권한에 변동이 있는 때에는 그 중앙관서의 장의 요구에 따라 그 예산을 상호 이용하거나 이체(移替)할 수 있다.

21	예산관련법령	답 ④

국고채무부담행위는 국가는 법률에 따른 것과 세출예산금액 또는 계속비의 총액 범위 안의 것 외에 채무부담의무를 인정하는 것으로 미리 예산으로서 사전에 국회의 의결을 얻어야 한다.

선지분석

① 예비비에 대한 설명이다.
② 계속비에 대한 설명이다.
③ 이월에 대한 설명이다.

⊕ 보충 「국가재정법」

제25조 【국고채무부담행위】 ① 국가가 법률에 따른 것과 세출예산금액 또는 계속비의 총액의 범위 안의 것 외에 채무를 부담하는 행위를 말하는 것으로 이런 행위를 하고자 하는 때에는 미리 예산으로서 사전에 국회의 의결을 얻어야 한다.
② 국가는 제1항에 규정된 것 외에 재해복구를 위하여 필요한 때에는 회계연도마다 국회의 의결을 얻은 범위 안에서 채무를 부담하는 행위를 할 수 있다. 이 경우 그 행위는 일반회계 예비비의 사용절차에 준하여 집행한다.
③ 국고채무부담행위는 사항마다 그 필요한 이유를 명백히 하고 그 행위를 할 연도 및 상환연도와 채무부담의 금액을 표시하여야 한다.

22	우리나라의 예비비	답 ④

일반예비비는 그 사용 목적을 특정하지 않고 국회의 사전 의결을 거친 경비이지만, 기간의 한정성 원칙에 따라 회계연도를 달리하여 사용할 수 없다.

선지분석

③ 목적예비비는 예산총칙에서 미리 사용목적을 지정해 놓은 예비비를 말한다. 2020년 예산총칙에 따르면 목적예비비는 재해대책비, 환율변동 등으로 인한 원화부족액 보전 외에도 구조조정으로 인한 어려움을 겪는 지역 및 업종 지원, 수출 규제 및 국제통상마찰에 대응하기 위한 재정지원 등에 사용할 수 있다.

⊕ **보충** 「국가재정법」

제22조【예비비】 ① 정부는 예측할 수 없는 예산 외의 지출 또는 예산초과지출에 충당하기 위하여 일반회계 예산총액의 100분의 1 이내의 금액을 예비비로 세입세출예산에 계상할 수 있다. 다만, 예산총칙 등에 따라 미리 사용목적을 지정해 놓은 예비비는 본문에도 불구하고 별도로 세입세출예산에 계상할 수 있다.

23 긴급배정 대상경비 답 ①

기획재정부장관이 회계연도 개시 전에 예산을 배정하는 것은 긴급배정 대상경비로, 과년도 지출은 긴급배정 대상경비가 아니다.

선지분석

②, ③, ④, ⑤ 모두 회계연도 개시 전에 배정하는 긴급배정 대상경비에 해당한다.

⊕ **보충** 긴급배정 대상경비

「국가재정법」

제43조【예산의 배정】 ③ 기획재정부장관은 필요한 때에는 대통령령이 정하는 바에 따라 회계연도 개시 전에 예산을 배정할 수 있다.

「국가재정법 시행령」

제16조【예산의 배정】 ⑤ 법 제43조 제3항에 따라 회계연도 개시 전에 예산을 배정할 수 있는 경비는 다음 각 호와 같다.

1. 외국에서 지급하는 경비
2. 선박의 운영 · 수리 등에 소요되는 경비
3. 교통이나 통신이 불편한 지역에서 지급하는 경비
4. 각 관서에서 필요한 부식물의 매입경비
5. 범죄수사 등 특수활동에 소요되는 경비
6. 여비
7. 경제정책상 조기집행을 필요로 하는 공공사업비
8. 재해복구사업에 소요되는 경비

24 「국가재정법」상 예비타당성조사 답 ④

「국가재정법」에 규정되어 있는데 총사업비가 500억 원 이상이고, 국가의 재정지원규모가 300억 원 이상인 신규 사업은 예비타당성조사 대상이다.

⊕ **보충** 「국가재정법」

제38조【예비타당성조사】 ① 기획재정부장관은 총사업비가 500억 원 이상이고 국가의 재정지원 규모가 300억 원 이상인 신규 사업으로서 다음 각 호의 어느 하나에 해당하는 대규모사업에 대한 예산을 편성하기 위하여 미리 예비타당성조사를 실시하고, 그 결과를 요약하여 국회 소관 상임위원회와 예산결산특별위원회에 제출하여야 한다. 다만, 제4호의 사업은 제28조에 따라 제출된 중기사업계획서에 의한 재정지출이 500억 원 이상 수반되는 신규 사업으로 한다.

25 예비타당성조사의 주요 내용 답 ④

예비타당성조사란 신규사업의 신중한 착수를 위하여 1999년 정부가 도입하였다. 총사업비가 500억 원 이상이면서 국고지원 300억 원 이상의 신규사업에 대하여 타당성조사를 실시하기에 앞서 기획재정부가 경제적 · 정책적 차원에서 타당성을 종합적으로 검토하는 재정통제제도이다.

선지분석

① 기존에 유지된 타당성조사의 문제점을 보완하기 위해 1999년부터 도입하였다.
② 신규 사업 중 총사업비가 500억 원 이상이면서 국고지원 300억 원 이상에 적용한다.
③ 예비타당성조사는 중앙행정기관장이 아니라 기획재정부장관이 실시한다.

26 예비타당성조사제도 답 ④

민감도분석이란 비용편익분석을 일차적으로 한 후에 모형의 파라미터가 불확실할 때 여러 가지 가능한 값에 따라 대안의 결과가 어떻게 달라지는지를 분석하는 방법으로, 경제적 측면에서의 분석에 해당한다.

선지분석

① 상위계획과의 연관성, ② 지역경제에의 파급효과, ③ 사업추진 의지는 모두 정책적 분석에서 고려한다.

핵심POINT 예비타당성조사와 타당성조사

타당성조사가 주로 당해 사업에 대한 기술적 타당성을 검토하는 반면, 예비타당성조사는 국가재정 전반적인 관점에서 경제적 타당성 및 정책적 타당성을 주된 검토 대상으로 삼는다. 또한 조사기관도 타당성조사는 사업 주무부처가 실시하는 반면, 예비타당성조사는 기획재정부가 실시한다.

구분	예비타당성조사	타당성조사
개념	타당성조사 이전에 예산 반영 여부 및 투자 우선순위결정을 위한 조사	예비타당성조사를 통과한 후 본격적인 사업 착수를 위한 조사
주체	중앙예산기관(기획재정부)	주무부처
초점	• 경제적 측면: 비용편익분석, 민감도분석 등 • 정책적 측면: 계층화분석법(AHP) 등 • 기술적 측면은 검토대상이 아님	• 기술적 측면: 공법분석, 현장여건 실사 등 • 경제적 · 정책적 측면은 검토대상이 아님
규모 및 대상	총 사업비 500억 원 이상 + 국가 300억 원 이상 출자사업	그 이외 사업
조사 범위	국가재정 전반적 관점	당해 사업
특징	사전적 · 개략적	사후적 · 세부적
조사 기간	단기(수개월)	장기(3~4년)

27 「국가재정법」상 예비타당성조사 답 ②

예비타당성조사 대상사업은 기획재정부장관이 중앙관서의 장의 신청에 따라 또는 직권으로 선정할 수 있다.

선지분석

① 「국가재정법」 제38조 제1항의 규정이다.
③ 「국가재정법」 제38조 제4항의 규정이다.
④ 「국가재정법」 제38조의3의 규정이다.

> **⊕ 보충 「국가재정법」**
>
> 제38조 【예비타당성조사】 ① 기획재정부장관은 총사업비가 500억 원 이상이고 국가의 재정지원 규모가 300억 원 이상인 신규 사업으로서 다음 각 호의 어느 하나에 해당하는 대규모사업에 대한 예산을 편성하기 위하여 미리 예비타당성조사를 실시하고, 그 결과를 요약하여 국회 소관 상임위원회와 예산결산특별위원회에 제출하여야 한다. 다만, 제4호의 사업은 제28조에 따라 제출된 중기사업계획서에 의한 재정지출이 500억 원 이상 수반되는 신규 사업으로 한다.
> ③ 제1항의 규정에 따라 실시하는 예비타당성조사 대상사업은 기획재정부장관이 중앙관서의 장의 신청에 따라 또는 직권으로 선정할 수 있다.
> ④ 기획재정부장관은 국회가 그 의결로 요구하는 사업에 대하여는 예비타당성조사를 실시하여야 한다.
>
> 제38조의3 【국가연구개발사업 예비타당성조사의 특례】 ① 기획재정부장관은 제8조의2, 제38조 및 제38조의2에 규정된 사항 중 「과학기술기본법」 제11조에 따른 국가연구개발사업에 대한 예비타당성조사에 관해서는 대통령령으로 정하는 바에 따라 과학기술정보통신부장관에게 위탁할 수 있다.

28 우리나라의 재정건전성제도 답 ②

예비타당성조사는 대형 신규 공공투자사업을 면밀하게 사전 검토하는 제도로, 총사업비 500억 원 이상이면서 국가재정지원이 300억 원 이상인 신규사업이 조사대상에 해당한다(「국가재정법」 제38조).

선지분석

① 총사업비관리제도와 예비타당성조사제도 모두 (구)「예산회계법 시행령」에 근거한 제도로, 총사업비관리제도는 1994년에 도입되었고, 예비타당성조사제도는 1999년에 도입되었다.
③ 토목사업은 500억 원 이상, 건축사업은 200억 원 이상인 경우에 총사업비 관리대상이 된다(「총사업비 관리지침」 제22조).
④ 재정사업자율평가제도는 예산편성과 성과관리의 연계를 위하여 2005년부터 실시되었다.

29 우리나라의 재정사업 성과관리 답 ③

재정사업 자율평가 결과 추가적인 평가가 필요하다고 판단되는 사업은 재정사업 심층평가를 실시할 수 있다고 「국가재정법 시행령」에 규정되어 있다.

선지분석

① 「국가재정법」 제85조의2의 내용이다.
② 「국가재정법」 제85조의10의 내용이다.
④ 미국의 PART(Program Assessment Rating Tool)는 재정사업과 예산과의 연계를 위하여 관리예산처(OMB) 주도로 2002년 도입한 것으로 재정사업 자율평가는 미국 관리예산처(OMB)의 PART를 우리나라 실정에 맞게 도입한 제도이다.

> **⊕ 보충 「국가재정법 시행령」**
>
> 제39조의3 【재정사업의 성과평가 등】 ① 기획재정부장관은 각 중앙관서의 장과 기금관리주체에게 기획재정부장관이 정하는 바에 따라 주요 재정사업을 스스로 평가(이하 "재정사업자율평가")하도록 요구할 수 있으며, 다음 각 호의 어느 하나에 해당하는 사업에 대해서는 심층평가를 실시할 수 있다.
> 1. 재정사업자율평가 결과 추가적인 평가가 필요하다고 판단되는 사업
> 2. 부처 간 유사·중복 사업이나 비효율적인 사업추진으로 예산낭비의 소지가 있는 사업
> 3. 향후 지속적 재정지출 급증이 예상되어 객관적 검증을 통해 지출효율화가 필요한 사업
> 4. 그 밖에 심층적인 분석·평가를 통해 사업추진 성과를 점검할 필요가 있는 사업

30 재정성과관리와 재정건전성 답 ①

중기지방재정계획은 「지방재정법」에 규정된 것으로, 예산편성과정에서 지방재정을 예산집행 전에 통제하는 제도이다.

> **⊕ 보충 「지방재정법」**
>
> 제33조 【중기지방재정계획의 수립 등】 ① 지방자치단체의 장은 지방재정을 계획성 있게 운용하기 위하여 매년 다음 회계연도부터 5회계연도 이상의 기간에 대한 중기지방재정계획을 수립하여 예산안과 함께 지방의회에 제출하고, 회계연도 개시 30일 전까지 행정안전부장관에게 제출하여야 한다.

31 우리나라 중앙예산부서의 재정관리 혁신 답 ②

사회간접자본(SOC)에 대한 민간투자와 관련된 주요 정책의 수립 등의 사항은 기획재정부장관 소속 민간투자사업심의위원회의 심의를 거치지만, 민간투자대상사업의 지정은 기획재정부장관이 아니라 주무관청이 한다(「사회기반시설에 대한 민간투자법」 제8조의2).

선지분석

① 총사업비가 500억 원 이상이고 국가재정 지원규모가 300억 원 이상인 신규사업 중 지능정보화사업이나 연구개발사업 등은 예비타당성조사의 대상사업이 된다.

③ 예산성과금은 공무원뿐만 아니라 일반국민에게도 지급 가능하다.
④ 총사업비가 500억 원 이상인 토목사업과 총사업비가 200억 원 이상인 건축사업이나 연구개발사업은 총사업비 관리제도의 대상사업이 될 수 있다.
⑤ 기획재정부의 예산낭비신고센터 운영에 대한 설명이다.

32	예비타당성조사	답 ②

옳은 지문은 ㄹ, ㅁ으로 2개이다.

ㄹ. 예비타당성조사제도가 도입된 1999년부터 2019년까지 총 732건의 예비타당성조사가 수행되었다. 경제적 타당성 확보율(B/C≥1 비율)을 살펴보면 약 48.5% 수준이었고, 종합적 타당성 확보율은 평균 65%이었다. 즉, 편익비용비율이 1보다 낮아도 종합적 타당성을 확보할 수 있다. 최근 논란이 되고 있는 서울-양평고속도로의 경우에도 경제적 타당성은 약 0.82%였으나, 계층화분석법(AHP)을 활용한 종합적 평가로 예비타당성조사를 통과시킨 사례이다.

ㅁ. 「국가재정법」 제38조 제2항의 내용이다.

(선지분석)

ㄱ. 예비타당성조사는 1999년 도입된 제도로 대상 사업은 총사업비가 500억 원 이상이고, 국가의 재정지원 규모가 300억 원 이상인 신규사업으로서 건설사업, 정보화 사업 등을 대상으로 한다.

ㄴ. 기획재정부장관은 중앙관서의 장의 신청에 따라 또는 직권으로 대상 사업을 선정할 수 있다.

ㄷ. 예비타당성조사는 경제성 분석, 정책적 분석, 지역 균형발전 분석을 실시한 후 각 분석 결과를 종합적으로 고려하여 계층화분석법(AHP: Analytic Hierarchy Process)을 활용하여 종합적으로 평가한다.

⊕ 보충 「국가재정법」

제38조 【예비타당성조사】 ① 기획재정부장관은 총사업비가 500억 원 이상이고 국가의 재정지원 규모가 300억 원 이상인 신규사업으로서 다음 각 호의 어느 하나에 해당하는 대규모 사업에 대한 예산을 편성하기 위하여 미리 예비타당성조사를 실시하고, 그 결과를 요약하여 국회 소관 상임위원회와 예산결산특별위원회에 제출하여야 한다. 다만, 제4호의 사업은 제28조에 따라 제출된 중기사업계획서에 의한 재정지출이 500억 원 이상 수반되는 신규사업으로 한다.

② 제1항에도 불구하고 다음 각 호의 어느 하나에 해당하는 사업은 대통령령으로 정하는 절차에 따라 예비타당성조사 대상에서 제외한다.

1. 공공청사, 교정시설, 초·중등 교육시설의 신·증축 사업

6. 「재난 및 안전관리기본법」 제3조 제1호에 따른 재난복구 지원, 시설 안전성 확보, 보건·식품 안전 문제 등으로 시급한 추진이 필요한 사업

33	우리나라의 예산 · 회계제도	답 ③

완성에 2년 이상이 소요되는 사업으로서 대통령령이 정하는 대규모사업에 대하여 각 중앙관서의 장이 그 사업규모 등을 정하여 미리 기획재정부장관과 협의하도록 하는 제도는 예비타당성조사제도가 아니라 총사업비제도이다.

34	수익형 민자사업(BTO)	답 ③

리스료(임대료)를 민간사업자에게 지출하는 것은 BTO가 아니라 BTL에 대한 설명이다. BTO는 사회간접자본을 민간이 건설하고 소유권을 이전한 다음 민간이 운영하여 투자비를 회수하는 방식이나 BTL은 민간이 건설하고 소유권을 이전한 다음 정부로부터 임대료(리스료)를 받아 투자비를 회수하는 방식이다.

35	민자유치방식	답 ①

사회기반시설(SOC)에 대한 민간투자사업에 있어서 사업시행자가 시설을 건설한 후(B) 해당 시설의 소유권(O) 및 운영권(O)을 사업시행자가 가지는 방식은 BOO(Build-Own-Operate)에 해당한다.

핵심POINT 사회간접자본(SOC)에 대한 민자유치방식

구분	내용	특징 및 장점
BOO (Build-Own-Operate)	• 민간이 건설(build)하여 • 민간이 소유하며(own) • 민간이 운영(operate)하여 투자비를 회수하는 방식	• 최초의 민자유치방식 (현재는 거의 시행되지 않음) • 민간 참여로 경영효율성 증대
BOT (Build-Operate-Transfer)	• 민간이 건설(build)하여 • 민간이 운영(operate)하여 투자비를 회수한 후 • 소유권을 정부에 이전(transfer)하는 방식	• 수익시설에 적용 • 적자 시 MRG(최소수입보장제도)를 통해 운영수입 보장
BTO (Build-Transfer-Operate)	• 민간이 건설(build)하여 • 완공 시 소유권을 정부에 이전(Transfer)하는 대신 • 민간이 직접 운영(operate)하여 투자비를 회수하는 방식	
BTL (Build-Transfer-Lease)	• 민간이 건설(build)하여 • 완공 시 소유권을 정부에 이전(transfer)하는 대신 • 시설을 정부에 임대(lease)하여 임대료로 투자비를 회수하는 방식	• 비수익시설에 적용 • 정부가 적정수익률을 반영하여 임대료를 산정·지급하므로 투자위험 감소
BLT (Build-Lease-Transfer)	• 민간이 건설(build)하여 • 시설을 정부에 임대(lease)하여 임대료로 투자비를 회수하고 • 투자비 회수 이후에 소유권을 정부에 이전(transfer)하는 방식	

36 민자유치방식 답 ②

제시문은 임대형 민간투자사업(BTL)에 해당한다. 임대형 민간투자사업은 민간이 공공시설을 짓고 정부가 이를 임차해서 쓰는 민간투자사업 방식을 말한다.

선지분석

① BTO는 민간이 건설하고, 소유권을 정부에 이전한 다음, 투자비가 회수될 때까지 민간이 운영하는 방식이다.

③ BOT는 민간이 건설하고, 투자비가 회수될 때까지 민간이 운영한 후, 소유권을 정부에 이전하는 방식이다.

④ BOO는 민간이 건설하고, 정부에게 소유권을 이전하지 아니하고, 민간이 계속 운영하는 방식이다.

37 민자유치방식 답 ⑤

민간투자사업에 대한 설명으로 옳은 것은 ㄹ, ㅁ, ㅂ이다.

선지분석

ㄱ. BTL 방식에서는 사회간접자본시설의 준공과 동시에 당해 시설의 소유권이 지방자치단체에 귀속되며, 지방자치단체가 시설을 운영한다.

ㄴ. 사회간접자본시설의 준공 후 민간의 운영이 종료되는 시점에 시설의 소유권이 지방자치단체에 귀속된되는 것은 BTO 방식이 아니라 BOT 방식에 대한 설명이다.

ㄷ. BOT 또는 BTO 방식에서는 적자보전협약에 의하여 최소운영수입보장제도(MRG)가 인정되었으나, BTL 또는 BLT 방식에서는 임대료를 산정지급하므로 최소운영수입보장제도(MRG)가 적용되지 않는다. 우리나라는 최근 MRG 제도를 폐지하고 BLT · BTL 방식으로 전환하였다.

38 우리나라의 결산 답 ④

헌법 제99조에 따르면 감사원은 세입 · 세출의 결산을 매년 검사하여 대통령과 차년도 국회에 그 결과를 보고하여야 한다.

선지분석

① 결산은 부당한 지출인 경우 집행된 내용을 무효나 취소할 수 없고 정치적 책임을 물을 뿐이다.

② 국회는 결산 의결권을 가지며 예산결산특별위원회의 심의를 거쳐 본회의에서 결산을 최종 승인한다.

③ 결산은 회계연도에서 국가의 수입과 지출의 확정적 수치로 표시하는 행위이다. 잠정적(예정적) 수치는 예산이다.

⊕ 보충 우리나라의 결산 관련 법령

헌법 제99조 감사원은 세입 · 세출의 결산을 매년 검사하여 대통령과 차년도 국회에 그 결과를 보고하여야 한다.

「국가재정법」

제59조 【국가결산보고서의 작성 및 제출】 기획재정부장관은 「국가회계법」에서 정하는 바에 따라 회계연도마다 작성하여 대통령의 승인을 받은 국가결산보고서를 다음 연도 4월 10일까지 감사원에 제출하여야 한다.

제60조 【결산검사】 감사원은 제59조에 따라 제출된 국가결산보고서를 검사하고 그 보고서를 다음 연도 5월 20일까지 기획재정부장관에게 송부하여야 한다.

제61조 【국가결산보고서의 국회제출】 정부는 제60조에 따라 감사원의 검사를 거친 국가결산보고서를 다음 연도 5월 31일까지 국회에 제출하여야 한다.

39 우리나라의 결산 답 ③

결산은 국무회의의 의결과 대통령의 승인으로 종료되는 것이 아니라 국회의 결산심의(의결)를 거쳐 종료된다.

핵심POINT 우리나라의 결산과정

각 부처의 결산 보고서 제출 (2월 말까지) → 기재부의 감사원 제출 (4월 10일까지) → 감사원의 사전확인 (5월 20일까지) → 국회의 결산심의 (5월 31일 까지)

40 예산주기와 관련된 예산과정 답 ④

감사원의 2021년도 예산에 대한 결산검사보고서 작성은 일회계연도(1/1 ~ 12/31)가 끝난 2022년에 이루어지므로 2021년도에는 볼 수 없는 예산과정이다.

선지분석

① 국방부의 2022년도 예산에 대한 예산요구서 작성은 전년도인 2021년도 5.31.까지 기획재정부장관에게 제출되어야 하므로 볼 수 있는 예산과정이다.

② 기획재정부의 2021년도 예산에 대한 예산배정은 당해 연도인 2021년도에 분기별로 이루어지므로 볼 수 있는 예산과정이다.

③ 대통령의 2022년도 예산안에 대한 국회 시정연설은 전년도인 2021년도 정기국회에서 시행되므로 볼 수 있는 과정이다.

41 결산과정 답 ④

기획재정부장관은 회계연도마다 작성하여 대통령의 승인을 받은 국가결산보고서를 다음 연도 4월 10일까지 감사원에 제출하여야 한다.

선지분석

① 결산보고서에는 세입세출결산보고서, 성인지 결산서, 계속비결산보고서, 통합재정수지보고서 등이 포함된다.
② 각 중앙관서의 장은 매 회계연도마다 소관 결산보고서를 작성하여 다음 연도 2월 말까지 기획재정부장관에게 제출하여야 한다.
③ 헌법상 독립기관인 국회의 경우 예비금제도가 인정된다. 국회의 사무총장은 예비금사용명세서를 작성하여 다음 연도 2월 말까지 기획재정부 장관에게 제출하여야 한다.
⑤ 감사원은 제출된 국가결산보고서를 검사하여 다음 연도 5월 20일까지 기획재정부장관에게 송부하여야한다.

42 결산과정 답 ④

「국회법」 제84조에 대한 설명으로 옳은 지문이다.

선지분석

① 중앙관서결산보고서는 국무총리가 아닌 기획재정부장관에게 제출하여야 한다.
② 국무총리가 아닌 기획재정부장관이 대통령의 승인을 받는다. 감사원은 재심의를 수행하는 것이 아닌 국가결산보고서를 회계검사한다.
③ 정부는 감사원의 검사를 거친 국가결산보고서를 다음 연도 5월 31일까지 국회에 제출하여야 한다.

> **⊕ 보충 결산 관련 법령**
>
> 「국회법」
>
> **제84조 【예산안·결산의 회부 및 심사】** ① 예산안과 결산은 소관 상임위원회에 회부하고, 소관 상임위원회는 예비심사를 하여 그 결과를 의장에게 보고한다. 이 경우 예산안에 대해서는 본회의에서 정부의 시정연설을 듣는다.
> ② 의장은 예산안과 결산에 제1항의 보고서를 첨부하여 이를 예산결산특별위원회에 회부하고 그 심사가 끝난 후 본회의에 부의한다. 결산의 심사 결과 위법하거나 부당한 사항이 있는 경우에 국회는 본회의 의결 후 정부 또는 해당 기관에 변상 및 징계조치 등 그 시정을 요구하고, 정부 또는 해당 기관은 시정 요구를 받은 사항을 지체 없이 처리하여 그 결과를 국회에 보고하여야 한다.
>
> 「국가재정법」
>
> **제58조 【중앙관서결산보고서의 작성 및 제출】** ① 각 중앙관서의 장은 「국가회계법」에서 정하는 바에 따라 회계연도마다 작성한 결산보고서를 다음 연도 2월 말일까지 기획재정부장관에게 제출하여야 한다.

43 세계잉여금 답 ①

ㄱ은 옳은 지문이고 ㄴ, ㄷ은 옳지 않은 지문이다. 세계잉여금(결산상 잉여금)은 기금을 제외한 일반회계와 특별회계의 세입·세출의 결산으로 생긴 잉여금으로 결산 시 수납된 세입액에서 지출된 세출액을 차감한 것이다.

ㄱ. 세계잉여금은 세입·세출의 결산상 생긴 잉여금으로 기금은 제외된다.

선지분석

ㄴ. 세계잉여금과 적자국채 발행 규모가 반드시 부(-)의 관계라고 볼 수는 없다. 세계잉여금은 세입초과와 세출불용으로 발생하는 결산상 잉여금으로 국채발행과 직접적인 관계가 있는 것은 아니다. 우리나라의 경우 최근 세계잉여금이 발생하고 있는데도 정부가 적자 국채 발행을 하고 지속하고 있다.
ㄷ. 세계잉여금은 「국가재정법」 제90조에 따라 다른 법률에 의한 지출과 이월액을 공제하고 지방교부세 정산 → 공적자금 상환 → 국가채무 상환 → 추가경정예산으로 편성할 수 있다.

44 효과성 성과감사 답 ①

부처 간 공통목적 달성을 위하여 협조가 잘 이루어지고 있는가에 대한 것은 효과성 성과감사가 아니라 집행과정에 대한 감사를 위한 질문에 해당한다.

선지분석

②, ③, ④ 모두 효과성 성과감사를 위한 질문에 해당한다.

> **핵심POINT 효과성 성과감사의 측정지표**
>
> 1. 사업의 목표와 수단, 대상 집단은 정확히 정의되었는가?
> 2. 선택된 수단들은 추구하는 목적 달성에 어느 정도로 기여하는가?
> 3. 사람들은 제공된 사업내용이나 수단에 만족하는가?
> 4. 정책이 사회, 경제, 환경에 미친 직·간접적인 효과가 정책으로 인한 것인가?

PART 6 행정환류론

CHAPTER 1 | 행정책임과 행정통제

THEME 68 행정책임

정답 p. 412

01	④	02	①	03	④	04	①	05	②
06	②	07	①	08	②				

01 행정책임의 내용 답 ④

공무원의 자율적이고 능동적인 책임은 제도적 책임이 아니라 자율적 책임에 해당한다.

선지분석

② 신공공관리론(NPM)에서는 고객의 요구를 충족시키는 정부를 강조한다.

③ 법적 책임의 확보방법은 시대에 따라 변하고 있다. 19세기 입법국가 때는 고전적 행정학의 시기로서 입법부가 제정한 법률을 충실하게 집행하는 책임을, 20세기 행정국가 때는 위임입법에 따라 전문성을 갖추어야 할 책임을, 1980년대 신행정국가 때에는 신공공관리론에 따라 계약(성과)에 의한 법적 책임을 강조한다.

02 행정책임이 강조되는 이유 답 ①

시민통제가 강화되었다면 굳이 행정책임의 문제가 중시되지 않게 된다.

⊕ 보충 행정책임이 강조되는 이유

1. 위임입법의 증가
   행정의 전문화와 공무원의 재량권 확대로 인하여 행정권이 증대되었다.
2. 현대 행정수요가 복잡화·다양화되었다.
3. 외부통제(입법·사법통제)가 상대적으로 약화되었다.
4. 정부주도형의 경제발전과 권력통치가 이루어졌다.
5. 행정문화의 후진성과 시민적 정치의식의 결여 때문이다.

03 제도적 책임성과 자율적 책임성 답 ④

성과보다 절차에 대한 책임을 강조하는 것은 자율적 책임이 아니라 제도적 책임성에 대한 설명이다. 자율적 책임성은 고객 만족을 위하여 절차보다는 성과에 대한 책임을 강조한다.

⊕ 보충 제도적 책임성과 자율적 책임성

구분	제도적 책임성	자율적 책임성
학자	파이너(Finer)	프리드리히(Friedrich)
문책자의 존재	외재화 또는 존재	내재화 또는 부재
절차의 중요성	절차의 중시	절차의 준수와 책임 완수는 별개의 것
통제방법	공식적·제도적인 통제	공식적 제도에 의해 달성할 수 없음
판단기준	판단기준 및 절차의 객관화	객관적으로 확정할 수 있는 기준 없음

04 제도적 책임성과 자율적 책임성 답 ①

공무원이 전문가로서의 직업윤리와 책임감에 기초해서 자발적인 재량을 발휘해 확보되는 행정책임은 제도적 책임성이 아니라 자율적 책임성에 해당한다. 제도적·외재적·객관적 책임이란 외부로부터 부과된 의무에 의한 책임으로 합법적·계층적·응답적 책임이 이에 해당한다. 반면 자율적·내재적·주관적 책임이란 외부적인 힘이 아니라 행위자의 내면적·주관적 기준에 의한 책임으로 비공식적이고 자율적이다.

05 행정책임과 행정통제의 관계 답 ②

행정통제는 설정된 행정목표와 기준(행정책임)에 따라 성과를 측정하여 문제가 있으면 시정하려는 개선조치가 반드시 수반되어야 한다.

06 행정통제와 행정책임 답 ②

입법국가 시절에는 정치행정이원론에 따라 국회가 정책을 결정하고 행정부가 정책을 잘 집행하는지를 통제하는 외부통제에 중점을 두었으나, 정치행정일원론에 따라 크고 강력한 현대 행정국가로 이행하면서 행정의 전문성과 재량권이 증가함에 따라 내부통제의 중요성이 부각되었다.

선지분석

① 대응적 책임(responsiveness)이 아니라 도의적 책임(responsibility)에 해당한다.

③ 도의적 책임(responsibility)이 아니라 대응적 책임(responsiveness)에 해당한다.

④ 직무감찰은 감사원, 옴부즈만은 국민권익위원회에서 각각 담당하므로 내부통제 수단에 해당한다.

07	행정통제와 행정책임	답 ①

ㄱ. 파이너(Finer)는 법적, 제도적 통제를 통한 외재적 책임을 중시하였다.

(선지분석)

ㄴ. 감사원은 대통령 소속으로 감사원의 직무감찰, 회계감사는 내부통제에 해당한다.
ㄷ. 프리드리히(Friedrich)는 파이너(Finer)와는 달리 주관적이고 자율적인 내재적 통제를 중시하였다.

08	행정통제제도	답 ②

헌법 제65조의 내용으로 옳은 내용이다.

(선지분석)

① 국민권익위원회는 「부패방지 및 국민권익위원회의 설치와 운영에 관한 법률」에 근거하고 있는 비헌법상 기관으로 직권조사권, 소추권은 갖고 있지 않다.
③ 직무감찰은 입법부, 사법부에 소속된 공무원은 제외한다.
④ 헌법재판소는 ⓐ 법원이 판단을 요구한 법률의 위헌 여부, ⓑ 탄핵, ⓒ 정당의 해산, ⓓ 국가기관 상호 간, 국가기관과 지방자치단체 간 및 지방자치단체 상호 간의 권한쟁의, ⓔ 헌법소원에 관한 심판을 담당한다. 행정심판, 행정소송은 담당하지 않는다.
⑤ 2006년에 제정된 「정부업무평가 기본법」에서는 각 부처에서 소관 정책 전반에 대한 자체평가를 폐지하지 않고 수립·시행하도록 하고 있다.

⊕ 보충 행정통제제도

헌법
제65조 ① 대통령·국무총리·국무위원·행정 각부의 장·헌법재판소 재판관·법관·중앙선거관리위원회 위원·감사원장·감사위원 기타 법률이 정한 공무원이 그 직무집행에 있어서 헌법이나 법률을 위배한 때에는 국회는 탄핵의 소추를 의결할 수 있다.

「감사원법」
제24조 【감찰 사항】 ① 감사원은 다음 각 호의 사항을 감찰한다.
1. 「정부조직법」 및 그 밖의 법률에 따라 설치된 행정기관의 사무와 그에 소속한 공무원의 직무
③ 제1항의 공무원에는 국회·법원 및 헌법재판소에 소속한 공무원은 제외한다.

THEME 69 행정통제와 옴부즈만제도

정답

p. 414

01	①	02	③	03	④	04	②	05	③
06	②	07	②	08	③	09	②	10	④
11	②	12	④	13	③	14	③	15	①
16	④	17	①	18	①	19	⑤	20	④
21	④	22	④	23	④	24	②	25	③
26	③								

01	행정통제의 유형	답 ①

길버트(Gilbert)는 행정통제를 정부 외부로부터의 통제인지, 내부로부터의 통제인지에 따라 외부통제와 내부통제로 나누고, 공식기구와 절차를 통한 통제인지 아닌지에 따라 공식적 통제와 비공식적 통제로 나누었다. 이때 청와대에 의한 통제는 공식적 내부통제로, (나)에 해당한다.

핵심POINT 행정통제의 유형(Gilbert)

구분	내부	외부
공식	행정수반(대통령), 계층제(관료제), 교차기능조직(인사, 조직, 정원, 예산), 독립통제기관(감사원, 국민권익위원회), 정부업무평가(국무총리)	국회, 사법부, 입법부, 옴부즈만제도
비공식	공직윤리(행정윤리), 대표관료제, 공익, 비공식규범	시민통제, 시민단체, 정당, 이익집단, 언론(매스컴)

02	행정통제의 유형	답 ③

행정통제는 통제주체에 따라 내부통제와 외부통제로 구분할 수 있는데 공직자의 윤리적 책임의식에 의한 통제는 내부통제에 해당한다.

(선지분석)

① 파이너(Finer)는 관료의 기능적 책임보다 외재적 책임의 중요성을 강조하였다.
② 프리드리히(Friedrich)는 외재적·민주적 책임보다 관료 개인적인 도덕적 의무감에 호소하는 내재적 책임을 강조하였다.
④ 우리나라 국민권익위원회의 고충민원처리제도는 국무총리 소속이므로 옴부즈만제도 중에서 행정부형에 속한다.

03	행정책임의 유형(Romzek & Dubnick)	답 ④

관료적 책임성은 행정 내부통제의 강도가 강한 책임성이다.

핵심POINT 행정책임의 유형(Romzek & Dubnick)

1. 분류의 기준
   - 행정통제의 원천(source): 내부/외부
   - 행정통제의 정도: 강/약
2. 통제의 유형

구분		통제의 원천	
		내부	외부
통제의 정도	강	관료적(bureaucratic) 통제	법적(legal) 통제
	약	전문적(professional) 통제	정치적(political) 통제

04 롬젝(Romzeck)의 행정책임유형 답 ②

표준운영절차(SOP)나 내부 규칙(규정)에 따라 통제되는 것은 계층적 책임이다. 법적 책임은 주어진 법적 의무사항을 준수하는지에 대한 것으로 통제의 원천이 외부에 있다.

05 국정감사를 통한 통제 답 ③

국정감사권은 입법부의 권한이며, 외부-공식적 통제에 해당한다. 감사원은 회계검사 및 직무감찰을 통하여 행정행위에 대한 내부통제를 행한다.

06 행정통제의 유형 답 ②

국무조정실의 통제는 주로 정부업무평가 등을 담당하는데 이는 내부·공식적 통제이다. 직무감찰은 감사원의 행정통제이다.

07 행정통제에 대한 시민단체의 역할 답 ②

정당이나 시민단체는 행정에 대한 공식적 통제자가 아니라 비공식적 통제자의 역할을 한다.

08 내부통제 답 ③

ㄷ. 감사원에 의한 통제, ㅁ. 공무원으로서 직업윤리는 내부통제에 해당한다.

(선지분석)

ㄱ. 입법부에 의한 통제, ㄴ. 사법부에 의한 통제, ㄹ. 시민에 의한 통제는 외부통제에 해당한다.

09 행정통제 답 ②

교차기능조직(criss-cross organizations)은 행정체제 전반에 걸친 관리 작용을 하는 조직으로서, 수평적으로 지원·조정하는 참모적 성격의 부처들로 기획재정부(예산), 행정안전부(조직, 정원), 인사혁신처(인사) 등이 있다. 이러한 조직들은 내부적 통제체제로부터 완전히 독립되어 있지 않다.

10 행정(정부)통제의 구분 답 ④

길버트(Gilbert)의 분류에 의하면 정당에 의한 통제는 외부·비공식적 통제에 해당한다.

(선지분석)

① 감찰통제는 독립통제기관인 감사원의 기능으로 내부통제에 해당한다.
② 예산통제는 교차기능조직인 기획재정부의 기능으로 내부통제에 해당한다.
③ 인력의 정원통제는 교차기능조직인 행정안전부의 기능으로 내부통제에 해당한다.

11 행정통제의 유형 답 ②

길버트(Gilbert)는 행정통제유형을 공식성의 유무에 따라 공식과 비공식, 통제주체에 따라 내부통제와 외부통제로 구분하였다. 그중 공식적·내부통제유형에 포함되는 것은 감사원에 의한 통제이다.

12 행정통제의 유형 답 ④

중앙부처의 예산 편성과 집행에 대한 기획재정부의 관리 활동은 행정부의 내부통제이다.

(선지분석)

①, ②, ③ 행정부 외부에서 이루어지는 외부통제이다.

13 행정통제의 방향 답 ③

행정이 전문성과 복잡성을 갖는 현대 행정국가 시대에는 외부통제보다 내부통제가 점차 강조되고 있다.

14 행정통제 답 ③

행정통제에 대한 설명으로 옳은 것은 ㄱ, ㄴ, ㄷ이다.

(선지분석)

ㄹ. 합법성을 강조하는 것은 입법통제가 아니라 사법통제이다. 사법통제는 위법행정보다 부당행정이 많은 현대 행정에서는 효율적인 통제가 어렵다는 한계가 있다.

15	행정통제의 유형	답 ①

감사원의 직무감찰 등은 행정통제의 유형 중 내부통제에 해당한다. 감사원은 대통령 소속 헌법기관으로 회계감사, 직무감찰, 결산확인 등의 기능을 수행하는 독립통제기관이다.

16	행정통제의 유형	답 ④

행정통제는 행정부를 기준으로 내부와 외부통제로 구분하는 데 외부통제에 해당하는 것은 ㄴ, ㄹ, ㅂ, ㅇ이다.

선지분석

ㄱ. 행정안전부의 각 중앙행정기관 조직과 정원 통제는 행정부 내부로서 내부통제에 해당된다.
ㄷ. 기획재정부의 각 부처 예산안 검토 및 조정은 행정부 내부로서 내부통제에 해당된다.
ㅁ. 국무총리의 중앙행정기관에 대한 기관평가는 행정부 내부로서 내부통제에 해당된다.
ㅅ. 중앙행정기관장의 당해 기관에 대한 자체평가는 행정부 내부평가로서 내부통제에 해당된다.

17	행정통제의 유형	답 ①

행정통제는 행정부를 기준으로 내부/외부 통제로 구분하는데, 감사원은 대통령 소속으로 대표적인 내부통제방식이다.

선지분석

② 헌법재판소의 위헌법률심판은 외부/공식적 통제이다.
③ 국회의 국무위원에 대한 탄핵소추는 외부/공식적 통제이다.
④ 지방자치단체의 주민참여예산제도는 주민에 의한 외부/비공식 통제이다.

18	옴부즈만제도	답 ①

옴부즈만제도는 행정부가 입법부로부터 자율권을 가지기 위한 제도가 아니라 반대로 입법부가 행정부를 통제·감시하기 위한 외부-공식적 행정통제제도에 해당한다.

선지분석

⑤ 옴부즈만의 권한에는 독립적 조사권, 시찰권, 소추권 등이 있다. 단, 이 중 소추권은 대부분의 나라에서 인정하지 않는 것이 보통이다.

19	옴부즈만제도	답 ⑤

옴부즈만은 국민의 요구나 신청에 의해서 조사를 하는 것이 일반적이나 직권에 의해 조사를 하는 경우도 있다.

선지분석

① 1809년 덴마크가 아니라 스웨덴에서 처음으로 채택되어 실시된 제도이다. 이후 영국, 미국 등 많은 나라에서 도입하여 활용하고 있다.
② 전형적인 외부 행정통제이다.
③ 부당한 행정행위에 대하여 시정조치해 줄 것을 담당기관에 건의할 수 있을 뿐이며, 무효하거나 취소 또는 변경할 권한은 갖지 않는다.
④ 국가마다 형태(정부소속, 국회소속 등)가 다양하다.

20	옴부즈만제도	답 ④

옴부즈만은 사실의 조사·인정이 중요한 기능이며 행정결정을 취소·변경할 수 없고 법원이나 행정기관에 대한 직접적인 감독권도 없다. 따라서 관계기관이 시정조치를 취하지 않는 경우에도 직접 제재할 수 없으며 의회에 대한 보고나 신문을 통한 공표 등 간접적인 수단을 사용하게 되므로 '이빨 빠진 경비견'(watchdog without teeth)이라고도 한다.

21	공직윤리이론	답 ④

공직윤리이론에 대한 설명으로 옳은 것은 ㄴ, ㄷ, ㄹ이다.

선지분석

ㄱ. 공직자 윤리기준은 행위의 결과나 성과에 따라 판단하는 목적론적 접근방법과 그 행위의 이유와 의도에 따라 판단하는 의무론적 접근방법으로 구분된다.

22	옴부즈만의 권한	답 ④

옴부즈만의 권한으로 조사권, 시찰권은 대부분 인정하고 있으나 소추권은 거의 인정하지 않고 있다.

23	옴부즈만(Ombudsman)제도	답 ④

우리나라의 옴부즈만제도에 해당하는 국민권익위원회는 헌법상 설치된 기관이 아니라 법률(「부패방지 및 국민권익위원회 설치·운영에 관한 법률」)상 설치된 기관으로 국무총리 소속이다.

24 옴부즈만제도 답 ②

옴부즈만제도는 공식적으로 확립된 국민고충처리기구지만 실제적인 운영에 있어서는 인력과 예산 부족으로 국민의 권익을 구제하는 데에는 한계가 있다.

선지분석

① 국민들의 신청에 의한 조사가 원칙이지만 예외적으로 직권조사도 가능하다.
③ 일반적인 옴부즈만제도는 사법부가 아니라 국회가 임명하는 입법부 소속 행정감찰관이다.
④ 불법·부당한 행정행위를 무효·취소로 할 수 있는 직접적인 권한(법적 강제권)이 권한이 없다. 즉, 시정을 요구할 수 있는 간접적인 권한(이빨 빠진 경비견; watchdog without teeth)만을 갖고 있는 것이 한계이다.

25 온라인 시민참여유형과 관련 제도 답 ③

OECD는 온라인 시민참여유형을 정보제공형(information), 협의형(consultation), 정책결정형(decision making)으로 구분하였는데, '정보제공형 → 정책결정형'의 방향으로 갈수록 행정에 대한 주민참여와 결정력이 높아진다. 여기서 옴부즈만제도는 직접적인 무효·취소 권한이 없기 때문에 정책결정형에는 해당하지 않고 시민과 옴부즈만 사이의 소통을 중시하는 협의형에 해당한다.

선지분석

① 「행정절차법」은 정책결정형이 아니라 협의형이다.
② 국민의 입법 제안은 국민발안의 일종으로 협의형이 아니라 정책결정형이다.
④ 「공공기관의 정보공개에 관한 법률」 등의 정보공개법은 정보를 일방적으로 제공하는 유형으로, 정책결정형이 아니라 정보제공형이다.

⊕ 보충 온라인 시민참여의 유형과 관련 제도(OECD)

1. **정보제공형**
   정부가 일방적으로 정보를 제공한다.
   예 정보공개제도 등
2. **협의형**
   정책적 순응확보를 위하여 정부와 시민이 서로 소통하거나 협의한다.
   예 옴부즈만제도, 「행정절차법」 등
3. **정책결정형**
   시민들이 적극적으로 참여하고 주도적으로 결정한다.
   예 주민참여예산제도, 주민발안(조례제정개폐청구권) 등

26 민원행정의 성격 답 ③

민원행정은 행정기관에 특정한 행위를 요구하는 민원인(개인·법인·단체 등)의 의사 표시에 대응해 이를 처리하는 행정을 말한다. ㄱ, ㄴ은 옳은 설문이고 ㄷ은 옳지 않은 설문이다.

ㄱ. 민원행정은 규정에 따라 국민에게 서비스를 제공하는 전달적 행정이다.
ㄴ. 행정기관은 원칙적으로 민원이 될 수 없으나 행정기관 또는 공공단체가 사경제의 주체로서 요구하는 경우는 가능하다.

선지분석

ㄷ. 민원행정은 행정구제수단인 동시에 행정통제 수단으로서의 역할을 수행한다.

⊕ 보충 「민원처리에 관한 법률」

제2조【정의】 2. "민원인"이란 행정기관에 민원을 제기하는 개인·법인 또는 단체를 말한다. 다만, 행정기관(사경제의 주체로서 제기하는 경우는 제외), 행정기관과 사법(私法)상 계약관계(민원과 직접 관련된 계약관계만 해당)에 있는 자, 성명·주소 등이 불명확한 자 등 대통령령으로 정하는 자는 제외한다.

CHAPTER 2 | 행정개혁론

THEME 70 행정개혁

정답 p. 421

01	①	02	④	03	②	04	④	05	③
06	①	07	④	08	①	09	④	10	②

01 행정개혁의 접근방법 답 ①

분권화의 확대, 권한 재조정, 명령계통 수정 등에 관심을 갖는 것은 사업(산출)중심적 접근방법이 아니라 전통적인 구조적 접근방법에 해당한다.

핵심POINT 행정개혁의 접근방법

구분	구조적 접근	관리기술적 접근	인간관계적 접근
관련 이론	원리접근법, 고전적 조직론	과학적 관리론, 관리과학	인간관계론, 행태주의, 행태과학
예	절차의 간소화, 행정사무의 적절한 배분, 집권화나 분권화, 계층제	행정정보시스템, 행정정보공개, 민원절차 간소화, 리엔지니어링	감수성훈련, 태도조사, MBO를 통한 자율적 행태 변화 유도

02 행정개혁의 특징 답 ④

행정개혁은 시간의 단절성이 아니라 연속적 · 지속적 변화를 추구하는 것이다.

03 행정개혁의 저항극복전략 답 ②

행정개혁의 저항을 줄이는 방법에 대한 설명으로 옳은 것은 ㄱ, ㄷ, ㅁ, ㅂ이다.

선지분석

ㄴ. 포괄적 · 전면적 · 대폭적 · 급진적 행정개혁보다 소폭적 · 지속적 · 점진적 행정개혁이 저항을 줄이는 방법이 될 수 있다.

ㄹ. 외부집단에 의한 개혁보다 내부집단에 의한 개혁이 저항을 줄이는 방법이 될 수 있다.

핵심POINT 행정개혁 시 저항극복전략

규범적 · 사회적 전략	• 참여의 확대 • 의사소통의 촉진 • 집단토론과 사전훈련 • 카리스마나 상징의 활용 • 충분한 시간 부여
공리적 · 기술적 전략	• 개혁의 점진적 추진 • 적절한 범위와 시기의 선택 • 개혁안의 명확화와 공공성 강조 • 개혁방법 · 기술의 수정 • 적절한 인사배치 · 호혜적 전략 • 손실의 최소화와 보상의 명확화
강제적 · 물리적 전략	• 의식적인 긴장 조성 • 물리적 제재나 압력 사용 • 상급자의 권력 행사

04 행정개혁의 저항극복전략 답 ④

행정개혁에 대한 저항을 근본적으로 해결하는 방법은 공리적 · 기술적 방법이 아니라 규범적 · 사회적 방법이다. 공리적 · 기술적 방법은 관련자들의 이익침해를 방지 또는 보상하고 개혁과정의 기술적 요인을 조정함으로써 저항을 극복하거나 회피하는 전략으로, 비용이 수반되며 행정개혁이 퇴색될 우려가 있다.

05 행정개혁에 대한 저항극복전략 답 ③

교육훈련과 자기계발 기회제공 등은 행정개혁에 대한 저항을 극복하기 위한 규범적 · 사회적 전략이다.

선지분석

① 경제적 손실 보상, 임용상 불이익 방지는 공리적 · 기술적 전략이다.

② 개혁지도자의 신망 개선, 의사전달과 참여의 원활화, 사명감 고취는 규범적 · 사회적 전략이다.

④ 개혁시기 조정은 공리적 · 기술적 전략이다.

핵심POINT 저항극복전략(A. Etzioni)

강제적(강압적) 전략	물리적 제재나 권위사용, 의도적인 긴장조성, 급진적 추진
공리적(기술적) 전략	• 개혁시기의 조절, 점진적 추진, 개혁내용의 명확화와 공공성의 강조 • 개혁전략(방법 · 기술)의 수정, 적절한 인사배치, 경제적 손실 보상, 임용상 불이익 방지
규범적(사회적) 전략	• 참여의 증대, 의사소통의 촉진, 개혁에 대한 정보제공과 충분한 시간부여 • 집단토론과 교육훈련, 개혁지도자의 신망 개선, 사명감 고취

06	행정개혁	답 ①

행정개혁을 담당하는 조직의 중복성 혹은 가외성(redundancy)이 존재하면 행정개혁이 지체되거나 미흡할 때 다른 조직을 통해서 개혁을 안정적으로 추진할 수 있기 때문에 저항을 줄일 수 있는 원인이 된다. ② 행정개혁의 내용이나 그 실행계획의 모호성, ③ 행정개혁에 요구되는 지식이나 기술의 부족, ④ 행정개혁에 필요한 관련 법규의 제·개정의 어려움 등은 개혁에 대한 저항이 발생하는 원인이다.

07	주요 국가의 행정개혁	답 ④

미국을 중심으로 한 기업가적 정부모형은 부처통폐합과 같은 대폭적인 조직개편을 실시하기보다는 정부재창조에 의한 시장원리 및 경쟁원리를 공공부문에 도입하여 성과를 제고시키려는 데 초점을 두었다.

선지분석

① 신관리주의(new managerialism)는 신자유주의와 시장주의를 내세운 신우파(신보수주의)의 사고에 기초한 개혁모형이라고 할 수 있다.
② NPR(National Performance Review)은 미국 클린턴(Clinton) 행정부가 기업형 정부를 구현하기 위하여 설치한 행정개혁기구에 해당한다.
③ Next Steps(1988)은 미국이 아니라 책임집행기관(Agency)의 설치를 추진한 영국 대처(Thatcher) 정부의 행정개혁프로그램에 해당한다.

08	주요 국가의 예산개혁	답 ①

복지국가의 위기 속에서 행태나 문화변수, 관리기법의 변화 등에 초점을 맞추는 능률성 진단, Next Steps, 책임집행기관의 창설 등의 방법을 추진한 나라는 북유럽이 아니라 영국이다.

09	주요 국가의 예산개혁	답 ④

최고의 가치(Best Value) 프로그램은 미국이 아니라 1991년에 영국 정부가 도입한 시장성 검증제도(market testing)가 2000년도에 개편된 것이다.

10	1980년대 주요 국가의 정부개혁	답 ②

영국에서는 중앙행정기관의 통합성을 약화시키고자 1988년 영국에서 국방·보건·교도소 등 140여 개의 정책이나 부서를 '집행기관(Executive Agency)'으로 분리하여 담당하는 개혁정책을 실시하였다.

선지분석

① 미국에서 1970년대 후반에 정부실패에 대한 반성과 작은 정부로의 개혁을 촉구하는 계기로 일어난 조세저항운동은 보수 성향의 극우 반정부운동으로 티파티(tea party)라고도 하며 정부의 건전한 재정운용, 작은 정부와 세금 인하 등을 기치로 한다.
③ 일본에서는 1997년 정부개혁의 일환으로 책임운영기관의 일종인 독립행정법인을 준정부조직으로 창설했다.
④ 1980년대 이후 선진 각국에서는 중앙정부로부터 정책집행기능을 분리하여 자율성을 제고하고 그 결과에 대한 평가를 강화하는 성과중심의 행정을 추진하였다.

CHAPTER 3 | 정보화와 행정

THEME 71 정보화 사회와 지식행정관리

정답

p. 425

01	③	02	④	03	②	04	①	05	②
06	③	07	①	08	④	09	④	10	③
11	②								

01 정보공개의 영향 답 ③

행정정보공개의 확대는 정보공개에 따라 실책이 드러나거나 말썽이 생길 것을 걱정하는 공무원들이 위축되고 업무추진에 소극적인 태도를 보일 수 있다.

> **⊕ 보충 정보공개의 역기능**
> 1. 국가기밀의 유출 우려
> 2. 사생활 침해우려
> 3. 정보의 왜곡과 남용
> 4. 정보공개비용 및 업무량의 증가
> 5. 공직자의 유연성 저해
> 6. 정보공개혜택의 차별 발생

02 우리나라 공공기관의 정보공개제도 답 ④

정보목록 중 공개하지 아니할 수 있는 정보가 포함되어 있는 경우에는 해당 부분을 갖추어 두지 아니하거나 공개하지 아니할 수 있다(「공공기관의 정보공개에 관한 법률」 제8조).

선지분석

① 1992년 청주시 행정정보공개조례에 대한 헌법재판소의 합헌판결에 대한 사례로서 법률의 구체적 위임은 없었으나 청주시에서 우리나라 최초로 행정정보공개조례가 제정되었다.
② 국민생활에 큰 영향을 미치는 정책정보는 정기적 공개 대상정보로 청구가 없더라도 공개해야 한다(동법 제7조).
③ 모든 정보는 공개되는 것이 원칙이지만, 예외적으로 「공공기관의 정보공개에 관한 법률」 제9조에 근거하여 공개하지 않을 수 있다. 즉 원칙 허용, 예외 금지인 네거티브 방식이다.

03 정보화 사회 답 ②

정보화 사회에서는 국가나 관료 등이 정보를 수집 · 저장 · 보존하는 등의 독점적 관리를 하게 되어 권력의 오남용 우려가 있다.

04 지식정보화 사회에서의 조직 답 ①

세 가지 근로자 집단, 즉 소규모 전문직 근로자(핵심직원), 계약직 근로자(하청업체), 신축적 근로자(시간제 직원, 임시직원)로 구성된 조직은 삼엽조직이다.

선지분석

② 혼돈정부는 조직 내에 존재하는 혼동을 제거하는 것이 아니라 조직 내 혼돈 속에 숨어 있는 질서를 발견하고, 이를 통하여 조직 간 활동의 조정과 정부예산의 개혁을 도모할 수 있다고 본다.
③ 공동조직은 정부의 기능으로서 기획, 조정, 통제, 감독과 같은 중요한 업무만을 수행하고, 서비스의 생산과 공급업무를 제3자에게 위임 또는 위탁하는 조직을 말한다.
④ 그림자 국가는 대리정부(government by proxy), 제3자정부(third party government), 계약 정권(contract regime) 등으로 불리며 중앙정부의 일정부분을 대리하여 서비스를 제공 · 공급하는 국가를 말한다.
⑤ 후기 기업가조직은 거대한 몸집을 가진 코끼리가 생쥐같이 유연하고 신속하게 활동할 수 있는 조직으로, 안정성과 지속성보다는 신속한 행동, 창의적 탐색, 더 많은 신축성, 직원과 고객과의 밀접한 관계 등을 강조한다.

> **⊕ 보충 지식정보화 사회에서의 조직**
> 1. **후기 기업가조직(post entrepreneurial organization)**
> 후기 기업가조직은 거대한 규모를 유지하면서도 날렵하게 움직일 수 있는 유연성을 강조한다. 이는 거대한 몸집을 가진 코끼리가 생쥐같이 유연하고 신속하게 활동할 수 있는 조직을 의미한다. 신속한 행동, 창의적인 탐색, 더 많은 신축성, 직원과 고객의 밀접한 관계를 강조하는 조직구조로서, 유연성과 신축성을 특징으로 한다.
> 2. **공동조직(hollow organization)**
> 공동조직은 정부의 기능으로서 기획, 조정, 통제, 감독과 같은 중요한 업무만을 수행하고, 서비스의 생산과 공급 업무를 제3자에게 위임 또는 위탁하는 조직을 말한다. 그림자 국가(shadow state), 대리정부(government by proxy), 제3자 정부(third party government), 계약 정권(contract regime) 등으로 일컬어지기도 한다.
> 3. **혼돈정부(chaos government)**
> 카오스이론, 비선형동학, 복잡성이론 등을 정부조직에 적용한 조직형태로서, 정부조직의 혼돈에 숨어 있는 질서를 발견하고, 조직변동 과정의 분석과 이해를 중시하는 조직이다.
> 4. **삼엽(shamrock, 클로버)조직**
> 핵심직원(소규모 전문적 근로자), 하청업체(계약직 근로자) 그리고 융통성 있는 인력(시간제직원 · 임시직원과 같은 신축적 근로자) 등 세 가지 부분으로 구성된 조직이다. 삼엽조직은 직원의 수를 소규모로 유지하는 반면에 산출의 극대화가 가능하도록 설계된다. 따라서 조직구조는 계층 수가 적은 날씬한 조직이 되며, 고품질의 상품과 서비스를 적시에 공급할 수 있는 장점이 있다.

05	지식정보화 사회가 행정조직에 미칠 영향	답 ②

환경에 신속하게 적응하기 위해서는 조직구조를 보다 유연하게 할 필요가 있다. 따라서 지식정보사회에서는 가상조직이나 네트워크조직 등 수평화된 신축적 조직이 요구되고 있다.

(선지분석)

① 정보기술이 하위계층의 의사결정결과에 대한 감독을 용이하게 함으로써 하위계층에 대한 관료적 통제수단으로 이용될 수도 있다.

06	정보격차에 대한 법령	답 ③

「지능정보화 기본법」은 국가기관과 지방자치단체에 대한 정보격차 해소 시책을 마련할 의무를 규정하고 있으나, 민간기업에 대해서는 규정하지 않고 있다.

(선지분석)

① OECD가 정의한 정보 격차의 개념에 대한 설명이다.
② '정보화마을'제도는 보편적 서비스의 일환으로 지역정보화정책의 사례이다.
④ 「장애인차별금지 및 권리구제 등에 관한 법률」 제11조(정당한 편의제공 의무)에 따르면 사용자는 장애인이 해당 직무를 수행함에 있어서 장애인 아닌 사람과 동등한 근로조건에서 일할 수 있도록 정당한 편의를 제공하도록 의무화되어 있다.

⊕ 보충 「지능정보화 기본법」

제45조 【정보격차 해소 시책의 마련】 국가기관과 지방자치단체는 모든 국민이 정보통신서비스에 원활하게 접근하고 정보를 유익하게 활용할 기본적 권리를 실질적으로 누릴 수 있도록 필요한 시책을 마련하여야 한다.

07	지식관리시스템의 성공요인	답 ①

지식관리시스템의 성공요인으로 조직구성원의 개인적 지식 축적보다는 지식의 공유를 통한 조직적 지식을 창출하는 것이 중요하다.

08	지식행정관리	답 ④

정보와 지식의 중복 활용은 전통적 행정관리의 지식활용방안이다.

09	지식행정관리	답 ④

지식행정관리의 성공을 위해서는 암묵지를 축소화하는 것이 아니라 활성화(강화)하여야 한다. 암묵지는 언어로 표현하기 힘든 주관적 지식으로, 경험을 통하여 몸에 밴 지식을 의미한다.

10	전문가시스템(ES)	답 ③

인공지능의 한 응용분야로서 컴퓨터시스템이 특정 분야의 문제 해결을 자동적으로 지원하는 시스템은 전문가시스템(ES; Expert System)에 해당한다.

11	지식의 유형	답 ②

ㄴ. 조직의 경험, ㄷ. 숙련된 기능, ㄹ. 개인적 노하우(know-how)는 모두 암묵지에 해당한다.

(선지분석)

ㄱ. 업무매뉴얼, ㅁ. 컴퓨터 프로그램, ㅂ. 정부보고서는 모두 형식지에 해당한다.

⊕ 보충 암묵지와 형식지

구분	암묵지	형식지
정의	언어로 표현하기 힘든 주관적 지식	언어로 표현가능한 객관적 지식
획득	경험을 통해 몸에 밴 지식	언어를 통해 습득된 지식
축적	은유, 경험을 통한 전달	언어를 통한 전달
전달	전수하기가 어려움	전수하는 것이 상대적으로 용이함
예	개인경험, 자전거타기 등	컴퓨터 매뉴얼, 문서, 데이터베이스 등

THEME 72 전자정부와 정부 3.0, 4차 산업혁명

정답

p. 428

01	①	02	②	03	②	04	②	05	④
06	④	07	④	08	④	09	④	10	④
11	③	12	①	13	②	14	②	15	③
16	②	17	③	18	③	19	④	20	④
21	③	22	④	23	②	24	②	25	③
26	③	27	③	28	③	29	④	30	①
31	③	32	④	33	②	34	②	35	②
36	②	37	②	38	④	39	②	40	②

01	전자정부의 현상	답 ①

정보화 사회에서는 직무 간, 기능 간 경계가 점차 불분명해지는 이음매(경계) 없는 조직(Linden)이 나타난다.

02 정보기술아키텍처(ITA)의 개념 답 ②

제시문은 전자정부를 운영하기 위한 기반기술로서 각 부처 정보자원을 파악하여 구조적으로 정리한 체제 및 방법인 정보기술아키텍처(ITA)에 대한 설명이다.

⊕ 보충 「전자정부법」

제2조 【정의】 이 법에서 사용하는 용어의 뜻은 다음과 같다.

7. "전자문서"란 컴퓨터 등 정보처리능력을 지닌 장치에 의하여 전자적인 형태로 작성되어 송수신되거나 저장되는 표준화된 정보를 말한다.
11. "정보자원"이란 행정기관 등이 보유하고 있는 행정정보, 전자적 수단에 의하여 행정정보의 수집·가공·검색을 하기 쉽게 구축한 정보시스템, 정보시스템의 구축에 적용되는 정보기술, 정보화예산 및 정보화인력 등을 말한다.
12. "정보기술아키텍처"란 일정한 기준과 절차에 따라 업무, 응용, 데이터, 기술, 보안 등 조직 전체의 구성요소들을 통합적으로 분석한 뒤 이들 간의 관계를 구조적으로 정리한 체제 및 이를 바탕으로 정보화 등을 통하여 구성요소들을 최적화하기 위한 방법을 말한다.
13. "정보시스템"이란 정보의 수집·가공·저장·검색·송신·수신 및 그 활용과 관련되는 기기와 소프트웨어의 조직화된 체계를 말한다.

03 전자정부의 미래모습 답 ②

전자정부의 미래모습을 바르게 나타낸 것은 ㄱ, ㄴ, ㄹ, ㅂ이다.

선지분석

ㄷ. 전자정부는 접근수단이 다양화된다.

ㅁ. 부처별·기관별로 업무를 처리하는 것이 아니라 정보의 공유를 통한 원스톱 행정서비스가 제공될 것이다.

ㅅ. 정부 중심이 아니라 고객이나 소비자 중심의 정부이다.

ㅇ. 전자정부에서는 백오피스와 프런트오피스 간 간격이 넓어지는 것이 아니라 오히려 좁아진다.

04 전자정부 답 ②

전자정부는 시민 개개인의 프라이버시를 존중·보호하기 위하여 개인의 생명·신체에 위협이 되는 정보나 안보·외교·국방 등의 국가안위에 관한 정보는 공개하지 않을 수 있기 때문에 모든 정보에 대한 접근이 가능한 것은 아니다.

⊕ 보충 「공공기관의 정보공개에 관한 법률」

1. 다른 법률 또는 법률에서 위임한 명령에 따라 비밀이나 비공개 사항으로 규정된 정보
2. 국가안전보장·국방·통일·외교관계 등에 관한 사항
3. 공개될 경우 국민의 생명·신체 및 재산의 보호에 현저한 지장을 초래할 우려가 있다고 인정되는 정보
4. 진행 중인 재판에 관련된 정보와 범죄의 예방, 수사, 공소의 제기 및 유지, 형의 집행, 교정, 보안처분에 관한 사항
5. 감사·감독·검사·시험·규제·입찰계약·기술개발·인사관리에 관한 사항
6. 성명·주민등록번호 등 개인에 관한 사항
7. 법인·단체 또는 개인의 경영상·영업상 비밀에 관한 사항
8. 공개될 경우 부동산 투기, 매점매석 등으로 특정인에게 이익 또는 불이익을 줄 우려가 있다고 인정되는 정보

05 전자적 참여형태 답 ④

전자홍보(e-public relation) 단계는 UN이 제시한 전자적 참여형태(전자거버넌스)에 해당하지 않는다.

핵심POINT 전자적 참여의 형태(UN, 2008)

전자거버넌스는 전자정보화(e-information) → 전자자문(e-consultation) → 전자결정(e-decision) 순으로 발전하고 있다.

1. **전자정보화(e-information) 단계**
   전자적 채널(정부 웹 사이트)을 통해 국민에게 정보 공개
2. **전자자문(e-consultation) 단계**
   시민과 선거직 공무원 간 상호 의사소통과 환류(feedback)가 이루어짐(전자청원, e-Petition)
3. **전자결정(e-decision) 단계**
   시민의 의견이 정부의 정책과정에 반영됨

06 유비쿼터스 정부 답 ④

유비쿼터스 정부(U-Gov)는 전자공간과 물리적 공간을 연결시켜 언제 어디서나 온라인 네트워크상에 있으면서 서비스를 받는 시스템이 전 국가적으로 모든 분야에 적용·확산되는 미래형 전자정부이다.

07 유비쿼터스 정부 답 ④

유비쿼터스 정부는 일방향 정보제공이 아니라 쌍방향 정보제공이다. 유비쿼터스 컴퓨팅(Ubiquitous Computing)은 언제 어디서나 어떤 것을 이용해서라도 온라인 네트워크상에 있으면서 서비스를 받는 환경 공간을 의미한다. 이러한 시스템이 전 국가적으로 모든 분야에 적용·확산되면 유비쿼터스 정부(U-Gov)가 된다. 우리 정부도 새로운 패러다임으로 유비쿼터스 정부를 차세대 전자정부의 모습으로 보고 U-전자정부(Ubiquitous e-Gov)기본계획의 체계화를 통해 U-전자정부 로드맵을 수립중에 있다.

08	유비쿼터스 전자정부	답 ④

ㄱ, ㄴ, ㄷ은 모두 유비쿼터스 전자정부의 특징에 해당한다. 유비쿼터스 전자정부(U-Gov)는 언제 어디서나 어떤 것을 이용해서라도 온라인 네트워크상에 있으면서 서비스시스템이 전 국가적으로 모든 분야에 적용·확산되는 것을 말한다. 우리 정부도 새로운 패러다임으로 유비쿼터스 정부를 차세대 전자정부의 모습으로 보고 U-전자정부(Ubiquitous e-Gov) 기본계획의 체계화를 통해 U-전자정부 로드맵을 수립 중에 있다.

09	전자정부의 원칙	답 ④

행정기관 및 국가공무원의 통제 효율성 확대는 전자정부의 원칙에 해당하지 않는다.

핵심POINT 전자정부의 원칙

1. 대민서비스의 전자화 및 국민편익의 증진
2. 행정업무의 혁신 및 생산성·효율성의 향상
3. 행정정보의 공개 및 공동이용의 확대
4. 행정기관 확인의 원칙
5. 중복투자의 방지 및 상호운용성 증진
6. 개인정보 및 사생활의 보호
7. 정보시스템의 안전성·신뢰성 확보
8. 정보기술아키텍처를 기반으로 하는 전자정부 구현·운영
9. 행정기관 보유 개인정보를 당사자 의사에 반하여 사용 금지

10	「전자정부법」상 전자정부의 원칙	답 ④

전자정부의 국제협력 강화는 「전자정부법」 제4조에 명시된 전자정부의 원칙으로 규정되어 있지 않다.

⊕ 보충 「전자정부법」

제4조 【전자정부의 원칙】 ① 행정기관 등은 전자정부의 구현·운영 및 발전을 추진할 때 다음 각 호의 사항을 우선적으로 고려하고 이에 필요한 대책을 마련하여야 한다.
1. 대민서비스의 전자화 및 국민편익의 증진
2. 행정업무의 혁신 및 생산성·효율성의 향상
3. 정보시스템의 안전성·신뢰성의 확보
4. 개인정보 및 사생활의 보호
5. 행정정보의 공개 및 공동이용의 확대
6. 중복투자의 방지 및 상호운용성 증진

11	「전자정부법」의 주요 내용	답 ③

중앙사무관장기관의 장은 전자정부의 구현·운영 및 발전을 위하여 5년마다 제5조의2 제1항에 따른 행정기관 등의 기관별 계획을 종합하여 전자정부기본계획을 수립하여야 한다(「전자정부법」 제5조).

선지분석

① 행정정보의 처리업무를 방해할 목적으로 행정정보를 위조·변경·훼손하거나 말소하는 행위 등을 한 사람은 10년 이하의 징역에 처한다(동법 제35조).
② 전자정부의 발전과 촉진을 위해 매년 6월 24일을 전자정부의 날을 규정하고 있다(동법 제5조의3).
④ 행정안전부장관은 전자적 대민서비스와 관련된 보안대책을 국가정보원장과 사전 협의를 거쳐 마련하여야 한다(동법 제24조).

⊕ 보충 「전자정부법」

제5조 【전자정부기본계획의 수립】 ① 중앙사무관장기관의 장은 전자정부의 구현·운영 및 발전을 위하여 5년마다 제5조의2 제1항에 따른 행정기관 등의 기관별 계획을 종합하여 전자정부기본계획을 수립하여야 한다.
② 제1항에 따른 전자정부기본계획에는 다음 각 호의 사항이 포함되어야 한다.
1. 전자정부 구현의 기본방향 및 중장기 발전방향
2. 전자정부 구현을 위한 관련 법령·제도의 정비
3. 전자정부서비스의 제공 및 활용 촉진
4. 전자적 행정관리
5. 행정정보 공동이용의 확대 및 안전성 확보
6. 정보기술아키텍처의 도입 및 활용
7. 정보자원의 통합·공동이용 및 효율적 관리
8. 전자정부 표준화, 상호운용성 확보 및 공유서비스의 확대
9. 전자정부사업 및 지역정보화사업의 추진과 성과 관리
10. 전자정부 구현을 위한 업무 재설계
11. 전자정부의 국제협력
12. 그 밖에 정보화인력의 양성 등 전자정부의 구현·운영 및 발전에 필요한 사항

③ 관계 중앙행정기관의 장은 「지능정보화 기본법」 제7조에 따른 지능정보사회 실행계획을 수립·시행할 때에는 전자정부기본계획을 고려하여야 한다.

12	「전자정부법」상 공공기관	답 ①

「전자정부법」 제2조에 따라 사립대학도 「전자정부법」의 적용을 받는다.

선지분석

② 「전자정부법」 제5조에 규정되어 있다.
③ 「전자정부법」 제5조의3에 규정되어 있다.
④ 「전자정부법」 제55조에 규정되어 있다.

⊕ 보충 「전자정부법」

제2조【정의】 이 법에서 사용하는 용어의 뜻은 다음과 같다.

3. "공공기관"이란 다음 각 목의 기관을 말한다.
   가. 「공공기관의 운영에 관한 법률」 제4조에 따른 법인·단체 또는 기관
   나. 「지방공기업법」에 따른 지방공사 및 지방공단
   다. 특별법에 따라 설립된 특수법인
   라. 「초·중등교육법」, 「고등교육법」 및 그 밖의 다른 법률에 따라 설치된 각급 학교
   마. 그 밖에 대통령령으로 정하는 법인·단체 또는 기관

제5조【전자정부기본계획의 수립】 ① 중앙사무관장기관의 장은 전자정부의 구현·운영 및 발전을 위하여 5년마다 제5조의2 제1항에 따른 행정기관 등의 기관별 계획을 종합하여 전자정부기본계획을 수립하여야 한다.

제5조의3【전자정부의 날】 ① 전자정부의 우수성과 편리함을 국민에게 알리고 국제적 위상을 제고하는 등 지속적으로 전자정부의 발전을 촉진하기 위하여 매년 6월 24일을 전자정부의 날로 한다.

제55조【지역정보통합센터 설립·운영】 ① 지방자치단체는 정보자원을 효율적으로 관리하고 지역정보화를 통합적으로 추진하기 위하여 지역정보통합센터를 설립·운영할 수 있고, 필요한 경우 국가와 지방자치단체 또는 둘 이상의 지방자치단체가 공동으로 지역정보통합센터를 설립·운영할 수 있다.

13 우리나라의 전자정부 답 ②

전자정부기본계획은 중앙사무관장기관의 장(행정안전부장관)이 전자정부의 구현·운영 및 발전을 위하여 5년마다 행정기관 등의 기관별 계획을 종합하여 수립하여야 한다.

(선지분석)

① 「지능정보화 기본법」 제6조의 내용이다.
③ 「전자정부법」 제2조 제8호의 내용이다.
④ 「지능정보화 기본법」 제8조의 내용이다.

⊕ 보충 「전자정부법」

제2조【정의】 이 법에서 사용하는 용어의 뜻은 다음과 같다.

4. "중앙사무관장기관"이란 국회 소속 기관에 대하여는 국회사무처, 법원 소속 기관에 대하여는 법원행정처, 헌법재판소 소속 기관에 대하여는 헌법재판소사무처, 중앙선거관리위원회 소속 기관에 대하여는 중앙선거관리위원회사무처, 중앙행정기관 및 그 소속 기관과 지방자치단체에 대하여는 행정안전부를 말한다.

제5조【전자정부기본계획의 수립】 ① 중앙사무관장기관의 장은 전자정부의 구현·운영 및 발전을 위하여 5년마다 행정기관 등의 기관별 계획을 종합하여 전자정부기본계획을 수립하여야 한다.

14 전자정부의 발전단계 답 ②

미국의 오바마(Obama) 정부가 운영한 'challenge.gov' 프로그램(2010)은 정부 혼자 해결하기 힘든 문제에 대응하기 위하여 시민의 아이디어를 광범위하게 활용하는 온라인 플랫폼으로 국민을 협력자로 보려는 전자정부운동을 말한다. 전자정부에서는 국민이 정부정책의 홍보대상이 아니라 정보를 생산도 하고 동시에 소비도 하는 프로슈머가 된다.

(선지분석)

① 나라장터(G2B)는 정부와 기업 간 전자상거래로 2002년 조달청이 구축한 국가종합전자조달시스템을 말한다.
③ 국민권익위원회의 포털인 '국민신문고'나 서울시민 아이디어 제안 포털인 '천만상상 오아시스 시스템'은 대표적인 참여형 전자거버넌스의 예이다.
④ 공동생산형 전자정부 단계는 GNC(Government and Citizen)로 약칭되는데, 이는 정부와 국민이 공동 생산자로 등장하기 때문이다.

15 전자적 행정서비스를 제공받는 집단 답 ③

전자상거래의 종류에는 일반적으로 G2G(정부와 정부), G2B(정부와 기업), G2C(정부와 시민) 등의 유형이 있다. G2G(Government to Government)란 정부와 정부 간의 전자상거래제도를 의미하는 것으로 정부부처 간, 중앙과 지방정부 간에 정보를 공동활용하여 행정업무의 정확성과 효율성이 증대되고 거래비용이 감소시킨다.

(선지분석)

① G2G는 정부와 정부 또는 정부내에서의 전자거래방식으로 정보의 공유와 업무의 공동처리 등에 의하여 행정의 생산성과 효율성을 증가시킨다.
② G2C는 정부와 시민 간 전자상거래로 시민요구에 부응하는 서비스와 시민참여를 촉진시켜 행정의 대응성과 민주성을 높여준다.
④ G2B는 정부와 기업 간 전자상거래로 정보교류비용 및 조달행정비용을 감소시켜 행정의 능률성을 증가시킨다.

핵심POINT 전자상거래의 종류

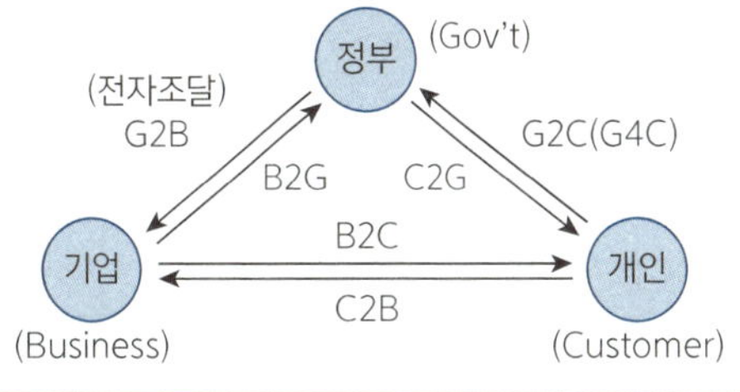

16	전자정부 구현사례	답 ②

조달 관련 온라인 서비스를 통합적으로 제공하는 것은 G2B(Government to Business)이며 대표적 사례는 '나라장터'이다. G2C(Government to Citizen)는 정부와 민간 개인 또는 주민 사이의 전자 상거래 방식이다.

선지분석

③ G4C(Government for Citizen)는 단일창구를 통한 민원업무혁신사업으로 데이터베이스 공동활용시스템 구축을 주요내용으로 한다.

④ 온-나라시스템은 정부의 전자업무처리를 담당하는 것으로 G2G(Government to Government)의 대표적 사례이다.

17	전자정부의 특징	답 ③

스마트워크(smart work)란 정보통신기술을 이용하여 공무원의 근무시간과 장소를 유연하게 변경하여 운용하는 유연근무제(flexible work place) 중에서 원격근무제를 의미한다.

선지분석

① 온라인 참여포털 국민신문고는 국민의 고충 민원과 제안을 원스톱으로 접수 및 처리하는 G2C(정부와 국민 간의 전자상거래)이다.

② 디지털예산회계시스템(D-Brain)은 2007년 노무현 정부 때 구축된 통합재정정보시스템으로 재정업무의 전 과정을 온라인으로 수행하고 재정사업의 현황을 실시간으로 파악할 수 있다.

④ 행정안전부장관은 「전자정부법」 제4조에 따라서 전자정부기본계획을 수립해야하며, 전자정부 2020 기본계획은 2016년부터 2020년까지의 5개년 동안의 계획이다.

> **⊕ 보충 「전자정부법」**
>
> **제4조【전자정부기본계획의 수립 절차 등】** ① 행정안전부장관은 법 제5조 제1항에 따른 전자정부기본계획을 수립할 때에는 재원 조달 방안 및 계획 수립 이전 5년간 전자정부기본계획의 추진 성과를 고려하여야 한다.

18	전자정부 개혁이 가져오는 행정구조의 변화	답 ③

전자정부는 정보기술을 이용하여 정부조직과 업무를 효율적으로 개혁하여 국민에게 각종 행정정보와 서비스를 최상의 수단으로 제공하는 고객 지향적 열린 정부로서 신공공관리론을 이론적 토대로 하므로 분권화, one-stop service, 규제완화와 작고 효율적인 정부를 지향한다.

19	전자정부의 역기능	답 ④

ㄱ, ㄴ, ㄷ, ㄹ은 모두 전자정부의 역기능 또는 문제점에 해당한다.

ㄱ. 인포데믹스(infordemics)란 정보(information)와 전염병(epidemics)의 합성어로, 정보 확산으로 인한 부작용으로 추측이나 뜬소문이 덧붙여진 부정확한 정보가 인터넷이나 휴대전화를 통해 전염병처럼 빠르게 전파됨으로써 개인의 사생활 침해는 물론 경제, 정치, 안보 등에 치명적인 영향을 미치는 것을 의미한다.

ㄴ. 집단극화(group polarization)란 집단의 의사결정이 개인의 의사결정보다 더 극단적인 방향으로 이행하는 현상이다. 인터넷공간에서는 개인보다는 집단, 중도주의자보다는 극단주의자들에 의하여 네티즌들이 쉽게 동원·조작되는 집단극화의 가능성이 더욱 높아지게 된다.

ㄷ. 선택적 정보 접촉(selective exposure to information)이란 정보의 범람 속에서 자신의 입장에 유리한 정보만을 선별적으로 흡수하고 배포하는 행태를 말한다.

ㄹ. 정보 격차(digital divide)란 새로운 정보기술에 접근할 수 있는 능력을 보유한 자와 그렇지 못한 자 사이에 경제적·사회적 격차가 심화되는 현상을 의미한다. 즉 인터넷 유저와 비유저 간에 인터넷상의 정보에 접근할 수 있는 능력의 차이로 인하여 발생하는 격차를 의미한다.

20	전자정부의 부정적 효과	답 ④

ㄴ. 정보를 장악한 소수가 다수를 감시하고 통제하는 전자감옥을 의미한다.

ㄷ. 정보를 가진 자와 그렇지 못한 자 간의 정보격차를 말한다.

ㄹ. 최근에는 해킹기술의 발달과 바이러스 유포의 일상화에 따른 프라이버시 침해문제가 나타나고 있어 이에 대한 보안 확보가 중요한 과제로 대두되고 있다.

선지분석

ㄱ. 모자이크 민주주의는 모자이크처럼 소수세력의 다양성과 조화로움을 추구하는 민주주의로서 전자정부의 긍정적 측면이다. 토플러(A. Toffler)는 지식정보화사회에서 공동체의 올바른 규범과 질서를 모자이크 민주주의(mosaic democracy)라고 표현하였다. 이는 다수결에 기반을 둔 대중민주주의가 아닌 소수세력의 다양성과 조화로움을 추구하는 것으로 전자민주주의와도 조화를 이룬다.

21	스마트 전자정부	답 ③

공급자 중심의 서비스 개발은 스마트 전자정부의 특징이 아니라 기존 전자정부의 특징에 해당한다. 스마트 정부는 개인별 맞춤형 서비스 제공을 중시한다.

핵심POINT 기존 전자정부와 스마트 전자정부

구분		기존 전자정부 (~2010)	스마트 전자정부 (2011~)
국민	접근방법	PC만 가능	스마트폰, 태블릿PC, 스마트TV 등
	서비스 방식	공급자 중심의 획일적 서비스	• 개인별 맞춤형 통합 서비스 • 공공정부 개방을 통해 국민이 직접 원하는 서비스 개발
	민원 신청	• 개별 신청 • 동일서류도 복수제출	1회 신청으로 연관 민원 일괄 처리
	수혜 방식 (지원금 · 복지 등)	국민이 직접 자격 증명 신청	정부가 자격 요건 확인 · 지원
공무원	근무위치	사무실(PC)	위치 무관(스마트워크센터, 모바일오피스)
	일하는 방식 (재난 · 안전 등)	사후 복구 위주	사전 예측 및 예방

22 스마트 전자정부 답 ④

스마트 전자정부는 재난 발생 후 빠르게 복구하는 것을 추구하는 것이 아니라 사전에 예방하고 예측하는 것을 중시한다.

23 정부 3.0 답 ②

인터넷 사용과 함께 정부와 국민의 면대면 접촉을 강화하는 전략을 강조하는 것은 정부 1.0에 해당한다. 정부 3.0은 국민과 정부의 면대면 접촉을 약화시킨다.

핵심POINT 정부 3.0의 특징과 지향점

1. 공공정보 적극 공개로 국민의 알권리 충족
2. **공공데이터의 민간활용 활성화**
   국민이 원하는 데이터를 개방하여 신성장동력 창출 및 데이터 거버넌스 구현
3. 민관 협치 강화를 통한 전자거버넌스 구현
4. **정부 내 칸막이 해소**
   정부 내 갈등 해소와 협업 지원
5. **협업 · 소통 지원을 위한 정부운영 시스템 개선**
   정부통합의사소통시스템 및 클라우드 컴퓨팅 환경 조성
6. **빅데이터를 활용한 과학적 행정 구현**
   데이터에 기반한 과학적 정책 구현
7. **수요자 맞춤형 서비스 통합 제공**
   생애주기별 원스톱 복지 서비스
8. 창업 및 기업 활동 원스톱 지원 강화
9. **정보 취약계층의 서비스 접근성 제고**
   장애인 · 고령자 등에 대한 웹 접근성 강화
10. 새로운 정보기술을 활용한 맞춤형 서비스 창출

24 정부 3.0 답 ②

공공정보가 민간의 창의성 및 혁신적인 아이디어와 결합하여 새로운 비즈니스를 창출할 수 있는 생태계를 조성하는 것과 관련이 있는 과제는 정부 3.0 중 공공데이터의 민간활용 활성화이다. 공공데이터의 민간활용 활성화는 국민이 원하는 데이터를 전폭적으로 개방하여 데이터 거버넌스를 구현하고, 새로운 비즈니스를 통한 신성장동력을 창출하는 것을 의미한다.

25 빅데이터 답 ③

빅데이터는 정형적 데이터뿐만 아니라 비정형적 데이터를 포함한다.

⊕ 보충 빅데이터(big data)

대량의 정형 또는 비정형의 데이터 집합으로부터 새로운 가치를 추출하고 결과를 분석하는 기술을 말한다. 빅데이터는 복잡화된 사회에 대한 예측을 좀 더 과학적이고 정밀하게 개인별 맞춤형 정보를 제공할 수 있다는 장점이 있다. 최근 정치, 사회, 경제, 문화, 행정 등 사회 전 영역에 걸쳐 그 중요성이 부각되고 있지만, 빅브라더와 같은 정보통제와 스몰시스터와 같은 정보유출과 사생활 침해의 문제점도 갖고 있다.

26 데이터 3법 답 ③

2020년에 개정된 '데이터 3법'은 ⓐ 「개인정보 보호법」, ⓑ 「정보통신망 이용촉진 및 정보보호 등에 관한 법률」(정보통신망법), ⓒ 「신용정보의 이용 및 보호에 관한 법률」(신용정보법)이다. 이에 따라 개인 식별이 어렵도록 가공한 '가명정보'를 통계 작성, 공익적 기록 보존, 과학적 연구 등에 정보 소유자 사전 동의 없이 사용할 수 있게 되었다. 세 개 부처(행정안전부, 금융위원회, 방송통신위원회)가 분산적으로 관장하는 개인정보 보호 체계는 국무총리실 산하 개인정보보호위원회가 통합 관리한다.

27 빅데이터의 3대 특징 답 ③

빅데이터의 특징은 3V로 요약하는 것이 일반적이다. 즉, 데이터의 양(Volume), 데이터 생성 속도(Velocity), 형태의 다양성(Variety)을 의미한다(O' Reilly Radar Team, 2012). 최근에는 가치(Value)나 복잡성(Complexity)을 덧붙이기도 한다. 빅데이터는 디지털 환경에서 생성되는 데이터로 그 규모가 방대하고 생성 주기도 짧으며, 형태도 수치 데이터뿐만 아니라 문자와 영상 데이터를 포함하는 정형 또는 비정형의 대규모 데이터 집합을 말한다.

28	지능형 정부	답 ③

생애주기별 맞춤형 서비스를 제공하는 것은 지능형 정부 이전인 전자정부의 특징이다. 지능형 정부는 인공지능, 빅데이터, 사물인터넷 등 지능정보기술을 활용하여 국민 중심으로 정부서비스를 최적화하고 스스로 일하는 방식을 혁신하며, 국민과 함께 국정 운영을 실현함으로써 안전하고 편안한 상생의 사회를 만드는 디지털 신정부를 의미한다.

⊕ 보충 기존 전자정부와 지능형 정부

구분	전자정부	지능형 정부
정책결정	정부 주도	국민 주도
행정업무	국민/공무원 문제제기 → 개선	디지털 두뇌를 통한 문제 자동 인지 → 스스로 대안 제시 → 개선
현장결정	단순업무 처리중심	복합문제 해결가능
서비스 목표	양적·효율적 서비스 제공	질적·공감적 서비스 공동생산
서비스 내용	생애주기별 맞춤형	일상틈새 + 생애주기별 비서형
서비스 전달방식	온라인 + 모바일 채널	수요 기본 온·오프라인 채널

29	빅데이터의 3대 특징	답 ④

수동성(passivity)은 빅데이터의 3대 특징에 해당하지 않는다. 빅데이터의 주요 특징의 3V는 속도(Velocity), 다양성(Variety), 크기(Volume)를 말한다.

핵심POINT 빅데이터의 3대 특징

1. 크기(Volume)
   빅데이터는 엄청난 규모의 데이터를 말한다. 기업데이터는 테라바이트 또는 페타바이트 급의 정보가 축적될 정도로 방대한 볼륨을 갖고 있다.
2. 속도(Velocity)
   빅데이터는 분초를 다툴 만큼 시간에 민감한 경우가 많으므로 비즈니스에서 데이터의 가치를 극대화하려면 기업 내에서 스트리밍 형태, 즉 실시간 라이브 형태로 사용되어야 한다.
3. 다양성(Variety)
   빅데이터는 정형 데이터뿐만 아니라 문자, 오디오, 비디오, 클릭스트림, 로그 파일 등과 같은 모든 다양한 비정형 데이터를 포함하고 있다.

30	빅데이터	답 ①

사진은 빅데이터의 3대 특징인 다양성(Variety)에서 정형적인 데이터에 해당한다.

(선지분석)

② 빅데이터에는 정형과 비정형 데이터가 모두 포함된다.
③ 각종 센서 장비의 발달로 데이터가 늘어나면서 빅데이터 구축이 가능하게 되었다.
④ 빅데이터는 규모(Volume), 속도(Velocity), 다양성(Variety) 등을 특징으로 하며 엄청난 속도를 갖기 때문에 데이터를 스트리밍 형태로서 실시간으로 처리한다.

31	데이터기반행정	답 ③

데이터기반행정은 정책결정자의 경험에 근거한 의사결정을 지양하고 철저한 데이터 분석을 통하여 객관적이고 과학적인 행정을 구현하고자 한다. 데이터기반행정은 「데이터기반 행정 활성화에 관한 법률」(약칭: 데이터기반행정법)에 따라 데이터를 기반으로 한 행정의 활성화에 필요한 사항을 정함으로써 객관적이고 과학적인 행정을 통하여 공공기관의 책임성, 대응성 및 신뢰성을 높이고 국민의 삶의 질을 향상시키는 목적으로 한다.

⊕ 보충 「데이터기반행정 활성화에 관한 법률」(약칭: 데이터기반행정법)

제1조【목적】 이 법은 데이터를 기반으로 한 행정의 활성화에 필요한 사항을 정함으로써 객관적이고 과학적인 행정을 통하여 공공기관의 책임성, 대응성 및 신뢰성을 높이고 국민의 삶의 질을 향상시키는 것을 목적으로 한다.

제2조【정의】 이 법에서 사용하는 용어의 뜻은 다음과 같다.

1. "데이터"란 정보처리능력을 갖춘 장치를 통하여 생성 또는 처리되어 기계에 의한 판독이 가능한 형태로 존재하는 정형 또는 비정형의 정보를 말한다.
2. "데이터기반행정"이란 공공기관이 생성하거나 다른 공공기관 및 법인·단체 등으로부터 취득하여 관리하고 있는 데이터를 수집·저장·가공·분석·표현하는 등(이하 "분석등")의 방법으로 정책 수립 및 의사결정에 활용함으로써 객관적이고 과학적으로 수행하는 행정을 말한다.

제6조【데이터기반행정 활성화 기본계획】 ① 행정안전부장관은 데이터기반행정을 체계적으로 추진하기 위하여 데이터기반행정 활성화를 위한 기본계획(이하 "기본계획")을 3년마다 수립하여야 한다.

32	정보통신기술을 활용한 행정개선 사례	답 ④

공공기관의 공사, 용역, 물품 등의 발주정보를 공개하고 조달절차를 인터넷으로 처리하는 것은 '온나라시스템'이 아니라 조달청의 포털사이트인 '나라장터'이다. 온나라시스템은 행정안전부가 관리하고 정부 부처, 정부 산하기관, 지방자치단체 공무원 등이 업무 처리를 위하여 사용하는 전산화 시스템(2007)이다.

(선지분석)

① 정부가 2010년 11월 가동한 스마트워크센터는 정부서울청사, 국회 등 여러 곳에 설치·운영되고 있다. 스마트워크센터란 원격근무사무실에서 모바일, 영상회의, 데스크톱 가상화 서비스를 통해 사무를 처리하는 시스템이다.
② 민원서비스를 통합적으로 제공하는 '민원24'를 도입하였다가 현재는 '정부24'로 명칭을 변경하였다. 정부24는 대한민국의 모든 수혜서비스, 민원업무, 정책·정보 등을 24시간 365일 온라인에서 한 번의 방문으로 안내받고 열람·신청·발급할 수 있는 통합된 정부서비스를 말한다.

③ 국민들이 인터넷 단일창구를 통해 행정기관에 고충민원을 제기하고 각종 제도·정책에 대한 개선 의견을 제안하도록 구축한 '국민신문고'를 도입하였다.

33 **플랫폼 기반 웹 2.0** 답 ②

서울버스 앱은 서울시의 공공정보를 이용하여 고등학생이 콘텐츠를 개발한 사례로, 실시간으로 버스의 교통상황을 표시하여 승객들이 편리하게 이용할 수 있는 어플리케이션으로서 플랫폼 기반의 Web 2.0 기술을 바탕으로 하는 것이다.

선지분석

① 하이퍼링크 중심의 Web 1.0 기술은 정보의 연관성을 중시한 웹으로 컴퓨터가 정보나 서비스를 단순히 제공할 뿐 사용자가 웹사이트에서 데이터나 서비스를 움직이거나 수정·활용할 수 없는 것을 말한다.

③ 시맨틱웹 기반의 Web 3.0 기술은 컴퓨터가 정보의 뜻을 이해하고 논리적 추론까지 할 수 있는 지능형 웹을 말한다.

④ 사물인터넷(IOT) 기반 Web 3.0 기술은 사물들 간의 인터넷을 유·무선으로 서로 연결함으로써 사람과 사물, 사물과 사물 간 상호 연결하여 소통할 수 있는 지능형 정보인프라를 말한다.

⊕ **보충** **Web 1.0. 2.0, 3.0의 발달**

구분	Web 1.0 (하이퍼링크 중심)	Web 2.0 (플랫폼 기반 중심)	Web 3.0 (시맨틱웹 중심)
접근성	정부 중심 first-stop-shop (단일 접속창구)	시민 중심 one-stop-shop (정부서비스 중개기관을 통한 접속)	개인 중심 My Government (개인별 정부서비스 창구)
특징	하이퍼텍스트 위주의 웹환경으로 음악이나 동영상이 아닌 운영자가 일방적으로 보여주는 텍스트 링크 위주의 웹사이트 연결(링크) 집합체가 주된 형태	공공정보를 민간에게 개방하여 사용자에게 도구를 제공하고 사용자가 그 도구를 이용해서 콘텐츠를 제작하여 부가가치를 창출, 사용자 참여. 공유와 개방, 연결성, 참여와 상호작용, 플랫폼 기반웹이 핵심	인공지능화된 앱이 시맨틱(Semantic) 지능을 이용하여 상황인식을 통해 이용자에게 맞춤형 서비스를 제공, 센서네트워크를 이용하여 모든 사물들에 인터넷을 적용하고 사물들 간의 인터넷연결을 중시하는 사물인터넷(IOT)
기반 기술	브라우저, 웹 저장	브로드밴드, Rich Link/Content Models	시맨틱 기술(인공지능앱), 센서 네트워크(사물인터넷)
서비스와 그 예	• 유선 인터넷 • 일방향 정보 제공 • 제한적 정보 제공 • 서비스의 시공간 제약 • 공급 위주 서비스 • 단위업무별 처리 예 위키백과, 유튜브, 페이스북 등	• 무선 인터넷 • 양방향 정보 제공 • 정보 공개 확대 • 모바일 서비스 • 프로세스 통합 (공공·민간협업) • 신규 서비스 가치 창출 예 게시판, 댓글, UCC, 블로그, 소셜네트워크, 지식백과 등	• 유무선 모바일기기 통합 • 개인별 맞춤 정보 제공 • 실시간 정보 공개 • 중단 없는 서비스 • 개인별 맞춤형 서비스 • 서비스 통합, 서비스의 지능화 예 인공지능앱, 사물인터넷

34 **정부 3.0의 내용** 답 ②

정부 주도의 적극적인 일방향 서비스 제공은 정부 1.0의 특성에 해당한다. 정부 3.0은 공공정보를 개방·공유하고, 정부와 국민 간의 소통과 협력을 확대하며, 국가보다 국민 개개인의 행복에 초점을 두어 맞춤형 서비스를 제공하고자 한다. 또한 민간의 창의와 활력이 증진되는 혁신 생태계를 조성하고, 부처 간 칸막이를 뛰어넘는 통합형 정부운영을 지향하며, 정부가 직접 개입하지 않고 민간의 능동적 참여를 유도하는 플랫폼 정부이다.

35 **정보기술아키텍처(ITA)의 개념과 효과** 답 ②

제시문은 정보기술아키텍처의 개념과 효과에 대한 설명이다. '정보기술아키텍처'란 조직 전체의 구성요소들을 통합적으로 분석한 뒤 이들 간의 관계를 구조적으로 정리한 체제 및 이를 바탕으로 정보화 등을 통하여 구성요소들을 최적화하기 위한 방법이다(「전자정부법」 제2조).

선지분석

① 블록체인 네트워크는 비트코인과 같은 가상화폐를 거래할 때 해킹을 막기 위한 기술망으로 출발한 개념이다. 누구나 열람할 수 있는 장부에 거래 내역을 투명하게 기록하고, 여러 대의 컴퓨터에 이를 복제해 저장하는 분산형 데이터 저장기술로서 여러 대의 컴퓨터가 기록을 검증하여 해킹을 막는다.

③ 제3의 플랫폼(the 3rd platform)은 서버, 스토리지 등 전통적인 ICT 산업인 제2플랫폼과 대비되는 것으로 모바일, 빅데이터, 클라우드, 소셜네트워크(SNS) 등으로 구성된 혁신과 성장을 가속화하는 새로운 플랫폼을 말한다.

④ 클라우드-클라이언트 아키텍처는 인터넷 상에 자료를 저장해 두고, 사용자가 필요한 자료나 프로그램을 자신의 컴퓨터에 설치하지 않고도 인터넷 접속을 통해 언제 어디서나 이용할 수 있는 서비스를 말한다.

⑤ 스마트워크센터(smart work center)는 정부가 2010년 11월 가동한 공무용 원격 근무 시설로 여러 정보통신기기를 갖추고 있어 사무실로 출근할 필요가 없는 유연근무시스템의 한 방법이다.

⊕ **보충** **「전자정부법」**

제2조 【정의】 이 법에서 사용하는 용어의 뜻은 다음과 같다.

12. "정보기술아키텍처"란 일정한 기준과 절차에 따라 업무, 응용, 데이터, 기술, 보안 등 조직 전체의 구성요소들을 통합적으로 분석한 뒤 이들 간의 관계를 구조적으로 정리한 체제 및 이를 바탕으로 정보화 등을 통하여 구성요소들을 최적화하기 위한 방법을 말한다.

36	4차 산업혁명	답 ②

4차 산업혁명은 2010년대 이후 로봇이나 인공지능(AI)을 통해 실제와 가상이 통합돼 사물을 자동적·지능적으로 제어할 수 있는 가상물리 시스템의 구축이 기대되는 4차 산업상의 변화를 말한다. 3차 산업혁명과는 근본적인 특성을 달리하며 사물인터넷(IoT), 인공지능, 빅데이터 등의 신기술을 기존의 제조업과 융합하여 생산능력과 효율을 극대화시키는 것을 말한다. 4차 산업혁명의 핵심은 산업과 산업 간의 초연결성, 초지능성, 초융합성 등을 특성으로 하며 정부 4.0으로서의 새로운 행정패러다임을 의미한다.

37	4차 산업혁명	답 ②

대량생산 및 규모의 경제 확산은 제1, 2차 산업혁명의 특징에 해당한다. 4차 산업혁명은 로봇이나 인공지능(AI)을 통한 정보통신기술의 융합으로 이뤄지는 차세대 산업혁명을 의미한다.

(선지분석)

① 4차 산업혁명의 초연결성, 초지능성, 초융합성 등을 특징으로 한다.
③ 4차 산업혁명은 사물인터넷(IOT)을 활용하여 사물과 인간을 연결하여 스마트도시 구현을 이룩할 수 있다.
④ 4차 산업혁명은 빅데이터를 활용한 과학적 행정으로 개인별 맞춤형 공공서비스를 가능하게 한다.

38	4차 산업혁명	답 ④

제4차 산업혁명은 산업과 산업 간 초연결성과 초지능성, 초융합성을 토대로 미래를 정확히 예측하며, 시민과의 소통과 참여를 증진시켜 직접민주주의의 가능성을 높여주는 시민중심의 서비스가 제공된다.

(선지분석)

① 4차 산업혁명은 정보통신기술의 발달로 투명하고 효율적인 정부를 가능하게 한다.
② 초연결성, 초지능성, 초예측성을 특징으로 한다.
③ 정보 및 분석기술의 발달과 같은 정보화현상은 의사결정의 분권화를 촉진시킨다.
⑤ 4차 산업혁명은 행정서비스의 종합적 제공을 위한 플랫폼 정부를 지향한다.

39	업무재설계(business process reengineering)	답 ②

업무재설계(business process reengineering)에 대한 설명이다. 업무재설계(BPR)는 비용, 품질, 속도와 같은 조직의 핵심적인 결과를 향상시키기 위해 업무 프로세스를 혁신적으로 재설계하는 것이다.

(선지분석)

① 혼합현실(mixed reality)은 증강현실(AR)과 가상현실(VR)의 장점을 따온 기술로서 현실세계와 가상세계 정보를 결합해 두 세계를 융합시키는 공간을 만들어내는 기술이다.
③ 정보자원관리(information resource management)는 정보자원은 크게 시스템 자원·자료 자원 및 조직 자원 등 세 가지 자원으로 구성된다. 이러한 조직에 필요한 정보를 생산하는 데 사용되는 자원을 관리하는 것을 말한다.
④ 제3의 플랫폼(the 3rd platform)은 서버, 스토리지 등 전통적인 ICT 산업인 제2플랫폼과 대비되는 것으로 모바일, 빅데이터, 클라우드, 소셜네트워크(SNS) 등으로 구성된 혁신과 성장을 가속화하는 새로운 플랫폼을 말한다.

40	4차 산업혁명 시대	답 ②

블록체인(block chain)에 대한 설명이다. 블록체인은 블록에 데이터를 담아 체인 형태로 연결, 수많은 컴퓨터에 동시에 이를 복제해 저장하는 분산형 데이터 저장 기술이다. 분산 컴퓨팅 기술 기반의 데이터 위변조 방지 기술로서 공공 거래 장부라고도 부르며 최근 가상 화폐로 거래할 때 발생할 수 있는 해킹을 막는 방법으로 활용되고 있다.

PART 7 지방행정론

CHAPTER 1 | 지방행정의 기초이론

THEME 73 지방자치의 의의와 유형

정답 p. 440

01	④	02	③	03	②	04	④	05	③
06	④	07	①	08	④				

01 주민자치와 단체자치의 비교 답 ④

정치적 차원의 자치는 실질적 자치로서 단체자치가 아닌 주민자치의 특징에 해당한다. 단체자치는 법률적 차원의 형식적 자치를 중시한다.

선지분석

① 단체자치는 지방분권을, 주민자치는 주민참여를 자치의 중점으로 본다.
② 단체자치는 고유사무와 위임사무를 구분하지만 주민자치는 모두 자치사무(고유사무)이므로 고유사무와 위임사무를 구분하지 않는다.
③ 단체자치는 법률적 차원의 자치, 주민자치는 정치적 차원의 자치를 특징으로 한다.

핵심POINT 주민자치와 단체자치의 비교

구분	주민자치	단체자치
의미	정치적 의미 (민주적 성격, 실질적 자치)	법률적 의미 (법률적 위임, 형식적 자치)
자치의 중점	주민참여 (지방정부와 주민과의 관계)	지방분권 (지방자치단체와 국가의 관계)
사무의 구분	사무구별 없음	자치사무와 위임사무의 구별
권한배분방식	개별적 수권주의	개괄적(포괄적) 수권주의
기관의 형태	기관통합형(최근 대세)	기관대립형
지방세	독립세 (자치단체가 과세주체)	부가세 (국가가 과세주체)
자치권	국가 이전의 고유권(고유권설)	국가로부터 부여받은 권리(전래권설)
자치단체	순수한 자치단체 (독립적 지위)	이중적 지위 (자치단체 + 하급기관)
통제의 중점	주민통제	중앙통제
중앙통제방식	입법적 · 사법적 통제	행정적 통제
주요 국가	영국, 미국 등 (영미법계)	프랑스, 독일, 일본, 한국 등(대륙법계)

02 지방자치의 의의 답 ③

공공서비스의 균질화는 중앙집권의 의의로 볼 수 있다. 지방자치는 행정의 통일성을 확보하기 곤란하다.

03 주민자치와 단체자치의 비교 답 ②

주민자치는 지방정부와 주민과의 관계(주민참여)에 중점을 두며, 단체자치는 지방자치단체와 국가와의 관계(지방분권)에 중점을 둔다.

선지분석

① 주민자치는 자치권을 고유권으로, 단체자치는 전래권으로 본다.
③ 단체자치에서는 자치사무와 위임사무를 구분하지만, 주민자치에서는 이를 엄격하게 구분하지 않는다.
④ 단체자치는 포괄적 위임주의이고, 주민자치는 개별적 지정주의이다.

04 지방자치의 원칙과 내용 답 ④

보충성의 원칙은 모든 공공사무를 기본적으로 지방정부가 담당하고 중앙정부는 이를 보충해야 한다는 원칙이다.

선지분석

① 단체자치는 국가와는 별개의 법인격을 가진 지방자치단체가 국가로부터 상대적으로 독립된 권한을 부여받아 일정한 범위 내에서 중앙정부의 통제를 받지 않고 독자적으로 지방의 행정사무를 처리하는 제도이다.
② 지역, 주민, 자치권, 사무, 지방정부가 지방자치의 5대 구성요소이다.
③ 지방정부의 자치권은 자치입법권, 자치행정권, 자치조직권, 자치재정권으로 외교권 · 사법권은 포함되지 않는다.
⑤ 기관위임사무는 국가의 사무이므로 지방의회가 관여할 수 없다.

05 주민자치와 단체자치의 비교 답 ③

지방분권을 핵심으로 하는 것은 주민자치가 아니라 단체자치이다. 주민자치는 지방분권이 아니라 주민참여를 핵심으로 한다.

06 지방자치의 이념과 사상적 계보 답 ④

주민자치에서는 지방정부에 국가의 위임사무가 존재하지 않기 때문에 위임사무와 자치사무를 구분하지 않는다. 단체자치에서는 국가의 위임사무가 존재하기 때문에 위임사무와 자치사무를 구분한다.

선지분석

③ 단체자치는 의결기관과 집행기관을 분리하는 기관분리형을 채택하는 반면, 주민자치는 의결기관이 집행기관을 통합하는 기관통합형을 채택한다. 최근에 단체자치를 따르는 대륙법계 국가에서도 주로 기관통합형을 따르고 있다.

07	주민자치와 단체자치의 비교	답 ①

주민자치는 영미법계(영국, 미국 등)에서 발달하였으며 단체자치는 대륙법계(독일과 프랑스 등) 국가에서 주로 발달하였다.

선지분석

② 주민자치가 지방자치의 실질적 · 본질적 · 내용적 요소라면 단체자치는 형식적 · 법제적 측면의 자치를 중시한다.
③ 개별적 지정주의에 대한 설명으로 주민자치에 대한 내용이다.
④ 단체자치는 행정통제를 주된 방식으로 하며 입법통제와 사법통제를 강조하는 것은 주민자치이다.

08	단체자치의 특성	답 ④

논란이 되는 문제이나 상대적으로 단체자치에 대한 모두 옳은 지문으로 봐야 한다.
ㄱ. 단체자치의 자치권에 대한 인식은 전래권설에 따른다.
ㄴ. 단체자치의 권한부여방식은 포괄적 위임주의이다.
ㄷ. 논란의 대상이 되는 지문이나 단체자치에서 중앙정부와 지방자치단체의 관계는 위임사무를 통한 기능적 협력관계로 볼 수 있고, 주민자치에서는 독립적 대등관계로 볼 수 있기 때문에 옳은 지문으로 봐야 한다.
ㄹ. 단체자치는 유럽대륙을 중심으로 발전한 대륙법계이다.

THEME 74 중앙집권과 지방분권

정답

p. 442

01	②	02	②	03	②	04	②	05	④
06	④	07	①	08	②	09	③	10	②
11	④	12	②	13	③	14	②		

01	지방분권의 장점	답 ②

지방분권의 장점으로 옳은 것은 ㄱ, ㄹ이다.

선지분석

ㄴ. 중앙정부의 타율적 조정에 의한 개입은 지역 간 격차 해소 등을 더욱 심화시키고 중앙집권화를 강화하게 된다.
ㄷ. 노사 간의 대립, 사회의 복잡화, 실업 등의 사회문제 해결은 중앙정부차원에서 해결해야 하는 문제이다.

02	지방자치의 정치적·행정적 기능	답 ②

행정서비스의 지역 간 통일성이나 균질성 확보는 중앙정부의 사무원칙이나 기능이다.

03	중앙집권과 지방분권의 측정지표	답 ②

정확한 측정지표는 자치사무와 위임사무의 비율이 맞다. 그런데 선지와 같이 지방자치단체의 단체위임사무와 기관위임사무의 비율이라고 할 경우, 결국 위임사무의 비율이기 때문에 자치사무의 비중이 명확하지 못해서 중앙집권과 지방분권의 측정지표로 보기 어려울 수도 있다. 이 문제는 상대적으로 정답을 찾아야 한다.

핵심POINT 중앙집권과 지방분권의 측정지표

1. 특별지방행정기관의 종류와 수가 많을수록 집권성이 높음
2. 지방자치단체의 중요 직위의 선임방식
3. 국가공무원과 지방공무원 수의 대비
4. 국가재정과 지방재정 규모의 대비
5. 국세와 지방세의 대비
6. 중앙정부의 지방예산 통제의 정도
7. 지방자치단체의 사무구성 비율
8. 민원사무의 배분 비율
9. 감사 및 보고의 횟수

04	지방분권화 이론(소규모 자치행정의 논리)	답 ②

소규모 자치행정구역을 지지하는 논리로 옳은 것은 ㄱ, ㄹ이다.
ㄱ. 소규모 자치행정구역에 의한 지방분권을 지지하는 논리로는 발로 하는 투표, 즉 티부모형을 중심으로 하는 공공선택이론을 들 수 있다.
ㄹ. 지방분권은 주민과 지방정부 간의 소통 · 접촉기회를 증대시켜 준다.

선지분석

ㄴ. 사무엘슨(Samuelson)의 공공재공급이론은 중앙정부가 공공재를 공급하는 것이 더욱 효율적이라는 주장으로 중앙집권을 지지하는 이론이다.
ㄷ. 지역격차를 완화하는 데에는 중앙집권의 논리가 필요하다. 지방분권은 지방자치단체의 재정력에 따라 지역 간 격차가 발생할 수 있다.

05	신중앙집권의 촉진요인	답 ④

지역이기주의의 팽배는 지방자치 실시의 저해요인이다. 그러므로 신중앙집권을 지방자치의 발전이라고 볼 때 지역이기주의는 신중앙집권을 촉진시킬 요인이라 볼 수 없다.

06	신중앙집권	답 ④

신중앙집권은 20세기에 영미 등 선진국에서 교통통신의 발달과 행정국가화 현상으로 인하여 발생한 새로운 중앙집권현상으로 '비권력적 집권'이라는 특징이 있다.

선지분석

①, ③ 신중앙집권은 개도국이나 집권적인 국가에서 나타나는 것이 아니라 오랜 기간 동안 지방자치가 발달하여 왔던 전통적인 분권적 국가인 선진국에서 나타나는 현상이다.

② 교통·정보통신과 컴퓨터가 발달하면서 나타나는 비권력적 집권성을 의미한다.

07	신중앙집권화	답 ①

리우선언은 1992년 브라질의 수도 리우데자네이루에서 개최된 지구 정상회담에서 채택된 환경과 개발에 관한 기본원칙을 담은 선언문이다. "지구를 건강하게, 미래를 풍요롭게"라는 슬로건 아래 지구환경을 지키기 위해 지속 가능한 개발 및 지구 동반자관계(global partnership)의 형성을 추구하였으며 중앙집권에서 벗어나 지방자치의 활성화와 관련된 것이다.

08	신중앙집권	답 ②

고객지향적 행정의 강조는 신중앙집권화가 아니라 신지방분권화와 관련이 있다.

09	지방분권 추진 관련 법률과 기구	답 ③

2013년 9월 박근혜 정부에서는 지방분권 및 지방행정체제 개편을 추진하기 위하여 대통령 소속으로 지방자치발전위원회를 두었다 (「지방분권 및 지방행정체제 개편에 관한 특별법」 제44조).

⊕ 보충 지방분권 추진의 근거 법률과 기구

정부	근거법률	추진기구(대통령 소속)
김대중 정부	「중앙행정권한의 지방이양 촉진 등에 관한 법률」	지방이양추진위원회
노무현 정부	「지방분권특별법」	정부혁신 지방분권위원회
이명박 정부	「지방분권촉진에 관한 특별법」	지방분권촉진위원회
박근혜 정부	「지방분권 및 지방행정체제 개편에 관한 특별법」	지방자치발전위원회
문재인 정부	「지방자치분권 및 지방행정체제개편에 관한 특별법」	자치분권위원회
윤석열 정부	「지방자치분권 및 지역균형 발전에 관한 특별법」	지방시대위원회

10	신중앙집권화와 신지방분권화	답 ②

복지국가에 따른 국민적 최저수준을 유지하기 위해 중앙정부의 적극적인 관여가 필요해진 것은 신중앙집권화의 촉진요인이다.

선지분석

④ 절대왕정국가 시대의 중앙집권은 권력적, 수직적, 통제적인 성격이 강한 반면 신중앙집권은 협력적, 수평적, 협동적인 것을 특징이다.

11	신중앙집권화와 신지방분권화	답 ④

닉슨 행정부와 레이건 행정부는 신연방주의하에서 연방의 권한과 역할을 줄이고, 주와 지방정부의 자율성을 높이고 권한을 부여하고자 하였다. 미국의 신연방주의(New Federalism), 프랑스의 코뮌(Commune), 데파르트망(Département) 및 레지옹(Région)의 권리와 자유에 관한 법은 신중앙집권이 아닌 신지방분권의 대표적 사례이다.

12	지방분권관련위원회	답 ②

박근혜 정부의 지방자치발전위원회가 2018년 3월 문재인 정부에서 대통령 직속의 자치분권위원회로 개편되었다. 자치분권위원회는 5년간 존속하는 한시적 조직으로, 위원장 1명과 부위원장 2명을 포함한 27명의 위원으로 구성된다.

13	지방자치분권	답 ③

「지방자치분권 및 지방행정체제개편에 관한 특별법」상 지방자치단체의 장에게 위임된 기관위임사무는 이를 원칙적으로 폐지하고 자치사무와 국가사무로 이분화하도록 규정되어 있다(동법 제11조).

선지분석

① 정부업무평가위원회가 아니라 대통령 소속 자치분권위원회의 책무이다(동법 제5조).

② 국가는 사무를 배분하는 경우 지역주민생활과 밀접한 관련이 있는 사무는 원칙적으로 시·군 및 자치구의 사무로, 시·군·구가 처리하기 어려운 사무는 특별시·광역시·특별자치시·도 및 특별자치도의 사무로, 시·도가 처리하기 어려운 사무는 국가의 사무로 각각 배분하여야 한다(동법 제9조 제2항).

④ 국가는 자치분권정책을 추진함에 있어서 필요한 때에는 그 지방자치단체의 실정에 맞게 시범적·차등적으로 실시할 수 있다 (동법 제10조).

14	지방분권의 장점	답 ②

지역 간 격차 완화는 중앙집권에 따른 통일성(국민적 최저수준)과 균질성을 통해서 가능한 것으로 지방분권과는 거리가 멀다.

CHAPTER 2 | 지방행정의 조직

THEME 75 지방자치단체의 구성과 권한

정답 p. 446

01	③	02	①	03	①	04	③	05	④
06	③	07	④	08	③	09	⑤	10	③
11	④	12	①, ②	13	②	14	④	15	③
16	②	17	④						

01 지역 행정서비스 전달주체 답 ③

지방자치단체는 독자적인 법인격을 갖고 국가의 위임사무나 자치사무를 수행한다.

02 우리나라의 지방행정체제 답 ①

자치구의 자치권의 범위는 법령으로 정하는 바에 따라 시·군과 다르게 할 수 있다.

> ⊕ **보충** 「지방자치법」
> 제2조【지방자치단체의 종류】① 지방자치단체는 다음의 두 가지 종류로 구분한다.
> 1. 특별시, 광역시, 특별자치시, 도, 특별자치도
> 2. 시, 군, 구
>
> ② 지방자치단체인 구(자치구)는 특별시와 광역시의 관할구역 안의 구만을 말하며, 자치구의 자치권의 범위는 법령으로 정하는 바에 따라 시·군과 다르게 할 수 있다.

03 소속행정기관 답 ①

소속 행정기관은 직속기관, 사업소, 출장소, 합의제 행정기관, 자문기관(직사출제자)이다. 보조기관(Line, 계선)은 행정기관의 의사 또는 판단의 결정이나 표시를 보조함으로써 행정기관의 목적달성에 공헌하는 기관을 말한다.

04 특별지방자치단체의 의의와 한계 답 ③

특별지방자치단체를 설립하게 되면 지방자치단체의 난립과 구역·조직·재무 등 지방제도의 복잡성과 혼란을 가중시킬 수 있다는 것이 단점이다.

> ⊕ **보충** 특별지방자치단체
> 특정한 행정목적의 달성 또는 행정사무의 공동처리를 위해서 설치하는 자치단체로서 독립된 법인격을 가진다.

05 특별지방자치단체 답 ④

구성 지방자치단체의 장은 「지방자치법」상 겸임 제한 규정에도 불구하고 특별지방자치단체의 장을 겸할 수 있다(「지방자치법」 제205조 제2항).

(선지분석)
① 「지방자치법」상 특별지방자치단체의 설치근거이다(「지방자치법」 제199조 제1항).
② 「지방자치법」상 특별지방자치단체는 보통의 지방자치단체와 같이 법인격을 갖는다(「지방자치법」 제199조 제3항).
③ 특별지방자치단체의회는 규약으로 정하는 바에 따라 구성자치단체의 의회의원으로 구성된다(「지방자치법」 제204조 제1항)

> ⊕ **보충** 「지방자치법」
> 제199조【설치】① 2개 이상의 지방자치단체가 공동으로 특정한 목적을 위하여 광역적으로 사무를 처리할 필요가 있을 때에는 특별지방자치단체를 설치할 수 있다.
> ③ 특별지방자치단체는 법인으로 한다.
> 제204조【의회의 조직 등】① 특별지방자치단체의 의회는 규약으로 정하는 바에 따라 구성 지방자치단체의 의회 의원으로 구성한다.
> 제205조【집행기관의 조직 등】① 특별지방자치단체의 장은 규약으로 정하는 바에 따라 특별지방자치단체의 의회에서 선출한다.
> ② 구성 지방자치단체의 장은 제109조에도 불구하고 특별지방자치단체의 장을 겸할 수 있다.

06 특별지방자치단체의 구성 답 ③

구성지방의회의원은 특별지방자치단체의 의회의원을 겸직할 수 있다(「지방자치법」 제204조).

(선지분석)
① 「지방자치법」 제199조 제1항의 내용이다.
② 「지방자치법」 제199조 제3항의 내용이다.
④ 「지방자치법」 제199조 제1항의 내용이다.
⑤ 「지방자치법」 제201조의 내용이다.

> ⊕ **보충** 「지방자치법」
> 제199조【설치】① 2개 이상의 지방자치단체가 공동으로 특정한 목적을 위하여 광역적으로 사무를 처리할 필요가 있을 때에는 특별지방자치단체를 설치할 수 있다. 이 경우 특별지방자치단체를 구성하는 지방자치단체(이하 "구성 지방자치단체"라 한다)는 상호 협의에 따른 규약을 정하여 구성 지방자치단체의 지방의회 의결을 거쳐 행정안전부장관의 승인을 받아야 한다.
> ③ 특별지방자치단체는 법인으로 한다.
> 제201조【구역】특별지방자치단체의 구역은 구성 지방자치단체의 구역을 합한 것으로 한다. 다만, 특별지방자치단체의 사무가 구성 지방자치단체 구역의 일부에만 관계되는 등 특별한 사정이 있을 때에는 해당 지방자치단체 구역의 일부만을 구역으로 할 수 있다.
> 제204조【의회의 조직 등】① 특별지방자치단체의 의회는 규약으로 정하는 바에 따라 구성 지방자치단체의 의회 의원으로 구성한다.
> ② 제1항의 지방의회의원은 제43조 제1항에도 불구하고 특별지방자치단체의 의회 의원을 겸할 수 있다.

07 「지방자치법」상 특별지방자치단체 답 ④

특별지방자치단체를 구성하는 지방자치단체(이하 "구성 지방자치단체")는 상호 협의에 따른 규약을 정하여 구성 지방자치단체의 지방의회 의결을 거쳐 행정안전부장관의 승인을 받아야 한다.

선지분석

① 특별지방자치단체는 법인으로 한다(「지방자치법」 제199조 제3항).
② 특별지방자치단체는 2개 이상의 지방자치단체가 공동으로 특정한 목적을 위하여 광역적으로 사무를 처리할 필요가 있을 때 설치할 수 있다(「지방자치법」 제199조 제1항).
③ 지방자치단체의 지방의회의원은 특별지방자치단체의 의회 의원을 겸할 수 있다(「지방자치법」 제204조).

⊕ 보충 「지방자치법」

제199조【설치】 ① 2개 이상의 지방자치단체가 공동으로 특정한 목적을 위하여 광역적으로 사무를 처리할 필요가 있을 때에는 특별지방자치단체를 설치할 수 있다. 이 경우 특별지방자치단체를 구성하는 지방자치단체(이하 "구성 지방자치단체"라 한다)는 상호 협의에 따른 규약을 정하여 구성 지방자치단체의 지방의회 의결을 거쳐 행정안전부장관의 승인을 받아야 한다.
② 행정안전부장관은 제1항 후단에 따라 규약에 대하여 승인하는 경우 관계 중앙행정기관의 장 또는 시·도지사에게 그 사실을 알려야 한다.
③ 특별지방자치단체는 법인으로 한다.

제 204조【의회의 조직 등】 ① 특별지방자치단체의 의회는 규약으로 정하는 바에 따라 구성 지방자치단체의 의회 의원으로 구성한다.
② 제1항의 지방의회의원은 제43조제1항에도 불구하고 특별지방자치단체의 의회 의원을 겸할 수 있다.

08 지방자치단체의 자치입법권 답 ③

지방자치단체는 조례를 위반한 행위에 대하여 조례로써 1천만 원 이하의 과태료를 정할 수 있다(「지방자치법」 제34조 제1항).

선지분석

① 규칙과 조례가 충돌할 때는 조례가 규칙에 우선한다.
② 지방자치단체는 조례로 주민의 권리제한에 관한 사항을 법률의 위임이 있어야 제정할 수 있다.
④ 지방자치단체를 나누거나 합하여 새로운 지방자치단체가 설치되거나 지방자치단체의 격이 변경되면 그 지방자치단체의 장은 필요한 사항에 관하여 새로운 조례나 규칙이 제정·시행될 때까지 종래 그 지역에 시행되던 조례나 규칙을 계속 시행할 수 있다(「지방자치법」 제31조).

09 행정기구의 설치 답 ⑤

합의제 행정기관은 법령이나 그 지방자치단체의 조례로 정하는 바에 따라 설치할 수 있다.

⊕ 보충 「지방자치법」

제125조【행정기구와 공무원】 ① 지방자치단체는 그 사무를 분장하기 위하여 필요한 행정기구와 지방공무원을 둔다.
② 제1항에 따른 행정기구의 설치와 지방공무원의 정원은 인건비 등 대통령령으로 정하는 기준에 따라 그 지방자치단체의 조례로 정한다.

제126조【직속기관】 지방자치단체는 그 소관 사무의 범위 안에서 필요하면 대통령령이나 대통령령으로 정하는 바에 따라 지방자치단체의 조례로 자치경찰기관(제주특별자치도에 한한다), 소방기관, 교육훈련기관, 보건진료기관, 시험연구기관 및 중소기업지도기관 등을 직속기관으로 설치할 수 있다.

제127조【사업소】 지방자치단체는 특정 업무를 효율적으로 수행하기 위하여 필요하면 대통령령으로 정하는 바에 따라 그 지방자치단체의 조례로 사업소를 설치할 수 있다.

제128조【출장소】 지방자치단체는 원격지 주민의 편의와 특정 지역의 개발 촉진을 위하여 필요하면 대통령령으로 정하는 바에 따라 그 지방자치단체의 조례로 출장소를 설치할 수 있다.

제129조【합의제 행정기관】 ① 지방자치단체는 그 소관 사무의 일부를 독립하여 수행할 필요가 있으면 법령이나 그 지방자치단체의 조례로 정하는 바에 따라 합의제 행정기관을 설치할 수 있다.
② 제1항의 합의제 행정기관의 설치·운영에 관하여 필요한 사항은 대통령령이나 그 지방자치단체의 조례로 정한다.

제130조【자문기관의 설치 등】 ① 지방자치단체는 소관 사무의 범위에서 법령이나 그 지방자치단체의 조례로 정하는 바에 따라 자문기관(소관 사무에 대한 자문에 응하거나 협의, 심의 등을 목적으로 하는 심의회, 위원회 등을 말한다)을 설치·운영할 수 있다.

10 우리나라의 지방자치계층 답 ③

「지방자치법」 제3조에 따르면 특별자치시에 자치구와 군을 둘 수 있으나, 「세종특별자치시 설치 등에 관한 특별법」 제6조에 따르면 시와 군 등 기초자치단체를 두지 않도록 하고 있다. 특별법 우선의 원칙에 따라 특별법이 일반법보다 우선 적용되므로, 세종특별자치시의 관할구역으로 자치구를 둘 수 없다.

⊕ 보충 우리나라 지방자치계층 관련 법률

「지방자치법」

제3조【지방자치단체의 법인격과 관할】 ② 특별시, 광역시, 특별자치시, 도, 특별자치도는 정부의 직할(直轄)로 두고, 시는 도의 관할구역 안에, 군은 광역시, 특별자치시나 도의 관할구역 안에 두며, 자치구는 특별시와 광역시, 특별자치시의 관할구역 안에 둔다.

「세종특별자치시 설치 등에 관한 특별법」

제6조【설치 등】 ① 정부의 직할(直轄)로 세종특별자치시를 설치한다.
② 세종특별자치시의 관할구역에는 「지방자치법」 제2조 제1항 제2호의 지방자치단체를 두지 아니한다.

11	지방자치단체의 계층구조	답 ④

중층제는 한 국가에 자치계층이 둘 이상 있는 경우이고 단층제는 한 국가에 자치계층이 하나만 있는 경우로, 중층제가 계층이 더 많으므로 행정책임이 분산되고 모호해질 수 있다.

12	지방자치단체의 계층구조	답 ①, ②

① 현재 우리나라는 중층제(특별시, 광역시, 도)와 단층제(특별자치도, 특별자치시)의 계층구조로 이루어져 있다.
② 광역자치단체에는 특별시, 광역시, 특별자치시, 도 및 특별자치도가 있다.

⊕ 보충 「지방자치법」상 지방자치단체의 종류
1. 특별시, 광역시, 특별자치시와 도 및 특별자치도
2. 시(자치시)와 군 및 자치구

13	지방자치단체 간의 연결구조	답 ②

강원특별자치도·전북특별자치도는 자치도로 변경되었지만 중층제이고, 제주특별자치도·세종특별자치시는 단층제이다.

14	단층제와 중층제의 비교	답 ④

국가의 감독기능 유지는 단층제가 아니라 중층제의 장점에 해당한다.

핵심POINT 단층제와 중층제의 장단점

구분	단층제	중층제
장점	• 계층의 수가 적어 신속한 행정 가능 • 낭비의 제거와 행정의 능률 • 행정책임의 명확화 • 자치권 및 지역적 특수성의 인정	• 민주주의 원리 확산에 용이 • 국가의 감독 기능 유지에 용이(중간자치단체에 감독권 부여) • 중간자치단체가 기초단체의 기능 보완 • 공공기능의 분업적 수행 가능
단점	• 국토가 넓거나 인구가 많으면 적용이 곤란 • 중앙집권화의 우려 • 광역사무처리에 부적합 • 중앙정부의 비대화 발생	• 기능 중첩 → 이중행정의 폐단 • 행정책임의 모호성 • 지체와 낭비로 인한 불합리성 • 지역적 특성 무시 우려(광역자치단체가 주도할 경우)

15	기초자치단체의 구역설정기준	답 ③

기초자치단체의 구역설정 시 일반적 기준으로 노령화지수는 관계가 없다.

⊕ 보충 기초자치단체의 구역설정 기준
1. 주민의 자치단체에 대한 참여와 통제가 적절하게 이루어질 수 있을 것
2. 자연 지리적 조건이나 전통적 요소를 고려할 것
3. 지역공동체의식의 형성과 공동 생활권을 기준으로 할 것
4. 행정의 능률성과 민주성이 조화롭게 고려될 것
5. 재정수요와 재원조달능력이 조화롭게 고려될 것
6. 주민의 편의와 행정의 편의가 조화롭게 고려될 것
7. 지역공동체 개발의 단위일 것

16	지방자치단체의 구역변경	답 ②

설문과 같이 지방자치단체의 명칭을 변경하려는 경우에는 OO광역시 의회의 의견을 듣거나 주민투표를 거쳐 법률로 정한다.

핵심POINT 지방자치단체의 명칭 및 구역 개편절차
구역변경은 전면적 재구획이고 경계변경은 부분적 경계변경(관할구역 경계변경)이다.
1. 지방자치단체 명칭변경, 구역변경, 폐치·분합 → 법률
2. 지방자치단체 한자명칭변경, 경계변경 → 대통령령
3. 자치구가 아닌 구·읍·면·동의 폐치·분합 → 행정안전부장관 승인 후 조례
4. 자치구가 아닌 구·읍·면·동의 명칭 및 구역변경 → 조례 제정 후 시·도지사에게 보고
5. 리의 폐치·분합·구역변경 → 조례

17	「지방자치법」상 지방자치단체의 관할구역	답 ④

「지방자치법」 제8조 제1항으로 옳은 내용이다.

선지분석
① 조례가 아니라 법률로 정한다(「지방자치법」 제5조 제1항).
② 지방의회의 의견을 들어야 하나, 「주민투표법」 제8조에 따라 주민투표를 한 경우에는 그러하지 아니하다(「지방자치법」 제5조 제3항).
③ 재적의원 과반수의 출석과 출석의원 3분의 2 이상의 동의를 받아야 한다(「지방자치법」 제6조 제1항).

⊕ 보충 「지방자치법」
제5조 【지방자치단체의 명칭과 구역】 ① 지방자치단체의 명칭과 구역은 종전과 같이 하고, 명칭과 구역을 바꾸거나 지방자치단체를 폐지하거나 설치하거나 나누거나 합칠 때에는 법률로 정한다.
③ 다음 각 호의 어느 하나에 해당할 때에는 관계 지방의회의 의견을 들어야 한다. 다만, 「주민투표법」 제8조에 따라 주민투표를 한 경우에는 그러하지 아니하다.
1. 지방자치단체를 폐지하거나 설치하거나 나누거나 합칠 때

제6조【지방자치단체의 관할 구역 경계변경 등】① 지방자치단체의 장은 관할 구역과 생활권과의 불일치 등으로 인하여 주민생활에 불편이 큰 경우 등 대통령령으로 정하는 사유가 있는 경우에는 행정안전부장관에게 경계변경이 필요한 지역 등을 명시하여 경계변경에 대한 조정을 신청할 수 있다. 이 경우 지방자치단체의 장은 지방의회 재적의원 과반수의 출석과 출석의원 3분의 2 이상의 동의를 받아야 한다.

제8조【구역의 변경 또는 폐지·설치·분리·합병 시의 사무와 재산의 승계】① 지방자치단체의 구역을 변경하거나 지방자치단체를 폐지하거나 설치하거나 나누거나 합칠 때에는 새로 그 지역을 관할하게 된 지방자치단체가 그 사무와 재산을 승계한다.

THEME 76 지방자치단체의 기관(장과 의회와의 관계)

정답

p. 451

01	③	02	④	03	④	04	③	05	③
06	①	07	②	08	②	09	③	10	②
11	④	12	④	13	①, ④	14	⑤	15	①
16	①	17	③	18	①	19	②	20	③
21	②	22	②	23	③	24	②	25	②
26	①	27	③	28	③				

01 지방자치단체의 기관구성 답 ③

전통적으로 영미계 국가는 기관통합형을 채택하고, 대륙계 국가는 기관대립형을 채택하였으나, 독일과 프랑스 등 대부분의 나라가 지금은 기관통합형을 채택하고 있다.

02 지방자치단체의 기관구성 답 ④

기관통합형 집행기관은 전문적이고 체계적인 집행기구 없이 민선의원이 행정을 맡게 되어 기관대립형에 비해 행정의 전문성이 높지 않을 가능성이 크다.

선지분석

① 우리나라는 시장의 권한이 지방의회의 권한에 비해 상대적으로 강한 집행기관우위의 기관대립형을 유지하고 있다.
② 영국의 의회형은 기관통합형으로 주민이 지방의회 의원을 선출하고 지방의회에서 장을 선출한다. 즉 지방의회가 의결기관인 동시에 그 밑에 분과별 집행위원회나 국·과 등 보조기관을 두고 집행기능까지 수행한다.
③ 미국의 위원회형(commission plan)은 기관통합형으로 주민에 의하여 직접 선출된 3~7명의 위원들이 위원회를 구성하여 의결기능과 집행기능을 동시에 수행하는 방식이다.

03 지방정부의 기관구성 형태 답 ④

20세기 초에 미국의 소도시들을 중심으로 시행된 의회-시지배인(council-manager)형태는 시지배인(manager)이 행정에 대한 전반적인 권한을 가지고 동시에 책임을 진다. 시장은 의전지도자, 즉 상징적 존재로서 의례적·명목적 기능만 수행하고 실질적으로는 시민이 직접 선출한 의회가 임명한 전문행정관 즉, 시지배인(city manager)이 집행기능을 총괄한다.

선지분석

① 강시장-의회 형태는 주로 미국의 대도시에서 채택하는 제도로서 책임행정을 강화하기 위하여 시장이 강력한 정치적 리더십을 발휘한다.
② 위원회 형태는 주민들 직선으로 선출된 의원들로 구성된 위원회가 모든 권한과 책임을 갖기 때문에 의원들이 집행부서의 장을 겸직하게 된다.
③ 약시장-의회 형태는 미국의 소도시들이 남북전쟁 이전에 채택했던 제도로서 시장의 권한이 약하기 때문에 의회가 입법권과 행정권(예산편성권 등)을 가지고 집행부(시장)를 감독한다.

핵심POINT 지방정부의 기관구성 형태(미국)

시장-시의회(mayor-council form)	강시장-의회	시장이 강력한 정치적 리더십을 행사하며 시행정에 대한 전반적인 책임을 수행
	약시장-의회	의회가 입법권과 행정권을 가지고 집행부(시장)을 감독
위원회형(commission)	주민직선으로 구성된 위원회가 입법권과 행정권 행사	
의회-시지배인형(council-manager)	시지배인(manager)이 행정에 대한 전반적인 권한을 책임을 지며 시장은 의전지도자, 즉 상징적 존재로서 의례적·명목적 기능만 수행	

04 지방자치단체의 기관구성 형태 답 ③

약시장-의회형(weak mayor-council type)은 미국의 소도시들이 남북전쟁 이전에 채택했던 제도로서 시장의 권한이 약하기 때문에 의회가 입법권과 행정권(예산편성권 등)을 가지고 집행부(시장)를 감독한다. 일반적으로 의회가 예산편성권을 행사하고 시장은 조례거부권을 갖지 못한다.

05 우리나라 지방자치단체의 기관구성 답 ③

우리나라 지방자치단체의 기관구성형태는 기관통합형이 아니라, 권력분립주의 원칙에 입각하여 의결기관과 집행기능을 분리시켜 견제와 균형의 원리를 추구하는 기관대립형이다.

06 우리나라의 지방자치제도 답 ①

우리나라는 원칙적으로 기관대립형이나, 2021년 지방자치법 전면 개정에 따라 주민투표를 거쳐 법률로 기관구성 형태를 달리 할 수 있다(「지방자치법」 제4조).

선지분석

② 「지방자치법」 제39조의 내용이다.
③ 「지방자치법」 제57조 제3항의 내용이다.
④ 「지방자치법」 제108조의 내용이다.
⑤ 「지방자치법」 제123조 제1항의 내용이다.

⊕ 보충 「지방자치법」

제4조 【지방자치단체의 기관구성 형태의 특례】 ① 지방자치단체의 의회(이하 "지방의회")와 집행기관에 관한 이 법의 규정에도 불구하고 따로 법률로 정하는 바에 따라 지방자치단체의 장의 선임방법을 포함한 지방자치단체의 기관구성 형태를 달리 할 수 있다.
② 제1항에 따라 지방의회와 집행기관의 구성을 달리하려는 경우에는 「주민투표법」에 따른 주민투표를 거쳐야 한다.

제39조 【의원의 임기】 지방의회의원의 임기는 4년으로 한다.

제57조 【의장 · 부의장의 선거와 임기】 ③ 의장과 부의장의 임기는 2년으로 한다.

제108조 【지방자치단체의 장의 임기】 지방자치단체의 장의 임기는 4년으로 하며, 3기 내에서만 계속 재임(在任)할 수 있다.

제123조 【부지사 · 부시장 · 부군수 · 부구청장】 ① 특별시 · 광역시 및 특별자치시에 부시장, 도와 특별자치도에 부지사, 시에 부시장, 군에 부군수, 자치구에 부구청장을 두며, 그 수는 다음 각 호의 구분과 같다.
1. 특별시의 부시장의 수: 3명을 넘지 아니하는 범위에서 대통령령으로 정한다.
2. 광역시와 특별자치시의 부시장 및 도와 특별자치도의 부지사의 수: 2명(인구 800만 이상의 광역시나 도는 3명)을 넘지 아니하는 범위에서 대통령령으로 정한다.
3. 시의 부시장, 군의 부군수 및 자치구의 부구청장의 수: 1명으로 한다.

07 지방자치단체장의 권한 답 ②

지방의회가 의결한 조례안이 월권 또는 법령에 위반되거나 공익을 현저히 해한다고 인정되는 때에는 지방자치단체의 장이 재의요구권을 행사할 수 있다. 재의요구사항에 대하여 지방의회가 재적의원 과반수의 출석과 출석의원 2/3 이상의 찬성으로 재의결을 하면 그 의결사항은 확정되는데, 이 경우 지방자치단체장은 대법원에 제소할 수 있다.

08 지방의회의 권한 답 ②

우리나라의 경우 지방자치단체장에 대한 불신임 의결은 인정되지 않는다. 단, 지방의회 의장단에 대한 불신임 의결은 인정된다.

핵심POINT 의결기관과 집행기관

의결기관	개념	지방자치단체의 최고 의사결정기관으로서 주민에 의해 선출된 지방의원을 구성원으로 함
	기능 및 권한	• 의결기능: 조례제정권, 예산의결, 주민부담에 관한 사항 의결, 기타 정책결정기능 • 행정통제 및 감사기능: 예산심의권, 행정사무감사 및 조사권 • 기타: 청원 수리 및 처리권, 선거권
집행기관	개념	지방자치단체의 수장으로서의 지위와 국가의 하급행정기관으로서의 지위(이중적 지위)
	유형	지방자치단체장, 보조기관, 소속 행정기관, 하부행정기관(장), 행정기구 및 지방공무원
	권한	• 지방자치단체의 대표 및 사무통할권 • 사무의 관리 및 집행권 • 선결처분권 • 소속직원에 대한 임면권 • 규칙제정권 • 재의요구권 • 소속행정기관 및 관할자치단체에 대한 감독권

09 지방자치단체의 권한 답 ③

지방자치단체는 조례를 위반한 행위에 대하여 조례로써 1,000만원 이하의 과태료를 정할 수 있다.

선지분석

④ 지방자치단체의 장이나 지방자치단체조합도 따로 법률로 정하는 바에 따라 지방채를 발행할 수 있다.

⊕ 보충 「지방자치법」상 과태료 및 지방채

제34조 【조례위반에 대한 과태료】 ① 지방자치단체는 조례를 위반한 행위에 대하여 조례로써 1천만 원 이하의 과태료를 정할 수 있다.

제139조 【지방채무 및 지방채권의 관리】 ① 지방자치단체의 장이나 지방자치단체조합은 따로 법률로 정하는 바에 따라 지방채를 발행할 수 있다.

10 자치입법권 답 ②

정답은 ②로 발표되었지만 형벌의 성격이 무엇이냐에 대한 논란이 있을 수 있는 문제이다. 즉, 과태료를 질서벌이 아닌 형벌적 성격으로 본다면 옳지 않은 지문이지만 과태료를 질서벌에 한정한다면 옳은 지문이 된다.

⊕ 보충 「지방자치법」상 과태료

제34조 【조례 위반에 대한 과태료】 ① 지방자치단체는 조례를 위반한 행위에 대하여 조례로써 1천만 원 이하의 과태료를 정할 수 있다.

11	조례의 제정사항	답 ④

주민감사청구제도는 해당 지방자치단체와 그 장의 권한에 속하는 사무의 처리가 법령에 위반되거나 공익을 현저히 해한다고 인정되는 경우 시·도는 300명, 50만 이상 대도시는 200명, 그 밖의 시·군 및 자치구는 150명을 초과하지 아니하는 범위 안에서 해당 지방자치단체의 조례가 정하는 18세 이상의 주민 수 이상의 연서로 시·도에 있어서는 주무부장관에게, 시·군 및 자치구에 있어서는 시·도지사에게 감사를 청구할 수 있는 제도이다.

선지분석

① 지방채는 대통령령이 정한 범위 안에서 지방의회 의결을 거쳐 발행하도록 되어 있다.
② 「지방세법」에 규정되지 아니한 법정 외 세목은 인정되지 않는다.
③ 지방자치단체 경계변경은 대통령령으로 한다. 법률이나 대통령령으로 규정한다는 것은 지방정부가 자주적으로 처리할 수 없다는 의미이다.

12	조례의 제정 및 개폐 청구대상	답 ④

ㄱ. 지방세의 부과·징수에 관한 사항, ㄴ. 행정기구를 설치하거나 변경하는 것에 관한 사항, ㄷ. 공공시설의 설치를 반대하는 사항 모두 주민에 의한 조례의 제정 및 개폐 청구대상에 포함되지 않는다.

핵심POINT 조례의 제정과 개폐 청구 제외대상

1. 법령을 위반하는 사항
2. 지방세·사용료·수수료·부담금의 부과·징수 또는 감면에 관한 사항
3. 행정기구를 설치하거나 변경하는 것에 관한 사항이나 공공시설의 설치를 반대하는 사항

13	지방자치단체의 자치권 행사	답 ①, ④

① 주행세는 지방세(특별시·광역시세, 시·군세)로서 탄력세율의 대상이지만, 조례가 아닌 대통령령으로 탄력세율을 적용하므로 옳지 않다. 탄력세율제도란 세법상 정해진 세율(표준세율 또는 기본세율)을 법률의 위임에 의하여 대통령령 등의 명령이나 지방정부의 조례에 의하여 가감, 즉 다르게 정할 수 있도록 하는 제도로서 1991년 「지방세법」 개정 시 처음 도입되었다.
④ 외채 발행은 지방채 발행의 한도 내이더라도 행정안전부장관의 사전승인을 얻어 지방의회(도의회)의 의결을 얻어야 가능하다.

선지분석

② 주민참여예산제도는 예산편성 과정에 주민이 참여하는 제도로서 2006년부터 전 지방자치단체에 도입되었다.
③ 총액인건비제도는 총액인건비 범위 내에서 기구, 정원, 보수, 예산상 자율성을 부여해주는 제도로서 2007년부터 지방자치단체에도 도입되었다.

⊕ 보충 탄력세율의 적용

1. 대통령령
   담배소비세, 자동차세(주행분)
2. 조례
   취득세, 등록면허세(등록분), 재산세, 자동차세(소유분), 주민세, 지방소득세, 지방교육세, 지역자원시설세
3. 비적용
   레저세, 등록면허세(면허분), 지방소비세

14	지방의원의 권한과 의무	답 ⑤

지방의원의 권한과 의무에 대한 설명으로 옳은 것은 ㄱ, ㄴ, ㅁ이다.
ㄱ. 지방의원은 국회의원과 달리 면책특권이나 불체포특권이 인정되지 않는다.
ㄴ. 지방의원에게 행정사무감사권과 조사권이 인정된다.
ㅁ. 현재 지방의회 의원 본인이나 친인척과 이해관계가 있는 의안 심사나 예산 심의 등에 대한 안건 심의 활동이 금지되어 있다(「의원행동강령조례」).

선지분석

ㄷ. 지방의원들은 임시회의 소집요구권을 가진다. 지방의회의장은 지방자치단체의 장이나 재적의원 3분의 1 이상의 요구가 있는 때에는 15일 이내에 임시회를 소집하여야 한다.
ㄹ. 모든 지방자치단체장과 지방의원들은 정당공천을 받을 수 있다.

15	지방의회의 권한	답 ①

예산불성립 시 예산집행(준예산)은 의회의 권한이 아니라 지방자치단체장의 권한이다.

핵심POINT 지방의회가 지방자치단체장에 대하여 행사할 수 있는 권한

1. 행정사무 감사 및 조사권
2. 행정사무처리상황의 보고와 질문, 응답권
3. 서류제출 요구권
4. 예산·결산 승인권

※ 단체장에 대한 불신임결의권은 없음. 단, 지방의회의 의장단에 대한 불신임결의권은 인정

16	지방의회의 구성	답 ①

지방의회의 사무직원은 법령과 조례·의회규칙으로 정하는 바에 따라 지방의회의 의장이 임명한다. 지방자치단체장의 승인을 얻을 필요는 없다.

⊕ **보충** 「지방자치법」

제103조 【사무직원의 정원과 임면 등】 ① 지방의회에 두는 사무직원의 수는 인건비 등 대통령령으로 정하는 기준에 따라 조례로 정한다.
② 지방의회의 의장은 지방의회 사무직원을 지휘 · 감독하고 법령과 조례 · 의회규칙으로 정하는 바에 따라 그 임면 · 교육 · 훈련 · 복무 · 징계 등에 관한 사항을 처리한다.

17 「지방자치법」상 지방의회 답 ③

의장은 의결에서 표결권을 가지며, 찬성과 반대가 같으면 부결된 것으로 본다(「지방자치법」 제73조).

⊕ **보충** 「지방자치법」

제73조 【의결정족수】 ① 회의는 이 법에 특별히 규정된 경우 외에는 재적의원 과반수의 출석과 출석의원 과반수의 찬성으로 의결한다.
② 의장은 의결에서 표결권을 가지며, 찬성과 반대가 같으면 부결된 것으로 본다.

18 지방의회의 의결사항 답 ①

지방의회는 자치법규로서 조례를 제정한다. 지방자치단체의 규칙은 법령과 조례의 범위 안에서 지방자치단체장이 정하는 자치법규이다.

(선지분석)

② 지방자치단체장은 대통령령이 정하는 금액 범위 안에서 지방의회의 의결을 거쳐 지방채를 발행할 수 있다(「지방자치법」 제139조 제1항).
③ 지방자치단체가 출자 또는 출연하고자 하는 경우에는 지방의회의 의결을 거쳐야 한다.
④ 지방자치단체장의 보증채무부담행위는 지방의회의 의결을 거쳐야 한다(「지방자치법」 제139조 제3항).

⊕ **보충** 조례와 규칙

구분	제정	규정대상	효력
조례	지방의회	주민의 권리 · 의무, 벌칙	상위법규
규칙	지방자치단체장	기관위임사무	하위법규

※ 조례로써 「형법」상의 벌금은 부과할 수 없으며 법률의 위임이 있을 경우 1,000만 원 이하의 과태료는 부과할 수 있다.

핵심POINT 지방의회의 의결사항

1. 조례의 제정 · 개정 및 폐지
2. 예산의 심의 · 확정
3. 결산의 승인
4. 법령에 규정된 것을 제외한 사용료 · 분담금 · 지방세 또는 가입금의 부과와 징수
5. 기금의 설치 · 운용
6. 대통령령으로 정하는 중요 재산의 취득 · 처분
7. 대통령령으로 정하는 공공시설의 설치 · 처분
8. 법령과 조례에 규정된 것을 제외한 예산 외의 의무부담이나 권리의 포기
9. 청원의 수리와 처리
10. 외국 지방자치단체와의 교류협력에 관한 사항
11. 그 밖에 법령에 따라 그 권한에 속하는 사항

19 지방의회의 의결사항 답 ②

「지방자치법」상 재의요구권은 지방자치단체장의 권한에 속하는 사항으로 자치단체장이 위법 · 부당한 지방의회의 의결사항에 재의를 요구하는 것이다.

⊕ **보충** 지방자치단체장의 재의요구사유

1. 조례 안에 이의가 있는 경우
2. 지방의회의 의결이 월권 또는 법령에 위반되거나 공익을 현저히 해한다고 인정된 때
3. 지방의회의 의결에 예산상 집행할 수 없는 경비가 포함되어 있는 경우, 의무적 경비나 비상재해복구비를 삭감한 경우
4. 지방의회의 의결이 법령에 위반되거나 공익을 현저히 해한다고 판단되어 주무부장관 또는 시 · 도지사가 재의요구를 지시한 경우

20 「지방자치법」 답 ③

지방의회는 매년 2회 정례회를 개최한다(「지방자치법」 제53조).

(선지분석)

① 「지방자치법」 제41조의 제1항의 내용이다.
② 「지방자치법」 제103조의 내용이다.
④ 「지방자치법」 제109조의 내용이다.

⊕ **보충** 「지방자치법」

제41조 【의원의 정책지원 전문인력】 ① 지방의회의원의 의정활동을 지원하기 위하여 지방의회의원 정수의 2분의 1 범위에서 해당 지방자치단체의 조례로 정하는 바에 따라 지방의회에 정책지원 전문인력을 둘 수 있다.

제53조 【정례회】 ① 지방의회는 매년 2회 정례회를 개최한다.

제103조 【사무직원의 정원과 임면 등】 ② 지방의회의 의장은 지방의회 사무직원을 지휘·감독하고 법령과 조례·의회규칙으로 정하는 바에 따라 그 임면·교육·훈련·복무·징계 등에 관한 사항을 처리한다.

제109조 【겸임 등의 제한】 ① 지방자치단체의 장은 다음 각 호의 어느 하나에 해당하는 직을 겸임할 수 없다.
1. 대통령, 국회의원, 헌법재판소 재판관, 각급 선거관리위원회 위원, 지방의회의원

21	지방의회의 전문성 강화제도	답 ②

ㄱ, ㄹ은 옳은 설명이고, ③ ㄴ, ㄷ은 옳지 않다.
ㄱ. 「지방자치법」 제41조 제1항의 내용이다.
ㄹ. 「지방자치단체의 행정기구와 정원기준 등에 관한 규정」 제15조 제2항(별표 5에 있음) 및 제5항의 내용이다.

선지분석

ㄴ. 전문위원은 소속위원회의 사무를 처리할 때 소속위원회 위원장의 지휘를 받으며, 그 외의 일반적인 사무는 의회사무처장이나 의회사무국장 · 의회사무과장의 지휘 · 감독을 받는다(「지방자치단체의 행정기구와 정원기준 등에 관한 규정」 제15조 제3항).
ㄷ. 전문위원은 일반직의 직급에 해당하는 상당계급의 별정직지방공무원으로 임명할 수 있어 모두 일반직 지방공무원으로 임명하는 것은 아니다.

⊕ 보충 지방의회의 전문성 강화제도와 관련된 법령

「지방자치법」

제41조 【의원의 정책지원 전문인력】 ① 지방의회의원의 의정활동을 지원하기 위하여 지방의회의원 정수의 2분의 1 범위에서 해당 지방자치단체의 조례로 정하는 바에 따라 지방의회에 정책지원 전문인력을 둘 수 있다.

「지방자치단체의 행정기구와 정원기준 등에 관한 규정」

제15조 【의회사무기구의 설치기준 등】 ② 시 · 도 의회사무처와 2개 이상의 지방자치단체가 하나로 합쳐져 관할 인구가 100만 명 이상이 된 시 의회사무국에 하부조직으로 담당관을 설치할 수 있으며, 시 · 도와 시 · 군 · 구의 위원회에 두는 전문위원의 직급과 정수(定數)는 별표 5와 같다.
③ 제2항에 따른 전문위원은 소속위원회의 사무를 처리할 때 소속위원회 위원장의 지휘를 받으며, 그 외의 일반적인 사무는 의회사무처장이나 의회사무국장 · 의회사무과장의 지휘 · 감독을 받는다.
⑤ 법 제41조 제1항에 따라 의회사무기구(위원회를 포함한다)에 두는 정책지원 전문인력은 다음 각 호의 구분에 따라 일반직 지방공무원으로 임명한다.
1. 시 · 도의 경우: 6급 이하
2. 시 · 군 · 구의 경우: 7급 이하

22	「지방자치법」	답 ②

정책지원 전문인력은 지방의회의원 정수의 3분의 2 범위가 아닌 2분의 1 범위에서 충원할 수 있다(「지방자치법」 제41조 제1항).

선지분석

① 「지방자치법」 제103조 제2항의 내용이다.
③ 「지방자치법」 제4조 제1항의 내용이다.
④ 「지방자치법」 제20조 제1항의 내용이다.
⑤ 「지방자치법」 제186조 제1항의 내용이다.

⊕ 보충 「지방자치법」

제4조 【지방자치단체의 기관구성 형태의 특례】 ① 지방자치단체의 의회(이하 "지방의회"라 한다)와 집행기관에 관한 이 법의 규정에도 불구하고 따로 법률로 정하는 바에 따라 지방자치단체의 장의 선임방법을 포함한 지방자치단체의 기관구성 형태를 달리 할 수 있다.

제20조 【규칙의 제정과 개정·폐지 의견 제출】 ① 주민은 제29조에 따른 규칙(권리·의무와 직접 관련되는 사항으로 한정한다)의 제정, 개정 또는 폐지와 관련된 의견을 해당 지방자치단체의 장에게 제출할 수 있다.

제41조 【의원의 정책지원 전문인력】 ① 지방의회의원의 의정활동을 지원하기 위하여 지방의회의원 정수의 2분의 1 범위에서 해당 지방자치단체의 조례로 정하는 바에 따라 지방의회에 정책지원 전문인력을 둘 수 있다.

제103조 【사무직원의 정원과 임면 등】 ② 지방의회의 의장은 지방의회 사무직원을 지휘·감독하고 법령과 조례·의회규칙으로 정하는 바에 따라 그 임면·교육·훈련·복무·징계 등에 관한 사항을 처리한다.

제186조 【중앙지방협력회의의 설치】 ① 국가와 지방자치단체 간의 협력을 도모하고 지방자치 발전과 지역 간 균형발전에 관련되는 중요 정책을 심의하기 위하여 중앙지방협력회의를 둔다.

23	지방자치단체의 정책지원관제도	답 ③

정책지원 전문인력인 정책지원관제도는 지방자치단체장이 아닌 지방의회의원의 정책기능을 강화하기 위해 도입되었다(2021년 「지방자치법」 전면개정사항).

24	지방자치단체장의 권한 및 기능	답 ②

교육기관을 설치, 이전 및 폐지할 수 있는 것은 지방자치단체장이 아니라 교육감의 권한이다(「지방교육자치에 관한 법률」 제20조).

선지분석

① 지방의회에 조례안을 제출할 수 있다.
③ 조례나 규칙으로 정하는 바에 따라 그 권한에 속하는 사무의 일부를 보조기관 등에 위임할 수 있다.
④ 법령 또는 조례의 범위에서 그 권한에 속하는 사무에 관하여 규칙을 제정할 수 있다.
⑤ 주민에게 과도한 부담을 주거나 중대한 영향을 미치는 지방자치단체의 주요 결정사항 등에 대하여 주민투표에 부칠 수 있다.

⊕ 보충 「지방자치법」

제18조【주민투표】 ① 지방자치단체의 장은 주민에게 과도한 부담을 주거나 중대한 영향을 미치는 지방자치단체의 주요 결정사항 등에 대하여 주민투표에 부칠 수 있다.

제29조【규칙】 지방자치단체의 장은 법령 또는 조례의 범위에서 그 권한에 속하는 사무에 관하여 규칙을 제정할 수 있다.

제76조【의안의 발의】 ① 지방의회에서 의결할 의안은 지방자치단체의 장이나 조례로 정하는 수 이상의 지방의회의원의 찬성으로 발의한다.

제117조【사무의 위임 등】 ① 지방자치단체의 장은 조례나 규칙으로 정하는 바에 따라 그 권한에 속하는 사무의 일부를 보조기관, 소속 행정기관 또는 하부행정기관에 위임할 수 있다.

25 지방자치단체장의 재의요구사유 답 ②

지방의회의 의결이 국제관계에서 맺은 국제교류업무 수행에 드는 경비를 축소한 경우는 재의요구사유에 해당하지 않는다.

핵심POINT 지방자치단체장의 재의요구사유

1. 조례안에 이의가 있는 경우
2. 지방의회의 의결이 월권 또는 법령에 위반되거나 공익을 현저히 해한다고 인정되는 때
3. 지방의회의 의결에 예산상 집행할 수 없는 경비가 포함되어 있는 경우 또는 의무적 경비나 재해복구비를 삭감한 경우
4. 지방의회의 의결이 법령에 위반되거나 공익을 현저히 해한다고 판단되어 주무부장관 또는 시 · 도지사가 재의요구를 지시한 경우

26 「지방자치법」상 지방의회 의원의 징계 답 ①

「지방자치법」상 지방의회 의원의 징계유형에는 공개 사과, 공개 경고, 30일 이내의 출석정지, 제명 등이 있다. 출석정지는 45일이 아니라 30일 이내이다.

선지분석

② 「지방자치법」상 공개사과에 해당한다.

③ 지방의원에 대한 제명은 「지방자치법」상 가장 강력한 징계수단으로 재적의원 3분의 2 이상의 찬성이 있어야 한다.

④ 「지방자치법」상 공개경고에 해당한다.

⊕ 보충 지방의회 의원에 대한 징계의 종류(「지방자치법」 제88조)

1. 공개회의에서의 사과
2. 공개회의에서의 경고
3. 30일 이내의 출석정지
4. 제명(재적의원 3분의 2 이상 찬성)

27 지방자치단체장의 직무이행명령 답 ③

대법원에 소를 제기할 수 있는 것은 20일 이내가 아니라 15일 이내이다(「지방자치법」 제189조 제6항). 이행명령제도란 지방자치단체장이 국가의 위임사무 처리를 명백히 게을리 할 경우 기간을 정하여 서면으로 이행을 명령하고 이를 이행하지 않을 경우 그 자치단체의 비용부담으로 대집행하고 행정, 재정상 조치를 취할 수 있는 제도이다.

⊕ 보충 「지방자치법」

제189조【지방자치단체의 장에 대한 직무이행명령】 ⑥ 지방자치단체의 장은 이행명령에 이의가 있으면 이행명령서를 접수한 날부터 15일 이내에 대법원에 소를 제기할 수 있다. 이 경우 지방자치단체의 장은 이행명령의 집행을 정지하게 하는 집행정지결정을 신청할 수 있다.

28 현재 우리나라 지방행정과 교육행정 간의 관계 답 ③

우리나라의 교육자치는 지방자치와 달리 광역자치(시·도) 수준으로 이루어지고 기초자치(시·군·구)수준에서는 운영되지 않는다.

선지분석

② 우리나라의 교육자치는 별도의 세원(稅源)과 과세권(課稅權)이 없기 때문에 중앙정부와 자치단체에 대한 재정적 의존도가 매우 높다.

④ 지방교육재정은 지자체의 예산과 별도의 교육세특별회계로 운영하고 있다.

CHAPTER 3 | 지방자치단체의 사무

THEME 77 지방자치단체의 사무와 배분원칙

정답

p. 457

01	①	02	①	03	④	04	①	05	②
06	④	07	②, ③	08	①	09	①	10	①
11	②	12	④	13	③	14	③	15	④
16	①	17	②	18	④				

01 보충성의 원칙 답 ①

제시문은 지방분권 추진 원칙 중 보충성의 원칙에 해당한다. 보충성의 원칙은 기초(하급)정부에서 할수 있는 사무는 광역(상급)정부가 관여하지 않는 것을 말하며 예외적으로 필요 시에만 보충하여야 한다는 원칙이다.

선지분석

② 포괄성의 원칙이란 사무를 이양할 때 세분하여 이양하지 말고 포괄적으로 이양을 해야 한다는 원칙이다.

③ 형평성의 원칙이란 지방정부 간에 차등을 두지 말고 가급적 평등하게 이양해야 한다는 원칙이다.

④ 경제성의 원칙이란 각 지방정부의 규모, 재정능력, 인구수 등을 고려하여 능률적으로 분배해야 한다는 것이다.

02 사무배분의 원칙 중 보충성의 원리 답 ①

적극적 보충성의 원리란 개인 및 지역 간의 과도한 격차를 줄이기 위해 상급공동체는 필요한 최소수준을 정하고 이에 미달하는 개인 및 지역의 삶을 보장하여야 한다는 것이다. 일반적으로 보충성의 원칙은 지방자치단체가 먼저 사무를 처리하고 지방자치단체가 처리하기 곤란한 사무는 중앙정부가 처리하는 원칙을 말한다.

⊕ 보충 보충성의 원리

1. 소극적 의미
   기초공동체 또는 기초 정부가 할 수 있는 일을 상급정부나 상급공동체가 관여해서는 안 된다는 것을 의미한다. 업무처리능력의 여부와 관계없이 개별적인 사회구성단위의 활동을 파괴하거나 박탈해서는 안 된다는 관점의 논의이다.
2. 적극적 의미
   상급정부 또는 상급공동체가 기초정부 또는 기초공동체가 일차적으로 활동할 수 있는 조건을 갖출 수 있도록 지원해 주어야 한다는 주장을 담고 있다. 예컨대 재정적인 여건 등을 조성해 줄 것을 의미한다.

03 중앙과 지방 간의 사무배분원칙 답 ④

중앙정부와 지방자치단체 간 상호배분의 원칙으로 모두 옳은 설명이다.

ㄱ. 기초자치단체 우선의 원칙에 대한 설명이다.
ㄴ. 포괄적 배분의 원칙에 대한 설명이다.
ㄷ. 보충성의 원칙에 대한 설명이다.
ㄹ. 행정적·재정적 지원병행의 원칙에 대한 설명이다.
ㅁ. 중복(경합)금지의 원칙에 대한 설명이다.

04 지방자치단체 사무배분 답 ①

인구 30만이 아닌 50만 이상의 시에 대해서는 도가 처리하는 사무의 일부를 직접 처리하게 할 수 있다(「지방자치법」 제14조 제1항).

선지분석

②, ④ 「지방자치법」 제14조 제1항의 내용이다.

③ 지방자치단체의 구역, 조직, 행정관리 등은 지방자치단체의 사무범위에 속한다(「지방자치법」 제14조 및 제13조 제2항).

⊕ 보충 「지방자치법」

제14조 【지방자치단체의 종류별 사무배분기준】 ① 제13조에 따른 지방자치단체의 사무를 지방자치단체의 종류별로 배분하는 기준은 다음 각 호와 같다. 다만, 제13조 제2항 제1호의 사무는 각 지방자치단체에 공통된 사무로 한다.
1. 시·도
   라. 국가와 시·군 및 자치구 사이의 연락·조정 등의 사무
   마. 시·군 및 자치구가 독자적으로 처리하기 어려운 사무
2. 시·군 및 자치구
   제1호에서 시·도가 처리하는 것으로 되어 있는 사무를 제외한 사무. 다만, 인구 50만 이상의 시에 대해서는 도가 처리하는 사무의 일부를 직접 처리하게 할 수 있다.

제13조 【지방자치단체의 사무 범위】 ② 제1항에 따른 지방자치단체의 사무를 예시하면 다음 각 호와 같다. 다만, 법률에 이와 다른 규정이 있으면 그러하지 아니하다.
1. 지방자치단체의 구역, 조직, 행정관리 등

05 단체위임사무와 기관위임사무 답 ②

병역자원의 관리업무는 대표적인 기관위임사무이지만 보건소의 운영업무는 단체위임사무이다.

선지분석

① 기관위임사무는 국가사무이므로 지방의회가 관여할 수 없어 조례로 제정할 수 없다.

③ 단체위임사무는 국가와 지방자치단체의 공통 사무로 사전예방적 통제보다 사후교정적 통제(합법적 감독, 합목적적 감독)를 주로 한다.

④ 기관위임사무는 국가사무로서 비용은 국가가 부담한다.

06	자치사무의 종류	답 ④

지방자치단체 자치사무의 종류로 옳은 것은 ㄷ, ㄹ, ㅂ이다. 「지방자치법」 제13조상 ㄷ. 주민등록 관리사무, ㄹ. 공유재산관리, ㅂ. 상하수도사업은 자치사무로 예시되어 있다.

선지분석

ㄱ. 교원능력개발평가는 국가사무로서 각 시·도 교육감에게 교육부가 위임한 기관위임사무이다.

ㄴ. 부랑인 선도시설 감독사무는 국가가 지방자치단체장에게 위임한 기관위임사무이다.

ㅁ. 국회의원이나 대통령 선거 등 중앙의 정치인들을 선출하는 사무는 지방자치단체와는 직접적인 관계가 없는 위임사무이다.

핵심POINT 지방자치단체 사무의 종류와 그 예

구분		예
자치사무		자치단체 존립·유지사무(예 조례·규칙제정 등), 주민복지사무(예 상하수도, 소방, 시장, 도서관, 학교, 병원, 도로, 주택, 쓰레기, 교통, 도시계획 등)
위임사무	단체위임사무	보건소, 생활보호, 의료보호, 재해구호, 도세징수, 공과금 징수, 직할하천 점용료 징수, 직업안정, 하천 유지 보수, 국도 유지보수 등
	기관위임사무	근로기준 설정, 양곡수급조절, 금융정책, 대통령·국회의원 선거, 의·약사 면허, 도량형, 외국인 등록, 부랑인 선도, 교원능력 개발평가 등

07	우리나라의 사무배분방식	답 ②, ③

② 우리나라의 지방자치 사무배분방식은 세계적 흐름과는 달리 예시적 포괄주의방식을 채택하고 있다. 열거주의(positive system)는 원칙적으로 모든 것을 금지하고 예외적으로 규제나 금지가 되지 않는 사항을 나열하는 원칙을 말한다. 이에 반해 포괄주의(negative system)는 제한·금지하는 규정 및 사항을 나열하고 나머지는 원칙적으로 자유화하는 원칙을 말한다. 따라서 포괄주의가 열거주의보다 훨씬 자유로운 제도라고 할 수 있다. 제한적 열거주의란 「지방자치법」에 구체적으로 열거된 사항 외에 지방자치단체가 조례로 처리할 사무를 따로 정해야 하는 방식인데, 우리나라의 「지방자치법」에서는 지방자치단체가 처리하는 사무를 개략적으로 예시로만 규정하고 동법 시행령에서 광역자치단체와 기초자치단체 간 사무배분을 나열하고 있으므로 예시적 포괄주의라고 보아야 한다.

③ 2021년 1월부터 자치경찰제도가 전국적으로 시행됨에 따라 자치경찰사무를 관장하기 위하여 광역자치단체별로 시·도 자치경찰위원회를 설치하였다.

08	지방사무의 비용부담	답 ①

기관위임사무는 모두 국가의 사무로서 지방자치단체장이 위임받아 수행하는 것으로, 소요되는 비용은 전액 국가예산으로 부담한다.

선지분석

③ 예방접종은 보건소의 사무로 통상 단체위임사무로 본다.

핵심POINT 기관위임사무와 단체위임사무의 구분

구분	국가감독	지방의회 관여 여부	경비부담
기관위임사무	적극적 감독 (사후교정 + 사전예방)	불가	국가
단체위임사무	소극적 감독 (사후교정)	가능	국가 및 지방

09	지방정부의 사무	답 ①

기관위임사무는 전부 국가(중앙정부)의 사무이기 때문에 처리에 드는 경비는 전액 중앙정부가 부담하는 것이 원칙이다.

10	지방자치단체 사무에 따른 조례의 제정범위	답 ①

지방자치단체의 사무가 기관위임사무를 제외하고 자치사무(고유사무)인지, 위임사무(단체위임사무)인지에 관계없이 지방자치단체의 사무이면 조례로 규정할 수 있다.

선지분석

③ 사기나 그 밖의 부정한 방법으로 사용료·수수료 또는 분담금의 징수를 면한 자에 대하여는 그 징수를 면한 금액의 5배 이내의 과태료를, 공공시설을 부정사용한 자에 대하여는 50만 원 이하의 과태료를 부과하는 규정을 조례로 정할 수 있다(「지방자치법」 제156조 제2항).

11	기관위임사무의 주요 내용	답 ②

기관위임사무는 국가사무로서 지방자치단체와는 아무런 관계가 없으면서 국가를 대신하여 처리하는 사무이므로 책임소재를 불명확하게 한다는 단점이 있다.

핵심POINT 기관위임사무의 문제점

1. 지방자치단체를 국가의 하급기관으로 전락
2. 국가의 지방자치단체에 대한 광범하고도 강력한 통제의 통로
3. 국가와 지방자치단체 사이의 행정적 책임의 소재 불명확
4. 행정에 대한 지방의회의 관여와 주민의 의사개진 및 주민통제의 통로 폐쇄
5. 지방적 특수성과 배분적 형평 희생
6. 지방의 창의성 묵살 및 불만 고조

12	기관위임사무	답 ④

중앙행정기관은 기관위임사무에 대해서는 시정명령, 직무이행명령 등이 가능하고 중앙정부의 소송은 원칙적으로 허용되지 않는다.

(선지분석)

① 기관위임사무는 국가의 사무이므로 원칙적으로 전액 국가가 부담한다.
② 지방자치단체의 장은 국가 또는 상급지방자치단체의 장의 하급기관의 지위에서 위임사무를 처리한다.
③ 기관위임사무의 경우에도 지방자치단체의 예산이 투입되는 경우에는 해당 사업수행에 필요한 경비부담과 관련하여 지방의회의 관여가 가능하다고 본다.

⊕ 보충 기관위임사무 관련 판례
국가가 지방자치단체장의 기관위임사무의 처리에 관하여 지방자치단체장을 상대로 취소소송을 제기하는 것은 원칙적으로 허용되지 않는다(대판 2007.9.20, 2005두6935).

13	「지방자치법」상 지방자치단체의 사무처리원칙	답 ③

광역자치단체(시 · 도)와 기초자치단체(시 · 군 및 자치구)간 사무가 서로 경합할 경우 보충성의 원리에 따라 기초자치단체인 시 · 군 · 자치구에서 우선 처리하는 것이 원칙이다.

14	「지방자치법」상 지방자치단체의 사무범위	답 ③

「지방자치법」상 축산물 · 수산물 및 양곡의 수급 조절과 수출입 사무는 국가사무에 해당한다.

⊕ 보충 「지방자치법」상 사무범위

1. 국가사무(제15조)
   - 외교, 국방, 사법, 국세 등 국가의 존립에 필요한 사무
   - 물가정책, 금융정책, 수출입정책 등 전국적으로 통일적 처리를 요하는 사무
   - 농산물 · 임산물 · 축산물 · 수산물 및 양곡의 수급 조절과 수출입 등 전국적 규모의 사무
   - 국가종합경제개발계획, 국가하천, 국유림, 국토종합개발계획, 지정항만, 고속국도 · 일반국도, 국립공원, 우편, 철도 등 전국적 규모나 이와 비슷한 규모의 사무
   - 근로 기준, 측량 단위 등 전국적으로 기준을 통일하고 조정하여야 할 필요가 있는 사무
   - 고도의 기술을 요하는 검사 · 시험 · 연구, 항공
2. 지방자치단체의 사무범위(제13조)
   - 지방자치단체의 구역, 조직, 행정관리 등에 관한 사무
   - 주민의 복지증진에 관한 사무
   - 농림 · 상공업 등 산업 진흥에 관한 사무
   - 지역개발과 주민의 생활환경시설의 설치 · 관리에 관한 사무
   - 교육 · 체육 · 문화 · 예술의 진흥에 관한 사무
   - 지역민방위 및 지방소방에 관한 사무

15	지방자치단체의 사무의 회계검사	답 ④

지방자치단체의 자치사무에 대하여는 행정안전부장관이 그 회계를 감사할 수 있다(「지방자치법」 제190조).

⊕ 보충 「지방자치법」

제49조【행정사무 감사권 및 조사권】 ① 지방의회는 매년 1회 그 지방자치단체의 사무에 대하여 시·도에서는 14일의 범위에서, 시·군 및 자치구에서는 9일의 범위에서 감사를 실시하고, 지방자치단체의 사무 중 특정 사안에 관하여 본회의 의결로 본회의나 위원회에서 조사하게 할 수 있다.

제185조【국가사무나 시·도 사무 처리의 지도·감독】 ① 지방자치단체나 그 장이 위임받아 처리하는 국가사무에 관하여 시·도에서는 주무부장관, 시·군 및 자치구에서는 1차로 시·도지사, 2차로 주무부장관의 지도·감독을 받는다.

제190조【지방자치단체의 자치사무에 대한 감사】 ① 행정안전부장관이나 시·도지사는 지방자치단체의 자치사무에 관하여 보고를 받거나 서류·장부 또는 회계를 감사할 수 있다. 이 경우 감사는 법령 위반사항에 대해서만 한다.

16	국가와 지방자치단체 간의 사무배분	답 ①

기관위임사무는 국가적 차원의 사무를 지방에 위임한 것으로 지방자치단체가 아닌 집행기관(장)에게 위임한 사무이다.

17	자치경찰제도	답 ②

경찰 업무의 통일성과 효율성을 높일 수 있는 것은 국가경찰제도의 장점이다.

(선지분석)

① 자치경찰은 주민의 생활안전활동에 관한 사무에 주력하므로 그 지역 실정에 맞는 치안행정을 펼칠 수 있다.
③ 제주자치경찰단은 자치경찰조직(지방공무원)으로 주로 주민들의 생활안전 활동에 관한 사무를 수행한다.
④ 2021년 1월부터 자치경찰제도가 전국적으로 시행됨에 따라 자치경찰사무를 관장하기 위하여 광역자치단체별로 시 · 도 자치경찰위원회를 설치하였다.

18	자치경찰제의 연혁과 시행	답 ④

시·도자치경찰위원회는 합의제 행정기관으로서 그 권한에 속하는 업무를 독립적으로 수행한다(「국가경찰과 자치경찰의 조직 및 운영에 관한 법률」 제18조 제2항).

CHAPTER 4 | 지방자치단체와 국가의 관계

THEME 78 지방자치단체와 국가의 관계(IGR, 분쟁조정)

정답

p. 461

01	④	02	⑤	03	③	04	②	05	②
06	①	07	③	08	④	09	③	10	②
11	④	12	③	13	①	14	①	15	③
16	④	17	②	18	③	19	⑤	20	④
21	④	22	④	23	①	24	④	25	③
26	③	27	③						

01 라이트(Wright)의 정부 간 관계모형 답 ④

경쟁형은 라이트(Wright)의 정부 간 관계모형(IGR모형)에 해당하지 않는다. 정부 간 관계를 경쟁형과 상호의존형으로 이원화하여 제시한 것은 나이스(Nice)의 모형이다.

선지분석

라이트(Wright)는 ① 분리형, ② 내포형(포괄권위형), ③ 중첩형 세 가지로 정부 간 관계모형을 제시하였다.

핵심POINT 라이트(Wright)의 정부 간 관계모형

분리형 (Authority Model)	• 연방정부와 주정부 간의 관계는 재정, 인사 등 독립적인 대등한 관계를 유지 • 조정권위형(Coordinate Authority Model)이라고도 함
포함(내포)형 (Inclusive Authority Model)	• 연방정부가 주정부와 지방정부를 수직적으로 통제하고 있는 관계 • 정부 간 수직적 종속관계
중첩형 (Overlapping Authority Model)	• 연방정부, 주정부 및 지방정부가 각자 자기의 영역을 가진 독립된 실체이면서 동시에 정치적 타협과 협상을 통해 상호 협력하고 의존하는 관계 • 가장 이상적이고 바람직한 모형

02 라이트(Wright)의 정부 간 관계모형 답 ⑤

라이트(Wright)는 정부 간 관계모형을 분리형, 포괄(내포)형, 중첩형으로 구분하였는데, 분리형은 중앙정부와 지방정부 간 재정과 인사 등의 독립적 기능을 가지고 있는 모형이다.

선지분석

① 대립형은 라이트(Wright)가 제시한 모형이 아니라 나이스(Nice)가 제시한 모형에 해당한다. 나이스(Nice)는 경쟁형(대립형)과 상호의존형으로 정부 간 관계를 구분하여 제시하였다.
② 가장 이상적이고 바람직한 모형은 포함형이 아니라 중첩형이다.
③ 정치적 타협과 협상에 의한 정부 간 상호 의존관계는 중첩형에 대한 설명이다.
④ 지방정부가 중앙정부에 종속된 경우는 포함형에 대한 설명이다.

03 정부 간 관계(IGR)모형 답 ③

정부 간 관계모형에 대한 설명으로 옳은 것은 ㄱ, ㄷ이다.
ㄱ. 로즈(Rhodes)의 '권력 - 의존모형'은 중앙정부의 우월적 입장을 인정하면서도 지방정부의 능력을 어느 정도 인정하는 일종의 절충형 모형이다. 지방정부는 중앙정부에 완전히 예속되는 것도 아니고 완전히 동등한 관계가 되는 것도 아닌 상태에서 상호 의존한다.

선지분석

ㄴ. 로즈(Rhodes)는 정부가 보유하는 자원에는 법적 자원, 정치적 자원, 재정적 자원, 조직자원, 정보자원이 있으며, 정부 간의 상호작용은 이러한 자원의 교환과정으로 다룰 수 있다는 것인데 중앙정부는 법적 자원, 정치적 자원, 재정적 자원에서 우위를 점하며, 지방정부는 정보자원과 조직자원의 측면에서 우위를 점한다고 주장한다.
ㄹ. 라이트(Wright)모형 중 분리형에서는 정부의 권위가 독립적인데 비하여, 포괄형에서는 계층적·종속적이다.

04 정부 간 관계(IGR)모형 답 ②

지주마름모형을 제시한 사람은 그린피스(Griffith)가 아니라 챈들러(Chandler)이다. 챈들러(Chandler)는 대리인 또는 동반자모형의 이원적 모형으로는 중앙정부와 지방정부의 관계를 적절히 설명할 수 없다고 보고, 영국에서 중앙정부와 지방정부의 관계는 중세 귀족사회에 있어서의 토지귀족인 지주와 그 지주의 명을 받아 토지와 소작권을 관리하는 마름(steward)의 관계에 가깝다고 주장한다. 그린피스(Griffith)는 영국의 지방정부는 대체로 중앙정부와 대등하다고 보았다.

선지분석

① 라이트(Wright)는 정부 간 관계를 분리(조정)형, 포함(내포)형, 중첩형으로 구분하였다. 이 중 중첩형을 가장 이상적 모형으로 주장하였다.
③ 로즈(Rhodes)는 집권화된 영국의 수직적인 중앙·지방 관계 하에서도 중앙정부와 지방정부가 완전 예속적이거나 동등한 관계가 아닌 상호의존 현상이 나타남을 권력의존모형으로 설명했다.
④ 무라마쓰(村松岐夫)는 일본의 중앙·지방 관계를 수직적 행정통제모형(중앙통제)과 수평적 정치경쟁모형(중앙과 지방의 상호협력과 경쟁)으로 설명하였다.

05 라이트(Wright)의 정부 간 관계(IGR)모형 답 ②

대등권위모형(조정권위모형, coordinate-authority model)은 원래 분리권위모형(seperated-authority model)이 명칭이 변경된 것인데 연방정부와 주정부는 동등하지만 지방정부는 주정부에 종속되어 있는 모형이다.

06	지방자치에 관한 이론	답 ①

피터슨(Peterson)의 도시한계론에 따르면 스스로 재원을 조달해야 하는 지방정부에서는 노동과 자본을 유입시키기 위해서 개발정책에 치중하고, 복지정책 등 재분배정책에는 소홀히 할 수밖에 없기 때문에 재분배정책보다 개발정책을 추구하는 경향이 있다고 주장한다.

선지분석

② 라이트(Wright)는 분리형, 포괄(내포)형, 중첩형으로 분류하고, 연방정부와 주정부, 지방정부 간 권력관계 및 기능적 상호의존 관계를 기술하였다.

③ 로즈(Rhodes)의 정부 간 관계론(권력의존모형)은 지방정부가 조직자원, 정보자원 측면에서 중앙정부보다 우월한 지위에 있다고 본다. 반면에 중앙정부는 법적, 정치적, 재정적 자원에서 지방정부보다 우월한 지위에 있다고 본다.

④ 티부(Tiebout)의 발에 의한 투표(voting with feet)가 가능하기 위해서는 주민의 자유로운 이동성, 공공서비스 제공에서 외부효과 부존재, 완전한 정보 등의 전제조건이 충족되어야 한다고 주장한다.

07	지방자치 이론	답 ③

로즈(Rhodes)의 권력의존모형은 중앙정부의 우월적 입장을 인정하면서도 지방정부의 능력을 어느 정도 인정하는 일종의 절충형 모형이다. 지방정부는 중앙정부에 완전히 예속되는 것도 아니고 완전히 동등한 관계가 되는 것도 아닌 상태에서 상호의존한다는 것이다.

선지분석

① 피터슨(Peterson)의 도시한계론(City Limits, 1981)은 지방정치의 접근에 있어 엘리트와 다원주의의 정치적 자율주의의 관점을 지양하고, 자본주의 시장경제의 구조적 제약 하에 시장경제의 구조적 요인을 강조하였다.

② 티부(Tiebout)가설에 대한 설명으로 오우츠의 정리와 유사하게 주민들의 자유로운 이동을 통해 지방정부가 제공하는 공공서비스를 선택함으로써 효율적인 서비스가 가능하다고 보았다.

④ 엘코크(Elcock)의 대리인 모형은 라이트의 포괄권위형과 같은 중앙과 지방정부간의 위계적 관계로서 중앙정부가 지방정부를 권력적으로 통제한다고 본다.

08	정부 간 관계와 지방자치권	답 ④

단체위임사무에 대해서는 의결기관인 지방의회가 그 사무의 처리에 관여할 수 있다.

선지분석

① 라이트(Wright)는 분리권위형, 내포권위형, 중첩권위형으로 구분하였다.

② 대리인모형은 중앙정부가 지방정부를 완전히 지배·통제하는 형태이다. 반면에 동반자형은 중앙정부와 지방정부는 대등한 관계이다.

③ 자치조직권은 지방자치단체의 행정기구와 정원기준 등에 관한 규정(대통령령)에 제약을 받는다.

09	정부 간 관계이론(IGR모형)	답 ③

로즈(Rhodes)가 아닌 챈들러(J. Chandler) 등의 지배인(소작인) 모형이다. 챈들러(J. Chandler) 등의 지배인 모형에 따르면 지방정부는 중앙정부로부터 어느 정도의 자율성을 가지고 지방을 관리한다. 로즈는 중앙과 지방이 각각의 우월한 자원을 가지고 상호의존한다는 상호의존모형을 주장하였다.

선지분석

① 1930년대부터 미국 정부 간 관계에 관심을 기울여 온 앤더슨에 따르면, 정부 간 관계는 모든 계층과 모든 형태의 정부 간에 일어나는 상호작용과 행위의 총체로 본다.

② 라이트(Wright)의 중첩권위모형은 연방정부와 주정부 그리고 지방정부는 때로 경쟁하고 때로 협력하는 관계를 맺으며, 그 과정에서 합의를 이루고 협력 체제를 구축하기 위한 협상과 협의가 계속되는 상호의존관계이다.

④ 엘코크의 동반자모형에 따르면 중앙정부와 지방정부간 관계는 상호협력적이며 대등한 국정의 파트너십을 갖는다.

10	정부 간 분쟁조정	답 ②

지방자치단체 상호 간이나 지방자치단체의 장 상호 간 사무를 처리할 때 의견이 달라 다툼(분쟁)이 생기는 경우 다른 법률에 특별한 규정이 없으면 행정안전부장관이나 시·도지사가 당사자의 신청에 따라 조정(調整)할 수 있다. 다만, 그 분쟁이 공익을 현저히 저해하여 조속한 조정이 필요하다고 인정되면 당사자의 신청이 없어도 직권으로 조정할 수 있다(「지방자치법」 제148조 제1항).

핵심POINT 정부 간 분쟁조정제도

1. 분쟁조정제도

분쟁조정 제도	중앙 - 지방	• 행정적 조정: 취소정지, 직무이행명령, 감사제도, 사전승인제 • 사법적 조정: 헌재의 권한쟁의 심판, 대법원 기관소송 • 제3자에 의한 조정: 행정협의조정위원회(국무총리 소속)
	지방 자치 단체 간	• 당사자 간 조정: 행정협의회, 지방자치단체 조합 • 제3자에 의한 조정: 지방자치단체(중앙·지방) 분쟁조정위원회, 환경분쟁조정위원회
지역 이기주의	기피갈등(NIMBY, LULU, NIMTOO, BANANA, NOOS), 유치갈등(PIMFY, PIMTOO)	

2. 행정협의조정위원회와 분쟁조정위원회에 의한 분쟁조정제도

중앙 - 지방	국무총리실 소속 행정협의조정위원회가 조정·결정		구속력 ×
지방자치 단체 간	동일 광역 내 기초단체 간 분쟁	지방분쟁조정위원회의 의결에 따라 시·도지사가 조정·결정	구속력 ○
	나머지 분쟁	중앙분쟁조정위원회의 의결에 따라 행정안전부장관이 조정	

11	지방자치단체의 권력구조에 대한 이론	답 ④

레짐이론(regime theory)은 도시정부에서 국가와 사회, 정부와 민간이 정책결정과정에서 어떻게 서로 합의를 이끌어내는가를 설명하는 이론으로, 지방정부와 지방의 민간부문 주요 주체가 연합하여 권력기반을 형성한다고 본다.

선지분석

① 신다원론(neo-pluralism)은 전통적인 다원주의를 수정하여 정부가 좀 더 능동적·독자적인 능력을 지니며, 특혜 등으로 인하여 기업이나 개발관계자들(기업가적 엘리트)에게 우월적 지위가 발생할 수 있으며, 이를 주민이나 지방정부가 인정한다고 본다.

② 엘리트이론(elite theory)은 기본적으로 사회가 소수의 엘리트 집단에 의하여 주도되고 있다고 보는 이론으로 일반대중은 정치적으로 무능·무감각하기 때문에 엘리트들이 하향적으로 통치를 할 수밖에 없다는 것이다. 엘리트이론의 특징 중 하나는 엘리트계층 내에 분열과 다툼이 있을 수 있는데, 이러한 분열과 다툼은 나름대로의 조정메커니즘에 의하여 엘리트계층 전체의 이익을 해치지 않는 범위 내에서 마무리된다고 본다.
즉, 엘리트계층 내의 다툼이 내부적으로 조정되고 엘리트들은 자신들의 이익을 보호하기 위한 이념·제도·문화를 끊임없이 만들어 나가고 사회화과정을 통하여 이를 대중에게 전파한다고 본다.

③ 성장기구론(Growth Machine) 또는 성장연합이론은 몰로치와 로건이 주장한 이론으로서 지주들은 기업가, 금융업자, 개발전문가들을 참여시켜 성장연합을 구성하며, 이들은 정부를 움직여 도시성장에 기여하게 만든다는 것으로 성장연합과 반성장연합이 어떻게 합의와 협력을 이루어내는가에 대한 이론적 설명이다. 이러한 성장기구론은 레짐이론(도시거버넌스)의 이론적 기반이 되었다.

12	지역사회 권력구조	답 ③

지식경제 사회에서 엘리트 계층과 일반 대중 사이의 정보비대칭성(asymmetry)이 심화되면 엘리트중심의 집권적, 하향적 통치가 이루어지므로 엘리트이론의 설명력은 더 높아지게 된다.

선지분석

① 레짐이론은 기업을 비롯한 민간부문 주요 주체들과 정부의 연합이나 연대를 강조하는 지방정부와 기업 간의 협치, 즉 도시거버넌스를 의미한다.

② 성장기구론에서 성장연합은 비성장연합에 비해 부동산의 일상적 사용으로부터 오는 사용가치(use value)보다는 개발을 통해 발생하는 교환가치(exchange value)를 중시한다.

④ 신다원론에서는 정책과정이 지역사회의 모든 구성원들에게 공정하게 개방되어 있지 않고 차별적 이익집단이 존재한다는 것을 인정한다.

13	레짐이론	답 ①

레짐이론은 1989년 미국의 정치학자 스톤(stone)이 아틀랜타 지역사회와 지방정부 연구로 시작된 이론으로 지역사회문제를 자체의 능력만으로 해결하기 힘든 지방정부가 기업 등 민간부문의 주요 주체들과 일종의 연합을 형성하여 지역사회를 이끌어 간다는 것이다.

선지분석

② 레짐이론은 경제적·사회적 도전을 극복하는 과정에서 조성되는 정부기관과 비정부기관의 상호 의존 관계를 강조함으로써, 사회경제적 제약보다는, 정치행위자들의 요구나 협상력에 영향을 받는다고 본다.

③ 정치과정이 모든 집단이나 개인에게 똑같이 개방되어 있지 않고, 정부 또한 이들을 동등하게 대우하지 않는다는 전제하에서 출발하는 것은 신다원주의이다.

④ 레짐이론은 정부의 결정 및 집행에 있어서 공식적 장치보다는 비공식적 민관협력을 강조한다.

⑤ 지방 권력이 소수의 엘리트에 집중되어 있고, 이들 대부분이 정책 영역에서 지방정부의 정책결정에 지배적인 영향력을 행사한다고 주장하는 것은 엘리트이론이다. 레짐이론은 어떠한 세력이나 집단이 지역사회와 지방정부를 주도한다고 설명하는 것이 아닌, 정부기관과 비정부기관의 상호의존 관계를 강조함으로써, 정부와 비정부기관의 행위자가 협력하고 조정하는 활동에 초점을 맞춘다.

14	티부모형의 전제조건	답 ①

티부모형에서 제시한 '발로 하는 투표(vote by feet)'의 전제조건은 기본적으로 완전경쟁시장을 가정하므로 정보의 완전성이 옳다.

핵심POINT 티부가설의 기본가정(전제조건)

1. 다수의 지방정부 존재
2. 완전한 정보
3. 지역 간 자유로운 이동
4. 단위당 평균비용(AC) 동일 - 규모수익불변
5. 외부효과, 파급효과의 부존재
6. 고정적 생산요소 존재 - 최적규모의 추구
7. 소득은 배당수입, 재원은 재산세의 부과

15	티부가설(Tiebout Hypothesis)의 가정	답 ③

티부가설은 주민들이 지역 간에 자유롭게 이동할 수 있기 때문에 지방공공재에 대한 주민들의 선호가 '발에 의한 투표'로 표시되며, 따라서 지방공공재 공급의 적정규모가 결정될 수 있다는 이론으로 기본가정의 하나가 그 지역 밖으로의 외부효과가 존재하면 안 된다고 전제한다.

16	발에 의한 투표(vote by feet)	답 ④

티부가설이란 발에 의한 투표(vote by feet)를 의미하는 것으로 다수의 분권화된 지방정부가 서비스를 공급하고 주민들이 이를 자유롭게 선택할 경우 효율적인 지방 공공서비스가 공급될 수 있다고 보는 이론이다. 지방자치단체가 공급하는 공공재는 외부비용과 외부효과 문제를 가지면 안된다고 가정한다.

17	티부모형의 가정	답 ②

지방정부의 공공재 공급의 효율성을 주장한 티부모형은 공급되는 공공서비스에는 지방정부 간 파급효과 및 외부효과가 발생하지 않는다고 전제하고 이론을 전개한다.

18	티부(Tiebout)모형	답 ③

티부(Tiebout)모형은 모든 지방정부에는 최소한 한 가지 고정적인 생산요소가 존재한다고 보기 때문에 고정적 생산요소의 존재가 옳은 설명이다.

선지분석

① 시민의 이동성, ② 외부효과의 배제, ④ 지방정부 재정패키지에 대한 완전한 정보는 티부(Tiebout)모형의 전제조건에 해당한다.

⊕ 보충 티부가설(Tievout Hypothesis)

1. 의의
   - 지방공공재는 지방정부가 결정을 내리는 분권화된 체제가 효율적인 배분을 가져온다는 것으로 지방자치의 당위성을 강조한 모형
   - '공공재는 분권적인 배분체제가 효율적이지 못하다'는 전통적인 사무엘슨(Samuelson)의 이론을 반박한 모형
2. 기본가정
   - 다수의 지역사회 존재
   - 완전한 정보
   - 지역 간 자유로운 이동가능성(완전한 이동)
   - 단위당 평균비용은 동일
   - 고정적 생산요소 존재 - 최적규모의 추구
   - 외부효과(파급효과)의 부존재
   - 소득은 배당수입, 재원은 재산세(property tax)로 충당하며, 국고보조금 등은 존재하지 않는 것으로 봄

19	티부(C. Tiebout)모형	답 ⑤

티부(Tiebout)모형도 완전경쟁적인 상황을 기본으로 전제하므로 다수의 소비자와 공급자가 있어야 한다. 그러므로 소수의 대규모 지방자치단체가 아니라 다수의 지방자치단체가 존재해야 한다.

선지분석

① 티부(Tiebout)모형은 국가의 지원을 받지 않는다는 전제하에 국고보조금은 포함되지 않는다.
② 지방정부의 공공서비스에 외부효과나 파급효과가 발생하지 않아야 한다.
③ 모든 시민들은 배당수입에 의존하여 생계를 유지한다고 가정하므로, 고용기회와 관련된 제약조건을 고려하지 않아야 하며 이것은 거주지 선정에 고용기회가 미치는 영향을 통제하기 위한 것이다.
④ 개인의 자유로운 선호에 따라 완전한 이동성을 전제하며 이동에 따른 비용은 없는 것으로 전제한다.

20	오츠(Oates)의 분권화 정리	답 ④

오츠(Oates)의 분권화 정리(The Decentralization Theorem)는 티부가설의 전제조건과 유사한 모형으로 어떤 특정한 지역 내의 사람들에게 재화나 서비스의 소비가 한정되는 공공서비스의 경우 이것을 중앙정부가 공급하는 것은 바람직하지 않고 지방정부가 공급하는 것이 더 효율적이라는 것이다. 즉 주민들의 소비가 특정지역에 그치는 경우, 그 지역을 행정구역으로 하는 지방정부가 공급하는 것이 비용도 절감되고 자원배분의 효율성도 높아진다는 것이다.

ㄴ. 티부가설과 마찬가지로 지역 간 외부효과(파급효과)는 없는 것으로 전제한다.
ㄷ. 지방공공서비스는 지방정부가 공급하는 것이 자원의 효율적 배분(파레토 최적)을 구현할 수 있다고 전제한다.

핵심POINT 오츠(Oates)의 분권화 정리

1. 전제조건
   지역 간 외부효과는 존재하지 않는다.
2. 의의
   지방정부의 규모는 작을수록 효율적이다. 소규모 자치정부에 의한 행정이 효율적이라는 티부가설과 유사한 맥락이다. 중앙정부는 지역 고유의 특성을 잘 알지 못하므로 공공재를 획일적으로 공급하나, 지방정부는 지역의 특성과 수요에 대한 정보를 가지고 있으므로 지방공공재를 공급함에 있어서는 보다 효율적이다.
3. 결론
   중앙정부가 획일적으로 모든 지역에 지역공공재를 공급하는 것보다는 선호의 차이를 반영할 수 있는 지방정부가 공급하는 것이 더 효율적이다.

21	정부 간 분쟁조정	답 ④

중앙정부와 지방정부 간 갈등을 해결하기 위하여 설치된 국무총리 소속의 행정협의조정위원회의 결정은 직무이행명령권이나 대집행권이 없기 때문에 강제력을 지니지 않는다. 하지만 지방정부 간 갈등을 해결하기 위하여 분쟁조정위원회의 의결을 거쳐 시·도지사나 행정안전부장관이 조정결정을 하는 것은 강제력을 지닌다.

22	정부 간 분쟁조정	답 ④

동일 광역자치단체 내 기초자치단체 간의 분쟁은 중앙분쟁조정위원회가 아니라 지방분쟁조정위원회에서 조정한다. 중앙분쟁조정위원회는 시·도 간 또는 시·도와 시·군·구 간, 시·도를 달리하는 시·군 및 자치구 간 등의 분쟁을 조정한다.

핵심POINT 분쟁조정위원회의 관할사항

1. 중앙분쟁조정위원회의 소관
   - 시·도 간 또는 그 장 간의 분쟁
   - 시·도를 달리하는 시·군 및 자치구 간 또는 그 장 간의 분쟁
   - 시·도와 시·군 및 자치구 간 또는 그 장 간의 분쟁
   - 시·도와 지방자치단체조합 간 또는 그 장 간의 분쟁
   - 시·도를 달리하는 시·군 및 자치구와 지방자치단체조합 간 또는 그 장 간의 분쟁
   - 시·도를 달리하는 지방자치단체조합 간 또는 그 장 간의 분쟁
2. 지방분쟁조정위원회
   상기 사항을 제외한 지방자치단체·지방자치단체조합 간 또는 그 장 간의 분쟁

23	중앙과 지방의 권한배분	답 ①

박근혜 정부 때 「지방분권 및 지방행정체제 개편에 관한 특별법」에 의해서 설치된 지방자치발전위원회는 국무총리 소속이 아니라 대통령 소속이다.

⊕ 보충 「지방분권 및 지방행정체제개편에 관한 특별법」

제44조 【지방자치발전위원회의 설치】 지방분권 및 지방행정체제 개편을 추진하기 위하여 대통령 소속으로 지방자치발전위원회를 둔다.

24	정부 간 분쟁조정	답 ④

중앙행정기관의 장과 지방자치단체의 장이 사무를 처리할 때 의견을 달리하는 경우 이를 협의·조정하기 위하여 국무총리 소속으로 행정협의조정위원회를 둔다(「지방자치법」 제187조).

25	지방자치단체 상호 간 분쟁조정	답 ③

시·도와 시·군 및 자치구 간 또는 그 장 간의 분쟁은 중앙분쟁조정위원회의 심의·의결사항이다.

선지분석

① 「지방자치법」 제165조 제1항의 내용이다.
② 「지방자치법」 제165조 제7항의 내용이다.
④ 「지방자치법」 제166조의 내용이다.

⊕ 보충 「지방자치법」

제165조 【지방자치단체 상호 간의 분쟁조정】 ① 지방자치단체 상호 간 또는 지방자치단체의 장 상호 간에 사무를 처리할 때 의견이 달라 다툼(이하 "분쟁")이 생기면 다른 법률에 특별한 규정이 없으면 행정안전부장관이나 시·도지사가 당사자의 신청을 받아 조정할 수 있다. 다만, 그 분쟁이 공익을 현저히 해쳐 조속한 조정이 필요하다고 인정되면 당사자의 신청이 없어도 직권으로 조정할 수 있다.
⑦ 행정안전부장관이나 시·도지사는 제4항부터 제6항까지의 규정에 따른 조정 결정 사항이 성실히 이행되지 아니하면 그 지방자치단체에 대하여 제189조를 준용하여 이행하게 할 수 있다.

제166조 【지방자치단체중앙분쟁조정위원회 등의 설치와 구성 등】 ① 제165조 제1항에 따른 분쟁의 조정과 제173조 제1항에 따른 협의사항의 조정에 필요한 사항을 심의·의결하기 위하여 행정안전부에 지방자치단체 중앙분쟁조정위원회를, 시·도에 지방자치단체 지방분쟁조정위원회를 둔다.
② 중앙분쟁조정위원회는 다음 각 호의 분쟁을 심의·의결한다.
1. 시·도 간 또는 그 장 간의 분쟁
3. 시·도와 시·군 및 자치구 간 또는 그 장 간의 분쟁

26	정부 간 관계	답 ③

영국의 경우 영미법계로서 개별적 지정주의를 취하므로 지방정부가 개별적으로 수권 받은 사무에 대해서는 자치권을 보유하지만, 그 범위를 벗어나는 행위는 금지된다.

선지분석

① 미국 건국 초기에는 연방정부의 규모도 작았고 권한도 상대적으로 제한되어 있었으며, 연방정부와 주정부는 별도의 관계없이 각자의 기능을 독자적으로 수행하고 있었다.
② 딜런의 규칙(Dillon's rule)은 중앙집권적 원칙으로서 지방정부보다는 주정부의 권한을 우선시하기 때문에 명시적으로 위임된 사항 외에는 권한을 갖지 못한다.
④ 일본의 경우 메이지유신 이래 강력한 중앙집권적 체제를 유지해 왔으나 1980년대 호소카와 내각이후 국가의 관여를 폐지하거나 축소시키는 등의 분권개혁을 추진해왔으나 지나치게 중앙집권적이라는 비판을 받는다.

27	딜런(Dillon)의 원칙	답 ③

중앙집권적인 입장에서 지방정부의 권한을 소극적으로 해석한 것이 딜런(Dillon)의 원칙이다. 아이오와 주 대법관이었던 존 딜런(John Dillon)이 1865년 'Clark v. City of Des Moines'의 소송에서 지방정부에 대한 궁극적인 권한은 주의회에 있으며, 지방정부는 주의회가 명시적으로 부여한 권한과 이 권한을 수행하기 위해 필요한 최소한의 부수적인 권한만을 수행할 수 있다고 판결하면서 나온 원칙이다. 그 당시 지방정부는 엽관주의에 기반하여 부패하고 무능하며 행정은 효율적이지 못했는데, 이러한 부패와 무능을 해결하려는 의도에서 이루어진 판결이다.

선지분석

① 지방정부는 주의회가 명시적으로 부여한 권한과 이 권한을 수행하기 위해 필요한 최소한의 부수적인 권한만을 수행할 수 있다.

② 지방정부는 주의회가 부여한 권한만을 행사할 수 있다.
④ 지역사회에서 만든 헌장 안을 주민투표 등을 통하여 결정하는 방식은 자치헌장제도(Home Rule Charter)로 1875년 미국에서 도입되었다.

THEME 79 중앙통제와 특별지방행정기관

정답

p. 468

01	②	02	③	03	④	04	①	05	①
06	②								

01 우리나라의 중앙통제 답 ②

중앙정부는 위법·부당한 명령·처분의 시정명령 및 취소·정지를 할 수 있고, 지방자치단체의 장이 이에 이의가 있을 때에는 행정법원이 아닌 대법원에 소를 제기할 수 있다.

02 특별지방행정기관 답 ③

특별지방행정기관은 국가업무의 효율적이고 광역적인 추진이라는 긍정적인 목적과 부처이기주의적 목적이 결합되어 설치되었다. 즉, 대다수 특별지방행정기관의 관할범위가 지방자치단체의 경계를 초월하는 광역적 권역을 대상으로 하고 있으며, 특별지방행정기관의 수가 지방자치제의 실시 논의가 이루어졌던 1980년대 말에 급증하였는데 이는 지방자치제가 실시되면 국가의 감독이나 통제의 수준 및 강도가 약화될 것을 우려하여 중앙부처에서 특별지방행정기관을 경쟁적으로 설치한 결과이다.

03 특별지방행정기관 답 ④

특별지방행정기관은 국가가 국가사무를 처리하기 위하여 지역별로 설치한 국가의 일선기관이므로 국가업무의 통일적 수행에 기여한다.

핵심POINT 특별지방행정기관의 필요성과 한계

필요성	• 국가의 업무부담 경감 • 지역별 특성을 확보하는 정책집행(근린행정) • 신속한 업무처리 및 통일적 행정 수행 • 중앙과 지역 간 협력 및 광역행정의 수단 • 전문적 행정의 강화
한계	• 책임성의 결여와 자치행정 저해 • 주민에 의한 민주통제 곤란으로 행정의 민주화 저해 • 기능 중복으로 인한 비효율성 • 고객의 혼란과 불편 • 종합행정 및 현지행정 저해 • 경비 증가 및 중앙통제의 강화 수단 • 지방자치단체와 수평적 협조 및 조정 곤란

04 특별지방행정기관 답 ①

특별지방행정기관은 일반적으로 중앙정부의 부처에 소속되어 해당 관할구역 내에서 소속중앙행정기관에 속하는 사무를 관장하고 해당 부처로부터 지휘·감독을 받는 국가의 지방행정기관이다.

선지분석

② 특별지방행정기관은 중앙정부에만 있는 것이 아니라 지방자치단체 소속의 특별지방행정기관도 있다. 따라서 특별지방행정기관 중 일부는 지방자치단체 소관사무를 처리함과 동시에 중앙정부의 소관사무도 처리하기 때문에 당해 특별지방행정기관의 사무가 지방자치단체 소속인지 중앙정부 소속인지 불분명한 경우도 발생한다.
③ 지방자치단체의 하급행정기관이란 지방자치단체 밑에 설치된 읍·면·동 등을 말한다.
④ 특별지방행정기관은 지방자치단체가 아니므로 지방행정의 종합성을 저해할 우려가 있다.
⑤ 전국적 통일성을 요구하는 기능은 지방자치단체가 아닌 특별지방행정기관이 맡는 것이 바람직하다.

05 특별지방행정기관 답 ①

특별지방행정기관(일선기관)인 지방세무서, 지방병무청에는 관할지역 주민들의 직접적인 통제와 참여가 곤란하기 때문에 책임행정을 실현하기 어렵다는 한계가 있다. 참고로 이 문제는 2015년 국가직 9급 문제와 거의 동일하다.

06 특별지방행정기관 답 ②

특별지방행정기관은 특정한 중앙행정기관에 소속되는 지방행정조직으로, 소속 중앙행정기관의 행정사무(국가사무)만을 관장하는 지방행정기관을 말한다. 주로 국가의 지역별 담당사무를 분담하여 전문분야의 행정을 효율적으로 수행하기 위하여 설치하는 것이지만 지방자치단체와의 기능 중복으로 인하여 권한과 책임의 문제, 인력 및 예산 낭비 등의 비효율성을 가져온다는 비판이 있다.

선지분석

① 특별지방행정기관은 지방자치단체나 지방자치단체조합과는 달리 고유의 독립된 법인격을 가지고 있지 않다.
③ 자치구나 행정구는 특별지방행정기관이 아니며 특별지방행정기관의 예는 지방경찰서, 지방교도소, 지방세관 등을 들 수 있다.
④ 특별지방행정기관은 각 담당사무별로 지방행정의 전문성을 제고할 수는 있으나 주민에 의한 민주적 통제와 책임성의 확보가 어렵기 때문에 지방분권강화에 부정적인 영향을 미칠 수 있다는 비판이 있다.

THEME 80 광역행정

정답

p. 470

01	③	02	②	03	③	04	③	05	④
06	①	07	②	08	①	09	④	10	①
11	①	12	①	13	④				

01 광역행정의 필요성과 한계 답 ③

광역행정은 몇 개의 지방자치단체가 기존의 행정구역을 초월하여 발생되는 공동의 행정수요를 계획적이고 종합적으로 처리하여 행정의 능률성을 추구하는 것으로, 규모의 경제를 확보하기 용이하다.

02 우리나라의 광역행정 답 ②

특별지방자치단체는 구성 지방자치단체의 지방의회 의결을 거쳐 행정안전부장관의 승인으로 설립할 수 있다(「지방자치법」 제199조 제1항).

선지분석

① 「지방자치법」 제169조 제2항의 내용이다.
③ 「지방자치법」 제176조 제1항의 내용이다.
④ 「지방자치법」 제169조 제1항의 내용이다.
⑤ 「지방자치법」 제199조 제1항의 내용이다.

⊕ 보충 「지방자치법」

제169조 【행정협의회의 구성】 ① 지방자치단체는 2개 이상의 지방자치단체에 관련된 사무의 일부를 공동으로 처리하기 위하여 관계 지방자치단체 간의 행정협의회(이하 "협의회"라 한다)를 구성할 수 있다. 이 경우 지방자치단체의 장은 시·도가 구성원이면 행정안전부장관과 관계 중앙행정기관의 장에게, 시·군 또는 자치구가 구성원이면 시·도지사에게 이를 보고하여야 한다.
② 지방자치단체는 협의회를 구성하려면 관계 지방자치단체 간의 협의에 따라 규약을 정하여 관계 지방의회에 각각 보고한 다음 고시하여야 한다.

제176조 【지방자치단체조합의 설립】 ① 2개 이상의 지방자치단체가 하나 또는 둘 이상의 사무를 공동으로 처리할 필요가 있을 때에는 규약을 정하여 지방의회의 의결을 거쳐 시·도는 행정안전부장관의 승인, 시·군 및 자치구는 시·도지사의 승인을 받아 지방자치단체조합을 설립할 수 있다. 다만, 지방자치단체조합의 구성원인 시·군 및 자치구가 2개 이상의 시·도에 걸쳐 있는 지방자치단체조합은 행정안전부장관의 승인을 받아야 한다.

제199조 【설치】 ① 2개 이상의 지방자치단체가 공동으로 특정한 목적을 위하여 광역적으로 사무를 처리할 필요가 있을 때에는 특별지방자치단체를 설치할 수 있다. 이 경우 특별지방자치단체를 구성하는 지방자치단체(이하 "구성 지방자치단체"라 한다)는 상호 협의에 따른 규약을 정하여 구성 지방자치단체의 지방의회 의결을 거쳐 행정안전부장관의 승인을 받아야 한다.

03 지방자치단체 상호 간의 적극적 협력방식 답 ③

분쟁조정위원회는 지방자치단체 상호 간의 적극적 협력방식이 아니라 지방자치단체 간에 갈등이 발생할 때 이를 조정하기 위한 소극적 협력방식이다. 지방자치단체 간의 협력방식에서 적극적 협력이란 자발적·사전적·수평적·능동적인 협력, 즉 광역행정을 말하고, 소극적 협력이란 수동적·수직적·타율적·하향적 협력, 즉 분쟁조정을 말한다.

선지분석

① 자치단체조합, ② 전략적 협력, ④ 사무위탁은 지방자치단체 상호 간의 적극적 협력을 위한 방식이다. 이 중 ① 자치단체조합과 ④ 사무위탁은 「지방자치법」에 규정된 제도적 방안이다.

04 지방자치단체 상호 간의 협력방식 답 ③

행정협의회를 구성한 관계 지방자치단체는 협의회가 결정한 사항이 있으면 그 결정에 따라 사무를 처리하여야 한다(「지방자치법」 제174조 제1항).

핵심POINT 우리나라의 광역행정

단일정부방식	구역변경(시·군 통합 등)에 의한 광역행정, 통합방식과 연합방식
행정협의회	• 두 개 이상 지방자치단체의 사무 공동처리를 위해 구성 • 강학상: 법인격과 강제력 없음(자치단체에 대한 구속력 없음, 집행기구가 없으므로 협의사항은 지방자치단체에 의해 수행) • 법령상: 강제력 있음(「지방자치법」 제174조 제1항)
지방자치단체 조합	• 두 개 이상 지방자치단체의 사무를 공동으로 처리하기 위해 규약을 정하고 설치하는 법인체 • 법인격을 지닌 공공기관
특별지방 행정기관 (일선기관)	특정한 기능의 국가사무를 지방별로 분담시키고 이를 처리하기 위해 설치한 중앙정부의 하부기관 예 지방병무청, 지방경찰청, 지방국토관리청, 유역환경청, 국립검역소 등
사무의 위탁	다른 지방자치단체와 협의하여 소관사무의 일부를 다른 지방자치단체(장)에게 위탁하여 처리

05 광역행정의 방식 답 ④

합병은 몇 개의 기존 지방자치단체를 통·폐합하여 하나의 법인격을 가진 새로운 지방자치단체를 신설하는 방식으로, 이 방식은 각 지방자치단체의 개별적 특수성이나 자치권을 고려하지 못하며 주민들의 소속감을 저하시켜 주민참여가 어려워지는 등 폐단이 초래될 우려가 있다.

06 광역행정의 방식 답 ①

자치단체를 몇 개 폐합하여 하나의 법인격을 가진 새로운 자치단체를 신설하는 방식은 흡수통합이 아니라 합병이다. 흡수통합은 하급자치단체의 권한이나 지위를 상급자치단체가 흡수하는 방식이다.

07	광역행정의 방식	답 ②

여러 자치단체를 포괄하는 단일정부를 설립하여 그 정부의 주도로 사무를 광역적으로 처리하는 광역행정방식은 통합방식이다.

08	도·농 통합과 행정구역개편	답 ①

가장 최근에 통합한 도시는 청주시와 청원군이 통합된 청주시이다. 「충청북도 청주시 설치 및 지원특례에 관한 법률」(2013.1.23.)에 따라 통합되었다.

(선지분석)

② 「경상남도 창원시 설치 및 지원특례에 관한 법률」(2010.3.12.)에 따라 통합되었다.
③ 「전라남도 여수시 도농복합형태의시 설치 등에 관한 법률」(1998.4.1.)에 따라 통합되었다.
④ 「도·농 복합형태의 시 설치 등에 관한 법률」에 따라 1995년 춘천군과 통합되었다.
⑤ 「도·농 복합형태의 시 설치 등에 관한 법률」에 따라 1995년 천안군과 통합되었다.

09	광역행정의 이해	답 ④

여러 자치단체를 통합하여 하나의 단일정부를 설립하는 것은 연합방식이 아니라 합병(통합)방식이다. 연합방식은 복수의 자치단체가 법인격을 그대로 유지하면서 자치단체의 상부조직으로서 연합단체를 설치하여 광역적 사무를 처리하게 하는 방식이다.

10	광역행정의 방식	답 ①

합병은 광역행정의 방식 중 통합방식에 해당하지만, 일부사무조합, 도시공동체는 통합방식이 아니라 연합방식에 해당한다.

11	커뮤니티 비즈니스(Community Business)	답 ①

커뮤니티 비즈니스(Community Business)는 주민이 주체가 되어 지역문제를 비즈니스의 방법으로 해결하고 그 이익을 지역에 환원하는 사업으로, 혁신적인 중소기업의 창업 촉진 · 육성, 도시의 발전과는 직접적인 관계가 없다. 커뮤니티 비즈니스(Community Business)는 지역 공동체가 주관하는 봉사와 비즈니스를 결합한 사업 형태를 말한다. 영국에서 처음 출발하여 일본에서 활발하게 진행되고 있는 지역 활성화 전략으로, 우리나라에서도 1990년대 중반부터 다양한 형태의 사업명칭을 통해 활성화되고 있는 추세이며 그 사례로 전라북도 완주군은 2008년 희망제작소와 MOU를 맺고 '신택리지 사업'이라는 이름으로 시행하고 있다.

12	광역행정의 공동처리방식	답 ①

사무위탁은 지방자치단체나 그 장은 소관 사무의 일부를 다른 지방자치단체나 그 장에게 위탁하여 처리하게 할 수 있다고 규정하고 있다(「지방자치법」 제168조).

(선지분석)

② 연락회의는 둘 이상의 지방자치단체가 광역적 갈등분쟁을 원활하게 해결하기 위하여 자치단체의 대표들로 연락기구를 구성하는 방식으로 조정권을 갖지는 못한다.
③ 공동기관은 둘 이상의 지방자체단체가 광역사무를 처리하기 위하여 합의에 의하여 규약을 정하고 위원회의 위원, 전문위원, 보조원, 부속기관 등을 공동으로 두는 방식으로 법인격을 갖지는 않는다.
④ 협의회는 둘 이상의 지방자치단체에 관련된 사무의 일부를 공동으로 처리하기 위하여 관계 지방자치단체 간에 지방의회의 의결을 거쳐 협의회를 구성할 수 있으나 법인격을 갖지는 못한다(「지방자치법」 제169조).

13	광역행정의 방식	답 ④

법인격을 갖춘 새 기관이 설립되는 방식은 ㄷ. 지방자치단체조합과 ㅁ. 합병이다.

(선지분석)

ㄱ. 사무위탁은 자치단체가 소관사무의 일부를 다른 자치단체에 위탁하여 처리하게 하는 것으로 새 기관을 설립하지 않는다.
ㄴ. 행정협의회는 2개 이상의 지방자치단체에 관련된 사무의 일부를 공동으로 처리하기 위해 협의회를 구성할 수 있지만 이는 법인격이 없다.
ㄹ. 연합은 2개 이상의 지방자치단체가 광역행정업무를 위해 별도의 광역행정기관을 설치하지만 연합정부는 독립된 법인격이 없으며 각 자치단체가 독립된 법인격을 그대로 유지한다.

CHAPTER 5 | 지방자치와 주민참여

THEME 81 주민참여와 우리나라의 주민참여제도

정답

p. 474

01	④	02	②	03	①	04	①	05	②
06	①	07	③	08	⑤	09	③	10	④
11	①	12	④	13	②	14	④	15	①
16	②	17	⑤	18	④	19	②	20	④
21	②	22	③	23	③	24	④	25	④
26	③	27	③	28	④	29	②	30	②
31	④	32	①	33	④	34	②	35	③
36	①	37	①	38	②	39	④		

01 「지방자치법」상 주민참여 답 ④

주민은 행정기구를 설치하거나 변경하는 것에 관한 사항이나 공공시설의 설치를 반대하는 사항의 조례를 제정·개정하거나 폐지할 것을 청구할 수 없다.

⊕ 보충 「주민조례발안에 관한 법률」

제4조 【주민조례청구 제외대상】 다음 각 호의 사항은 주민조례청구 대상에서 제외한다.
1. 법령을 위반하는 사항
2. 지방세·사용료·수수료·부담금의 부과·징수 또는 감면에 관한 사항
3. 행정기구를 설치하거나 변경하는 사항
4. 공공시설의 설치를 반대하는 사항

02 시민참여의 순기능 답 ②

행정에서 시민들의 참여의 순기능은 책임성의 확보나 민주성의 증진에 있다. 이에 비해 상대적으로 참여자가 많아짐에 따라서 능률성이 떨어질 가능성이 크다. 공공선택이론에서 뷰캐넌(Buchanan)은 비용극소화모형을 통해서 집행비용과 참여비용이 최소화되는 지점을 적정참여자 수로 파악하였다.

핵심POINT 주민참여의 순기능과 역기능

순기능	역기능
• 대의민주주의의 한계 보완 • 행정의 효율성과 책임성 제고 • 절차적 민주주의와 정당성 실현 • 정책의 신뢰성 향상과 순응 확보 • 정책의 현실성 및 적실성 제고	• 행정의 능률성 저해(시간·비용 증가) • 주민 대표성의 문제(활동적 소수의 문제) • 행정의 전문성 저하 • 책임의 분산을 통한 전가 • 갈등의 증대(거부점으로 작용)

03 주민참여의 새로운 흐름 답 ①

과거에는 자문위원회, 도시계획위원회, 환경연합회, 협의회 등을 통한 간접적·제한적인 참여제도가 주류를 이루어 왔으나, 오늘날에는 주민과의 공개적 대화는 물론 주민감사청구제도, 주민투표제도, 주민소환제도, 주민참여예산제도, 납세자소송제도 등 다양하고 직접적·실질적인 참여제도가 강조되고 있다.

핵심POINT 주민참여의 유형

1. 제도화 여부에 따른 분류

제도적 참여	명문화된 법규 등에 의거 참여가 공식적으로 보장되어 있는 경우 예 각종 자문위원회, 공청회, 심의회, 청원, 민원, 주민투표 등
비제도적 참여	제도적 참여 이외의 형태 예 비폭력집단시위, 주민운동, 주민불복종, 교섭 등

2. 주민참여 8단계설(Arnstein)

비참여	조작, 치료(치유)
명목적 참여	정보제공, 상담, 유화(회유)
주민권력	협력관계, 권한위임, 주민통제

3. 주민참여제도의 새로운 흐름
   - 실질적·직접적 참여: 주민발안, 주민투표, 주민소환, 주민감사청구제도 등
   - 소외계층에 대한 참여기회의 확대: 정치적 시민권과 실천적 시민권의 조화
   - 적극적인 참여 방식: 공동생산(Co-production)과 파트너십 강조
   - 지방자치단체 내 커뮤니티를 활용한 참여: 주민자치센터 등
   - IT기술에 의한 텔레참여(tele-participation): 전자정부, 전자적 참여 등

04 주민자치위원회와 주민자치회 답 ①

①은 반대로 설명되었다. 주민자치회위원은 시·군·구청장이 위촉하고, 주민자치위원회위원은 읍·면·동장이 위촉한다. 주민자치회는 「지방자치분권 및 지방행정체제개편에 관한 특별법」에 근거한 민·관 협치기구이며 주민자치위원회는 기초지방자치단체가 자치적으로 읍·면 및 동 단위로 운영한다.

(선지분석)

② 주민자치회는 자치단체장이 위촉하여 구성하는 주민대표기구이므로, 단순한 자문기구의 성격을 갖는 주민자치위원회보다 주민대표성이 강하다.
③ 주민자치위원회는 행정계층인 읍·면·동의 자문기구이고, 주민자치회는 주민자치의 직접적인 협의·실행기구이다.
④ 주민자치의 직접적인 협의·실행기구인 주민자치회가 간접적인 성격을 갖는 주민자치위원회보다 지방자치단체와 더 대등한 협력적 관계이다.

⊕ 보충 「지방자치분권 및 지방행정체제개편에 관한 특별법」

제27조 【주민자치회의 설치】 풀뿌리자치의 활성화와 민주적 참여의식 고양을 위하여 읍·면·동에 해당 행정구역의 주민으로 구성되는 주민자치회를 둘 수 있다.

제28조 【주민자치회의 기능】 ① 제27조에 따라 주민자치회가 설치되는 경우 관계 법령, 조례 또는 규칙으로 정하는 바에 따라 지방자치단체 사무의 일부를 주민자치회에 위임 또는 위탁할 수 있다.

② 주민자치회는 다음 각 호의 업무를 수행한다.

1. 주민자치회 구역 내의 주민화합 및 발전을 위한 사항
2. 지방자치단체가 위임 또는 위탁하는 사무의 처리에 관한 사항
3. 그 밖에 관계 법령, 조례 또는 규칙으로 위임 또는 위탁한 사항

제29조 【주민자치회의 구성 등】 ① 주민자치회의 위원은 조례로 정하는 바에 따라 지방자치단체의 장이 위촉한다.

② 제1항에 따라 위촉된 위원은 그 직무를 수행할 때에는 지역사회에 대한 봉사자로서 정치적 중립을 지켜야하며 권한을 남용하여서는 아니 된다.

③ 주민자치회의 설치시기, 구성, 재정 등 주민자치회의 설치 및 운영에 필요한 사항은 따로 법률로 정한다.

④ 행정안전부장관은 주민자치회의 설치 및 운영에 참고하기 위하여 주민자치회를 시범적으로 설치·운영할 수 있으며, 이를 위한 행정적·재정적 지원을 할 수 있다.

05 주민참여제도의 도입 순서 답 ②

주민조례개폐청구제도(주민발안)는 주민감사청구제도와 함께 1999년에 가장 먼저 도입되었다.

(선지분석)

① 주민소환제도는 2007년에 전국적으로 실시되었다.
③ 주민투표제도는 2004년에 실시되었다.
④ 주민소송제도는 2006년에 실시되었다.

핵심POINT 우리나라의 주민참여제도의 도입 시기

유형	도입 시기
조례제정 및 개폐청구제도(주민발안)	「지방자치법」(1999)
주민감사청구제도	「지방자치법」(1999)
주민투표제도	「지방자치법」(1994), 「주민투표법」(2004)
주민소송제도	「지방자치법」(2006)
주민소환제도	「지방자치법」(2006), 「주민소환법」(2007)

06 우리나라의 주민직접참여제도의 입법순서 답 ①

우리나라 주민참여제도의 입법순서는 조례제정개폐청구 및 주민감사청구제도(1999) → 주민투표제도(2004) → 주민소송제도(2006) → 주민소환제도(2007) 순이다.

07 우리나라의 주민직접참여제도 답 ③

주민발의제도의 일종인 주민조례발안제도는 주민이 조례의 제정 및 개폐를 청구할 수 있는 제도로, 직접 발의하는 것은 아니다.

08 우리나라의 주민직접참여제도 답 ⑤

주민소환 대상자 중 비례대표 지방의회의원은 주민소환의 대상에 포함되지 않는다.

(선지분석)

① 주민투표, 주민소송, 주민소환 외에도 조례 제정 및 개폐청구, 주민감사청구도 인정되고 있다.
② 지방의회가 아니라 지방자치단체의 장은 주민에게 과도한 부담을 주거나 중대한 영향을 미치는 지방자치단체의 주요 결정사항 등에 대하여 주민투표에 부칠 수 있다.
③ 「주민투표법」 제8조에서는 국가정책에 관해 주민투표를 하는 것을 허용한다.
④ 주민소송의 구체적인 사항과 절차는 주민소송법이 아닌 「지방자치법」을 따르고, 「지방자치법」에 규정되지 않은 사항의 경우에는 「행정소송법」 규정이 적용된다.

09 주민조례발안제도 답 ③

2022년 1월에 「주민조례발안에 관한 법률」의 제정으로 주민은 지방자치단체의 장이 아닌 지방의회에 조례의 제정과 개폐를 청구할 수 있는 것으로 변경되었다.

⊕ 보충 「주민조례발안에 관한 법률」

제2조 【주민조례청구권자】 18세 이상의 주민으로서 다음 각 호의 어느 하나에 해당하는 사람(「공직선거법」 제18조에 따른 선거권이 없는 사람은 제외한다)은 해당 지방자치단체의 의회에 조례를 제정하거나 개정 또는 폐지할 것을 청구할 수 있다.

10 주민감사청구요건 답 ④

주민감사청구의 요건은 시·도는 300명, 인구 50만 이상 대도시는 200명, 그 밖의 시·군 및 자치구는 150명을 넘지 아니하는 범위에서 그 지방자치단체의 조례로 정하는 18세 이상의 주민 수 이상의 연서로 감사를 청구할 수 있다(「지방자치법」 제21조 제1항).

11 주민감사청구제도 답 ①

50만 이상의 대도시의 경우에는 18세 이상 주민 200명을 넘지 않는 범위 내에서 해당 지방자치단체가 조례로 정하는 주민 수 이상의 연서로 청구할 수 있다. 연서인원은 광역자치단체의 경우 300명, 인구 50만 이상은 200명, 기초자치단체는 150명 이상이다(「지방자치법」 제21조 제1항).

선지분석

② 감사청구는 3년 이내에 해야 한다(「지방자치법」 제21조).
③ 청구된 감사는 60일 이내에 감사를 종료해야 한다(「지방자치법」 제21조).
④ 감사결과에 대한 설명이다(「지방자치법」 제21조).

12 주민감사청구 답 ④

「지방자치법」 제21조 주민의 감사청구요건의 내용이다.

> ⊕ **보충** 「지방자치법」
>
> 제21조 【주민의 감사청구】 ① 지방자치단체의 18세 이상의 주민으로서 다음 각 호의 어느 하나에 해당하는 사람(「공직선거법」 제18조에 따른 선거권이 없는 사람은 제외한다. 이하 이 조에서 "18세 이상의 주민"이라 한다)은 시·도는 300명, 제198조에 따른 인구 50만 이상 대도시는 200명, 그 밖의 시·군 및 자치구는 150명 이내에서 그 지방자치단체의 조례로 정하는 수 이상의 18세 이상의 주민이 연대 서명하여 그 지방자치단체와 그 장의 권한에 속하는 사무의 처리가 법령에 위반되거나 공익을 현저히 해친다고 인정되면 시·도의 경우에는 주무부장관에게, 시·군 및 자치구의 경우에는 시·도지사에게 감사를 청구할 수 있다.

13 우리나라의 주민직접참여제도 답 ②

개인의 사생활을 침해할 우려가 있는 사항에 대해서는 주민감사청구를 할 수 없다. 주민감사청구제도는 위법·부당한 행정처분이나 불합리한 행정제도로 인하여 주민의 권익을 침해받은 경우에 만 18세 이상인 일정한 수 이상의 주민에게 연대 서명을 받아 주민이 직접 감사를 청구할 수 있는 제도를 말한다(「지방자치법」 제21조).

선지분석

① 「지방자치법」 제18조에 규정된 주민투표에 대한 내용이다.
③ 「지방자치법」 제21에 규정된 주민감사청구에 대한 내용이다.
④ 「지방재정법」 제39조에 규정된 주민참여예산제도에 대한 내용이다.

> **핵심POINT** 주민감사청구 제외대상
>
> 1. 수사나 재판에 관여하게 되는 사항
> 2. 개인의 사생활을 침해할 우려가 있는 사항
> 3. 다른 기관에서 감사하였거나 감사 중인 사항. 다만, 다른 기관에서 감사한 사항이라도 새로운 사항이 발견되거나 중요 사항이 감사에서 누락된 경우와 제22조 제1항에 따라 주민소송의 대상이 되는 경우에는 그러하지 아니하다.
> 4. 동일한 사항에 대하여 제22조 제2항 각 호의 어느 하나에 해당하는 소송이 진행 중이거나 그 판결이 확정된 사항

14 주민투표제도 답 ④

예산 및 재산 관리 등에 관한 사항은 주민투표의 제외대상이다.

> **핵심POINT** 주민투표의 제외대상
>
> 1. 예산 및 재산 관리에 관한 사항
> 2. 조세에 관한 사항
> 3. 행정기구의 설치·변경에 관한 사항
> 4. 다른 자치단체의 권한에 속하는 사항
> 5. 법령에 위반되는 사항
> 6. 인사관련사항

15 주민참여제도 답 ①

「지방자치법」 제18조 제2항의 내용으로 옳다.

선지분석

② 해당 지방자치단체장이 아닌 시·도의 경우에는 주무부장관에게, 시·군 및 자치구의 경우에는 시·도지사에게 감사를 청구할 수 있다.
③ 주민소송제도는 2005년 「지방자치법」 개정을 통해 2006년 처음 도입되었다.
④ 비례대표의원은 소환 대상에 포함되지 않는다.

> ⊕ **보충** 「지방자치법」
>
> 제18조 【주민투표】 ② 주민투표의 대상·발의자·발의요건, 그 밖에 투표 절차 등에 관한 사항은 따로 법률로 정한다.

16 주민(납세자)소송제도 답 ②

예산이 불법·부당하게 지출된 경우 공무원의 책임을 확보하는 데 가장 효과적인 주민통제제도는 주민소송, 즉 납세자소송제도이다.

> ⊕ **보충** 「지방자치법」
>
> 제22조 【주민소송】 ① 공금의 지출에 관한 사항, 재산의 취득·관리·처분에 관한 사항, 해당 지방자치단체를 당사자로 하는 매매·임차·도급 계약이나 그 밖의 계약의 체결·이행에 관한 사항 또는 지방세·사용료·수수료·과태료 등 공금의 부과·징수를 게을리한 사항을 감사청구한 주민은 다음의 어느 하나에 해당하는 경우에 그 감사청구한 사항과 관련이 있는 위법한 행위나 업무를 게을리 한 사실에 대하여 해당 지방자치단체의 장(해당 사항의 사무처리에 관한 권한을 소속 기관의 장에게 위임한 경우에는 그 소속 기관의 장을 말한다)을 상대방으로 하여 소송을 제기할 수 있다.
>
> 1. 주무부장관이나 시·도지사가 감사청구를 수리한 날부터 60일(감사기간이 연장된 경우에는 연장기간이 끝난 날을 말한다)이 지나도 감사를 끝내지 아니한 경우
> 2. 감사결과 또는 조치요구에 불복하는 경우
> 3. 주무부장관이나 시·도지사의 조치요구를 지방자치단체의 장이 이행하지 아니한 경우
> 4. 지방자치단체의 장의 이행 조치에 불복하는 경우

17	우리나라의 주민참여제도	답 ⑤

주민참여예산제도는 「지방재정법」에 따라서 지방자치단체가 의무적으로 시행해야 하지만, 수렴된 주민의 의견을 반드시 예산에 반영해야 하는 것은 아니다.

선지분석

① 주민조례발안은 「지방자치법」 개정과 「주민조례발안법」이 제정되어 2022년 1월 13일 이후 지방자치단체장이 아니라 지방의회에 청구해야 한다.
② 주민소환제도는 임기만료 1년 미만, 소환투표를 실시한 날로부터 1년 이내, 임기개시일로부터 1년 이내에는 청구할 수 없다.
③ 주민 또는 지방의회의 청구가 있을 때는 물론, 자치단체장이 지방의회의 동의를 거쳐 직권으로 또는 중앙행정기관의 요구에 의하여 주민투표를 실시할 수 있다.
④ 주민소송은 단체소송으로서 납세자소송과 같이 지방자치단체의 불법·부당한 행위에 대한 대표소송이다.

18	우리나라의 주민직접참여제도	답 ④

주민소환대상자는 선출직 지방공직자로서, 비례대표 지방의회의원은 제외된다.

핵심POINT 주민소환제도

1. 소환대상
   선출직 지방공직자(비례대표 지방의원 제외)
2. 소환결정방식
   주민소환투표로 결정
3. 확정
   주민소환투표권자 1/3 이상 투표, 유효투표 총수 과반수 찬성
4. 불복절차
   주민투표와 동일(선거관리위원회에 소청 → 광역자치단체는 대법원, 기초자치단체는 관할 고등법원에 소송)

19	주민소환제도	답 ②

선출직 지방공직자의 임기가 만료되는 날까지 남은 기간이 1년 미만일 때에는 주민소환투표의 실시를 청구할 수 없다(「주민소환에 관한 법률」 제8조).

선지분석

① 주민소환의 대상에서 비례대표의원은 제외된다.
③ 주민소환은 주민소환투표권자 총수의 3분의 1 이상 투표, 유효투표 총수 과반수의 찬성으로 확정된다.
④ 주민소환제는 직접참여방식의 제도이다.
⑤ 주민소환투표의 효력에 이의가 있는 경우 투표결과가 공표된 날부터 14일 이내에 소청심사청구를, 소청결정서를 받은 날로부터 10일 이내에 소송을 제기할 수 있다.

20	주민소환제도	답 ④

「지방자치법」상 주민소환제도에서 주민은 지방에 속한 모든 의회의원까지 소환할 권리를 가지는 것은 아니다. 주민은 그 지방자치단체의 장과 비례대표 지방의회의원을 제외한 지방의회의원을 소환할 권리를 가진다.

선지분석

① 「지방자치법」 제2조에서 지방자치단체인 구(자치구)는 특별시와 광역시의 관할구역 안의 구로 규정하고 있다.

21	주민직접참여제도	답 ②

주민정보공개청구제도는 「지방자치법」이 아니라 「공공기관의 정보공개에 관한 법률」에 규정되어 있다.

⊕ 보충 「지방자치법」

제21조 【주민의 감사청구】 ① 지방자치단체의 18세 이상의 주민은 시·도는 300명, 인구 50만 이상 대도시는 200명, 그 밖의 시·군 및 자치구는 150명을 넘지 아니하는 범위에서 그 지방자치단체의 조례로 정하는 18세 이상의 주민 수 이상의 연서(連署)로, 시·도에서는 주무부장관에게, 시·군 및 자치구에서는 시·도지사에게 그 지방자치단체와 그 장의 권한에 속하는 사무의 처리가 법령에 위반되거나 공익을 현저히 해친다고 인정되면 감사를 청구할 수 있다.
제25조 【주민소환】 ① 주민은 그 지방자치단체의 장 및 지방의회의원(비례대표 지방의회의원은 제외한다)을 소환할 권리를 가진다.
② 주민소환의 투표 청구권자·청구요건·절차 및 효력 등에 관하여는 따로 법률로 정한다.

22	우리나라의 주민직접참여제도	답 ③

주민협의회, 연합회, 자문위원회 등은 간접적 참여방식으로서 전통적인 방식이다. 나머지는 직접적 참여방식이다.

23	「지방자치법」상 주민직접참여제도	답 ③

우리나라 「지방자치법」이 인정하는 주민의 직접참여제도는 주민조례발안, 주민소환, 주민투표, 주민감사청구, 주민소송제도가 있다.

선지분석

① 주민발안은 주민이 직접 조례안을 발의하는 제도로 우리나라의 주민조례발안(주민이 지방의회에 청구)과는 성격이 다르다.
② 주민참여예산제도는 「지방재정법」에 규정된 제도이다.
④ 주민총회는 우리나라에 아직까지 도입되지 않은 직접참여제도이다.

24	우리나라의 주민소환제도	답 ④

군수를 기초자치단체의 장으로서 소환하려고 할 경우에는 해당 군의 주민소환투표청구권자 총수의 100분의 15이상의 서명을 받아 청구해야 한다.

⊕ **보충** 「주민소환에 관한 법률」

제7조【주민소환투표의 청구】① 전년도 12월 31일 현재 주민등록표 및 외국인등록표에 등록된 제3조 제1항 제1호 및 제2호에 해당하는 자는 해당 지방자치단체의 장 및 지방의회의원(비례대표선거구시·도의회의원 및 비례대표선거구자치구·시·군의회의원은 제외)에 대하여 다음 각 호에 해당하는 주민의 서명으로 그 소환사유를 서면에 구체적으로 명시하여 관할선거관리위원회에 주민소환투표의 실시를 청구할 수 있다.

1. 특별시장·광역시장·도지사(시·도지사): 당해 지방자치단체의 주민소환투표청구권자 총수의 100분의 10 이상
2. 시장·군수·자치구의 구청장: 당해 지방자치단체의 주민소환투표청구권자 총수의 100분의 15 이상
3. 지역선거구시·도의회의원(지역구시·도의원) 및 지역선거구자치구·시·군의회의원(지역구자치구·시·군의원): 당해 지방의회의원의 선거구 안의 주민소환투표청구권자 총수의 100분의 20 이상

25	주민소환제도	답 ④

주민소환제도는 주민투표와 동일하게 주민소환투표권자 총수의 3분의 1 이상의 투표와 유효투표 총수의 과반수의 찬성으로 확정된다.

(선지분석)

① 광역자치단체장인 시·도지사의 주민소환투표의 청구 서명인 수는 당해 지방자치단체의 주민소환청구권자 총수의 100분의 10 이상이다.

② 비례대표 시·도의원 및 비례대표 자치구·시·군의원은 주민소환투표 대상에서 제외된다.

③ 주민소환투표권자는 주민소환투표인명부작성기준일 현재 당해 지방자치단체장과 지방의회의원에 대한 선거권이 있는 자로 한다.

⑤ 주민소환이 확정된 때에는 주민소환투표대상자는 그 결과가 공표된 시점부터 그 직을 상실하게 된다.

26	주민이 갖는 권리	답 ③

주민은 주민투표를 발의할 수는 없고 청구할 수 있다. 주민투표는 오직 지방자치단체장만이 발의할 수 있다(「지방자치법」 제18조, 「주민투표법」 제9조).

(선지분석)

① 국민인 주민은 법령으로 정하는 바에 따라 그 지방자치단체에서 실시하는 지방의회의원과 지방자치단체의 장의 선거에 참여할 권리를 가진다(「지방자치법」 제17조).

② 주민조례개폐청구제도에 대한 옳은 설명이다(「지방자치법」 제19조).

④ 주민은 그 지방자치단체의 장 및 지방의회의원(비례대표 지방의회의원은 제외)을 소환할 권리를 가진다(「지방자치법」 제25조).

27	우리나라 주민참여의 유형	답 ③

주민발안은 조례제정개폐청구제도로 주민이 일정한 요건을 거쳐서 조례의 제정이나 개폐를 청구할 수 있는 제도이다.

(선지분석)

① 감사청구는 지방자치단체에 대하여 불만이나 이의를 제기하기 위해 주민들이 일정 수 이상 연대서명을 거쳐 광역자치단체장이나 주무부장관에게 감사를 청구하는 제도이다.

② 공청회는 주민들이 당해 지역의 정치·행정에 관한 의사결정을 직접 행하는 직접참여제도가 아니라 정부가 시민들의 의견을 청취하는 간접참여제도이다.

④ 주민소환은 지방자치단체장과 지방의회의원(비례대표 제외)을 대상으로 임기만료 전에 해당 선거관리위원회에 주민들이 해임을 청구하고 직접 주민투표로 결정하는 제도이다.

28	주민참여제도의 요건	답 ④

「주민투표법」 제5조에 따라 18세 이상인 출입국관리 관계 법령에 따라 대한민국에 계속 거주할 수 있는 자격을 갖춘 외국인으로서 지방자치단체의 조례로 정한 사람은 주민투표권을 갖는다.

(선지분석)

① 「지방자치법」상 주민참여제도에는 주민투표(2004), 주민소송(2006), 주민소환(2007)등이 규정되어 있다.

② 「지방자치법」 제22조에 주민소송에 관한 규정이 있다.

③ 지역구지방의회의원에 대한 주민소환투표는 당해 지방의회의원의 지역선거구를 대상으로 한다.

⊕ **보충** 「주민투표법」

제5조【주민투표권】① 18세 이상의 주민 중 제6조 제1항에 따른 투표인명부 작성기준일 현재 다음 각 호의 어느 하나에 해당하는 사람에게는 주민투표권이 있다. 다만, 「공직선거법」 제18조에 따라 선거권이 없는 사람에게는 주민투표권이 없다.

1. 그 지방자치단체의 관할 구역에 주민등록이 되어 있는 사람
2. 출입국관리 관계 법령에 따라 대한민국에 계속 거주할 수 있는 자격(체류자격변경허가 또는 체류기간연장허가를 통하여 계속 거주할 수 있는 경우를 포함한다)을 갖춘 외국인으로서 지방자치단체의 조례로 정한 사람

29	우리나라의 주민투표제도	답 ②

주민투표의 의결정족수는 주민투표권자 총수의 4분의 1 이상의 투표와 유효투표 수 과반수의 득표로 확정된다(「주민투표법」 제24조).

(선지분석)

① 2004년 「지방자치법」 개정에서 도입된 이래 지금까지 시행되고 있다.
③ 지방자치단체의 장은 주민 또는 지방의회의 청구에 의하거나 자신의 직권으로 주민투표를 실시할 수 있다(「주민투표법」 제9조).
④ 출입국관리 관계 법령에 따라 대한민국에 계속 거주할 수 있는 자격을 갖춘 외국인으로서 지방자치단체의 조례로 정한 사람은 주민투표권을 가진다(「주민투표법」 제5조).

30	「주민투표법」상 주민투표	답 ②

「주민투표법」 제5조(주민투표권)에 따르면 "「공직선거법」 제18조(선거권이 없는 자)에 따라 선거권이 없는 사람에게는 주민투표권이 없다."라고 규정하고 있다.

(선지분석)

① 18세 이상의 주민 중 투표인명부 작성기준일 현재 그 지방자치단체의 관할 구역에 주민등록이 되어 있는 사람은 주민투표권이 있다.
③ 주민투표권자의 연령은 투표일 현재를 기준으로 산정한다.
④ 출입국관리 관계 법령에 따라 대한민국에 계속 거주할 수 있는 자격을 갖춘 외국인으로서 지방자치단체의 조례로 정한 사람은 투표권이 있다.

31	주민참여제도	답 ④

ㄱ, ㄴ, ㄷ, ㄹ은 모두 현행 법률상 허용되지 않는 제도들이다.

ㄱ. 주민은 그 지방자치단체의 장 및 지방의회의원(비례대표 지방의회의원은 제외한다)을 소환할 권리를 가진다(「지방자치법」 제25조).
ㄴ. 지방자치단체의 주민은 그 지방자치단체의 조례로 정하는 18세 이상의 주민 수 이상의 연서(連署)로, 그 지방자치단체와 그 장의 권한에 속하는 사무의 처리가 법령에 위반되거나 공익을 현저히 해친다고 인정되면 감사를 청구할 수 있다. 다만 수사나 재판에 관여하게 되는 사항, 개인의 사생활을 침해할 우려가 있는 사항, 다른 기관에서 감사하였거나 감사 중인 사항 등의 경우에는 감사청구의 대상에서 제외한다(「지방자치법」 제21조).
ㄷ. 법령을 위반한 사항, 지방세 · 사용료 · 수수료 · 부담금의 부과 · 징수 또는 감면에 관한 사항, 행정기구를 설치하거나 변경하는 것에 관한 사항이나 공공시설의 설치를 반대하는 사항은 주민조례청구대상에서 제외된다(「주민조례발안에 관한 법률」 제4조).
ㄹ. 주민에게 과도한 부담을 주거나 중대한 영향을 미치는 지방자치단체의 주요결정사항으로서 그 지방자치단체의 조례로 정하는 사항은 주민투표에 부칠 수 있다. 다만 법령에 위반되거나 재판중인 사항, 국가 또는 다른 지방자치단체의 권한 또는 사무에 속하는 사항, 행정기구의 설치 · 변경에 관한 사항과 공무원의 인사 · 정원 등 신분과 보수에 관한 사항 등은 주민투표에 부칠 수 없다(「주민투표법」 제7조).

32	「지방자치법」에 근거하는 제도	답 ①

주민참여예산제는 「지방자치법」이 아닌 「지방재정법」 제39조에 근거하고 있다.

(선지분석)

② 「지방자치법」 제18조의 규정이다.
③ 「지방자치법」 제21조의 규정이다.
④ 「지방자치법」 제22조의 규정이다.
⑤ 「지방자치법」 제25조의 규정이다.

33	주민참여제도	답 ④

규칙의 제정과 개정 · 폐지 관련 의견 제출은 2021년 1월 전부개정된 「지방자치법」에서 처음으로 도입되었다(「지방자치법」 제20조 제1항).

(선지분석)

① 주민소환은 2007년에 도입된 주민참여제도이다.
② 주민의 감사청구는 1999년에 도입된 주민참여제도이다.
③ 조례의 제정과 개정 · 폐지 청구는 1999년에 도입된 주민참여제도이다.

핵심POINT 우리나라 주민참여제도

도입연도	참여제도	근거법률
1999	조례제정개폐청구제, 주민감사청구제	「지방자치법」
2004	주민투표제	「지방자치법, 「주민투표법」
2006	주민소송제	「지방자치법」
2007	주민소환제	「지방자치법」, 「주민소환에 관한 법률
2021	주민조례발안	「지방자치법, 「주민조례발안에 관한 법률」
2021	규칙제정과 개정 · 폐지 의견 제출권	「지방자치법」

34	주민참여제도	답 ②

우리나라의 주민참여제도에 대한 설명으로 옳은 것은 ㄱ, ㄹ이고, 틀린 것은 ㄴ, ㄷ이다.

ㄱ. 「지방자치법」 제21조 제3항의 규정이다.
ㄹ. 「지방재정법」 제39조 제5항의 규정이다.

(선지분석)

ㄴ. 주민은 비례대표 지방의회의원을 제외한 모든 지방의회의원을 소환할 수 있다.

ㄷ. 지방자치단체의 사무 중 예산 편성 · 의결 및 집행에 관한 사항을 주민투표에 부칠 수 없다.

⊕ 보충 주민참여제도 관련 법령

「지방자치법」

제21조 【주민의 감사 청구】 ③ 제1항에 따른 청구는 사무처리가 있었던 날이나 끝난 날부터 3년이 지나면 제기할 수 없다.

제25조 【주민소환】 ① 주민은 그 지방자치단체의 장 및 지방의회의원(비례대표 지방의회의원은 제외한다)을 소환할 권리를 가진다.

「주민투표법」

제7조 【주민투표의 대상】 ② 제1항에도 불구하고 다음 각 호의 어느 하나에 해당하는 사항은 주민투표에 부칠 수 없다.

1. 법령에 위반되거나 재판중인 사항
2. 국가 또는 다른 지방자치단체의 권한 또는 사무에 속하는 사항
3. 지방자치단체가 수행하는 다음 각 목의 어느 하나에 해당하는 사무의 처리에 관한 사항
   가. 예산 편성 · 의결 및 집행

「지방재정법」

제39조 【지방예산 편성 등 예산과정의 주민 참여】 ⑤ 주민참여예산기구의 구성 · 운영과 그 밖에 필요한 사항은 해당 지방자치단체의 조례로 정한다.

35 주민발안제도 답 ③

주민이 지방자치단체의 조례를 제정하거나 개정하거나 폐지할 것을 청구할 수 있는 제도로서, 우리나라에 2021년 「주민조례발안에 관한 법률」로 도입된 제도는 주민(조례)발안제도이다.

36 우리나라의 지방선거 답 ①

현재 광역 - 기초자치단체장 및 광역 - 기초의회 의원선거 모두에 정당공천제가 허용되고 있다. 2006년 지방선거법 개정 이후 기초의회의원을 포함한 모든 지방의회 의원들의 정당공천을 허용하고 있으나 교육감 선거에는 정당공천이 허용되지 않는다.

(선지분석)

② 광역의회의 지역구선거는 기본적으로 소선거구제를 채택하고 있다.

③ 기초의회 지역구선거는 기본적으로 중선거구제를 채택하고 있다.

④ 소선거구제는 작은 선거구에서 최다득표자 1인을 선출하는 다수대표제방식이므로 풀뿌리 민주주의에 입각하여 주민과 지방의회의원과의 관계가 가까워질 수 있다는 장점이 있다.

핵심POINT 우리나라 지방선거제도

구분		선거구제	정당공천
지방자치단체장	광역자치단체, 기초자치단체	소선거구제(1인)	○
지방의회의원	광역의회	소선거구제(1인), 비례대표제	○
	기초의회	중선거구제(2~4인), 비례대표제	○
교육감	광역자치단체	소선거구제(1인)	×

37 지방선거의 연혁 및 내용 답 ①

1948년 대한민국 정부수립 이후 이승만 정부에 의해서 1949년 근대적 의미의 「지방자치법」이 처음 제정되었으나 1950년 한국전쟁으로 인하여 시행하지 못하다가 1952년 처음으로 시 · 읍 · 면 의회 의원을 뽑는 지방선거가 실시되었다.

(선지분석)

② 1961년 5 · 16 군사정변에 의한 박정희 정부부터 전두환 정부까지는 지방선거가 없었지만 노태우 정부에 의하여 1991년 지방의회의원에 대한 선거가 다시 시작되면서 지방의회가 구성되었다.

③ 지방자치단체장과 지방의회의원을 동시에 뽑는 선거는 김대중 정부가 아닌 김영삼 정부에서 1995년에 처음으로 실시되었다.

④ 2010년 지방선거부터 정당공천제가 기초지방의원까지 확대되었으며 일부 문제점이 발생하고 있지만 현재도 교육감선거를 제외하고 정당공천이 실시되고 있다.

38 우리나라 지방자치의 역사 답 ②

1991년 3월 기초의원 선거, 6월 광역의원 선거는 실시되었으나, 지방자치단체장 선거는 실시되지 않았으며 1995년 김영삼 정부 때 처음으로 장과 의원을 동시에 선출하는 동시선거를 실시하였다.

(선지분석)

① 1949년 제정된 「지방자치법」에 따라 전쟁 중인 1952년 전국이 아닌 치안 불안 지역과 미수복 지역을 제외한 시 · 읍 · 면 의회 의원 선거 실시, 서울, 경기, 강원을 제외한 7도에서 도의회 의원 선거를 실시하였다.

③ 교육감 선거는 2007년부터 주민직선제로 처음 실시되었으며 이를 통해서 실질적 의미의 교육자치가 시작되었다.

④ 1960년 「지방자치법」 개정으로 특별시장 및 도지사, 시 · 읍 · 면장과 지방의원 모두 주민에 의한 모두 주민직선으로 선출하였다.

39 지방선거제도 답 ④

우리나라의 경우 광역의회의 지역구의원은 소선거구제를 기본으로 하여 비례대표제(대선거구제)를 가미하고 있다.

(선지분석)

① 「공직선거법」 개정(2005)으로 기초의회의원을 포함한 모든 선출직 지방공무원은 비례대표제 및 정당공천이 인정된다. 단 교육감 선거는 정당공천제를 적용하고 있지 않다.

② 기초의회의원선거는 중선거구제(2~4인)를 기본으로 비례대표제(대선거구제)를 가미하여 선출하고 있다.

③ 100분의 30이 아니라 100분의 20이다. 「제주특별자치도법」 제36조 제2항에 따르면 "도의회의 비례대표의원정수는 「공직선거법」 제22조 제4항(지역구의원 정수의 100분의 10)에도 불구하고 지역구 의원 정수의 100분의 20 이상"으로 규정하고 있다.

CHAPTER 6 | 지방자치단체의 재정

THEME 82 지방재정의 의의

정답

p. 482

01	⑤	02	②	03	①	04	③	05	②
06	③	07	④	08	③				

01 국가재정과 지방재정의 차이 답 ⑤

지방재정은 국가재정에 비하여 시장경제원리에 의한 응익주의에 더 의존하므로 응능주의에 의한 형평성(공평성)보다는 자원배분의 효율성을 강조한다.

핵심POINT 국가재정과 지방재정의 비교

구분	국가재정	지방재정
주요 기능	포괄적 기능 수행	자원배분기능 치중
공공재	순수공공재 공급, 외교, 치안, 국방, 사법 등	준공공재의 공급, 도로, 교량, SOC 등
주민부담	응능주의	응익주의
가격원리	가격원리 적용 곤란	가격원리 적용 용이
기업형 정부	기업가형 정부 적용 곤란	기업가형 정부 적용 용이
정책	전략적 정책기능	전술적 집행기능
행정이념	형평성	효율성
경쟁여부	비경쟁성	경쟁성(지방정부 간)
의존성	조세에 의존	세외수입에 의존
이동성	지역 간 이동성 낮음	지역 간 이동성 높음 (티부가설)

02 우리나라 지방재정의 문제점 답 ②

지방재정에 대한 설명으로 옳은 것은 ㄴ, ㄷ, ㅁ이다.

ㄴ. 「지방세법」에 모든 세목과 세율이 획일적으로 규정되어 있어(조세법정주의) 법정 외 조세가 인정되지 않으므로 지방정부의 과세자주권이 결여되어 있다.

ㄷ. 지방재정의 근본변화를 위해서는 국세를 지방세로 전환하는 등 세원구조의 변경이 필요하다.

ㅁ. 지방교부세는 지방재정의 경상경비에 주로 이용되고 있고 경비절감을 위한 유인기제적 배분장치가 결여되어 있어 재정낭비의 요인이 되고 있다.

(선지분석)

ㄱ. 우리나라의 경우 지방재정보다는 국가재정 위주로 되어 있다(4 : 6).

ㄹ. 지방재정의 세수신장이 국세에 비해 미흡하여 재정운영의 신축성이 저하된다.

03 지방재정의 이해 답 ①

지방채는 수익자부담주의에 의하므로 세대 간 부담의 형평성 제고에 도움을 준다.

선지분석

② 재정력지수는 지방자치단체가 기초적인 재정수요를 어느 정도 자체적으로 해결할 능력을 가지고 있는 정도를 추정하는 지표로, '기준재정수입액/기준재정수요액'으로 산정한다. 따라서 기준재정수요액이 높을수록 재정력지수는 낮아진다.

③ 국고보조금은 사무의 성격에 따라 중앙정부가 비율을 결정하므로 중앙정부에 재량권이 있다.

④ 지방재정자립도는 지방자치단체의 일반회계예산에서 자주재원(지방세 + 세외수입)이 차지하는 비율을 의미하는 것으로, 세입 측면만을 고려한 개념으로서 지방자치단체의 세출구조를 전혀 고려하지 못하기 때문에 지방재정의 건전성을 파악할 수 없다.

⑤ 지방세의 세목과 세율은 「지방세법」에 규정되어 있다.

04 지방재정의 특징 답 ③

지방재정의 특징으로 옳지 않은 것은 ㄴ, ㅁ이다.

ㄴ. 주행세는 자동차세의 주행분을 의미하며 목적세가 아니라 보통세이다.

ㅁ. 지방채 발행 한도액의 범위더라도 외채를 발행하는 경우에는 지방의회의 의결을 거치기 전에 행정안전부장관의 승인을 받아야 한다(「지방재정법」 제11조 제2항).

> **⊕ 보충 「지방재정법」**
>
> 제11조 【지방채의 발행】 ① 지방자치단체의 장은 다음을 위한 자금 조달에 필요할 때에는 지방채를 발행할 수 있다.
>
> 1. 공유재산의 조성 등 소관 재정투자사업과 그에 직접적으로 수반되는 경비의 충당
> 2. 재해예방 및 복구사업
> 3. 천재지변으로 발생한 예측할 수 없었던 세입결함의 보전
> 4. 지방채의 차환
>
> ② 지방자치단체의 장은 지방채를 발행하려면 재정 상황 및 채무 규모 등을 고려하여 대통령령으로 정하는 지방채 발행 한도액의 범위에서 지방의회의 의결을 얻어야 한다. 다만, 지방채 발행 한도액 범위더라도 외채를 발행하는 경우에는 지방의회의 의결을 거치기 전에 행정안전부장관의 승인을 받아야 한다.

05 지방자치단체의 자치재정권(조세법정주의) 답 ②

우리나라의 조세(국세, 지방세)는 조세법정주의에 의하여 조세의 종목과 세율을 조례가 아닌 법률로 정하도록 되어 있다. 따라서 지방자치단체는 법령의 위임이 있든 없든 조례로는 지방세목을 설치할 수 없다.

06 지방재정의 사전관리제도 답 ③

지방재정의 사전관리제도에 해당하는 것은 ㄱ, ㄴ, ㄹ이다. ㄷ, ㅁ은 사후적 관리제도에 해당한다.

ㄱ. 중기지방재정계획은 지방자치단체의 장이 지방재정을 계획성 있게 운용하기 위하여 매년 다음 회계연도부터 5회계연도 이상의 기간에 대한 중기지방재정계획을 수립하여 예산안과 함께 지방의회에 제출하고, 회계연도 개시 30일 전까지 행정안전부장관에게 제출하여야 하는 사전관리제도이다(「지방재정법」 제33조).

ㄴ. 지방재정투자심사는 지방자치단체의 장은 예산안을 편성할 때 일정한 사업에 대해서는 사전에 그 필요성과 타당성에 대해 심사를 하도록 하는 사전관리제도이다(「지방재정법」 제37조).

ㄹ. 성인지예산제도는 지방자치단체의 장이 예산이 여성과 남성에게 미칠 영향을 미리 분석한 보고서를 작성하도록 하는 사전관리제도이다(「지방재정법」 제36조의2).

선지분석

ㄷ. 행정사무 감사제도는 지방의회는 매년 1회 그 지방자치단체의 사무에 대하여 시·도에서는 14일의 범위에서, 시·군 및 자치구에서는 9일의 범위에서 감사를 실시하고, 지방자치단체의 사무 중 특정 사안에 관하여 본회의 의결로 본회의나 위원회에서 조사하게 할 수 있는 사후관리제도이다(「지방재정법」 제41조).

ㅁ. 재정공시제도는 지방자치단체의 장이 예산 또는 결산의 확정 또는 승인 후 2개월 이내에 예산서와 결산서를 기준으로 그 내역을 주민에게 공시하여야 하는 사후관리제도이다(「지방재정법」 제60조).

07 지방재정의 지역상생발전기금 답 ④

지역상생발전기금은 수도권 지방자치단체에 귀속되는 지방소비세 수입의 35%를 재원으로 수평적 재정조정제도로서, 광역지자체와 기초지자체 간 세수입 배분의 불균형을 해소하기 위한 것이 아닌 수도권과 비수도권의 세수입 배분의 불균형을 해소하기 위한 것이다.

선지분석

② 「지방교육재정교부금법」 제3조의 내용이다.

③ 2005년 노무현 정부에서 추진한 국가균형발전특별회계는 여러 부처에서 분산 추진되던 균형발전 관련 사업들을 하나의 특별회계로 통합하여 체계적으로 추진하기 위해 신설되었다. 이러한 국가균형발전특별회계를 윤석열 정부에서 「지방자치분권 및 지역균형발전에 관한 특별법」을 제정하면서 국가균형발전특별회계는 지역균형발전특별회계로 개칭되었다.

> **⊕ 보충 「지방교육재정교부금법」**
>
> 제3조 【교부금의 종류와 재원】 ② 교부금 재원은 다음 각 호의 금액을 합산한 금액으로 한다.
>
> 1. 해당 연도 내국세[목적세 및 종합부동산세, 담배에 부과하는 개별소비세 총액의 100분의 45 및 다른 법률에 따라 특별회계의 재원으로 사용되는 세목(稅目)의 해당 금액은 제외한다. 이하 같다] 총액의 1만분의 2,079
> 2. 해당 연도 「교육세법」에 따른 교육세 세입액 중 「유아교육지원특별회계법」 제5조 제1항에서 정하는 금액 및 「고등·평생교육지원특별회계법」 제6조 제1항에서 정하는 금액을 제외한 금액

08	지방자치단체의 예비비	답 ③

지방의회의 예산안 심의 결과 폐지되거나 감액된 지출항목에 대해서는 예비비를 사용할 수 없다.

> **⊕ 보충** 「지방재정법」
>
> 제43조【예비비】 ① 지방자치단체는 예측할 수 없는 예산 외의 지출 또는 예산 초과 지출에 충당하기 위하여 일반회계와 교육비특별회계의 경우에는 각 예산 총액의 100분의 1 이내의 금액을 예비비로 예산에 계상하여야 하고, 그 밖의 특별회계의 경우에는 각 예산 총액의 100분의 1 이내의 금액을 예비비로 예산에 계상할 수 있다.
>
> ② 제1항에도 불구하고 재해·재난 관련 목적 예비비는 별도로 예산에 계상할 수 있다.
>
> ③ 지방자치단체의 장은 지방의회의 예산안 심의 결과 폐지되거나 감액된 지출항목에 대해서는 예비비를 사용할 수 없다.
>
> ④ 지방자치단체의 장은 예비비로 사용한 금액의 명세서를 「지방자치법」 제134조 제1항에 따라 지방의회의 승인을 받아야 한다.

THEME 83 자주재원(지방세와 세외수입)

정답 p. 484

01	⑤	02	④	03	③, ⑤	04	①	05	②
06	④	07	③	08	②	09	③	10	③
11	④	12	②	13	①	14	④	15	③
16	①	17	③	18	②	19	②	20	④
21	①	22	③	23	②	24	①	25	③
26	②								

01	지방세의 원칙	답 ⑤

지방세의 세원은 특정한 지방자치단체에만 편재되어서는 안 되며 지방자치단체별로 차이가 없도록 가능한 모든 지방자치단체에 골고루 분포되어 있어야 한다는 원칙은 부담분임의 원칙이 아니라 보편성의 원칙이다. 부담분임의 원칙이란 가급적 많은 주민들이 지방자치단체의 경비를 골고루 나누어 내야 한다는 원칙을 말한다.

02	지방세의 원칙	답 ④

지방세의 세원이 특정지역에 편재되어 있지 않고 고루 분포되어 있어야 한다는 지방세의 원칙은 보편성의 원칙이다.

핵심POINT 지방세의 원칙

재정수입 측면	• 충분성의 원칙: 지방자치를 위하여 충분한 금액이어야 함 • 보편성의 원칙: 세원이 지역 간에 균형적(보편적)으로 분포되어 있어야 함 • 안정성의 원칙: 경기변동에 관계없이 세수가 안정적으로 확보되어야 함 • 신장성의 원칙: 늘어나는 행정수요에 대응하여 매년 지속적으로 세수가 확대되어야 함 • 신축성(탄력성)의 원칙: 지방자치단체의 특성에 따라 탄력적으로 운영되어야 함
주민부담 측면	• 부담분임의 원칙: 가급적 모든(많은) 주민이 경비를 나누어 분담해야 함 • 응익성(편익성)의 원칙: 주민이 향유한 이익(편익)의 크기에 비례하여 부담되어야 함(티부가설) • 효율성의 원칙: 자원배분의 효율화에 기여해야 함 • 부담보편(평등성, 형평성)의 원칙: 주민에게 공평(동등)하게 부담되어야 함
조세행정 측면	• 자주성의 원칙: 중앙정부로부터 독자적인 과세주권이 확립되어야 함 • 편의 및 최소비용의 원칙: 징세가 용이하고 징세비용이 절감되어야 함 • 국지성의 원칙: 과세객체가 관할구역 내에 국한되어 있어야 함. 즉, 조세부담을 회피하기 위한 지역 간 이동이 없어야 함

03	지방세의 세목	답 ③, ⑤

③ 등록세의 경우 2011년 등록면허세로 개편되었다.
⑤ 교육세는 지방세가 아니라 국세이다.

핵심POINT 국세와 지방세 체계

1. 국세

- 국세(13종)
  - 내국세
    - 직접세: 소득세, 법인세, 상속증여세, 종합부동산세
    - 간접세: 부가가치세, 개별소비세, 주세, 인지세, 증권거래세
  - 목적세: 교육세, 교통·에너지·환경세, 농어촌특별세
  - 관세

2. 지방세

지방세 (11종)	광역자치단체		기초자치단체	
	특별시·광역시	도	자치구	시·군
보통세	• 취득세 • 주민세 • 자동차세 • 담배소비세 • 레저세 • 지방소비세 • 지방소득세	• 취득세 • 등록면허세 • 레저세 • 지방소비세	• 재산세 • 등록면허세	• 주민세 • 재산세 • 자동차세 • 담배소비세 • 지방소득세
목적세	• 지역자원시설세 • 지방교육세	• 지역자원시설세 • 지방교육세	-	-

04 지방자치단체의 세목 답 ①

농어촌특별세는 지방자치단체의 세목이 아닌 국세의 세목에 해당한다.

05 지방세의 세목 답 ②

현재 지방세 중 자치구세에는 ㄱ. 재산세, ㄹ. 등록면허세가 해당되므로 2개이다.

(선지분석)

ㄴ. 주민세는 지방세 중 특별시·광역시세 또는 시·군세에 해당한다.
ㄷ. 지방소득세는 지방세 중 특별시·광역시세 또는 시·군세에 해당한다.
ㅁ. 담배소비세는 지방세 중 특별시·광역시세 또는 시·군세에 해당한다.
ㅂ. 레저세는 지방세 중 특별시·광역시세 또는 도세에 해당한다.

06 우리나라의 지방세 답 ④

인지세와 증여세는 지방세가 아니라 국세이다.

07 우리나라의 지방세 답 ③

레저세는 종전의 경주·마권세의 명칭이 2002년부터 변경된 것이다. 국세인 개별소비세는 종전의 특별소비세의 명칭이 변경된 것이다.

08 지방세의 원칙 답 ②

응익성의 원칙은 주민이 향유한 이익(편익)의 크기에 비례하여 부담되어야 한다는 원칙이다.

(선지분석)

① 신장성의 원칙은 늘어나는 행정수요에 대응하여 매년 지속적으로 세수가 확대(팽창)될 수 있어야 한다는 원칙이다.
③ 안정성의 원칙은 경기변동에 관계없이 세수가 안정적으로 확보되어야 한다는 원칙이다.
④ 부담분임의 원칙은 가급적 모든(많은) 주민이 경비를 나누어 분담해야 한다는 원칙이다.

09 지방세 법정주의 답 ③

우리나라는 모든 조세의 종목과 세율을 법률로 정하도록 하고 있다(조세법정주의). 따라서 지방자치단체가 지방고유사무와 관련된 영역에 한해 법령의 근거 없이 스스로 세목을 개발하고 지방세를 부과·징수할 수 없다.

10 지방세의 세목 답 ③

등록면허세는 특별시·광역시세가 아니라 자치구세에 해당한다.

11 국세의 세목 답 ④

국세에 해당하는 것은 ㄷ. 종합부동산세, ㄹ. 인지세, ㅂ. 주세이다. ㄱ. 취득세, ㄴ. 자동차세, ㅁ. 등록면허세는 지방세에 해당한다.

12 국세와 지방세의 체계 답 ②

ㄱ. 증여세 ㄹ. 농어촌특별세 ㅇ. 종합부동산세는 국세이고 ㄴ. 취득세, ㄷ. 담배소비세, ㅁ. 레저세, ㅂ. 재산세, ㅅ. 등록면허세는 지방세이다.

13 국세의 유형 답 ①

①은 모두 국세 중 간접세로 나열되어 있다. 국세 중 간접세에는 부가가치세, 개별소비세, 주세, 인지세, 증권거래세가 있다.

(선지분석)

② 증여세, 상속세는 국세 중 직접세이다.
③ 취득세, 재산세, 자동차세, 등록면허세는 지방세이다.
④ 종합부동산세, 법인세, 소득세, 상속세는 직접세이다.
⑤ 농어촌특별세, 교육세는 국세 중 목적세이고 레저세, 담배소비세는 지방세이다.

14 국세의 유형 답 ④

ㄴ. 주세, ㄹ. 부가가치세, ㅁ. 개별소비세는 국세이면서 간접세에 해당한다.

(선지분석)

ㄱ. 자동차세는 지방세이며 직접세에 해당한다.
ㄷ. 담배소비세는 간접세이지만 지방세이다.
ㅂ. 종합부동산세는 국세이지만 직접세에 해당한다.

15 국세인 간접세의 종목 답 ③

국세이면서 간접세인 종목은 부가가치세, 개별소비세, 주세, 인지세, 증권거래세이다. 지문에는 ㄴ. 부가가치세, ㄹ. 주세, ㅁ. 개별소비세가 이에 해당하므로 3개이다. 담배소비세는 간접세이지만 지방세이다.

16	지방세의 세목	답 ①

특별(광역)시세에 해당하는 것은 'ㄱ. 레저세, ㄴ. 담배소비세, ㄷ. 지방소비세, ㄹ. 주민세, ㅁ. 자동차세, ㅅ. 지방교육세, ㅈ. 지역자원시설세'이다. ㅂ. 재산세, ㅇ. 등록면허세는 자치구세에 해당한다.

17	지방세의 세목	답 ③

특별시·광역시의 보통세는 자치구세(등록면허세, 재산세)를 제외하면 되고, 도의 보통세는 '취등레지'이니 취득세, 레저세, 지방소비세가 공통적으로 속하는 세목이다.

18	우리나라의 지방세	답 ②

담배소비세, 레저세, 자동차세는 목적세가 아니라 보통세이다. 지방세 중 목적세에는 지역자원시설세, 지방교육세 2종이 있다.

선지분석

④ 지방자치단체 간 세원의 편차가 크기 때문에 국세의 지방세 전환이 오히려 지역 간 재정불균형의 심화를 가져올 수 있다.

19	지방세의 탄력세율제도	답 ②

ㄱ. 탄력세율에 대한 설명으로 취득세, 주민세 등에 대해서 적용된다.
ㄴ. 레저세, 지방소비세는 탄력세율이 적용되지 않는다.

선지분석

ㄷ. 조례가 아닌 대통령령으로 담배소비세와 주행분 자동차세에 대해 그 세율의 100분의 30의 범위에서 대통령령으로 가감할 수 있다.

핵심POINT 탄력세율의 적용

대통령령	담배소비세, 자동차세(주행분)
조례	취득세, 등록면허세(등록분), 재산세, 자동차세(소유분), 주민세, 지방소득세, 지방교육세, 지역자원시설세
비적용	레저세, 등록면허세(면허분), 지방소비세

⊕ 보충 「지방세법」

제52조 【담배소비세 세율】 ① 담배소비세의 세율은 다음 각 호와 같다.
② 제1항에 따른 세율은 그 세율의 100분의 30의 범위에서 대통령령으로 가감할 수 있다.

제136조 【자동차세(주행분)세율】 ① 자동차세의 세율은 과세물품에 대한 교통·에너지·환경세액의 1천분의 360으로 한다.
② 제1항에 따른 세율은 교통·에너지·환경세율의 변동 등으로 조정이 필요하면 그 세율의 100분의 30의 범위에서 대통령령으로 정하는 바에 따라 가감하여 조정할 수 있다.

20	지방자치단체의 세외수입	답 ④

세외수입은 지방세 이외의 수입을 말하며 사용료, 수수료, 분담금 등이 있는데 일반회계와 특별회계 모두에서 발생할 수 있다. 세외수입 중 경상세외수입과 임시세외수입은 일반회계 세외수입으로, 사업수입과 사업외수입은 특별회계 세외수입으로 처리한다. 또한 세외수입은 수익자부담주의(응익성) 성격이 강하므로 서비스 이용의 혼잡을 방지하고 자원을 절약하는 장점이 있다.

선지분석

① 세외수입은 수입별로 다양하고 복잡하며, 불안정하고 불균형적이다.
② 경상적 수입은 규칙적인 수입으로 재산임대수입이, 임시적 수입은 불규칙적 수입으로 재산매각수입이 있다.
③ 사용료가 아니라 분담금에 대한 설명이다. 사용료란 자치단체의 공공시설을 이용한 대가를 의미하며 운동장 사용료, 공원입장료 등이 있다.

21	주요 세외수입	답 ①

ㄱ. 지방자치단체의 재산이나 영조물을 사용하는 경우에 시설사용의 대가로 주민에게 징수하는 것은 사용료이다.
ㄴ. 지방자치단체의 재산이나 공공시설로 주민의 일부가 특히 이익을 받는 경우 그 비용의 일부에 대해서 부과하는 공과금은 분담금이다.
ㄷ. 행정서비스에 대하여 소요되는 비용을 주민에게 징수하는 것은 수수료이다.

핵심POINT 주요 세외수입

1. **사용료**
   지방자치단체가 주민의 복지증진을 위해 설치한 공공시설을 특정소비자가 사용할 때 그 반대급부로 개별적인 보상원칙에 따라 지방자치단체의 조례에 의거하여 강제적으로 부과·징수하는 공과금이다.
2. **수수료**
   지방자치단체가 특정인에게 제공한 행정 서비스에 의해 이익을 받는 자로부터 그 비용의 전부 또는 일부를 반대급부로 징수하는 수입이다.
3. **분담금**
   지방자치단체의 재산 또는 공공시설의 설치로 인해 주민의 일부가 특별한 이익을 받을 때 그 비용의 일부를 부담시키기 위해 그 이익을 받는 자로부터 수익의 정도에 따라 징수하는 공과금이다.
4. **부담금**
   국가와 지방자치단체 사이에 어느 한쪽이 상대방에게 이익을 주는 일을 하였을 때 그 이익의 범위 안에서 그 일의 처리에 필요한 경비를 수납하게 하는 것이다.

22 부담금의 특징 답 ③

부담금은 「지방세법」상 지방세가 아니라 세외수입이다. 부담금은 재화나 용역 제공과는 관계없이 국가나 상급자치단체로부터 지급받는 재원으로 세외수입의 일종이다. 특정의 공공서비스를 창출하거나 바람직한 행위를 유도하기 위하여 주민이나 기업으로 하여금 수익자부담주의에 의하여 부담을 하게 하는 각종 부담금(고용부담금, 개발부담금 등)을 말한다.

선지분석

① 부담금은 재화나 서비스의 제공과는 관계없이 특정의 공공서비스를 창출하거나 바람직한 행위를 유도하기 위해 사용된다.
② 부담금은 이용자나 수익을 얻는 자가 비용을 부담하게 되는 수익자부담의 원칙이 적용된다.
④ 부담금에 관한 주요 정책과 그 운용방향 등을 심의하기 위하여 기획재정부장관 소속으로 부담금운용심의위원회를 둔다(「부담금관리기본법」 제9조).

⊕ 보충 「부담금관리기본법」

제2조 【정의】 부담금이란 중앙행정기관의 장, 지방자치단체의 장, 행정권한을 위탁받은 공공단체 또는 법인의 장 등 법률에 따라 금전적 부담의 부과권한을 부여받은 자가 분담금, 부과금, 기여금, 그 밖의 명칭에 불구하고 재화 또는 용역의 제공과 관계 없이 특정 공익사업과 관련하여 법률에서 정하는 바에 따라 부과하는 조세 외의 금전지급의무(예치금이나 보증금은 제외)를 말한다.
제9조 【부담금운용심의위원회】 부담금에 관한 주요정책과 그 운용방향 등을 심의하기 위하여 기획재정부장관 소속으로 부담금운용심의위원회를 둔다.

23 지방재정 중 자주재원 답 ②

재산임대수입은 세외수입이므로 지방세와 함께 자주재원에 해당한다. 자주재원이란 자치단체가 중앙정부나 광역자치단체의 도움없이 자체적으로 조달 가능한 재원으로 지방세와 세외수입이 있다.

선지분석

① 지방교부세, ④ 국고보조금은 중앙정부 ③ 조정교부금은 광역자치단체로부터 지원받는 의존재원에 해당한다.

24 고향사랑 기부금 답 ①

지방자치단체는 해당 지방자치단체의 주민이 아닌 사람에 대해서만 고향사랑 기부금을 모금·접수할 수 있다. 법인은 기부가 불가능하다(「고향사랑 기부금에 관한 법률」 제4조).

선지분석

② 「고향사랑 기부금에 관한 법률」 제11조의 규정이다.
③ 「고향사랑 기부금에 관한 법률」 제2조의 규정이다.
④ 「고향사랑 기부금에 관한 법률」 제9조의 규정이다.
⑤ 「고향사랑 기부금에 관한 법률」 제3조의 규정이다.

⊕ 보충 「고향사랑 기부금에 관한 법률」

제2조 【정의】 이 법에서 사용하는 용어의 뜻은 다음과 같다.
1. "고향사랑 기부금"이란 지방자치단체가 주민복리 증진 등의 용도로 사용하기 위한 재원을 마련하기 위하여 해당 지방자치단체의 주민이 아닌 사람으로부터 자발적으로 제공받거나 모금을 통하여 취득하는 금전을 말한다.

제3조 【다른 법률과의 관계】 이 법에 따른 고향사랑 기부금의 모금·접수 및 사용 등에 관하여는 「기부금품의 모집 및 사용에 관한 법률」을 적용하지 아니한다.
제4조 【고향사랑 기부금의 모금 주체 및 대상】 ① 지방자치단체는 해당 지방자치단체의 주민이 아닌 사람에 대해서만 고향사랑 기부금을 모금·접수할 수 있다.
제9조 【답례품의 제공】 ③ 지방자치단체는 다음 각 호의 어느 하나에 해당하는 것을 답례품으로 제공하여서는 아니 된다.
1. 현금
2. 고가의 귀금속 및 보석류

제11조 【고향사랑기금의 설치 등】 ① 지방자치단체는 모금·접수한 고향사랑 기부금의 효율적인 관리·운용을 위하여 기금을 설치하여야 한다.

25 지방채의 발행절차 답 ③

일반적으로 지방자치단체장은 대통령령이 정하는 한도액을 초과하여 발행하거나 외채를 발행하려면 행정안전부장관의 승인을 얻어야 하지만 제주특별자치도의 경우 「제주특별자치도 설치 및 국제자유도시 조성을 위한 특별법」상 특례에 따라 행정안전부장관의 승인 없이도 발행할 수 있다.

선지분석

① 지방자치단체조합의 장도 지방채를 발행할 수 있다. 다만 이 경우 행정안전부장관의 사전승인이 필요하다(「지방재정법」 제11조 제4항).
② 지방채의 차환(지방채를 상환하기 위해 지방채를 다시 발행하는 것)을 위하여서도 지방채를 발행할 수 있다(「지방재정법」 제11조 제1항 제4호).
④ 외채를 발행할 경우에는 기획재정부장관이 아니라 행정안전부장관의 승인을 얻어야 한다(「지방재정법」 제11조 제2항).

⊕ 보충 지방채 관련 조문

「제주특별자치도 설치 및 국제자유도시 조성을 위한 특별법」
제126조 【지방채 등의 발행 특례】 도지사는 제주자치도의 발전과 관계가 있는 사업을 위하여 필요하면 「지방재정법」 제11조에도 불구하고 도의회의 의결을 마친 후 외채 발행과 지방채 발행 한도액의 범위를 초과한 지방채 발행을 할 수 있다. 이 경우 「지방재정법」 제11조 제2항에서 대통령령으로 정하는 지방채 발행 한도액을 초과하여 지방채를 발행하려면 도의회 재적의원 과반수가 출석하고 출석의원 3분의 2 이상의 찬성을 받아야 한다.

「지방재정법」
제11조 【지방채의 발행】 ① 지방자치단체의 장은 다음 각 호를 위한 자금 조달에 필요할 때에는 지방채를 발행할 수 있다. 다만, 제5호 및 제6호는 교육감이 발행하는 경우에 한한다.
1. 공유재산의 조성 등 소관 재정투자사업과 그에 직접적으로 수반되는 경비의 충당

2. 재해예방 및 복구사업
3. 천재지변으로 발생한 예측할 수 없었던 세입결함의 보전
4. 지방채의 차환
5. 「지방교육재정교부금법」 제9조 제3항에 따른 교부금 차액의 보전
6. 명예퇴직(「교육공무원법」 제36조 및 「사립학교법」 제60조의3에 따른 명예퇴직을 말한다. 이하 같다) 신청자가 직전 3개 연도 평균 명예퇴직자의 100분의 120을 초과하는 경우 추가로 발생하는 명예퇴직 비용의 충당

② 지방자치단체의 장은 제1항에 따라 지방채를 발행하려면 재정 상황 및 채무 규모 등을 고려하여 대통령령으로 정하는 지방채 발행 한도액의 범위에서 지방의회의 의결을 얻어야 한다. 다만, 지방채 발행 한도액 범위더라도 외채를 발행하는 경우에는 지방의회의 의결을 거치기 전에 행정안전부장관의 승인을 받아야 한다.

26	지방채의 발행	답 ②

외채를 발행하는 경우에는 지방의회의 의결을 거치기 전에 행정안전부 장관의 승인을 먼저 받아야 한다(「지방재정법」 제11조 제2항).

선지분석

① 「지방재정법 시행령」 제7조의 내용이다.
③ 「지방재정법」 제11조 제1항의 내용이다. 차환은 기존 채무를 상환하기 위해 새로운 채권을 발행하는 금융 행위를 말한다.
④ 「지방재정법」 제12조 제1항의 내용이다.

⊕ 보충 지방채 발행 관련 법령

「지방재정법」

제11조 【지방채의 발행】 ① 지방자치단체의 장은 다음 각 호를 위한 자금 조달에 필요할 때에는 지방채를 발행할 수 있다. 다만, 제5호 및 제6호는 교육감이 발행하는 경우에 한한다.
4. 지방채의 차환
② 지방자치단체의 장은 제1항에 따라 지방채를 발행하려면 재정 상황 및 채무 규모 등을 고려하여 대통령령으로 정하는 지방채 발행 한도액의 범위에서 지방의회의 의결을 얻어야 한다. 다만, 지방채 발행 한도액 범위더라도 외채를 발행하는 경우에는 지방의회의 의결을 거치기 전에 행정안전부장관의 승인을 받아야 한다.

제12조 【지방채 발행의 절차】 ① 제11조에 따른 지방채의 발행, 원금의 상환, 이자의 지급, 증권에 관한 사무절차 및 사무 취급기관은 대통령령으로 정한다.

「지방재정법 시행령」

제7조 【지방채의 종류】 법 제11조 제1항의 규정에 의한 지방채의 종류는 다음 각 호와 같다.
1. 지방채증권: 지방자치단체가 증권발행의 방법에 의하여 차입하는 지방채를 말하며, 외국에서 발행하는 경우를 포함한다.
2. 차입금: 지방자치단체가 증서에 의하여 차입하는 지방채를 말하며, 외국정부 · 국제기구 등으로부터 차관(현물차관을 포함한다)을 도입하는 경우를 포함한다.

THEME 84 의존재원(지방재정조정제도)

정답

p. 490

01	④	02	②	03	①	04	②	05	③
06	②	07	④	08	③	09	③	10	③
11	③	12	③	13	①	14	③	15	③
16	③	17	①	18	③	19	②	20	①

01	의존재원의 기능	답 ④

의존재원은 지방자치단체의 재원 가운데 중앙정부에 의존하는 재원을 말한다. 중앙정부가 정한 기준에 따라 교부되므로 재정상 통제가 수반되고 지방자치단체의 다양성과 지방분권화를 저해하게 된다.

선지분석

① 의존재원은 지방자치단체에 대한 재정적 지원을 주기 때문에 국가차원의 통합성 유지를 가져온다.
② 의존재원은 국가로부터 안정적으로 지원을 받기 때문에 지방자치단체로 하여금 안정적인 재원확보를 가능하게 한다.
③ 의존재원은 지방재정의 지역 간 불균형을 시정하고 국민적 최저수준(National minimum)의 실현을 가능하게 한다.

02	우리나라의 지방재정	답 ②

지방교부세의 종류는 보통교부세, 특별교부세, 소방안전교부세, 부동산교부세로 구분한다. 분권교부세는 2015.1.1.부터 보통교부세로 통합 운영되었고 소방안전교부세는 신설되었다.

03	우리나라의 지방재정	답 ①

지방교부세의 기본 목적은 지방자치단체 간 재정격차를 완화하기 위하여 지방자치단체의 기본행정운영에 필요한 최소한의 재원을 보전함으로써 전국적인 행정서비스수준을 보장하는 데 있다.

선지분석

② 세외수입은 지역 간 · 회계연도 간 분포 상황 및 구조가 불규칙적이고 불균등하다.
③ 보통교부세, 특별교부세, 부동산교부세, 소방안전교부세 등의 지방교부세가 운영되고 있다.
④ 기획재정부장관은 매년 지방자치단체에 대한 보조금 예산을 편성할 때에 필요하다고 인정되는 보조사업에 대하여는 해당 지방자치단체의 재정상황을 고려하여 차등보조율을 적용할 수 있다(「보조금 관리에 관한 법률」 제10조). 그러나 대부분의 국고보조사업에 차등보조율이 적용되는 것은 아니다.

04	우리나라의 지방재정	답 ②

중앙정부가 용도를 제한하여 지방자치단체의 재량권이 없는 재원은 보통교부세가 아니라 특별교부세에 대한 설명이다. 보통교부세는 중앙정부가 용도를 제한할 수 없는 일반재원으로, 지방자치단체의 재량권이 많은 재원이다.

(선지분석)

① 중앙에서 지방자치단체에 주는 의존재원의 비중이 커지면 중앙정부의 통제가 강해지며, 재정자립도가 저하되어 재정분권이 취약해질 수 있다.

③ 지방세와 세외수입은 자주재원에 해당하고, 국고보조금은 의존재원에 해당한다.

④ 자치사무는 그 지방의 고유사무로서 그에 필요한 경비는 해당 지방자치단체가 전액을 부담하는 것이 원칙이다.

05	지방교부세의 내용	답 ③

지방교부세는 지방자치단체 간의 재정격차를 해소 및 조정하기 위한 것이다.

(선지분석)

①, ②, ④ 모두 국고보조금에 대한 설명이다.

06	지방교부세의 내용	답 ②

지방교부세는 지방세가 아니다. 지방자치단체 간의 재정격차를 완화하고 전국적인 최저수준을 확보하기 위하여 지방자치단체의 재정수요에 필요한 부족재원을 국가가 지방자치단체에 보전해 주는 재원이다.

07	지방교부세의 내용	답 ④

행정안전부장관은 지방자치단체장이 특별교부세의 교부를 신청하는 경우에는 이를 심사하여 특별교부세를 교부한다(신청에 의한 심사교부가 원칙). 다만, 행정안전부장관이 필요하다고 인정하는 경우에는 신청이 없는 경우에도 일정한 기준을 정하여 특별교부세를 교부할 수 있다(「지방교부세법」 제9조 제2항).

(선지분석)

① 2015년에 분권교부세가 폐지되고, 소방안전시설 확충을 위한 소방안전교부세가 신설되었다.

② 지방교부세 총액은 '내국세 총액의 19.24% + 담배에 부과하는 개별소비세 총액의 45% + 종합부동산세 전액 + 전년도 정산액'이다.

③ 행정안전부장관은 지방재정분석 결과 건전성과 효율성 등이 우수한 지방자치단체에 대해서는 별도로 특별교부세를 교부할 수 있다.

08	지방교부세	답 ③

지방교부세의 종류에는 교통안전교부세가 아니라 소방안전교부세가 포함된다. 지방교부세는 보통교부세, 특별교부세, 부동산교부세, 소방안전교부세로 구분한다.

핵심POINT 지방교부세의 종류

종류	정의		재원	용도	교부 주체
보통 교부세	재정력지수가 1 이하인 자치단체에 교부		지방교부세율 (내국세 총액의 19.24%+정산액)의 100분의 97	일반 재원	행정 안전부 장관
특별 교부세	기준재정수요액으로는 산정할 수 없는 특별한 재정 수요 발생시 교부	40/100	지방교부세율 (내국세 총액의 19.24%+정산액)의 100분의 3	특정 재원	
	재난 복구 및 안전관리를 위한 특별한 재정수요 발생 시 교부	50/100			
	국가적 장려, 국가와 지방 간 시급한 협력, 역점시책, 재정운용 실적 우수 시 등 교부	10/100			
소방 안전 교부세	소방 및 안전시설 확충, 안전관리 강화 등을 위하여 교부		담배에 부과되는 개별소비세 총액의 100분의 45+정산액	특정 재원	
부동산 교부세	지방재정여건 및 지방세 운영상황 등을 고려하여 교부		종합부동산세 전액+정산액	일반 재원	

09	지방조정제도의 특징	답 ③

지방재정조정제도는 지방자치단체의 기능수행에 필요한 자체 재원의 부족분을 보충해주고 각 지방자치단체 간 재정적 불균형을 조정해주는 제도로, 이는 중앙정부와 지방자치단체 간, 광역자치단체와 기초자치단체 간, 동급 지방자치단체 간, 즉 정부 간의 재정적 협력을 포괄하는 의미이다.

(선지분석)

① 지방재정조정제도는 각 지방자치단체 간의 불균형 현상을 완화하고자 하는 제도이다.

② 지방자치단체에게 최소한의 기본적인 행정수준을 보장해 줄 수 있도록 한 제도이다.

④ 지방교부세는 「지방교부세법」, 국고보조금은 「보조금 관리에 관한 법률」에 근거한다.

10	지방재정조정제도	답 ③

「지방교부세법」에 규정되어 있는 지방재정조정제도는 보통교부세, 특별교부세, 부동산교부세, 소방안전교부세 등 네 가지가 있다. 조정교부금은 「지방재정법」에 규정된 제도로 광역자치단체가 기초자치단체에 대한 지방재정조정제도로서 자치구 조정교부금과 시군조정교부금이 있다.

11 지방교부세 답 ③

지방교부세는 지방자치단체의 신청이 없어도 법정교부세율에 따라 확보된 재원으로 행정안전부장관이 교부하는 의존재원이다.

선지분석

① 지방교부세의 목적에 해당하는 설명이다.
② 지방교부세의 종류에 해당하는 설명이다.
④ 부동산교부세는 종합부동산세 전액을 재원으로 지방자치단체에 교부하는 의존재원이다.

> ⊕ 보충 「지방교부세법」
>
> 제6조【보통교부세의 교부】① 보통교부세는 해마다 기준재정수입액이 기준재정수요액에 못 미치는 지방자치단체에 그 미달액을 기초로 교부한다.
> ② 행정안전부장관은 제1항에 따라 보통교부세를 교부하려면 해당 지방자치단체의 장에게 다음 각 호의 자료를 첨부하여 보통교부세의 결정을 통지하여야 한다.

12 지방교부세 답 ③

행정안전부장관은 법령에 따른 특별교부세의 사용에 관하여 조건을 붙이거나 용도를 제한할 수 있다(「지방교부세법」 제9조 제4항).

선지분석

① 「지방교부세법」 제3조의 규정이다.
② 「지방교부세법」 제6조 제1항의 규정이다.
④ 「지방교부세법」 제9조 제2항의 규정이다.

> ⊕ 보충 「지방교부세법」
>
> 제3조【교부세의 종류】지방교부세(이하 "교부세"라 한다)의 종류는 보통교부세·특별교부세·부동산교부세 및 소방안전교부세로 구분한다.
>
> 제6조【보통교부세의 교부】① 보통교부세는 해마다 기준재정수입액이 기준재정수요액에 못 미치는 지방자치단체에 그 미달액을 기초로 교부한다. 다만, 자치구의 경우에는 기준재정수요액과 기준재정수입액을 각각 해당 특별시 또는 광역시의 기준재정수요액 및 기준재정수입액과 합산하여 산정한 후, 그 특별시 또는 광역시에 교부한다.
>
> 제9조【특별교부세의 교부】② 행정안전부장관은 지방자치단체의 장이 제1항 각 호에 따른 특별교부세의 교부를 신청하는 경우에는 이를 심사하여 특별교부세를 교부한다. 다만, 행정안전부장관이 필요하다고 인정하는 경우에는 신청이 없는 경우에도 일정한 기준을 정하여 특별교부세를 교부할 수 있다.
> ④ 행정안전부장관은 제1항에 따른 특별교부세의 사용에 관하여 조건을 붙이거나 용도를 제한할 수 있다.

13 지방재정조정제도 답 ①

지방교부세의 재원은 내국세 총액의 일정비율(19.24%), 종합부동산세 전액, 담배에 부과되는 개별소비세의 45%, 그리고 전년도 정산액을 재원으로 한다.

선지분석

② 지방교부세 중 가장 최근에 신설된 교부세는 소방안전교부세이다(2015.1. 신설).
③ 소방안전교부세는 담배에 부과되는 개별소비세의 100분의 20을 재원으로 하였으나 최근 「지방교부세법」의 개정(2020.4.1.)으로 100분의 45로 인상되었다.
④ 특별교부세는 교부주체는 행정안전부장관으로 특정한 사유가 발생 시에 일정 기준에 의하여 교부한다.
⑤ 국고보조금은 지정된 사업목적 이외의 용도로 사용할 수 없는 특정재원이다.

14 우리나라의 지방조정제도 답 ③

2015년 「지방교부세법」 개정으로 인해 현재 지방교부세는 보통교부세, 특별교부세, 부동산교부세 및 소방안전교부세로 구성되어 있다.

선지분석

① 자치구 조정교부금의 배분은 특별시·광역시의 조례로 정한다(「지방재정법」 제29조의2). 지방보조금심의위원회는 지방보조금에 관한 사항을 전문적으로 심의하기 위하여 지방자치단체장 소속으로 설치된 기구이며, 자치구 조정교부금의 배분업무는 담당하지 않는다.
② 최근 국고보조사업에 대한 지방비 부담 비중이 점차 증가하는 추세에 있다.
④ 국고보조금은 지방자치단체 등이 매년 중앙관서의 장에게 보조금의 예산 계상을 신청하는 것이 원칙이지만 예외적으로 신청이 없는 경우에도 국가시책 수행상 부득이 필요한 보조금을 예산에 계상할 수 있다(「보조금 관리에 관한 법률」 제5조).

> ⊕ 보충 조정교부금 관련 조문
>
> 「지방재정법」
>
> 제29조의2【자치구 조정교부금】특별시장 및 광역시장은 대통령령으로 정하는 보통세 수입의 일정액을 조정교부금으로 확보하여 조례로 정하는 바에 따라 해당 지방자치단체 관할구역의 자치구 간 재정력 격차를 조정하여야 한다.
>
> 「지방재정법 시행령」
>
> 제36조의2【자치구 조정교부금】③ 조정교부금의 교부율·산정방법 및 교부시기 등에 관하여 필요한 사항은 특별시·광역시의 조례로 정한다.

15 국고보조금의 특징 답 ③

국고보조금은 용도가 정해져 있는 특정재원이고 국가로부터 교부되는 의존재원으로서, 중앙정부의 재정상 감독과 통제를 받으므로 지방자치단체의 자율성이 약화될 우려가 있다.

선지분석

① 내국세 총액의 일정비율과 「종합부동산세법」에 따른 종합부동산세 총액 등은 국고보조금이 아니라 지방교부세의 재원이다.
② 사업별 보조율은 일률적으로 50%가 아니라 매년 예산으로 정해진다. 다만, 지방자치단체에 대한 보조금의 경우 기준보조율을 20~100% 범위 내에서 대통령령으로 정하도록 하고 있다(「보조금 관리에 관한 법률」 제9조).
④ 중앙관서의 장은 보조사업을 수행하려는 자로부터 신청받은 보조금의 명세 및 금액을 조정하여 기획재정부장관에게 보조금 예산을 요구하여야 한다(「보조금 관리에 관한 법률」 제6조).

핵심POINT 지방교부세와 국고보조금의 비교

구분	지방교부세	국고보조금
근거	「지방교부세법」	「보조금 관리에 관한 법률」
재원	내국세의 19.24% + 부동산교부세 + 소방안전교부세 + 정산액	국가의 일반회계와 특별회계에서 지원
용도	일반 행정수요	국가시책사업과 지방과 중앙의 공동이해관계 사업
기능	자치단체 간 재정의 형평화와 국민적 최저수준 달성	자원배분과 국가목적 달성
비도제한	제한 없음	제한 있음 (개별사업별 용도지정)
지방비 부담	없음	있음
성격과 재량 정도	일반재원(재량 많음)	특정재원, 의존재원 (재량 적음)
재정조정의 성격	수직적 · 수평적 재정조정	수직적 재정조정

16 중앙정부와 지방자치단체 간 지방재정조정제도에 활용되는 세목 답 ③

중앙정부와 지방자치단체 간 지방재정조정제도(의존재원)와 관련이 있는 제도는 지방교부세이다. 지방교부세에 활용되는 세목은 ㄴ. 개별소비세와 ㄷ. 종합부동산세이다.

⊕ 보충 「지방교부세법」

제4조 【교부세의 재원】 ① 교부세의 재원은 다음 각 호로 한다.
2. 「종합부동산세법」에 따른 종합부동산세 총액
3. 「개별소비세법」에 따라 담배에 부과하는 개별소비세 총액의 100분의 45에 해당하는 금액

17 국고보조금 답 ①

국고보조금의 재원은 「보조금관리에 관한 법률」에 따라 국가의 일반회계 또는 특별회계의 예산 즉 국가 예산으로 계상한다(회계장부에 올린다).

선지분석

② 광역자치단체가 아니라 국가가 제도 운영의 주체이다.
③ 기초자치단체가 아니라 국가가 제도 운영의 주체이다.
④ 지방교육재정교부금법을 준용하는 것은 지방교육재정교부금이고 국고보조금은 「보조금관리에 관한 법률」에 따라 운용된다.

18 국고보조금의 특성과 효과 답 ③

제시문은 지방자치단체에 대한 국고보조금이 지역 간에 발생할 수 있는 외부효과를 시정하거나 중앙정부의 특정 목적이나 정책을 달성하기 위하여 지급되는 것으로 국고보조금의 특성과 효과를 설명한 사례이다.

선지분석

① 국고보조금은 일정비율을 지방자치단체가 부담해야 하는 정률보조금으로 국고보조금 30%(56억 원)가 그대로 배정되었다면 A시가 이에 비례하여 부담해야 하는 비용은 70%로써 약 130억 원 정도를 부담해야 한다.
② 환경부의 사업 보조금은 소득효과와 대체효과 모두 유발시킨다. 사례에서 상수관망 구축사업으로 수돗물의 질이 좋아지고 공급량이 증가하여 수돗물 소비량이 증가하는 것은 소득효과이고, 상대적으로 생수보다 수돗물의 소비량이 늘어나는 것은 대체효과이다.
④ 국고보조금은 정액보조금이 아니라 사업비의 일정비율을 지급하는 정률보조금에 해당한다.

⊕ 보충 소득효과와 대체효과

1. 소득효과(income effect)
정상재(normal goods)의 경우 실질소득이 늘어나면 그에 따라 소비가 증가하는 효과를 말한다.
2. 대체효과(substitution)
제품 간 상대가격 변화로 인해 상대적으로 비싸진 제품은 구매량이 감소하고, 상대적으로 저렴해진 제품은 구매량이 증가하는 효과를 의미한다.

19 지방재정 답 ②

국고보조금은 용도가 정해져 있는 특정재원이므로 지방재정 운영의 자율성을 약화시킨다.

(선지분석)

① 재정자립도는 일반회계 세입 중 자주재원(지방세와 세외수입)이 차지하는 비율이다.

③ 지방교부세는 자치단체 간에 재정력격차를 줄여주는 수평적 재원조정의 성격을 갖고 있다.

④ 지방자치단체는 공유재산의 조성, 재해예방 및 복구사업, 세입결함의 보전, 지방채의 차환 등을 위하여 지방채를 발행할 수 있다(「지방재정법」 제11조 제1항).

> **⊕ 보충 「지방재정법」**
>
> 제11조 【지방채의 발행】 ① 지방자치단체의 장은 다음 각 호를 위한 자금 조달에 필요할 때에는 지방채를 발행할 수 있다. 다만, 제5호 및 제6호는 교육감이 발행하는 경우에 한한다.
> 1. 공유재산의 조성 등 소관 재정투자사업과 그에 직접적으로 수반되는 경비의 충당
> 2. 「재해예방 및 복구사업법」 제9조 제3항에 따른 교부금 차액의 보전
> 3. 천재지변으로 발생한 예측할 수 없었던 세입결함의 보전
> 4. 지방채의 차환
> 5. 「지방교육재정교부금
> 6. 명예퇴직(「교육공무원법」 제36조 및 「사립학교법」 제60조의3에 따른 명예퇴직을 말한다.) 신청자가 직전 3개 연도 평균 명예퇴직자의 100분의 120을 초과하는 경우 추가로 발생하는 명예퇴직 비용의 충당

20	「지방재정법」상 지방재정	답 ①

특정한 재정수요에 충당하기 위한 특별조정교부금은 민간에 지원하는 보조사업의 재원으로 사용할 수 없다(「지방재정법」 제29조의3).

(선지분석)

② 「지방재정법」 제21조 제1항의 내용이다.

③ 「지방재정법」 제21조 제2항의 내용이다.

④ 「지방재정법」 제23조 제1항의 내용이다.

> **⊕ 보충 「지방재정법」**
>
> 제21조 【부담금과 교부금】 ① 지방자치단체나 그 기관이 법령에 따라 처리하여야 할 사무로서 국가와 지방자치단체 간에 이해관계가 있는 경우에는 원활한 사무처리를 위하여 국가에서 부담하지 아니하면 아니 되는 경비는 국가가 그 전부 또는 일부를 부담한다.
> ② 국가가 스스로 하여야 할 사무를 지방자치단체나 그 기관에 위임하여 수행하는 경우 그 경비는 국가가 전부를 그 지방자치단체에 교부하여야 한다.
>
> 제23조 【보조금의 교부】 ① 국가는 정책상 필요하다고 인정할 때 또는 지방자치단체의 재정 사정상 특히 필요하다고 인정할 때에는 예산의 범위에서 지방자치단체에 보조금을 교부할 수 있다.
>
> 제29조의3 【조정교부금의 종류와 용도】 제29조 및 제29조의2에 따른 조정교부금은 일반적 재정수요에 충당하기 위한 일반조정교부금과 특정한 재정수요에 충당하기 위한 특별조정교부금으로 구분하여 운영하되, 특별조정교부금은 민간에 지원하는 보조사업의 재원으로 사용할 수 없다.

THEME 85 지방재정관리와 지방공기업

정답

p. 495

01	①	02	③	03	①	04	⑤	05	④
06	②	07	②	08	③	09	②	10	④
11	③	12	②	13	③	14	②	15	①

01	우리나라 지방자치단체의 재정	답 ①

최근에 재산보유에 대한 과세인 보유세보다 재산거래에 대한 과세인 거래세의 비중이 증가하고 있다.

(선지분석)

② 지방자치단체의 전체 재원에 대한 자주재원(지방세수입, 지방세외수입)의 비율을 의미하는 것은 재정력지수가 아니라 재정자립도이다.

③ 일반회계 세입에서 자주재원과 지방교부세를 합한 일반재원의 비중으로 생계급여 등 사회복지 분야에서 차등보조율을 설계할 때 사용되는 것은 재정자립도가 아니라 재정자주도이다.

④ 재원 사용의 자율성을 전적으로 부여하는 것은 국고보조금이 아니라 지방교부세이고, 특정한 사업에 사용할 것을 조건으로 선택적으로 지원하는 것은 지방교부세가 아니라 국고보조금이다.

02	재정자립도	답 ③

중앙정부로부터 얼마나 많은 재정지원을 받고 있는가에 대한 개념은 재정의존도이다. 재정자립도는 전체 세입 중에서 자주재원이 차지하는 비율만을 의미하므로 의존수입이 대부분을 차지하는 우리나라 지방재정하에서는 지방자치단체의 실질적 재정상태를 나타내주지 못하는 것으로 평가받고 있다. 또한 재정자립도는 중앙정부로부터 재정지원을 받지 않고 어느 정도로 재정수요를 자체적으로 해결해 나가고 있는가를 보여주는 개념이다.

핵심POINT 주요 지방재정지표

구분	산정	특징
재정규모(재정력)	자주재원+의존재원+지방채	지방재정자립도 등을 반영하지 못하는 한계
재정자립도	$\frac{\text{지방세+세외수입}}{\text{일반회계 예산}} \times 100(\%)$	자립도가 높다 하여 재정이 건전하다 할 수 없음(재정규모, 세출의 질, 실질적 재정상태, 정부지원규모 등을 알 수 없기 때문)
재정자주도	$\frac{\text{자주재원+일반재원}}{\text{일반회계 예산}} \times 100(\%)$	• 재정자립도 미반영 • 차등보조율 교부기준
재정력지수	$\frac{\text{기준재정수입액}}{\text{기준재정수요액}}$	• 재정력지수가 클수록 재정력이 좋음 • 1 이하이면 보통교부세 산정기준

03 지방세와 조세저항 답 ①

국세의 일부를 지방세로 전환한다고 하여 직접적으로 조세저항이 일어나는 것은 아니다. 조세저항은 새로운 세목을 신설하거나 세율을 인상할 때 나타난다.

(선지분석)

② 세원이 지역 간 골고루 분포되어 있지 않기 때문에 지역 간 재정불균형이 심화될 수 있다.
③ 지방교부세는 국가가 내국세의 일정부분(19.24%)을 지방자치단체에 교부해주는 제도이므로, 국세의 일부를 지방세로 전환하여 내국세의 비중이 줄어들게 되면 이에 따라 지방교부세의 총액이 감소될 수 있다.
④ 국세의 일부를 지방세로 전환하여 국세와 지방세 간 세원 조정이 이루어지면 재원과 기능은 일치되어야 하므로 이에 따라 중앙과 지방의 기능을 조정할 필요가 있다.

04 지방재정자립도의 제고방안 답 ⑤

지방재정자립도의 향상을 위해서는 사용료 · 수수료와 같은 세외수입과 지방세수입 등 자주재원을 확충해야 한다.

(선지분석)

① 조세체계를 개편하여 지방세의 비중을 높여야 한다.
② 지방교부세의 법정교부율을 대폭 상향조정하는 것은 의존재원을 증가시키는 것으로, 지방재정자립도를 제고시키는 방안으로 볼 수 없다.
③ 지방재정자립도는 세입 측면만을 고려한다. 따라서 지출의 우선순위를 조정하여 감축관리를 강화하는 것은 세출구조를 개선하는 것으로, 지방재정자립도를 제고시키는 방안으로 볼 수 없다.
④ 국고보조금의 교부방법을 포괄보조금방식으로 개선하는 것은 의존재원을 증가시키는 것으로, 지방재정자립도를 제고시키는 방안으로 볼 수 없다.

05 지방재정력 답 ④

지방자치단체의 자주재원은 지방세와 세외수입을 의미한다. 지방교부세, 조정교부금, 재정보전금, 국고보조금 등은 국가나 광역자치단체로부터 제공받는 의존재원이다. 최근 재정보전금은 조정교부금으로 명칭이 변경되었다.

06 지방재정 답 ②

지방채는 일반적으로 자주재원도 아니고 의존재원도 아닌 제3의 독립된 재원으로 간주한다. 그러므로 「지방자치법 시행령」의 재정자립도 공식에서 자주재원에서 지방채를 빼주는 것이다.

(선지분석)

④ 재정자립도는 자주재원/총재원(자주+의존재원)을 의미하는 개념으로 분모와 분자의 모두 자주재원이 존재하기 때문에 재정자립도를 결정하는 가장 중요한 요인은 의존재원이 되는 것이다.

07 지방자치단체의 재정자립도 답 ②

재정자립도는 세입총액(일반회계 총세입) 중 자주재원(지방세 + 세외수입)이 차지하는 비중으로, 지방교부세와 같은 의존재원을 증액하게 되면 재정자립도는 낮아진다는 문제가 있다. 즉 재정자립도는 자주재원(지방세, 세외수입)의 비중이 클수록, 의존재원(지방교부세, 국고보조금)이 작을수록 높아진다.

(선지분석)

③ 재정자립도는 세출의 질, 규모 등 실질적인 재정상태를 알려주지 못하므로 재정자립도가 높다고 하여 지방재정이 반드시 좋다고는 볼 수 없다.
④ 국세의 지방세 이전은 지방세의 증대를 가져오는데, 지방세는 자주재원이므로 재정자립도 증대에 도움이 된다.

08 지방재정지표 답 ③

재정자주도는 지방자치단체 전체 세입 중 지자체가 자주적으로 재량권을 가지고 사용할 수 있는 재원의 비중을 나타내는 지표로 재정자주도가 높을수록 지방자치단체가 재량껏 사용할 수 있는 예산의 폭이 넓다. 즉, 의존재원 중에서 일반재원적 성격이 높은 지방교부세, 조정교부금을 분자로 올려서 총세입에서 자율적으로 사용가능한 재원의 비율을 나타낸 지표이다.

핵심POINT 주요 지방재정지표

재정자립도	자주재원 / 일반회계 총세입	재정자립도가 높다하여 재정이 건전하다 할 수 없음(재정규모, 세출의 질, 실질적 재정상태 등을 고려해야 함)
재정자주도	자주재원 + 일반재원 / 일반회계 총세입	자주적인 재량권을 나타내는 지표, 차등보조율 교부기준
재정력지수	기준재정수입액 / 기준재정수요액	1 이하이면 보통교부세 산정기준, 재정력지수가 클수록 재정력이 좋음

09 지방재정 답 ②

재정자주도는 일반회계 예산규모에서 일반재원의 비중을 의미한다. 보통교부세를 교부할 때 사용하는 기준은 재정력지수로서 재정력지수가 1이하 일 때 보통교부세를 교부한다.

(선지분석)

① 재정자립도는 일반회계 예산규모에서 자주재원(지방세와 세외수입)이 차지하는 비중을 의미하며 특별회계와 기금 등을 종합적으로 고려하지 못해 실제 재정력을 정확하게 평가하지 못한다는 비판을 받는다.

10 지방자치단체의 재정자립도 답 ④

자주적으로 편성·집행할 수 있는 재원의 비율이란 일반재원인 지방교부세까지 고려한 재정자주도에 대한 설명으로 옳지 않다.

선지분석

① 재정자립도는 일반회계만을 고려하여 특별회계와 기금 등을 종합적으로 고려하지 못해 실제 재정력을 과소평가한다는 비판을 받는다.

② 재정자립도는 세입 측면을 고려한 개념으로 세출 측면의 변화는 고려하지 못해서 세출의 질을 알 수 없다는 비판을 받는다.

③ 중앙정부의 재정지원을 의존재원으로 처리함으로써 그 재정지원의 형태나 성격을 제대로 파악할 수 없다는 비판을 받는다.

11 지방직영기업 답 ③

지방직영기업이란 지방자치단체가 직접 사업의 주체가 되어 지방자치단체의 소속기관으로 운영하는 사업을 말한다. 따라서 기관의 성격도 지방자치단체 소속행정기관이며, 직원도 공무원 신분이고, 기관장 등 관리자도 지방자치단체장이 임명하는 공무원이다. 현재 도로, 철도, 상하수도, 토지, 주택 등이 지방직영기업의 대상사업이다(「지방공기업법」 제2조).

12 지방직영기업 답 ②

지방직영기업의 직원은 공무원 신분이다. 기관장 등의 관리자도 공무원 신분이다.

선지분석

① 지방자치단체가 일반회계와 구분되는 공기업 특별회계의 형태로 운영한다.

③ 지방자치단체가 직접 사업수행을 위해 설치하는 사업소 형태의 조직으로, 지방자치단체의 소속행정기관에 해당한다.

④ 상하수도, 지방도로, 자동차운송, 궤도, 공영개발(토지, 주택), 지역개발기금 등이 지방직영기업의 대상이다.

핵심POINT 지방공기업의 유형

직접경영 형태 (지방직영기업)		• 지방자치단체가 직접적으로 경영하여, 직원의 신분은 공무원 • 예산도 지방자치단체의 특별회계로서 지방자치단체의 예산에 포함됨 예 서울시 상수도 사업본부, 용인시 하수도 사업소 등
간접경영 형태		지방자치단체가 법인을 설립하여 간접적으로 경영하며, 직원의 신분은 민간인
	지방공단	• 지방자치단체의 공공성 업무를 전담하여 대행 • 지방자치단체가 전액출자·출연한 것 예 서울시설관리공단, 부산지방공단스포원 등
	지방공사	• 지방자치단체의 민간사업의 공공성 확보를 위해 설립 • 지방자치단체가 50% 이상 출자·출연한 것 예 부산관광공사, 양평지방공사 등

13 「지방공기업법」상 지방공기업 답 ③

「지방공기업법」 제53조에 규정되어 있다.

선지분석

① 「지방공기업법」상 지방공기업 적용사업들로 옳은 지문이다(동법 제2조).

② 지방공기업에 대한 경영평가는 원칙적으로 행정안전부장관이 실시하되, 필요시 지방자치단체의 장으로 하여금 평가하게 할 수 있다(동법 제78조).

④ 지방공기업에 대한 경영평가, 관련정책의 연구, 임직원에 대한 교육 등을 전문적으로 지원하기 위하여 지방공기업평가원을 설립한다(동법 제78조의4).

14 「지방공기업법」상 지방공기업 답 ②

자치단체장이 지방공사를 설립하고자 할 때 상급기관과의 사전 협의 문제이다. 지방공사를 설립하고자 하는 시장·군수·구청장은 설립 전에 행정안전부장관이 아닌 관할 특별시장·광역시장 및 도지사와 협의하여야 한다(「지방공기업법」 제49조).

선지분석

① 「지방공기업법」 제7조에 대한 설명이다.

③ 「지방공기업법」 제50조에 대한 설명이다.

④ 「지방공기업법」 제5조에 대한 설명이다.

⊕ 보충 「지방공기업법」

제5조 【지방직영기업의 설치】 지방자치단체는 지방직영기업을 설치·경영하려는 경우에는 그 설치·운영의 기본사항을 조례로 정하여야 한다.

제7조 【관리자】 ① 지방자치단체는 지방직영기업의 업무를 관리·집행하게 하기 위하여 사업마다 관리자를 둔다. 다만, 조례로 정하는 바에 따라 성질이 같거나 유사한 둘 이상의 사업에 대하여는 관리자를 1명만 둘 수 있다.
② 관리자는 대통령령으로 정하는 바에 따라 해당 지방자치단체의 공무원으로서 지방직영기업의 경영에 관하여 지식과 경험이 풍부한 사람 중에서 지방자치단체의 장이 임명하며, 임기제로 할 수 있다.

제49조 【설립】 ① 지방자치단체는 제2조에 따른 사업을 효율적으로 수행하기 위하여 필요한 경우에는 지방공사를 설립할 수 있다. 이 경우 공사를 설립하기 전에 특별시장, 광역시장, 특별자치시장, 도지사 및 특별자치도지사는 행정안전부장관과, 시장·군수·구청장은 관할 특별시장·광역시장 및 도지사와 협의하여야 한다.

제50조 【공동설립】 ① 지방자치단체는 상호 규약을 정하여 다른 지방자치단체와 공동으로 공사를 설립할 수 있다.

15	「지방재정법」상 지방재정진단제도	답 ①

지방재정진단제도에 대한 설명으로 「지방재정법」 제55조 제3항에 규정되어 있다.

선지분석

② 지방재정영향평가에 대한 설명으로 「지방재정법」 제27조의6 제1항에 규정되어 있다.
③ 중기지방재정계획에 대한 설명으로 「지방재정법」 제33조 제1항에 규정되어 있다.
④ 긴급재정관리단체에 대한 설명으로 「지방재정법」 제60조의3 제1항에 규정되어 있다.

⊕ 보충 「지방재정법」

제27조의6 **【지방재정영향평가】** ① 지방자치단체의 장은 대규모의 재정적 부담을 수반하는 국내 · 국제경기대회, 축제 · 행사, 공모사업 등의 유치를 신청하거나 응모를 하려면 미리 해당 지방자치단체의 재정에 미칠 영향을 평가하고 그 평가결과를 토대로 제37조의3에 따른 지방재정투자심사위원회의 심사를 거쳐야 한다. 이 경우 평가대상은 「지방자치법」 제2조에 규정된 지방자치단체의 종류, 사업의 유형과 성격, 재정부담의 규모 등을 고려하여 대통령령으로 정한다.

제33조 **【중기지방재정계획의 수립 등】** ① 지방자치단체의 장은 지방재정을 계획성 있게 운용하기 위하여 매년 다음 회계연도부터 5회계연도 이상의 기간에 대한 중기지방재정계획을 수립하여 예산안과 함께 지방의회에 제출하고, 회계연도 개시 30일 전까지 행정안전부장관에게 제출하여야 한다.

제55조 **【재정분석 및 재정진단 등】** ① 행정안전부장관은 대통령령으로 정하는 바에 따라 제54조에 따른 재정보고서의 내용을 분석하여야 한다.

② 행정안전부장관은 지방자치단체의 재정 상황 중 채무 등 대통령령으로 정하는 사항에 대하여 대통령령으로 정하는 바에 따라 재정위험 수준을 점검하여야 한다.

③ 행정안전부장관은 다음 각 호의 어느 하나에 해당하는 지방자치단체에 대하여 위원회의 심의를 거쳐 대통령령으로 정하는 바에 따라 재정진단을 실시할 수 있다.

1. 제1항에 따른 재정분석 결과 재정의 건전성과 효율성 등이 현저히 떨어지는 지방자치단체
2. 제2항에 따른 점검 결과 재정위험 수준이 대통령령으로 정하는 기준을 초과하는 지방자치단체

제60조의3 **【긴급재정관리단체의 지정 및 해제】** ① 행정안전부장관은 지방자치단체가 다음 각 호의 어느 하나에 해당하여 자력으로 그 재정위기상황을 극복하기 어렵다고 판단되는 경우에는 해당 지방자치단체를 긴급재정관리단체로 지정할 수 있다. 이 경우 행정안전부장관은 긴급재정관리단체로 지정하려는 지방자치단체의 장과 지방의회의 의견을 미리 들어야 한다.

2. 소속 공무원의 인건비를 30일 이상 지급하지 못한 경우

MEMO

MEMO